D1735869

Villingen und Schwenningen

Für einen Villinger in Fürstenfeldbruck

Villingen-Schwenningen, im November 1998

Dr. Heinrich Maulhardt, Stadtarchiv

Dr. Christoph Graf-Krob   Dr. Mariane Kniesche

[signature]

Veröffentlichungen des Stadtarchivs und der Städtischen Museen Band 15

Abbildungen
Einband: Postkarten Villingen und Schwenningen, 1916
(colorierte Zeichnungen, Luftperspektive)
Im Hintergrund: Ersterwähnung von Villingen und
Schwenningen, Stiftsarchiv St. Gallen, Urkunden, EE. 5.
E. 15 / Aachen 4. Juni 817

Villingen und Schwenningen

Geschichte und Kultur

Herausgegeben von
der Stadt Villingen-Schwenningen
aus Anlaß des Jubiläums 1000 Jahre
Münz-, Markt- und Zollrecht Villingen
im Jahre 1999

Hermann Kuhn Verlag

Die Deutsche Bibliothek - CIP-Einheitsaufnahme

Villingen und Schwenningen : Geschichte und Kultur / hrsg. von der
Stadt Villingen-Schwenningen aus Anlaß des Jubiläums 1000 Jahre
Münz-, Markt- und Zollrecht Villingen im Jahre 1999. [Red.: Heinrich
Maulhardt…]. - Villingen-Schwenningen : Kuhn, 1998
   (Veröffentlichungen des Stadtarchivs und der Städtischen Museen
   Villingen-Schwenningen ; Bd. 15)
   ISBN 3-87450-035-7

© 1998
Verlag Hermann Kuhn GmbH & Co. KG
Villingen-Schwenningen
Stadt Villingen-Schwenningen

Konzeption
Dr. Heinrich Maulhardt

Redaktion
Dr. Heinrich Maulhardt (Leiter)
Dr. Manfred Reinartz
Ute Schulze M. A.

Textverarbeitung
Stadtarchiv Villingen-Schwenningen
Patricia Lehmann

Herstellung
Druckzentrum Südwest GmbH
Villingen-Schwenningen
Verlag Hermann Kuhn GmbH & Co. KG
Villingen-Schwenningen

Bindung
Dollinger GmbH, Metzingen

ISBN 3-87450-035-7

Inhalt

Zum Geleit

Bereits am 10. Oktober 1994 beschloß der Verwaltungs- und Kulturausschuß unserer Stadt die Herausgabe dieser Publikation. Damit war der Startschuß für das erste einer Reihe von Großprojekten zum Jubiläum 1000 Jahre Markt-, Münz- und Zollrecht Villingen im Jahre 1999 gegeben.

Das Buch stellt sich die Aufgabe, neuere Forschungsergebnisse zur Stadtgeschichte zusammenzufassen und einem größeren Publikum zugänglich zu machen. Neue Erkenntnisse in der Geschichte unserer Stadt wurden in den letzten Jahren bei den Arbeiten zur Neueinrichtung des Franziskanermuseums (Eröffnungen 1995, 1998) und des Uhrenindustriemuseums (Eröffnung 1994) gewonnen. Darüber hinaus erbrachten archäologische Grabungen, Arbeiten örtlicher Geschichtsforscher sowie von Mitarbeiterinnen und Mitarbeitern von Stadtarchiv und Museen und die Zusammenarbeit mit Universitätsinstituten neue Forschungsergebnisse. Insgesamt 32 wissenschaftliche Autorinnen und Autoren beteiligten sich an dem Kommunikationsprozeß, 20 haben schließlich Manuskripte zur Publikation geliefert. Mein besonderer Dank geht an alle, die Beiträge zu diesem Buch geliefert, und an diejenigen, die sich an der Diskussion beteiligt haben. Besonders anerkennenswert ist, daß mehrere Autoren auf ihr Honorar verzichteten.

Das Buch bezieht sich auf die Geschichte von Villingen, Schwenningen und somit die Vorgeschichte Villingen-Schwenningens. Neben den neuen Untersuchungsergebnissen ist die gewählte Geschichtsschreibung, die beide große Stadtbezirke umfaßt, von besonderer Bedeutung. Damit ist auch die Möglichkeit gegeben, mit den Stadtbezirken, die im übrigen beide im Jahre 817 zum ersten Mal schriftlich erwähnt werden, historisch-vergleichend zu arbeiten. Das Buch geht auf die „großen Ereignisse" der Geschichte ein, bleibt aber hier nicht stehen. Die verschiedenen Facetten des historischen Geschehens werden beleuchtet: Alltags-, Wirtschafts-, Verfassungs-, Kultur-, Kirchengeschichte usw.

Meines Erachtens ist hier ein gut lesbares und beachtliches Werk entstanden, das als Informationsquelle hervorragend geeignet ist. Es soll aber auch Interessierte zu eigenen Nachforschungen anregen. Mit diesem Buch liegt nach vielen Jahren wieder eine Publikation vor, die in kompakter Form den gegenwärtigen Stand der wissenschaftlichen Diskussion zur Stadtgeschichte beschreibt. An der Schwelle zum dritten Jahrtausend ist es leichter, den Weg in die Zukunft zu finden, wenn man weiß, woher man kommt und wie unsere Stadt sich entwickelt hat. Das Anknüpfen an gute Traditionen fällt dann leichter, die Entscheidungsgrundlagen werden klarer. Ich hoffe und wünsche, daß möglichst viele Bürgerinnen und Bürger von diesem Angebot Gebrauch machen und dieses Buch mit Interesse lesen.

Ich bedanke mich bei dem Projektleiter, Herrn Stadtarchivar Dr. Heinrich Maulhardt, sowie Frau Ute Schulze und Herrn Dr. Manfred Reinartz; alle drei redigierten das Buch. Ebenso danke ich Frau Patricia Lehmann für die Besorgung der Textverarbeitung sowie dem Hermann Kuhn Verlag für die Herausgabe des Buches.

Dr. Manfred Matusza
Oberbürgermeister

Einleitung

Absicht der Publikation ist es, neue Forschungsergebnisse zur Stadtgeschichte zusammenzufassen. Das Buch stellt die Geschichte von Villingen und Schwenningen nicht systematisch dar. Ein Überblick der Geschichte ist, berücksicht man die in der Vergangenheit erschienenen historischen Arbeiten von Christian Roder und Paul Revellio für Villingen und Otto Benzing für Schwenningen, erst dann möglich und lohnenswert, wenn er sich auf neue grundlegende Forschungsergebnisse stützen kann. Ansonsten bleibt es bei Überarbeitungen oder Ergänzungen von „Meilensteinen" der Geschichtsschreibung der Vergangenheit. Anliegen des Buches ist es, Einblicke in die Grundlagenforschung zu bieten, die aus Einzelprojekten in den Bereichen Archäologie, Museum, Archiv und Hochschulforschung hervorgingen.

Das Buch orientiert sich an den heutigen Möglichkeiten der Geschichtsschreibung. Schon Roder mußte feststellen, daß seine Arbeitskraft nicht ausreichte, um eine Stadtgeschichte zu schreiben. Die nicht zu Ende geführten Manuskripte kann man im Stadtarchiv studieren. Neue Forschungsergebnisse sind heute teilweise nur noch durch das Zusammenwirken verschiedener Disziplinen – Archäologie, Numismatik, Kirchen-, Kunst- und Verfassungsgeschichte u. a. – zu erhalten. Diese interdisziplinäre Kooperation findet sich in mehreren Artikeln des Buches. Selbst ein Zeitzeuge (Gerhard Gebauer), einer der historischen Akteure in der 2. Hälfte des 20. Jahrhunderts, bringt sein Erlebtes als Quelle in die Geschichte mit ein.

Die in diesem Werk aufbereitete Geschichte erweckt nicht den Eindruck, als sei alles gesagt. Sie ist nicht „abgeschlossen", erst recht nicht, was das Untersuchungsobjekt Villingen-Schwenningen anbetrifft. Die Mehrzahl der Beiträge thematisiert Probleme der Villinger Geschichte. Einige haben sich aber im vorhinein bewußt den historischen Vergleich Villingen-Schwenningen zur Aufgabe gesetzt; wenige beziehen sich allein auf die Schwenninger Geschichte. Die historisch-vergleichende Methode auch über die Stadt hinaus in wissenschaftlich-kritischer Absicht war der Leitfaden des Gesamtprojektes.

Die vergleichende Methode erlaubt es, Einsichten zu gewinnen, die beim eindimensionalen Vorgehen – nur Villingen oder nur Schwenningen – kaum zu erhalten wären. Im heutigen Rückblick erscheint die Geschichte Villingens gegenüber der des Nachbarorts Schwenningen bedeutender. Daß dies nicht immer so war, daß die Geschichte eines Gemeinwesens sich nicht linear entwickelt, sondern im Laufe der Jahrhunderte Veränderungen in verschiedenen Richtungen unterworfen ist, läßt sich am Beispiel des Paares Villingen und Schwenningen zeigen. Gerade in der Merowingerzeit demonstriert der gute Forschungsstand, daß im Gegensatz zu späteren Epochen bis zur Industrialisierung wohl eher Schwenningen der bedeutendere Ort gewesen war, zumindest sind dort Adelsbestattungen bekannt; ferner liegen verschiedene für Süddeutschland einzigartige Beobachtungen von diesem Gräberfeld vor, etwa eines der ältesten Bruchbänder der Merowingerzeit. Das Mittelalter und die frühe Neuzeit sehen Villingen im Aufwind mit einer typisch städtischen Entwicklung, die in Schwenningen ausblieb, während im Zeitalter der Industrialisierung der Stern Schwenningens wieder heller leuchtete. Warum dies so kam und unter welchen Bedingungen das geschah, darauf möchte dieses Buch Antworten geben.

Die im vorliegenden Band enthaltenen Beiträge sind nach der jeweils behandelten Periode chronologisch gereiht. Eine Gliederung nach verschiedenen Disziplinen der

Geschichtsschreibung, wie Kirchen-, Wirtschafts- und Sozialgeschichte, wurde nicht vorgenommen, auch deshalb, weil mancher Beitrag auf mehrere Aspekte der Geschichte eingeht und sich nicht gewaltsam einer Sparte zuordnen ließe.

Historische Perioden, zu denen keine neuen Forschungsergebnisse vorliegen oder zu deren Untersuchung keine Autoren gewonnen werden konnten, wurden nicht durch „Neuaufgüsse" vorhandener Arbeiten oder auf andere Weise kaschiert.

Die Tätigkeit der Redaktion an dieser Publikation dauerte 3$^1/_2$ Jahre, diejenige der Autoren an den einzelnen Beiträgen und ihren empirischen Grundlagen geht bis in die 80er Jahre zurück. 32 Autorinnen und Autoren beteiligten sich an der mit diesem Buch verbundenen wissenschaftlichen Diskussion. Es gab drei Treffen, zu denen alle Autoren eingeladen wurden, sowie zahlreiche Sitzungen der Redaktion. Das Buch stellt demnach eine Forschungsbilanz der 90er Jahre dar.

Zeitlich parallel zu diesem Buch wird ein Begleitband zur Abteilung „Stadtgeschichte im 19. und 20. Jahrhundert" des Franziskanermuseums herausgegeben. Darin sind Beiträge zur Geschichte des Industriezeitalters, der Fastnacht, der Museen und des Fremdenverkehrs vorgesehen, welche die vorliegende Publikation inhaltlich ergänzen. Den Leserinnen und Lesern wird deshalb die Lektüre dieser zweiten Publikation empfohlen.

Die abgedruckten Texte halten sich an die alten Regeln der deutschen Rechtschreibung. Am Ende des Buches befindet sich ein Literaturverzeichnis. Darin haben die einzelnen Autoren wesentliche Titel der von ihnen berücksichtigten Fachliteratur ausgewiesen.

Heinrich Maulhardt

Abb. 1 Die Urkunde Kaiser Ottos III. für Graf Berthold vom 29. März 999 (Original: GLAK A 72; vgl. Transkription und Übersetzung im Anhang, S. 21).

Thomas Zotz

Die Verleihung des Markt-, Münz- und Zollrechts durch Kaiser Otto III. an Graf Berthold für seinen Ort Villingen

Am 29. März 999 gewährte Kaiser Otto III. in Rom dem Grafen Berthold das Recht, in seinem Ort Villingen einen Markt zu gründen.[1] Dieser herrscherliche Akt, im originalen Schriftstück auf Pergament und mit besiegelnder Bleibulle uns überliefert, hat ein neues Kapitel in der Geschichte eines Ortes auf der westlichen Baar aufgeschlagen, der bis dahin wie die zahlreichen anderen Siedlungen dieses Raumes agrarisch und grundherrschaftlich geprägt war.[2] Künftig sollte sich Villingen nun durch die Existenz eines Marktes, verbunden mit Münze, Zoll und Gerichtsbann, aus diesem Kreis hervorheben und einen von der höchsten weltlichen Autorität legitimierten örtlichen Rahmen für Warenaustausch und Handelsverkehr bieten.

Welche Voraussetzungen brachte Villingen für diese qualitative Veränderung mit? Was ist von den Trägern dieses römischen Aktes im Frühjahr 999 bekannt, und in welcher historischen Situation und persönlichen Beziehung zueinander haben sie so gehandelt? Wie läßt sich schließlich die Villinger Marktgründung in die Politik der Ottonen, vornehmlich Ottos III., einordnen? All diese Fragen, denen im folgenden nachzugehen ist, zielen auf das Verständnis des für Villingen grundlegenden Ereignisses von 999, seiner Überlieferung und seines Hintergrunds. Die nicht minder wichtige Frage nach der Wirkungsgeschichte des Marktprivilegs bleibt hier hingegen bewußt ausgeklammert und ihre Beantwortung den folgenden Beiträgen vorbehalten.

Villingen wird erstmals im Jahre 817 in einer Urkunde Ludwigs des Frommen erwähnt. Damals verfügte der Kaiser, daß die von 47 Bauernhufen in Alemannien bisher an die hiesigen Grafen als regionale Amtsträger des Königtums zu leistenden Naturalzinsen und Arbeitsdienste künftig dem Kloster St. Gallen zukommen sollten; hierzu gehörten auch zwei Hufen in Villingen und in dessen engster Nähe Hufen in Weilersbach, Nordstetten, Schwenningen und Klengen.[3] Mithin hat das seit der zweiten Hälfte des 8. Jahrhunderts auf Alemannien einwirkende karolingische Königtum Rechte in Villingen beansprucht. Es muß dabei offenbleiben, ob hier, wie es für Schwenningen oder Klengen belegt ist,[4] Grundbesitz des fränkischen Königtums vorhanden war oder ob sich die leistungsverpflichteten Villinger Hufenbauern in eine persönliche Abhängigkeit vom Herrscher begeben hatten.

Der Ort Villingen, in dem die zum Jahre 817 bezeugten Grundbesitzer siedelten, reicht angesichts seines mit -ingen gebildeten Namens und nach Ausweis der im Bereich der Wüstung Altstadt östlich der Brigach entdeckten Friedhöfe sicher bis in die frühe Merowingerzeit (6. Jahrhundert) zurück.[5] Dabei deutet die vermutlich im 7. Jahrhundert angelegte, auf Villingen orientierte Ausbausiedlung Nordstetten auf ein Bevölkerungswachstum zu jener Zeit hin.

Mit Blick auf die hiesige Marktgründung von 999 ist von Bedeutung, daß an Villingen die Römerstraße von Windisch (Vindonissa) über Zurzach (Tenedo), Schleitheim (Iuliomagus) und Hüfingen (Brigobanne) nach Rottweil (Arae Flaviae) vorbeiführte, die auch noch im frühen Mittelalter als Verkehrsachse fungiert hat.[6] Bei Rottweil verzweigte sich die Straße nach Nordwesten zum Kinzigtal hin in Richtung Straßburg (Argentorate) und nach Norden in Richtung Rottenburg

(Sumelocenna). Insofern war Villingen günstig gewählt als Standort für einen über den Nahbereich hinausgreifenden Handelsverkehr.

Damit ist wieder die Person des Grafen Berthold ins Blickfeld gerückt, der beim Kaiser Otto III. das Maktgründungsprivileg erwirkt hat. Dieser Berthold kann als Vorfahr der Zähringer gelten, einer Familie fürstlichen Ranges, die seit dem späten 11. Jahrhundert eine weitreichende Herzogsherrschaft im deutschen Südwesten aufgebaut hat.[7] Ihren Schwerpunkt bildeten die namengebende Burg Zähringen, das um 1093 von Herzog Berthold II. von Weilheim am Neckar an den westlichen Schwarzwaldrand verlegte Kloster St. Peter und die 1091 durch denselben initiierte Burg und Stadt Freiburg.[8] Eine um die Mitte des 12. Jahrhunderts durch Abt Wibald von Stablo angelegte, die Frühzeit der Staufer und der Zähringer betreffende Verwandtschaftstafel spricht nun von einem Bezelin von Villingen, dem Vater Bertholds mit dem Barte. Dieser ist seit 1025 als Graf in der Ortenau, im Breisgau, Albgau und Thurgau und als Herzog von Kärnten (1061–1077) bekannt († 1078); sein Sohn war der erwähnte Herzog Berthold II. von Zähringen.[9] Ob Bezelin von Villingen mit dem 999 das Marktrecht für Villingen erwirkenden Grafen Berthold identisch ist oder als dessen Sohn zu gelten hat, ist nach dem derzeitigen Forschungsstand nicht sicher zu entscheiden.[10] Dessenungeachtet wird an dem genealogischen Zeugnis Wibalds deutlich, welche Bedeutung Villingen für die Vorfahren der Zähringer hatte und wie dies um 1150 in einer Zeit nachwirkte, als die Zähringerherrschaft durch den Rektorat in Burgund bereits wesentlich erweitert war.[11]

Doch läßt sich Graf Berthold nicht nur als Vorfahr der Zähringer ausmachen, sondern auch als bedeutender Adliger im Herzogtum Schwaben um die Jahrtausendwende. Zunächst verdient Beachtung, daß er nicht in der Baar, dem räumlichen Umfeld Villingens, als Graf fungierte, denn in dieser Position ist damals mehrfach und auch im Villinger Marktprivileg von 999 ein Graf Hiltibald bezeugt. Bertholds Titel bezog sich vielmehr auf den Thurgau, wie sich aus einer das Kloster Petershausen betreffenden Papsturkunde von 996 schließen läßt, in der ein *Berhtoldus comes* begegnet.[12] Berthold ist hier offensichtlich dem 991 verstorbenen Grafen Landold nachgefolgt, der zusammen mit seiner Frau Liutgard zu den Gönnern des Klosters Einsiedeln gehörte.[13] Vielleicht spielte dabei die Einheirat Bertholds in die Familie des erwähnten Thurgaugrafen Landold eine Rolle; doch kommt hier wieder das Problem von Verwandtschaft und Generationenfolge in der Geschichte der Zähringervorfahren ins Spiel.[14]

Der Wirkungskreis Graf Bertholds und seiner Familie im deutschen Südwesten blieb aber nicht auf seinen Ort Villingen und auf die Grafschaft im Thurgau beschränkt, sondern Berthold wurde von dem auf Otto III. 1002 folgenden Herrscher Heinrich II. alsbald offenbar auch im Breisgau, dem Zentrum der späteren Herrschaftsbildung der Zähringer, eingesetzt,[15] wo im Jahre 1004 ein von dem bis dahin hier waltenden Grafen Birchtilo zu unterscheidender Graf Berthold begegnet; der 1016 als Graf in der Ortenau bezeugte Bezelin, in Begleitung Kaiser Heinrichs II. 1021/22 in Italien,[16] ist als der Empfänger des Villinger Marktrechts bzw. als dessen gleichnamiger Sohn anzusprechen. Zu 1024 wird schließlich der Tod eines Grafen Berthold/Benzelin gemeldet, welcher der Straßburger Kirche Besitz in Mußbach im nördlichen Breisgau zu seinem Seelenheil gestiftet hat;[17] dieser darf nun mit Sicherheit als der aus Wibalds Verwandtschaftstafel bekannte Bezelin von Villingen gelten.

Wenn eben davon die Rede war, daß Graf Bezelin Kaiser Heinrich II. nach Italien begleitet hat, so fällt der Blick wieder auf die

Anwesenheit des Grafen Berthold bei Otto III. in Rom im Jahre 999, und damit sind die Rahmenbedingungen angesprochen, unter denen das Villinger Marktprivileg erteilt wurde.[18] Dem Kaiser war es nach seinem ersten Zugriff auf Rom im Jahre 996 gelungen, seinen Verwandten Bruno als Papst Gregor V. auf den Apostolischen Stuhl zu setzen und so die bis dahin von dem einheimischen Adligen Crescentius dominierte Stadt unter seine Kontrolle zu bringen.[19] Doch nach Ottos Abzug aus Italien im Herbst desselben Jahres wurde Papst Gregor von Crescentius vertrieben, und es bestieg, durch diesen begünstigt, der Grieche Johannes Philagathos, Erzbischof von Piacenza, als Johannes XVI. die Cathedra Petri.[20] So sah sich der Kaiser veranlaßt, Ende 997 wieder nach Italien zu ziehen und im Februar 998 vor Rom zu erscheinen, um erneut gegen Crescentius vorzugehen. Bevor er dessen habhaft wurde und ihn Ende April in der Engelsburg enthaupten und dann öffentlich hängen ließ,[21] gelang es einer Heerschar unter Führung des kaiserlichen Vasallen (*vassor*) Birchtilo, den aus Rom geflohenen Gegenpapst gefangenzunehmen, der dann grausam verstümmelt und schließlich in einer Spottprozession rücklings auf einem Esel reitend durch Rom geführt wurde.[22]

Wenn dieser Birchtilo mit Graf Berthold, dem Empfänger des Villinger Marktprivilegs, personengleich ist, wie die Forschung seit langem annimmt,[23] dann mochte sich Berthold mit dieser militärischen Tat gewiß die Gunst des Kaisers gewonnen und so eine gute Voraussetzung für das ihm etwa ein Jahr später erteilte Marktprivileg geschaffen haben. Auch den zum Frühjahr 999 bezeugten Bezelin, der vom Kaiser den ehrenvollen Auftrag erhielt, Ottos III. Schwester Adelheid als Nachfolgerin der Äbtissin Mathilde von Quedlinburg den goldenen Amtsstab zu überbringen, setzt die Forschung mit Graf Berthold gleich.[24] So gesehen hätte sich dieser über ein Jahr im Gefolge des Kaisers in

Rom bzw. in Italien aufgehalten, bevor er dann am 29. März 999 sein Privileg erhielt.

In diese lange Phase von Bertholds Herrschernähe[25] fällt nun die vielfältige Begünstigung eines anderen Großen aus Schwaben, der gleichfalls nach Italien gezogen war, nämlich Abt Alawich von Reichenau. Dies dürfte als Rahmenbedingung für die Villingen betreffende Initiative eine nicht unwesentliche Rolle gespielt haben: Ausdrücklich wegen seiner treuen Dienste auf dem Romzug setzte sich Otto III. im April 998 dafür ein, daß Papst Gregor V. dem Reichenauer Abt ebenso wie seinen Nachfolgern das Vorrecht gewährte, die Weihe durch den Papst zu empfangen und beim Gottesdienst Dalmatika und Sandalen nach dem Brauch der römischen Äbte zu tragen; der Kaiser bestätigte dieses päpstliche Privileg und zudem das Abtswahlrecht des Konvents.[26] Es spricht nun viel dafür, daß hiermit im Zusammenhang Abt Alawich die allerdings nur in einer Urkunde des Abtes Ekkehard von Reichenau von 1075 ohne genaueren Zeitbezug referierte Erlaubnis Ottos III. erhielt, in Allensbach am Bodensee einen Wochenmarkt und eine Münze einzurichten.[27] Man kann sich gut vorstellen, daß Graf Berthold Zeuge dieser Marktgründungsinitiative in dem ihm vertrauten Schwaben geworden ist und daß er dadurch angeregt wurde, sich in gleicher Absicht an den Herrscher zu wenden.[28]

Jedenfalls läßt die Einleitung des von Otto III. am 29. März 999 ausgegebenen Diploms erkennen, daß Graf Berthold mit einer Bitte an den Kaiser herangetreten war: „Wenn wir den berechtigten Bitten unserer Getreuen zustimmen, glauben wir, daß sie uns dann zweifellos noch ergebener sind." Was erreichte nun Berthold vom Kaiser? Dem gesamten Menschengeschlecht des gegenwärtigen und künftigen Zeitalters, wie ungewöhnlich allgemein und hochtönend formuliert wird, verkündet der Herrscher, daß er seinem Grafen Berthold (*Berhtoldo comiti nostro*) auf die in-

tervenierende Bitte des erhabenen Herzogs
Hermann II. von Schwaben hin (*duce egregio
Herimanno rogante*) das Recht, die Erlaubnis
und die Gewalt geschenkt, verliehen und zugestanden habe, in seinem Ort (*in quodam
suo loco*) Villingen einen öffentlichen Markt
mit Münze, (Waren-)Zoll und dem gesamten
öffentlichen Bann einzurichten. Graf Berthold hatte sich also für sein Vorhaben der Unterstützung des offensichtlich auch in Rom
anwesenden Herzogs als der höchsten regionalen Autorität im Lande Schwaben versi-
chert,[29] ging es doch um die Schaffung eines
mit dem königlichen Gerichtsbann ausge-
zeichneten Bezirks, eines *publicum merkatum*[30]. Von dieser Neuerung auf der Baar war
vor allem der dort waltende und die Gerichtsbarkeit im Namen des Herrschers ausübende
Graf betroffen,[31] und man gewinnt den Eindruck, als ob hierauf besonders Rücksicht genommen würde; denn es folgt nicht nur wie
sonst üblich die knappe Nennung der Grafschaft und ihres derzeitigen Amtsträgers, sondern die ausführliche Angabe: „in der Grafschaft Baar, welche Graf Hildibald innehat
und in der er kraft Amtsgewalt Gericht hält
(*potenter videtur placitare*).“

Nachdem der Beschluß des Herrschers
wiederholt worden ist, daß dieser von ihm autorisierte Markt mit aller seiner öffentlichen
Funktion ungeachtet jeglichen Widerspruchs
rechtmäßig (*legitimus*) sein würde, werden
Einzelheiten dieser Rechtssetzung (*iuris dis-
positio*) aufgeführt: Alle, die jenen Markt zu
besuchen wünschen, sollen in Sicherheit und
Frieden kommen und gehen und ohne irgendeinen Schaden ihrem Geschäft nachgehen, nämlich Kauf und Verkauf und was immer zu dieser Tätigkeit (*ars*) gehört. Falls
aber jemand die offenkundige Sicherung des
besagten Marktes in irgendeinem Punkt zu
stören oder brechen wagt, der soll wissen, daß
er eine kaiserliche Bannbuße leisten wird in
der Höhe, wie jener zu leisten schuldig ist, der
den Markt(frieden) zu Konstanz oder zu

Zürich verwegen brechen oder entehren würde. Diese kaiserliche Bannbuße habe der Betreffende dem Grafen Berthold oder demjenigen zu zahlen, dem Berthold die Verwaltung des Marktes übertragen will. Schließlich
sei dem Grafen erlaubt, dieses *merkatum*,
dieses Marktrecht zu behalten, zu vertauschen, zu verschenken und, was immer ihm
gutdünkt, damit zu machen.

Mit der Einrichtung eines *merkatum publicum* bzw. *legitimum* sollte Villingen in die
Reihe der seit der Mitte des 10. Jahrhunderts
sprunghaft vermehrten Marktorte im Reich
treten, deren jeweiliger Herr von dem das
Marktregal beanspruchenden König die
Marktgerichtsbarkeit für die betreffende
Stätte erhalten und damit einen Bannbezirk
geschaffen hat.[32] In ottonischer Zeit haben in
erster Linie Bischofskirchen und Klöster an
ihrem Sitz selbst oder an einem zu ihrer
Grundherrschaft gehörenden Ort, beispielsweise dem erwähnten Reichenauer Besitz Allensbach, einen Markt gegründet und hierfür
die herrscherliche Konzession erhalten, doch
begegnen vereinzelt auch weltliche Empfänger von Marktprivilegien wie Graf Berthold.[33] Zentraler Punkt war dabei die Sicherung von Frieden und Sicherheit der Markt-
besucher,[34] und dies wird auch im Villinger
Privileg angesprochen wie in vergleichbaren
Marktgründungsurkunden dieser Zeit, etwa
als Otto III. im Jahre 1000 dem Kloster
Lorsch gestattete, in Weinheim ein *publicum
mercatum* einzurichten[35]: „Alle diesen Markt
besuchenden und verlassenden Geschäftsleute sollen Frieden halten, und dieser Markt
soll jeden Mittwoch mit allem Zoll und Bann
stattfinden in der Weise, wie ein öffentlicher
Markt in anderen Städten (*civitates*) und
Dörfern (*villae*) gepflegt wird. Wer sich aber
an diesem Markt zu vergreifen wagt, wisse,
daß er die kaiserliche Bannbuße entrichten
wird.“

Auch das für die Reichenau ausgestellte
Allensbachprivileg Ottos III. von wahr-

scheinlich 998 hält fest, daß wer immer zu diesem Markt kommen wolle, dies in Sicherheit und Friede tun, seine Kauf- und Verkaufsgeschäfte erledigen und mit jeglicher Friedenssicherheit heimkehren solle.[36] Wer aber Münze und Markt in Allensbach schädigt oder jemand, der dorthin kommt, belästigt, der soll dieselbe Buße und den kaiserlichen Bann entrichten wie derjenige, welcher Markt und Münze zu Mainz, Worms und Konstanz anzugreifen wagt.

Damit ist das Thema der in Marktprivilegien genannten Bezugsorte angesprochen, das die Forschung immer wieder und auch im Hinblick auf Villingen beschäftigt hat.[37] Es läßt sich beobachten, daß im letzten Jahrzehnt des 10. Jahrhunderts für neu einzurichtende Märkte bereits bestehende, ferne wie nahe Orte als maßgeblich für die Frage der Bannbuße bzw. des Kaufleuterechts (für Quedlinburg 994 das *mercatorium ius,* für Gandersheim 990 die *lex* der Geschäftsleute und der Einwohner dieses Ortes[38]) genannt werden. Kamen dabei zunächst noch Pfalzorte wie Magdeburg (für Halberstadt 989) oder Dortmund (für Gandersheim 990) vor,[39] so traten alsbald die großen Bischofssitze wie Mainz oder Köln in den Vordergrund, etwa im Falle des Quedlinburger Marktprivilegs von 994: Es nennt nach den beiden rheinischen Metropolen noch das näher gelegene, durch einen königlichen, 965 dem dortigen Moritzkloster übertragenen Markt ausgezeichnete Magdeburg.[40] In den um die Jahrtausendwende ausgestellten Markturkunden dominieren dann die rheinischen Bischofsstädte Köln, Mainz, Speyer, Worms, Straßburg, Konstanz sowie Trier und Cambrai. Das Allensbach betreffende Privileg Ottos III. für die Abtei Reichenau folgt mit den fernen Bischofssitzen Mainz und Worms und dem nahen Konstanz ganz dieser Tendenz, während die Konstanz und Zürich nennende Villinger Marktgründungsurkunde eine Kombination aus Bischofsstadt[41] und Pfalzort[42] bietet und

damit einer etwas älteren Tradition entspricht.[43] Zudem greift das Villinger Privileg mit seinen Bezugsorten nicht über den Bodenseeraum hinaus, worin die Forschung ein wirtschaftspolitisches Konzept Graf Bertholds erkennen wollte.[44] Ist hier Vorsicht geboten, so bleibt das von der sonst erkennbaren Reichweite abweichende Bezugssystem im Falle Villingens gleichwohl auffällig. Sicher wird man hierin eine Orientierung an den in der Region angestammten Marktorten Konstanz und Zürich, den für die zu erwartenden Besucher Villingens geläufigen Plätzen, erkennen können, ohne daß damit die Begrenzung eines Wirtschaftsraumes angezeigt wäre.

Von der neueren Forschung wird indes in anderer Hinsicht der besondere Stellenwert der Villinger Urkunde im Rahmen der zahlreichen ottonischen Marktprivilegien betont, insofern als es sich nach den Worten Berent Schwineköpers bei dieser „Verleihung des Marktrechts... um die älteste derartige Verleihung an einen weltlichen Großen" handelt.[45] Ähnlich urteilt Gerd Althoff, wenn er die Königsnähe des Grafen Berthold als Grundlage „für die Bereitschaft Ottos III. (ansieht), seinem Gefolgsmann durch ein außergewöhnliches Privileg zu danken, wie er es bis dahin wohl geistlichen Institutionen vorbehalten hatte, deren Kirchenherr er war".[46] Allerdings sind solche Privilegien, wie Althoff feststellt, kurze Zeit später auch für andere Grafen bezeugt. So erscheint es lohnend, hier auf die Frage der Marktprivilegien für weltliche Empfänger in ottonischer Zeit näher einzugehen,[47] um die Stellung und Besonderheit der Villinger Urkunde herauszuarbeiten zu können.

Markt und Münze betreffende Begünstigungen weltlicher Großer durch die ottonischen Herrscher setzen nun durchaus schon früher ein: Im Jahre 950 übereignete König Otto I. auf Intervention Herzog Konrads von Lothringen seinem Vasallen Ansfrid und des-

sen Nachkommenschaft Markt und Münze in
Cassallo (Neeroeteren bei Maeseik[48]) im
Gau Maasland und den von Echt dorthin verlegten Zoll.[49] So beachtenswert dieses Marktprivileg für einen weltlichen Großen ist –
Ansfrid gilt als naher Verwandter des gleichnamigen, zur Familie der Königin Mathilde
zählenden Grafen Ansfrid, später Bischof
von Utrecht[50] –, so liegt der Unterschied zum
Villinger Privileg auf der Hand: Der Gunsterweis für Ansfrid betraf einen bereits bestehenden Markt in der Hand des Herrschers,
den dieser an einen ihm vasallitisch verbundenen Großen auf Dauer übertrug.[51]

Nicht anders verhält es sich bei der Schenkung Ottos III. von 985 an seinen Vetter Herzog Otto von Kärnten[52]: Otto empfing zusammen mit dem Wasgauforst den Hof Kaisers-
lautern nebst dem dortigen Zoll, Markt und
Bann zur freien Verfügung, was dann später
zum Hausgut der Salier zählte.[53] Noch ein
weiteres „Marktprivileg" für einen weltlichen Großen vor der Villinger Urkunde
gehört diesem Typ an: Otto III. übereignete
im Juni 985 dem bereits erwähnten Grafen
Ansfrid den diesem bis dahin zu Lehen überlassenen Teil der Einkünfte aus Zoll und
Münze in Medemblik in Brabant.[54]

Die genannten Begünstigungen lassen nun
deutlich werden, worin sich das dem Grafen
Berthold für Villingen erteilte Privileg von
diesen unterschied und worin es zugleich an
die vorausgehenden Gunsterweise für geistliche Große anknüpfte: in der Erlaubnis, auf eigenem Grund und Boden Markt und Münze
einzurichten und hierfür den herrscherlichen
Bann zu empfangen. Insofern ließe sich die
Villinger Urkunde von 999 präziser als erstes
erhaltenes Markt*gründungs*privileg für einen
weltlichen Großen bezeichnen. Allerdings
hat unsere Aufmerksamkeit auch noch einem
Privileg Kaiser Ottos II. von 975 zu gelten,
das wegen besonderer Umstände nicht im
Hauptblickfeld der bisherigen Markt- und
Stadtforschung gelegen hat.[55] Damals gestat-

tete der Kaiser auf die Intervention seiner
Gemahlin Kaiserin Theophanu, Erzbischof
Geros von Köln und eines Grafen Dietrich
hin der verwitweten Frau Imma, in Lieding
im Kärntner Gurktal Markt und Münze einzurichten, übertrug dieses Recht aber sogleich auf Immas Bitte hin dem dort von ihr
initiierten Kloster zu Ehren Mariens, des hl.
Martin und des hl. Gregor.[56] Dabei betont der
Herrscher, daß er Imma die *potestas*, hier
Markt und Münze einzurichten und Markt-
zoll zu erheben, verliehen habe wegen der
glorreichen Verdienste der am Ort verehrten
Heiligen und zur Festigung seiner Herrschaft.
Die Gewährung eines bereits klosterorien-
tierten Marktrechts an eine Adlige als Zeichen kaiserlicher Frömmigkeit und im Zeichen kaiserlicher Herrschaftssicherung! Die
in der Urkunde ausgedrückte Intention ließ
sich indes nicht verwirklichen, da das Kloster
wohl wegen des Widerstands Erzbischof
Friedrichs von Salzburg nicht zustande kam.
Das von Otto II. verliehene Marktrecht aber
blieb dadurch in den Händen von Hemmas
Nachkommenschaft.[57]

Wenn wir für Lieding 975 festhalten können, daß hier Imma und ihr Kloster mit ganz
außerordentlichen Rechten ausgestattet wurden und daß „Herrschaftsrechte, welche
früher nur Bischöfe als Grundherren erhielten, später auch seit langem bestehende Klöster, ... hier zum vorhinein einem ganz unfer-
tigen Stifte zuteil (wurden)", so bedeutet das
Villinger Privileg von 999 insofern etwas
Neues, als hier von einem Kloster als künfti-
gem Träger des Marktrechts nicht die Rede
war. Doch trifft diese Konfiguration wieder
für eine andere Marktkonzession Ottos III.
zu, die in engem zeitlichen Zusammenhang
mit der Urkunde für Graf Berthold steht: das
dem Grafen Eberhard im nördlichen Elsaß
erteilte Privileg Ottos III., in Altdorf (bei
Molsheim) einen Markt einzurichten.[58]

Dieser Gunsterweis für den elsässischen
Großen aus dem Hause der späteren Grafen

von Egisheim-Dagsburg[59] ist uns im Unterschied zur Privilegierung Bertholds nur in einer darauf Bezug nehmenden Urkunde König Friedrichs I. vom Jahre 1153 greifbar, in welcher dem Cyriakkloster in Altdorf die Gerechtsame bestätigt werden,[60] wie sie einst Kaiser Otto (III.) dem Grafen Eberhard verliehen hatte.[61] Zudem hat wohl im späten 12. Jahrhundert eine in demselben Kloster angefertigte Fälschung das echte Diplom Kaiser Ottos als Vorlage benutzt und Teile, darunter das Datum 20. Mai 999, übernommen. So wäre das Marktprivileg für Graf Eberhard rund zwei Monate nach der Villinger Urkunde von Otto III. in Rom ausgestellt worden.[62]

Was läßt sich nun aus der Urkunde Friedrichs I. für Abt Berthold von Altdorf im Hinblick auf den Grafen Eberhard entnehmen? Otto III. habe diesem das Recht gewährt,[63] in seinem Eigenbesitz (*in quodam sue proprietatis allodio*) Altdorf einen öffentlichen Markt mit Münze, Schenke (*taberna*) und Zoll einzurichten und rechtmäßig zu handhaben. Berührt sich dies alles, von der Nennung der Schenke abgesehen, mit dem Villinger Privileg, so unterschied sich die Situation in Altdorf allerdings in einem wichtigen Punkt: Hier hatte Hugo raucus, Graf im elsässischen Nordgau, um 974 die von seinem Vater geplante Stiftung eines Klosters zu Ehren des des hl. Bartholomäus und des hl. Gregor vollendet; Hugos Sohn und Nachfolger Eberhard, der Empfänger des Marktgründungsprivilegs für Altdorf von 999, blieb kinderlos, so daß sich die Familie mit Eberhards Bruder Hugo, dem Vater Papst Leos IX., fortsetzte, der dem Kloster Altdorf die fortan namengebende Cyriak-Reliquie geschenkt hat.[64]

Zur Zeit der von Otto III. dem Grafen Eberhard konzedierten Marktgründung in Altdorf bestand hier also ein Kloster, und die Existenz dieser dauerhaften geistlichen Einrichtung darf gewiß als günstige Rahmenbedingung für den am Ort geplanten Marktverkehr gelten. Zu einem uns nicht näher bekannten Zeitpunkt (vielleicht noch unter Graf Eberhard) sind die Markt-, Münz- und Zollgerechtsame in Altdorf an ebendiese Institution übergegangen, wie dem Diplom Friedrich Barbarossas von 1153 zu entnehmen ist.

So rückt die Privilegierung des Grafen Eberhard für Altdorf eher in die Nähe der Marktrechtsverleihung Ottos II. für Imma in Lieding, als daß sie eine Parallele zu Villingen 999 darstellte; allerdings läßt sich aus Überlieferungsgründen zu Einzelheiten, etwa zur Konfiguration Graf Eberhard – Marktgründung – Kloster, nichts Genaueres sagen. Auch das dritte uns bekannte Marktgründungsprivileg Ottos III. für einen weltlichen Großen, den Adligen Aribo in Donauwörth, ist nur aus späterer Überlieferung bekannt: Wie aus einem Diplom Kaiser Konrads II. von 1030 hervorgeht,[65] hat Aribo, der übrigens gesellschaftlich unterhalb des Grafen Berthold rangierte,[66] von Kaiser Otto III., also zwischen 996 und 1002, die Erlaubnis erhalten, in Donauwörth im Riesgau einen samstags stattfindenden Wochenmarkt mit Münze und Zoll und allem öffentlichen Geschäft einzurichten. Aribos Sohn Manegold suchte im Jahre 1030 bei Kaiser Konrad II. um Bestätigung dieses Rechts nach, erreichte dabei aber aufgrund seines treuen Dienstes für den Herrscher noch eine qualitative Änderung: die Einrichtung eines dreitägigen, Anfang Mai stattfindenden Jahrmarkts.[67]

Wenn mit diesem zweistufigen Marktprivileg Ottos III. bzw. Konrads II. für Donauwörth eine edelfreie Familie im schwäbisch-bayerischen Grenzbereich, die Herren von Werd, gefördert wurde, die von der Burg Mangoldstein aus den Donauwörther Raum beherrschten,[68] so wird an diesem Beispiel mit Blick auf Villingen deutlich, daß ein um 1000 mit herrscherlicher Konzession ins Leben gerufener Marktort einer adligen Familie durchaus so aufblühen konnte, daß er in der nächsten Generation erweiterungsfähig war. Zugleich läßt sich hieran verfolgen, wie eine adlige Familie als Trägerin und Herrin des Marktes in den ersten Jahrzehnten nach dessen Einrichtung gehandelt hat: Sie hat die Nähe zum Herrscher als Garanten für Marktrecht und Marktfriede gehalten. Auch die Träger des Villinger Marktes, die Nachkommen Graf Bertholds, sind immer wieder in dieser Nähe zu König und Kaiser bezeugt.[69]

Die Einordnung des Villinger Privilegs in die ottonische Marktpolitik und sein Vergleich mit anderen ähnlichen Gunsterweisen Ottos III. für weltliche Große haben deutlich werden lassen, daß es bereits seit der Mitte des 10. Jahrhunderts Beispiele für die Übertragung der Marktkonzession an Adlige unterschiedlichen Ranges gegeben hat; dabei handelte es sich mit den beiden Ansfriden in den Jahren 950 und 985 und mit Herzog Otto von Kärnten im Jahr 985 um hohe Adlige, die dem ottonischen Haus verwandtschaftlich nahestanden. Betrafen alle diese Gunsterweise bereits bestehende Märkte auf Reichsgut, so hat Otto II. mit seinem Markt- und Münzprivileg für Imma und ihr Kloster in Lieding einen neuen Weg beschritten, den sein Sohn Otto III. dann offenbar verstärkt fortgesetzt hat: Dieser gestattete nachweislich mehreren weltlichen Großen, Markt und Münze auf eigenem Grund und Boden einzurichten, und weitete damit eine bis dahin auf geistliche Empfänger beschränkte Praxis aus. Diese Politik paßt zu dem Eindruck, daß gerade Kaiser Otto III.[70] dem Laienadel ein verstärktes Interesse entgegengebracht hat.[71]

Graf Berthold gehörte zu den weltlichen Großen, die von dieser neuen ottonischen Politik gegenüber dem Adel profitiert haben. Das ihm im März 999 von Otto III. gewährte Privileg darf dabei, wie der Vergleich mit anderen ottonischen Marktkonzessionen für nichtgeistliche Empfänger gezeigt hat, durchaus eine Sonderstellung beanspruchen: Es ist das erste erhaltene Marktgründungsprivi-

leg dieser Art, das nicht im Kontext einer Klostergründung erteilt wurde.

Damit wird zum Schluß noch einmal der Blick auf die Rahmenbedingungen von Bertholds Begünstigung gelenkt. Entsprang seine Petition beim Kaiser einer sorgfältigen Planung von langer Hand, oder ließ sich der Graf, wie oben schon vermutungsweise angesprochen,[72] vielleicht eher ad hoc von der offenbar im April 998 gewährten Marktkonzession für den Reichenauer Abt in Allensbach zu seinem Vorstoß beim Kaiser anregen? Diese Frage ist nicht schlüssig zu beantworten, aber es erscheint für diesen Zusammenhang bedeutsam, was am Schluß der Urkunde vermerkt ist: Der Kaiser erteilt dem Grafen die Erlaubnis, mit dem *merkatum* nach Gutdünken zu verfahren, es zu behalten, zu vertauschen oder verschenken. Eine solche Klausel über die freie Verfügungsgewalt ist uns aus zahllosen Güterschenkungen geläufig und kommt auch im unmittelbaren Umfeld des Villinger Privileges vor;[73] sie findet sich aber, soweit zu sehen, sonst in keinem der vorangehenden zahlreichen ottonischen Marktgründungsprivilegien.[74]

Wie ist diese Wendung im Villinger Privileg zu verstehen? Anders als bei Güterschenkungen waren hier nicht Grund und Boden Gegenstand des herrscherlichen Gunsterweises, sondern verschiedene vom König beanspruchte Rechte, Regalien, wie in späterer Zeit formuliert wurde.[75] Insofern konnte es dem Kaiser nicht darum gehen, dem Grafen die freie Verfügung über den Ort Villingen anheimzustellen, die Berthold als Grundherr bereits besaß, sondern seine als Geschenk erscheinende Rechtsgewährung (*donavimus, largiti sumus et concessimus*) betraf (in ungewohnter Weise) den spezifischen Gegenstand dieser Urkunde, das Markt-, Münz- und Zollrecht samt Bann. Diese Rechte zu behalten, an jemanden zu schenken oder zu verkaufen oder sie mit jemandem gegen eine günstiger erscheinende Alternative zu vertauschen – all

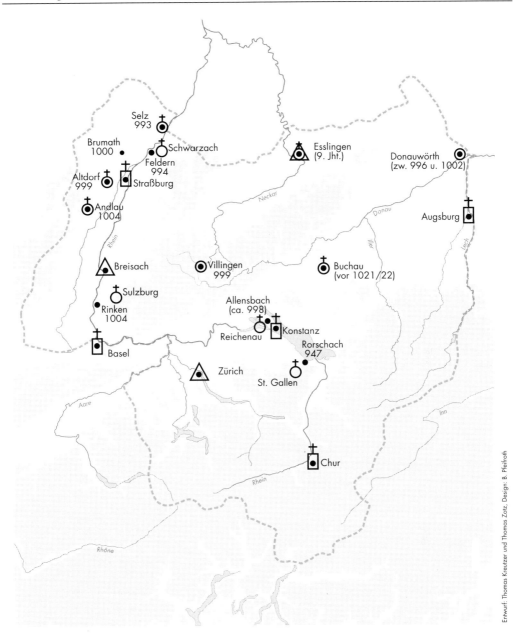

Markt- und Münzorte in Schwaben im Zeitalter der Ottonen (bis 1024)

● Markt-/Münzort	○	Adelsbesitz
✝● Bistum	999	Jahr der Privilegierung
♀● Kloster mit Bezug zu Markt-/Münzort	(ca.998)	Ungefähres Datum der Privilegierung
△ Herzogliche Münzstätte	– – –	Grenzsaum des Herzogtums Schwaben, einschließlich des Elsaß

Entwurf: Thomas Kreutzer und Thomas Zotz, Design: B. Pfeifroth

dies stellte Otto III. dem Grafen frei, wahrscheinlich auf seinen Wunsch hin. Davon war
grundsätzlich die Dauerhaftigkeit des gerade
erst geplanten Marktverkehrs in Villingen
betroffen, und im Verständnis des Empfängers mag auch zu der ihm gewährten *licentia*
gehört haben, das Marktrecht an einem anderen seiner Orte zur Anwendung zu bringen,
falls sich Villingen als ungünstiger Standort
erweisen sollte.[76]

Wenn wir abschließend noch einmal die
Beispiele von Marktgründungen auf adligem
Eigengut wie Lieding 975 und Altdorf 999
zum Vergleich heranziehen, welche die
Marktinitiatoren in enger Verbindung mit
ihrem (geplanten) Eigenkloster zeigen – hier
ließen sich auch noch Markt und Münze in
Selz anführen, von Otto III. der Kaiserin-
witwe Adelheid 993 im Rahmen ihrer dortigen Klosterstiftung geschenkt und zugestanden[77] –, dann erscheint die Ausgangssituation
für den Markt in Villingen in klareren Konturen, eine Ausgangssituation, die wohl auch für
Aribos Marktgründung in Donauwörth gegolten hat: Hier wie dort bestand kein Kloster, das als dauerhafte Einrichtung zusätzlich
ein günstiger Faktor für den Marktverkehr
gewesen wäre. Unter solchen Bedingungen
hatte sich der von Graf Berthold gegründete
Villinger Markt im Kreis der bereits vorhandenen Märkte und Münzstätten im Südwesten des Reiches[78] zu etablieren und zu behaupten, jener, die seit langem schon existierten an den Bischofssitzen Konstanz und
Straßburg, an den königlich-herzoglichen
Orten wie Zürich, Breisach und Esslingen,[79]
ebenso wie jener, die erst seit der Mitte des
10. Jahrhunderts zusätzlich auf der Bildfläche
erschienen sind wie die Märkte der Abtei St.
Gallen in Rohrschach (947)[80], des Klosters
Selz (993) am Ort oder der Abtei Reichenau
in Allensbach, letzterer wohl unmittelbar vor
Villingen gleichfalls in Rom und gleichfalls
von Kaiser Otto III. ins Leben gerufen.

Anhang

Privileg Kaiser Ottos III. für Graf Berthold vom 29. März 999

Edition: MGH D OIII 311 (nach dem im GLAK verwahrten Orginal). Zur Urkunde vgl. auch den Beitrag von Alfons Zettler im Katalogband zur Villinger Ausstellung „Menschen, Mächte, Märkte" 1999.

In nomine sanctae et individuae trinitatis. Otto superna favente clementia Romanorum imperator augustus. Si dignis fidelium nostrorum petitionibus assensum prebuerimus, nobis inde illos fideliores esse procul dubio credimus. Qua de causa universe etati scilicet presentis secli ac futuri aevi notum esse volumus, quoniam nos duce egregio Herimanno rogante Berhtoldo comiti nostro donavimus largiti sumus et concessimus ius fas et potestatem in quodam suo loco Vilingun dicto publicum faciendi et construendi merkatum cum moneta theloneo ac totius publice rei banno, in comitatu quoque Bara quem Hildibaldus comes tenere et potenter videtur placitare, atque idem nostrae concessionis auctoritative merkatum fore legitimum cum omni publica functione imperiali decrevimus preceptione, omnium hominum postposita contradictione, tali videlicet iuris dispositione ut cuncti qui illud iam dictum merkatum visitare cupiant, secure et cum totius tranquillitatis pace eant redeant et sine iniusto quolibet dampno negocium suum excolant, scilicet comparando emendo vendendo et quicquid huius artis nominari potest faciendo. Et si hoc quod patet predicti mercati firmamentum quisquam mortalium in aliquo violare irritare seu infringere presumpserit, se sciat compositurum talem talem nostrae rei publicae bannum qualem ille componeret debitus qui illud merkatum Constancie aut illud Turegum aliqua temeritate frangeret sive contaminaret; persolvat ergo hunc ipsum bannum imperialem prehabito Bertholdo comiti aut cui ipse dare voluerit, habeatque idem modo dictus comes licenciam tenendi commutandi donandi et quicquid sibi placuerit de prenominato merkato disponendi. Et ut ista concessio nostrae auctoritatis permaneat indissolubilis et perseverans, hanc paginam ut videtur subtus manu propria corroboravimus sigilloque nostro plumbeo sigillare precepimus.

Signum domni Ottonis caesaris invictissimi.

Heribertus cancellarius vice Uuilligisi archiepiscopi novit.

Data IIII. kal. april. anno dominice incarnationis DCCCCXCVIIII, indictione XII, anno tercii Ottonis regnantis XVI, imperii III; actum Rome; feliciter.

Übersetzung (Alfons Zettler und Thomas Zotz)

Im Namen der heiligen und ungeteilten Dreieinigkeit. Otto, von Gottes Gnaden erhabener Kaiser der Römer. Wenn Wir den berechtigten Bitten Unserer Getreuen Zustimmung gewähren, dürfen Wir zweifellos darauf vertrauen, daß diese Uns künftig um so treuer dienen werden. Aus diesem Grund tun Wir allen Menschen dieser Welt und auch den künftigen Generationen kund und zu wissen, daß Wir auf Ersuchen des erlauchten Herzogs Hermann Unserem Grafen Berthold das Recht, die allerhöchste Erlaubnis und die Gewalt gegeben, verliehen und bewilligt haben, an einem bestimmten Ort, seinem Flecken Villingen nämlich, einen öffentlichen Markt mit Münze, Zoll und der gesamten öffent-

lichen Gerichtsbarkeit abzuhalten und auf
Dauer einzurichten. Dieser Ort Villingen
liegt bekanntlich in der Grafschaft auf der
Baar, die der Graf Hildibald innehat und wo
dieser von Amts wegen zu Gericht sitzt. Und
Wir haben mit Unserem kaiserlichen Erlaß
bestimmt, daß dieser von Uns autorisierte
Markt rechtmäßig mit allen öffentlichen
Funktionen ausgestattet sein soll, unbeschadet jeglichen Widerspruchs. Im einzelnen gilt
folgende Rechtsordnung: Jeder, der den besagten Markt aufsuchen will, möge sicher und
in Ruhe und Frieden dorthin gehen und auch
wieder weggehen. Ohne Unrecht, Schaden
oder Verlust befürchten zu müssen, soll er seine Geschäfte wahrnehmen, sei es Handel, sei
es An- und Verkauf, oder welches Treiben
auch immer zu diesem Gewerbe gehören
mag. Und jeder, der diese hiermit festgelegte
Ordnung des besagten Marktes auf irgendei-
ne Weise zu verletzen, zu stören oder zu brechen sich anmaßen sollte, muß wissen, daß er
dafür gemäß Unserer öffentlichen Gerichtsordnung jene Summe als Buße zu erlegen hat,
wie sie jener entrichten muß, der es wagt, die
allseits bekannten Märkte zu Konstanz oder
Zürich zu stören oder zu beeinträchtigen. Er
muß das in der kaiserlichen Gerichtsordnung
festgesetzte Bußgeld entweder an den erwähnten Grafen Berthold abführen oder an
jemanden, den dieser dazu bestimmt. Der so-
eben genannte Graf soll im übrigen nicht nur
das Recht haben, den Markt in seinem Besitz
zu behalten, sondern es sei ihm auch gestattet, diesen weiterzugeben, nämlich zu vertauschen oder zu verschenken, und überhaupt in
jeglicher Weise darüber zu verfügen, wie es
ihm gefällt. Und damit diese Unsere kaiserliche Verleihung unauflöslichen und dauerhaften Bestand habe, haben Wir, wie man hier
unten sehen kann, diese Urkunde mit Unserer eigenen Hand bekräftigt und angeordnet,
sie mit Unserem Bleisiegel zu versehen.

Das Zeichen Herrn Ottos, des unbesieg-
baren Kaisers.

Der Kanzler Heribert hat dies anstelle des
Erzbischofs Willigis beglaubigt.

Gegeben am 29. März im Jahr 999 nach
Christi Geburt, in der zwölften Indiktion, im
16. Jahr der Regierung des dritten Ottos und
im dritten Jahr seines Kaisertums; verhandelt
in Rom; möge es zum Glück gereichen!

---

1 Monumenta Germaniae Historica (im folgenden: MGH).
 Die Urkunden der deutschen Könige und Kaiser 2, 2: Die
 Urkunden Ottos des III. Hg. von Theodor Sickel, Berlin
 1893, ND 1980, Nr. 311 (im folgenden: D OIII).
2 Vgl. Paul Revellio, Beiträge zur Geschichte der Stadt Villingen, Villingen 1964; Villingen und die Westbaar. Hg. von
 Wolfgang Müller (Veröffentlichung des Alemannischen
 Instituts Freiburg i. Br. 32), Bühl 1972, und jüngst zusammenfassend Alfons Zettler, Villingen, in: Lexikon des Mittelalters 8, München 1997, Sp. 1695f.
3 Urkundenbuch der Abtei Sanct Gallen 1. Hg. von Hermann Wartmann, Zürich 1863, Nr. 226, S. 217. Dazu vgl.
 Michael Borgolte, Das Königtum am oberen Neckar
 (8.–11. Jahrhundert), in: Zwischen Schwarzwald und
 Schwäbischer Alb. Das Land am oberen Neckar. Hg. von
 Franz Quarthal (Veröffentlichung des Alemannischen Instituts Freiburg i. Br. 52), Sigmaringen 1984, S. 67–110, hier
 S. 110 f. und Karte S. 95.
4 Vgl. außer Borgolte, Königtum, 1984, noch Manfred
 Glunk, Die Karolingischen Königsgüter an der Baar. Ein
 Beitrag zur Geschichte der Baar im 8. und 9. Jahrhundert,
 in: SVGBaar in Donaueschingen 27, 1968, S. 1–33, und
 Hansmartin Schwarzmaier, Das Königsgut in karolingischer, ottonischer und salischer Zeit, in: Historischer Atlas
 von Baden-Württemberg, Karte V, 2 mit Beiwort, Stuttgart
 1975.
5 Vgl. Paul Revellio, Die Besiedlung des Schwarzwaldran-
 des westlich und südlich von Villingen, in: Ders., Beiträge,
 1964, S. 16–40, und neuerdings Konrad Spindler, Zur Topographie der Villinger Altstadt, in: Fundberichte aus Baden-Württemberg 4, 1979, S. 391–413, hier S. 395 ff. mit
 Übersichtskarte S. 392. – Zur Namensform und ihrer Aus-
 sagefähigkeit vgl. Dieter Geuenich, Der Landesausbau
 und seine Träger (8.–11. Jahrhundert), in: Archäologie und
 Geschichte des ersten Jahrtausends in Südwestdeutschland (Archäologie und Geschichte. Freiburger Forschungen zum ersten Jahrtausend in Südwestdeutschland 1),
 Sigmaringen 1990, S. 207–218, hier S. 209 ff., und beispielhaft
 für das südliche Oberrheingebiet Michael Hoeper, Alamannische Besiedlungsgeschichte im Breisgau, Reihengräberfelder und Gemarkungsgrenzen, in: Römer und
 Alamannen im Breisgau. Studien zur Besiedlungsgeschichte in Spätantike und frühem Mittelalter (Archäologie und Geschichte. Freiburger Forschungen zum ersten
 Jahrtausend in Südwestdeutschland 6), Sigmaringen 1994,
 S. 9–124.
6 Vgl. Paul Revellio, Auf den Spuren alter Verkehrswege in
 der Umgebung von Villingen, in: Revellio, Beiträge, 1964,
 S. 41 ff.; Philipp Filtzinger, Die militärische Besitznahme
 durch die Römer, in: Historischer Atlas von Baden-Württemberg, Karte III, 3 mit Beiwort, Stuttgart 1979; Gerhard
 Fingerlin, Vom Hochrhein zur Donau. Archäologische Anmerkungen zu einer wichtigen Römerstraße, in: Archäologische Nachrichten aus Baden 32, 1984, S. 3–12. Neuer-

dings zur Frage der römischen Straßenverbindung von Hüfingen über den Schwarzwald nach Breisach Johannes Humpert, Eine römische Straße durch den südlichen Schwarzwald, in: Archäologische Nachrichten aus Baden 45, 1991, S. 19–32.

7 Vgl. hierzu grundlegend Eduard Heyck, Geschichte der Herzoge von Zähringen, Freiburg im Breisgau 1891, ND Aalen 1980; Veröffentlichungen zur Zähringer-Ausstellung 1: Die Zähringer. Eine Tradition und ihre Erforschung. Hg. von Karl Schmid, Sigmaringen 1986; 2: Die Zähringer. Anstoß und Wirkung. Hg. von Hans Schadek und Karl Schmid, Sigmaringen 1986; 3: Die Zähringer. Schweizer Vorträge und neue Forschungen. Hg. von Karl Schmid, Sigmaringen 1990; Ulrich Parlow, Die Zähringer. Kommentierte Quellendokumentation zu einem südwestdeutschen Herzogsgeschlecht des hohen Mittelalters (Veröffentlichungen der Kommission für geschichtliche Landeskunde in Baden-Württemberg, Reihe A 50), Stuttgart (im Druck), und überblickhaft Thomas Zotz, Zähringer, in: Lexikon des Mittelalters 9, München 1998 (im Druck).

8 Vgl. Alfons Zettler, Zähringerburgen – Versuch einer landesgeschichtlichen und burgenkundlichen Beschreibung der wichtigsten Monumente in Deutschland und in der Schweiz, in: Die Zähringer 3, 1990, S. 95–176, hier S. 101 ff.; Freiburg 1091–1120. Neue Forschungen über die Anfänge der Stadt. Hg. von Hans Schadek und Thomas Zotz (Archäologie und Geschichte. Freiburger Forschungen zum ersten Jahrtausend in Südwestdeutschland 7), Sigmaringen 1995; Das Kloster St. Peter und der Schwarzwald. Aspekte seiner Geschichte von der Gründungsphase um 1093 bis zur Frühen Neuzeit. Hg. von Heinz-Otto Mühleisen, Hugo Ott und Thomas Zotz (in Druckvorbereitung).

9 Vgl. Die Zähringer 2, 1986, Nr. 6, S. 14 ff.; Leopold Auer, Berthold I., Herzog von Kärnten, in: Lexikon des Mittelalters 1, München–Zürich 1980, Sp. 2026.

10 Dazu mit allen Nachweisen Parlow, Die Zähringer, Nr. 1, 21.

11 Vgl. Hartmut Heinemann, Die Zähringer und Burgund, in: Die Zähringer 1, 1986, S. 59–74.

12 Vgl. Regesta Imperii II, 5: Papstregesten 911–1024. Bearb. von Harald Zimmermann, Wien–Köln–Graz 1969, Nr. 755.

13 Dazu Hagen Keller, Kloster Einsiedeln im ottonischen Schwaben (Forschungen zur oberrheinischen Landesgeschichte 13), Freiburg im Breisgau 1964, Register S. 183 s. v. Landold, Graf im Thurgau.

14 Keller, Einsiedeln, 1964, S. 111 Anm. 110, 122, betrachtet mit Hilfe der späteren Einsiedler Überlieferung Landold und Liutgard als Schwiegereltern Graf Bertholds, während Heyck, Zähringer, 1891, Übersicht der Mitglieder und Verwandten des zähringischen Hauses, Landolds gleichnamigen Sohn als Schwiegervater Bezelins von Villingen († 1024) anspricht, der ihm als Sohn des Thurgaugrafen und Marktprivilegempfängers von 999 gilt. Wenngleich sich Heyck bei seiner Unterscheidung zwischen dem 999 bezeugten Grafen Berthold und Bezelin von Villingen von der Identifizierung Graf Bertholds mit dem Breisgaugrafen Birchtilo leiten ließ, der seiner Ansicht ca. 1005 gestorben sei, löst das inzwischen von der neueren Forschung vorgenommene Unterscheidung der beiden genannten Grafen (vgl. die folgende Anm.) das Problem dennoch nicht restlos, ob Graf Berthold von 999 und Bezelin von Villingen personengleich oder im Vater-Sohn-Verhältnis zu sehen sind.

15 Zu diesem Ergebnis der neueren Forschungen vgl. Keller, Einsiedeln, 1964, S. 119; Thomas L. Zotz, Der Breisgau und das alemannische Herzogtum. Zur Verfassungs- und Be-

sitzgeschichte im 10. und beginnenden 11. Jahrhundert (Vorträge und Forschungen Sonderbd. 15), Sigmaringen 1974, S. 178 ff., und zuletzt Alfons Zettler, Sulzburg im früheren Mittelalter, in: Geschichte der Stadt Sulzburg 1, Freiburg i. Br. 1993, S. 277–333, hier S. 294 ff. Danach ist der zu Beginn des 11. Jahrhunderts im Breisgau bezeugte Graf Berthold nicht identisch mit dem hier unter Otto III. waltenden Grafen Birchtilo, wovon z. B. Heyck, Zähringer, 1891, S. 5 ff. ausgegangen ist.

16 Vgl. Regesta Imperii II, 4: Die Regesten des Kaiserreiches unter Heinrich II. 1002–1024. Bearb. von Theodor Graff, Wien–Köln–Graz 1971, Nr. 1573, 1881, 2013, 2015. Wenn Thietmar von Merseburg in seiner Chronik zum Jahr 1015 von einer wundersamen Begebenheit in einer Gegend Schwabens berichtet, wo ein Graf Bezelin amtiere, so dürfte hiermit der Breisgau oder der Thurgau gemeint sein. Thietmar von Merseburg, Chronicon. Hg. von Robert Holtzmann (MGH SS rer. Germ. NS. 9), Berlin 1955, VII/32, S. 436 f.

17 Vgl. Zotz, Breisgau, 1974, S. 183 f.

18 Hierzu ausführlich Gerd Althoff, Warum erhielt Graf Berthold im Jahre 999 ein Marktprivileg?, in: Die Zähringer 3, 1990, S. 269–274, und neuerdings Ders., Otto III., Darmstadt 1996, S. 100 ff.

19 Vgl. Tilman Struve, Gregor V., in: Lexikon des Mittelalters 4, München/Zürich 1989, Sp. 1668. Zur römischen Adelsfamilie der Crescentier vgl. Herbert Zielinski, Crescentier, in: Lexikon des Mittelalters 3, München/Zürich 1986, Sp. 343 ff.

20 Dazu Harald Zimmermann, Johannes XVI., in: Lexikon des Mittelalters 5, München/Zürich 1991, Sp. 542 f.

21 Vgl. Regesta Imperii II, 3: Die Regesten des Kaiserreiches unter Otto III. 980(983)–1002. Bearb. von Mathilde Uhlirz, Graz–Köln 1956, Nr. 1272a.

22 Vgl. Regesta Imperii II, 5, 1969, Nr. 817, 819.

23 Heyck, Zähringer, 1891, S. 7 f.; Althoff, Graf Berthold, 1990, S. 270 f. Birchtilo ist ebenso wie Bezelin eine Nebenform zu Berthold.

24 Vgl. Regesta Imperii II, 3, 1956, Nr. 1305a. Dazu Althoff, Graf Berthold, 1990, S. 272 f. Es ist aber zu bea...en, daß dieser Bezelin ebensowenig wie der die Gefangennahme des Gegenpapstes betreibende Birchtilo in den Quellen als Graf erscheint. Handelt es sich hier vielleicht um den Sohn des Grafen Berthold, der zusammen mit dem Vater nach Italien gezogen war? In ihm ließe sich dann der seit dem zweiten Dezennium des 11. Jahrhunderts bezeugte Graf Bezelin (von Villingen) sehen.

25 Sie wird auch von Althoff, Graf Berthold, 1990, S. 273, betont.

26 Regesta Imperii II, 5, 1969, Nr. 825; II, 3, 1956, Nr. 1264.

27 Vgl. Regesta Imperii II, 3, 1956, Nr. 1265. MGH DO III 280. Zur Allensbacher Marktgründung vgl. Konrad Beyerle, Die Marktgründungen der Reichenauer Äbte und die Entstehung und Gemeinde Reichenau, in: Die Kultur der Abtei Reichenau 1. Hg. von Konrad Beyerle, München 1925, S. 513–539, und Hertha Borchers, Untersuchungen zur Geschichte des Marktwesens im Bodenseeraum (bis zum 12. Jahrhundert), in: ZGO 104, 1956, S. 315–360, hier S. 327 ff. Zur Förderung der Reichenau durch Otto III. vgl. Helmut Maurer, Rechtlicher Anspruch und geistliche Würde der Abtei Reichenau unter Kaiser Otto III., in: Die Abtei Reichenau. Neue Beiträge zur Geschichte und Kultur des Inselklosters. Hg. von Helmut Maurer (Bodensee-Bibliothek 20), Sigmaringen 1974, S. 255–275, hier S. 262 ff.

28 Zur inhaltlichen Nähe der beiden Privilegien vgl. Borchers, Untersuchungen, 1956, S. 330.

29 Vgl. Helmut Maurer, Der Herzog von Schwaben. Grundlagen, Wirkungen und Wesen seiner Herrschaft in ottonischer, salischer und staufischer Zeit, Sigmaringen 1978, S. 129 ff.

30 Dazu überblickhaft Rolf Sprandel, Markt (I), in: Lexikon des Mittelalters 6, München–Zürich 1993, Sp. 308–311. Vgl. insbesondere Walter Schlesinger, Der Markt als Frühform der deutschen Stadt, in: Vor- und Frühformen der europäischen Stadt im Mittelalter 1. Hg. von Herbert Jankuhn, Walter Schlesinger und Heiko Steuer (Abhandlungen der Akademie der Wissenschaften in Göttingen, phil.-hist. Klasse, 3. Folge Nr. 83), Göttingen 1973, S. 262–293.

31 Vgl. Dieter Willoweit, Graf, Grafschaft (I–IV), in: Handwörterbuch der deutschen Rechtsgeschichte 1, Berlin 1971, Sp. 1775–1785.

32 Vgl. dazu Schlesinger, Markt, 1973, S. 271 ff.

33 Eine Liste der Markt-, Münz- und Zoll-Orte (ohne Villingen!) und eine Übersicht über die geistlichen Empfänger bietet Friederun Hardt-Friederichs, Markt, Münze und Zoll im Ostfränkischen Reich bis zum Ende der Ottonen, in: Blätter für deutsche Landesgeschichte 116, 1980, S. 1–31, hier S. 21 ff. Zu den weltlichen Empfängern vgl. Schlesinger, Markt, 1973, S. 276 mit Anm. 87.

34 Vgl. dazu allgemein Wolfgang Metz, Marktrechtsfamilie und Kaufmannsfriede in ottonisch-salischer Zeit, in: Blätter für deutsche Landesgeschichte 108, 1972, S. 28–55.

35 MGH D OIII 372.

36 MGH D OIII 280. Vgl. Borchers, Untersuchungen, 1956, S. 327 ff.

37 Vgl. Hertha Borchers, Beiträge zur rheinischen Wirtschaftsgeschichte, in: Hessisches Jahrbuch für Landesgeschichte 4, 1954, S. 64–80; Dies., Untersuchungen, 1956, S. 328 ff.; Metz, Marktrechtsfamilie, 1972, passim; Edith Ennen, Die europäische Stadt des Mittelalters, Göttingen 1972, S. 75 ff.; Schlesinger, Markt, 1973, S. 281 f.

38 Vgl. MGH D OIII 155, 66.

39 MGH D OIII 55, 66.

40 MGH D OIII 155. Vgl. jüngst Ulrich Reuling, Quedlinburg: Königspfalz – Reichsstift – Markt, in: Deutsche Königspfalzen 4: Pfalzen – Reichsgut – Königshöfe. Hg. von Lutz Fenske (Veröffentlichungen des Max-Planck-Instituts für Geschichte 11, 4), Göttingen 1996, S. 184–247, hier S. 233 ff.

41 Zu Konstanz in ottonischer Zeit vgl. Helmut Maurer, Konstanz im Mittelalter 1. Von den Anfängen bis zum Konzil, Konstanz 1989, S. 52 ff.

42 Dazu Reinhold Kaiser, Vom Früh- zum Hochmittelalter, in: Geschichte des Kantons Zürich 1, Zürich 1995, S. 130 ff., ferner Maurer, Herzog, 1978, S. 57 ff.

43 Sie ist noch im Marktgründungsprivileg Ottos III. für das Kloster Helmarshausen an der Diemel aus dem Jahre 1000 belegt, in dem außer Mainz und Köln der Pfalzort Dortmund aufgeführt wird. MGH D OIII 357.

44 Borchers, Untersuchungen, 1956, S. 330 f.

45 Berent Schwineköper, Die heutige Stadt Villingen – eine Gründung Herzog Bertholds V. von Zähringen (1186–1218), in: Die Zähringer 1, 1986, S. 75–100, hier S. 81.

46 Althoff, Graf Berthold, 1990, S. 273. Vgl. auch Ders., Otto III., 1996, S. 104 („das älteste für einen Laien ausgestellte und erhaltene Marktprivileg").

47 Auf sie hat bereits Schlesinger, Markt, 1973, S. 276 Anm. 87, aufmerksam gemacht.

48 Vgl. zu dieser Identifizierung Guido Rotthoff, Studien zur Geschichte des Reichsguts in Niederlothringen und Friesland während der sächsisch-salischen Kaiserzeit (Rheinisches Archiv 44), 1953, S. 96 und Exkurs S. 164 ff.

49 MGH Die Urkunden der deutschen Könige und Kaiser 1: Die Urkunden Konrads I., Heinrichs I. und Ottos I. Hg. von Theodor Sickel, Berlin 1884, ND 1980, Nr. 129 (im folgenden: D OI). Regesta Imperii II, 1: Die Regesten des Kaiserreichs unter Heinrich I. und Otto I. 919–973. Bearb. von Emil von Ottenthal, Innsbruck 1893, ND Hildesheim 1967, Nr. 191.

50 Rotthoff, Reichsgut, 1953, S. 167 ff.

51 So verfuhr Otto I. auch gegenüber geistlichen Institutionen, wenn er etwa dem Magdeburger Moritzkloster 965 den Markt, die Münze und den gesamten Zollertrag am Ort schenkte. MGH D OI 301.

52 Otto war der Sohn Herzog Konrads von Lothringen und Liudgards, einer Tochter Ottos I. Ab 978 verwaltete er das Herzogtum Kärnten, mußte hierauf jedoch 985 zugunsten des Liutpoldingers Heinrich verzichten, der seinerseits im Zuge der Aussöhnung Ottos II. mit Herzog Heinrich dem Zänker das Herzogtum Bayern abtreten mußte. Vgl. Heinz Dopsch, Otto „von Worms", Herzog von Kärnten, in: Lexikon des Mittelalters 6, München–Zürich 1993, Sp. 1577.

53 MGH D OIII 9. Vgl. jetzt Volker Rödel, Der Lauterer Reichsgutkomplex. Eine Zwischenbilanz, in: Deutsche Königspfalzen 4, 1996, S. 409–445, hier S. 411.

54 MGH D OIII 14. Regesta Imperii II, 3, 1956, Nr. 970. Rotthoff, Reichsgut, 1953, S. 109 f.

55 Es fehlt denn auch in der von Schlesinger, Markt, 1973, S. 276, gegebenen Liste.

56 MGH Die Urkunden der deutschen Könige und Kaiser 2, 2: Die Urkunden Otto des II. Hg. von Theodor Sickel, Berlin 1888, ND 1980, Nr. 110. Zu der hochrangigen Adligen Imma vgl. Claudia Fräss-Ehrfeld, Geschichte Kärntens 1: Das Mittelalter, Klagenfurt 1984, S. 119 f.

57 Vgl. August Jaksch, Geschichte Kärntens bis 1335 I, Klagenfurt 1928, S. 138. Hieraus das im Text folgende Zitat.

58 MGH D OIII 325. Regesta Imperii II, 3, 1956, Nr. 1322.

59 Vgl. Franz Xaver Vollmer, Die Etichonen, in: Studien und Vorarbeiten zur Geschichte des großfränkischen und frühdeutschen Adels. Hg. von Gerd Tellenbach (Forschungen zur oberrheinischen Landesgeschichte 4), Freiburg i. Br. 1957, S. 137–184, hier S. 180 f., und Eduard Hlawitschka, Die Anfänge des Hauses Habsburg-Lothringen. Genealogische Untersuchungen zur Geschichte Lothringens und des Reiches im 9., 10. und 11. Jahrhundert (Veröffentlichungen der Kommission für saarländische Landesgeschichte und Volksforschung 4), Saarbrücken 1969, S. 113 ff.

60 Zur Geschichte dieses Klosters vgl. Germania Pontificia III, 3. Hg. von Albert Brackmann, Berlin 1935, ND 1960, S. 26 ff., und Médard Barth, Handbuch der elsässischen Kirchen im Mittelalter, Straßburg 1960–1963, S. 35 ff.

61 MGH Die Urkunden der deutschen Könige und Kaiser 10, 1: Die Urkunden Friedrichs I. 1152–1158. Hg. von Heinrich Appelt, Hannover 1975, Nr. 46. Regesta Imperii IV, 2: Die Regesten des Kaiserreiches unter Friedrich I. 1152(1122)–1190, 1. Lfg. 1152(1122)–1158. Bearb. von Ferdinand Opll, Wien/Köln/Graz 1980, Nr. 158.

62 Vgl. die das Itinerar des Kaisers betreffende Vorbemerkung Sickels zu MGH D OIII 325. Die entsprechenden Aussagen in den Regesta Imperii II, 3, 1956, Nr. 1322, sind nicht ganz korrekt.

63 Die in der Urkunde Friedrich Barbarossas vorkommende Formulierung *concessit, largitus est et perdonavit, scilicet fas, ius et potestatem,* berührt sich aufs engste mit der entsprechenden Wendung in der Villinger Urkunde. Beide Stücke werden von der diplomatischen Forschung dem Notar der Reichskanzlei Heribert C zugeschrieben. Vgl.

Paul Fridolin Kehr, Die Urkunden Ottos III., Innsbruck 1930, S. 300 ff.

64 Vgl. die in Anm. 57 und 58 genannten Werke.

65 MGH Die Urkunden der deutschen Könige und Kaiser 4: Die Urkunden Konrads II. Hg. von Harry Bresslau, Berlin 1909, ND 1980, Nr. 144.

66 Schwineköper, Villingen, 1986, S. 97, Anm. 78, und Althoff, Graf Berthold, 1990, S. 273, Anm. 18, sprechen ihn als Grafen an.

67 Vgl. oben Anm. 56.

68 Handbuch der bayerischen Geschichte 3: Franken, Schwaben, Oberpfalz bis zum Ausgang des 18. Jahrhunderts. Hg. von Max Spindler, München 1979, S. 866, 1033 f.

69 Vgl. Heyck, Herzoge, 1891, S. 14 f., 17 ff.; Parlow, Zähringer.

70 Zur Geschichte und Bedeutung dieses Herrschers zuletzt Knut Görich, Otto III. Romanus Saxonicus et Italicus. Kaiserliche Rompolitik und sächsische Historiographie, Sigmaringen 1995; Althoff, Otto III., 1996; Otto III. – Heinrich II. Eine Wende? Hg. von Bernd Schneidmüller und Stefan Weinfurter (Mittelalter-Forschungen 1), Sigmaringen 1997.

71 Vgl. etwa die „protokollwidrige" Position der weltlichen Großen zur Rechten des Kaisers auf dem Widmungsbild des Aachener Evangeliars, auf die Johannes Fried im Anschluß an Percy Ernst Schramm aufmerksam gemacht hat. Johannes Fried, Otto III. und Boleslaw Chrobry. Das Widmungsbild des Aachener Evangeliars, der „Akt von Gnesen" und das frühe polnische und ungarische Königtum (Frankfurter Abhandlungen 30), Wiesbaden 1989, S. 29, 36 f. Ergänzend läßt sich darauf hinweisen, daß im Kapitular Ottos III. über die *servi* (996–1002) die weltlichen Großen unüblicherweise vor den kirchlichen Würdenträgern genannt werden. MGH Constitutiones 1. Hg. von Ludwig Weiland, Hannover 1893, ND 1963, Nr. 21.

72 Vgl. oben S. 13.

73 MGH D OIII 320 vom 18. 4. 999 Schenkung der Kuckenburg (bei Querfurt) an den Grafen Esiko: *... ut idem Esiko de illo predio liberam dehinc faciendi quod velit potestatem habeat, sive eam tradere commutare vendere seu magis sibi tenere voluerit.* D OIII 321 vom 26. 4. 999 Schenkung von Besitz in Sachsen an Ottos Schwester Adelheid: *..ut eadem de prefata proprietate ... liberam inantea habeat potestatem dandi vendendi commutandi seu pro anima sua tradendi vel quicquid sibi placuerit inde faciendi.*

74 Für die Hilfe bei der Materialaufarbeitung möchte ich Herrn André Bechtold, Mitarbeiter am Institut für Landesgeschichte in Freiburg, an dieser Stelle meinen herzlichen Dank aussprechen.

75 Vgl. Dieter Hägermann, Regalien, -politik, -recht, in: Lexikon des Mittelalters 7, 1995, Sp. 556 ff.

76 Daß sich ein weltlicher Großer einen solchen Handlungsspielraum in seinem Herrschaftsbereich bisweilen ausdrücklich verbriefen ließ, zeigt das Marktprivileg Kaiser Heinrichs II. für den Kärntner Grafen Wilhelm (II.), einen Enkel übrigens der oben erwähnten Imma: Heinrich gestand dem Grafen zu, einen Markt in Friesach oder auf einer seiner Besitzungen, wo immer es ihm gefällt, zu haben. Die Wahlmöglichkeit des Empfängers wird in diesem Diplom unmißverständlich angesprochen! Regesta Imperii II, 4, 1971, Nr. 1880. Zu Graf Wilhelm vgl. Jaksch, Kärnten, 1928, S. 165 f.

77 MGH D OIII 130: *concessimus atque perdonavimus.* Zu dem 992 mit Königsschutz versehenen Kloster Selz vgl. jetzt überblickhaft Hubertus Seibert, in: Lexikon des Mittelalters 7, 1995, Sp. 1738.

78 Zu den Märkten vgl. Hektor Ammann, Städte des Mittelalters, in: Historischer Atlas von Baden-Württemberg, Karte IV, 4 mit Beiwort von Karl-Otto Bull, Stuttgart 1973; zu den Münzstätten vgl. die Übersicht von Ulrich Klein, Die Münzprägung im südwestlichen Schwaben. Stand und Aufgaben der Forschung, in: Fernhandel und Geldwirtschaft. Beiträge zum deutschen Münzwesen in sächsischer und salischer Zeit. Hg. von Bernd Kluge (Römisch-germanisches Zentralmuseum. Monographien 31), Sigmaringen 1993, S. 89–109, zu den Villinger Denaren aus der Mitte des 11. Jahrhunderts S. 90, 104 f. 109.

79 Vgl. die Übersicht über die Vororte des Herzogs bei Maurer, Herzog, 1978, S. 33 ff.; Ders., Breisach, in: Die deutschen Königspfalzen 3: Baden-Württemberg, Lfg. 1, Göttingen 1988, S. 46 ff., Ders., Esslingen, ebd. S. 95 ff. Zu Esslingen jüngst Franz Quarthal, Die Geschichte der Fulradszelle in Esslingen nach der schriftlichen Überlieferung, in: Die Stadtkirche St. Dionysius in Esslingen a. N. 1 (Forschungen und Berichte der Archäologie des Mittelalters in Baden-Württemberg 13, 1), Stuttgart 1995, S. 483–510.

80 Vgl. Borchers, Untersuchungen, 1956, S. 326 f.

Ulrich Klein

Die Villinger Münzprägung

„Immer aber verbleibt dem badischen Für-
stenhause noch der Ruhm, daß es von allen
noch blühenden deutschen Herrscherge-
schlechtern dasjenige ist, welches uns die ältesten Münzen hinterlassen hat."
Hermann Dannenberg, Die deutschen
Münzen der sächsischen und fränkischen
Kaiserzeit. Band 1. Berlin 1876, S. 551 (vgl.
auch S. 671).

Vorbemerkung

Die Villinger Münzgeschichte reicht vom
Jahre 999 bis in die erste Hälfte des 15. Jahrhunderts und ist somit ganz auf das Mittelalter beschränkt. Aus diesen mehr als vier Jahrhunderten liegen verschiedene urkundliche
Nachrichten über die Villinger Münzprägung
und das Villinger Geld vor. Es gilt, sie mit
dem überkommenen, mehr oder weniger dazu passenden Münzmaterial einigermaßen in
Einklang zu bringen. Im großen Ganzen sind
drei, zeitlich zum Teil relativ kurze und deutlich voneinander getrennte Phasen einer
Münztätigkeit in Villingen zu unterscheiden.
Dementsprechend gehören sie auch drei ganz
verschiedenen Epochen der Stadtgeschichte
an. Die erste Phase fällt in die altzähringische
Periode und ist auf die Jahre 1030–1050 zu datieren, die zweite erfolgte unter fürstenbergischer Regie während des 13. Jahrhunderts,
und die dritte ging im letzten Drittel des 14.
und zu Beginn des 15. Jahrhunderts von den
Österreichern aus. Nicht zu behandeln ist in
diesem Zusammenhang, daß die Stadt Villingen gegen Ende des 1. Weltkriegs und in der
darauf folgenden Inflationszeit Notgeld aus
Papier herausgegeben hat.[1]
Die wesentlichen Materialien zur ersten
Phase der Villinger Münzprägung sind be-

reits in dem für die deutschen Gepräge des
10. und 11. Jahrhunderts noch immer maßgeblichen Corpus-Werk von Hermann Dannenberg aus den Jahren 1876–1905 zusammengestellt.[2] Hierauf beruhen auch die dies-
bezüglichen Ausführungen, die Friedrich
Wielandt vor gut 30 Jahren im Rahmen eines
Aufsatzes über „Die Münzanfänge des
Zähringerhauses" vorgelegt hat.[3] Immerhin
konnte Wielandt ergänzend darauf hinweisen, daß außer den drei von Dannenberg ver-
zeichneten Exemplaren des einzigen, bisher
nach Villingen gelegten Münztyps neuerdings
weitere Belege bekannt geworden sind, die
vor allem aus schwedischen Funden stammen.[4] Die bei Wielandt greifbaren Fakten
wurden dann 1986 auch in den Katalog der
Zähringer-Ausstellung in Freiburg übernommen.[5] Ebenfalls Friedrich Wielandt zu verdanken ist im Rahmen seiner 1976 in zweiter
Auflage veröffentlichten Untersuchung über
den „Breisgauer Pfennig" eine Aufzählung
der für die zweite und dritte Phase der Villinger Münzprägung in Frage kommenden
Stücke und der zugehörigen urkundlichen
Nachrichten.[6] Ferner hat Hans Krusy 1961
erstmals darauf aufmerksam gemacht, daß
auch Villingen offensichtlich zu den zahlreichen Städten gehörte, die in der Zeit um
1425/1435 Prager Groschen gegengestempelt
haben.[7]
Im vorliegenden Beitrag sollen nun die bereits bekannten Fakten zur Villinger Münzprägung nicht noch einmal ausführlich dargelegt, sondern nur kurz zusammengefaßt werden. Der Nachdruck liegt vielmehr auf einer
möglichst umfassenden Präsentation und
Dokumentation der Münzen selbst, wie sie
bisher nicht geboten wurde. Deshalb sind im
Falle der Prägungen des 11. Jahrhunderts so

gut wie alle Exemplare abgebildet, von denen Fotos zur Verfügung standen. Außerdem wird hier die Materialgrundlage durch eine Neuzuweisung und die Heranziehung bzw. Abgrenzung weiterer, typologisch sozusagen verwandter Gepräge vergrößert. Für die erste Phase der Villinger Münzprägung soll im Sinne eines vom Verfasser schon an anderer Stelle geforderten Verfahrens[8] versucht werden, die Münzen, soweit dies ihr Zustand zuläßt, nach Varianten und Stempelmerkmalen zu gruppieren (Abb. 1–76). Dementsprechend werden im Abbildungsteil die Stempelidentitäten durch Verbindungsstriche gekennzeichnet. Eine derartige Übersicht läßt gewisse Rückschlüsse auf den Umfang und die Intensität der Prägetätigkeit zu. Bei den Münzen der zweiten und dritten Prägeperiode werden ausgewählte Beispiele der Villingen zugewiesenen oder nach Villingen gehörenden Typen sowie einzelner Vergleichsstücke durchweg auch in Vergrößerung vorgestellt (Abb. 77–109). Soweit es sich hierbei um seltenere Prägungen handelt, können im einen oder anderen Fall zusätzliche Nachweise erbracht werden, die über den bisher registrierten Bestand hinausgehen. Am Ende stehen schließlich die beiden Prager Groschen mit dem Villinger Gegenstempel (Abb. 110 und 111).

Die Villinger Münzen des 11. Jahrhunderts

Die Villinger Münzgeschichte beginnt mit der Münzrechtsverleihung vom 29. März 999.[9] Auf Antrag Herzog Hermanns II. von Schwaben (997–1003) erteilte Kaiser Otto III. (983/996–1002) dem Grafen Berthold (gest. 1005), sozusagen einem Vorfahr der Zähringer, alle Rechte, die zur Anlage eines Marktes in seinem Ort Villingen erforderlich waren. Dieser Ort lag als Vorgängersiedlung der späteren Stadt auf der linken Seite der Brigach. Das Privileg bezog sich auf die Münze, den Zoll und den Schutz des Marktgeschehens. Es

fällt in eine Zeit, als der König (und Kaiser) durch die Vergabe von Rechten deren Empfänger, die allerdings durchweg der Geistlichkeit angehörten, verstärkt an das Königtum und an das Reich zu binden suchte.[10] Die damals noch singuläre Belehnung eines Weltlichen – das Villinger Privileg ist das erste dieser Art, das überliefert ist – war sicher eine Anerkennung für die Dienste, die Graf Berthold dem Kaiser beim Italienzug der Jahre 997–999 geleistet hatte.[11]

Wie auch in anderen Fällen scheint die Villinger Münzrechtsverleihung zunächst ohne greifbare Auswirkung geblieben zu sein. Der einzige Münztyp der altzähringischen Periode, der bisher in Villingen lokalisiert wird, und auch ein hier neu für Villingen in Anspruch genommenes Gepräge sind durch die Münzschätze, in denen sie vorgekommen sind, erst in die Jahre um 1030–1050 zu datieren. In münzgeschichtlicher Hinsicht gehört diese Zeit der Epoche des sogenannten Fernhandelspfennigs an. Ihre Bezeichnung beruht darauf, daß die deutschen Münzen des 10./11. Jahrhunderts größtenteils durch Funde aus dem Ostseeraum überliefert sind.[12] Funde aus der „Heimat" dieser Gepräge sind vergleichsweise selten. Dies veranschaulicht am Beispiel von Villingen die auf S. 55 wiedergegebene Fundkarte 1. Die deutschen Münzen gelangten im Zuge von Handelsbeziehungen in die Länder rings um die Ostsee und wurden dort gehortet. Ihr „Export" erfolgte in verschiedenen Schüben und Wellen. Er setzte um die Mitte des 10. Jahrhunderts ein und erreichte seinen Höhepunkt in der ersten Hälfte des 11. Jahrhunderts. Die Verbergungsdaten der spätesten Funde erstrecken sich aber bis zur Mitte des 12. Jahrhunderts. Die deutschen Münzen trafen in den Ostseeländern mit größeren Mengen orientalischer und anderer abendländischer (zum Beispiel englischer und skandinavischer) Gepräge zusammen, zirkulierten dort gemeinsam mit ihnen und wurden schließlich in Form von

vielen großen, oft über einen längeren Zeitraum hin angesammelten Schätzen verborgen. Ein besonderes Merkmal dieser Aus-
landsfunde ist, daß sie eine bunte Mischung
von Ausgaben zahlreicher, auch räumlich
weit voneinander entfernter Münzstätten
enthalten. Gerade in jüngster Zeit ist der Begriff des Fernhandelspfennigs allerdings
durch gleichzeitige Heimatfunde etwas modifiziert worden. Diese Inlandsfunde setzen
sich in der Regel aus wenigen, meist in größeren Stückzahlen vertretenen Münztypen aus
dem näheren Umkreis des Fundorts zusammen. Auch für die Villinger Münzprägung ist
ein derartiger, erst 1995 bekannt gewordener
Heimatfund von Bedeutung.

Die Zuweisung des bisher nach Villingen
gelegten Münztyps aus der Zeit um 1030/1040
geht auf Hermann Dannenberg zurück. Der
von ihm 1877 veröffentlichte Fund von Lübeck, der 1875 entdeckt worden war, enthielt
drei Exemplare, die er gleichzeitig auch in
sein Corpus aufgenommen hat (Abb. 8, 11
und 14).[13] Sie kamen zunächst in Dannen-
bergs eigene Sammlung und daraus dann
1892 in den Besitz des Berliner Münzkabi-
netts. Ebenfalls 1876 wurde ein weiteres Exemplar im Katalog der Sammlung des dänischen Münzforschers Christian Jürgensen
Thomsen unter den „unbestimmten" süddeutschen Geprägen publiziert (Abb. 20).[14]
Die Münzen zeigen auf der Vorderseite ein
Kreuz mit je einem Ringel in den Winkeln
und eine rückläufige, mehr oder weniger ver-
wilderte PERCTOLT-Umschrift. Die Rückseite trägt ein unklares Monogramm, das vielleicht Bestandteile von PERCTOLT CO-
MES enthält sowie von einer Trugschrift aus
Kreuzen, Ringeln und buchstabenähnlichen
Zeichen umgeben ist. Eine eindeutige und
überzeugende Erklärung dieser eigenartigen
Rückseitendarstellung ist bis heute nicht gelungen.[15] So beruht die Bestimmung der
Münzen nur auf ihrer in den deutschen Südwesten weisenden Machart und der Deutung

der PERCTOLT-Umschrift, für deren Festle-
gung es kaum eine andere Möglichkeit gibt.
Sie ist auf den Grafen und späteren Herzog
Berthold I. von Zähringen (1024–1078) zu beziehen, der als Enkel des Empfängers der Urkunde von 999 im Besitz des Breisgaus, des
Thurgaus und der Ortenau war. Noch vor der
Kenntnis dieses Münztyps hatte Dannenberg
in Fortführung einer Bestimmung aus dem
Jahre 1849/50 verschiedene andere Prägungen in Villingen lokalisiert. Sie zeigen auf der
Vorderseite einen Kopf mit einer OTTO-
REX- oder HEINRICVS-REX-Umschrift
und auf der Rückseite ein Kreuz mit dem
BERTOLDVS-Namen.[16] Obwohl Dannenberg selbst diese Bestimmung gleich noch im
ersten Band seines Corpus auf der Grundlage
eines neuen Fundes berichtigt und die Münzen überzeugend dem Touler Bischof
Berthold (996–1018) zugewiesen hatte,[17] erscheinen diese Prägungen noch heute in Auk-
tionskatalogen gelegentlich unter Villingen.[18]

Vor allem dank einer Mitteilung der Bearbeiter der schwedischen Münzfunde des
10./11. Jahrhunderts war es Wielandt möglich,
neben den drei schon von Dannenberg herangezogenen Stücken des PERCTOLT-Typs
mit Kreuz und Ringeln sowie Monogramm
auf die Existenz von 21 weiteren Exemplaren
aus insgesamt 16 skandinavischen Funden
hinzuweisen.[19] Diese Angabe ist allerdings etwas zu modifizieren. Denn es gibt auch, worauf bisher nur in den handschriftlichen Listen
der schwedischen Funde oder in der Veröffentlichung eines estnischen Fundstücks
(Abb. 38)[20] aufmerksam gemacht wurde, einige etwas abweichende Gepräge. Sie weisen
zwar die gleiche Rückseitendarstellung auf,
zeigen aber auf der Vorderseite ebenfalls ein
monogrammartiges Gebilde, das aus zahlreichen buchstabenähnlichen Zeichen zusam-
mengesetzt ist. Charakteristische Bestandteile sind beispielsweise ein S-artiger Schnörkel
und eine O/V-Ligatur. Des öfteren ist die
Ausprägung dieser Stücke aber so schlecht,

daß man nicht mit Sicherheit entscheiden kann, ob die Vorderseite nicht doch das Kreuz mit den Ringeln trägt, das von dem regelrecht durchgeschlagenen Rückseitenbild überdeckt ist. Jedenfalls wird man diesen Doppelmonogramm-Typ bis zum Vorliegen einer besseren Erkenntnis bei Villingen belassen. Außerdem gehören fünf von Wielandt angeführte Exemplare aus einem finnischen Fund überhaupt nicht hierher.[21]

Eine aktuelle Bestandsaufnahme ergibt nun 31 Exemplare des ersten Typs mit Kreuz und Ringeln, die größtenteils in Schweden aufbewahrt werden und von denen hier 22 abgebildet sind (Abb. 1–22). Darunter befinden sich, was an sich zu erwarten war, auch sieben Stücke mit einer richtiglaufenden Umschrift (Abb. 1–7). Eines davon wurde schon von Wielandt reproduziert, ohne daß auf diese Besonderheit aufmerksam gemacht worden wäre (Abb. 4). Vom Doppelmonogramm-Typ lassen sich einschließlich einiger unklarer Gepräge 24 Exemplare nachweisen, die in 19 Fällen abgebildet werden können (Abb. 23–41). Auch hiervon stammen die meisten Stücke aus Schweden. Nur am Rande angemerkt sei, daß dem Doppelmonogramm-Typ ferner vom Stil und der Machart her eine weitere Prägung nahesteht, die auf beiden Seiten monogrammartige Schriftzeichen in einer gleichsam arabisierenden Form zeigt. Es ist noch zu untersuchen, wieweit es sich dabei um Nachahmungen arabischer Vorbilder handelt und ob der durch den Fund von Hemängen vorgegebene frühe zeitliche Ansatz dieses Typs tatsächlich zutrifft. Von den zehn dem Verfasser bekannten Exemplaren sind hier vier abgebildet (Abb. 42–45). Im Vergleich zu den Belegen der weiteren südwestdeutschen Münzstätten, die im 11. Jahrhundert in Betrieb waren, bleiben diese Stückzahlen eher bescheiden. Andererseits weist die Verwendung mehrerer Stempel doch auf einen gewissen Umfang der Prägung hin. Dazu kommt, daß – wie gleich anschlie-

ßend dargelegt wird – noch ein weiterer Münztyp aus der Zeit um 1040/1050 für Villingen in Anspruch genommen werden kann.

Vermutlich unabhängig voneinander haben schon der dänische Münzforscher Georg Galster wie auch die Bearbeiter der in den schwedischen Funden enthaltenen deutschen Münzen einen bisher „unbestimmten" Münztyp mit Villingen in Verbindung gebracht.[22] Er weist ebenfalls eine PERCTOLT-Umschrift auf der Vorderseite auf, die um eine Art Bogenkreuz mit Zentralpunkt gruppiert ist. Die schriftlose Rückseite trägt die Darstellung eines zweitürmigen Kirchengebäudes, das von vergleichsweise großen Kreuzen bekrönt wird (Abb. 46–72). Diese Prägung war bis 1995 nur in 15 Exemplaren bekannt. Davon stammt etwa die Hälfte aus schwedischen Funden. Es ist aber nicht auszuschließen, daß weitere Stücke unter den „Unbestimmten" eingeordnet und so noch nicht erfaßt sind. Denn auch das einzige regelrechte Zitat für diesen Münztyp, das sich im finnischen Fund-Corpus der deutschen Münzen der Wikingerzeit findet, steht in dieser Rubrik.[23] Neben den beiden finnischen Exemplaren (Abb. 62 und 70) ist aus dem schwedischen Material bisher nur ein neueres Fundstück ebenfalls als unbestimmt veröffentlicht (Abb. 54). Durch einen Anfang 1995 bekannt gewordenen Heimatfund aus dem schwäbisch-alemannischen Raum (sogenannter Fund aus der Zeit um 1050), der unter annähernd 1700 Münzen überwiegend aus Basel und Zürich auch 14 Exemplare dieses Typs mit Bogenkreuz und Kirche enthielt,[24] wurde nun nicht nur dessen Zuweisung an Villingen bestätigt, sondern auch der Materialbestand auf einen Schlag verdoppelt. Als hauptsächliche Varianten sind Stücke zu unterscheiden, bei denen das Bogenkreuz von vier Punkten umgeben ist (Abb. 46–55) und die diesen Zierat nicht aufweisen (Abb. 56–72). Außerdem gibt es jeweils wieder Stempel mit richtiglaufender und rückläufiger Umschrift (Abb. 46–51 und 56–58 bzw. 52–54/55 und 59–72). Aufgrund ihres Gewichts und ihres Fundvorkommens sind die Prägungen mit dem Bogenkreuz etwas später als der Typ mit Kreuz und Ringeln anzusetzen und in die Zeit um 1040/1050 zu datieren. Darüber hinaus bereicherte der neue Fund die Palette der Villinger Gepräge aus der Zeit um 1030–1050 auch um drei Obole, das heißt die im Vergleich zu den Pfennigen als eigentlichem Nominal sehr seltenen Halbstücke. Eines davon schließt sich typologisch an die Prägung mit Kreuz und Ringeln an (Abb. 74) und ermöglicht zugleich die Einordnung eines weiteren Exemplars, das aus einem dänischen Fund von 1943 stammt (Abb. 73). Die etwas abgewandelte und schriftlose Vorderseitendarstellung besteht aus einer Raute, die von vier Ringeln umgeben ist und in der sich ein Kreuz mit je einem Punkt in den Winkeln befindet. Die Rückseite zeigt das gleiche Monogramm wie die Pfennige. Die beiden anderen Obole gehören zum Doppelmonogramm-Typ und scheinen bisher überhaupt nicht vorgekommen zu sein (Abb. 75 und 76).

Die Villinger Münzen des 13. Jahrhunderts

Wenn um 1180 im Chartular des Zürcher Großmünsters Villinger Pfennige erwähnt werden, von denen man allerdings keine rechte Vorstellung hat, so betrifft diese Nachricht vielleicht schon das „neue" Villingen, das damals auf der rechten Seite der Brigach, also an der Stelle der heutigen Stadt, angelegt worden war.[25] Weitere Nennungen von Villinger Geld liegen dann aus der zweiten Hälfte des 13. und vom Beginn des 14. Jahrhunderts vor.[26] Diese Zeit fällt unter münzgeschichtlichem Aspekt in die von etwa 1130/1150 bis ungefähr 1320/1330 reichende Epoche des regionalen Pfennigs, die sich an die des Fernhandelspfennigs anschließt. Im Gegensatz zu diesem ist der regionale Pfennig dadurch charakterisiert, daß die in den verschiedenen

Landschaften des „Regnum Teutonicum" in unterschiedlichem Gewicht, unterschiedlicher Größe und unterschiedlicher Machart ausgebrachten Münzen nicht mehr exportiert wurden, sondern in der Regel nur in einem kleinen Gebiet im Umkreis ihrer Münzstätte zirkulierten.[27] Villingen gehörte damals, wenn auch ziemlich am Rande gelegen, zum Bereich des Breisgauer Pfennigs. Er war das Resultat einer von mehreren lokalen Sonderentwicklungen, die sich im Laufe des 12. Jahrhunderts in dem ursprünglich die ganze Diözese umfassenden Währungsgebiet des Konstanzer Pfennigs vollzogen hatten. Die typischen Merkmale des Breisgauer Pfennigs des fortgeschrittenen 13. Jahrhunderts sind seine einseitige Ausprägung und vierzipflige Form sowie der das Münzbild umgebende, meist recht grobe Perlkreis. Da die Stücke unbeschriftet sind, bieten ihre Bilder den einzigen Anhaltspunkt für eine Zuordnung an bestimmte Münzstätten und Münzherren. Deshalb bleiben auch alle Zuweisungen an Villingen und etwa den Grafen Heinrich I. von Urach (gest. 1284) sowie seinen Sohn Egon (gest. 1324) mehr oder weniger fraglich. Heinrich, der sich von 1237 bis 1249 Graf von Freiburg und dann von Fürstenberg nannte, war spätestens seit 1254 im Besitz von Villingen.[28]

Eine erste Gruppe von Prägungen, die mit Villingen in Verbindung gebracht wurde, trägt verschiedene Darstellungen eines heraldischen Adlers (Abb. 77–90). Diese Zuordnung beruht darauf, daß das Adler-Motiv einen gewissen Anklang an das Villinger Stadtsiegel oder auch das fürstenbergische Wappen zeigt. Als hauptsächliche Varianten der Adlerpfennige sind Stücke mit einem ungekrönten (Abb. 77–80) oder gekrönten Adler (Abb. 81–84), einem Doppeladler (Abb. 85–88) und einem Adler, der von einem mit Perlen besetzten Doppelreif umgeben ist (Abb. 89–90), zu unterscheiden. Gerade bei dieser letzten Version hat man in der

Umrahmung eine Wiedergabe des Wolkensaums des fürstenbergischen Wappens gesehen. Innerhalb dieser Varianten gibt es weiterhin Prägungen von feinerer oder gröberer Zeichnung (Abb. 77 und 83–84 bzw. 78–82 und 85–88). Die meisten dieser Adlerpfennige, die zum Teil recht selten sind, waren beispielsweise in dem Fund von Malterdingen enthalten, der in der 2. Hälfte des 13. Jahrhunderts verborgen wurde. Ein Exemplar des Pfennigs mit dem Doppeladler gehört zu den Fundmünzen aus der Winterthurer Stadtkirche (Abb. 86).[29] Da der Adler aber ebenso auch ein „Symbol" der Zähringer ist, können alle diese Prägungen genausogut unter zähringischer Regie in Freiburg entstanden sein. Ja, für einzelne Stücke wurde auch schon Colmar als Herkunftsort erwogen.[30]

In einem Auktionskatalog des Jahres 1920 wurde offensichtlich zum ersten Mal ein bis dahin unbestimmter Breisgauer Pfennig aus der Zeit um 1300 mit der Darstellung eines grob gezeichneten Lockenkopfes nach Villingen gelegt (Abb. 91–92).[31] Diese Zuweisung, die das Münzbild kommentarlos als Wiedergabe des Stadtheiligen Barnabas erklärte, findet sich seitdem in der gesamten einschlägigen Literatur. Da ein Barnabas-Patrozinium in Villingen aber nicht vor 1510 zu belegen ist – und zwar für die außerhalb der späteren Stadt gelegene alte Dorf-(und heutige Friedhofs-)kirche auf der linken Seite der Brigach[32] –, ist diese Deutung und Einordnung hinfällig. Man wird diesen Münztyp bis auf weiteres wieder zu den „Unbestimmten" nehmen müssen.

Mit größerer Wahrscheinlichkeit ist in Villingen dagegen eine Prägung zu lokalisieren, die ein nach links schreitendes Pferd zeigt, über dem im Feld ein V angebracht ist (Abb. 93). Bei diesem Typ, von dem bisher nur ein einziges Exemplar bekannt ist, kann das Schriftzeichen doch als gewisser Anhaltspunkt für eine Zuweisung dienen. Die bildliche Darstellung geht vermutlich auf Vorbil

der aus Schaffhausen mit dem schreitenden Schaf oder Widder zurück. Dort begegnet als „Beizeichen" im Feld zum Beispiel ein mitrierter Kopf, der kontrovers erklärt wird (Abb. 96). Als Zwischenstufen sind zwei Pfennige anzuführen, die das schreitende Pferd allein (Abb. 94) bzw. ein Tier zeigen, bei dem nicht klar ersichtlich ist, ob es sich noch um einen Schafbock (mit gebogenen Hörnern) oder schon ein Pferd handelt (Abb. 95). Auch diese beiden Stücke sind jeweils nur in einem Exemplar bekannt.[33] Das erste stammt aus dem Fund von St. Johann in Basel, während zum zweiten keine Fund-, sondern nur eine Sammlungsprovenienz vorliegt. Sollte so die Pferdedarstellung gerade für Villingen ein besonders typisches Motiv sein, dann ist ergänzend anzumerken, daß ein gesatteltes Pferd mit Steigbügel unter einem Stern sowohl auf einem bisher als unbestimmte dynastische Prägung eingestuften Bodenseebrakteaten aus der Zeit um 1220 wie auch auf einem vierzipfligen Pfennig nach Breisgauer Schlag vorkommt.[34] Die Verwendung dieses Bilds auf Münzen verschiedener Währungsgebiete könnte darauf hinweisen, daß sie in einem Ort entstanden sind, der – was bei Villingen ja der Fall ist – sozusagen auf der Grenze lag und sich einmal in die eine und das andere Mal in die andere Richtung orientiert hat. Diese Erscheinung ist auch bei der Münzstätte des Klosters Allerheiligen in Schaffhausen zu beobachten.[35]

Noch ganz am Ende der fürstenbergischen Herrschaft über Villingen könnte ein Brakteat (eine runde einseitige Hohlprägung) entstanden sein, der nicht mehr in den Bereich des Breisgauer, sondern eher des Rottweiler Pfennigs gehört (Abb. 109). Das im Original derzeit nicht nachweisbare, zuletzt 1922 im Münzhandel vorgekommene Stück, das innerhalb des typischen groben Perlkreises einen breit ausladenden Zinnenturm zwischen I–O zeigt, wurde unter anderem Johann I. von Fürstenberg (1324–1332) zugeschrieben

und so in Villingen lokalisiert. Aber diese Bestimmung bleibt doch recht zweifelhaft.

Die Villinger Münzen
des 14./15. Jahrhunderts

Wieder auf gesicherterem Boden befindet
man sich dann mit den Prägungen aus der
Zeit der Zugehörigkeit zu Österreich, in die
Villingen 1326 übergegangen war. Denn diese Stücke, von denen es freilich nur wenige
Typen gibt, tragen als Beschriftung den ab-
gekürzten Stadtnamen V–I. Weiterhin ist für
sie charakteristisch, daß sie auf der Grundlage von Absprachen entstanden sind, bei
denen sich mehrere benachbarte Münzstän-
de über·den Gehalt und die Form der jeweils
mit eigenen Bildern geprägten Münzen verständigt haben.[36]

Der eine der Haupttypen aus dieser Zeit –
in technischer Hinsicht handelt es sich um
eine runde einseitige Hohlprägung – zeigt
zwischen dem V–I den mit dem Pfauenstoß
geschmückten österreichischen Helm
(Abb. 97–99). Dieses Motiv begegnet in teilweise etwas abgewandelter Form auch auf
weiteren österreichischen Geprägen des
Spätmittelalters aus dem schwäbisch-alemannischen Raum. Die Villinger Ausgabe
wird mit Verträgen von 1377 oder 1387 in Verbindung gebracht und dementsprechend entweder Herzog Leopold III. (1365–1386) oder
Herzog Albrecht III. (1386–1395) zugeschrieben. Da von Waldshut eine typengleiche Prägung mit W–A existiert (Abb. 100), wurde
nun neuerdings die Ansicht vertreten, daß
dieser Typ in der Zeit um 1400 nur in Waldshut entstanden ist und daß bei allen Stücken,
auf denen man bisher V–I gelesen und die
man deshalb Villingen zugeschrieben hat, die
Buchstaben W–A unvollständig ausgeprägt
sind.[37] Dies ist auf einer breiteren Materialgrundlage als bisher und durch eine Stempel-
untersuchung noch weiter zu überprüfen. Ein
Fundvorkommen für die Prägungen mit dem

Helm bietet beispielsweise der erst um 1435
abgeschlossene Münzschatz von Osterfingen
bei Schaffhausen.

Eindeutig ist die Sachlage dagegen bei
einer etwas späteren Hohlprägung mit der
Wiedergabe eines nach links gerichteten bär-
tigen Kopfes (Abb. 101–103 und 105–107).
Bei ihr sind offensichtlich runde Ganzstücke
(Abb. 101–103) und vierzipflige Halbstücke
(Abb. 105–107) zu unterscheiden, die in der
einschlägigen Literatur bisher meist nicht
richtig auseinandergehalten wurden. Aufgrund ihres Fundvorkommens dürften diese
Gepräge ins erste Jahrzehnt des 15. Jahrhunderts gehören und möglicherweise mit einem
Vertrag von 1405 in Zusammenhang stehen.
Die runde Prägung war in dem nach 1409 ver-
borgenen Fund von Tübingen enthalten, und
für die seltenere vierzipflige Version sind
Provenienzen aus einem Münzschatz der Zeit
nach 1403 von der Matthiaskirche bei Trier
und aus den Streufunden in der Winterthurer
Stadtkirche anzuführen.[38] Der Münzherr war
demnach Herzog Leopold IV. (1395–1411).
Sozusagen in Analogie zu dem vierzipfligen
Pfennig mit dem Lockenkopf (Abb. 91–92)
wurde auch im Bild dieser Stücke, und zwar
bereits 1913, eine seitdem ebenfalls gleichsam kodifizierte Barnabas-Darstellung gesehen.[39] Sie ist aber aus dem schon genannten
Grund nicht länger zu vertreten. Vielmehr ist
anzunehmen, daß das Münzbild auch in diesem Fall auf Vorbilder aus bedeutenderen
Prägestätten des näheren Umkreises zurückgeht. Obwohl im Gewicht und im zeitlichen
Ansatz gewisse Diskrepanzen bestehen, können beiden Versionen versuchsweise zwei
Vergleichsstücke aus Zürich gegenüberge-
stellt werden (Abb. 104 und 108).

Eine Episode der Villinger Münzgeschichte
stellt schließlich noch die Gegenstempelung
von Prager Groschen dar. Die in der Zeit um
1425/1435 auch in vielen anderen Städten
praktizierte Maßnahme diente der Aufsicht
und Kontrolle über das umlaufende Geld. Da

die einheimischen gröberen Münzsorten – inzwischen prägte man neben den Pfennigen
als größeres Nominal auch Schillinge – zur
Deckung des Geldbedarfs bei weitem nicht
ausreichten, war der Geldumlauf damals in
großem Maße von italienischen und böhmischen Groschen bestimmt. Besonders die
Prager Groschen waren durch Verminderung
ihres Feingehalts, Abnützung, Beschneidung
und Fälschung in Mißkredit geraten. So diente die Stempelung zur Kennzeichnung der
Stücke, die man geprüft und für umlaufsfähig
befunden hatte.

Zur Gegenstempelung von Prager Groschen in Villingen liegen bisher nur zwei Belege auf Stücken Wenzels III. (1378–1419) vor
(Abb. 110–111). Sie sind ziemlich abgenützt
und lassen ihre ursprünglichen Darstellungen – eine Krone in doppeltem Schriftkreis
auf der Vorder- und den böhmischen Löwen
auf der Rückseite – nur noch schwach erkennen. Die Einstempelung zeigt die gotischen
Buchstaben *vl* in einem Schild (siehe auch die
Ausschnittvergrößerungen). Die Zuweisung
an Villingen gründet sich darauf, daß auf
beiden Münzen weitere Gegenstempel von
süddeutschen Städten eingeschlagen sind
und für die Abkürzung *vl* kaum eine andere
Erklärungsmöglichkeit besteht.

Münz- und Abbildungsverzeichnis mit weiteren Nachweisen

1) Schematische Typenübersicht

Nr.	Typ	Abb.	Vorderseite	Rückseite
1	Dbg. 1378/1378a	1–22	PERCTOLT o. ä. Kreuz mit Ringeln in den Winkeln	Monogramm
2	Doppel- monogramm	23–41	Monogramm	Monogramm
3	„Arabi- sierend"	42–45	Stern, darunter mehrzeilige Trugschrift	Mehrzeilige Trugschrift
4	Salmo 93.166/167	46–72	PERCTOLT o. ä. Bogenkreuz	Zweitürmiges Kirchengebäude
5	Obol mit Kreuz	73–74	Raute mit Kreuz	Monogramm
6	Obol mit Doppelmgr.	75–76	Monogramm	Monogramm
7	W. 37–38a	77–80	Heraldischer Adler, vierzipflig	
8	W. 39–40	81–84	Gekrönter heraldischer Adler, vierzipflig	
9	W. 41	85–88	Doppeladler, vierzipflig	
10	W. 42	89–90	Heraldischer Adler in einem mit Perlen besetzten Doppelreif, vierzipflig	
11	W. 78	91–92	Lockenkopf, vierzipflig	
12	W. 55	93(–96)	Pferd mit V, vierzipflig	
13	W. 78a	97–99(/100)	Helm zwischen V–I (oder W–A), rund	
14	W. 78b	101–103(/104)	Bärtiger Kopf zwischen V–I, rund	
15	Meyer Taf. VI.138	105–107(/108)	Bärtiger Kopf zwischen V–I, vierzipflig	
16	v. Höfken II.218	109	Zinnenturm zwischen I–O, rund mit grobem Perlkreis	
17	Krusy V 1,1	110–111	*vl*-Gegenstempel	

2) Liste der im Münz- und Abbildungsverzeichnis abgekürzt zitierten Literatur

Aarbøger	Aarbøger for Nordisk Oldkyndighed og Historie
CNS	Corpus Nummorum Saeculorum IX–XI, qui in Suecia reperti sunt. Catalogue of Coins from the Viking Age found in Sweden, bisher 8 Bände. Stockholm: Almqvist & Wiksell 1975 ff.
Dannenberg (Dbg.)	Siehe 2
Geiger	Siehe 37
GH	Hatz, Gert: Handel und Verkehr zwischen dem Deutschen Reich und Schweden in der späten Wikingerzeit. Die deutschen Münzen des 10. und 11. Jahrhunderts in Schweden. Stockholm/Lund 1974
Hatz	Hatz, Gert: Schweizerische Münzen in den schwedischen Funden der späten Wikingerzeit, in: Schweizerische Numismatische Rundschau 58 (1979), S. 179–222
v. Höfken	Siehe Angabe zu Abb. 109
Jonsson	Jonsson, Kenneth: Viking-Age Hoards and late Anglo-Saxon Coins. Stockholm 1987
Klein: Münzprägung	Siehe 4
Koch	Siehe 37
Krusy	Siehe 7
Malterdingen	Siehe Liste der Funde
Meyer	Siehe Lit. bei Abb. 93
Molvõgin	Molvõgin, Arkadi: Die Funde westeuropäischer Münzen des 10. bis 12. Jahrhunderts in Estland. Hamburg: Museum für Hamburgische Geschichte 1994 (Numismatische Studien, H. 10)
Münzanfänge	Siehe 3 (Wielandt: Münzanfänge)
Nau	Nau, Elisabeth: Münzumlauf im ländlichen Bereich mit besonderer Berücksichtigung Südwest-Deutschlands, in: Die Grundherrschaft im späten Mittelalter, Bd. I. Hrsg. Patze, Hans. Sigmaringen: Thorbecke 1983, S. 97–156
NNÅ	Nordisk Numismatisk Årsskrift
Salmo	Siehe 21
Weiller	Weiller, Raymond: Die Münzen von Trier. Teil 1, Abschnitt 1: Beschreibung der Münzen (vom) 6. Jahrhundert bis 1307. Düsseldorf: Droste 1988 (Publikationen der Gesellschaft für Rheinische Geschichtskunde, Bd. 30)
Wielandt (W.)	Siehe 6 (Wielandt: Breisgauer Pfennig)
Wielandt: Münzanfänge	Siehe 3
Wielandt: Schaffhausen	Siehe 33

3) Münz- und Abbildungsverzeichnis

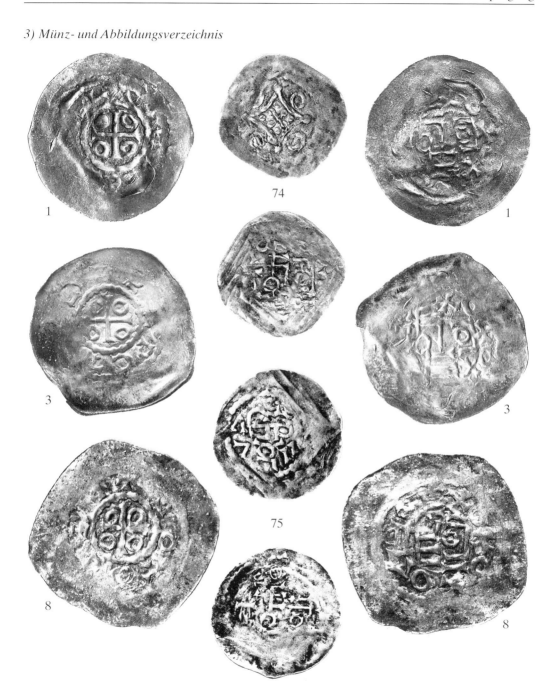

Tafel 1 *Ausgewählte Exemplare von Villinger Pfennigen und Obolen Bertholds I. von Zähringen aus der Zeit um 1030/1040 in Vergrößerung (Maßstab 2:1) – Pfennige des Typs Dannenberg 1378 und 1378a (Nr. 1, 3 und 8), Obole vom Kreuz- (Nr. 74) und Doppelmonogramm-Typ (Nr. 75)*

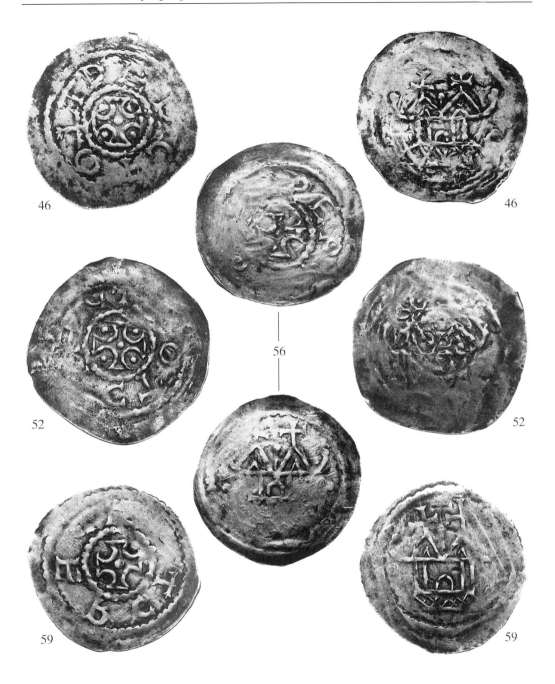

Tafel 2 Ausgewählte Exemplare von Villinger Pfennigen Bertholds I. von Zähringen aus der Zeit um 1040/1050 in Vergrößerung (Maßstab 2:1) – Typ Salmo 93.166 und 167 (Nr. 46, 52, 56 und 59)

Tafel 3 Villinger Pfennige Bertholds I. von Zähringen aus der Zeit um 1030/1040 in Originalgröße – Typ Dannenberg 1378 und 1378a mit richtiglaufender Vorderseitenumschrift (Abb. 1–7) und mit rückläufiger Vorderseitenumschrift (Abb. 8–15). – Stempelidentitäten sind durch Verbindungsstriche gekennzeichnet

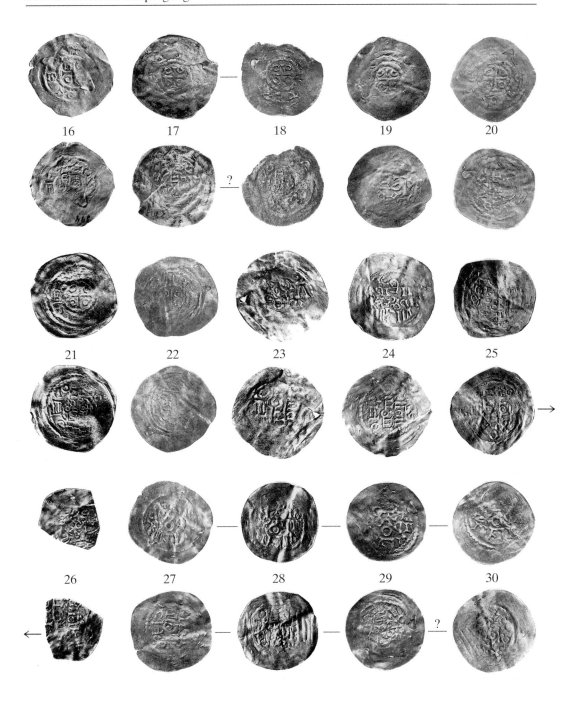

Tafel 4 Villinger Pfennige Bertholds I. von Zähringen aus der Zeit um 1030/1040 in Originalgröße – Typ Dannenberg 1378 und 1378a mit rückläufiger Vorderseitenumschrift (Abb. 16–22) und Doppelmonogramm-Typ (Abb. 23–30). – Stempelidentitäten sind durch Verbindungsstriche gekennzeichnet

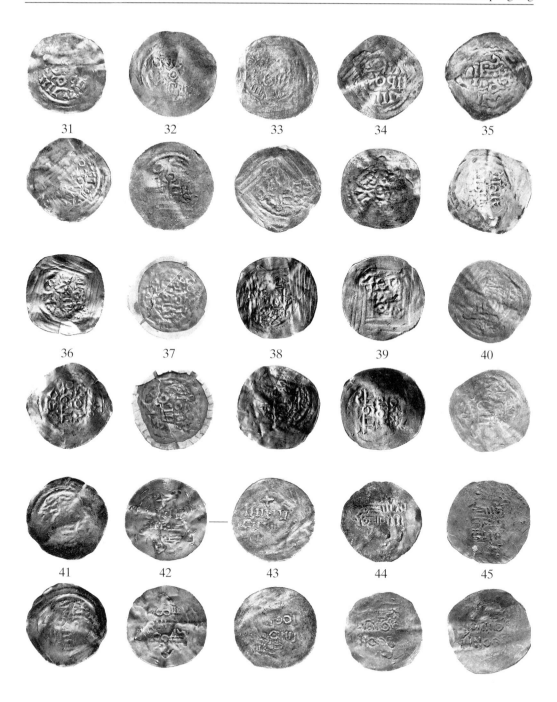

Tafel 5 *Villinger Pfennige Bertholds I. von Zähringen aus der Zeit um 1030/1040 in Originalgröße – Doppelmonogramm-Typ (Abb. 31–41) und zum Vergleich herangezogene Prägungen des „arabisierenden" Typs (Abb. 42–45). – Stempelidentitäten sind durch Verbindungsstriche gekennzeichnet*

Tafel 3–5

Villinger Pfennige Bertholds I. von Zähringen aus der Zeit um 1030/1040 in Originalgröße – Typ Dannenberg 1378 und 1378a (Nr. 1–22) und Doppelmonogramm-Typ (Nr. 23–41) – Pfennige des zum Vergleich herangezogenen „arabisierenden" Typs (Nr. 42–45)

Abb. 1–22: Typ Dannenberg 1378 und 1378a

Kreuz mit je einem Ringel in den Winkeln (PERCTOLT o. ä.)/Monogramm

a) Prägungen mit richtiglaufender Umschrift (Abb. 1–7)

  1 Stockholm (SHM 8406, aus dem Fund von Grausne II). 0,89 g.

  2 Stockholm (SHM o. Nr., Systematische Sammlung). 0,89 g.

  3 Stockholm (SHM 25384, aus dem Fund von Stale II). 0,88 g.

  4 Stockholm (SHM 11945, aus dem Fund von Störlinge). 0,96 g. Zitate: Wielandt: Münzanfänge, Abb. 2. – Klein: Münzprägung, Abb. 67.

  5 Stockholm (SHM 7790, aus dem Fund von Österby). 0,80 g. Zitat: CNS 1.3. 10. 1368.

  6 Stockholm (SHM o. Nr., Systematische Sammlung, Foto von P. Berghaus). 0,88 g.

  7 Stockholm (SHM o. Nr., Systematische Sammlung, Foto von P. Berghaus). 0,98 g.

b) Prägungen mit rückläufiger Umschrift (Abb. 8–22)

  8 Berlin (aus Slg. Dannenberg 1892 und aus dem Fund von Lübeck 85). 0,96 g. Zitat: Klein: Münzprägung, Abb. 62 (mit allen weiteren Angaben).

  9 Berlin (ohne Provenienz). 0,93 g. Zitat: Klein: Münzprägung, Abb. 65.

10 Stockholm (SHM 6620, aus dem Fund von Äspinge). 0,83 g.

11 Berlin (aus Slg. Dannenberg 1892 und aus dem Fund von Lübeck 85). 0,93 g. Zitat: Klein: Münzprägung, Abb. 63 (mit allen weiteren Angaben).

12 Stockholm (SHM 8693, aus dem Fund von Mickels). 0,83 g.

13 Stockholm (SHM 14376, aus dem Fund von Stora Bjärs II). 0,95 g.

14 Berlin (aus Slg. Dannenberg 1892 und aus dem Fund von Lübeck 85). 0,93 g. Zitat: Klein: Münzprägung, Abb. 64 (mit allen weiteren Angaben).

15 Stockholm (SHM 7769, aus dem Fund von Halfoser). 0,96 g. Zitat: CNS 1.3.2.157.

16 Visby (GF.C 9851, aus dem Fund von Gandarve 167, Foto aus Stockholm). 0,82 g. Zitat: CNS 1.1.9.417.

17 Stockholm (SHM 25384, aus dem Fund von Stale II). 0,82 g.

18 Kopenhagen (ohne Provenienz). 0,69 g (etwas ausgebrochen).

19 Stockholm (SHM 4637, aus dem Fund von Skålö). 0,77 g. Zitat: CNS 16.1.4.231.

20 Kopenhagen (aus Sammlung Thomsen 12121). 1,00 g. Zitat: Siehe 14.

21 St. Petersburg (aus dem Fund von Vichmjaz, Foto von B. Kluge). Gewicht nicht ermittelt.

22 Kopenhagen (aus dem Fund von Kongsø). 0,86 g. Zitat: Aarbøger (1962), S. 74, Nr. 319.

Nicht abgebildet sind Exemplare aus den Funden von Klintegårda 1994 (4, in Stockholm), Kolodezi (1, in Moskau), Porkuni (1, in Rakvere, Molvõgin Nr. 42B.45) und Stora Bjärs III (3, in Visby).

Abb. 23–41: Doppelmonogramm-Typ

Monogramm u.a. mit S-artigem Schnörkel und O/V-Ligatur/Monogramm ähnlich wie beim Typ Dannenberg 1378 und 1378a

23 Stockholm (SHM 3491, aus dem Fund von Johannishus). 0,88 g.

24 Stockholm (SHM 3491, aus dem Fund von Johannishus). 0,97 g.

25 Falun (DM 13950, aus dem Fund von Sanda, Foto aus Stockholm). 0,81 g.
     Zitat: CNS 16.1. 8. 1097.
26 Stockholm (SHM 803, aus dem Fund von Stale I). 0,43 g (Bruchstück).
27 Stockholm (SHM 19577, aus dem Fund von Smiss). 0,80 g.
28 St. Petersburg (aus dem Fund von Vichmjaz). 0,75 g.
29 Stockholm (SHM 8214, aus dem Fund von Grausne II). 0,73 g.
     Zitat: Hatz S. 190, Anm. 50.
30 Stockholm (SHM o. Nr., aus dem nicht lokalisierten schwedischen Fund GH 371). 0,76 g.
31 Stockholm (SHM 6620, aus dem Fund von Äspinge). 0,81 g.
32 Stockholm (SHM 11945, aus dem Fund von Störlinge). 0,90 g.
33 Berlin (aus Sammlung Dannenberg 1870). 0,86 g. Zitat: Klein: Münzprägung, Abb. 66.
34 Stockholm (SHM o. Nr., aus dem nicht lokalisierten schwedischen Fund GH 324). 0,80 g.
35 Hannover (1.007.006). 0,90 g.
36 St. Petersburg (aus dem Fund von Vichmjaz). 0,88 g.
37 Kopenhagen (ohne Provenienz). 0,70 g
     (zerbrochen und mit Papiermanschette umgeben).
38 Tallinn (aus dem Fund von Kose 1384, Foto von B. Kluge). 0,72 g.
     Zitat: Vgl. 20 sowie Molvõgin Nr. 76.1390.
39 Falun (DM 13950, aus dem Fund von Sanda, Foto aus Stockholm). 0,99 g.
     Zitat: CNS 16.1. 8. 1096.
40 Stockholm (SHM 21026, aus dem Fund von Änggårda). 0,74 g.
41 Stockholm (SHM 5804, aus dem Fund von Lilla Klintegårda II). 0,76 g.

Nicht abgebildet sind Exemplare aus den Funden von Klintegårda 1994 (3, in Stockholm),
Kolodezi (1, in Moskau) und ein nicht eindeutiges Fragment aus dem Fund von Sandegårda II
(in Stockholm).

Abb. 42–45: „Arabisierender" Typ
Unter einem Stern mehrzeilige Trugschrift meist aus Strichen o. ä./Mehrzeilige Trugschrift
u. a. mit kreisförmigen Zeichen
42 Stockholm (SHM 7790, aus dem Fund von Österby). 0,90 g. Zitat: CNS 1.3. 10. 1440.
43 Stockholm (SHM o. Nr., aus dem nicht lokalisierten schwedischen Fund GH 245). 0,98 g.
44 Stockholm (SHM o. Nr., aus dem nicht lokalisierten schwedischen Fund GH 366). 0,78 g.
45 Stockholm (SHM o. Nr., aus dem nicht lokalisierten schwedischen Fund GH 164). 0,96 g.

Nicht abgebildet sind Exemplare aus dem Fund von Hemängen (1, in Visby, CNS 1.3.34.468),
den beiden nicht lokalisierten schwedischen Funden GH 164 und 371 (je 1, in Stockholm), in
Kopenhagen und in Münster (je 1) sowie ein Grabfund aus Pleskovo in Rußland (vermutlich in
Moskau, in der Fundliste und aus Fundkarte 1 nicht berücksichtigt; vgl. Belyakov, Alexander:
The Coins and Monetary Pendants from the Barrows near Pleshkovo Village (Late Viking
Age), in: Sigtuna Papers. Hrsg. Jonsson, Kenneth und Brita Malmer. Stockholm/London 1990
(Commentationes de Nummis Saeculorum IX–XI in Suecia Repertis, Nova Series 6), S. 35–41,
hier S. 40, Nr. 23 mit Abb. auf Taf.2).

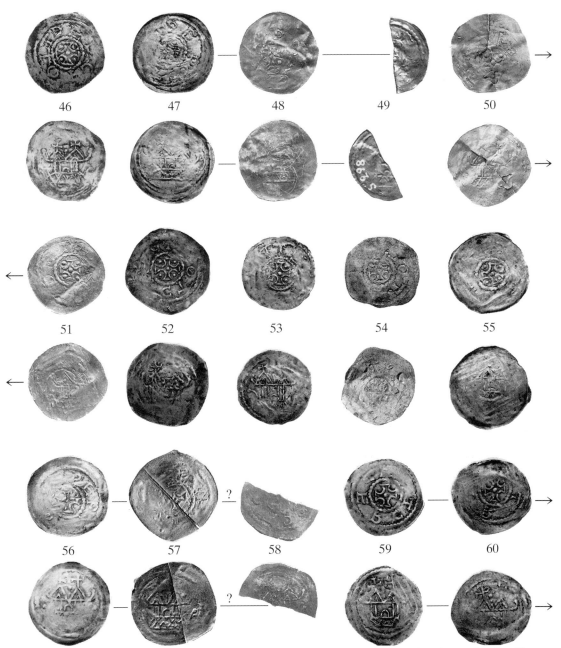

Tafel 6 Villinger Pfennige Bertholds I. von Zähringen aus der Zeit um 1040/1050 in Originalgröße – Typ Salmo 93.166 und 167 mit Punkten um das Bogenkreuz und mit richtiglaufender Vorderseitenumschrift (Abb. 46–51), mit Punkten um das Bogenkreuz und mit rückläufiger Vorderseitenumschrift (Abb. 52–55), ohne Punkte um das Bogenkreuz und mit richtiglaufender Vorderseitenumschrift (Abb. 56–58) sowie ohne Punkte um das Bogenkreuz und mit rückläufiger Vorderseitenumschrift (Abb. 59–60). – Stempelidentitäten sind durch Verbindungsstriche gekennzeichnet

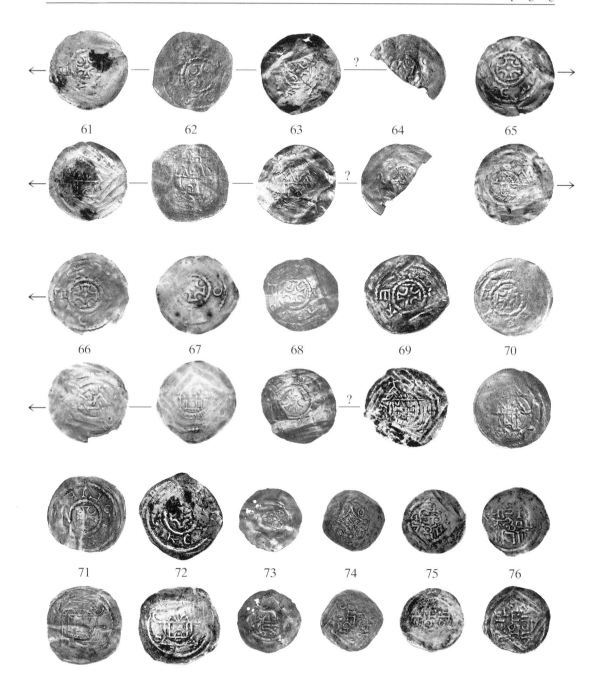

*Tafel 7 Villinger Pfennige und Obole Bertholds I. von Zähringen aus der Zeit von 1030–1050 in Original-
größe – Pfennige des Typs Salmo 93.166 und 167 ohne Punkte um das Bogenkreuz und mit rückläufiger
Vorderseitenumschrift (Abb. 61–72), Obole vom Kreuz- (Abb. 73–74) und vom Doppelmonogramm-Typ
(Abb. 75–76). – Stempelidentitäten sind durch Verbindungsstriche gekennzeichnet*

Tafel 6–7

Villinger Pfennige und Obole Bertholds I. von Zähringen aus der Zeit von 1030–1050 in Originalgröße – Pfennige des Typs Salmo 93.166 und 167 (Abb. 46–72) sowie Obole vom Kreuz-(Abb. 73–74) und vom Doppelmonogramm-Typ (Abb. 75–76)

Abb. 46–72: Typ Salmo 93.166 und 167

Bogenkreuz (PERCTOLT o.ä.)/Zweitürmiges Kirchengebäude

a) Prägungen mit Punkten um das Bogenkreuz und mit richtiglaufender Umschrift
   (Abb. 46–51)
   46 Privatbesitz (aus dem Fund um 1050). 0,80 g.
   47 Privatbesitz (aus dem Fund um 1050). 0,74 g.
   48 Stockholm (SHM 17352b, aus dem Fund von Pilgårds). 0,75 g.
   49 Visby (GF.C 9708, aus dem Fund von Stora Bjärs III, Foto von P. Berghaus).
      Gewicht nicht ermittelt (halbiert).
   50 Stockholm (SHM 14376, aus dem Fund von Stora Bjärs II). 0,68 g.
   51 Stockholm (SHM 8406, aus dem Fund von Grausne II). 0,76 g.
b) Prägungen mit Punkten um das Bogenkreuz und mit rückläufiger Umschrift (Abb. 52–55)
   52 Privatbesitz (aus dem Fund um 1050). 0,69 g.
   53 Privatbesitz (aus dem Fund um 1050). 0,52 g.
   54 Eskilstuna (aus dem Fund von Thuleparken, Foto aus Stockholm). 0,66 g.
      Zitat: NNÅ (1979–80), S. 73, Nr. 304.
   55 Privatbesitz (aus dem Fund um 1050). 0,70 g.
c) Prägungen ohne Punkte um das Bogenkreuz und mit richtiglaufender Umschrift
   (Abb. 56–58)
   56 Privatbesitz (aus dem Fund um 1050). 0,76 g.
   57 Rom, Vatikan (vermutlich Ansammlungsfund aus St. Peter, Foto von P. Berghaus).
      Gewicht nicht ermittelt (zerschnitten). – Nicht bei Serafini, C.: Appendice numismatica,
      in: Esplorazioni sotto la Confessione di San Pietro in Vaticano eseguite negli anni
      1940–1949. Hrsg. Ghetti, A. et al. Città del Vaticano 1951, S. 223–244 (!).
   58 Kopenhagen (aus dem Fund von Kongsø). 0,37 g (zerbrochen, ca. 1/2).
      Zitat: Aarbøger (1962), S. 74, Nr. 320 (vgl. auch 22).
d) Prägungen ohne Punkte um das Bogenkreuz und mit rückläufiger Umschrift (Abb. 59–72)
   59 Privatbesitz (aus dem Fund um 1050). 0,77 g.
   60 Privatbesitz (aus dem Fund um 1050). 0,60 g.
   61 Privatbesitz (aus dem Fund um 1050). 0,74 g.
   62 Helsinki (aus dem Fund von Nousiainen). 0,78 g. Zitat: Salmo 93.166.
   63 Stockholm (SHM 6620, aus dem Fund von Äspinge). 0,65 g.
   64 München (41798, aus dem Fund von Pskow). 0,37 g (zerbrochen, ca. 1/2).
   65 Privatbesitz (aus dem Fund um 1050). 0,67 g.
   66 Stuttgart (aus dem Fund um 1050). 0,64 g.
   67 Stuttgart (aus dem Fund um 1050). 0,78 g.
   68 Stockholm (SHM 7218, aus dem Fund von Blacksta). 0,63 g.
   69 Stuttgart (aus dem Fund um 1050). 0,67 g.
   70 Helsinki (aus dem Fund von Nousiainen). 0,70 g. Zitat: Salmo 93.167.
   71 Dresden (MKD 465). 0,67 g.

72 Privatbesitz (aus dem Fund um 1050). 0,66 g.

Nicht abgebildet sind die zwei Bruchstücke aus dem Fund von Bröholt (in Oslo), von denen das eine zur Variante *d* und das andere zur Gruppe *a/b* gehört (vgl. NNÅ [1957–1958], S. 109, Nr. 418–419 mit Hinweis auf die Abb. in der Fundpublikation von 1869).

Abb. 73–74: Obole vom Kreuz-Typ (Typ Haagerup 795), Raute, die von vier Ringeln umgeben ist und in der sich ein Kreuz mit je einem Punkt in den Winkeln befindet/Monogramm wie beim Typ Dannenberg 1378 und 1378a

73 Kopenhagen (aus dem Fund von Haagerup). 0,44 g. Zitat: NNÅ (1944), S. 154, Nr. 795.

74 Privatbesitz (aus dem Fund um 1050). 0,37 g.

Abb. 75–76: Obole vom Doppelmonogramm-Typ, Monogramm ähnlich wie bei Abb. 23–41/Monogramm wie beim Typ Dannenberg 1378 und 1378a

75 Privatbesitz (aus dem Fund um 1050). 0,37 g.

76 Privatbesitz (aus dem Fund um 1050). 0,51 g.

Tafel 8 Mit Villingen in Verbindung gebrachte Breisgauer Pfennige des 13. Jahrhunderts in Originalgröße
und in Vergrößerung (Maßstab 2:1) – Adler-Pfennige mit heraldischem Adler (Abb. 77–80), mit gekröntem
heraldischem Adler (Abb. 81–84) und mit Doppeladler (Abb. 85–88). – Stempelidentitäten sind durch Verbindungsstriche gekennzeichnet

Tafel 9 Mit Villingen in Verbindung gebrachte Breisgauer Pfennige des 13. Jahrhunderts und Villinger Pfennige des 14. Jahrhunderts in Originalgröße und in Vergrößerung (Maßstab 2:1) – Adler-Pfennig mit heraldischem Adler in einem mit Perlen besetzten Doppelreif (Abb. 89–90), Lockenkopf-Pfennig (Abb. 91–92), Pferde-Pfennig (Abb. 93) und Vergleichsstücke (Abb. 94–96), Helm-Pfennig (Abb. 97–99) und Vergleichsstück (Abb. 100). – Stempelidentitäten sind durch Verbindungsstriche gekennzeichnet

Tafel 10 Villinger Pfennige des (14./)15. Jahrhunderts und Villinger Gegenstempel des 15. Jahrhunderts in Originalgröße und in Vergrößerung (Maßstab 2:1) – Runder Pfennig mit bärtigem Kopf (Abb. 101–103) und Vergleichsstück (Abb. 104), vierzipflige Prägung mit bärtigem Kopf (Abb. 105–107) und Vergleichsstück (Abb. 108), Turm-Pfennig (Abb. 109) sowie Prager Groschen mit Villinger Gegenstempel (Abb. 110–111)

Tafel 8–10

Mit Villingen in Verbindung gebrachte Breisgauer Pfennige des 13. Jahrhunderts (Abb. 77–93), Villinger Pfennige des 14./15. Jahrhunderts (Abb. 97–99, 101–103, 105–107, 109), Villinger Gegenstempel (Abb. 110–111) und Vergleichsstücke (Abb. 94–96, 100, 104, 108) in Originalgröße und Vergrößerung (Maßstab 2:1)

Abb. 77–90: Adler-Pfennige (Typen Wielandt 37–42)

  77 Donaueschingen. 0,33 g. Markant gezeichneter heraldischer Adler nach links.
      1. Hälfte/Mitte 13. Jh. Exemplar Malterdingen 5=Münzanfänge 12 b=Wielandt 37.

  78 Stuttgart (MK 1969/2073). 0,35 g. Gröber gezeichneter heraldischer Adler nach links.
      Ca. Mitte 13. Jh. Exemplar Malterdingen 12=Münzanfänge 12 c=Wielandt 38.

  79 Privatbesitz. 0,29 g. Gröber gezeichneter heraldischer Adler mit dreikugeligem Schwanz nach links. Ca. Mitte 13. Jh. Typ Malterdingen 11 und Wielandt 38.

  80 Stuttgart (MK 1969/2072). 0,35 g. Elegant gezeichneter heraldischer Adler mit deutlich erkennbaren Schwanzfedern und Krallen nach links. Ca. Mitte 13. Jh. Exemplar Malterdingen 13=Wielandt 38a.

  81 Donaueschingen. 0,33 g. Gröber gezeichneter heraldischer Adler mit einer aus drei Kugeln bestehenden Krone nach links. Ca. Mitte 13. Jh. Exemplar Malterdingen 9=Wielandt 39.

  82 Standort unbekannt/Privatbesitz (?). 0,32 g. Ähnlich wie vorher. Exemplar Malterdingen 10 und der Auktion 29 der Frank Sternberg AG, Zürich, vom 30./31. 10. 1995, S. 77, Nr. 576. Typ Wielandt 39.

  83 Donaueschingen. 0,30 g. Fein gezeichneter heraldischer Adler mit einer aus drei Kugeln bestehenden Krone in relativ feinem Perlkreis nach links. Mitte/2. Hälfte 13. Jh. Exemplar Malterdingen 16=Wielandt 40.

  84 Stuttgart (MK 1969/2071). 0,32 g. Stempelgleich wie vorher. Typ Malterdingen 16 und Wielandt 40.

  85 Zürich (AG 883). 0,35 g. Doppeladler in einem Kreis dicker Perlen. Vermutlich Mitte 13. Jh. Exemplar Wielandt 41.

  86 Zürich (Fundexemplar aus der Stadtkirche Winterthur 716). 0,42 g. Ähnlich wie vorher. Typ Wielandt 41. Vgl. 29.

  87 Freiburg (112). 0,31 g. Ähnlich wie vorher. Typ Wielandt 41.

  88 Berlin (285/1925). 0,33 g. Ähnlich wie vorher. Typ Wielandt 41.

  89 Bern (aus dem Fund von Niederried). Gewicht nicht ermittelt. Heraldischer Adler in einem mit Perlen besetzten Doppelreif nach links. 2. Hälfte 13. Jh. Typ Wielandt 42.

  90 Stuttgart (MK 1969/2069). 0,37 g. Ähnlich wie vorher. Typ Wielandt 42. Vgl. zu diesem Exemplar Klein, Ulrich: Die Münzprägung der Zähringer gegen Ende des 12. Jahrhunderts im Lichte eines neuen Fundes, in: Die Zähringer III (wie 11), S. 341–350, hier S. 344 und 349 mit Taf. 30 A.

Abb. 91–92: Lockenkopf-Pfennig, um 1300 (Typ Wielandt 78)

  91 Donaueschingen. 0,32 g.

  92 Zürich (ZB 1942/2). 0,37 g. Stempelgleich wie vorher.

Abb. 93–96: Pferde-Pfennig mit Vergleichsstücken (Typen Wielandt 55, 54 u.a.)

  93 Donaueschingen. 0,39 g. Pferd nach links, darüber im Feld V. 2. Hälfte 13. Jh. Exemplar

Wielandt 55. – Ergänzende Lit.: Meyer, Heinrich: Die Denare und Bracteaten der Schweiz. Zürich 1858, S. 106, Nr. 7 mit Taf. VI.144.

94 Basel (1899.920, aus dem Fund von Basel St. Johann, Foto aus Basel). 0,33 g. Pferd nach links, kein Buchstabe oder Beizeichen im Feld. 2. Hälfte 13. Jh. Exemplar Wielandt 54. – Fundzitat: Bulletin de la Société Suisse de Numismatique 1 (1882), S. 108 und Taf. VI Nr. 13. Siehe ferner Wielandt: Schaffhausen, S. 163, Nr. 31.

95 Stuttgart (MK 1969/2372). 0,36 g. Pferd oder Schafbock nach links, kein Buchstabe oder Beizeichen im Feld. 2. Hälfte 13. Jh. Exemplar der Slg. Friedensburg (Münzenhandlung Adolph E. Cahn, Frankfurt/Main: Auktion 52 vom 27. 10. 1924 und den folgenden Tagen, S. 154, Nr. 3015). Erwähnt bei Wielandt 54.

96 Stuttgart (MK 1969/2371). 0,36 g. Schaf nach links, darüber im Feld mitrierter Kopf von vorne und Stern. Schaffhausen, Kloster Allerheiligen (?). 2. Hälfte 13. Jh. Exemplar der Auktion 44 der Münzenhandlung Adolph E. Cahn, Frankfurt/Main, vom 4. 4. 1921 und den folgenden Tagen, S. 21, Nr. 354. Lit.: Wielandt: Schaffhausen, S. 17 und 161, Nr. 10 (mit der einschlägigen älteren Literatur).

Abb. 97–100: Helm-Pfennig und Vergleichsstück (Typen Wielandt 78a und 79 bzw. Geiger 85 und 84–98)

97 Donaueschingen. 0,28 g. Helm mit Pfauenstoß in Seitenansicht nach links zwischen V–I (oder schlecht ausgeprägtem W–A ?). Letztes Drittel 14. Jh. Typ Wielandt 78a und Geiger 85. Exemplar der Slg. Jäger (Otto Helbing Nachf., München: Auktion 52 vom 24. 10. 1927, S. 40, Nr. 600).

98 Berlin (216/1913). 0,39 g. Stempelgleich wie vorher. Exemplar der Slg. von Höfken I (wie 39), S. 40, Nr. 658.

99 Stuttgart (MK 1969/2144). 0,33 g. Stempelgleich wie vorher.

100 Stuttgart (MK 1969/2155). 0,37 g. Helm mit Pfauenstoß in Seitenansicht nach links zwischen W–A. Österreichische Münzstätte Waldshut. Um 1400. Typ Wielandt 79, Geiger 84=98 und Koch M 7/1.

Abb. 101–108: Pfennige mit bärtigem Kopf und Vergleichsstücke (Typ Wielandt 78b, Geiger 100 sowie Koch M 5/1 u.a.)

a) Runde Prägungen mit einem Gewicht von ca. 0,30–0,50 g (Abb. 101–103/104)

101 Berlin (aus Slg. Grote 1879). 0,30 g (etwas ausgebrochen). Bärtiger Kopf zwischen V–I nach links. Anfang 15. Jh. Typ Wielandt 78b, Geiger 100 und Koch M 5/1.

102 Zürich (ZB Sch. 3795). 0,42 g. Ähnlich wie vorher.

103 Donaueschingen. 0,32 g. Ähnlich wie vorher.

104 Stuttgart (MK 1969/1921). 0,22 g (!). Kopf einer Nonne mit Schleier zwischen Z–I/V nach links. Fraumünsterabtei Zürich. Geprägt nach einem Vertrag von 1424. Typ Geiger 79–124 (mit der weiteren Literatur).

b) Vierzipflige Prägungen mit einem Gewicht von ca. 0,20 g (Abb. 105–107/108)

105 Stuttgart (MK 1969/3411). 0,15 g (etwas ausgebrochen). Bärtiger Kopf zwischen V–I nach links. Anfang 15. Jh. Typ Meyer (wie bei Abb. 93), S. 96, Nr. 2 mit Taf. VI.138. Exemplar der Slg. von Höfken I (wie 39), S. 40, Nr. 656.

106 Zürich (M 14522). 0,23 g. Ähnlich wie vorher. Exemplar der Auktion 77 der Münzen und Medaillen AG, Basel, vom 18. 9. 1992, S. 44, Nr. 345. Zitate: Schweizerisches

Landesmuseum. 101. Jahresbericht 1992. Zürich 1993, S. 30, Abb. 31. – Schweizer Münzblätter 44 (1994), S. 27, Abb. 7.

107 Zürich (Fundexemplar aus der Stadtkirche Winterthur 781). 0,11 g. Ähnlich wie vorher. Zitate: Vgl. 38. – Siehe ferner von Roten, Hortensia: Kleinstnominale des Spätmittelalters anhand der Münzfunde aus der Stadtkirche Winterthur, in: Fundmünzen aus Kirchengrabungen. Hrsg. Dubuis, Olivier F. und Suzanne Frey-Kupper. Lausanne: Editions du Zèbre 1995 (Untersuchungen zu Numismatik und Geldgeschichte, Bd. 1), S. 71–83, hier S. 77 und S. 83, Nr. 26.

108 Stuttgart (MK 1969/1910). 0,20 g. Kopf des hl. Felix (ohne Heiligenschein) zwischen Z–I/V nach links. Fraumünsterabtei Zürich. 2. Hälfte 14. Jh. Typ Hürlimann 57 (Hürlimann, Hans: Zürcher Münzgeschichte. Zürich: Berichthaus 1966, S. 155, Nr. 57).

Abb. 109: Turm-Pfennig (Typ von Höfken II.218)

109 Standort unbekannt. 0,22 g (etwas beschädigt). Breit ausladender Zinnenturm zwischen I–O in einem groben Perlkreis. Vgl. Wielandt S. 65 (mit der weiteren Literatur).

Abb. 110–111: Prager Groschen Wenzels III. (1378–1419) mit Villinger Gegenstempel (Schild mit *vl*)

110 Zürich (ZB 1947/105). 2,46 g. Weitere Gegenstempel von Rottenburg und Kempten. Exemplar Krusy (wie 7) b.

111 Standort unbekannt/Privatbesitz (?). 2,38 g. Aus dem Fund von Aufhofen 60, Abbildung nach Abguß. Weiterer Gegenstempel von Schaffhausen. Exemplar Krusy (wie 7) a.

4) Liste der im Text sowie im Münz- und Abbildungsverzeichnis angeführten Funde und Fundorte

a) Funde des 11.(/12.) Jahrhunderts (siehe Fundkarte 1)

Nr.	Fund (Land)	Literatur- und Abbildungshinweis
1	Änggårda (Schweden) (ab 1085)	GH 339. – Hatz S. 219, Nr. 100. – Jonsson G 196. – Weiller S. 214, Nr. 236. – (Abb. 40)
2	Äspinge (Schweden) (ab 1041)	GH 247. – Hatz S. 215, Nr. 62. – Jonsson DS 107. – Weiller S. 214, Nr. 238. – (Abb. 10, 31, 63)
3	Blacksta (Schweden) (ab 1050)	GH 270. – Hatz S. 216, Nr. 70. – Jonsson S 89. – Weiller S. 215, Nr. 242. – (Abb. 68)
4	Bröholt (Norwegen) (ab 1050)	Hatz S. 207, Nr. 55. – Weiller S. 203, Nr. 176. – (Anm. nach Nr. 72)
5	Eskilstuna (Schweden) (ab 1035)	Jonsson S 76. – Weiller S. 216, Nr. 252. – (Abb. 54)
6	Fund um 1050 (?)	Siehe 24. – (Abb. 46, 47, 52, 53, 55, 56, 59–61, 65–67, 69, 72, 74–76)
7	Gandarve (Schweden) (ab 1047)	GH 263. – CNS 1.1.9. – Hatz S. 215, Nr. 66. – Jonsson G 162. – Weiller S. 217, Nr. 259. – (Abb. 16)

8	Grausne II (Schweden) (ab 1051)	GH 282. – Hatz S. 216, Nr. 77. – Jonsson G 170. – Weiller S. 218, Nr. 268. – (Abb. 1, 29, 51)
9	Haagerup (Dänemark) (ab 1050)	Hatz S. 207, Nr. 51. – Jonsson DS 109. – Weiller S. 174, Nr. 10. – (Abb. 73)
10	Halfoser (Schweden) (ab 1056)	GH 297. – CNS 1.3.2. – Jonsson G 175. – Weiller S. 219, Nr. 270. – (Abb. 15)
11	Hemängen (Schweden) (ab 1024)	GH 157 u.a. – Hatz S. 212, Nr. 32. – CNS 1.3.34. – Jonsson G 113. – Weiller S. 219, Nr. 272. – (Anm. nach Nr. 45)
12	Johannishus (Schweden) (ab 1120)	GH 373. – Hatz S. 221, Nr. 118. – Jonsson DS 132. – Weiller S. 219, Nr. 274. – (Abb. 23, 24)
13	Klintegårda 1994 (Schweden) (ab 1037)	Unveröffentlicht (Mitteilung von P. Berghaus). – (Anm. nach Nr. 22 und 41)
14	Kolodezi (Rußland) (ab 1059)	Hatz S. 209, Nr. 68. – Weiller S. 238, Nr. 401. – (Anm. nach Nr. 22 und 41)
15	Kongsø (Dänemark) (ab 1039)	Hatz S. 207, Nr. 49. – Jonsson DS 90. – Weiller S. 174, Nr. 11. – (Abb. 22, 58)
16	Kose (Estland) (ab 1121)	Siehe 20. – Weiller S. 232, Nr. 371. – Molvõgin S. 442, Nr. 76. – (Abb. 38)
17	Lilla Klintegårda II (Schweden) (ab 1040)	GH 243. – Hatz S. 215, Nr. 59. – Jonsson G 144. – Weiller S. 221, Nr. 286. – (Abb. 41)
18	Lübeck (Deutschland) (ab 1038)	Hatz S. 203, Nr. 1. – Weiller S. 181, Nr. 45. – (Abb. 8, 11, 14)
19	Mickels (Schweden) (ab 1056)	GH 299. – Jonsson G 177. – Weiller S. 221, Nr. 292. – (Abb. 12)
20	Nousiainen (Finnland) (ab 1037)	Hatz S. 207, Nr. 56. – Weiller S. 192, Nr. 115. – (Abb. 62, 70)
21	Österby (Schweden) (ab 1079)	GH 328. – Hatz S. 218, Nr. 95. – CNS 1.3.10. – Jonsson G 189. – Weiller S. 222, Nr. 298. – (Abb. 5, 42)
22	Pilgårds (Schweden) (ab 1046)	GH 256. – Hatz S. 215, Nr. 64. Jonsson G 155. – Weiller S. 223, Nr. 303. – (Abb. 48)
23	Porkuni (Estland) (ab 1060)	Weiller S. 234, Nr. 382. – Molvõgin S. 201, Nr. 42. – (Anm. nach Nr. 22)
24	Pskow (Rußland) (ca. Ende 11. Jh)	Unveröffentlicht (Provenienz laut einer Notiz in der Münchner Sammlung). – (Abb. 64)
25	Rom (Vatikan) (?)	Weiller S. 244, Nr. 427. – (Abb. 57)
26	Sanda (Schweden) (ab 1057)	Hatz S. 218, Nr. 86. – CNS 16.1.8. – Jonsson S 92. – Weiller S. 223, Nr. 307. – (Abb. 25, 39)
27	Sandegårda II (Schweden) (ab 1080)	GH 334. – Hatz S. 219, Nr. 98. – Jonsson G 193. – Weiller S. 223, Nr. 308. – (Anm. nach Nr. 41)

28	Schweden – GH 164 (ab 1024)	GH 164. – Hatz S. 212, Nr. 34. – Weiller S. 223, Nr. 310. – (Abb. 45, Anm. nach Nr. 45)
29	Schweden – GH 245 (ab 1040)	GH 245. – Hatz S. 215, Nr. 61. – Weiller S. 224, Nr. 312. – (Abb. 43)
30	Schweden – GH 324 (ab 1071)	GH 324. – (Abb. 34)
31	Schweden – GH 366 (ab 1106 od. etwas später)	GH 366. – Hatz S. 221, Nr. 115. – Weiller S. 225, Nr. 322. – (Abb. 44)
32	Schweden – GH 371 (ab 1111)	GH 371. – Hatz S. 221, Nr. 116. – Weiller S. 225, Nr. 323. – (Abb. 30, Anm. nach Nr. 45)
33	Skålö (Schweden) (ab 1056)	GH 292. – Hatz S. 217, Nr. 81. – CNS 16.1.4. – Jonsson S 105. – Weiller S. 226, Nr. 332. – (Abb. 19)
34	Smiss (Schweden) (ab 1090)	GH 356. – Hatz S. 220, Nr. 112. – Jonsson G 205. – Weiller S. 226, Nr. 333. – (Abb. 27)
35	Stale I (Schweden) (ab 1070)	GH 321. – Hatz S. 218, Nr. 91. – Jonsson G 182. – Weiller S. 227, Nr. 337. – (Abb. 26)
36	Stale II (Schweden) (ab 1036)	GH 215. – Hatz S. 214, Nr. 53. – Jonsson G 141. – Weiller S. 227, Nr. 338. – (Abb. 3, 17)
37	Stora Bjärs II (Schweden) (ab 1051)	GH 286. – Hatz S. 217, Nr. 79. – Jonsson G 173. – Weiller S. 228, Nr. 342. – (Abb. 13, 50)
38	Stora Bjärs III (Schweden) (ab 1055)	GH 293. – Hatz S. 217, Nr. 82. – Jonsson G 174. – Weiller S. 228, Nr. 343. – (Anm. nach Nr. 22, Abb. 49)
39	Störlinge (Schweden) (ab 1036)	GH 216. – Hatz S. 214, Nr. 54. – Jonsson S 79. – (Abb. 4, 32)
5	Thuleparken (Schweden)	Siehe Eskilstuna
40	Vichmjaz (Rußland) (ab 1080/1090)	Hatz S. 209, Nr. 74. – Weiller S. 242, Nr. 420. – (Abb. 21, 28, 36)

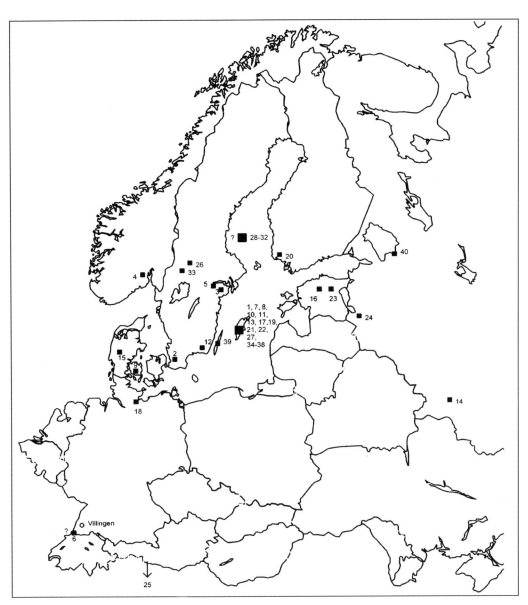

Fundkarte 1 (Funde des 11. [/12.] Jahrhunderts mit Villinger Münzen)

1	Änggårda	10	Halfoser	19	Mickels	28–32	Schweden
2	Äspinge	11	Hemängen	20	Nousiainen	33	Skålö
3	Blacksta	12	Johannishus	21	Österby	34	Smiss
4	Bröholt	13	Klintegårda	22	Pilgårds	35	Stale I
5	Eskilstuna	14	Kolodezi	23	Porkuni	36	Stale II
6	Fund um 1050	15	Kongsø	24	Pskow	37	Stora Bjärs II
7	Gandarve	16	Kose	25	Rom (Vatikan)	38	Stora Bjärs III
8	Grausne II	17	Lilla Klintegårda	26	Sanda	39	Störlinge
9	Haagerup II	18	Lübeck	27	Sandegårda II	40	Vichmjaz

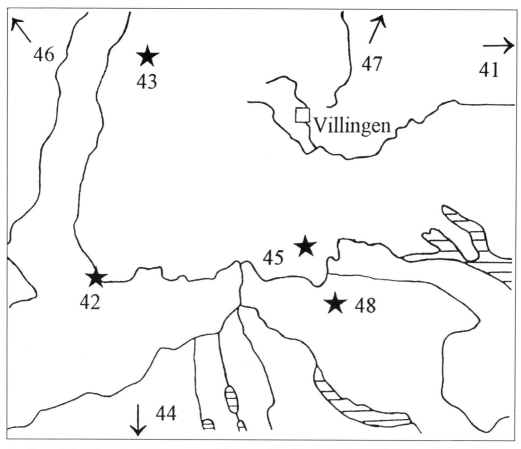

Fundkarte 2 (im Text oder Abbildungsverzeichnis erwähnte Funde des 13. bis 15. Jahrhunderts mit Villinger oder Villingen zugewiesenen Münzen)

41	*Aufhofen (bei Biberach)*	*45*	*Osterfingen*
42	*Basel, St. Johann*	*46*	*Trier*
43	*Malterdingen*	*47*	*Tübingen*
44	*Niederried (am Brienzer See)*	*48*	*Winterthur*

b) Funde des 13. bis 15. Jahrhunderts (siehe Fundkarte 2)

Nr.	Fund (Land)	Literatur- und Abbildungshinweis
41	Aufhofen (Deutschland) (ab 1436)	Nau S. 151, Nr. 90. – (Abb. 111)
42	Basel, St. Johann (Schweiz/Anfang 14. Jh.)	Wielandt S. 45. – Nau S. 131, Nr. 59. – (Abb. 94)
43	Malterdingen (Deutschld.) (um 1280/1290)	Wielandt S. 45. – Nau S. 130, Nr. 50. – (Abb. 77, 78, 80–83, vgl. auch Abb. 79, 84)
44	Niederried (Schweiz) (Ende 13. Jh.)	Vgl. Literaturhinweis zu Abb. 90. – (Abb. 89)
45	Osterfingen (Schweiz) (ab 1423/um 1435)	Wielandt S. 45. – Nau S. 152, Nr. 100. – Siehe Text zu Abb. 97–99
46	Trier (Deutschland) (ab 1403)	Wielandt S. 45. – Siehe Text zu Abb. 105–107
47	Tübingen (Deutschland) (ab 1409)	Wielandt S. 66, Anm. 195. – Nau S. 150, Nr. 74. – Siehe Text zu Abb. 101–103
48	Winterthur (Schweiz)	Siehe 29. – (Abb. 86, 107)

5) Liste der angeführten Standorte

Basel	Historisches Museum Basel, Münzkabinett – (Abb. 94)
Berlin	Staatliche Museen zu Berlin – Preußischer Kulturbesitz, Münzkabinett – (Abb. 8, 9, 11, 14, 33, 88, 98, 101)
Bern	Bernisches Historisches Museum, Münzkabinett – (Abb. 89)
Donaueschingen	Fürstlich Fürstenbergisches Archiv – (Abb. 77, 81, 83, 91, 93, 97, 103)
Dresden	Staatliche Kunstsammlungen, Münzkabinett – (Abb. 71)
Eskilstuna	Museum (Eskilstuna Museer) – (Abb. 54)
Falun	Dalarnas Museum – (Abb. 25, 39)
Freiburg	Städtische Museen – Augustinermuseum (Abb. 87)
Hannover	Niedersächsisches Münzkabinett der Deutschen Bank – (Abb. 35)
Helsinki	Finnisches Nationalmuseum, Münzkabinett – (Abb. 62, 70)
Kopenhagen	Nationalmuseum, Königliche Münzen- und Medaillensammlung (Kongelige Mønt- og Medaillesamling) – (Abb. 18, 20, 22, 37, Anm. nach Nr. 45, Abb. 58, 73)
Moskau	Historisches Museum, Münzkabinett – (Anm. nach Nr. 22 und 41)
München	Staatliche Münzsammlung – (Abb. 64)
Münster	Westfälisches Landesmuseum, Münzkabinett – (Anm. nach Nr. 45)
Oslo	Universität, Münzkabinett – (Anm. nach Nr. 72)

Privatbesitz	(Abb. 46, 47, 52, 53, 55, 56, 59–61, 65, 72, 74–76, 79)
Rakvere	Museum – (Anm. nach Nr. 22)
Rom, Vatikan	Biblioteca Apostolica Vaticana, Münzsammlung (Medagliere) – (Abb. 57)
St. Petersburg	Staatliche Eremitage, Münzkabinett – (Abb. 21, 28, 36)
Stockholm	Königliches Münzkabinett (Kungliga Myntkabinettet, die Funde noch mit den SHM-Inventarnummern des Statens Historiska Museum, zu dem das inzwischen administrativ verselbständigte Münzkabinett früher gehört hat) – (Abb. 1–7, 10, 12, 13, 15, 17, 19, Anm. nach Nr. 22, Abb. 23, 24, 26, 27, 29–32, 34, 40, 41, Anm. nach Nr. 41, Abb. 42–45, Anm. nach Nr. 45, Abb. 48, 50, 51, 63, 68)
Stuttgart	Württembergisches Landesmuseum, Münzkabinett – (Abb. 66, 67, 69, 78, 80, 84, 90, 95, 96, 99, 100, 104, 105, 108)
Tallinn	Estnisches Historisches Museum (Eesti Ajaloomuuseum), Münzkabinett – (Abb. 38)
Unbekannt	(Abb. 82, 109, 111)
Visby	Historisches Museum (Gotlands Fornsal) – (Abb. 16, Anm. nach Nr. 22 und 45, Abb. 49)
Zürich	Schweizerisches Landesmuseum, Münzkabinett – (Abb. 85, 86, 92, 102, 106, 107, 110)

1 Vgl. Rupertus, Günter: Das Papiergeld von Baden. Spezialkatalog der Ausgaben des Landes, der Gebietskörperschaften und der Firmen. 1849–1948. Ludwigshafen: Weiß + Hameier 1988, S. 269/270, Nr. 328. – Siehe ebd. unter den Nr. 329–333 auch das Inflationsgeld der Villinger Firmen.

2 Dannenberg, Hermann: Die deutschen Münzen der sächsischen und fränkischen Kaiserzeit. Bd. 1–2. Berlin: Weidmann 1876–1894, S. 362, 501, 550/551, 671. In der Folge „Dannenberg: Münzen".

3 Wielandt, Friedrich: Die Münzanfänge des Zähringerhauses, in: Dona Numismatica. Walter Hävernick zum 23. Januar 1965 dargebracht. Hg. Berghaus, Peter und Gert Hatz. Hamburg 1965, S. 133–153, hier S. 133–138. In der Folge „Wielandt: Münzanfänge".

4 Wielandt: Münzanfänge, S. 137, Anm. 15. – Vgl. auch Klein, Ulrich: Die Münzprägung im südwestlichen Schwaben. Stand und Aufgaben der Forschung, in: Fernhandel und Geldwirtschaft. Beiträge zum deutschen Münzwesen in sächsischer und salischer Zeit. Ergebnisse des Dannenberg-Kolloquiums 1990. Hg. Kluge, Bernd. Sigmaringen: Thorbecke 1993 (Römisch-Germanisches Zentralmuseum. Monographien, Bd. 31/Berliner Numismatische Forschungen, NF. Bd. 1), S. 89–109, hier S. 90, Nr. 4. In der Folge „Klein: Münzprägung".

5 A. Kat. Freiburg i. Br., Stadt und Universität – 31. 5.–31. 8. 1986: Die Zähringer. Anstoß und Wirkung. Hrsg. Schadek, Hans und Karl Schmid. Sigmaringen: Thorbecke 1986 (Veröffentlichungen zur Zähringer-Ausstellung II), S. 50, Nr. 27; S. 264, Nr. 221, Abb. 150; S. 271, Nr. 232. In der Folge „Zähringer II".

6 Wielandt, Friedrich: Der Breisgauer Pfennig und seine Münzstätten. Ein Beitrag zur Münz- und Geldgeschichte des Alemannenlandes im Mittelalter. 2., neubearb. Aufl. Karlsruhe: Braun 1976, bes. S. 63–66. In der Folge „Wielandt: Breisgauer Pfennig".

7 Krusy, Hans: Gegenstempel auf Münzen des Spätmittelalters. Frankfurt/Main: Schulten 1974, S. 265 (mit Hinweisen auf die früheren Veröffentlichungen von 1961 und 1964/65).

8 Klein: Münzprägung, S. 92.

9 Siehe zum Wortlaut Wielandt: Münzanfänge, S. 133/134 sowie zu den einschlägigen Literaturnachweisen ebd. und Zähringer II, S. 264, Nr. 221, Abb. 150.

10 Vgl. Kluge, Bernd: Deutsche Münzgeschichte von der späten Karolingerzeit bis zum Ende der Salier (ca. 900 bis 1125). Sigmaringen: Thorbecke 1991 (Römisch-Germanisches Zentralmuseum. Monographien, Bd. 29), S. 27, 65 und 102.

11 Vgl. dazu Althoff, Gerd: Warum erhielt Graf Bertold im Jahre 999 ein Marktprivileg für Villingen?, in: Die Zähringer. Schweizer Vorträge und neue Forschungen. Hg. Schmid, Karl. Sigmaringen: Thorbecke 1990 (Veröffentlichungen zur Zähringer-Ausstellung III), S. 269–274. In der Folge „Zähringer III".

12 Vgl. dazu Kluge, Bernd: Umrisse der deutschen Münzgeschichte in ottonischer und salischer Zeit, in: Fernhandel und Geldwirtschaft, S. 1–16, hier S. 1–3.

13 Dannenberg: Münzen, S. 501, Nr. 1378 und 1378a.

14 Catalogue de la Collection de Monnaies de feu Christian Jürgensen Thomsen. Seconde Partie: Les Monnaies

du Moyen-Age. Tome III, contenant les Monnaies de l'Europe Septentrionale... Kopenhagen: Thiele 1876, S. 226/227, Nr. 12121.

15 Vgl. dazu Klein: Münzprägung, S. 96, Nr. 6.

16 Dannenberg: Münzen, S. 362/363, Nr. 954-957.

17 Dannenberg: Münzen, S. 550/551 und 671.

18 Vgl. z.B. Münzenhandlung Fritz Rudolf Künker, Osnabrück: Auktion 23 vom 30. 9.–2. 10. 1992, S. 222, Nr. 2386 (Typ Dannenberg 954) oder Münzenhandlung Gerhard Hirsch Nachf., München: Auktion 192 vom 27.–29. 11. 1996, S. 75, Nr. 1296 (Typ Dannenberg 957).

19 Wielandt: Münzanfänge.

20 Leimus, Ivar: Der Münzfund von Kose aus dem zweiten Viertel des 12. Jahrhunderts, Tallinn: Eesti Raamat 1986, S. 38, Nr. 1384.

21 Siehe dazu Salmo, Helmer: Deutsche Münzen in vorgeschichtlichen Funden Finnlands. Helsinki 1948 (Finska Fornminnesföreningens Tidskrift 47), S. 377, Nr. 82.1–5. In der Folge „Salmo: Münzen". – Bei den dort angeführten Münzen handelt es sich der Abbildung und vorliegenden Fotos nach um Exemplare eines unbestimmten Typs, der vermutlich ins Oberelsaß oder nach Oberlothringen gehört (vgl. dazu u. a. Corpus Nummorum Saeculorum IX–XI..., Bd. 1.1. Stockholm: Almqvist & Wiksell 1975, S. 78 [Fund 9], Nr. 416).

22 Galster, Georg: Møntfundet fra Kongsø Plantage, in: Aarbøger for Nordisk Oldkyndighed og Historie (1962), S. 54–78, hier S. 74, Nr. 320. – Die Bestimmungen der schwedischen Stücke haben sich bislang nur in den unveröffentlichen Fundlisten niedergeschlagen. Das im folgenden genannte Exemplar aus dem Fund von Thuleparken ist dagegen als unbestimmt publiziert.

23 Salmo: Münzen, S. 414, Nr. 93.166 und 167.

24 Vgl. dazu vorläufig Klein, Ulrich: Münzkabinett (Erwerbsbericht des Württembergischen Landesmuseums Stuttgart für 1995), in: Jahrbuch der Staatlichen Kunstsammlungen in Baden-Württemberg 33 (1996), S. 177–184, hier S. 182–184.

25 Vgl. dazu Schwineköper, Berent: Die heutige Stadt Villingen – eine Gründung Herzog Bertolds V. von Zähringen (1186–1218), in: Die Zähringer. Eine Tradition und ihre Erforschung. Hg. Schmid, Karl. Sigmaringen: Thorbecke 1986 (Veröffentlichungen zur Zähringer-Ausstellung I), S. 75–100.

26 Vgl. Wielandt: Münzanfänge, S. 137/138 und Breisgauer Pfennig, S. 63.

27 Vgl. zur Charakterisierung des regionalen Pfennigs u. a. A. Kat. Stuttgart, Württembergisches Landesmuseum – 26. 3.–5. 6. 1977: Die Zeit der Staufer. Stuttgart 1977. Bd. 1, S. 108/109. Bd. 3, S. 93–96 (jeweils Beiträge von Elisabeth Nau) oder Klein, Ulrich: Der Konstanzer Pfennig in der Stauferzeit, in: Konstanz zur Zeit der Staufer. Hg. Rosgarten Museum Konstanz. Konstanz: Seekreis 1983, S. 43–54, hier S. 43.

28 Vgl. hierzu und zum folgenden generell Wielandt: Breisgauer Pfennig, S. 63 sowie die Nr. 37–42, 55 und 78 des dortigen Münzenverzeichnisses.

29 Jäggi, Carola u. Hans-Rudolf Meier...: Die Stadtkirche St. Laurentius in Winterthur. Ergebnisse der archäologischen und historischen Forschungen. Zürich u.a.: Fotorotar 1993 (Zürcher Denkmalpflege. Archäologische Monographien, Bd. 14), S. 103/104 und 269, Nr. 716, Abb. 103 (numismatischer Beitrag von Hortensia von Roten). In der Folge „von Roten: Winterthur".

30 Braun von Stumm, Gustav: Colmarer Pfennige aus der Interregnumszeit, in: Annuaire de la Société Historique et Littéraire de Colmar (1953), Abb. 1–4. Vgl. auch von Roten: Winterthur, S. 104, Anm. 382.

31 Münzenhandlung Adolph E. Cahn, Frankfurt/Main: Auktion 41 vom 7.–9. 9. 1920 (Slg. Kenzler), S. 29, Nr. 625.

32 Vgl. Zähringer II, S. 276, Nr. 241.

33 Die darüber hinausgehenden Angaben bei Wielandt, Friedrich: Schaffhauser Münz- und Geldgeschichte. Schaffhausen: Kantonalbank 1959, S. 163, Nr. 31 sind nicht zu verifizieren und bleiben somit fraglich.

34 Vgl. zum Bodenseebrakteaten Cahn, Julius: Münz- und Geldgeschichte von Konstanz und des Bodenseegebietes im Mittelalter... Heidelberg 1911, S. 450, Nr. 239, oder Klein, Konstanzer Pfennig, S. 53, Abb. 141. Von der entsprechenden Prägung nach Breisgauer Schlag ist nur ein Exemplar bekannt, das noch unveröffentlicht ist und sich in Privatbesitz befindet.

35 Vgl. dazu Wielandt: Schaffhausen, S. 16/17, oder Nau: Staufer, Bd. 1, S. 166/167 und 173/175.

36 Vgl. auch hierzu generell Wielandt: Breisgauer Pfennig, S. 63 sowie die Nr. 78a und 78b des dortigen Münzenverzeichnisses.

37 Geiger, Hans-Ulrich: Quervergleiche. Zur Typologie spätmittelalterlicher Pfennige, in: Zeitschrift für Schweizerische Archäologie und Kunstgeschichte 48 (1991), S. 108–123, hier S. 115 und 120, Nr. 85 (vgl. Nr. 84–90). – Ebenso (nach Geiger) auch Koch, Bernhard: Corpus Nummorum Austriacorum (CNA). Bd. 1 (Mittelalter). Wien: Kunsthistorisches Museum 1994, S. 382, Nr. 5.

38 Von Roten: Winterthur, S. 104 und 272, Nr. 781.

39 Münzenhandlung Adolph E. Cahn, Frankfurt/Main: Auktion 36 vom 5. 11. 1913 und den folgenden Tagen (Slg. von Höfken I), S. 40, Nr. 656/657.

Bertram Jenisch

Stadtentwicklung und Alltagsgeschichte im Mittelalter auf der Grundlage archäologischer Quellen

Vom Dorf zur Stadt

Villingen-Schwenningen hat eine lange gemeinsame Tradition, wenn man bedenkt, daß beide Orte 817 in derselben Schenkungsurkunde an das Kloster St. Gallen als *Filingas* und *Swanningas* erstmals genannt werden.[1] Auch was die archäologischen Relikte dieser frühmittelalterlichen Besiedlungsphase anbelangt, sind die „-ingen"-Orte vergleichbar. Wie die meisten Siedlungen der Merowingerzeit auf der Baar sind sie durch ausschnitthaft erfaßte Friedhöfe am Ortsrand nachgewiesen. Die dörfliche Siedlung im Bereich der „Villinger Altstadt", die sich zu beiden Seiten der Steppach um die ehemals der Hl. Maria geweihten Pfarrkirche erstreckte, wird im Norden durch das Gräberfeld „Am Blutrain" im Süden durch Gräber „Beim Hohenstein" begrenzt. Während die meisten Bestattungen aus dem 6. bis 7. Jahrhundert stammen, datiert ein Grab bereits an das Ende des 4. Jahrhunderts, der Zeit der alamannischen Landnahme in Südwestdeutschland.[2] Das Reihengräberfeld des 6. und 7. Jahrhunderts „Auf der Lehr", nördlich des Ortskerns von Schwenningen, gehört zu den bedeutendsten frühgeschichtlichen Fundplätzen auf der Baar.[3] Das Grab der „Schwenninger Dame" kann als sicherer Anhaltspunkt für eine Ortsgründung durch eine alamannische Adelsfamilie gewertet werden.[4]

Nach diesen archäologischen Quellen zum frühen Mittelalter und den Erstnennungen liegen geraume Zeit für beide Orte keine nennenswerten Schriftbelege oder Bodenzeugnisse vor. Wir wissen daher nicht, wie es dazu kam, daß Schwenningen sich als Dorf weiterentwickelte, während aus Villingen eine Stadt entstand. Für letzteres war die Verleihung des Markt-, Münz- und Zollrechts 999 an Graf Berthold für *suo loco viligun dictu* konstitutiv. Zur Frage, wie diese Stadtentstehung vonstatten ging, steht wiederum eine breite Quellenbasis zur Verfügung.

Was ist eine Stadt?

Seit den Forschungen von E. Hamm gilt Villingen als Modell einer typischen „Gründungsstadt" der Zähringer.[5] Quellengrundlage waren neben Schriftquellen – zu Villingen liegen zwischen der Erstnennung 817 bis zum Aussterben der Zähringer 1218 lediglich sieben Erwähnungen vor – in erster Linie historische Abbildungen und Karten zur Stadtgestalt. Letztere reichen bis in das 16. Jahrhundert zurück und wurden meist fälschlicherweise in eine legendäre „Stadtgründungszeit" um 1119 zurückprojiziert. Man betrachtete die Verlagerung der Siedlung von der Altstadt auf die gegenüberliegende Seite der Brigach, an die heutige Stelle, lange als „Gründung auf der grünen Wiese". Diese soll nach einem festgelegten Schema innerhalb weniger Jahre auf Anregung der Herzöge von Zähringen erfolgt sein. Unter den verschiedenen Autoren war lediglich strittig, wer aus dieser hochadeligen Familie als „Gründer" zu gelten habe.[6]

Durch die Zusammenarbeit von Geschichtswissenschaft und Archäologie des Mittelalters wurde seit den 20er Jahren ein um sozial- und wirtschaftsgeschichtliche Kriterien erweiterter Stadtbegriff entwickelt, der auch das frühe und hohe Mittelalter mit einbezieht: Nichtagrarische Siedlungen mit zentralörtlicher Funktion, die durch Handel und

Handwerk geprägt sind, gelten nunmehr als Vor- und Frühstufen der Stadt.[7]

Städte und ländliche Siedlungen sind durch eine Reihe von archäologisch faßbaren Kriterien gut voneinander zu unterscheiden. Während sich in Dörfern meist Gehöfte – bestehend aus Wohnhaus, Stall, Scheunen und Grubenhäusern zur gewerblichen Nutzung oder Vorratshaltung – in lockerer Streulage oder Reihung feststellen lassen, sind städtische Siedlungsstrukturen kleinräumiger sowie klar strukturiert und meist auch normiert. Das Zusammenleben zahlreicher Menschen auf engem, durch die Wehranlage klar umgrenzten Raum macht Infrastrukturmaßnahmen notwendig, die sich regulierend auf das Grundstücksgefüge und die Bebauungsstrukturen auswirken. So etwa ein Straßensystem, eine geregelte Abfallentsorgung sowie Wasserzu- und -ableitung.

Villingen zeichnet sich durch einige Besonderheiten aus, die dazu führten, daß sich hier durch zahlreiche Ausgrabungen ein Schwerpunkt der Landesarchäologie entwickelt hat. Zum einen gehört Villingen zu den ältesten Städten im Land, das äußere Erscheinungsbild ist darüber hinaus von modernen Überformungen und Zerstörungen weitgehend verschont geblieben. Aufgrund des hohen Grundwasserspiegels im Stadtgebiet war es bis um die Jahrhundertwende technisch fast unmöglich Keller anzulegen, was der Erhaltung archäologischer Substanz sehr förderlich war. Die Ergebnisse der 18 archäologischen Grabungen, die teilweise mehrere benachbarte Parzellen umfaßten, baugefügekundliche Untersuchungen sowie topographische Beobachtungen im Stadtgebiet und dessen Umfeld erweitern so das bisherige Bild der Stadtgeschichte entscheidend.[8] Es muß an dieser Stelle betont werden, daß diese neuen Befunde nicht zu einer alternativen Geschichtsschreibung führen, sondern letztlich gerade Fakten für die Zeiträume liefern, zu denen bislang noch keine Geschichtsquellen vorlagen, das Ergebnis ist die folgende archäologisch-historische Synthese zur Stadtentwicklung Villingens.

Archäologische Zeugnisse zur Entstehung Villingens

Der obere Brigachraum war bereits im frühen Mittelalter dicht besiedelt. Villingen-Altstadt geht als älteste dieser Siedlungen bis in die Zeit der alamannischen Landnahme zurück. Im Zuge des mittelalterlichen Landesausbaus wurde der Siedlungsraum des Altsiedellandes entlang der Seitenbäche der Brigach erweitert und neue Dörfer und Weiler angelegt. Bei Vockenhausen, Nordstetten und Waldhausen bestanden Kirchen, die pfarrechtlich von der Altstadtkirche St. Maria abhängig waren – ein Reflex darauf, daß die Erschließung von Villingen aus erfolgte. Am Rande verschiedener Orte, etwa dem Weiler Runstal, entstanden seit dem 11. Jahrhundert die für diese Zeit typischen Turmhügelburgen oder Motten.[9]

Auch abgesetzt von dem Dorf Villingen-Altstadt, entstand eine solche Wehranlage in typischer Lage in der Flußniederung. Bei einer Höhenschichtenkartierung im Stadtkern wurden zwei künstliche Hügelaufschüttungen lokalisiert, der eine ist das Keferbergle, der andere liegt südwestlich des Oberen Tores. Für beide Areale sind adelige Besitzer nachgewiesen, beim Keferbergle wird 1364 *des Graven brunnen* lokalisiert.[10] Die Motten bildeten zusammen mit zwei historisch zu erschließenden Mühlen, einem unter dem späteren Münster erfaßten Fachwerkhaus und einem diesem benachbarten Grubenhaus einen etwa 1,5 km nordwestlich des Dorfes Villingen-Altstadt gelegenen eigenständigen Siedlungskomplex, der vermutlich im 11. Jahrhundert entstand. Weitere Strukturen dieser frühen, bislang nicht bekannten vorstädtischen Siedlung sind im Bereich des Münster- und Hafnerviertels zu erwarten, da sich hier, wie spätere Güterübertragungen an Klöster zeigen, der Besitz der Zähringererben konzentrierte. Der Siedlungskomplex ist meines Erachtens als Hofgut der Zähringer anzusprechen. Es scheint sicher, daß sich der 1024 verstorbene *Bezzelin de Vilingen* nach dieser Burg und nicht nach dem gleichnamigen Dorf benannte. Möglicherweise ist der Güterkomplex mit dem 999 mit dem Marktrecht begabten *locus (in) vilingin* des Grafen Berthold gleichzusetzen. In jedem Fall erstreckte er sich über das gesamte Münsterviertel und war der Kristallisationspunkt der neuen, verlagerten Marktsiedlung.[11]

Beide Siedlungsteile Villingens müssen geraume Zeit nebeneinander bestanden haben, so wurden etwa der noch heute bestehende Turm der Altstadtkirche um 1100 und der bei der Ausgrabung 1978/79 erfaßte Bau I des Münsters zu Beginn des 12. Jahrhunderts kurz nacheinander errichtet.[12] Die Frage, wann die Siedlung um die Altstadtkirche aufgelassen wurde, kann aufgrund der wenigen archäologischen Aufschlüsse nur sehr vage beantwortet werden. Die jüngsten Befunde datieren in das frühe 14. Jahrhundert, was sich mit der ersten Nennung des Areals als *alte stat ze Vylingen* 1337 deckt.[13]

Die archäologische Ausgangssituation im Brigachbogen ist ungleich besser. Um das beschriebene Hofgut wuchs seit dem 12. Jahrhundert ein Marktort heran, wobei der frühe Siedlungskern das spätere Grundrißschema nachhaltig prägte. Die Obere Straße verläuft parallel zu einem bei Grabungen angeschnittenen Graben, die Rietstraße begleitet den Kiesrücken und einen Mühlenkanal im Süden der Kernsiedlung. Beide Hauptstraßen enden bei den beschriebenen Motten. In Verlängerung dieser Achsen zeichnet sich das Straßenkreuz der späteren Stadt ab. Das durch planerischen Akt festgelegte Grundelement des Villinger Hauptstraßenkreuzes ist somit durch die gegebene Situation vorbestimmt und nicht das Resultat eines abstrak-

ten Idealplanes. Das Areal des früheren Herrenhofes, von dem 1179 Teile als *predium in Vilingen* an das Kloster Tennenbach übertragen wurden,[14] bildete in der Folge eines der Stadtviertel, das sich jedoch durch die Sozialtopographie deutlich abhob. Es blieb Sitz der Administration, der Burg des Orts- und späteren Stadtherrn, des Rathauses sowie kirchlicher und klösterlicher Einrichtungen, was zu der Bezeichnung Oberort führte.

In der zweiten Hälfte des 12. Jahrhunderts wurde die Grundlage des Straßen- und des damit verbundenen Stadtbachsystems festgelegt. Das älteste erhaltene Bauwerk, das sich daran orientiert, ist ein zweigeschossiges Steinhaus, das 1192/93 an der Rietstraße 28 errichtet wurde. Das traufständige, rechteckige Gebäude weist bereits die Kriterien des typischen Villinger Wohnhauses auf. Weitere Steinbauten dieser Art aus dem Ende des 12. Jahrhunderts wurden entlang der Rietstraße, Rietgasse, Niederen Straße und Gerberstraße archäologisch nachgewiesen.[15] Um 1200 hatte sich entlang der Straßen und Gassen eine lockere Reihenbebauung aus Steinhäusern, dazwischen vereinzelt Fachwerkbauten herausgebildet, die auf annähernd gleich großen Hofstätten errichtet waren. Zu jedem dieser Anwesen gehörten zum Teil mehrere mit Flechtwerk ausgesteifte Latrinengruben. Die bisher über 60 ergrabenen Aborte dieser Art entsprechen in ihrer Konstruktion denen, die Paul Revellio 1943 auf dem heutigen Osianderplatz freigelegt hat (Abb. 1).[16] Die noch großen Freiflächen zwischen der Bebauung machten noch keine Schaffung von Plätzen notwendig.

Während der nördliche Teil der Siedlung sich früh, entsprechend dieser frühstädtischen Strukturen, entwickelte, wirkten im Süden des Stadtbereichs vorstädtische Strukturen noch länger nach. Noch 1169 wurde in der von der Gerberstraße in Richtung Altstadt abzweigenden Ankergasse ein Fachwerkhaus eines Handwerkers errichtet, das sich nicht

Abb. 1 Villingen Osianderplatz. Paul Revellio und Helfer bei einer 1943 freigelegten Flechtwerklatrine (Foto: SAVS).

an dem vorgegebenen Schema orientiert (Abb. 2). Das Haus war auf die Ankergasse ausgerichtet, eine Wegeverbindung in die Altstadt. Der darin lebende lederverarbeitende Handwerker nutzte zur Errichtung von Trockengestellen die gesamte Großparzelle, die später in mindestens vier Hofstätten (Gerberstraße 53, 55, 57 und 59) untergliedert wurde.

Gewerbeansiedlungen im südlichen Vorfeld des Marktfleckens wurden von den Veränderungen ebenso beeinflußt. Ein Kalkofen an der Niederen Straße, im Bereich der späteren Kapuzinerkirche, wurde um die Mitte des 12. Jahrhunderts unterhalb des Hubenloches verlegt. Der Betrieb eines Ziegelbrennofens an der Gerberstraße 17 wurde im frühen 13. Jahrhundert eingestellt und wich einer Wohnbebauung nach dem vorgegebenen Schema.[17]

Mit dem Bau der Ringmauer und des Stadtgrabens kurz nach 1200 wurde das Siedlungsgebiet im Brigachbogen nach Süden und Osten endgültig abgesteckt und das alte Wegenetz entsprechend der vier Stadteingänge modifiziert. Diese große Gemeinschaftsaufgabe, die eine Bauzeit von 10 bis 15 Jahren erforderte, ist nicht ohne die vom Stadtherrn mitgetragene Planung denkbar, da sie auch Eingriffe in den Randbereich der beiden Motten mit sich brachte.[18] Villingen hatte um 1200 noch eine weitere Großbaustelle. Gleichzeitig mit der ersten Wehranlage wurde der Bau I des Münsters durch einen im wesentlichen noch heute bestehenden Neubau gleicher Größe ersetzt, der damals als Johanneskirche noch Filialkirche der Pfarrkirche in der Altstadt war. Beide Bauvorhaben, die 23,4 ha umschließende Stadtmauer und der Münsterneubau, erscheinen für die zu vermutende Größe der Stadt um 1200 überproportioniert.

Die Veränderungen, die die Ummauerung mit sich brachte, sind an der unteren Gerberstraße exemplarisch nachzuvollziehen. Das ursprünglich auf die zur Sackgasse gewordene Ankergasse ausgerichtete Fachwerkhaus (Abb. 2) wurde um 1210 abgebrochen und durch ein nun zur Gerberstraße ausgerichtetes Steinhaus ersetzt (Abb. 3). Durch die Errichtung der Stadtmauer kurz nach 1200 kam es zu erheblichen Veränderungen im Siedlungsgefüge. Im frühen 13. Jahrhundert entstanden entlang der nun wichtiger gewordenen Gasse mit dem Stadtbach erste traufständig angeordnete Steinbauten an den Parzellengrenzen. Die Häuser auf der östlichen Straßenseite entsprechen den für Villingen charakteristischen, rechteckigen Normbauten, die Anwesen der Nachbarn auf der gegenüberliegenden Straßenseite waren teilweise kleineren Zuschnitts (Abb. 3). Gerberbottiche weisen einige der Bewohner der südlichen Gerberstraße als Handwerker aus.

Zwischen 1230 und 1260 wurden die vier Tortürme nacheinander als Ausbau der Stadtbefestigung errichtet. Mit dem Versuch Heinrichs von Fürstenberg in der zweiten Hälfte des 13. Jahrhunderts, Villingen zum Mittel-

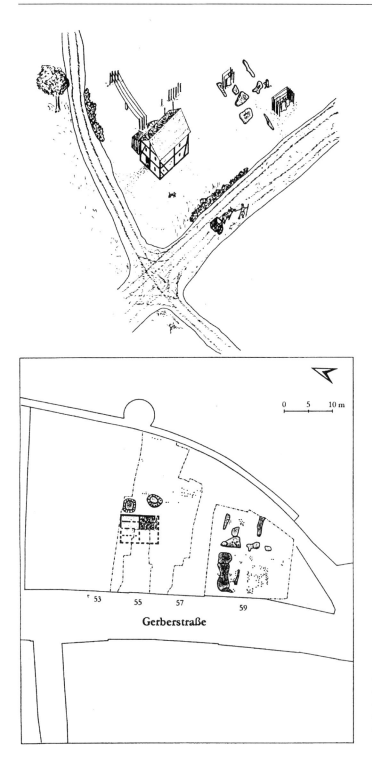

Abb. 2 Villingen,
südliche Gerberstraße.
Archäologischer Befund
und Rekonstruktion
der Situation um 1180
(Zeichnung B. Jenisch).

punkt seines Territoriums auszubauen, kam es zu der von ihm geförderten Niederlassung von Franziskanern und Johannitern, die neben dem Riet- und Bickentor ihre markanten Konventsgebäude errichteten. Unter seiner Herrschaft wurde ein gotischer Neubau des Münsters begonnen, aber lediglich der Neubau des Chores kam zur Ausführung. Seine Erben förderten weitere Klosterniederlassungen, seine Witwe stiftete das Heilig-Geist-Spital. Diese monumentalen Bauten prägten fortan das Bild der Stadt und bildeten zugleich Fixpunkte für die weitere städtebauliche Entwicklung. Beim Bau der Franziskanerkirche, die zugleich erster kommunaler Versammlungssaal war, entstand durch das Zurücknehmen der Baufluchten der erste nachweisbare Platz im Stadtgebiet – ein Reflex auf die knapper werdenden Freiflächen.

In der ersten Hälfte des 14. Jahrhunderts ist durch Archäologie und gleichermaßen die historische Bauforschung ein regelrechter „Bauboom" zu konstatieren, der mit der Erringung der städtischen Autonomie einherging. Die Baulücken an den Straßen wurden geschlossen, bestehende Gebäude vergrößert und erhöht (Abb. 4). Zu Beginn des 14. Jahrhunderts kam es zur baulichen Verdichtung entlang der Straßen, die damals ihre geschlossene Fassade erhielten. Das Haus Gerberstraße 74 wurde 1340/41 um etwa ein Drittel verlängert und erhielt ein steiles, zur Straße abfallendes Pultdach. An das unverändert bestehende Gebäude an der Gerberstraße 53 wurden im Süden 1348/49 zwei Steinbauten angefügt. Mit der Errichtung des rechteckigen Gebäudes an der Gerberstraße 57 wurde gleichzeitig der dazwischenliegende Freiraum in Geschosse abgezimmert und lediglich die Fassaden zu Straße und Hof in Steinbauweise geschlossen. An den Kernbau an der Gerbestraße 59 wurde ebenso ein Gebäude angefügt und später zu einem gemeinsamen Haus zusammengefaßt.

Im 14. Jahrhundert erreichte Villingen einen Baubestand, der die Stadt bis in die Neuzeit hinein prägte und der in großem Umfang noch heute erhalten ist. In dieser Ausbauphase wurde schrittweise bis zum 15. Jahrhundert im Bereich des ehemals ummauerten Kirchhofes der Münsterplatz durch das Zurücknehmen von Baufluchten im Norden und Osten und die Umwandlung von Gärten im Süden des Münsters geschaffen. Die historischen Abbildungen und Pläne, die häufig in die „Stadtgründungszeit" im frühen 12. Jahrhundert zurückprojiziert wurden, spiegeln den Bauzustand wider, der nachweislich der archäologischen und bauhistorischen Belege erst im 14. Jahrhundert entstanden ist.

Ist Villingen eine „Zähringerstadt"?

Die Zusammenschau der traditionellen historischen Quellen mit den archäologischen Befunden zeichnet eine dynamische Stadtentwicklung nach, die etwa 200 Jahre dauerte. Innerhalb einer intensiv besiedelten Siedlungskammer entstand am Rande des Dorfes Villingen die gleichnamige Stadt. Der Sog dieser in baulicher, wirtschaftlicher und rechtlicher Hinsicht neu strukturierten Siedlung bewirkte, daß alle Dörfer in ihrer Umgebung verlassen wurden. Es bleibt festzuhalten, daß Villingen beim Tod des letzten Zähringers 1218 eindeutig als Stadt zu bezeichnen ist. Die an das überregionale Verkehrswegenetz angebundene Siedlung besaß einen Mauerring, der 23,4 ha umschloß, und war aufgrund des Straßen- und Stadtbachsystems regelmäßig gegliedert. Die Bebauung war normiert, und zahlreiche verschiedene Handwerkszweige sind archäologisch belegt oder zu erschließen. Selbst Fernhandel ist aus den Bodenzeugnissen abzuleiten, so konnten etwa Kerne von aus dem Mittelmeerraum importierten Feigen in Bodenproben aus zahlreichen Latrinen nachgewiesen werden.[19] Lediglich ein Stadtrecht und -siegel gab es

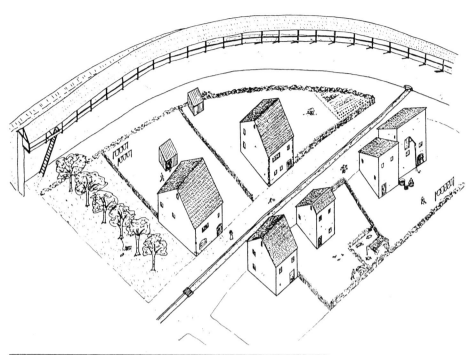

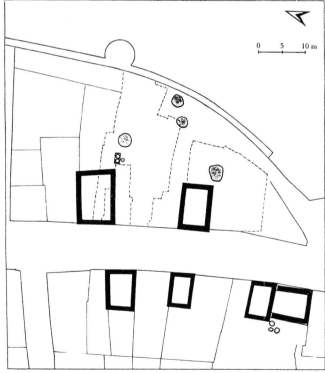

*Abb. 3 Villingen,
südliche Gerberstraße.
Archäologischer Befund
und Rekonstruktion
der Situation um 1210
(Zeichnung B. Jenisch).*

zu dieser Zeit noch nicht, die Bewohner hatten aber aufgrund des Marktprivilegs von 999 einen besonderen Rechtsstatus.

Es ist müßig nach einem Zeitpunkt der „Stadtgründung" zu suchen, den es wie bei den meisten Städten nicht gegeben hat. Folglich hat es auch keinen „Stadtgründer" gegeben, vielmehr ist festzustellen, daß es mehrere Impulse gab, die schrittweise die Stadt entstehen ließen und die Siedlungskammer im Brigachtal umstrukturierten. Alle diese Anregungen sind nicht ohne eine gezielte Förderung verschiedener Angehöriger der Familie der Zähringer denkbar.

Hier ist nun zu fragen, inwiefern ein Stadtherr im Mittelalter Einfluß auf die Struktur seiner Stadt genommen hat, wie es für die sogenannten „Zähringerstädte" postuliert wurde. Das für sie lange Zeit als typisch erachtete Straßenkreuz ist bei kritischer Betrachtung nur in Villingen nachweisbar,[20] und hier ist es durch vorstädtische Strukturen und die Topographie maßgeblich vorbestimmt. Auch die postulierten einheitlichen Hofstättenmaße waren eher ideelle Größen bei der Besteuerung als reale Größenangaben.[21] In keiner bisher archäologisch und bauhistorisch untersuchten Stadt im Zähringerbesitz konnte bisher eine konsequente und gleiche Parzellierung aus der Zähringerzeit nachgewiesen werden. Auch in Hinblick auf die rechtliche Situation wurde deutlich, daß es eine „Zähringische Stadtrechtsfamilie" nicht gegeben hat.[22]

Villingen kann dennoch mit Fug und Recht für sich in Anspruch nehmen, eine „Zähringerstadt" zu sein. Bei der Verwendung dieses Begriffs sollte man sich allerdings im klaren darüber sein, daß damit nicht mehr eine „gegründete" und nach einem starren Schema angelegte Siedlung gemeint sein kann, sondern lediglich der Bezug auf die Adelsfamilie, unter deren Herrschaft die Stadt entstand.

Archäologische Befunde zum städtischen Alltag

Die Archäologie des Mittelalters kann, wie gezeigt, wesentliche neue Erkenntnisse zur Gestalt der frühen Stadt Villingen und deren Entwicklung beisteuern. Archäologische Funde und Befunde sind Teil der Sachkultur früherer Epochen, die einen Einblick in die Lebenswelt der mittelalterlichen Menschen geben.[23] Diese in ihrer zufälligen Ausschnitthaftigkeit auf uns gekommenen Überreste machen allein durch ihre Existenz und Beschaffenheit ihre unmittelbare Aussage. Die Realien ergänzen unsere Aussagen zum Alltag von Menschen und Menschengruppen um wesentliche Komponenten, die über ihre schriftlich fixierten Handlungen hinausgehen. Zu vielen Bereichen, etwa dem Leben unterer städtischer Schichten und Handwerker, erhalten wir ausschließlich aus Bodenzeugnissen Kunde, weil Schriftquellen bis zum Spätmittelalter hierzu schweigen. Aus dem großen Komplex der mittelalterlichen Alltagsgeschichte sollen zwei Bereiche näher betrachtet werden, welche die bisherige Stadtgeschichtsschreibung wesentlich erweitern: die Ernährung der mittelalterlichen Menschen in Villingen und Aspekte des Handwerks.

Die Ernährung im mittelalterlichen Villingen

Unser Wissen um die mittelalterlichen Nahrungs- und Kulturpflanzen stammte bis vor wenigen Jahrzehnten ausschließlich aus schriftlichen Quellen, Abgaberegistern und Zollbestimmungen sowie der beschreibenden Literatur. Durch die verstärkten Ausgrabungen in Stadtkernen hat sich auch die Paläoethnobotanik dieser Frage angenommen und erschließt aus Bodenproben botanische Reste. Aus Villingen, geprägt durch hohen Grundwasserspiegel mit guten Erhaltungsbedingungen für organisches Material, liegen bisher über eine halbe Million mittel-

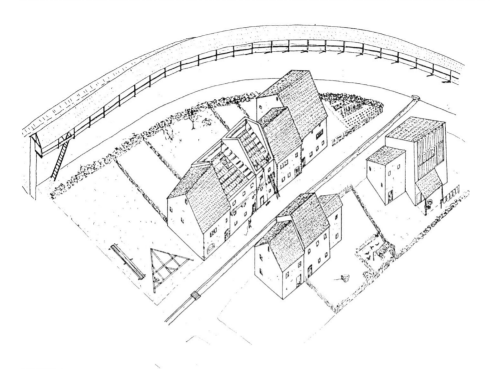

Abb. 4 Villingen,
südliche Gerberstraße.
Archäologischer Befund
und Rekonstruktion
der Situation 1348/49
(Zeichnung B. Jenisch).

alterlicher Pflanzenreste in Form von Sa-men oder Großresten vor.[24] Dieser Komplex gehört zu den größten in Baden-Württem-berg und lieferte den Nachweis für 106 in Vil-lingen verwendete Nutzpflanzen. Aufgrund der Vielfalt der Nahrungspflanzen muß das vorherrschende Bild der rohen mittelalter-lichen Ernährung revidiert werden.

Getreide stellte im Mittelalter die Ernährungsgrundlage für breite Bevölke-rungsschichten dar. Durch Körner und Druschreste konnten in Villingen insgesamt neun verschiedene Getreidearten nachge-wiesen werden. Dinkel spielte dabei die größ-te Rolle, gefolgt vom Roggen. Hafer, Gerste, Einkorn, Emmer, Rispen- und Kolbenhirse vervollständigen das Spektrum. Unser heute bevorzugtes Brotgetreide, Nacktweizen, war im Mittelalter ohne Bedeutung, da es nicht kältefest war. Insgesamt konnten fünf ver-schiedene Öl- und Faserpflanzen erfaßt wer-den, ferner 17 verschiedene Arten von Gemüsen und Gewürzen sowie 29 verschie-dene Sorten Obst und Nüsse. Neben Heil-pflanzen konnten sogar Zierpflanzen in den Proben festgestellt werden.

Ein Großteil dieser Nahrungsmittel stammte aus Gärten, Feldern und als Sam-melfrüchte aus dem Umland Villingens, ande-re kamen jedoch über Händler auf den Markt. In fast jeder Latrine des 12. und 13. Jahrhunderts konnten Feigenkerne nach-gewiesen werden. Die aus dem Mittelmeer-raum importierte Frucht war offenbar selbst für einfachere Haushalte erschwinglich. Auch bei Trauben bzw. Rosinen, Aprikosen und Maulbeeren muß mit einer Einfuhr aus kli-matisch günstigeren Regionen gerechnet werden.

Zur Pflanzennahrung tritt noch die Versor-gung mit Fleisch, die über Speiseabfälle in Form von Tierknochen genauer zu bestim-men ist. Hier war offenbar Rindfleisch beson-ders beliebt, gefolgt von Schwein, Schaf, Ziege und Geflügel. Fische und Muscheln, die insbesondere als Fastenspeise beliebt waren, sind in Bodenfunden nicht entsprechend ihrer anzunehmenden Bedeutung repräsen-tiert.

Die Speisen wurden an offenen Herdfeu-ern in meist aus Keramik gefertigten Töpfen zubereitet. Die Scherben dieses als Massen-ware nach dem Zeitgeschmack gefertigten Kochgeschirrs bilden das Grundgerüst zur Datierung archäologischer Befunde.

Die städtische Ernährung im Mittelalter war durch eine Vielfalt geprägt, die es mit un-serer gegenwärtigen durchaus aufnehmen kann, sie teilweise sogar übertrifft. Im Gegen-satz zum Dorfbewohner gleicher Zeit profi-tierte der Städter zum einen von dem reichen Warenangebot des Marktes, insbesondere in Hinblick auf Gewürze und Obst, er lern-te aber auch durch den Kontakt zu Fremden andere Eßgewohnheiten kennen.

Das Handwerk in Villingen

Das Handwerk und die gewerbliche Pro-duktion bildete im Mittelalter neben dem Handel und der Landwirtschaft eine der tra-genden Säulen der städtischen Gemeinwe-sen. Dennoch liegen zur handwerklichen Pro-duktion, im Gegensatz zur gesellschaftlichen Rolle der seit dem Spätmittelalter in Zünften organisierten Handwerker, nur spärliche Schriftquellen vor; sie sind bis dahin ein ver-hältnismäßig unauffälliges Element der städ-tischen Wirtschaftsentwicklung. Zur Klärung der verwendeten Technik tragen häufig histo-rische Darstellungen bei.[25] Weitere Details zu Werkzeug, Werkstätten, Materialien, und Produktionsverfahren, etwa durch Halbfabri-kate und Abfälle, liefert die Archäologie. Doch ist hier einschränkend anzumerken, daß bei weitem nicht alle Handwerkszweige einen archäologischen Niederschlag finden können.[26] Wichtige Gewerbzweige, wie die auf Export ausgerichtete Textilproduktion der Villinger Weber sowie der damit verbundenen Schneider, Färber und Wollschläger, haben kaum je eine Chance, bei Ausgrabungen erkannt zu werden. Sie benötigen weder Bodeneingriffe für Produktionsanlagen noch fallen markante Abfälle an, die sich in Bodenschichten erhalten.

Schwer nachweisbar sind auch Berufe im Zusammenhang mit der Nahrungsmittelproduktion, die für jede Stadt ganz wesentlich waren. Bäcker sind allenfalls durch ausgegrabene Reste ihrer Öfen zu erkennen, was bisher in Villingen nicht gelungen ist. In einem Fall gibt es, aufgrund eines auffälligen Tierknochenspektrums mit zahlreichen Schnittspuren, Hinweise auf eine Metzgerei des späten 12. Jahrhunderts. Die an den Knochen erkennbare Altersverteilung der geschlachteten Tiere belegt bei Rindern neben der Milchwirtschaft eine ausgeprägte Zucht von jungem Fleischvieh.[27]

Durch einen Massenfund von Koch- und Trinkgeschirr aus Keramik und Glas in einer ungewöhnlich großen Latrine gelang an der Rietstraße der seltene Nachweis eines Wirtshauses des 14.–17. Jahrhunderts (Abb. 5). Es wurde erstmals 1526 „Zu der Mohrin" genannt und war nur eines von 22 Wirtshäusern, die um 1500 in Villingen bestanden.[28]

Abb. 5 Funde des 15. und 16. Jahrhunderts aus der Latrine des Wirtshaus „Zu der Mohrin" (Foto: LDA).

Das Bauhandwerk

Das komplexe städtische Baugewerbe manifestiert sich zuächst in den heute noch stehenden mittelalterlichen Bauten. An ihnen hat das Werk von Architekten, Steinmetzen, Maurern, Zimmerleuten, Dachdeckern und Glasern die Zeit überdauert und macht so bei Baugefügeuntersuchungen Aussagen über das Bauhandwerk möglich. Dies ist um so wichtiger, da Bauhandwerker, etwa Maurer oder Anstreicher, keine charakteristischen Werkstattspuren hinterlassen. Solche Bodenrelikte finden sich lediglich im Umfeld der Gewinnung des Baumaterials. Ehemalige Steinbrüche zeichnen sich noch heute im Gelände ab. Zur Gewinnung des gut zu bearbeitenden roten Buntsandsteins erschloß man im Westen Villingens Lagerstätten am Waldsee und an der Roten Gasse, der auffallende Straßenname zeigt, daß sich die Wegetrasse auf dem hellen Untergrund aus Muschelkalk deutlich abzeichnete.[29] Die festen Bänke des oberen Muschelkalks östlich der Stadt eigneten sich ebenso für Bauzwecke, an der Schwenninger Steige und am Dürrheimer Weg finden sich mittelalterlich genutzte Steinbruchareale. Kieswacken, die häufig in der Füllung zweischaliger Mauern verwendet wurden, hat man offenbar beim Aushub des Stadtgrabens als Baumaterial aussortiert.

Der zur Mörtelherstellung benötigte Kalk wurde in Öfen gebrannt. Der älteste Beleg ist ein Kalkbrennofen aus der Mitte des 12. Jahrhunderts an der Niederen Straße (Abb. 6), ab dem 14. Jahrhundert ist ein Feldkalkofen unter dem Hubenloch nachweisbar, den wir aus späteren Bilddarstellungen kennen.

Der Umfang des benötigten Baumaterials läßt sich an der größten kommunalen Baumaßnahme um das Jahr 1200 erahnen. Die Stadtmauer erreichte ein Höhe von ca. 10 m, war etwa 1,7 m mächtig und außen 1899 m lang, woraus sich ein Volumen von etwa 32 000 m³ verbauter Steine und Mörtel ergibt.

Abb. 6 Kalkbrennofen des 12. Jahrhunderts im Bereich des ehemaligen Kapuzinerklosters (Foto: LDA).

Imposant ist auch das 71 250 m³ messende Volumen des Inneren Stadtgrabens.[30]

Stellt man das immense Ausmaß der Bauarbeiten innerhalb einer Generation und die erkennbare Normierung des Wohnbaus in Rechnung, muß man seit dem späten 12. Jahrhundert von einem arbeitsteilig organisierten und hochspezialisierten Bauhandwerk in Villingen ausgehen. Die Normierung im Bauwesen wird in der Wachstumsphase Villingens im 14. Jahrhundert auch in Schriftquellen faßbar. Der Rat der Stadt setzte 1316 einen aus fünf Personen bestehenden Bauausschuß ein, der die Baufluchten in der Stadt festlegte. 1348 erging eine Verordnung, daß die Häuser an den vier Hauptstraßen und am Kirchhof binnen zwei Jahren mit Ziegeln zu decken seien, woraus zu schließen ist, daß zuvor die Häuser teilweise mit Schindeln gedeckt waren.[31]

Die Gerber

Das Gerberhandwerk, das nicht ohne charakteristische, in den Untergrund eingegrabene Gerberbottiche auskommt, ist das archäologisch am besten zu fassende Gewerbe im mittelalterlichen Villingen.[32] Im unteren Bereich der Gerberstraße lassen sich damit die ältesten Befunde des Gerberhandwerks in Villingen lokalisieren, die in die Mitte des 13. Jahrhunderts zu datieren sind. Den aufgedeckten Gerberbottichen ist gemeinsam, daß sie alle relativ klein sind und vermutlich alle Holzgefäße in sekundärer Nutzung darstellen. Ein spezifischer Bottichtyp hat sich zu dieser Zeit noch nicht entwickelt.

Wenig nördlich davon befindet sich bei der Gerberstraße 15–21 ein weiteres archäologisch höchst interessantes Areal.[33] Im straßenseitigen Trakt des nördlichen Gebäudeteils von Haus 19 wurden Gerbergruben freigelegt, die aufgrund des Fundmaterials an die Wende des 15. zum 16. Jahrhundert datiert werden können. Eine der letzten großen Gerbereien innerhalb der Stadtmauer war der in der zweiten Hälfte des 19. Jahrhunderts aufgeblühte Betrieb von Benedikt Jäger, der ebenso im Bereich des Ausgrabungsgeländes lag. In der 310 m² großen Hoffläche wurden insgesamt 18 Gerberbottiche freigelegt. Einer dieser dendrochronologisch in das Jahr 1897 datierbaren Bottiche wurde inzwischen konserviert, ein Segment ist im Franziskanermuseum ausgestellt.

In Villingen ist an der Gerberstraße durch archäologische Aufschlüsse ein Gerberviertel zu lokalisieren.[34] Es lagert sich an den Gewerbebach, was aufgrund des hohen Wasserverbrauchs zwingend ist. Wie bei kaum einem anderen Gewerbe ist bei der Gerberei das Beibehalten der Handwerkstradition bis weit über die Industrialisierung hinaus festzustellen.

Der Beitrag der Archäologie zur Stadtgeschichte

Die aufgeführten Beispiele machen deutlich, daß heute in keiner Stadt ohne archäologische und bauhistorische Untersuchungen die frühe Entwicklung beurteilt werden kann. Die historischen, auf Ereignisse bezogenen Daten erfahren durch Bodenzeugnisse eine wichtige Ergänzung. Der an wenigen Fixpunkten abgesteckte Rahmen der Stadtentwicklung wird somit durch archäologisch faßbare Siedlungsprozesse gefüllt. Dies kann selbst bei einer verhältnismäßig gut untersuchten Stadt wie Villingen nicht alle Fragen lösen, vielmehr werden neue Problemfelder aufgezeigt, die es mit gemeinsamer Anstrengung zu bearbeiten gilt. Für Villingen ist diesbezüglich besonders wichtig, daß durch die Archäologie eine vorstädtische Siedlung im Münsterviertel nachgewiesen wurde. Die Stadt wurde nicht „gegründet" und in kurzer Zeit nach einem festgelegten Schema aufgesiedelt, sondern entstand über einen Zeitraum von 200 Jahren. Ihre Struktur ist durch topographische und vorstädtische Gegebenheiten wesentlich geprägt.

Unschätzbar ist auch der unmittelbare Einblick in die Lebenswelt der mittelalterlichen Menschen in Villingen. Ohne Archäologie wüßten wir nur ansatzweise, wie sie lebten, arbeiteten und sich ernährten. Diese neuen Erkenntnisse dürfen aber nicht dazu führen, durch eine archäologisch verbrämte „Schatzgräberei" die innerstädtische Quellenvernichtung zu verschleiern und zu legitimieren. Im Bewußtsein der kommunalen Verantwortung sollte fest verankert sein, daß es diese historischen Überreste städtischer Vergangenheit zu schützen und bewahren gilt.

1 Wartmann, H. (Hg.): Urkundenbuch der Abtei Sanct Gallen. Theil 1: 700–840. Zürich, 1863. S. 226.
2 Spindler, Konrad: Zur Topographie der Villinger Altstadt, in: Fundberichte BW 4 (1979), S. 391–413.
3 Oehmichen, Gaetano und Weber-Jenisch, Gabriele: Die Alamannen an der Neckarquelle. Das frühmittelalterliche Gräberfeld „Auf der Lehr". Stuttgart 1997 (Archäologische Informationen aus Baden-Württemberg 35) mit weiterführender Literatur.
4 Veek, W.: Ein alamannisches Frauengrab aus Schwenningen a. N., in: Germania 23 (1939), S. 40 – vgl. auch Christlein, Rainer: Die Alamannen. Archäologie eines lebendigen Volkes. Stuttgart: Theiss, 1978, S. 100. 165 Taf. 48.
5 Hamm, Ernst: Die Städtegründungen der Herzöge von Zähringen in Südwestdeutschland. Freiburg, 1932 (Veröffentlichung des Alemannischen Instituts Freiburg 1).
6 Zum Überblick über den Forschungsstand vgl. Revellio: Beiträge, 1964, S. 61–71, Sepaintner, Fred: Villingen, Art.

7 Fehring, Günther P.: Stadtarchäologie in Deutschland. Stuttgart: Theiss, 1996 (Archäologie in Deutschland/Sonderheft), S. 7, siehe auch Ders.: Einführung in die Archäologie des Mittelalters. – 2. verb. Aufl. Darmstadt: Wiss. Buchges., 1992, S. 180 f.
8 Zum Überblick vgl. Jenisch: Villingen, 1998 mit einem Beitrag von B. Lohrum, die Grabungen zwischen 1990 und 1995 sind als Vorbericht bei Jenisch/Rudolph: Villingen, 1994 vorgelegt.
9 Hinz, Hermann: Motte und Donjon. Zur Frühgeschichte der mittelalterlichen Adelsburg. Köln: Rheinland-Verlag, 1981 (ZAM, Beiheft 1), im Schwarzwald-Baar-Kreis konnten bislang 24 dieser Burganlagen im Zuge der Denkmalinventarisation erfaßt werden.
10 Roder: Stadtrechte, 1905, S. 53, zum Nachweis der Motten vgl. eingehender Jenisch: Villingen, 1998, Abb. 144.
11 Bader, Karl Siegfried: Kürnburg, Zindelstein und Warenburg. Stützpunkte der Zähringerherrschaft über Baar und Schwarzwald, in: SiL 64 (1937), S. 93–128, erkannte bereits, noch ohne Kenntnis der anderen Strukturen, in dem Keferbergle den Anknüpfungspunkt der Stadt Villingen.
12 Wischermann, Heinfried: Romanik in Baden-Württemberg. Stuttgart: Theiss, 1987, S. 323 f., zur Ausgrabung vgl. Keilhack, Thomas: Das Münster unserer Lieben Frau zu Villingen. Ein archäologischer Beitrag zur Baugeschichte, in: GHV 5 (1980), S. 24–37.
13 Vgl. Anm. 2.
14 Wollasch: Inventar, Bd. I (1970), S. 1 Nr. 2.
15 Lohrum: Baubestand, 1996, Nr. 33 – Jenisch: Villingen, 1998, Abb. 145.
16 Revellio: Beiträge, 1964, S. 52–55.
17 Jenisch/Rudolph: Villingen, 1994, S. 187–189 Abb. 89.
18 Jenisch, Bertram: Neue Aspekte zur Villinger Stadtbefestigung, in: Denkmalpflege in BW 23/4 (1994), S. 100–108.
19 Rösch, Manfred: Ernährung und Umwelt im mittelalterlichen Villingen. Archäologische Befunde, in: Jenisch: Villingen, 1998.
20 Treffeisen, Jürgen: Die Legende vom Zähringerkreuz, in: Die Zähringer Bd. II, 1986, S. 294–296.
21 Bei Roder: Stadtrechte, 1905, S. 5 wird ausdrücklich auf verschieden große Hofstätten in Villingen hingewiesen.
22 Blattmann, Martina: Die Freiburger Sadtrechte zur Zeit der Zähringer. Rekonstruktion der verlorenen Urkunden und Aufzeichnungen des 12. Jahrhunderts. Freiburg 1991 (Veröffentlichung des Archivs der Stadt Freiburg i. Br. 27 1/2).
23 Felgenhauer-Schmiedt, Sabine: Die Sachkultur des Mittelalters im Lichte der archäologischen Funde. Frankfurt/M.: Lang, 1993 (Europäische Hochschulschriften Reihe 38 Archäologie Bd. 42).
24 Rösch Manfred: Die Situation in Südwestdeutschland, in: Stadt um 1300, 1992, S. 295–297, Ders.: Ernährung und Umwelt im mittelalterlichen Villingen. Archäologische Befunde, in: Jenisch: Villingen, 1998.
25 Wesentliche Abbildungen enthalten Mummenhoff, Erich: Der Handwerker in der deutschen Vergangenheit. Leipzig: 1901, Klemm, F.: Handwerkerdarstellungen des Mittelalters und der beginnenden Neuzeit. Textheft zur Diareihe Nr. 1951 des Dt. Museums München. Offenbach: 1980, Schmithals, H. (Hg.): Handwerk und Technik vergangener Jahrhunderte. 124 graph. Blätter. Tübingen, 1958 und Treue, W. u. a. (Hg.): Das Hausbuch der Mendelschen Zwölfbrüderstiftung zu Nürnberg. Dt. Handwerkerbilder des 15. Jahrhunderts. München: 1965.

26 Janssen, Walter: Handwerksbetriebe und Werkstätten in der Stadt um 1200, in: Lebensweise in der Stadt um 1200. Ergebnisse der Mittelalter-Archäologie, Hg. Heiko Steuer. Köln 1986 (ZAM Beih. 4), S. 301–378.

27 White, Gary L.: Osteoarchäologische Auswertung der mittelalterlichen Tierknochen. in: Jenisch, Bertram: Die Ausgrabung Villingen, Kapuzinerkloster 1987/88. Archäologische Untersuchungen zur mittelalterlichen Topographie der Stadt Villingen. Magisterarbeit Typoscript. Freiburg: 1989, S. 76–80 sowie Katalog S. 122–127. Das Knochenspektrum ist typisch für einen städtischen Kontext. In ländlichen Siedlungen dieser Zeit spielt Schwein eine wichtigere Rolle, während auf Burgen neben Rindfleisch häufig Wild verzehrt wurde.

28 Jenisch, Bertram: Das Wirtshaus „Zu der Mohrin". Villinger Wirtshäuser des Spätmittelalters und der frühen Neuzeit im Spiegel von Archäologie, Bauforschung und Schriftquellen, in: GHV 16 (1991/92), S. 14–25, vgl. Ders.: Das Gasthaus „Zu der Mohrin" in Villingen/Schwarzwald, in: Jb. für Hausforschung 43. Hausbau in Görlitz, in der Lausitz und Böhmen, Gaststätten und Kneipen (1995), S. 267–278.

29 Maier: Flurnamen, 1962, S. 98, Nr. 374.

30 Vgl. S. 102.

31 Roder: Stadtrechte, 1905, S. 16 Nr. 12 und S. 52 § 102.

32 Jenisch, Bertram: Das Gerberhandwerk in Villingen, in: ALManach 4. Tagungsbericht des archäologischen Arbeitskreises zur Erforschung des mittelalterlichen Handwerks 21./22. März 1997 Konstanz (in Druckvorbereitung).

33 Jenisch/Rudolph: Villingen, 1994, S. 187–192 Abb. 88–90 vgl. auch Lohrum: Baubestand, 1996 Kat.-Nr. 9 Abb. 20–26.

34 Cramer, Johannes: Gerberhaus und Gerberviertel in der mittelalterlichen Stadt. Bonn: Habelt 1981 (Studien zur Bauforschung 12) geht noch nicht auf Villingen ein, da das Viertel aus Schriftquellen und Bauten nicht abzuleiten ist.

Werner Huger

Tausend Jahre: Vom Marktort zur Stadt

Aus dem Dunkel früher schriftlicher Quellen leuchtet für Villingen ein Licht, das zu einer Urkunde führt, die am „4. Tag vor den Kalenden des Aprils" 999 n. Chr., das ist der 29. März, im fernen Rom erlassen wurde. In das quadratisch gegliederte Monogramm am Ende der Verfügung hatte Kaiser Otto III. eigenhändig den sogenannten Vollziehungsstrich eingefügt. Die Urkunde enthält vor allem die Privilegien an „Unseren Grafen Berhtold" (gesprochen: Berchtold), an seinem Ort Villingen (vilingun) einen öffentlichen Markt zu gründen, eine Münzstätte einzurichten, Zoll zu erheben und die öffentliche Banngewalt... auszuüben. Das bedeutet, wie später noch zu zeigen sein wird, im Zusammenwirken der übertragenen Rechte, daß sich hier vor Ort etwas völlig Neues anbahnt. Es ist zunächst die Öffentlichkeit des Marktes, die es über den grundherrlichen Rahmen hinaus jedermann erlaubt, den wechselseitigen Austausch von Gütern zu vollziehen, d. h., eine veränderte Schicht von Anbietern und Nachfragern zuzulassen. Geradezu revolutionär ist das Recht zur Geldschöpfung, d. h. das Privileg, über die Münzprägung diesen Markt mit dem allgemeinen Tauschmittel Geld im erforderlichen Umfang funktionsfähig zu machen. Letztlich aber soll durch die Banngewalt das Marktgeschehen gesichert werden. Dem Grafen wird erlaubt, obrigkeitlich zu gebieten und zu verbieten, Gericht zu halten, Verstöße zu ahnden und Strafen zu verhängen. Dazu dient ihm, wenn nötig, sein Schwertarm. Wirtschaftlich machen diese Rechte für den Grafen nur Sinn, wenn er monetär Anteil nimmt. Deshalb gestattet ihm der Kaiser die Zollerhebung.

Um eine landläufige Unklarheit auszuräumen: Empfänger der kaiserlichen Gunst ist eine Adelsperson und nicht, wie unreflektiert verbreitet, eine Gemeinde, die, gleichsam einer heutigen Gebietskörperschaft, eine eigene Rechtsperson darstellt.

Nichtsdestoweniger wurde das Pergament Ottos III. zur Charta des entstehenden Marktes Villingen, dem, von der räumlichen Lage ausgehend, damit der künftige Wandel seiner rechtlichen und funktionalen Struktur vorgegeben ist.

Graf Berthold[1] befindet sich im Gefolge des Kaisers Otto III., als dieser im Februar 998 von Ravenna aus seinen zweiten Romzug beginnt. Diesmal ist es ein militärischer Vormarsch, und Berthold bekleidet dabei eine entsprechende Stellung; wir würden ihn heute wohl als einen General bezeichnen. Welche Gründe bewogen den Kaiser? „Im Jahre 996 hatte Otto nicht nur die Kaiserkrönung erreicht, sondern auf sein Geheiß hin war auch sein Verwandter Brun von Kärnten als Gregor V. zum Papst erhoben worden." ... Gegen ihn erhob sich eine stadtrömische Adelspartei. Diese Gegenpartei setzte Anfang des Jahres 997 unter ihrem Präfekten Crescentius in Rom einen Gegenpapst ein. Dieser Johannes Philagathos, ein Grieche aus Süditalien, war einst durch die Protektion der Ottonen Erzbischof von Piacenza geworden und soll sogar Taufpate Ottos III. und Papst Gregors V. gewesen sein. Der Treuebruch und Frontwechsel des Johannes Philagathos und des ebenfalls erst kurz zuvor begnadigten Stadtpräfekten Crescentius erbitterte den Ottonischen Hof in Deutschland aufs äußerste. Der militärische Gegenschlag Kaiser Ottos III. war die konsequente Reaktion. Es waren die deutschen Truppen des Kaisers, die den Gegenpapst in der Nähe Roms aufspürten und gefangennahmen. Eine der überlieferten

Quellen, ein Papstkatalog, dessen Inhalt die Wissenschaft nicht anzweifelt, nennt den Namen des Anführers dieser Heeresabteilung: Es ist unser Graf Berthold. Nach der Gefangennahme wurde der Gegenpapst geblendet, seine Nase, Zunge und die Ohren verstümmelt. Es ist nicht anzunehmen, daß das ohne Kenntnis und Zustimmung Bertholds geschah. Dann veranstaltete man einen Schauprozeß. „Eine Synode in Rom verurteilte den Geblendeten, dem noch einmal die päpstlichen Gewänder angezogen worden waren, zur Absetzung; daraufhin riß man ihm die Gewänder vom Leibe und trieb ihn durch die Straßen Roms, wobei man ihn verkehrt auf einem Esel reiten ließ, den Schwanz des Tieres wie einen Zügel haltend." Dem ebenfalls gefaßten Stadtpräfekten erging es ähnlich schlimm. Er wurde schließlich sogar getötet.

Die in leitender Funktion und mit Energie betriebene Strafaktion veranlaßte Kaiser Otto, den Grafen Berthold zu ehren, wenngleich diese Tat wohl nicht der alleinige Grund dafür war. Unter anderem verlieh ihm der Kaiser das Privileg, den oben geschilderten Markt zu gründen. Dieser Markt war vom Kaiser außerdem den älteren Märkten in Konstanz, dem Bischofssitz, und Zürich gleichgestellt worden.

Damit wird erstmals für den Südwesten des Reiches die Linie einer sogenannten Marktrechtsfamilie erkennbar. – Alles in allem war das eine ganz und gar ungewöhnliche königliche Gunst, die Otto III. auf Ersuchen des Herzogs Herimann dem Grafen Berthold gewährte, denn so weitgehende Vorrechte hatten die Kaiser bisher nur an Kirchen und Klöster, d. h. an deren Prälaten, verliehen. Die oben erwähnte Urkunde ist das älteste bisher bekanntgewordene Zeugnis, mit dem ein Kaiser seine ihm zustehenden königlichen Rechte auf einen vornehmen weltlichen Gefolgsmann übertrug. Diese Urkunde befindet sich heute unter der Signatur A 72 im Generallandesarchiv in Karlsruhe.

Allgemeiner Güteraustausch durch freie Marktbeschicker und deren Freizügigkeit auf einem räumlich definierten Gebiet, nämlich dem Ort Villingen, ferner die ordnungspolitische Macht mit dem schützenden und sichernden Gewaltmonopol des gräflichen Marktherrn, dann die für dieses Gebiet zuständige eigene Währung und die notwendig damit verbundenen Maße zwecks Fixierung der Tauschrelationen Geld – Ware sowie letzlich die Zollhoheit mit dem Anspruch auf Abschöpfung von Finanzzöllen, einer Umsatzsteuerart, seitens des Marktherren, ergaben ein neues komplexes System von Wirtschaftsbeziehungen und Abhängigkeiten.

An die Stelle des rein grundherrlichen Güteraustausches, vorwiegend als Naturaltausch, tritt, diesen überlagernd, die neue Organisationsform des Wirtschaftens mit regionaler und überregionaler Ausstrahlung. Die Folge ist auch ein neuer Organismus gesellschaftlichen Lebens, der neben die grundherrlichen Bindungen tritt. Eine neue soziale Schicht beginnt sich zu etablieren.

Das alles gehört zum Wesen dessen, was wir für die Jahre nach 999 als inhaltliche Konsequenz mit dem Begriff „Markt" (merkatum) zu verbinden haben. Durch den Markt entsteht auf dem begrenzten Ortsgebiet zu Villingen eine neue „Sozialwirtschaft", die wir mit dem Beziehungsgeflecht persönlicher, sachlicher und rechtlicher Natur, unbeschadet der vordergründig räumlichen Begrenztheit, als eine echte **Volkswirtschaft en miniature** bezeichnen können.

Das in der urkundlichen Formulierung „suo loco Vilingun" (in seinem Ort) verwendete besitzanzeigende Fürwort „suo" erlaubt lediglich den Schluß, daß Graf Berthold auf alle Fälle die Orts- bzw. Dorfherrschaft ausübte. Eigentums- bzw. feudalrechtliche Verhältnisse sind daraus nicht erkennbar. Der Ort „Vilingun" ist damals ein Dorf in der Nachfolge einer alamannischen Vorgängersiedlung, von der man lediglich einige Gräber

lokalisiert hat. „Lage und Form werden beeinflußt durch den Lauf des Baches
Steppach, den Anger im Sinne eines dem ge-
wundenen Bachlauf folgenden Grünstreifens
als Weidefläche, dem Quellhorizont entlang
des Übergangs vom Mittleren zum Unteren
Muschelkalk, der mäßigen Hanglage des
fruchtbaren, west-südlich geneigten sonnebe-
schienenen Mittleren und Unteren Muschelkalks sowie der Verkehrsflächen und genossenschaftlichen Einrichtungen wie durchziehende Fernstraße, Kirche – der heutigen
Friedhofskirche – der etwa 15 Sekundenliter
schüttende Hauptbrunnen, der Anger im Sinne einer die Straße einbeziehenden öffentlichen Fläche, eines Platzes um den Brunnen
und die Kirche." Der Turm der „Altstadtkirche" (Friedhofskirche) ist das älteste erhaltene Bauwerk, dessen Erbauung man für das
11. Jahrhundert annimmt. Mit der Herrschaft
des Grafen verbinden sich einerseits Zwing
und Bann, d. h., das Recht zu gebieten und zu
verbieten, über den Dorffrieden zu wachen,
zu richten, aber auch Einkünfte zu fordern,
andererseits die Verpflichtung, die schüt-
zende Hand auszustrecken. Mit der neuen
Rechtslage erweitert sich allerdings das
Bannrecht auch auf die „Grafschaft Bara"
(Baar). Die herrschaftliche Zuständigkeit ist
nicht überzubewerten. Herrschaft ist im Verbund mit der bäuerlichen Genossenschaft
immer auch „Mitbeteiligter auf der Basis
der Gleich- oder gelinder Vorberechtigung"
(K. S. Bader).
    Dorfherrschaft bedeutet auch nicht alleini-
ge Grundherrschaft, jener „am tiefsten in den
Gesamtbereich ländlichen Lebens hineinragenden Form der Herrschaft" (K. S. Bader),
bei der das Eigentum an Grund und Boden
durch einen Grundherrn an abhängige Bauern ausgegeben wird (Lehen). Graf Berthold
war nicht nur Dorfherr, sondern selbstverständlich auch Grundherr. Gotheim spricht
von weiteren Grundherren, die sich besitz-
rechtlich auf die Dorfmark verteilten. Im

Hinblick auf die künftige Stadtwerdung Villingens kann eine solche Konstellation mehrerer grundherrlicher Zuständigkeiten, die
sich in den verschiedenen Rechten aus Son-
der- und Gemeinschaftsbesitz (z. B. Allmen-
de) niederschlagen und mit dem Hofstatt-
recht verbunden sind, wie noch zu zeigen sein
wird, nicht ohne Bedeutung auf die standort-
politische Entscheidung künftiger zähringischer Marktherren beim Ausbau des Marktortes in Form einer auf der westlichen Brigachseite neu zu gründenden Marktsiedlung
sein.
    Damit in der Gründungsphase des Marktes
der Graf überhaupt funktional seine Rechte
aus der Urkunde von 999 wahrnehmen konnte, ist neben Lehenshöfen im Dorfbereich
zunächst ein herrschaftlicher Eigenbetrieb
als Herrschafts- oder Fronhof vorausgesetzt.
Er ist Mittelpunkt der gräflichen Dorf- und
Grundherrschaft, in dem sich neben der
rechtlichen Zentralität das Handwerk konzentriert, und er ist Drehscheibe wechselseitig aufeinander bezogenen inneren und äußeren wirtschaftlichen Geschehens. Im Innenverhältnis, d. h. gegenüber den grundherrlichen Bauern, die zum Fronhofverbund
gehörten, aber auch gegenüber anderen
Grundherren im Dorf, war ein solcher Hof
„Markgenosse", nutzte er doch ebenfalls die
Dorfmark, wenngleich bevorzugt. Nun
kommt eine neue Rechtsebene hinzu: Er
wird zum Umschlagplatz des öffentlichen
Marktes, der sicherlich den Raum des inneren Allmendbereiches, also die Fläche zwischen Kirche und Brunnen, entlang des Fern-
weges, mit einbezog. Innerhalb dieses Dorf-
bereiches muß sich das frühe Marktgeschehen ereignet haben. 1934 fand man nämlich
in Vichmjaz am Ladogasee in Rußland einen
Münzschatz, in dem nahezu alle salischen
Münzstätten vertreten waren. Darunter befand sich eine Villinger Münze, ein silberner
Denar. Dieser Schatz von 13 398 Münzen war
nach 1079 verborgen worden.[2] Die Münze ist

ein Beleg für die Funktion des Villinger Marktes im 11. Jahrhundert auf dem Boden des einstigen Dorfes.

Die angedeuteten grundherrlichen und genossenschaftlichen Strukturen werden begleitet von den personalen Abhängigkeiten der Menschen im Rahmen der Dorfverfassung. Gemeint sind hier die Bindungen personenrechtlicher Art der Dorfbewohner an den jeweiligen Grundherrn. So fehlt es dem bäuerlichen Menschen, der gewissermaßen an der Scholle hängt und von ihr festgehalten wird, weitgehend an Mobilität, Freizügigkeit und Verfügungsmacht kraft eigenen Rechtes. Es besteht eine im Umfang variierende persönliche Abhängigkeit, die mit den Begriffen Höriger (Grundholder), Halbhöriger und Leibeigener nur schlagwortartig umrissen sei.

Das Dorf Villingen war demnach zunächst ein in grundherrliche Verhältnisse eingebetteter Rechts- und Wirtschaftsbezirk, der den hergebrachten Bedürfnissen der Dreifelderwirtschaft, des genossenschaftlichen Flurzwangs und den Beziehungen zur Dorfherrschaft gehorcht. Die Menschen im Dorf sind durch ihre dinglichen und personalen Abhängigkeiten statisch eingebunden, d. h. nicht in der Lage, eigene, außerhalb der Absichten des Grundherren liegende wirtschaftliche Aktivitäten zu entfalten. Wechselseitige rechtliche Bindungen (Verpflichtungen) ergeben sich somit aus der Beziehung Dorfleute (Genossenschaft) – Grundherr/Dorfherr. Hinzu kommen die Beziehungen: andere Grundherren (Adel/Kirche) – Dorfherr (Graf). In diesen, archaisch zu nennenden Raum, dringen nun Kräfte ein, und zwar freie Gewerbetreibende, nennen wir sie Kaufleute, die in einer neuen Form von „Marktorientiertheit" leben. Es sind Personen, die vom Marktherrn, dem Grafen und Dorfherrn, über Privilegien angelockt werden, die sie bevorzugen. Das sind vor allem persönliche Freiheit, Freizügigkeit, Grundstücks-, Eigentums- und Zinsvorteile, Schutzgarantien u. a.

Im Dorfraum, der nun die erweiterte Funktion einer Marktsiedlung erhält, vollzieht sich künftig, als wirtschaftspolitische unternehmerische Entscheidung nach den Plänen der Herrschaft, des Marktherren, ein gesellschaftlicher Wandel, der zu einer systemimmanenten Unverträglichkeit im wirtschaftlichen und personenrechtlichen Bereich der Dorfstruktur führt. Es existieren nun wirtschaftliche und rechtliche Verhaltensweisen, die für die Mitglieder der neuen, ganz anderen sozialen Gruppe bestimmt sind, deren Rechtsbeziehungen untereinander als auch zur gemeinsamen Herrschaft zudem eine neue Qualität bedeuten. Die so im abstrakten Raum des Rechts als auch ganz konkret in den äußeren Belangen des praktischen Alltags auftretenden Abgrenzungen zur Dorfgenossenschaft verlangen auf Dauer nach einer räumlichen Trennung. Wir meinen, das ist dann erforderlich, wenn in der neuen Gemeinschaft das sich entwickelnde Wachstum eine kritische Größe erreicht hat, die wir mit dem Ausdruck „Schwellenaufkommen" belegen. Um es konkreter zu sagen: Dorf- und Marktgeschehen müssen sich dort räumlich trennen, wo die unterschiedlichen personalen und dinglichen Rechtsbedürfnisse sowie die Verfahrensweisen in der täglichen Begegnung einander stoßen, ein beiläufiges Nebeneinanderher nicht mehr möglich ist und nach neuen räumlichen Formen verlangen. Es entsteht eine neue wechselseitig aufeinander angewiesene Bindung: Marktherr – Marktgenossenschaft.

Eine solche Entwicklung ist zwangsläufig und nicht mit der abstrakten Vorstellung zu verbinden, der Territorialherr sei nach Laune auf die Idee gekommen, den „Marktplatz" zu wechseln. Die Standortursache ist stets auch verfassungsrechtlicher Natur. Die geschilderte Entwicklung ist speziell für Villingen durch die Neuanlage der Marktsiedlung auf der westlichen Seite der Brigach so belegt.

Die Entwicklung kann auch einen anderen Verlauf nehmen,[3] sie geht aber stets weg vom Dorf oder zu dessen Lasten. Dies gilt für jede Phase in der Geschichte der Marktgründungen: Dorf und Marktsiedlung bleiben als Rechtsgebilde und Siedlung auf Dauer getrennt.

Die bereits im 11. Jahrhundert vermehrt einsetzenden Marktgründungen erfolgen teilweise bereits außerhalb des Dorfraumes, an einem benachbarten Standort. Im späteren Mittelalter wird gar die Gründung einer Marktortsiedlung zusammen mit dem Status einer Stadt üblich, wobei man dann bei älteren Städten verfassungsrechtliche und formal-topographische Anleihen macht. (Ein Beispiel: Kenzingen, nördlich Freiburgs, das von Freiburg die Verfassung und von Villingen topographische Strukturen übernommen hat.)

Die Trennung, aber auch die augenfällig benachbarte Lage des entstehenden Marktortes zum Dorf, lassen sich vergleichsweise an folgenden Beispielen zeigen: Rottweil, Reutlingen, Überlingen, die Hegauorte Stockach, Engen, Tengen, Aach.

Während die verfassungsrechtlichen und sozialen Zwänge die eine Seite der Medaille sind, ist die Standortentscheidung des Marktherren als topographisch bezeichneter Bezirk die andere. Diese äußere Struktur des Raumes orientiert sich zunächst an den Erfordernissen des ablaufenden Marktgeschehens, den Bedürfnissen der Produktion und den Anliegen der Marktanbieter sowie -nachfrager. Daneben spielen, soweit sie zu verwirklichen sind, strategische, verkehrstechnische, fortifikatorische und Überlegungen der Versorgung, z. B. mit Trinkwasser und Brauchwasser, Tierfutter, Holz u. a., eine Rolle. Nicht zuletzt ist die besitzrechtliche Seite zu beachten, die es dem Orts- und Marktherrn erlauben muß, am Ort des zu gründenden Marktes fürs erste alleiniger Grundherr zu sein.

Ob die vollständige Marktortverlagerung auf die dem Dorf nur wenige hundert Meter gegenüberliegende westliche Seite, vom Bogen der Brigach umflossen, noch im 11. Jahrhundert erfolgte, ist mangels archäologischer und schriftlicher Quellen nicht zu klären, ist aber eher unwahrscheinlich.

Da das Marktrecht ortsbezogen ist, müssen wir den Herrschaftsverhältnissen des 11. und 12. Jahrhunderts nachgehen. Graf Berthold, der 999 die kaiserlichen Privilegien erhielt, ist genealogisch nicht mit letzter Sicherheit unterzubringen. In einer „grundsätzlichen Einschätzung" gilt er jedoch als ein Vorfahre der Zähringer.[4] In einer Urkunde[5], die wahrscheinlich aus dem Jahre 1153 stammt, wird ein Bezelin von Villingen genannt. („Bezelin" ist eine Namensspielart von Berhtold, eine weitere Modifizierung ist „Birhtilo".) Der Bezugsort „Villingen" verweist auf die politische Konstellation sowie das persönliche Verhältnis, das Bezelin mit dem Ort verbindet und zweifellos auch auf den oder einen zentralen Sitz, den man, obwohl direkte archäologische und schriftliche Zeugnisse fehlen, mit der Warenburg zu identifizieren hat. Der exponierte Standort dieser ehemaligen Burganlage auf der Höhe des östlichen Laible, der einzigen in der näheren Umgebung, kontrollierte rechtlich weite Teile des Brigachtales, dem entlang vor und während der Römerzeit alte Verkehrswege von Nord nach Süd, mit einer westöstlichen Anbindung, den Raum erschlossen. Man darf sie als eine der „Mittelpunktsburgen" bezeichnen, die „aufgrund ihrer Bedeutung für Herrschaft, Verwaltung und kirchliche Organisation demzufolge zu den herausragenden Frühstufen des Städtewesens" zählt.[6] Bei zwei von Menschenhand aufgeschütteten kleinen Erdhügeln, westlich des Oberen Tores bzw. zwischen dem eigentlichen Keferbergle und dem Riettor, beide innerhalb der Ringmauer und von dieser geschnitten, wird derzeit, wiederum in Ermangelung archäologischer und zeitlicher Belege, spekulativ über einen frühen Kleinburgentyp nachgedacht.[7] Aus anderen archäologischen Vorlagen ließe sich eine solche Anlage mit einem benachbarten herrschaftlichen Wirtschaftshof in Verbindung bringen. Würde die Überlegung für einen „Burgweiler" zutreffen, so wäre der Bewohner dieses „sozialtopographischen" administrativen Ortes keinesfalls mit dem Orts- und Marktherren selbst gleichzusetzen. Bei der vorliegenden Hypothese könnte es sich dann nur um den Sitz einer ministerialen Person gehandelt haben, in dem sich entwickelnden Marktort funktional vorstellbar als Frühform des Schultheißen oder Vogts, dem Vertreter des Markt- und Ortsherrn.

Zurück zu Bezelin: Außer seinem Namen und dem vermutlichen Todesjahr 1024 wissen wir nur, daß er Graf in der Baar und Vater von Berthold I. „mit dem Barte" war. Darüber hinaus herrscht Unklarheit, ob Bezelin und jener Berthold von 999 nicht ein und dieselbe Person waren. Berthold I. „mit dem Barte" war, in Addition mit anderen Grafenämtern – auch dem im Breisgau – ebenfalls Graf in der Baar, mit ausgebreitetem Streu- und Eigenbesitz (Allod), u. a. um Villingen. Der Reichspolitik verdankt er 1061 die Erlangung des Herzogtitels von Kärnten, ohne dort jemals die Herrschaft ausgeübt zu haben. 1077 von Kaiser Heinrich IV. als Herzog von Kärnten abgesetzt, stirbt Berthold I. im Jahre 1078 auf der steilen Limburg über Weilheim an der Teck. Mit Berthold bleibt die Titulierung „Herzog" an den Nachfolgern haften, wenngleich in immer wieder modifizierter Form. 1079, während der Auseinandersetzung um die Macht mit dem Staufer Friedrich, verlegt sein Sohn Berthold II. den „Herrschaftsschwerpunkt" vom schwäbischen Albtrauf in den Breisgau, wo die Burg Zähringen, nördlich Freiburgs, zum Mittelpunkt der Herrschaft wird. Das neue Hauskloster wird im heutigen St. Peter auf dem Schwarzwald gegründet. Er legt sich künftig den ergänzenden

Familiennamen „von Zähringen" zu, der sich dann vererbt. In der Literatur (vgl. „Die Zähringer" II a. a. O.) werden die Zähringer ab Berthold II. als „Herzöge von Zähringen" geführt, obwohl diese Bezeichnung erstmals, alternierend, ab 1130 in der königlichen Kanzlei (dux Zaringie) erscheint.[8] Nicht zu übersehen ist in der Herrschaftshierarchie sein Bruder, der als Bischof Gebhard III. von Konstanz in dieser größten Diözese im deutschsprachigen Raum, innerhalb des Erzbistums Mainz, herrschte. Dieser weihte 1085 das 1084 auf dem Schwarzwald gegründete Reformkloster St. Georgen, 15 km nordwestlich Villingens. Noch weitere politische Entscheidungen machen deutlich, wie sich immer mehr die Herrschaft der Bertholde im Schwarzwaldraum strukturiert. Möglicherweise muß man hier den Ansatz für das zähringische Städtewesen sehen. Weitere politische Akzente ergeben sich, wie noch zu zeigen sein wird, aus der Reichspolitik des 12. Jahrhunderts. Nachfolger Bertholds II. (gestorben 1111) sind seine Söhne, zunächst Berthold III. und nach dessen Tode, 1122, sein Bruder Konrad (gestorben 1152). Nachfolger wird jetzt Konrads Sohn als Berthold IV., der 1186 stirbt. Als letzter Herrscher des Geschlechtes folgte dessen Sohn, Berthold V. (gestorben 1218). Mit ihm erlöschen die Zähringer im Mannesstamm. (Es gibt zwar den Hinweis auf einen Sohn Bertholds V., aber dieser behauptet noch 1208, derzeit keinen Sohn zu haben. In einem 1325 neu angelegten Jahrzeitbuch wird auf einen Berthold, „Sohn des Herzogs von Zähringen", Bezug genommen. Sein Todesdatum ist nicht bekannt. Es ist dies die einzige Quelle. In der Herrschaftshierarchie hat dieser „letzte Sproß" allerdings nie eine Rolle gespielt.[9] Alle diese Zähringer waren zu ihrer Zeit die Orts- und Markt- sowie schließlich die Stadtherren. Insofern hatten sie vitale Interessen. Aber leider: „eine Geschichte hat zu ihren Lebzeiten niemand geschrieben."[10] So kennen wir sie zwar als Herzog von Kärnten, Herzoge von Zähringen, Grafen im Breisgau, Thurgau, in der Ortenau, in der Baar, als Markgrafen, Rektoren und Reichsvögte, und wir wissen um ihren gewaltigen Herrschaftsraum. Er reicht als geschlossene Gebiete und Streubesitz in Schwaben über Teile des heutigen Württembergs, Mittel- und Südbaden nach Vorarlberg, tief in die Schweiz bis über Genf hinaus nach Burgund. Sie gehörten, vergleichbar mit den Staufern und Welfen, zu den mächtigsten Fürstenhäusern des südwestlichen Reiches. Um so bedauerlicher ist die Quellenlage. Da die schriftlichen Zeugnisse auch für Villingen zu dürftig sind, um zu einer verbindlichen Aussage zu kommen, bleiben wir auf andere Quellen, z. B. die archäologischen, angewiesen. Wir erwähnten schon den Schatzfund von Vichmjaz mit dem Villinger Denar (Phenning) aus der Zeit vor 1079. Die Münze könnte somit zu Zeiten Bertholds II. oder schon seiner Vorgänger geprägt worden sein. Es ist unerheblich, wie und wieso die Münze in die weite Ferne kam. Jedenfalls wäre die Annahme von Geschäftsbeziehungen in den Hohen Norden abwegig. Die Mobilität dieses Geldes liegt unseres Erachtens in seinem Edelmetallgehalt als sogenannte Kurantmünze, d. h. einer Münze, deren Tauschwert man erforderlichenfalls auch nach ihrem Gewicht bestimmen konnte. Sie war damit ein echtes Wertaufbewahrungsmittel. Diese mittelschwere Villinger Münze von 1,7 g Gewicht verweist auf ihre Funktion als Handelsmünze am Villinger Markt und ist darüber hinaus ein Hinweis auf den allgemeinen Tauschwert des Geldes.[11]

In die Zeit der Zähringerherrscher gründen die Entwicklungsstufen, die den Ort Villingen schließlich zu dem erheben, was man, ohne nähere Differenzierung, landläufig als „Stadt" bezeichnet. Der Anspruch an den damit erreichten Zustand gilt für die einen mit dem äußeren Tatbestand befriedigt, durch den die planerisch geordnete Errichtung ei-

ner topographisch neuen (Markt-)Siedlung auf der westlichen Seite der Brigach eingeleitet wurde. Am Ende der Entwicklung, die zeitlich mit der inzwischen entstandenen Stadt gleichzusetzen ist, präsentiert sich die räumliche Gliederung, nach öffentlichen Verkehrs- und Marktflächen, Häusern, Gassen, kirchlichen, klösterlichen und anderen gesellschaftlichen Einrichtungen, entsprechend den wirtschaftlichen Zwecken und Erfordernissen, als

a) Wohnsitz der Handwerker und Kaufleute,

b) deren gegliederter Produktionsraum für die Erzeugnisse des Handels nach außen und innen,

c) agrarwirtschaftliche Niederlassung der Marktortbauern, die, als spätere Ackerbürger, einerseits mit den Gewerbetreibenden identisch sind, andererseits auch aus Hintersassen (Halbbürger) bestehen können. Bei der Wirtschaften dient der Versorgung der Haushalte und des Gewerbes.

d) Wohnsitz und Arbeitsraum der graduell Unterprivilegierten im Dienste der Marktortberechtigten,

e) Treffpunkt und Aufenthaltsraum reisender Händler und insgesamt

f) als ständiger Handels- und Umschlagplatz für Güter und Dienstleistungen aller Art sowie der Geldgeschäfte, der

g) als Sicherheitsraum ausgestaltet ist.[12] (Eine frühe Palisade ist archäologisch für Villingen nicht nachweisbar, dafür eine zeitlich spätere Mauer.)

Für unsere Darstellung wird der Begriff „Stadt" allerdings erst relevant, wenn die „Stadt" zusätzlich im Rechtssinne entstanden ist. Das ist ein substantiell qualitativer Unterschied. Davor mag der Ausdruck „Frühform" zulässig sein. Unsere Betrachtung verlangt in der Beziehung zum Stadtherrn den weitergehenden Zustand einer Herrschaftsordnung, die über eine Verfassung den Rechtspartnern im Marktort sowohl Mitwirkung als auch Mitbestimmung, bis hin zur alleinigen Entscheidungsmacht, erlaubt, ohne daß damit die Grenze zur ausschließlichen inneren und äußeren Souveränität überschritten wird.

Ob man sich für die Marktsiedlungsverlegung als Frühform der Stadt entscheidet oder für das hinzugekommene Verfassungsgebilde, für beide Betrachtungsweisen läßt sich weder ein bestimmtes „Gründungsdatum" noch ein bestimmter „Gründer" nachweisen. Alle Jahreszahlen sind spekulativer Näherungswert. Wir setzen uns dennoch mit einigen dieser überlieferten „Gründungsfakten" kritisch auseinander, vor allem, um eine Erklärung zu versuchen, wie es dazu kam.

In der Tagebuchniederschrift des Villinger Ratsmitglieds Heinrich Hug, in seiner 1495 begonnenen Chronik, lautet der erste Satz: „Anno 1119 ist die Stadt Villingen von den Herzögen von Zähringen erbauen worden." Im übernächsten Satz folgt die anachronistische Bemerkung: „Berthold der viert des namens hat Villingen erbauen." Diese Hinweise stifteten bis auf den heutigen Tag Verwirrung. Schon 1872 schrieb der Villinger Heimatforscher Johann Nepomuk Schleicher: „Wenn es sich aber bewahrheitet, daß die Stiftung Freiburgs… sieben Jahre älter ist als jene Villingens, so ist nicht Berthold III. (Anm. gest. 1122), sondern (Anm. sein Bruder) Konrad der Gründer der Stadt Villingen." In einem modernen Übersichtswerk erscheint das Datum 1130, womit wir ebenfalls bei Konrad III. wären.[13] (Die Beispiele ließen sich mehrfach fortsetzen.) Die jüngste Erkenntnis stammt aus dem Jahre 1986. Sie lautet, Gründer der Stadt Villingen sei „mit großer Wahrscheinlichkeit" Berthold V. (Anm. gest. 1218).[14] Erwidern wir der Reihe nach: Wir wissen inzwischen, daß die Originalhandschrift der Hugschen Chronik (aufgefunden 1881) weder das Jahr 1119 als Erbauungsdatum der Stadt noch Berthold IV. als „Erbauer" enthält.[15] Es handelt sich um spätere Zusätze, die wahrscheinlich erst gegen Ende des 16. Jahrhunderts in die Abschriften eingefügt wurden. Deren Pri-

märquellen sind nicht bekannt. Berthold V. (1086–1218) dagegen hat als „Gründer" der Stadt seine Wurzel in einem Bruchstück aus einem ehemaligen Villinger Anniversar der ersten Hälfte des 14. Jahrhunderts, das vermutlich auf ein „älteres Anniversar" zurückzuführen sei.

Dieses Verzeichnis von Todestagen enthält neben Eintragungen von „Haupthand" weitere Zusätze einer Hand aus der Mitte des 16. Jahrhunderts. Einer davon lautet „dux de Zeringen fundator ville Vilingen". Die gewagte Auslegung, Berthold V. sei, dank dieses Zusatzes „fundator", als Gründer Villingens zu identifizieren, folgt der jahrhundertealten Tradition, ein Fixdatum für die „Gründung" der Stadt Villingen – und nicht nur dieser – in die Geschichtsschreibung einzuführen. Es ließe sich trefflich über die vorgetragenen Begründungen streiten, wenn „fundator" ausschließlich „Gründer" bedeuten würde. Tatsächlich kann das Wort aber auch den Inhalt von „Förderer, Gönner" haben.[16] Inzwischen läßt sich der letztere Wortsinn mit einem geschichtlichen Indiz in Verbindung bringen.

Seit Juni 1995 kennt man das Fällungsdatum eines Gerüstholzes aus der östlichen Ringmauer beim Oberen Tor. Die Jahrringanalyse ergab das Jahr 1209.[17] Es ist das älteste bisher ermittelte Datum für die Erbauung der damals noch einzigen Ringmauer. Die Jahreszahl verweist auf den damaligen Stadtherrn, den Zähringer Berthold V., den man auf diese Weise in der Rolle eines Förderers sehen muß. Bau einer Stadtmauer bedeutet schließlich nicht Anfang, sondern Abschluß einer Siedlungsmaßnahme, die nicht erst mit diesem Zähringer einsetzte, wie noch zu zeigen sein wird. Die bisher geltende Annahme, die äußere Befestigung sei ein Werk der Staufer nach 1220, muß dahingehend korrigiert werden, daß zumindest zur Zeit des letzten Zähringers bereits mit dem Bau begonnen worden war.

Es fällt auf, daß zur Zeit des Hohen Mittelalters keine „Stadtgründungsdaten" auftau-
chen. Entsprechende Mitteilungen gehören
dem späten Mittelalter an. Sie tradieren sich
bis in die wissenschaftlichen Lehrmeinungen
unserer Tage. Da keiner der Behauptungen
ein Beweis folgte, gibt es dafür nur einen Er-
klärungsversuch. Die erstmalige Nennung eines Fixdatums im 16. Jahrhundert kann nicht
aus der Erinnerung hergeleitet werden. Es
liegen Jahrhunderte dazwischen. Der Vorgang gehört der Legendenbildung an, wie die
Mär, Rom sei im Jahre 753 v. Ch. gegründet
worden. Eine Ursache für solche Überliefe-
rungsstereotypen dürfte in der Natur der
Menschen selbst liegen und erweist sich dort
als psychologisches Phänomen. Es ist die den
Menschen immanent bewegende Frage nach
dem Wann und Woher. Es mag sein, daß der
soziale Verhaltensbereich in der Stadt ein
kollektives Geltungsstreben entwickelte, das
sich mit einem legendären Anfang als außer-
gewöhnlichem Ereignis verband.

Ein anschauliches Beispiel unserer Tage
sind die in Mode gekommenen Feiern zum
tausendjährigen oder noch älteren Dorfju-
biläum, obwohl sich eine diesbezügliche Erinnerung in der Regel nur mit einem feudal-
rechtlichen Vorgang, etwa der in einer Urkunde vorkommenden Güterschenkung, verbinden läßt, bei dem ein Bezugsort genannt
wird. Dabei werden unreflektiert die feudal-
rechtlichen Verhältnisse und die sich aus ihnen ergebenden Vorgänge mit der heutigen
kommunalpolitischen Struktur des Dorfes
über einen Kamm geschert. Was zählt, ist das
psychologische „Wir"-Gefühl, mit dem man
sich selbstbewußt gegen andere abgrenzt. Ein
eklatantes Beispiel bot die Stadt Freiburg im
Breisgau im Jahr 1995, wo man allen Ern-
stes – wer auch immer – des „875jährigen
Stadtjubiläums" gedachte. Man verband es
mit einem Historienumzug als Spektakel.
Dagegen erfahren wir, „Konrad, jüngerer
Bruder des bis 1122 amtierenden Herzogs

Berthold III., berichtet, er habe an seinem
Ort Freiburg einen Markt gegründet (forum
constituti), indem er von überall her angesehene Kaufleute angeworben und ihnen am
geplanten Marktplatz Baugrundstücke als
freies Eigentum zugewiesen habe. . . .[18] Es sei
angemerkt, daß sich inzwischen eine kriti-
schere Generation aufmacht, die Legenden
an der geschichtlichen Wahrheit zu messen.

Wenn schon ein bestimmtes Gründungsdatum und ein bestimmter Gründer Fiktion
bleiben müssen, so ist nichtsdestoweniger
die Frage nach der Stadtwerdung zu beantworten. Dazu müssen wir zwei Phasen einer
Entwicklung, die sich uns schon eingangs an-
deuteten, unterscheiden:
1. die Verlagerung des Marktortes bei der jetzigen Friedhofskirche auf das heutige Gebiet
der mittelalterlichen Stadt, westlich der Brigach, also den räumlichen Aspekt;
2. die Stadtwerdung im Rechtssinne, als einer
ständischen Institution.

Geopolitisch wird der Schwarzwald nach
1079 erschlossen und zähringisches Ausbau-
land. Kloster- und Siedlungsgründungen sind
dafür die Marken. Gleichzeitig verlagert sich,
wie erwähnt, der Herrschaftsmittelpunkt von
der schwäbischen Limburg in den Breisgau.
Verbindungen zwischen dem westlich und
östlich des Schwarzwaldes gelegenen Landes
werden über das Gebirge hinweg erforderlich
und sind zu sichern.

In der Reichspolitik standen die Zähringer
während des Investiturstreites auf der Seite
des Papstes zunächst gegen Kaiser Heinrich IV. Durch seinen Sohn 1105 zur Abdan-
kung gezwungen, starb dieser 1106 auf der
Flucht. Im selben Jahr wurde Sohn Heinrich V. sein Nachfolger, zuerst als Deutscher
König und seit der Krönung von 1111 auch
als Römischer Kaiser. Mit ihm erlosch 1125
die Salier- Dynastie. Nach wie vor im Investi-
turstreit mit dem Papst, förderte Heinrich V.
auf Kosten der Fürsten und gegen deren Widerstand u. a. die Entstehung eines stadtbür-

gerlichen Rechtsstandes. So wurden z. B. Speyer sowie Worms 1111 und 1114 durch „große, weit über Handelsvorteile hinausgehende Privilegien" gestärkt. Man kann vermuten, daß die Zähringer, konform mit anderen Fürsten, schon zu dieser Zeit in ihren Territorien die politisch-wirtschaftlichen Machtturbulenzen durch eigene städtefördernde Maßnahmen ausbalancierten. Die ursprüngliche Polarität, trotz zeitweiliger politischer Übereinstimmung und Gefolgschaft zwischen den Zähringern und den salischen Kaisern, weicht mit der Herrschaft des Staufers Friedrich I. (Barbarossa) einer Gefolgschaft Bertholds IV. (1152–1186). Die Andienung des Zähringers erfolgte über Hilfeversprechen. Berthold IV. ist ab 1152 häufig im Dienste Friedrich Barbarossas anzutreffen. Er beteiligte sich z. B. an allen Italienzügen Friedrichs in jener Zeit.[19] Obwohl es zwischen Herzog und König, vor allem in den Jahren 1153–1162, auch einen nachhaltigen Spannungszustand gab, „ist in diesem Zusammengang sogar zu überlegen, ob nicht die Intensität, mit der die Zähringer durch Städtegründungen und auch andere Maßnahmen die wirtschaftliche Entwicklung förderten, auch dadurch erklärt werden muß, daß sie ihre politische Stellung nur mit einem beträchtlichen materiellen Aufwand zu halten vermochten."[20] Wir verfügen aus dieser Zeit für Villingen über keinerlei schriftliche Nachrichten. Wir gehen aber davon aus, daß Berthold IV., als er 1152 zur Herrschaft gelangte, analog den Freiburgern, auch den Villingern mit ihrem schon rd. 120 Jahre älteren Markt, die bis dahin installierten Rechte bestätigte und neu einführte. In Freiburg betraf es die zwei Hauptgebiete des objektiven Rechts: das Privatrecht (z. B. Erbrecht) und das öffentliche Recht, und hier verwaltungs-, steuer- und strafrechtliche Materien, sowie die Gerichtsbarkeit.[21] Bemerkenswert ist im vorliegenden Falle, daß die Rechtsetzungen vom Herren ausgingen, d. h., jene Menschen, die es anging,

selbst nicht an der Fixierung der Rechtsnormen beteiligt waren. Recht im materiellen Sinne entsprang noch hoheitlicher Anordnung durch den Herzog und zeigt, daß noch kein ausschließliches Stadtrecht entstanden war. Berthold hat mit seinen Regelungen auch keineswegs nur Rechtsgewährungen verfügt, sondern Pflichten auferlegt und Strafen verschärft. Wie einmal eigenes Stadtrecht durch den Stadtherren dem „schultheizzen, burgermeister, rat und und burger gemeinlich ze Vilingen" ermöglicht wird, erfahren wir aus dem erneuerten Stadtrecht aus dem Jahre 1371, das auf ein nicht mehr erhaltenes Recht – „ab dem alten gesetz buch geschrieben" – zurückgeht. Dort ist bei den jeweiligen Normen des bürgerlichen Gesetzgebers z. B. zu lesen:

„Wir haben ouch gesetzet: ..."[22]

Abgeleitet aus den politischen Gesamtzusammenhängen und den nachstehend zitierten archäologischen Erkenntnissen, halten wir die Spanne nach Berthold I. (gest. 1078) ab Berthold II. (gefallen 1111) über Berthold III. (er starb 1122 und hatte sich bezeichnenderweise 1114 in Köln aufgehalten) bzw. seinem jüngeren Bruder Konrad (gest. 1152) für die Zeit der räumlichen Ausgliederung des Marktortes vom Dorf auf das spätere Stadtgebiet. In dieser Zeit dürften sich auch schon die ersten städtischen Rechtsstrukturen auf genossenschaftlicher Basis herausgebildet haben. Was in jener Zeit vorgeht, ist kein Ad-hoc-Ereignis, sondern eine Entwicklung, die neben dem Herrscherwillen den normativen Kräften der gestalterischen Marktstrukturen, insbesondere den Freiheitsrechten der Bürger, gehorcht. So wird die eigentliche Stadtwerdung zu einem komplexen Prozeß. Markt und Stadt bedingen sich zwar wechselseitig, aber über der „Betriebssphäre" der Stadt wölbt sich schließlich der Überbau einer eigenen rechtlichen Verfassung, die für eine „Stadt" unverzichtbar ist. Ein wichtiges Element der Stadt ist damit, unabhängig davon,

daß es stets einen mit territorialen Eigenrech-
ten und Privilegierungen ausgestatteten
Stadtherren gibt, die unterschiedlich weitgehende wirtschaftliche, rechtliche und politische Selbstverwaltung durch eigene Organe
über die angesprochene Verfassung. Für eine
solche Verfassung und Selbstverwaltung ist
seitens des Herren das Zugeständnis persönlicher Freiheit an die Bürger zur Gestaltung
eigener Rechtsvorschriften und der Mitwirkung beim Gericht unabdingbar. Das ist
gleichbedeutend mit einer neuen Sozialord-
nung im feudalistischen Gefüge der damaligen Welt.

Irgendwelche sozialen Gruppen und deren
Siedlungsstandort auf dem Gebiet der neuen
Marktsiedlung im Brigachbogen räumlich
und zeitlich orten zu wollen, ist für das
12. Jahrhundert nur zufällig möglich. So ergaben und ergeben sich lediglich aus archäologischen Untersuchungen, die sich als Notgra-
bungen in der Folge geplanter Baumaßnahmen darstellen, partiell die Möglichkeiten dazu. (Die genaueren Ergebnisse sind an anderer Stelle dieses Buches vom Archäologen
selbst dokumentiert und ausgewertet.) Sie
sind für uns nur soweit von Interesse, als sie,
wie durch einen Lichtschlitz, einen aus-
schnitthaften Blick auf die Entwicklung der
künftigen Stadt ermöglichen. In der Interpretation muß manches Hypothese bleiben.

In den Jahren 1978/79 wurde vor der Mün-
sterrenovierung 16 Monate lang eine flächige
Grabung angesetzt, um die Vorgängerbauten
des heutigen Münsters zu sondieren. Der
Ausgräber teilte damals mit, nachdem ältere
Schichten fehlen würden, seien die ältesten
Keramikfunde aus den dem Bau I zugehörigen Schichten „in die Mitte bis in das Ende
des 12. Jahrhunderts" einzuordnen. Die
Gründung des ersten Baues sei „wohl eher in
die Mitte des Jahrhunderts anzunehmen".[23]
Eine spätere Auswertung dieser Grabungs-
jahre durch einen anderen Autoren liefert für
ein Grubenhaus „im Bereich des Münsters"

die Zeit „des späten 11. Jahrhunderts". Derselbe verweist für 1992 auf eine Siedlungs-
spur an der Hans-Kraut-Gasse, wo das kera-
mische Fundmaterial möglicherweise ebenfalls ins späte 11. Jahrhundert gehört.[24] 1986
machte man sich daran, einen Teil des östlichen Franziskanergartens an der Rietgasse
systematisch archäologisch zu öffnen. Noch
vor der Auswertung der Grabungsergebnisse
wurde erkennbar, „die in den Abfallgruben
und in den Humusflächen enthaltene Keramik reicht von der Mitte des 12. bis zum späten 13. Jahrhundert".[25] Das folgende Jahr
brachte weitere Einblicke. 1987 setzte der Archäologe auf dem Areal des ehemaligen Kapuzinerklosters, am unteren Ende der Niederen Straße, den Spaten an. Auch hier wird
eine Kulturschicht freigelegt, die „neben
Holzresten und Knochen vor allem Keramikfragmente der ersten Hälfte des 12. bis zum
Ende des 13. Jahrhunderts enthält".[26] Ein
Kalkofen an der heutigen Niederen Straße
sei um die Mitte des 12. Jahrhunderts verlegt
worden.[27] Keramikfunde insgesamt gestatten
nur einen relativen chronologischen Ansatz,
weil, trotz der begleitenden Befunde, zeitliche Differenzen in der Herstellung, der Ge-
brauchsdauer und dem Abtauchen des Mate-
rials in die Fundschichten zu berücksichtigen
sind. Genauere Werte erhält man über die
Jahrringanalyse von Bauhölzern, die man in
originaler Fundlage (in situ) und in ihrem
konstruktiven Zusammenhang antrifft. Im
günstigsten Falle erlaubt die sogenannte dendrochronologische Analyse das genaue Fällungsjahr, sogar mit Saisondatierung, festzustellen. Zwei solcher Belege ließen sich auffinden. Die hölzerne Bodenschwelle eines
Hauses im unteren Teil der heutigen Gerberstraße, bei der Ankergasse, erbrachte das Datum „um 1169".[28] Bauhölzer wurden u. a. im
Mittelalter in der Regel ad-hoc geschlagen
und unmittelbar nach der Fällung verbaut.[29]
Ein weiteres dendrochronologisches Datum
lieferte das Holz aus einer Hauswand in der

nordwestlichen Rietstraße, und zwar „um 1175".[30] Insgesamt liegen inzwischen Ergebnisse aus 16 archäologischen Grabungen (Stand 1995) im Mauerbering Villingens vor.[31] Die hier vorgetragenen Befunde zeitigen die am längsten zurückliegenden Fixpunkte, mit denen wir es bewenden lassen wollen. Alle Erkenntnisse aus den Einzelbefunden zusammen genommen, liefern nämlich kein im statistischen Sinne repräsentatives Ergebnis. Die Parzellen sind zu klein und keiner systematischen Ordnung zuweisbar, weil sie sich notgedrungen zufällig ergaben. Sie sind aber durch ihre punktuelle räumliche Verteilung über den mittelalterlichen Stadtgrundriß signifikant. So ergibt sich zumindest ein Grobraster, aus dem Fluchten im Verlauf heutiger Straßenachsen erkennbar sind.

Eine neue Diskussion zum „Gründungsschema" der Stadt und die zeitliche Verifizierung der Topographie wird hier nicht angestrebt. Für unsere Darstellung ist die zeitliche Einordnung der Funde und Befunde wesentlich. Danach ergibt sich um die Mitte des 12. Jahrhunderts eine auffallend siedlungsverdichtende Zeit. Allerdings darf vom spätmittelalterlichen oder gar heutigen Häuserbestand nicht auf die frühe Gründungssiedlung geschlossen werden. Heute „ist es ein Endzustand, von dem man nicht ohne weiteres auf die Gründungssiedlung mit der Bebauung einerseits und der gewissermaßen ‚inner Etters' liegenden Fläche schließen kann. Es ist nicht abwegig anzunehmen, daß ein zähringischer Zielplan die später von der Ringmauer umschlossene Grundfläche von 23,4 ha bereits vorsah, und größere Teile zunächst dem Allmendbereich mit Wiesen, vielleicht auch als Gärten, dienten."[32]

Aus soziologischer Sicht ist allerdings der Bau einer ersten Kirche in der neuen Siedlung aufschlußreich. Die für das kanonische Recht und das Weltbild des Menschen so wichtige Pfarrkirche steht zu jener Zeit nach wie vor draußen im Dorf, im heutigen Fried-

hof, und ist bis ins späte Mittelalter die Hauptkirche der Gemeinde. Auf ihr ruhen die über den religiösen Rahmen hinausgehenden, in den weltlich-politischen Raum reichenden Pfarrrechte. Damit in Verbindung stehen die sonstigen kirchenrechtlichen Regelungen. Da gibt es u. a. stets einen Kirchherrn oder Patron mit seinen Zuständigkeiten, der für Villingen mit dem hochadligen Ortsherrn zu identifizieren ist. Aus einer späteren Verfügung des Herzogs Rudolf IV. von Österreich aus dem Jahre 1361 erfahren wir über die „pharkilchen ze unser frowen vor der stat ze Vilingen" (Unserer Frauenkirche – Marienpatrozinium – in der „Altstadt"), daß „sand Johans kilchen gottes touffer in der stat ze Vilingen" (die dem heiligen Johannes dem Täufer in der Stadt geweihte Kirche = Münster) zu der genannten Pfarrkirche gehört.[33] D. h., die Kirche „in der Stadt" ist zwar räumlich geschieden, gehört jedoch zur Mutterkirche, gleichgültig wie die Rechtslage im Innenverhältnis ausgesehen haben mag.

Sie steht letztlich unter der Aufsicht des für die Pfarrkirche zuständigen Geistlichen, dem unter dem Patronat amtierenden Parochus. Im Mittelalter ist die Kirche (als Raum) ein Ort, den man mindestens einmal täglich aufsucht. Sie ist der „komprimierteste Ausdruck mittelalterlichen Lebens" und dies nicht nur, was die Frömmigkeit anbetrifft. „Kirche und Gasse" gehörten zusammen. Deshalb ist der Kirchenraum stets dem Wohnraum der Menschen an einem Zentralort unmittelbar benachbart. Sicherlich haben sich vor dem Neubau, der nur wenige hundert Meter von der Pfarrkirche entfernt sein soll und einer Nebenkirche galt, administrative Schwierigkeiten ergeben. Hier zeigt sich die Energie einer neu gebildeten, siedlungstechnisch ausgelagerten Gemeinde. Diese ist nicht nur Pfarrgemeinde, sie ist vor allem die neue soziale Schicht der Gewerbetreibenden bzw. Kaufleute, akzentuiert: der Bürger. Sie sind in der eigenen Rechtssphäre der Marktgenossenschaft organisiert und artikulieren sich über diese Machtposition. Jede Genossenschaft orientiert sich aber auch an der Zahl ihrer Mitglieder, die sich an einem einheitlichen Willen ausrichten. Die Bürger werden zur treibenden Kraft für den von ihnen gewünschten Kirchenbau am neuen Standort, so, wie es für die Ausgestaltung der dörflichen Gemeinschaft immer die bäuerliche Seite war.[34] Das ist am Patrozinium „Johannes der Täufer" abzulesen. Dieser Heilige tritt bei derartigen Kirchen mehrfach als Schutzherr auf, die man anderswo im Reich mit dem Ausdruck „Kaufmannskirche" belegt. Erst als nach 1530 die Pfarrechte von der „Altstadt"-Kirche ins Münster wechseln, erhält diese das Doppelpatronat als Johannes- und Unser-Lieben-Frauen-Kirche. So wird mit dem Kirchenbau einerseits eine feudalrechtliche Variante eingeleitet, die in ihrer schließlichen Konsequenz Teil einer ständischen Autonomie wird, andererseits liefert der Bau einen Hinweis, daß sich der Raum der neuen Handels- und Gewerbeniederlassung als frühstädtische Form um die Mitte des 12. Jahrhunderts bereits gefüllt hatte.

Ob man schon vom konstitutionellen Charakter einer Stadt ausgehen kann, hängt vom Umfang der rechtlichen Verselbständigung dieses Gemeinwesens ab, d. h. von der Qualität dessen, was verfassungsrechtlich über die Sonderregelungen des Markt- und Kaufmannsrechts hinausgeht.[35] Bezieht man sich auf den weiter oben angeführten Vergleich mit Freiburg und Berthold IV. aus dem Jahre 1152, ist er zu verneinen. Wir wissen allerdings nicht, ob das in Villingen rd. 120 Jahre früher als in Freiburg eingerichtete Marktrecht bereits zu einer weitergehenden Entwicklung geführt hatte. Als städtisches Recht umschließt im Rahmen der Bürgerfreiheiten eine entsprechende Rechtsordnung die Regelungen für den inneren Rechtsfrieden, die Ächtung der Friedlosigkeit und die Möglichkeit, sich „aus eigener Kraft gegen Übergriffe

von außen zu schützen".[36] Das Stadtrecht ersetzt sowohl das sich aus dem Bannrecht ergebende Herrenrecht, wie wir es aus der Urkunde von 999 kennen, als auch das ansonsten geltende Landrecht. Wir übersehen dabei nicht, daß dem Markt- bzw. Stadtherren eigenes Zugriffsrecht verbleibt. Wir sehen im Stadtrecht eine Form des Territorialrechts, weil es über den Etterbereich hinaus geographisch auf Bereiche und Materien übergreift, die der Rechtsprechung städtischer Gerichtsbarkeit unterliegen.

Urkundlich werden wir für Villingen erst 1225 fündig. Danach besaß die Stadt „einen aus den Vierundzwanzigern bestehenden Rat, der sich aus den städtischen Geschlechtern ergänzte und das Gemeinwesen regierte".[37] Diese 24 wären aus unserer Sicht eine Eidgenossenschaft sozial herausgehobener Bürger, wahrscheinlich Kaufleute (mercatores). Sie besitzen zweifellos eine viel weiter zurückreichende Tradition und fungierten als Vertreter für die Gesamtgemeinde, die bedingt die Schutzbürger (Hintersassen) einschloß. Alle anderen sozialen Schichten, die pauschal als rechtlich Unterprivilegierte zu bezeichnen sind (dazu gehörten in der Frühzeit auch die Handwerker, daneben die Juden), bedürften einer hier nicht darstellbaren differenzierten Betrachtung, zumal die feudalen und grundherrlichen Verhältnisse der agrarisch ausgerichteten Herrschaftshierarchie noch in den späteren Städten bedeutsam sind.[38] Der lapidare Satz „Stadtluft macht frei" sagt nur die Hälfte. Die personale Befreiung vom eigenen Herrn oder aus fremden Herrschaftsbindungen, verbunden mit dem Recht, sich im Schutze der Stadt niederzulassen, ist vor dem Hintergrund potentieller Armut, Not, Gefährdung, sozialer Mißachtung in Folge der ständischen Ausgrenzung und der rechtlichen Nachteile eine relative Freiheit.

Mit dem Auftreten der Vierundzwanziger wird erstmals die Funktion eines Organs augenfällig, über das im Zusammenwirken von gewährter Bürgerfreiheit und der ihr innewohnenden Eigengesetzlichkeit weitere rechtsschöpferische Leistungen seitens des Markt- und Ortsherren auf Dauer in den Hintergrund treten. Die Dominanz des Herrn weicht einer sich zunehmend zugunsten der Bürgergemeinde erweiternden Partnerschaft und erfährt – abgesehen von Villingen – gelegentlich sogar militanten Widerstand. Die eingeleiteten Vorgänge bedeuten die allmähliche Aufweichung hierarchisch-feudaler Strukturen von unten her. Sie stabilisieren sich am Ende im ständischen Gefüge der Stadt als Teil der feudalen Gesellschaftsordnung. Durch die rechtliche und politische Emanzipation solcher neuer Siedlungen wie Villingen entstand in der Folge das differenzierte und gleichzeitig komplexere Städtewesen des Reiches. Man hat Städte wie Villingen mit der Bezeichnung „Gründungsstädte" versehen. Der Ausdruck verleitet zur Annahme, ein sogenannter Stadtgründer habe in einer Ad-hoc-Entscheidung sein Werk in Gang gesetzt. Tatsächlich sind sie, wie wir zu überzeugen versuchten, in einem mehr oder weniger langen Prozeß aus dem Marktrechtsgeschehen erwachsen. Das Fehlen eines schriftlichen Gründungsaktes ist dafür bezeichnend.

Aus den zahlreichen feudalen Gründungen, die als Orte immer sehr klein geblieben sind, hatten viele am Ausgang des Mittelalters jede städtische Bedeutung verloren oder waren überhaupt untergegangen, sind also nie zu „richtigen" Städten geworden. Beispiele aus unserem Raum sind dafür Allensbach am Bodensee, Aach, Tengen und Blumenfeld im Hegau. Wir wissen, daß bis zum Ende des Mittelalters in Deutschland etwa 3000 Städte, in der Größe von 500 bis 40 000 Einwohnern (Köln), entstanden waren,[39] zu denen als Entwicklung vom frühen Marktort heraus die kleine Mittelstadt Villingen gehörte.

1993 wurden in Villingen die Balken und andere Hölzer des Innengerüstes der Wehr- und Tortürme dendrochronologisch auf ihr Fällungsjahr untersucht. Das älteste Datum lieferte ein Balken im Durchgangstunnel des Riettores, oberhalb des stadtauswärts gemauerten Tordurchlasses. An dem waagerechten, mit dem Schlichtbeil gearbeiteten Vierkantholz, das in der nördlichen und südlichen Mauer aufliegt, sind an der Unterseite links und rechts noch die Rundlöcher für die Aufnahme der Torflügelachsen zu sehen. Der Balken wurde jahrgenau in der Winterzeit 1232/33 gefällt.[40] Danach war damals das gewaltigste steinerne Gemeinschaftswerk, die Befestigung, noch im Bau. Die Ummauerung ist ein weiteres Zeichen für einen Rechts- und Friedensbezirk und dokumentiert, zusammen mit dem Organ der Vierundzwanziger (1225), fast zeitgleich den äußeren architektonischen Abschluß der bereits vorhandenen städtischen Siedlungsautonomie.

Nach dem Tode des letzten Zähringers, Berthold V., im Februar 1218, bezeichnet der Staufer Friedrich II. die Stadt Villingen als „villa nostra". Ein Streit darüber mit dem Grafen Egino von Urach (Ahnherr der späteren Fürstenbergerlinie) wird zwar urkundlich 1219 in einem Friedensschluß beigelegt, endgültig wurden die Spannungen erst 1226 zugunsten des Kaisers beigelegt, nachdem sich 1225 der für die Verwaltung Schwabens zuständige Prokurator Konrad von Winterstetten in der Stadt aufgehalten hatte.[41] Mit dem Untergang der Staufermacht werden die Fürstenberger, die sich aufgrund ihrer Bindung an die weibliche Zähringerlinie schon immer eine Option freigehalten hatten, die neuen Stadtherren. Aus ihrer Zeit stammt die früheste erhaltene Urkunde zur Stadt- und Ratsverfassung. Sie beinhaltet ein Übereinkommen der Grafen Friedrich, Egen, Konrad und Gebhard von Fürstenberg mit der Stadt Villingen, unter welchen Bedingungen die Herrschaft über Villingen ausgeübt werden soll.[42]

Wer einen umfangreichen Katalog von Vereinbarungen erwartet, wird enttäuscht. Die Urkunde vom 16. Oktober 1284 enthält nur zehn knapp gehaltene Klauseln, die teilweise fast belanglos anmuten. Dennoch ist auch die Kürze des Inhaltes für die Rechtslage insgesamt aufschlußreich.

Der Stadt gegenüber, die sie als „ewiges" Reichslehen besitzen, sind es nur noch Zugeständnisse der Fürstenberger, die sie abliefern. Selbst dort, wo es heißt, die Bürger sollen ihrem Herren nicht mehr als vierzig Mark Silber jährlich an Steuern zahlen, reduziert sich das Herrschaftsverhältnis auf den Anspruch einer finanzhoheitlichen Gemeinschaftssteuer, die mit einer oberen Grenze festgeschrieben gilt. Besondere Erwähnung verdient allerdings die Regelung, wonach die Verleihung des Schultheißenamtes nach dem Rat der Bürger erfolgen soll. Wir sagen es mit den Worten unserer Zeit: Der Vertreter des Herren in der Stadt wird zum Amtsträger kraft bürgerlichen Stimmenentscheids. Die Stadt hatte offensichtlich längst ihre autonome Rechtsordnung. Ob es sich um ungeschriebenes Gewohnheitsrecht oder Teile davon handelte, wissen wir nicht. Dem erneuerten Stadtrecht von 1371 entnehmen wir zumindest, daß es ein älteres geschriebenes Recht gegeben habe.

Wir können enden: Der Emanzipationsprozeß ist noch im 13. Jahrhundert abgeschlossen.

Rückblick und Ausblick

Villingen als Dorf hatte sich in einer Metamorphose vom Marktort zur Stadt gewandelt. Das Marktrecht und das Marktgeschehen nach 999 waren der Kristallisationspunkt dieser Entwicklung. Allerdings ist jener einstige Markt nicht mit den heutigen landläufigen Vorstellungen und Abläufen eines uns so stimmungsvoll umgebenden Wochenmarktes vereinbar.

Die fernen Vorgänge haben sich zwar vergleichsweise in ihrer äußeren Gestalt so ereignet, war es doch ein realer, lokaler und punktueller Markt. Doch war der vor tausend Jahren entstandene Markt damals ein neues wirtschaftliches Lenkungsinstrument mit gesellschafts-, sozial-, rechts- und staatspolitischen Auswirkungen. In der Entstehungsgeschichte der Märkte gehört Villingen zu den frühen Gründungen, und dieser Markt ist der erste, der mit seinen Rechten einem weltlichen Feudalherren verliehen worden war. Die Gleichstellung mit älteren Märkten, wie dem bischöflichen Markt zu Konstanz und dem zu Zürich, sprengte auf Dauer den lokalen Rahmen und machte den Ort zum wirtschaftlichen und politischen Mittelpunkt der nahen und weiten ländlichen Umgebung. In der Zeit der sogenannten Städtegründungen gehörte Villingen zu jenen sehr frühen Märkten, aus denen sich schon zu Beginn des 12. Jahrhunderts über eine neue Marktsiedlung die Stadt zu entwickeln begann. Diese nahm damit Anteil an den sich ändernden Machtverhältnissen des mittelalterlichen Reiches, die durch die Verdichtung der Märkte in der Gestalt einer Stadt entstanden. Der Verdichtung folgte die raumübergreifende Vernetzung und dieser die Einbindung in kontinentale Transaktionen, wie sie z. B. in den Aktivitäten der Großen Ravensburger Handelsgesellschaft, der Magna Societas, einer Form der Konzernkonzentration, sichtbar werden.

Villingen hat an diesem Wirtschaftsgeschehen später nur sehr bescheiden Anteil genommen (Hektor Ammann). Dennoch partizipierte die Stadt Villingen an einem Vorgang, der in seinen Ausmaßen für die damalige Zeit nur mit den noch gewaltigeren Wandlungen unserer Tage verglichen werden kann.

So haben sich erst vor wenigen Jahrzehnten nationale Volkswirtschaften, darunter die Bundesrepublik Deutschland, zunächst zum Verbund der Europäischen Wirtschaftsgemeinschaft zusammengeschlossen. Aus diesem Staatenbund wurde bis heute die Europäische Gemeinschaft und der Europäische Wirtschaftsraum. Am Ende der Entwicklung wird auch die politische Integration Europas stehen. Sie wird das politisch-rechtliche Dach über dem europäischen Markt sein, der längst nur noch Teil des Weltmarktes ist.

Wir aber verbleiben, wie einst, zwischen Hoffen und Bangen, in der Gewißheit, daß nichts beständiger ist als die Unbeständigkeit.

1 Der Name ist in der heutigen Schreibweise wiedergegeben. Die militärische Aktion und ihr Ausgang in Rom wurden wörtlich oder sinngemäß entnommen bei: Gerd Althoff, Almanach 88 SBK, Heimatjahrbuch 17. Folge, S. 110 ff.
2 Vgl. Das Reich der Salier, Sigmaringen: Thorbecke 1992, S. 188, Vitrine 6 der Ausstellung in Speyer. Der Hinweis auf die Villinger Münze nur in der Ausstellung. Siehe auch Beitrag von Ulrich Klein.
3 Vgl. Huger, Die Gründungsidee..., S. 18.
4 Gerd Althoff, a. a. O., Seite 110 und 116, Nr. 2.
5 Abdruck und Text in: Die Zähringer, a. a. O., Bd. II, S. 14 f.
6 Vgl. Günther Fehring, Stadtarchäologie in Deutschland „Archälogie in Deutschland", Sonderheft, Stuttgart: Theiss 1996, S. 24 ff.
7 Bertram Jenisch, Villingen – Archäologische Spuren zur Entstehung einer „Zähringer Gründungsstadt", in GHV, XIX, 1994/95, S. 17 ff. Sieht man von der politischen und verfassungsrechtlichen sowie strategischen Bedeutung einer Burg ab, dann fallen schon äußerliche Merkmale auf: Allein die Grundfläche der (rudimentären?) Aufschüttungen westlich des Oberen Tores und beim Käferbergle ist minimal, wobei sich Aufschüttungen im südlichen Teil des Käferbergles über den Kellergewölben der ehemaligen Brauerei befinden. Dagegen mißt das ummauerte Burgareal rd. 51 m im Quadrat mit einer Grundfläche von etwa 2600 qm. Die Entfernung von der Warenburg zur Altstadtkirche und dem Kellergewölbe beträgt im Winkel von 35 Grad rund 1500 Meter. K. S. Bader spricht von „altem zähringischen Eigen", s. oben Bd. 3, S. 372 ff.
8 Hugo Ott, Die Zähringer, a. a. O., Bd. I, S. 12.
9 Die Zähringer, a. a. O., Bd. II, S. 331, Nr. 284.
10 Gerd Althoff, Die Zähringer, a. a. O. Bd. I, S. 44.
11 Vgl. hierzu Huger, Die Gründungsidee..., S. 17, „Der Geist denkt, das Geld lenkt".
12 Vgl. hierzu Huger, Die Gründungsidee..., S. 25.
13 Hans Planitz, Die Deutsche Stadt..., S. 138/231.
14 B. Schwineköper, in: Die Zähringer, Bd. I, S. 84/85.
15 Hans Planitz, Die Deutsche Stadt..., S. 78 f.
16 G. Althoff aus Münster: persönliche Mitteilung.
17 Persönliche Mitteilung des städt. Bauingenieurs Johann Fehrenbach auf Anfrage, dessen Gewährsmann: Ing. Burghard Lohrum, Ettenheimmünster, Dendrochronologe i. Auftr. d. Stadt.
18 Die Zähringer, Bd. II. Nr. 190 auf S. 234.
19 G. Althoff, Die Zähringer, Bd. I, Seite 49 ff.
20 Ders. S. 53.
21 Vgl. hierzu die Auflistung bei Hagen Keller, in: Die Zähringer, Bd. I, S. 24, nach Maria Blattmann.
22 Oberrheinische Stadtrechte, 2. Abtlg., bearbeitet von Christian Roder, Heidelberg 1905, S. 29 ff. (Stadtrecht).
23 Thomas Keilhack, Das Münster unserer Lieben Frau zu Villingen, GHV, V, 1980, S. 24 ff.
24 B. Jenisch/H. Rudolph, in: Fundberichte aus Baden-Württemberg, Bd. 19/2, Villingen, S. 186 (Münster) und S. 185 (Hans-Kraut-Gasse), Stuttgart: Schweierbart 1994.
25 Bertram Jenisch, Die Ausgrabungen im ehemaligen Franziskanergarten an der Rietgasse, in: GHV, XII, 1987/88, S. 21 ff.
26 Jenisch, Franziskanergarten, S. 29 f.
27 Jenisch: Archäologische Spuren, S. 20.
28 Jenisch: Archäologische Spuren, S. 20 und Vortrag beim Geschichts- und Heimatverein Villingen, März 1995; dabei zitiert Jenisch den Dendrochronologen B. Lohrum; s. auch Anm. 30.
29 Vgl. zur Erläuterung und Begründung: Werner Huger, Zur Geschichte der Villinger Mauer- und Tortürme, in: GHV, XIX, 1994, S. 29 ff. und Anm. 10, S. 53.
30 Burghard Lohrum, Ing. u. Beauftragter Dendrochronologe des Landesdenkmalamtes in Freiburg, Ettenheimmünster, Vortrag vor Architekten in Villingen, Oktober 1993; vgl. auch B. Jenisch, wie Anmerkung 27, S. 20.
31 Vgl. Bertram Jenisch, wie Anmerkung 25, S. 15.
32 Vgl. Werner Huger, Die Gründungsidee..., S. 25.
33 Oberrheinische Stadtrechte, S. 25.
34 Vgl. K. S. Bader, Das mittelalterliche Dorf, S. 12.
35 Vgl. ausführlicher Werner Huger, Die Gründungsidee..., S. 21 ff.
36 K. S. Bader, Rechts- u. Landesgeschichte, Bd. 3, S. 388.
37 Paul Revellio, Beiträge, S. 72. Leider teilt er nicht mit, aus welcher Quelle die Information stammt.
38 Vgl. Werner Huger, Die Gründungsidee..., S. 21 ff.
39 Hektor Ammann, Wie groß war die mittelalterliche Stadt? Studium Generale 9, 1956. S. 503–506. An dieser Stelle gedenke ich dankbar meinem akademischen Lehrer für Wirtschaftsgeschichte an der Universität Mannheim.
40 Burghard Lohrum, Ettenheimmünster, Sept. 1993, dendrochronologische Untersuchung im Auftrag des Landesdenkmalamtes Freiburg; Meßergebnisse von sechs Objektuntersuchungen (Türme); ausgewertet von Werner Huger, Zur Geschichte der Villinger Mauer- und Tortürme, S. 34.
41 Vgl. Werner Huger, Die Gründungsidee..., Literatur- und Quellenverzeichnis, S. 33.
42 Vgl. Abdruck der Bedingungen in: Oberrheinische Stadtrechte, S. 4 ff.

Bertram Jenisch, Karl Weber

Kirchen und Klöster
im mittelalterlichen Villingen und Schwenningen

Baugeschichte und archäologische Aspekte

Kirchen und Klöster prägten das mittelalterliche Stadtbild von Villingen, imposante Zeugnisse der mittelalterlichen Bautätigkeit wie das Münster und das Franziskanerkloster sind bis heute erhalten. Doch schon vor der Stadtwerdung Villingens im 11./12. Jahrhundert gehörten Kirchen zu den Dörfern Villingen und Schwenningen, seit karolingischer Zeit waren die mittelalterlichen Menschen durch den Pfarrzwang an eine Kirche gebunden, dort mußten sie sich taufen lassen, auf dem zugehörigen Friedhof wurden sie begraben. Neben die Pfarrkirche traten in der Stadt Villingen die Einrichtungen der Bettelorden, sie konkurrierten mit der Pfarrei, die Bürger hatten die Wahl zwischen dem Welt- und Ordensklerus. Zugleich entstanden neue Formen des religiös motivierten Zusammenlebens, vom Armutsideal inspirierte Frauen suchten ihren Platz in der städtischen Gesellschaft. Ihre Häuser gehörten bald ebenso selbstverständlich zum Stadtbild wie die vielen Kapellen, die von privater Hand gestiftet wurden.

Schwenningen

Über die Kirchen der Frühzeit ist man im Falle von Schwenningen vergleichsweise gut informiert,[1] eine Kirche ist dort bereits 895 belegt.[2] Zumindest zeitweise war sie im Besitz der karolingischen Könige und kam anschließend über Ernst, den Kanzler Kaiser Arnulfs (887–899), an das Kloster Reichenau.[3] Über das Schicksal dieses Gotteshauses ist in der Folge nichts bekannt, denn für fast 300 Jahre schweigen die schriftlichen Quellen. Im 12. und 13. Jahrhundert bekommt das Bild dann wieder schärfere Konturen. Zwei Kirchenbauten gab es mittlerweile am Ort: eine St. Vinzenz-Kirche in Unterschwenningen, die der Klerikergemeinschaft am Großmünster von Zürich gehörte,[4] und eine Kirche des hl. Michael in Oberschwenningen[5], deren Zehnten dem Kloster St. Georgen zustanden.

Beide Kirchen bildeten im Mittelalter die selbständigen Pfarreien Unter- und Oberschwenningen. Erstmals bestätigt 1275 der *liber decimationis*[6], ein Verzeichnis der Kreuzzugsabgaben für die Konstanzer Diözese, die kirchliche Teilung Schwenningens in zwei Pfarreien mit jeweils eigenen Pfarrherrn.[7] Ob eine der Pfarrkirchen des hl. Michael oder des hl. Vinzenz mit dem früh erwähnten Sakralbau von 895 identisch war, muß offen bleiben. Ebenso ist vorläufig ungeklärt, wer das weit entfernte Zürcher Kollegiatstift vor 1185 in Schwenningen fundiert hat.[8] Neben ihrer Kirche St. Vinzenz besaßen die Chorherren umfangreiche Güter, die sie von einem Fronhof aus verwalten ließen.[9] In der Nähe dieses Hofes sind das Johanniterhaus[10] und die Burg in Schwenningen zu suchen.

Die große räumliche Distanz zu Zürich verhinderte jedoch eine dauerhafte Bindung der Schwenninger Vinzenz-Kirche an das Stift. Nach vielen Auseinandersetzungen mit Vögten,[11] umliegenden Adligen, aber auch nach Streit unter den Chorherren selbst wegen der Verteilung der Einkünfte,[12] tauschte die Propstei 1271 ihre Schwenninger Kirche mit dem Konstanzer Bischof gegen ein Gotteshaus in dem von Zürich aus besser zu beaufsichtigenden Cham.[13] Das Patronat, d. h., das Recht den Pfarrer zu präsentieren, ging an die Ortsherren über, zwischen 1444–1447 erwarb Württemberg von den Herren von Falkenstein die Besitzrechte von St. Vinzenz.[14]

Dagegen konnte St. Georgen seine Ansprüche auf den Zehnten der oberen Kirche St. Michael bis in das 16. Jahrhundert behaupten. Zusammen mit dem oberen Hof, auch Münchhof genannt,[15] waren die Bezüge aus dem Zehntrecht wichtige Einkunftsquellen des Schwarzwaldklosters. Neben dem hl. Michael taucht in der Reformationszeit ein Marienpatrozinium für die obere Kirche auf.[16] Diese „Liebfrauenkirche" verlor jedoch im Zuge des kirchlichen Umbruchs ihre Bedeutung als Pfarrkirche, vor 1541 wurden die beiden Pfarreien in Schwenningen zusammengelegt, die Vinzenz-Kirche Württembergs wurde die „neue" evangelische Kirche Schwenningens.[17]

Der oberen Kirche St. Michael, zu Beginn des 16. Jahrhunderts noch die wichtigere der Schwenninger Kirchen,[18] war man 1560 *sonsten nit mer bedurfftig*[19] und verwendete die Steine des baufällig gewordenen Baues für die Errichtung eines Glockenturmes an der evangelischen Kirche. 1567 wurde die Ruine endgültig verkauft, der Erlös floß ebenfalls in den Turmbau der neuen Pfarrkirche.[20] Die heute verschwundene Michaels- bzw. Liebfrauenkirche des Schwenninger Oberdorfs ist

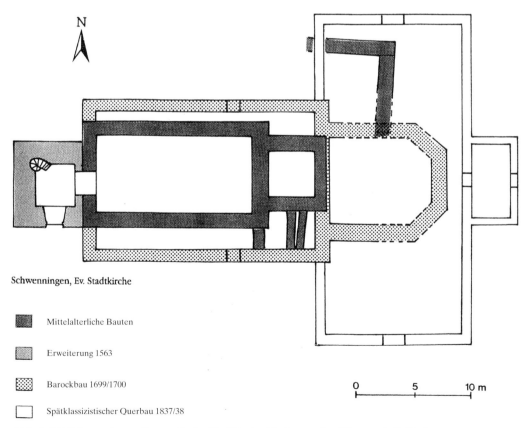

N

Schwenningen, Ev. Stadtkirche

■ Mittelalterliche Bauten

▨ Erweiterung 1563

▨ Barockbau 1699/1700

□ Spätklassizistischer Querbau 1837/38

0   5   10 m

Abb. 1 VS-Schwenningen. Evangelische Stadtkirche. Grabungsplan (Erg. nach Ströbel).

archäologisch gut lokalisierbar, denn bei
Bauarbeiten wurden mehrfach Reste des
ehemaligen Friedhofes angeschnitten.[21] Aufgrund der Fundstreuung war das Friedhofs-
gelände im Durchmesser 50 bis 60 m groß.
Die angetroffenen Skelette lagen nur noch
teilweise im Verband, da wegen der dichten
Belegung spätere Gräber die älteren störten.
In den Jahren 1930 und 1958 wurden zweimal Fundamentreste im Ostteil der oberen
Kirche dokumentiert, Aussagen zur Bau-
gestalt sind derzeit dennoch nicht möglich.
Ströbel erwog die Rekonstruktion als Chor-
turmkirche.

Der Vorläuferbau der evangelischen Stadtkirche, die mittelalterliche Kirche St. Vinzenz, wurde in den sechziger Jahren des
16. Jahrhunderts vergrößert, brannte jedoch
1633 weitgehend ab. Das heute noch bestehende Gebäude erstellte man um 1700 unter
Einbeziehung älterer Bauteile, der Bau wurde 1835 erweitert und 1926 und 1963 reno-
viert. Beim Umbau 1963 wurden Fundamentreste der Vorgängerbauten durch R. Ströbel
untersucht (Abb. 1).[22] Er erfaßte den Grundriß der romanischen Kirche, ihr Saal war
16,5 m lang und 9 m breit, an ihn schloß sich
im Osten ein Rechteckchor, eventuell ein
Chorturm, mit der lichten Weite von 4 x 4 m
an. Südlich des Chores wurden Grundmauern eines Anbaus erfaßt, der als Sakristei gedeutet werden kann. Nördlich des Chores
fanden sich Fundamente eines nicht auf die
Baufluchten der Kirche bezogenen Gebäudes ungeklärter Zeitstellung. Um die Kirche
dokumentierte man zahlreiche, teilweise mit
Beigaben versehene Gräber. Vor 1560 wurde,
unter Verwendung des Abbruchmaterials der
oberen Kirche, im Westen ein massiver, 7,5 m
im Quadrat messender Turm mit 2 m starken
Mauern angebaut. Freigelegte Mauerpartien
belegen, daß der Turm vor 1700 verputzt war.
Auf eine weiße und darüberliegende rote
Putzschicht waren abwechselnd weiße und
schwarze Quader aufgemalt. Der Turm der

Abb. 2 VS-Schwenningen. Evangelische Stadtkirche.

evangelischen Stadtkirche ist das älteste aufrecht stehende Bauwerk Schwenningens
(Abb. 2).

Die Kirche wurde 1699, 66 Jahre nach der
Zerstörung im Dreißigjährigen Krieg, durch
einen erheblich größeren barocken Neubau
ersetzt. Der Kirchensaal ist seither 21,5 m
lang und 14 m breit. Im Osten befand sich ein
10 x 11 m messender, polygonal geschlossener Chor. Er wurde 1837/38 durch einen spät-
klassizistischen Querbau ersetzt. An den
Bauherrn dieser Kirche, Pfarrer Christof
Krafft Kreuser, erinnert noch heute der von
dem Villinger Bildhauer Ignatius Schupp geschaffene Epitaph. Auch der Grundstein der
Kirche von 1699 wurde geborgen. Der Block
aus grünem Sandstein wies eine kubische
Aushöhlung auf, die durch eine Platte mit einer eingravierten Inschrift abgedeckt war. In
ihr fanden sich zwei Gläser mit hochgesto-
chenem Boden, die im unteren Drittel mit
Rippen verziert waren, eines davon war vollständig rekonstruierbar. Um die Kirche wurde der dicht belegte und von einer ursprünglich 4–5 m hohen Kirchhofmauer umgebene

Friedhof mehrmals bei Bauarbeiten erfaßt. Dieser bestand dort bis zu seiner Verlegung an den nördlichen Ortsrand. Auf dem Areal des ehemaligen Pfarrhauses an der Kronenstraße fanden sich 1979 beim Umbau zum Gemeindezentrum qualitätvolle Einzelfunde, unter anderem Bruchstücke eines widderköpfigen Aquamaniles des 14. Jahrhunderts sowie reliefgeschmückte Ofenkacheln des 17. Jahrhunderts.

Die Pfarrei im mittelalterlichen Villingen

Altstadtkirche

Die kirchlichen Anfänge Villingens sind vor der Stadtwerdung mit den dörflichen Verhältnissen in Schwenningen zu vergleichen.[23] Über Jahrhunderte hinweg war eine der hl. Maria geweihte Kirche in der Altstadt, die heutige Friedhofskirche, das einzige Gotteshaus der 817 erstmals erwähnten und 999 mit dem Marktrecht ausgestatteten Siedlung. Gräberfunde aus dem 4.–7. Jahrhundert im Umfeld der Kirche deuten darauf hin, daß der christliche Friedhof zwei alemannische Reihengräberfelder am Ortsrand ablöste. Vom mittelalterlichen Bau steht noch heute der romanische Turm. Er dürfte wegen seines Mauerwerks, seiner schlichten Lisenen- und Blendbogengliederung und der Form seiner Schallarkaden aus den Jahren um 1100 stammen.[24] Die Anschlußspuren des einschiffigen romanischen Langhauses, das in der Mitte des letzten Jahrhunderts abgerissen wurde, sind gut zu erkennen. Der Bau des zeitgenössischen Saals um 1855 hat die archäologisch relevante Substanz wohl endgültig beseitigt.

Außer diesen bauhistorischen und archäologischen Befunden liegen für die Frühzeit der Marienkirche keine historischen Quellen vor, die Stellung der Pfarrei Villingen zur Zeit der Marktgründung läßt sich nur indirekt aus der Pfarrorganisation um 1275 erschließen:[25] Aus ihr ergibt sich, daß die Villinger Marienpfarrei allein für den Kernbereich des Dorfes

zuständig war und keine überörtliche Funktion ausübte. Erst mit der Stadtwerdung wurden die umliegenden Dörfer Waldhausen, Vockenhausen und Nordstetten von Villingen abhängig.[26]

Auffällig ist, daß im frühen und hohen Mittelalter in einem breiten Streifen zwischen Brigach, Neckar und oberer Donau ausschließlich diese, allein für einen Ort zuständigen Kleinpfarreien zu finden sind, dagegen stellt man an den westlichen und südlichen Rändern der Baar Großpfarreien mit einer zentralen Pfarrkirche fest, zu der mehrere Dörfer gehörten. Beispielsweise umfaßte eine dieser Großpfarreien in der Nachbarschaft Villingens, die Martinskirche von Kirchdorf, die Dörfer Herzogenweiler, Marbach, Pfaffenweiler, Rietheim, Tannheim und die Wüstung Runstal, um nur die Filialen auf dem Gebiet des modernen Verwaltungsraumes Villingen-Schwenningen zu nennen.[27]

Dieser Unterschied in der Pfarreistruktur ist wohl auf eine unterschiedliche Siedlungsdichte zurückzuführen, wahrscheinlich war das Altsiedelland um Villingen und Schwenningen stärker besiedelt als die Randzonen der Baar. Nicht zwangsläufig muß die Villinger Pfarrei aus der Eigenkirche eines Ortsherren des frühen Mittelalters hervorgegangen sein,[28] der Zeitpunkt der Entstehung der Pfarrorganisation in der Baar vor 1275 ist noch weitgehend ungeklärt.

Mit dem fundamentalen Umbruch des 12. Jahrhunderts, der Stadtwerdung Villingens unter den Zähringern,[29] kam es in Villingen zu einer neuen Konstellation: mit dem Bau des Münsters innerhalb der Mauern erwuchs der Marienkirche Konkurrenz. Doch obwohl der bauliche Umfang des Münsters die Marienkirche bei weitem übertraf und obwohl sie durch ihre nunmehrige Lage vor den Mauern zur alten äußeren Kirche wurde,[30] blieb die Altstadtkirche bis ins 16. Jahrhundert dennoch die Mutterkirche der Stadt. Das innerstädtische Münster mußte sich mit

Abb. 3 Kirchliche und klösterliche Liegenschaften in Villingen. 1 Münster „Unserer Lieben Frau/Johannes d. Täufer", 2 Pfarrhaus, 3 versch. Kaplaneihäuser, 4 Kaplaneihaus „ad Spiritum", 5 Deutsche Schule, 6 Heilig-Geist-Spital, 7 Vettersammlung/Dominikanerinnen, 8 Kürnegger Sammlung, 9 Bickenkloster/Franziskanerinnen, 10 Johanniterkommende, 11 Franziskanerkloster, 12 Pfleghof/Benediktinerkloster St. Georgen, 13 Antoniterhaus, 14 Wendelinskapelle/Kapuzinerkloster, 15 Pfleghof Salem, 16 Pfleghof Tennenbach, 17 Pfleghof St. Blasien, 18 Pfleghof St. Katharinental/Diessenhofen, 19 Pfleghof Amtenhausen, 20 Pfleghof Kreuzlingen.

dem Status der Filia, Tochter der alten Kirche, begnügen. Und wenn bisweilen das Münster als Pfarrkirche benannt wurde, dann war dies keine kirchenrechtlich präzise, sondern eine „mehr volkstümliche Bezeichnung" (W. Müller)[31]. Das Interesse der Villinger an der Kirche vor den Toren erlosch auch mit dem Bau des Münsters nicht. Im Gegenteil: die zahlreichen Altarstiftungen des frühen 14. Jahrhunderts zeigen, daß die Bürger mit der Altstadtkirche weiterhin verbunden blieben. Der städtische Friedhof dort wurde vor 1317 zusätzlich mit einem Beinhaus erweitert,[32] zusammen mit dem Langhaus der Marienkirche riß man es erst im 19. Jahrhundert ab. Noch im frühen 16. Jahrhundert gehörte der tägliche Gottesdienst in der „rechten Pfarre" zu den Amtspflichten des Stadtpfarrers und seiner Helfer.[33]

Das Münster „Unserer Lieben Frau"/
Johannes d. Täufer

Innerhalb des Mauerberings darf das Villinger Münster „Unserer Lieben Frau" wohl mit Recht in Anspruch nehmen, das älteste erhaltene Baudenkmal der Stadt zu sein (Abb. 3, 1). Ursprünglich war die Kirche allein Johannes dem Täufer geweiht. Das Marienpatrozinium trat sekundär hinzu, die enge Verbindung mit der Mutterkirche vor den Toren begünstigte eine allmähliche Übertragung auf die innerstädtische Kirche. Im 15. Jahrhundert setzte sich dann zunehmend der alleinige Name „Unserer Lieben Frau" durch.[34] Die Frage nach den Anfängen des Münsters und nach eventuellen Vorgängerbauten spielt bei der Beschäftigung mit der Stadtwerdung Villingens eine entscheidende Rolle. Neben diesen siedlungsgeschichtlichen Problemen ist das Bauwerk vor allem für die Kunstgeschichte von großem Interesse und erfuhr daher zahlreiche Bearbeitungen.[35]

Die archäologische Erforschung des Münsters

Bereits bei Restaurierungsmaßnahmen 1906 bis 1911 wurden schwerwiegende Eingriffe in den Boden vorgenommen, die im Kirchenraum zutage tretenden Grundmauern wurden grob vermessen und in einem Plan festgehalten. Schon damals wurden Gräber im westlichen Teil des Chores angetroffen, jedoch nicht näher untersucht. Im Chor wurden Reste mittelalterlicher Wandmalereien freigelegt und mit Aquarellkopien sowie Fotos dokumentiert. Karl Gruber beschrieb 1942 erstmals die am heutigen Bau noch ablesbaren baugeschichtlichen Details. Anfang der siebziger Jahre wurden erneut eine gründliche Sanierung, die mit dem Einbau einer Heizung verbunden war, und eine Restaurierung notwendig. Dies führte zu einer großflächigen Ausgrabung des Kirchenraumes und dessen baugeschichtlicher Untersuchung (Abb. 6). An dieser Stelle sollen archäologische Aussagen zur Baugeschichte behandelt werden, die sich im wesentlichen auf die Vorberichte des Ausgräbers Thomas Keilhack stützen.[36]

Siedlungsstrukturen
vor dem ersten Kirchenbau

Keilhack stellte fest, daß das Gelände vor dem Bau der Kirche planiert wurde, eine alte Humusdecke wurde weitgehend abgetragen und morastige Vertiefungen im Boden mit Geröll und Schotter aufgefüllt. Demnach ließen sich unter Bau I keine Spuren einer älteren Bebauung feststellen. In den Humusresten wie auch im „natürlichen Sand" fanden sich jedoch eine große Zahl von Tierknochen, die ausschließlich von Haustieren (Rind, Schwein) stammen. Der Ausgräber folgert daraus, daß das Gelände vor der Stadtgründung als Viehweide genutzt wurde. Dieselbe Schicht wurde von Zettler bereits im Frühjahr 1977 bei den Sondagen erfaßt und als

Abb. 4 VS-Villingen mit seinen Kirchen und Klöstern. Ausschnitt des Titelblatts einer Predigt von 1683. Federzeichnung 1685–1695.

„Rodungshorizont" bezeichnet, der Fundmaterial enthielt, das für Kulturschichten typisch ist.

Ausgehend von der Überlegung, daß „morastige Vertiefungen" auf dem höchsten Punkt innerhalb des Stadtgebiets nur schwer vorstellbar sind, wurden die entsprechenden Befunde gesichtet. Bei den Strukturen dieses Siedlungshorizontes handelt es sich um mehrere flache Gruben und Gräben, denen zwar keine Funde zugeordnet werden können, die jedoch wegen der teilweisen Überlagerung durch die Kirchhofmauer der Phase I sicher vor Errichtung der ersten Steinkirche datiert werden müssen. Bei einer großen Grube im Chor scheint es sich um ein abplaniertes Grubenhaus zu handeln. Deutlichere Hinweise auf Besiedlungsspuren vor dem Kirchenbau I fanden sich im Langhaus der Kirche, wo sich ein 40 cm breites Trockenmauerfundament fand. Zu dieser Nordostecke eines Gebäudes, in dessen Innern eine Brandschicht lag, gehört ein weiteres 1,5 m langes und 40 cm breites Teilstück einer Trockenmauer, die im Abstand von 4,5 m parallel zur Ostwand ver

lief. Trotz der geringen Reste läßt sich der Grundriß eines Nord-Süd orientierten Gebäudes rekonstruieren, das 5 m breit und mindestens 9,5 m lang war. Auf der Fundamentmauer erhob sich vermutlich ein Fachwerkaufbau. Im Westen des Hauses fanden sich zahlreiche Pfostenstellungen, die sich jedoch bislang einer Deutung entziehen. Die Orientierung des Baus macht eine Deutung als ersten Kirchenbau unwahrscheinlich, offenbar handelt es sich um ein profan genutztes Gebäude. Die stratigraphisch vor die erste Kirche zu datierenden Besiedlungsspuren der „Phase 0" des Villinger Münsters sind offensichtlich Teil eines unterhalb des „Keferbergles" liegenden Burgweilers aus dem 11. Jahrhundert.

Bauphase I

Schon bei den Sondagen fanden sich Teile eines Vorgängerbaues des Münsters, der annähernd die Ausmaße der bestehenden Kirche aufwies. In dessen Bauhorizont fanden sich Keramikfragmente, die in das

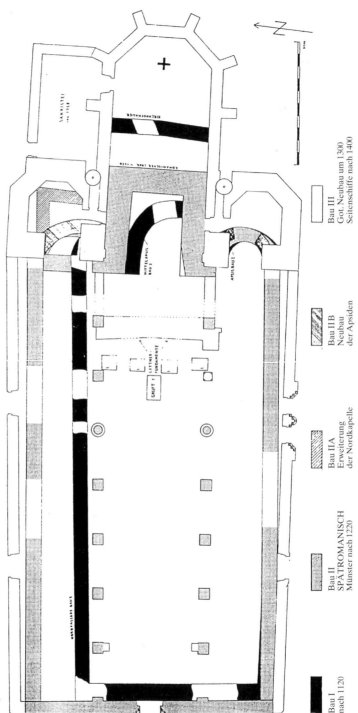

Abb. 5 VS-Villingen.
Münster „Unserer Lieben Frau".
Bauphasen I–III
(nach Keilhack).

Bau I
nach 1120

Bau II
SPÄTROMANISCH
Münster nach 1220

Bau IIA
Erweiterung
der Nordkapelle

Bau IIB
Neubau
der Apsiden

Bau III
Got. Neubau um 1300
Seitenschiffe nach 1400

12. Jahrhundert zu datieren sind, sowie ein Kalkofen. Stellenweise wurde das Gelände vor Errichtung des Steinbaus I mit Lehm und Sand eingeebnet.

Bau I des Münsters (Abb. 5) war ein längsrechteckiger Saal von leicht trapezförmigem Grundriß. Die Länge beträgt ca. 33, 5 m, die Breite im Westen 13,5 m, im Osten 14,5 m. Im Osten schloß sich eine unregelmäßig gestelzte runde Apsis von 4,9 m lichter Tiefe und 5,5 m Breite an, die jeweils im Norden und Süden von einer kleineren Nebenapsis ohne Einzug an den Seiten begleitet wird. Die Fundamente waren im Durchschnitt 65 cm in den gewachsenen Boden eingetieft und ca. 1,25 m breit. Der Grundriß der Kirche ist gut zu rekonstruieren. Nach der Niederlegung des Baues wurde der Bauplatz erneut abplaniert, weshalb nirgends aufgehendes Mauerwerk und Fußböden erhalten sind. Aussagen zu Zugängen oder der Lage der Altäre können daher nicht gemacht werden, hingegen ist sicher, daß dieser Phase des Kirchenbaus keine Bestattungen zuzurechnen sind.

Etwa 5 m östlich der Mittelapsis ist die unterste Lage eines Mauerzugs erhalten, der sich leicht geknickt von Norden nach Süden unter dem heutigen Chor hindurchzieht. Das Fundament ist 1,25 m breit, es wurden ausschließlich grob behauene Buntsandsteine verwendet. Zwischen Apsis und diesem Mauerzug lag ein lehmiger Laufhorizont. Die Mauer wurde als Kirchhofmauer gedeutet. Grabungen in Anschlußflächen auf dem südöstlichen Münsterplatz bestätigten diese Deutung. Weitere Teile dieser Umfriedung, die 14 m südlich der bestehenden Kirche parallel zu ihr verlief, wurden erfaßt. Innerhalb des „Kirchhofs" fanden sich keine Gräber.

Die erste Kirche mußte einem Neubau vollständig weichen. Im archäologischen Befund fanden sich keine Hinweise auf eine Beschädigung des Baues, etwa durch ein Schadfeuer, das einen Neubau notwendig gemacht hätte. Vor dem Neubau wurde der Bauplatz

mit einer 10 cm mächtigen Schüttung aus Lehm und feinem Kies eingeebnet. In diese Schicht wurden die Fundamente des Neubaus eingetieft.

Bauphase II

Bau II überschreitet die Länge des Vorgängerbaues nur wenig, verbreitert sich jedoch um 4 m nach Norden (Abb. 5). Die Ausrichtung nach Osten weicht geringfügig von Bau I ab. Der Neubau ist eine achtjochige, dreischiffige, flachgedeckte Pfeilerbasilika ohne Querschiff mit Rechteckchor und zwei Nebenapsiden. Die Länge des Kirchenschiffs beträgt etwa 35 m, das Mittelschiff ist im Westen 7,75 m, im Osten ca. 8,2 m breit. Die Seitenschiffe haben etwa die halbe Mittelschiffbreite und sind im Westen um ca. 20 cm verbreitert. Der Rechteckchor knickt in seiner Achse um etwa 2^0 gegenüber der Mittelschiffachse ab. Seine lichte Breite betrug in den Fundamenten im Westen 4,5 m, am Chorhaupt 4,15 m, die Tiefe betrug über 6,5 m. Die halbkreisförmigen Nebenapsiden sind 3,7 bzw. 4,0 m breit und 2,6 bzw. 2,8 m tief. Von den Fußböden hat sich nichts mehr erhalten, doch lag der Chorraum, durch eine Stufenanlage abgesetzt, etwa 45 cm höher als der übrige Raum. Es fanden sich keinerlei Spuren von Einbauten wie Altäre oder Chorschranke.

Von diesem aus roten Sandsteinquadern errichteten spätromanischen Bau sind noch einige Teile im heutigen Bau erhalten, etwa die Westfassade mit dem Stufenportal. Ihr Quaderwerk ist von hoher Qualität. Im Bereich des Obergadens hat sich der Ansatz der früheren Seitenschiffdächer mit Wasserschlag und vier Konsolbalken aus Eiche, Reste des romanischen Dachstuhls, erhalten. Der Bau war ursprünglich mit einer Holztonne überdeckt. Er wurde nach 1220 als „Nachzügler" der ungewölbten schwäbischen Pfeilerbasiliken errichtet. Die ältere Kirchhof-

Abb. 6 VS-Villingen. Münster „Unserer Lieben Frau". Grabungsfoto des Chorbereichs.

mauer blieb weiter bestehen, der Zwischenraum zum Chor wurde jedoch um ca. 40 cm aufgeschüttet. Diese in zwei Schichten zu trennenden Aufschüttungen fanden sich auch außerhalb des umfriedeten Bereiches. Die östlichen Bauteile des romanischen Münsters erfuhren mehrere Umbauten, die als Bauphase II a bezeichnet werden. Die nördliche Apsis wurde für einen quadratischen Anbau abgerissen, doch ersetzte man diesen wohl recht bald wiederum durch eine Apsis.

Bauphase III

Das romanische Münster sollte wohl auf Initiative Heinrichs I. von Fürstenberg durch eine größer konzipierte gotische Neuanlage abgelöst werden. Es gelang jedoch nur, den Chor durch einen gotischen Chor mit 5/8-Schluß zu ersetzen, der von zwei im Grundriß unregelmäßigen fünfeckigen Türmen flankiert wird (Abb. 5).

Die archäologische Untersuchung des Chores erbrachte einige Details zum Bauab-lauf. Zunächst legte man den Rechteckchor und die Seitenkapellen nieder, um mit dem Abbruchmaterial die Fundamente und die Aufschüttung für den Neubau anzulegen. Danach wurde der Chor errichtet, im Anschluß daran die beiden Türme. In deren Untergeschossen wurden überwölbte Kapellen eingebaut, die mit spitzbogigen Durchgängen zu den Seitenschiffen geöffnet sind. Schmale Durchgänge führen zum Chor und zu den Spindeltreppen, über die man die Obergeschosse der Türme und die Dachböden erreichen kann.

Die im Anschluß geplante Hallenkirche kam nicht mehr zur Ausführung. Statt dessen ersetzte man erst im 15. Jh. die Außenwände der romanischen Basilika, die man auf die äußere Flucht der Türme unwesentlich verbreiterte. In die gleiche Zeit fällt wohl auch die Erhöhung des Mittelschiffes und der Bau der oberen Turmgeschosse. Am Ende des 15. Jh. wurde dem Chor ein Lettner, dessen Fundamente erfaßt wurden, vorgebaut.

Die Skelette der zahlreichen Verstorbenen, die man seit dem späten 13. Jahrhundert in der Kirche beisetzte, wurden anthropologisch untersucht.[37] Von besonderem Interesse waren neben der Geschlechts- und Altersbestimmung die vielfach festgestellten Krankheitssymptome der Beigesetzten, Frakturen, unspezifische Knochenentzündungen, Tuberkulose, Tumorerkrankungen und in einem Fall Veitstanz. Aus einer Bestimmung des Stadtrechts von 1371 wissen wir, daß das Begräbnisrecht im Münster nur Angehörigen der Oberschicht und Priestern zustand.[38] Buhmann[39] konnte durch anthropologische Untersuchungen 494 Bestattungen nachweisen, die zum Teil durch Nachbestattungen erheblich gestört waren. Die zahlreichen sekundären Störungen ließen in 361 Fällen keine exakte Geschlechtsbestimmung mehr zu. In 92 Fällen wurden Beisetzungen von Kindern ermittelt. Von den sicher zu bestimmenden Skeletten waren 41 weiblich, dagegen 92

männlich. Die Mehrzahl der unbestimmten
Skelette dürfte jedoch auch männlich sein.

Eine Kartierung der lokalisierbaren Bestattungen zeigt eine deutliche Konzentration um den Lettner und die Seitenaltäre. Auffallend ist die häufig wechselnde Blickrichtung der Bestatteten, eine Regelhaftigkeit ist
nicht auszumachen. Vor dem Lettner befand
sich eine Gruft, die am ehesten auf das fürstenbergische Stifterpaar zu beziehen ist. In
deren Nähe fand man eine Konzentration
von Priestergräbern, die häufig durch die mit-
gegebene Nachbildung eines Meßkelches aus
Wachs zu ermitteln waren. Die Bestattungen
in den Seitenschiffen sind deshalb wohl als
Familiengrablegen bei Seitenaltären anzusprechen.

Zusammenfassung der Grabungsergebnisse

Aufgrund der Vorberichte Keilhacks ist die
Abfolge der einzelnen Bauphasen gut gesichert. Weit schwieriger erscheint die Datierung der einzelnen Perioden, die aufgrund
der fehlenden Stratigraphien von archäologischer Seite kaum absolutchronologisch erfolgen kann. Keilhacks Datierungsvorschläge
orientierten sich demnach an historischen
Zeugnissen und an der kunstgeschichtlichen
Einordnung. Die Saalkirche Bau I wird in erster Linie in bezug auf das legendäre „Stadt-
gründungsdatum" 1119 in die Mitte des
12. Jahrhunderts datiert.

Die kunstgeschichtliche Datierung der
Pfeilerbasilika Bau II ist demgegenüber sicher, da umfangreiche Bauteile erhalten sind.
Aufgrund der Mauertechnik und der erhaltenen Bauplastik wird er in die zwanziger
Jahre des 13. Jahrhunderts datiert. Keramik
und Kleinfunde aus den Grabungen stützen
diesen Ansatz.

Zur Baugeschichte von Bau III können
spätmittelalterliche Schriftquellen hinzugezogen werden, die berichten, daß der gotische
Chor in den neunziger Jahren des 13. Jahr-

*Abb. 7 Fürstenbergkelch (13. Jahrhundert). Gestif-
tet von Heinrich I. von Fürstenberg (1237–1284) mit
der Umschrift: Ich kelch bin geiben dvrch Grave
H(einrich) von Firstenberg und dvrch Agnesen sin
wip und durch ir Kinde sibeniv*

hunderts fertiggestellt wurde. Der Neubau
wurde offenbar von Heinrich I. von Fürstenberg angeregt, der sich zusammen mit seiner
Gattin im Münster bestatten ließ – ein be-
merkenswertes Zeugnis für den Rang Villingens als Herrschaftsmittelpunkt Heinrichs I.
(Abb. 7).

Stadtherrschaft und Kirche

Das Engagement Heinrichs I. für den Mün-
sterbau ist nur deshalb zu verstehen, weil er
gleichzeitig Besitzer der Pfarrei mit ihren beiden Kirchen war. Aus seinen Vorleistungen
als Bauherr leiteten sich weitere Befugnisse

ab. Er besaß u. a. die Verfügungsgewalt über das Innere des Kirchenraumes, er präsentierte bei der Besetzung der Pfarrstelle einen ihm genehmen Kandidaten, und er partizipierte an dessen Einnahmen. In diesem sogenannten Patronatsrecht kommt die eminent politische Funktion der Pfarrei für die Stadtherrschaft zum Ausdruck: anders als in vergleichbaren Städten im Mittelalter konnte die Villinger Bürgerschaft zu keinem Zeitpunkt die Präsentation oder gar die freie Wahl des Pfarrers durchsetzen.[40] Wahrscheinlich geht das Patronatsrecht der Fürstenberger bereits auf die Zähringer zurück (Abb. 8).[41]

Vor allem bei der Besetzung der Villinger Pfarrstelle machten die Fürstenberger ausgiebig von ihren Rechten Gebrauch, indem sie die Pfarrei eigenen Familienmitgliedern übergaben. Ein Bruder Heinrichs I. von Fürstenberg, Gottfried von „Zindelstein", eröffnete den Reigen: Er war 1275 neben Villingen für 7 weitere Pfarreien investiert,[42] in Villingen folgten ihm die Söhne Heinrichs I., Konrad und Gebhard, als Pfarrer nach. Bemerkenswert ist, daß die Übergabe Villingens an die Habsburger 1326 die Pfarrechte des letzten Fürstenberger Pfarrers Gebhard nicht berührte. Bis zu seinem Tod 1337 behielt er die Villinger Pfarrei. Da er wie seine Vorgänger noch weitere Pfarreien besaß und nebenbei noch als Domherr von Konstanz tätig war, dürfte dieser Rest fürstenbergischer Herrschaft kaum spürbar gewesen sein. Diese nicht residierenden Pfarrherren wurden von Leutpriestern vertreten, denen wiederum Gehilfen beigegeben waren. Unter den Habsburgern scheint sich die Präsenz der Pfarrherren verbessert zu haben, nun treten erste Persönlichkeiten mit überdurchschnittlichem liturgischen und pastoralen Einsatz wie der Bürgerliche Erhard Tüffer als Pfarrer hervor.[43]

Das Haus der Kirchherren lag unmittelbar westlich des Münsters (Abb. 3, 2), das Pfarrhaus wird heute als Rathaus genutzt. Wie üblich, war die städtische Schule der Pfarrei angeschlossen, das „Alte Schulhaus" lag am Münsterplatz,[44] sein Standort wurde aber verlegt. Die „Deutsche Schule" stand auf der Westseite der in den Münsterplatz einmündenden Kronengasse, „neben dem alten Pfarrhof" (Abb. 3, 5).[45]

Die Habsburger gaben das Patronat zwischen 1395 und 1415 an die Herren von Lupfen als Lehen aus. In deren Händen blieb es bis 1582, obwohl Albrecht VI. 1457 die Einkünfte aus dem Patronatsrecht zur wirtschaftlichen Ausstattung der neugegründeten Universität Freiburg vorsah. Die Universität konnte aus diesem „dubiosen Schenkungsobjekt" (C. Bauer) jedoch keinen Nutzen ziehen, denn die Herren von Lupfen behaupteten ihre Ansprüche bis zum Aussterben ihrer Linie im Jahr 1582.[46] Über die Pappenheimer gelangte das Patronat 1639 wieder in die Hände der Fürstenberger.

Altstadtkirche und Münster konnten wegen des Patronatsrechts nicht ohne Erlaubnis des Patrons oder des von ihm präsentierten Pfarrers als Bürgerkirchen genutzt werden. Mit der Möglichkeit, Altäre in Kirchen zu stiften, sie von eigenen Kaplänen, Altaristen oder Benefiziaten „besingen" zu lassen, gewann die Villinger Bürgerschaft im späten Mittelalter dennoch Verfügungsgewalt im Inneren des Kirchenraumes. Die Macht der Stifter ging über das Recht des Patrons: 1361 billigte Rudolf IV. von Österreich das Besetzungsrecht für die von den Bürgern begründeten Altäre in der Altstadtkirche und im Münster sowie an anderen Altären der Stadt.[47] Vielfältige Motive bewegten die städtischen Stifter, Altäre mit Besitz auszustatten, von deren Ertrag einen Geistlichen zu bepfründen und Messen lesen zu lassen; politische und religiöse Interessen fielen oft zusammen: Einflußreiche Geschlechter der Stadt, die Hämmerle, Heimburger und Vetter, pflegten das Gedächtnis ihrer Familie und versorgten Verwandte aus der Pfründe.[48] Die

ronari hc dies. xxviii. luni rege.
hic ettc fugidorum de politer funde cruorem.
Quarta subit mortem. proskenit tercia fortem.

B		Brigide v.		Nox hc horas xiiii dies x.
C	iiii Nō.	Purificatio sce marie v.		
D	iii	Blasii epi.		...... dias In ....
E	ii			
F	Nōnas	Agathe v 7 ō.		
G	viii			
A	vii			
B	vi			Inicium prime x
C	v			
D	iiii	Scolastice v.		
E	iii			
F	ii			
G	Idus			
A	xvii Kl	Valentini ō.		
B	xvi			Sol nupcias
C	xv	Juliane v 7 ōi.		
D	xiiii	R		
E	xiii	R		
F	xii	R		
G	xi	R		
A	x	R		
B	ix			
C	viii	Kathedra s. petri apli.		Ver oritur.
D	vii	Vigl.		
E	vi	... Math ie apli.		Locus bisserti
F	v	Walpurge v.		
G	iiii	R		
A	iii	R		
B	ii			

UB Freiburg Hs. 483,21.2

Zunft der Brotbecken und Müller stiftete 1324 einen Altar in der Altstadtkirche,[49] im selben Jahr errangen die Zünfte den Zugang zum Rat und damit einen wichtigen politischen Sieg.

Auch Meßstipendien konnten öffentlichen Charakter haben: 1306 dokumentierten Schultheiß, Bürgermeister und Rat ihre Sorge für die gesamte Kommune, indem sie am Altar der hl. Maria Magdalena im Münster eine ewige Pfründe zum Heil der Stadt und ihrer Vorfahren einrichteten.[50] Nach der großen Pest 1348/49 schuf der Rat der Stadt eine „Elend- oder Seelenjahrzeitstiftung"[51]. Die Stiftung übernahm das Vermögen der ausgestorbenen Familien und verwaltete es treuhänderisch. Aus dem ungewöhnlich großen Fonds wurde jährlich eine Messe für die Verstorbenen gelesen und Almosen an Arme ausgegeben. Vermutlich war in der „Rabenscheuer", Kanzleigasse 2, der Sitz der Stiftung.[52]

Kapellen

Der Stiftungsbetrieb beschränkte sich jedoch nicht nur auf die Altäre in den Pfarrkirchen, im gesamten Stadtgebiet wurden kleinere Kirchenbauten unterhalten. Beim „Niederen Tor" lag die Wendelinskapelle. Sie wurde im 17. Jahrhundert in das neu erbaute Kapuzinerkloster (Abb. 3, 14) mit einbezogen, das zum Andenken das Patrozinium beibe-

Abb. 8 *Ausschnitt eines Villinger Anniversarfragments (1. Hälfte 14. Jahrhundert, Rückseite Februar, Universitätsbibliothek Freiburg Hs 483, 21,2) mit dem Eintrag G XII K(alendas) (Martii) o(biit) dux de Zeringen fundator ville Vilingen in der 11. Zeile von unten. „Am zwölften Tage vor den Kalenden des März (18. Februar) starb der Herzog von Zähringen, der Gründer (fundator) der Stadt (villa) Villingen". Der Eintrag wird auf Bertold V. (1186–1218) bezogen (vgl. Schwineköper, wie Anm. 41). Noch im 14. Jahrhundert wurde in Villingen das Andenken an den zähringischen Stifter lebendig gehalten.*

hielt. Von der Bausubstanz hat sich nichts mehr erhalten, auch Bilddarstellungen sind nicht überliefert.

Dem hl. Nikolaus war, außer einem Altar im Münster, eine bereits 1240 erwähnte Kapelle bei der Altstadtkirche geweiht,[53] bei der vielleicht schon 1236 eine Schwesterngemeinschaft bestand.[54] Offenbar kam diese *ecclesia S. Nicolay* aus Zähringerbesitz an die Fürstenberger. Zur Lokalisierung kann möglicherweise der Flurname „In Klausen" unterhalb des Blutrains einen Hinweis geben.[55]

Doch Kapellen wurden nicht nur von der Oberschicht, sondern auch von ärmeren Bürgern ins Leben gerufen. Dies läßt sich am Beispiel der Neustiftkapelle rekonstruieren, die sich im Bereich der heutigen Forsthausstraße vor dem Oberen Tor befand.[56] 1430 schlossen sich Bürger zu einer Bruderschaft, genannt der *wild Harsch*, zusammen, was als der "wilde Haufen" zu übersetzen ist. Passend zu diesem martialischen Namen hatten die Mitglieder einen silbernen wilden Mann als Abzeichen an der Hand zu tragen. Die kirchliche Obrigkeit unterstützte den Verein, und das nicht ohne Grund: starb ein Mitglied aus der Bruderschaft mittellos, kamen die Gesellen für die Begräbniskosten auf. Das gemeinsame Totengedächtnis pflegte die Bruderschaft ebenso, wie sie auf den guten Leumund der Mitglieder achtete und Abgaben für den Bau der Neustift-Kapelle zusammentrug.[57] Doch der finanzielle Spielraum war eng und die Beiträge, die von den Gesellen abverlangt wurden, hoch; selbst die Kosten für das silberne Abzeichen überforderte einige Mitglieder, so daß bald auf dieses Emblem verzichtet wurde. Und dennoch gelang es, die Kapelle zu erbauen und mit Müh und Not einen Kaplan anzustellen, der von der schmalen Pfründe allein jedoch nicht leben konnte.[58]

Bei der Neustift-Kapelle förderten die genossenschaftlichen Aktivitäten einer Bruderschaft den Bau der Kapelle, im Falle der Kapelle des hl. Jakob und der hl. Verena in Nord-

Abb. 9 VS-Villingen. Münster „Unserer Lieben Frau". Jakob d. Ä. zwei Pilger krönend, ehemals Kapelle St. Jakobus und Verena in Nordstetten.

stetten vor der Stadt war es die Verehrung des hl. Jakob d. Ä.[59], zu dessen Grab in Santiago de Compostella an der Nordwestspitze Spaniens sich im Mittelalter viele Menschen aufmachten. Spätmittelalterliche Pilgerverzeichnisse geben Villingen als Station auf dem Weg nach Santiago de Compostella an, was allerdings für sehr viele Städte überliefert ist, die in irgendeiner Weise an das überregionale Wegenetz angebunden waren; im späten Mittelalter wurde Jakob zum Heiligen der Pilger und Reisenden überhaupt, und deshalb allgemein intensiv verehrt. In der Stadt Villingen wurde eine Gasse nach Nordstetten nach dem Heiligen benannt. Das Gebet in der Kirche sowie Gaben für die Pfründe förderte ein päpstlicher Ablaß.[60] Der Kult florierte, 1477

rühmten die Pfleger der Pfründe den großen Grundbesitz der Kapelle in Nordstetten.[61] Im 16. Jahrhundert errichtete man nochmals eine Ringmauer um die Kirche, nach der Reformation verlor der Jakobskult aber seine Bedeutung. Die 1633 von den Schweden zerstörte Kapelle wurde nicht mehr aufgebaut und der Gottesdienst in das Münster verlagert, wo er *ohne Ärgnus, wie oft ußer der Stadt* begangen werden konnte.[62] Aus der Kirche ist ein frühgotisches Bildwerk – St. Jakob, Pilger krönend – erhalten, das man heute im Münster betrachten kann (Abb. 9).[63]

Ebenfalls mit einem bepfründeten Altar war das Heilig-Geist-Spital ausgestattet, dessen Fürsorgeaufgabe – typisch für ein Spital einer mittelalterlichen Stadt – nicht im weltlichen Bereich verhaftet blieb, sondern dessen Errichtung stets auch einem religiösen Zweck diente.[64] Wiederum bereiteten die Fürstenberger den Boden für die Anfänge: Zwischen 1284–1286 stiftete die Gräfin Agnes, die Witwe Heinrichs I. von Fürstenberg, das Heilig-Geist-Spital[65]. Neben der Sorge für die Armen und die Kranken war es insbesondere das dynastische Interesse, das die Stifterin zur Einrichtung eines Spitals bewegte: der Stiftung war das Gedenken für ihren verstorbenen Gemahl aufgetragen, der im Münster begraben war. Münster und Spital standen deshalb in enger räumlicher Verbindung, das Spital lag am südlichen Münsterplatz zwischen Münsterkirchhof und Rietstraße. Das Gelände ging erst 1288 aus gräflicher Hand in das Vermögen des Spitals über,[66] am Ende des 13. Jahrhunderts waren die Bauarbeiten noch nicht abgeschlossen. Die anfangs bruderschaftliche Leitung wurde mit der Zeit in eine städtische Geschäftsführung überführt, die neben der Alters- und Krankenfürsorge auch die Verwaltung der Liegenschaften und Stiftungen versah.[67] Das Kaplaneihaus des Spitals befand sich neben dem Kirchhof auf dem Münsterplatz (Abb. 3, 4). Aus dem Spitalfonds entstand das 1322 genannte, seit 1347 selbständige Leprosorium der „Siechen am Feld" vor der Stadt.[68]

Klöster in Villingen

Johanniter

Heinrich I. von Fürstenberg hat außer der Förderung des Münsterbaus noch weitere wichtige kirchenpolitische Entscheidungen für Villingen getroffen: 1253 holte er den Johanniterorden nach Villingen, und 1268 rief er die Franziskaner in die Stadt. Die Johanniter waren ursprünglich eine Spitalbruderschaft, die sich in Jerusalem kranker und bedürftiger Pilger annahm.[69] Mit der zunehmenden abendländischen Kreuzzugsbegeisterung im 12. Jahrhundert änderte sich der Charakter der Gemeinschaft, sie sah nun ihr Hauptanliegen in der Rückeroberung der Heiligen Stätten des Christentums – eine Aufgabe, der sich vor allem adlige Ritter stellten. 1113 approbierte der Papst die Johanniter als Orden. In Südwestdeutschland breiteten sie sich seit dem letzten Drittel des 12. Jahrhunderts aus. In der Hauptsache förderten Adlige die Bildung von Johanniterniederlassungen, den sogenannten Kommenden unter der Leitung eines Komturs.

Das Schwenninger Johanniterhaus

Fast 50 Jahre älter als die Villinger Kommende ist das Johanniterhaus in Schwenningen, das seit 1212 nachweisbar ist.[70] Seine Gründung geht wohl – ohne daß die Quellen im Detail Einblick gewähren – auf die Initiative des landsässigen Adels in der Umgebung Schwenningens zurück. Die Bauten lassen sich an der Spittelstraße und Dauchinger Straße lokalisieren. Pläne zur Bausituation vor dem großen Brand in Schwenningen 1850 zeigen dort eine lockere Bebauung aus Wohn- und Wirtschaftsgebäuden, die heute weitgehend durch moderne Häuser ersetzt ist. Bereits 1956 entdeckte man beim Neubau

eines Kinos im fraglichen Bereich mehrere spätmittelalterliche und frühneuzeitliche Brunnenschächte, deren Inhalt geborgen wurde. Die Befundsituation und die qualitätvollen Funde sind für eine bäuerliche Siedlung ungewöhnlich, es kann dennoch nicht sicher ermittelt werden, daß damals ein Teil des ehemaligen Johanniterhauses erfaßt wurde. Diese Schwenninger Kommende war nicht unbedeutend, ein Angehöriger dieser Niederlassung, der Johanniterbruder Hans von Schwenningen, war an der Gründung des Johanniterhauses in Rottweil beteiligt.[71] Die Entstehung der Villinger Kommende hatte jedoch negative Auswirkungen auf das Schwenninger Haus. 1308 deutet sich bereits der Niedergang an, spätestens 1315 war es aufgelöst, sein Besitz wurde zwischen den Kommenden Villingen und Rottweil aufgeteilt.[72]

Johanniter in Villingen

Aus der Sicht der Bürgerschaft war die Nähe der Johanniter zu der fürstenbergischen Stadtherrschaft nicht unproblematisch, nach der Gründung des Hauses durch Heinrich I. von Fürstenberg 1253[73] sicherten sich die Bürger 1257 mit Bedacht gegenüber den Johannitern ab. Zwar befreite man das Johanniterhaus von Steuern und Diensten,[74] doch man hat herausarbeiten können, daß es sich bei den vordergründig großzügigen Zugeständnissen um einen Kompromiß handelte[75]: entgegen den sonstigen Gepflogenheiten – die Johanniter waren eigentlich durch kaiserliche und päpstliche Exemtionsprivilegien von der städtischen Gerichtshoheit befreit – mußten sich die Johanniter in Villingen mit einer bevorzugten Behandlung vor dem Stadtgericht begnügen. Die Stellung der Johanniter in Villingen blieb zumindest bis zum Ende der fürstenbergischen Stadtherrschaft 1326 schwierig, der Komtur Egen von Fürstenberg (1317–1326) hat maßgeblich zur Eskalation der Spannungen zwischen seiner Familie und den Villingern beigetragen und damit den Übergang Villingens zu Habsburg begünstigt.

Die Villinger Kommende hatte südlich des Bickentors zwischen Gerberstraße und Ringmauer ihren Sitz (Abb. 7/7 a). Hier entstand um 1300 eine einschiffige Kirche mit einem eingezogenen, flach geschlossenen Chor, die heutige evangelische Stadtkirche. An ihrer Südseite ist ein gotischer Turm angebaut. Im Zuge einer Baumaßnahme wurde im Chor der Johanneskirche im Frühjahr 1982 die vom Einbau einer Heizung betroffenen Bereiche archäologisch untersucht. Bei der Ausgrabung stellte man vorwiegend neuzeitliche Einbauten in der nach der Säkularisierung als Gefängnis genutzten Kirche fest. Ferner fanden sich die Gräber und Grabplatten verschiedener Johanniterkomture des 16./17. Jahrhunderts, unter anderem des Rollmann von Dattenberg. Hinweise zur Baugeschichte der Kirche oder mögliche ältere Siedlungsspuren wurden nicht angetroffen.

Zur Villinger Kommende gehörten neben der Kirche noch das 1611 an der Bickenstraße erbaute Amtshaus. An der Stadtmauer lag das 1811 abgebrochene Ritterhaus, an dessen Stelle bis Juni 1997 das Landratsamt stand. Ferner umfaßte das Anwesen südlich des Bickentors die Kaplanei, das Haus für den Pfarrvikarius und die sogenannte „Alte Schaffnei". Die Johanniter verfügten über großen Grundbesitz, vor allem südlich der Stadt, wovon der Flurname „Sant Johanser Bühl" zeugt. Die Niederlassung schloß im 15./16. Jahrhundert einen Friedhof mit ein, der 1568 in einen Garten umgewandelt wurde. Seit dem 16. Jahrhundert wurden die Komture in der Kirche beigesetzt.

Durch die Förderung durch Heinrich I. von Fürstenberg und den umliegenden Adel entwickelte sich in Villingen eine der reichsten Johanniterniederlassungen im deutschen Südwesten. Grundstock bildete ehemals für-stenbergischer Besitz, der aber durch Stiftungen und Ankäufe erheblich vergrößert wurde. Die Kommende besaß die Territorialhoheit über eine Reihe von Dörfern der Umgebung,[76] auch Pfarreien, Grüningen und Dürrheim, waren inkorporiert.

Franziskaner

Waren die Johanniter schon wegen der Orientierung ihrer Mitglieder am Adel ein Fremdkörper in der Stadt, war das Verhältnis der Bürger zu den Franziskanern zunächst ebenso gespannt,[77] obwohl sich die Minderen Brüder nicht wie die Johanniter als „Herren", sondern als „Barfüßer" verstanden. Nach dem Vorbild des hl. Franziskus wollten sie „nackt, dem nackten Christus dienen" und schworen deshalb dem Reichtum ab.[78] Diese Ideale waren in der Bevölkerung hoch angesehen, die Villinger begeisterten sich selbst für die Ziele der religiösen Armutsbewegung des 13. Jahrhunderts.[79] Doch bei der Ankunft der Franziskaner in Villingen 1267/68 war die Dynamik des Aufbruchs bereits der Anpassung an die gesellschaftliche Wirklichkeit gewichen.[80] Die rasche Vereinnahmung der Barfüßer für die politischen Ziele der Stadtherrschaft führten wohl zu erheblichen Spannungen zwischen den Bettelmönchen und der Bevölkerung, die ihrerseits ihre sozialen Konflikte in das Kloster hineintrug: 1295 drangen Villinger Bürger gewaltsam in das Franziskanerkloster ein, um einen entlaufenen Mönch zu befreien, der offenbar aus Villingen stammte. Mit Zustimmung des Rates war dieser abtrünnige Mendikant von den Ordensoberen festgesetzt worden, eine aufgebrachte Menge befreite ihn jedoch daraufhin.[81] Trotz dieses handgreiflichen Streites von 1295 zeigt die Tatsache, daß ein Villinger bereits in der Kommunität lebte, wie sehr die Franziskaner im Grunde genommen bereits in der Stadt akzeptiert waren. Ihre Seelsorgeangebote wurden genutzt, ihr Friedhof avancierte zum wichtigsten Begräbnisplatz innerhalb der Mauern,[82] im 15. Jahrhundert waren mehrere städtische Bruderschaften bei den Franziskanern beheimatet, hatten dort ihre Altäre und ihre eigenen Begräbnisplätze.[83] Die zunehmende Integration der Franziskaner äußerte sich in der überragenden Rolle, die das Kloster für die städtische Öffentlichkeit seit der Wende vom 13. zum 14. Jahrhundert spielte, jährlich wurde an St. Johannis in der Franziskanerkirche vor versammelter Bürgerschaft das Stadtrecht verlesen, hier fanden die Wahlen zu den öffentlichen Ämtern statt.

Allerdings hatten die Barfüßer auch Gegner: die Villinger Pfarrgeistlichkeit sah sich von den Bettelmönchen in ihren angestammten Rechten behindert. Konflikte mit dem Weltklerus der Pfarrei ziehen sich wie ein roter Faden durch das gesamte Mittelalter: 1377 stritten sich Pfarrer und Franziskaner wegen der Ausübung des Bußsakraments,[84] 1475 wollte der Kirchherr die Jahresfeiern der Armbrustschützenbruderschaft und anderer Bruderschaften von der Kirche der Franziskaner in die Pfarrkirchen der Altstadt oder ins Münster abziehen[85] – Pfarrklerus und Franziskaner standen in scharfer Konkurrenz.

Archäologie Franziskanerkloster

Bereits 1268 begannen die Franziskaner mit dem Bau einer Kirche.[86] Schon am 16. Dezember 1270 und wieder 1275 konnten Altäre der Kirche und der Gottesacker geweiht werden.[87] Die abschließende Weihe erhielten Kirche und Kirchhof am 27. April 1292[88] (Abb. 3, 11), der Kirchenbau war größer als das damals noch nicht um den heutigen Chor verlängerte Münster. Dieser ausgedehnte Komplex wurde mehrfach, durch Baumaßnahmen bedingt, archäologisch untersucht. Bereits 1943 grub Paul Revellio auf dem Osianderplatz, zwischen 1973 und 1977 dokumentierte man Bodeneingriffe im Bereich der Kirche und des Kreuzgangs, 1986 wurde der sogenannte Franziskanergarten komplett ergraben. Die Siedlungsbefunde an der Rietstraße und -gasse gehen bis in die Mitte des 12. Jahrhunderts zurück. Schon Revellio traf auf Latrinengruben, die er 3 bis 4 schwach fundamentierten und daher archäologisch nicht nachweisbaren Fachwerkbauten zuordnete. Im Bereich der Kirche ließen sich weitere zwei Hausstellen lokalisieren. Im Franziskanergarten wurden drei Parzellen ermittelt, die jeweils ein straßenseitig orientiertes Wohnhaus und im Hofbereich Latrinengruben aufwiesen. Spätestens in der zweiten Hälfte des 12. Jahrhunderts vermittelte die westliche Seite der Rietgasse den Eindruck einer „Reihenhaussiedlung", bestehend aus 10 bis 12 m etwa gleich breiten Parzellen. An deren Nordrand war straßenseitig das Wohnhaus errichtet, und in einem Abstand von 15 bis 20 m zur Straße wurden nahe der Grundstücksgrenze die Latrinengruben angelegt. Auf dem Baugelände des Klosters sind acht ältere Hofstätten sicher nachgewiesen, aufgrund von Untersuchungslücken kann die Zahl der abgegangenen, aus Fachwerk oder Stein errichteten Häuser noch größer gewesen sein (Abb. 10).

Bei der Errichtung des Franziskanerklosters 1268 bis 1292 wurde zunächst die Bebauung nördlich eines bestehenden Steinhauses planmäßig abgebaut, nur dort fanden sich auch Werkplätze der Klosterbauhütte. Das erwähnte Steinhaus am Südrand des Klostergeländes wurde erst im 14. Jahrhundert niedergelegt. Es ist unklar, ob dieser Bereich erst später an das Franziskanerkloster kam, oder ob er bis zur endgültigen Fertigstellung der Klosteranlage von den Mönchen genutzt wurde.[89] Das neuerrichtete Kloster nahm die Flucht der alten Bebauung zurück, die Abweichung beträgt 9° nach West zum Verlauf der alten Straße. So entstand vor der Kirche der erste nachweisbare Platz im mit-

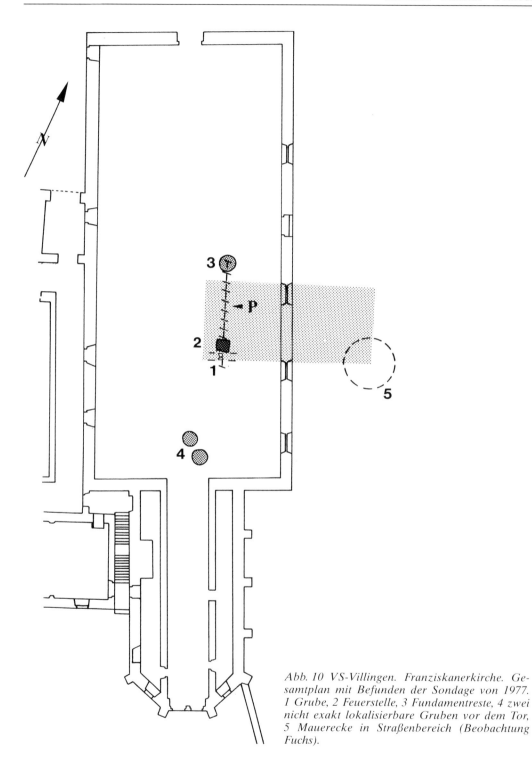

Abb. 10 VS-Villingen. Franziskanerkirche. Gesamtplan mit Befunden der Sondage von 1977. 1 Grube, 2 Feuerstelle, 3 Fundamentreste, 4 zwei nicht exakt lokalisierbare Gruben vor dem Tor, 5 Mauerecke in Straßenbereich (Beobachtung Fuchs).

telalterlichen Stadtgebiet. Die Kirche ist ein sechsjochiger Saalbau mit eingezogenem dreijochigem 5/8-Schluß und Strebepfeilern. Bei der Untersuchung des Kircheninnern ab 1973 zeigten sich zahlreiche Bodeneingriffe aus der Zeit der profanen Nutzung seit dem 19. Jahrhundert, aber auch zahlreiche Bestattungen, die zum Teil stark gestört waren. Weitere Bestattungen fanden sich im östlichen Teil des Kreuzgangs und bereits 1943 auf dem Osianderplatz.

In der Mitte des 15. Jahrhunderts wurde das Franziskanerkloster umfassend umgestaltet. Insbesondere die spätgotischen dreiteiligen Arkaden mit Fischblasenmaßwerk des Kreuzgangs weisen einen hohen architektonischen Rang auf. Auch die Überwölbung der Sakristei und die Ausmalung des Chores entstanden in dieser Zeit. Erst 1681 erfolgte ein weiterer Ausbau des Klosters. Vor allem die Konventsbauten litten sehr durch die Beschießung der Stadt 1704 bei der sog. „Tallardschen Belagerung". Sie wurden daher in den folgenden Jahren durch einen weitgehenden Neubau des Baumeisters Udalricus Beer ersetzt. Die Kirche wurde 1711 von Jodocus Beer instand gesetzt, indem man die Fenster und Portale barockisierte, eine stuckierte Decke ersetzte nun die (Flach-)Decke im Chor und die Holztonne des Langhauses. Zwei Flügel des Kreuzgangs wurden ebenfalls barock überformt. Die Fresken im Kirchenschiff wurden 1753 von Sebastian Schilling angefertigt. Nach der Aufhebung des Klosters 1797 und seiner Profanierung wurde es zunächst als Kaserne, ab 1824 als Spital genutzt. In den Jahren 1932/33 erfolgte eine erste Restaurierung und ein teilweiser Umbau der Anlage. Mit umfassenden Baumaßnahmen wurden ab 1978 Kirche und Kloster saniert, sie beherbergen heute den Konzertsaal und das Franziskanermuseum der Stadt Villingen-Schwenningen.

Die repräsentative Anlage wurde im Mittelalter, neben ihrer Funktion als öffentlicher Versammlungsraum der Stadt, auch für andere Zwecke herangezogen: mehrmals versammelten sich die Franziskaner der oberdeutschen Ordensprovinz im Konventsgebäude zu ihrem Provinzialkapitel, die Habsburger Landesherren übernachteten dort bei ihren Villinger Besuchen. Mehrfach war das Kloster deshalb Schauplatz wichtiger politischer Entscheidungen. Im Juni 1455 fanden dort zwischen Herzog Albrecht VI. und Matthäus Hummel, dem gebürtigen Villinger und nachmaligen ersten Rektor, die Verhandlungen über die Gründung der Universität in Freiburg statt. In den Pestzeiten des 16. Jahrhunderts fand diese Hohe Schule dann Zuflucht an ihrem Gründungsort.[90] Auch nach der Reformation bewahrte das Franziskanerkloster seine Bedeutung im geistlichen und kulturellen Leben der Stadt. Seit 1650 unterhielten die Franziskaner ein Gymnasium zum Laienstudium, ab 1585 wurden regelmäßig Passionsspiele aufgeführt.[91]

Antoniter-Eremiten

Neben den Johannitern und den Franziskanern war im mittelalterlichen Villingen mit den Antonitern noch ein weiterer Männerorden tätig.[92] Die Antoniter sahen ihre Hauptaufgabe in der Krankenfürsorge. In Villingen siedelten sie sich zwischen 1336 und 1360 im „Oberen Ort" in der heutigen Rietstraße 24 an (Abb. 3, 13).[93] Im rückwärtigen Bereich des dreigeschossigen Hauses befand sich eine Kapelle, ein Scheitelstein datiert den Bau in das Jahr 1503. In den Jahren 1531/32 scheint das Gebäude leergestanden zu haben, da sich damals ein Teil des Konvents des Klosters Katharinental dort aufhielt. Im Zuge der Josephinischen Reform wurde das Kloster 1784 aufgehoben, das Haus wurde zwei Jahre später profaniert und als Wohnhaus weiter genutzt. 1964 brach man die Kapelle ab.

Die Häuser der religiösen Frauenbewegung in Villingen

Die Suche nach einem Leben in Armut war im 13. Jahrhundert ein Phänomen, das breite Gesellschaftsschichten mobilisierte.[94] Frauen waren besonders engagiert: sie verschmähten den Reichtum der Eltern, die Ehe mit vermögenden und vornehmen Männern schlugen sie aus, und statt dessen wollten sie bescheiden von der Arbeit ihrer Hände in fröhlicher Armut leben, wie ein zeitgenössischer Beobachter berichtet.[95] In Deutschland berühmt wurde die Landgräfin Elisabeth von Thüringen, die als Mitglied des Dritten Ordens des Hl. Franziskus, als Terziarin, 1231 im Dienste der Armen und Kranken starb.

Die Frühphase dieses sogenannten Beginentums läßt sich nicht einfach auf einen Nenner bringen, schnell wechselnde Gruppierungen existierten nebeneinander, manche der „Sammlungen", wie diese Gemeinschaften genannt wurden, gingen gleich nach ihrer Gründung wieder ein, andere suchten die Anlehnung an die Zisterzienser und an die Bettelorden, stellten sich unter das Gebot einer Regel und formten sich so zu Konventen. Die Reaktion der alten Orden, vor allem der Zisterzienser, auf das starke Wachstum ihrer weiblichen Zweige war zunächst freundlich, dann verhalten und schließlich ablehnend, 1228 verbot das Generalkapitel die Inkorporation von Frauenklöstern ganz, ein vergebliches Signal, denn durch päpstliche Vermittlung konnte es Beginen gelingen, von den Nachfolgern des hl. Bernhard von Clairvaux geistlich betreut zu werden.

Über solche exzellenten Kontakte zur päpstlichen Kurie verfügte die erste bekannte Beginengruppe in Villingen[96]: 1238 erscheinen Zisterzienserinnen in *novae domus iuxta Vilingen*, im Neuen Haus bei Villingen, als Adressaten einer päpstlichen Schutzbulle.[97] Vieles spricht dafür, daß es sich hierbei um dieselben Schwestern handelt, die in der

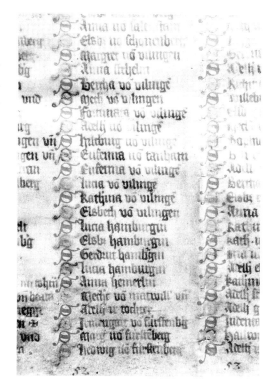

Abb. 11 Villinger Schwestern im Diessenhofener Totenrodel (1. Hälfte 15. Jahrhundert), darunter auch die Mystikerin El(isa)beth von Heimburg.

villa Vilingen, also in der Altstadt, 1236 von der Gräfin Adelheid von Freiburg und Urach, Eigentumsrechte an einem Hof erworben hatten.[98] In der Folgezeit ist nicht mehr exakt auszumachen, was aus diesen Zisterzienserinnen geworden ist, entweder lösten sie sich auf oder gingen zu einer anderen Frauengemeinschaft über.

Die meisten Gruppierungen des 13. Jahrhunderts suchten für ihr religiöses Leben einen Ort außerhalb der Mauern der Stadt Villingen. Die Nikolauskapelle in der Altstadt,[99] die Dörfer Waldhausen und Neuhausen boten zunächst bessere Möglichkeiten für ein gottgeweihtes Leben in Armut als die Stadt. Manche Frauen suchten eine noch größere Distanz zu Villingen und nahmen den Schleier im Kloster Katharinental bei Diessenhofen in der heutigen Schweiz, wo sich ab 1242 eine ursprünglich aus Winterthur stammende Beginengemeinschaft unter der geistlichen Leitung der Dominikaner niedergelassen hatte. Zwischen 1260 und ca. 1400 traten mindestens 39 Villingerinnen in Katharinental ein (Abb. 11),[100] aber auch Männer aus Villingen verlegten ihren Wohnsitz an den Hochrhein und lebten dort als Laienbrüder und Pfründner. Getragen wurde die Beziehung zum Kloster von einem klösterlichen Freundeskreis (A. Müller) in Villingen, der sich um die vier Familien Tannheimer, Heimburger, Hämmerle und Stähelin scharte. Die mystischen Erlebnisse der Elisabeth von Heimburg blieben ihren Mitschwestern in Katharinental so nachhaltig in Erinnerung, daß sie ihre Lebensgeschichte, ihre Vita, aufschrieben und der Nachwelt überlieferten.

Das Kloster Katharinental erhielt schon 1259 Besitz im Zentrum des mittelalterlichen Villingen im Bereich der heutigen Rietstraße 31 (Abb. 3, 18). Ein Reichenauer Ministeriale schenkte 1259 dort ein geräumiges Haus (Abb. 12). Weitere Güter kamen hinzu, eine Fleischbank seit 1284,[101] im frühen 14. Jahrhundert die Mühle zum Steg und die Mühle vor dem Niedertor.[102] Die Verwaltung der umfangreichen Gütermasse erfolgte vom Haus Rietstraße 31 aus, dort wurde eine Schaffnei eingerichtet. Seit der zweiten Hälfte des 15. Jahrhunderts kennt man Schaffner, zuvor wurden die Interessen des Klosters von den Angehörigen der oben genannten Familien des Stadtpatriziats gewahrt, die zum Teil auch in dem Haus wohnten.[103] Während der Reformation hielt sich in den Jahren 1531/32 ein Teil des Konvents im gegenüberliegenden Antoniterhaus auf, das damals leerstand. Im 17. Jahrhundert begann der Niedergang des Villinger Amtes, 1795 wurde das Haus verkauft.[104]

Früh bekam die Verbindung der Villinger nach Katharinental eine politische Dimension, denn das Kloster stand unter habsburgi-

Abb. 12 VS-Villingen. Pfleghof des Klosters Katharinental. Entkerntes Gebäude bei der Sanierung 1989.

schem Schutz. Besitzübertragungen dorthin wurden vom fürstenbergischen Stadtherrn nicht gerne gesehen, um Rechte an den Häringshöfen gab es seit 1311 sogar handfesten Streit. Dennoch konnte die Stadt dem Kloster gegen den Widerstand des fürstenbergischen Stadtherren das Bürgerrecht verleihen.

Die Fürstenberger förderten dagegen eine andere Frauengemeinschaft, die so eng mit dem Haus der patrizischen Villinger Familie Vetter verbunden war, daß sie sogar deren Familiennamen übernahm, diese „Vettersammlung" ist seit 1255 belegt.[105] Man hat diese Schwestern mit den Zisterzienserinnen von 1236/1238 identifizieren wollen,[106] doch die Frage nach der Herkunft dieser Beginen ist wohl nicht endgültig zu klären. Entscheidend ist, daß die Vettersammlung als erste innerhalb der Stadtmauern nachzuweisen ist (Abb. 3, 7). An der Bärengasse haben sich die architektonischen Relikte dieses Klosters erhalten. Vor allem die 1720 unter Einbeziehung älterer Teile errichtete dreijochige Kapelle mit 5/8-Schluß erinnert, trotz erheblicher Umgestaltung, an das ehemalige Kloster.

Der Weg vom Umland zurück in die Stadt verstärkt sich im letzten Drittel des 13. Jahrhunderts. Eine Gemeinschaft von Waldhausen, seit 1274 belegt,[107] wurde 1308 mit den Schwestern der Vettersammlung vereinigt.[108] 1452 nahm die Vettersammlung nochmals eine weitere Schwesterngruppe auf, die seit 1310 am Oberen Tor ansässig war (Abb. 3, 8).[109] Wahrscheinlich nach ihrem Gründungsort nannte sie sich „Kürnegger Sammlung", die Herren von Kürnegg standen ebenfalls wie die Villinger Vetter in enger Verbindung mit den Fürstenbergern. Kaum zufällig wurden beide Gruppen nicht von den Villinger Franziskanern, sondern von den auswärtigen Rottweiler Dominikanern geistlich betreut, zu deren Bezirk das von den Fürstenbergern gegründete und als Grablege genutzte Kloster „Maria Auf Hof" in Neudingen gehörte.[110] Die Rottweiler Dominikaner unterhielten bis 1380 ein eigenes Haus in Villingen.[111]

Den Franziskanern zugewandt war dagegen eine Frauengemeinschaft in Neuhausen: seit dem letzten Drittel des 13. Jahrhunderts ist diese Schwesterngemeinschaft in dem Villinger Vorort bekannt. Diese Schwestern nahmen die strenge Regel der Klarissen an.[112] Nach einem Brand im Kloster siedelten sie nach Villingen über und fusionierten dort 1305 mit einer kleinen Beginengemeinschaft bei den Franzikanern.[113] Nach dem Zusammenschluß akzeptierten die Neuhausener Schwestern *St. Claren ordens, gesessen zu*

Vilingen in der statt[114] die freieren Regeln der kleineren Beginengemeinschaft und lebten fortan am Bickentor ohne Klausur nach den Statuten des Dritten Ordens des Hl. Franziskus (Abb. 3, 9); dadurch wurde aus dem geschlossenen ein offenes Kloster.

In der Klosterreform des späten 15. Jahrhunderts stellte man die ursprüngliche Klausur wieder her. Seit 1480 wirkte die Äbtissin Ursula Haider in Villingen, unter ihr wurde die „finstere und feuchte Kapelle" des Bickenklosters ausgebaut und 1484 geweiht. 1585 erfolgte ein Neubau der Kapelle, datierte Inschriften über der Klosterpforte und einer Nebentür belegen weitere Umbauten 1597. Das im Dreißigjährigen Krieg schwer beschädigte Kloster wurde ab 1653 wieder aufgebaut. 1701 wurde der Ost- und Südflügel unter Einbeziehung älterer Bauteile als Wohntrakt errichtet.

Das Bickenkloster der Klarissen nahm im Dreißigjährigen Krieg eine weitere franziskanische Gemeinschaft mit alter Tradition auf: die Schwestern des Germansklosters, von dessen Existenz im Nordwesten der Stadt noch heute der Gewanname „Germanswald" zeugt.[115] Seit 1432 ist dort eine Sammlung von Schwestern überliefert. Sie besaßen ein Kirchlein und ein Dorment, das von einer Mauer umgeben war. Die Konventsgebäude brannten 1614 nieder, wurden jedoch wieder aufgebaut. 1633 verwüsteten württembergische Truppen das Kloster, 1667 wurde es vom Magistrat endgültig niedergelegt und die Steine für die Stadtmauer verwendet.[116]

Seit dem frühen 15. Jahrhundert konzentrierte sich das klösterliche Leben der Frauengemeinschaften in Villingen auf die Vettersammlung und das Bickenkloster. In den josephinischen Reformen wurde das Bickenkloster 1782 mit der Vettersammlung zusammengeschlossen, die vereinigten Frauenklöster wurden in ein Ursulinen-Institut umgewandelt, das sich vor allem dem Unterricht widmete.

Eine besondere Form des geistlichen Zusammenlebens überdauerte bei der Nikolaus-Kapelle in der Altstadt. Die dort lebenden Frauen wollten in strengster Abgeschiedenheit als Inklusen Gott dienen. Drei Nonnen bewohnten 1303 die „Neue Klause", sie wurden von Egon von Fürstenberg unter Schutz genommen.[117] Aber auch diese kleine Gemeinschaft von Schwestern siedelte 1434 in die Stadt, nach Schaffhausen, über.[118] Nach Hugs Chronik soll das „groß hus bey sant Nyclaus" 1525 abgebrochen worden sein.

Klösterliche Pfleghöfe in Villingen

Zum Bild des mittelalterlichen Villingen gehören neben den dort tätigen Orden die Niederlassungen auswärtiger Klöster, die sogenannten Pfleghöfe, die zur Verwaltung und Wirtschaftsführung des Klostergutes dienten. Mit dem Kauf von Häusern in der Stadt erwarben die Klöster zugleich das Bürgerrecht.

Die Benediktiner von St. Georgen in Villingen

Das Kloster St. Georgen wurde während der Wirren des Investiturstreits 1083/84 gegründet.[119] Entgegen dem Plan des Gründers Hezilo erfolgte dies nicht in Königseggwald, sondern auf dem „caput alamanniae" im Schwarzwald. Spätestens seit 1114 war Berthold III. von Zähringen Vogt des Schwarzwaldklosters,[120] doch schon Berthold II. von Zähringen trat 1092–96 als dessen Beschützer auf. Diese zielstrebige Politik der Zähringerherzöge sollte die Kontrolle über die Schwarzwaldpässe gewährleisten, um so die zähringischen Besitzungen und Rechtsansprüche in der Baar mit denen im Breisgau und der Ortenau zu verbinden. Dies konnte nicht ohne Einfluß auf die zähringischen Besitzungen um Villingen bleiben.

Das Kloster verwaltete seinen bei Villingen gelegenen Besitz von seinem Hof im Nordwestteil der Stadt aus (Abb. 3, 12). Kern der Niederlassung war die an die Stadtmauer angelehnte „Alte Prälatur", heute als „Abt-Gaisser-Haus" bekannt. Das Gebäude wurde einer eingehenden bauhistorischen Untersuchung unterzogen. Der älteste erkannte Bauteil liegt im Westteil des bestehenden Gebäudes. Der dreigeschossige Kernbau wurde um das Jahr 1234 erbaut und lehnt sich als eines der wenigen Gebäude an die Stadtmauer an. Um 1372 und 1399 sind Umbauten faßbar, die einer besseren Wärmeisolierung im Bereich der Wohnstuben dienten.[121] Bei dem Pfleghof wurde 1487 eine Kapelle geweiht, der Komplex wurde zur Keimzelle des verlagerten Klosters. Wegen der Reformation siedelte der Konvent 1536 vorübergehend nach Rottweil über, offensichtlich schon damals mit dem erklärten Willen, möglichst rasch nach Villingen umzuziehen. Aufgrund der bauhistorischen Untersuchungen sind die umfassenden Umbauten an der alten Prälatur in die Jahre zwischen 1536–1539 zu datieren. In dieser Zeit wurde im Kernbau die alte Wohnebene im ersten Obergeschoß aufgegeben und in das zweite Obergeschoß verlegt. Im ersten Obergeschoß wurde die Stube modernisiert und die anderen Raumeinheiten mit einer hochwertigen Farbfassung ausgestattet. Im zweiten Obergeschoß entstand ein über die gesamte Haustiefe reichender Saal. In den Jahren 1538–1539 wurde der Kernbau durch einen östlichen Anbau erweitert. Die Grundfläche der alten Prälatur wurde damit mehr als verdoppelt. Das vom „caput alamanniae" vertriebene Kloster besaß nun eine zeitgemäße städtische Niederlassung.

Mit der Stadt vereinbarte man 1567/68 ein jährliches Satzgeld. Der Neubau der Alten Prälatur war 1598 der Beginn umfangreicher Umgestaltungen.[122] Das Kloster, das seit 1650 ein Gymnasium betrieb, wurde 1663 erweitert. Bis 1666 wurde ein Konventshaus errichtet, ein viergeschossiges Gebäude, das die Sakristei, den Kapitelsaal, das Refektorium und den Studiersaal enthielt. Nach 1687 wurde ein umfassender Neubau ausgeführt. Nach Plänen von Michael Thumb wurde 1688 der Bau der Kirche begonnen, jedoch erst 1725 abgeschlossen und mit dem Bau des Turmes durch Martin Herrmann 1756 vollendet. Der Raum zwischen den alten Konventsbauten und der Kirche wurde durch einen, auf der Stadtmauer aufsitzenden Verbindungstrakt geschlossen, der 1729 fertiggestellt wurde. Das Kloster wurde 1806 aufgehoben. Die ehemaligen Konventsbauten werden heute als Schule genutzt.

Kloster Salem

Kurz vor 1207 verkaufte Konrad von Schwarzenberg dem Kloster Salem das Prädium Runstal. Es umfaßte den Besitz von Runstal, der Pfarrkirche von Herzogenweiler mit allem Zubehör und im Zusammenhang mit diesem Lehnskomplex stehende Güter in Rietheim, Überauchen und Dürrheim. Das Kloster ließ sich den Besitz von König Philipp und Friedrich II. mehrfach bestätigen.[123] Die Burg war Oberhof für die umliegenden Güter des Klosters, südlich davon lag eine kleine Siedlung.[124] Der Sitz eines magister grangiae besaß eine Zehntscheuer, da hier eine Zinsstelle war.

Nach Auflassung von Runstal im 14. Jahrhundert unterhielt das Kloster in der Oberen Straße beim „Oberen Tor" seinen Hof, der wohl im Kern aus dem Vermächtnis des Cunrat Bletze stammt (Abb. 3, 15).[125]

Niederlassung des Klosters Tennenbach

Das 1161 gegründete Zisterzienserkloster Tennenbach wies bereits 1179 ausgedehnten Grundbesitz in der Baar auf.[126] Berthold IV. von Zähringen übertrug noch vor 1179 dem Kloster neben Gütern in Villingen, Dauchingen und Aasen das Gut Roggenbach, den Sitz des Ministerialen Werner von Roggenbach

etwa 6 km westlich von Villingen, in dem noch nicht erschlossenen Kirnachtal.[127] Unter den Schenkungen aus Villingen sind besonders zwei Mühlen hervorzuheben.

Allerdings hatte der Zähringerherzog dieselben Besitzungen zuvor schon einmal dem Kloster St. Georgen übertragen. In der Folge machten beide Klöster ihre Ansprüche geltend, der Streit wurde 1185 bis nach Rom vor Papst Lucius III. getragen. Nach heftigen, zum Teil auch gewalttätigen Auseinandersetzungen sprach Papst Urban III. 1187 den endgültigen Schiedsspruch: St. Georgen erhielt das Eigentumsrecht (proprietas), Tennenbach dagegen das Besitzrecht (possessio) und mußte den Rivalen mit einer einmaligen Zahlung und einem jährlichen Zins entschädigen.

Von der Grangie Roggenbach aus erschloß Tennenbach das Kirnach- und Schlegelbachtal, zum Gebäudebestand kam neben einer Kapelle der Klosterhof[128] hinzu. In Villingen selbst besaß das Kloster 1179 einen nicht zu unterschätzenden Güterkomplex. In den folgenden Jahren kamen weitere kleine Liegenschaften dazu. Die nachbarschaftlichen Beziehungen zwischen Grangie und Stadt gestalteten sich anfangs sehr schwierig. Grenzstreitigkeiten führten 1275 dazu, daß die Villinger auszogen und ein Haus in Roggenbach niederbrannten, doch wurde dieser Streit beigelegt. Das Kloster erhielt 1310 das Bürgerrecht in Villingen.

Im 14. Jahrhundert verschlechterte sich der Baubestand von Roggenbach zusehends, dagegen erwarb das Kloster in Villingen immer mehr Anwesen. Ein gemauertes Haus mit Ziegeldach wurde 1323 für 30 Mark Silber erworben (Abb. 3,16).[129]

Wirtschaftliche Grundlage der Niederlassung war der Getreidehandel, dies zeigt sich nicht nur an den Mühlen, sondern auch an einer Bestimmung von 1329: Die Erträge „aus der Kürna" mußten nach Villingen gebracht werden. Entsprechend der allgemeinen Tendenz des 14. Jahrhundert ging die Verwaltung von der Grangie in Roggenbach an die städtische Schaffnei über.[130] Mit der Geldentwertung im späten Mittelalter wurde der Ertrag aus den Besitzungen auf der Baar immer geringer, so daß der gesamte städtische Komplex 1506 an Villingen verkauft wurde. Lediglich das Stadthaus an der Oberen Straße blieb noch bis 1544 in klösterlichem Besitz.

Pfleghof St. Blasien

Der Pfleghof des Klosters St. Blasien ist seit 1321 an der Josefsgasse belegt (Abb. 3, 17),[131] später wurden weitere Liegenschaften erworben.[132] Im frühen 16. Jahrhundert setzte der Niedergang des Pfleghofes ein, 1508 wurden zwei Häuser wieder verkauft, 1509 wurden die städtischen Lasten für das Kloster geregelt.[133]

Pfleghof des Klosters Amtenhausen

Amtenhausen, 1107 als Tochterkloster von St. Georgen gegründet,[134] unterhielt an der „Hüfinger Gasse"[135] das 1320 erstmals genannte, doch vermutlich ältere, *vrawen hus von Amtenhausen*[136] (Abb. 3, 19), mit dem das Bürgerrecht verbunden war. Schon 1329 besaß es Äcker im Umfang von 20 Jauchart und einen Garten im städtischen Banngebiet. Villingen war seit dem 16. Jahrhundert Sitz einer Amtenhausener Schaffnei, zu der alle Besitzungen der nördlichen Baar und des Brigachtales gehörten.[137] Sie stand in enger Verbindung mit dem Kloster St. Georgen.

Weitere Klosterhöfe

Neben dem Pfleghof des Klosters Katharinental[138] ist der Pfleghof des Klosters Kreuzlingen an der Rietgasse zu finden (Abb. 3, 20). Die Klöster Reichenau, Schaffhausen, Zurzach und St. Märgen besaßen ebenfalls Pfleghöfe in Villingen, die bisher jedoch noch nicht lokalisiert werden konnten.

Die Bedeutung geistlicher Körperschaften für die Stadt

Betrachtet man die räumliche Verteilung geistlicher Körperschaften (Abb. 3 und 4), fällt auf, daß die klösterlichen Niederlassungen in mehreren Bereichen der Stadt konzentriert sind. Sie finden sich vor allem im „Oberort", dem heutigen Münsterviertel, wo sich auch die öffentlichen Bauten konzentrieren. Hier liegen auch kirchliche Einrichtungen, die zum großen Teil aus Stiftungen der Oberschicht erwachsen sind. Deutlich zeichnet sich so auf dem erhöhten Kiesrücken im Brigachbogen das ehemals zähringische Eigengut um den Grafenhof ab, das zumeist von deren Erben, den Fürstenbergern, großzügig vergeben wurde. Weitere klösterliche Niederlassungen finden sich beim Oberen Tor und Bickentor. Die Vorbesitzer der Liegenschaften waren die Stadtherren oder mittelbar deren Ministerialen, später auch stadtsässiger Adel und Bürger. Durch deren Gütervergaben siedelten vor allem Schwesternsammlungen, die außerhalb der Stadt bestanden, in den Mauerbering um. Die in der zweiten Hälfte des 13. Jahrhundert durch die Stadtherrschaft herbeigerufenen Männerorden überformten diese Strukturen massiv.

Die Konzentration geistlicher Körperschaften an den Flanken der Tore kann als Hinweis dafür dienen, daß sich der Stadtadel seiner ältesten Funktion, der Verteidigung der Stadttore, zu Lasten und Verantwortung der Bürgergemeinde begeben hat. Die Anlage in diesen Bereichen geht wahrscheinlich nicht auf frei verfügbares oder billiges Bauland zurück, da eine Vorbesiedlung aus den Schriftquellen klar zu erschließen ist. Die meist massiven Steinbauten verstärkten in gewisser Weise die Stadtbefestigung.

Die Bürgerschaft zog lange Zeit großen Nutzen aus den Klosterniederlassungen, da diese im Gefolge einen Aufschwung von Handel und Handwerk bewirkten. Erst in der frühen Neuzeit wirkte sich die Besitzkonzentration in der Hand geistlicher Körperschaften und die damit einhergehende Rentenwirtschaft lähmend auf die städtische Wirtschaft aus.

1 Vgl. Beschreibung des Oberamts Rottweil. Hg. K. statistisch-topographisches Bureau. Stuttgart 1875 (Die württembergischen Oberamtsbeschreibungen 56), S. 515–519 – Land BW Bd. VI (1982), S. 592 f.
2 MGH DD Arnolf Nr. 122, S. 179 f. Vgl. Benzing: Quellen 1983 Nr. 2.
3 Benzing: Quellen 1983 Nr. 3, dort Identifizierung mit Oberschwenningen.
4 Erstbeleg 1185 vgl. Benzing: Quellen 1983 Nr. 14. Patrozinium 1271 vgl. ebd. Nr. 32.
5 Erstbeleg 1179 vgl. Benzing: Quellen 1983 Nr. 13. In der ebd. Nr. 8 herangezogenen Papsturkunde von 1139 ist von einer Kirche in Schwenningen noch nicht die Rede. Patrozinium erstmals 1394 belegt vgl. ebd. Nr. 76.
6 Haid, Wendelin: liber decimationis cleri pro papa de anno 1275, in: FDA 1 (1865), S. 1–299, hier S. 32: Swánningen superius und Swánningen inferius. Vgl. Benzing: Quellen 1983 Nr. 33.
7 Vgl. Haid, wie Anm. 6. Der Pfarrherr in Oberschwenningen von 1275 „Gottfried von Zindelstein", ein Angehöriger des Freiburger Grafengeschlechtes, war gleichzeitig Pfarrektor in Villingen, Löffingen, Baldingen, Niedereschach, Leitringen und Hondingen.
8 Vgl. Benzing: Quellen 1983 Nr. 14. – Die ebd. Nr. 1 angeführte angebliche Schenkung des Patronatsrechtes von St. Vinzenz an Zürich durch einen Herzog Burchard von Nagold auf Veranlassung von dessen Ehefrau Swanila ist eine legendäre Ausschmückung des 14. Jh. und für das 9. Jh. ohne Wert. Der Name der Ehefrau Swanila und der alte Ortsnamen für Schwenningen Suanniga klingen verdächtig ähnlich. Der Verfasser des Statutenbuches der Propstei St. Felix und Regula (Großmünster), das die Nachricht überliefert, hat wohl aus dem Ortsnamen den Namen der angeblichen Herzogsgattin abgeleitet.
9 Vgl. ebd. Nr. 12 auch das Einkunftsverzeichnis der curia Swanlingen von ca. 1150.
10 S. u. bei Anm. 71.
11 Vgl. Benzing: Quellen 1983 Nr. 29.
12 Vgl. ebd. Nr. 14 u. 21.
13 Vgl. ebd. Nr. 32.
14 Vgl. ebd. Nr. 106 u. 107.
15 Erstmals ca. 1360 vgl. ebd. Nr. 65.
16 Vgl. ebd. Nr. 182: Unnser Frowen Pfarrkürch unnd gotzhaus der oberen Kürchen zu Schwenningen Jm Tuttlinger Ampt (1531). Vgl. auch ebd. Nr. 183.
17 Vgl. ebd. Nr. 188.
18 Ebd. Nr. 151 (1508): … plebanus in Sweningen, cui annexa est ecclesia in inferiior Schwenningen.
19 Ebd. Nr. 240.
20 Ebd. Nr. 254.
21 Oberamtsbeschreibung Rottweil, wie Anm. 1 – Fundbericht R. Ströbel 1964, in: Ortsakten LDA BW, Außenstelle Freiburg.
22 Ströbel, Rudolf: Grabungsbericht 1963, in: Ortsakten LDA BW, Außenstelle Freiburg.
23 Vgl. zum folgenden vor allem Müller: Kirchengeschichte 1972. Allgemein vgl. Isenmann, Eberhard: Die deutsche

Stadt im Spätmittelalter 1250–1500. Stadtgestalt, Recht, Stadtregiment, Kirche, Gesellschaft, Wirtschaft. Stuttgart 1988, S. 210–230.
24 Wischermann, Heinrich: Romanik in Baden-Württemberg. Stuttgart 1987, S. 323.
25 Müller: Kirchengeschichte 1972, S. 102 vgl. auch die Karte auf S. 103.
26 Revellio: Beiträge 1964, S. 33.
27 Dazu neben Klengen, Kirchdorf selbst und Überauchen noch die Wüstung Beckhofen. Vgl. Müller: Kirchengeschichte 1972, S. 102 f. dort als „Bachhofen".
28 So Müller: Kirchengeschichte 1972, S. 104.
29 Vgl. den Beitrag von Jenisch, Bertram: Stadtentwicklung und Alltagsgeschichte im Mittelalter auf der Grundlage archäologischer Quellen in diesem Band.
30 Vgl. etwa FUB V Nr. 279: … ecclesiam … Beatae Mariae quae dicitur ecclesia mater sitam extra muros … et eiusdem ecclesiae capellam, sitam intra muros, b. Johannis … accesserint.
31 Vgl. Müller: Kirchengeschichte 1972, S. 107.
32 Fuchs: PfrA 1982, Nr. 80. – Müller: Kirchengeschichte 1972, S. 114 Anm. 104.
33 Vgl. PfrA 1982, Nr. 443 (1530).
34 Müller: Kirchengeschichte 1972, S. 108.
35 Kraus, Franz Xaver: Die Kunstdenkmäler des Kreises Villingen. Freiburg 1890, S. 108 ff. – Noack, Werner: Die Stadtanlage von Villingen als Baudenkmal, in: Badische Heimat 25 (1938), S. 234 ff. – Gruber, Karl: Zur Baugeschichte des Villinger Münsters, in: Badische Heimat. Mein Heimatland 29 (1942), S. 6 ff. – Fuchs, Josef: Villinger Münster Unserer Lieben Frau. Schnell u. Steiner Kunstführer 549 (München – Zürich ⁵1985) – zuletzt Wischermann, wie Anm. 24, S. 323 f.
36 Keilhack, Thomas: Archäologische Untersuchungen im Münster U.L.F. zu Villingen, in: GHV 4 (1978/79), S. 23–30. – Ders.: Das Münster Unserer Lieben Frau zu Villingen. Ein archäologischer Beitrag, in: GHV 5 (1980), S. 24–37. Ferner wurde der Bericht zur Sondage 1977 von A. Zettler/J. Oexle mit herangezogen. Zur Klärung von Detailfragen wurden Teile der Grabungsdokumentation bearbeitet. Vgl. dazu umfassend: Jenisch: Villingen.
37 A. Kat. Villingen-Schwenningen, Franziskanermuseum: Buhmann, Dieter u. Fuchs, Josef: Krankheit und Heilung – Armut und Hilfe. Hg. Stadt Villingen-Schwenningen. Villingen-Schwenningen 1983.
38 Roder: Villingen 1905, S. 49 § 53.
39 Buhmann, Dieter: Körperbehinderungen aus der Sicht der Paläopathologie, in: Annales Universitatis Saraviensis Medicinae 24, Nr. 3/4 (1983/84), S. 3–14.
40 Vgl. allgemein Kurze, Dietrich: Pfarrerwahlen im Mittelalter. Ein Beitrag zur Geschichte der Gemeinde und des Niederkirchenwesens. Köln-Graz 1966 (Forschungen zur kirchlichen Rechtsgeschichte und dem Kirchenrechts 6). Zum später de facto erworbenen städtischen Denominationsrecht des Münsterpfarrers vgl. Müller: Kirchengeschichte 1972, S. 109.
41 Vgl. die Verehrung Bertholds V. als fundator in einem aus Villingen stammenden Anniversarfragment bei Schwineköper, Berent: Die heutige Stadt Villingen – Eine Gründung Herzog Bertolds V. von Zähringen (1186–1218), in: Die Zähringer. Eine Tradition und ihre Erforschung. Hg. Karl Schmid. Sigmaringen 1986 (Veröffentlichung zur Zähringer-Ausstellung 1), S. 75–100. – Zur Situation in den Zähringerstädten mit dem Schwerpunkt Freiburg vgl. Blattmann, Marita: Die Freiburger Stadtrechte zur Zeit der Zähringer. Rekonstruktion der Urkunden und Aufzeichnungen des 12. und 13. Jahrhunderts. Freiburg/Würz-

burg 1987 (Veröffentlichungen aus dem Archiv der Stadt Freiburg im Breisgau 21) Bd. 1., S. 192 ff. und S. 336–340.

42 S. o. bei Anm. 7. Zu den Villinger Geistlichen vgl. die Liste bei Fuchs: PfrA 1982, S. 549–568 sowie Müller: Kirchengeschichte 1972, S. 109–113.

43 Müller: Kirchengeschichte 1972, S. 111.

44 Erste Nennung 1628 vgl. Fuchs: PfrA 1982, Nr. 203.

45 Roder, Christian: Das Schulwesen im alten Villingen, in: ZGO 70 (1916), S. 216–252.

46 Bauer, Clemens: Die wirtschaftliche Ausstattung der Freiburger Universität in ihrer Gründungsperiode, in: Aufsätze zur Freiburger Wissenschafts- und Universitätsgeschichte. Freiburg 1960 (Beiträge zur Freiburger Wissenschafts-und Universitätsgeschichte 22), S. 13 f. Text der Urkunde, S. 43. Zum gesamten Vorgang und zur Schenkung des halben Pfarrzehnten vgl. Müller: Kirchengeschichte 1972, S. 109 mit weiterer Literatur in Anm. 51.

47 Wollasch: Inventar Bd. 1 (1970) Nr. 143. Druck bei Roder: Villingen 1905 Nr. 21, S. 25 f. Neben den 6 Altären im Münster und den 4 Altären in der Altstadtkirche werden genannt: Altar in der Nikolaus-Kapelle, Altar bei den Feldsiechen vor der Stadt, Heilig-Geist-Altar im Spital.

48 Müller: Kirchengeschichte 1972, S. 117. Vgl. zum Beispiel Fuchs: PfrA 1982, Nr. 6. (1334): Präsentationsrecht des Kaplans gebunden an die Familien der Tannheimer, Heimburger, Hämmerle und ihre Verwandten.

49 Wollasch: Inventar Bd. 1 (1970) Nr. 63. Vgl. ebd. Nr. 141, 174, 198, 201, 353, 530, 600, 958.

50 Fuchs: PfrA 1982, Nr. 195. Abb. ebd. nach S. 71.

51 Fuchs: PfrA 1982, Nr. 500. Abb. ebd. vor S. 194.

52 Rodenwaldt: Leben, T. I. (1976), S. 59f.

53 Regesta episcoporum Constantiensium. Regesten zur Geschichte der Bischöfe von Konstanz von Bubulcus bis Thomas Berlower 517–1496. Innsbruck 1895 Bd. 1 Nr. 1523.

54 Vgl. unten bei Anm. 98.

55 Maier: Flurnamen 1962, S. 76 f.

56 Maier: Flurnamen 1962, S. 88.

57 Fuchs: PfrA 1982, Nr. 99 (1456).

58 Ebd. Nr. 107 (1518).

59 Vgl. Revellio, Paul: St. Jakob bei Nordstetten, in: SVG Baar 25 (1960), S. 213–216 sowie jetzt ausführlich Röckelein, Hedwig: Dynastische Interessen und Heiligkeit. Die Jakobsverehrung in den Territorien des Hauses Fürstenberg, in: Der Jakobuskult in Süddeutschland. Kultgeschichte in regionaler und europäischer Perspektive. Hg. Klaus Herbers u. Dieter R. Bauer. Tübingen 1995 (Jakobus-Studien 7), S. 45–89, hier S. 55–57.

60 Fuchs: PfrA 1982, Nr. 465 mit Abb. nach S. 177.

61 Ebd. Nr. 10.

62 Ebd. Nr. 474.

63 Vgl. Müller, Kurt: „Jakobus krönt zwei Pilger". in: Almanach SBK 1991, S. 169–172.

64 Isenmann: wie Anm 23, S. 185.

65 Vgl. ausführlich Berweck: Heilig-Geist-Spital 1963, S. 4 ff. sowie den Beitrag von Ute Ströbele in diesem Band.

66 Vgl. Berweck: Heilig-Geist-Spital 1963, S. 11–14.

67 Vgl. ebd.

68 Ebd. S. 19 f.

69 Zu den Johannitern in Villingen grundlegend, Hecht, Winfried: Zur Geschichte der Johanniterkommende Villingen, in: Villingen und die Westbaar, S. 141–147. – Die Bezeichnung des Johanniterhauses als die domus hospitalis sancti Iohannis sanctae terrae, sita in Villingen = Wollasch: Inventar Bd. 1 (1970) Nr. 12 vgl. ebd. Bd. 2 (1971) Nr. 1925: Hauß des spittals St. Johanns zue Villingen darf nicht als Hinweis auf ein Spital der Johanniter in Villingen gedeutet werden, sondern spiegelt die Herkunft des Ordens aus der

Jerusalemer Spitalbruderschaft wider. Die angeblichen Belege für ein Johanniterspital im Register bei Wollasch: Inventar Bd. 2 (1971), S. 288 (Nr. 12, 183, 1923, 1925) sind zu streichen. Vgl. schon Berweck: Heilig-Geist-Spital 1963, S. 8 Anm. 57 mit Diskussion der älteren Literatur.

70 Vgl. Benzing: Quellen 1983 Nr. 17. Weitere Belege Nr. 22, 25, 44.

71 Grundlegend zur Schwenninger Kommende: Falk, Achim: Das Johanniterhaus in Schwenningen I. In: Hble 36/12 (1988) 1–3. – Ders.: Das Johanniterhaus in Schwenningen II. In: Hble 37/1 (1989), S. 1–3.

72 Ebd. I, S. 3. sowie Hecht, wie Anm. 69, S. 144.

73 FUB 1 Nr. 442, S. 209, Anm. 2.

74 Vgl ebd. Nr. 442; vgl. auch Wollasch: Inventar Bd. 1 (1970) Nr. 12.

75 Hecht, wie Anm. 69, S. 143.

76 Vgl.: Lehngüter in Obereschach 1292–1811. Ein Beitrag zur Geschichte der ehemaligen Johanniterkommende Villingen. Bearb. Manfred Reinartz. Villingen-Schwenningen 1986 (Veröffentlichungen aus Archiv und Chronik der Stadt Villingen-Schwenningen) sowie: Lehngüter in Weigheim 1281–1792: Ein Beitrag zur Geschichte der ehemaligen Johanniterkommende Villingen. Hg. Manfred Reinartz. Villingen-Schwenningen 1987 (Veröffentlichungen aus Archiv und Chronik der Stadt Villingen-Schwenningen).

77 Vgl. zur Literatur: Roder, Christian: Die Franziskaner zu Villingen, in: FDA 32 (1904), S. 232–312. Revellio, Paul: Villingen: Franziskaner-Konventualen-Kloster, in: Alemania Franciscana Antiqua 3 (1957), S. 19–44. Ders.: Beiträge 1964, S. 125–144 – Fuchs, Josef: Die Anfänge des Franziskanerklosters in Villingen, in: Villingen und die Westbaar, S. 148–154 sowie jüngst zusammenfassend Mertens, Dieter: Das Franziskanerkloster zu Villingen. Zur Geschichte seiner baulichen Nutzung, in: GHV 18 (1993), S. 9–23.

78 Vgl. zu den Grundlagen Mertens, wie Anm. 77, S. 9–12 mit weiterer Literatur in Anm. 3–6.

79 S. u. bei Anm. 94.

80 Vgl. FUB 1 Nr. 459, 464 und 465 sowie Fuchs, Anfänge des Franziskanerklosters, wie Anm. 77, S. 148 f. mit Hinweisen auf andere, unglaubwürdige Gründungstraditionen.

81 Wollasch: Inventar Bd. 1 (1970) Nr. 28 = FUB 1 Nr. 636. Zum Vorgang auch Fuchs, Anfänge des Franziskanerklosters, wie Anm. 77, S. 152 mit Abb. der Urkunde auf Tafel XI.

82 Begräbnisrecht in den Konventskirchen vgl. bereits Wollasch: Inventar Bd. 1 (1970) Nr. 15 (1270). Bei Bauarbeiten wurden in der Kirche und auf dem nördlich vorgelagerten Gelände zahlreiche Bestattungen angetroffen. Der Friedhof war im Bereich des heutigen Osianderplatzes.

83 Vgl. Mertens, wie Anm. 77, S. 15.

84 Wollasch: Inventar Bd. 1 (1970) Nr. 183.

85 Ebd. Nr. 575.

86 FUB 7 Nr. 256.

87 Roder, Franziskaner, wie Anm. 77, S. 235 Anm. 2.

88 Wie Anm. 53, Nr. 2820 – Text bei Fuchs, Anfänge des Franziskanerklosters, wie Anm. 77, S. 151 f.

89 Dies wäre mit der Situation im Dominikanerkloster Rottweil vergleichbar. Vgl Gildhoff, Christian: Grabungen im ehemaligen Dominikanerkloster der Stadt Rottweil, in: Archäologische Ausgrabungen in Baden-Württemberg 1987 (1988) S. 204–208.

90 Faller, Richard: Die Pestflucht der Universität Freiburg nach Villingen. Villingen-Schwenningen 1986 (Veröffentlichung Stadtarchiv Villingen).

91 Vgl. Mertens, wie Anm. 77, S. 15 f. – Die Kulissen befinden

sich zum Teil in den städtischen Sammlungen Villingen-Schwenningen.

92 Grundlegend Hermann, Manfred: Das Antoniterhaus in Villingen, in: SVG Baar 28 (1970) S. 121–139.

93 Vgl. ebd. S. 124 f.

94 Vgl. jetzt Wilts, Andreas: Beginen im Bodenseeraum. Sigmaringen 1994, dort S. 15–22 Diskussion der älteren Forschungsliteratur.

95 Zitat nach Grundmann, Herbert: Religiöse Bewegungen im Mittelalter. 2. verbesserte und ergänzte Auflage Hildesheim 1961, S. 189 mit Anm. 40 (Jakob von Vitry).

96 Insgesamt vgl. Stegmaier, Günter: Zur Frühgeschichte der Villinger Frauenklöster und ihrer Topographie, in: Villingen und die Westbaar, S. 155–174.

97 FUB 5 Nr. 141.

98 FUB 1 Nr. 390.

99 Wie Anm. 53.

100 Müller, Anneliese: Das Villinger Amt des Klosters St. Katharinental, in: GHV 14, (1989/90) S. 70–89, mit ausführlichen Literaturhinweisen.

101 Ebd. S. 71.

102 Ebd. S. 72. Anm. 21.

103 Ebd. S. 72.

104 Ebd. S. 82.

105 FUB 5 Nr. 159.

106 Stegmaier, wie Anm. 96, S. 166.

107 Ebd. S. 168.

108 Stegmaier, wie Anm. 96, S. 169f.

109 Ebd. S. 170.

110 Vgl. Tumbült, Georg: Das Dominikanerinnenkloster Auf Hof zu Neudingen (1274–1560), in: ZGO 65 (1911), S. 65–94.

111 Wollasch: Inventar Bd. 1 (1970) Nr. 195 (1380).

112 Vgl. Loes, Gabriele: Villingen-Klarissen, in: Alemania Franciscana Antiqua 3 (1957), S. 73–75.

113 Wollasch: Inventar Bd. 1 (1970) Nr. 35. Vgl. Stegmaier, wie Anm. 96, S. 159.

114 FUB 2 Nr. 41.

115 Vgl. Rech, Hildegard: Villingen – Terziarinnenkloster St. German, in: Alemania Franciscana Antiqua 3 (1957), S. 77–80.

116 Revellio: Beiträge 1964, S. 25 ff.

117 FUB 2 Nr. 17.

118 Frauenfelder, Reinhard: Die Verlegung der Frauenklause St. Nikolaus bei Villingen nach Schaffhausen im Jahre 1434, in: FDA 84 (1964), S. 198–212.

119 Vgl. Wollasch, Hans-Joseph: Die Anfänge des Klosters St. Georgen im Schwarzwald. Freiburg 1964 (Forschungen zur Oberrheinischen Landesgeschichte 14), S. 93.

120 Büttner, Heinrich: St. Georgen und die Zähringer, in: ZGO N.F. 53 (1939), S. 12f.

121 Lohrum: Villingen Kat.–Nr. 39 sowie jetzt die Beiträge von Casimir Bumiller und Burghard Lohrum: Das Abt-Gaisser-Haus in Villingen. Untersuchungen zur Geschichte und Baugeschichte: Red. Heinrich Maulhardt. Villingen-Schwenningen 1997 (Veröffentlichungen des Stadtarchivs und des Städtischen Museen 14).

122 Zur Baugeschichte des Benediktinerklosters St. Georgen in Villingen vgl. Willner, R.: Die Benediktinerkirche in Villingen. Maschinenschr. Magisterarbeit. Inst. f. Kunstgeschichte. Freiburg 1988.

123 Fuchs, Josef: Rumstal, ehemals Dorf und Burg bei Villingen, in: SVG Baar 29 (1972), S. 230–240.

124 Schmaedecke, Michael: Siedlungswüstungen auf der Gemarkung Villingen, Stadt Villingen-Schwenningen, Schwarzwald-Baar-Kreis, in: Archäologische Ausgrabungen in Baden-Württemberg 1988 (1989), S. 269–271.

125 Fuchs: PfrA 1982, Nr. 113.

126 Weber, Max: Die Rodungen und Besitzungen Tennenbachs auf der Baar, in: Zeitschrift des Freiburger Geschichtsvereins 46 (1935) und 48 (1937) – Ders., Der Tennenbacher Besitz im Villinger Raum, in: Villingen und die Westbaar, S. 175–191.

127 FUB 5 Nr. 108.

128 An der Stelle des heutigen Stadthofs an der Straße nach Oberkirnach.

129 Es handelt sich um das Haus Obere Straße 26, Ecke Hafnergasse, das durch seine Eckquader auffällt. Im Kern besteht es aus einem Turmbau, der 1506 erwähnt wird.

130 Treffeisen, Jürgen: Das Zisterzienserkloster Tennenbach und die Stadt Freiburg während des Mittelalters, in: Schau-ins-Land 109 (1990), S. 45–75, hier S. 62 – Die Verlagerung entspricht dem vor 1330 erfolgten Umbruch in der Wirtschaftskonzeption Tennenbachs. Seit dieser Zeit werden sämtliche Grangien in Städte verlegt.

131 GLA Abt. 11/501 (1321, Mai 30; 1393, Dez. 12).

132 GLA Abt. 11/503 (1383, Juli 7).

133 Bader, Joseph: Urkunden und Regeste zur Geschichte der Stadt Villingen, in: ZGO 9 (1858), S. 489 f.

134 Bader, Karl Siegfried: Kloster Amtenhausen in der Baar. Rechts- und wirtschaftsgeschichtliche Untersuchungen. Donaueschingen 1940 (Veröffentlichungen des Fürstlich-Fürstenbergischen Archivs 7).

135 Das heutige Gebäude Gerberstraße 27.

136 FUB 5 Nr. 371.

137 Wie Anm. 133, S. 55.

138 S. o. S. 111.

Casimir Bumiller

Villingen im Spätmittelalter

Verfassung, Wirtschaft, Gesellschaft

Aufbruch und Wende – 1218 bis 1326

Die Frage der Stadtherrschaft

Villingen – verhinderte Reichsstadt

Mit dem kinderlosen Tod Herzog Bertholds V. von Zähringen am 18. Februar 1218 endete der erste erfolgreiche Versuch einer „Staats"-Bildung in Südwestdeutschland. Das Wort „Staat" ist hier nicht in seiner modernen Bedeutung zu verstehen. Es will lediglich zum Ausdruck bringen, daß wohl kaum eine andere Dynastie des 12. Jahrhunderts innerhalb ihrer Interessensphäre einen ähnlich hohen Durchdringungsgrad herrschaftlicher Rechte besaß wie die Zähringer in Südwestdeutschland.[1]

Dieses Herrschaftsgebilde mußte schon deshalb zerbrechen, weil 1218 mehrere Schwäger Herzog Bertholds V. um das Erbe anstanden. Auf der Baar (mit Villingen) und im Breisgau (mit Freiburg) erhob Graf Egino der Bärtige von Urach, der mit Agnes, einer Schwester des letzten Zähringers verheiratet war, Anspruch auf die Nachfolge. Doch sah er sich sogleich einem mächtigen Gegenspieler gegenüber: dem Stauferkönig Friedrich II. (1212–1250).

Es ist bis heute völlig ungeklärt, auf Grund welcher Rechtstitel das Reich nach dem Ableben des letzten Zähringers Anspruch auf die Stadt Villingen erhob. Zwar ist bekannt, daß die Staufer Teile des zähringischen Erbes erwarben, von Villingen ist aber in diesem Zusammenhang nicht die Rede.[2] Dennoch unterliegt es keinem Zweifel, daß die königliche Kanzlei Villingen als Reichsstadt betrachtete und diese Auffassung mit Waffengewalt durchzusetzen gedachte.

Schon bald nach dem Tod Bertholds V. von Zähringen kam es zwischen dem König und Egino von Urach zur Fehde, die erst im September 1219 mit Hilfe zweier Sühnebriefe beigelegt wurde. Auch wenn in den Urkunden nicht deutlich wird, um welches Zähringererbe letztendlich gestritten wurde, ist doch wahrscheinlich, daß dabei auch Villingen eine Rolle spielte. Zwischenzeitlich trat König Friedrich II. tatsächlich als Stadtherr von Villingen auf. Im November 1218 bestätigte er dem Kloster Tennenbach den Besitz zweier Mühlen „in villa nostra Vilingen", zu deutsch: „in unserer Stadt Villingen".[3]

Villingen war damals also de facto Reichsstadt. Doch schon bei der in Ulm und Hagenau vollzogenen Versöhnung zwischen Friedrich und Egino schent der König die Stadt dem Grafen als Lehen übertragen zu haben. In der Urkunde ist zwar Villingen wieder nicht namentlich erwähnt, aber da darin alles Reichslehen des Raumes dem Uracher Grafen überlassen wurde, dürfte auch Villingen in seine Verfügungsgewalt gekommen sein.[4]

In der Villinger Stadtgeschichtsschreibung gilt die Zeit zwischen 1218 und 1251 bzw. 1283 als „reichsstädtische Phase". Doch es scheint geboten, diesen Sachverhalt zu relativieren und zu präzisieren. Tatsächlich war Villingen – aus welchem Grund auch immer – seit 1218 Reichsstadt; aber da die Grafen von Urach als Teilerben der Zähringer auf ihren Anspruch nicht verzichteten, gab das Reich, um weitere Konflikte mit ihnen zu vermeiden, die Stadt zu Lehen aus. Die Zeit, in der Villingen unmittelbar vom Reich verwaltet wurde, reduziert sich auf wenige Jahre, nämlich auf 1218/19 und auf die Zeit zwischen etwa 1236 und 1250. Reichsverwalter in Villingen war, zumindest in der ersten Phase, der enge Vertraute Friedrichs II., Konrad Schenk von Winterstetten.[5]

Im Jahr 1230 starb Graf Egino der Bärtige, schon sechs Jahre später sein Sohn Egino V. von Urach. Dessen Söhne Heinrich und Konrad teilten später das väterliche Erbe und begründeten neue Linien: Konrad wurde Graf von Freiburg, Heinrich führte als erster den Namen Fürstenberg nach der 1175 erstmals genannten Burg unweit von Donaueschingen. Doch trat Heinrich zunächst nicht als Villinger Stadtherr in Erscheinung. Es hat vielmehr den Anschein, als habe der inzwischen mit dem Kaisertitel ausgestattete Friedrich II. den Tod Eginos V. zum Anlaß genommen, Villingen wiederum an das Reich zu ziehen.

Den Hintergrund hierzu bildete wohl die Empörung König Heinrichs gegen seinen kaiserlichen Vater Friedrich II. im Jahr 1234. Graf Egino von Urach und mit ihm die Stadt Villingen standen auf der Seite des abtrünnigen Kaisersohns; das mag ein Grund dafür gewesen sein, weshalb Villingen nach dem Tod Eginos wieder in die Obhut des Reiches genommen wurde. Konrad IV., der jüngere Sohn Friedrichs II., trat an die Stelle seines ungehorsamen Bruders und nahm Villingen gewissermaßen in Besitz, als er Anfang September 1240, von Überlingen kommend, die Stadt besuchte. Er befand sich damals in Begleitung Konrads von Winterstetten, der Villingen aus den Jahren 1218/19 bestens kannte.[6]

Die reichsstädtische Qualität Villingens in diesen Jahren drückt sich darin aus, daß die Stadt in der Reichssteuermatrikel des Jahres 1241 erscheint. Mit 42 Mark Silber rangierte Villingen unter den 16 oberschwäbischen Reichsstädten allerdings relativ weit unten.[7]

Daß Villingen in jenen Jahren Reichsstadt war und die Villinger sich auch als staufisch gesinnte Reichsstädter fühlten, belegt im übrigen die politisch prekäre Phase der Jahre 1247/48. Im Jahr 1245 war Kaiser Friedrich II., der sich in einem dauernden Konflikt mit dem Papsttum befand, von Papst Innozenz IV. gebannt worden. Das war für die mündig gewordenen Söhne Eginos von Urach, Heinrich und Konrad, offenkundig eine günstige Gelegenheit, politisch tätig zu werden. Noch im selben Jahr nahmen sie eine Erbteilung vor, dabei erhielt Heinrich die Baar und somit – theoretisch – die Stadt Villingen.

1247 stellten sich die Grafen Heinrich (von Fürstenberg) und Konrad (von Freiburg) auf die Seite des Gegenkönigs Wilhelm von Holland, während die Stadt Villingen, gut ghibellinisch, zum gebannten Stauferkaiser hielt. Die Folge war, daß Villingen in den Jahren 1248/49 wie alle schwäbischen Reichsstädte selbst dem Kirchenbann verfiel. Das bedeutete: in diesen Städten durfte – wenn es denn jemand überwacht hätte – kein Gottesdienst gehalten und kein Sakrament gespendet werden, kein Bürgersohn durfte in den geistlichen Stand aufgenommen werden.[8]

Wie viele Monate Villingen in diesem seelsorglich unbefriedigenden Zustand verharrte, ist nicht bekannt. Sicher ist, daß die Kirchenstrafe spätestens mit dem Tod Kaiser Friedrichs II. am 13. Dezember 1250 ihre Wirkung verlor. Mit ihm war aber auch der Schutzherr Villingens hingeschieden. Nach seinem Tod schwand die staufische Macht in wenigen Jahren dahin. In Deutschland begann das Interregnum, die sogenannte kaiserlose Zeit. Das war die Stunde des Grafen Heinrich von Fürstenberg.

Graf Heinrich von Fürstenberg

Graf Heinrich von Fürstenberg war ein Sohn des 1236 früh verstorbenen Egino von Urach. Wegen der Erbteilung, die seinem Bruder Konrad die Herrschaft über Freiburg

und den Breisgau einbrachte und ihm das väterliche Erbe auf der Baar zusprach, wurde er
zum Begründer eines Grafenhauses, dessen
Name sich in den folgenden sieben Jahrzehnten schicksalhaft mit der Geschichte der
Stadt Villingen verbinden sollte.[9]

Erst nach der Erbteilung von 1245 wird er
den Blick auf die Reichsstadt, die da mitten in
seinem Herrschaftsgebiet lag, gerichtet haben. Sie war für ihn jedoch unerreichbar, solange sie sich im staufischen Lager befand
und Kaiser Friedrich II. noch lebte. Kaum war
jedoch die Nachricht von seinem Tod zu Beginn des Jahres 1251 diesseits der Alpen eingetroffen, als Heinrich von Fürstenberg seine
Hand auf die Stadt legte. Eine Urkunde von
1251 legt nahe, daß der Graf damals bereits
auf die rechtlichen Verhältnisse in der Stadt
Einfluß nahm, 1254 spricht er erstmals offen
von den „cives ville nostre Vilingin" (Bürgern
unserer Stadt Villingen).[10]

Auf welche Weise er die Stadtherrschaft
antrat, bleibt mangels genauerer Quellen offen. Eine königliche Belehnung ist offenkundig nicht erfolgt. Es scheint vielmehr so, als
habe Graf Heinrich das Machtvakuum jener
Jahre genutzt, um sich, unter Berufung auf
das zähringische Erbe und die frühere Lehen-
schaft seines Vaters, in den Besitz dieses wichtigen Wirtschaftszentrums zu bringen. Man
muß sich den Machtwechsel nicht zwangsläufig als feindliche Übernahme vorstellen.
Es ist durchaus wahrscheinlich, daß die Villinger unter den veränderten politischen
Rahmenbedingungen nicht anders konnten,
als die Ansprüche des neuen Stadtherrn zu
akzeptieren.

Im übrigen erwies sich Heinrich von Fürstenberg als sensibel genug, seine neuen Untertanen nicht durch plumpe Machtdemon-
strationen zu verprellen. Vielmehr wurde er
in den rund dreißig Jahren seiner Herrschaft
zu jenem Stadtherrn, der in Villingen bedeutende religiöse Institutionen geschaffen und
damit im Stadtbild bis heute die sichtbarsten

Spuren hinterlassen hat.[11] Im Jahr 1257 siedelte er eine Johanniterkommende „in oppi-
do nostro [in unserer Stadt] Vilingensi" an.
1268 gründeten er und seine Frau Agnes das
Franziskanerkloster. Vermutlich in den 70er
Jahren wurde unter Graf Heinrich das romanische Münster um den gotischen Chor erweitert. In diesem Zusammenhang haben
Heinrich und Agnes dem Münster einen kost-
baren, mit Halbedelsteinen besetzten Kelch
gestiftet, der noch vorhanden ist. Es liegt in
der Logik seiner Stadtpolitik, daß Heinrich
von Fürstenberg nach seinem Tod im Jahr
1284 im Villinger Münster seine letzte Ruhe-
stätte fand. Drei Jahre nach seinem Tod stiftete schließlich seine Witwe Agnes das Heilig-
geistspital, eine Einrichtung von großer sozialer und wirtschaftlicher Bedeutung, die bis
heute besteht.[12]

Die Villinger Bürger haben diese Gründungen nicht nur mit Wohlwollen aufgenommen. Zwar war das Spital mit seiner wohltäti-
gen Wirkung durchaus in ihrem Sinn, wohl
begrüßten sie die Münstererweiterung, aber
mit den Franziskanern hatten die Villinger
zunächst nicht nur Freude, und die Johanniter, denen die Bürger auch noch Sonderrechte einräumen mußten, setzten dem kommunalen Aufbruch Mitte des 13. Jahrhunderts
ein adlig-feudales Element entgegen, das sich
in der Stadt durchaus als ein Fremdkörper
ausnahm. Übrigens übergab Heinrich von
Fürstenberg seinen Sohn Heinrich den Johannitern in Villingen. Und sein Enkel Egen,
Johanniterkomtur in Villingen, sollte Jahrzehnte später beim Ende der fürstenbergischen Stadtherrschaft eine recht unrühmliche
Rolle spielen.

Als im Jahr 1273 mit der Wahl des Grafen
Rudolf von Habsburg zum deutschen König
eine erfolgversprechende Autorität an die
Spitze des Reiches trat, hatte Heinrich von
Fürstenberg seine Herrschaft über Villingen
hinreichend gefestigt. Zwar machte sich Rudolf von Habsburg zielstrebig daran, das

Abb. 1 Reitersiegel Heinrichs von Fürstenberg 1283 (FUB I, S. 283).

Reichsgut, das in den vergangenen zwanzig Jahren dem Imperium entfremdet worden war, wieder einzuziehen. Doch konnte sich Graf Heinrich als Verwandter und als wertvoller Parteigänger des Königs gewisse Begünstigungen ausrechnen. Im übrigen war er als Wohltäter Villingens und als De-facto-Stadtherr strategisch im Vorteil.

In der Tat hat König Rudolf Villingen als Reichsstadt betrachtet. Doch konnte er sie in einer Phase, als sein Königtum keineswegs gefestigt war, nicht einfach mit Waffengewalt an sich nehmen. Vielmehr entwickelten sich die Verhältnisse umgekehrt so, daß der König am 19. August 1278, nur wenige Tage vor der entscheidenden Schlacht gegen seinen Widersacher Ottokar von Böhmen auf dem Marchfelde, seinem getreuen Bannerträger Heinrich von Fürstenberg in einer Urkunde die Stadt Villingen zusprach.[13]

Gleichgültig wie die Urkunde zustande gekommen sein mag – ob da echte Dankbarkeit des weitgehend alleingelassenen Königs gegenüber einem treuen Anhänger zum Ausdruck kam, oder ob Graf Heinrich die Notlage des Königs ausnutzte –, Rudolf war hier

zu einem Zugeständnis genötigt gewesen, das, so wie in der Urkunde formuliert, nicht im Sinne des Reiches sein konnte. Fünf Jahre später, am 24. Mai 1283 in Colmar, kam es deshalb nach längeren Verhandlungen um die rechtliche Stellung Villingens zur entscheidenden und endgültigen Kompromißformel: Villingen galt demnach als Reichsstadt, die aber den Grafen von Fürstenberg als ewiges Reichslehen überlassen wurde.[14]

In diesem Kompromiß hatten beide Parteien ihr Gesicht gewahrt. Im übrigen hatten die Verhandlungen offenkundig schon längere Zeit in aller Freundschaft stattgefunden. Noch vor der Belehnung Graf Heinrichs mit der Stadt kam König Rudolf persönlich zu Besuch, um am 16. November 1282 im Villinger Münster dem feierlichen Ritterschlag von vier Söhnen Heinrichs von Fürstenberg beizuwohnen.[15]

Entfremdung zwischen Villingen und Fürstenberg

Nach dem Tod Heinrichs von Fürstenberg erschienen am 16. Oktober 1284 seine vier Söhne, Friedrich, Egen, Konrad und Gebhard, in Villingen, um mit der Stadt die Bedingungen ihrer Herrschaft festzulegen. Dieser Vertrag bildet so etwas wie die älteste erhaltene Verfassungsurkunde der Stadt Villingen. Aus ihr geht unter anderem deutlich hervor, daß die Bürgerschaft gegenüber den Stadtherren eine relativ große Autonomie besaß.[16]

Die Fürstenberger durften nämlich keine weitere Burg oder Befestigungsanlage in oder nahe der Stadt errichten, sie durften keinen Schultheißen einsetzen, der den Bürgern nicht genehm war, sie mußten die Rechtsprechung in der Stadt einem bürgerlichen Gericht überlassen, und sie bezogen als Steuer aus der Stadt nur die bescheidene Summe von 40 Mark Silber. Im übrigen mußten die gräflichen Brüder der Stadt zusagen, binnen

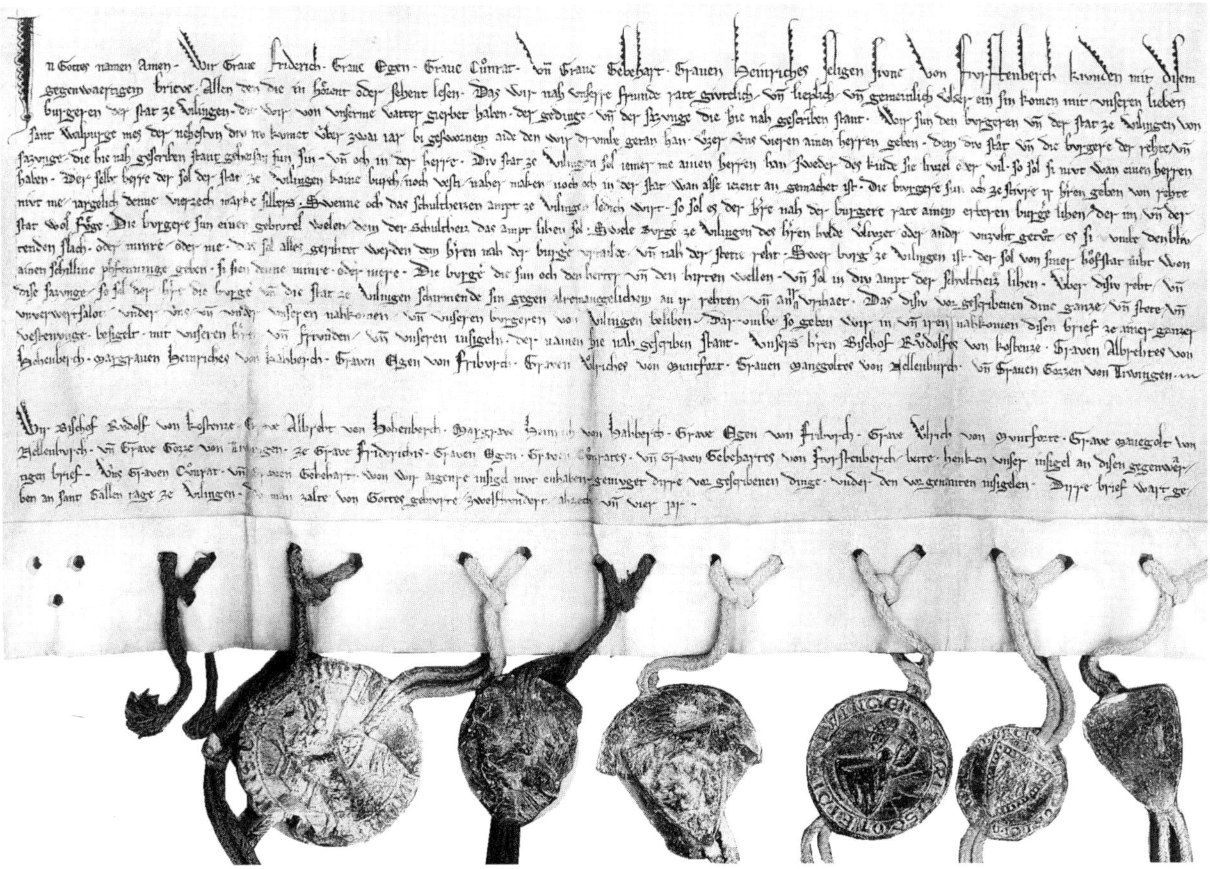

Abb. 2 Die Urkunde der Grafen Friedrich, Egen, Konrad und Gebhart von Fürstenberg vom 16. Oktober 1284 kann als älteste Verfassungsurkunde der Stadt Villingen betrachtet werden.

zweieinhalb Jahren unter sich denjenigen zu bestimmen, der künftig alleiniger Stadtherr sein sollte.

Noch vor Ablauf der Frist trat Graf Egen von Fürstenberg die Stadtherrschaft an und wiederholte in einem Revers vom 24. August 1286 die Bestimmungen der Verfassungsurkunde von 1284.[17] Zunächst scheint die Stadt mit dem neuen Herrn in einem positiven Verhältnis gelebt zu haben. Graf Egen brachte die Hospitalstiftung seiner Mutter Agnes von 1287 zum Abschluß, indem er im Jahr darauf mit Zustimmung „seiner lieben Bürger" das Grundstück an der Rietstraße, auf dem das Spital errichtet war, stiftete.[18] Doch schon zwei Jahre später schien das gute Einvernehmen zwischen dem Stadtherrn und der Kommune nachhaltig gestört.

Vom 20. Juli 1290 datiert ein Sühnebrief Graf Egens, in welchem er den Bürgern der Stadt Villingen verspricht, sie nie mehr in ihren Rechten zu beeinträchtigen und künftig alles zu halten, was er der Stadt in den Urkunden von 1284 und 1286 verbrieft hatte.[19] Auch wenn in der Quelle sein Übergriff nicht näher benannt wird, so liegt doch auf der Hand, daß er eine der früheren Zusagen gebrochen hatte. Möglicherweise hatte er begonnen, in der Nachbarschaft eine Burg zu errichten, oder aber er hatte versucht, in die Rechtsprechungsautonomie der Stadt einzugreifen. Ein solcher Konflikt liegt schon deshalb nahe, weil die Rechtsprechung des Stadtgerichts an der Stadtmauer endete, während der Graf von Fürstenberg als Landgraf auf der Baar bis an die Stadtmauer heran die Stabsgewalt besaß und tatsächlich gelegentlich „auf dem Graben" Gericht hielt.[20]

Was immer im Jahr 1290 zwischen Stadt und Stadtherr vorgefallen sein mag, die Gegenwehr der Villinger scheint überaus heftig gewesen zu sein, denn König Rudolf hatte sich genötigt gesehen, ihnen seine Gunst zu entziehen. Erst nach der Versöhnung der Stadt mit dem Grafen nahm der König am 8. November 1290 „consulibus et civibus [Ratsherren und Bürger] in Vilingen" wieder in seine Gnade auf.[21] Es ist im übrigen denkbar, daß dieser Streit vielleicht etwas zu tun hatte mit den Verfassungsänderungen, die in jener Zeit stattfanden und die uns noch näher beschäftigen werden.

Mochte nach 1290 auch mehrere Jahrzehnte äußerlich Ruhe herrschen im Verhältnis der Stadt Villingen zu ihrem Stadtherrn, so ist doch nicht zu übersehen, daß dieses bestimmt war durch den Gegensatz zwischen einem Feudalherrn und einer immer noch reichsstädtisch empfindenden Kommune. War dieser Gegensatz schon konfliktträchtig genug, so wurden die Verhältnisse noch komplizierter, als es Jahre später im Haus Fürstenberg zum Zerwürfnis kam.

Seit dem Jahr 1316 lagen die gräflichen Vettern der Fürstenberger und der Haslacher Linie miteinander in Fehde. Der Hintergrund ist bis heute nicht hinreichend ermittelt.[22] In dieser Situation versicherte sich der Stadtherr Egen von Fürstenberg der Unterstützung „seiner" Bürger in Villingen. In einem Vertrag vom 31. Oktober 1317 verbanden sich Graf Egen von Fürstenberg und seine Söhne Johann und Götz mit der Stadt Villin-

gen gegen ihren Vetter Heinrich von Fürstenberg zu Haslach und versprachen der Stadt den Ersatz von möglichen Kriegsschäden.[23] Mit diesem Vertrag war das Finale eröffnet, das sich bis zum Jahr 1326 hinziehen und für Villingen tragisch enden sollte.

Doch bevor wir uns dem „Showdown" zuwenden, gilt es, die politische Autonomie, die militärische Bedeutung und die verfassungsrechtliche Stellung Villingens am Vorabend der Ereignisse näher zu beleuchten.

Die kommunale Entwicklung

Frühe Verfassungorgane:
Schultheiß und Vierundzwanziger

Wie an der Verfassungurkunde vom 16. Oktober 1284 abzulesen, befand sich der Stadtherr Egen von Fürstenberg in keiner besonders günstigen Situation gegenüber seiner Stadt Villingen.[24] Umgekehrt belegt dieselbe Quelle eine recht große kommunale Selbständigkeit der Stadt. War der Schultheiß andernorts ein vom Stadtherrn eingesetzter Beamter, der in seinem Namen Recht sprach und vornehmlich ihm verantwortlich war, so mußte in Villingen „der herre nah der burgere rate" einen Schultheißen aus den Reihen der „erberen burger" vorschlagen, „der im und der statt wol fuge".

Ferner ist aus der Urkunde ersichtlich, daß die Rechtsprechung innerhalb der Stadtmauern einschließlich der Blutgerichtsbarkeit einem bürgerlichen Gerichtsgremium oblag, das „nah der stette reht" zu urteilen hatte. Das heißt, es bestand damals in Villingen ein älteres Stadtrecht, das aber nicht erhalten ist. Als weiteres Privileg genoß Villingen die Befreiung von auswärtigen Gerichten, wie es beispielsweise König Rudolf im Jahr 1278 zweimal bestätigte.[25] Die sogenannte „ius de non evocandi" ist zwar ein übliches Privileg der Reichsstädte, doch heißt es in einer Urkunde, dieses Recht habe bereits unter dem

Herzog (Berhold V.) von Zähringen bestanden. Es zählt also zum Kern der städtischen Freiheiten in Villingen.

Damit wird deutlich, daß die Ende des 13. Jahrhunderts festgehaltenen verfassungsrechtlichen Bestimmungen teilweise in zähringische Zeit, wenigstens in die Zeit um 1200, zurückreichen. Auch die ältesten Verfassungsorgane, der Schultheiß und das Gericht, dürften bereits unter Herzog Berthold V. existiert haben, faßbar werden sie aber erst in einer Urkunde aus dem Jahr 1225. Darin wird erstmals ein Villinger Schultheiß, Konrad mit Namen, erwähnt und neben ihm das Gremium der „Vierundzwanzig", das wir als ältestes Gerichts- und Ratsorgan der Stadt ansprechen können, denn von ihm heißt es: „per quos civitas regebatur" (durch die die Stadt regiert wird).[26]

Diese beiden Organe – Schultheiß und Vierundzwanziger – bildeten bis zum Tod Heinrichs von Fürstenberg die Kernelemente der städtischen Verfassung in Villingen. Erst unter seinem Sohn und Nachfolger, Graf Egen, kam Bewegung in die städtische Verfassungstruktur. Dies hatte wesentlich mit der Differenzierung der wirtschaftlichen und sozialen Strukturen innerhalb der Bürgerschaft zu tun.[27]

Soziale Gruppen:
Müßiggänger und Handwerker

Die Personen, die im 13. Jahrhundert das Amt des Schultheißen ausübten und im Vierundzwanzigerrat saßen, gehörten ausnahmslos der bürgerlichen Führungsschicht an. Diese bestand zum Teil aus Adligen wie den Herren von Tannheim oder von Weigheim, die sich in der Stadt niedergelassen hatten, überwiegend jedoch aus reichen Kaufleuten und Grundbesitzern, die ihren Unterhalt nicht mit ihrer eigenen Hände Arbeit verdienten. Sie nannten sich deshalb – wie auch in Rottweil – „Müßiggänger". Die Geschichtswis-

senschaft bezeichnet diese gesellschaftliche Führungsschicht der Städte als Patriziat. Zu den hochrangigen Patriziergeschlechtern Villingens zählten beispielsweise die Familien Heimburg, Stähelin, Tannheim, Lecheler und Hemmerlin.

Die breite Masse der Stadtbewohner, die Handwerker, Krämer, Hintersassen und Dienstboten, waren lange Zeit ausgeschlossen von einer Mitwirkung an der politischen Selbstverwaltung der Städte. Doch mit dem wachsenden demographischen und politischen Gewicht der Handwerker, die sich in Zünften zu organisieren begannen, verlangten diese Zugang zu den städtischen Entscheidungsgremien. Wo dies friedlich nicht gewährt wurde, kam es, wie in den meisten schwäbischen Reichsstädten, zu „Zunftrevolten", durch die sich die Handwerker die Aufnahme in die erweiterten Räte erzwangen. Auch in Villingen führte die Entwicklung zu einer „Zunftverfassung", doch kam hier die Beteiligung der Handwerker am Stadtregiment nicht durch eine Revolte gegen die Patrizier zustande, sondern auf andere Weise.[28]

Es liegt auf der Hand, daß in Villingen die Handwerkerschicht während des 12. und 13. Jahrhunderts enorm angewachsen sein muß. Das 12. Jahrhundert brachte eine beträchtliche Stadterweiterung nach Süden, im frühen 13. Jahrhundert wurde die Stadtmauer gebaut, später folgten große Bauvorhaben wie Johanniterkommende (1257) und Franziskanerkloster (1268), Münstererweiterung (1270er Jahre), Rathaus und Spital (beides 1288/89). Daneben wurden unablässig private Bauvorhaben abgewickelt.

Das heißt, die Stadt Villingen bildete ein Eldorado für das Bauhandwerk (Zimmerleute, Maurer, Steinmetze, Schreiner), aber auch für Ziegler, Hafner, Schmiede, Schlosser und andere dem Bauwesen nachgeordnete Handwerke. Das Anwachsen der Stadt erforderte aber auch ein leistungsfähiges Ernährungsgewerbe (Müller, Bäcker, Metzger und Wirte). Schließlich bestand ein wachsender Bedarf an Kleidungsproduzenten wie Gerber, Kürschner, Schuhmacher, Schneider und Weber. Lederverarbeitendes Handwerk und Weberei sind in Villingen bereits für das 12. Jahrhundert archäologisch erschlossen. Die schriftlichen Quellen liefern erst relativ spät Handwerkerbelege: Mühlen zum Jahr 1218, eine Schneiderswitwe namens Gußregen zu 1284, einen Schmied namens Sigfrid zu 1290/92, einen Brotbeck namens Falkenstein zu 1299.[29]

Das Anwachsen des Handwerks machte es notwendig, Zuzug, Produktqualität und Konkurrenz zu reglementieren. Hierzu diente die korporative Organisation des Handwerks in Zünften. Gleichzeitig bildeten die Zünfte ein Forum und ein Mittel politischer Artikulation. Über sie wurde der Anspruch auf Mitwirkung an den politischen Gremien der Stadt vorgetragen.

In Villingen werden Zunftmeister erstmals im Jahr 1311, Zünfte im Jahr 1324 genannt.[30] Es ist aber mehr als wahrscheinlich, daß es schon Jahrzehnte zuvor Frühformen zünftiger Organisation gab. Die Handwerkerschicht wurde in Villingen spätestens Mitte des 13. Jahrhunderts als soziale und politische Ordnungsgröße wahrgenommen, wenn es 1257, anläßlich der Niederlassung der Johanniter, heißt, „cives in Villingen tam maiores quam minores" (sowohl die „großen" wie die „kleinen" Bürger) hätten diesen gewisse Freiheiten gewährt.[31] Wir werden kaum fehlgehen, in den „maiores cives" das Patriziat, in den „minores" aber die übrigen Bürgerschichten, hauptsächlich die Handwerker, wiederzuerkennen. Wichtig ist aber, daß hier bereits die „Kleinbürger" an einer wichtigen politischen Entscheidung beteiligt wurden.

In der sogenannten Auszugordnung von 1294, in der die Bürger die militärische Organisation ihrer Stadt regelten, wird erstmals das „antwerk" den „müßiggengern" gegen-

übergestellt.[32] Darin geht es um eine Übereinkunft der beiden wichtigsten sozialen Gruppen der Stadt zum Schutz ihrer gemeinsamen bürgerlichen Freiheiten. Das heißt, 1294 mußte bereits ein politischer Ausgleich zwischen Patriziat und Zunfthandwerk stattgefunden haben. Tatsächlich läßt sich nachweisen, daß sich damals das Handwerk bereits Zugang zum Stadtregiment erstritten hatte.

Auf dem Weg zur Zunftverfassung von 1324

Ebenfalls in der Auszugordnung von 1294 findet sich zum ersten Mal die Formulierung: „der rat ze Vilingen, der alte und der núwe" (später heißt es auch: „der mindere und der mere", also der kleine und der große Rat). Das heißt, es hatte 1294 bereits eine Ratserweiterung stattgefunden, der große, um die Vertreter des Handwerks ergänzte Rat galt aber noch als „neu". Wenn wir fragen, wie neu diese Institution damals war, so versagt zwar die schriftliche Überlieferung, wir erhalten die Antwort diesmal aber von einem steinernen Zeitzeugen, dem alten Villinger Rathaus.

Das Villinger Rathaus zählt zu den wenigen bauhistorisch genau datierten Rathäusern Deutschlands.[33] Es ließ sich nachweisen, daß der Westteil des Gebäudes, der im übrigen vielleicht schon um 1210 eine Verwaltungsfunktion erfüllte, in den Jahren 1288/89 mit dem heutigen Mittelbau verbunden wurde und im 1. Obergeschoß einen beheizbaren Versammlungsraum erhielt, der noch erhalten ist: es handelt sich um den ältesten Villinger Ratssaal. Die Baumaßnahme von 1288/89 fügt sich erstaunlich gut in die verfassungsgeschichtliche Entwicklung jener Jahre: Die Rathauserweiterung dürfte eine damals erfolgte Ratserweiterung widerspiegeln. Damit ließe sich diese bedeutsame Verfassungsänderung relativ genau auf die Zeit bald nach dem Herrschaftsantritt von Graf Egen im Jahr 1286 festlegen.

Abb. 3 Altes Rathaus Villingen, Blick aus der Rathausgasse. Der erste Ratssaal von 1288 befand sich im 1. Obergeschoß.

Nur wenige Jahre später haben die Villinger Bürger ein weiteres neues Verfassungsorgan durchgesetzt: das Amt des Bürgermeisters. Da dem Schultheißenamt der Stempel des Stadtherrn anhaftete, forderte die Bürgerschaft – wie andernorts auch – die Schaffung eines neuen Spitzenamtes, das eine wirkliche Vertretung der Bürgerschaft darstellte. Der Schultheiß sollte nur noch dem Gericht vorsitzen, der Bürgermeister aber dem (um die Zünfte erweiterten) Rat. Das Bürgermeisteramt wird in Villingen erstmals 1297 er-

wähnt, von 1303 an ist die Reihe der Bürgermeister namentlich überliefert.[34]

Schließlich rang die Bürgerschaft dem Stadtherrn ein weiteres Recht ab, als sie sich im Jahr 1303 zusagen ließ, das Schultheißenamt für die nächsten fünf Jahre aus den Reihen des Vierundzwanzigerrates selbst besetzen zu dürfen.[35]

Wenngleich die berühmte Villinger Zunftverfassung mit ihren zentralen Organen Bürgermeister, Schultheiß, Zunftmeister, kleiner und großer Rat erst am 7. Dezember 1324

Abb. 4 Villinger Zunftverfassung vom 7. Dezember 1324.

schriftlich fixiert wurde, so liegt doch auf der Hand, daß, was dort verbrieft wurde, bereits 40 Jahre zuvor Verfassungswirklichkeit gewesen ist. Im übrigen zeigen beide Zeitpunkte, 1324 wie schon 1284/88, daß Herrschaftswechsel für derlei Veränderungen besonders günstig waren. Es spricht für die Macht der Kommune und für das Geschick der Villinger Stadtväter, daß sie jedesmal die Gunst der Stunde für eine Aufwertung der kommunalen Rechte zu nutzen verstanden. Nach 1286 hatte man dem jungen Stadtherrn Egen von Fürstenberg die Ratserweiterung abgetrotzt, und im Dezember 1324 mußten dessen Söhne Johann und Götz, ein halbes Jahr nach Antritt ihrer Herrschaft, die Zunftverfassung als eine Art „Villinger Grundgesetz" verbriefen.[36]

Was aber auffällt, ist, daß die Villinger Zunftverfassung vermutlich nicht wie andernorts, z. B. in Freiburg 1248, in blutigen Auseinandersetzungen zwischen Patriziat und Zunftbürgertum zustande kam, sondern in einem Ausgleich beider Gruppen, dafür aber in Auseinandersetzung mit dem Stadtherrn. Dies hing mit der besonderen Geschichte Villingens im 13. Jahrhundert zusammen. Die Stadt hatte aus ihren zähringischen Wurzeln und aus ihrer reichsstädtischen Phase so viele Privilegien in die fürstenbergische Zeit hinübergerettet, daß sie deutlich über das Gros der landesherrlichen Städte hinausragte.

Das Patriziat, das bis in die Zeit um 1280 die politischen Geschicke der Stadt allein bestimmt hatte, war aber nicht stark genug, um die günstige Rechtsposition der Stadt gegenüber dem Stadtherrn allein zu behaupten oder gar zu verbessern. Deshalb sieht es so aus, als habe die alte Führungsschicht gerade in der Zeit, als die Herrschaft Heinrichs von Fürstenberg zu Ende ging, die „cives minores", die Zunftbürger, die ohnehin schon an die Pforten der politischen Macht pochten, mit ins Boot genommen. Gemeinsam trotzten sie dem neuen Stadtherrn eine Verfassungsänderung ab, gemeinsam errichteten sie zum Zeichen ihrer Autonomie in den Jahren 1288/89 ein neues Rathaus. Und gemeinsam wehrten sie im Jahr 1290, vermutlich in Waffen, Übergriffe des Herrn auf ihre kommunalen Freiheiten ab.

Streitbare Bürger

Es ist vielleicht kein Zufall, daß wir die verfassungsrechtlichen Veränderungen jener Jahre ausgerechnet einer militärischen Quelle entnehmen können, der Auszugordnung von 1294. Die Bürgerschaft mußte sich in der damaligen Situation als wehrhafte Gemeinschaft aus Patriziern und Zunftbürgern zum Schutz ihrer mühsam erstrittenen Freiheiten definieren.

Die Wehrhaftigkeit der Villinger war dabei nicht nur auf äußere Feinde gerichtet, sondern potentiell auch gegen den Stadtherrn und gelegentlich sogar gegen friedfertige Einrichtungen im Innern. So erfahren wir aus einer Reihe von Quellen, daß im Jahr 1295 Villinger Bürger gewaltsam gegen das Franziskanerkloster vorgegangen waren, um einen Mönch, „Bruder Burghart", gefangenzusetzen und seine Ausweisung aus der Stadt zu erzwingen.[37] Der Hintergrund dieser merkwürdigen Geschichte ist bislang nicht aufgeklärt, die Episode zeigt jedoch, daß das Franziskanerkloster damals noch nicht unbedingt die bürgerfreundliche Stellung innerhalb der Stadt besaß wie später.

Im Jahr 1299 haben die Villinger erneut die Zähne gezeigt und offensichtlich dem Bruder Graf Egens, Gebhard von Fürstenberg, der auf der nahe gelegenen Burg Zindelstein residierte, einen „Besuch" abgestattet, denn in der vom Stadtherrn vermittelten Versöhnungsurkunde ist von der „haimsuochi ze Sindelstain" die Rede.[38]

Wir besitzen neben den Auszugordnungen von 1294 und 1306 eine Reihe weiterer Aufzeichnungen vom Anfang des 14. Jahrhunderts, die militärische Fragen betreffen. Das verweist darauf, daß die Villinger in den Jahren zwischen 1290 und 1326 öfters in Fehden und Kriege verwickelt waren, ohne daß wir Anlaß und Hintergründe immer genau kennten.

In einem Fall liegt der reichspolitische Hintergrund zutage. Im Jahr 1310 war Graf Eberhard von Württemberg der Reichsacht verfallen. In den folgenden Krieg haben die Villinger auf seiten des Reiches eingegriffen und dabei württembergische Güter so nachhaltig geschädigt, daß sie im Jahr 1311 von Kaiser Heinrich VII. einen Schutzbrief erwirkten, der sie vor gerichtlicher Verfolgung bewahrte. Im selben Jahr wurde vom Rat eine Ord-

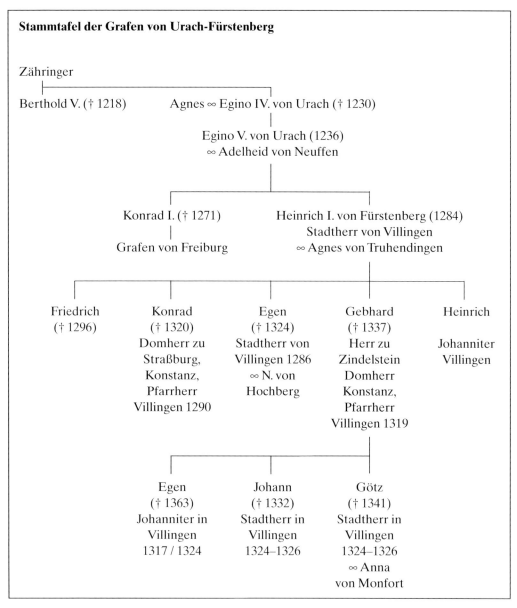

Stammtafel der Grafen von Urach-Fürstenberg

Zähringer

Berthold V. († 1218)   Agnes ∞ Egino IV. von Urach († 1230)

Egino V. von Urach (1236)
∞ Adelheid von Neuffen

Konrad I. († 1271)   Heinrich I. von Fürstenberg (1284)
                                          Stadtherr von Villingen
Grafen von Freiburg   ∞ Agnes von Truhendingen

Friedrich   Konrad   Egen   Gebhard   Heinrich
(† 1296)   († 1320)   († 1324)   († 1337)
                Domherr zu   Stadtherr von Herr zu   Johanniter
                Straßburg,   Villingen 1286 Zindelstein   Villingen
                Konstanz,   ∞ N. von   Domherr
                Pfarrherr   Hochberg   Konstanz,
                Villingen 1290   Pfarrherr
                                               Villingen 1319

                Egen   Johann   Götz
                († 1363)   († 1332)   († 1341)
                Johanniter in Stadtherr in   Stadtherr in
                Villingen   Villingen   Villingen
                1317 / 1324   1324–1326   1324–1326
                                                ∞ Anna
                                                von Monfort

Abb. 5 Stammtafel der Grafen von Urach-Fürstenberg.

nung verabschiedet, wie die im Dienst der
Stadt in Gefangenschaft Geratenen zu entschädigen seien.[39]

Für den Stadtherrn Egen von Fürstenberg
war es von grundlegendem Interesse, eine

derart streitbare Bürgerschaft, die öfters an
ihm vorbei eine eigene „Außenpolitik" betrieb, eher auf seiner Seite zu wissen als mit
ihr in Konflikt zu geraten. So wird verständlich, warum sich der Graf 1317 des Beistands

der Villinger versicherte, als es im Haus Fürstenberg zur Fehde kam. Auffällig erscheint, daß der Stadtherr offenbar keine Macht besaß, „seine" Villinger Bürger zur Kriegsfolge zu zwingen, sondern ihre Unterstützung mit Hilfe eines Vertrags erwirken mußte. Andererseits scheint das Bündnis aber auch im Interesse der Stadt gelegen zu haben, denn es ging in der Fehde u. a. „umbe den weg", also wohl um die erst 1310 eröffnete Straße zwischen Villingen und Freiburg.[40]

Mit der Fürstenberger Fehde von 1317 bis 1326 nehmen wir den oben verlassenen Faden wieder auf und nähern uns dem für Villingen bitteren Ende der Geschichte. Es ist, wie gesagt, nur teilweise ersichtlich, worum im Haus Fürstenberg in jenen Jahren gestritten wurde. Wahrscheinlich ist nur, daß die Familienfehde zeitweilig wohl mit den reichspolitischen Auseinandersetzungen zwischen den beiden Thronanwärtern Friedrich dem Schönen und Ludwig dem Bayern vermengt war (Schlacht von Mühldorf 1322).[41]

Im Jahr 1318 scheint es einen Waffengang gegeben zu haben, denn am 29. August des Jahres versprach Graf Konrad von Freiburg, die Villinger nicht mehr zu schädigen, nachdem sie sich mit Gebhart von Fürstenberg ausgesöhnt hatten. Graf Konrad hatte offensichtlich auf seiten der Haslacher Linie in die Kämpfe eingegriffen. Trotz solcher Aussöhnungen scheint die Fehde immer wieder aufgelodert zu sein. Schon 1319 muß wieder ein Waffengang bevorgestanden haben, denn im Juni des Jahres berieten Schultheiß, Bürgermeister und Rat erneut eine Auszugordnung, die die Ablösepflicht für zurückbleibende Bürger festlegte. In diesen Ordnungen war also immer die potentielle Gefangenschaft der ausziehenden Bürger mitgedacht – eine Vorahnung bitterer Ereignisse.[42]

Hatte Villingen sich schon 1318 mit Graf Konrad von Fürstenberg ausgesöhnt, so sind diese beiden Parteien doch später wieder in den Konflikt hineingezogen worden. In die-

sem Zusammenhang war der Villinger Bürger Konrad Zan in Gefangenschaft geraten und dort möglicherweise gestorben. Erst am 11. Oktober 1322 kam es zu einem Vergleich zwischen dem Grafen von Freiburg, der Stadt Villingen und den Söhnen Konrad Zans.[43]

Der Haslacher Anschlag und der Übergang Villingens an Habsburg 1326

Der Konflikt im Haus Fürstenberg war noch nicht endgültig ausgefochten, als im Frühjahr des Jahres 1324 der Villinger Stadtherr Egen von Fürstenberg starb. An seine Stelle traten die Söhne Johann und Götz von Fürstenberg, die am 28. Mai 1324 den Villingern versprachen, ihre Rechte zu achten und ihnen binnen zweier Jahre einen Herrn zu setzen. In dieser Frist von zwei Jahren bis zum Juni 1326 sollte sich für die erfolggewohnten Villinger auf tragische Weise Glanz und Niederlage, Triumph und Demütigung verdichten.[44]

Wie beschrieben, war es der Stadt Villingen in den vergangenen Jahrzehnten glänzend gelungen, ihre städtischen Freiheiten gegenüber dem Haus Fürstenberg nicht nur zu behaupten, sondern auszubauen. Ergebnis war die Zunftverfassung, die im Kern sicherlich seit dem Rathausbau von 1288/89 de facto bestand. Nun nutzte man den erneuten Wechsel in der Stadtherrschaft, um sich die Zunftverfassung schriftlich bestätigen zu lassen. Dies ist, wie gehört, am 7. Dezember 1324 in Villingen geschehen. Von Interesse ist allerdings, daß am selben Tag ein Beistandspakt zwischen Villingen und den Grafen Johann und Götz gegen ihren Vetter, Graf Heinrich von Fürstenberg, zustande kam. Das Haus Fürstenberg befand sich also erneut in Fehde, und Villingen war weiterhin in den Konflikt auf seiten der beiden jungen Stadtherrn einbezogen.

Schien also Ende des Jahres 1324 das Verhältnis zwischen den Villingern und der

Abb. 6 Bericht über den Haslacher Anschlag vom 30. April 1326.

Stadtherrschaft noch gut, so muß sich dies im Laufe des folgenden Jahres radikal verändert haben. Über die Gründe kann man nur spekulieren. Möglicherweise ist den beiden jungen Grafen bewußt geworden, wie gering ihre Macht über „ihre" Stadt Villingen war, wie sehr sie vom Wohlwollen ihrer Bürger abhängig waren und wie frech die ihre rechtliche Stellung gegenüber dem Stadtherrn auszubauen verstanden. Überdies verlangten die Villinger erneut, daß nur einer der gräflichen Brüder zum Stadtherrn bestimmt werde. Dies bedeutete aber eine Teilung ihrer ohnehin nicht üppigen Besitzungen.

Je näher der Termin ihrer Entscheidung – der 24. Juni 1326 – rückte, desto mehr scheint in den beiden zu Haslach im Kinzigtal residierenden Grafen ein wahrhaft perfider Plan herangereift zu sein. Wenn man von der Stadt schon keinen bedeutenden Vorteil hatte, so wollte man die satten Patrizier wenigstens einmal richtig rupfen und gleichzeitig ihrem Stolz einen Dämpfer versetzen. Offensichtlich noch immer vertraglich zur Waffenhilfe verbunden, brach Ende April 1326 ein Kontingent Villinger nach Haslach auf, von wo sie unter Führung der Stadtherrn zu einer Fehde ausziehen wollten. Doch es handelte sich um eine hinterlistige Finte.

Das Ereignis ist in zwei zeitgenössischen Berichten überliefert: bei dem Chronisten Johannes von Winterthur und in einer unmittelbar nach dem Anschlag vielleicht von einem Tatzeugen auf der Villinger Ratskanzlei niedergeschriebenen Notiz.[45] Daraus läßt sich folgender Tathergang rekonstruieren:

Am Walpurgenabend, dem 30. April 1326, zogen 150 der vornehmeren Bürger von Villingen auf guten Hengsten nach Haslach. Begleitet wurden sie von Graf Egen von Fürstenberg, der damals Johanniterkomtur in Villingen war, und dessen Brüdern Johann und Götz, den beiden Stadtherrn. In Haslach angekommen, schlossen die Grafen die Tore, arglos legten die Villinger ihre Waffen ab und

labten sich an Speise und Trank. Plötzlich fielen die Fürstenbergischen mit zahlreichen bewaffneten Leuten über sie her und legten sie in den Toren und Türmen gefangen. Jedem Mann schlugen sie Hände und Füße in Blöcke, die Gefangenen mußten die eisernen Ringe und Ketten dafür selbst bezahlen.

Unter den Widersachern befanden sich so illustre Persönlichkeiten wie Pfalzgraf Wilhelm von Tübingen, die Herren Walther von Geroldseck und Friedrich von Üsenberg und nicht zuletzt Graf Ulrich von Württemberg: dieser nutzte die Gelegenheit, um sich für die Villinger Übergriffe auf Württemberg 1310 zu rächen. Die Villinger wurden so lange gefangengehalten, bis sie eine ungeheure Geldsumme aufbrachten. Da sie hierzu alleine nicht in der Lage waren, trat Herzog Albrecht von Österreich auf den Plan und bot einen Teil des Lösegeldes auf.

Das nach diesem Anschlag endgültig zerrüttete Verhältnis zwischen der Stadt Villingen und dem Haus Fürstenberg und die Demütigung der streitbaren Villinger Bürger bot dem Haus Habsburg die günstige Gelegenheit, sich ein weiteres Steinchen ins Mosaik ihres Herrschaftsgebietes einzuverleiben. Herzog Albrecht hatte gerade durch Heirat die oberelsässische Herrschaft Pfirt an sich gebracht, und erst 1305 war die benachbarte Stadt Bräunlingen – übrigens auch nach einer Auseinandersetzung mit Fürstenberg – habsburgisch geworden. Ein Erwerb der Stadt Villingen mußte dem Herzog also äußerst verlockend erscheinen.

Doch es bedurfte hierzu nicht nur enormer finanzieller Mittel, sondern auch eines gewissen diplomatischen Geschicks. Den Rest des Jahres 1326 zogen sich die Verhandlungen zwischen Fürstenberg, Habsburg und Villingen um die Übergabebedingungen hin. Indessen war Herzog Albrecht von Österreich bereits am 16. Juni des Jahres in Villingen erschienen, um die Bürger in seinen Schutz aufzunehmen und ihnen ihre verbrieften Rechte zu bestätigen. Die Villinger Bürger huldigten dem Habsburger, gaben also deutlich zu erkennen, daß sie sich nicht mehr dem Haus Fürstenberg zugehörig fühlten.[46]

Ein Schiedsgericht, bestehend aus Bischof Johann von Straßburg, Herzog Lutzmann von Teck, Graf Rudolf von Hohenberg, Otto von Ochsenstein und Walther von Geroldseck, fällte im August 1326 einen Schiedsspruch, den am 23. August in Offenburg die beiden Grafen von Fürstenberg akzeptierten. Erst jetzt, nach 116 Tagen Kerker, wurden die 150 in Haslach gefangenen Villinger freigelassen.

Den Abschluß fanden die Verhandlungen am 30. November 1326 im elsässischen Ensisheim. Dort wurde zwischen Herzog Albrecht von Österreich und den Grafen Johann und Götz von Fürstenberg vereinbart, daß die Stadt Villingen mit der Burg Warenburg und den Dörfern Klengen, Beckhofen und Grüningen um 7 500 Mark Silber als erbliches Eigentum an die Herzöge von Österreich übergehen sollte. An dem Kaufpreis übernahmen die Bürger von Villingen 2 000 Mark Silber. Am folgenden Tag, dem 1. Dezember 1326, erfolgte die Aussöhnung zwischen der Stadt Villingen und ihren ehemaligen Stadtherren.[47]

Krise und Bewährung – 1326 bis 1524

Wirtschaftliche Grundlagen

„Kaufmannsstadt" Villingen?

Villingen gehörte seit 1326 zum Erzherzogtum Österreich, und dies sollte bis zum Untergang des Alten Reiches 1806 so bleiben. Auch wenn die Stadt ihre im 13. Jahrhundert erworbenen Privilegien durch die Herzöge von Österreich bestätigt erhielt und damit über kleine Landstädte wie Bräunlingen deutlich hinausragte, spielte sie im größeren Herrschaftskomplex der Habsburger doch nur eine nachgeordnete Rolle. Politisch betrachtet, war der Traum von reichsstädtischer

Größe vorbei, mental hatte der Bürgerstolz durch die Schmach von Haslach einen empfindlichen Dämpfer erhalten. Aber auch ökonomisch hatten die Ereignisse des Jahres 1326 ihre Spuren hinterlassen, wenn wir dem Chronisten Johannes von Winterthur glauben dürfen: „Durch diese Unglücksfälle haben die Villinger auf Jahre hinaus eine unsägliche Schwächung ihrer Vermögensverhältnisse erlitten; aber endlich sind sie, mit Gottes Hilfe, wieder zu größerem Wohlstand gelangt, indem sie das Verlorene allmählich wieder gewannen."[48]

Diese Bemerkungen des Franziskanermönchs legen die Frage nach den wirtschaftlichen Grundlagen der Stadt Villingen im Mittelalter nahe. Woraus bezogen die Villinger Bürger eigentlich den Wohlstand, der doch offensichtlich ihre politische Autonomie begründete? Mit dieser Frage rühren wir an eines der ungelösten Probleme der Villinger Geschichte. Es gehört zwar zu den festen Lehrsätzen der Villinger Stadtgeschichtsschreibung, der Wohlstand der Stadt im Mittelalter verdanke sich der Wolltuchproduktion, doch ist diese These mit den erhaltenen Quellen nur schwer zu belegen.[49]

Die These beruht auf einer Kombination verschiedener Indizien. Da ist zunächst einmal die Tatsache einer auffällig großen Gemarkung, die die Stadt im frühen 13. Jahrhundert zum Teil von den Herren von Schwarzenberg erworben hatte.[50] Diese Gemarkung bildete die agrarische Grundlage der städtischen Versorgung. Hier wurde das Getreide angebaut, das in den zahlreichen Mühlen der Stadt weiterverarbeitet wurde. Die getreidewirtschaftlich nicht nutzbaren Flächen dienten wohl vornehmlich als Weiden. Daß die Weidewirtschaft ein bedeutender Wirtschaftsfaktor der Stadt Villingen war, läßt sich sogar aus der städtischen Verfassung ablesen. Schon 1284 hatte Graf Egen von Fürstenberg gestattet, daß die Bürger einen Herter und einen Hirten wählen durften, und diese Ämter tauchen auch in der Verfassung von 1371 als Organe der Stadtverwaltung auf. Man muß Hirt und Herter als städtische Beamte auffassen dürfen, die die Aufsicht über die kommunale Weidewirtschaft hatten.[51]

Diese Ämter hatten wohl deshalb so etwas wie Verfassungsrang, weil die Rinderzucht eine Grundlage der städtischen Nahrungsversorgung bildete und die Schafschur den Rohstoff für einen bedeutenden Wirtschaftszweig lieferte. Daß Wolltuchproduktion und -handel ein wichtiges Gewerbe der Stadt gewesen sein müssen, läßt sich allerdings nur von der Zunftordnung der Tucher, Wollschläger und Weber aus dem Jahr 1356 ableiten.[52] Weitergehende Erkenntnisse über die Villinger Tuchproduktion – Größe der Zunft, Umfang der Produktion, Träger des Handels, etwaige Verlagsstrukturen – sind nicht zu ermitteln.

Handelstätigkeit von Villinger Familien ist insgesamt sehr selten zu belegen. Die alten Patriziergeschlechter, deren wirtschaftliche Grundlagen Handel und Kaufmannschaft gebildet haben könnten, sind in den Urkunden nie in diesem Zusammenhang anzutreffen. Es läßt sich ausführlich beschreiben, wie die Familien Heimbürge, Stähelin, Hemmerlin, Lecheler, Vetterlin, und wie sie alle heißen, ihr Geld im 13. und 14. Jahrhundert ganz im Stil adliger Familien in Grundbesitz rund um die Stadt anlegen, aber es gibt keinen Hinweis darauf, daß ihr Wohlstand ursprünglich aus Handelskapital rührte. Man könnte zwar hinter Familiennamen wie von Costentz oder von Offenburg (Offenburger), die eine gewisse Mobilität widerspiegeln, handeltreibende Familien vermuten, und es wäre denkbar, daß Familien mit „sprechenden" Namen wie die Stähelin und Hemmerlin ursprünglich etwas mit Eisen- und Stahlhandel zu tun gehabt haben könnten, doch bleibt dies alles Spekulation. Tatsache ist, daß weder der Reichtum einzelner Villinger Geschlechter noch der Wohlstand der Kommune insgesamt quellenmäßig nachvollzogen werden kann.[53]

Auch andere wirtschaftsgeschichtliche Quellen wie die Zollordnung von 1296 geben keine Auskunft über die Herkunft des Wohlstands. Ihnen können wir lediglich solch banale Informationen entnehmen, daß Waren, wie Schindeln, Obst, Rüben und Lauch, Salz, Heu, Vieh, Leder, Honig oder Getreide, die Villinger Stadttore passierten.[54] Im Jahr 1371 sind als Waren auf der Freiburger Straße Kleider, Leinwand, Wolltuche, Pferde, Rinder und Schafe belegt. Aus dem Breisgau gelangten Wein, Obst, Öl, Honig, Wachs, Waffen, Schmuck, Wagen und Karren auf den Villinger Markt.[55]

Trotz der dürftigen Quellenlage ist nicht daran zu zweifeln, daß Villingen ein bedeutender regionaler und überregionaler Warenumschlagplatz war. Dafür sprechen schon die breit angelegten Hauptachsen der Stadt, die Riet- und die Bickenstraße in West-Ost-Richtung und die Obere und Niedere Straße in der Nord-Süd-Durchquerung. Zwar fand nur zweimal jährlich ein Jahrmarkt statt, nämlich nach der Stadtordnung von 1371 am 1. und 2. Mai (Walpurgentag und am Tag danach) und am 21. und 22. September (Matthäus und Mauritius).[56] Doch herrschte auf den beiden Villinger Hauptachsen tagtäglich ein geschäftiges Markttreiben.

Das tägliche Wirtschaftsleben konzentrierte sich auf die zur Stadtmitte ausgerichteten Marktlauben. Mit einiger Wahrscheinlichkeit haben solche hölzernen, überdachten Gebäude, die mitten auf der Straße errichtet waren, schon im 13. Jahrhundert bestanden, doch sind sie in Villingen erst seit dem frühen 14. Jahrhundert nachweisbar. In der Oberen Straße befand sich spätestens 1344 die Tuchlaube. Hier wurden aber auch andere Waren, etwa Salz, gelagert, so daß dieses Gebäude 1439 erstmals als „koufhus" in Erscheinung tritt. Das Kaufhaus, wahrscheinlich damals schon zweistöckig, war gleichzeitig Tanz- und Gerichtslaube. An dieser Verbindung der Funktionen blieb bis in die Neuzeit hinein

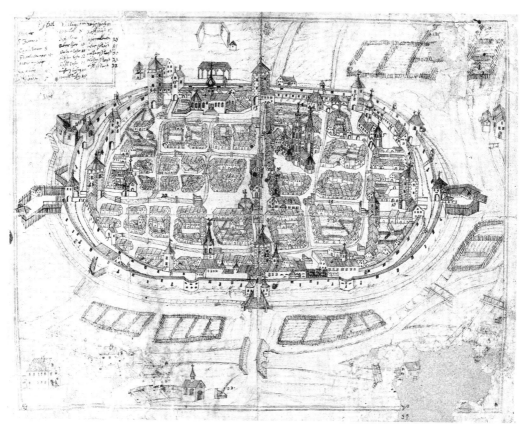

Abb. 7 Stadtansicht Villingens ca. 1666–86 mit Kaufhaus, Kornlaube und Metzig im Zentrum (GLA H-BS-I V/4).

erkennbar, daß sich die städtische Gerichts-barkeit vom 999 verliehenen Marktrecht ableitete.

In der Rietstraße befand sich, auf der Höhe des Spitals, seit spätestens 1314 die Korn- und Brotlaube, östlich an sie anschließend, näher zum Marktbrunnen hin, stand die Obere Metzig mit ihren Fleischbänken (seit 1364 faßbar). Ungefähr gleichzeitig (seit 1361) läßt sich auch die Untere oder Niedere Metzig in der Niederen Straße belegen, die 1502 letzt-mals erwähnt und später verschwunden ist.[57] Zudem befanden sich längs der großen Straßen, aber auch der kleineren Gassen Lä-den, in denen Bäcker, Schuster, Kürschner, Hafner, Schneider und andere Handwerker

ihre Waren feilboten. Ein ständiger Waren- und Geldverkehr prägte das Bild der Stadt Villingen im späten Mittelalter, doch dürfte der Charakter einer Handwerkerstadt mit regionalem Markt überwogen haben.

Handwerk und Zünfte

Zum Marktcharakter trug auch das Gast-gewerbe bei, das sicherlich mit der frühen Marktsiedlung entstanden ist, aber erst im 14. Jahrhundert faßbar wird. Von den zahlrei-chen Villinger Gasthäusern sind allerdings nur zwei sicher ins Mittelalter datierbar: das Wirtshaus „Zur Mohrin" in der Rietstraße, dessen zum Teil aus dem 14. Jahrhundert stammendes Inventar archäologisch geborgen werden konnte, und der „Wilde Mann", der für 1379 belegt ist. Eine Reihe weiterer Wirtshäuser, die sicher noch dem Mittelalter angehören, ist erst zu Beginn des 16. Jahrhunderts nachweisbar: so der „Adler" (angeblich schon 1308, Niedere Straße 3), die „Blume" (1504; Ecke Bicken-, Niedere Straße), der „Engel" (1509, Vöhrenbacher Straße 4), die „Flasche" (1521, Rietstraße 15), der „Hirschen" (1533, Niedere Straße 37), die „Krone" (1556, Kronengasse 12), das „Lamm" (1554, Niedere Straße 71), der „Löwen" (1514, Obere Straße 10).[58]

Der „Wilde Mann" in der Oberen Straße scheint zu den besseren Gasthäusern der Stadt gezählt zu haben, denn dort ist im Jahr der Entdeckung Amerikas, 1492, einmal eine venetianische Gesandtschaft abgestiegen. Die vier venetianischen Patrizier, die Kaiser Friedrich III. in Straßburg aufgesucht hatten, zogen am 2. September über Offenburg und Hornberg nach Villingen weiter, wo sie am Abend des 3. September ankamen. Sie beklagten die schlechten Straßen der Anreise, zeigten sich aber entzückt über die Stadt mit ihrer Mauer und den Brunnen in den Straßen, die den Italienern sehr breit und „nach deutscher Sitte" gepflastert erschienen. Hier sprachen sie sicherlich auf die Hauptstraßen an, die sie von ihrer Absteige, dem Gasthaus „Zum Waidmann" (gemeint ist wohl der „Wilde Mann"), direkt einsehen konnten.

Der Villinger Bürgermeister – das war damals Hans Egensheimer – ließ es sich, als er von der Ankunft der hochkarätigen Gesellschaft hörte, nicht nehmen, zwei Abgeordnete mit Wein und eine Gruppe Spielleute zu den venetianischen Gästen zu schicken, um sie zu begrüßen und zu unterhalten. Diese Geste legt nahe, daß derartiger Besuch in Villingen damals nicht gerade alltäglich war.[59]

Neben dem Gastgewerbe sind die Badestuben zu erwähnen, die in einer Stadt wie Villingen eine bedeutende hygienische, aber auch gesellige Funktion erfüllten. Es gab neben der Badestube beim Riettor (1390 erwähnt), der Oberen Badestube (1430 erwähnt) und der Niedern Badestube (1464 erwähnt) spätestens in der frühen Neuzeit eine Badestube in der Rietgasse, die von dem aus Villingen gebürtigen Arzt Georg Pictorius (1500–1569) in seinem „Badenfahrtbüchlein" empfohlen wurde.[60]

Eine bedeutende Funktion für die Nahrungsmittelversorgung der Stadt hatten die Mühlen, die sich überall an der Peripherie der Stadt jenseits der Stadtmauer oder sogar im Stadtgraben ansiedelten und mit das älteste Gewerbe der Stadt bildeten. Bis zum Ende des Mittelalters lassen sich längs der Brigach und der von ihr abgeleiteten Gewerbekanäle sechs Mühlen nachweisen: Rothe Mühle (1322), Breitenmühle oder Weilersbach Mühle (1364), Spitalmühle vor dem Riettor (1363), Rietmühle (spätestens 1500), Volmars Mühle oder Stegmühle (1372), Bikkenmühle vor dem Bickentor (1324), Mühle vor dem Niederen Tor (1313/18).[61] Im Zusammenhang mit dem Mühlenwesen ist darauf zu verweisen, daß im Raum Villingen mit die ältesten Sägemühlen Südwestdeutschlands belegt sind, nämlich zum Jahr 1314 in Pfaffenweiler.[62]

Die Müller in Villingen erhielten 1358 eine Mühlenordnung, sie bildeten mit den Bäckern zusammen die älteste Zunft in der Stadt. Damit sind wir beim Stichwort Zünfte angelangt. Wie oben ausgeführt, muß man in Villingen Frühformen zünftiger Zusammenschlüsse schon im späten 13. Jahrhundert voraussetzen. Die Nennung von Zunftmeistern in einer Urkunde von 1311 bestätigt die Existenz von Zünften lange vor der Niederschrift der Zunftverfassung von 1324, aber erst in dieser erhielten „unser zúnfta... ze Vilingen" ihren Verfassungsrang verbrieft.[63]

Schon elf Monate vor der Kodifizierung der Zunftverfassung traten die Villinger

Bäcker und Müller anläßlich einer Stiftung als Zunft in Erscheinung. Graf Gebhard von Fürstenberg, Kanoniker in Konstanz und gleichzeitig Kirchrektor in Villingen, bestätigte am 23. Januar 1324 in einer feierlichen Urkunde, daß die „communitas que vulgariter zunfta dicitur panificum et molitorum opidi Vilingen [die Gemeinschaft der Bäcker und Müller der Stadt Villingen, die in der Volkssprache Zunft genannt wird]" in der Altstadtkirche einen Altar zu Ehren der Jungfrau Maria und der Heiligen Katharina gestiftet habe. Zu Pflegern des Altars wurden Werner Kumber, Berthold Denkinger und Heinrich, der Müller vor dem Bickentor, bestellt.[64] In dieser Urkunde tritt also erstmals eine Villinger Zunft als korporativ agierende Handwerkerschaft in Erscheinung, gleichzeitig werden erstmals drei Funktionsträger einer Zunft namentlich genannt.

Bis zum Ende des Mittelalters lassen sich weitere Handwerkszweige, in Zünften organisiert, belegen, und zwar spätestens 1356 die Tucher, Weber und Wollschläger, 1400 die Schuhmacher, 1415 die Schmiede, 1490 die Metzger, 1491 die Bauleute und die Wirte, 1508 die Gerber und 1509 die Krämer. Trotz der teilweise späten Belegdaten wird man davon ausgehen können, daß in Villingen schon um die Wende vom 14. zum 15. Jahrhundert die vollausgebildete Zunftstruktur mit neun Zünften bestanden haben wird. Alle Zünfte unterhielten in der Stadt eigene Zunftstuben oder trafen sich in bestehenden Gasthäusern. Diese dienten als Versammlungsorte bei offiziellen Anlässen, aber auch als gesellige Treffpunkte für Mitglieder und Gäste.[65]

Im Zuge des korporativen Zusammenschlusses der verschiedenen Handwerkszweige haben sich übrigens auch die Müßiggänger in der „Herrenstubenzunft" vereinigt. Auch wenn die Herrentrinkstube 1418 und 1497 ebenfalls erst spät belegt ist, so ist es doch wahrscheinlich, daß dieser Zusammenschluß bereits im Umfeld der Zunftverfassung von

1324 geschah. Die Herrenstube befand sich in der Rietstraße 20, das Gebäude bildete das Vorderhaus zum Westbau des Rathauses, das den ältesten Ratssaal enthielt. Von der Herrenstube gab es einen direkten Zugang zum Rathaus. Das heißt, die Zunftstube der Patriziergeschlechter befand sich in einer bevorzugten Lage zum Zentrum der städtischen Macht.[66]

Krisenerscheinungen

Die wirtschaftliche und politische Entwicklung der Stadt Villingen im Spätmittelalter unterlag gravierenden Einbrüchen und Krisen. Die Geschichtswissenschaft spricht von der „Krise des 14. Jahrhunderts" oder von der „Krise des Spätmittelalters", was andeutet, daß es sich um eine allgemeine Erscheinung handelte. Krisenphänomene des Spätmittelalters bildeten die Mißernten der Jahre 1316 ff., die große Pest von 1348 ff. oder die Teuerungsjahre 1433 bis 1439. Zu diesen allgemeinen Ereignissen gesellten sich auf der lokalen Ebene politische und militärische Auseinandersetzungen, die den krisenhaften Charakter dieser Jahrzehnte noch verstärken konnten.

Die militärischen Verwicklungen Villingens seit der Zeit um 1310 (Reichskrieg gegen Württemberg, Fürstenbergische Fehde usw.) stellten über längere Zeit eine große wirtschaftliche Belastung dar. Diese Verwicklungen kulminierten in der Haslacher Katastrophe von 1326, die einen Höhepunkt der kommunalen Entwicklung Villingens (Zunftverfassung von 1324) unversehens in eine politische und ökonomische Krise umschlagen ließen, die sich sogar in der zeitgenössischen Chronistik niedergeschlagen hat.

Auch wenn es bei Johannes von Winterthur heißt, die Villinger hätten sich wirtschaftlich nach einiger Zeit wieder erholt, so hat diese Erholung kaum 20 Jahre angehalten. Der nächste Einschnitt kam mit dem „Schwarzen

Tod" der Jahre 1349/50, der zu den größten Katastrophen der europäischen Geschichte im Mittelalter zählt. Die Bevölkerung Deutschlands wurde bis zur Hälfte dezimiert. Daß die Pest 1349 auch in Villingen verheerend gewütet hat, wissen wir zuverlässig aus einer der bedeutendsten Stiftungsurkunden der Stadt, der fünf Jahre jüngeren Elendjahrzeitstiftung vom 31. Mai 1354.[67]

Darin heißt es, daß „so menig ellend mensche von dirre weld schied in dem sterbat in dem jar do man zalt von gott geburt drizehnhundert jar vierzig jar in dem nonden jar". Damals in der größten Not des Jahres 1349 hatten viele Menschen zur Abwendung des Sterbens oder zur Rettung ihres Seelenheils Almosen gestiftet, die nun in einer Elendjahrzeitpflege zusammengefaßt wurden. Aus dieser Stiftung sollte alljährlich „an unser frowen tag ze herbst, won o(u)ch do der sterbat aller gro(e)st waz", eine Seelenmesse für alle an der Pest Gestorbenen gefeiert werden. Ansonsten erhielt die Elendjahrzeitpflege die Aufgabe, den Armen ein Almosen zu geben, sie war also eine für das Mittelalter typische Einrichtung der Armenfürsorge.

Wenn auch keine konkreten Zahlen über die Toten des Pestjahres 1349 genannt werden, so erhebt sich mit dieser Mitteilung doch die Frage nach den möglichen Einwohnerzahlen Villingens vor und nach der Pest.

Diese Frage kann jedoch nur spekulativ beantwortet werden. Einen Anhaltspunkt erhalten wir nochmals aus den Nachrichten zum Haslacher Anschlag von 1326. Damals waren bekanntlich 150 Villinger mit nach Haslach gezogen. Aus den erhaltenen Auszugordnungen läßt sich ermitteln, daß jeweils ein Viertel der waffenfähigen Männer dem Kriegsbanner folgte. Das heißt aber, es muß um 1326 in Villingen rund 600 waffenfähige Männer gegeben haben. Wenn wir die meisten davon als Familienväter ansehen und eine mittlere Haushaltsgröße von fünf Personen annehmen, dann ließe sich eine Bevöl-

kerungszahl von annähernd 3000 Personen errechnen.

Von einer geschätzten Bevölkerungszahl von 3000 Einwohnern muß also der demographische Einbruch des Jahres 1349 und späterer Pestwellen, z. B. 1371, abgerechnet werden. Da es keine Opferzahlen gibt, ist eine genaue Rechnung zwar nicht möglich, doch es scheint ziemlich sicher, daß der Bevölkerungsrückgang extrem war, denn er hat noch 70 Jahre später verfassungsrechtliche Konsequenzen nach sich gezogen. Im Jahr 1418 mußte die Stadt Villingen Herzog Friedrich von Österreich um eine Ratsminderung von 72 Mitgliedern auf 40 bitten, da es der Stadt wegen des Bevölkerungsrückgangs nicht mehr möglich sei, alle Ratsstellen zu besetzen.[68] Wenn die Ratsminderung um mehr als 40% in etwa dem Bevölkerungsrückgang entsprach, so dürfen wir zu Beginn des 15. Jahrhunderts allenfalls noch mit knapp 2000 Einwohnern in Villingen rechnen.

Die Einwohnereinbuße hat übrigens, wie zahlreiche Indizien anzeigen, das ganze 15. Jahrhundert hindurch angehalten und konnte erst nach 1500 überwunden werden. Erst im Jahr 1600 sollte Villingen die Bevölkerungszahl von vor 1349 wieder erreichen. Die demographische Krise des späten Mittelalters bedeutete aber auch einen wirtschaftlichen Einbruch. Man kann Revellio zustimmen, der das späte Mittelalter in Villingen als eine „Zeit des wirtschaftlichen Niedergangs" apostrophiert.[69] Die wirtschaftliche und politische Blüte der Stadt lag mithin vor 1349, ja wahrscheinlich sogar vor 1326. Insofern erlebte Villingen im späten 14. und 15. Jahrhundert tatsächlich einen „Herbst des Mittelalters" (Huizinga).

Politische Entwicklung

Dominanz des Patriziats

Die beiden sozialen Kräfte, die die politischen Fäden der Stadt Villingen in ihrer

Hand hielten, Patriziat und Zunfthandwerk, hatten in der Zeit zwischen 1350 und 1525 unablässig gravierende politische und wirtschaftliche Probleme zu bewältigen. Gleichzeitig waren sie selbst einem sozialen Umbruch unterworfen, der diese Aufgabe erschwerte.

In dem Zusammenhang gilt es, einen sozialen Mythos der Villinger Stadtgeschichtsschreibung zu demontieren, der seit hundert Jahren durch die einschlägigen Veröffentlichungen geistert. Bader brachte die Vorstellung auf die Formel, „daß die Herrschaft der adligen und patrizischen Geschlechter seit den ersten Jahrzehnten des 14. Jahrhunderts gebrochen war". Fuchs sprach von der „Mündigkeit der Bürgerschaft unter Führung der Handwerker". Und schon Roder sah in dem seit ca. 1300 bestehenden Amt des Bürgermeisters ein Vertretungsorgan der Zünfte.[70]

In der Tat hatte das Handwerk mit der Kodifizierung der Zunftverfassung von 1324 ein erhebliches Gewicht erlangt, im großen Rat mit seinen 72 Köpfen hatten die Zünftigen die Mehrheit. Das bedeutet aber nicht, daß die Zünfte im Stadtregiment die Macht übernommen hätten und das Patriziat bedeutungslos geworden wäre. Eine genaue Sichtung der Villinger Bürgermeister- und Schultheißenlisten zeigt im Gegenteil, daß es den Zünftigen bis zum Ende des Mittelalters nur selten gelungen ist, diese Spitzenämter zu erlangen.[71]

Von den 40 oder 41 unterscheidbaren Villinger Schultheißen zwischen 1300 und 1500 lassen sich sicherlich 28 und von den 24 Bürgermeistern zwischen 1300 und 1500 eindeutig 23 dem Patriziat zuordnen. Im 14. Jahrhundert war es sogar so, daß wir beinahe von oligarchischen Verhältnissen sprechen können, da sich die beiden höchsten Ämter weitgehend in der Hand weniger patrizischer Spitzenfamilien befanden. Die drei Geschlechter Heimbürge, von Tannheim und Stähelin stellten im Mittelalter nicht weniger

als 13 von 46 bekannten Schultheißen und 12 von 24 Bürgermeistern.

Bei den Schultheißen wurde erstmals zu Beginn des 15. Jahrhunderts ein Mann der Zunft, Hans Glungg (1410/29), auf diesen Posten gewählt. Das Bürgermeisteramt, das die größere Machtfülle besaß und ein höheres Prestige mit sich brachte, war dagegen bis zum ausgehenden Mittelalter fest in der Hand des Patriziats. Erst mit Konrad Hünrer (1500 ff.) saß erstmals eindeutig ein Zünftiger (1497 Zunftmeister der Gerber) im höchsten Amt der Stadt. Es kann also keine Rede davon sein, daß die politische Macht der Stadt Villingen nach 1324 an die Handwerker übergegangen wäre. Vielmehr haben diese trotz Stimmenmehrheit noch 200 Jahre lang meistens Angehörige der Geschlechter in die höchsten Ämter gewählt, die ja als „Müßiggänger" die Zeit dafür leichter erübrigen konnten. Nichts könnte die Tatsache, daß die Patrizier der Macht immer noch näher waren, besser symbolisieren als die räumliche Nähe der Herrenstube zum Rathaus.

Städtische Autonomie

Trotz der schwierigen Zeiten konnten die Villinger Stadtväter im 14. Jahrhundert ihre hergebrachte städtische Autonomie bewahren und ausbauen. Zwar war Villingen wie unter Fürstenberg einfache Landstadt in einem werdenden Territorialstaat, aber schon Herzog Albrecht, der Erwerber der Stadt, hatte die alten Privilegien garantiert. Im Laufe der Zeit haben die Habsburger zu den alten Freiheiten weitere hinzugefügt. 1361 bewilligte Herzog Rudolf IV. den Villingern, daß sie die von ihnen gestifteten Altäre und Pfründen selbst mit Geistlichen besetzen durften. 1369 erhielten die Villinger von Herzog Leopold die Zusage, daß sie niemals als Pfand versetzt werden durften. Gleichzeitig verlieh er der Stadt das Recht, gemeinschädliche Leute zu fangen und vor ihrem Rat abzuurteilen, sowie das Recht, eigene Gesetze zu erlassen. Ein direkter Ausfluß dieses Privilegs war die umfangreiche Aufzeichnung des Stadtrechts von 1371, in das zahlreiche ältere Satzungen, Erlasse und Ordnungen des Rates aufgenommen wurden.[72]

Ein Zeichen strafferer fiskalischer Verwaltung waren die seit 1336 geführten Bürgerbücher, die heute eine bedeutende, wenn auch nicht ganz leicht verwertbare Quelle der Villinger Sozialgeschichte darstellen. Ebenfalls seit dem frühen 14. Jahrhundert ist in Villingen das Amt des Stadtschreibers belegt, ohne den die wachsenden Aufgaben der städtischen Selbstverwaltung in einer Zeit explodierender Schriftlichkeit nicht zu bewältigen gewesen wären.[73]

Eine bedeutende Aufwertung der städtischen Hoheitsrechte bedeutete die Ausweitung der Hochgerichtsbarkeit ins Umland der Stadt. Zwar hatte Villingen seit dem 13. Jahrhundert eine riesige Gemarkung in ihrem Einzugsbereich erworben und dazu eine ganze Anzahl (später) sogenannter Dependenzorte, doch endete die städtische Gerichtsbarkeit an der Stadtmauer. Es sollte bis zum Beginn der Neuzeit dauern, daß die Stadt sich mit den früheren Stadtherrn, den Grafen von Fürstenberg, über die Abgrenzung der jeweiligen Machtbereiche einigen konnte. Nach jahrzehntelangen Streitigkeiten einigten sich Villingen und Fürstenberg im Jahr 1501 über den künftigen Zuständigkeitsbereich der städtischen Obrigkeit. Im Gebiet der sogenannten Freien Pirsch dauerte es bis zum Jahr 1582, daß mit der Reichsstadt Rottweil ein Kompromiß um die jeweiligen Hochgerichtsbezirke gefunden wurde.[74]

Der wachsende Einfluß der Stadt auf ihr außergewöhnlich großes Territorium kontrastierte im 15. Jahrhundert mit dem beschriebenen wirtschaftlichen „Niedergang". Dies hatte offenkundig mit dem Bevölkerungseinbruch des 14. Jahrhunderts zu tun. Dieser wirkte sich auf die Verfassung aus (Ratsmin-

derung von 72 auf 40 Mitglieder 1418)[75] und zwang die Stadt zu einer rigideren Bevölkerungspolitik. Um Auswanderungswilligen den Wegzug zu erschweren, erhob Villingen seit 1474 eine Abzugsteuer. In denselben Zusammenhang gehört es, wenn durch kaiserliches Privileg von 1495 die Beisassen, also Einwohner ohne Bürgerrecht, den Bürgern gleichgestellt wurden.[76]

Zu den Eigentümlichkeiten der Villinger Geschichte zählt, daß die Stadt bis zu einem gewissen Grad unabhängig von Österreich eine eigenständige „Außenpolitik" führen konnte. Diese besaß immer noch eine vorwiegend militärische Komponente, hatte also mit der Führung oder Abwendung von Kriegen und Fehden zu tun. So belagerten die Villinger schon im Jahr 1336 die Nachbarstadt Hüfingen, die Konrad von Blumberg gehörte, weil dieser den Villinger Bürger Johann von Tierberg erschlagen hatte. 1353 führten die Villinger offenbar unabhängig von Habsburg eine Fehde mit Graf Hug von Fürstenberg zu Haslach, weil dessen Diener ebenfalls einen Villinger Bürger erschlagen hatte.[77] 1354 führten sie eine Fehde mit Markgraf Heinrich von Hachberg, 1369 zogen sie vor Staufenberg in der Ortenau, der Hintergrund beider Kriege bleibt verborgen.[78] 1371 schließlich stritten sich die Villinger in einer Fehde mit Volz und Burkart von Neuneck um die nahegelegene Burg Kürneck, in deren Verlauf drei Villinger gefangen wurden, darunter Schultheiß Johann Vetterlin.[79]

Aus Sicherheitsgründen begab sich Villingen 1339 in ein Städtebündnis mit Rottweil, das bis 1350 annähernd jährlich erneuert und zeitweilig um die Städte Freiburg und Schaffhausen erweitert wurde.[80] 1345 schloß Villingen auch ein Beistandsabkommen mit Graf Hug von Hohenberg und verschiedenen seiner Städte.[81] Einen wirtschaftlichen Aspekt hatten die verschiedenen Münzverträge, denen sich die Stadt Villingen im späten Mittelalter anschloß. Hier sind die große südwestdeutsche Münzkonvention von 1387 und der Münzvertrag zwischen Villingen, Konstanz, Zürich, Schaffhausen und Zofingen von 1405 zu nennen.[82]

Das Städtebündnis mit der Nachbarstadt Rottweil lebte in den Jahren 1400 bis 1406 wieder auf.[83] Und auch später noch waren die beiden Städte gezwungen, in gemeinsamem Interesse zusammenzuarbeiten. 1438, in einem Jahr großer Teuerung, bat die Stadt Villingen die Rottweiler Nachbarn und die Grafen von Fürstenberg zu einer Besprechung wegen der Ausfuhr von Früchten. Und im selben Jahr – und wahrscheinlich vor demselben Hintergrund – fanden sich die Rottweiler und die Villinger Stadtväter wegen des damals eingerissenen Raubwesens zusammen, das es zu bekämpfen galt.[84]

Diese freundnachbarschaftliche Bündnispolitik zwischen Rottweil und Villingen konnte allerdings nicht verhindern, daß Villingen um die Mitte des 15. Jahrhunderts in eine Fehde gegen die Reichsstadt hineingezogen wurde. Als die Rottweiler 1449 die österreichische Feste Hohenberg zerstört hatten, erklärte Herzog Albrecht von Österreich der Reichsstadt die Fehde, und die vorderösterreichischen Städte, einschließlich Freiburg und Villingen, waren gezwungen, auf der Seite des Landesherrn in den Krieg einzutreten. Villingen war schon deshalb dazu genötigt, weil die Rottweiler im Vorfeld zwei Villinger Kriegsknechte „vom leben zum tode gebracht" hatten.[85]

Villingen im politischen System der Habsburger

Das Beispiel der Hohenberger Fehde zeigt zugleich die Grenzen einer eigenständigen Außenpolitik Villingens. Als österreichische Landstadt war sie selbstverständlich in das politische System der Habsburger einbezogen. Die beiden Determinanten der habsburgischen Politik waren einmal die territoriale Ex-

pansion im deutschen Südwesten und zweitens die zunehmende Bedrängnis der habsburgischen Position durch die Eidgenossen.[86]

Der habsburgische Einfluß in der Innerschweiz wurde seit Ende des 13. Jahrhunderts durch die wachsende politische und militärische Macht der Schweizer Eidgenossen zurückgedrängt. Österreich versuchte erfolglos, den Vormarsch der Eidgenossenschaft mit Hilfe seines Adels und seiner Städte aufzuhalten. Ernüchternde Stationen dieses dornenreichen Weges waren beispielsweise die verheerenden Niederlagen bei Sempach 1386 und bei Näfels 1388. An beiden Schlachten sollen die Villinger auf seiten Österreichs beteiligt gewesen sein.[87] Vor kurzem noch ist die Teilnahme der Villinger an der Schlacht bei Näfels aufwendig „beschrieben" worden, dabei ist seit über hundert Jahren nachgewiesen, daß die angebliche Anwesenheit der Villinger auf diesem Schlachtfeld auf dem Irrtum eines späteren Chronisten beruht.[88] Immerhin ist für die Schlacht bei Sempach zwei Jahre zuvor, 1386, die Anwesenheit der Villinger hinreichend belegt: Hensli Lächler, Angehöriger einer einflußreichen Villinger Patrizierfamilie, ist dort gefallen.[89]

Die Villinger hatten im Verlauf des 14. Jahrhunderts gelernt, gut österreichisch zu empfinden. Dies kam deutlich in der prekären Phase der Jahre 1415 bis 1418 zum Ausdruck. Hintergrund war das Konstanzer Konzil, wo Herzog Friedrich von Österreich es gewagt hatte, die Flucht des abgesetzten Papstes Johannes XXIII. zu begünstigen. Friedrich wurde noch 1415 von Kaiser Sigmund seines Herzogtums entsetzt, seine bedeutenderen Städte wurden ans Reich gezogen. Villingen gehörte zu jenen Städten, die nur widerwillig dem Kaiser, der 1418 sogar einige Tage in der Stadt weilte, schworen. Der Kaiser konnte in Villingen seine Herrschaft nicht durchsetzen. Die Zeiten, wo die Villinger reichsstädtisch dachten und empfanden, waren damals wenigstens hundert Jahre vorbei.[90]

Hensli Lächler, der Gefallene des Jahres 1386, war offensichtlich nicht der einzige Villinger, der im Dienst Österreichs sein Leben gelassen hatte. Als Kaiser Friedrich III. am 23. Juli 1442 die Privilegien der Stadt Villingen bestätigte, tat er dies in dem Bewußtsein, daß „si (die Villinger) und ir vordern in raisen, kriegen und großen widerwerttickeiten ir plu(o)t von des haws wegen Osterreich offt und dikch (vielfältig) vergossen haben".[91] Derlei Rechtsbestätigungen hatten ja auch den Zweck, die künftige Opferbereitschaft der Privilegierten zu fördern. Es standen gerade jetzt wieder militärische Auseinandersetzungen mit den Eidgenossen im sogenannten Zürichkrieg an. In Villingen trafen sich 1444 die süddeutschen Herren und Städte unter dem Vorsitz von Herzog Albrecht, um über ihre Strategie zu beraten.

In der Reihe vornehmlich kriegerischer Ereignisse, die die Stadt Villingen mit dem Haus Habsburg verband, steht die Gründung der Universität Freiburg als kulturell herausragendes Ereignis des 15. Jahrhunderts recht einsam da. Anläßlich eines erneuten Besuchs von Herzog Albrecht in Villingen im Juni 1455 wurde hier die Universität Freiburg rechtlich und wirtschaftlich auf den Weg gebracht. Das erste Semester wurde im April 1460 eröffnet. Villingen als Gründungsort hatte auch damit zu tun, daß der Gründungsrektor, Matthäus Hummel, ein gebürtiger Villinger war. Er selbst, aber auch ein zweiter Villinger Bürgersohn, der Theologe Dr. Ulrich Rotpletz, waren in den ersten Jahrzehnten der Freiburger Universität dort mehrfach Rektoren. Auch in späterer Zeit gab es enge Verbindungen zwischen der Universität Freiburg und der Stadt Villingen.[92]

Die nächsten kriegerischen Ereignisse, an denen die Villinger teilnahmen, betrafen den Burgundischen Krieg. Bei Héricourt 1474 standen die Villinger zusammen mit den Freiburgern unter habsburgischer Flagge, 1477 kämpften sie im Bund mit den Eidgenossen

gegen Karl den Kühnen von Burgund. An diesen Kriegen hat nach späterer Aufzeichnungen der Villinger Balthasar Göderscher genannt Maler als Hauptmann teilgenommen. Als man ihm nach dem siegreichen Ende des Krieges eine Belohnung anbot, lehnte er das Angebot ab, bat aber die verbündeten Schweizer, sie möchten sich doch bei der ihnen zugewandten Stadt Rottweil dafür einsetzen, ein den Villingern „in vergangnen Kriegen" abgewonnenes Banner herauszugeben, was diese taten. Ob es sich bei diesem früheren Krieg um die Hohenberger Fehde von 1450 handelte? Das Banner war jedenfalls noch Mitte des 16. Jahrhunderts in der neuen Ratsstube des Villinger Rathauses zu bewundern.[93]

Mehrere Mitglieder der Familie Göderscher genannt Maler sind in den Kriegen des endenden Mittelalters und der anbrechenden Neuzeit auf jedem Schlachtfeld mit einem Angehörigen vertreten. Sowohl Balthasar Göderscher, der Maler, als auch sein Sohn Bernhard und sein Enkel Michael kämpften für Villingen in den Auseinandersetzungen zwischen Habsburg und Frankreich um Oberitalien seit 1492.[94] Remigius Mans, der Haudegen, der als Romäus zum Villinger Lokalhelden werden sollte, war übrigens mit der Familie Göderscher verwandt. Er nahm mit einem Villinger Kontingent am Schweizerkrieg 1499 teil, den Kaiser Maximilian von Villingen aus dirigierte, und starb im Dienste Frankreichs in der Schlacht von Novara 1513. 1519 schließlich traten die Villinger unter Hauptmann Bernhard Maler in den Krieg gegen Herzog Ulrich von Württemberg ein, der mit seiner Vertreibung endete und Württemberg für 14 Jahre unter habsburgische Verwaltung brachte.[95] Villingen war um die Wende vom Mittelalter zur Neuzeit offenkundig mit der habsburgischen Landesherrschaft identifiziert und erwies sich als eine treue österreichische Landstadt.

Sozialer Wandel

Feudalisierung des Patriziats

Der demographische Einbruch nach 1349
hatte Auswirkungen auf die wirtschaftliche
und verfassungsrechtliche Entwicklung der
Stadt Villingen. Er bewirkte aber auch einen
langsamen sozialen Umbruch. Insgesamt läßt
sich eine bemerkenswerte Fluktuation in der
städtischen Bevölkerung feststellen. Bis zum
Beginn des 15. Jahrhunderts war eine Reihe
bedeutender Familien, die die Geschicke der
Stadt seit der reichsstädtischen Zeit wesentlich mitbestimmt hatten, verschwunden, so
die Patriziergeschlechter Heimbürge, von
Tannheim, Bergelin, Lechler, von Weigheim,
Offenburger, Zan und Hemmerlin. Die Tunninger (ursprünglich von Tunningen) und die
Stähelin zogen sich am Ende des 15. Jahrhunderts aus der Stadt zurück.

Schon im 14. Jahrhundert zeigten diese Familien eine Tendenz zur „(Re-)Feudalisie-
rung". Sie, die im 13. Jahrhundert das Banner

*Abb. 9 Wappen der Familie Heimbürge (Ober-
badisches Geschlechterbuch, Bd. II).*

*Abb. 8 Wappen Albrechts von Tannheim (Ober-
badisches Geschlechterbuch, Bd. I).*

des Kommunalismus hochgehalten hatten
und wesentlich für die beschriebene Autonomie der Stadt verantwortlich waren, neigten
im 14. Jahrhundert spürbar der feudalen
Sphäre adliger Lebensführung zu und bildeten insofern einen latenten Sprengsatz in der
mühsam homogen gehaltenen städtischen
Bürgerwelt. All diese Geschlechter ließen
sich wie Adlige mit Gütern in der ländlichen
Umgebung belehnen, traten dort teilweise als
Ortsherren auf, suchten Anlehnung an adlige
Familien, in die sie einheirateten, und erwarben nicht selten Burgen oder Herrensitze in
der Umgebung. Damit entwuchsen sie allmählich der städtischen Welt und setzten sich
in Lebensstil und sozialem Umgang demonstrativ von den Zunftbürgern ab, auch wenn

sie in der Stadt an ihren politischen Ämtern noch festhielten.

Ein Beispiel für diese Entwicklung liefert die Familie Heimbürge. Um 1350 heiratete Bürgermeister Konrad Heimbürge in die Familie von Tierberg ein, sein Sohn Hans Heimbürge, ebenfalls Bürgermeister, erwarb 1383 die Burg Kürneck. Hans trug seit dieser Zeit den Junkertitel. Dies wurde auch bei anderen Angehörigen dieser Gesellschaftsschicht üblich, so bei Junker Konrad Lechler, Schultheiß im Jahr 1407, bei Junker Konrad Stähelin, Bürgermeister seit 1422, oder bei Junker Mathis Tunninger (ca. 1458/1492), von dem noch die Rede sein wird. Die Stähelin, die seit 1393 vier Bürgermeister der Stadt Villingen stellten, wanderten mit dem Erwerb der Burg Stockburg – Bürgermeister Konrad Stähelin nannte sich seit 1488 Junker Konrad Stähelin von Stockburg – ganz in die Landjunkersphäre ab.

Die politischen Geschicke der Stadt Villingen lagen im 15. Jahrhundert immer noch in der Hand eines Patriziats, das aber zunehmend adelig dachte und agierte. Die Lücken, die durch aussterbende oder abwandernde Geschlechter entstanden, wurden immer wieder schnell durch ihresgleichen geschlossen. So rückte die Adelsfamilie von Tierberg, die seit 1334 von Österreich mit der nahe gelegenen Warenburg belehnt war und in Villingen Bürgerrecht besaß, im 15. Jahrhundert in die engere politische Führungsschicht auf: Hans von Tierberg war Bürgermeister zwischen 1417 und 1430. Zu seinem verwandtschaftlichen Umfeld zählte Junker Heinrich Brumsi aus dem Rottweiler Patriziat, der ein Vetter des Tierbergers war und ihm 1433/34 im Amt des Villinger Bürgermeisters nachfolgte.

Die Witwe des Hans von Tierberg, Margarethe, heiratete Georg Truchseß von Ringingen, der spätestens 1441 Villinger Bürger war und hier bis zu seinem Tod 1477 zeitweilig das Amt eines Richters ausübte.[96] Ein Zeitgenosse des Truchsessen von Ringingen war Junker

Lorenz Arnolt, der mit Agnes von Reischach verheiratet war, 1422 aus St. Gallen in Villingen aufzog und hier zum Schultheißen (1430/37) und zum Bürgermeister aufstieg (1456/76). Schließlich wurde das adlige Element in der sozialen Welt der Stadt Villingen noch verstärkt durch Berthold Schultheiß von Höfingen, der zwischen 1445 und 1467 mehrfach Bürgermeister war, durch die Ifflinger von Graneck, die Ende des 15. Jahrhunderts in Villingen haushäblich wurden, und schließlich durch Junker Jakob Betz, der als Schultheiß und Bürgermeister seit 1509 das junkerliche Element weit in die frühe Neuzeit hineintrug.[97]

Allein diese Beispiele belegen hinreichend, daß auch am Ende des Mittelalters keine Rede davon sein konnte, daß das Handwerk den Patriziern die politische Macht entrissen hätte. Allerdings reduzierte sich nach 1500 die Präsenz des Adels in der Stadt spürbar. Gleichzeitig erlangten Vertreter der Kaufmannschaft und des Handwerks im 15. Jahrhundert allmählich leichter Zugang zum Amt des Schultheißen. So wie Adlige und auswärtige Patrizier nach Villingen hereindrängten, so lassen sich auch zahlreiche Handwerkerfamilien nachweisen, die nach 1350 in Villingen ihr Glück suchten und über Führungsämter in den Zünften in den Rat aufstiegen.

Der Aufstieg von Handwerker- und Händlerfamilien

Zu diesen in die städtische Führungsschicht aufrückenden Handwerkerfamilien zählen die Denkinger (seit 1324 Bäcker, später Schlosser), Sutor (seit 1356 nachweisbar, aus Marbach, Schuhmacher, Metzger und Tucher), Glungg (vor 1365 aus Geisingen zugezogen, Bäcker und Wirte), Schwenninger (seit ca. 1400, Metzger), Hünrer (nach 1400 aus Roggenbach, vermutlich Gerber), Stöcklin (seit ca. 1430, Sattler), Hug (seit ca. 1450, Schmiede), Hans Bletsch von Butzbach genannt Frankfurter (seit 1462 Schuhmacher, Schultheiß 1493/1500), Streit (1483 vermutlich aus Möhringen, Metzger und Tucher), Werner (seit ca. 1490, Tucher und Gerber), Riegger (Ende 15. Jahrhundert aus der Kürnach, Schuhmacher, Gerber; Ulrich Riegger 1496 Oberzunftmeister), Stark (Hans Stark, unklar welches Handwerk, 1496 Oberzunftmeister, 1501/02 Rat und Spitalpfleger, Schultheiß 1509/1528). Aus all diesen Familien sind im Laufe des 15. Jahrhunderts Räte, Richter, Spitalpfleger, Schultheißen oder andere politische Amtsträger hervorgegangen.

Wenn man zwischen Handwerk und Patriziat nach der Schicht der Händler und Kaufleute fragt, die in der Krämerzunft organisiert waren, so läßt uns die Überlieferung des Villinger Stadtarchivs weitgehend im Stich. Auch im 15. Jahrhundert sind kaum einmal Handelsaktivitäten von Villinger Kaufleuten erwähnt. Zum Jahr 1411 erfahren wir, daß mehrere Villinger Kaufleute, die mit Waren Richtung Schweiz unterwegs waren, von Adligen ausgeraubt wurden: Hermann von Landenberg und Hans von Hornstein, die Herzog Friedrich „mit der leeren Tasche" Geld geliehen, aber nicht zurückerhalten hatten, hielten sich an reichen Untertanen des Herzogs schadlos. Auch eine in Villingen ausgestellte Kaiserurkunde vom 18. August 1418 läßt aufhorchen. Damals, während der Auseinandersetzungen zwischen Herzog Friedrich IV. von Österreich und Kaiser Sigmund war Villingen einige Jahre de jure Reichsstadt, der Kaiser weilte vom 18. bis 20. August 1418 drei Tage hier zu Besuch. Eine seiner Amtshandlungen war es, den Reichsuntertanen den Handelsverkehr mit Venedig zu verbieten.[98] Diese Verfügung hatte zwar auf alle Reichsstädte Bezug, aber könnte sie auch für Villingen von Belang gewesen sein? Gab es in Villingen Fernkaufleute, die bis Venedig kamen?

Da erscheinen Prozeßakten aus den Jahren 1439 ff. in der Streitsache zwischen dem Bürger Konrad Sterre und der Stadt Villingen von erheblichem Interesse, denn Konrad Sterre und seine Angehörigen treten hier als einzige wirklich faßbare Händlerfamilie Villingens im Mittelalter in Erscheinung. In einem Vergleich von 1441 heißt es, Konrad Sterre habe vor zehn Jahren einmal „gon Venedye" zu reisen beabsichtigt. Eine Anna Sterrin, vielleicht Tochter Konrads, schuldete einem Johann Tachs in Köln eine Geldsumme und versprach 1443 einem Bürgen die Rückzahlung auf der nächsten Frankfurter Herbstmesse.[99] Die Beziehungen nach Venedig, Köln und Frankfurt dürften hinreichende Indizien dafür sein, daß wir es hier mit einer Fernhandel betreibenden Familie zu tun haben. Und da ein gewisser Hug Sulger, der 1438/40 Villinger Schultheiß war, als Mitschuldner der Anna Sterrin auftritt, erscheint es sogar möglich, daß die beiden Mitglieder einer Handelsgesellschaft waren. Die Familie muß auch im Geldverleih tätig gewesen sein, denn im Jahr 1457 hatte der Gründungsrektor der Freiburger Universität, Matthäus Hummel, recht hohe Verbindlichkeiten bei einem Hans Sterre in Villingen.[100]

Eine Andeutung auf mögliche Handelsgeschäfte findet sich bei Balthasar Göderscher. Dieser entstammte einer seit Beginn des 15. Jahrhunderts in Villingen ansässigen Familie und war selbst Maler, was im Mittelalter als Handwerk galt. Balthasar Göderscher ist der einzige gut faßbare Maler der Stadt im 15. Jahrhundert, weswegen er schon als Schöpfer zeitgenössischer Werke in der Stadt in Anspruch genommen wurde. Ein direkter Beleg ist nicht vorhanden.[101] Im übrigen scheint ihn die Malerei auch nicht ausgelastet zu haben, denn von ihm heißt es, er sei um 1500 noch „hundertjährig von Villingen zu Fuß gen Franckfurt in die Mäß gereyset und wider zu Fuß heimgezogen", was möglicherweise ein Indiz für seine Kaufmannschaft wäre.[102]

Ansonsten läßt sich Kaufmannschaft in Villingen allenfalls noch für die Familie Mayenberg vermuten, die seit Mitte des 15. Jahrhunderts in Villingen belegt ist und um 1500 zu einer der führenden Familien der Stadt aufrückte. Jakob Mayenberg war seit 1496 Schultheiß, seit 1505 Bürgermeister. Seine Tochter heiratete Wolf Stähelein von Stockburg, den Sohn des früheren Bürgermeisters. Ein Heinrich Mayenberg beherbergte 1499 beim Besuch Kaiser Maximilians in Villingen den Herzog von Bayern, muß also einen recht gehobenen Haushalt geführt haben.[103] In dieser Familie – wie übrigens bei der Familie Sterre, wo eine gewisse Katharina Sterrin, vielleicht Schwester Konrads, zuerst Kleinhans von Blumeneck, dann Schultheiß Junker Lorenz Arnolt heiratete – läßt sich wie beim alten Patriziat eine Affinität zur adligen Sphäre erkennen.[104]

Ein Teil des Villinger Handels dürfte in den Händen jüdischer Familien gelegen haben, die im Spätmittelalter in der Stadt Wohnrecht besaßen. 1324 erstmals erwähnt, scheint die jüdische Gemeinde im Jahr der großen Pest 1349, wie andernorts auch, Ziel von Pogromen geworden zu sein. Doch hat eine erneute Judenansiedlung stattgefunden. Ihre Synagoge lag zwischen Münsterplatz und Kronengasse. Trotz des Judensatzbriefes von 1498, der die Beziehungen zwischen Judenschaft und Stadt regelte, wurde die Gemeinde schon um 1510 durch Kaiser Maximilian ausgewiesen, der als Erzherzog von Österreich Stadtherr war. Der Anteil der Judenschaft am Villinger Fernhandel läßt sich nicht näher bestimmen.[105]

Gerichtsakten als Spiegel gesellschaftlicher Konflikte

In dieser gesellschaftlichen Konstellation, die noch immer von der Vormachtstellung eines sich adelig gerierenden Patriziats geprägt war, hatte der Rat der Stadt Villingen, der mehrheitlich das Zunftbürgertum repräsentierte, Mühe, das Gleichgewicht zu halten

zwischen den unterschiedlichen gesellschaftlichen Kräften. Gefahr für das kommunale Gemeinwohl drohte von verschiedenen Seiten. Da nahmen sich gelegentlich die reichen Kaufherren Sonderrechte heraus. Dann setzte sich das feudalisierte Patriziat zunehmend aus der gemeinsamen kommunalen Politik ab. Zudem häuften sich zwischen stadtadligen Familien Fehden und Auseinandersetzungen wegen feudaler Rechte „draußen". Überdies brach allmählich der latente Gegensatz zwischen patrizischen Geschlechtern und aufsteigenden Familien des Zunftbürgertums auf. Und schließlich begannen auch Handwerkergruppen sich gegen eine um ihre Autorität fürchtende städtische „Obrigkeit" zu wehren. Zu allen angeführten Konfliktsituationen finden sich im Villinger Archiv Belege in Prozeßakten, denn in aller Regel wurden sie gerichtlich „bereinigt".

Einen Anspruch auf rechtliche Sonderbehandlung erhob im frühen 15. Jahrhundert der schon genannte Kaufherr Konrad Sterre. Sterre war selbst Ratsherr und in den Jahren 1430/34 Schultheiß gewesen. Seit 1439 führte der Rat gegen ihn einen mehrjährigen Prozeß in der Ratsstube.[106] In dessen Verlauf wurde der Beklagte 1441 zeitweilig in eine Art Beugehaft genommen, bis er 525 Gulden an die Stadt bezahlte. Es ging im Prozeß um das Ungelt, eine Verbrauchssteuer, die Sterre als Ratsherr nicht bezahlen wollte. Der Vergleich sah vor, daß Sterre nach Zahlung der strittigen Summe bei den Johannitern Pfründe nehmen sollte, sich also gewissermaßen innerhalb der Stadt „exterritorialisierte". Er war damit gewisse Bürgerpflichten los und konnte nicht mehr in Rat und Gericht gezwungen werden. Bei Licht betrachtet, bedeutete dieser Vergleich für die kommunale Autorität einen schweren Verlust, denn er mußte jeden, der es sich leisten konnte, ermuntern, sich den Pflichten eines Bürgers zu entziehen.[107]

Zu einer jahrzehntelangen Auseinandersetzung kam es zwischen Georg Truchseß von Ringingen und den Brüdern Konrad und Mathis Tunninger um Anteile an der Pfandschaft Warenburg, die von den Herren von Tierberg herrührte – der Truchseß hatte die verwitwete Margarethe von Tierberg geheiratet. Nach mehreren Prozessen 1446/50/51, die in der Tendenz zugunsten des Georg Truchseß ausgingen, verkaufte er die Einkünfte der Warenburg an die Stadt. Doch der Konflikt mit der Familie Tunninger, die sich um ihre Ansprüche gebracht sah, schwelte weiter. Im Jahr 1470 stifteten Junker Mathis Tunninger und der Kaplan (!) Albrecht Murer zwei Villinger Handwerker – den Zimmermann Heinrich Isely und den Metzger Jakob Isely – an, dem Truchsessen aufzulauern, um ihm das Leben zu nehmen. Doch der Anschlag schlug fehl. Während die beiden gedungenen Schergen vorübergehend im Turm landeten, blieb der adlige Anstifter bis zu seinem Tod 1492 ungeschoren.[108]

Die Auseinandersetzung des Villinger Rats mit dem adligen Mitbürger Wilhelm von Gundelfingen ist in mehrfacher Hinsicht von Interesse. In einem Prozeß von 1497 ging es vordergründig um einen Adelsstreit, der die Stadt nur indirekt betraf. Ein Herr von Neuneck warf Gundelfingen vor, eine Frau entführt zu haben. Bei dieser Gelegenheit kam jedoch zur Sprache, daß Wilhelm von Gundelfingen, der erst seit wenigen Jahren durch seine Ehe Villinger Bürger war, öfters beim Rat aneckte und durch seinen Anruf der Gemeinde „vffrur" provoziert habe. Verschiedentlich habe er gesagt, er wolle etliche Bürgermeister gehenkt sehen, auch der Stadtschreiber solle an einen Ast gestrickt werden. Auch den alljährlichen Bürgereid im Franziskanerkloster habe er nicht geschworen.[109]

Gundelfingen war demnach ein Mitbürger, der die Autorität der städtischen Behörden erheblich unterminierte. Darüber hinaus scheint er auch ein schwieriger Ehegatte gewesen zu sein. Spätestens 1482 war er mit Agatha Sutor verheiratet, wahrscheinlich einer Tochter des Villinger Schultheißen Hans Sutor (1486/95). Der hatte zwar den Aufstieg in die städtische Führungsspitze geschafft, war aber dennoch „nur" ein Zünftiger. Aus seiner Sicht mußte die Verehelichung seiner Tochter mit einem Adligen den familiären Aufstieg krönen, auch wenn es sich um einen verarmten Junker handelte. Doch ein Schwiegersohn, der den Rat beleidigte, dem er selbst angehörte, war untragbar. Welchen Anteil die Affäre an dem Ende dieser adlig-bürgerlichen Verbindung hatte, bleibt offen, jedenfalls entpuppte sie sich als eine Mesalliance. Zur Kostendeckung ihrer Ehescheidung verkaufte Agatha Sutor im Jahr 1501 ihren Anteil am Kornzehnten in Marbach.[110]

Der latente Gegensatz zwischen Patriziat und Zunfthandwerk, der in der Villinger Verfassung wie auch im städtischen Alltag neutralisiert schien, ist mit gestiegenem gesellschaftlichem Anspruch der Patrizier und wachsendem Selbstbewußtsein der Handwerker aufgebrochen. Jedenfalls könnte man den Mordfall Stähelin/Rotpletz im Jahr 1522 in diese Richtung deuten. Zur Vorgeschichte des tragischen Falles gehört vielleicht ein Prozeß, den annähernd 40 Jahre zuvor die Villinger Zunftmeister gegen Junker Konrad Stähelin, zwischen 1476 und 1497 mehrfach Bürgermeister, geführt hatten. Stähelin hatte dem Tuchmacher Jakob Streit 50 Gulden geliehen, dafür jedoch in einem Jahr 10 Gulden Zins verlangt, was das Gericht als einen „unziemlichen gewin" ansah.[111] Seine Verurteilung könnte dazu beigetragen haben, daß sich Konrad Stähelin, der Junker von Stockburg, aus der städtischen Politik allmählich zurück- und 1499 ganz abzog.[112]

Sein Sohn, Wolf Stähelin von Stockburg, ganz als Landjunker erzogen, trug seinen Adelsstolz und seine Abneigung gegen die Zunftbürger offen zur Schau, auch nachdem er Anna Mayenberg geheiratet und 1518 seinen Bürgereid in Villingen abgelegt hatte.

Woher sein Haß auf Wilhelm Rotpletz, den Sohn des Ratsherrn und Richters Hans Rotpletz rührte, wird nicht ganz deutlich. Jedenfalls habe Wolf Stähelin, so heißt es in den Prozeßakten, einige Tage vor der Mordtat auf dem Villinger Markt dem Wilhelm Rotpletz gedroht und gesagt, „dieser Lecker" habe ihm eine Bosheit angetan. Am Montag, dem 13. Juli 1522, habe der Junker mit einem Knecht im Fenster seines Hauses gelegen, als der junge Rotpletz, von seinem Vater mit der Besichtigung ihrer Güter beauftragt, aus dem Tor ritt. Da habe Stähelin zum Knecht gesagt: „Nun mach flugs vnd sattel mir das pferdt." Er sei dem Rotpletz aus der Stadt gefolgt und habe ihn unfern des Glunggen Bild auf den Äckern gestellt, nach einem kurzen Wortwechsel seinen Jagdfalken vom Handschuh geworfen, das Schwert gezückt und Wilhelm Rotpletz „die gurgell abgestochen", noch bevor der den Degen gezogen hatte.[113]

Der flüchtige Wolf Stähelin wurde am 11. August 1522 in Abwesenheit zum Tod durch das Schwert verurteilt. Seine Frau Anna Mayenberg strengte allerdings bei Erzherzog Ferdinand von Österreich eine Appellation an. Die Stadt Villingen beschwor den Erzherzog: wenn es einreißen sollte, daß es offenkundigen Totschlägern gestattet werde zu appellieren, hätten die Gerichte keine Chance, Recht und Gerechtigkeit aufrechtzuerhalten. Kein geringerer als Kaiser Karl V. hat die Appellation verworfen. Der Ausgang des Verfahrens bleibt dennoch offen, jedenfalls kam Wolf Stäehelin am Ende ungestraft davon, er war um 1550 noch am Leben.

Die Familie Rotpletz, seit etwa 1400 hier ansässig, starb mit dem Mord an Wilhelm Rotpletz in Villingen aus. Die Rotpletz hatten ebenfalls zu den aufsteigenden Handwerkerfamilien des 15. Jahrhunderts gezählt. Der Stammvater Heinrich Rotpletz war Schneider gewesen, sein Sohn Heinrich (1416/51) Goldschmied und Richter. Dessen Sohn, Dr. Ulrich Rotpletz, war als Theologe mehr-

fach (letztmals 1488) Rektor an der Freiburger Universität. Der zweite Sohn Ludwig war Tucher, saß in Rat und Gericht und war zwischen 1477 und 1492 öfters Schultheiß, also eben zu der Zeit, als der alte Konrad Stähelin wegen Wuchers verurteilt wurde. Hinter der Mordtat von 1522 verbarg sich also möglicherweise neben der persönlichen Abneigung zweier junger Männer ein altes familiäres Ressentiment, auf einer tieferen Ebene spiegelt sie jedoch den sozialen Gegensatz zweier gesellschaftlicher Schichten.

Im gleichen Jahr 1522 konnte die Stadt nur mit Mühe ihre obrigkeitliche Autorität gegenüber den Zünften, genauer gesagt: den Müllern, durchsetzen. Die Müller wehrten sich gegen eine neue Müllerordnung, insbesondere gegen die Einschränkung ihrer Vieh- und Geflügelhaltung, und zogen am 6. Oktober geschlossen – 14 Meister und ihre Knechte – nach Bräunlingen aus. Die Stadt bat um vier Müllerknechte aus Oberndorf am Neckar, die die wichtigste Arbeit erledigten. Nach drei Wochen war die „Streikkasse" der Villinger Müller aufgezehrt, und sie nahmen über den Adligen Konrad von Schellenberg Kontakt mit der Stadt auf, so daß sie am Abend des 27. Oktober zurückkehren konnten. Zu den Ritualen gehörte es allerdings, daß sie ihren Ungehorsam nicht nur mit einer satten Geldstrafe, sondern, auf die Käfige der vier Stadttore verteilt, auch hinter Gittern abbüßen mußten – ausgerechnet in einer Nacht, als in Villingen ein Fest der Armbrustschützen stattfand.[114]

Die Beispiele zeigen, wie die Stadt im Zuge des sozialen Umbruchs im 15. Jahrhundert zwischen den partikulierenden Kräften der Bürgerschaft eine neue Mitte suchte. Zu Beginn des 16. Jahrhunderts fand der Rat, der nun endgültig – aber erst jetzt! – von Handwerkerfamilien dominiert wurde, zu einem strengen Regiment, das seine Macht nach oben wie nach unten gleichermaßen autoritär verteidigte. Haltung und Mentalität des Villinger Rats im ersten Drittel des 16. Jahrhunderts kommen am besten in der berühmten Villinger Chronik des damaligen Ratsherren Heinrich Hug zum Ausdruck. Aus ihr wird deutlich, wie sich die Stadt Villingen am Reich orientierte – und das Reich war in der Hand Habsburgs – und jeden Angriff auf seine Autorität mit dem Gerichtsstab oder aber mit Schwert und Hellebarde verteidigte. Villingens Haltung im Bauernkrieg 1525 sollte dies bald eindrücklich demonstrieren.

Der Lokalheld „Romäus"
als sozialer Mythos

Der Konflikt der „kleinen Leute" in Villingen, die das Gros der Bevölkerung ausmachten, mit der Obrigkeit kommt nirgends besser zum Ausdruck als in der Geschichte des Lokalhelden „Romäus". Seine Geschichte ist als sozialer Mythos zu verstehen, der das Spiel der sozialen Kräfte Villingens am Ende des Mittelalters in einer tragischen Heldengestalt aus dem einfachen Bürgertum verdichtet.

Remigius Mans war Angehöriger des einfachen Zunftbürgertums. Seine Vorfahren (Vater und Onkel) waren Weber gewesen, der Bruder Hans (1480/1515 erwähnt) war Brotbeck. 1483 wurde Remigius Mans als Bürger mit einem Haus in der Hüfinger Gasse (jetzt Gerbergasse) eingetragen, er war damals Büttel, also eine Art Polizist. Drei Jahre später erscheint er als Wirt im Konflikt mit den Stadtoberen. Der Anlaß ist nicht bekannt. Seine Frau bat damals für den Eingekerkerten im Namen ihrer Kinder. Fünf Bürgen, darunter der Oberzunftmeister Balthasar Göderscher genannt Maler, garantierten für das künftige Wohlverhalten des Querkopfes.

Der Höhepunkt in der Auseinandersetzung Remigius Mans mit den Stadtoberen fällt in die Jahre 1497/98. Wegen Beleidigung des Stadtschreibers Johannes Krus und des Schultheißen Hans Bletsch von Butzbach wurde er damals im Diebsturm eingekerkert:

„. . . und ward mit merer ratt erkennt in den turn sin leben lang".[115] Daß die im Mittelalter ungewöhnliche lebenslange Turmstrafe in der Stadt als ungerecht empfunden wurde, zeigt die Sympathie, die Mans entgegenschlug: Freunde und Gönner brachten ihm täglich Essen, sogar Adlige baten um Gnade für ihn. Ein Kern der späteren Legendenbildung dürfte die unverhältnismäßige Behandlung des Eingekerkerten durch eine Mehrheit des Rats gewesen sein.

Ein weiteres Element der Legendenbildung war der Ausbruch Mans' aus dem Turm am 13. Juni 1498 und seine Flucht zu den Johannitern. Diese bis heute unmöglich erscheinende Flucht erhob die Gestalt Remigius Mans' ins Übermenschliche, weil er hier in seiner Not tatsächlich über sich hinaus gewachsen war.

Der Stilisierung zum kollektiven Helden der Stadt Villingen diente Mans' Teilnahme an militärischen Unternehmungen. Im Schweizerkrieg 1499 spielte Remigius Mans als Büchsenmeister auf der Küssaburg bei Stühlingen insofern eine heldenhafte Rolle, als er in aussichtsloser Lage mit wenigen anderen die Burg halten wollte. Für diesen Einsatz erhielt er offensichtlich auf Intervention Kaiser Maximilians, der im August 1499 in Villingen war, das Anrecht auf eine Pfründe im Villinger Spital.

Kein Geringerer als der Kaiser hatte den aufmüpfigen Tunichtgut ausgezeichnet und rehabilitiert und somit das frühere Unrecht der Stadt an dem aufsässigen, aber doch aufrechten Untertan aufgehoben. Spätestens jetzt war Remigius Mans eine Person allgemeiner Bewunderung, an dessen Legendenbildung kollektiv gearbeitet wurde. Aus der historischen Person Remigius Mans wurde der lokale Held „Romäus". Und wie alle Legendenbildung äußere Chronologie, persönliche Identität und logische Ursachenverknüpfung, letztlich also historische Wirklichkeit, außer Kraft setzt, so hat sich am Ende die ge-

Abb. 10 Angebliche Hellebarde des Romäus (Franziskanermuseum, Inv. Nr. 11805).

samte Geschichte der Familie Mans in der einzigen Gestalt des „Romäus" verdichtet.

Ein Teil des patriotischen Charakters des „Romäus" scheint dem Bruder Hans Mans entlehnt zu sein, der 1480 am Krieg Österreichs gegen Württemberg unerlaubt teilnahm und die kriegsmüden Stadtväter als „halbe Württemberger" schmähte. 1467 war bereits der Vater Remigius' aufgefallen, weil er sich mit anderen gegen obrigkeitliches Verbot maskiert hatte. So ist „Romäus" also auch zum Urgrund der lokalen Fasnacht geworden, in der sich Maskierung und Renitenz begegnen.

In der Belagerung von Padua 1509 verlor

Remigius Mans seinen gleichnamigen Sohn, hier ist „Romäus" zum ersten Mal gefallen. In der Schlacht von Novara am 6. Juni 1513 starb Remigius selbst. Zum Helden mußte er jetzt nicht mehr gemacht werden – Held war Remigius Mans spätestens seit seinem Gefängnisausbruch von 1498. Im kollektiven Mitleid – die Stadt veranstaltete unter dem Geläut der großen Glocke eine Begräbniszeremonie für die Gefallenen – erhielt das Phänomen „Romäus" seine spezifische Wendung. Im Tod für die Sache des Kaisers, die die Sache Villingens war, war die frühere Auflehnung des jugendlichen Helden gegenüber der Obrigkeit gesühnt. Jetzt verlangte die frühere ungerechte Behandlung des zum Helden Gewordenen nach Wiedergutmachung. In einer Art Überhöhung wurde der unglückliche Kriegsheld aus einfachen Verhältnissen, von einem unbekannten Maler überlebensgroß auf die Stadtmauer gebannt, für alle Zeiten zum Bannerträger, zum Repräsentanten der Stadt.[116]

1 Zu den Zähringern allgemein s. Heyck, Eduard: Geschichte der Herzoge von Zähringen. Freiburg . . Das Wort vom „Staat" der Zähringer stammt v. . Mayer, Theodor: Der Staat der Herzoge von Zähringen, in: Ders.: Mittelalterliche Studien. Gesammelte Aufsätze. ³1972, S. 350–364. Zum letzten Zähringerherzog s. Geuenich, Dieter: Berthold V., der „letzte Zähringer", in: Die Zähringer. Eine Tradition und ihre Erforschung. Hrsg. Karl Schmid. Sigmaringen 1986, S. 101–116 und Schwineköper, Berent: Die heutige Stadt Villingen – eine Gründung Herzog Bertholds V. von Zähringen (1186–1218), ebd. S. 75–100.

2 Vgl. zum Zusammenhang Riezler, Sigmund: Geschichte des Fürstlichen Hauses Fürstenberg und seiner Ahnen. Tübingen 1883, S. 39 f.; Roth von Schreckenstein, Karl Heinrich: Wie kam die Stadt Villingen vom Hause Fürstenberg an Österreich? Wien 1865; Schleicher, Johann Nepomuk: Villingen unter den Grafen von Fürstenberg und der Loskauf der Stadt von dieser Herrschaft. Konstanz 1872; Bader, Karl S.: Villingen und die Städtegründungen der Grafen von Urach-Freiburg-Fürstenberg im südöstlichen Schwarzwaldgebiet, in: Villingen und die Westbaar. Hrsg. Wolfgang Müller. Bühl/Baden 1972, S. 66–85, hier S. 68 f.

3 FUB 1, Nr. 150 und 154; Orig. Urkunden SAVS Best. 2.1 Nr. M 5 und M 6 (Wollasch: Inventar Bd. I, Nr. 8 und 9).

4 FUB 1, Nr. 158 und 162.

5 Konrad von Winterstetten sagt in einer Urkunde aus dem Jahr 1225 von sich: „Nos vero, qui civitatem Vilingin auctoritate domini regis, qui diebus illis eam tenuit, procuravi-

mus…" (Wir, der wir die Stadt Villingen, im Auftrag unseres Herrn, des Königs, dem die Stadt in jenen Tagen gehörte, verwalteten). Mit den „diebus illis" ist wohl die Zeit 1218/19 gemeint. Gleichzeitig ist impliziert, daß Konrad zu dieser Zeit, 1225, nicht mehr Prokurator war, die Stadt also nicht mehr in der Hand des Königs war. Abdruck: Urkundenbuch der Cistercienserabtei Salem, in: ZGO 35 (1883), S. 176 ff.

6 Fuchs, Josef: Die Stadt Villingen im 12. und 13. Jahrhundert, in: Villingen und die Westbaar. Hrsg. Wolfgang Müller. Bühl/Baden 1972, S. 95.

7 MGH Constitutiones Bd. 3, S. 5; vgl. Elenchus Fontium Historiae Urbanae. Hrsgg. C. van de Kieft und J. F. Niermeijer, Bd. 1: Quellensammlung zur Frühgeschichte der deutschen Stadt, bearb. von Bernd Diestelkamp. Leiden 1967, Nr. 166, S. 258 ff.

8 Wie Anm. 6, S. 96 f.

9 Wie Anm. 2, S. 201 ff.

10 FUB 1, Nr. 430 und 433.

11 Roth von Schreckenstein (wie Anm. 2), S. 9 ff.; Fuchs (wie Anm. 6), S. 96 ff.; Revellio: Beiträge, 1964, S. 70 f.

12 FUB 1, Nr. 442 und 443 zu 1257, Nr. 464 zu 1268, Nr. 540 (Kelch ca. 1280) und Nr. 600 zu 1288.

13 FUB 1, Nr. 525 (Wollasch: Inventar, Bd. I Nr. 19).

14 FUB 1, Nr. 584 (Wollasch: Inventar, Bd. I Nr. 20).

15 FUB 1, Nr. 577; Annales Sindelfingenses (Württembergische Geschichtsquellen IV), hg. vom Statistischen Landesamt. Stuttgart 1891, S. 48.

16 FUB 1, Nr. 591 (Wollasch: Inventar, Bd. I, Nr. 21); Druck bei Roder: Oberrheinische Stadtrechte, S. 4 ff.; Abdruck und Abb. auch bei Fuchs, Josef: Die Ratsverfassung der Stadt Villingen. Villingen 1972, S. 16 f. Vgl. zum Zusammenhang Riezler (wie Anm. 2), S. 218–249.

17 FUB 1, Nr. 596 (Wollasch: Inventar, Bd. I, Nr. 22).

18 FUB 1, Nr. 600.

19 FUB 1, Nr. 607 (Wollasch: Inventar, Bd. I, Nr. 23): Graf Egen verspricht, „das ich siv (die Villinger Bürger) niermerme an iren rehten, an iren hantfestinan, die ich inen gegebin, nach den dingen, die daran geschriben stant, geirren …sol".

20 Ein solcher Konflikt ist etwa für 1315 belegt, vgl. Gothein, Eberhard: Wirtschaftsgeschichte des Schwarzwaldes. Straßburg 1892, S. 87.

21 SAVS Best. 2.1 Nr. A 4 (Wollasch: Inventar, Bd. I, Nr. 24).

22 Roth von Schreckenstein (wie Anm. 2), S. 26 f.

23 FUB 2, Nr. 89 (Wollasch: Inventar, Bd. I, Nr. 53).

24 Wie Anm. 16. Vgl. zum Zusammenhang Bader, Karl. S.: Villingen im Zwiespalt zwischen Reichsstadt und landesherrlichem Gerichtsort, in: GHV 4 (1978/79), S. 5–10.

25 SAVS Best. 2.1 Nr. A 2 und A 3 (Wollasch: Inventar, Bd. I, Nr. 18 und 19).

26 Wie Anm. 5.

27 Zur Villinger Verfassungsgeschichte s. Beyerle, Franz: Untersuchungen zur Geschichte des älteren Stadtrechts von Freiburg i. Br. und Villingen a. Schw., Heidelberg 1910; Bader, Karl. S.: Stadtrecht und Bürgerfreiheit im alten Villingen, in: Einwohnerbuch Villingen 1952; Fuchs: Ratsverfassung (wie Anm. 16).

28 Vgl. Bumiller, Casimir: Exposé zum Themenkomplex Sozialgeschichte der Stadt Villingen. Typoskript 1993.

29 Mühlen: FUB 1, Nr. 150 und 154; Schneider: ZGO 8 (1857), S. 8; Schmied und Brotbeck: SAVS Best. 2.1 Nr. K 1, J 1, D 6 (Wollasch: Inventar, Bd. I, Nr. 25, 27 und 32).

30 SAVS Best. 2.1 Nr. P 1 und PP 21 (Wollasch: Inventar, Bd. I, Nr. 46 und 63); vgl. Roth von Schreckenstein (wie Anm. 2), S. 26.

31 FUB 1, Nr. 442 und 443 (Wollasch: Inventar, Bd. I, Nr. 12).

32 Roder: Oberrheinische Stadtrechte, S. 6 ff.

33 Lohrum, Burghard: Altes Rathaus Villingen. Ergebnisse der bauhistorischen Untersuchungen. Typoskript 1993; Bumiller, Casimir: Untersuchungen zur Geschichte des Alten Rathauses in Villingen. Typoskript 1995. Vgl. die „Bearbeitung", sprich unbefugte Vorveröffentlichung fremder Forschungsergebnisse durch Huger, Werner: Das Alte Rathaus in Villingen. Erkenntnisse der Bauforschung, in: GHV 21 (1996), S. 25–35.

34 Das Bürgermeisteramt kann erst nach 1294 eingeführt worden sein, denn in der Auszugordnung von 1294, wo man den Bürgermeister eigentlich erwarten würde, ist von ihm noch nicht die Rede.

35 FUB 2, Nr. 14 (Wollasch: Inventar, Bd. I, Nr. 34).

36 FUB 2, Nr. 131; Roder: Oberrheinische Stadtrechte, S. 17 ff.; Fuchs: Ratsverfassung (wie Anm. 16), S. 20–22.

37 FUB 1, Nr. 636; Schulte, Aloys: Ein Formelbuch der Minoriten von Schaffhausen, in: ZGO 40 (1886), S. 212.

38 FUB 1, Nr. 653; Original SAVS 2.1 D 5 (Wollasch: Inventar, Bd. I, Nr. 31). Während FUB als „haimsuochi" wiedergibt, liest Wollasch „bannesuochi ze Sindelstain". Eine Autopsie der Originalurkunde läßt die Lesung des FUB als die richtige erscheinen; es handelte sich also tatsächlich um einen Übergriff der Villinger auf Zindelstein.

39 SAVS Best. 2.1 Nr. A 6 und P 1 (Wollasch: Inventar, Bd. I, Nr. 44 und 46).

40 Urkunde vom 22. Jan. 1310: FUB 2, Nr. 51 (Wollasch: Inventar, Bd. I, Nr. 39), wo es heißt: der „weg durch die Ura (Urachtal) oder fur Verenbach oder swa der nuwe weg hingat von Vilingen gegen Vriburg". Vgl. Roder, Cristian: Die Verkehrswege zwischen Villingen und dem Breisgau, hauptsächlich Freiburg, seit dem Mittelalter, in: ZGO 45 (1890), S. 505–533.

41 Auf solche Verwicklungen verweisen vielleicht die Urkunden bei Wollasch: Inventar, Bd. I, Nr. 55 und 62 (1319 und 1324), wo sich Bürger von Villingen und Rottweil mit Herzog Lutzmann von Teck und Graf Rudolf von Hohenberg zu einem unbekannten Zweck verbanden. Es könnte aber auch lediglich um eine begrenzte Fehde gegen die Herren von Werstein gegangen sein, mit denen man sich am Ende versöhnt.

42 SAVS Best. 2.1 Nr. D 11 und P 5 (Wollasch: Inventar, Bd. I, Nr. 54 und 56); vgl. Roth von Schreckenstein (wie Anm. 2), S. 26 f.

43 SAVS Best. 2.1 Nr. D 11 und D 13 (Wollasch: Inventar, Bd. I, Nr. 54 und 60).

44 Roder, Christian: Zum Übergang der Stadt Villingen vom Hause Fürstenberg an Habsburg im Jahre 1326, in: SVG-Baar 12 (1909), S. 65–80.

45 Die Chronik Johanns von Winterthur. Hrsg. Friedrich Baethgen und C. Brun. MGH Scriptores rerum germanicarum NS III (Berlin 1924), S. 106 f.; SAVS Best. 2.1 Nr. D 19 (Wollasch: Inventar, Bd. I, Nr. 69).

46 FUB 2, Nr. 142 und 143; SAVS Best. 2.1 Nr B 1 (Wollasch: Inventar, Bd. I, Nr. 70).

47 FUB 2, Nr. 147 und 148; SAVS Best. 2.1 Nr. B 2 (Wollasch: Inventar, Bd. I, Nr. 71).

48 Übersetzung bei Roder: Zum Übergang (wie Anm. 44), S. 74; lat. Originaltext ebd. S. 72: „Per hec mala Philingenses per plura annorum curricula in rebus inestimabiliter attenuati fuerunt, sed demum ad pingwiorem fortunam Domino adiuvante deducti sunt paulatim res amissas recuperando."

49 Revellio: Beiträge, 1964, S. 75: „Einer der Haupthandelsartikel war damals das in Villingen hergestellte Tuch. Das Tuchgewerbe ist es denn auch gewesen, das den guten Ruf

Villingens weithin verbreitete. Auf ihm beruhte die Blütezeit der Stadt im 13. und 14. Jahrh."

50 Gothein (wie Anm. 20), S. 83 ff.

51 Roder: Oberrheinische Stadtrechte, S. 5, 50 und 60; Roder sieht im Herter den Viehhirten, im Hirten den Schafhirten. Vgl. auch Huger, Werner: Das Amt des Villinger Hirten und Herters, in: GHV 14 (1989/90), S. 43–55.

52 SAVS Best. 2.1 Nr. P 7 (Wollasch: Inventar, Bd. I, Nr. 133).

53 So bleibt es zwar durchaus wahrscheinlich, daß man Villingen mit Gothein (wie Anm. 20) S. 83 zu den „Kaufmannsstädten" zählen kann, doch quellenmäßig unterfüttern läßt sich dies nur schwer.

54 Roder: Oberrheinische Stadtrechte, S. 10 f.

55 Revellio: Beiträge, 1964, S. 468.

56 Roder: Oberrheinische Stadtrechte, S. 44.

57 Zu den Lauben s. Jenisch, Bertram: Die Entstehung der Stadt Villingen. Stuttgart 1998, S. 103 ff. und Bumiller: Untersuchungen (wie Anm. 33).

58 Jenisch, Bertram: Das Wirtshaus zu der Mohrin, in: GHV 16 (1991/92), S. 14–25 und Bode/Jenisch: Villinger Gasthäuser, ebd. S. 25–33.

59 Simonsfeld, Henry: Ein venetianischer Reisebericht über Süddeutschland, die Ostschweiz und Oberitalien aus dem Jahre 1492, in: Zeitschrift für Kulturgeschichte 2 (1895), S. 271.

60 Jenisch (wie Anm. 57); Kürz, Ernst Georg: Georgius Pictorius von Villingen, ein Arzt des 16. Jahrhunderts. Freiburg i. B./Leipzig 1895; Scheffelt, Ernst: Der Arzt Georgius Pictorius (1500–1569) aus Villingen, in: BadH 39 (1959), S. 8–9; Pictorius, Gregorius: Badenfahrtbüchlein. ND der Ausgabe 1560. Freiburg/Basel/Wien 1980, S. 75 f.

61 Bode, Eugen: Wasserwerke in Villingen, in: GHV 17 (1992/93) S. 61–73. Zur früheren Datierung der Mühle vor dem Bickentor s. SAVS Best. 2.1 Nr. PP 21 (Wollasch: Inventar, Bd. I, Nr. 63); Mühle vor dem Niederen Tor s. Thurgauisches UB, S. 274 und 382.

62 Thurgauisches UB, Bd. 4 S. 302.

63 Roder: Oberrheinische Stadtrechte, S. 14 zu 1311, S. 18 zu 1324.

64 SAVS Best. 2.1 Nr. PP 21 (Wollasch: Inventar, Bd. I, Nr. 63).

65 Stubenordnungen der Bauleute und der Wirte von 1491 SAVS Best. 2.1 Nr. PP 51a und PP 7.

66 Nutz, Andreas: Umrisse zu einer Geschichte von Zunftverfassung und Patriziat in Villingen, vornehmlich in der Neuzeit, in: GHV 18 (1993/94), S. 30–39; Bumiller: Untersuchungen (wie Anm. 33).

67 PfrA, S. 194; vgl. Revellio: Beiträge, 1964, S. 441 ff.

68 Revellio: Beiträge, 1964, S. 75 f.

69 Ebd. S. 75.

70 Bader: Stadtrecht und Bürgerfreiheit (wie Anm. 27), S. 2; Fuchs: Villingen (wie Anm. 6), S. 99; Roder: Oberrheinische Stadtrechte, S. 11; Vgl. Beyerle: Untersuchungen (wie Anm. 27).

71 Ältere Ämterlisten finden sich bei Krieger, A.: Topographisches Wörterbuch des Großherzogthums Baden. Karlsruhe 1905, Bd. 2, Sp. 1270–1274, weitgehend vollständige Listen und Auswertung bei Bumiller: Exposé (wie Anm. 28).

72 Roder: Oberrheinische Stadtrechte, S. 25 und 28 ff.

73 Die Bürgerbücher (SAVS Best. 2.1 Nr. AAA a/1, AAA a/2, DDD 39/8, AAA a/4) sind von Andreas Nutz zur Edition vorbereitet worden und in der Transkription benutzbar. Zu den Verwaltungsaufgaben der Stadt und dem Stadtschreiberamt s. Bumiller: Untersuchungen (wie Anm. 33).

74 Roder: Oberrheinische Stadtrechte, S. 121 ff. Vgl. Schnell, Annelore: Exposé zum Thema Allgemeine und Verfas-

sungsgeschichte. Typoskript, S. 9 f. und Revellio: Beiträge, 1964, S. 50 f.

75 Roder: Oberrheinische Stadtrechte, S. 93.

76 Ebd. S. 95; Bader: Stadtrecht und Bürgerfreiheit (wie Anm. 27) S. 4 f.; Revellio: Beiträge, 1964, S. 76.

77 SAVS Best. 2.1 Nr. E 3 (Wollasch: Inventar, Bd. I, Nr. 127).

78 Der Auszug nach Staufenberg ist belegt in der Auszugordnung vom 9. August 1369: SAVS Best. 2.1 Nr. P 10 (Wollasch: Inventar, Bd. I, Nr. 165); Edition bei Roder: Oberrheinische Stadtrechte, S. 26 f.

79 SAVS Best. 2.1 Nr. M 27 (Wollasch: Inventar, Bd. I, Nr. 171).

80 UBR Nr. 175, 181, 190, 197, 202, 204, 213, 214, 223, 224, 232, 233, 240; Revellio: Beiträge, 1964, S. 76.

81 Revellio: Beiträge, 1964, S. 76 und 474. SAVS Best. 2.1 Nr. G 4 (1345) (Wollasch: Inventar, Bd. I Nr. 103).

82 UB Basel, Bd. 5, S. 99 ff. (1387); UR Schaffhausen Bd. 1, S. 177 (1405).

83 UBR Nr. 608, 629, 660, 704.

84 UBR Nr. 1010 und 1015.

85 UBR Nr. 1134, 1137, 1141 und 1143 (dort das Zitat).

86 Baum, Wilhelm: Die Habsburger in den Vorlanden 1386-1486. Krise und Höhepunkt der habsburgischen Machtstellung am Ausgang des Mittelalters. Wien/Köln/Weimar 1993.

87 Revellio: Beiträge, 1964, S. 77.

88 Preiser, Hermann: 1388: Als die Villinger ihr Fähnlein verloren, in: GHV 13 (1988/89), S. 6-14; dagegen Heer, Gottfried: Die Schlacht bei Näfels 1388 (1888), S. 79, 111, 113 f. und 169. Einzig das Chronicon Tschudis um 1550 nennt die Villinger, während die zeitnahen Quellen nichts davon wissen; vgl. die Zusammenstellung der Quellen in Thurgauisches UB, Bd. 7, S. 636 ff.

89 Die Klingenberger Chronik. Hrs Anton Henne. Gotha 1861, S. 124.

90 Baum, Wilhelm: Die Stadt Villingen in der Auseinandersetzung zwischen Kaiser Sigmund von Luxemburg und Herzog Friedrich IV., in: GHV 13 (1988/89), S. 29–43.

91 SAVS Best. 2.1 Nr. A 17 (Wollasch: Inventar, Bd. I, Nr. 401); Zitat bei Roder: Oberrheinische Stadtrechte, S. IX.

92 Revellio: Beiträge, 1964, S. 190 ff.; Rexroth, Frank: Karriere bei Hof oder Karriere an der Universität? Der Freiburger Gründungsrektor Matthäus Hummel zwischen Selbst- und Fremdbestimmung, in: ZGO 141 (1993), S. 155–184; Mertens, Dieter: Heinrich Loriti – genannt Glareanus (1488–1563), in: GHV 13 (1988/89), S. 16–27.

93 Roder, Christian: Die Familie „Maler" von Villingen, in: SVGBaar 5 (1885), S. 83 ff.

94 HugC S. 45 und 50 f.

95 Fuchs, Josef: Heinrich Hugs Villinger Chronik und die Schlacht vor Novara im Jahre 1513. Ein Beitrag zur Authentizität der Hugschen Chronik, in: SVGBaar 28 (1970); Roder, Christian: Der Anteil der Stadt Villingen und des oberen Schwarzwaldes an den Ereignissen in Württemberg z. Zt. der Vertreibung des Herzogs Ulrich 1519–1522, in: ZGO 60 (1906), S. 169–198.

96 Kraus, Johann Adam: Die Sippe der Truchsesse von Urach-Ringingen, in: Hohenzollerische Jahreshefte 12 (1952), S. 74-118 hier S. 106 f.

97 Zu den Ifflingern von Graneck s. Rothenhäusler, Konrad: Geschichte der Freiherren von Ifflinger-Granegg. Stuttgart 1896; Fuchs, Josef: Zur Geschichte der Freiherren von Ifflinger-Graneck, in: GHV 4 (1878/79), S. 32–36.

98 Baum: Die Stadt Villingen (wie Anm. 90), S. 31 und 34.

99 SAVS Best. 2.1 Nr. U 6a/4 und GG 9 (Wollasch Nr. 394 und 406).

100 Rexroth (wie Anm. 92), S. 167 Anm. 44.
101 Revellio: Beiträge, 1964, S. 136.
102 Roder: Familie Maler (wie Anm. 93), S. 85; vgl. Bumiller: Beiträge und Recherchen zur Verknüpfung von sozial-, kultur- und kunstgeschichtlichen Themen. Typoskript 1993, S. 12 f.
103 HugC, S. 16.
104 SAVS Best. 2.1 Nr. E 4c (Wollasch: Inventar, Bd. I, Nr. 352).
105 Roder, Christian: Die Juden in Villingen, in: ZGO 57 (1903), S. 25–45.
106 Vgl. Bumiller: Untersuchungen (wie Anm. 33).
107 SAVS Best. 2.1 Nr. U 6a 1 (Wollasch: Inventar, Bd. I, Nr. 379).
108 SAVS Best. 2.1 Nr. H 18, H 21, H 22, H 23 und JJ 13 (Wollasch: Inventar, Bd. I, Nr. 421, 436, 440, 452, 528).
109 SAVS Best. 2.1 Nr. Q 12a (Wollasch: Inventar, Bd. I, Nr. 759).
110 SAVS Best. 2.1 Nr. Q 12a und S 13 (Wollasch: Inventar, Bd. I, Nr. 759 und 819).
111 SAVS Best. 2.1 Nr. Q 10 (Wollasch: Inventar, Bd. I, Nr. 636).
112 SAVS Best. 2.1 Nr. AA 34a/19 (Wollasch: Inventar, Bd. I, Nr. 783).
113 SAVS Best. 2.1 Nr. HH 7; vgl. HugC, S. 92.
114 HugC, S. 92 f.; SAVS 2.1, JJ 201 (Wollasch: Inventar, Bd. I, Nr. 1074), vgl. Revellio: Beiträge, 1964, S. 256.
115 HugC, S. 4.
116 Zu Romäus s. HugC, S. 3 f., 12, 39, 51; Roder: Familie Maler (wie Anm. 93), S. 91 f.; Roder, Christian: Der geschichtliche Romeias von Villingen, in: Linzgau-Chronik 1911, Nr. 29–32; Neugart, Hermann: Romeius. Der unsterbliche Rebell. Villingen 1970; Bumiller: Beiträge und Recherchen (wie Anm. 101), S. 12–21.

Andreas Nutz

Michael und Johann Schwert

Ein Baustein zur Wirtschaftsgeschichte des Raumes Schwarzwald-Baar in vorindustrieller Zeit[1]

Einleitung

Gegen Ende des 20. Jahrhunderts sind auch die letzten noch übriggebliebenen Großbetriebe der Montanindustrie an Rhein und Ruhr durch Kürzung und Streichung staatlicher Subventionen in ihrer Existenz bedroht. Diese Großunternehmen mit Weltgeltung sind vor allem durch zentralisierte, arbeitsteilige Produktion im Fabrikbetrieb gekennzeichnet; nach außen sichtbar prägen rauchende Schlote, Kohlehalden, Bergwerks- und Hüttenanlagen ganze Landschaften – dies sind Bilder, die geradezu zum Synonym für die Industrielle Revolution geworden sind. Daß der Schwarzwald bis ins 18. Jahrhundert ein bedeutendes Bergbaurevier war, ist vielfach nur noch Fachleuten bewußt. Rudolf Metz zählt 200 bedeutende Mineral- und Erzvorkommen im Schwarzwald, die nicht nur kurzfristig ausgebeutet wurden,[2] heute sind davon nur noch drei Werke in Betrieb. Weil der Bergbau im Schwarzwald eher dezentral und handwerklich organisiert und die Verkehrslage auch für die vorindustrielle Zeit eher ungünstig war, wirkt dieser Bergbau geradezu wie ein Kontrastprogramm zur Realität an Rhein und Ruhr vor noch wenigen Jahren. Als im Raum Blumberg-Neudingen versucht wurde, eine Montanindustrie aufzubauen, war dies unter den Zeichen der Diktatur des Nationalsozialismus und hatte anachronistischen Charakter.[3] Deutlich wird an diesen Strukturen die Wucht des wirtschaftlichen Umbruchs der Industriellen Revolution sowie das Entwicklungs- und Veränderungspotential, das in wirtschaftlichen Wandlungen auch heute noch steckt.

Der Bergbau ist zweifellos ein wesentlicher Baustein für die Geschichte von Handel und Gewerbe in vorindustrieller Zeit in dem hier interessierenden Raum Ostschwarzwald-Baar. In der bis heute an Umfang und thematischer Breite noch unübertroffenen „Wirtschaftsgeschichte des Schwarzwaldes" hat Eberhart Gothein den Bergbau und Glasmacherei neben Hausgewerbe, wie Bürstenbinderei, Strohflechterei und die Herstellung von Uhren, gestellt – Gewerbe, die in ihrer jeweiligen volkswirtschaftlichen Bedeutung höchst unterschiedlich zu beurteilen sind. Gingen etwa von den Hausgewerben nur begrenzte Impulse auf andere Gewerbe oder gar in Richtung von arbeitsteilig strukturierten Gewerbelandschaften aus, so erwies sich die Uhrmacherei für die Industrialisierung des Schwarzwaldes als höchst zukunftsträchtig, sie prägt mit der durch sie angestoßenen feinmechanischen und metallverarbeitenden Industrie noch heute unsere Region. Der Bergbau hätte vielleicht eine vergleichbare Rolle spielen können.

In der historischen Forschung ist die Wirtschaftsgeschichte dieses Raumes in vorindustrieller Zeit bis heute ein Defizit. Im Vordergrund standen immer wieder Gegenstände und Themen der Verfassungs- und Kirchengeschichte, der Kriege des 17. und 18. Jahrhunderts oder einer wie immer verstandenen Kulturgeschichte. Daß seit Ende des 19. Jahrhunderts in fast regelmäßigen Abständen Beiträge zu Michael Schwert publiziert wurden, widerspricht dieser Behauptung eines Defizits nicht, sondern ist wohl eher ein Ausdruck der Verlegenheit. Indem die Brüder Schwert, vor allem aber Michael Schwert, immer wieder implizit als Sonderfall dargestellt werden, ohne Vorgänger und Nachfolger,

wird unausgesprochen der Schluß nahegelegt, ein nennenswertes Gewerbe von mehr
als lokaler Bedeutung habe es im östlichen
Schwarzwald vor der Industrialisierung nicht
gegeben.[4] In einer Kurzdarstellung weist Paul
Revellio auf eine Blüte der Villinger Wirtschaft im 15. Jahrhundert, besonders des
Tuchgewerbes, hin; im 16. Jahrhundert mehr-
ten sich dann die Krisenzeichen, nach dem
30jährigen Krieg und den Kriegen des 17. und
18. Jahrhunderts schließlich habe sich die
Stadt kaum über das Niveau einer Ackerbür-
gerstadt erheben können.[5] In dieses dürftige
Bild will ein bedeutender und erfolgreicher
Unternehmer wie Michael Schwert nicht
recht passen, er wird von Revellio historio-
graphisch recht beziehungslos unter der Rubrik „Kulturgeschichte" eingeordnet und neben ganz anders geartete Persönlichkeiten,
wie den Hafner Hans Kraut und den Blumen-
wirt Grechtler oder den Haudegen Romäus
Mans, gestellt.[6]

Vorliegender Beitrag versteht sich als Baustein zu einer Wirtschaftsgeschichte des
Raumes Schwarzwald-Baar, und das heißt
natürlich besonders Villingens, in vorindustrieller Zeit. Daß eine Wirtschaftsgeschichte
Villingens nicht auf die Stadt und ihre De-
pendenzgemeinden beschränkt werden kann,
zeigt das Beispiel dieses hervorragenden Ver-
treters sehr deutlich. Hier soll es weniger –
wie in der vorangegangenen Forschung – um
die Persönlichkeit Schwerts gehen als um ein
differenzierteres und möglichst vergleichend
eingeordnetes Bild seiner ökonomischen Aktivitäten, einem dahinterstehenden Plan sowie den aus diesem Plan resultierenden Ge-
schäftspraktiken.[7] Insgesamt wird weniger
auf die individuellen Besonderheiten als auf
die strukturellen Gemeinsamkeiten geachtet
werden. Im einzelnen wird in wirtschaftsge-
schichtlichen Unternehmerbiographien gefragt nach: (1.) Der Herkunft und verwandtschaftlichen Einbindung, d. h. der sozialen
Verflechtung des Unternehmers, (2.) der

Höhe, der Herkunft und dem Wachstum des
Vermögens, (3.) der Größe und Bedeutung
des Unternehmens, gemessen an Kapital,
Umsatz, Lagerbeständen, (4.) der Rechts-
form des Geschäftsbetriebs, den Leitern, dem
Personal und dessen Status, (5.) den Außenbeziehungen, der Herkunft der Gläubiger
und Schuldner, der regionalen Ausdehnung
des Ein- und Verkaufs. Hier kann – nicht zuletzt bedingt durch die Quellenlage – nur ein
Teil dieser Aspekte untersucht werden;[8] dies
geschieht in fünf Abschnitten: 1. Der Einleitung, 2. die Schwert in der städtischen Gesellschaft, 3. – im Villinger Metallgewerbe,
4. Holzstreitigkeiten mit geistlichen Ständen,
5. die Schwert als Pächter des Bergwerks
Eisenbach sowie 6. politische Aktivitäten.

Die Schwert in der städtischen Gesellschaft

Michael und Johann Schwert lebten im
württembergischen Schwenningen als Söhne
des Johann Schwert,[9] wobei Michael der Ältere ist; Andreas, ein Vetter, wohnte in Seitin-
gen. Denkbar ist, daß der Name „Schwert"
vom Beruf des Schmiedes bzw. Waffen-
schmiedes herrührt und Johann Schwert es so
zu Vermögen und Einfluß gebracht hat.
Schon dieser Vater Johann hat über ein bedeutendes Vermögen verfügt, er wird 1555
als Besitzer eines Hofguts im Bregenbach, eines weiteren im Fahlenbach und als Pächter
der herrschaftlichen Güter beim Schloß genannt,[10] vermutlich war er auch schon am
Bergwerk Eisenbach beteiligt, belegen läßt
sich das freilich nicht. Deutlich wird jedenfalls, daß die ökonomisch-finanziellen Möglichkeiten des Vaters Johann längst über den
dörflichen Rahmen hinausgewachsen waren und er nach bedeutenderen Investitions-
möglichkeiten suchte.

Im Jahr 1588 kaufte sich Michael Schwert
ins Bürgerrecht von Villingen ein: „Michel
Schwert der handelsmann ist burger worden
uf Hanns Rieggers schir, ligt am oberndorf an

herr Martin Schinstains pfründthaus und ime Hanns Riegger gelegen, und beschahe auch uf den 4. tag Augusti anno (15)88."[11] Nach Villingen war die Abwanderung aus Schwenningen in großem Umfang kontinuierlich über die Jahrhunderte hinweg gerichtet. Dieselbe Attraktivität für Dörfer der Baar und des Schwarzwaldes dürfte freilich Rottweil besessen haben, in mancherlei Hinsicht Villingen überlegen: mit seinem Status als Reichsstadt, seinem bedeutenden Patriziat, als Sitz des Hofgerichts von gehobener Zentralität, auch in wirtschaftlicher Hinsicht hatte die Stadt am Neckar einiges zu bieten, es hat eine bedeutende Wollweberei und sogar Fernhandel vorzuweisen; nicht zuletzt waren Rottweiler Bürger auch maßgeblich an der Leitung des Bergwerks Hammereisenbach im 15. und frühen 16. Jahrhundert beteiligt.[12] Weshalb sich Michael Schwert dennoch für Villingen entschied – d. h. das Motiv seiner Standortwahl – läßt sich nur durch analoge Fälle und Plausibilität erwägen. Zum einen gab es gezielte Bemühungen der politischen Führungsschichten, vermögende Bürger anderer Städte und Dörfer abzuwerben, zum anderen spielte im Fall Villingen für Schwert wohl die politische und soziale Verflechtung mit Österreich und Fürstenberg eine Rolle, eine solche Verflechtung war in Rottweil nicht in dem Maße gegeben. Daß solche Erwägungen im Fall Schwert nicht zu hoch gegriffen sind, werden die weiteren Ausführungen, z. B. der Konflikt mit St. Georgen, zeigen. Daß Schwert schnell einen Platz im korporativen Ordnungsgefüge der städtischen Gesellschaft fand und in die Villinger Führungsschicht aufgenommen wurde, zeigt nichts deutlicher, als daß er spätestens 1592 Mitglied der Herrenstube, der angesehensten Korporation der städtischen Gesellschaft, war.[13] Nicht nur sozial hatte Schwert beste Kontakte zur Führungsschicht, auch lokal war er dieser herrschenden Schicht denkbar nahe. So ist bezeugt, daß er 1596 „sein behausung samt

dem höfli darhinder an der riedstraß zwischen St. Anthonis und deß alten herr pfarrers M. Bernardi Braunen häuser … umb 390 fl. dem edlen und vesten Hanns Fridrichen von Siglingen" verkaufte, das übernächste Haus ist nämlich die Trinkstube der Herrenzunft; in diesem Bereich südlich des Rathauses wohnten Ratsherren, Zunftmeister, Bürgermeister und Adlige, zweifellos eine der besten Adressen der Stadt.[14]

In der Herrenstube überwog deutlich die Gruppe städtischer Beamter, daneben grundbesitzender Niederadel der Umgebung und Akademiker[15] – es ist durchaus plausibel, daß im Interesse der Förderung des Gewerbes von der politischen Führungsschicht Bemühungen ausgegangen sind, vermögende Kaufleute wie Schwert nach Villingen zu ziehen, eine Verbindung Schwert-Kegel dürfte hierbei eine wesentliche Rolle gespielt haben: Der Schultheiß Zacharias Kegel war ebenfalls Mitglied der Herrenstube, Schwert stand schon vorher in Geschäftsbeziehung mit seinem Sohn, dem Kaufmann Jakob Kegel (s. dazu unten). Schließlich ist es wohl kein Zufall, daß im Bürgerbuch unmittelbar auf den Eintrag Michael Schwerts Jacob Kegel folgt, die Bürgeraufnahme erfolgte also gleichzeitig. Es liegt jedenfalls nahe, daß Schwert durch Kegel empfohlen und gefördert wurde. Die Schwert gehörten nicht zu den alteingesessenen Villinger Familien, auch durch seine Heirat mit Lucia Weigler hat Michael Schwert nicht in eine prominente oder besonders vermögende Familie eingeheiratet.

Anders sein Bruder Johann: Die Verabredung seiner Ehe mit Angnesa Schwarz war ein gesellschaftliches Ereignis, außergewöhnlich viel Prominenz war anwesend, unter anderen: Clemens Yselin, Alt-Baumeister und des Rats, Bürgermeister Jakob Mayenberg, Schultheiß Jakob Bösinger, Matheus Herter als Amtmann von St. Georgen und der Stadtschreiber Michael Rubin. Michael Schwert ist bei der Anbahnung dieser Ehe mit Rat und Tat beigestanden: Neben dem Heiratsgut von je 400 fl. das beide Ehepartner von ihren Eltern erhielten, gab ihnen Schwert noch 500 fl. als unverzinsliches Darlehen dazu, er stellte ihnen seine Wohnung zur Verfügung und „beede leden"[16]. Bemerkenswert im Verhältnis der beiden Brüder ist folgende Passage, auch noch wenn wir uns von modernen Vorstellungen sozialer Nähe freimachen: „wofer sye sich bruderlich unnd nach seinem (Michael Schwerts) willen gegen ine verhalten werden, (wird) er mehrers thuen, unnd sich nit allain als ain bruder und schwager sonder ain vatter gegen ine erzaigen wölle umb welche gueth hat sy ime billich die tag ires lebens dankhbarlich sein sollen." Schwert erscheint hier fast als Patron des wohl wesentlich jüngeren Bruders[17], in dessen Haus, unter dessen Augen, er mit seiner Frau wohnte; Johann Schwert war seinem Bruder nach Villingen gefolgt und übernahm dann das Unternehmen des Bruders, wie ein Handwerkersohn die Werkstatt seines Vaters übernimmt. Das Vertrauen Michael Schwerts war anscheinend nach zwei Jahren gefestigt, als er in die Bickenstraße umzog.[18]

Die Schwert im Villinger Metallgewerbe

Vom 4. August 1588 datiert die Einbürgerung Schwerts, im April desselben Jahres sollte auf einem Rechtstag in Rottweil durch Vertreter der vorderösterreichischen Regierung in Ensisheim, des Grafen von Fürstenberg, Villingens, des Herzogs von Württemberg und des württembergischen Amtes Hornberg eine strittige „kaufhandlung" von Schwert und Jacob Kegel verhandelt werden. In einem Schreiben an den Herzog von Württemberg setzte sich die Regierung in Ensisheim dafür ein, daß die „amptleute zu Hornberg verschaffen das inen handelsleuthen ir erkaufft guet ohne verners uffhalt guetwilliglichen gevolgt" werde und „des herrn grafen

zu Füstenberg... berichten abzuweysen ohn beschwerdt sei"[19]. Demnach haben Kegel und Schwert im Hornberger Gebiet Güter gekauft, die von den Amtleuten des Hornberger Obervogts auf fürstenbergisches Drängen hin festgehalten wurden, möglicherweise um fürstenbergische Forderungen an Schwert und Kegel sicherzustellen. Über Anlaß, Inhalt und Volumen dieser „kaufhandlung" erfahren wir leider nichts näheres. Bemerkenswert ist hieran die Zusammenarbeit Schwerts und Kegels, kurz darauf wurden beide als Villinger Bürger aufgenommen. Bemerkenswert sind ferner die hochpolitischen Verwicklungen und Stellungnahmen, die dieser Fall hervorrief. Die Zusammenarbeit Schwert-Kegel scheint in der Folgezeit nicht fortgesetzt worden zu sein, wahrscheinlich weil Jakob Kegel fernab der Heimat tätig wurde, er starb 1601 in Bariet (heute Baruth) in der Lausitz,[20] da dieser Ort im Einzugsgebiet des mitteldeutschen Leinengewerbes liegt, könnte er im Leinenhandel und -verlag tätig gewesen sein.

Schwert war Besitzer verschiedener Betriebe des Metallgewerbes, in einer Urkunde von 1591 ist die Rede von „zhann-, kupffer- und segessenhammer"[21], das sind i. d. R. Wassermühlen für die Metallbearbeitung, jeweils von einem Müller oder Schmied – also auf handwerklicher Basis – betrieben. Deshalb zeichnet Revellio ein völlig verzerrtes Bild, wenn er diesen Sachverhalt mit (Schwert machte) „ein industrielles Unternehmen nach dem anderen auf" wiedergibt und wenn er die Frage aufwirft und unbeantwortet läßt, „ob es sich hier um mehrere Werke oder um ein (zusammenhängendes) Werk" handelte,[22] die Erfahrung der Industrialisierung dürfte hier den unvoreingenommenen Blick auf vorindustrielle Verhältnisse getrübt haben. Zu einem Segessen-, also einem Sensenhammer, im Besitze von Schwert erfahren wir Einzelheiten aus einem Kontraktenprotokoll: Michael Schwert verkaufte 1597 einen

Segessenhammer an den Waffenschmied Michael Katzensteiner um 146 fl.,[23] es handelte sich um den Hammer, der bei der Brücke am Germanswald oberhalb der Föhlenschmiede (wohl Schwerts) lag. Auf diesen interessanten Fall sei hier näher eingegangen, weil er einiges Licht auf das Villinger metallverarbeitende Gewerbe vor dem 30jährigen Krieg wirft, auch werden eine Reihe von Fragen vor allem nach dem Verhältnis Schwert-Katzenstein und zwar in Richtung einer tendenziellen Abhängigkeit Katzensteins aufgeworfen: (1.) Schwert war Kaufmann, als solcher war er im Besitz von mehreren Hämmern, Katzenstainer war Meister der Schmiedezunft,[24] genauer: Waffenschmied, es ist also sehr wahrscheinlich, daß er in der Schleifmühle auch selber arbeitete. (2.) Der nicht allzu hohe Kaufpreis weist auf die bescheidene Ausstattung des Betriebes hin, Schleifmühlen waren oft einfache Hütten mit mühlengetriebenen Schleifsteinen,[25] die niedrigen Raten von nur 10 fl. p. a. lassen auch bescheidene Vermögensverhältnisse Katzensteins vermuten. (3.) Da der Betrieb außerhalb der Stadtmauern, wenn auch innerhalb der Villinger Dependenz, lag, konnten restriktive Zunftvorschriften wie etwa Produktionsbeschränkungen hier nicht in Anwendung gebracht werden, wobei im metallverarbeitenden Gewerbe eine konsequente Trennung Stadt-Land wegen der Standortabhängigkeit sowieso kaum konsequent durchführbar war.[26] (4.) Schließlich ist der Passus „segessenhammer zu ainer schleiffe" zu berücksichtigen, d. h., der Käufer verpflichtete sich, eine Umnutzung vorzunehmen;[27] dies ist gegen Ende des Protokolls noch einmal ausdrücklich festgehalten in Form eines Konkurrenzverbots. Diese Vorschrift kann nicht anders als restriktiv verstanden werden, die Schlußfolgerung, daß Katzenstain Zuarbeiter für die Föhlen- und Segessenhammer Schwerts sein sollte, um deren Produkte durch Schleifen nur noch zu verfeinern, ist

daher plausibel. Dies wäre eine Arbeitsteilung, die in anderen metallverarbeitenden Regionen durchaus üblich war, die Verlegung ärmerer Meister durch vermögendere Zunftgenossen oder Kaufleute war weit verbreitet.[28] Im Falle Katzenstein ist zwar von Verlag nirgends die Rede, denn es fehlt die Pflicht zur Warenlieferung, doch die Pflicht zur Umwidmung in eine Schleifmühle unterstreicht den Willen Schwerts zu arbeitsteiliger Produktion: Katzenstein wird schließlich nichts anderes übriggeblieben sein, als für Schwert zu arbeiten, zumal er ihm durch Darlehen verpflichtet war, und weit und breit niemand so wie Schwert Zugang zum Rohstoff Eisen hatte, den er zudem in eigenen Hammerbetrieben erst weiterverarbeitungsfähig machte.

Die Existenz von Schleifmühlen weist auf eine schon recht weitgehende Differenzierung des Mühlenbaus hin sowie auf eine Ausrichtung auf die Rüstungsproduktion, zur Bearbeitung von Hieb- und Stichwaffen. In der Villinger Dependenz finden sich weitere Schleif- und Balliermühlen.[29] Auch ein Zahn- oder Zainhammer kann als eine innovative Einrichtung gelten, da sie die Qualität des Eisens verbesserte und die Bearbeitung beschleunigte.[30] Schließlich ist ein Kupferhammer insofern bemerkenswert, als Kupfererz im Schwarzwald nur in geringem Umfang abgebaut wurde,[31] wegen des relativ hohen Materialwerts war hier der Produzent auf zuliefernde Kaufleute angewiesen, oft arbeiteten auch sie im Verlag für Kaufleute.[32] Im Erwerb diverser Hammerwerke und schließlich der Pacht eines Eisenwerks liegt eine gewisse Logik insofern, als sich hier eine horizontale Integration von Geschäftsaktivitäten erkennen läßt: Schwert brachte die Förderung, Aufbereitung und den Vertrieb der Rohstoffe in Eisenbach unter seine Kontrolle. Nimmt man die bunte Palette metallbearbeitender Berufe hinzu,[33] so werden die Umrisse eines reich gegliederten metallbearbeitenden Gewerbes erkennbar. Schließlich ist noch zu bemerken, daß sich diese Hämmer und Mühlen allesamt außerhalb der Stadtmauern befanden, wobei vermutlich nicht nur die Brandgefahr und die nur hier vorhandene Wasserkraft der Brigach eine Rolle spielten (es gab Schmieden auch innerhalb der Stadt), sondern auch der Umstand, daß die dortigen Handwerker nicht dem Zunftzwang innerhalb der Stadt unterworfen waren.

Die weiteren im Kontraktenprotokoll dokumentierten Verträge stehen in keiner solch engen Beziehung zur Metallverarbeitung: Es handelt sich um die ebenfalls im Germanswald gelegene Tannenmühle, die gegen Naturalabgaben an den Müller Hans Stotz geliehen wurde, um die Zinsverschreibung des Rottweiler Bürgers Hans Blattmacher in Höhe von 90 fl., wobei Schwert einen Zinssatz in der bescheidenen Höhe von 3,3 % forderte, um den Verkauf von Wiesen an den Villinger Hintersassen Hans Haudrein (!) um 100 fl., wo 5 % Zinsen, ein absolut durchschnittlicher Wert für das 16. Jahrhundert, verlangt wurden.[34]

Holzstreitigkeiten mit geistlichen Ständen

Im Jahr 1591 schloß Michael Schwert mit dem Herzog von Württemberg einen Vertrag, wonach er im Bezirk Rehlinwald, auf dem Gebiet des Klosters St. Georgen, Kohlholz schlagen durfte, und zwar im Jahr mindestens 600 Klafter und dafür dem Herzog 6 Kreuzer pro Klafter, für 600 Klafter also 60 fl. bezahlte, ein in dieser Zeit durchschnittlicher Preis[35]. In dem Vertrag ist ferner die Rede von Unkosten, die Schwert auf die Herstellung von Fahr- und Floßwegen aufwenden mußte: Für diesen Zweck wurde der Welsch-Weiher als Floßweiher im Röhlinbachtal (in der Gemarkung von St. Georgen nordwestlich von Villingen) angelegt.[36] Schließlich erwähnt diese von Herzog Ludwig ausgestellte Urkunde noch, daß Schwert das Holz „zu sei-

ner dannden (d. h. in der Umgebung von Villingen) habenden eysen oder faylenschmidten, zhann-, kupffer- und segessenhammer" nutzte, das Bergwerk im Eisenbach ist nicht erwähnt. Schwert hat dieses Holz aber nicht nur für den Betrieb seiner Hammerwerke – quasi für den Eigenbedarf – genutzt, sondern es auch weiterverkauft, dies geht hervor aus einer Supplik Schwerts an den Rat von 1594.[37] Im Jahre 1613 erhielt er – längst schon selber Bergwerkspächter – vom Herzog von Württemberg Zollfreiheit für das Holz aus dem Rehlinwald.

Daß es über die Waldnutzung zwischen Bergwerksbetreibern und insbesondere Klöstern als bedeutendsten Waldbesitzern immer wieder zu Konflikten kam, ist nichts Außergewöhnliches; dieser Holzkauf[38] Michael Schwerts erwies sich aber als außerordentlich konfliktträchtig, weil er keinerlei Rücksicht auf die territorial-konfessionelle Gemengelage nahm, ja möglicherweise diese sogar bewußt für eigene Zwecke ausnützte, indem er die Beteiligten gegeneinander ausspielte. Ausgenützt wurde in erster Linie die prekäre Situation des Klosters St. Georgen: Abt und Konvent wurden 1536 von Herzog Ulrich vertrieben, nach einer Zwischenstation in Rottweil fanden die Mönche in Villingen Exil und erhoben Klage beim Reichskammergericht um Rückerstattung des Klosters, ein Prozeß der 1592 immer noch anhängig war. In dem Geschäft Schwerts mit dem Herzog von Württemberg erblickte der Abt nicht nur eine Schädigung seines Besitzes, sondern auch eine Schwächung seiner Rechtsposition beim Reichskammergericht. Abmahnungen des Abtes Blasius Schönstain an Schwert, die Holzabfuhr zu unterlassen, blieben erfolglos, er wandte sich in den folgenden zwei Jahren immer wieder an den Villinger Rat, um den Ausverkauf seiner Waldungen zu unterbinden. Doch weder der Hinweis auf die gemeinsame katholische Konfession gegenüber dem Protestantismus in

Württemberg noch der Hinweis auf die württembergische Herkunft Schwerts oder die
Verpflichtung der Stadt gegenüber dem gemeinsamen habsburgischen Landesherrn
fruchteten. Die geforderte notariell beglau-
bigte Vorlage des Kaufvertrags setzte der Villinger Rat bei Schwert zwar durch, nicht jedoch die vorläufige Beschlagnahme des in
Villingen gelagerten Holzes, auch eine durch
die vorderösterreichische Regierung in Ensisheim ausgesprochene einstweilige Verfügung, den Holzeinschlag und -verkauf zu unterlassen, blieb folgenlos. Der Rat antwortete
auf die drängenden und harten Vorwürfe und
Forderungen stets höflich und beschwichti-
gend, doch in der Sache kam er dem Abt nicht
im geringsten entgegen. Diese Briefe werfen
einiges Licht auf den Eindruck, den Schwert
auf seine Zeitgenossen machte. Der Abt
schreibt, Schwert habe „durch sein geschwin-
digkheit ain nambhaffte anzal uff ettlich und
vil jar brennholtz abkhaufft", also sich durchgesetzt durch schnelles und entschiedenes
Auftreten und den Einsatz bedeutender finanzieller Mittel auf ein Ziel hin. Ferner habe
Schwert aus „ainem gemainen freyen holtz-
floß einen monopolischen und wuocherli-
chen contract angericht"; mit „wuocherlich"
hat der Abt vielleicht auf besonders günstige
Bedingungen angespielt, die Schwert beim
Herzog erhalten habe, doch haben wir schon
gesehen, daß der Preis von 6 Kreuzer pro
Klafter völlig durchschnittlich ist, das Adjek-
tiv „monopolisch" dürfte dagegen eher zutreffen, weil Schwert die Flößerei in der Umgebung Villingens nun dominiert haben
dürfte; insgesamt jedoch sind dies aber fast
schon Gemeinplätze im Diskurs des 16. Jahrhunderts um auffällige Erscheinungen des
Frühkapitalismus zu diffamieren, mit Vorliebe von Theologen und Sprechern des „gemeinen Mannes" gebraucht. Kooperation und
Konflikt lagen hier freilich nah beisammen:
Der Konflikt mit Schwert hinderte den Abt
nämlich nicht, sich finanziell am Bergwerk zu

beteiligen, und zwar 1616 mit 500 und 1642
Abt Gaisser mit 900 fl.[39] Ein Zeichen großer
Vertraulichkeit ist auch, wenn bei der Hei-
ratsabredung des Johann Schwert Matheus
Herter, der Amtmann des Klosters, anwesend
ist; endlich weisen die Taufbücher den Abt
von St. Georgen regelmäßig als Paten von
Schwerts Kindern aus.

Mit dem Kloster Friedenweiler kam es bald
zu einem ähnlichen Konflikt[40]: 1605, kurz
nachdem Schwert in den Pachtvertrag des
Bergwerks Hammereisenbach eingetreten
war, hat er den Brucker Wald auf dem Zwing
und Bann des Klosters Friedenweiler ohne
die Äbtissin vorher zu fragen oder etwas
dafür zu bezahlen, fällen und für Zwecke des
Bergwerks verwenden lassen. Die Äbtissin
wandte sich daraufhin an den Landvogt Philipp Jacob Fürstenberger, doch ohne Erfolg,
„ist obgemelter anspruch also verbliben biß
obgemelter herr Schwerdt mit todt abgan-
gen", nämlich 1614. Erst unter seinem Bruder
und Nachfolger konnte das Kloster 1624 sein
Eigentum wieder erlangen.

Den beiden Fällen St. Georgen und Friedenweiler ist gemeinsam, daß Schwert, um
sich in den Besitz des knappen Rohstoffes
Holz bzw. Kohlholz zu setzen, das Eigentumsrecht schwacher geistlicher Stände – eines Frauenklosters und eines exilierten Klosters – mißachtete und keiner der Schutzher-
ren, der fürstenbergische Landvogt und der
Villinger Rat, den Geschädigten beistand.
Holz war schon im frühen 16. Jahrhundert ein
knapper Rohstoff,[41] im konkreten Fall Hammereisenbach ist bei der Verlängerung des
Pachtvertrages auch die Rede davon, daß „an
holtz großer mangel erschienen"[42]. Zur Bewertung von Schwerts Verhalten ist festzustellen: als Bergbauunternehmer war er auf
die Standortfaktoren Erz, Holzkohle und
Transportwege angewiesen, das war in der
territorialen Gemengelage im deutschen
Südwesten wesentlich schwieriger als in eher
geschlossenen Territorien mit Bergbau wie

Sachsen und Tirol. Die Klagen von Bauern, Klöstern und Gemeinden wegen des übermäßigen Holzverbrauchs durch den Bergbau setzten schon im 13. Jahrhundert ein und rissen nicht ab. Meist waren die Territorialherren am Bergbau aus fiskalischen und wirtschaftspolitischen Motiven (Stichwort Autarkie) interessiert und stellten die Interessen ihrer Untertanen und auch von Mediatständen, wie Klöstern und Kommunen, hintenan. So sah die österreichische Bergordnung von 1517 ausdrücklich nicht nur die herrschaftlichen Waldungen, sondern auch die der Stände und Gemeinden für die Belange der Gruben und Hütten vor.[43] Das könnte zumindest auf den Fall Friedenweiler übertragen werden: Fürstenberg sah für den Bergbau, an dem es großes Interesse hatte, nicht nur die herrschaftlichen Waldungen, sondern auch die seiner Mediatstände, hier die von Friedenweiler, vor. Daher ist die Darstellung Schwerts bei Revellio und v. a. bei Gothein als einen rücksichtslosen Ausbeuter der Ressourcen von Schwächeren zu einseitig.

Die Brüder Schwert als Pächter des Bergwerks Eisenbach

Das fürstenbergische Bergwerk Eisenbach förderte im Untertagebau Eisenerz und bereitete es in angegliederten Schmelzhütten zu schmiedbarem Eisen (Föhleisen) auf. Es wurde während der gesamten Betriebszeit vom 15. Jahrhundert bis zur Einstellung 1867 überwiegend in obrigkeitlicher Regie der Grafen von Fürstenberg, in zweiter Linie von privaten Pächtern wie den Brüdern Schwert betrieben. Im Vergleich zu anderen Bergwerken des Schwarzwaldes hatte es eine außerordentlich lange Betriebsdauer, überstand sogar die Krise des 30jährigen Kriegs, in deren Folge die meisten Bergwerke ihren Betrieb einstellten; gerade in dieser Zeit – 1656 – wurden im Revier Eisenbach immerhin noch 35 offene Stollen gezählt.[44] Eine vergleichende

Einschätzung der Produktionshöhe in Eisenbach ist schwierig, da kaum geeignete Vergleichszahlen zur Verfügung stehen, sie dürfte aber im oberen Bereich anzusiedeln sein: Die Produktion während der Schwertschen Pachtzeit belief sich im Schnitt auf 200 Tonnen Kellergewicht im Jahr, vom hochrheinischen Hammerschmiedebund, einem Zusammenschluß von immerhin 36 Eisenwerken, wurden im 17. Jahrhundert ca. 750 Tonnen Eisen im Jahr produziert.[45]

Hinweise auf die räumliche Ausdehnung der personalen Beziehungen und ggf. die Einbettung in eine Gewerbelandschaft geben die Außenbeziehungen des Bergwerks vom 15.–17. Jahrhundert, die hier summarisch aufgeführt seien[46] (vgl. Tabelle auf Seite 163).

1604 tritt Michael Schwert in den Bestandsbrief, d. h. den Pachtvertrag des Felix Schmid, Stadthauptmann von Stein am Rhein, ein. Die Hoffnungen der fürstenbergischen Verwaltung und die gegenwärtig prekäre Situation werden in folgendem Auszug aus dem Pachtvertrag beschrieben: das „eysenberckewerkh im Eysenbach, wegen der vorigen alten gewerckhen, unndt dero gehabten hut, unndt ander berckhwerckhsarbeiter unversichtigs liederlichs unndt übel einsehens dermaßen nicht allein in großen schuldenlast gerathen, sonder auch wegen überflißigen intilgens deß kohl unndt derers holzes unndt daß in kheinem holtzschlag dem bestandtbrieff gemäß, nichts widerumb eingeschlagen, sonder noch darzuo im gantzen berkhwerckhs bezürckh durch die arbeiter unndt unnerthonen, das gehülz außgereuth, gebrant unndt vertilget worden dahero albereith an holtz großer mangel erscheinen unndt nit zeitlichs unndt ernstlichs einsehen ervolgt, ist höchlich zubesorgen, diß unnser berkhwerckh in wenig jahren allerings in abgang gerichtet unndt zuenichten gebracht werden mochte"[47].

Auf welche Maßnahmen Schwerts gründete nun die fürstenbergische Verwaltung ihre Zuversicht? Schwert stellte zunächst die

Name	Ort	Jahr	Grundlage	Beleg
Caspar Stere	Villingen	15. Jh.	Pächter	69
Conrad Thurn	Heilbronn	1514	Pächter	69
Burkard Fürderer	Stuttgart	1514	Pächter	69
Philipp v. Almendshoven	Immendingen	1523	Pächter	69
Jörg von Hornstein	b. Sigmaringen	1525	Pächter	72
Conrad Mock	Rottweil	vor 1523	Gläubiger	70
Caspar Bodmer	Rottweil	vor 1523	Gläubiger	70
Hans Volmar-Rot	Rottweil	vor 1523	Verwalter	70
Veit Jakob Tänzl	Schwaz in Tirol	1527	Pächter	79
Peter Ästlin	Schw. Gmünd	1529	Gläubiger	82
Matheus Manlich	Augsburg	1543	Pachtinteressent	91
Matheus Zollmair	Augsburg	1543	Pachtinteressent	91
Hans Gutensohn	Zürich	1561	Pächter	92
Thomas Gutensohn	St. Gallen	1581	Pächter	92
Jacob Mayenberg	Villingen	1594	Gläubiger	93
Jacob Schreiber	Villingen	1594	Gläubiger	93
Familie Engelher	Villingen	1594	Gläubiger	93
Laux Brenneisen	Rottweil	1594	Gläubiger	93
Felix Schmied	Stein am Rhein	1594	Pächter	93
Hans Georg Mayenberg	Villingen	nach 1594	kommissarischer Verwalter	93
Andreas Meyerhofer	Villingen	nach 1594	kommissarischer Verwalter	93
(Bergarbeiter)	Tirol, Frankreich, Allgäu	1599		102
Johan Meyer	Villingen	1640	Verwalter	119
Matheis Schechtelin	Freiburg	1640	Pächter	119
Joh. Anton Facius	Basel	1664	Pachtinteressent	121

Gläubiger zufrieden, namentlich genannt sind der Villinger Bürgermeister Jakob Mayenberg und der Syndicus Jacobo Scribonio (= Schreiber),[48] freilich indem sie auf einen Teil ihrer Forderungen verzichteten,[49] was im Falle des Bürgermeisters und nahen Verwandten (Onkel?) Jakob Mayenberg wie des Nachbars Schreiber nicht so schwer gewesen sein dürfte. Sodann löste er die im Pachtvertrag angesprochenen Probleme mit der Waldbewirtschaftung zugunsten Fürstenbergs auf Kosten anderer: Kurz nach Eintritt in seinen Pachtvertrag, 1605, ließ er den Brucker Wald auf der Gemarkung des Klosters Friedenweiler fällen und für Zwecke des Bergwerks verwenden (s. oben). Nach dem Rehlinwald bei St. Georgen und dem Brucker Wald bei Friedenweiler wurde weiteres Kohlholz wohl im Raum Bräunlingen geschlagen.[50] In ihren Klagen gegen Schwert fährt die Chronik von

Friedenweiler fort: „das Gottshauß hat auch vor etlich jahren etlichen armen leuthen erlaubt, daß sie ihm holtzschlag uff deß Gottshauß grund und boden etliche mättlein haben dörffen ausraumen und hat auch ein jeder ein hütlein zu seinem mättlein gemacht darvon haben sie dem gottshauß einen ringen zins geben." Schwert habe nun diese Leute als Holzhauer angenommen, ihre Hütten aber hätten sie abreißen und neue Hütten beziehen müssen, unweit der Erzgrube und Schmelzhütte, wovon sie nun Schwert Zins zahlen mußten. Der Sachverhalt dürfte tatsächlich etwas komplexer gewesen sein: Die fürstenbergische Waldordnung, nicht Schwert, verlangte, daß solche „wilden" Hütten in den Holzschlägen abgerissen wurden. Als sich die Bewohner bei den fürstenbergischen Amtleuten beschwerten und um Aufschub baten, wurde der Vollzug noch um ein Jahr ausgesetzt, aber der Räumungsbefehl beibehalten, diejenigen, die Arbeit beim Bergwerk hatten, sollten Herrn Schwert bitten, daß er sie z. B. beim Hammer oder Schmelzofen unterkommen ließe.[51] Der disziplinierende Charakter dieser Maßnahmen ist nicht zu verkennen: Unkontrollierte Ansiedlung armer Leute sollte verhindert bzw. kanalisiert werden, über den Waldschaden, den solche Ansiedlungen von Arbeitern und besonders deren Vieh hervorrufen, wurde schon lange Klage geführt, im Pachtvertrag von 1604 wird es Schwert zur dringenden Auflage gemacht, die Untertanen „an der Vertilgung des Holzes" zu hindern, für Schäden wird er sogar haftbar gemacht.[52] Man sieht also: Der fürstenbergische Landvogt und nicht Schwert war hier die treibende Kraft, obwohl er als Bergwerkpächter natürlich auch ein Interesse an einer geordneten Waldwirtschaft hatte und es in seinem Interesse lag, die Ansiedlung der Arbeiter zu Kontrollzwecken zu zentralisieren.

Eine andere, von mehreren Forschern sehr kritisch bewertete Maßnahme Schwerts ist die Belieferung seiner Arbeiter mit Viktuali-

en im sog. Trucksystem,[53] dabei wird dem Produzenten ein Teil seines Lohnes in Waren statt Geld ausbezahlt. Daß solcher Handel auf einem monopolistischen Markt (ein Anbieter, viele Nachfrager) auch von Nicht-Kaufleuten als erstrebenswert angesehen wurde, zeigte sich mehrfach: Im Vergleich mit der Witwe des Felix Schmid findet sich eine Bestimmung, die dann allerdings gestrichen wurde, daß sie an Schwert Wein oder andere „Handelspfennwerte" verkaufen könne. Oder ein Beispiel aus einer anderen Region: Der Bergverwalter des fürstenbergischen (Hammer-)Werks Kirchtal beschwerte sich 1716, daß die Arbeiter nicht „wie überall sonst alle benötigte victualia, als Früchten, Schmalz, Eier, Branntwein, Leder, Tabak und dergleichen vom Bergverwalter kaufen müßten, sondern bei den Wirten und Händlern herumsäßen … wodurch sein Verdienst geschmälert werde"[54]. Die Praxis, Produzenten in Waren statt Geld zu entlohnen, war für den Kaufmann, der durch seine Marktkenntnis leichten Zugang zu den unterschiedlichsten Waren hatte, naheliegend – durch möglichst zahlreiche Ankauf-Verkauf-Transaktionen und eine Verlängerung der Handelskette steigerte er seine Profitchancen.[55] Im Falle Eisenbach weisen die Getreideeinkäufe Schwerts auf ein solches System hin, 1609 etwa kaufte er 203 Malter Vesen beim Löffinger Fruchtkasten ein[56] – mit regionalen Unterschieden faßt dieses Hohlmaß im Schnitt etwa 200 l, es handelte sich also um eine ganz erheblich Menge. Die Entlohnung in Naturalien in Eisenbach wurde nicht erst durch Schwert eingeführt, vor seiner Zeit belieferte die Verwaltung die Arbeiter zum Schlagpreis mit Kameralfrüchten, auch später war dieses System noch üblich;[57] auch wurde nicht nur in Naturalien, sondern auch in Werkzeugen, „Kram" oder Textilien gezahlt.[58] Grundsätzlich mußte dieses System kein Nachteil für den Lohnempfänger sein, ursprünglich – so Gothein – hätten viele Bergleute gerade in solchen Maßregeln eine Existenzsicherung gesehen. Die Bewertung dieses Systems hängt ganz und gar vom Preis ab, zu dem das Getreide berechnet wurde, wurde der Schlagpreis zugrunde gelegt, so war dies zweifellos vorteilhaft für die Arbeiter, hätten sie selbst bei Bäckern, Müllern oder Wirten gekauft, hätte deren Zwischenhandelsspannen bezahlt werden müssen; bei ihren Beschwerden bezogen sich die Arbeiter möglicherweise auf den alten Zustand, als sie Früchte zum Schlagpreis kaufen konnten. Gothein behauptet nun, Schwert habe bis zum doppelten Marktpreis verlangt, doch weder er noch die folgenden zahlreichen Forscher liefern dazu konkrete Zahlen oder Quellenbelege.[59]

Ökonomisch gesehen, lief der Betrieb des Bergwerks auf den ersten Blick gut, Schwert zahlte regelmäßig das Zehnteisen an die landgräfliche Kasse und erwarb sich ein bedeutendes Privatvermögen, von dem er sich für 5 900 fl. drei Höfe kaufte.[60] Ein für erfolgreiche Kaufleute in ganz Europa häufiger Vorgang, nicht selten führt dies zur Nobilitierung und einem Übergang in den Landadel; darin drückte sich aber auch eine Skepsis gegenüber der Sicherheit von ins Gewerbe investiertem Kapital, hier dem Bergwerk Eisenbach, aus. Für Schwert hatten diese Güter freilich noch einen anderen Nutzen: Die meisten seiner Arbeiter hatten ihre Hütten auf seinem Grund und Boden errichtet, dafür konnte er von ihnen Zinsen verlangen.[61] Daß bei näherem Hinsehen die Bilanzen nicht so rosig waren, zeigte sich nach dem Tode

Schwerts: Sein Bruder mußte sich vor der gräflichen Verwaltung 1618 wegen Schulden von 2 133 fl. rechtfertigen,[62] vom Zehnteisen mußte der halbe Teil erlassen werden, Holz aus herrschaftlichen Wäldern war noch nicht bezahlt, auch für umfangreiche Getreidelieferungen für die Bergarbeiter waren noch Rechnungen offen. Die Vermutung, daß, als Schwert nach seinem Tod namhafte Schulden hinterließ, die Herrschaft seinem Bruder genauer auf die Finger schaute,[63] dürfte wohl zutreffen. In dem mehrfach erwähnten Vergleich zwischen Johann Schwert und der Witwe von Michael Schwert hat Johann öfters um Reduktion der Forderungen ersucht (z. B. geringeren Preis des Holzes und des Getreides), doch wurde ihm in keinem Punkte nachgegeben.

Die folgenden Produktionsmengen (siehe Tabelle unten) zeigen zum einen den Wert, den das Bergwerk für die Landgrafen hatte, zum anderen sind sie ein Indikator, der Hinweise auf die Rentabilität geben kann.

Als Abgabe an die Fürstenberger als den Bergherren war das sog. Zehnteisen festgelegt, d. h. der zehnte Teil des Eisens, das in einem Jahr geschmolzen wurde (gemessen mit dem sog. Kellergewicht, das etwas höher als das Schmiedegewicht war), das dürfte im Bergbau des Schwarzwaldes die Regel gewesen sein. Beispielsweise für das Jahr 1607 sind 217 Zentner und 25 Pfund Zehnteisen angefallen. Da die Schwert es vorzogen, dem Grafen das Eisen zu einem Festpreis von meist etwas mehr als 4 fl. zu verkaufen (weil sie hoff-

Eisenproduktion des Bergwerks Eisenbach (Schmiedegewicht in Zentnern) nach den Rechnungen im FFA:

Jahr	Zentner	Jahr	Zentner	Jahr	Zentner	Jahr	Zentner
1605/06	1 830	1609/10	1 594	1613/14	1 539	1617/18	1 162
1606/07	1 975	1610/11	1 872	1614/15	1 375	1631/32	1 085
1607/08	1 819	1611/12	1 576	1615/16	1 669	1632/33	1 141
1608/09	1 707	1612/13	1 907	1616/17	1 720		

ten, das Eisen selbst zu einem höheren Preis verkaufen zu können), flossen in diesem Fall der gräflichen Kasse 868 fl zu, die die Pächter erwirtschaftet hatten.

Nun zur Produktionshöhe: Für die vorangehende Zeit werden folgende Zahlen genannt: für 1583 2 273 Zentner und für 1603 2 247 Zentner,[64] auch die für das 18. Jahrhundert genannten Werte liegen meist weit höher als die Werte während der Schwertschen Pachtzeit, doch haben die Schwert eine kontinuierliche Produktion im Zeitraum 1604 bis 1633 aufrechterhalten, das heißt auch kontinuierliche Einnahmen für die gräfliche Kasse, zudem sorgten die Schwert auch für die Einhaltung der Waldordnung, was die vorangehenden Pächter versäumt hatten; nicht zuletzt entfiel die mühsame Suche nach neuen Pächtern – all das dürfte für die fürstenbergische Verwaltung ausschlaggebender gewesen sein als die absolute Produktionshöhe. Die Schwankungen der Produktion hingen zum Teil auch von klimatischen Veränderungen (Niederschläge und Wasserstände) ab, insgesamt fällt aber doch eine etwas geringere Produktion nach 1614, d. h. unter der Regie von Johann Schwert, auf, bei den in der Tabelle genannten Werten liegt der Durchschnitt der Jahre vor 1614 (also unter der Regie von Michael Schwert) bei 1 759 Zentner, für die Jahre nach 1614 bei 1 358 Zentner. In der Literatur wurde bereits vermutet, daß Johann Schwert die harte Linie seines Bruders nicht fortsetzen konnte,[65] das zeigt sich z. B. daran, daß unter Johann Schwert „mit gutem wellen beeder parteyen dem Gottshaus (der Brucker Wald) zugesprochen worden".[66] Daß zu Johann Schwert weit weniger Quellenbelege gefunden wurden – insbesondere in Villingen – als zu seinem Bruder Michael, obwohl seine Pachtzeit viel länger dauerte, ist ein weiteres Argument dafür, daß seine Regie deutlich störungs- und konfliktfreier verlief, obgleich er grundsätzlich die von seinem Bruder eingeschlagene Linie fortsetzte. Johann

Schwert scheint außerdem nicht dieselbe Reputation genossen zu haben, wurde er doch nicht in der Herrenstube, sondern laut Musterrodel „nur" in der Kramerzunft (wie übrigens auch der Schwager Andreas) verburgrechtet, obgleich er durch seine Heirat der eingesessenen Führungsschicht eigentlich näher war als sein Bruder.

Was in der Literatur – mit Ausnahme der Dissertation von Worring – bisher wenig beachtet wurde, ist die Frage des Vertriebs. Im 18. Jahrhundert – der Blütezeit des Merkantilismus – ist die vorrangige Belieferung von fürstenbergischen Untertanen mit Eisen in fast alle Pachtverträge aufgenommen, im 16. und 17. Jahrhundert sei in der Regel direkt an die Konsumenten verkauft worden, erst seit Beginn des 18. Jahrhunderts sei ein größerer Teil des Absatzes über Schaffhauser Großhändler erfolgt.[67] Hauptabnehmer der im hochrheinischen Hammerschmiedebund vereinigten Gruben und Hämmer waren Kaufleute aus Bern, Basel, Zürich, Schaffhausen;[68] war in diesem Fall die räumliche Nähe zur Schweiz ausschlaggebend, so spielten solche Schweizer Kaufleute auch in Eisenbach eine große und zunehmende Rolle, das zeigt nicht zuletzt ein Blick auf die Herkunftsorte der Pächter (Stein am Rhein, Basel, Zürich, Schaffhausen) während des 16. und 18. Jahrhunderts; deutlich läßt sich dies auch am Beispiel des fürstenbergischen Hammerwerks Kirchtal erkennen, der Verkauf im Großen wurde fast ausschließlich an Schweizer Händler getätigt, das Absatzgebiet reichte bis Wil (Kanton St. Gallen) im Süden und Rheineck am Alpenrhein im Osten.[69] Eisenhändler zu Gottlieben und Schaffhausen waren zugleich Gläubiger des Hammerwerks und seine Hauptabnehmer.[70] Das Beispiel Schaffhausen – der nächstgelegenen Schweizer Stadt – läßt Hintergründe erkennen: 1515 hatte die Stadt mit Fürstenberg Handels-, das heißt wohl Zollfreiheit, vereinbart, die Stadt bezog aus dem Schwarzwald nicht nur Holz, Schindeln, Rebstecken, Vieh und Häute, sondern eben auch Eisen für ihr bedeutendes Metallgewerbe. Ähnliche Vereinbarungen bestanden mit anderen angrenzenden Ständen des Schwarzwaldes, z. B. mit St. Blasien und Stühlingen.[71]

Infolge dieser guten, ja vertraulichen Beziehungen gingen von Schweizer Kaufleuten und Fabrikanten in der Zeit bis zur Industrialisierung, als der deutsche Zollverein diese Verbindungen jäh abschnitt, immer wieder Impulse zur Gründung von Betrieben des Textil- und Metallgewerbes im Südschwarzwald aus.

Die große Bedeutung des metallverarbeitenden Gewerbes in den Städten der Nordwestschweiz ist ein Grund dafür, weshalb sich aus diesen Städten immer wieder Pächter des Bergwerks in Eisenbach fanden. War auch der Betrieb der Gruben immer wieder ein Risiko – z. B. gerät etwa Thomas Gutensohn von St. Gallen 1594 in Konkurs[72] – so hatten sie immer noch Gewinnchancen im Handel mit Eisen, zumal sie den Großverbrauchern nahestanden oder gar – wie ja auch Schwert – selbst metallverarbeitende Betriebe besaßen. Das setzte freilich voraus, daß die Pächter nicht persönlich voll für Verbindlichkeiten hafteten, sondern nur im Umfang des von ihnen eingebrachten Kapitals. Die Organisationsform des Bergwerks Eisenbach war die einer bergrechtlichen Gewerkschaft,[73] die Gewerken hafteten für die von ihnen erworbenen Anteile, die sog. Kuxen; eine Haftungsbeschränkung war also gegeben, wenn auch theoretisch mit der Pflicht zur Zubuße verbunden, aber zu wesentlichen Erweiterungen des Anlagevermögens bzw. zur Notwendigkeit einer Erneuerung der Anlagen kam es erst im 18. Jahrhundert.

Politische Aktivitäten

Neben seinen vielfältigen Aktivitäten in Metallgewerbe und Bergbau hat Michael Schwert auch zahlreiche politische Ämter ausgeübt, man kann geradezu von einer Ämterhäufung sprechen, in Villingen war er Rat, Richter, Zinssammler und Pürschvogt. Als er 1609 Obervogt von Triberg wurde, legte er diese Ämter nieder und gab sein Bürgerrecht auf, er blieb allerdings Satzbürger.[74]

Durchsetzungsvermögen und Verständnis für gegensätzliche Interessenlagen und zielstrebiges Ausnutzen für eigene Zwecke haben ihn für die politischen Ämter und besonders dann für die politische Mission für Villingen an den Kaiserhof zur Erlangung der Pfandherrschaft über Triberg qualifiziert; in dieser Angelegenheit war er zwischen 1598 und 1600 für Villingen in Innsbruck und Prag unterwegs, wenn auch für die Stadt letztlich vergeblich. Für Villingen wäre die Obervogtei Triberg, die direkt an Villingen grenzte, eine schöne Abrundung ihrer Dependenz gewesen, beispielsweise der Erwerb von Grundbesitz durch das Patriziat, Klöster und durch das Spital wäre einfacher gewesen, die Anlage in riskanteren Objekten wie dem Bergwerk Eisenbach auf fremdem Territorium wäre nicht die fast einzige Investitionsmöglichkeit gewesen; zudem hatte Triberg 1574 gegen den Einspruch Villingens einen Wochenmarkt errichtet.[75] Schwerts Interessen und Verbindungen lagen schon immer überwiegend außerhalb der Villinger Dependenz; der fürstenbergische Hof bot seinem Ehrgeiz zweifellos weitere Möglichkeiten, doch nur begrenzt die Möglichkeiten zur selbständigen Umsetzung eigener Pläne. Ausgehend von solchen Erwägungen, scheint es dann durchaus konsequent, wenn er 1609 seine Ämter in Villingen niederlegte und das vakant gewordene Amt eines Obervogts von Triberg übernahm; die Pfandherren (das war für diese Zeit wohl kommissarisch Habsburg) weilten meist außer Landes und ließen die Herrschaft durch rigorose Obervögte – wie eben Schwert – rein fiskalisch verwalten.[76]

Schluß

Abschließend ist nach den Impulsen zu fragen, welche von den Aktivitäten Schwerts auf die Wirtschaft des Raumes Schwarzwald-Baar ausgingen. Schwert hat zunächst dort angesetzt, wo vor ihm und nach ihm auch andere vermögende Patrizier und Kaufleute aus Villingen tätig wurden, beim Erwerb von Anteilen am Bergwerk Eisenbach. Dieses Bergwerk war immer wieder Investitionsobjekt für anlagesuchendes Kapital, es war attraktiv nicht nur für die nahegelegenen Städte Villingen und Rottweil, sondern auch für die reichen Städte der Nordwestschweiz und sogar für Augsburger Kaufleute; daß es im Falle von Matheus Manlich (der 1574 durch sein fehlgeschlagenes Projekt „Levantehandel über Marseille" in Konkurs geriet) und Zollmaier zu keiner Investition kam, ist nicht ausschlaggebend, das größte Unternehmen der Zeit, die Fugger, wurden im Münstertal 1602 tatsächlich tätig.[77]

Doch nicht nur durch die Erzielung von Renditen konnte das Bergwerk für Villingen wertvoll werden, mehr noch durch die Ansiedlung von damit zusammenhängenden Zuliefer- und Weiterverarbeitungsbetrieben, dadurch eröffneten sich viele Möglichkeiten zur gewerblichen Verdichtung der Region. Michael Schwert war eine Unternehmerpersönlichkeit, die die vorhandenen Kapazitäten des Metallgewerbes in seinen Hammerwerken in der Villinger Dependenz zusammenfaßte und organisierte, z. B. durch Umnutzungen und Arbeitsteilung, möglicherweise sogar durch Einführung von Innovationen im Umland wie der Mechanisierung des Schleifens oder der Einführung von effektiveren Zahnhämmern. Schwert hat dabei „grenzüberschreitend" agiert und wohlwollende Förderung durch die Obrigkeit erfahren, vor allem durch Fürstenberg und Villingen, wohl auch durch Württemberg. Durch den Stillstand des Bergbaus während und nach dem 30jährigen

Krieg wurden diese Ansätze zerstört und kamen später durch die Schweizer Pächter anderen Regionen zugute.

Damals wie heute wurde die Frage der Rentabiliät des Bergbaus, im Schwarzwald oder an der Ruhr, in erster Linie wirtschaftspolitisch, mit dem Hinweis auf den Autarkiegedanken etwa, beantwortet. Daher ist die Feststellung, daß „das Eisenbacher Bergwerk für seine Besitzer und für die Arbeiter (aufgrund der geologischen Gegebenheiten) nicht eigentlich zum Segen werden konnte, fast alle Besitzer gerieten in Schuldenlast und Konkurs"[78], eine zu deterministische Einschätzung. Wird bei der Beurteilung der Aktivitäten der Brüder Schwert eine eher wirtschaftspoltische Perspektive angelegt, dann stehen sie für die Förderung und den Ausbau von Bergbau und Metallbearbeitung als einer tragfähigen Perspektive für die Region Schwarzwald-Baar. Auf diesem Hintergrund Schwert vorrangig als rücksichtslosen Ausbeuter darzustellen, ist zumindest einseitig. Der Pachtvertrag von 1604 faßt die dabei bestehenden Zusammenhänge und auftretenden Konflikte folgendermaßen (Es soll nicht zugelassen werden, daß) „... unnser einkommen unndt der ganzen landtgrafschafft gemeiner unnderthonen nuzen auch unnseren forst unndt wildbann umb etlicher weniger unnderthonen unndt der arbeiter willn nicht schmehlern, unndt diß unnser berckwerckh unndertriben zuelaßen".

---

1 Abkürzungen: SAVS, wenn nicht anders vermerkt, ist stets die Abteilung 2 Bestand 1 gemeint. FFA: Wenn nicht anders vermerkt, wird zitiert aus FFA Bergwerksakten bI fasc. II, dies wird zitiert als FFA, „nnn" (=Titel des betreffenden Schriftstücks).

2 Metz R., Gewinnung von Bodenrohstoffen im Schwarzwald. Beiwort zu Karte XI, 10 Historischer Atlas von Baden-Württemberg... Stuttgart, 1972 ff. (1988), S. 21–24. „Die Zahl der mit unterschiedlichem Erfolg betriebenen Gruben, Stollen und Schächte wäre wesentlich höher."

3 Seidelmann W., Hochöfen in der Baar. Staatliche Pläne zum Aufbau einer Montanindustrie in Baden (1917–1942). In: Beiträge zur Landeskunde. Febr. 1996, S. 1–8.

4 So etwa ein Titel von Revellio P., Michael Schwert, der erste Villinger Großunternehmer. In: Villinger Bote 1. Jg.
  Nr. 3, März 1928. Auf der bisher breitesten Quellenbasis
  wurden die Gebrüder Schwert untersucht von Fettinger F.,
  Der Eisenbach und sein fürstenbergisches Bergwerk von
  1478 bis 1670. In: Auf dem hohen Wald. Heimatgeschichte
  von Eisenbach, Bubenbach und Oberbränd. Hg. für die
  Gemeinde Eisenbach von Franz Fettinger. Eisenbach
  1991, S. 65–130. Freilich enthält sich der Autor weitgehend
  einer Wertung und Einordnung der Aktivitäten Schwerts.
5 Revellio P., Geschichte der Stadt Villingen in Daten. Villingen 1966, S. 17. Ein derartiger Niedergang des Gewerbes im 15. und 16. Jahrhundert könnte als eine „Regionali-
  sierung" des Gewerbes verstanden werden, die sich nicht
  zuletzt in einem stufenweisen Ausscheiden aus dem Netz
  des Fernhandels ausdrückt.
6 Revellio P., Beiträge. Villingen 1964, S. 450 ff.
7 Vgl. dazu grundsätzlich Nutz A., Unternehmensplanung
  und Geschäftspraxis im 16. Jahrhundert (= Beiträge zur
  südwestdeutschen Wirtschafts- und Sozialgeschichte 20).
  St. Katharinen 1996.
8 Im FFA kommen von den Bergwerksakten bI vor allem
  die umfangreichen Faszikel II und XVII in Betracht, diese
  werden hier aus verschiedenen Gründen nicht in ihrem
  ganzen Umfang ausgewertet: Sie enthalten: 1. die vollständigen Rechnungen, das sind Quellen mit gleichförmigen
  additiven Angaben, die bei Worring S. 101 f. und bei Fettinger ausgewertet sind. 2. Konzepte, Verträge, Gutachten,
  Inventare, Bestandsverzeichnisse, 3. Korrespondenzen,
  das sind v. a. Beschwerden der Bauern, Arbeiter und benachbarten Stände. Diese Dinge sind ebenfalls bei Fettinger und bei Ell beschrieben, darüber hinaus wären dies die
  wichtigsten Quellen für eine Betriebsgeschichte des Bergwerks, diese hätte aber häufig nur wenig Bezug zu Villingen. Die Bestandsverzeichnisse sind leider meist dingli-
  cher und nur selten schuldrechtlicher Natur. Aus diesen
  Gründen wird die Auswertung dieser Quellen auf einige
  exemplarische Aspekte beschränkt werden.
9 Die Herkunft aus Schwenningen geht hervor aus: SAVS
  GG67.
10 Ell F., Zur Besiedelung des Eisenbacher Tals. Neustadt
  1939, S. 21, nach FFA I fasc. VA 1555.
11 SAVS AAAa/3, Bürgerbuch Bd. 3, fol. 39 v.
12 Hecht W., Rottweils Oberschicht und das Bergwerk Eisenbach im frühen 16. Jahrhundert. In: Rottweiler Heimatblätter. Beilage zum Schwarzwälder Volksfreund
  Nr. 3.1974.
13 SAVS Z13 Musterrodel 1592.
14 Schwerts Haus dürfte also in der heutigen Rietstraße 22
  liegen. SAVS AAAf/1 fol. 1b. Kontraktenprotokoll I. Den
  Hinweis auf das Haus Schwerts verdanke ich Casimir
  Bumiller.
15 Nutz A., Umrisse zu einer Geschichte von Zunftverfassung und Patriziat in Villingen, vornehmlich in der Neuzeit. In: Jahresheft XVIII des Geschichts- und Heimatvereins Villingen 1993/94, S. 30–39, hier S. 36.
16 Ist dies als Hinweis auf Detailhandel zu verstehen, den sie
  in der Laube ihres Hauses betrieben? SAVS GG67. Daß
  die Eheleute in Schwerts Haus wohnten, könnte auch der
  Grund dafür sein, daß Johann Schwert nicht im Bürgerbuch auftaucht.
17 Michael: gestorben 1614, Johann: gestorben 1640.
18 „... ligt in der bicken straß hinder seiner stallung an des
  kauffers haus, stost an der ainen seiten an herren Michaln
  Schwerdten hauß". SAVS AAAf/1, Kontraktenprotokoll
  I, fol. 12 b. Außerdem: „Magister Jacobus Schreiber, von
  Fridingen, ist burger worden... ligt am haffner ort zwi-

schen Michael Schwerdten und Agatha Bräunin". SAVS
  AAAa/1, Bürgerbuch Bd. 3, fol. 40 a.
19 SAVS E19 fol. 5 r.
20 Der Bürgerbuch-Eintrag lautet: „Jacob Kegel, handelsmann, ist burger worden uf seines vaters Zachariae Kegels
  schir, ligt im käsgeslin zwischen Thebas Baders und Schuri
  Weisen. Actum den 4. tag Augusti anno etc. 1588. Starb
  1601 zuo Bariet in Sachsen in messe..." SAVS AAAa/3,
  Bürgerbuch Bd. 3, fol. 39 b. „Starb in messe" ist wohl als
  „während der Messe in der Kirche" zu verstehen. Bariet ist
  ein Dorf im Kreis Bautzen (Freundlicher Hinweis Fr. Pe-
  trasch, Sächsisches Hauptstaatsarchiv Dresden). Zum mitteldeutschen Leinwandgewerbe vgl. Aubin G./Kunze A.,
  Leinenerzeugung und Leinenabsatz im östlichen Mitteldeutschland zur Zeit der Zunftkäufe. Stuttgart 1940.
21 SAVS O22, Urkunde von 1591 Febr. 3; auch Revellio,
  Beiträge, S. 452.
22 Revellio P., Michael Schwert als Villinger Bürger. In: Südkurier vom 3. 4. 1947.
23 SAVS AAAf/1, Kontraktenprotokoll I fol. 18 a. Schreibweise: Katzenstain und Katzenstein.
24 SAVS PP48/8 „Zunftbuch der Schmiede" Nr. 15 S. 2 a.
25 Haedeke H.U., Schleifer und Schwertfeger. In: Lexikon
  des Alten Handwerks. Hg. von Reith R. München 1990,
  S. 200.
26 Braunstein Ph., „Eisen". In: LMA III Sp. 1751 (1986).
27 Genauer: Er soll aus dem Segessenhammer eine Schleiffe
  oder Schleiffhammer machen. Schleifmühle: „auch
  Schleifmaschine, eine Mühle worauf allerhand Schleifstei-
  ne durch das Wasser umgetrieben werden, um das Schleifen zu erleichtern... werden gewöhnlich in Verbindung
  mit Bohrmühlen angelegt. An jeder Spindel oder Strebe
  des Mühlrades ist ein Schleif-/Polierstein unterschiedlicher Feinheit und Oberfläche angebracht". Mit Bohr- und
  Schleifmühlen werden z. B. Flintenläufe hergestellt. Krü-
  nitz J. G., Oekonomische Encyklopädie... Bd. 145, Berlin
  1827. S. 410–420, hier S. 410, 414.
28 Haedeke H.U. „Klingen- und Messerschmied". In: Lexikon des Alten Handwerks. Hg. von Reith R. München
  1990, S. 130.
29 Ludwig K. H./Schmidtchen V., Metalle und Macht
  1000–1600 (= Propyläen Technikgeschichte Bd. 2). Berlin
  1992, S. 98. Bei Marbach stand eine weitere Schleifmühle,
  am Warenbach eine Balliermühle (Bohrmühle), beide in
  städtischem Besitz SAVS T15 von 1521. Im Jahre 1547 haben sich die Müller und Schleifer auf eine Ordnung bezüglich der Wasserteilung geeinigt. SAVS PP43.
30 Reininghaus W., Gewerbe in der Frühen Neuzeit (= EDG
  3). München 1990, S. 21.
31 Metz, Atlas, S. 8 Sp. 1.
32 Göttmann F., „Kupferschmied". In: Lexikon des Alten
  Handwerks. Hg. von Reith R. München 1990, S. 143.
33 So werden in den Regesten von Wollasch für das 15. und
  16. Jahrhundert folgende Berufe genannt: Föhlen-, Sen-
  sen-, Gold-, Messer-, Butzen- und Kupferschmied, Platt-
  harnischer, Glocken- und Zinngießer, Schlosser, Büchsenmeister, Kessler.
34 SAVS AAAf/1. Kontraktenprotokoll I fol. 17 a, 18 a, 18 b.
35 So müssen die Bauern bei der fürstenbergischen Obrigkeit
  1596 für 1 Klafter Brennholz 4 Batzen bzw. 4 Kreuzer bezahlen, 1610 wird für 1 Klafter Buche 6 Kreuzer, für 1 Klafter Eiche 5 Kreuzer verlangt. Baumann F. L./Tumbült G.,
  Mitteilungen aus dem Fürstenbergischen Archive. Bd. 2:
  Quellen zur Geschichte des Fürstlichen Hauses Fürstenberg und seines ehedem reichsunmittelbaren Gebietes
  1510–1569. Tübingen 1894, hier Nr. 918 und 1174. Im folgenden zitiert: MFA II.

36 Rodenwaldt U., Leben T I, S. 21.

37 „.... den holtzschlag und verkauff wie zuvor zuyeben..." SAVS O22fol. 31v.

38 Alles folgende dokumentiert in: SAVS O22. Zum Holzstreit des Klosters Oberried mit dem Bergwerk Schauinsland vgl. Metz R., Bergbau und Hüttenwesen in den Vorlanden. In: Vorderösterreich. Eine geschichtliche Landeskunde. 2. Aufl. Freiburg 1967, S. 139–194, hier S. 170 f.

39 FFA, „Obligationes von H. Schwerthen bergwerckhs admodiatoren im Eysenbach für das Gotthauß St. Georgen auf dem Schwarzwaldt per 500 f. und frau Martha von Bluemingen gebohre von Thalheimb per 1 200 f. 1616 de anno 1617". Für 1642 Ebd. „Verlassenschaftliches Inventar". Zitiert in Nachlaß Walzer SAVS Best. 2.42.4 Nr. 39. Es dürfte sich wohl um ein und dieselbe – später erhöhte – Einlage handeln. Zur Forderung Gaisser vgl. auch Fettinger, Eisenbach, S. 119.

40 Das folgende nach: FF Archiv Eccl. 18 B 15,3 Protocoll von 1452 bis 1731, S. 92–94 und 111–113.

41 Klagen über Holzmangel im Elsaß 1530: Metz, Bergbau, S. 162.

42 FFA, „Verlängerter admodiations contract mit h. Michel Schwerth von Villingen..." fol. 1b.

43 Metz, Bergbau, S. 187.

44 Metz, Atlas S. 5. Bliedtner M./Martin M., Erz- und Mineralienlagerstätten des Mittleren Schwarzwaldes. Hg. vom Geologischen Landesamt Baden-Württemberg. Freiburg 1986, S. 709.

45 Produktionszahlen von Eisenbach ausführlich bei Worring H. J., Das Fürstenbergische Eisenwerk Hammereisenbach und die angegliederten Schmelzhütten Ippingen-Bachzimmern und Kriegerthal in den Jahren 1523–1867. Allensbach 1954, S. 101 f. Zum Hammerschmiedebund: Metz, Bergbau, S. 155. Häufiger überliefert sind Produktionszahlen von Silber: Im elsässischen Lebertal wurden 1530 357 t Silber gefördert, ebd. S. 162.

46 Als Beleg sind in der letzten Spalte die Seitenzahlen der Erwähnung bei Fettinger angegeben. Bei den Angaben aus der Zeit vor 1523 ist Vorsicht geboten, da diese nur durch eine sekundäre Erwähnung von 1660 aus den Quellen belegt werden können.

47 Es handelt sich um einen Nachbarn Schwerts in der Bickenstraße, Magister Jacob Schreiber von Fridingen, vgl. FN 18. FFA „Verlängerter admodiations contract..." Gekürzt in: MFA II 1076. Solche Klagen fehlen in den anderen Pachtverträgen, etwa des Hans Gutensohn von 1561, es handelt sich also um keine leere Formel. Ebd. 57.

48 Schwert hat bereits vorher bedeutende Anteile am Bergwerk: „michell Schwerdt.... der seines thails ain ansehnliche forderung uffs gewerckh hatt". FFA, „Vergleich entzwischen hl. Felix Schmiden... wittib eines – sodann h. M. Schwerthen von Villingen..." de anno 1601–1616.

49 Daß er sich mit seinem Wunsch, die Gläubiger mögen auf die Hälfte ihrer Forderung verzichten, durchsetzen konnte, ist unwahrscheinlich. Fettinger, Eisenbach, S. 93,105.

50 FFA, „verglich enzwischen h. Johann Schwerth bergwerckhs admodiatorn... sodann h. Michel Schwerthen... hindterlassner wittib..." fol. 2a.

51 FFA, Amtsprotokoll vom 16. 3. 1606, zitiert nach Nachlaß Walzer SAVS Best. 2.42.4 Nr. 39. Ebenso El., S. 22 f.

52 MFA II, 1076.

53 Fettinger, Eisenbach, S. 108.

54 Bader K.S., Das fürstenbergische Bergwerk im Kirchtal. In: SVG Baar 21.1940, S. 65–99, hier S. 82 f.

55 Quasi ein umgekehrter Verlag, hat mit diesem eine De-Monetarisierung gemein. Die Belege dafür reichen bis ins

15. Jahrhundert zurück und bis ins 19. Jahrhundert, schon früh gab es – allerdings wenig wirkungsvolle – Verbote. Kulischer, Allgemeine Wirtschaftsgeschichte des Mittelalters und der Neuzeit II. 4. Aufl., München 1971, S. 185 und 485.

56 FFA, „Verglich enzwischen h. Johann Schwert... sodann h. Michel Schwerthen... hindterlassener wittib de anno 1618". fol. 2b

57 Schlagpreis: obrigkeitlich festgesetzter Preis für Grundnahrungsmittel wie Getreide und Wein. Belege zum Trucksystem: Worring, S. 28 für 1542. Gothein E., Wirtschaftsgeschichte des Schwarzwaldes. Straßburg 1892, S. 670.

58 Worring, S. 103.

59 Gothein S. 670. Wohleb J. L., Aus der Geschichte des Bergbaus und der Hüttenwerke im Hammereisenbachtal. In: Alemannische Heimat 1937 H. 4 (nicht paginiert und z. T. wörtlich bei Gothein abgeschrieben), Revellio Beiträge S. 453, Fettinger, Eisenbach, S. 108, Metz, Atlas, S. 10 f.

60 FFA, „Verglich enzwischen h. Johann Schwert... sodann h. Michel Schwerthen... hindterlassener wittib de anno 1618". fol. 2 b. Es handelt sich um die Höfe Bernreute für 2 700 fl., Fallenbach für 2 000 fl und Zwinglers Hof od. Oberlehen für 1 300 fl.

61 Wohleb 2. Seite Sp. 2 spricht auch von einem „Großgrundbesitz ersten Ranges."

62 FFA, „verglich enzwischen h. Johann Schwerth bergwerckhs admodiatorn... sodann h. Michel Schwerthen... hindterlassner wittib..." fol. 3 r.

63 Fettinger, Eisenbach, S. 109.

64 Worring, S. 101.

65 Fettinger, Eisenbach, S. 108.

66 FFA, Chronik Friedenweiler, S. 113. Die Chronik nennt als ein Motiv für diese gütliche Einigung, den Regierungswechsel zu Graf Jakob Ludwig.

67 Worring, S. 113 f.

68 Metz, Bergbau, S. 154.

69 Bader, Kirchtal, S. 89.

70 Bader, Kirchtal, S. 84.

71 Steinemann E., Der Zoll im Schaffhauser Wirtschaftsleben. In: Schaffhauser Beiträge zur Vaterländischen Geschichte 27.1950, S. 179–222 und 28.1951, S. 138–202, hier Abschnitt III.4.

72 Fettinger, Eisenbach, S. 92.

73 Worring, S. 71. Im Schwertschen Pachtvertrag von 1604 ist deshalb auch von den „alten gewerken" die Rede. Dazu steht es in Widerspruch, wenn Worring S. 72 behauptet, „ab 1604 trat an Stelle der Gewerkschaft die Offene Handelsgesellschaft". Es kann hier nur die Rede von einer gewissen Ähnlichkeit mit der OHG sein, weil oftmals – wie im Falle Schwert – der bedeutendste Kapitaleigner auch Betriebsleiter war.

74 SAVS DD56. Ding- oder Satzbürger sind in Gegensatz zu Vollbürgern nur unter bestimmten Bedingungen Bürger. Vgl. Roder C., Bürgerrecht und Bürgerschaft, S. 2. SAVS BBB14.

75 Revellio P., Villingen, Bräunlingen und die Herrschaft Triberg. In: Vorderösterreich. Eine geschichtliche Landeskunde. Hg. von Metz F. 2. Aufl. Freiburg 1967, S. 467–491, hier S. 486.

76 Revellio, Triberg, S. 485. Als Obervogt tritt er z. B. 1611 in Aktion in einem Vertrag zwischen Fürstenberg, St. Blasien und Pappenheim wegen diverser zivil- und staatsrechtlicher Streitpunkte. MFA II, 1073.

77 Metz, Bergbau, S. 173.

78 Fettinger, Eisenbach, S. 66.

Edith Boewe-Koob

Das Kloster Sankt Clara am Bickentor zu Villingen

1597
DER HER BEHVTE DEINEN
AVSGANG VNND EINGANG
VON NVN AN IN EWIGKEIT
PSALM 120

Dieser Segensspruch befindet sich noch heute auf der Innenseite der Klosterpforte der Ursulinen und erinnert an die Klarissen, die von 1480 bis 1782 in diesem Kloster lebten, um zu beten und zu arbeiten. In den alten Psalmenübersetzungen heißt es: „Der Herr behüte deinen Eingang und deinen Ausgang, von nun an bis in Ewigkeit." Es wird also zuerst der Eingang (introitus) und dann der Ausgang (exitus) erwähnt. Bereits im 5. Buch Moses 28,6 steht: „Benedictus eris tu ingrediens et egrediens." Es wurde auch hier der Eingang und dann der Ausgang angegeben. Wenn der Psalmvers so interpretiert wird, daß sich der Beter unter den Schutz Gottes stellt, überall wohin er gehen wird und auch das ganze Tun und Lassen unter Gottes Güte

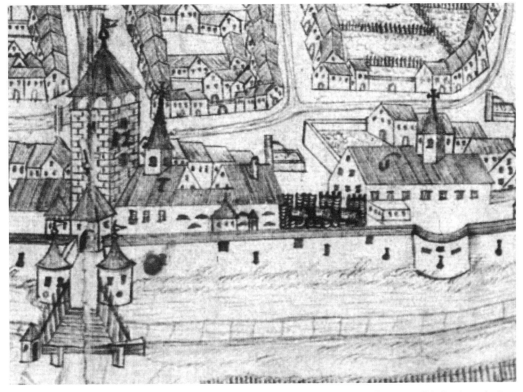

Abb. 1 Das Klarissenkloster und das Kloster der Dominikanerinnen. Ausschnitt aus: Die Stadt nach einer Federzeichnung im GLA Karlsruhe aus der Zeit zwichen 1685 und 1695.

stellt,[1] dann spielt die Reihenfolge eine geringere Rolle. Der an der Innenseite der Klosterpforte angebrachte Psalmvers war für die
Klarissen, die in einem geschlossenen Kloster
lebten und nur in Notsituationen mit Dispens
das Kloster verlassen konnten, in der Reihenfolge des Ausgangs und dann wieder der
Rückkehr, also des Eingangs, ihr Gang in der
richtigen zeitlichen Folge.[2]

Wie bei vielen religiösen Gemeinschaften
ist vom Gründungsjahr des Bickenklosters
keine Urkunde vorhanden. Die erste erhaltene Urkunde berichtet über den Zusammenschluß des Neuhauser Konvents mit der
Sammlung des Dritten Ordens am Bickentor.
Der Zusammenschluß des Bickenklosters
und des Neuhauser Konvents im Jahr 1305,
wird durch die folgende Urkunde bestätigt.

„In Gottes Namen, Amen"

„Wir Engelburc diu maistrin und die andern swesteran von Niwenhusen tuont kont
allen die disen brif lesent oder hörent lesen,
datz der burgermaister undt der schulthais
und der rath und die andern burger von Vilingen von ir gnaden und durch got uns und unser nachkomen hant empfangen in it stat
eweclich bi in gotte ze dienende bi den erba-
ren swesteran in der minron bruoder samenunge…"[3]

Diese Urkunde wurde am 26. Juli 1305 mit
der Bedingung ausgestellt, daß der nun vergrößerte Konvent in Villingen seinen Besitz
nicht durch Kauf von Häusern oder Gärten,
die an das Kloster anstoßen, vergrößern darf,
„an der burger sunderlichen willen und
gunst". Auch durften keine größeren Anrech-
te auf Holz und Weiden durch die Vergrößerung des Konvents verlangt werden. Nach der
Annahme dieser Bedingungen wurden die
Schwestern aus Neuhausen unter den Schutz
des Bürgermeisters, des Rats und der Bürger
gestellt. Auffallend ist, daß diese Urkunde mit
dem Siegel der Stadt, dem Siegel des Neuhauser Konvents, des Kustos der Franziskaner
vom Bodensee und von Villingen „besiegelt

mit unserm Insigel und mit dez Custos der
minron bruoder uf dem bodense und der
minron bruoder von Vilingen", nicht aber
von der Schwesterngemeinschaft des Bickenklosters besiegelt wurde.[4]

Bereits im Jahr 1290 vergaben die Meisterin und die Schwestern von Neuhausen ein
Leibgeding, dessen Urkunde darüber vom
Guardian der Villinger Franziskaner besiegelt wurde. Auf dieser Urkunde wurde das
gleiche Konventsiegel wie im Jahr 1305 unter
der Meisterin Engelburg benutzt.[5] Da der
Villinger Franziskanerguardian als Verwalter
die Urkunde besiegelte, kann es sich in Neuhausen um diese Zeit entweder um einen
Klarissenkonvent oder um eine Sammlung
des Dritten Ordens der Franziskaner gehandelt haben. Günter Stegmaier gibt in seinem
Artikel „Zur Frühgeschichte der Villinger
Frauenklöster und ihrer Topographie" auch
eine fragmentarische Urkundenabschrift ohne Datum an, deren Inhalt sich auf den Konvent in Neuhausen bezieht, in der sich die
Meisterin und der Konvent in Neuhausen unsicher fühlten. Obwohl sie unter dem Schutz
des Königs und der Königin standen, konnten
sie wegen kriegerischer Einfälle ihrer wahren
Aufgabe, Gott zu dienen, nicht mehr nachkommen und baten nun um Hilfe: „… magi-
stra et conventus sororum novella planctionis
in Nuvenh…" Der Aussteller der Urkunde
war wohl Bischof Eberhard II. von Konstanz,
was an „E. dei gracia…", womit der Konstanzer Bischof die Urkunden ausstellte, zu erkennen ist. Bischof Eberhard II. starb im Jahr
1274.[6] So ist die Gründung des Konvents in
Neuhausen in die Zeit zwischen der Niederlassung der Franziskaner in Villingen 1268
und der genannten Urkunde des Jahres 1274
anzunehmen, da in vielen Städten, in denen
sich die Franziskaner angesiedelt hatten, wenig später franziskanische Frauengemeinschaften oder Klarissenklöster entstanden.[7]

Im 12. und 13. Jahrhundert waren viele
Frauen von tiefer Religiosität erfüllt und er-

strebten ein Leben in einem Kloster oder einer religiösen Gemeinschaft. Diese religiösen Verbindungen versuchten, sich anfangs dem Orden der Zisterzienser anzuschließen. Trotz des auf dem Generalkapitel 1228 ausgesprochenen Verbots, keine neugegründeten Frauengemeinschaften in den Orden aufzunehmen, wuchs die Zahl der Neugründungen der Zisterzienserinnenklöster zu Beginn des 13. Jahrhunderts sehr stark. Unabhängig davon fanden sich religiöse Gruppen zusammen, die, ohne Regel und Gelübde, durch Gebet und gute Werke versuchten, Christus nachzuahmen. Mit dem Aufkommen der Franziskaner und Dominikaner schlossen sich diese Frauengemeinschaften vermehrt diesen beiden Orden an. Viele bedeutende Frauenklöster, vor allem der Dominikanerinnen, sind aus Beginensammlungen hervorgegangen.[8] Aber auch mit der franziskanischen Bewegung des 13. Jahrhunderts wurde ein neues Kapitel der Ordensgeschichte eingeleitet. Franziskus erneuerte die Ausrichtung auf das Evangelium und dadurch die bedingungslose Annahme der Armut. Schon zu Lebzeiten des heiligen Franziskus fand seine Bewegung Tausende von Anhängern. Unter den Frauen, die nach dem Vorbild des Heiligen lebten, war auch die junge Chiara di Favorone. Sie wurde die geistige Führerin des zweiten Ordens, als sie in der Portiunculakirche zu Assisi ihre Gelübde 1212 ablegte. Ihre Regel unterscheidet sich nur geringfügig von der Franziskanerregel. Chiara nahm das Leben in äußerster Armut auf sich und lebte als großes Vorbild im Kloster San Damiano vor der Stadt Assisi, wo sie 1253 nach einem heiligmäßigen Leben starb. Noch zu ihren Lebzeiten kamen ihre Anhängerinnen über die Alpen, um ein Leben in der Nachfolge Christi zu führen. In Deutschland wurde das erste Klarissenkloster im Jahr 1237 in Ulm gegründet, das 1258 nach Söflingen umgesiedelt wurde.[9]

Auch in Villingen bildeten sich religiöse Frauengemeinschaften, aber es ist, wie bei den meisten Neugründungen jener Zeit, nicht leicht, die Vielzahl der Gemeinschaften einzuordnen, da der genaue Beginn nicht festzustellen ist. Meistens wurde klein begonnen, so daß auch keine feierlichen Gelübde stattfanden,[10] da sich die religiösen Verbindungen noch keinem Orden angeschlossen hatten. Die genauen Einordnungen können nur durch vorhandene Urkunden erfolgen, wenn z. B. ein Feld den Frauen vermacht oder ihr Konvent sonst urkundlich erwähnt wurde. Dann hatte aber die Gemeinschaft schon einige Zeit existiert und war in das Bewußtsein der Bevölkerung eingedrungen. So wurde schon 1238 eine Urkunde von Papst Gregor IX. ausgestellt, die einen Konvent in „... Nova domus iuxta Villingen cisterciensis ordinis..."[11] erwähnt. Nova domus könnte der latinisierte Namen von Neuhausen bedeuten und der Zisterzienser-Konvent als „Urzelle" der späteren Klarissen gedient haben, aber es könnte sich ebenso bei dieser Gemeinschaft um einen anderen Konvent in der Nähe Villingens gehandelt haben. Hinzu kommt, daß im Jahr 1271 in Villingen bis auf das Spital, das Johanniterkloster und das Franziskanerkloster fast die ganze Stadt abgebrannt ist. „Anno 1271 jahr ist schier die ganze stadt Villingen ausgebrunen, das spitall, Johanniter- und Bafüeßerkloster außgenommen. Seyndt 330 personen, weib und kindt, verbrunen..."[12]

Im Jahr 1465 befahl Papst Paul II. dem Konstanzer Bischof, das Villinger Bickenkloster wieder zu einem geschlossenem Kloster zurückzuführen „... ad perpetuam clausuram reduceatur..." Wie in der Urkunde aufgeführt wurde, lebten die Villinger Schwestern in früherer Zeit nach den Regeln der heiligen Klara, also in ununterbrochener Klausur. „... in antiquis temporibus sub perpetua clausura..."; aber durch Brände und Vernichtung der Gebäude konnten die Äbtissin und die Schwestern nicht mehr in dem Kloster wohnen „... sed quia domus et edifica ejusdem monasterii pro majori parte ignis incendio combusta sunt, ita ut abatissa monialis dicte ordinis sancta Clare ibidem amplius commorari non poterint...". Nach der Urkunde hatten sich später fromme Frauen zu einer Gemeinschaft des Dritten Ordens nach den Regeln des heiligen Franziskus zusammengeschlossen „... a pluribus annis citra nonnulla religiose mulieres sub regula Tertii ordinis beati Francisci degentes inhabitarunt..."[13] um den Kranken und Sterbenden nach dem Vorbild der heiligen Elisabeth zu dienen. Ob der Konvent am Bickentor schon früher den klausurierten Klarissen, wie in der Urkunde von 1465 angegeben wurde, zuzuordnen war, läßt sich nicht mit letzter Gewißheit sagen. Die von Papst Paul II. geforderte Reform blieb aus, und erst mit der Bulle des Papstes Sixtus IV. vom 11. November 1479 wurde die Umwandlung des Villinger Bickenklosters von einem offenen in einen geschlossenen Konvent erklärt, nachdem das Kloster die Nonnen aufgenommen hatte, die vorher in einem geschlossenen Kloster im Dorf Neuhausen gelebt hatten.

„... beslossen frowencloster sant Claren ordens in dem dorff Nuwenhusen, by ainer myle wegs von Vilingen uff dem Swartzwalde gelegen, von brunst wegen abganngen..."[14] Da in der Urkunde von 1305 ein Brand des Neuhauser Klosters nicht erwähnt wurde, und zudem vom Neuhauser Konvent am 23. 7. 1301 noch eine Hube[15] in Toningen gekauft wurde, kann der eventuelle Brand nur nach diesem Datum bis zur ersten Hälfte des Jahres 1305 stattgefunden haben. Durch die Angaben in der Urkunde von 1479 könnte sich der Brand in Neuhausen auch (oder zusätzlich) im 15. Jahrhundert ereignet haben, der den wiedererstandenen oder noch bestehenden Konvent in Neuhausen[16] veranlaßte, nun vollständig nach Villingen ins Bickenkloster zu übersiedeln. Fest steht, daß sich im Jahr 1305 einige Schwestern mit ihrer Meisterin aus dem Dorf Neuhausen dem Bickenklo-

ster anschlossen. Ob es sich um den gesamten Konvent handelte, oder ob sich eine neue Gemeinschaft in Neuhausen gegründet hat, geht nicht aus den Akten hervor.

Die Schwestern im Bickenkloster, die unter dem Begriff Sammlung[17] schon lange vor 1305[18] als Gemeinschaft existierten, lebten in dieser Zeit als Mitglieder des Dritten Ordens der Franziskaner. Sie waren, wie das um diese Zeit üblich war, eine kleine Gemeinschaft von einigen Witwen und Jungfrauen, die nach dem Vorbild der heiligen Elisabeth Kranke und Sterbende pflegten.[19] Diese und andere in und um Villingen entstandenen religiösen Frauengemeinschaften sind schon im 13. Jahrhundert urkundlich nachweisbar und hatten teilweise außerhalb der Stadt ihre Häuser. Meistens wurden in diese Gemeinschaften nur Frauen höheren Standes aus der Stadt und Umgebung aufgenommen.

Im Jahr 1308 wird der Konvent der zusammengeschlossenen Gemeinschaften mit „... die ehrbaren und geistlichen Frauen, der Meisterin und der Sammlung des Klosters in Neuhausen St. Claren Ordens in Villingen in der Stadt..." erwähnt.[20] Auch hier stand eine Meisterin an der Spitze der religiösen Frauengemeinschaft.[21] Trotz Vereinigung der beiden Konvente in Villingen wird die Vorrangstellung der aus Neuhausen gekommenen Schwestern noch im Jahr 1331 deutlich, indem der Name Neuhausen längere Zeit für das Bickenkloster weiter benutzt wurde.[22]

Die Frauen am Bickentor hatten als Gemeinschaft, aber auch als Einzelpersonen Eigentum, das in dieser Zeit nach dem Tod der Schwestern dem Kloster zufiel.[23] Die Verantwortlichen des Konvents tätigten Käufe und Verkäufe und erhielten Schenkungen auch in Form von Feldern.[24] Bereits 1357 bestätigt ein Müller aus Villingen, daß er von „swester Verena, Hainrichs Zan tohter, conventfrow in dem closter bi Biken tor ze Vilingen, **sant Claren ordens**, ir wis (ihre Wiese) in dem Kesbach" zu Erblehen erhalten hat.[25] In dieser

Urkunde wird erstmals der Name St. Clara für den Villinger Konvent eingesetzt, obwohl in den folgenden Urkunden noch immer eine Meisterin als Oberin genannt wird. Vielleicht sollte in dieser Zeit eine Reform angestrebt werden, die aber noch keine Eingliederung in den Klarissen-Orden brachte. Im Dezember 1359 verpflichteten sich die Meisterin und der Konvent der Schwesternsammlung am Bickentor für Schwester Klara Wies zwei Jahrzeiten zu halten, die dem Kloster ererbtes Geld und Wiesen schenkte. Ein Teil des Geldes wurde in Wolle angelegt, die von zwei Schwestern zu Tuch verarbeitet wurden.[26] Diese Urkunde zeigt, daß nicht nur Kranke gepflegt, sondern in dieser Zeit bereits Stoffe im Kloster gewebt wurden.

Seit wann das Kloster eine eigene Kirche besaß, ist nicht aktenkundig. Erstmalig wird bei einer Altarweihe im Jahr 1389 eine Kirche in den Urkunden erwähnt.[27] Im Jahr 1380 wurde von der „maistrin und convent des klosters bi Byckentor ze Vilingen, der dritten regel sant Franczissen ordens, in Costenczer bistuon gelegen" die alte Klosterordnung in allen Punkten bestätigt.[28] Von dem Eigentum der einzelnen Schwestern geben eine Anzahl Urkunden Zeugnis. Wie schon im 14. Jahrhundert tätigte der Konvent Käufe und Verkäufe, wie unter anderen die Urkunden des Jahres 1405 und 1407 bescheinigen.[29] Einzelne Schwestern stifteten Geld für Jahrtagsmessen.[30] Schultheiß, Bürgermeister und Rat von Villingen verkauften z. B. den „maistrinnen und dem convent in dem Biggen closter" einen jährlichen Anteil an den Einkünften der Stadt (1444),[31] sogar an einzelne Konventsfrauen wurden jährliche Anteile an den Einkünften der Stadt verkauft.[32] Gelegentlich wurden an die Verkäufe die Bedingung geknüpft, „den armen siechen ze Vilingen an dem velde" Zins zu entrichten.[33] Auch konnte zu Lebzeiten einer Schwester ihr Erbe an Verwandte vermacht werden. So verzichtete 1468 eine Konventsfrau gegen Zins auf ihr Erbe zugunsten ihrer Geschwister.[34] Wieweit das ursprüngliche Ideal, den Kranken und Sterbenden zu dienen, in dieser Zeit noch verwirklicht wurde, geht aus keiner Urkunde hervor. Jedenfalls hatten viele Konventsfrauen ihre Einkünfte und tätigten Geschäfte, was nicht dem Armutsgelübde des Franziskanerordens entspricht. Die Franziskaner von Villingen übernahmen den Gottesdienst und die geistliche Betreuung,[35] wodurch die Beziehung zum Franziskanerorden, auch schon vor der Umwandlung des Konvents, deutlich wird.

Als am Ende des 15. Jahrhunderts die fälligen Reformen in der Kirche nicht ausgeführt wurden, waren in den Orden aber immer wieder neue Ansätze einer Reform zu spüren. Die Auseinandersetzung innerhalb des Franziskanerordens, wie weit die Besitzlosigkeit gehen sollte, nahm intensive Formen an. Es gab verschiedene Richtungen innerhalb des Ordens. Ein Teil wollte die radikale Abkehr vom Eigentum, andere vertraten den Gedanken für einen geringen Anteil an eigenen Gütern. Es gab die Observanten, welche die von Franziskus geforderte Armut verteidigten, und die Konventualen, die den Klöstern Eigentum zugestanden. Die Ordensleitung vertrat beide Richtungen und ernannte für jeden Zweig im Jahr 1443 je einen Generalvikar, besaß aber einen gemeinsamen Generalminister.[36] Aus dieser Entwicklung heraus kann die Umwandlung des Tertiarinnenklosters in Villingen verstanden werden. Bereits im Jahr 1465 hatte Papst Paul II. über die Eingliederung des Konvents in ein geschlossenes Kloster verfügt und dem Konstanzer Bischof die Aufgabe der Umwandlung übertragen. In dieser Urkunde wird in der frühen Zeit des Konvents die Oberin Äbtissin und nicht Meisterin genannt, was tatsächlich für ein geschlossenes Kloster nach der Klarissen-Regel spricht. Später muß, laut Urkunde, der Konvent in eine Gemeinschaft des Dritten Ordens des heiligen Franziskus umgewandelt worden sein, und Papst Paul II. wollte das Kloster zu der ununterbrochenen Klausur zurückführen „... ad perpetuam clausuram reduceatur"[37]. Also müssen bereits um 1465 die Reformgedanken deutlich gewesen sein, da der Konvent wieder zu einem geschlossenen Kloster zurückgeführt werden sollte. In der Urkunde von 1479 wird als einer der Gründe ein Brand aufgeführt, der Haus und Gebäude zum größten Teil vernichtet habe. Erst einige Jahre später, nachdem Papst Sixtus IV. ein geschlossenes Kloster in Villingen anordnete, konnte am 11. November 1479 „bruder Hainrich Karrer sant Francissen ordens der myndern bruder provincial minister in obern Tutzschen landen" mit Zustimmung des Schultheiß, des Bürgermeisters und des Rats von Villingen mitteilen, daß in Villingen das Bickenkloster von einem offenen in ein geschlossenes Kloster umgewandelt werden sollte, nachdem es die Nonnen aufgenommen hatte, die vorher in einem „beslossen frowencloster sant Claren ordens in dem dorff Nuwenhusen, by ainer myle wegs von Vilingen uff dem Swartzwalde gelegen, von brunst wegen abganngen" gelebt hatten.[38] Auch in dieser Urkunde wird erwähnt, daß der Neuhauser Konvent ein geschlossenes Kloster des Klarissenordens war, dessen Schwestern wegen eines Brandes Neuhausen verließen. Die Angabe der Entfernung, eine Meile von Villingen gelegen, wird in der Urkunde von 1479 erstmals erwähnt.

Der Provinzial Heinrich Karrer war einer Reform des Klosters zugetan, wußte aber, daß mit der Frauengemeinschaft im Bickenkloster keine Reform durchzuführen war, so daß er von auswärts eine Äbtissin und einige Schwestern für das neue Klarissenkloster in Villingen erbat. Pater Heinrich Karrer nahm Kontakt mit Valduna auf und erreichte, daß die Äbtissin Ursula Haider und sieben Mitschwestern, trotz des Widerstands von seiten des Rats von Feldkirch,[39] nach Villingen beordert wurden. Die Chronik einer Mit-

schwester[40] beschreibt die Situation, in der sich das Kloster Valduna befand, als die Nachricht von Provinzial Karrer überbracht wurde. Erst nach dem Eingreifen des Erzherzogs von Österreich gelang es, die Bürger von Feldkirch zu beruhigen. Valduna, in Vorarlberg, war ab 1388 eine Einsiedelei und wurde 1391 eine Niederlassung der Tertiarinnen von Grimmelstein. Im Jahr 1403 wurde der Konvent in ein Klarissenkloster umgewandelt, das von den Habsburgern und von Feldkircher Bürgern gefördert wurde. Das vorbildlich geführte Kloster kam zu solchem Ansehen, daß es dazu ausersehen wurde, Schwestern zur Reform nach Villingen, Speyer, Wittichen und Regensburg zu schicken.[41]

Am 25. 1. 1480, Conversio S. Pauli, öffnete Provinzial Karrer mit päpstlicher Erlaubnis das Kloster und nannte acht Schwestern, die für Villingen ausgewählt waren. Am Sonntag Quasi modo (Weißer Sonntag) hatte das Kloster Besuch des Erzherzogs und tags darauf verteilte Pater Karrer die von den abreisenden Schwestern bisher innegehabten Ämter. Am Sonntag Misericordia (2. Sonntag nach Ostern) wurden nochmals die Namen der nach Villingen berufenen Schwestern genannt. Am nächsten Tag, nach einem Abschiedsamt, begann die Reise nach Villingen. Mit vielen Zwischenstationen, über Rheineck, Konstanz, Kloster Paradies/Schaffhausen und Hüfingen, die Schwestern fuhren in zwei verdeckten Kutschen, kamen die Klarissen bis auf eine halbe Meile vor Villingen.[42] Die entgegenreitenden Bürger, an der Spitze der Bürgermeister, der Schultheiß und der Rat der Stadt, verlangten von den Schwestern die Unterschrift, daß sie allen bürgerlichen Verpflichtungen nachgehen müßten. Erst nach dem gegebenen Versprechen konnten die Schwestern in die Stadt Villingen einfahren.[43] Nach einem dreitägigen Aufenthalt bei Heinrich und Walburga Keller (die Reisegesellschaft bestand aus 15 Personen) konnten die Schwestern am 28. 4. 1480 mit dem Franziskaner-Konvent in deren Kirche ein Amt feiern, wozu die Orgel „geschlagen" wurde. Den Klarissen wurde die Kirche mit allen Kultgegenständen und die große Bibliothek gezeigt. Am nächsten Tag konnten die Schwestern einem Amt im Münster beiwohnen, und am selben Tag wurden die Klarissen in feierlicher Prozession, begleitet von den Stadtobern und vielen Bürgern, in das Kloster am Bickentor geführt, wo sie eingeschlossen wurden. In der unteren Kirche (wohl eher eine Kapelle) hielt der Provinzial eine Ansprache und gebot den Klarissen in das Kloster zu gehen, das mit einem „ewigen Schloß" (Klausur) versehen wurde, daß weder sie noch die späteren Schwestern jemals lebend noch tot heraus konnten (Die Klarissen hatten eine eigene Begräbnisstätte.). Nachdem die Schwestern die Regel der heiligen Klara erhalten hatten, sangen sie das Te Deum laudamus und gingen anschließend in die Konventsstube zu den bisherigen Bewohnerinnen des Klosters. Den sieben Frauen wurde freigestellt, im umgewandelten Kloster zu bleiben und nach den Regeln der heiligen Klara zu leben oder den Konvent zu verlassen. Die spätere Äbtissin Juliane Ernestin beschrieb als Konventschreiberin den Anfang des Klarissenklosters folgendermaßen: „... des andern dags besamlette (versammelte) die selige vnd nev gesetzte (neu ernannte) frau muetter Apttissin ursula haiderin / jhr undergebens Conventt vnd besöztte (besetzte) solches nach bösten vermögen mit den Ampttern des Closters / sie underwant sich selbst der gröstern puerde (Bürde) nemlich deß zeittlichen / wie her nach weitters sol gemelttet werden. Also waren 14 frauen beýsamen. Acht von dem lobelichen gottshauß valdunen und sechs von den alten frauen der samlung welche sich gar fleissig einstöllten / jn aller gehorsame / allein die hailige Armúett und gemaintt / wollte jhnen zúe schwer fallen und khönden mit hartten verlangen / söchs oder süben wochen wartte weil geschweigen gar dreý monatt /.

Also fúegt es gott dz (daß) jn kurzer zeitt kam ein päpstlicher Comisari / patter Johannes Eüssenbach sant francisse orttens (Franziskaner) / war weichbischoff zue speür (Weihbischof von Speyer) der war gesantt das er zue entt sollt richten die hailig Clausur / und was bleiben wollt von den Alten frauen bestetten (bestätigt haben) / und was nit bleiben wollt sollt er us der Clausur lassen / damit die beschlossnen frauen zúe jhrer gaistlichen rue (Ruhe) khämen / mit disem gnädigen herren weichbischoff / khame unser Erwirdiger vatter provincial Bruder heinrich Kharer / und der Erwirdig patter und doctor der hailigen geschrifft Jerg Sumer / auch herr lessmaister von strassburg und der hochgelehrtt doctor und patter Conratt de bondorff und der Erwirdig vatter Custos uff dem bodensee patter petter Eggman / und noch vil Erwirdige Patter..."[44]

Von den Frauen aus der Sammlung blieb nur die jüngste Schwester Magdalena Wagner nach einer Probezeit im Klarissenkloster.[45] Durch die Initiative des Provinzials Heinrich Karrers, die Mystikerin Ursula Haider als Äbtissin nach Villingen zu holen, konnte das Klarissenkloster in Villingen Zentrum eines mystisch-religiösen Lebens werden.

In den Jahren 1480 bis 1484 kamen insgesamt elf Mädchen in die Obhut der Klarissen, d. h., sie wurden der Regel gemäß eingeschlossen. Am 26. 5. 1482 wird von Pater Franziskus Sanson, Magister Artium und der heiligen Theologie, dem Bürgermeister, Schultheiß, den Räten und allen Bürgern bestätigt („Frater Franciscus Sanson, artium et sacre theologie magister ac tocius ordinis fratrum minorum generalis... magistro civium, sculteto, consulibus ceterisque civibus opidi Vilingensis Constanciensis dyocesis"), daß alle Vereinbarungen zur Umwandlung des Klosters von einem offenen in ein geschlossenes Kloster ausgeführt waren.[46] Ein Jahr später, am 26. 11. 1483, nahm der Bürgermeister, der Schultheiß und der Rat der Stadt die Klarissen in den Schutz der Stadt. Im Schutzbrief wird erwähnt, daß als Fundament ein vor langen Zeiten „... beschlossen frawen closter und gotshuß sant Clara ordenß in dem dorff Nüwenhusen by ainer milen wegs by Vilingen uf dem Schwartzwalde gelegen..." [47] gedient hatte, das wegen „... Brunst und mercklichem kriegslauf Sicherheit undt beharlich inzerstörligkeit bewegt undt sich da dennen her gen Villingen in die Statt in ein huß genant daß Bicken Closter gethen... das, als ein offen closter lang Zit her gehalten..." anvertraut hatten. Der Neuhauser Konvent bot also keine Sicherheit mehr. Daraufhin hätten sich die Schwestern aus Neuhausen mit dem Konvent des Bickenklosters vereinigt „... Zu unseren Burgeren in unseren sonderen schutz undt zu shirmen als ander unser Burger..." Diesem, seit 1480 umgewandelten Kloster wurde jetzt der Schutz der Stadt gewährt. [48] Der Provinzial der Oberdeutschen Provinz Heinrich Karrer, ein äußerst frommer und gelehrter Mann, der die nötige Reform in Villingen durchführte, starb 1483 in Straßburg. [49]

Durch die vorbildliche Führung der Äbtissin Ursula Haider kam das Kloster sehr schnell zu hohem Ansehen und konnte bereits 1487 zwei Schwestern nach Schwäbisch Gmünd senden, um dort die Sammlung dem Ordensleben zuzuführen. [50] Ursula Haider begann mit den 100 Gulden, die sie vom Kloster Valduna als Anfangskapital erhalten hatte, die für ein geschlossenes Kloster erforderliche Mauer um das Kloster zu bauen und anschließend Schlafraum, Refektorium und eine Krankenstube einzurichten. Viele Jahre wurde am Kreuzgang und der Kirche gebaut. Im Jahr 1484 konnte der Bischof von Konstanz vier Altäre in der renovierten Kirche einweihen. Ein Altar befand sich auf dem oberen Chor, wo die Klarissen ihre Offizien beteten und sangen. [51] Nach Jahren intensiver Arbeit und Gebet wurde 1488 die Äbtissin Ursula Haider von einer schweren Krankheit

Abb. 2 Die 1. Äbtissin von St. Clara: URSULA HAIDER

heimgesucht. Trotzdem mußte sie sich mit den alltäglichen Sorgen des Klosters auseinandersetzen. Als treue Stütze stand ihr Schwester Margret Möttelin zur Seite, die ebenfalls eine der Schwestern war, die aus Valduna kamen. [52]

Als der Lesemeister und Beichtvater der Klarissen Stephan Fuchs die Absicht hatte, eine Wallfahrt ins Heilige Land zu unternehmen, unterrichtete er die Äbtissin davon und gab Ursula Haider ein Buch über die Stätten und Kirchen in Jerusalem. Um die geistige Verbindung zu den heiligen Stätten herzustellen, hatte Ursula Haider, mit Hilfe von Schwester Agnes Bützlin, die Städtebeschreibungen des Heiligen Landes auf Pergament geschrieben und außerdem sieben Tafeln mit den römischen Stationen. Als im Jahr 1489 ein Jubiläumsablaß bekannt wurde, der auch außerhalb Roms, ohne den Besuch der sieben Hauptkirchen, für kurze Zeit vom Papst gewährt wurde, bemühte sich die Äbtissin Ursula Haider im Jahr 1490 für den Konvent diesen Ablaß zu erbitten. Schon am 19. 7. 1491 konnte Pater Konrad von Bondorf, der in Vertretung des Provinzials Assisi und Rom besucht hatte, dem Villinger Konvent mitteilen, daß dem Kloster von Papst Innocenz VIII. der Ablaß gewährt wurde.[53]

Der eigenhändige Eintrag des Papstes „fiat, ut petitur", zeugt von dem Interesse des Papstes Innocenz VIII., den beschaulichen Orden Privilegien zuzugestehen.[54] Dieser Ablaß, der auch den sog. Kreuzwegablaß beinhaltet, wurde durch die Fürsprache der Franziskaner in Rom dem Villinger Kloster gewährt. So war das Klarissenkloster in Villingen das erste Kloster, dem dieser Ablaß 1491 zugestanden wurde. Die lateinischen Bezeichnungen der Stätten wurden von Ursula Haider und dem Konvent, unterstützt von Pater Stephan Fuchs, ins Deutsche übersetzt und die Texte auf die Tafeln geschrieben[55]. Nachdem die Klarissen im Jahr 1492 die Erlaubnis bekamen, die heiligen Stätten auf Steintafeln schreiben zu lassen, wurden die Pergamentblätter durch 210 in Stein gehauene Tafeln ersetzt, die im ganzen Kloster verteilt wurden.[56]

Auch heute noch befindet sich eine Anzahl steinerner Ablaßtafeln im Kloster St. Ursula. Aus Krankheitsgründen gab Ursula Haider im Jahr 1489 die Leitung des Klosters an eine Mitschwester aus Valduna, Klara Wittenbach, ab. Aber durch ihr vorbildliches Leben im Glauben, ihre Güte und Frömmigkeit blieb ihr Einfluß auf den Konvent erhalten und sorgte auch dafür, daß die wirtschaftliche Grundlage des Klosters gesichert war. Ursula Haider versenkte sich zeit ihres Klosterlebens in das Leben und die Leiden Christi, ihre Visionen und Betrachtungen hat sie teils selbst geschrieben, teils einer vertrauten Schwester diktiert.[57] Ihre Aufzeichnungen

Abb. 3 *Geißelsäule und Ablaßtafeln im Kloster St. Ursula*

zeigen ihre Verwandtschaft zu den großen Mystikern des Dominikanerordens, zu Johannes Tauler und Heinrich Suso. In der Klosterbibliothek sind noch einige Handschriften mit mystischen Schriften vorhanden, eine Handschrift von Tauler, Viten der heiligen Katharina, eine Schrift „unserer mutter St. Clara" und mystische Verse.[58] Unter Ursula Haider, die schon in Reute eine mystische Bildung erhalten hatte, wurden die Schwestern im Klarissenkloster mit Mystik und Poesie bekannt gemacht. Für Ursula Haider war der Dominikaner Suso der Mystiker, von dem sie inspiriert wurde. Die Liebe zu der „Göttlichen ewigen Weisheit" hat sie selbst ausgeübt und ihren Mitschwestern zur Nachahmung empfohlen. Leider sind die meisten Aufzeichnungen Ursula Haiders nicht mehr vorhanden. Aller Wahrscheinlichkeit nach wurden sie bei der Auflösung des

Klosters auf Befehl mit anderen Handschriften verbrannt.[59]

Eine Betrachtung über die Tagzeiten (Stundengebete) sind von Ursula Haider in der
Chronik der Juliana Ernestin[60] aufgezeichnet. So übermittelte die erste Äbtissin ihren
Mitschwestern Gedanken zur Meditation
über die Leiden und das Sterben Jesu Christi
für alle Stundengebete. Sie hatte für jede Ge-
betzeit drei Gedanken ausgewählt, die sie
ausführlich den Schwestern darlegte, und die
zur inneren Bereicherung derselben bei den
Stundengebeten dienen sollten. Sehr aus-
drucksstark sind vor allem die Betrachtungen
zur Vesper und Komplet, die sich nicht nur an
die Auslegung dreier Gedanken halten, sondern wie eine Predigt das Thema auslegen, zu
einem Gebet umgeformt wurden und so enden. Durch den Einfluß von Ursula Haider
wurden viele ihrer Mitschwestern zum Dichten angeregt. Diese Gedichte sind unwider-
belegbare Beweise für die Geistesrichtung
der Mystikerin, die versuchte, ihre Mitschwestern zu ihren mystischen Erleuchtungen Zugang finden zu lassen. Die Namen der dich-
tenden Schwestern befinden sich alle in der
Schwesternliste von 1480.[61]

Das Kloster Sankt Clara konnte sich rüh-
men, eine Anzahl hervorragender Beicht-
väter und Prediger besessen zu haben. So
war der in die Literaturgeschichte eingegangene Pater Johannes Pauli von 1491–1495
Prediger, Beichtvater und Lektor im Klarissenkloster zu Villingen. Von seinen Predigten
wurden 28 von einer Schwester nachgeschrie-
ben.[62] Teilweise befassen sie sich mit den Themen „Der Streit zwischen Leib und Seele"
und „Der Streit zwischen Vernunft und
Wille".[63] Er gab die Predigten des Johannes
Geiler von Kaysersberg heraus und machte
sich mit der Schwank-Sammlung „Schimpf
und Ernst" einen Namen. Bis Ende des
17. Jahrhunderts war diese Sammlung ein beliebtes und viel gedrucktes Buch.[64] Die Klarissen in Villingen haben noch nach Jahrhun-

Abb. 4 Die Statue ECCE HOMO in der Kloster-
kirche St. Ursula

derten sein Jahresgedächtnis gefeiert (Er
starb um 1530).[65]

Auch unter der Leitung der zweiten Äbtissin Klara Wittenbach (1489–1493) verlor das
Kloster nichts von seiner Ausstrahlung. Ursula Haider, die mit Klara Wittenbach zusam-

men die Entscheidungen über das Kloster traf, starb 85jährig nach einem heiligmäßigen Leben am 18. Januar 1498 und wurde in der Ölbergkapelle, die 1494 durch den Konstanzer Weihbischof Danpel geweiht worden war, beigesetzt.[66] Seit dieser Zeit wird Ursula Haider als Selige verehrt.

Die Äbtissin Klara Wittenbach, die, wie Ursula Haider, von großer Liebe und Andacht zur Passion und dem Leiden Jesu Christi durchdrungen war, ließ wahrscheinlich die frühbarocke Statue Ecce Homo[67] anfertigen, die bis zum Jahr 1679 in einer Kapelle der Klausur aufgestellt war.[68]

Das vorbildliche Leben im Kloster St. Clara, das vom Geist Ursula Haiders geprägt war, veranlaßte den Franziskaner-Provinzial, um 1500 einige Villinger Klarissen in das Kloster Mühlhausen zu schicken, um dort die Ordensregel zu festigen. Der Kontakt zu den Schwestern in Mühlhausen blieb viele Jahrzehnte bestehen.[69]

Eine Urkunde bescheinigt bereits 1492, daß von der Äbtissin und dem Konvent ein Haus gekauft wurde, für das eine Steuerabgabepflicht bestand.[70] Privates Eigentum blieb für die einzelnen Klarissen ausgeschlossen, wie es auch heute noch der Fall ist. Die Vermögensverwaltung des Klosters wurde von drei von der Stadt eingesetzten Pflegern ausgeführt.[71] In diesen Jahren war der Franziskanerpater Konrad von Bondorf Kustos, dessen Aufgabe es unter anderem war, seine Einwilligung für die Käufe und Verkäufe, die vom Klarissenkloster getätigt wurden, zu geben. Konrad von Bondorf, der sich um den Ausbau des Villinger Franziskanerklosters mit Hilfe der finanziellen Unterstützung seiner Verwandten verdient gemacht hatte, war ab 1498 Provinzial.[72]

Wie bei allen Klöstern in Villingen, lagen die Gebäude des Klarissenklosters längs der Stadtmauer. Durch Spenden konnten im Laufe der Zeit Häuser in der Bickenstraße dazugekauft werden.

Aus Anlaß eines Generalkapitels, das im Jahr 1506 stattfand, gewährte Papst Julius II. (1503–1513) einen Ablaß von Christi Himmelfahrt bis Fronleichnam.[73]

Auch wurden innerhalb der Klausur kleine Kapellen gebaut, deren Namen die Erinnerung an das Leiden Christi ins Gedächtnis riefen. Im Jahr 1508 wurde eine Ölbergkapelle, 1517 die Kapelle zum Leiden Christi gebaut. Eine der Kapellen wurde „St. Johannes im Lateran" genannt, die eine eindeutige Beziehung zu der Kirche Roms in Verbindung mit den Ablaßtafeln im Kloster hergestellt hat.[74] Das Klarissenkloster zu Villingen wurde im Jahr 1551 unter den besonderen Schutz des Hauses Österreich gestellt und vom Beitrag der 30 Pfennig (die damals gängige Silbermünze) gänzlich befreit. Zugleich wurde den Vögten ernstlich befohlen, das Kloster in Zukunft deswegen nicht zu bedrängen.[75]

Als im Jahr 1532 durch den Provinzial Pater Bartholomäus Hermann der Versuch unternommen wurde, unter anderen das Kloster St. Clara in Villingen der protestantischen Lehre zuzuführen, trat ihm Pater Heinrich Stolleysen, Prediger und Beichtvater der Klarissen, energisch entgegen. Pater Hermann, der 1529 zum Provinzial gewählt wurde, hatte durch seine Predigten eine Anzahl Zuhörer gewonnen. Trotzdem war er als Vorgesetzter seines Ordens der Situation dieser Zeit nicht gewachsen. Er übergab mehrere Klöster an die jeweiligen Städte, vertraute wertvolle Kultgegenstände zur Aufbewahrung den Städten an. Da Pater Stolleysen einen großen Einfluß auf das Klarissenkloster Villingen ausübte, wollte P. Hermann ihn durch Teilnahme an einem Kapitel in Offenburg aus Villingen abberufen.[76] König Ferdinand verhinderte die Abberufung, und so konnte Heinrich Stolleysen die reformatorischen Ideen des Paters Hermann vom Villinger Klarissenkloster fernhalten. Auch die anderen Villinger Klöster waren durch die Initiative des Paters Stolleysen nicht zu einem Konfessionswechsel bereit. Seine Predigten an die Klarissen wurden aufgeschrieben und später veröffentlicht.[77] Auch die damalige Äbtissin Anna von Croaria (1525–1552) erbat zweimal Hilfe für das Kloster vom Grafen von Fürstenberg gegen die Machenschaften des Paters Hermann. Sowohl der Konvent als auch die Stadt standen geschlossen hinter Pater Stolleysen. Durch dessen Einsatz konnte das klösterliche Leben in St. Clara in den gewohnten Bahnen weitergeführt werden, und die Schwestern kamen nicht in die Bedrängnis ihrer Mitschwestern im Kloster Paradies bei Schaffhausen, die von der Bevölkerung angefeindet wurden.[78] Als Pater Hermann im Jahr 1545 starb, befand sich die Straßburger Provinz, deren Provinzial er gewesen war, in völliger Unordnung. Der Chronist schrieb über dessen Leben und Arbeit: „Rexit provinciam non ut pater, sed ut timidus lepus et arundo quolibet vento agitatus"[79]. Ob Hermann nun ein großer Anhänger der Reformation war oder nur davon beeindruckt, läßt sich nicht mehr feststellen. Sein Nachfolger wurde Pater Heinrich Stolleysen, Dr. theol., Hofprediger am Hof Erzherzogs Ferdinand, der dank seiner Bemühungen die Konvente Konstanz, Regensburg und Solothurn wieder für ihre ehemaligen und zukünftigen Aufgaben zurückgewinnen konnte. Als im Jahr 1556 Pater Stolleysen starb, wurde der aktive Provinzial im Chor der Franziskanerkirche in Villingen begraben. Ein Bild im Kreuzgang des Franziskanerklosters aus dem 17. Jahrhundert erinnert an den verdienstvollen Prediger, der das Kloster St. Clara und andere Klöster vor dem Untergang bewahrt hatte.[80] Die Reformation hatte in Villingen keine Rolle gespielt, unter anderem da der Landesherr fest am katholischen Glauben festhielt.[81]

Nach dem Provinzial Ulrich Ludescher wurde Pater Jodok Schüssler 1565 auf dem Villinger Kapitel zum Provinzial gewählt. Er war Beichtvater und Prediger der Villinger Klarissen und wurde im Jahr 1566 vom damaligen Generalvikar und späteren Papst Pius V. zum Visitator der oberdeutschen Konventualenprovinz ernannt.[82] Seinen Weggang aus dem Kloster St. Clara bedauert Schwester Efrosina in ihrem Bericht: „... das man darvor uff Mathei apostoli (21. 9.) unsern altten vatter Jodocum Schissler provincial hatt abgeseczt, und is an sin statt kumen der erwirdig her frater Georgius Fischer..."[83]

Da im Jahr 1571 im Kloster St. Clara eine Visitation stattfand, ist es möglich, einen Einblick in das tägliche Leben des kontemplativen Ordens zu bekommen.

Es gab bei den Klarissen Chorfrauen, die einer strengen Klausur unterworfen waren, und Laienschwestern, für welche die strenge Klausur nicht galt, da ja auch Kontakte zur Außenwelt hergestellt werden mußten, die den Laienschwestern oblag. Doch alle Schwestern, ob Chorfrauen oder Laienschwestern, mußten sich an den anfallenden Arbeiten beteiligen. Täglich gab es zwei Mahlzeiten um 10 Uhr und um 17 Uhr. Bis um 1600 war das Essen von Fleischspeisen nicht erlaubt, was dann in den folgenden Jahren gestattet wurde. Der Speisezettel beinhaltete Fisch, Obst und zu jedem Essen Wein, der nicht als Genußmittel galt.[84] Wie in den meisten Klöstern fanden auch im Klarissenkloster bei Tisch Lesungen statt. Vor allem die Texte von Johannes Geiler von Kaysersberg (1445–1510), Johannes Tauler, Dominikaner und deutscher Mystiker (1300–1361), und Johannes Pistorius (1546–1608) wurden vorgetragen. Die bevorzugten Texte der deutschen Mystiker gingen aller Wahrscheinlichkeit nach noch auf den Einfluß Ursula Haiders zurück, die in den Anfangsjahren des Klosters die spirituelle Richtung des Konvents bestimmte und die noch jahrhundertelang ihre Ausstrahlung zeigte.

Jedes Jahr gingen die Schwestern neunmal zur Beichte und zur Kommunion. Die Franziskanerpatres hatten die Messe und die Predigten an Sonn- und Feiertagen zu halten.

Darüber gab es seit 1485 einen Vertrag, der 1591 erneuert wurde.[85]

Das Leben in einem kontemplativen Orden hatte seine bestimmten Regeln, die eingehalten werden mußten. Schon um 23 Uhr wurde die Matutin (3 Nokturnen) gebetet. Die Schwestern versammelten sich siebenmal zu den Stundengebeten, die gesprochen und deren Responsorien und Antiphonen wie auch die Hymnen gesungen wurden. Großer Wert wurde bei den Klarissen auf feierliche Gottesdienste gelegt. Täglich übte der Chor eine Stunde, um die Gottesdienste würdig gestalten zu können. Die Feiern wurden musikalisch umrahmt und der Gesang mit „Zimbeln und Pauken" begleitet.[86]

Der hundertste Gedenktag des Klosters St. Clara wurde nach den Aufzeichnungen von Schwester Efrosina Some mit großer Freude gefeiert. Die Schwester, die ab 1580 aus ihren Erinnerungen einige Aufzeichnungen über die Ereignisse innerhalb des Klosters machte, obwohl die damalige Konventschreiberin die spätere Äbtissin Apollonia Moser war, schrieb dazu: „Item, es ist ze wissen, das mir in dem jar, do man zaltt MD und im LXXXjar (1580), do hond mir unsers closters jubeljar hept uff frytag vor Cantatte (das war der 1. Mai); ist uff den selben tag C jar (hundert Jahr) gesin (29. 4. 1580), das unhser closter ist beschlossen worden und reformiert, das vor ain samlung ist gesin;... Aber uff das erst hunderttest jubeljar, ist wider der hailig Sankt Petter von Mayland uff den fritag vor Cantatte gesin, wie es och gesin ist, do mans beschlossen hatt; dem hond mir minus duplex begangen, die hailigen mehs (Messe) herlich gesungen mitt cimbalischlachen (Zimbeln schlagen) und fyguriren..."[87] Wie im Jahr 1480 fiel der Gedenktag auf das Fest des heiligen Petrus von Mailand, dessen Gedenktag wegen des Jubeljahres als Commemoratio gefeiert wurde. Es wurden beim Gottesdienst Zimbeln geschlagen und mit dem Chor gesungen.[88] In dieser Zeit war

Sophia Echlinsperger Äbtissin (1578–1592). „... Die hatt das jubeljar so herlich und erlich uhsgerichtt, hatt unhs allen silberin becher mitt guttem rotten räpis geben und ainer jettlichen (einer jeden Schwester) ain beschlagnen löffel zuo ainer er dem jubeljar, den unhser bruch ist nitt, mitt beschlagnen löfflen zuo essen. Sy hatt och jettlicher schwester zway stuck fisch, gutt Karpfen geben, ain erbssupen und ain rihs, am aubent (Abend) ain gelesupen (gelbe Suppe), ain gutten ziger (Käse), ain gesetzte gestenmilch dem ganczen convent. Und sind unser do 25 gesin..."[89]

Als im Jahr 1582 der Gregorianische Kalender eingeführt wurde, im Bericht der Schwester Efrosina Some wurde das Jahr 1583 angegeben, kam bei der Bevölkerung und den Schwestern in Villingen große Verwirrung auf.[90] Dazu schrieb Schwester Efrosina:

„... Item, da man zählt tausend fünf C und LXXXIII, auf Sonntag nach St. Gallenstag, da hat sich die Veränderung der Zeit verlaufen. Aus päpstlichem Mandat und Gebot ist angeordnet, daß man 10 Tage aus dem Jahr soll stoßen... welches uns allen gar seltsam ist gewesen..."[91]

Bei einer Visitation im Jahr 1586, die vom Weihbischof von Konstanz Wurzer abgehalten und alles in bester Ordnung gefunden wurde, baten die Schwestern daraufhin um einen kleinen Garten, da nur ein enger Hof vorhanden war. Nachdem der Bischof beim Magistrat der Stadt vorstellig wurde, erhielten die Schwestern ihren Wunsch erfüllt.[92]

Im Jahr 1591 bestätigten die „Parfusser in Vilingen" und „das gotthauß zu sant Clara" unter der Äbtissin Apollonia Moser (1592–1612) den Pflegern Bürgermeister Hans Joachim von Freyburg, Schultheiß Jacob Meyenberg und dem Zunftmeister Georg Heßler, daß die seelsorgerliche Betreuung durch die Franziskaner, wie in der Urkunde von 1485 bestätigt wurde, erneuert

wird und von Pater Johannes Kircher und Pater Georgius Fischer, beide Angehörige des
Franziskaner-Konvents, ausgeführt wird.[93]

In einer Chronik wird angeführt, daß im
Jahr 1593 der Schrein, der zur Aufbewahrung
der konsekrierten Hostien diente, gestohlen
wurde. „... am samptag vor letare (4. Fasten-
sonntag) hat unser truwer (treuer) beichtvat-
ter herr Cristian Grauff wölln Consecrieren
do hat er das keffale[94] mit dem hailgen Sacra-
ment nit funden man hat unß das selbig ge-
stolen..."[95] Im gleichen Jahr, als der
Glockenturm erneuert werden sollte, wurde
die Stadt um finanzielle Hilfe gebeten, leider
bekamen die Schwestern „nit ain guotte ant-
wuort". Außerdem bekam die Kirchenglocke
am 23. 8. 1593, die seit der Übernahme des
Klosters durch die Klarissen zum Gottesdienst geläutet hatte, einen Riß, so daß auch
die Glocke erneuert werden mußte. Auch
hier fehlte das Geld, und nur durch den persönlichen Einsatz der Äbtissin Apollonia
Moser konnte Weihbischof Wurzer 1595 die
Glockenweihe vornehmen, nachdem auch
die Schwestern ihre letzten geschenkten Dinge für die Finanzierung der Glocke hergegeben hatten. Wieder wurde von Sr. Efrosina
aufgezeichnet: „... Item es jst och zuo wissen
das ain wirdiger Convent dozemol ain jetliche
Schwester gewilet un ungewilet ettwas klens
vß vnßer hailgen armuot an die glogen geben
was vnß geschenckt vn verehrt worden..."[96]
Die Glocke wurde der Heiligen Jungfrau Maria und Sankt Clara geweiht „... also haist
unßer Glog Maria Clara..."[97]

Die Namen der Schwestern, die für die
Glocke ihr Letztes hergegeben hatten:

Apollonia Moserin, Äbtissin; Apollonia
Häßelin, Priorin; Barbara Payerin; Anna
Rüstin; Sophia Knurin; Magdalena Übel-
ackerin; Ursula Hüblerin; Ursula Lübin;
Efrosina Sömin, Konventschreiberin; Mar-
greth Mößmerin; Katharina Ginnthörin; Ursula Hüpschenbergerin; Agatha Hüblerin
und die Laienschwestern: Katharina Störin;

Barbara Heigin; Katharina Kimbacherin;
Elßbett Kererin; Anna Schowmäne. Ursula
Cabelissin, Novizin und Katharina Hillesön,
Kind.[98]

Nach dem Tod von Pater Johannes Kircher
(† 1595), „der hailigen schrifft doctoris und
des Barfuosser ordens provincialis", wurde
zwischen dem Franziskaner Provinzial Joachim Lang und dem Pater Martin Digasserus
vom Villinger Konvent in Anwesenheit des
Guardians Christoph Schmidlin, den Pflegern Bürgermeister Jacob Mayenberg,
Schultheiß Jacob Bösinger und Zunftmeister
Georg Heßler ein Vertrag unterzeichnet, der
die Mißstände der Amtsführung des Guardians und die seelsorgerliche Betreuung des
Klarissenkloster beseitigen sollte.[99] Es wurde
in diesem Vertrag unter anderem auf die
geistliche Betreuung des Klarissenklosters
hingewiesen, die nach dem Tod Pater
Kirchers nicht mehr regelmäßig ausgeführt
wurde.[100]

Bei der Erneuerung der Konventsstube des
Klosters St. Clara im Jahr 1597, die laut Chronik eng und dunkel war, hatten einige Beicht-
väter des Klarissenklosters hierfür Fenster
gestiftet; so der Lesemeister und Beichtvater
P. Samuel Matzinger, der Provinzial und
Beichtvater Christian Grauff. Pater Georg
Lambach, ebenfalls Beichtvater der Schwestern, malte zwei Bilder für die Konventsstube[101].

Die Schwestern konnten in den folgenden
Jahren durch Zukauf von Häusern eine Klo-
stererweiterung vornehmen. Auch wird seit
dem Jahr 1610 eine Orgel in der Kirche erwähnt. Neben zahlreichen Stiftern wurde
auch die Äbtissin Maria Cleopha Ducher
(1612–1624) genannt, die für eine Kapelle
zwei Ampeln stiftete, für deren Anschaffung
sie Geld sammelte.[102] Im Jahr 1613 starb die
frühere Äbtissin Apollonia Moser, die bis
1612 dem Konvent vorstand. Sie hatte dem
Kloster ein wohlgeordnetes Haus hinterlassen.[103] Die erst 1593 gegossene Glocke mußte

1615 ersetzt werden, da auch diese Glocke einen Riß bekam. Die neue Glocke wurde dann am 3. 6. 1615 vom Abt Martin Steper aus St. Georgen unter der Assistenz des Beichtvaters Franziskus Zimmermann geweiht.[104]

Unter der Äbtissin Ursula Labellis (1624–1635) war P. Johannes Kneyer Guardian des Franziskanerklosters und Beichtvater der Klarissen.[105] Ein Rechnungsbuch der Äbtissin zeigt, wie schwierig es war, in diesen schlechten Zeiten des Krieges einem Kloster vorzustehen.[106] Trotzdem konnte eine Villinger Klarissin 1629 im wiederbesiedelten Kloster Wittichen zur Äbtissin gewählt werden. Im selben Jahr wurde die Klarissenregel für das Kloster ergänzt. Nach einer Bestimmung des Tridentinischen Konzils wurde das sog. Profeßgut erst bei der Profeß fällig.[107]

Durch das anhaltend schlechte Wetter im Jahr 1627 brach eine große Hungersnot aus. Das Getreide verfaulte auf den Feldern und viele Menschen starben an Hunger.[108] Auch das folgende Jahr 1628 brachte Mißernten, so daß die Bewohner „die harten Beeren mit dem Hammer aufklopfen mußten". Selbst der sonst zu jeder Mahlzeit gereichte Wein wurde im Kloster durch Reckholdermost (Wacholder) ersetzt.[109]

Die Wirren des Dreißigjährigen Krieges sind unter anderem in einer Klosterchronik aufgezeichnet.[110] Eine Chronistin des Klosters[111] beschrieb die Angst und Not, die alle erfaßt hatte, als: „... der kinig aus schweden jn das land komen und hatt das ganz franckenland verdiebt und jngenomen auch spür (Speyer) und menz (Mainz) und anderen stetten hoch gebreuewt und gesagt er wel das faßnachtkiechle bim großen bischoff hollen zuo merspurg und Costanz auch wel er überlingen und rottweil auch die statt vilingen haben un freyburg un das ganze Ellses / nur was er vir sich genomen das wirt jm verhengt durch unßer verschultnüß unßerer sinden (durch die Schuld unserer Sünden) ... Item der schwede ruckht als gemach jst schon

uff kemptten zuo halt den fiersten zuo kemptten überal vertriwen/ un ußblindert / auch das schloß reichholtz unßer herz vil geliebten fraw muotter Appttyssin ursula Capelisin herz bruoder syn / auch weingartten un alles was er hatt kett blindert un verdirbt ... "[112]

Das Kloster St. Clara wurde durch den Krieg, besonders nach dem Eingreifen Gustav Adolfs, stark in Mitleidenschaft gezogen. In Villingen wurden zwei Bollwerke errichtet, von denen das eine zwischen den beiden Frauenklöstern St. Clara und der Vetter-Sammlung, den Dominikanerinnen, das andere Bollwerk in der Nähe des Benediktiner-Hofes errichtet wurde.[113] Als dann die Württemberger den Schweden zur Hilfe eilten, war die Lage für Villingen und das Kloster St. Clara bedenklich.

Im November 1632 kam aber von der vorderösterreichischen Regierung die Nachricht, daß eine militärische Hilfe von 500 Mann kaiserlicher Truppen in Anmarsch sei. Diese Truppen wurden noch durch 40 kampftüchtige Soldaten ergänzt. Der Aufruf des kaiserlichen Obrist Escher, die Truppe durch Einheimische zu verstärken, fand Widerhall. Die Stadt wurde auf Angriffe vorbereitet, in dem unter anderem Wasser in die Stadtgräben eingelassen und die Brücken hochgezogen wurden.[114] Die württembergischen Truppen, unter Führung von Johann Michael Rau, die im Umkreis von Villingen aufmarschierten und die Zahl 5000 nicht überschritten,[115] lagerten auf dem Bickenberg. Die Schwestern der an der Stadtmauer liegenden Klöster litten große Angst und Not, da das Bickenkloster, durch die 5000 Württemberger auf dem Bickenberg äußerst bedroht war. Im Gegensatz zu den Angaben in den Chroniken und dem Artikel von Sr. Gabriele Loes wird im Tagebuch des Abt Gaisser noch die angeschlagene schwedische Truppe erwähnt, die dem Angriff des kaiserlichen Heeres nirgends standhalten konnte.[116] Trotzdem wurde den Schwestern nahegelegt, Kutten anzuziehen und ein Bündel mit dem Notwendigsten zu packen, damit sie bei einem Überfall nicht als Klarissen erkannt werden. Die Patres Kneyer und Ungelehrt kamen an die Klosterpforte, um die Schwestern auf einen eventuellen Überfall vorzubereiten. Es wurde in Erwägung gezogen, ein Haus zu suchen, in dem alle Klarissen unterkommen konnten.[117] Zuerst aber wollten die Schwestern ihr Kloster sichern, und da sie vor einem Brand ihres Klosters Angst hatten, stellten sie überall Wasserbottiche auf, um im Notfall das Kloster und die Kirche löschen zu können. Am 16. November 1632 wurde das Dach des Bickentors abgehoben, um die Verteidigung zu verbessern, und am 18. November 1632 griff eine Reiterschwadron aus Württemberg Villingen an, zog aber nach Abfeuern der Gewehre in Richtung Schwenningen wieder ab, um von dort über Tuttlingen in die Bodenseegegend mit 2 000 Mann weiterzuziehen.[118]

Die Belagerung von Villingen begann am 11. 1. 1633, wobei die Bickenkapelle zerstört wurde. Am 12. 1. 1633 schlugen mehrere Feuerkugeln in die Häuser[119] und das Konventsgebäude ein, so daß das Kloster für eine Zeit nicht mehr bewohnt werden konnte.[120] Die Klarissen verließen ihr Kloster und fanden bei den Franziskanern für kurze Zeit Unterkunft. Einige Tage später wurde auch die Klosterkirche zerstört.

Durch das anhaltend schlechte Wetter, die Angreifer hatten keine Vorstellung von dem harten Winter in Villingen, erlitten auch die Württemberger starke Verluste und mußten am 24. 1. 1633 die Belagerung beenden und unter größtem Hohn und Spott abziehen.

Ein halbes Jahr später, am 1. Juni 1633, wurden wieder schwedische Reiter vor der Stadt gesichtet und ab 30. 6. 1633 fand die zweite Belagerung Villingens statt. Im Laufe der Angriffe auf Villingen und wegen der gefährlichen Lage außerhalb der Stadt kamen zwei Schwestern von St. German, einem kleinen Kloster, in dem die dritte franziskanische Re-

gel befolgt wurde, und dessen Gebäude circa eine halbe Meile vor den Stadtmauern lag, ins Bickenkloster und blieben dort bis zu ihrem Tod, ohne die strengen Regeln der Klarissen annehmen zu müssen.[121] Ihr Kloster wurde am 6. Juli 1633 von den Schweden niedergebrannt.[122] Kurz darauf, im August 1633, verschärfte sich die Lage. Ein enger Umschließungsgürtel wurde um die Stadt gelegt, und die feindlichen Angriffe vom Hubenloch und dem Bickenberg wurden zahlreicher. Neben der Beschießung der Stadt brachte die Trinkwasserentziehung durch die Angreifer den Bürgern von Villingen große Not.[123] Am 1. September 1633 waren durch gewaltige Unwetter die Straßen unpassierbar, und die Hoffnung der Eingeschlossenen auf eine Veränderung ihrer Lage erwies sich als trügerisch, da bereits am 2. September 1633 auf dem Bickenberg eine große Anzahl feindlicher Reiter und Soldaten zu Fuß gesichtet wurden. Die vereinigten Schweden-Württemberger versuchten am 8. September 1633 einen gleichzeitigen Angriff auf alle drei Haupttore der Stadt. Die Feinde versuchten mit allen Mitteln in die Stadt einzudringen. Ihre Kugeln trafen auch weiter entfernte Häuser, und Kugeln, die Feuer mit Eisensplittern spien, bedrohten alle Stadtbezirke. Abt Gaisser schreibt: „. . . so stark der Kugeln Gewalt und die Blitze der von oben und unten und aus jeder Richtung ständig niederfallenden Flammen, daß sozusagen ein Bild des Untergangs der Stadt Troja (wenn man Kleines mit Großem vergleichen darf) sich den Augen darbot . . ."[124] Aber durch die Sicherung aller Tore und den Mut der Bevölkerung, die ohne Unterschied auf Alter, Geschlecht und Stand mit äußerster Energie gegen die Angreifer vorging, konnten die Angreifer auf Distanz gehalten werden. Die Frauen halfen den Männern, indem sie kochendes Wasser von den Mauern auf die Feinde schütteten. Der 8. September 1633 wurde für die Villinger Bevölkerung einer der größten Ruhmestage in dem langen und todbringenden Krieg. Die feindlichen Truppen mußten nach schweren Verlusten am 5. 10. 1633 ohne Erfolg wieder abziehen, nicht zuletzt durch die mutige Besatzung und die Villinger Bevölkerung. Aber noch war für Villingen die Gefahr nicht gebannt.

Eine dritte Belagerung vom 16.7. bis 9. 9. 1634 brachte den Angreifern nicht die gewollte Einnahme der Stadt. Durch anderweitige Verluste waren die Feinde gezwungen, die Belagerung und begonnene Aufstauung der Brigach zur Überschwemmung der Stadt zu beenden und abzuziehen. Damit war für Villingen und das Kloster St. Clara die Angst vor einer Einnahme der Stadt beendet. Nach dem Abzug waren Villingen und die Klöster für die Zeit des Krieges gerettet.[125]

Obwohl es den Feinden nicht gelungen war, die Stadt zu erobern, wichen Not und Elend nicht aus dem Kloster St. Clara. Die Kirche war zerstört, die Felder verwüstet und die Abgaben von Lehen wurden ab 1640 nicht mehr bezahlt. Hunger und die Mißernte des Jahres 1635 veranlaßten die Äbtissin Ursula Labellis, einige Schwestern nach Überlingen und in das Kloster Wittichen sowie in die Nähe von Solothurn zu schicken.[126] Sie selbst begab sich in das Kloster Paradies, das mit dem Klarissenkloster Villingen in enger Verbindung stand, wo sie am 18. 6. 1636 starb und dort auch beigesetzt wurde.[127] Nach der im Kloster Paradies verstorbenen Äbtissin Ursula Labellis wurde als Nachfolgerin Schwester Katharina Hillesön (1637–1652), die unter der Äbtissin Ursula Labellis Priorin und zuvor Konventschreiberin war, gewählt. Die finanziellen Verhältnisse konnten auch unter ihrer Leitung nicht verbessert werden. Begüterte Schuldner, wie unter anderen der Graf von Fürstenberg und die Junker von Stein, zahlten über viele Jahre keine Zinsen an das Kloster. Von den Feldern konnte auch nur ein Teil bebaut werden und der Ertrag reichte nicht mehr für die Verköstigung der

Schwestern. Der Viehbestand verringerte sich durch Abgaben und Seuchen sehr schnell. Auch diese Äbtissin mußte sich an andere Klöster und Verwandte der Schwestern wenden, um wenigstens die notwendigsten Nahrungsmittel für den Klosterhaushalt zu bekommen. Die letzten geerbten Wertgegenstände wurden an die Besatzung verkauft. Trotz Unterstützung von Angehörigen und Freunden des Klosters wurde die Not immer größer, und das Kloster sah sich 1642/1648 gezwungen, Lehen und Pfandbriefe einzulösen.[128] Wieder mußten einige Schwestern zu ihren Familien geschickt werden, da die Versorgung des Konvents kaum noch möglich war. Die Priorin und spätere Äbtissin Juliane Ernest ging zum Betteln in das Kinzigtal, um wenigstens Nahrungsmittel für den Konvent zu erhalten.

Nach dem Tod der tapferen Äbtissin Katharina Hillesön wurde Apollonia Waldmann (1652–1655) als Äbtissin gewählt. Um den nötigen Wiederaufbau der vom Krieg zerstörten Kirche ausführen zu können, begaben sich im Jahr 1653 wiederum einige Schwestern auf Reisen, um Geld für den Bau zu sammeln. Dazu mußte die Klausur, wie schon einige Jahr zuvor, für eine gewisse Zeit aufgehoben werden. Nachdem bei der Sammlung, die unter schwierigsten Umständen stattfand, 640 Gulden zusammengekommen waren, konnte 1655 mit dem Aufbau der zerstörten Kirche begonnen werden. In diesem Jahr wurde die bisherige Priorin Juliane Ernest (1655–1665) zur Äbtissin gewählt. Sie schrieb als Priorin eine Chronik des Klosters.[129]

Um die wirtschaftliche Situation zu verbessern, wurden im Kloster St. Clara alleinstehende Mädchen und Frauen als „Kostgängerinnen" aufgenommen, die gegen eine geringe Bezahlung Essen und Unterkunft, außerhalb der Klausur, erhielten. Durch die Herstellung von Heilmitteln aus Kräutern und den Verkauf von selbstgemachtem Backwerk konnten zusätzlich, wenn auch geringfügig, die Finanzen aufgebessert werden. Erst um die Jahrhundertwende war die finanzielle Lage soweit geklärt, daß an einen Umbau des Klosters gedacht werden konnte.[130]

Die Statue Ecce Homo, die lange Zeit in der Klausur gestanden hatte, wurde im Jahr 1679 in der Kirche zur öffentlichen Verehrung aufgestellt. Nach einer Chronik wurde am 17. September 1688 das Grab der ersten Äbtissin Ursula Haider im Beisein der Äbtissin Maria Theresia Sickin, der Priorin Anna Caecilia Weberin und des Konvents geöffnet.

„... Am kopf war / ein grosser buck alls ein halbes aý groß gefunden worden / glaublich von grossen Haubt Schmertzen ...“[131] Als im Jahr 1701–1702 ein Teil des Klosters umgebaut wurde, fand unter Pater Antonius Hammer die Translatio der Ursula Haider statt. Sie wurde in ein „kipferen serchlin gelägt“ und neben dem Antoniusaltar beigesetzt.[132] Bei dieser Feier war auch der Franziskanerchronist Pater Bernhart Müller anwesend, der über die Gründung der ehemaligen Sammlung in seiner Chronik berichtete.[133]

Der Spanische Erbfolgekrieg brachte für das Kloster und für alle Bürger in den Jahren 1703/04 nochmals schwierige Zeiten. Wieder wurden auf dem Bickenberg, diesmal von den Franzosen, Geschütze aufgebaut, so daß der Konvent von St. Clara für eine Nacht bei den Franziskanern Zuflucht suchen mußte. Während ihres Aufenthaltes schlug hier eine Feuerkugel in das Dach des Chores ein, allerdings ohne nennenswerten Schaden anzurichten.[134]. Auch durch die Tallardsche Belagerung, die vom 16.–22. Juli 1704 dauerte, entstanden in der Folgezeit Schäden für das Kloster St. Clara. Eine mit Heu und Früchten angefüllte Scheuer wurde aller Wahrscheinlichkeit nach von feindlichen Spionen niedergebrannt.[135] Die Zerstörung einer gefüllten Scheune war für das arme Klarissenkloster ein schwerer Verlust. Doch nach einigen Jahren, durch eine bessere Finanzlage im zweiten Jahrzehnt des 18. Jahrhunderts, war das Klo-

ster in der Lage, am 19. März 1720 einen Garten vor dem Bickentor, Äcker und Wiesen in und um Villingen zu kaufen.[136]

Auch konnte im Jahr 1732 die Kirche umgebaut werden. Hierbei wurde eine Sakristei angefügt, wozu die Stadtmauer durchbrochen werden mußte. Der kleine Turm mußte ebenfalls erneuert werden. Die Stadt Villingen half, indem sie, wie jedem Bürger, Materialien zur Verfügung stellte. In den Turmknopf wurde im Jahr 1758 eine neue Urkunde eingeschlossen, auf der alle in dieser Zeit im Kloster lebenden Schwestern namentlich angegeben sind. Neben den Wohltätern wurde auch die Initiative des Franziskanerprovinzials Pater Ludgerus Stein, der Beichtvater des Klosters, und des Guardians Pater Marianus Wittum hervorgehoben.

Das Klarissenkloster besaß auch unter der Leitung der Äbtissin Claudia von und zu der Thannen (1739–1761) weiterhin großes Ansehen, was unter anderem aus den Aufzeichnungen der Konventschreiberin Dominica Steppel zu entnehmen ist. Trotzdem hatten die Klarissen Sorgen, die fälligen Zehnten zu bekommen.[137] Eine eigene Ordnung des „Gotteshauses St. Clara wurde schriftlich festgelegt, die neben den Pflichten der Schwestern auch die Arbeit der Angestellten umfaßte (Schaffner, Knecht für Roß und Stier)“[138].

In der zweiten Hälfte des 18. Jahrhunderts, unter der Äbtissin Theresia Winterhalter (1761–1775) zeigten sich wieder finanzielle Schwierigkeiten, die, sicher auch bedingt durch die Umbauten, das Kloster in große Bedrängnis brachten. Nur durch die Darlehen der Klöster Paradies und St. Märgen sowie des Vogts von Sumpfohren war es möglich, einigermaßen zu überleben.[139] Eine Konventschwester schrieb: „... anno 1776 haben mir die Vogtnei ausgeliehen willen mir gar zutifst in Schulden waren ...“ Einige Zeilen weiter „... Convent die nothwendig nahrung nit mer hint bestreiten ...“[140]

Unter der letzten Äbtissin Karoline Wittum (1776–1782), die eine hohe Schuldenlast von ihrer Vorgängerin übernommen hatte, konnten die Schulden langsam abgetragen werden. Nun aber gab es andere Probleme, die nicht nur die Villinger Klöster, sondern alle kontemplativen Ordensgemeinschaften betrafen. Unter der Regierung Maria Theresias wurden im Jahr 1764 Schenkungen an Ordenshäuser verboten, wodurch viele Klöster in Bedrängnis gerieten. Ab 1774 mußten alle Angaben an die Regierung eingereicht werden, und ab 1779 durften nur Österreicher zu Ordensoberen gewählt werden.[141] Somit hatte die Regierung eine vollkommene Kontrolle über die einzelnen Klöster. Ziel war die Loslösung der katholischen Kirche Österreichs von Rom. Wenn auch der Josephinismus einzelne Verbesserungen in die Wege leitete, wie z. B. die Vermehrung der Pfarreien und die bessere Bezahlung der Weltpriester, so geschah dies nicht um der Kirche willen, sondern nur um die Kontrolle des Staates zu intensivieren.[142] Bereits im Jahr 1781 wurden an verschiedenen Orten die kontemplativen Orden aufgelöst, wobei besonders die Klarissenklöster betroffen waren. Der Villinger Konvent hoffte wegen seiner Armut auf weiteres Bestehen. Aber am Anfang des Februars 1782 gab es auch für dieses Kloster die ersten Anzeichen einer bevorstehenden Auflösung.[143] Da Kaiser Joseph II. die Aufhebung aller beschaulichen Klöster in seinen Erblanden veranlaßte (es wurden fast 800 kontemplative Klöster aufgelöst, da sie für Joseph II. und für seine Idee „keinen Nutzen brachten"), wurde auch das Klarissenkloster in Villingen durch den kaiserlichen Kommisar Marquardt von Gleichenstein unter der letzten Äbtissin Maria Karolina Wittum aufgehoben.[144]

Am „Schmutzigen Donnerstag", dem 7. Februar 1782, hatte eine Fastnachtsmaske an der Pforte des Klosters in aller Stille die Aufhebung des Klosters mitteilen wollen, was die Schwestern in Angst und Schrecken versetzte. Nun kam auch für die Villinger Klarissen der Befehl, das Kloster aufzulösen. Der Prälat Pater Anselm Schababerle mußte die vorbereitende Einleitung treffen. Laut bischöflichem Befehl, auf Betreiben des Kaisers, mußte das Kloster den Kommissaren geöffnet werden, und selbst Pater Wittum, der die Konventsmesse lesen wollte, wurde nicht mehr in das Kloster eingelassen.[145] Sofort wurde eine Liste des Inventars, unter Beisein der Priorin Klara Harloß und der Subpriorin Barbara Riß, verlangt und die Truhen und Schränke danach versiegelt. Speck, Butter und Schmalz wurden gewogen und von einem unparteilichen Metzger geschätzt, die Eier wurden abgezählt, Geschirr, Kupfer und Zinn wurde geschätzt und aufgeschrieben. Am 11. Februar 1782 mußten unter Aufsicht der Kommissare alle Bücher aufgeschrieben werden. Die wertvollsten 55 Handschriften wurden für die k. k. Hofbibliothek beschlagnahmt, die übrigen unter Aufsicht eines Kommissars verbrannt.[146] Wieviel Kulturgut hier in blindem Gehorsam und Unverständnis vernichtet wurde, läßt sich nicht mehr erfassen.

Selbst die wenigen persönlichen Dinge der Schwestern mußten am 22./23. Februar angegeben werden, was menschenverachtend war und einer Demütigung gleichkam. Nachdem am 16. Februar die Kommissare, die alles geschätzt, versiegelt oder mitgenommen hatten, nach Freiburg fuhren, besaßen die Schwestern weder Altartücher noch sonstige Gegenstände, um die Altäre der Kirche für die Kirchweih am 26. Mai zu schmücken. Durch das Eingreifen eines Administrators, der die versiegelten Truhen öffnete, konnten die Schwestern dann doch noch bescheiden die Kirche für das Fest schmücken.[147]

Die Klarissen, die einen Großteil ihres Lebens in Klausur lebten und kaum mit der Außenwelt in Berührung kamen, mußten nun auf kaiserliches Geheiß mitansehen, wie ihre Heimat, der sie meistens schon seit ihrer

Kindheit angehörten, zerstört wurde. Für den Konvent wurde der Nahrungsbedarf täglich herausgegeben. Bestecke und Becher für die Gäste und ein Teil der Kirchengeräte mußte verpackt und nach Freiburg geschickt werden. Bis zur endgültigen Auflösung des Konvents lebten die Schwestern zwischen Angst und Hoffnung und schickten Bittgesuche an die Regierung, um im Kloster bleiben zu können. Eine Liste, die einer Bittschrift entstammt, gibt den Personalstand vom 12. 4. 1782, mit Unterschriften, an:

1.   Carolina Wittum   Äbtissin
2.   Clara Harlosin   Priorin
3.   Barbara Risin   Seniorin
4.   Aloisia Sutterin
5.   Friederica (Theresia Hartmannin)
     ausgetreten am 20. 9. 1782
6.   Johanna Stretterin
     ausgetreten am 20. 9. 1782
7.   Magdalena Schilling
8.   Katharina Winterin
     ausgetreten am 8. 5. 1783
9.   Theresia Wittum
10. Caecilia Wocherin
11. Josepha Krözin
12. Ursula Weidmannin
     ausgetreten am 8. 5. 1783
13. Fortunata Haaserin

Es fehlen: Mayerin, Arnoldin, Durlerin, Hauserin. Auch fünf Laienschwestern haben unterschrieben, davon sind zwei Schwestern ausgetreten.

Bestand im Mai 1783:
14 Chorfrauen, 3 Laienschwestern.[148]

Es zeigte sich aber ein Ausweg an. Auf Wunsch der Villinger Bürger, die nicht tatenlos zusehen wollten, wie das jahrhundertalte Kloster aufgelöst werden sollte, und auf die Initiative der Schwestern, vor allem der Dominikanerinnen, denen das Schicksal der Klarissen nicht gleichgültig war, wandten sich beide Konvente an die Regierung und baten um eine Vereinigung beider Klöster. Dieses wurde am 12. April 1782 gewährt,[149] wodurch

die Klarissen der drohenden vollkommenen Auflösung entgehen konnten.

Unter dem Regime von Joseph II. durften nur Orden weiterexistieren, die sich sozial oder pädagogisch betätigten. So wurde die Lehrtätigkeit der Dominikanerinnen, die bereits seit einigen Jahren den Unterricht für Mädchen übernommen hatten, zum Anlaß genommen, die beiden Orden als neuen Lehrorden weiterbestehen zu lassen. Weil die Räume des Dominikanerinnen-Klosters für den auszubauenden Unterricht nicht ausreichend waren, wollten die Stadtväter die Schule in das weitaus geräumigere Klarissenkloster verlegen. Am 10. Mai 1782 kam die Nachricht vom Kaiser, daß die Vereinigung gewährt sei und daß sich die beiden Konvente dem Orden der heiligen Ursula anzuschließen hätten.[150] Die Übernahme der nun vereinigten Klöster der Klarissen und Dominikanerinnen durch den Orden der heiligen Ursula bewahrte das Bickenkloster vor dem völligen Untergang. Das war zwar für die Stadtbevölkerung ein großer Lichtblick, für die Schwestern jedoch schwer, da sie aus ihrem selbstgewählten Orden austreten mußten. Daß die Klarissen nicht die Augustinus-Regel der Dominikanerinnen annehmen durften, ist nicht verständlich. Denn die Dominikanerinnen unterrichteten schon etliche Jahre, so daß eine offizielle Umänderung in den dritten Orden der Dominikaner für beide Konvente das Einfachere gewesen wäre. Für die in Klausur lebenden Schwestern wäre es sicher leichter gewesen, die Augustinus-Regel der Dominikaner anzunehmen als die eines „Modernen Ordens", der keine Klausur besaß. Vielleicht wären dann weniger Schwestern (in beiden Konventen insgesamt elf) ausgetreten, für die der Wegfall der gewohnten Klausur eine Verunsicherung bedeutete. Anstelle einem gemäßigten Orden, der sich die Lehrtätigkeit zur Aufgabe gemacht hatte, beizutreten, wählten sie eine wesentlich größere Verunsicherung, nämlich in der ih-

nen ungewohnten Welt zu leben. Am 8. 8.
1782 wurden die Klarissen durch den Generalvikar Ernst Graf von Bisingen von ihrer
Klausur und Regel freigesprochen und konnten in den in Villingen neu eingeführten
Lehrorden der heiligen Ursula übernommen
werden. Damit wurde das Ende des Klarissenklosters in Villingen besiegelt, dessen Äbtissinnen und Konventschwestern drei Jahrhunderte die Geschichte der Stadt mitgetra-
gen haben.

Die Äbtissinnen des Klosters St. Clara:

Ursula Haider	1480–1489
Klara Wittenbach	1489–1493
Klara Irmler	1496–1512
Elisabeth Frank	1512–1525
Anna Sattler v. Croaria	1525–1552
Marta Übelacker	1552–1571
Katharina v. Karpfen	1571–1578
Sophie Echlinsberger	1578–1592
Apollonia Moser	1592–1612
Cleopha Ducher	1612–1624
Ursula Labellis	1624–1635
Katharina Hillesön	1637–1652
Apollonia Waldmann	1652–1655
Juliane Ernest	1655–1665
Agnes Kaiser	1665–1673
Franziska Lindacher	1673–1685
Theresia Sick	1685–1699
Anna Cäcilia Weber	1700–1739
Maria Viktoria Claudia zur Thannen	1739–1761
Regina Theresia Winterhalter	1761–1775
Karolina Wittum	1775–1782

Als nun am 16. 10. 1782 aus dem Ursuli-
nenkloster in Freiburg, in dem schon seit 1695
Unterricht für Mädchen erteilt wurde, zwei
Lehrfrauen mit ihrer Oberin M. Josepha von
Grünberg nach Villingen kamen, versuchten
sie den vereinigten Konvent in Pädagogik zu
unterweisen. Die neue Superiorin wurde
M. Sophie Lichtenauer, die das angehende
Institut leiten sollte und die Aufgabe hatte,
dem Konvent vorzustehen. Am 21. 10. 1782,
dem Gedenktag der heiligen Ursula, wurde

das ehemalige Klarissenkloster in Sankt Ursula umbenannt. Die Dominikanerinnen waren bereits am 16. 10. ins Klarissenkloster umgezogen. Am Anfang war es sehr schwierig,
drei verschiedene Orden mit unterschiedlichen Regeln und Aufgaben zu einer Kloster-
gemeinschaft zusammenzuführen. Doch
nachdem die geistliche Leitung und die des
Beichtvaters des Klosters Sankt Ursula durch
den Beschluß des Ordinariats einem Benediktiner übertragen wurde, da die ursprünglich verschiedenen Orden sich nicht auf eine
gemeinsame geistliche Betreuung einigen
konnten, wurde das Problem durch einen
außenstehenden Ordensmann gelöst.

Am Ende des Jahres 1782 kam der Befehl,
alle überflüssigen Hausgeräte an den Meist-
bietenden versteigern zu lassen. Es entstand
ein so großer Andrang an kaufwilligen Interessenten, daß kaum die notwendigen Dinge
für das Kloster zurückgehalten werden konnten. Betten, Schränke, Tafeln, Stühle und
alles, was vorhanden war, wurde wegge-
schleppt, so daß am Ende das Kloster Mangel
litt.

Die Freiburger Ursulinen bemühten sich
von Anfang an, einen geregelten Unterricht
durchführen zu können. Nach einem Jahr
Probezeit legten zwölf Klarissen und sechs
Dominikanerinnen das Gelübde auf die Regel der heiligen Ursula am 21. 10. 1783 ab. Für
Villingens Bevölkerung war es ein großes
Glück, daß nach den schwierigen Zeiten,
praktisch ohne Übergang, ein Kloster in den
Mauern der Stadt gegründet wurde, das neben den geistlichen Verpflichtungen sich die
Erziehung aller Mädchen zur Aufgabe gemacht hatte. Nachdem am 21. 10. 1783 die
Profeß der Schwestern stattfand, wurde im
selben Jahr angefangen, neben den Normal-
stunden auch Französisch-Unterricht zu er-
teilen. Trotzdem wurde ohne Wissen der Ursulinen der Verkauf aller Äcker, Wiesen und
Gärten der beiden Klöster auf Befehl der Regierung am 14./15. Juli 1785 befohlen.[151] Die

Versteigerung wurde in der Stadt bekanntgegeben und der taxierte Wert meistens überboten.[152] Die schwierige Zeit war auch nach der Übernahme des Klosters durch die Ursulinen noch nicht vorüber. Aber durch die Tatkraft des neuen Ordens wurden nach und nach die Schwierigkeiten gemeistert und es konnte für die folgenden Jahrhunderte durch die unermüdliche Arbeit der Schwestern ein Unterrichtssystem aufgebaut werden, daß heute noch richtungsweisend ist.

1597

DER HER BEHVTE DEINEN
AVSGANG VNND EINGANG
VON NVN AN IN EWIGKEIT
PSALM 120

1 Thalhofer, Valentin: Erklärung der Psalmen mit besonderer Rücksicht auf deren liturgischen Gebrauch im römischen Brevier, Missale, Pontificale und Rituale. 5. Auflage. Regensburg: Verlags-Anstalt vorm. G. J. Manz 1889, S. 732.
2 Bellarmino, Roberto: Explanatio in Psalmos, Coloniae: MDXI, p. 761. Hier wurde ebenfalls zuerst der Eingang und dann der Ausgang erwähnt. Bellarmino schreibt unter anderem: „... denn wer beginnt, tritt ein, und wer vollendet hat, geht heraus..."
3 SAVS Best. 2.1 Nr. EE 1 (26. 7. 1305).
4 SAVS Best. 2.1 Nr. EE 1.
5 A.B., K 1 (1290).
6 Stegmaier, Günter: Zur Frühgeschichte der Villinger Frauenklöster und ihrer Topographie. In: Villingen und die Westbaar, hg. Wolfgang Müller. Veröffentlichung des Alemannischen Instituts Nr. 32. Bühl: Konkordia-Verlag, 1972, S. 161. In der Folge: Stegmaier, Günter: Zur Frühgeschichte der Villinger Frauenklöster. E. dei gracia = Eberhard durch die Gnade Gottes.
7 Sr. Franziska: Der Orden der heiligen Klara von Assisi. In: Das Wirken der Orden und Klöster in Deutschland. Hg. Adam Wienand, Bd. 2. Köln: Wienand-Verlag 1964, S. 344 f. In der Folge: Sr. Franziska: Der Orden der heiligen Klara.
8 Stegmaier, Günter: Zur Frühgeschichte der Villinger Frauenklöster, S. 163.
9 Sr. Franziska: Der Orden der heiligen Klara, S. 345, 347.
10 Müller, Wolfgang: Die Villinger Frauenklöster des Mittelalters und der Neuzeit. In: 200 Jahre Kloster St. Ursula Villingen. Villingen-Schwenningen: Todt 1982, S. 14. In der Folge: Müller, Wolfgang: Die Villinger Frauenklöster.
11 A.B., A 1 (1238).
12 Hug, Heinrich: Villinger Chronik von 1495–1533, hg. Christian Roder. Tübingen: Gedruckt für den litterarischen Verein in Stuttgart 1883, S. 1. In der Folge: Hug, Heinrich: Villinger Chronik.
13 A.B., X 2 (7. 6. 1465). In der Urkunde wird die Oberin Äbtissin genannt, was für ein Klarissenkloster üblich war. Dagegen wurde in der Urkundes von 1305 die „maistrin" an-

14 SAVS Best. 2.1 Nr. EE 4 (11. 11. 1479); A.B., X 5 (9. 6. 1479).
15 Hube oder Hufe = Bezeichnung aus dem MA für zu einem Hof gehörende Äcker und Wiesen (ca. 30 Morgen Land).
16 FUB V, 368, wie auch die Urkunde von Papst Sixtus IV. im Jahr 1479; vgl. Ludwig Baur: FDA, Zeitschrift des Kirchengeschichtlichen Vereins für Geschichte, christliche Kunst, Altertums- und Litteraturkunde des Erzbistums Freiburg mit Berücksichtigung der angrenzenden Bistümer, Bd. 28. daraus: Die Ausbreitung der Bettelorden in der Diöcese Konstanz, Bd. 1. Freiburg: Herder 1900, S. 48. In der Folge: Baur, Ludwig: Die Bettelorden.
17 Offizielle Bezeichnung war damals „samenunge", was der Sammlung entspricht.
18 Nach dem Franziskanerchronist Bernhart Müller, der 1702 an der Übertragung der Reliquien von Ursula Haider anwesend war, soll der Konvent 1278 gegründet worden sein, in dem 6 Witwen und Jungfrauen nach dem Vorbild der heiligen Elisabeth lebten. Vgl. Quellensammlung der bad. Landesgeschichte. Hg. F. J. Mone, 3 Bde. Karlsruhe 1863, S. 625.
19 Greven, J.: Die Anfänge der Beginen. Münster 1912, S. 30 (Vorreformatorische Forschungen. Bd. 8). Vgl. Günter Stegmaier: Zur Frühgeschichte der Villinger Frauenklöster, S. 160.
20 FUB 2, 21 (7. 5. 1308).
21 Eubel, Konrad: Geschichte der oberdeutschen (Straßburger) Minoriten-Provinz. Mit Unterstützung der Görres-Gesellschaft herausgegeben. Würzburg: Bucher-Verlag 1886, S. 227, Anm. 124: Darin: „... Noch im 14. Jh. hatte Papst Gregor XI. (1370–1378) bei der ausdrücklichen Einverleibung des Klosters (Wittichen) in den Orden der hl. Klara verstattet, daß die Meisterin den Titel einer Äbtissin annehme, wie es der Vorsteherin eines Klosters des zweiten Ordens zukommt, während der Name ‚Meisterin' oder ‚Mutter' nur eine Oberin eines Tertiarinenklosters andeutet."
22 Stegmaier, Günter: Zur Frühgeschichte der Villinger Frauenklöster. S. 160.
23 Müller, Wolfgang: Die Villinger Frauenklöster des Mittelalters und der Neuzeit, S. 19.
24 Roder, Christian/Osiander, Ernst: Repertorium über das Archiv des Bickenklosters und der Vettersammlung zu Villingen, in: Mitteilungen der badischen historischen Kommision, Nr. 13. Freiburg: Mohr-Verlag 1891, S. 28 f. In der Folge: Roder, Christian/Osiander, Ernst: Repertorium.
25 SAVS Best. 2.1 Nr. DD 6 (25. 1. 1357). Kesbach = Der Name bezog sich wahrscheinlich auf den Unterlauf des Ziegelbaches bis zur Einmündung der Brigach, vielleicht aber auch ein Teilstück der Brigach. Vgl. Maier, Hans: Die Flurnamen der Stadt Villingen, S. 74. Villingen: Ring-Druck, 1962.
26 Roder, Christian/Osiander, Ernst: Repertorium, S. 29.
27 Müller, Wolfgang: Die Villinger Frauenklöster, S. 19.
28 SAVS Best. 2.1 Nr. D 10 (24. 6. 1380).
29 SAVS Best. 2.1 Nr. EE 2a (30. 4. 1405); EE 2b (14. 8. 1405); EE 2c (4. 4. 1407).
30 SAVS Best. 2.1 Nr. DD 15 (12. 12. 1411).
31 SAVS Best. 2.1 Nr.EE 2e (13. 12. 1432).
32 SAVS Best. 2.1 Nr. EE 2 g (1. 8. 1465) Schulth., Bgm., Rat und Bg. von Villingen verkaufen der „fro Elisabethen Prumsy sant Claren ordens, maisterin in dem Bickencloster in unser statt gelegen" einen jährlichen Anteil an den Einkünften der Stadt. In dieser Urkunde fehlt der Zusatz Konvent. Folglich waren die Einkünfte für eine Kon-

ventsfrau. Vgl. Wollasch, Hans-Josef: Inventar, Bd. I, Nr. 496.

33 SAVS Best. 2.1 Nr. EE 3a (7. 4. 1449).

34 SAVS Best. 2.1 Nr. Q 6 (20. 5. 1468).

35 Revellio, Paul: Villingen Franziskaner-Konventualen, in: Alemania Franciscana Antiqua, Bd. III, hg. Johannes Gatz. Ulm: Späth 1957, S. 24. In der Folge: Revellio, Paul: Franziskaner-Konventualen.

36 Müller, Wolfgang: Die Villinger Frauenklöster, S. 21.

37 A.B., X 2 (7. 6. 1465).

38 SAVS Best. 2.1 Nr. EE 4 (11. 11. 1479); A.B., X 5 (9. 6. 1479).

39 Loes, Gabriele: Villingen Klarissen, in: Alemania Franciscana Antiqua, Bd. 3, hg. Johannes Gatz. Ulm: Späth-Verlag 1957, S. 50. In der Folge: Loes, Gabriele: Villingen Klarissen.

40 Der Beschreibung nach müßte es sich um eine Klarissin aus Valduna handeln, die mit nach Villingen kam. A.B., BB 1.

41 Welti, Ludwig: Valduna, in: LThK, Bd. 10, Sp. 595.

42 SAVS Best. 2.1 Nr. EE 37d (26. 10. 1480 fortgeführt bis 1777).

43 Rech, Hildegard: Äbtissin Ursula Haider. Villingen: Wiebelt-Verlag, S. 16. In der Folge: Rech, Hildegard: Äbtissin Ursula Haider.

44 A.B., BB 1 (Chronik des Bickenklosters von Juliane Ernestin).

45 SAVS Best. 2.1 Nr. EE 37d.

46 SAVS Best. 2.1 Nr. EE 5 (26. 5. 1482 „Brixie"). Vgl. Wollasch, Hans-Josef: Inventar, Bd. I, Nr. 627.

47 SAVS Best. 2.1 Nr. EE 37d.

48 SAVS Best. 2.1 Nr. EE 4a.

49 Revellio, Paul: Franziskaner-Konventualen, S. 24.

50 Müller, Wolfgang: Die Villinger Frauenklöster, S. 22 .

51 Loes, Gabriele: Villingen Klarissen, S. 54.

52 SAVS Best. 2.1 Nr. EE 37d.

53 Roder, Christian: Die selige Äbtissin Ursula Haider zu St. Clara in Villingen. Frankfurt/Main 1908, S. 13.

54 A.B., X 11.

55 Stegmaier, Renate: „Die heiligen Stett Rom und Jerusalem" Reste einer Ablaßsammlung im Bickenkloster von Villingen. Art. in: Badische Zeitung, 14./15. 2. 1970.

56 Müller, Wolfgang: Die Villinger Frauenklöster, S. 22.

57 Loes, Gabriele: Villingen Klarissen, S. 54.

58 Müller, Wolfgang: Die Villinger Frauenklöster, S. 23.

59 Glatz, Karl Jordan, Hg.: Chronik des Bickenklosters zu Villingen 1238–1614, Tübingen: Bibliothek des litterarischen Vereins in Stuttgart, CLI, 1881, S. 6. In der Folge: Glatz, Karl Jordan: Chronik des Bickenklosters.

60 A.B., BB 1.

61 Glatz, Karl Jordan: Chronik des Bickenklosters, S. 6.

62 Die Aufzeichnungen befinden sich heute in der Staatsbibliothek Berlin. Vgl. Historisches Jahrbuch der Görresgesellschaft 19, 1898, S. 876–891; Revellio, Paul: Villingen, Franziskaner-Konventualen, S. 24.

63 Müller, Wolfgang: Die Villinger Frauenklöster, S. 23.

64 Schmitt, Albert: Pauli, Johannes, in: LThK, Bd. 8, Sp. 205.

65 Müller, Wolfgang: Die Villinger Frauenklöster, S. 23.

66 SAVS Best. 2.1 Nr. EE 37d; EE 22/2.

67 Ecce Homo ist eine Darstellung des verurteilten Christus (Joh. 19, 4–6). Meistens mit Dornenkrone, gefesselten Händen und Purpurmantel dargestellt.

68 SAVS Best. 2.1 Nr. EE 37d. Ecce homo = 1 000 Vaterunser.

69 Loes, Gabriele: Villingen Klarissen, S. 58.

70 SAVS Best. 2.1 Nr. EE 8 (23. 1. 1492). Die Immobilien wurden von dem Profeßgut der Schwestern und von gespendetem Geld bezahlt.

71 Müller, Wolfgang: Die Villinger Frauenklöster, S. 24.

72 Revellio, Paul: Villingen Franziskaner-Konventualen, S. 24.

73 SAVS Best. 2.1 Nr. EE 37d.

74 Müller, Wolfgang: Die Villinger Frauenklöster, S. 24.

75 SAVS Best. 2.1 Nr. EE 22/2.

76 Burg, Andreas Marcel: Hagenau i. Els. Franziskaner-Konventualenkloster, in: Alemania Franciscana Antiqua, Bd. I, S. 160. In der Folge: Burg, Andreas Marcel: Hagenau i. Els. Franziskaner-Konventualenkloster.

77 Machschetes, H.: In Arch. Franc. Hist. 25 1932, p. 484–501; Vgl. Loes, Gabriele: Villingen, Klarissen, in: Alemania Franciscana Antiqua, Bd. III, S. 59f.

78 Gatz, Johannes: Paradies, in: Alemania Franciscana Antiqua, Bd. I, S. 160f.

79 Burg, Andreas Marcell: Hagenau i. Els. Franziskaner-Konventualenkloster, S. 160: „Er hat die Provinz nicht wie ein Vater geleitet, sondern wie ein furchtsamer Hase, und wie ein Schilrohr, vom Wind beliebig hin und her getrieben".

80 Revellio, Paul: Villingen, Franziskaner-Konventualen, S. 38.

81 Müller, Wolfgang: Die Villinger Frauenklöster, S. 24.

82 Revellio, Paul: Villingen, Franziskaner-Konventualen, S. 30.

83 A.B., BB 4 (Aufzeichnungen der Sr. Efrosina Some, die 1605 zur Priorin gewählt wurde).

84 Müller, Wolfgang: Die Villinger Frauenklöster, S. 25.

85 SAVS Best. 2.1 Nr. DD 53 (10. 12. 1591).

86 A.B., BB 4.

87 A.B., BB 4.

88 Petrus v. Mailand ist der wenig geläufige Name für Petrus von Verona oder Petrus Martyr, OP, der 1252 von den Katharern und Ghibellinen ermordet wurde. Im Kloster St. Clara wurde der Heilige nur Peter von Mailand genannt, wie in einigen Chroniken zu lesen ist.

89 A.B., BB 4.

90 Maier, Hans: Die christliche Zeitrechnung. Herder: Freiburg, 1991, S. 40 „Eine Baurenklag uber deß Bapst Gregorii XIII Newen Calender" (Text in der Abbildung).

91 Nachdem 1592 Apollonia Moser zur Äbtissin gewählt wurde, hat Sr. Efrosina Some die Stelle der Konventsschreiberin eingenommen (SAVS Best. 2.1 Nr. EE 37 d).

92 SAVS Best. 2.1 Nr. EE 37d.

93 SAVS Best. 2.1 Nr. DD 53 (10. 12. 1591).

94 Keffale, kaffale, kaffat von cavaedium= Hülle. Auch kafse von capsa= Schrein zur Aufbewahrung der konsekrierten Hostien.

95 SAVS Best. 2.1 Nr. EE 37d.

96 A.B., BB 4.

97 SAVS Best. 2.1 Nr. EE 37d (Dieser Teil der Chronik wurde von Sr. Efrosina Some geschrieben).

98 SAVS Best. 2.1 Nr. EE 37d.

99 SAVS Best. 2.1 Nr. DD 55 (1598).

100 SAVS Best. 2.1 Nr. DD 55.

101 SAVS Best. 2.1 Nr. EE 37d.

102 SAVS Best. 2.1 Nr. EE 37d (Dieser Teil der Chronik wurde von Katharina Hilleson, der späteren Äbtissin, geschrieben).

103 A.B., BB 5.

104 A.B., BB 5.

105 SAVS Best. 2.1 Nr. EE 37d.

106 SAVS Best. 2.1 Nr. EE 37b (6. 8. 1627–6. 8. 1628).

107 Müller, Wolfgang: Die Villinger Frauenklöster, S. 25.

108 A.B., BB 5.

109 A.B., BB 5.

110 SAVS Best. 2.1 Nr. EE 37d.

111 Eine gründliche Erforschung der Chronik EE 37d aus dem Stadtarchiv ergab, daß die Beschreibung der Jahre 1632–1634 eine Abschrift aus der Chronik BB 5 des Bickenklosters ist, deren Text von Juliane Ernestin geschrieben wurde.

112 SAVS Best. 2.1 Nr. EE 37d.

113 Tagebuch des Abts Michael Gaisser der Benediktinerabtei St. Georg zu Villingen 1595-1655, Bd 1, umfaßt die Jahre 1621–1635. In maschinenschriftlicher Vervielfältigung. Auszug des Stadtarchivs Villingen, S. 287 f. In der Folge: Tagebuch Abt Gaisser.

114 SAVS Best. 2.1 Nr. EE 37d.

115 Tagebuch Abt Gaisser. S. 302. In der Chronik EE 37d und bei Sr. Gabriele Loes wurde die Zahl der Angreifer mit 10 000 angegeben. Da aber dem Abt Gaisser als Zeitzeuge die genauere Kenntnis zugebilligt werden muß, wird seine Angabe als verbindlich angesehen.

116 Tagebuch Abt Gaisser, S. 302.

117 A.B., BB 5; SAVS Best. 2.1 Nr. EE 37d.

118 Tagebuch Abt Gaisser, S. 309 f.

119 Tagebuch Abt Gaisser, S. 314.

120 Kraus, Franz Xaver: Die Kunstdenkmäler des Kreises Villingen. Freiburg: Akad. Verlagsanstalt Mohr, S. 129 f.

121 Müller, Wolfgang: Die Villinger Frauenklöster, S. 26.

122 Tagebuch Abt Gaisser, S. 416.

123 Tagebuch Abt Gaisser, S. 451.

124 Tagebuch Abt Gaisser, S. 497.

125 Loes, Gabriele: Villingen Klarissen, S. 66.

126 Loes, Gabriele: Villingen Klarissen, S. 67.

127 Gatz, Johannes: Paradies, in: Alemania Franciscana Antiqua, Bd. I, S. 172. Hier wird der Name der Villinger Äbtissin mit Caebelissin angegeben.

128 Loes, Gabriele: Villingen, Klarissen, S. 67.

129 A.B., BB 1; BB 5.

130 Loes, Gabriele: Villingen Klarissen, S. 68 ff.

131 SAVS Best. 2.1 Nr. EE 37d.

132 SAVS Best. 2.1 Nr. EE 37d.

133 Vgl. Stegmaier, Günter: Die Villinger Frauenklöster, S. 158. P. Bernhart Müller: „… 1278. Suum sumpsit hoc monasterium initium, dum nonnulli cives devoti conferentes ex propriis suis bonis certos quosdam proventus et census annuos fundarunt et instituerunt honestarum viduarum congregationem, vulgo Sammlung, in eadem ipsa doma, cuius in loco hodie visitatur monasterium, eo fine et intentione, ut hoc viduae et aliae virgines numero sex ad exemplum Sanctae Elisabethae aegrotis et morbiendis inservirent…"

134 Häßler, Johann Nepomuk: Villingen im Spanischen Erbfolgekrieg. Villingen: Selbstverlag Häßler, S. 50 ff. In der Folge: Häßler, Johann Nepomuk: Spanischer Erbfolgekrieg.

135 Häßler, Johann Nepomuk: Spanischer Erbfolgekrieg, S. 164.

136 Roder, Christian/Osiander, Ernst: Repertorium über das Archiv des Bickenklosters und der Vettersammlung zu Villingen, in: Mitteilungen der badischen historischen Kommision, Nr. 13, S. 30.

137 SAVS Best. 2.1 Nr. EE 20.

138 A.B., BB 20.

139 Loes, Gabriele: Villingen Klarissen, S. 70 f.

140 SAVS Best. 2.1 Nr. EE 37d.

141 Lanczkowski, Johanna: Kleines Lexikon des Mönchtums und der Orden. Stuttgart: Reclam 1995, S. 136.

142 Maas, Ferdinand: Josephinismus, in: LThK, Bd. 5, Sp. 1138.

143 A.B., BB 10 (Tagebuch 1782–1808).

144 Glatz, Karl Jordan: Chronik des Bickenklosters, S. 2 f.

145 A.B., BB 10.

146 A.B., BB 10. Auch aus diesem Grund ist das Psalterium mit einem handschriftlichen Anhang aus dem Klarissenkloster von besonderer Bedeutung. Es kann nur zufällig dem Verbrennen entgangen sein. Eine weitere Handschrift mit Aufzeichnungen von Hymnen und Antiphonen wurde jetzt im Archiv gefunden. Da das Manuskript in einen Einband mit der Aufschrift „Zinsbuch" eingebunden wurde, ist es bisher nicht beachtet worden.

147 A.B., BB 10.

148 Handschriftliche Aufzeichnung über die Klosteraufhebung, Übersicht 5, G. Das Kopeybuch enthält die Jahre 1782–1791.

149 A.B., BB 10.

150 A.B., BB 10.

151 A.B., BB 10.

152 SAVS Best. 2.1 Nr. EE 23.

Sr. Superiorin Eva-Maria Lapp und Sr. Gisela Sattler sei für die Genehmigung der Abbildungen herzlich gedankt.

Annelore Walz

Geschichte der Hexenverfolgung in Villingen

Kurzer Abriß über die Geschichte der Hexenverfolgung

Seit Beginn der Christianisierung hatte die Kirche versucht, den in den germanischen Völkern verbreiteten Glauben an Zauberei als Überrest des Heidentums zu bekämpfen. Im Spätmittelalter entwickelte sie dann aber selbst eine systematische Dämonologie und Hexenlehre und schuf unter Einbeziehung der im 13. Jahrhundert formulierten Ketzercharakteristika – Anbetung des Teufels und orgiastische Ausschweifung – ein neues Hexenbild.[1]

Im 15. Jahrhundert setzten in Mitteleuropa Hexenprozesse in nennenswerter Zahl ein. Sie nahmen ihren Anfang in Savoyen, Burgund und dem Wallis, von wo sie sich über die deutschsprachige Schweiz auf die Diözese Konstanz und weiter ins Erzbistum Mainz, dem Konstanz unterstand, ausbreiteten. Ihren Höhepunkt erreichten die Hexenverfolgungen in Deutschland allerdings erst nach der Reformation, zu einer Zeit, als die Prozesse nicht mehr durch geistliche Inquisitoren, sondern ausschließlich von weltlichen Gerichten durchgeführt wurden.[2]

Mit dazu beigetragen hatte das durch den Inquisitor Heinrich Cramer (latinisiert: „Insistoris") verfaßte, 1487 erstmals veröffentlichte Buch „Malleus maleficarum", der „Hexenhammer". Ausschlaggebend für dessen Abfassung war der Widerstand gewesen, auf den Cramer Mitte der 1480er Jahre bei seinem Versuch, in Tirol eine Hexenverfolgung zu initiieren, gestoßen war. Der „Hexenhammer" brachte die Hexenlehre zum Abschluß, spitzte sie auf die Frauen zu, forderte die weltlichen Gerichte zu Hexenprozessen auf und gab praktische Tips zu deren Durchführung.[3]

Regelrechte Verfolgungswellen überzogen nun Europa, die ersten in den 60er Jahren des 16. Jahrhunderts und gegen Ende desselben Jahrhunderts, weitere um 1630 und in einigen Territorien auch in den 50er und 60er Jahren des 17. Jahrhunderts. Mit Ende des 17. Jahrhunderts wurden die Prozesse seltener, die letzte Hinrichtung in Deutschland fand 1775 in der Fürstabtei Kempten statt, der letzte Prozeß in Westeuropa 1782 im Schweizer Kanton Glarus; für ganz Europa endeten die Prozesse 1793 in Polen.[4]

Betrachtet man die geographische Verfolgung der Prozesse, läßt sich in Deutschland eine prozeßärmere Zone im Norden, Osten und Südosten ausmachen. Politisch gesehen, waren dies vor allem die Flächenstaaten und die Mehrzahl der deutschen Reichsstädte. Auf der anderen Seite deckte sich die Kernzone der Hexenprozesse mit den Gebieten der größten territorialen Zersplitterung: Im deutschen Südwesten, dem Rheinland, Saarland, Franken, Teilen Hessens und der sächsischen Herzogtümer, dem Herzogtum Westfalen und kleineren nordwestdeutschen Territorien kam es zu besonders intensiven Verfolgungen.[5]

Die Anzahl der in Europa durchgeführten Prozesse wird heute auf etwa 100 000 geschätzt, rund 80 % der Verfolgten waren Frauen. Für Deutschland werden 20 000–30 000 Hexenverbrennungen angenommen. Bei diesen Zahlen darf aber nicht außer Acht gelassen werden, daß sich die Zahl der Hexen im Vergleich zu anderen Strafprozessen relativ gering ausnimmt: In großen Städten betrugen sie etwa 10 % der gesamten Kriminalverfah-

ren; der Großteil der Hinrichtungen im 16.
und 17. Jahrhundert betraf Mörder, Räuber
und Diebe.[6]

Als Motive für den Beginn einer Verfolgungswelle gelten heute Agrarkrisen auslö-
sende Klimaverschlechterungen, Verhärtun-
gen in verschiedenen Bereichen der Gesellschaft und ein radikaler Mentalitätswandel.

Im südwestdeutschen Raum setzten Hexenverfolgungen in größerem Stil fast schlagartig im Jahr 1562 ein,[7] als nach mehreren
Mißernten erhebliche Teuerungen aufgetre-
ten waren, zudem Viehseuchen und in den
Städten die Pest wüteten. Ihre Höhepunkte
erreichten die Verfolgungen um 1590/1600
und 1626/1630. Nach einem gebietsweisen
weiteren Aufbäumen zwischen 1650 und 1670
fanden in der Folgezeit nur noch Einzelpro-
zesse statt, die um 1700 ihrem Ende zugingen.

Größere Territorien, wie das Herzogtum
Württemberg, waren schwächer betroffen, in
den katholischen Gebieten wurden die „Hexen" häufig intensiver verfolgt als in protestantischen.

Die Stadt Villingen gehörte zur Zeit der
Hexenverfolgungen zum vorderösterreichischen Territorium, das die österreichischen
Gebiete im Breisgau und Elsaß sowie die
Reichslandvogteien Hagenau und Ortenau
umfaßte. Für dieses Herrschaftsgebiet läßt
sich grob folgende Chronologie der Hexenprozesse entwerfen[8]:

Nach ersten Hinweisen auf Verfahren, die
spätestens seit den 70er Jahren des 15. Jahrhunderts vorliegen, entwickelten sich ab 1570
die bisherigen Einzelfälle über den Mechanismus der Besagungen zu Prozeßwellen.
Bis 1630 blieb die Zahl der Exekutionen auf
durchgängig hohem Niveau von 80 bis über
160 Hinrichtungen pro Jahrzehnt. Spitzen-
werte wurden zwischen 1571 und 1580 sowie 1621 und 1630 erreicht. Die für 1630
bis 1650 nachgewiesenen Hexenverfolgungen betrafen hauptsächlich die Städte Villingen und Bräunlingen. Nach 1650 sind ledig-

lich noch Einzelfälle in geringer Anzahl
bekannt, die letzte Hinrichtung auf vorder-
österreichischem Gebiet fand 1751 in Wyhl
bei Endingen statt.

Hexenverfolgungen in Villingen

Verlauf

In Villingen wurden seit Anfang des
16. Jahrhunderts mindestens 50 Personen als
Hexen verfolgt. Diese Zahl ergibt sich aus der
Auswertung der im Villinger Stadtarchiv erhaltenen Prozeßunterlagen.[9] Der Ende des
19. Jahrhunderts in Villingen als Stadtarchivar tätige Christian Roder berichtete dagegen in seinem umfassenden Manuskript über
„Die Hexenprozesse in der ehemals vorderösterreichischen Stadt Villingen"[10] sogar von
55 Verfahren. Hingerichtet wurden dabei
mindestens 46 Menschen.

Erst für das Jahr 1584 läßt sich aus den städtischen Quellen die Hinrichtung von angeblichen Hexen eindeutig nachweisen. Zuvor waren einige Verdächtige nach dem Schwören
einer Urfehde aus dem Gefängnis entlassen
worden; die Witwe Katherina Steubin, die
trotz Folter kein Geständnis abgelegt hatte,
wurde 1572 ins „. . . spital genommen, ir le-
benlang dar innen zuerhalten an ainer yßen
kettin".[11]

Nach einem ersten Hoch 1619 erreichten
die Hexenverfolgungen in Villingen in den
Jahren 1640 und 41 ihren absoluten Höhepunkt, als insgesamt 24 Menschen wegen Hexerei hingerichtet wurden.

Diese Verfolgungswelle fällt aus dem Muster der südwestdeutschen Hexenverfolgung
heraus, die 1630 ihren Höhepunkt bereits
überschritten hatte.[12] Die direkte Kriegsbe-
drohung in den Jahren nach 1632 hatte in der
Regel dazu beigetragen, Hexenverfolgungen
zu behindern oder ganz zu unterbinden, so
daß die südwestdeutsche Prozeßwelle mit der
Ausweitung des Krieges auf die Region in
den meisten Fällen abbrach.[13]

Über die Ursachen für die relativ späte Verfolgungswelle in Villingen[14] kann nur spekuliert werden. Villingen hatte die größten Kriegsgefahren bereits in den Jahren 1633/34 überstanden, als die Stadt innerhalb weniger Monate dreimal belagert und z. T. nur durch glückliche Umstände nicht von feindlichen Truppen erobert wurde. Aus diesen Jahren ist nur eine Hexenhinrichtung – die einzige in der Zeitspanne von 1626 bis 1640 – sicher belegt. Sie fand im Sommer 1633 statt.

In den Folgejahren hatten die Städter hauptsächlich mit Einquartierungen, Kontributionszahlungen sowie Viehraub und Plünderungen durchziehender Truppen aus allen Lagern zu kämpfen. Dieses Bild vermitteln die Tagebücher von Georg Gaisser, Abt des Benediktinerklosters St. Georgen,[15] auch für die Jahre 1640 und 1641. Im Jahr der größten Verfolgungen – 1641 – berichtet Gaisser zudem von einem besonders strengen Winter mit überdurchschnittlichen Schneefällen, die sich weit ins Frühjahr hineinzogen. Erst am 15. Mai notierte er: „Zum ersten Mal haben wir heute keinen Reif und Schnee gehabt." Ende Juli ließ ihn ein Temperatursturz um die Baum- und Feldfrüchte fürchten und veranlaßte ihn zu der Bemerkung: „Geißeln Gottes in großer Zahl"[16]. Die schlechte Witterung, die die bereits stark angespannte Versorgungslage der Bevölkerung weiter zu verschärfen drohte, mag ein Grund sein für das heftige Aufwallen der Hexenverfolgung in diesem Jahr; ist doch der Zusammenhang von Agrarkrisen und Hexenverfolgungen im überregionalen Bereich bereits häufiger aufgezeigt worden.

Nach 1641 kam es in Villingen nur noch zu einigen wenigen Prozessen, der letzte fand 1662 statt.

Hexenprozesse in Villingen

(Quellen: SAVS, 2.1 und Roder, Hexenverfolgung)

Jahr	Verfolgte Personen	Hingerichtete
1501	*1	*1
1520	2	0
1523	1	0
1572	1	0
1583	*1	*1
1584	2	2
1596	1	1
1597	2	2
um 1600	2	2
1602	1	**1
1617	2	2
1619	5	5
1626	3	3
1631	*1	*1
1633	1	1
1640	5	5
1641	20	19
1650	*1	*1
um 1650	1	1
1653	*1	?
1662	1	1

(Die mit * gekennzeichneten Fälle sind nur bei Roder, Hexenverfolgung erwähnt. Für sie existieren keine Quellenbelege im Stadtarchiv. ** Die Frau verstarb infolge der Folter während ihrer Inhaftierung.)

Die Opfer

Die Mehrzahl der Opfer waren auch in Villingen Frauen, lediglich 7 (laut Roder 9), d. h. 14 % (bzw. 16 %), der Betroffenen waren Männer, die in einigen Fällen nicht allein wegen des Vorwurfs der Hexerei vor Gericht gestellt worden waren. Daraus erklärt sich die bei ihnen z. T. besonders grausame Bestrafung, wie etwa die Hinrichtung durch das Rad und den Scheiterhaufen des 1597 wegen

Totschlags und Hexerei verurteilten Stefan Stunder.[17]

Über die sozialen Verhältnisse der Beschuldigten lassen sich nur sehr wenige Aussagen machen, da in den Quellen Angaben über Alter, Familienstand, Beruf usw. meist fehlen.

Mindestens elf der betroffenen Frauen waren verwitwet, bei mindestens zwölf ist davon auszugehen, daß sie sich bereits in fortgeschrittenem Alter befanden.

Zwei der Betroffenen waren Jugendliche bzw. Kinder: Jacob Martin, „Michael Martins bößer buob", wurde 1619 im Alter von 14 Jahren zusammen mit vier Frauen hingerichtet. Neben der Hexerei waren ihm zahlreiche Diebstähle zur Last gelegt worden. Das Schicksal der siebenjährigen „Hau Ana medlin Maria genannt" ist dagegen ungeklärt. Sie gestand im Oktober 1641 u. a. eine Kuh gelähmt, Gott verleugnet und zwei Jahre zuvor mit dem Teufel „hochzeit gehalten" zu haben. Bei den Hexentänzen, an denen Anna teilgenommen haben will, soll immer auch ihre Mutter anwesend gewesen sein. In den Akten findet sich weder ein Hinweis auf die Anwendung der Folter – das Kind scheint bereitwillig immer neue Aussagen gemacht zu haben – noch auf die weitere Behandlung des Mädchens.[18]

Die Verfolgung von Kindern und Jugendlichen ist durchaus kein Einzelfall. Mit zunehmender Hexenverfolgung bekamen die Teufelsphantasien allerorts eine Eigendynamik und Bessenheitsphänomene griffen im Umfeld von Hexenprozessen um sich. Dabei erklärten sich auch zahlreiche Jugendliche und Kinder, vor allem junge Mädchen für vom Teufel besessen und zogen damit die Aufmerksamkeit der Erwachsenen auf sich.[19]

Höchstens zwei der in Villingen verfolgten Frauen waren als Hebammen tätig gewesen. Die um 1600 verurteilte Margaretha Schwartzin wurde in ihrer Urgicht als ehemalige Hebamme in Villingen angesprochen, übte ihren Beruf zur Zeit der Verhaftung also schon nicht mehr aus. Bei der im Juli 1641 hingerichteten Eva Grieningerin läßt sich nur aufgrund der während der Folter gestandenen Taten eine Tätigkeit als Hebamme vermuten.[20] Somit bestätigt sich auch hier, daß in keiner Weise von einer systematischen Verfolgung heilkundiger Frauen und Hebammen gesprochen werden kann. Entgegen dieser zeitweise stark verbereiteten These waren nur diejenigen Frauen in Gefahr, bei denen es zu besonders vielen Totgeburten kam.[21]

Während der großen Prozeßwelle von 1641 erreichten die Verfolgungen auch die Villinger Oberschicht. So wurde am 11. April dieses Jahres der bereits über 70jährige Hafner Jacob Kraut verhaftet, nachdem ihn seine Magd Eva Fleigin auf der Folter als einen ihrer Gespielen benannt hatte. Jacob Kraut war in früheren Jahren sowohl Rats- als auch Gerichtsmitglied gewesen. Nach elftägiger Haft, während der er mehrmals gefoltert worden war, wurde er am 22. April hingerichtet.[22]

Im Frühsommer 1641 standen die Schwestern Katharina, Ursula und Anna Constanzer, die einer ehrbaren Villinger Handwerkerfamilie entstammten, wegen Hexerei vor Gericht.[23] Ihr Vater war wahrscheinlich Caspar Konstanzer, Mitglied der Bauleutezunft und Ratsherr in Villingen, gewesen. Katharina war mit dem Bäckerzunftmeister und Ratsherrn Georg Singer verheiratet, Ursula mit dem Kupferschmied Caspar Ummenhofer. Wann genau diese beiden Frauen gefangengenommen wurden, ist nicht bekannt.

Die dritte Schwester, Anna Constanzer, wurde am 7. Mai 1641 verhaftet. Anna, mit dem langjährigen Ratsherrn Jakob Scharenmayer verheiratet, war, ebenso wie ihr Mann, von der am 15. April inhaftierten Dorothea Sägin als Teilnehmerin an den Hexentänzen benannt worden. Unter der Folter gestand sie, ihren ersten Mann mit Hilfe des Teufels vergiftet zu haben. Am 24. Mai wurde sie auf dem Richtplatz vor dem Riettor hingerichtet.

Am 17. Juni folgten ihr ihre beiden Schwestern in den Tod. Seit ihrer Kindheit sollten sie mit dem Teufel zu tun gehabt haben. Schon vor deren Hinrichtung war am 12. Juni auch Jakob Scharenmayer verhaftet worden. Nach Folter und Geständnis wurde er am 22. Juni als Hexenmeister mit dem Schwert gerichtet.

Verfahren gegen Angehörige der Oberschicht standen immer im Kontext mittlerer bis größerer Prozeßwellen, wobei sich in der Regel die Besagungen immer weiter nach „oben" ausweiteten, wo sie schließlich zum Stillstand kamen.[24]

Auffällig ist, daß hier der weitere Verlauf nicht diesem Muster entspricht: Die Verfolgungen brachen nach der Hinrichtung der Ratsherrenfamilie nicht ab, sondern forderten bis zum November desselben Jahres sechs weitere Menschenleben.

Haft, Folter und Urteil

Stand in Villingen eine Person von Amts wegen unter Hexereiverdacht, wurde sie in einem der beiden „Hexenstüblein" im zweiten Stock des alten Rathauses oder auch auf einem der Stadttürme inhaftiert.[25] Die Verhöre führte in der Regel ein aus vier oder sieben Richtern bestehendes Gremium durch, das – wie andernorts auch – die Beschuldigte nach einer ersten Phase der „gütlichen" Befragung „peinlich", d. h. unter Anwendung der Folter, examinieren ließ. Hierbei wurde in Villingen fast ausnahmslos das „Aufziehen" als Foltermethode angewendet, d. h., die Person wurde mittels einer an der Decke angebrachten Vorrichtung an den zusammengebundenen Armen aufgehängt. Dieses Verfahren wurde, sofern die Verdächtige nicht das erwartete Geständnis ablegte, mehrmals wiederholt und konnte sich an einem Tag über mehrere Stunden hinziehen. Zur Verstärkung der Tortur beschwerte man in einigen Fällen die Beine der Gefolterten zusätzlich mit Ge-

wichten. Neben dem „Aufziehen" sind in den Villinger Akten nur je einmal die Anwendung der Daumenschrauben bzw. der braunschweigischen Stiefel erwähnt, die die Daumen bzw. Schienbeine der Beschuldigten zertrümmerten.

Die durch die Folter erzwungenen Geständnisse enthalten die stereotypen Aussagen, wie sie allgemein in Darstellungen über die Hexenverfolgung zu finden sind: Buhlschaft mit dem Teufel, Schadenszauber, Wettermachen, Leugnen Gottes und der Heiligen sowie die Teilnahme an Hexentänzen. Letztere sollten meist innerhalb oder in der unmittelbaren Umgebung der Stadt stattgefunden haben, am häufigsten beim Wolfsgarten, bei der Warenburg bzw. beim Warenberg, unter der Metzig, auf dem Keferberg, bei der Ziegelhütte, auf dem Hubenloch, auf dem Kreutzbühl, im Steppach und auf dem Hoptbühl. Aber auch bis auf den Heuberg, nach Peterzell, Rottweil, Triberg, Freiburg oder Colmar waren die Villinger Hexen angeblich zum Tanz ausgefahren.

Besonders wichtig war den Richtern auch die Benennung von anderen Teilnehmern bzw. Teilnehmerinnen bei solchen Hexentänzen, hatte man aus ihrer Sicht doch nur so die Chance, das gesamte Hexenwesen in der Stadt auszurotten. Diese „Besagungen" führten dazu, daß oft eine ganze Gruppe von Personen innerhalb kurzer Zeit als Hexen hingerichtet wurde.

Gelang es einer der Gefangenen, die Tortur zu überstehen ohne das gewünschte Geständnis abzulegen, bedeutete dies für sie trotzdem nicht die Rückkehr zum normalen Leben. Wurde sie wieder auf freien Fuß gesetzt, hatte sie Urfehde zu schwören und mußte damit rechnen, jederzeit erneut festgenommen und gefoltert zu werden. So war es der im September 1626 hingerichteten Elisabeth Schwarzin ergangen, die bereits während der ersten größeren Verfolgungswelle in Villingen im Jahre 1619 von dem damals hingerichteten

Jacob Martin mitbeschuldigt worden war. Da sie während der ersten Verhaftung trotz Folter kein Geständnis ablegte, hatte der Magistrat sie entsprechend einem bei der Universität in Freiburg eingeholten Rechtsgutachten wieder aus der Haft entlassen. Zuvor hatte sie jedoch noch Urfehde schwören und die gesamten Verfahrenskosten begleichen müssen.[26]

Auch Katharina Riegger war 1662 zunächst wieder auf freien Fuß gesetzt worden. Schon nach sechs Wochen wurde sie erneut verhaftet, und, nachdem sie ein Geständnis abgelegt hatte, am 12. 8. 1662 als letzte Villinger Hexe hingerichtet.[27]

Katharina Streubin, 1572 eine der ersten Frauen, die in der Stadt nachweislich wegen des Verdachts der Hexerei verfolgt worden waren, wurde dagegen aus Mangel eines Geständnisses in dauerhafte Verwahrung im Spital genommen.[28]

Einige der ins Gerede gekommenen versuchten, sich durch Selbstmord den ihnen bevorstehenden Qualen zu entziehen. So scheint beispielsweise der Selbstmord des „krummen Torhüters", den Jakob Kraut während seiner Vernehmung im April 1641 erwähnte, in diesem Zusammenhang zu stehen, war doch der Torhüter von mehreren der als Hexen Hingerichteten als Spielmann während der Hexentänze genannt worden.[29]

War der Selbstmordversuch nicht erfolgreich, wurde den Verdächtigen ihre Tat während der Verhöre als teuflische Eingabe ausgelegt, wie dies 1597 bei Margaretha Bautzin oder 1641 bei Anna Constanzer der Fall war.[30]

Besonderes Aufsehen erregte im Sommer 1641 der Fall der Anna Morgin. Die scheinbar noch relativ junge Witwe hatte im Gefängnis versucht, sich mit einem Messer die Kehle durchzuschneiden, und war für tot gehalten worden. Sie scheint sich jedoch nur in einer tiefen Bewußtlosigkeit befunden zu haben. Der Magistrat beschloß, den leblosen Körper

der Frau durch den Scharfrichter auf dem Scheiterhaufen verbrennen zu lassen. Anna Morgin gab weder bei der mittels einer Nadel durchgeführten Probe, noch während des nicht gerade sanften Transports zum Richtplatz irgendein Lebenszeichen von sich. Erst als sie sich auf dem brennenden Scheiterhaufen befand, begann sie sich zu bewegen und versetzte die Anwesenden damit in Angst und Schrecken. Nachdem man sie vom Scheiterhaufen heruntergeholt hatte, berichtete sie, sie sei bereits im Himmel gewesen, von dort auf Fürsprache der Muttergottes aber zurückgesandt worden, um vor ihrem Tod noch die Beichte abzulegen. Zwei Tage später, nach Beichte und Empfang der Kommunion, wurde Anna Morgin mit dem Schwert hingerichtet.[31]

Nicht alle Verhafteten überstanden die physischen Qualen der Inhaftierung. Am 24. September 1602 wurde Dorothea Widenmayer, die bereits ein umfassendes Geständnis abgelegt hatte, vom Stadtschreiber Andreas Rieckher und von Hans Wittum „ufm rathauß" tot aufgefunden. Wahrscheinlich war die Frau, die sich selbst als „lahm und armselig" beschrieben hatte, an den Folgen der Folter gestorben. Ihr Leichnam wurde am darauffolgenden Tag verbrannt.[32]

Hatte die Angeklagte ein umfassendes Geständnis abgelegt, setzte der Rat einen Termin für die sog. „Besiebnung", die Zusammenfassung der verschiedenen Punkte des Geständnisses durch ein 7köpfiges Richterkollegium, fest. Am Hinrichtungstag wurde zunächst vom alten Kaufhaus aus die Urgicht durch den Stadtschreiber öffentlich verlesen und anschließend die Verurteilte zum Hochgericht geführt. In der Regel wurden die Verurteilten in Villingen bis 1617 bei lebendigem Leibe verbrannt, später vor der Verbrennung mit dem Schwert hingerichtet.

Die Kosten für Haft, Folter und Hinrichtung hatten die Hinterbliebenen zu bezahlen. Der letzte Villinger Hexenprozeß, über den relativ umfangreiche Materialien, darunter mehrere Kostenzettel, erhalten sind, zeigt, welche Beträge sich dabei ansammeln konnten.[33]

Die Verfahrenskosten für die vom 17. Juli bis zu ihrer Hinrichtung am 3. August inhaftierte Katharina Riegger betrugen mehr als 84 Gulden. Bezahlt werden mußten u. a. die Verpflegung der Angeklagten, ihrer Richter und des Scharfrichters, das Holz für den Scheiterhaufen, der Lohn des Scharfrichters, des Stadtschreibers und des Stadtknechtes sowie eine Mahlzeit für den Pfarrer.

1 Behringer, Wolfgang: (Hg.) Hexen und Hexenprozesse in Deutschland, München 2 1993, S. 12 und Weber, Hartwig: Kinderhexenprozesse, Fkf. a. M./Leipzig 1991, S. 7.
2 Ahrendt-Schulte, Ingrid: Weise Frauen – böse Weiber. Die Geschichte der Hexen in der Frühen Neuzeit, Freiburg 1994, S. 22 u. 24.
3 Behringer: Hexen..., S. 76/77.
4 Ahrendt-Schulte: Weise Frauen..., S. 24/25 und Behringer: Hexen..., S. 404.
5 Ebd., S. 191/192.
6 Ahrendt-Schulte: Weise Frauen..., S. 25 und Behringer: Hexen..., S. 193/194. – Behringer schätzt die Zahl der Hexenhinrichtungen in ganz Europa auf unter 60 000. – H. C. Midelfort, Geschichte d. abendländischen Hexenverfolgung, in: Lorenz, Sönke (Hg.): Hexen und Hexenverfolgung im deutschen Südwesten. Aufsatzband, Ostfildern 1994, S. 49–58 spricht auf den Seiten 49–52 von 50 000–80 000 Opfern der Hexenverfolgung in Europa zwischen 1400 und 1750. Davon seien, mit starken regionalen Unterschieden, 70–80 % Frauen gewesen.
7 Siehe zum folgenden: Lorenz, Sönke: Einführung und Forschungsstand: Die Hexenverfolgung in den südwestdeutschen Territorien, in: Ders. (Hg.): Hexen und Hexenverfolgung im deutschen Südwesten. Aufsatzband, Ostfildern 1994, S. 176 und Behringer: Hexen..., S. 133/134. Zur Hexenverfolgung im Herzogtum Württemberg: Raith, Anita: Herzogtum Württemberg, in: Lorenz, Sönke (Hg.): Hexen und Hexenverfolgung im deutschen Südwesten. Aufsatzband, Ostfildern 1994, S. 197–205.
8 Siehe hierzu: Schleichert, Sabine: Vorderösterreich: Elsaß, Breisgau, Hagenau und Ortenau, in: Lorenz, Sönke (Hg.): Hexen und Hexenverfolgung im deutschen Südwesten. Aufsatzband, Ostfildern 1994, S. 218–228, hier S. 222/223.
9 SAVS Best. 2.1 Nr. HH 8/1–5, 7,8, 10–11, 15, 16; HH 10 b–dd, HH 12c.
10 Das Manuskript befindet sich im Stadtarchiv Villingen-Schwenningen unter Best. 2.1 Nr. DDD 39/9. Auf welchem Quellenmaterial die bei Schleichert, S. 223 genannte Zahl von 62 in Villingen als Hexen hingerichteten Personen basiert, ist nicht ersichtlich.
Zur Hexenverfolgung in Villingen siehe auch: Huger, Werner: Von Hexen, Zauberern und dem Prozeß zu Villingen, in: GHV, V (1980), S. 14–20.
11 SAVS Best. 2.1 Nr. JJ 181 u. 287.
12 Siehe hierzu Schleichert: Vorderösterreich..., S. 222 und Midelfort, H. C. Erik: Witch-Hunting in Southwestern Germany. The Social and Intellectual Foundations, Stanford/Calif. 1972, S. 32.
13 Schleichert: Vorderösterreich..., S. 224–226.
14 Im benachbarten Württemberg ist nach 1634 ein deutlicher Prozeßrückgang zu verzeichnen und in der nahegelegenen Reichsstadt Rottweil sind für die Jahre 1632–42 keinerlei Verfahren bekannt. Siehe dazu Raith, S. 198 und Zeck, Mario R.: Reichsstadt Rottweil, in: Lorenz, Sönke (Hg.): Hexen und Hexenverfolgung im deutschen Südwesten. Aufsatzband, Ostfildern 1994, S. 381–387, hier S. 383.
15 Tagebuch des Abtes Georg Gaisser der Benediktinerabtei St. Georg zu Villingen (*1595, †1655) 1621–1655, 2 Bde., hg. v. Stadtarchiv Villingen 1972, Bd. 2, S. 783–879.
16 Ebd. S. 846 und 857.
17 SAVS Best. 2.1 Nr. HH 8/5.
18 Zu Jacob Martin: SAVS Best. 2.1 Nr. HH 8/11 und Roder: Hexenverfolgung, S. 15; zu Anna Hau: SAVS Best. 2.1 Nr. HH 10cc.
19 Ahrendt-Schulte: Weise Frauen..., S. 83 und Weber, S. 11 u. 25.
20 SAVS Best. 2.1 Nr. HH 8/7 und HH 10 w; Roder: Hexenverfolgung, S. 35: Eva Grieningerin gestand während der Folter, sie habe vier neugeborenen Kindern das „Hirn eingedrückt".
21 Ahrendt-Schulte: Weise Frauen..., S. 9 u. 57.
22 SAVS Best. 2.1 Nr. HH 10 k.
23 Siehe dazu: Bumiller, Casimir und Walz, Annelore: „... er wisse um kein teufelisch Laster nichts." Die Schwestern Konstanzer und ihr „Hexenmeister", in: Kulturgeschichte Villingens vom Mittelalter bis zum Ende des 18. Jahrhunderts. Katalog zur Dauerausstellung (=Veröffentlichungen des Stadtarchivs und der Städtischen Museen Villingen-Schwenningen, Bd. 12), Kernen i. R. 1995, S. 74 sowie SAVS Best. 2.1 Nr. HH 10 l, 10 p, 10 t, 10 u, 10 v und Gaisser, S. 846–851.
24 Schleichert: Vorderösterreich..., S. 225.
25 Zum Verfahren bei den Villinger Hexenprozessen siehe Roder: Hexenprozesse, S. 4–9 sowie die Quellen aus dem Villinger Stadtarchiv.
26 SAVS Best. 2.1 Nr. HH 8/16 und Roder: Hexenverfolgung, S. 16–18.
27 SAVS Best. 2.1 Nr. HH 12 c.
28 SAVS Best. 2.1 Nr. JJ 287.
29 Roder: Hexenverfolgung, S. 23. Zur Teilnahme des „Krummen Torhüters" siehe z. B.: SAVS Best. 2.1 Nr. HH 10 g und 10 h.
30 SAVS Best. 2.1 Nr. HH 8/5 und HH 10 p sowie Bumiller/Walz, S. 74.
31 SAVS Best. 2.1 Nr. HH 10 r; Gaisser, S. 849/50 u. 852/53 und Roder, Christian: Ein merkwürdiger Hexenprozeß in Villingen 1641, in: SVG Baar 9 (1896), S. 79–88.
32 SAVS Best. 2.1 Nr. HH 8/8 und Roder: Hexenverfolgung, S. 13.
33 Siehe dazu: SAVS Best. 2.1 Nr. HH 12c und Roder: Hexenprozesse, S. 39–44.

Michael Tocha

Reformation oder katholische Erneuerung

Villingen und Schwenningen im konfessionellen Zeitalter

Wer nach Unterschieden zwischen Villingen und Schwenningen fragt, wird vielleicht vor allen anderen Prägungen auf das religiöse Bekenntnis verwiesen. Villingen gilt als katholische, Schwenningen als evangelische Stadt – selbst heute, wo sich die Konfessionen längst durchmischt und die konfessionellen Milieus weitgehend aufgelöst haben. Was hier im Bewußtsein fortwirkt, hat sich in drei Jahrhunderten ausgeprägt. Vom 16. bis zum 18. Jahrhundert gehörten Villingen und Schwenningen gewissermaßen „zwei Kulturen" an: Schwenningen war einer der Außenposten des württembergischen Protestantismus, der seinerseits am Luthertum Mittel- und Norddeutschlands seinen Rückhalt und in der reformierten Schweiz sein Gegenstück fand. Villingen hingegen wurde Baustein, vielleicht sogar ein Pfeiler jener dazwischenliegenden katholischen Brückenzone, die sich mit ihren barocken Kirchen und Klöstern, Feldkreuzen und Hofkapellen von den Vogesen an den Lech, von Burgund nach Bayern erstreckte. In der Ortsgeschichtsschreibung sind diese Zusammenhänge bisher meist nur am Rande beachtet worden. Denn Reformation und Gegenreformation haben hier keine dramatischen Ereignisse ausgelöst, vielmehr fügen sich beide Orte unauffällig in die jeweilige Entwicklung ihrer Territorien ein. Aber weil in jener Epoche Verhältnisse und Mentalitäten von langer Dauer angelegt worden sind, gehört sie notwendig zu unserem Bild von der Geschichte der nunmehr gemeinsamen Stadt.

Die folgende Darstellung behält beide Orte im Blick. Sie muß jedoch ausführlicher auf Villingen als auf Schwenningen eingehen; denn es liegt auf der Hand, daß die Quellen in einer Stadt reichlicher fließen und die Vorgänge dort vielseitiger und komplexer sind als in einem Dorf, das die Fürstenreformation des gesamten Territoriums mehr oder weniger willig mitvollzieht. Der Verfasser hofft, auch neue Erkenntnisse bieten zu können. Neu ist schon die Themenstellung an sich, die systematisch bislang noch nicht abgehandelt worden ist. Unter dieser können nicht nur zahlreiche längst bekannte Fakten in einen neuen Zusammenhang dargestellt und gedeutet, sondern darüber hinaus die einschlägigen Quellen, vor allem des Pfründ- und des Stadtarchivs, neu befragt und gründlicher ausgewertet werden. Manches Unterthema freilich, etwa Zusammensetzung und Interessenlage des Rats, Herkunft und Bildung der Geistlichen oder die Beziehungen zu den Universitäten in Freiburg, Dillingen und Salzburg, kann nur gestreift werden.

Die kirchlichen Verhältnisse in Villingen am Vorabend der Reformation

Um 1500 gab es in Villingen vier Klöster: das Franziskaner-Klarissenkloster am Bikkentor, das benachbarte Dominikanerinnenkloster der „Vettersammlung", das Franziskaner-Minoritenkloster beim Riettor und die Kommende des Johanniterordens. (Ob man letztere als Kloster im strengen Sinne des Wortes oder als Einrichtung zur standesgemäßen Versorgung nachgeborener Söhne adliger Familien anzusehen hat, wäre gesondert zu erörtern.) Das Kloster der Franziskaner befand sich gegen Ende des 15. Jahrhunderts auf einem Höhepunkt seiner Entwicklung, der dann allerdings die Pestepidemie von 1493 einen schweren Einbruch zufügte.

Es zählte bis dahin etwa sechsundzwanzig Priestermönche und war mit seiner beachtlichen Bibliothek der geistige Mittelpunkt der Stadt.

Zum Konvent gehörte 1490–1494 als „Lesmeister" Johannes Pauli, der später im Kloster zu Thann im Elsaß „Schimpf und Ernst", eines der bedeutendsten Werke der Schwankliteratur seiner Zeit, verfaßte. In seinem Wirken in Villingen wird der Zusammenhang der beiden Franziskanerklöster in besonderer Weise anschaulich. Er wurde nämlich 1491 den Klarissen als Prediger und Beichtvater zugeordnet. In dieser Eigenschaft hielt er im Bickenkloster achtundzwanzig Predigten, die ihn den originellsten Predigern des ausgehenden Mittelalters an die Seite stellen. Sie sind überliefert, weil eine Nonne sie aufzeichnete. Ihren Namen, wer sie war, wissen wir nicht; lediglich mit der Bitte um Nachsicht, falls in ihrer Niederschrift „nit alle ding lieplich ufgeleit"[1] sein sollten, und mit dem Wunsch „orate pro scriptrice", „bittend gott für die schriberin!"[2] deutet sie sich am Rand des Texts auch als Persönlichkeit an.

Das Klarissenkloster, dem diese unbekannte Nonne angehörte, war erst wenige Jahre zuvor reformiert worden: 1480 hatten der Franziskanerprovinzial Heinrich Karrer, ein Villinger, und der österreichische Landesherr das Bickenkloster in einen geschlossenen Konvent umgewandelt und die Äbtissin Ursula Haider († 1498) mit sieben Mitschwestern aus Valduna in Vorarlberg nach Villingen berufen. Sie und ihre Nachfolgerinnen legten hier den Grund für ein vertieftes Glaubensleben aus dem Geist der spätmittelalterlichen Mystik. Die neue Spiritualität gewinnt Konturen in den Themenkreisen der Verehrung des leidenden Christus und der Sündenvergebung: Das Bickenkloster erwarb das Privileg, die Ablässe für den Besuch der sieben römischen Hauptkirchen sowie der heiligen Stätten Jerusalems im eigenen Haus zu erwerben. Zu diesem Zweck wurden überall

in der Klausur Tafeln mit den Beschreibungen jener Kirchen und Stätten mit entsprechenden Texten und Ablaßangaben angebracht – insgesamt 210, von denen 70 bis heute vorhanden sind. Kapellen, die zu Beginn des 16. Jahrhunderts errichtet wurden, trugen die Widmungen „St. Johann im Lateran", „Ölberg" (1508) und „Leiden Christi" (1517). Auch die lebensgroße Statue des „Ecce homo" gehört in diesen geistlichen und zeitlichen Zusammenhang.[3]

Im allgemeinen gelten die kirchlichen Verhältnisse und insbesondere auch das Klosterleben am Vorabend der Reformation als verderbt und durch schwere Mißstände belastet. Im großen Maßstab trifft dieser Befund gewiß zu; aber es gab eben auch Ausnahmen, wie die kurze Betrachtung der beiden wichtigsten Villinger Klöster zeigt. Wir sehen hier kein bedrückendes Ausmaß an Verweltlichung, Materialismus und moralischer Verkommenheit, hingegen Belege beachtlicher theologischer Gelehrsamkeit, seelsorgerischen Engagements und tiefer Frömmigkeit in den Formen und Begriffen jener Zeit.

Das Bild trübt sich, wenn wir die Pfarrseelsorge in Villingen betrachten. Noch immer, vermutlich bis 1538 (s. u.), war das Münster nicht die eigentliche Pfarrkirche der Stadt, sondern Filiale der Altstadtkirche auf dem anderen Brigachufer. Den Bedürfnissen der Menschen entsprach diese aus der vorstädtischen Phase überkommene Pfarrorganisation sicherlich schon lange nicht mehr; die Pfründ- und Jahrzeitstiftungen der Bürger im späten Mittelalter lassen erkennen, daß die Bürger das Münster und nicht mehr die Altstadtkirche als ihre Pfarrkirche betrachteten. Ein Problem war auch die dürftige materielle Ausstattung der Villinger Pfarrei. Ohnehin kam ein Teil ihrer Einkünfte dem Spital zugute, ein anderer floß in die Tasche des Patronatsherrn. Ein weiterer wurde dann der Universität Freiburg bei ihrer Gründung zugesprochen. Für den Villinger Pfarrer blieb so nur wenig übrig. Wir werden sehen, daß diese Regelung in den bewegten Jahren der Reformation fast unüberwindliche Probleme bei der Besetzung der Pfarrstelle mit sich brachte.

Pfarrherr war während des gesamten Zeitraums, von dem hier die Rede ist, nämlich von 1489 bis 1526, Michael von Reischach aus der Steißlinger Linie jenes Geschlechts.[4] Mit ihm hatte Villingen noch einmal einen adligen Pfarrer, nachdem schon vorher bürgerliche Bewerber mit Universitätsgraden begonnen hatten, sich durchzusetzen. Bei adligen Pfarrherren des späten Mittelalters ist zunächst Skepsis geboten. Häufig waren sie nachgeborene Söhne, die mit einem Pfarramt einigermaßen standesgemäß versorgt wurden, besaßen manchmal nicht die Priesterweihe und waren nicht am Ort ansässig, sondern ließen sich von einem „Leutpriester" vertreten. Michael von Reischach jedoch war Magister der Freien Künste, hatte also studiert, wenn auch nicht Theologie, und hielt Villingen über dreißig Jahre die Treue. Allerdings beklagte er sich auch ständig über seine geringen Einkünfte hier.[5] Weitere Pfründen dürften ihm jedoch ein standesgemäßes Auskommen gesichert haben – er war nämlich auch Kanoniker der Stiftskirche in Radolfzell und ließ sich 1497 noch zum Dekan der Stiftskirche Waldkirch machen (wo er einen ständigen Vertreter hatte). Wie er sein Amt in Villingen ausübte, darüber geben die Quellen keine Auskunft. Wir wissen jedoch, daß unter diesem Pfarrer 1515 zum ersten Mal eine Gottesdienstordnung für die Kirchen und Pfründaltäre festgelegt wurde.[6]

Damit gelangen nun die übrigen Weltgeistlichen der Stadt ins Blickfeld; sie sind für unser Thema von besonderem Interesse. Der Pfarrherr hatte zumeist zwei „Helfer", Vikare nach heutigem kirchenrechtlichen Verständnis, für deren Unterhalt er persönlich aufkommen mußte. Außerdem gab es wie in den meisten Städten auch in Villingen eine Gruppe von Priestern, die auf Altarpfründen saßen: Erstmals 1295 und bis zum Vorabend der Reformation hatten fromme Bürger, aber auch die Bäckerzunft Altäre in der Altstadtkirche, im Münster und in verschiedenen Kapellen gestiftet. An diesen Altären wurden regelmäßig Messen für das Seelenheil der Stifter gelesen, und zwar von Kaplänen, die eigens und ausschließlich mit dieser Aufgabe betraut waren und dafür die Einnahmen aus der Stiftung zu ihrem Unterhalt erhielten. Es gab in Villingen vierundzwanzig solcher Altarpfründen; die Zahl der Geistlichen lag darunter und schwankte ständig; denn manche Stiftungen waren so gering dotiert, daß immer wieder zwei an einen Kaplan vergeben wurden, damit dieser überhaupt seinen Lebensunterhalt bestreiten konnte. Gegen Ende des 15. und zu Beginn des 16. Jahrhunderts zeigte sich auch in Villingen, daß die Kapläne eine eigene Körperschaft, die „Präsenz", bildeten. (Die Bezeichnung rührt daher, daß sie an die Besucher ihrer Gottesdienste Präsenzgelder auszuteilen pflegten.) Zum Vergleich: In Breisach gab es 16 solcher „Meßpfaffen", etwa ebenso viele wie in Villingen, in Freiburg 85, in Zürich 90, in Basel etwa 200.[7] Sie gelten allgemein als „geistliches Proletariat" und sind gerade in der Reformationszeit heftiger Kritik ausgesetzt. Dafür gibt es in der Tat Gründe: Sie waren oft erschreckend unwissend und abergläubisch; und da sie außer ihrer täglichen Messe kaum Aufgaben in der Seelsorge wahrnahmen, hatten sie viel Gelegenheit zu Müßiggang und liederlichem Lebenswandel. Wir werden noch sehen, daß auch einigen der Villinger Kapläne deftige Vorwürfe gemacht wurden. Dennoch darf man sie nicht alle über einen Kamm scheren: Manche waren Söhne angesehener Bürger, theologisch einigermaßen geschult und nahmen ihr Amt durchaus ernst. Eine gerechte Würdigung kann erst erfolgen, wenn auch über die Villinger Kapläne sorgfältige personengeschichtliche Untersuchungen hinsichtlich Herkunft, Bildung und Amtsführung angestellt worden sind.[8]

„Warer alter globen" oder „Lutherisch unglob"?

„Es muß eine Änderung werden, und die ist groß!" – diese Forderung, die der junge Luther in seiner Studienzeit in Erfurt hörte, drückt die Einstellung der überwältigenden Mehrzahl der Zeitgenossen zu den kirchlichen Verhältnissen zutreffend aus. Daher fand er, als er 1517 seine Auseinandersetzung mit der römischen Kirche aufnahm, sogleich in ganz Deutschland einen ungeheuren Widerhall. Insbesondere die Städte, und von diesen wiederum zuerst die süddeutschen, gehörten zu den ersten und eifrigsten Parteigängern der neuen Lehre. Freilich gilt diese Aussage vor allem für die Reichsstädte; in den landesherrlichen Städten kam es darauf an, wie sich die Obrigkeiten zur Reformation verhielten. In Vorderösterreich gab es in dieser Hinsicht keinen Spielraum – hier wurde erstmals 1521 und erneut 1522 die Verbreitung von „Luthers maynung und oppinion" durch die Regierung verboten.[9] Diese Linie wurde durchgehalten, wenn nötig auch mit Gewalt, wie in Waldshut oder Kenzingen. Daher haben die vorderösterreichischen Städte im eigentlichen Sinn keine Reformationsgeschichte. Aber der Historiker sollte sich nicht zu der Annahme verleiten lassen, es gebe nichts zu berichten, weil sich nichts veränderte: „Warum eine Stadt kirchlich und politisch auf die Seite des neuen Evangeliums trat, bedarf stets der Erklärung weniger, als warum eine andere im Gefolge der alten Kirche und Habsburgs ging."[10] Die Frage, wie es unter dem Deckel der offiziellen Politik gärte und brodelte, welche Probleme am Ort bestanden, welche Kräfte um welche Lösungen rangen, ist häufig vernachlässigt worden; gleichwohl gehört sie zu den wichtigen Kapiteln der vorderösterreichischen Städtegeschichte.

Im „Atlas zur Geschichte" der Akademie der Wissenschaften der DDR ist Villingen unter den Städten aufgeführt, in denen es schon vor 1520 zu einer „reformatorischen Volksbewegung" gekommen sei.[11] Man reibt sich die Augen – hat die Villinger Geschichtsschreibung ein so wichtiges Thema bisher übersehen? Gern würde man erfahren, aus welchen Quellen die ostdeutschen Kartenautoren geschöpft haben. In der Chronik Heinrich Hugs, der doch sonst alle Geschehnisse in seiner Vaterstadt bis ins einzelne schildert, findet sich nur ein einziger allgemeiner Satz: „Bey heimb- und offensichtlich gantz starck eindringendem Luthertumb entzwischen 1520 biß 1530 jahren sollte auch Villingen durch eine gantz geheime practic mit eingeführt werden, was aber sogleich gantz wunderbarlich an tag gekommen."[12] Immerhin verrät dieser Satz, daß die Reformation auch in Villingen die Gemüter stark bewegte. Um ein genaueres Bild zu bekommen, müssen wir weitere Einzelinformationen aus anderen Quellen zu einem Mosaik zusammensetzen. Noch „bei des alten Pfarrers Zeiten", also vor dem Rücktritt Michaels von Reischach 1526, hielten der „Schulmeister (Martin Burkhardt) und ettlich caplön ain haymlich synagog", d. h. Zusammenkunft. Zwar stellte der Rat diese Praktiken „mit gewalt" ab, doch ohne durchschlagenden Erfolg: Während der Vakanz versahen die beiden Helfer, Pankraz und Martin Diem, die Pfarrei und ließen „heimlich und öffentlich ihre Luthery wirken". Sie predigten die Rechtfertigung allein aus dem Glauben, hielten die Priesterehe für erlaubt, stellten das Altarsakrament und die Einzelbeichte in Frage und rieten in der Beichte von der Marien- und Heiligenverehrung ab. Außerdem standen sie in Kontakt mit Reformierten in der Eidgenossenschaft und gingen sogar „gen Zürich uff Disputation von der Pfarrei weg".[13] Die Reformation dort übte sogar auf die Villinger Franziskaner Anziehungskraft aus; mindestens zwei von ihnen, Jakob Guldy und Balthasar Maler, schlossen sich Zwingli an. Den ersteren finden wir später als Prediger in Benken und Truttikon (bei Winterthur), der andere heiratete eine ehemalige Nonne und wurde Druckherr in Zürich.[14] In diesen Zusammenhang gehört auch, daß während des Bauernkriegs einer der Kapläne, Lucas Costenzer, behauptete, der Rat unterdrücke die „purn im Brygental".[15] Wird hier die Spitze eines Eisbergs sichtbar? Hatte jener Kreis von intellektuellen Opponenten gegen die kirchliche und weltliche Obrigkeit auch in der Bevölkerung Anhänger? Leider geben die Quellen darüber so gut wie keine Auskunft. Ob man von einer „reformatorischen Volksbewegung" sprechen kann, sei deshalb dahingestellt. Immerhin aber gab es in Villingen während des ganzen Jahrzehnts von 1520 bis 1530 eine Gruppe von engagierten und aktiven Anhängern der Reformation, die die altgläubige Obrigkeit nur mit einiger Mühe in den Griff bekam.

Die Probleme wie die Kräfteverhältnisse werden noch deutlicher, wenn wir die sechsjährigen Bemühungen um die Wiederbesetzung der Pfarrstelle (1526–1531) genauer auswerten. Diese sind im Pfründarchiv außerordentlich gut dokumentiert.[16] Nachdem Pfarrer Michael von Reischach 1525 seine Rücktrittsabsichten mitgeteilt hatte, wandte sich der Rat an den Patronatsherrn, den Grafen Johann von Lupfen, Kustos des Konstanzer Domstifts, mit der Bitte, er möge sie mit einem geschickten Priester versehen, „der der Lawterschen sect unbefleckt". Diese Formel wird mit kleinen Varianten in der Korrespondenz der folgenden Jahre ständig wiederholt. Graf Johann rät den Villingern, sie „sollten sich nach einem umsehen"; einstweilen könne der Helfer Pankraz (s. o.) die Pfarrei versehen. Knapp zwei Jahre später ist noch nichts entschieden. Jetzt empfiehlt Graf Johann den Priester Hans von Winterthur aus Feldkirch. Der kommt auch nach Villingen

und gefällt mit einer Probepredigt – indes, er will die Stelle nicht antreten, das Einkommen ist zu klein. So richtet sich das Bemühen des Villinger Rats nun vor allem darauf, die Nutznießer des Pfarrzehnten zu einem Entgegenkommen zu bewegen. Mit der Bitte um Vermittlung wendet er sich an die vorderösterreichischen Regierungen in Innsbruck und Ensisheim sowie an Erzherzog und König Ferdinand I. Mehrere Zusammenkünfte in Ensisheim führen jedoch zu keinem Ergebnis; insbesondere die Freiburger Universität zeigt sich wenig kompromißbereit. Anfang 1528 schreibt der Rat an den Erzherzog, der Zehnten sei doch „eigentlich zur Erhaltung des Pfarrers bestimmt", und gibt zu bedenken, „durch die Minderung des Gottesdienstes möchten die Gemeinden unruhig werden und zuletzt der Lutherische unglob by uns wie an andren orten met beschehen". Offensichtlich machen diese Argumente Eindruck; jedenfalls lobt der Erzherzog „die gute Haltung der Villinger in der neulichen Empörung (gemeint ist der Bauernkrieg) und in dem neuwen verführischen ketzerischen glouben" und übt verstärkt Druck auf die beteiligten Parteien aus, zu einer Übereinkunft zu kommen. Im Herbst 1529 präsentiert Graf Johann den Villinger Kaplan und bischöflichen Kommissar in Ehesachen[17] Dietrich Eycher als neuen Pfarrer und hat ihn auch schon vom Konstanzer Bischof proklamieren lassen – doch zu seinem großen Befremden lehnt der Villinger Rat diese Benennung rundweg ab! Nachdem die Angelegenheit trotz königlicher Ultimaten immer noch nicht vorankommt, reisen im August 1530 der Bürgermeister Jakob Betz und der Stadtschreiber Hans Küng auf den Reichstag in Augsburg. In der Sache selbst erreichen sie dort nichts, der König hat mit Türken und evangelischen Reichsständen ganz andere Sorgen. Aber sie kehren mit dem neuen Stadtwappen zurück, das Ferdinand für Villingens Treue im Bauernkrieg und sein Festhalten am alten

Glauben verliehen hat. Im folgenden Jahr kann dann endlich die Pfarrerstelle mit Lorenz (Laurentius) Häring, einem Villinger Bürgersohn, besetzt werden († 1549). Da sich die Frage der Einkünfte nicht hat lösen lassen, erhält er zusätzlich 150 Gulden aus dem Stadtsäckel. Den Kaplänen behagt allerdings nicht, daß es nun wieder einen Pfarrherrn in Villingen gibt – das schmälert ihre Einkünfte. Es kommt darüber zu heftigen Auseinandersetzungen im Rat. Erst nachdem die vorderösterreichische Regierung in Ensisheim und die bischöflichen Stellen in Meersburg und Radolfzell eingeschaltet sind, gelingt es 1533, eine Gottesdienstordnung der Villinger Pfarrgeistlichkeit zu verabschieden.

Diese Vorgänge mögen nicht sonderlich dramatisch erscheinen, doch läßt sich aus ihnen eine Reihe von allgemeinen Erkenntnissen ableiten. Zum einen gewinnen wir einen Eindruck von den kirchlichen Mißständen, die die Ursache der Reformation gewesen sind. Wo sind in der geistlichen Not Villingens die Oberhirten, die sie wenden könnten? Der Konstanzer Bischof, der leichtlebige Hugo von Landenberg, tritt bei der Suche nach einem neuen Pfarrer nur als Adressat von Briefen in Erscheinung. Seine Mitarbeiter behandeln die Angelegenheit schleppend; z. B. muß der Rat lange auf die bischöfliche Bestätigung der neuen Gottesdienstordnung warten.[18] Der Patronatsherr Graf Johann von Lupfen läßt die Sache schleifen und wird erst richtig aktiv, als es um seine Pfründe geht: Er benennt Dietrich Eycher, als in Innsbruck und Ensisheim erwogen wird, ihm das Patronatsrecht zu entziehen und es Villingen oder dem Haus Österreich zu übertragen.[19] Welches geringe Interesse an der Kirche und wie wenig Neigung zum geistlichen Beruf dieser Mann verspürte, zeigte sich wenige Jahre später in großer Deutlichkeit: 1532 wurde er zum Bischof von Konstanz gewählt, aber er zögerte seine Weihe fünf Jahre hinaus und zog es dann zum Entsetzen seiner Umgebung vor,

auf das Amt zu verzichten. Hier tritt uns eine Adelskirche entgegen, in der das Ideal des Geistlichen und Seelsorgers „in einem die Idee von innen her sprengenden Ausmaß verschwunden" ist und der geistliche Bereich nur noch „für gewöhnlichste weltlich-finanzielle Dinge" ausgenutzt wird.[20]

Aber auch der niedere Klerus erscheint in keinem guten Licht. Warum sollte nicht, wie Graf Johann vorgeschlagen hatte, einer der Villinger Helfer oder Pfründkleriker die Pfarrstelle besetzen? In den Augen des Rats waren sie allesamt ungeeignet; die einen zeigten zu starke reformatorische Neigungen, andere – vier Namen werden genannt, darunter auch Kaplan Dietrich – machten sich durch ihr unpriesterliches Verhalten unmöglich. Beim Gottesdienst schwätzten, spotteten und lachten sie; einer sang als Responsorium nicht „Te rogamus audi nos", sondern „Die Herren ryten hoche Roß"; ein anderer, der am Vortag kräftig getrunken und also Durst hatte, rief während der Messe: „Gotz marter, schenk mir waydlich in." Man hörte auch „grohs görpsen und farzen". Wenn sie denn überhaupt zur Messe erschienen: Lieber wollten sie „am markt sytzen, daran mit züchten ze reden, fartzen wie ein wagenhengst, offentlich umeschlagen, byhs miternacht uff der gassen loffen".[21] Ähnliche Klagen hört man überall, und sie verstummen während des ganzen 16. Jahrhunderts nicht. Der Seufzer des Grafen Johann, „der gelehrten und christlichen Prädikanten leider wenig"[22], trifft zu: Zwar ist z. B. in Villingen, wie anderswo auch, schätzungsweise jeder 30. Einwohner geistlichen Standes, dennoch herrscht Priestermangel. Er ist ein Merkmal der Zeit.

Bei der Besetzung der Pfarrstelle, aber auch in allen anderen kirchlichen Angelegenheiten zeigt sich der Stadtrat als die entscheidende Instanz. Stadt und Pfarrgemeinde sind identisch, der Rat führt auch das Kirchenregiment. Dabei fällt auf, wie selbstbewußt er gegenüber dem Bischof und dem Patronats-

herrn auftritt und seine Zuständigkeit durch-
setzt. Wie generell in den Städten des späten
Mittelalters, ist auch in Villingen die Tendenz
zu erkennen, die Kirche zu „kommunalisie-
ren", d. h. ihre Sonderrechte abzubauen und
sie der Kontrolle des Rats zu unterwerfen.

Warum aber tritt der Rat so „dapfer und
manlich der Luthery"[23] entgegen? Um diese
Frage gründlich zu beantworten, müßte man
weit ausholen und die Zusammensetzung des
Rats und sogar die wirtschaftlichen Interessen der Ratsherren berücksichtigen, was den
Rahmen dieser Darstellung sprengen würde.
Aber ein Hauptmotiv springt aus den Quellen unvermittelt ins Auge: „Doch wollen sie
bei dem alten, wahren Glauben und bei königlicher Mayestät beharrlich bleiben."[24] Ka-
tholizität und Loyalität zum Hause Österreich werden gleichsam in einem Atemzug
genannt. Villingen soll katholisch bleiben,
weil Österreich das so wünscht; sich der Reformation zu öffnen oder sie auch nur zu dulden, wäre daher Hochverrat. Dabei geht es
aber nicht einfach um Anhänglichkeit an eine
Dynastie, sondern um die bestehende Ordnung schlechthin. Sie ist durch den „gemeinen Mann" latent bedroht: Nicht nur der reformatorische Protest, sondern schon Mängel
beim Gottesdienst machen ihn unruhig. Wohin es führt, wenn er aufsteht, hat man im
Frühjahr 1525 sehen können. Deshalb ist alles
zu tun, daß Unzufriedenheit sich erst gar
nicht artikuliert. Reformatorische Bestrebungen sind zu bekämpfen, aber zugleich
muß für Ordnung in den kirchlichen Verhältnissen gesorgt werden. An keiner Stelle des
umfangreichen Aktenmaterials wird religiös
argumentiert. Das wäre nicht Sache des
Stadtrats; sein Entschluß, beim alten Glauben zu bleiben, beruht nicht, jedenfalls nicht
in erster Linie, auf einer religiösen, vielmehr
auf einer politischen Grundentscheidung.

Damit gelangen unsere Überlegungen
schließlich zum Wappen von 1530. König
Ferdinand hat es der Stadt verliehen „wegen

ihrer Treue sonderlich der gemainen aufruer
und emperung in dem nächstvergangenen
fünfundzwanzigsten Jahr und dann seither
im zwispalt und mißverstandt unseres
heiligen christlichen Glaubens"[25]. In der bisherigen Geschichtsschreibung ist nie gefragt
worden, wie sich die beiden Begründungen,
Bauernkrieg und Gegenreformation, zueinander verhalten und welcher von beiden
das größere Gewicht zukommt. Wenn in erster Linie Villingens Verhalten im Bauernkrieg gewürdigt werden sollte, warum wurde das Wappen dann erst 1530 verliehen?
Mehr spricht dafür, daß Villingens Religionspolitik der wichtigere Anlaß war. So taucht
die zweifache Begründung erstmals 1528 im
Schreiben König Ferdinands an die Ensishei-
mer Regierung (s. o.), also im Zusammenhang mit der Suche nach einem neuen Pfarrer auf. Mit steigender Intensität ist Ferdinand nun mit diesem Problem befaßt. Dabei wird ihm bewußt, wie beharrlich der Villinger Rat die Sache des alten Glaubens, d. h.
Habsburgs Sache, verficht, während er selbst
vor allem durch die Türken (1529 stehen sie
vor Wien) gebunden und belastet ist. Dies
ist der zeitliche und sachliche Kontext, in
dem der Gedanke an ein neues Wappen erstmals aufgekommen sein muß, bei wem der
Beteiligten auch immer. Es wird verliehen,
als die Kontakte zwischen Stadt und Landesherr wegen der Pfarrerstelle ihren Höhepunkt erreichen, indem sich König und Bürgermeister aus diesem Grund in Augsburg
unmittelbar gegenüberstehen. Konkret helfen kann auch Ferdinand nicht – aber er
kann den Abgesandten Villingens ein Zeichen der Anerkennung und Ermutigung mit
auf den Weg geben. In dieser Situation geht
es akut um eine (politisch motivierte) Haltung zu Kirche und Reformation, während
der Bauernkrieg als Problem längst erledigt
und deshalb nur Hintergrund und Analogie
ist. So folgt klar aus dem Problemzusammen-
hang und dem Zeitpunkt seiner Entstehung:

Das Wappen von 1530 ist ein Panier der Gegenreformation!

In der Religionspolitik des Villinger Rats können wir zwei zeitlich versetzte Phasen mit jeweils anderer Stoßrichtung unterscheiden. In den 20er und bis in die 30er Jahre hinein geht er gegen Ansätze zur Reformation innerhalb der Stadt vor; nach 1530 richtet sich dann die Aufmerksamkeit auf entsprechende Versuche, die von außen kommen. In die erste Phase gehören das oben skizzierte Vorgehen gegen die proreformatorischen Kreise in Villingen, die Suche nach einem neuen Pfarrer, die Gehaltserhöhung für Lorenz Häring 1531 und die neue Gottesdienstordnung von 1533. Die Serie dieser Maßnahmen, die alle dazu dienen, die Pfarrei zu organisieren und zu festigen, kommt 1538 zu einem vorläufigen Abschluß: Vermutlich in diesem Jahr wird das Marienpatrozinium von der Altstadtkirche auf das Münster übertragen; damit ist das Münster nicht mehr Filiale, sondern Hauptkirche der Stadt.[26] Somit wird kirchenrechtlich nachvollzogen, was praktisch schon seit langem der Fall ist. Daher hätte dieser Schritt auch zu einem beliebigen früheren Zeitpunkt erfolgen können. Daß es gerade jetzt geschieht, hat gewiß auch mit der erhöhten Aufmerksamkeit zu tun, die den kirchlichen Zuständen in der Reformationszeit zuteil wird.

Gleichgesinnte und Verbündete fand der Rat vor allem in den Klöstern. Die Klarissen erklärten 1528 gegenüber dem Grafen von Fürstenberg, daß sie in der alten Ordnung bleiben wollten.[27] Später sehen wir dann die Franziskaner unter ihrem Kustos Heinrich Stolleysen als eifrige Verteidiger des alten Glaubens. Solche Erfahrungen mögen erklären, warum der Rat offenbar ein Interesse daran hatte, weitere klösterliche Niederlassungen nach Villingen zu ziehen. 1531 mußte ein Teil des Konvents von St. Katharinental wegen der Reformation die Schweiz vorübergehend verlassen und fand Zuflucht in seinem Pfleghof in Villingen. Hier erfreuten sich

die Klosterfrauen allgemeiner Unterstützung: Die Bürger sollen von ihrem exemplarischen Lebenswandel so angetan gewesen sein, daß sie sie zu bleiben baten; und der Rat wollte sogar das Holz für einen Klosterbau stellen. Das Angebot wurde jedoch hinfällig, als die Nonnen nach der Schlacht von Kappel in den Thurgau zurückkehren konnten.[28] Ganz ähnlich liegt der Fall bei dem Benediktinerkloster St. Georgen: Nachdem die Reformation in Württemberg eingeführt worden war, wichen Abt und Konvent zunächst nach Rottweil, 1536 dann nach Villingen aus. Ihr Pfleghof wurde zur Keimzelle eines neuen Klosters, das sich allmählich den Impulsen der katholischen Reform öffnete (s. u.) und dann mit seiner Gelehrsamkeit wie mit seiner barocken Architektur die Stadt nachhaltig prägen sollte.

Die Abwehrmaßnahmen gegen reformatorische Einflüsse von außen setzen 1531 mit einem eher kuriosen Vorgang ein: Ein Schwenninger, Oswald Hug, beging bei der Bickentorkapelle „Gotteslästerung" und rief „Hie gut evangelisch". Der Rat ließ ihn verhaften und ins Gefängnis werfen, später kam er gegen Urfehde wieder frei.[29] Wir wissen nicht, was hinter dieser Aktion steckt. Vielleicht dachte Hug mit Ingrimm daran, daß die Villinger im Bauernkrieg sechs Jahre zuvor sein Heimatdorf niedergebrannt hatten und daß man sie mit proreformatorischen Sprüchen besonders wirksam herausfordern konnte. Schwerer wiegt schon, daß etwa zur selben Zeit der Franziskaner-Provinzial Bartholomäus Hermann aus Hagenau der Neigung zum Luthertum verdächtigt wurde und man argwöhnte, er intrigiere gegen den Villinger Kustos Heinrich Stolleysen, damit „die alte cristenliche religion nit allein in vorgemelten beden mann- und frawencloster, sondern auch unter dem stadtvolk zu villingen erloschen (erlöschen würde)".[30] Jedoch ist fraglich, ob Hermann wirklich die Reformation oder nicht bloß die Reform des Ordenslebens wollte und auch, ob er als Provinzial überhaupt in der Position war, auf die religiösen Verhältnisse Villingens einzuwirken. Jedenfalls setzte man in Villingen, Ensisheim und Innsbruck auf Heinrich Stolleysen als Garanten des alten Glaubens. Aus der Sicht des Villinger Rats wirklich schwierig wurde es ab 1534. Noch im Jahr zuvor hatte eine Tagsatzung zu Villingen unter der Leitung des Grafen Friedrich von Fürstenberg Maßnahmen gegen die „Praktiken der Newgloebigen" beschlossen und den Teilnehmern ans Herz gelegt, „jeder solle seine nächsten Nachbarn des alten Glaubs fürderlichst erinnern".[31] Das wurde in bezug auf die württembergischen Nachbardörfer Schwenningen und Mönchweiler in dem Moment gegenstandslos, als Herzog Ulrich nach dem Sieg über Habsburg nach Württemberg zurückkehrte und sogleich die Reformation einführte. (Otto Benzing hat diese Vorgänge für Schwenningen ausführlich dargestellt, so daß sie hier als bekannt vorausgesetzt werden können.[32]) Die Folgen waren sogleich zu bemerken: Bei der Regierung in Innsbruck sind ein oder mehrere württembergische Prediger aktenkundig, die in Villingen tätig wurden.[33] 1535 wurde dann zum ersten Mal der Lehrbetrieb der Universität Freiburg wegen der Pest nach Villingen verlegt, und bei dieser Gelegenheit nahm sich zum Verdruß des Rats einer der Magister heraus, evangelisch zu predigen. Als die Universität 1540 erneut in Villingen anfragte, war daher der Rat nur zögerlich bereit, seine Zustimmung zu geben.[34]

Mit dem Scheitern des Interims 1552 und dem Augsburger Religionsfrieden 1555 stand auch für Villingen und Schwenningen fest, daß die religionspolitischen Weichenstellungen der zurückliegenden Jahrzehnte Bestand haben würden. Doch waren diese gegen den Widerstand beträchtlicher Teile der Bevölkerung von oben durchgesetzt worden, und es sollte noch lange dauern, bis sich die Menschen auch innerlich in ihrer jeweiligen Konfession einrichteten.

In Schwenningen war die Reformation nur mit Zurückhaltung angenommen worden, und bis 1552 war nicht einmal sicher, ob man nicht doch noch zum alten Glauben würde zurückkehren müssen. In Villingen war die alte Kirche defensiv, aus politischen Gründen und mit organisatorischen Mitteln behauptet worden und entfaltete deshalb auch keine geistig-religiöse Kraft. Wir sehen das deutlich am Beispiel Lorenz Härings. Zwischen dem Rat und ihm, der 1531 als „gelehrter und geschickter Pfarrer, der ganzen Gemeinde lieb und angenehm" begrüßt worden war, entwickelte sich etwa 1544 bis zu seinem Tod ein Streit über seine Pflichten. Er erklärte, „er sei nicht schuldig, alle Sonntage zu predigen und so viele Messen zu halten".[35] In der Regel war jedoch ebendies die Aufgabe des Pfarrers, während er z. B. Taufen, Versehgänge oder Begräbnisse den Helfern überließ. Zudem weiß man, daß während der Reformationszeit die Predigt, sei sie nun katholisch oder evangelisch, für die religiöse Meinungsbildung von herausragender Bedeutung war. Aus diesem Grund legten gerade auch die katholischen Städte großen Wert darauf, gründlich gebildete Geistliche mit theologischem Studium, möglichst sogar mit dem Doktorgrad, zu bekommen.[36] Villingen jedoch hatte in diesen schwierigen Jahren keinen Johannes Pauli. Auch die Klagen über das Verhalten der Kapläne verstummten nicht: Noch gehörte Glaubenseifer nicht unbedingt zu den Kennzeichen des katholischen Klerus, trotz des Menetekels der Reformation. Erst gegen Ende des Jahrhunderts begann der Geist des Tridentinums seine Tiefenwirkung zu entfalten. Zugleich bildeten sich nun spezifisch katholische oder evangelische Frömmigkeitsformen aus und wurden in der breiten Bevölkerung aufgenommen. Sie prägten im „konfessionellen Zeitalter" Kultur und Weltsicht, Lebensrhythmus und Alltag und auch das Bewußtsein der Menschen von sich selbst. Deshalb sind sie auch für das Verhältnis von Villingen und Schwenningen im 17. und 18. Jahrhundert von einigem Interesse.

Formen und Folgen der Konfessionsbildung

In Schwenningen, wie in Württemberg insgesamt, sorgten drei Instanzen dafür, daß das neue Bekenntnis Wurzeln schlug: Pfarrer, Schule und Kirchenkonvent. Der alte Pfarrer Conrad, der seiner Gemeinde in den Nöten des Bauernkriegs beigestanden hatte, mochte sich nicht für den neuen Glauben entscheiden und wurde deshalb aufs Altenteil geschickt. Statt seiner kam 1535 mit Jacob Hertnagel der erste evangelische Geistliche in das Dorf. Er hatte wohl auch den Auftrag, sich um eine deutsche Schule zu kümmern. Die Große Kirchenordnung von 1559 schrieb dann für alle Gemeinden Württembergs Volksschulen verbindlich vor. Doch mußte der Pfarrer zunächst nach Stuttgart berichten: „Die von Schwenningen haben nit viel Lust zu einer Schul, wie wohlen Pfarrer eine solche zur Beförderung des Katechismus für dienlich hält."[37] Erst 1576 führten solche Anstöße zum Erfolg: Erhard Müller, ein Schwenninger Bauernsohn, wurde vom Gemeinderat zum Schulmeister und Mesner gewählt, vom Spezial (Dekan) in Tuttlingen geprüft und vom Stuttgarter Kirchenrat bestätigt. Wir sehen hier, in welchem Maß die Schule in jener Epoche ein „annexum religionis" war: Sie unterstand den Kirchenbehörden und dem Pfarrer und sollte durch Lehre der Bibel und der Kirchenlieder die Menschen zu gottesfürchtigen evangelischen Christen und zugleich zu folgsamen Untertanen erziehen. Ausdrücklich für diese Ziele wirkten die Kirchenkonvente, die 1644 in Württemberg eingeführt wurden. In dem von Schwenningen saßen der Vogt und der Untervogt, der Pfarrer, der Heiligenpfleger sowie zwei besonders fromme Männer als „Kirchenruger". Sie hatten die Aufgabe, den sonntäglichen Kirchenbesuch, Sitzordnung und Gemeindegesang

im Gottesdienst, aber auch Verhalten und Sittlichkeit der Dorfbewohner in ihrem Alltag zu überwachen und, wenn nötig, zu rügen. Gewiß wurden dadurch auch die Schwenninger nicht zu Heiligen; doch trug die intensive Missionierung in Verbindung mit sozialer Kontrolle sicherlich dazu bei, daß ihr religiöses Wissen sich vertiefte und manche „der Pietät widerstrebenden Laster und Untugenden ausgereutet" wurden.[38]

Daß auch im katholischen Bereich seit dem Ende des 16. Jahrhunderts ein neuer, auf Veränderung drängender Geist am Werk war, zeigt sich in Villingen zuerst in der Renaissance des schon aus dem späten Mittelalter bekannten Bruderschaftswesens. Sie begann 1585 mit der Gründung der Bruderschaft zum Leiden Christi; gegen Ende des 17. Jahrhunderts finden wir dann fünf Bruderschaften in Villingen vor. Im Unterschied zu den Bruderschaften des späten Mittelalters, die als Zusammenschlüsse der Gesellen unterhalb der Zünfte einen berufsständischen Charakter trugen, dominierte nun der religiöse Impetus – das gemeinsame Gebet, Wallfahrten, Passionsspiele –, während die gesellschaftliche Funktion in den Hintergrund rückte. So wurden die Bruderschaften zum Instrument, einen beträchtlichen Teil der Bürgerschaft in erneuerte Formen der Frömmigkeit zu integrieren und ständig neu zu mobilisieren. Zu diesen Frömmigkeitsformen gehört auch die Verehrung des Nägelinskreuzes, die in Villingen schon eine Tradition hatte. Jetzt, zu Beginn des 17. Jahrhunderts, häufen sich Belege und Berichte dazu. 1607 wird die Bickenkapelle als „Unser Frauen Kirch" bezeichnet. Es muß dort also zu dem Nägelinskreuz noch ein weiteres, ein marianisches Gnadenbild hinzugekommen sein. Der Grund dafür war gewiß der Aufschwung der Marienverehrung im Zuge der Gegenreformation.[39]

Solche neuen Frömmigkeitsformen entfalteten sich nicht naturwüchsig, sondern wurden bewußt und gezielt aufgebaut und geför-

dert. Dabei spielten alte und neue Orden eine
entscheidende Rolle. Es ist kein Zufall, daß
nach 1617 die Konstanzer Jesuiten in Villingen eine Volksmission abhielten, übrigens gegen den Willen des Pfarrers.[40] Dahinter steht
nicht nur der sprichwörtliche Glaubenseifer
der Gesellschaft Jesu, sondern auch die Tatsache, daß nun auch die Bischöfe, hier Jakob
Fugger von Konstanz (1604–1626), mit der
Reform der Kirche ernst machten. Die Bruderschaften in der Stadt wurden von den
Franziskanern geistlich betreut, die damit ihre Tradition der Volksseelsorge in neuen Formen und mit neuer Breitenwirkung fortsetz-
ten. Von daher wird verständlich, warum die
Franziskaner murrten, als der Rat 1654/55 die
Kapuziner einlud, sich in Villingen niederzulassen. Dieser neue Bettelorden war in der
Reformationszeit aus dem Franziskanerorden hervorgegangen und hatte sich zur Aufgabe gesetzt, durch Missionen, Aushilfe in der
Seelsorge und Predigt an besonderen Tagen
das katholische Glaubensleben insbesondere
bei den unteren Volksschichten zu beleben.
So hatte Villingen nunmehr drei Männerklö-
ster in seinen Mauern, die alle – und das war
neu – auf ihre jeweils spezifische Weise in die
Bevölkerung hineinwirkten.

Was „katholische Erneuerung" konkret
bedeutete, aus welchen Quellen sie sich spei-
ste, in welchen Niederungen sie ansetzte und
welche Höhen sie erreichte, läßt sich an der
Entwicklung der Villinger Benediktiner exemplarisch ablesen. Die Mönche aus St. Georgen sperrten sich zunächst hartnäckig gegen jede Reform, so daß unter dem Abt Blasius Schönstein aus Villingen (1585–1595) die
Mißstände ein besonders krasses Ausmaß an-
nahmen. Und doch wurde in seiner Amtszeit
eine, vielleicht die entscheidende Grundlage
der Erneuerung gelegt: 1587 gingen zum ersten Mal drei Villinger Konventualen zum
Studium an die neue Jesuitenuniversität in
Dillingen an der Donau.[41] Dies wurde für die
nächsten fünfzig Jahre zur Tradition, so daß

um die Mitte des 17. Jahrhunderts ein Großteil der Villinger Benediktiner von den Dillinger Jesuiten geformt war. Die Bedeutung
der „jesuitischen Inspiration" (Rudolf Rein-
hardt) für die Erneuerung der alten Orden
kann kaum überschätzt werden. Die Jesuiten
vermochten es, den jungen Religiosen den
Wert klösterlicher Disziplin und Askese zu
vermitteln und sie für mönchische Spirritua-
lität, das gelehrte Studium und ein Leben
nach der Ordensregel neu zu begeistern.
Aber sie bewirkten nicht nur einfach eine Re-
stauration der benediktinischen Ideale, sondern verbanden diese schöpferisch und
durchaus „modern" mit den Bedürfnissen
des Zeitalters, indem sie die jungen Mönche
auch dazu anleiteten, klösterliche Abgeschiedenheit und elitären Dünkel zu überwinden
und sich auch in der Seelsorge beim Volk
außerhalb der Klostermauern sowie im Bildungswesen zu engagieren.[42] In Villingen
ging diese Saat auf unter Georg II. Gaisser
(1627–1655), dem ersten bedeutenden
Reformabt. Er war selber Schüler der Jesuiten gewesen und achtete sie wegen ihres Re-
formeifers. Ihren Höhepunkt erreichen die
Reformen dann unter dem Abt Georg III.
Gaisser um 1690. Einige Hinweise mögen
genügen: St. Georgen in Villingen gehörte
der Konföderation süddeutscher Klöster an,
die die neue Salzburger Benediktineruniver-
sität trug. Hier studierten jetzt die Religiosen
aus Bayern, Österreich und Schwaben – ein
Beleg dafür, daß sich der Orden von der geistlichen Leitung der Jesuiten emanzipiert und
eigenes Selbstbewußtsein entwickelt hatte.
1673 errichtete eine Konföderation reichsun-
mittelbarer und vorderösterreichischer Klöster, darunter auch Villingen, ein Gymnasium
„ad modum studii Salisburgensis" in der
Reichsstadt Rottweil.[43] Es ging 1691 wieder
ein, aber nun widmeten sich die Villinger Benediktiner verstärkt ihrem eigenen Gymnasium, das vielleicht schon vor 1670 entstanden war.[44] 1747 erhielt es ein neues eigenes

Gebäude, und in der zweiten Jahrhunderthälfte entwickelte es sich zur bedeutendsten Bildungseinrichtung der Stadt.

Ihr markantestes Denkmal aber findet die Verbindung zu den Jesuiten in der Villinger Benediktinerkirche. Sie folgt als Wandpfeilerhalle dem Vorarlberger Münsterbauschema. Für dieses gibt es ein frühes Vorbild, ein „Urbild", das die Raumauffassung von Generationen von Vorarlberger Baumeistern beeinflußt hat. Es ist die Universitätskirche in Dillingen, die 1610 bis 1617 von dem Graubündener Architekten Johann Alberthaler errichtet wurde. Mit ihr beginnt die Entwicklung des Typs der Wandpfeilerkirche im südwestdeutsch-schweizerischen Bereich, die etwa ein Jahrhundert später ihren Höhepunkt erreichte. Der baugeschichtliche verweist auf den geistigen Zusammenhang: In den Abteikirchen von Weingarten, Einsiedeln und St. Gallen, aber eben auch von Villingen „begegnet uns ein Nachklang jenes hochgestimmten Reformwillens, der von der Dillinger Hieronymus-Universität um 1600 ausstrahlte" – eines Reformwillens, der dazu beigetragen hat, das brüchig gewordene Gebäude der alten Kirche in Oberschwaben, der Innerschweiz und Vorderösterreich neu zu festigen.[45]

Die Reformation auf der einen, Gegenreformation und katholische Erneuerung auf der anderen Seite haben beide als innere Missionierung gewirkt, die den Menschen klarere Glaubensüberzeugungen, vertiefte Frömmigkeit und eine neue religiöse Identität vermittelte. So ist in ganz Europa das 17. Jahrhundert zu einer Epoche intensiver Christianisierung geworden. Auf unseren örtlichen Horizont bezogen, könnte man formulieren: Niemals in ihrer Geschichte waren die Villinger und die Schwenninger gläubigere und eifrigere Christen als zwischen Dreißigjährigem Krieg und dem Zeitalter der Aufklärung. Aber weil sie dies unter konfessionellen Vorzeichen, als Katholiken und Prote-

stanten waren, entstanden neue Probleme. Zu dem traditionellen Stadt-Land-Gegensatz, der mancherlei Konflikte, ja Greueltaten erzeugt hatte, trat nun der Unterschied des Bekenntnisses, der sich im Lauf der Zeit zu einer Mentalitätsgrenze vertiefte. Es liegt auf der Hand, daß unter solchen Bedingungen die Nachbarschaft der beiden Orte um vieles komplizierter werden mußte.

Die verwandtschaftlichen Beziehungen und der menschliche Austausch zwischen beiden Orten, die über Jahrhunderte selbstverständlich gewesen waren, liefen mit der Zeit aus. Gegen Ende des 16. Jahrhunderts, als die Konfessionalisierung noch nicht in die Tiefe wirksam geworden war, war es wohl noch ohne innere Konflikte möglich, die Seiten zu wechseln: 1588 zog Michael Schwert, der Schwenninger Gastwirtssohn, nach Villingen und begann hier seine erfolgreiche frühkapitalistische Laufbahn. Diesem Renaissancemenschen war Villingen „eine Messe wert" – als Protestant geboren, wurde er in einer eigenen Kapelle in der Franziskanerkirche beigesetzt, und seine Witwe stiftete eine Jahrzeit für sein Seelenheil.[46] Kurz zuvor hatte ein anderer Schwenninger, Michael Müller, die Villinger Lateinschule bezogen – als der „Fenderich" wurde er später eine herausragende Persönlichkeit der württembergischen Politik. Aber schon sein Neffe Christian Benzing richtete sich nicht mehr nach Villingen aus, sondern besuchte die Lateinschule in Stuttgart, ging danach ins Tübinger Stift und wurde später Pfarrer von Besigheim.[47] Die Wahl der Schulorte mag mit dem Einfluß seines Onkels zusammenhängen, doch deutet sich hier auch ein typisches Muster an: Schwenninger und Villinger Karrieren verlaufen seit dem 17. Jahrhundert im jeweiligen konfessionellen „Hinterland". Wir finden Schwenninger in Tübingen, Göppingen oder Stuttgart, aber nicht in Villingen, Freiburg, St. Blasien oder Wien, und umgekehrt gilt dies ebenso. Selbst die Alltagsbeziehungen verlieren sich.

Schwenningen orientiert sich zunehmend auf die sechsmal weiter entfernte Amtsstadt Tuttlingen, und die Protokolle des Kirchenkonvents verzeichnen es vorwurfsvoll, wenn einmal junge Leute zum Tanz ins katholische Umland gegangen sind oder gar, was selten genug vorkommt, ins „Papsttum" heiraten. Lediglich eine Bäuerin, die aus Verzweiflung ihr „elendes" Kind zu den Nonnen nach Villingen getragen hatte, kam ungestraft davon – „sie habe sich ihres Kindts erbarmet; sie wolle es nimmer thun; sie habe nit gewußt, daß es so viel auf sich habe".[48]

Ihren Tiefpunkt erreichten die Beziehungen während des Dreißigjährigen Krieges. Ohne ihr Zutun gehörten Villingen und Schwenningen jetzt großen feindlichen Lagern an, und der Krieg entfesselte auch gegen den Nachbarn Rohheit und Haß. Ende 1632 drohte Villingen die Belagerung durch Württemberg. Im Gegenzug fiel der österreichische Obrist Äscher am Heiligabend in Schwenningen ein, Häuser wurden abgebrannt, es gab Tote. Im Januar 1633 wurde die Stadt dann zum erstenmal belagert und beschossen. Nach dem Abzug der Württemberger zog Äscher mit Reitern, Fußvolk und einem Trupp Villinger Bürger auf Schwenningen; das Dorf einschließlich der Kirche wurde eingeäschert, die Glocken nach Villingen mitgenommen, eine davon im Münster aufgehängt. Wenig später wurde Villingen ein zweites Mal belagert, 1634 kam es zu der berühmten Wasserbelagerung. Nach ihrem Abbruch genehmigte König Ferdinand, daß die Stadt württembergische Untertanen zum Abbau des Dammes herbeiholte. Die Villinger hatten gehofft, der Krieg würde ihnen die Herrschaft über Schwenningen einbringen. Als sich diese Hoffnung 1634 und endgültig beim Friedensschluß 1648 zerschlug, muß der Verdruß lange geschwelt haben. Jedenfalls zogen noch am Dreifaltigkeitstag 1653 Villinger in einer Prozession mit fliegenden Fahnen durch die Schwenninger Felder und das Dorf

und sangen dabei Marienlieder (über solche Rituale wird heute noch aus Nordirland berichtet).

Aber die Gegensätze von Glaube und Überzeugung können nicht alles bewegen oder erklären. In der Geschichte gibt es genügend Beispiele dafür, daß die Gleichheit der Glaubensüberzeugung die politischen Spannungen zwischen benachbarten Territorien keineswegs mildert. Umgekehrt gilt, daß unterschiedliche Bekenntnisse einen vernünftigen und menschlichen Umgang miteinander keineswegs ausschließen. Im 18. Jahrhundert schrieben Philosophen und Ökonomen, die elementarsten Triebkräfte des Menschen seien das Streben nach Glück und nach Wohlstand. Auch in Schwenningen und Villingen hätten sie für diese Theorien Anschauungsmaterial gefunden. Ein Fünftel der Kredite zum Wiederaufbau Schwenningens nach dem Dreißigjährigen Krieg kamen aus Villingen, von Kirchen und Klöstern, vor allem aber von Bürgern. Vielleicht empfanden sie Schuld, selbst wenn das Dorf ja nicht von „den" Villingern, sondern nur von einer Gruppe von Bürgern unter Führung einer enthemmten Soldateska niedergebrannt worden war. Vielleicht auch hatte der Appell der Schwenninger, daß „wür je und alweegenn guotte nachpaurenn gewesen"[49], eine Wirkung. Sicher aber löste die Aussicht auf Gewinne den Geldstrom aus. Diese Hoffnung wurde nicht enttäuscht. Die Schwenninger bauten ihr Dorf rasch wieder auf, zahlten die Kredite mit Zins zurück und konnten auch die feudalen Dienste und Abgaben, die sie Kirchen und Klöstern in Villingen schuldeten, wieder erbringen. Diese Leistungen hatten einen beträchtlichen Umfang. Daher beruhen die kirchlichen Bauten und Kunstwerke, die im 17. und 18. Jahrhundert in Villingen entstanden, in einem großen Maß auch auf Schwenninger Arbeitskraft; so wurden etwa für den Bau des Turms der Benediktinerkirche Schwenninger Fronfuhren eingesetzt. Beson-

ders die Jugendlichen ließen sich ganz un-
bekümmert und ohne konfessionelle Skrupel
auf Bräuche und Lebensart der anderen Seite
ein. 1684 klagte der Tuttlinger Spezial in einem Bericht: „Alle Feyertag lauffen die ledigen Söhn, Töchter und Gsindt mit hellen
Hauffen nacher Villingen; die Papisten är-
gern sich darob, sagend, man sehe es gleich,
wann die Lutheraner einen Feyertag haben,
ihre Stadt lauffe voll."[50] Vor allem die Villinger Fasnacht scheint unwiderstehlich gewesen zu sein. „Junge Leute utriusque sexus gehen in der Fastenzeit nach Villingen und laufen da mit denen Catholiquen verkappt und
in Narrenkleidern herum"[51], beanstandet ein
anderer Bericht. In Geschäftsangelegenhei-
ten durfte man durchaus nach Villingen gehen – aber drei Mädchen, die danach noch
„denen Fastnachtsnarren nach auff die Tantz-
laube geloffen"[52], wurden vom Kirchenkonvent empfindlich bestraft. Man darf vermuten, daß alle diese Maßregelungen keine
große Wirkung hatten. Diese jungen Leute
haben eine Einstellung vorweggenommen,
die schließlich sogar auf das protestantische
Establishment Schwenningens abfärbte. Zu
Beginn des 18. Jahrhunderts erhielt nämlich
der Villinger Bildhauer Johann Ignaz Schupp
den Auftrag, den Grabstein für Pfarrer
Kreußer, der heute noch neben dem Turm-
eingang der Schwenninger evangelischen
Kirche zu sehen ist, anzufertigen. Vielleicht
hat Schupp auch die Stuckarbeiten für die
neue Dorfkirche ausgeführt. Und als 1760
dem Schwenninger Pfarrer 300 Gulden ab-
handen kamen, bat er heimlich den Bärenwirt Wittum, bei den Kapuzinern das Responsorium des hl. Antonius verrichten zu lassen!
Nach drei Tagen fand er das Geld im Haus
wieder, und seine Frau spendete den Mönchen 3 Gulden als Almosen.[53] Offensichtlich
war der Hader aus der Zeit der Reformation
und Gegenreformation überwunden. Man
konnte jetzt ein guter Villinger Katholik oder
Schwenninger Protestant sein und dabei doch

den anderen in seinen Überzeugungen an-
erkennen und achten und einvernehmlich
nebeneinander leben.

---

1 R. G. Warnock (Hg.): Die Predigten Johannes Paulis. München 1970, S. 31.
2 Ebd. S. 42, 261.
3 Vgl. W. Müller: Die Villinger Frauenklöster des Mittelalters und der Neuzeit, in: 200 Jahre Kloster St. Ursula Villingen. 1982, S. 22 ff.
4 Vgl. W. Müller: Kirchengeschichte Villingens im Mittelalter, in: ders. (Hg.): Villingen und die Westbaar. Freiburg
1972, S. 112.
5 PfrA, verfaßt von Christian Roder, hg. von J. Fuchs. Villingen-Schwenningen 1982, Nr. 436.
6 Vgl. W. Müller: Kirchengeschichte, S. 112, 119.
7 Vgl. W. Müller: Kirchengeschichte, S. 113; J. Lortz: Die Reformation in Deutschland. 6. Aufl. Freiburg 1982, S. 86.
8 Als Muster dafür kann die „Prosopographie der Überlin-
ger Kapläne" im Anhang bei W. Enderle: Konfessionsbildung und Ratsregiment in der katholischen Reichsstadt
Überlingen (1500–1618). Stuttgart 1990, dienen.
9 Vgl. D. K. G. Speck-Nagel: Die vorderösterreichischen
Landstände im 15. und 16. Jahrhundert. Diss. Tübingen
1991, S. 146.
10 K. Wolfart: Geschichte der Stadt Lindau im Bodensee 1.
1909, S. 273; zit. n. Enderle: Überlingen, S. 5.
11 Bd. 1, Gotha/Leipzig 1981, S. 48/I.
12 Zit. n. O. Benzing: Schwenningen am Neckar. Geschichte
eines Grenzdorfes auf der Baar. Villingen-Schwenningen
1985, S. 138.
13 PfrA Nr. 455; H. J. Wollasch (Hg.): Inventar, Bd. I (1970),
Nr. 1061, 1162, 1170, 1207.
14 Vgl. Chr. Roder: Die Franziskaner zu Villingen. In: FDA
NF. 5, 1904, S. 257.
15 Wollasch: Inventar, Bd. I, Nr. 1109.
16 PfrA Nr. 428 ff.
17 Wollasch: Inventar, Bd. I, Nr. 1152.
18 PfrA Nr. 463.
19 PfrA Nr. 439, 442.
20 Lortz: Reformation, S. 82 f.
21 PfrA Nr. 454.
22 PfrA Nr. 429.
23 PfrA Nr. 455.
24 PfrA Nr. 451.
25 Zit. n. G. Hirt: Villinger Wappen der Jahre 1284 und 1530,
in: GHV, XIX, 1994/95, S. 117.
26 Vgl. K. Müller: Villinger Münsterpfarrei feierte 1988 zwei
Jubiläen, in: Almanach 90, Heimatbuch Schwarzwald-
Baar-Kreis, 14. Folge, S. 170 ff.
27 Vgl. W. Müller: Villinger Frauenklöster, S. 24.
28 Vgl. A. Müller: Das Villinger Amt des Klosters St. Katharinental, in: GHV, XIV, 1989/90, S. 73 f.
29 Wollasch: Inventar, Bd. I, Nr. 1253.
30 K. Eubel: Geschichte der oberdeutschen (Straßburger)
Minoritenprovinz. Würzburg 1886, S. 300 f.
31 PfrA Nr. 462.
32 Benzing: Schwenningen, S. 132 ff.
33 Vgl. Speck-Nagel: Landstände, S. 158, 426.
34 Vgl. R. Faller: Eine Analyse der Verlegung der Universität
Freiburg in Zeiten der Pest. Wiss. Prüfungsarbeit. Freiburg
1973, S. 24, Anm. 4.
35 PfrA S. 167.
36 Vgl. Enderle: Überlingen, S. 42, 44.

37 Benzing: Schwenningen, S. 152.
38 Synodalbeschluß von 1644, zit. n. Benzing: Schwenningen,
    S. 215.
39 Vgl. I. Schnell: Das Villinger Nägelinskruzifix. Villingen-
    Schwenningen 1987, S. 40 f.
40 Vgl. H. Lauer: Geschichte der katholischen Kirche in der
    Baar. Donaueschingen 1921, S. 210.
41 Vgl. J. Ruhrmann: Das Benediktiner-Kloster St. Georgen
    auf dem Schwarzwald im Zeitalter von Reformation und
    Gegenreformation (1500–1655). Diss. Freiburg 1961/62,
    S. 212 ff.
42 Vgl. A. Schindling: Katholische Bildungsreform zwischen
    Humanismus und Barock, in: H. Maier, V. Press (Hg.): Vor-
    derösterreich in der frühen Neuzeit. Sigmaringen 1989,
    S. 157.
43 Vgl. ebd., S. 169.
44 Vgl. Roder: Franziskaner, S. 267.
45 Vgl. Schindling: Bildungsreform, S. 175 f.
46 Vgl. Wollasch: Inventar, Bd. I, Nr. 1665.
47 Vgl. Benzing: Schwenningen, S. 181.
48 Ebd., S. 220.
49 Ebd., S. 197.
50 Ebd., S. 225.
51 Ebd., S. 246 f.
52 Ebd., S. 250.
53 Vgl. Chr. Roder: Die Kapuziner zu Villingen, in: FDA NF.
    4, 1903, S. 245.

Anita Auer

Das Romäusbild in Villingen

Bei der Durchsicht der Sekundärliteratur zu Romäus Mans gewinnt man den Eindruck, daß bereits im 19. Jahrhundert zu diesem Thema alles gesagt und erforscht wurde. Etwas Neues ist jedoch von einem Wechsel der Perspektive zu erwarten. Die eher historische Betrachtungsweise des 19. Jahrhunderts berücksichtigt zwar alle zugänglichen Schriftquellen, versäumt es jedoch, die bildliche Überlieferung eingehender zu analysieren. So gäbe die Gestalt des Villinger Lokalhelden Anlaß, eine alte und dennoch aktuelle Auseinandersetzung zwischen Historiker/innen und Kunsthistoriker/innen an einem Beispiel vorzuführen. Nach wie vor gipfelt dieser Streit in der Frage, wessen Quellen ein höherer Wert beizumessen sei. Neueste Diskussionsbeiträge gelangen allerdings zu dem Schluß, daß Schrift- und Bildquellen sich wechselseitig ergänzen[1] bzw. daß Hören, Lesen und Sehen, was die Imaginationsebene betrifft, ähnlich strukturiert sind: „In der intensiven (faszinierten) Wahrnehmung verblaßt die medial bedingte Grenze zu der bildlich oder schriftlich dargestellten Szene."[2]

Im Falle des Romäus bedeutet dies, der Bildquelle genausoviel Aufmerksamkeit zu schenken wie bisher den schriftlichen Quellen und die Erkenntnisse aus beiden zusammenzuführen. Das Besondere an der Romäussage ist, daß die Sagenbildung weit vor dem 19. Jahrhundert, wahrscheinlich schon zu Lebzeiten bzw. unmittelbar nach dem Tod des Helden einsetzt. Dabei wird – nach Meinung der bisherigen Forschung – die Gestalt des Romäus ungefähr gleichzeitig in Wort (zunächst mündlich, dann schriftlich) und Bild überliefert. Aufgrund dieses – wie ich meine – Mißverständnisses wurden diese beiden Überlieferungsstränge niemals getrennt

untersucht, sondern in eins gesetzt. Die Herstellung eines Bildes und die Entstehung eines Sagenstoffes können sich zwar gegenseitig beeinflussen; Funktion, Urheber und Ort sind jedoch nicht unbedingt identisch. Es ist also zu fragen, wie kommt das Bild des Romäus auf die Mauer, welche Bilder findet man ansonsten auf Stadtmauern und an Tortürmen, ist es wirklich Romäus, der hier zu Beginn der Überlieferung eines Bildes auf der Mauer gemeint ist?

Ein weiterer neuer Gesichtspunkt ergibt sich, wenn man einen literaturvergleichenden und rezeptionsgeschichtlichen Ansatz wählt. Die Geschichte des Romäus Mans gehört – zumindest teilweise – in den Bereich der Sage. Sagen und Mythen sind, da sie mündlich überliefert werden, „allen möglichen bewußten und unbewußten Verdrehungen und Manipulationen ausgesetzt"[3]. Um die in ihnen enthaltene „Geschichte" lebendig zu halten, werden neue Einzelheiten dazu erfunden, andere weggelassen, bisher Gewußtes neu gewichtet, Erkenntnisse neuen Erfordernissen angepaßt und – wenn nötig – sogar in ihr Gegenteil verkehrt. „Die kollektive Erinnerung, die hier von der Erzählung transportiert wird, ist in jeder Generation ein Kompromiß zwischen Vergangenheit und Zukunft."[4] Jede Gemeinschaft (be)nutzt den Mythos oder die Sage in einer ihr adäquaten Form. Bei diesem Ansatz wird vor allem der Frage nachgegangen, welche Funktion die Sage ursprünglich hatte, welche Bedeutung sie für das Selbstverständnis der Villinger Bevölkerung im Lauf der Zeit gewinnt und wie und warum sie sich verändert.

Die Frage nach dem Villinger „Romäusbild" beinhaltet also sowohl die Frage nach „dessen abconterfeht an der rinckmur"[5], dem

Anstrich der Mauer, den jede Generation erneuerte, als auch die nach dem Bild des Helden, das sich jede Generation von ihm machte,
indem sie seine Geschichte weitererzählte.

Heinrich Hug und die frühe Sagenbildung

Ein Zeitgenosse berichtet aus der Erinnerung

Heinrich Hug ist der erste, der in seiner
Chronik von Romäus Mans berichtet. Er beschreibt, wie im Jahr 1497 Romäus Mans vom
Rat der Stadt im Michaelsturm gefangengesetzt wurde „von etlicher wortt wegen, die er
gebrucht solt haben gegen dem stattschriber
und Hansen von Franckfurtt, was hie schult-
haß"[6]. Romäus sollte hier die Zeit bis zu seinem Lebensende verbringen. Aber die Bürger der Stadt fanden diese Strafe zu hart, und
Freunde und Gönner gaben ihm nicht nur zu
essen, sondern setzten sich auch beim Rat für
seine Begnadigung ein. Als jedoch dies nichts
nützte, wurde dem Gefangenen – versteckt in
seinem Essen – ein Messer zugespielt, mit
dem er aus dem Turm, der als ausbruchsicher
galt, entkommen konnte. Er floh zu den Johannitern und von dort aus der Stadt. Der
Ausbruch aus dem Turm setzte die Bürger der
Stadt in großes Erstaunen und den Rat in
Angst. Diesem mußte Romäus Urfehde
schwören, d. h. eidlich versichern, daß er auf
Rache verzichte, und erhielt eine Entschädigung. Romäus verdingte sich als Landsknecht
in Diensten des Kaisers Maximilian. In aussichtsloser Situation verteidigte er die Küssaburg und erhielt dafür vom Kaiser eine Herrenpfründe im Spital in Villingen. Diese konnte er allerdings nie in Anspruch nehmen, denn
er starb 1513 in der Schlacht von Novarra.

Heinrich Hug, der um 1533 gestorben ist.[7]
hat wohl Romäus Mans noch persönlich ge-
kannt. Sein „Augenzeugenbericht" ist jedoch
aus zeitlichem Abstand verfaßt. Roder geht
davon aus, daß erst der Heldentod des
Romäus, 1513, dazu geführt habe, die früheren Ereignisse in die Chronik Heinrich Hugs

aufzunehmen.[8] Zudem äußert Roder Zweifel
an der Glaubwürdigkeit des Chronisten: „In
einer zeit, in der der volksmund noch fast ausschließlich der träger der fama war ... konnte
es natürlich nicht fehlen, daß neben dem wahren auch vieles falsche, entstellte und aben-
teuerliche mit unterlief."[9] Und: „Die mitteilung mancher gar sonderbaren wunderdinge,
denen Hug immer eine specielle bedeutung
zuschreibt, kann nicht befremden, indem derartiges in den chroniken jener zeit bekanntlich sehr häufig vorkommt."[10] Wie ist nun das,
was Hug schreibt, zu bewerten?

Hug selbst gibt Hinweise, wie er seinen Bericht verstanden wissen möchte, wenn er die
Verzweiflung Romäus' im Turm paraphra-
siert: „Do ruff er die lieben helgen an ..." und
seinen Erfolg kommentiert „darmit bracht er
zu wegen mit der hilff gots und der lieben
hellgen"[11]. Die Wiederholung dieser Bei-
standsformel weist darauf hin, daß es sich
hierbei nicht um die Feststellung der religiösen Gesinnung des Romäus handelt, sondern
um einen Topos, der, nachdem die Frommen
immer auch die Guten sind, Heinrich Hugs
Sympathie für den Helden offen ausdrückt.

An einer anderen Stelle gibt Hug Beweise
für die Authentizität des Erzählten. Er berichtet nämlich, daß Romäus beim Ausbruch
„hatt aber forher ußgeworffen groß klotz, die
er ußgraben hatt; die trug er mit im gen sant
Johans; ist der ain noch im kor an der
sull ..."[12] Was also der Zeitgenosse Hugs
noch mit eigenen Augen sehen kann, die
Werkzeuge des Turmausbruchs, dient dem
Chronisten zur Beglaubigung des Erzählten.
Die Erzählung endet mit der Verleihung der
Herrenpfründe, die von Hug ironisierend
kommentiert wird: „die was im lieber dan die
pfrunt im Dieburn, die sy hatten gesprochen" und schließt „Es ist nit von sim wunder[13] alles zu schribend"[14], was bedeutet, daß
die Schrift, der Text keinen angemessenen
Eindruck vermitteln kann, von dem, was passiert ist. Es sprengt die Grenzen des Men-

schenmöglichen und des Vorstellbaren
(„wunder"). Was aber nicht „zu schribend"
ist, kann vielleicht erzählt oder vorgeführt
(Volksschauspiel, Bänkelsang) werden. Das
heißt, daß zum Zeitpunkt der Niederschrift
der Chronik, 1513 bis 1533, die Sage um
Romäus möglicherweise schon existierte.
Es gab mehr zu berichten als das, was Hug
festhielt, woraus man eventuell umgekehrt
auf die Gewissenhaftigkeit des Historikers
Hug schließen kann: Was er an dieser Stelle
berichtet, gehört nicht in den Bereich des
„wunders".

Schon aus Hugs Chronik können also wichtige Schlußfolgerungen getroffen werden.
Hug stand dem Protagonisten positiv gegenüber. Er war parteiisch, was seine Verurteilung und Bestrafung durch den Rat anging.
Für den Turmausbruch werden jedoch Beweise vorgebracht. Zudem wird das Bemühen um Objektivität des Chronisten, was
die übrigen berichteten Sachverhalte betrifft,
betont.

Stand der Forschung

Die wesentlichen Beiträge zur Romäusfor-
schung im 19. Jahrhundert stammen von
Nepomuk Schleicher[15] und Christian Roder[16]. Schleicher versucht, anhand von Urkunden die historische Person des Romäus
genauer zu fassen. Dabei beschäftigt ihn neben der Frage, ob der Turmausbruch tatsächlich stattgefunden hat, warum Romäus vom
Rat so hart bestraft wurde. Der Turmausbruch hat nicht nur die Zeitgenossen des
Romäus, sondern alle, die davon hörten, bis
ins 20. Jahrhundert immer wieder fasziniert.
Eine positivistische Geschichtsauffassung
suchte in der Ortsbesichtigung und dem
Nachstellen des Ausbruchs die Bestätigung
dessen, was Hug darüber berichtete.[17] Die
harte Bestrafung durch den Rat erklärt
Schleicher durch das Bestehen einer Urfehde: „Da Romeius im Falle des Meineides dar-

in für vogelfrei erklärt ist, so wird es begreif-
lich, wie ein einzelnes meisterloses Wort eine
so schwere Gefangensetzung herbeiführen
konnte."[18] Dem widerspricht Roder: „Diese
zweite Verurteilung von 1497 war schwerlich
erfolgt wegen Nichtbeobachtung der dort be-
schworenen Verpflichtungen (wie Schleicher
meint), sondern sie beruhte auf der Anklage
wegen eines neuen angeblichen Vergehens."[19] Auch Roder besuchte den Ort des
Turmausbruches: „In die Fugen der Mauern,
besonders der nördlichen, sind mit eisernem
Geräte Löcher tief eingekratzt, mittelst deren
ein Mann von einiger Gewandtheit auch ohne eingetriebene Pflöcke etwa 3 m hinauf
klettern kann."[20]

Eine weitere Schwierigkeit der frühen Ge-
schichtsforschung zu Romäus Mans bestand
darin, die Quellen, welche die Person des Lokalhelden tatsächlich betreffen, zu identifizieren, was auch durch die verschiedene
Schreibweise des Namens nicht erleichtert
wird. So existiert in den Quellen ein Bruder
Hans Mans und ein weiterer Remigius Mans,
welcher der Vater des Romäus war.[21] Aus der
Verwechslung von Vater und Sohn konnte die
Ursprungslegende der Villinger Fastnacht
mit dem Stadthelden Romäus verknüpft werden: „1467 war bereits der Vater Remigius
Manns aufgefallen, weil er sich mit anderen
gegen das Verbot maskiert hatte."[22]

Das Bild auf der Mauer

Einen wirklichen Erkenntniszugewinn
stellt Roders Entdeckung zweier neuer Quellen zum „Bild auf der Mauer" dar.[23] Doch seine Deutung soll im folgenden hinterfragt
werden.

Jedes Kind kennt in Villingen den Lokalhelden Romäus, weil sein monumentales Bild
auf der Nordseite des Romäusturmes zu
sehen ist.[24] Das Bild am Turm, das tagtäglich
wahrgenommen wird, gibt immer wieder
Anlaß, sich zu erinnern und die Sage von

Abb. 1 David Röttlin, Pürschgerichtskarte, 1564.

Romäus zu erzählen, hält also die Tradition wach. Ursprünglich war ein ähnliches Bild westlich des Oberen Tores an der äuße- ren Ringmauer angebracht. Die Rottweiler Pürschgerichtskarte von David Röttlin, 1564 (Abb. 1), zeigt eine Gestalt, die über die ge- samte Höhe der Stadtmauer reicht, d. h. ca. sieben Meter hoch ist. Sie ist frontal darge- stellt, mit weitem Ausfallschritt, die linke Hand am Schwert, die Hellebarde über der rechten Schulter. Sie trägt einen mit drei Fe- dern geschmückten breitkrempigen Hut, ein Wams mit weiten, gebauschten Ärmeln, kur- ze, geschlitzte Pluderhosen und kniehohe Stulpenstiefel, – die typische Kleidung und Ausstattung der Landsknechte. Hatte jedoch dieses Bild wie das spätere am Romäusturm

ebenfalls die Funktion, die Erinnerung an den Helden wachzuhalten?

Roder[25] findet in der Biographie Josua Ma- lers, der ein Stiefsohn des Romäus gewesen ist, eine frühe Bestätigung dieser Annahme. In seiner Biographie beschreibt Josua Maler, wie er 1569 seine Vaterstadt Villingen zum zweiten Mal besuchte und wie ihm das Bild seines Stiefgroßvaters an der äußeren Stadt- mauer „gar naache verblichen" gezeigt wor- den sei: „Wir besahind ouch andere kilchen und namhafte ort der statt, wie auch usser- halb der statt an der ringmuren nebent einem thor ein alt gemäll und abcontrafeyung Remi- gius Manses sel., so by sinen zyten ouch von wägen siner unverzagten frävenheit (Verwe- genheit, A. R.) und das in mencklich entsessen ist (sich vor ihm entsetzt hat, A. R.) Remigius Tüfel genannt worden, von dem mir oft und vil min lieber vatter sel. selzamer sachen erzelt hat, ... ist entlich an der schlacht zu Nauarren umgangen (gefallen, A. R.), und wirt naachmals von denen von Villingen sin biltniss von wegen siner kriegerischen, dapferen art, irem und dem östreychischen wappen und eerenzeichen zugemalt ... und wirt daran die uralt landsknechtisch kleydung gar ordentlich gesähen."[26]

Aus einer zweiten Quelle, einer Urfehde des Niedereschacher Müllers Heinrich Gebhart vom 2. August 1520, schließt nun Roder, daß das Bild des Romäus bereits 1520 auf der Stadtmauer prangte. Dort heißt es nämlich: „Ich geschwig das crütz, daran man muß die von Villingen übel fürchten; sy malendt lütt für die stat an die muren, umb das man sy fürchten söll."[27] Genaugenommen besagt diese Quelle jedoch nur, daß die Villinger „Leute", also mehrere nicht genauer bestimmte Personen, auf die Stadtmauer malten, welche Furcht erwecken sollten. Von Romäus ist nicht die Rede. Möglicherweise mangelte es dem Niedereschacher Müller einfach an Deutungskompetenz. Dennoch ist 1520, also sieben Jahre nach Romäus' Tod, ein sehr früher Zeitpunkt für die „Kanonisation" des Helden. So vermutet noch Schleicher, „daß ... die Herstellung des Bildnisses erst lange nach dem Tode des Kämpen bewirkt worden sei"[28]. Und auch Bumiller kann sich kaum erklären, daß einer, der den Rat beleidigte, „aus öffentlichen Mitteln bezahlt" an einem „öffentlichen Bauwerk verewigt"[29] wurde.[30] Welche Bilder könnten die Villinger noch auf ihre Mauer gemalt haben, um ihre Nachbarn das Fürchten zu lehren?

Zunächst gilt es den Anbringungsort zu berücksichtigen. Bilder an Stadttoren und Türmen haben eine besondere Funktion. Sie sind wichtige mnemotechnische Orte, denn die Bilder, die hier angebracht sind, prägen sich jedem Passanten ins Gedächtnis. Zudem

können Bilder an Toren und Türmen, da sie frei stehen, mit einer gewissen Fernwirkung rechnen: „In diesem Bereich der öffentlichen Selbstdarstellung wurde das Verhältnis der eigenen Stadt zum Reich dokumentiert."[31] Josua Maler spricht von zwei dem Romäus beigefügten Wappen, nämlich dem Wappen der Stadt und dem Österreichs.[32] Ein Landsknecht neben Wappen als frei auf der Wand stehendes Einzelbild wird gewöhnlich als Wappenhalter interpretiert.[33] Der Landsknecht als „gerüsteter Mann, der die Wappenscheibe vor sich hält", erweitert die Bedeutung der Hoheitszeichen im Sinne einer „Darstellung von Kampfesmut und Stärke"[34]. Ist nicht genau dies, was die Nachbarn der Villinger fürchten müssen: eine Stadt, deren Bewohner durch das Bild des Landsknechts als kriegerisch und tapfer charakterisiert werden, beschützt von den mächtigen Habsburgern? Und so nimmt auch der Niedereschacher Müller, Heinrich Gebhardt, 1520 das Gemälde auf der Mauer als eine unverhüllte politische Aussage, die Demonstration des Selbstverständnisses der Stadt, wahr, denn er kommentiert: „Die von Villingen sind nit machtig"[35] (sie tun nur so). Das Bild auf der Mauer ist möglicherweise zunächst nicht das Bild des Romäus. Es gibt jedenfalls keinen eindeutigen Beleg hierfür. Auch Heinrich Hug, der ja ausführlich die Geschichte des Romäus erzählt, hätte dieses Denkmal sicherlich in seiner Chronik erwähnt. Wie kommt es aber 49 Jahre später zu der Identifizierung eines wappenhaltenden Landsknechtes mit dem Stadthelden Romäus?

1569, als Josua Maler Villingen besuchte, waren seit Romäus' Tod 56 Jahre vergangen. Fast zwei Generationen hatten inzwischen an seinem Heldenbild gearbeitet. Was Hug andeutet, daß nämlich zur Zeit der Niederschrift seiner Chronik bereits eine mündliche Erzähltradition existierte, wird von Josua Maler explizit bestätigt. Der Ausbruch aus dem Turm, die Verteidigung der Küssaburg,

der Tod auf dem Schlachtfeld dürfen als au-
thentisch angenommen werden und überliefern dem kollektiven Gedächtnis einen Menschen mit außergewöhnlichen Eigenschaften,
einen Menschen, der im wahrsten Sinne des
Wortes über sich hinausgewachsen ist: einen
Riesen. Liegt es nicht nahe, den riesigen, Tapferkeit und Kampfesmut symbolisierenden
Landsknecht auf der Stadtmauer mit dem riesigen, Tapferkeit und Kampfesmut symbolisierenden Landsknecht der Sage zu verbinden, vor allem wenn damit eine Verstärkung
der politischen Aussage dieses Mauerbildes
verbunden wäre?

Verschiedene Elemente der Sage um Romäus und ihre historische Einordnung

Ähnlich wie das Bild auf der Mauer von jeder Generation aufgefrischt, d. h. neu ange-
malt und neu interpretiert werden mußte,
konnte auch die Sage, das in der Sprache entworfene Bild des Helden, eine Veränderung
oder Anpassung an die Zeitumstände erfahren, denn die Erinnerung an Worte und Taten
verblaßt gleichermaßen wie die an optische
Eindrücke. So ist es möglich, daß die ursprüngliche historische Persönlichkeit als Fo-
lie benutzt wird, auf die Konflikte, Wünsche
und Gefühle der sagenproduzierenden Gemeinschaft projiziert werden. Die Sagenge-
stalt gewinnt Vorbildcharakter, wird zum
„mythischen Vorvater". Das heißt, der so
konstruierte Held tut, was man selber gerne
tun möchte, aber nicht zu tun vermag. Daher
ist es wichtig, sich zu vergegenwärtigen, in
welcher politischen Situation das Mauerbild
und die Sage um Romäus entstehen.

Zu den wohl später hinzugefügten und sa-
genhaften Elementen der Romäusgeschichte
gehören der Diebstahl des Rottweiler Stadttores und die Episode mit dem Ochsenwagen. In der Tat ist im betrachteten Zeitraum
für die Stadt Villingen die Konkurrenz mit
der benachbarten Reichsstadt Rottweil be-

sonders wichtig. Roder vermerkt zu dem
oben erwähnten Hohn der Bewohner des
Umlandes über das Bild auf der Mauer: „Die
in der Urfehde angeführten Spöttereien sind
bezeichnend für die damalige Gesinnung eines Teils der Nachbarschaft Villingens, das
wegen nicht selten rücksichtsloser Geltend-
machung seiner Rechte, insbesondere wo diese die freie Pirsch, die hohe und niedere Gerichtsbarkeit betrafen, mit den Angren-
zern ... in Spännen lag und dabei durch die
Gunst des österreichischen Landesfürsten
vielfach unterstützt wurde."[36] Heinrich Hug
berichtet über diese Auseinandersetzungen
um die freie Pirsch mit Rottweil und war
selbst an der Zerstörung von württembergischen und Rottweiler Pirschmarksteinen
beteiligt.[37]

Der Gerichtsbezirk der Stadt beschränkte
sich damals zunächst auf das eigentliche
Stadtgebiet und die Orte des Brigachtals, die
unter Villinger Herrschaft standen. Die auf-
strebende Stadt Villingen wollte jedoch ihren
Machtbereich erweitern. So kam es zur Konfrontation mit Rottweil, denn in den nördlich
und östlich angrenzenden Gebieten besaß
Rottweil die hohe Gerichtsbarkeit, das Geleit-
recht und den Wildbann („Freie Pirsch").[38]
„Der Streit mit Rottweil begann 1514 infolge
der Aufrichtung von Pürschmarksteinen
durch Württemberg und Rottweil."[39] Aufgrund weiterer Auseinandersetzungen kam
es 1521 zu einem Verhör, „welches ergab, daß
die Villinger ‚seit mehr als menschengeden-
ken' im Freipürschbezirk um die Stadt das
Recht tatsächlich ausübten, zu jagen und
schädliche Leute anzunehmen"[40]. Die Villinger pochten auf ihr Gewohnheitsrecht. Möglicherweise unterstützten sie ihre Forderungen durch das Bild auf der Mauer, das sich ja
am „Rottweiler Tor", also dem nach Rottweil
gerichteten, heutigen Oberen Tor befand,
und durch seine Größe eine gewisse Fernwirkung erreichte. Das Bild mit dem Wappen
der Stadt und dem des Förderers und Be-

schützers der Stadt okkupierte visuell den Raum vor der Stadtmauer und zwar bis zum nächsten optischen Hindernis.

Bei der Sagenbildung werden häufig historische Ereignisse mit mythischen Motiven angereichert. Dadurch wird das Geschichtliche ins Allgemeingültige übertragen. Neid und Konkurrenz – das Problem der Villinger im Streit mit Rottweil – sind auch das Thema der biblischen Geschichte um den Riesen Samson. Im Buch der Richter 16,1–3 heißt es: „Als Simson (eines Tages, A. Hrsg.) nach Gaza kam, sah er dort eine Dirne und ging zu ihr. Als man den Leuten von Gaza berichtete Simson ist hier!, suchten sie überall (nach ihm, A. Hrsg.) und lauerten ihm (die ganze Nacht, A. Hrsg.) am Stadttor auf. Die ganze Nacht über verhielten sie sich still und sagten: Wir warten bis zum Morgengrauen, dann bringen wir ihn um. Simson aber schlief bis gegen Mitternacht. Dann stand er auf, packte die Flügel des Stadttors mit den beiden Pfosten und riß sie zusammen mit dem Riegel heraus. Er lud alles auf seine Schultern und trug es auf den Gipfel des Berges, der Hebron gegenüberliegt."[41]

Diese biblische Erzählung wird in der Sage auf Romäus und die Auseinandersetzung zwischen Villingen und Rottweil übertragen. Schon Schnezler[42] spricht von Romäus als dem „Villinger Simson": „Bei nächtlicher Weile schlich er sich, von der Dunkelheit begünstigt, durch den Graben watend, dicht an das Stadtthor, schlug mit einigen Streichen die Wachen nieder, mit ein paar anderen das Thor ein, hob den einen schweren hölzernen Flügel desselben aus, lud ihn auf seine Schultern und trug ihn, ohne nur einmal auszuruhen, im Triumphe bis auf den Stumpen, einen zwischen Villingen und Rottweil gelegenen Berg, wo er ihn als Siegesdenkmal aufstellte."[43]

Im Unterschied zum biblischen Samson ist hier Romäus der Aggressor. Er wird bei Schnezler als „verheerender Wilderer" be-

schrieben, der sich „nicht auf die Gemeindewaldungen (beschränkte, A. A.), sondern... sich auch aus den entlegeneren Forsten der Umgebung reiche Beute (holte, A. A.)"[44]. Diese in der Sage erwähnten Mißachtungen des Pirschbezirks besitzen durchaus historische Wahrscheinlichkeit, da in den Quellen entsprechendes Verhalten von den Villingern allgemein berichtet wird und Hug von Romäus im Besonderen sagt: „dan er ain kriegsman waß von jugend uff"[45].

Der Riese Romäus wird zum Riesen Samson. Die Zerstörung der Pirschmarken wird in ein Aushängen des Rottweiler Stadttores uminterpretiert, worin kein harmloser Streich zu sehen ist, denn Romäus versetzte die Stadt in einen Zustand der Schutzlosigkeit und gab sie der Lächerlichkeit preis.

Die Parallelen beider Geschichten werden noch deutlicher durch die Erwähnung des Berges Stumpen. In der definitiven Einigung über den Pirschbezirk mit Rottweil in den Jahren 1582 und 1584 wird nämlich der Berg Stumpen, die Bannscheide von Villingen, Obereschach und Weilersbach, als Grenze definiert. Das heißt, dem im Wappenbild auf der Mauer ausgedrückten Wunsch der Villinger, die Pirschgrenze dorthin zu verlegen, wo sich die nächste Erderhebung in den Blick stellt, wird entsprochen. Romäus setzt das Rottweiler Tor hier quasi als Pirschmarkstein. Aufgrund dieser Sage um den Diebstahl des Rottweiler Stadttores erhält Romäus nun ein Attribut, das ihn eindeutig von einem Nur-Landsknecht unterscheidet. Auf den Monumentalbildern des 19. Jahrhunderts hält Romäus ein Stadttor, das im Umriß einem Wappen nicht unähnlich und wesentlich kleiner ist als die Gestalt des Romäus. So ist möglicherweise zu erklären, wie aus dem Landsknecht mit Wappen ein Romäus mit Rottweiler Stadttor wird. Als Kaisertreuer und als Villinger Bürger konnte Romäus die Wappen der Habsburger und der Stadt „ersetzen". Diese Symbolfunktion ist auch in den Darstellungen des 19. Jahrhunderts gegenwärtig, wenn über das Wandbild am Oberen Tor im Altertümerrepertorium zu lesen ist: „hatte Romejas Wams und Hose weiß und roth gestreift"[46], was eben die Kleidung der Kaiserlichen auszeichnete,[47] oder in der Romäussage von den Pfauenfedern auf Romäus' Hut[48] die Rede ist.

Auf der Rottweiler Pirschgerichtskarte von David Röttlin ist weder Wappen noch Stadttor zu sehen. Die Entstehung der Sage über den Rottweiler Stadttorklau ist frühestens um 1569, dem Zeitpunkt der Identifikation des Landsknechtes mit Romäus, und spätestens um 1582, dem Zeitpunkt der Einigung über den Pirschbezirk, anzusiedeln. Daß das Bild auf der Mauer mit der Romäussage unmittelbar zu tun hat, wird aus der Sagenvariante klar, Romäus habe das Tor „als Siegesbeute an dem neuerbauten ‚Oberen Tor‘ angebracht"[49], also dort, wo das Wappenbild angebracht war. Auch die inhaltliche Nähe zu einer anderen Villinger Sage, der Radwette von 1562, die schon in Hugs Chronik[50] berichtet wird,[51] beweist, wie stark die Konkurrenzsituation zu Rottweil zeitgenössisch empfunden wurde, sich in das kollektive Gedächtnis eingrub und die Sagenbildung anregte.

Nachdem die politische Situation geklärt war, ging irgendwann der ursprüngliche Zusammenhang von Pirschauseinandersetzungen, Romäusbild und -sage verloren. Romäus neben dem ‚Oberen Tor‘ wurde zum Torwächter[52] uminterpretiert, dem aufgrund seiner beeindruckenden Größe und martialischen Erscheinung eine beschützende Funktion zugewiesen wurde. Aufgrund der „Bannkraft" seines Blickes wurde ihm wohl auch als Apotropaion (Unheil abwehrendes Mittel) Bedeutung beigemessen. Chorregent Fidelis Dürr schreibt das in einem Gedicht auf den Abbruch des Vortores am Oberen Tor: „Ein Riese stand zur Seite Dir;/ Romejas mit dem Krieger-Blicke;/Sowohl zum Schrecken als zur Zier,/ bewacht Jahrhunderte er die Brücke."[53]

Im Laufe der Zeit erfand die Sage neue Charakterzüge des Stadthelden, die sich beispielsweise in der Ochsenwagengeschichte widerspiegeln. Diese besagt, Romäus habe aus Mitleid mit den vom Ochsentreiber geschundenen Tieren „auf einen mit zwei schweren Baumstämmen beladenen Wagen, den das Gespann Ochsen nicht fortbringen konnte, … die Thiere auch noch geladen, und hierauf die ganze Last allein fortgezogen"[54]. Grundmuster dieser Heldentat sind wie beim Turmausbruch und der Verteidigung der Küssaburg die „herkulischen Kräfte" des Helden und die Verwirklichung des scheinbar Unmöglichen, die Rettung aus einer „ausweglosen" Situation. Die Existenz des Ausdruckes „einen Karren aus dem Dreck ziehen" für „eine verfahrene Sache wieder in Ordnung bringen", die seit dem 17. Jahrhundert bezeugt ist,[55] legt nahe, daß es sich bei diesem Sagenelement möglicherweise nur um eine Erweiterung und Illustration dieser Redensart handelt. Allerdings kommt eine ähnliche Geschichte mit der titelgebenden „Pippi Langstrumpf" als Protagonistin auch bei Astrid Lindgren[56] vor, so daß an eine gemeinsame „dritte" Quelle zu denken ist.

In der Episode mit dem Ochsenwagen werden Romäus Eigenschaften zugeschrieben, die ihn sympathischer erscheinen lassen. Denn dem „Ausbrecherkönig", Kriegshelden und Schlagetod (Samson) weiß die Sage nichts Menschliches abzugewinnen. Mitleid mit ungerecht Behandelten, Tierliebe, Hilfsbereitschaft, Großmut aber rühren zutiefst und nehmen für sich ein.

Weitere Ausschmückungen der Sage gehören ebenfalls in die jüngere Zeit. Sei es nun, daß sich Romäus in eine Novizin von Sankt Ursula verliebte, sei es, daß Romäus als Frühreifer – ein beliebtes Sagenmotiv – mit sprießendem Bart zur eigenen Taufe erscheint, beides Episoden, die der Heimatdichter Friedrich Gessler um die Jahrhundertwende in Reimform festhielt. Spätere

Sagenfassungen fanden es unlogisch, daß sich ein so großer und kräftiger Held hätte in den Turm sperren lassen. Nach dem Motto – stark, aber dumm – ließen sie den Rat eine List erfinden, um den Riesen ins Gefängnis zu locken: ein Schatz, ein nicht zu hebender, schwerer Stein läge auf dem Boden des Turmes.[57] Schon bei Gessler wird Romäus zum Pazifisten, d. h. zum Antihelden umgedeutet. Diese „Drehung" des Mythos läßt sich auch im Werk des Villinger Malers Richard Ackermann (1892–1968) beobachten.

Überlieferungslücke und Neuinterpretationen im 19. und 20. Jahrhundert

Das Bild auf der Mauer war 1750 noch auf der Westseite des Oberen Tores, wurde aber um 1820 erstmals transferiert, nämlich auf die Ostseite des Tores durch den Zeichenlehrer Flaig.[58] Das Ende der „stabilitas loci" ist insofern bedeutsam, als damit auch ein mnemotechnischer Ort aufgegeben wird. Dies spricht für eine nachlassende Kraft des Bildes zu Beginn des 19. Jahrhunderts. 1840 wird die äußere Stadtmauer abgerissen und mit ihr auch das Romäusbild zerstört. Offensichtlich beginnt eine neue Zeit, welche die Mauer und ihr Bild nicht mehr benötigt oder gar als Hindernis empfindet. Das Bild wird tradiert, allerdings im eher privaten Bereich: „Eine Kohlezeichnung, die ein fleißiger Zeichnungsschüler, der spätere Nepomuk Oberle, zur Kurzweil auf eine Gartenmauer gemacht hatte, war bis auf die neueste Zeit das einzige Denkzeichen für den vielgenannten Kämpen."[59] Aber auch diese Gartenmauer wurde 1852 abgerissen. Es entsteht eine Überlieferungslücke, die nur durch die schriftlich-mündliche Weitergabe der Sage überbrückt wird.

Die dem Bild wohl erst im 19. Jahrhundert[60] zur besseren Merkfähigkeit in Versform gehaltene Beischrift blieb erhalten.[61] In ihr werden Romäus' Tugenden hervorgehoben, seine „Ritterlichkeit", „Stärke", Gewitztheit („List") und Tapferkeit. Das Aufbegehren gegen die Obrigkeit wird jedoch als Verfehlung gesehen („Sein Stärke ihn verführet hat"). Während einzelne Sequenzen sich direkt an die Hugsche Chronik anlehnen ("Und floh in Sanct Johanniter Haus,/ allda noch ein Balken zu finden"), wird die Verteidigung der Küssaburg in ihr Gegenteil verkehrt („Belagert Kusenberg, das feste Haus") und Romäus Heldentod auf dem Schlachtfeld vergessen: „Daß im Spital bis an das Grab/ Die Herren-Pfrund ihm geben ward, endigt also in Ruh sein leben"[62]. Romäus stirbt – da er aufgrund seiner Verdienste „Gnad bekommen" – als ruhiger und friedvoller Bürger. Diese angepaßte Haltung spiegelt durchaus den Zeitgeist des Biedermeier wider. Die Beischrift endet beschaulich-fromm: „Gott woll' uns allen den Frieden geben!"

Ausgelöst durch das „Auffinden alter Manuscripte und Urkunden"[63] wurde ein neues Romäuswandbild nach einem Entwurf von Wilhelm Dürr (1815–1890), 1841, von Barnabas Säger 1856 realisiert. Angebracht wurde das Bild am heutigen Romäusturm, am Ort einer der glorreichen Taten des Helden. Mit dem Ortswechsel fand auch ein Funktionswechsel statt. Das Romäusbild sollte nun weder einen Machtbereich definieren noch Furcht und Schrecken auslösen. In einer von Umbrüchen und Traditionsverlust bedrohten Zeit galt es, einen Helden zu ehren, mit dem man die ruhmreiche Vergangenheit und das eigene Selbstbild in Zusammenhang brachte. Die Erinnerung an die Vergangenheit wird zum Programm für die Zukunft. Nicht nur die Sage erhält eine andere Wendung, auch das Fresko, das jetzt nicht mehr nur nach außen, sondern – auf der Nordwand des Turmes – nach außen und innen blickt, also sowohl der Selbstvergewisserung wie auch der Demonstration historischer Größe und Bedeutung dient.

Abb. 2 Rudolf Säger, Romäus, 1875, Aquarell.

Nach Schleicher veränderte die neue historische Sichtweise auch die bildliche Darstellung des Romäus: „Es ward daher bei vollem
Bewußtsein, mit welcher Vorsicht alte Denkmale zu behandeln seien, dennoch Veranlassung genommen, einige Aenderungen bei der
Wiederherstellung des Bildnisses eintreten
zu lassen."[64] Welche Änderungen das sind,
wird allerdings aus seiner Bemerkung nicht
deutlich und ist – mangels Bildzeugnissen aus
dieser Zeit – auch nicht mehr zu rekonstruieren. Schleicher behauptet zudem: „Die
mindeste Umwandlung ertrugen aber dabei
die Verse."[65] Dennoch finden sich die neuen
historischen Erkenntnisse in der Beischrift
schon umgesetzt. Die Belagerung wird wieder zur Verteidigung der Küssaburg („Und
zeigt im Schweizerkrieg als Held sich groß")
und das sanfte Ausklingen des Lebens als
Biedermann wenigstens zur Andeutung eines

Heldentodes: „Und endigt so sein Ruhm und
Leben."

1876 wird das Fresko von Rudolf Säger
erneuert. Im Besitz des Franziskanermuseums
existiert ein Aquarell Sägers von 1875
(Abb. 2), das wahrscheinlich eine Nachzeich-
nung des durch seinen Vater Barnabas ausge-
führten Freskos darstellt, somit auf den Entwurf von Wilhelm Dürr zurückgeht und die
Neuanmalung vorbereitete. Es zeigt einen
Landsknecht mit Helm und Brustharnisch,
geschlitzten Ärmeln und kurzen Pluderhosen
in Blau. Er ist bewaffnet mit einer Hellebarde
in seiner Rechten sowie Dolch und Schwert,
die er am Gürtel trägt. In seiner Linken hält
er als Attribut das Rottweiler Stadttor. Noch
immer wirkt die Komposition wie die eines
wappenhaltenden Landsknechtes. Das Fresko
beeindruckt durch Monumentalität, spricht
jedoch nicht für sich allein. Der Betrachter
benötigt den Text zur Erläuterung des Dargestellten. Das Verhältnis von Bild und Schrift
hat sich im 19. Jahrhundert im Vergleich zum
16. Jahrhundert offensichtlich umgekehrt.

In der Folgezeit gehen auch nicht mehr
vom Bild die Impulse zur Sagenbildung aus,
sondern die in verschiedenen Fassungen gestaltete Sage regt zur Bildgestaltung, zur Illustration an. So greift ein Bilderbogen für Kinder (aquarellierter Kupferstich), gezeichnet
von Josef Fuchs 1872 (Abb. 3), einzelne Szenen der Sage auf: „Romeius entweicht seinem Gefängnis" und „Romeius findet Aufnahme bei den Johannitern", „Romeius ent-
wendet einen Stadtthorflügel in Rottweil und
trägt ihn nach Villingen", „Romeius erprobt
seine Stärke an einem Bauholzwagen". Es
handelt sich jedoch nicht um eine fortlaufen-
de Bilderzählung. Im Mittelpunkt steht „Der
letzte Ries vom Schwarzwald/ genant Romeius von Villingen" in einem Torbogen, breit-
beinig und mit Hellebarde in der Hand wie
ein Torwächter. Im Hintergrund dieser Darstellung ist eine Burg, wahrscheinlich die
Küssaburg, zu sehen. Die übrigen Szenen sind

Abb. 3 Josef Fuchs, Bilderbogen zur Romäussage, 1872, Kupferstich, aquarelliert.

in der wie eine mittelalterliche Stadtmauer gestalteten Rahmenarchitektur zu beiden Seiten des Romäus untergebracht. Es werden also nur die Hauptszenen der Sage dargestellt. Den inhaltlichen Zusammenhang stellt die bekrönende Rollwerkkartusche mit der gedichteten Beischrift des Wandbildes her. Diese Rollwerkkartusche wird von zwei Knaben gehalten, welche in ihrer freien Hand jeweils das blau-weiße Villinger Banner schwingen, um so die Ineinssetzung von Stadt(identität) und Romäussage anzudeuten. Während die zentrale Darstellung des Romäus – in Komposition und Überhöhung der Figur durchaus das Wandbild imitierend – überzeugt, wirken die kleineren Szenen etwas unbeholfen. Die thematisierte Handlung (Karren ziehen, sich abseilen, um Gnade flehen, Torflügel tragen) ist jeweils in eine Bewegungslinie umgesetzt, die diagonal das Einzelbild strukturiert. Im Ganzen gesehen ergeben diese vier Diagonalen eine Raute, die das Mittelbild rahmt. Die Einzelszenen wirken – auch durch die Dominanz der Farben Blau und Rot – eher ornamental als narrativ.

Während diese ersten Illustrationen versuchen, das statische Fresko zu dynamisieren, und damit notwendigerweise scheitern, lösen sich spätere Künstler von dem alles beherrschenden Eindruck des Wandbildes. So bringt F. C. Kaiser den Turmausbruch in einer aquarellierten Kohlezeichnung (Abb. 4) effektvoll zur Darstellung. Schon im Bilderbogen ist das Abseilen des Romäus aus dem Turm zu sehen. Kaiser wählt jedoch den entscheidenden Augenblick, als Romäus durch eine Öffnung in die Freiheit schwingt. Mit einem Fuß hängt Romäus noch im Gefängnis. Das besondere Gespür Kaisers für die Dramatik des Augenblicks kommt darin zum Ausdruck, daß sich – durch das heftige Nachziehen des Fußes – Gesteinsbrocken aus der Fensterlaibung lockern und herunterfallen. Die innere Verfassung des Helden, der sich schon auf ewig in

Abb. 4 F. C. Kaiser, Turmausbruch, ohne Datum, Kohlezeichnung, aquarelliert.

den Kerker verdammt glaubte und nun plötzlich wieder Freiheit schnuppert, spiegelt sich in den expressiv den Turm umwirbelnden Luftmassen, die das Villinger Münster im Hintergrund vernebeln. Zwei Fledermäuse am Nachthimmel runden das romantisch-bizarre Bild ab.

Keiner hat sich jedoch so sehr die Illustration der Romäussage zur Aufgabe gemacht wie Richard Ackermann in der ersten Hälfte des 20. Jahrhunderts. Beinahe über 50 Jahre seines Lebens gestaltete er den Romäus-Mythos in Wort und Bild in immer neuen Varianten. Zog ihn als expressionistischer Maler zunächst der kriegerische Romäus an, der „vor Waffen starrt" (Abb. 5), läutert er sich durch die Teilnahme an beiden Weltkriegen zum Missionar des Friedens. Ackermann fordert ganz modern für den physischen Koloß eine ebenso kolossale Geisteskraft. Romäus wird nun ohne Waffen zum „Mahner", der spät („5 nach 12" [Abb. 8]), aber immer noch rechtzeitig, vor weiteren Gewalttätigkeiten und kriegerischen Ausschreitungen warnt. Der Wandel vom „Saulus" zum „Paulus" wird in einem Entwurf für einen Werbeprospekt der Stadt Villingen, „Der Romeiusstadt im Schwarzwald", 1951 (Abb. 7), zu einer Gegenüberstellung des alten und neuen Romäus im Bilde. Der eine verharrt in historisierender Kleidung und Siegerpose (vergleichbar dem Fresko von Barnabas Säger um die Mitte des 19. Jahrhunderts), während der neue, dynamisch vorwärtsstrebend und leicht abstrahiert, wohl zurückschaut, aber gleichzeitig mit der Hand nach vorne weist[66]: „Den Toten zum Gedenken – den Lebenden zur Besinnung". Wie stark sich der Künstler mit seinem Gegenstand identifiziert, wird aus einer biographischen Skizze von 1958 (Abb. 6) deutlich. Neben seinen Werdegang in Schriftform stellt der Künstler sein Idol des neuen Romäus: „Um bessere Zukunft drängt es in uns allen/ Für bessere Zukunft ist der Held gefallen/ Drum denkt daran beim Vorwärtsstreben/ die Gegenwart ist unser Leben".

Richard Ackermann, der seine Visionen in Lichtbildervorträgen der Öffentlichkeit vorstellte, zeichnet hiermit auch das Programm für seine Vaterstadt Villingen, die ebenfalls nach zwei Weltkriegen nach einer neuen Orientierung suchte. Die Entwürfe Ackermanns für das damals wieder verblassende Romäusbild am Turm wurden jedoch nicht realisiert, weder hier noch an einem anderen Ort. Der „Romeius Sapiens" findet keinen Widerhall bei der Villinger Bevölkerung. Das neue Fresko am Romäusturm von 1981, das aus Spenden der Bevölkerung finanziert wurde, besinnt sich auf die ursprünglichen kriegerischen Züge des Helden: „Die bildliche Lösung hatte sich mit der Frage zu beschäftigen,

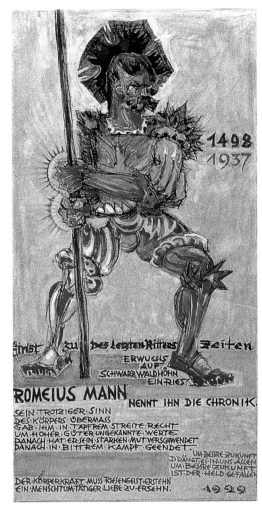

Abb. 5 Richard Ackermann, Romeius Mann, Wandbildentwurf, 1929, Kohlezeichnung, aquarelliert, Franziskanermuseum.

war er (Romäus, A. A.) gleichzusetzen einem zwar kriegerischen, aber gütigen Mann, der sich in einer wohlwollenden Pose darstellt, oder war er mehr ein deftiger, raubautziger, furchterregender Riese, Draufgänger und Soldat, der stets in vielerlei Streit und Acht war… Diese letzte Übersetzung wurde für richtiger empfunden."[67]

EINST ZU DES LETZTEN RITTERS ZEITEN
WUCHS HIER AM KÄFERBERG EIN RIES'
· UM 1498

ROMEIUS MANN

SEIN TROTZIGER SINN,
DES KÖRPERS ÜBERMAASS
GAB IHM IN TAPFREM STREITE RECHT
UM HOHER GÜTER UNGEKANNTEN WERT.
DANACH HAT ER SEIN' STARKEN MUT
VERSCHWENDET
DANACH IN BITTREM KAMPF GEENDET ✝
UM BESSERE ZUKUNFT DRÄNGT ES IN UNS ALLEN.
FÜR BESSERE ZUKUNFT IST DER HELD GEFALLEN.
DRUM DENKT DARAN BEIM VORWÄRTS-
STREBEN
DIE GEGENWART IST UNSER LEBEN!

1 9 5 8

biographische skizze

richard ackermann
geb. 1892 in villingen
— studierte in freiburg und karlsruhe.
seine lehrer waren: prof. dr. fritz geiges u.
eduard stritt (monumentale wand-u. glas malerei).
prof. ule (heraldik für neuere anwendung).
a. d. Akademie der bild. Künste prof. georgi (zeichng)
prof. fehr (impressives malen), prof. billing (architektur),
geh. rat prof. dr. dressler (anatomie), geh. rat prof.
dr. v. oechelhäuser (kunstgeschichte). —
kriegsteilnehmer m. zweimlg. verwundg. 1914/18 v. 43/46.
weiterentwicklg. z. expressionismus i. freier landschaft,
i. vill. u. auf reisen. — ausstellgen: konstanz, freiburg,
karlsruhe frankfurt |M, berlin. entwicklg. der eigenen
spachteltechnik = 1926. grafische mappenwerke,
lichtbildvorträge m. originalen, figurierte landschaft in verschiedener technik, monumentale
silikatfresken in villingen.

die romeiuslegende (als farblichtbildvorführg. mit
orig. text). architekturmodelle zum stadtbild, (romeius-
turm). szenische dramaturgien, neu-expressive ge-
staltungen, f. form u. farbe: konkreta-abstrakta.
— in den laufenden jahren bis heute entwürfe z. archi-
tekturgemässen erneuerung des romeius am turm.
(technik: mosaik, plexiglas oder silikatfresko).
zu nebenstehender skizze des hauptentwurfs
(ausführung farbig): auf der steingrauen turmwand
(höhe m. schriftsockel ca. 12 m) steht der ehmlge landsknecht nicht mit den alten mordrequisiten, sondern als
einer, d. gleich frundsberg z. einsicht kam, es sei eine
torheit das kriegen u. morden. romeius kommt aus
finstrer turmlucke hervor, als ein dem dunkel u. der
gefangenschaft entronnener, als einer aus not u.
drangsal zur umkehr gezwungener. seine riesen-
kraft will er jetzt endlich gescheiter verwenden, als
ein gewandelter zum dienste des geistes an der
menschheitserhaltung. aufruf ohne waffen! —
den toten zum gedenken — uns zur besinnung...

Abb. 6 Richard Ackermann, Biographische Skizze, 1958, Kugelschreiber und Tinte auf Papier, auf Karton kaschiert, Franziskanermuseum.

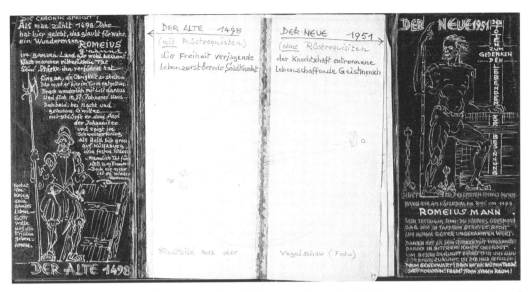

Abb. 7 Richard Ackermann, Entwurf zu einem Werbeprospekt der Stadt Villingen, 1951, weiße Kreide und Tusche auf schwarzem Karton, Franziskanermuseum.

Abb. 8 Richard Ackermann, Romäus, Wandbildentwurf, Franziskanermuseum, 1958, Sperrholzrelief, Karton, aquarelliert.

1 Haskell, Francis: History and its Images. Art and the Interpretation of the Past. New Haven u. a. 1993.
2 Wenzel, Claus: Hören und Sehen. Schrift und Bild. Kultur und Gedächtnis im Mittelalter. München 1995, S. 337.
3 Bergier, Jean-Francois: Wilhelm Tell. Realität und Mythos. München u. a. 1988, S. 102.
4 Ebd. S. 108.
5 HugC S. 3 Anm. 4.
6 Ebd. S. 3.
7 In diesem Jahr bricht seine Chronik ab und wird von einem anderen Schreiber, Valentin Ringlin, bis 1567 weitergeführt.
8 Roder, Christian: Der geschichtliche Romeias von Villingen, in: Jahrbuch des Scheffelbundes für 1893 (1893), S. 209 Anm.
9 Wie 5 S. 223.
10 Ebd. S. 223/224.
11 Ebd. S. 4.
12 Ebd.

13 Die Hinzufügung eines Possessivpronomens bei dem Wort „wunder" kommt erst seit dem Älterneuhochdeutschen vor und meint eine Verstärkung im Sinne von „starkes Erstaunen erregend", vgl. Deutsches Wörterbuch von Jacob und Wilhelm Grimm, Band 30, Nachdruck München 1960, Sp. 1807/1808.

14 Wie 5 S. 5.

15 Nepomuk Schleicher: Romeius Manns, Anhang in: Beitrag zur Geschichte der Stadt Villingen mit besonderer Beziehung auf die Wasserbelagerung im Jahr 1634. Donaueschingen 1854, S. 81–96.

16 Roder, Christian: Zur Geschichte des Romius Mans, in: SVG Baar H. 5 (1885), S. 108–111.

17 Schleicher wie 15, S. 87 berichtet: „daß ein Maurer, der mit im Thurme war, ohne hölzerne Pflöcke etwa die Hälfte der Höhe erklimmen konnte. Hier war also das Aufsteigen jedenfalls möglich".

18 Wie 15 S. 93.

19 Wie 8 S. 206.

20 Ebd. S. 205. Auch der Geschichts- und Heimatverein Villingen e.V. stellte 1981 den Turmausbruch nach und kam zum Ergebnis, daß es menschenmöglich war auszubrechen, was durch die früheren Forscher und bei genauem Lesen von Hug schon erwiesen war.

21 Vgl. Bumiller, Casimir: Exkurs zur Entstehung des Lokalhelden „Romäus", in: Neueinrichtung Franziskanermuseum Villingen. Beiträge und Recherchen zur Verknüpfung von sozial-, kultur- und kunstgeschichtlichen Themen, masch., Bollschweil 1993, S. 17–21, siehe auch Beitrag Bumiller in diesem Buch.

22 Ebd. S. 20.

23 Wie 16 S. 109 f.

24 Nach einem Entwurf von Prof. K. H. Schlegel ausgeführt durch den Malermeister Manfred Hettich 1981.

25 Wie 16 S. 109.

26 Roder, Christian: Die Familie „Maler" von Villingen, in: SVG Baar H. 5 (1885), S. 91.

27 Wie 16 S. 109.

28 Wie 15 S. 95/96.

29 Wie 21 S. 18.

30 Einziger Hinweis auf ein ähnliches Bild aus dieser Zeit in Tirol bei: Baur-Heinhold, Margarete: Süddeutsche Fassadenmalerei vom Mittelalter bis zur Gegenwart. München 1952, S. 49: „Das älteste erhaltene Fresko am Straßlerhof in Reith bei Leithen, bezeichnet 1537, steht frei, ohne Rahmung auf der Fläche und nimmt die Lokalsage, wie der höfische Ritter Haimon gegen den Riesen Tyrsus kämpft, zum Vorwurf".

31 Uhle-Wetter, Sigrid: Kunsttheorie und Fassadenmalerei (1450–1750), Alfter: Phil. Diss., 1994, S. 51.

32 Roder kommentiert verständnislos „Dieses ist nie allgemein üblich geworden" wie 8, S. 210, Anm. Zwei Landsknechte neben am Villinger Stadtwappen findet man allerdings auch auf einer dem Hans Kraut zugeschriebenen Wappenkachel, vgl. M.Kat. Villingen-Schwenningen, Stadtarchiv Villingen: Hafnerkunst in Villingen, Bestandskatalog I, Villingen-Schwenningen (1978), S. 64, Kat.Nr. I,19.

33 Solche Einzelmotive – Herolde, Bannerträger, Tiermotive – kommen in der Fassadenmalerei der Zeit nicht selten vor vgl. 31, S. 57.

34 Wie 31 S. 54.

35 Wie 8 S. 110, Anm.

36 Wie 16 S. 109/110, Anm. 5.

37 Wie 5 S. 40, 57 f., 90.

38 Vgl. Schnell, Annelore: Franziskanermuseum Villingen-Schwenningen-Neueinrichtung. Exposé zum Thema: Allgemeine und Verfassungsgeschichte der Stadt Villingen bis zum Beginn des 19. Jahrhunderts, masch., Villingen-Schwenningen 1993, S. 9/10.

39 Roder, Christian: Villingen. Hg. Badische Kommission. Heidelberg 1905 (Oberrheinische Stadtrechte, 2. Abt.: Schwäbische Rechte, H.1), S. 161, Anm. 1.

40 Ebd.

41 Die Bibel. Altes und Neues Testament. Einheitsübersetzung. Stuttgart 1980, S. 256 f.

42 Schnezler, August: Badisches Sagenbuch. o. O. 1846, S. 447–452.

43 Ebd. S. 448.

44 Ebd.

45 Wie 5 S. 5.

46 Altertümerrepertorium, Inv.Nr. 30: Romejas, Romäus, Eine große Hellebarde.

47 Vgl. Roder wie 5, S. 265: „Rote röcke und weisse Striche im ärmel, kleidung von kaiserlichen".

48 Wie 15, S. 82, Anm. 1: „Mit dem Pfauenschweife, der 1530 dem Stadtwappen beigegeben wurde, schmückte später die Sage auch den Romeius aus".

49 Rieple, Max: Sagen und Schwänke aus dem Schwarzwald. Konstanz 1994, S. 83.

50 Allerdings in der Fortsetzung der Chronik durch Valentin Ringlin, vgl. MoneQ, S. 115.

51 Dieser Zusammenhang wird auch in Schnezlers Sagenanthologie und im Altertümerrepertorium suggeriert, in denen die Radwette auf die Romäussage direkt folgt.

52 Vgl. Scheffel, Viktor von: Ekkehard, und Gessler, Friedrich: Romejas in 10 Gesängen, in: Gesammelte Dichtungen, Bd. 1, Lahr 1899/1900, S. 395–475.

53 Wie 46 Inv.Nr. 26.

54 Wie 15 S. 82.

55 Röhrich, Lutz: Lexikon der sprichwörtlichen Redensarten. Bd. 1, Freiburg u. a. 1973.

56 Lindgren, Astrid: Pippi Langstrumpf geht an Bord. Hamburg 1970, S. 73–79.

57 Wie 49 S. 83.

58 Wie 46.

59 Wie 15 S. 81.

60 Wie 8, S. 199: „Verse von einem offenbar neueren Poetaster".

61 Vgl. Schnezler wie 42, S. 29/30.

62 Zitiert nach Schnezler wie 42, S. 451 f. „Inschrift an der Villinger Stadtmauer vor dem Rotweiler Thore zu dem Freskobilde des Romeius".

63 Wie 15 S. 81.

64 Wie 15 S. 96.

65 Ebd.

66 Eine pazifistische Variante der Sage findet sich allerdings bereits bei Friedrich Gessler um 1900.

67 Narrozunft, Stadt Villingen-Schwenningen (Hgg.): Romäus. Romeias Mans. Villingen-Schwenningen 1981, S. 3.

Abkürzungsverzeichnis

A. A.   Anmerkung Autor

A. R.   Anmerkung Roder

A. Hrsg. Anmerkung Herausgeber

Michael Hütt

„Wie ein beschlossener Garten"

Villinger Stadtansichten vom 16. bis zum 18. Jahrhundert

Ansicht und Ansehen

Das Wort „Ansicht" ist von vielschichtiger Bedeutung. Mit ihm wird erstens die Wahrnehmung eines Gegenstandes aus einer bestimmten Blickrichtung bezeichnet, zweitens deren Fixierung als Zeichnung, Foto usw., drittens und vor allem die Meinung, die man sich über etwas gebildet hat. Eine Ansicht – auch eine Stadtansicht – ist deshalb niemals neutral. Sie berichtet gleichermaßen über ihren Gegenstand, ihr Objekt, wie über die Person des Ansehenden, ihr Subjekt.

Bezogen auf die Bildgattung der Stadtansichten[1] bedeutet das: Sie bieten Informationen über die architektonisch-topographische Stadtgestalt, aber auch über das Ansehen, das die Stadt in den Augen der Betrachtenden genießt. Die folgenden Interpretationen der Stadtansichten Villingens legen das Schwergewicht auf die Herausarbeitung dieser Art der Wahrnehmung der Stadt und nicht auf die Rekonstruktion der tatsächlichen historischen Stadtgestalt.[2] Folglich kommt es nicht auf die katalogmäßige Erfassung möglichst vieler Ansichten an,[3] sondern auf kunsthistorische Interpretationen, die den Erscheinungskontext der Stadtansicht, ihr Verhältnis zu weiteren Bildelementen und zum Text, die Bildgattung und -funktion ebenso berücksichtigen wie die Auftraggeber und deren Intentionen.

Villingen eignet sich für eine Untersuchung mit dieser Fragestellung deshalb besonders, weil hier Stadtansichten als monumentale Selbstdarstellungen entstanden, die Höhepunkte der Villinger Kunstgeschichte bilden, was Max Schefold dazu veranlaßte, Villingen eine „Sonderstellung"[4] unter den Städten des deutschen Südwestens einzuräumen.

Die Konzentration auf einige exemplarische Bildinterpretationen bedeutet, im Rahmen eines kurzen Aufsatzes eine wichtige Einschränkung in Kauf nehmen zu müssen: Behandelt werden nur Stadtansichten vor 1800, bevor mit dem touristischen Blick und dem Graphikmarkt des 19. Jahrhunderts neue, anonymere Paradigmen die Bildproduktion bestimmen.[5]

Sebastian Münsters Kosmographie

Das älteste ausführlichere Stadtporträt Villingens entstammt der Kosmographie Sebastian Münsters. Das Werk, 1544 erstmals und bis 1628 in insgesamt 46 Ausgaben in sechs Sprachen erschienen, ist eine reich mit Holzschnitten illustrierte „Beschreibung aller Länder, Herrschafften, und fürnemesten Stetten des gantzen Erdbodens"[6].

Der Basler Hebraistikprofessor und Geograph Sebastian Münster kannte Villingen – und Schwenningen – wahrscheinlich aus eigener Anschauung. Darauf deutet zunächst die ebenso knappe wie treffende Beschreibung der Villinger Stadtanlage in der Kosmographie, die einen empirischen Wahrnehmungseindruck schildert: „Es ist fast guter lufft in diser statt / und lauffen durch alle gassen lauter bäch. Der merckt ligt mitten in der statt / und mag einer do zu vier thoren hinauß sehen / nit von kleine wegen der statt / sunder das die gassen also gerad und creützweiß zu den thoren gerichtet seind..."[7]

Kennengelernt haben dürfte er die Stadt auf einer seiner Reisen. 1543 führten ihn Archivstudien nach Zimmern bei Rottweil in die Nähe.[8] Schon früher hatte er eine geographische Forschungsreise zur Donauquelle unternommen, deren Ergebnis unter anderem zwei 1537 und 1538 erschienene Karten waren,[9] in der die Entfernungen und die gegenseitige Lage der Orte Donaueschingen, Villingen und Schwenningen durchaus realistisch wiedergegeben sind, was als Indiz für eigene Beobachtungen im Gelände gewertet werden darf.[10]

Doch den Stadtansichten Villingens in der berühmten Kosmographie fehlt jede Naturbeobachtung.[11] In der Ausgabe von 1550, in der erstmals zahlreiche großformatige, nach der Natur aufgenommene Stadtansichten eingebunden sind, hat man zu Villingen lediglich eine Phantasieansicht gegen die andere ausgetauscht (Abb. 1). Das briefmarkengroße Bildchen zeigt eine Stadt, die aus Mauern, einer Ansammlung diverser Varianten von Tor-, Wehr- und Kirchtürmen sowie einigen dichtgedrängten Wohnhausdächern besteht. Der „capricciohafte" Charakter der Ansicht gipfelt im Torturm des Vordergrundes, der über einem Zinnenkranz noch ein merkwürdig tonnenförmig gewölbtes Obergeschoß erhält. Gerade durch diese gesuchte architektonische Formenvielfalt, die jede

Assoziation an tatsächlich bestehende Stadtsilhouetten ausschließt, war der Holzschnitt vielfältig einsetzbar. So begleitet er im selben Buch die Beschreibungen von „Elchingen" bei Ulm, „Haßle" und „Sultz" im Elsaß sowie einer Stadt, die Columbus in den neuen Inseln erbauen ließ. In späteren Auflagen wird er weiterhin eingesetzt, z. B. 1614 noch für „Narsinga" in Indien. Ähnliches ließe sich über die anderen vier Phantasieansichten in der Cosmographia berichten, die im Laufe der 46 Auflagen der Passage über Villingen beigegeben wurden.[12] Die formelhaften Stadtansichten folgen einer mittelalterlichen Darstellungstradition, die insbesondere in den großen kommerziellen Sammelwerken des 16. Jahrhunderts, zu denen auch die Cosmographie zählt, durch Ansichten abgelöst worden war, die Wert auf die Wiedergabe charakteristischer architektonischer Zusammenhänge legten.[13] Damit stehen diese Stadtformeln in einem eklatanten Widerspruch zum zitierten, auf eigener Beobachtung beruhenden Text.

Weitet man den Blick auf die Präsentation Villingens insgesamt durch weitere Holzschnitte und den Text, so läßt sich hier in nuce der an der Kosmographie allgemein immer wieder festgestellte kompilatorische Charakter erkennen.[14] Der in allen Ausgaben bis auf wenige redaktionelle Veränderungen identische Text zu Villingen (Abb. 2) läßt sich in vier Ebenen gliedern. Einer stimmigen Erläuterung der historischen und aktuellen Herrschaftsverhältnisse[15] folgt die wissenschaftlich redliche Mitteilung verschiedener etymologischer Erklärungsversuche des Städtenamens. Als dritter Bestandteil schließen sich die zitierten Beobachtungen zum Stadtbild an. Den Abschluß machen Randnotizen mit eher unterhaltsamem, wenn nicht sagenhaftem Charakter wie die Geschichte eines Wilden Mannes im St. Germans-Wald.[16]

Die einleitend neben die Initiale in den Textblock eingerückte Stadtansicht bleibt

Abb. 1 Phantasieansicht einer Stadt, aus: Sebastian Münster, Cosmographia…, Ausgabe Basel 1550, S. 721 zum Kapitel „Villingen", Holzschnitt, Franziskanermuseum Villingen-Schwenningen, Inv.Nr. 12580.

1010

Das fünffte Buch

Villingen. Cap. cclviiij.

AM Waffer Brigi im Thonawer Thal / bey dem Schwartzwald / ligt dife Statt / foll von Berchtholdo dem vierten / einem Hertzogen von Zäringen erbawen feyn / vnd nach abgang difes Gefchlechts an die Grafen von Fürftenberg kommen / nachmals aber an das Hauß Oeftereich / dem fie noch gehorfam ift. Ihr Naß kompt von Villa, wie etliche meynen: dann fie ift anfänglichen ein Dorff gewefen / aber Herr Pictorius / der da erboren / meynt fie heiß Villingen / gleich alß were fie ein Mittel ja Mutterftatt vieler Flecken / die fich enden auff ingen / fo geringsweiß darumb ligen / alß da feind Hüfingen / Gifingen / Tutlingen / Schweiningen / Efingen / Lupfferdingen / rc. Die dritten meynen fie heiß Villingen von einem Mann der Willing geheiffen hat / vnd zum erften da gemünßet / des Stempffel noch vorhanden ift. Es ift vaft guter Lufft in difer Statt / vnd lauffen durch alle Gaffen lautere Bäch. Der Marckt ligt mitten in der Statt / vnd mag einer da zu vier Thoren hinauß feehen nicht von kleine wegen der Statt / fonder daß die Gaffen alfo gerad vnd creußweiß zu den Thoren gericht feind. Da feind alle ding in gutem Kauff / Brodt / Fleifch / Fifch / Wildprät / rc. Man laßt kein Vogel bleibē ver den Fifchen auffeßig ift / alß da feind Antvögel / Reiger vnd dergleichē / fonder welcher einen fcheußt / vnd den bringt in das Kauffhauß / dem gibt man ein Villinger Schilling / laßt ihm den Vogel / aber hawet ihm vorhin ein Fuß ab. Es ift bey difer Statt ein luftig Bad / das fleußt ab Schwefel vñ wenig Alaun / nußt vaft wol müden Gliedern: dann es trócknet auß die Nerven / fterckt den Magen vnd feine däwung. Es ift vergangenen jahren bey difer Statt in S. Germans Wald gewefen ein wilder vnd gantz viehifcher Mann / der ift Sommer vnd Winter gantz nackend gelauffen / fich des Grafes vnd Wurßlen beholffen / zu Nacht bey dem Viehe auff Thannenreiß vnd nackend gelegen / hat auß keinem Brunnen / fonder auß Miftlachen getruncken. Er hat die Menfchen gefloften wie ein wild Thier / ift zu leift an der Peftilenß geftorben.

Abb. 2 Sebastian Münster, Cosmographia…, Ausgabe Basel 1628, S. 1010, Kapitel „Villingen", Franziskanermuseum Villingen-Schwenningen, Inv.Nr. 12579.

nicht die einzige Illustration. Schon 1550 tritt der Holzschnitt eines Reihers mit einem Fisch im Schnabel hinzu, der Bezug auf die Erzählung nimmt, daß man für gefangene, fischjagende Vögel im Kaufhaus einen Schilling bezahle. Nach dem Tod Münsters 1552 und dem Übergang der Druckerei Heinrich Petri an seinen Stiefenkel 1579 ändert sich 1588 das Erscheinungsbild. An die Stelle der schon 1578 weggefallenen phantastischen Stadtansicht tritt ein Porträt: Georg Pictorius, gebürtiger Villinger, Arzt und in der vorderösterreichischen Regierung in Ensisheim tätiger Sanitätsbeamter, beratender Mitar-

beiter Sebastian Münsters[17], wird durch ein
formelhaftes, keine individuellen Züge auf-
weisendes Gelehrtenbild gewürdigt, dem als
Attribut ein zur Charakterisierung eines Arztes kaum aussagekräftiges geometrisches
Meßinstrument beigegeben ist.[18] Pictorius
wird auch im Text als Informant und gebürtiger Villinger erwähnt. Der Holzschnitt, der
zur besseren Kenntnis der Stadt Villingen
ebenso wenig beiträgt wie der Fischreiher,
scheint nach Meinung der Drucker dem Vil-
lingen-Artikel trotzdem höheres Gewicht zu
verleihen als die austauschbare Stadtansicht.
Noch die letzte Ausgabe von 1628 bietet eine
weitere Schwerpunktverlagerung zuungunsten einer kenntnisreichen Information über
die Stadt: Der im Text erwähnte Wilde Mann
wird nun auch noch bildlich durch einen
Holzschnitt aufgewertet, der einen fellbe-
haarten, Laubkrone und -schurz tragenden
sowie mit einer mannshohen Keule in der
Linken versehenen „homo silvaticus" zeigt,
obwohl diese Attribute im Text gar nicht erwähnt werden.

Das Villingen-Bild Sebastian Münsters
bleibt also nicht nur widersprüchlich; es wird
im Laufe der Ausgaben immer diffuser. Liegt
man mit den formelhaften Stadtansichten der
ersten Ausgaben vor 1550 noch auf einer
Ebene mit Städten wie Stuttgart oder Marburg, so ergeben in der Folgezeit Text und
Bilder ein immer weniger charakteristisches
Porträt, während gleichzeitig die Kapitel zu
den großen und bedeutenden deutschen
Städten durch individualisierte Ansichten
aufgewertet werden. Der Anteil an fabel-
haftem und schwer überprüfbarem Beiwerk
bleibt vergleichsweise außerordentlich hoch
und wird durch die Bildregie noch gesteigert.
Villingen geriet so in eine Randlage innerhalb der Weltbeschreibung, fast vergleichbar mit den Schilderungen von den Rändern
des Münsterschen Horizontes beispielsweise
aus Osteuropa oder den neuen Ländern.
Nichts macht dies deutlicher als der noch

zuletzt der Schwarzwaldstadt beigefügte
„homo silvaticus". In Villingen selbst war
man offensichtlich nicht in der Lage, dieser
verzerrten Fremdwahrnehmung entgegenzu-
steuern. Die „mit schreiben und durch mittel
personen weit und breit"[19] kundgetane Absicht Münsters, „einer jeden statt / deren beschreibung in dissem büch verfaßt ist / gelegenheit und contrafhetische pictur / so vil
möglich / ynzüleiben"[20] blieb in Ermangelung eines fähigen Malers wahrscheinlich
unbeantwortet.

Die Pürschgerichtskarten
aus Rottweil und Villingen

Die älteste erhaltene Stadtansicht Villingens, die wirklich auf Naturbeobachtung beruht, entstand 1564 in Rottweil. Streitigkeiten
mit den Württembergern über den Geltungs-
bereich der Gerichtshoheit veranlaßten den
Rottweiler Magistrat, bei dem Maler David
Rötlin eine Karte in Auftrag zu geben, die
den Pürschgerichtsbezirk der freien Reichsstadt, seine Grenze und die darin liegenden
Ortschaften festhielt.[21] Rötlin fertigte daraufhin eine monumentale Rundkarte mit annähernd zwei Metern Durchmesser,[22] deren
Zentrum die im Maßstab gegenüber der umgebenden Landschaft vielfach vergrößerte
Darstellung der Reichsstadt selbst einnimmt,
die so gleichsam als Mittelpunkt der Welt gezeigt wird.[23] Villingen liegt auf der Karte ganz
am Rande des Horizontes, schon außerhalb
des durch eine weiß gehöhte Grenzlinie markierten Pürschbezirkes (Abb. 3). Die Einbeziehung der Nachbarstadt erfolgte sicher
nicht ohne den Hintergedanken, daß von hier
aus ebenfalls immer wieder Streitigkeiten um
den Hoheitsbezirk ausgingen.[24]

David Rötlin gelang mit dieser Ansicht Villingens eine komprimierte Charakterisierung
des Ortes und seiner Umgebung, die nicht
bloßes Abbild ist, sondern vor allem Wesens-
merkmale und Funktionen von Stadt und

Abb. 3 David Rötlin, Pürschgerichtskarte der Stadt Rottweil, 1564, Ausschnitt, Rottweil, Stadtmuseum.

Land, Architektur und Kulturlandschaft herausarbeitet. Der Blick aus Richtung Rottweil erfaßt Villingen von Norden. Von ihren Mauern und Gräben eingeschnürt, nimmt die Stadt nicht sehr viel mehr Raum ein als etwa das bei Rötlin knapp zehn Häuser zählende, offene Dorf Schwenningen. Doch die Formenvielfalt der innerhalb des Mauerrings in der Höhe gestaffelten, vielfach überschnitten dargestellten Gebäude veranschaulicht die Komplexität des städtischen Gemeinwesens. Unter den Wohnhäusern finden sich Fachwerk- wie Steinbauten, teils giebel-, teils traufenständig angeordnet, mit Sattel-, Walm- und Krüppelwalmdachformen. Der typische Treppengiebel des Rathauses gibt den Ort an,

von dem die Proteste gegen Rottweiler Herrschaftsansprüche ausgingen. Alle Kirchen- und Klosterbauten der Stadt sind in der Häuserlandschaft zu identifizieren. Im Zentrum ragen die Münstertürme als Höhepunkte der gesamten Stadtlandschaft auf, freilich mit rechteckigem statt oktogonalem Grundriß. Der polygonale Chor des Münsters wird entgegen der Realität an das den Türmen gegenüberliegende Langhausende nach Westen versetzt. Rechts darüber ist das Franziskanerkloster an Giebelkreuz und Dachreiter zu erkennen. Links von den Münstertürmen erhebt sich die spitze Pyramide des Johanniterkirchturms, daneben folgt der Dachreiter des Klarissenklosters.

Im Unterschied zu Münsters Phantasieansichten werden die Tor- und Wehrtürme an
der Stadtmauer nicht isolierend hervorgehoben, sondern vielmehr in die übrige Bebauung integriert. In seltener Vielschichtigkeit
wird die Grenze zwischen Stadt und Land als
räumliche Staffelung von Scheunen, Brunnen, Wirtschaftsgebäuden zu Seiten des Vor-
tors, Brücke über den äußeren Graben und
Mauerring mit Tortürmen begriffen. Der
Kehrichterker auf der Stadtmauer – ein Detail, das auf repräsentativen Stadtansichten in
aller Regel nicht bildwürdig ist – stellt eine
Grenzbezeichnung zwischen Innen und
Außen ganz eigener Art dar. Sein „Pendant"
bildet rechts neben dem Oberen Tor das mau-
erhohe Bildnis des lanzen- und schwertbe-
wehrten Riesen Romäus.[25]

Mit dieser komplexen Strukturierung des
Themas „Grenze" stimmt die Darstellung der
unmittelbaren Umgebung der Stadt überein.
Zäune, Brücken, Brunnen, Scheunen, der Ka-
nal zum Stadtbachsystem, an dem zwei
Mühlen liegen, das eigens ummauerte Ger-
manskloster, die völlig in die baumbestande-
ne Landschaft integrierte Altstadtkirche –
alles maßstäblich weit überproportional betont – belegen die Beherrschung des Landes durch die Städter in jeder denkbaren
Hinsicht.

In dieser umfassenden bildlichen Dokumentation von Herrschaftsverhältnissen liegt
die politisch-juristische Funktion der Karte.
Es zeichnet den Maler David Rötlin aus, daß
er sein Thema nicht nur kartographisch, sondern vor allen Dingen malerisch charakteri-
sierend angeht. Es ist bezeichnend für die Intentionen der Auftraggeber, daß sie ihre
Pürschgerichtskarte von einem Maler statt
von einem mit den aktuellen Vermessungs-
verfahren vertrauten Gelehrten herstellen
ließen.[26] Im Zuge der Territorialisierungspro-
zesse des 16. Jahrhunderts interessierte die
Erfassung der verworrenen politischen,
kirchlichen und juristischen Herrschaftsver-

hältnisse, aber auch der wirtschafts- und sied-
lungsgeographischen Strukturen offenbar
mehr als die Frage nach der exakten Größe
des umstrittenen Gebietes.[27]

Das Villinger Pendant zur Rottweiler
Pürschgerichtskarte entstand 1607 wieder im
Zusammenhang einer Auseinandersetzung
mit württembergischen Ansprüchen innerhalb des Hoheitsgebietes der Freien Pürsch
(Abb. 4).[28] Der mit dem „Abriß der freyen
Bürsch"[29] beauftragte „Abkonterfeter", den
Revellio mit dem Maler Anton Berin identifiziert,[30] erfaßte das Gebiet in der nach Westen orientierten Karte mit deutlichen Maß-
stabssprüngen zwischen der detailliert erfaßten Umgebung Villingens sowie dem westlichen Grenzbereich einerseits und dem restlichen Schwarzwald andererseits.[31] Trotzdem
wirkt seine aus einheitlicher Vogelschau-
perspektive gezeichnete Landtafel, die gegenüber der Rottweiler Radkarte ein wesentlich bescheideneres Format besitzt,[32] topographisch stimmiger, den Konventionen der
Kartographie entsprechender und damit
„fortschrittlicher".[33]

Zugleich ist hier die älteste in der Stadt
selbst entstandene Ansicht Villingens überliefert. Der Blickwinkel aus großer Höhe erfaßt den Stadtgrundriß und ermöglicht erstmals einen Einblick in das Stadtinnere. Die
Darstellung wechselt zwischen schemati-
schen Vereinfachungen und überproportional herausgehobenen Details und entwickelt
so eine für die Art der Wahrnehmung der
Stadt aussagekräftige Bedeutungshierarchie.
Der Befestigungsring wird zur Kreisform
schematisiert und auf eine Mauer mit Graben
reduziert, an der neben den vier Tortürmen
im Südwesten noch der Michaelsturm und im
Südosten der Kaiserturm erkennbar sind. Im
Stadtinneren ist die Wohnbebauung innerhalb der durch die vier Hauptstraßen unter-
teilten Stadtviertel summarisch und ohne
Berücksichtigung der weiteren Straßenzüge
angedeutet. Identifizierbar und lagerichtig

Abb. 4 Anton Berin, Pürschgerichtskarte der Stadt Villingen, 1607, Innsbruck, Tiroler Landesarchiv.

eingezeichnet sind nur Franziskaner-, Johanniter- und Klarissenkloster. Das von Sebastian Münster bereits 1544 so prägnant beschriebene System der beiden sich am zentralen Marktplatz kreuzenden Straßenachsen wird hingegen erkennbar herausgearbeitet. Der Marktbrunnen, vom eingezeichneten Stadtbachsystem gespeist, bezeichnet den städtebaulichen Mittelpunkt in deutlich überproportionaler Betonung. Dieses profane Stadtzentrum wird in seiner Wertigkeit jedoch weit übertroffen durch das alles überragende Münster, über dessen Turmspitzen auch das Schriftband mit der Bezeichnung „Statt Villingen" schwebt. Außerhalb des durch die kreisförmige Schematisierung besonders stark als Grenze wirkenden Mauerrings fällt unter den profanen Baulichkeiten neben den am Flußufer liegenden Mühlen der Galgen am Hubenloch durch seine weit überproportionale Größe auf. Noch mehr hervorgehoben werden jedoch die drei pfarrkirchlichen Dependancen Altstadtkirche, Gutleuthaus und Bickenkapelle („Unser F[rauen] Kirch"), die durch Beschriftungen ausgezeichnet werden.

Das Gebiet um Villingen und die Stadt selbst, die das linke untere Achtel der Karte einnehmen, waren rechtlich unumstritten, wie die weit westlich der Stadt an einer Brücke im Kirnachtal abbrechende Kettensignatur, die das beanspruchte Hoheitsgebiet umschließt, belegt. Die Hervorhebung bestimmter Gebäude dient hier also nicht – wie im restlichen Kartenbereich – der Klärung strittiger Grenzverläufe. Es entsteht eine in doppelter Hinsicht charakteristische Stadtansicht: einmal in bezug auf das optische Erscheinungsbild, das hier erstmals in seinen wesentlichen Zügen der topographischen Realität entsprechend erfaßt wird, und zum anderen im Hinblick auf den politisch-juristischen Kontext des Blattes. Der Galgen steht für die weltliche Gerichtsbarkeit, der Marktbrunnen für das Marktrecht und im weiteren

Sinne für die städtischen Freiheiten, das Münster für die kirchenrechtlich unabhängige Stellung und darüber hinaus – wie schon bei David Rötlin – als Wahrzeichen der Stadt schlechthin.

Wie sehr in den Landtafeln die Perspektive des jeweiligen Auftraggebers eingenommen wird, belegt ein kurzer Vergleich mit einer weiteren Karte, die etwa gleichzeitig zur Villinger Pürschgerichtskarte ebenfalls aufgrund der langwierigen Rechtshändel mit Württemberg entstand, jedoch im Auftrag des Klosters St. Georgen (Abb. 5).[34] Das ehemals in St. Paul in Kärnten aufbewahrte Blatt zeigt im äußersten Winkel unten links von Villingen nur das Münsterviertel, dabei sogar Kirchenschiff und südlichen Chorturm des Münsters anschneidend – wenn man den Fotografien der zur Zeit verschollenen Karte vertrauen darf. Hinter dem Münster wird in Schrägansicht ein dreischiffiges Kirchengebäude sichtbar, dem ein schemenhaft zwischen den Münstertürmen angedeuteter Kirchturm zuzuordnen sein dürfte. Diese Phantasiekirche befindet sich in etwa auf dem Grundstück der Benediktiner von St. Georgen – dürfte also den damaligen, wenn auch als provisorisch empfundenen[35] Klostersitz bezeichnen. Die Wahl des Ausschnitts erlaubt in zeichenhafter Verknappung alle in bezug auf den Streit mit den Württembergern wesentlichen Bildelemente auf engstem Raum zusammenzufassen: Der Schriftzug „Villingen", österreichischer Bindenschild, Galgen, Münstertürme und „Benediktinerkirche" stehen für die weitgehend homogen auftretende Koalition aus Habsburgern als Stadtherren, Stadt Villingen und Kloster.

Die drei Karten unterschiedlicher künstlerischer Qualität können alle als Belege für einige Grundprinzipien der Bildaufgabe „Stadtansicht" im späteren 16. und frühen 17. Jahrhundert dienen: Den Zeichnern geht es keineswegs um eine vollständige, interesselose Erfassung dessen, was sich ihren Au-

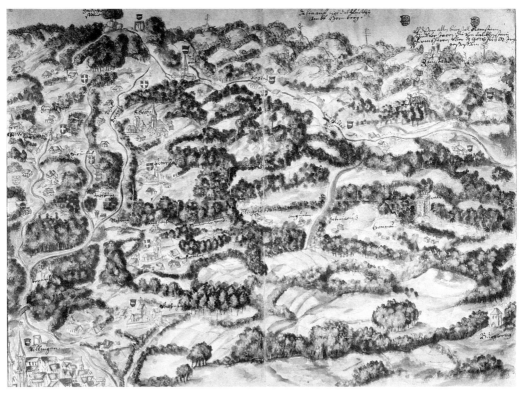

Abb. 5 Landtafel des Klostergebietes von St. Georgen, vor 1608, ehemals Kloster St. Paul im Lavanttal, Kärnten.

gen darbietet, sondern vielmehr um eine prägnante Charakterisierung der Stadt. Dabei findet nicht nur eine deutliche Wertung der Architektur zwischen der nur summarisch erfaßten Wohnbebauung und den hervorgehobenen Sakralbauten mit der Hauptpfarrkirche als wahrzeichenartigem Höhepunkt statt.[36] Die in einem politischen Kontext entstandenen Karten betonen weiterhin die in diesem Zusammenhang relevanten Details wie Rathaus oder Galgen sowie das Verhältnis zur umgebenden Landschaft. Darüber hinaus offenbaren sich durchaus unterschiedliche, interessegeleitete Sichtweisen der Künstler und damit mittelbar ihrer Auftraggeber.

Matthäus Merian und ein Flugblatt aus dem Dreißigjährigen Krieg

Eine der beliebtesten Stadtansichten Villingens stammt aus dem zweiten Band der in Frankfurt bei dem Zeichner, Radierer und Verleger Matthäus Merian d. Ä. erschienenen „Topographia Germaniae", der „Topographia Suebiae" von 1643 (Abb. 6).[37] Die Stadt wird von einem Betrachterstandpunkt ziemlich weit südlich und oberhalb der Warenburg erfaßt. So liegt sie eingebettet zwischen der Erhebung des Hubenlochs im Westen und der Brigach im Osten, hinterfangen von einem weitgehend imaginären, in nordwestlicher Richtung verlaufenden Höhenzug. Betont werden die Mauern und Türme um die Stadt sowie die Sakralbauten, die alle

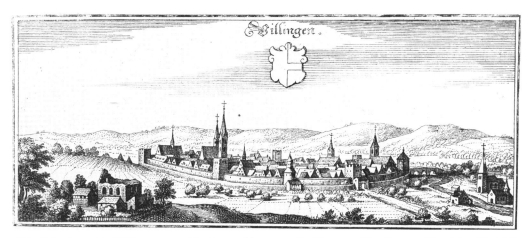

Abb. 6 Stadtansicht Villingen, aus: Matthaeus Merian d. Ä., Topographia Suebiae, Frankfurt/M. 1643,
Franziskanermuseum Villingen-Schwenningen, Inv.Nr. 12584.

nebeneinander und ohne perspektivische Überschneidungen dargestellt werden. Vor allem die Münstertürme werden erneut deutlich überproportional wiedergegeben. Trotz des scheinbar eindeutigen Betrachterstandpunktes geht es nicht in erster Linie um topographische Treue oder eine exakte perspektivische Erfassung. Im Gegenteil: „Durch perspektivische Überschneidungen, die sich von einem realen Standpunkt ergeben", wäre die Ansicht mißlungen, weil auf diese Art „eben nicht die ganze Stadt ... aufgenommen werden kann"[38].

Doch der Differenzierungsgrad ist im Falle Villingens gegenüber den Ansichten anderer Städte in Merians geographischem Standardwerk insgesamt enttäuschend. Die Stadtmauer links, also im Westen, ist merkwürdig verzogen, die räumlichen Staffelungen etwa zwischen Franziskanerkloster und Münsterkirche stimmen nicht, ganz unklar gegenüber dem tatsächlichen Bestand bleibt die östliche Stadthälfte mit der Johanniterkirche und einem weiteren, real nicht existierenden Kirchengebäude mit Turm. Das zentral über der Stadt schwebende Wappen bleibt ohne den bereits 1536 hinzugefügten Adler.[39]

Der von Martin Zeiller verfaßte Text weiß – bis auf eine Ausnahme, s. u. – über die Stadt nichts zu berichten, was über die in den Literaturangaben genannte, hundert Jahre ältere Kosmographie Sebastian Münsters hinausginge. Merian bzw. Zeiller ließen lediglich einige Anekdoten weg. Die Kargheit und Ungenauigkeit der gegebenen Informationen in Wort und Bild läßt darauf schließen, daß sie nicht aus Villingen selbst stammen können.[40]

Daß die Bedeutung Villingens von Merian relativ gering geachtet wurde, geht aus der Lage der Stadtansicht innerhalb des Buches hervor. Er gönnte der Stadt nur eine bescheidene Bildgröße von einer knappen Drittelseite. Mit Weißenstein und Wildberg zusammen auf eine Tafel gedruckt, ist die Ansicht alphabetisch unter dem Städtchen Weißenstein auf der Schwäbischen Alb eingebunden, 17 Seiten und 7 Kupfertafeln hinter der Erwähnung Villingens im Text.

Dennoch sind einige Details der Graphik aussagekräftig und verdienen es, näher betrachtet zu werden: Die Stadt ist recht weit in den Mittelgrund zurückgedrängt, um einigen Gebäuden außerhalb der Stadtmauern Platz zu machen. Am rechten Bildrand finden sich eine Kirche und eine Kapelle daneben. Offenbar sind hiermit, wenn auch nach Süden verschoben und zu nah ans Brigachufer gerückt, Altstadtkirche und Beinhaus gemeint. Auf der gegenüberliegenden Brigachseite fällt eine ausgebrannte Mühle auf. Links beherrscht die Ruine der Warenburg den Vordergrund. Diese Details rücken unübersehbar Ereignisse von 1633/34, die als einzige Aktualität gegenüber Münster auch im Text erwähnt werden, in den Vordergrund: „Ist Anno 1633 und 1634 bloquiert unnd ihr mit Schwellung deß Wassers Brigi hart zugesetzt worden, hat, wie auch in dem nächsten Teutschen Krieg, sich aber jedesmals dapffer defendirt unnd hat nicht gewonnen werden mögen."[41]

Eine der bei Merian angesprochenen Belagerungen ist in einem radierten Flugblatt festgehalten (Abb. 7). Der „Wahre und Aigentliche Abriß der Belegerung der Statt Villingen so geschehen den 30 Junii A[nno] 1633"[42] weist frappierende, auf keinen Fall

zufällige Übereinstimmungen mit der Abbildung bei Merian auf. Alle bemängelten Ungenauigkeiten im Stadtinneren finden hier ihre Erklärung: Im Westen verunklärt der Pulverdampf den Verlauf der Stadtmauer und die gegenseitige Lage von Münster und Franziskanerkloster. Im Osten ist der heutige Kaiserturm mit einem hohen Spitzdach versehen worden, so daß er zusammen mit Dach und Giebel des vor ihm liegenden Wohngebäudes tatsächlich als Teil einer Kirche mißverstanden werden kann. Einen weiteren Dachreiter östlich der Münstertürme hat Merian bzw. sein Kupferstecher[43] aus dem Flugblatt übernommen. Auch die charakteristischen Gebäude außerhalb der Stadt, die Altstadtkirche, das Beinhaus und die Warenburg, entstammen bereits dem Bestand des Flugblattes. Die auffällige ruinöse Mühle wird im Flugblatt als „Bullfermil" in der Legende unterhalb des Titels ausdrücklich erwähnt. Dieses Detail hat hier seinen originären Sinn, auf Merians Blatt wirkt es wie ein malerisches

Abb. 7 Belagerung Villingens im Sommer 1633, Württembergisches (?) Flugblatt 1633, GLA Karlsruhe.

Versatzstück. Ähnliches gilt für die Warenburg, hinter der sich die Belagerer verschanz-
ten, und die deshalb zu den wichtigen Orten
der Belagerung gehörte, auch wenn sie ohne
Bezeichnung blieb. Weitere Übereinstimmungen selbst in unwichtigen und zufälligen
Details wie der Form der Bickenbrücke, der
Hügelkette im Hintergrund, einer Baum-
gruppe auf dem Hubenloch beseitigen jeden
Zweifel, daß hier ein direktes Abhängigkeits-
verhältnis der Abbildungen untereinander
vorliegt und das 10 Jahre ältere[44], kunstlose
Flugblatt die unmittelbare Vorlage für die
Radierung bei Merian war. Der Bildaus-
schnitt wurde verknappt, die Stadtansicht aus
dem Schlachtengetümmel isoliert, und nur
Architektur und Landschaft wurden über-
nommen. Da das Flugblatt die Belagerung
eindeutig aus der Sicht der angreifenden
Württemberger schildert,[45] erklärt sich die
Unkenntnis der Binnenstruktur der Stadt.[46]

Die Vorgehensweise ist sowohl in arbeits-
ökonomischer als auch in inhaltlicher Hinsicht symptomatisch für Merians Topographie. Für dieses verlegerische Mammutpro-
jekt wurden vielfach bereits publizierte Vorlagen kopiert und ohne einen Vergleich mit
dem tatsächlichen Gebäudebestand so korrigiert, daß die Kopie stimmiger und anschauli-
cher wirkt als die Vorlage.[47] Inhaltlich kommt
die Zitierweise einer „Pazifierung" des kriegerischen Ereignisbildes gleich: Merian, der
in den Vorreden und Widmungen zu den einzelnen Bänden der Topographia Germaniae
die Zerstörungen und Greuel des Krieges immer wieder beklagt, „errichtet ... [dagegen –
M.H.] die unerschütterliche Gegenwelt der
Bilder ‚voriger Glückselig- und Herrligkeit
für die nachfolgenden Geschlechter', um ihnen ‚dieselbe vor Augen zu stellen', damit sie
imstande seien ‚was noch stehet, zu erhalten,
was gefallen, wider auffzurichten, vnd was
verlohren, wider zu bringen'".[48] Was Bruno
Weber als die „wahre Grundlegung der Topographia Germaniae"[49] allgemein erkennt,

läßt sich hier an kleinen Details anschaulich
belegen: Die ausgebeinte Warenburg wird
zum Bestandteil einer malerischen Land-
schaftskulisse, und die ruinöse Mühle erhält
sogar ihr Mühlrad zurück.

Ein Votivbild aus der Franziskanerkirche um 1633

Die erfolgreich überstandenen Belagerungen des Dreißigjährigen und des Spanischen
Erbfolgekrieges haben das Ansehen der
Stadt Villingen in ungeheuer hohem Maß geprägt. Betrachtet man die zahlreichen Stadtansichten, die im Zusammenhang mit den
Belagerungen in Villingen selbst entstanden
oder hier in Auftrag gegeben worden sind, so
kann man den verantwortlichen Instanzen in
Villingen bei der Produktion ihres Ge-
schichtsbildes und damit ihres Selbstbewußt-
seins über die Schulter schauen.

Die Ereignisse der Jahre 1633 wurden sofort intensiv ausgewertet: 1634 erschienen
bereits vier gedruckte Berichte[50], und in engem zeitlichen Zusammenhang wird auch ein
Votivbild fertiggestellt (Abb. 8). Das aus der
Franziskanerkirche stammende Bild[51] zeigt
im Vordergrund die unter den Schutzmantel
Mariens flüchtende Stadtbevölkerung, ge-
rahmt von den beiden Ordensheiligen der
stadtansässigen Klöster Benedikt (links) und
Franziskus (rechts). Kostümgeschichtlich läßt
sich die Darstellung in das zweite Viertel des
17. Jahrhunderts datieren. Die linke obere
Bildecke nimmt eine Stadtansicht im Zustand der Belagerung ein. Daß es sich bei den
im Hintergrund stattfindenden kriegerischen
Handlungen um die Belagerung Villingens
im Sommer 1633 handeln muß, ist anhand der
ereignisgeschichtlichen Details leicht zu ermitteln[52]: Die abbrennenden Mühlen an der
Brigach, die durch Kanonen und Laufgräben
auf dem Hubenloch sturmreif niedergeleg-
ten Mauern am Riettor und das verschanz-
te Quartier an der Warenburg stimmen im

Abb. 8 Votivbild zur Belagerung Villingens im Sommer 1633, um 1633, Franziskanermuseum Villingen-Schwenningen, Inv.Nr. 11897.

wesentlichen mit dem Bestand des württembergischen Flugblattes überein. Zusätzlich
erkennt man hinter der Stadt links auf
dem Bickeberg eine große Schanze, von der
auch die schriftlichen Quellen zur Sommerbelagerung 1633 sprechen.[53]

Angesichts solcher Bedrängnisse werden in
der Stadtansicht selbst die in diesem Zusammenhang besonders wichtigen Wehrbauten
überproportional betont, aber auch die Türme des Münsters, der Dachreiter des Franziskanerklosters und der Turm der Johanniterkirche – und damit die Stationen der „geistlichen Wehr". Thema des Bildes ist ja der
Schutz, den diese bietet: Die Erhörung der
Gebete der unter Mariens Schutzmantel ge-
flüchteten Bürgerschaft wird durch den zu
den Betern herabreichenden Rosenkranz in
Mariens rechter Hand optisch sinnfällig.

Das Votivbild ist ein Dokument für die religiöse Überhöhung und die seelsorgerische
Verarbeitung des Geschehens und als veröf-
fentlichtes Dankzeichen für den erfahrenen
Gnadenbeweis schon von der Bildgattung
her ein Beitrag zur Geschichtsschreibung. Johann Baptist Steidlin, der vom Rat der Stadt
mit der gleichsam offiziellen Geschichtsschreibung zu den beiden ersten Belagerungen 1633 betraute Autor, berichtete neben
den eigentlichen Kriegshandlungen recht
ausführlich, „was für Geistliche Mittel man
angewandt, damit unsere Nachkömmling sehen, wie in gleichen Nöthen sie sich gegen
Gott einstellen und verhalten sollen"[54]. In
diesem Zusammenhang erfuhr der Franziskanerpater Johann Ludwig Ungelehrt[55] besondere Würdigung: Er wird als der Organi-
sator der geistlichen Anstrengungen in der
Stadt geschildert, veranlaßt mit Unterstützung des Rats und des Münsterpfarrers die
Beichte und Kommunion der Einwohner, des
weiteren eine Prozession mit dem Heiligen
Sakrament um die Stadt, so „ein Geistliche
Ringmawr"[56] errichtend, sowie ein dreitägi-
ges Fasten. Auf seine Initiative ging nach

Steidlin auch das dreifache Gelübde des Rats
zurück, „der wunderbarlichen Mutter Gottes
ein Bruderschafft zu ehren anzustellen, ein
gemeine Walfahrt an end und ortt, da es am
bequemesten sein mag, ihr zu lob zu verrichten und sovil möglich alles fluchen schwören
und Gottlästern abzuschaffen"[57]. Ungelehrt
griff nach dem Ende der Belagerung 1633
selbst zur Feder, um in Strophenform die Ereignisse für die Nachwelt zu überliefern, wobei er, wie zu erwarten, großen Wert auf den
geistlichen Anteil am glücklichen Ausgang
des Geschehens legt. Aus diesem franziska-
nisch-gegenreformatorischen Geist heraus ist
auch das Votivbild entstanden, weshalb zur
Veranschaulichung dieser parallelen Bemühungen in der schriftlichen wie bildlichen
Verarbeitung der Belagerungserlebnisse eine
Strophe aus dem Text Ungelehrts neben das
Bild gestellt sei: „Zu ihr [Maria – M.H.] seind
wir geflohen. / Mit Herzen und mit Gmüth /
So offt der Feind thät tröwen. / Hat alzeit uns
behüt / Für uns hat sie gestriten. / Im Feld und
in der Statt / Blib alzeit in der mitten. / Wann
wir ein Noth geliden / Den Feind vertreiben
thät."[58]

50 Jahre später hat sich der Akzent deutlich
verschoben, wie man einer im Franziskanerkloster gehaltenen und unter dem Titel „Mercurius Villinganus redivivus" gedruckten Predigt entnehmen kann, verfaßt von dem regulierten Chorherrn Hieronymus Sichler[59]. Die
auf das Stadtbild bezogene Metapher von der
„geistlichen Ringmauer" wird hier breit ausgebaut, indem der Autor in Anlehnung an die
Stadttopographie die Klöster und sonstigen
geistlichen Institutionen als Wehrtürme und
-mauern beschreibt, das Spital zum geistlichen Zeughaus erklärt und das Münster zur
Haupt-Wacht.[60]

Ein Exemplar dieser Schrift in Villinger
Privatbesitz enthält als Frontispiz eine Federzeichnung, die deren Grundaussagen kon-
genial bildlich umsetzt (Abb. 9).[61] In einer
Vogelschauansicht der Stadt werden unter

Abb. 9 Stadtansicht Villingen mit Stadtpatronen, Federzeichnung als Frontispiz zu: Hieronymus Sichler, Mercurius Villinganus Redivivus, Rottweil 1684, Privatbesitz.

völligem Verzicht auf die Darstellung von
Wohnbebauung eindrucksvoll Wehranlagen,
Kirchen und Klöster miteinander gleichge-
setzt.[62] Darüber befinden sich auf einer Wol-
kenbank um Christus Salvator versammelt
die Stadtpatrone.[63] Wie forciert die Predigt
das Kriegsgeschehen mit einem geistlichen,
einem Glaubenskampf gleichsetzt, verdeutlicht folgendes Gedicht, das Sichler auf das
Obere Tor und seinen Beschützer, den Hl.
Dominikus, verfaßt hat (der etwas gesuchte
topographisch-institutionelle Anknüpfungspunkt ist hier die bei den Benediktinern von
St. Georgen bestehende Rosenkranzbruder-
schaft): „Jetzt kombt daher mit seim Kriegs-
Heer / Dominicus der Heldt. / Fiehrt auff die
Stuck die Waffen zuckt / Ziecht Ritterlich zu
Felde. / Mit Rosen-Kräntz die Töchtern sein /
Als Degen tapffer fechten / Amazones da
schlagen drein / Dem Feind d' Augen außste-
chen."[64] Damit ist fünfzig Jahre nach dem Ende der letzten Belagerung aus der auch christlich motivierten Verteidigung der Stadt eine
ziemlich monströse oder einfach nur naive
verbale Gewaltverherrlichung im Namen des
katholischen Glaubens geworden, von der
bezeichnenderweise im unmittelbaren zeitlichen Zusammenhang zum realen Kriegsgeschehen bei aller Parteilichkeit noch nichts zu
spüren war. Im Gegenteil brandmarkten alle
zeitgenössischen Quellen das Augenausste-
chen als Kriegsverbrechen und vor allem als
Beweis für die Gottlosigkeit der Feinde.[65]

Das Thesenblatt der Benediktiner von 1695

Der von dem Franziskaner Johann Georg
Ungelehrt initiierte gegenreformatorische
Marienkult in Verbindung mit den drei überstandenen Belagerungen wurde in der Folgezeit besonders von den Benediktinern aufgegriffen und im Anspruchsniveau deutlich
gesteigert. Davon zeugt zunächst ein 1695
anläßlich einer feierlichen Disputation ent-
standenes Thesenblatt (Abb. 10).[66] Die Dis-

putation als öffentliche Demonstration theologischer Gelehrsamkeit stellte einen Höhepunkt in der noch jungen Geschichte der Klo-
sterschule dar. Eine Reihe von Schülern[67]
hatte die Aufgabe, vorgegebene Lehrsätze
(Thesen) über Maria als unbefleckte Jungfrau – einem Kernstück gegenreformatori-
scher Theologie – gegen Einsprüche zu verteidigen. Die Disputation wird im Thesenblatt angekündigt, die Thesen werden veröffentlicht, die Beteiligten genannt, und in einem ausführlichen Widmungstext wird das
Thema der Veranstaltung in einen Bezug zur
Stadtgeschichte gesetzt.

Der Entwurf des Einblattdruckes stammt
vom Rottweiler Maler Johann Georg Glückher.[68] Gestochen wurde das großformatige
Blatt in Augsburg bei Bartholomäus Kilian.
In einem breiten Rahmen, der die Disputati-
onsangaben, die Thesen und die Dedikation
aufnimmt, schwebt Maria Immaculata in einem von Engeln getragenen und von einem
Strahlenkranz umgebenen Spiegel über einer
Ansicht der Stadt Villingen. Innerhalb des ansonsten künstlerisch recht anspruchsvollen
Blattes fällt die in vielen Punkten unbeholfen
wirkende Stadtansicht auf, für die dem Zeichner offensichtlich keine Vorlage zur Verfügung stand. Erkennbar sind innerhalb der
Stadtmauern die Kirchen und Klöster, wobei
auf dem Grundstück des Benediktinerklosters (im Vordergrund links) die 1695 noch in
Bau befindliche Kirche bereits als vollendet
dargestellt wird,[69] während umgekehrt im
Bereich des Franziskanerklosters (rechts neben dem zentralen Riettor im Vordergrund)
der Makel einer beschädigten Stadtmauer
nicht beschönigt wird. Straßennetz und
Wohnbebauung sind bis zur Unkenntlichkeit
vereinfacht. Außerhalb der Stadtmauern liegt
auf einer Anhöhe im Süden die Altstadtkirche
mit Friedhof.

Die nicht zuletzt politischen Absichten, die
die Benediktiner mit dem aufwendigen Blatt
verfolgten, erklären sich aus deren spezifi-

Abb. 10 Johann Georg Glückher (del.), Bartholomäus Kilian (sculps.), Thesenblatt des Villinger Benediktinerklosters, Maria als Patronin Villingens, 1695, Staats- und Stadtbibliothek Augsburg.

scher Situation nach dem endgültigen Verlust von St. Georgen 1648.[70] Erst danach begannen sie mit dem planmäßigen Ausbau ihres Pfleghofs in Villingen zum neuen Ordenssitz.[71] Im Vergleich zu den im Schwäbischen Reichsprälaten-Kollegium vertretenen reichsunmittelbaren Klöstern, z. B. in Weingarten und Zwiefalten oder zum Kloster St. Blasien, dessen Abt über die Grafschaft Bonndorf die Reichsfürstenwürde besaß, waren sie rechtlich und finanziell entsprechend schlechter gestellt.[72] Sie besaßen keinen eigenen Hoheitsbereich, den sie zu einem kleinen Territorium hätten ausbauen können.[73] Sie konnten ihre Ambitionen folglich nur zusammen mit der Stadt erreichen, deren Gerichtsbarkeit sie unterstellt waren, während umgekehrt die Stadt durch das Kloster in ihren Mauern einen Prestigegewinn verbuchen konnte. Dementsprechend wurden ab der Jahrhundertmitte enge Beziehungen zwischen Stadt und Kloster geknüpft. Eine wichtige Rolle kam dabei der Schule zu, die – in direkter Konkurrenz zu den Franziskanern – zum Mittelpunkt des städtischen Bildungswesens wurde. Die Durchführung einer feierlichen Disputation war ein geeignetes Mittel, nicht nur um die Gleichrangigkeit mit Zwiefalten und St. Blasien wenigstens im kulturellen Sektor zu demonstrieren,[74] sondern auch um die neuen Verbindungen eindrucksvoll und öffentlich zur Schau zu stellen: Das Blatt wurde dem Stadtrat und speziell dem Bürgermeister, dem Altbürgermeister und dem Stadtpfleger gewidmet. Sie treten damit an die Stelle, die sonst meist dem Kaiser oder dem Landesherrn vorbehalten ist.[75]

Dem Thesenblatt kam die Funktion zu, die politische Programmatik der Veranstaltung dauerhaft zu dokumentieren. Das Thema der Thesen wird in der bildlichen Umsetzung ganz in den Dienst einer städtischen Panegyrik gestellt. Maria erscheint als Schutzpatronin über der Stadt.[76] Zwischen der Gottesmutter und der Stadt entwirft der Widmungs-

text eine kühne Parallele. Villingen wird ebenfalls als „Jungfrau" angesprochen, als „nie besiegte"[77] und „niemals mit häretischem Schmutz befleckte"[78] Stadt. Ausführlich werden die erfolglosen Belagerungen im Dreißigjährigen Krieg als Bestätigung dieser Analogisierung zwischen Maria und Villingen herangezogen. Damit entwirft das Thesenblatt ein eindrucksvolles Gegenbild zur „biblische[n] Mythe von der ‚Hure Babylon', von der Stadt als der großen Verführerin, die der Macht und dem Geld mehr zugetan sei als der guten Idee bzw. der Idee vom Guten"[79]. Die weibliche Sexualisierung, wie sie in der Beschreibung Villingens in Analogie zur Jungfrau Maria deutlich wird, überhöht die politische Geschichte der Stadt zu einem frommen Akt der Mariennachfolge. So fällt auf, daß die Inschrift „Semper Virgo" im Thesenblatt genau zwischen dem Strahlenkranz Mariens und der Stadtansicht erscheint, und sich damit auf beide beziehen läßt.

Das Votivbild in Triberg 1715

Eine nochmalige Bedeutungssteigerung erfährt das Ansehen der Stadt Villingen im Medium der Stadtansicht im 18. Jahrhundert, als nach den drei erfolgreich überstandenen Belagerungen des Dreißigjährigen Krieges die vierte im Spanischen Erbfolgekrieg ebenfalls ohne die Einnahme der Stadt endet. Das Ereignis wurde in einem ganzen Bündel von Maßnahmen gefeiert, nach Kräften ausgeschlachtet und nicht zuletzt auch mit seinen Vorläufern im Dreißigjährigen Krieg in Verbindung gebracht.[80]

Am 8. Oktober 1714 gab der Rat ein weiteres Votivbild in Auftrag, das am Sonntag, dem 17. November 1715, im Münster während des Gottesdienstes aufgehängt und vier Tage später „durch eine Deputation in die Wallfahrtskirche nach Triberg verbracht [wird – M.H.], wo in Anwesenheit der gesammten Stadthäupter und der übrigen Deputierten von

Villingen der hiesige Prälat Michael zu S. Georgen das Hochamt und Stadtpfarrer Riegger die Festpredigt hielt"[81].

Schon die monumentale Größe des Votivbildes in Triberg (Abb. 11)[82] von vier Metern Höhe macht die völlig anderen Dimensionen gegenüber dem bescheidenen Bild von 1633 deutlich. Die Erarbeitung des inhaltlichen Programms lag sicher erneut in den Händen der Benediktiner. Der Auftrag ging wieder an Johann Georg Glückher – und damit an den Bruder des Abtes Michael. Die 1695 vorgebildete mariologische Argumentationslinie erfährt hier ihren Höhepunkt.

In der komplexen, vielfigurigen Komposition lassen sich mehrere, sich ineinander verzahnende Realitätsebenen unterscheiden. Am unteren rechten Bildrand schildert eine Stadtansicht im Einklang mit den Konventionen der Schlachtenmalerei einen exakt bestimmbaren Zeitpunkt der Kriegshandlungen am Abend des 20. Juli 1704. Die Stadt wird von den Belagerern bedrängt. Vom Feldherrenhügel im Vordergrund folgt der Blick den Angreifern im Laufgraben zur Bresche in der Stadtmauer am Franziskanerkloster, das stark unter Beschuß steht. Es herrscht Dunkelheit, und in der Gegend der Bickenstraße sind zwei Brandherde auszumachen, was den zeitgenössischen Berichten entspricht, nach denen dort in dieser Nacht zwei Häuser Opfer von Brandbomben wurden.[83] Diese Nacht stellte insofern den Höhepunkt der Kampfhandlungen dar, als am folgenden Tag bereits der Entschluß gefaßt wurde, die Belagerung abzubrechen.

Das Votivbild verklammert diese Momentaufnahme des realen Kampfgeschehens mit dem wunderbaren Moment des rettenden göttlichen Eingriffs. Zentral für die Bildaussage ist die Vermittlungslinie zwischen den Polen der gleißenden himmlischen Sonne oben und der nachtdunklen Stadt unten. Diese führt aus der himmlischen Sphäre der Dreieinigkeit über den fast zeusgleichen, ein

Strahlenbündel in seiner Hand zu Lorbeerzweigen umformenden Christus, der mit der Linken auf eine Personengruppe unter ihm weist. Dort kniet eine durch das von Engeln herbeigetragene Wappen als Personifikation der Stadt Villingen gekennzeichnete bekränzte Frauengestalt demütig vor der etwas erhöht in die Himmelssphäre hineinragenden Gottesmutter. Maria nimmt „Villingia" beschützend unter ihren Mantel – und lenkt so kompositorisch die von Christus ausgehende Bewegungsrichtung um. Zugleich schließt ein Engel die Lücke zwischen Christus und Maria, indem er „Villingia" mit einem Lorbeerkranz bekrönt. Als Folge des göttlichen Eingriffs zerbrechen Engel die Pfeile in ihren Händen, und ein Regenbogen erscheint über der bedrängten Stadt.[84]

Die theologische Aussage des aufwendigen Votivbildes besteht also zunächst darin, die überstandene Belagerung als Beispiel für die heilsgeschichtliche Bedeutung der Muttergottes als Helferin der Christenheit darzustellen.[85] Zugleich wird nun die Analogisierung von Stadt und (Jung-)Frau, die im Thesenblatt von 1695 nur im Text erkennbar wurde, auch bildlich in Szene gesetzt.

Diese Lesrichtung von oben nach unten, die der Gattung des Votivbildes angemessen ist, wird ergänzt durch eine zweite Blickrichtung von unten nach oben, die einer politisch-religiösen Manifestation gleichkommt: Erneut hat sich die von keinem häretischen Schmutz befleckte Jungfräulichkeit der Stadt eindrucksvoll bestätigt. Die Jungfrau Villingen gelangt aufgrund ihrer besonderen Leistungen unter den Schutz und damit in die unmittelbare Nähe der Gottesmutter. Die Engel tragen das Stadtwappen gen Himmel. Das Bild ist eine Apotheose, eine mariengleiche Himmelfahrt der Stadt.

Mehr noch: Die siegreiche, bekränzte Frauengestalt als Personifikation einer Stadt läßt an das neue Jerusalem denken, das in der Offenbarung des Johannes „bereitet wie eine

geschmückte Braut ihrem Mann" (Offb. 21,2)
nach dem Untergang der Hure Babylon, nach
dem Ende der Belagerung der „geliebten
Stadt" (Offb. 20,9) vom Himmel herabfährt.[86]
Diese Assoziation erhält durch den Regenbogen über Villingen in schwarzer Nacht und
die göttliche Helligkeit weitere Stützen:
„Und wird keine Nacht mehr sein, und sie
werden nicht bedürfen einer Leuchte oder
des Lichts der Sonne; denn der Gott der Herr
wird sie erleuchten, und sie werden regieren
von Ewigkeit zu Ewigkeit." (Offb. 22,5)

Villingen als neues Jerusalem: Höher kann
man nicht mehr greifen. Tatsächlich bietet die
Stadtansicht im Triberger Votivbild nicht nur
die Darstellung eines exakt bestimmbaren,
heilsgeschichtlichen Erlösungsmomentes,
sondern zugleich – und damit durchaus eine
Verfälschung der realen Architektur in Kauf
nehmend – ein Idealbild: Auffällig ist, daß aus
der Bebauung der Stadt neben dem Münster
und dem Turm der Johanniterkirche auch
südlich der Benediktinerkirche ein Turm her-
ausragt und damit deren Vollendung erneut
vorweggenommen ist.[87]

Im wahrsten Sinne des Wortes wird Villingen im Triberger Bild durch die Belagerungen zu einem eigenständigen Subjekt der Geschichte erhoben. Das ist für die vorderösterreichische Landstadt eine keineswegs selbst-
verständliche, eine ungemein politische Aussage. Letztlich strebt Villingen damit reichs-
städtisches Argumentations- und Anspruchsniveau an.[88] Derjenige, der zeitgleich die politische Eigenständigkeit Villingens am deut-
lichsten propagierte, war Pfarr-Rektor Johann Jakob Riegger. Bei ihm wird Villingen
zum „Vatterland".[89] Seine Perspektive ist dabei zweifellos vornehmlich „innenpolitisch".
Im patriotischen Begriff des „Vaterlandes"
wird eine ständeübergreifende Einigkeit innerhalb des so isolierten Gemeinwesens be-
schworen[90]: „Gedencket wohl, was unser in-
nerlich- und äusserliche gute Verständnuß aller Statt-Ständen gegen einander biß dahin

Gutes vermögen nach jenem Grund-Spruch:
Civitas sat munita, si unita: Die Einigkeit
bringt Vöstigkeit."[91] Rieggers Einigkeit stif-
tender, durch die Abgrenzung von der feindlichen Außenwelt außerhalb der Stadtmauern gewonnener und mit den Erfahrungen in
den Belagerungen begründeter „Lokalpa-
triotismus" kulminiert bezeichnenderweise
in der Übertragung eines Symbols für die Un-
berührtheit Mariens auf die Stadt: „Gedencket, daß Villingen niemahl vöst und doch
biß dahin allzeit vöst genug gewesen sey, da ja
bey so vilen gewaltsamen Anläuffen, feindlichen Angriffen, heimblich- und offentlichen
Anrennen, äussersten Untergangs-Gefahren
in seiner Schwäche stark genug gewesen,
niemahl übergangen und Sicut hortus conclu-
sus: wie ein beschlossener Garten keinem
Feind durch Göttlich sonderlichen Schutz ist
eröffnet worden . . . "[92]

Der Zyklus der Belagerungsbilder aus der Herrenstube von 1716/1717

Kurz nach der eindrucksvollen religiös-po-
litischen Manifestation in Triberg wurde das
gewachsene Selbstbewußtsein Villingens
auch gegenüber der Landesherrschaft dokumentiert. Zwischen 1716 und 1717 wird in
städtischem Auftrag für die Herrenstube ein
Zyklus von Belagerungsbildern hergestellt.
Die vier Leinwandgemälde[93] „dürfen" zwar
allesamt – wie Christian Roder vorsichtig formuliert – „nicht als Kunstwerke angesehen
werden"[94], unterscheiden sich aber auch untereinander beträchtlich in ihrer handwerklichen Qualität.

Das zuerst fertiggestellte Bild der Belagerung von 1704 ist auf 1716 datiert und trägt
die Signatur des damals 22jährigen[95] Villin-

*Abb. 11 Johann Georg Glückher, Votivbild
zur Belagerung Villingens 1704, 1715, Triberg,
Wallfahrtskirche Maria in der Tanne.*

Abb. 12 Johann Anton Schilling, Belagerung Villingens 1704, 1716, Franziskanermuseum Villingen-Schwenningen, Inv.Nr. 12058.

ger Malers Johann Anton Schilling (Abb. 12). Seine Ausführung glückte vergleichsweise noch am besten. Schilling bemühte sich hier nach Kräften, die Darstellungskonventionen des Schlachtengemäldes zu erfüllen. Er präsentiert die Stadt von Westen aus der Kavaliersperspektive mit einem fiktiven Feldherrenhügel, auf dem Marschall Tallard mit dem Feldherrenstab in Begleitung zweier weiterer Reiter posiert. Im etwas unvermittelt abfallenden Mittelgrund liegt das Feldlager der Franzosen auf dem Hubenloch, wo sich auch das Kampfgeschehen mit den bis ans Riettor heranführenden Schanzgräben abspielt. Die belagerungsbedingten Zerstörungen der Häuser in der Rietstraße und des Franziskanerklosters werden dargestellt und ebenso wie die weiteren Schauplät-

ze des Kampfgeschehens in einer Legende am oberen rechten Bildrand bezeichnet.

Bei der Stadtansicht selbst fällt neben der üblichen Überbetonung der Wehr- und Kirchenbauten[96] das dichtgedrängte Häusermeer[97] ohne die leiseste Andeutung des markanten Villinger Straßennetzes auf. Im merklichen Kontrast zur umgebenden offenen Landschaft, von der mit dem Feldlager vor der Stadt die Gefahr für das Gemeinwesen ausgeht, suggerieren diese malerischen Kunstgriffe eine behütende Schutzfunktion des Stadtraumes, die militärtechnisch längst nicht mehr bestand.

Ebenfalls von Johann Anton Schilling signiert, aber ein Jahr später datiert, ist das Bild der Wasserbelagerung von 1634 (Abb. 13), in dem er recht kühn eine gleichsam um den

Abb. 13 Johann Anton Schilling, Wasserbelagerung Villingens 1634, 1717, Franziskanermuseum Villingen-Schwenningen, Inv.Nr. 12059.

Feind amputierte Gefechtsszene aus der Schlachtenmalerei in den Vordergrund stellt. Die von Osten aus dem Bereich der Schwenninger Steige aufgenommene Talebene mit der Stadt am rechten Bildrand bietet einen Überblick über die Baumaßnahmen am Damm, mit dem die Überschwemmung der Stadt bewerkstelligt werden sollte und für dessen recht differenzierte Wiedergabe dem Maler offenbar zeitgenössische Zeichnungen oder Beschreibungen zur Verfügung standen.[98] Die Stadtansicht ähnelt in der Auffassung dem Bild der Belagerung von 1704.

Der mit der Aufgabe sichtlich überforderte Maler der Sommerbelagerung von 1633 (Abb. 14) gehörte ebenfalls der Werkstatt Schillings an, wie die Signatur und die motivischen Übernahmen belegen: Der Hinter-

grund stammt aus dem Bild der Belagerung von 1704, die zu Tale ziehenden Rückenfiguren sind in allen vier Bildern nach dem gleichen Schema entstanden – und scheinen im übrigen aus dem Glückherschen Votivbild in Triberg entlehnt. Die Stadtansicht gibt als einzige innerhalb des Belagerungszyklus – wenn auch stark schematisiert – das Straßennetz wieder, wie der Maler überhaupt ein recht ungewöhnliches Interesse an profanen Bauwerken erkennen läßt. Neben dem Münster und der Johanniterkirche zeigt er die Marktbauten auf der Riet- und der Oberen Straße, dort auch den mittelalterlichen Wohnturm. Dagegen verschwinden nicht nur das St. Georgener Amthaus[99], sondern auch das Bicken- und sogar das Franziskanerkloster innerhalb der fast planstädtisch anmu-

Abb. 14 Johann Anton Schilling (Werkstatt), Belagerung Villingens im Sommer 1633, 1717, Franziskanermuseum Villingen-Schwenningen, Inv.Nr. 12060.

tenden Blockbebauung. Daß Schilling selbst der Autor ist, muß nicht nur aufgrund des Gesamteindrucks, sondern auch angesichts der sonst bei ihm nicht vorkommenden kostümkundlichen Ungenauigkeiten bezweifelt werden. Alle Reiter tragen Dreispitze, und der in Rückenansicht dargestellte Reiter ist mit einem Justaucorps[100] bekleidet statt mit einer kurzen Jacke mit geschlitzten Ärmeln über weiten Pluder- oder Kniebundhosen, wie in der ersten Hälfte des 17. Jahrhunderts üblich.

Dagegen besticht das vierte Belagerungsbild (Abb. 15) geradezu vor historischer Genauigkeit, weil die Kleidung der Soldaten dem dargestellten Zeitpunkt im Winter 1633 ebenso Rechnung trägt wie die Wiedergabe des „S. Georgen Ambthaus" vor dem Ausbau zum Kloster. Ansonsten folgt die Stadtansicht

dem Schillingschen Typus der aus einem undifferenzierten Häusermeer aufragenden, hier auch farblich von der schneebedeckten Dachlandschaft abgehobenen Wehr- und Kirchenbauten. Das Bild ist 1717 datiert und von Schilling signiert, obwohl zu den anderen Bildern des Zyklus keine rechte stilistische Verwandtschaft besteht. Dem Maler lagen für die Darstellung der immerhin 84 Jahre zurückliegenden Ereignisse zeitgenössische Federzeichnungen vor, wie schon Revellio aufgezeigt hat.[101] Was in den Zeichnungen chronologisch-systematisch sortiert auf drei Blätter verteilt worden war,[102] zeigt das Leinwandbild simultan: Der Feind beschießt die Stadt, von deren Türmen das Feuer erwidert wird, während auch die von den Villingern verbrannten Gebäude, wie die Bickenkapelle

Abb. 15 Johann Anton Schilling (Werkstatt?), Belagerung Villingens im Winter 1633, 1717, Franziskanermuseum Villingen-Schwenningen, Inv.Nr. 12061.

oder die Warenburg, in Flammen stehen und Gefechte zwischen den Reitertruppen der Belagerer und der Belagerten stattfinden.

Diese epische Fülle unterscheidet alle Bilder des Villinger Zyklus von seinen Vorbildern aus der hohen Staatskunst, in denen es darauf ankam, für jedes Bild einen exemplarischen Moment aus dem umfassenden Belagerungsgeschehen auszuwählen und erst durch den von Station zu Station fortschreitenden Blick auf den gesamten Zyklus das Gesamtbild einer mustergültig vorgetragenen Belagerung zu erhalten. Diesen „Mut zur Lücke" hatte man in Villingen nicht. Die scheinbare Vollständigkeit, wie sie der Typus des Simultanbildes suggeriert, täuscht darüber hinweg, daß man eigene Schandtaten nicht für bildwürdig hielt.[103]

Die Schilderung der Geschehnisse wird jeweils durch eine Himmelserscheinung über der Stadt ergänzt. Auf den beiden Bildern zum Jahr 1633 ist eine Maria Immaculata im Typus der Mondsichelmadonna zu erkennen – eine klare Übernahme des 1695 entwickelten benediktinisch-gegenreformatorischen Programms. Zugleich wird hiermit an einen berühmten, zur Schlacht am Weißen Berg bei Prag 1620 entwickelten Bildtopos angeknüpft.[104] Zweimal erscheint über der Stadt jedoch ein Kruzifix, was in der bildlichen Überlieferung bisher nicht vorkam. Johann Baptist Steidlin hatte schon 1634 eine entsprechende göttliche „Tröstung" vermerkt: „das von vielen ein Ring wie ein zarter Schleyher in figura ovali, und darinn ein Crucifix unnd vor selbigem ein Frawenbildt ob

der Statt schwebendt gesehen worden."[105]
Das Kruzifix der Belagerungsbilder wird mit
einem weißen Tuch über den Kreuzbalkenen-
den gezeigt: Dargestellt ist also nicht nur eine
Himmelserscheinung, sondern konkret das in
der Bickenkapelle aufbewahrte Gnadenbild
des Nägelins-Kreuzes, das mit einer Pieta –
dem von Steidlin erwähnten „Frawenbildt" –
zusammen aufgestellt war. Die Geschichte
seiner Verehrung während des Dreißigjährigen Krieges scheint noch nicht abschließend
geklärt.[106] Ausführlich stellte erst die 1735 in
Rottweil erschienene und von Stadtpfarrer
Johann Jakob Riegger verfaßte „Villingische
Danck- und Denck-Erneuerung zu der
gecreutzigten Bildnuß Unseres Heylands Jesu Christi daß Nagelins Creutz genannt in der
Bicken-Capellen" den Kult um das Nägelinskreuz in Bezug zu den vier Belagerungen.
Der Bilderzyklus mit seiner paritätischen
Verteilung von Maria und Kruzifix auf je zwei
Bilder ist insofern Ausdruck des neuen intellektuellen und kirchenpolitischen Kräfteve-
hältnisses im frühen 18. Jahrhundert. Mit Johann Jakob Riegger erhielt die Pfarrei deutlich mehr Gewicht. Seine Aktivitäten in bezug auf die Pflege des Geschichtsbewußtseins
waren den Bemühungen der Klöster mindestens gleichwertig.[107]

Der ungewöhnliche Bilderzyklus scheint
unter Zeitnot entstanden zu sein. Dafür
spricht nicht nur der sonderbare Widerspruch
zwischen hohem staatskünstlerischem Anspruch, was die gewählte Gattung des
Schlachtengemäldes angeht, und äußerst be-
scheidener künstlerischer Ausführung, sondern auch die offensichtliche Arbeitsteilung
innerhalb der Werkstatt Johann Anton Schillings, der zwar alle Bilder signierte, aber nicht
immer eigenhändig ausführte.[108] Diese an
den Bildern selbst erschließbaren Entste-
hungsbedingungen erfahren ihre Erklärung
in der spezifischen Funktion des Zyklus innerhalb der Festdekoration zur Erbhuldigung für Kaiser Karl VI. in Villingen am 16.

und 17. Juni 1717. Über diesen zu einem
mehrtägigen Zeremoniell mit höchstmögli-
cher Prachtentfaltung ausgestalteten Rechts-
akt ist ein ausführliches Protokoll erhalten.
Der eigentliche Huldigungsakt fand in der
Franziskanerkirche statt, die zu diesem Anlaß
mit einer die Habsburger und Österreich ver-
ehrenden Festdekoration ausgestattet wurde.
Anschließend begleitete man die hohen Herren zu ihrem Logement, dem Wirtshaus Sonne. „Von darauß aber geg. halb ein Uhr in
ordnung wie zur kürchen auff die von neuem
wohlrepariert und mit Kays. contrafaits, denen villingischen belagerung auch anden
Schiltereyen zierlich meublierte Herrenstu-
ben verfüegt, allwo ein respectu hiesigen
orths kostbahres tractement gegeben."[109]

Mit dieser Nachricht wird der Zyklus an
seinem ursprünglichen Aufhängungsort als
Bestandteil einer politischen Zeremonie erkennbar. Die Herrenstube, also das Ver-
sammlungslokal der exklusiven Villinger Pa-
trizierzunft, befand sich in unmittelbarer
räumlicher Nähe zum Rathaus der Stadt und
war historisch dessen Keimzelle. So verwundert es nicht, daß die Herrenstube als eine Art
städtischer Festsaal zur Bewirtung hoher
Gäste diente und damit eine Funktion übernahm, die andernorts Ratssäle erfüllten. Mit
deren Ausstattungsprogrammen läßt sich die
im Erbhuldigungsprotokoll angedeutete
„zierliche Meublierung" mit Porträts von
Kaiser und Kaiserin, den Belagerungsbildern
und weiteren „Schiltereyen" in Verbindung
bringen. Kaiserporträts gehörten zum Stan-
dardprogramm von Rathausausstattungen.
Die reichsunmittelbaren Städte bedurften
kaiserlichen Schutzes, um in der Konkurrenz
gegen die umliegenden Landesherren ihre
Sonderstellung zu behaupten. In Villingen
huldigte man dem Kaiser jedoch als Landesherren: Die erhaltenen Porträts Karls VI. und
seiner Gattin Elisabeth Christine[110] werden
in üppigen Rahmen mit der Herzogs-, nicht
der Kaiserkrone bekrönt. An die Stelle von

Tugendbeispielen aus Bibel und Mythologie oder ähnlicher erbaulicher Vorbilder im Sinne der gerechten Herrschaft sind hier die Belagerungsbilder getreten. Mit dieser auffälligen Dokumentation der Siege, die man für das Haus Österreich errungen hat, präsentierte sich die Stadt Villingen gegenüber dem kaiserlichen Statthalter wie ein siegreicher Feldherr, der sein Schloß mit einem Schlachtengemäldezyklus ausstatten läßt.[111] Darin wird die „außenpolitische" Dimension einer durchaus erwarteten, entsprechenden Wahrnehmung seitens des Kaisers erahnbar.[112] In der lokalen Geschichtsschreibung hat man nie vergessen zu betonen, daß Villingen durch die Opfer der Belagerungen seinen „Aydt und Pflicht gegen dem Röm. Kays. unnd Hochlöblichen Hauß Oesterreich durch Fewr und Schwerdt der ganzen Welt kundt gethan"[113] hat. Schon 1635 hatte Kaiser Ferdinand II. auch diesen Aspekt des politischen Prestigegewinns angesprochen, der mit der Pflichterfüllung gegenüber dem Landesherren verbunden war, indem er die „beständige Treue, Devotion und Tapferkeit, die sie ebenso zu Ihro Majestät und dero ganzem löblichen Erzhause Wohlgefallen als zu ihrem selbsteigenen 'unsterblichen Rhuemb' erwiesen haben"[114], hervorhob. Kaiser Josef I. bestätigte am 3. April 1706 ebenfalls „den Villingern ihre alten Stadtprivilegien in Anbetracht der treuen Dienste, die ihre Vorfahren und sie selbst mit Daransetzung ihres Leibes, Guts und Bluts jederzeit dem Hause Österreich erwiesen haben"[115].

Aussichten

Das letzte Zeugnis selbstbewußten Villinger Bürgerstolzes aus vorderösterreichischer Zeit – die um 1780 in Staufen im Breisgau von Johann Baptist Haas gestochene Handwerkskundschaft[116] – entfaltet in den üppigen Rocaillen des Rahmens mit dem zentralen habsburgischen Doppeladler, dem österreichischen Bindenschild links und dem Villinger Stadtwappen rechts noch einmal den heraldischen Apparat der vertrauten Herrschaftsverhältnisse. Die obere Hälfte des Blattes füllt eine Stadtansicht aus der Hand von Joseph Anton Stern. Deren Mittelachse nehmen der Marktbrunnen und – durch die Rankenornamentik des Rahmens hervorgehoben – die Zielscheibe und der Schießstand vor der Stadtmauer ein. Marktrecht und Selbstverteidigung der Stadt bilden so sinnfällig das zünftig bestimmte Rückgrat der Stadt.

Die Darstellung des Stadtinneren offenbart eine bescheiden (zunft-)bürgerliche Sicht der Stadt, die zu den repräsentativ-anspruchsvollen Werken im Auftrag des Rats einen merklichen Kontrast bildet und damit bereits ins 19. Jahrhundert weist. Sie betont das Straßensystem und legt auffällig großen Wert auf die Darstellung der Wohnbebauung. Daß letztere gleichwohl überaus schematisch-gleichmacherisch ausfällt, dürfte nicht nur Folge der auch an einigen perspektivischen Schwächen bemerkbaren künstlerischen Unzulänglichkeiten sein, sondern zugleich Ausdruck einer Sichtweise, die noch dem zünftigen Wirtschaftsideal eines geregelten, gerechten, standesgemäßen Auskommens entspringt.

Keine der behandelten Stadtansichten Villingens entstand ohne konkreten Anlaß. Die übergeordnete Funktion ließ sich in allen Darstellungen auch in der Wiedergabe des Stadtbildes selbst ablesen. Es ließ sich in jedem Fall begründen, warum der Stadtgrundriß und die durch das Straßensystem gegebene Binnenstruktur entweder ignoriert oder schematisiert und nur sehr selten differenziert dargestellt wurden, warum bestimmte Bauwerke prominent hervorgehoben, andere weggelassen wurden, warum das Verhältnis von Stadt und Land je unterschiedlich bestimmt wurde. Blickrichtung, Tages- und Nachtzeiten, selbst ein Regenbogen erwiesen

Abb. 16 Joseph Anton Stern (del.), Johann Baptist Haas (sculps.), Handwerkskundschaft der Villinger Zünfte, um 1780, Franziskanermuseum Villingen-Schwenningen, moderner Abzug ohne Inv.Nr.

sich als aussagekräftige Details, die Aufschluß darüber gaben, welches Bild der Stadt Auftraggeber und Künstler vermitteln wollten. So beeinflußten sie das Ansehen, das die Stadt in den Augen der Betrachter genießen sollte. Bei geringer Wertschätzung – innerhalb der Kosmographie Sebastian Münsters – verschwindet die Stadtansicht im wörtlichen Sinn hinter anekdoten- und sagenhaftem Beiwerk. Im anspruchsvollsten Projekt – dem Votivbild in Triberg – reicht Villingen bis ans Idealbild des neuen Jerusalems heran. Im Nachweis und in der Ausdeutung solcher Wahrnehmungsmuster liegt der Ertrag der Kunstgeschichte für die lokale Stadtgeschichtsschreibung.

1 Gerade wegen dieser programmatischen Mehrdeutigkeit wird im folgenden die Bezeichnung „Stadtansicht" genüber „Vedute", „Stadtdarstellung" oder „Städtebild" bevorzugt und als Oberbegriff verwendet. Eine verbindlich akzeptierte Begrifflichkeit fehlt, einen Überblick über die Begriffsdiskussion bieten Schmitt, Michael u. Jochen Luckhardt: Realität und Abbild in Stadtdarstellungen des 16. bis. 18. Jahrhunderts. Untersuchungen am Beispiel Lippstadt. Münster 1982, S. 25 f. Neuere, ebenfalls nicht kompatible Systematisierungsversuche bei: Weber, Bruno: Entwicklungsformen des topographischen und kartographischen Landschaftsporträts vom Manierismus zum Barock, in: Schweizerisch-deutsche Beziehungen im konfessionellen Zeitalter. Beiträge zur Kulturgeschichte 1580–1650. Hg. Martin Bircher u.a. Wiesbaden 1984, S. 264 f. (Wolfenbütteler Arbeiten zur Barockforschung 12); Krings, Wilfried: Text und Bild als Informationsträger bei gedruckten Stadtdarstellungen der Frühen Neuzeit, in: Poesis et Pictura. Festschrift für Dieter Wuttke zum 60. Geburtstag. Hg. Stephan Füssel. Baden-Baden 1989, S. 302 f.

2 Die Bildgattung der Stadtansichten erfreute sich in jüngerer Zeit der interdisziplinären Aufmerksamkeit von Geschichtswissenschaft, historischer Geographie und Kunstgeschichte. Innerhalb des Projektes zur Erfassung der Ortsansichten Westfalens (Westfalia Picta). Erfassung westfälischer Ortsansichten vor 1900, im Auftrag des Landschaftsverbandes Westfalen-Lippe in Verbindung mit dem Institut für vergleichende Städtegeschichte, Münster, hg. durch das Westfälische Landesmuseum für Kunst- und Kulturgeschichte, Münster, v. Jochen Luckhardt, 10 Bde., Bielefeld 1987 ff.) wurde der Frage nach dem Verhältnis von Stadtabbildung und Realität methodisch reflektiert nachgegangen (Schmitt/Luckhardt 1982). Auf gleicher Stufe stehen die Arbeiten von Jakob, Frank-Dietrich: Prolegomena zu einer quellenkundlichen Betrachtung historischer Stadtansichten, in: Jb. f. Regionalgeschichte 6 (1978), S. 129–166; ders.: Historische Stadtansichten. Entwicklungsgeschichte und quellenkundliche Momente. Leipzig 1982; ders.: Historische Stadtansichten als Quelle für Kunstwissenschaft und Geschichtswissenschaft. Phil. Diss. [masch.] Leipzig 1990. Neue Maßstäbe setzen wird das europäische Projekt „Atlante delle città", das sich zum Ziel setzt, „eine vergleichende Städte-Ikonographie für einige Länder Europas vorzulegen" (Behringer, Wolfgang: Stadtgestalt und Stadtbild im Alten Reich. Ein Projekt zur vergleichenden Ikonographie deutscher Städte, in: Die alte Stadt. Vierteljahreszeitschrift für Stadtgeschichte, Stadtsoziologie und Denkmalpflege 21 (1994), H. 1, S. 56–69, Zitat S. 59; hier auch zur aktuellen Forschungsübersicht). Ziel der Bildanalyse ist hier neben der Verdeutlichung des Wandels der Stadtgestalt „ein Beitrag zur Entwicklung von Sehweisen, Wahrnehmungs- und Darstellungsformen nach der ‚Schule der Annales'" (ebd.). Der Deutschland-Band wird leider erst nach Abgabe des vorliegenden Manuskriptes erscheinen.

3 Max Schefold hat hier für den baden-württembergischen Raum unschätzbare Vorarbeiten geleistet (Schefold, Max: Alte Ansichten aus Württemberg. 2 Bde., Stuttgart 1956; ders., Alte Ansichten aus Baden. 2 Bde., Weißenhorn 1971). Zu Villingen vgl. Schefold 1971, Nr. 34663–34728.

4 Schefold 1971, Bd. 1, S. 27.

5 Die Produktion lokalen Geschichtsbewußtseins erreicht dagegen im 19. Jahrhundert im Medium des städtischen Festzugs einen neuen Höhepunkt.

6 Untertitel der Ausgabe Basel 1614.

7 Münster, Sebastian: Cosmographia... Basel (Heinrich Petri) 1550, S. 722. Vgl. zur Erfassung der Stadtform Sick,

Wolf-Dieter: Der alemannische Raum in der Zeit des Humanismus nach der ‚Cosmographia' Sebastian Münsters. Ein Beitrag zur Historischen Geographie, in: AlemannJb. 1981/83, S. 178.

8 Burmeister, Karl Heinz: Sebastian Münster. Versuch eines biographischen Gesamtbildes. Basel/Stuttgart 1963 (Basler Beiträge zur Geschichtswissenschaft 91), S. 127 f. Mindestens der Aufenthalt in Fürstenberg und der Abtei St. Georgen ist bezeugt.

9 Karte 1537: Einblattdruck, Basel (Heinrich Petri) 1537, vgl. Schilling, Heinrich: Sebastian Münsters Karte des Hegaus und Schwarzwaldes von 1537. Ein Einblattdruck aus der Bibliotheca Casimirana zu Coburg, in: Jb. d. Coburger Landesstiftung 1961, S. 117–138. Karte 1538 in: C. Julii Solini Polyhistor: Rerum toto orbe memorabilium thesaurus locupletissimus... Basel 1538, die von Münster kommentierte Ausgabe von Gaius Julius Solinus „Collectanea rerum memorabilium", ein im Mittelalter viel benutzter „Überblick... über das Interessanteste aus der Geschichte Roms, des imperium Romanum und der übrigen Oikumene" (Der kleine Pauly. Lexikon der Antike. Bd. 5, Sp. 260 s.v. „Solinus" [Klaus Sallmann]) aus dem 3./4. Jh.n. Chr., in der der Autor in Anlehnung an Plinius auch kurz über die Donauquelle berichtet. Münster fügte dem nicht nur einen umfangreichen Kommentar an. Die referierten verschiedenen Meinungen der antiken Schriftsteller zur Frage des Donauursprungs veranlaßten ihn darüber hinaus zu einem Besuch der Quellgebiete und zur Anfertigung der Karte. Da dort die Lage der Neckarquelle ebenfalls angegeben ist, dürfte er sie aufgesucht haben – mithin auch Schwenningen und Villingen. Vgl. Oehme, Ruthard: Sebastian Münster und die Donauquelle, in: AlemannJb. 1957, S. 159–165; ders.: Die Geschichte der Kartographie des deutschen Südwestens. Konstanz 1961 (Arbeiten zum historischen Atlas von Südwestdeutschland 3), S. 83 f. mit Karte 4b; Burmeister 1963, S. 125 f.; Reichelt, Günther: Die Landschaft der Baar im Spiegel alter Karten, in: SVG Baar 28 (1970), S. 37–39. Reinartz: Karten, S. 11, Nr. 2.

10 Vgl. Oehme 1957, S. 161 u. 162.

11 Insgesamt wurden vom Verfasser eingesehen die deutschen Ausgaben von 1545, 1546, 1550 (Faksimile, hg. v. Ruthardt Oehme, Amsterdam 1968 [Mirror of the World. A Series of early Books on the History of Urbanization. First Series, Vol. V]), 1564, 1572, 1578, 1588, 1598, 1614 und 1628 (Faksimile hg. v. Karl-Heinz Burmeister, Lindau 1988) sowie die lat. Ausgabe von 1552.

12 Die Ansicht in den ersten Auflagen seit 1544 wird gleichzeitig verwendet für Metz, Arles, Urbino, Neuss, Feldkirchen, Stuttgart und Marburg; vgl. Schenk zu Schweinsberg, Ekkehard: Die gedruckten Ansichten und Pläne der Stadt Marburg von den Anfängen bis zum Jahre 1803, in: Marburger Geschichte. Rückblick auf die Stadtgeschichte in Einzeldarstellungen. Hg. v. Erhart Dettmering u. Rudolf Grenz, Marburg 1980, S. 983 f.; Schmitt, Michael: Das Stadtbild in Druckgraphik und Malerei. Neuss 1477–1900. Köln/Wien 1991 (Städteforschung, Reihe C, Quellen 5), S. 5 f., Nr. 5 u. 8. In der lateinischen Ausgabe von 1552 erscheint zu Villingen ein Holzschnitt, der z.B. zuvor (dt. Ausgabe 1545) schon für Frankfurt am Main stand und 1614 noch für „Closter Olsperg" bei Rheinfelden verwendet wird. Eine französische Auflage (Seitenfragment im Franziskanermuseum, Inv.Nr. 12581, franz. Ausgaben erschienen zwischen 1552 und 1575) bebildert Villingen mit einem besonders exotisch anmutenden Stadtbild, das einen gekuppelten, laternenbekrönten Rundtempel als Hauptmotiv zeigt und das 1545 bereits für Alexandria und Ravenna in Italien, Bamberg und die

Herrschaft „Gülch" sowie für „Cyrene" in Afrika stand. In einer italienischen Ausgabe (Einzelblatt, S. 668, in Villinger Privatbesitz; ital. Ausgaben zwischen 1558 und 1575) schließlich findet sich die insgesamt fünfte Variante, die ebenfalls zahlreiche weitere Städte veranschaulicht.

13 Vgl. zur allgemeinen Entwicklung der Stadtansichten v. a. Schmitt/Luckhardt 1982, S. 5–11; Schmitt 1991, S. 324 f.

14 Geographisches, topographisches, historisches, genealogisches, völkerkundliches, volkskundliches und naturwissenschaftliches Material, aus allen möglichen erreichbaren Quellen gesammelt und durch eigene Beobachtungen ergänzt, wird zusammengestellt. Es wird aber nicht versucht, „auftretende Differenzen auszugleichen, auffallende Widersprüche aufzulösen" (Oehme, Ruthard: Einführung, in: Münster, Sebastian: Cosmographie…, Faksimile d. Ausg. Basel 1550, Amsterdam 1968, S. VIII). Zur Einschätzung der Kosmographie vgl.: Hantzsch, S. Viktor: Sebastian Münster. Leben, Werk, wissenschaftlichen Bedeutung. Leipzig 1898 (Abh. d. Kgl. Sächs. Ges. d. Wiss., Phil. Hist. Kl. XVIII,3); Burmeister 1963; Büttner, Manfred u. Karl Heinz Burmeister: Sebastian Münster (1488–1552), in: Wandlungen im geographischen Denken von Aristoteles bis Kant. Hg. v. Manfred Büttner, Paderborn 1979 (Abh. u. Quellen z. Gesch. d. Geographie u. Kosmologie 1), S. 111–128; Kunze, Horst: Geschichte der Buchillustration in Deutschland. Das 16. u. 17. Jh., Frankfurt/M. u. Leipzig 1993, S. 484–486.

15 Vgl. Sick 1981/83, S. 175.

16 U. a. erwähnt Münster ein Bad, „das fleußt ab Schwebel und wenig Alaun, nützt vast wol müden Gliedern, dann es trocknet auß die Nerven, sterckt den Magen und seine dewung." Diese Informationen gehen eindeutig auf Georg Pictorius zurück, der in seinem Badenfahrtbüchlein (3. Aufl. Freiburg 1560) die Quelle erwähnt; vgl. Kürz, Ernst Georg: Georgius Pictorius von Villingen, ein Arzt des 16. Jahrhunderts und seine Wissenschaft. Freiburg/Leipzig 1895, Werkverzeichnis Nr. 25, S. 23; zur Geschichte des Villinger Bades s. Huger, Werner: Eine mittelalterliche Heilquelle aus dem Hubenloch: Irrte oder mogelte Doctor Georgius Pictorius?, in: GHV 9 (1984/85), S. 21.–24.

17 Burmeister 1963, S. 137. Zu Pictorius allg. vgl. Kürz 1895.

18 Kürz 1895, S. 17, konnte die Weiterverwendung des Holzschnittes in einer Ausgabe der Prosopografie des Pantaleon nachweisen, in der er „mehrere(!) Mathematiker vorzustellen hat".

19 „Von der Contrafehtung der stetten". Anhang zur Vorrede o. Pag., zit.n. Faksimile d. Ausg. 1550, Amsterdam 1968.

20 Ebd.

21 Rottweil, Stadtmuseum; Schefold 1956, Nr. 6739; ders. 1971, Nr. 34670; Reinartz 1987, Nr. 6; Hecht, Winfried: Rottweil vor 400 Jahren. Die Rottweiler Pürschgerichtskarte des David Rötlin von 1564 in Einzelansichten. Rottweil 1987 (Rottweiler Geschichts- und Altertumsverein e. V., 87. Jahresgabe), mit älterer Lit.

22 Größe, Form und künstlerischer Aufwand legen nahe, daß die Karte nicht nur als Anlage zu einem Aktenfaszikel gedacht war. Tatsächlich war sie mindestens seit 1769 in der Stube des Bürgerausschusses der Achtzehner an repräsentativer Stelle einer beschränkten Öffentlichkeit zugänglich; vgl. Hecht 1987, S. 11.

23 Auf die typologische Verwandtschaft mit der ebenfalls runden Ebstorfer Weltkarte des 13. Jahrhunderts, in deren Zentrum sich Jerusalem befindet, weist Hecht 1987, S. 13, hin. Als unmittelbares Vorbild für Rötlin ist der zirkumpolare Plan von Straßburg in Betracht zu ziehen, den der Basler Maler Conrad Morand 1548 vom Turm des Münsters herab aufnahm und der – als Holzschnitt verbreitet –

Rötlin leicht bekannt geworden sein könnte (vgl. Weber 1984, S. 265 u. 267 f., Kat.Nr. 15, S. 282 mit älterer Lit. u. Abb. 4). Vergleichbar sind neben dem überhöhten Standpunkt oberhalb eines zentralen Kirchengebäudes auch die perspektivischen Schwierigkeiten an den Nahtstellen der zentralperspektivisch nach den vier Himmelsrichtungen aufgenommenen Ansichten sowie die Übertreibung der Straßenbreiten.

24 So erkannte Villingen 1515 einen Vertrag zwischen Württemberg und Rottweil nicht an, was man u. a. durch die Zerstörung von Grenzsteinen kundtat (vgl. Steinhauser, August: Rottweiler Künstler und Kunstwerke des 15. und 16. Jahrhunderts. Rottweil 1939, S. 67). Erst 1582 kam es zwischen Rottweil und Villingen zu einem Vertrag über die Freie Pirsch, wobei den Villingern ein Teil des auf der Rottweiler Karte beanspruchten Bezirks zugewiesen wurde (vgl. Revellio: Beiträge, S. 50, Reinartz: Karten, S. 139–137, Nr. 73).

25 Vgl. den Beitrag von Anita Auer in diesem Band.

26 Rötlins Karte ist ohne Maßstab, er verwendete keinerlei meßtechnische Hilfsmittel.

27 Die Auftragsvergabe an einen Maler und die detailreiche malerische Darstellungsweise sind für Landtafeln des 16. Jahrhunderts, die oft im Zusammenhang mit Streitigkeiten um Grenzen und Hoheitsrechte entstanden, typisch; vgl. Oehme, Ruthardt: Die Entwicklung der Kartographie Süddeutschlands in der Renaissancezeit, in: A. Kat. Die Renaissance im deutschen Südwesten, Badisches Landesmuseum Karlsruhe 1986, Bd. 1, S. 75 f.; allg. zu den Landtafeln: ders. 1961, passim; Weber 1984, S. 272 f.

28 Innsbruck, Tiroler Landesarchiv; Schefold 1971, Nr. 34671; Reinartz 1987, Nr. 16; Oehme 1940, S. 126–129; Revellio: Beiträge, S. 50 f. (Erstveröffentlichung als: Die Karte von dem Pirschgerichtsbezirk der Stadt Villingen, in: SVG Baar 23 (1954), S. 160–162; dort die Klärung des Entstehungszusammenhangs); Oehme 1961, S. 83 f.; Reichelt 1970, S. 53–56.

29 Rodel der Villinger Pfennigpfleger 1607, zit. n. Revellio: Beiträge, S. 51.

30 Ebd.

31 Reichelt 1970, S. 53.

32 54 x 41 cm; vgl. Oehme 1940, S. 126; Reichelt 1970, S. 53.

33 Hecht 1987, S. 14.

34 Heinemann, Bartholomäus: Beschreibung einer alten Landkarte des Klostergebietes von St. Georgen im Schwarzwald, in: Badische Heimat 25 (1938), Sonderband „Die Baar", S. 136–141; Oehme 1940, S. 126; Revellio: Beiträge, S. 50; Reinartz 1987, Nr. 15.

35 Zur Geschichte der Benediktiner von St. Georgen in Villingen vgl. unten.

36 Vgl. Schmitt/Luckhardt 1982, S. 10 f.

37 Franziskanermuseum, Inv.Nr. 12584; Bachmann, Friedrich: Die alten Städtebilder. Ein Verzeichnis der graphischen Ortsansichten von Schedel bis Merian. Leipzig 1939, Nr. 2210; Schefold 1971, Nr. 34680; Fauser, Alois: Repertorium älterer Topographie. Druckgraphik von 1486 bis 1750. Wiesbaden 1978, Bd. 2, S. 404, Nr. 14908; Muhle, Herbert: Villingen 1643. Ein Kupferstich von Matthaeus Merian, in: GHV 14 (1989/90), S. 100–103; Wüthrich, Lucas Heinrich: Das druckgraphische Werk von Matthaeus Merian d. Ä., Bd. 4: Die großen Buchpublikationen II. Die Topographien. Hamburg 1996, S. 81, Nr. 101.

38 Schmitt/Luckhardt 1982, S. 11.

39 Muhle 1989/90, S. 101.

40 Merian, der gebürtige Baseler, der 1625 den Verlag seines Schwiegervaters in Frankfurt übernahm, kannte Schwaben aus eigener Anschauung gut und hatte zahlreiche per-

sönliche Kontakte in den deutschen Südwesten. Das erklärt, warum hier gegenüber den späteren Bänden selbst
kleinste Orte Aufnahme gefunden haben, denn wenn Merian auch nur in den seltensten Fällen auf eigene Aufnahmen der Städte zurückgreifen konnte, so besaß er doch
gute Verbindungen zu den jeweiligen Orten, um an
brauchbares Vorlagenmaterial zu gelangen. In Villingen
war das jedoch offenkundig nicht der Fall. Die Abhängigkeit von dem, was an Informationen über die jeweiligen
Orte zusammentragen konnte, bestimmen den Grundcha-
rakter dieses und der weiteren Bände der Topographie
(vgl. Wüthrich, Lucas Heinrich: Nachwort, in: Merian, Matthäus: Topographia Suebiae [Nachdruck d. Ausg. Frankfurt
ca. 1655/56], hg.v. Lucas Heinrich Wüthrich, Kassel und
Basel 1960, S. 7 f.).

41 Ebd., S. 199. Zeiller dürfte für diese neueren Geschichts-
angaben das „Theatrum europaeum", ebenfalls im Verlag
von Merian erschienen, herangezogen haben (vgl. Wüthrich 1996, S. 60). Dort findet sich in Bd. III, der den Zeitraum von 1633 bis 1638 abdeckt, ein Bericht über die Belagerung Villingens (3. Ausg. Frankfurt/M. 1670, S. 100).
42 Schefold 1971, Nr. 34679; Fauser 1978, Nr. 14907; Reinartz
1987, Nr. 23.
43 Die Radierungen sind wohl in der Regel nicht eigenhändig
(Bachmann 1939, S. 28). „Eine gute Anzahl" (Wüthrich
1996, S. 60) gehe auf den älteren Merian zurück; die Mitarbeit seines Sohnes Caspar – obwohl 1643 erst 16 Jahre alt –
ist ebenfalls gesichert (ebd.).
44 Für die Datierung des Flugblattes noch ins Jahr 1633
spricht v. a. die Datumsangabe, die zwar den 30. Juni als
den Beginn der Belagerung nennt, aber nicht das Ende am
5. Oktober.
45 Vgl. die Angaben der Legende, die zwischen den einzelnen
Truppenteilen der Angreifer genau differenzieren: „A Ar-
gülei (?) B brindischleger C Lauffgrab zu der batreii D lan-
duolck E Geworbenleger F frantzosenquartir G Bulffer-
mil H Reitterenwacht I Monicion K Fur. Haubtquartir".
46 Auch das „Theatrum europaeum" (vgl. Anm. 41) berichtet
zu Villingen aus der Perspektive der Evangelischen, wenn
auch nicht mit eindeutiger Parteinahme (vgl. zur politischen Einstellung des Theatrum europaeum Fauser 1978,
S. LXXIII; Wüthrich, Lucas Heinrich: Das druckgraphische Werk von Matthäus Merian d. Ä., Bd. 3: Die großen
Buchpublikationen I; Hamburg 1993, S. 115 f., über den
Autor des dritten Bandes Heinrich Oraeus). So wundert es
nicht, daß Merian auf eine württembergische Vorlage
zurückgreift.
47 „Merian (und gewiß auch sein Sohn) verstanden es vorzüglich, eine hundert Jahre zurückliegende Vorlage per-
spektivisch so zurechtzubiegen und das Erscheinungsbild
der Stadt so zu ,modernisieren', daß man sie für durchaus
zeitgenössisch und realistisch halten mußte." (Wüthrich
1996, S. 61) Vgl. z. B. die Radierung von Freiburg in der Topographia Alsatiae 1644, die den sog. kleinen Sickinger-
plan von 1589 kopiert (Mangei, Johannes: Gregorius
Sickinger und Freiburg. Darstellung und Selbstdarstellung
der Stadt Freiburg seit dem 16. Jahrhundert, in: A.Kat. Friburgum. Freiburg. Ansichten einer Stadt. Hg. Stadt Freiburg i. Br., Augustinermuseum. Waldkirch i.Br. 1995,
S. 21). Die Zahl der Beispiele ließe sich beliebig erhöhen.
Eine systematische Auseinandersetzung mit dem Phänomen der Kopie im Bereich der druckgraphischen Stadtansichten bietet: Schmitt, Michael: Vorbild, Abbild und Kopie. Zur Entwicklung von Sehweisen und Darstellungsarten in druckgraphischen Stadtabbildungen des 15. bis 18.
Jahrhunderts am Beispiel Aachen, in: Civitatum Communitas. Studien zum europäischen Städtewesen. Festschrift

Heinz Stoob zum 65. Geburtstag. Hg. v. Helmut Jäger,
Franz Petri, Heinz Quirin. Köln u.a. 1984, Bd. 1,
S. 322–354.
48 Weber, Bruno: Merians Topographiae Germaniae als Manifestation ,von der hiebvorigen Glückseeligkeit', in:
A. Kat. Frankfurt/M., Museum f. Kunsthandwerk: Matthäus Merian d. Ä. Zeichner, Stecher und Verleger. Frank-
furt/M. 1993, S. 204; Zitate aus d. Topographia Helvetiae
1642.
49 Ebd., S. 203.
50 Die offiziellen, im städtischen Auftrag entstandenen „Re-
lationen" von Steidlin (Steidlin, Johann Baptist: Mercurius
Villinganus. Freiburg 1634; ders.: Lydius Austriacus. Rottweil 1634) und die beiden Berichte in Strophenform von
Ungelehrt (beide in: Ungelehrt, Johann Ludwig: Villinganae Probitatis DEO ac Imperatori constanter Fidelis, ad
Lydium probatio... Entwerffung und Summarische Beschreibung der anderen Feindts belagerung... Konstanz
1634).
51 Franziskanermuseum, Inv. Nr. 11897, Schefold 1971,
Nr. 34678.
52 Auffällig dagegen die Bezeichnung des Gemäldes auf der
Rückseite, wo in einer Schrift des 19. Jahrhunderts vom
„Andenken an die Belagerungen der Stadt in den Jahren
1633 und 1704" die Rede ist. Diese Zusammenziehung der
weit auseinanderliegenden Ereignisse entgegen dem Au-
genschein ist ein Charakteristikum Villinger Geschichtsschreibung, das ohne die Programmatik der liturgischen
Gedenkfeiern von 1714 und der Herrenstubenausstattung
von 1717 (s. u.) nicht erklärlich wäre.
53 Steidlin, Lydius 1634, S. 21 f.; Gaisser, S. 275 (zum 25. Juli);
Roder, Christian: Beiträge zur Geschichte der Stadt Villingen während des Dreißigjährigen Krieges, in: SVG Baar 3
(1880), S. 191 (zum 25. Juli), 192 (zum 26. Juli) und passim.
Im Flugblatt von 1633 evtl. oberhalb des Franziskanerklosters dargestellt und mit „brindischleger" bezeichnet.
54 Steidlin, Mercurius 1634, ohne Paginierung.
55 Ungelehrt (1599–1662) war Provinzial der Oberdeutschen
Ordensprovinz 1628–1631 und 1639–1642. Nach Ablauf
seines ersten Provinzialates Guardian in Speyer, wurde er
von dort 1632 durch die Schweden vertrieben und begab
sich nach Villingen (vgl. Helvetia Sacra 5,1. Bern 1978,
S. 77 f.; Roder, Christian: Die Franziskaner zu Villingen, in:
FDA 32, NF. 5 (1904), S. 265).
56 Steidlin 1634.
57 Ebd.
58 Ungelehrt 1634, Strophe 85.
59 Vgl. zur Person Sichler und seiner Schrift: Muhle, Herbert:
Die Villingische Dapffer- und Redlichkeit. Barockpredigt,
in: GHV 10 (1985/86), S. 46–65.
60 Sichler, Hieronymus: Mercurius Villinganus Redivivus.
Das ist Die Villingische in denen dreyfachen Belagerungen gegen Gott und seinem Lands-Fürsten erwiesene
Dapffer- und Redligkeit... Rottweil 1684.
61 Vgl. Muhle 1985/86; nicht bei Schefold 1971.
62 Die Ansicht folgt in der Wahl des Betrachterstandpunktes
hoch über der Stadt von Osten sowie in der Darstellung
des Baubestandes einer etwa gleichzeitigen Federzeichnung im GLA Karlsruhe (Schefold 1971, Nr. 34672; Reinartz 1987, Nr. 33). Zeichnerische, insbesondere perspektivische Unbeholfenheiten der Karlsruher Zeichnung finden sich hier weniger. Einige Details, wie die relativen Pro-
portionen des heutigen Kaiserturms, die Ausstattung des
Schützenplatzes hinter dem Riettor usw., scheinen unabhängig nach der Natur erfaßt.
63 Vgl. zur Tradition von Stadtansichten mit über der Stadt
schwebenden Heiligen den berühmten Riesenholzschnitt

der Stadt Köln (Braunfels, Wolfgang: Anton Woensams Kölnprospekt von 1531 in der Geschichte des Sehens, in: Wallraf-Richartz-Jb. 22 (1966), S. 115–116 (?).

64 Sichler 1684, S. 17.

65 Steidlin, Lydius Austriacus, S. 18: „Insonderheit weilen der grausam Feindt so unbarmhertzig und erschrocklich gehauset mit augen außstechung und andere der Leiber dehonestierung, das es ein ellender anblickh zusehen und vilen ein langwirige Marter und Qual wäre."; Roder 1880, S. 168; Ungelehrt, Strophe 33.

66 Staats- und Stadtbibliothek Augsburg; nicht bei Schefold 1971; Hollstein's German Engravings, Etchings and Woodcuts, hg. v. Fedja Anzelewski, Bd. XVI, Amsterdam 1975, Nr. 456, S. 185; Appuhn-Radtke, Sibylle: Das Thesenblatt im Hochbarock. Studien zu einer graphischen Gattung am Beispiel der Werke Bartholomäus Kilians. Weißenhorn 1988, Nr. 39, S. 187–190.

67 Gabriel Gruber, Anselm Schue und Georg Stenzel; Appuhn-Radtke 1988, S. 187.

68 Die Auftragsvergabe an Johann Georg Glückher (1653–1731), den Bruder des Abtes Michael Glückher, ist gewiß nicht nur Ausdruck von Vetternwirtschaft. Der Maler und Zeichner hatte schon früher mit Augsburger Stechern zusammengearbeitet und konnte so die prestigeträchtige und ein hohes Qualitätsniveau sichernde Publikation des Blattes im Zentrum der druckgraphischen Produktion in Deutschland erwirken (vgl. Thieme-Becker XIV, S. 272: Vorlagen für Melchior Küssel und J. Ulrich Kraus). Auch mit der Bewältigung der künstlerisch wie ikonographisch anspruchsvollen Gattung des Thesenblattes hatte er Erfahrung. 1681 hatte er ein Thesenblatt für St. Blasien entworfen (vgl. ebd.; Hollstein Bd. XVI, Bartholomeus II Kilian, Nr. 53; Appuhn-Radtke 1988, Nr. 52), 1689 und 1691 folgten Arbeiten für Zwiefalten (Hollstein Bd. XVI, Batholomeus II Kilian, Nr. 461 u. 404; Appuhn-Radtke 1988, Nr. 68). Die Blätter wurden ebenfalls von Bartholomäus Kilian gestochen. 1698 folgte ein weiteres Thesenblatt für den Benediktinerorden mit einer Maria Immaculata (Hecht, Winfried: Der Rottweiler Kirchenmaler Johann Georg Glückher, in: A.-Kat. Rottweiler Kirchenschätze, Rottweil 1995 [Veröff. d. Stadtarchivs Rottweil Bd. 18], S. 48). Zur Biographie Glückhers vgl.: Betz, Franz: Der Rottweiler Barockmaler Johann Georg Glückher, in: Rottweiler Heimatblätter. Beilage zum Schwarzwälder Volksfreund 36 (1975), Nr. 6, S. 1–3; Hecht 1995, S. 42–51.

69 Entgegen der tatsächlichen Ausführung mit nördlichem Chorturm; vgl. zum Stand der Bauarbeiten an der neuen Benediktinerkirche um 1695 Anm. 87.

70 Zur Geschichte des Klosters St. Georgen vgl. Germania Benedictina, Bd. V: Die Benediktinerklöster in Baden-Württemberg, St. Ottilien 21987, S. 242–253 mit älterer Lit.

71 Vgl. Revellio: Beiträge, S. 148–156.

72 Zu den genannten Klöstern bestanden enge Kontakte: „1687 war den Villinger Benediktinern von den Reichsgotteshäusern Zwiefalten und Weingarten das mit 24 fl. fundierte Studium und Kollegium zu Rottweil angetragen worden." (Roder, Christian: Das Benediktinerkloster St. Georgen auf dem Schwarzwald, hauptsächlich in seiner Beziehung zur Stadt Villingen, in: FDA NF. 6 [1905], S. 42, Anm. 1). Über Zwiefalten kommt der Entwerfer des Kirchenneubaus Michael Thumb nach Villingen (Revellio: Beiträge, S. 51). Die Grundsteinlegung erfolgt 1688 durch den Abt Roman von St. Blasien (Roder 1905, S. 44).

73 Die Äbte von St. Georgen in Villingen führten seit Hieronymus Schue (1733–1757) trotzdem den Titel „Reichsprälat", ein eindeutiges Zeichen für ihre machtpo-

litischen Bestrebungen, das entsprechend von der österreichischen Regierung, die das Kloster als unter ihrer Landeshoheit stehend sah, zurückgewiesen wurde (Roder 1905, S. 48).

74 Mit ihm setzte man sich auf eine Stufe zu den genannten Abteien, für die Glückher/Kilian 1681 bzw. 1691 ebenfalls Thesenblätter entworfen hatten; vgl. Anm. 68.

75 Vgl. zur Funktion von Thesenblättern allgemein Appuhn-Radtke 1988, S. 19–29, zu den Widmungen S. 24–26.

76 Darin ähnelt das Blatt der Federzeichnung zu Sichlers „Mercurius Redivivus" ebenso wie in der Kombination von Heiligendarstellung und Stadtansicht.

77 „devicta nunquam"; zit. n. Appuhn-Radtke 1988, S. 187.

78 „.... nunqua[m] ullâ haereseon labe co[n]spurcata"; zit. n. ebd.

79 Weigel, Sigrid: „Die Städte sind weiblich und nur dem Sieger hold". Zur Funktion des Weiblichen in Gründungsmythen und Städtedarstellungen, in: Anselm, Sigrun u. Barbara Beck (Hg.): Triumph und Scheitern in der Metropole. Zur Rolle des Weiblichen in der Geschichte Berlins. Berlin 1987, S. 207–227, Zitat S. 208; hier auch weitere Belege aus der Literaturgeschichte für weibliche Sexualisierungen von Stadtbeschreibungen im Kontext von Krieg und Eroberung.

80 Unmittelbar nach der erfolgreichen Abwehr wird als Parallelfall zum Votivbild in der Franziskanerkirche von 1633/34 eine Votation gemacht, die diesmal aber wesentlich größer und öffentlichkeitswirksamer ausfällt: Am 22. Juli 1705 wird vom Stadtpfarrer der Grundstein für die Lorettokapelle gelegt, wie von Magistrat und Bürgerschaft während der Belagerung gelobt worden war. „Zu diesem Acte zogen die Einwohner, Clerus und Laien, sammt vielen Leuten der Nachbarschaft in Prozession an den bestimmten Ort; ein Hochamt mit Te Deum bei den Franziskanern schloß die Handlung. Am 12. Sept. 1706 geschah auf ebenso feierliche Weise die Einweihung derselben durch den hiesigen Abt Michael Glücker zu S. Georgen mit einem in der Capelle abgehaltenen Hochamt in pontificalibus." (Roder, Christian: Villingen in den französischen Kriegen unter Ludwig XIV., in: SVG Baar 4 (1882), S. 203.) Am 10. August 1714 werden durch den Stadtpfarrer Johann Jakob Riegger Dankfeste geregelt, die künftig, in die Liturgie des Kirchenjahres einbezogen, an die „errungenen Siege" erinnern sollen: „24. Jenner: Lobamt und Te Deum wegen der ersten Belagerung; am ersten Sonntag im Mai: Lobamt und Te Deum wegen Abzug Villars (1688 – M.H.) 22. Juli: Lobamt und Te Deum wegen Aufhebung der Belagerung durch Tallard; 4. August: Lobamt und Te Deum wegen errungenen Sieges im Steppachthale (bei einem Ausfall während der Sommerbelagerung 1633 – M.H.); 8. September: Lobamt und Te Deum wegen abgeschlagener Bestürmung der Stadt (ebenfalls 1633 – M.H.); 9. September: Lobamt und Te Deum wegen Aufhebung der Wasserbelagerung; 5. Oktober: Lobamt und Te Deum wegen aufgehobener zweiter Belagerung (1633 – M.H.). ‚Mit einem halben Feiertag sollen diese Tage begangen werden.'" (Schleicher, Nepomuk: Beitrag zur Geschichte der Stadt Villingen mit besonderer Beziehung auf die Wasserbelagerung im Jahr 1634 ... Donaueschingen 1854, S. IX, Anm. 7.) Hier wird zum erstenmal eine Beziehung zwischen dem Dreißigjährigen Krieg und dem Spanischen Erbfolgekrieg hergestellt, deren zunehmende Verfestigung im Bewußtsein der Stadtbevölkerung schon allein wegen der bis ins 19. Jahrhundert anhaltenden Befolgung dieser liturgischen Anweisungen gesichert war. 1719 wird die 600-Jahrfeier der Stadt mit einem Festgottesdienst im Münster und einem vom Rat spendierten Freudentrunk in

den Zunftstuben begangen, bei der wiederum der überstandenen Belagerungen ausführlich gedacht wird (Vorschläge des Pfarr-Rektors Riegger zur festlichen Begehung der 600-Jahrfeier Villingens, SAVS Best. 2.1 Nr. BBB 5).

81 Roder 1882, S. 208.

82 Triberg, Wallfahrtskirche Maria in der Tanne; Batzer, Ernst: Die Votivtafel zur Erinnerung an die Belagerung Villingens in der Wallfahrtskirche zu Triberg, in: Ortenau 5 (1914), S. 110 f.; Schefold 1971, Nr. 34685; Brommer, Hermann: Maria in der Tanne Triberg. München und Zürich 1989 (Schnell Kunstführer Nr. 403), S. 21.

83 Roder 1882, S. 167 (Relation des Ratssyndicus Michael Grüninger), S. 174 (Baron v. Wilstorf).

84 Die Weiheinschrift bleibt dagegen recht allgemein: „Deo patri / Jesu filio, / spiritui sancto / conservanti, / Mariae matri / interpellanti / Villinga grata, / quia conservata / haeC Dona obtVLIt / In anatheMa / obLIVIonis. / (Zu deutsch: Gott dem Vater, Jesu dem Sohn, dem Heiligen Geiste, Maria der fürsprechenden Mutter hat das dankbare, weil glücklich gerettete Villingen dieses Geschenk dargebracht als Gabe gegen die Vergessenheit.") Zit. n. Batzer 1914, S. 111.

85 Vgl. das 1754/55 von Joseph Wannenmacher ausgeführte Deckenfresko in der Rottweiler Dominikanerkirche, das von Winfried Hecht ebenfalls als überdimensionales Votivbild interpretiert wird (Hecht, Winfried: Das Dominikanerkloster Rottweil [1266–1802]. Rottweil 1991 [Veröff. d. Stadtarchivs Rottweil, Bd. 13], S. 167).

86 Zur Gründungslegende des Heiligen Jerusalems im Zusammenhang mit weiblichen Stadtallegorien vgl. Weigel, Sigrid: Topographien der Geschlechter. Kulturgeschichtliche Studien zur Literatur. Reinbek 1990, S. 161 f.

87 Dem tatsächlichen Zustand am nächsten kommen dürfte die kurz vor 1700 entstandene, aus nördlicher Richtung aufgenommene Stadtansicht am oberen Rand des Festungsplans von Johann Baptist Gumpp (GLA; Schefold 1971, Nr. 34664 f., 34682; Reinartz 1987, Nr. 41; vgl. zur Datierung und zum Entstehungszusammenhang Revellio: Beiträge, S. 291 f.), der das noch nicht ganz unter Dach gebrachte Langhaus ohne Turm zeigt. Damit stimmt auch der Einblattdruck von 1704 (Schefold 1971, Nr. 34683) überein, wo die Kirche als turmloses Gebäude sowohl in der Ansicht als auch auf dem in der linken oberen Ecke beigefügten Plan neben den zusätzlich eingezeichneten Klostergebäuden steht; vgl. ebenso das Belagerungsbild Johann Anton Schillings von 1716, unten, S. 254. Eine Zeichnung im Stadtarchiv Villingen-Schwenningen gibt damit übereinstimmend den Bauzustand um 1719 wieder (vgl. Reinartz, Manfred: Das Villinger Benediktinerkloster auf zwei alten Zeichnungen, in: Almanach 1992 SBK 16 [1994], S. 160–163).

88 Vgl. z.B. das 1726 entstandene Deckengemälde im Kaisersaal des Rathauses der freien Reichsstadt Esslingen. Hier ist es die in der Bildtradition der Pallas Athene mit Helm dargestellte „Esslingen", die von einem Schutzmantel umfangen und für die ebenfalls ein Lorbeerkranz herbeigetragen wird. Die Stadtansicht wird nicht von Kriegsgetümmel, sondern im Gegenteil unter anderem von einem mürrisch unbeschäftigten Kriegsgott Mars und der Personifikation der mit einer gesenkten Fackel Kriegsgerät in Brand steckenden Pax dahinter umgeben. Die Bildaussage ist jedoch eine ganz ähnliche wie in Villingen/Triberg: Der Stadt wird Frieden gewährt, als dessen Verkörperung auf beiden Bildern ein Regenbogen die Stadtansicht überwölbt. Einzig verschieden sind die Instanzen, durch die die beiden Städte den Frie-

den garantiert sehen: In der protestantischen Reichsstadt ist es der Kaiser als „Genius Imperii", das katholisch-österreichische Villingen wendet sich über Maria als Mittlerin an die Dreieinigkeit. (Vgl. zu Esslingen: Klaiber, Hans Andreas: Die allegorischen Deckenbilder im Kaisersaal des reichsstädtischen Rathauses in Esslingen, in: Esslinger Studien 3 [1957], S. 22–29).

89 In der Inhaltsangabe zum 6. Absatz seiner Schrift, den „Denckh- und Danckh-Reümen uber daß von der Statt Villingen bey der Marianischen Wahlfarth zu Tryberg auffgehenckhte Gemähl" (SAVS Best. 2.2 Nr. BBB 5): „worinnen alles, was unserem Vatterland von 1703. biß 1714. schweres begegnet und hilffliches widerfahren, eingeführt ist." Ebenso 1735 im Titel seiner Schrift über das Nägelinskreuz: Riegger, Johann Jakob: Villingische Danck- und Denck-Erneuerung zu der gekreuzigten Bildnuß Unseres Heylands Jesu Christi daß Nägelins Creutz genannt in der Bicken-Capellen, welche unser Vatterland in vielen Gefahren, sonderbar von Anno 1633. biß 1733. allezeit wunderlich ohne Wunder... erhalten. Rottweil 1735.

90 In diesem partikularstaatlichen Patriotismus im frühen 18. Jahrhundert scheint folglich schon auf, was als konstitutiv für das „moderne Nationalgefühl" erachtet wurde: „das Werden eines nicht mehr ständisch fixierten, sondern auf Teilhabe aller Bürger ausgerichteten Staatswesens" (Prignitz, Christoph: Vaterlandsliebe und Freiheit. Deutscher Patriotismus von 1750–1850. Wiesbaden 1981, S. 4).

91 Riegger 1735, Beschluß-Anred.

92 Ebd.

93 Franziskanermuseum, Inv.Nr. 12058-12061; Revellio: Beiträge: S. 9, 258f.; Schefold 1971, Nr. 34684, 34677, 34676, 34686.

94 Roder 1880, S. 81.

95 Revellio: Beiträge, S. 326.

96 Schilling schildert nüchtern den aktuellen Bauzustand des Benediktinerklosters, ohne wie Glückher den erst geplanten Chorturm bereits hinzuzufügen (vgl. Anm. 87).

97 Auffällig darin und den Ortskenner verratend die Wiedergabe des mittelalterlichen Wohnturms an der Oberen Straße.

98 Revellio: Beiträge, S. 326, beschreibt das „Dammfort" nach dem Bild Schillings, das er als authentische Quelle auffaßt. „Bei dem Bild der Wasserbelagerung muß eine zeitgenössische Vorlage zugrunde gelegen haben, denn die... geschilderten Details dieses Dammwerks können nicht erfunden sein." (Ebd., S. 326f.)

99 Bezeichnet wird in der Legende nur die „Battery bey S. Georgen".

100 Der Justaucorps wird erst nach der Heeresreform unter Ludwig XIV. ab 1670 in Frankreich und später auch andernorts eingeführt; vgl. Boucher, François: 20 000 Years of Fashion. The History of Costume and personal Adornment. New York 1987, S. 286.

101 Revellio: Beiträge, S. 249; zu den Zeichnungen, heute im GLA Karlsruhe, aber sicher in Villingen entstanden und im 18. Jahrhundert auch noch in der Stadt, s. Schefold 1971, Nr. 34673–5; Reinartz 1987, Nr. 19–21.

102 Die jeweiligen Legenden: „Littera A: waßgestalt der Feindt die Stat beschossen", „Littera B: waßgestalt die Stat sich gegen dem Feindt mit Außfehlen und Stuckhen defendiert", „Littera C: waßgestalt von Thürnen auf des Feinds abziehende Troppen von der Stat Feuer geben worden und dan alle Schantzen und Pateria eingerissen, auch alles Holz, Preter und Schantzkörb in die Stat geführt worden", zit. n. Reinartz 1987, S. 36–40.

103 Z. B. die Plünderung der Schanzen nach dem Abzug der
    Feinde, die zweimalige Plünderung und Niederbrennung
    Schwenningens und Mönchweilers am 22. und 23. Febru-
    ar oder die Zerstörung St. Georgens am 13. Oktober 1633.
104 LCI Bd. 3, Sp. 199 s. v. „Maria, Marienbild" (M. Lechner);
    LDK Bd. 6, S. 479, s. v. „Schlachtenbild"; A.-Kat. Zum
    Ruhme des Helden, Kat.Nr. 24, S. 110 u. S. 35.
105 Steidlin, Mercurius 1634.
106 In den Quellen zum Dreißigjährigen Krieg tritt aus-
    schließlich Maria als Retterin der Stadt auf; vgl. schon
    Schleicher 1854, S. X, Anm. 9. Die Bickenkapelle wird
    durchweg als „Unser Frawen Capell" bezeichnet. Die
    vermeintlichen Quellenbelege bei Schnell, Irmgard: Zur
    Problematik der Restaurierung von Gnadenbildern dar-
    gestellt am Beispiel des Villinger Nägelinskruzifixes. Vil-
    lingen-Schwenningen 1987, S. 40–42, sind nicht haltbar:
    Gästlin erwähnt in seinem Tagebuch (Roder 1880 S. 84 f.)
    zur Zerstörung der „Frauen Capellen" vor der Stadt zwar
    „unsers Herrn gekreuzigte Bildniß", jedoch eindeutig als
    Teil einer Kreuzigungsgruppe mit den beiden Schächern,
    womit also kaum das Gnadenbild gemeint sein kann. Im
    Tagebuch der Juliana Ernst (Glatz, Karl J.: Ein gleichzei-
    tiger Bericht über das Wirtembergische Kriegsvolk vor
    der östreichischen Stadt Villingen vom Jahre 1631 bis
    1633, in: Vierteljahreshefte für württembergische Landes-
    geschichte 1 [1878], S. 129–137) wird es nicht erwähnt.
    Fuchs, Josef: Die Bickenkapelle. Gedenkbüchlein. Villin-
    gen-Schwenningen 1976 o. P., erwähnt als früheste Quelle
    ein Manuskript im GLA Karlsruhe „Ursprung der Capel-
    len zum Nägelins Kreuz genannt", das er dem Stadt-
    schreiber Franz Lipp zuschreibt und auf 1659 datiert, das
    im GLA aber ohne Autorangabe und unter der Datie-
    rung „18. Jh." verzeichnet ist.
107 Vgl. oben, Anm. 80.
108 Johann Anton Schilling (geb. 1694) ist der Sohn von Jo-
    hann Heinrich Schilling (1667–1751), der 1694 erstmals
    als „pictor" bezeichnet wird. Der Vater kommt als Aus-
    führender eines der Bilder ebenso in Frage wie Johann
    Antons Brüder Georg Samuel (1695–1757) und evtl. auch
    noch Josef Ignaz (1702–1773), die gleichfalls Maler wer-
    den (SAVS Best. 2.42.4 Nr. 38: Entwürfe und Material zur
    Villinger Genealogie III: S–Z).
109 Protokoll der Erbhuldigung für Kaiser Karl VI. zu Villin-
    gen 16. u. 17. Juni 1717, SAVS Best. 2.2 Nr. W 15; vgl. Re-
    vellio: Beiträge, S. 326.
110 Franziskanermuseum, Inv.Nr. 11760, 11761; Revellio:
    Beiträge, S. 79.
111 Beispiele in A.-Kat. Zum Ruhme des Helden. Alte Pina-
    kothek München 1993, S. 35–43.
112 Vgl. zum „österreichischen Patriotismus" im frühen
    18. Jahrhundert in Villingen Revellio, Paul: Villingen,
    Bräunlingen und die Herrschaft Triberg, in: Friedrich
    Metz (Hg.) Vorderösterreich. Eine geschichtliche Lan-
    deskunde, Freiburg 1967, S. 472 f.
113 In einem Schreiben vom 1. August 1635, zit. n. ebd.
114 Roder 1880, S. 71.
115 Roder 1882, S. 203.
116 Druckplatte und moderne Abzüge im Franziskanermuse-
    um; Schefold 1971, Nr. 34689; Stopp, Klaus: Die Hand-
    werkskundschaften mit Ortsansichten, Bd. 5: Saar-
    brücken – Zweibrücken. Stuttgart 1983, Nr. D 473,
    S. 1160 f.

Ute Ströbele

„Armut, Alter, Krankheit"

Aspekte des Villinger Armenwesens in der frühen Neuzeit

Armut – ein Thema, das in der Gesellschaft der späteren Nachkriegszeit eine untergeordnete Rolle spielte oder meist nur mit den sogenannten Dritte-Welt-Ländern assoziiert wurde, rückt in den letzten Jahren wieder verstärkt in unser Bewußtsein. In den Medien wird über „die neue Armut" und die steigenden Zahlen der Sozialhilfeempfänger und Obdachlosen berichtet. Dabei gehört Armut wohl zu den ältesten Phänomenen der Geschichte. Arme und Bettler prägten das Bild der mittelalterlichen und frühneuzeitlichen Gesellschaft. Ungefähr 1/5 der Einwohner großer Städte waren Bettler, bis zu 40 Prozent der Stadtbevölkerung lebten an der Grenze des Existenzminimums, 5–10 Prozent waren sogar durch ständiges Hungern existentiell bedroht.[1]

Die Definition für „Armut" variiert je nach Zeitepoche, Region und Standpunkt der Verfasser – „arm sein" bedeutete damals etwas anderes als heute. Dies sowie oft lückenhaftes Quellenmaterial machen eine quantitative Erfassung der Armen und Bedürftigen und somit eine Annäherung an das Thema „Armut in der frühen Neuzeit" schwierig.[2]

Auch für Villingen gibt es bisher kaum konkrete Zahlen über die städtischen Armen vom 16. bis 18. Jahrhundert; dafür finden sich in zeitgenössischen Quellen häufig Hinweise auf das Problem „Armut" im allgemeinen. Die Ratsprotokolle des 17. und 18. Jahrhunderts klagen über die Zunahme der Armen und Bettler, unter denen sich auch viele Kinder befänden. So wird ein Philipp Gutenberg 1692 ermahnt, er solle seine Kinder „zu Hause behalten oder in Dienst geben, widrigenfalls (sie) zur Stadt hinausgeschafft werden sollen", da sie den Bürgern durch ihre Bettelei

lästig fielen.[3] 1755 ist der „Haufen" der Armen und Bettler laut dem Villinger Magistrat so unglaublich angewachsen, daß dieser sich mit immer größeren Almosenforderungen konfrontiert sah.[4]

Ein Großteil der städtischen Bevölkerung lebte in dieser Zeit in ständiger Existenzunsicherheit. Krankheit, Tod des Haushaltsvorstandes, Arbeitsunfähigkeit, Teuerungen, Kriege und Ernteausfälle konnten das fragile System der Versorgung erschüttern. Aus Existenzunsicherheit wurde Existenznot.[5] So glitten viele Villinger 1713, als ein schweres Unwetter die Ernte zerstörte, in Armut und Bedürftigkeit ab: „Weilen bei dem jüngst den 4. Juli entstanden Tonner und Hagelwetter, solches leider mehr denn 3/4 der lieben Erdfrüchte zu der Bürgerschaft kaum erlebten, ohnbeschreiblichen Armut-, Not- und Elendstand, in Grund hinein zerschlagen."[6]

Neben den städtischen Armen baten auch zahlreiche durchziehende Bettler, Vaganten, Pilger, Studenten und Handwerksgesellen um Almosen. Während man im Mittelalter auch diese fremden Personen ohne Vorbehalte unterstützte, wurden sie nun ausgegrenzt. Die gesellschaftliche Einstellung gegenüber den Armen hatte sich verändert. Im Mittelalter bedeutete Armut primär nichts Negatives, existierte doch neben der ungewollten auch eine gewollte, religiös motivierte Armut. Die Bedürftigen waren integrierte Mitglieder der mittelalterlichen Gesellschaft, und Betteln stellte eine legitime Form der Sicherung des Lebensunterhaltes dar. Die Almosenvergabe durch kirchliche Einrichtungen und von privater Hand erfolgte nicht nach rationalen Kriterien, sondern individuell. Nicht die Abschaffung der Armut, sondern die religiöse

Mildtätigkeit und die Beförderung des eigenen Seelenheils waren die Motivation für die
Almosengeber. Dies beginnt sich gegen Ende
des Mittelalters zu verändern. Die Betroffenen werden zunehmend stigmatisiert, die Almosenpraxis wird reglementiert und an bestimmte Bedingungen geknüpft. Nur wer akzeptierte Gründe für seine Armut, z. B.
Krankheit, Arbeitsunfähigkeit oder Ernteausfälle, anführt und das Bürgerrecht besitzt,
wird als almosenberechtigt anerkannt.
Außerdem versucht die Obrigkeit, das Bettel-
wesen durch speziell erlassene Ordnungen,
welche z. B. die Abschiebung fremder Bettler
forcierten, einzudämmen.[7] So weist der Villinger Magistrat um 1720 die Klöster und
Zünfte der Stadt wiederholt an, keine „fremde Bettelstudenten"[8] aufzunehmen und
„fremde unbekannte Leute sollen am unteren und oberen Tor examiniert, (und) die verdächtigen Strolche abgeteilt werden". Die
Bettelordnungen und Traktate „wider den
Zigeunern und Vaganten" scheinen jedoch
von der Bevölkerung nicht immer akzeptiert
worden zu sein. Zumindest ein Villinger Bürger widersetzte sich: Ihm wird am 26. Oktober 1724 unter Androhung einer Geldstrafe
verboten, weiterhin „Zigeuner und anderes
liederlich Gesinde zu beherbergen".[9]
    Für die Zurückweisung der „außländischen
Bettelhaufen" an den Stadttoren war der
Bettelvogt zuständig – ein ungeliebtes und
schwer zu besetzendes Amt. 1603 stellte der
Magistrat einem Stadtknecht die Erlassung
einer höheren Geldstrafe in Aussicht, falls er
diese Stelle übernimmt. 1703 wurden die Hintersassen sogar aufgefordert zu losen; der
Verlierer mußte den Dienst des Bettelvogtes
ein Jahr lang verrichten oder die Stadt verlassen.[10] Zu dessen weiteren Aufgaben gehörte
auch die Überwachung der restriktiven Erlasse des Magistrats. So durften nur die Inhaber sogenannter Bettelbriefe um Almosen
bitten und dies auch nur an bestimmten
Tagen; unkontrolliertes Betteln war verbo-

ten. 1713 verfügte der Magistrat, daß Bettler
künftig ein Schild mit einem eingravierten
Pilgerstab tragen sollten. Wer dieses Erken-
nungszeichen nicht trug, dem blieb der Ein-
tritt in die Stadt verwehrt. Als weitere Maßnahme wurden pro Woche zwei Betteltage
festgelegt, an denen der Bettelvogt mit einem
Karren und dem Bettelhaufen durch die
Stadt zog, um das Almosen einzusammeln.
Dabei durften ihn nur vom Magistrat zugelas-
sene Bettler begleiten. 1789 bittet die Witwe
Maria Agathe Nabholzin um Erlaubnis, die
Sammelbüchse zu tragen und das Brot beim
Bettelkarren aufzulesen.[11]
    Nicht nur das Betteln wurde rigoroser ge-
handhabt, auch die Zahl der regelmäßigen
Almosenempfänger sollte reduziert werden.
1720 und 1762 finden sich in den Ratsprotokollen erste Hinweise auf eine Arbeitspflicht;
die Arbeitsfähigen unter den Armen sollten
beim Straßenbau und in der neu errichteten
Seidenfabrik ihren Unterhalt verdienen und
von Almosen ausgeschlossen werden.[12] Im
Zuge der territorialstaatlichen Entwicklung
werden nun von Seiten der Obrigkeit verstärkt Disziplinierungsanstrengungen unternommen und eine verschärfte Ausgrenzung
der Armen betrieben. Müßiggang wird verurteilt; Armut als Nicht-Arbeit gesellschaftlich
geächtet und bekämpft.[13]
    Das heißt aber nicht, daß die Stadt den Ar-
men jegliche Unterstützung versagte. Im Gegenteil, es gab in Villingen eine ganze Reihe
von Einrichtungen, die das „soziale Rückgrat" der Stadt bis ins 19. Jahrhundert hinein
bildeten. Die wichtigsten, das städtische Armenwesen repräsentierenden Stiftungen waren das Heilig-Geist-Spital, die Elendjahrzeitpflege und das Gutleuthaus. Sie können
im folgenden nur kurz vorgestellt und einzelne Aspekte ihrer sozialhistorischen und wirtschaftlichen Entwicklung vom 16. bis zum
18. Jahrhundert skizziert werden; geben sie
doch indirekt auch einen Einblick in den Alltag und das Leben der unteren Bevölke-

rungsschichten. Grundlagen für die Bearbeitung des Themas bilden, neben zwei Villinger
Publikationen, in erster Linie die im Stadtarchiv vorhandenen Stiftungs-, Zins- und Lehensbriefe, Kaufverträge, Rechnungs- und
Hausbücher, die primär die Besitz- und Wirtschaftsgeschichte dokumentieren, aber auch
sozialgeschichtliche Rückschlüsse zulassen.[14]

Das Heilig-Geist-Spital, das Gutleuthaus und die Elendjahrzeitpflege

Der Villinger Magistrat konnte zur Unterstützung der Bedürftigen auf eine ganze Reihe wohltätiger Einrichtungen zurückgreifen.
Die bedeutendste Rolle spielte dabei das
Heilig-Geist-Spital. Im 13. Jahrhundert gegründet, existiert es in Form des sogenannten
Spitalfonds noch heute. Die Anfänge dieser
über 700 Jahre alten Institution lassen sich
bisher nicht eindeutig klären. Urkundliche
Erwähnungen deuten auf eine Gründung
zwischen 1284 und 1286 durch Gräfin Agnes
zu Fürstenberg hin.[15] Ursprünglich für die
Versorgung Armer und Kranker zuständig,
nahm das Spital im Laufe der Zeit ein breites
Spektrum karitativer Aufgaben wahr. Es wurden nicht nur Menschen aufgenommen, sondern auch sogenannte Hausarme regelmäßig
mit Brot beliefert. Diese Almosenpraxis entwickelte sich aus den „Leibrentenverträgen"
des Mittelalters, als sich Bürger gegen Bezahlung lebenslange Brotlieferungen aus dem
Spital erwarben, ohne Insasse zu werden. Zu
Beginn des 18. Jahrhunderts bewilligte der
Rat diesen „Spitallaib" immer öfter gegen
„billigen Abtrag"; später waren es vor allem
Witwen, die damit unterstützt wurden.[16] Um
1800 hatte sich diese Art offener Armenfürsorge soweit institutionalisiert, daß wöchentlich „sechs schwarze Laib Brot" ausgegeben
wurden.[17]

Das genuine Anliegen blieb jedoch über
die Jahrhunderte hinweg die Betreuung der
im Spital lebenden Menschen, auch wenn sich

Abb. 1 Das alte, 1725/26 errichtete Heilig-Geist-Spital zwischen Münsterplatz und Rietstraße.

das Aufnahmespektrum zusehends veränderte. Der Magistrat versuchte zum einen, die
Aufnahme auf Villinger Bürger zu beschränken – so erhält eine Villinger Bürgerin 1787
eine Heiratserlaubnis nur unter der Bedingung, daß sie ihr uneheliches Kind nicht ver-
bürgert und „weder dem Spital noch andere
bürgerliche Genüsse zu beanspruchen haben
solle"[18] – zum anderen öffnete er das Spital
auch für andere Personenkreise. Es gehörten
nicht mehr nur Arme und Kranke, sondern
auch Waisenkinder, wohlhabende ältere Bürger, psychisch Kranke und mit dem Gesetz in
Konflikt geratene Personen, zumindest zeitweise, zur Spitalgemeinschaft. So wird 1783
der „närrische Jacob Weißer", 1785 „Margari-
ta Schlenkerin, welche ganz von Sinnen", der
Siechenmeisterin des Spitals übergeben,[19]

1572 eine wegen Hexerei verhörte Frau ins Spital gebracht, mit der Auflage, sie „lebenslang darin zuehalten an einer eisernen Ketten"[20]. Unter dem Dach des Spitals war damals die ganze Palette heutiger sozialer Einrichtungen, z. B. Senioren-, Alters- und Pflegeheim, Waisenhaus, Anstalt für psychisch Kranke und sogar eine Art Gefängnis, untergebracht.

Die Alten und Kranken sowie die Waisenkinder wurden, soweit sie keinerlei finanzielle Mittel besaßen, unentgeltlich aufgenommen; diejenigen mit Besitz mußten meist ihr gesamtes Hab und Gut für den Eintritt in das Spital opfern bzw. die Wohlhabenderen bezahlten einen entsprechend festgesetzten Betrag. Das Spital bot so je nach gesellschaftlicher Stellung, wirtschaftlichem Hintergrund, körperlicher Verfassung und Alter der Per-

son eine individuelle Versorgung an. Trotz der Belegung mit Angehörigen der unteren Schichten und Kranken baten auch gutsituierte Bürger um Aufnahme. Diese sogenannten Pfründner sicherten sich durch einen Vertrag eine lebenslange Altersversorgung. Die Höhe des Pfründpreises hing vom Alter und vom Gesundheitszustand des einzelnen sowie von den erworbenen Leistungen, z. B. ein separates Zimmer oder extra Fleisch – und Weinrationen sowie medizinische Betreuung, ab. Wer dabei gewisse Ansprüche stellte, mußte eine recht hohe Summe investieren, denn schließlich strebte man von Seiten des Spitals ein kostendeckendes, wenn nicht gar gewinnbringendes Pfründgeschäft an.[21] Viele Spitäler hatten daher ihren eigentlichen Stiftungszweck, für Arme und Kranke dazusein, weitgehend zugunsten der Aufnahme von

Abb. 2 Das ehemalige Franziskanerkloster mit Spitalgarten. Hier war von 1825–1978 das Heilig-Geist-Spital untergebracht.

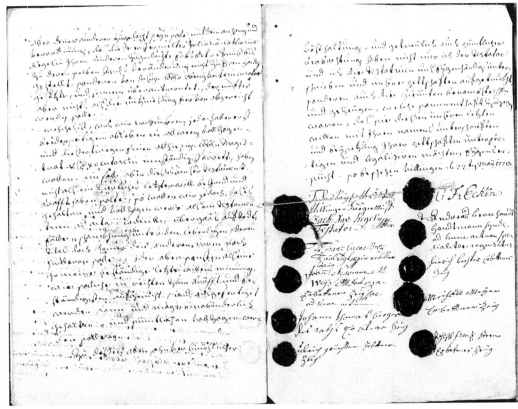

Abb. 3 Stiftungsbrief von Clara und Zacharias Kegel für die Waisen des Spitals, 22. 3. 1770.

zahlenden Insassen vernachläßigt und waren im 16. Jahrhundert zu reinen Pfründneranstalten mutiert. Für Villingen läßt sich dies aufgrund des bisherigen spärlichen Zahlenmaterials nicht feststellen. Im 16. Jahrhundert befanden sich zwischen 17 und 21 Personen in der „unteren Stube", d. h. sie gehörten zur Kategorie der Armen.[22] 1769 wird von einer 72köpfigen Spitalgemeinschaft berichtet, inklusive Dienstboten und 20 Kindern.[23] Waisen und elternlose Kinder machten somit einen hohen Prozentsatz unter den Insassen aus. Diese Waisenhausfunktion zieht sich wie ein roter Faden durch die Geschichte des Spitals: Erste Hinweise finden sich in einer Urkunde von 1520: „Sebastian Kreups von un-

ehelicher Geburt, im Spittel zu Villingen erzogen". In einem Spendenverzeichnis von 1593 werden in der unteren Stube 17 Kinder erwähnt. 1768 klagt die Stadt, das Spital sei mit 10–20 Waisenkindern völlig überladen; die Kinder hätte man in einem „kleinen Spital" außerhalb der Stadt untergebracht. Das kinderlose Ehepaar Zacharias und Clara Kegelin vermachte in seinem Testament 1770 die Summe von 1000 fl. diesen Waisen, ihnen sollte dadurch das Erlernen eines Handwerks ermöglicht werden.[24]

Neben der starken Belegung mit Kindern fällt das Villinger Spital durch zwei ungewöhnliche Pfründverträge auf, die den Mitgliedern der Schmied- und Kesslerknechts-

bruderschaft sowie den Schuhmachergesel-
len im Krankheitsfall spitalische Versorgungsleistungen garantierten. 1530 schlossen
Hans Knobloch und Alexander Mundle als
Vertreter der Bruderschaft eine Abmachung
mit dem Spital, die den 14 Bruderschaftsmit-
gliedern gegen die Zahlung von rund 100
Pfund Heller Villinger Währung das Recht
zubilligt, im Krankheitsfall zwei Monate lang
in der oberen Stube in einem eigenen Zimmer betreut zu werden. Nach zwei Monaten
sollte allerdings die Verlegung in die untere
Stube erfolgen. Ausgenommen von der Regelung blieben an Blattern erkrankte oder
durch eine Schlägerei verletzte Gesellen.[25]
Diese Vorwegnahme des Krankenkassen-
gedankens wird im 19. Jahrhundert für die
lohnabhängige Personengruppe der Dienstboten institutionalisiert.[26] Eine weitere Besonderheit, die bis ins 20. Jahrhundert hinein
Bestand hat, ist die Fürstenbergpfründe. Sie
ermöglicht dem Haus Fürstenberg, eine Person ihrer Wahl im Spital versorgen zu lassen.
Noch 1947 wird aufgrund dieses Privilegs
der Witwe des fürstenbergischen Obergärt-
ners ein Platz im Villinger Altenheim eingeräumt.[27]

Wenn auch nur bedingt statistische Daten
vorliegen, kann doch davon ausgegangen
werden, daß im Villinger Spital eine sehr he-
terogene Gemeinschaft von armen und reichen, jungen und alten, kranken und gesun-
den Menschen unter einem Dach zusammenlebte. Bei einer Einwohnerzahl von rund 2000
Personen, einer Aufnahmekapazität von circa
70 Personen kam jedoch nur ein Bruchteil der
städtischen Einwohner in den Genuß einer
Spitalaufnahme. Die 20 Plätze in der unteren
Stube reichten gerade mal für ein Prozent der
Bevölkerung aus.[28]

Zu einer weiteren Anlaufstelle für die Armen entwickelte sich im 18. Jahrhundert das
Gutleuthaus[29]. Es war im Mittelalter als Reaktion auf die immer wieder auftretende Lepra außerhalb der Stadt angesiedelt worden,

um die infektiös Erkrankten zu separieren.
Zur Erkennung der Krankheit führte der Magistrat regelmäßig „Lepraschauen" durch.
Außerdem mußte jeder Bürger, der bei seinem Nachbarn oder Verwandten Symptome
der Krankheit endeckte, Anzeige erstatten.
Es folgte eine Untersuchung durch einen
Arzt oder Chirurgen. Fiel das Urteil positiv
aus und der Patient wurde für aussätzig erklärt, stieß man ihn in einer feierlichen Zeremonie aus der städtischen Gesellschaft aus,
indem man ihm nach einem Gottesdienst
schwarze Kleidung, Handschuhe, Stock und
eine Klapper übergab und vor die Stadt zum
Gutleuthaus führte.[30] Für Villingen sind Le-
prafälle bis ins 17. Jahrhundert hinein dokumentiert; 1609 ordnete der Rat die Untersuchung von acht Personen wegen Lepraver-
dachts an. Noch 1617 wird eine Lepraschau
durchgeführt: „Die Malecy soll wie von al-
tershero fürgenommen werden. Diejenigen
Personen, so in der Malecy Schau in das Feld
erkennt sind, sollen abgeschafft werden";
1685 wird der „Obstfrau Töchterlein" nach
einer solchen Besichtigung vom Magistrat in
das Gutleuthaus eingeliefert. In der Franziskanerkirche befand sich 1718 noch ein „Le-
prosenstuhl"; er wurde im gleichen Jahr beseitigt, da viele Frauen „Abscheu" davor
empfanden.[31]

Mit dem Aussterben der Lepra wird das
Gutleuthaus nicht mehr nur von Aussätzigen,
sondern auch von Kranken mit anderen in-
fektiösen Krankheiten und verunstaltetem
Aussehen bewohnt. 1617 wird dem Villinger
Bürger Hans Glatzen nahegelegt, seine Tochter von der „Franzosen halber curieren" zu
lassen und sich zu diesem Zweck mit dem
Pfleger der „Armen im Feld" – so wird die
Gutleuthausstiftung oft in den Quellen bezeichnet – in Verbindung zu setzen. Andere
mit Syphilis behaftete Personen wurden entweder in ihrem Haus unter Arrest gestellt
oder aus der Stadt geführt.[32] 1718 soll „Barbara Rieggerin, welche ein abscheulich und

Abb. 4 Das im Zweiten Weltkrieg zerstörte Gutleuthaus.

schwangeren Frauen schädlich, auch incura-
bel Gewächs im Gesicht hat, ... von der Ge-
meind separieret und ins Gutleuthaus getan
werden, sie solle sich, wenn sie in die Kirche
kommt, mit einem Tuch bedecken". Die Ein-
weisung ins Gutleuthaus bedeutete für die
Kranken nicht immer lebenlänglichen Ausschluß aus der städtischen Gesellschaft. 1754
wird z. B. die Aufnahme der Stubenfrau der
Schmiedezunft angeordnet, aber nur so lange, bis sie wieder „ohne Abscheu unter die
Leut wandeln möge".[33]

Das Gutleuthaus fungierte also spätestens
seit dem 17. Jahrhundert auch als eine Art
Verwahranstalt für Menschen mit anderen
ansteckenden Krankheiten oder „abstoßen-
dem" Äußeren, deren Anblick sich die All-
gemeinheit nicht zumuten wollte.

Das bei seiner Gründung außerhalb der
Stadtmauern errichtete Gutleuthaus oder
Leprosenhaus (heute Volta-/Gerwigstraße)

scheint für die städtischen Belange schon
bald nicht mehr ausgereicht zu haben, denn
bereits im 14. Jahrhundert existiert neben
dem eigentlichen Gebäude eine Depen-
dance, die sogenannte Siechenschaffnei an
der Niederen Straße.[34] Die Lage dieses zweiten Siechenhauses führte im 17. Jahrhundert
zu einer heftigen Auseinandersetzung zwischen dem danebenliegenden Kapuzinerkloster und der Stadt. In einem Schreiben von
1664 beschwert sich der Kapuzinerabt beim
Villinger Rat und beim Erzherzog über Ge-
ruchs- und Lärmbelästigungen durch das Leprosorium und die angrenzende Badstube:

„undt weilen daß Einseitz negst daran gelegene Leprosorium undt anderseitz ein ofe-
ne badstuben Geistlicher Beywohnung gantz
zuwider, ja gleichsamb unverträgliche" und
„weil aus bemelter Badstuben gleich wie von
den anderenorth das Wasser gerichtet aller-
handt gestanck undt unrath durchlaufft undt

diß so vil mehr beschwerlich Fallet weilen monatlichen die Leprosi ihren weschen die badstuben zum öffteren gebraucht undt also von beden orthen sonderlich zur zeit des winterß sich aller unrath steht"[35]. Außerdem fühlten sich die Mönche durch das ständige Geschrei im Gebet gestört. Das Kloster verlangt die Verlegung beider Häuser und beruft sich dabei auf ein Versprechen der Stadt, wonach ihnen bereits beim Bau ihres Gebäudes die Schließung der Badstube und die Verlegung des Leprosorium zugesichert worden war.[36] Die Stadt scheint dem Drängen der Mönche nachgegeben zu haben, denn um 1665 wird von einem Umzug in die Färberstraße (Glunkenhaus) berichtet. Das außerhalb liegende Gutleuthaus war laut Revellio bereits nach dem 30jährigen Krieg abgebrochen und erst 1718 wieder neu erbaut worden.[37]

Im 18. Jahrhundert werden verstärkt Arme und auch alte Personen per Pfründvertrag ins Gutleuthaus aufgenommen und die Quarantäne- und Krankenhausfunktion wird zurückgedrängt. Das ehemalige Leprosenhaus beginnt sich als eine Art Spital zweiter Klasse für weniger betuchte Villinger Bürger zu etablieren. 1839 stehen nur noch zwei Zimmer für Kranke zur Verfügung; alle anderen Räumlichkeiten sind mit Pfründnern belegt. Der Magistrat beschließt daher 1855, die Siechenpflege wieder auf die Versorgung infektiöser Kranker und kranker Fremder zu beschränken; die noch zu betreuenden Pfründner werden ins Heilig-Geist-Spital überwiesen.[38]

Während das Spital den Schwerpunkt seiner Almosenpraxis auf die geschlossene Fürsorge legte, spielte bei der Gutleuthausstiftung zumindest gegen Ende des 18. Jahrhunderts die offene Almosenpflege eine genauso wichtige Rolle. Ein Grund hierfür dürfte die geringere Aufnahmekapazität gewesen sein; damals hielten sich nur zwischen 7 und 13 Personen im Gutleuthaus auf.[39] Belege für

die Unterstützung einheimischer Armer finden sich vereinzelt in Ratsprotokollen des 18. Jahrhunderts.[40] Die Leprosenpflegschaftsrechnungen gegen Ende des Jahrhunderts weisen dann einen festen Ausgabenposten für die Hausarmen auf. Dieser umfaßte regelmäßige wöchentliche Zahlungen an 11–15 Villinger Bürger in Höhe von 10–15 Kreutzer sowie einmalige Sonderzahlungen an Personen, die sich in einer akuten Notlage befanden. Häufig werden auch Beerdigungskosten für verstorbene Arme übernommen. Darüber hinaus griff die Stadt bei Bittgesuchen auswärtiger Personen und Institutionen auf die finanziellen Ressourcen der Gutleuthausoder auch Siechenpflege zurück. Unter den Bittstellern befanden sich oft religiöse Orden; so bat 1768 eine Laienbruderschaft aus Italien um einen Beitrag für eine Kollekte zur Auslösung ihrer von „Barbaren" gefangengehaltenen Brüder. Sie erhielt ein kleines Almosen aus der Villinger Stiftung ebenso wie „vakierende Personen" oder von Feuer- und Hagelschaden besonders heimgesuchte Städte. Der überwiegende Teil der Geld- und Sachmittel floß jedoch in den Almosentopf für die einheimische Bevölkerung.[41]

Als dritte große „mildtätige" Einrichtung war die Elendjahrzeitpflege aktiv. Ihr Stiftungszweck bestand von Anbeginn darin, einmal im Jahr ein großes Almosen auszugeben. Die Anfänge der Pflege lassen sich auf das Jahr 1256 zurückführen, als der Villinger Bürger Erhardt Walter eine Spende für die Armen in der Karwoche stiftete. Diese „Seelenjahrzeit" war nach rund 100 Jahren finanziell erschöpft, so daß der Magistrat sie durch die Vermögen der an der Pest verstorbenen Bürger wieder neu zu fundieren suchte. Die Stiftung wurde nun zur Erinnerung an das „große Elend der grausam wütenden Pest" in Elendjahrzeitpflege umbenannt. Zur Erinnerung an die Opfer und Stifter sollten an dem Tag, an dem „das Sterben am größten war", alljährlich Gottesdienste abgehalten und eine große Fleischspende an einheimische und fremde Bedürftige ausgeteilt werden.[42] In späteren Jahren wurde eine zusätzliche Heringspende an Mariä Verkündigung eingerichtet, die im 17. Jahrhundert meist in Form von Geld abgegolten wurde, da kein oder nur minderwertiger Hering zu bekommen war. Rechnungen aus den Jahren 1613–1631 belegen, daß bei der großen Fleischspende zwischen 822 und 1100 lb[43] Fleisch verzehrt wurden. Bei einem angenommenen Pro-Kopf-Verbrauch von 1/2–1 lb wären immerhin 1000–2000 Personen in den Genuß dieses Almosens gekommen.[44] Bemerkenswert ist nicht nur die ungewöhnlich hohe Zahl der davon profitierenden Armen, sondern auch die Tatsache, daß diese mit dem teuren und hochwertigen Nahrungsmittel Fleisch versorgt wurden. Erst nach dem 30jährigen Krieg, spätestens jedoch 1697, findet die Umwandlung in Brotspenden statt. Begründet wurde dies mit der enorm angestiegenen Zahl der Teilnehmer, den höheren Kosten für das Fleisch und dem großen organisatorischen Aufwand für die Zubereitung der Mahlzeit, wobei hier auch die vermehrten Ausgaben für Pfeffer, Salz, Schmalz und Holz eine Rolle spielten. Der Villinger Dekan Johann Heinrich Mötz berichtete 1697, es würden sich nun jährlich Tausende armer Menschen zu diesem Ereignis in der Stadt einfinden und dabei rund 3000–4000 Brote verteilt werden.[45]

Bei den Rechnungen von 1613–1631 fällt zudem auf, daß fast die Hälfte der aufgewendeten Geldsumme zum Kauf von Geflügel (Gänse, Hühner, Tauben), Fischen (Karpfen, Hecht), Krebsen, Schnecken, Obst, Käse, Eiern, Nüssen, Mandeln, Holdermus, Birnenobst, Honig und Wein ausgegeben wurde – exquisite und teure Speisen, die nicht den Armen, sondern den Organisatoren der Jahrzeit zugute kamen. Sie genossen an diesen Tagen offensichtlich aufwendige Festessen, die mit reichlich Wein, 180–200 Liter, begossen wurden.[46] Der mittelalterliche Charakter der

Abb. 5 Weinkanne des Spitalmeisters Martin Nabholtz 1695–1723/24. Franziskanermuseum Villingen, Inv. Nr. 977.

Stiftung blieb bis ins 18. Jahrhundert hinein erhalten; noch 1755 betonte der zuständige Pfleger, daß „jeder Arme ob groß oder klein, einheimisch oder auswärtig" berücksichtigt würde und „keine andere Schuldigkeit" habe, als bei der Austeilung des Almosens für die verstorbenen Stifter zu beten. Erst im Zuge der josephinischen Reformen schloß man Fremde aus. Nach dem Übergang an Baden wird diese Almosenvergabe 1817 völlig aufgehoben und dafür ein entsprechender Betrag an die Armenkasse entrichtet.[47]

Im Laufe der Jahrzehnte statteten viele Villinger Bürger die Elendjahrzeitpflege mit immer neuem Kapital aus, so daß zusätzliche Almosenausgaben, das sogenannte Spennbrot,

an den von den Stiftern bestimmten Tagen erfolgen konnten. Im 16. Jahrhundert belief sich
das für dieses Spennbrot zur Verfügung stehende Getreidekontingent auf 114 Malter
Dinkel, welches an 82 Tagen im Jahr am Münster oder im Schaffneihaus[48] verteilt wurde.
Diese Brot- oder Getreidelieferungen, von
denen auf ausdrücklichen Wunsch der Spen-
der auch Fremde profitieren konnten (sie
erhielten ihr Brot am Bickentor), wurden im
17. Jahrhundert auf insgesamt 52 Malter reduziert. Die Vergabe fand dafür nun regelmäßig wöchentlich statt. Der Umfang des
Spennbrotes lag mit jährlich 52 Maltern deutlich über den für die großen Spenden ver-
brauchten 40 Maltern.[49] Wie auch das Gutleuthaus unterstützte die Elendjahrzeitpflege Menschen, die sich in besonderen Notsituationen befanden, durch einmalige Geldzahlungen oder Fruchtlieferungen.[50]

Als Ende des 18. Jahrhunderts die Obrigkeit im Zuge ihrer Disziplinierungsversuche
Zucht- und Arbeitshäuser errichtete, wurde
das Schaffneigebäude der Stiftung herangezogen. 1762 beantragt Jacob Thurneysen aus
Basel die Errichtung einer Seidenspinnerei in
der Stadt. Die Arbeitskräfte sollen nach einer
Verfügung des Rates aus den „müßigen Leuten, welche dem Bettel nachziehen" rekru-
tiert werden.[51] 1785 existiert ein solches Arbeitshaus für die Fabrikation von Tuch im
Schaffneigebäude. Die Einrichtung stößt
zunächst bei den ansässigen Tuchmacher-
handwerkern auf Widerstände, weil diese die
billige Konkurrenz fürchten, später auch
beim Magistrat, weil dieser die Rentabilität
nicht gewährleistet sieht. Trotz der regelmäßigen Rechenschaftsberichte des Elend-
jahrzeitpflegers wird die Anstalt 1795 aufgelöst. Die Stadt begründete ihre Entscheidung
damit, daß der Elendjahrzeitpflege durch das
Arbeitshaus nur Verluste entstünden. Der
Widerspruch des zuständigen Pflegers, die roten Zahlen seien nur auf Außenstände und
den Unterhalt für die Armen zurückzu-

führen, wurde beiseite gewischt, obwohl dieser vehement für den Erhalt plädierte. Als
Argument führte er u. a. an, das Spital sei mit
Waisen und Pfründnern völlig überladen, so
daß sich das Schaffneihaus als zusätzliches
Armenhaus eigne. Außerdem benötige man
einen „für die Bürgerskinder unschädli-
chen ... züchtigungs- und correktionsorth",
da man sie nicht ohne weiteres in das „le-
bensgefährliche Zuchthaus" abschicken könne.[52] Eine erneute Diskussion setzte erst 1834
wieder ein. In dem nun geplanten Arbeitshaus sollten die ärmeren Klassen mit Spinnen
und der Fabrikation von Salzsäcken beschäftigt werden, um so den „Gassenbettel" zu unterbinden. Das Schaffneigebäude kam hierfür allerdings nicht mehr in Frage, es diente
zu dieser Zeit als kostenlose Unterkunft für
sozial Schwache.[53]

Die Entwicklung des Heilig-Geist-Spitals,
des Gutleuthauses und der Elendjahrzeitpflege in der frühen Neuzeit spiegelt die allgemeinen Veränderungen im Armenwesen
wider. Die mittelalterlichen Einrichtungen
hatten sich in ihren Funktionen gegen Ende
des 18. Jahrhunderts angeglichen. Das Heilig-
Geist-Spital, ursprünglich ein Instrument der
geschlossenen Armenfürsorge, unterstützte
durch Brotlieferungen auch Hausarme. Das
Gutleuthaus beteiligte sich maßgeblich an regelmäßigen Unterstützungsleistungen für
außerhalb lebende Arme und übernahm partiell spitalische Aufgaben, indem es Pfründner und Arme aufnahm. Die Elendjahrzeitpflege löste sich von der mittelalterlichen
Praxis des öffentlichen Almosens; Fremde
wurden letztendlich von den Versorgungsleistungen ausgeschlossen, und die einheimischen Armen versuchte man zeitweilig in
einem Arbeitshaus zu disziplinieren.

Leben im Spital und im Gutleuthaus – die Versorgung der Insassen

Wie Villinger Arme in der frühen Neuzeit lebten, läßt sich heute kaum nachvollziehen. Über ihre Wohnverhältnisse, Ernährung sowie materielle Kultur gibt es wenig Quellen. Um so wertvoller sind die Rechnungs- und Hausbücher der Spitalstiftung und des Gutleuthauses. Sie geben zumindest in Ansätzen einen Einblick in den Lebensstandard ihrer Bewohner. Vor allem der Alltag der Spitalinsassen läßt sich anhand einer Ordnung von 1502 teilweise rekonstruieren, gibt sie doch detaillierten Aufschluß über den Tagesablauf und den Speiseplan der Armen und Pfründner.[54] Grundlage ihrer Ernährung bildeten Brot und ein sogenanntes „gemiess" – eine Art Brei aus Gerste, Bohnen, Erbsen und Linsen. Je nach Status der Insassen wurde dieser Gemüse-Getreidebrei durch Fleisch ergänzt. Die Pfründner erhielten dreimal in der Woche vier Stück Fleisch, die Armen wohl ebenfalls dreimal wöchentlich, hatten jedoch keinen verbürgten Anspruch darauf und mußten sich, wie in anderen Spitälern auch, mit kleineren Portionen zufriedengeben.[55] An den Fastentagen, davon gab es mindestens zwei in der Woche, wurde dreimal am Tag ausschließlich dieses „gemiess" gereicht. In der vorösterlichen Fastenzeit dienten Obstmus, ein Hirse-Milch-Brei oder Eier als Fleischersatz. Der für heutige Begriffe eintönige Speisezettel wurde durch die vielen Fest- und Feiertage auf das Wohltuendste unterbrochen. An Weihnachten, Fasnacht, Ostern, Pfingsten, Fronleichnam, St. Michael und St. Martin konnten sich die Insassen an Sonderzuwendungen in Form von Wein, „Küchlin und gebachenem", Pfannkuchen, gedörrtem Obst, Eiern und Milch erfreuen. Je nach Status – Armer oder Pfründner – wurden auch hier quantitative Unterschiede gemacht. Die Qualität der Ernährung, vor allem die Höhe des Wein-, Fleisch-, und Kuchenkonsums, war

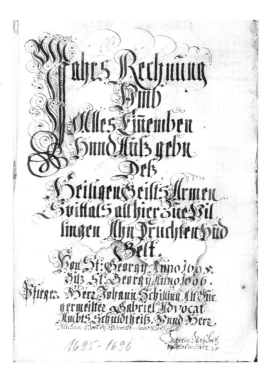

Abb. 6 Auszug aus dem Rechnungsbuch des Heilig-Geist-Spitals von 1695/96.

offensichtlich ein Attribut des sozialen Wohlstandes, den sich nur die Pfründnerklasse auf eigene Kosten leisten konnte. Die Armen blieben davon nicht völlig ausgeschlossen, waren aber auf Jahrtagsstiftungen angewiesen, die sie in den Genuß solcher „Mahlsaufbesserungen" brachten. Am Sterbetag des Stifters wurden in der unteren Stube zusätzliche Essensrationen – Eier, Hühnerfleisch, Wein – ausgeteilt. Als Gegenleistung erwartete man die Teilnahme an der Jahrtagsmesse und Gebete für das Seelenheil des Spenders.[56] Ein Vergleich dieser den Speiseplan bis ins 18. Jahrhundert hinein bestimmenden Ordnung mit der des 19. Jahrhunderts zeigt eine kontinuierliche Verschlechterung, die sich primär in der Reduzierung des Fleischkonsums äußert. 1842 erhielten die Ärmsten nur noch drei Suppen und zwei Stück Brot am Tag. Fleisch kam – wenn überhaupt – nur

selten auf den Tisch bzw. wurde dann bevorzugt an Kranke abgegeben.[57]

Im Gutleuthaus herrschte eine ähnliche
Versorgungsstruktur. Das Grundnahrungsmittel Getreide (Dinkel) wurde hier Ende
des 18. Jahrhunderts nicht mehr zu einem
„gemiess", sondern zu Brot, „Knöpflen" oder
sonstigen Mehlspeisen verarbeitet. Die ergänzenden Gemüsebeilagen bestanden nun
größtenteils nur noch aus Kraut und Rüben.
Fleisch gehörte wie Wein zu den rationierten
Lebensmitteln, die wohl primär an zahlende
Pfründner verabreicht wurden. Eine besondere Verpflegung stand einzelnen Kranken in
Form von Kalbfleisch, Obst und Honig zu.
Die Mahlzeiten der im Frühjahr 1795 schwer
erkrankten Agatha Riegger wurden z. B. mit
Rind- und Kalbfleisch sowie Eiern angerei-
chert.[58] Eine Aufbesserung der zugeteilten
Kost erzielten die Insassen durch die Bewirt-
schaftung des zugehörigen Gartens, durch die
Haltung von Kleinvieh und durch Geldzah-
lungen aus den Jahrtagsstiftungen. Kirchliche
Feiertage wurden mit Extraportionen Schaf-
fleisch und Wein begangen. Das österliche
Festessen bestand z. B. aus einer Maß Wein,
Birnenschnitzen, Erbsen, Milch, Stockfisch,
Schmalz, Pfeffer und Pfannkuchen und stellte
so einen kulinarischen Höhepunkt im Jahres-
ablauf dar.[59] Dennoch blieben die Bewohner
des Gutleuthauses gegenüber denen des Spitals benachteiligt. Sie konnten sich, laut
Pfründverträgen, nur auf die Lieferung von
Nahrungsmitteln berufen, die Zubereitung,
aber auch sonstige Tätigkeiten, wie Nähen
und Waschen, mußten in Eigenregie übernommen werden.[60]

Im Vergleich dazu konnten die Spitalbe-
wohner eine bevorzugte Rundumversorgung
genießen, die hygienische und medizinische
Leistungen mit einschloß. So stand ihnen je-
weils im Herbst und im Frühling eine
Kleiderwäsche zu. Darüber hinausgehende
Ansprüche mußten allerdings auf eigene
Rechnung oder durch eine Stiftung befriedigt

werden. So spendierte 1332 der Pfründner
Heinrich Wighardt den Armen eine zusätzliche Reinigung ihres Gewands alle 14 Tage.
Auch die Beleuchtung der Räume wurde als
Luxus betrachtet und unterlag einer strengen
Vorschrift. Der für die Ordnung zuständige
Spitalmeister hatte von St. Michelstag bis Fasnacht jeden Abend für Kerzen in der Pfründ-
nerstube zu sorgen. Die Armen blieben auf
das Tageslicht oder auf die Barmherzigkeit
von Spendern angewiesen.[61]

Obwohl das Spital nicht mit einem Krankenhaus im heutigen Sinne verglichen werden kann, nahm es diesbezügliche Aufgaben
wahr. Hierbei wurde ebenfalls zwischen Arm
und Reich unterschieden. Während die meisten Insassen eine gewisse medizinische
Grundversorgung erhielten, ließen sich andere Sonderkonditionen, z. B. eine eigene Kran-
kenpflegerin, besondere Ernährung, vertraglich zusichern. So stellte der Chirurg Bichweyler 1772 dem Spital 20 fl. für das Schröp-
fen und Aderlassen, die Anwendung von Kli-
stieren und „Fontanelpflastern", aber auch
das Rasieren einiger Insassen in Rechnung.
In späterer Zeit wurde die Krankenversorgung von ärztlicher Seite her überwacht,
zumindest hatte sich der Spitalmeister
1787 beim Umgang mit Kranken an die
Richtlinien eines Dr. Bosch zu halten.[62]

Die Spitalbewohner bildeten aufgrund der
unterschiedlichen Alters- und Sozialstruktur
eine sehr inhomogene Gemeinschaft, die auf
engstem Raum zusammenlebte. Um deren
Funktionieren einigermaßen zu garantieren,
versuchte die Spitalleitung, Ordnung und
Disziplin im Tagesablauf der Insassen zu ver-
ankern. Der Spitalmeister sollte zu diesem
Zweck die Hausordnung jeweils an Weihnachten oder bei Bedarf seinen Schützlingen
vorlesen. Darin wurde besonderer Wert auf
die Arbeitspflicht der Armen gelegt. Bereits
am Abend solle der Spitalmeister den Insassen Instruktionen für den nächsten Tag geben, damit „yeder zuo rechter zitt an sin ar-

beit" sei. Nicht einmal Kranke blieben davon ausgenommen. So wird ein psychisch kranker Mann zum Stricken angehalten und ihm bei unsachgemäßer Ausführung der aufgetragenen Tätigkeit mit dem Entzug des Essens gedroht. Pfründner blieben von dieser Arbeitspflicht ausgenommen.[63] In der „unteren Stube" war die Siechenmeisterin für Ordnung und Sauberkeit zuständig. Sie hatte dafür Sorge zu tragen, daß die ihr Anvertrauten die Gottesdienste besuchten und die Jahrtage angemessen begingen. Die Insassen sollten außerdem zum Gebet „um ihr tägliches Brot und für die verstorbenen Seelen" und zum sparsamen Umgang mit Lebensmitteln angehalten werden. Verstöße wurden, zumindest auf dem Papier, mit partiellem Entzug der Versorgungsleistungen bestraft. Da Ordnungen meist nicht den tatsächlichen, sondern den angestrebten Zustand widerspiegeln, scheinen die Veruntreuung von Lebensmitteln, das Vernachlässigen der Arbeitspflicht, „Fluechen" und „Thrinken" sowie das Versäumen der Gottesdienste zum spitalischen Alltag gehört zu haben.[64] Regelverstöße wurden trotz massiver Androhungen nicht immer allzu streng geahndet, wie der Fall des Franz Neydinger zeigt. Der als Waisenkind aufgenommene Junge wuchs im Spital auf und wurde, nachdem er ein Mädchen schwängerte, ausgewiesen. Im darauffolgenden Jahr befand er sich bereits wieder im Spital, mußte jedoch in „Gefangenschaft", weil er aus der Bäckerei Brot „entfremdet" hatte. 1736 steht er unter dem Verdacht, in seiner Funktion als Spitalmesner den Hausschlüssel kopiert zu haben mit dem Ziel, Naturalien aus den Vorratskammern zu entwenden. Klagen dieser Art setzen sich bis ins 19. Jahrhundert hinein fort: 1817 sollen Waisen in größerem Stil Brot verkauft haben; 1866 wird die Tochter des Spitalmeisters beschuldigt, jeden Tag Brot aus dem Spital „hinausgetragen" zu haben.[65] Die Versuche der Obrigkeit, die Spitalgemeinschaft zu disziplinieren und ihr ei-

nen gewissen Wertekanon und Arbeitsethos zu vermitteln, stießen offensichtlich auf größere Widerstände.[66]

Trotz dieser Eingriffe in die persönliche Freiheit des einzelnen bedeutete die Aufnahme ins Spital für die Armen nicht nur die längerfristige Befriedigung elementarer Bedürfnisse, sondern schloß darüber hinaus, zumindest fürs 16. und 17. Jahrhundert, auch die Teilhabe an einem gewissen Lebensstandard, was z. B. den Fleisch- und Weinkonsum betraf, mit ein. In den Genuß einer solchen Versorgung kamen jedoch nur wenige privilegierte Bedürftige. Das Gros der Bettler und Armen lebte auf der Straße unter oft erbärmlichen Bedingungen oder vegetierte am Rande des Existenzminimums dahin.[67]

Besitz- und Wirtschaftsverhältnisse der Stiftungen

Das Spital, das Gutleuthaus und die Elendjahrzeitpflege konnten ihre vielfältigen Aufgaben nur erfüllen, weil sie seit ihrer Gründung immer wieder mit Kapital und Grundbesitz ausgestattet worden waren. Das Vermögen der Stiftungen bestand in erster Linie aus umfangreichen Zins- und Zehntrechten, Grundbesitz und Geldguthaben, wobei das Spital mit Abstand auf die größten wirtschaftlichen Ressourcen zurückgreifen konnte. Von den geschäftlichen Transaktionen, z. B. den Kreditgeschäften des Gutleuthauses oder der großen Landwirtschaft des Spitals, profitierte auch das städtische Wirtschaftsleben. Der Magistrat betrachtete diese Einrichtungen deshalb nicht nur unter dem sozialen, sondern auch wirtschaftlichen bzw. finanziellen Aspekt. Darlehen zur Sanierung des städtischen Haushaltes wurden mit Vorliebe aus diesen Finanzfonds genehmigt.

Die wirtschaftliche Basis des Spitals bildeten neben der landesherrlichen Fundierung die vielen privaten Stiftungen sowie eine aktive Ankaufspolitik im 14. und 15. Jahrhundert.

In dieser Zeit wird der Grundstock an Äckern, Wiesen, Höfen, Zehnt- und Zinsrechten erworben, die das Spital zu einem bedeutenden Wirtschaftsunternehmen innerhalb der Stadt machten.[68] Die Stifter bedachten das Spital in erster Linie mit Zins- und Gültrechten an Grundstücken und Häusern, aber auch mit Geldsummen oder ihrem gesamten Vermögen „ahn ligendt und fahrendem guth".[69] Laut Urbar von 1379 besaß das Spital auch im Villinger Umland Güter und umfangreiche Rechte, die einen Zugriff auf die Gemeinden ermöglichten. Zum spitalischen „Einzugsbereich" gehörten die Gemeinden Horgen, Weilersbach, Dauchingen, Schwenningen, Weigheim, Tuningen, Öfingen, Hochemmingen, Dürrheim, Aasen, Heidenhofen, Biesingen, Flacht, Ippingen, Oberbaldingen, Neudingen, Donaueschingen, Niederaufen, Grüningen, Klengen, Kirchdorf, Rietheim, Waldhausen, Bräunlingen, Herzogenweiler, Marbach und sogar Freiburg. In Villingen selbst waren im 14. Jahrhundert rund 1/8 der Häuser und fast 1/3 der Gärten dem Spital zinspflichtig bzw. gehörten ihm. Später kamen noch eine Spitalmühle und der Meierhof „zu Warenburg" dazu.[70] 1806 hatte sich der Gebäudebesitz in der Stadt auf das Franziskanerkloster mit Kirche, vier Scheunen und einen Fruchtkasten reduziert.[71]

Als Zehntherr besaß das Spital u. a. Anteile am Großzehnt zu Villingen, am Zehnt in Nordstetten und am sogenannten Weilersbacher Zehnt. Da die Johanniterkommende ebenfalls am Nordstetter Zehnt beteiligt war, kam es immer wieder zu Zehntstreitigkeiten zwischen den beiden Institutionen.[72] Aufgrund dieser Zehntrechte war das Spital Lehensträger des Fürstenbergischen Hauses, das jeweils den Pflegern Lehensbriefe ausstellte.[73] Dem Spital selbst gehörten Lehenshöfe u.a. in Dürrheim, Schwenningen, Weilersbach, Vockenhausen, Horgen, Weigheim, Grüningen, Klengen, Tuningen; es fungierte daher auch als Lehensherr[74]. Neben dem Ein-

kommen aus grund-, lehens- und zehntherrlichen Rechten kam der Eigenwirtschaft eine besondere Bedeutung zu. Sie diente zur Deckung des spitalischen Grundbedarfs an Nahrungsmitteln und trug durch den Verkauf von Früchten zur Kapitalbildung bei. 1809 bewirtschaftete man rund 54 Mansmad Wiesen und 300 Jauchert Acker, was in heutigem Flächenmaß ungefähr 160 ha entspricht.[75]

Eine wichtige Rolle innerhalb der Villinger Spitalökonomie spielte der Viehhandel. Für die Viehzucht ausdrücklich zuständig war der Hof zu Vockenhausen. Laut Inventar befanden sich 1681 33 Kühe, 19 Hägen, 45 Kälber, 7 Stiere, 13 Pferde, 9 Schafe, 4 Lämmer, 1 Eber, 5 Schweine in spitalischem Besitz. Im 19. Jahrhundert hatte sich der Viehbestand auf 11 Rinder, 17 Ochsen, 14 Kälber, 15 Kühe, 12 Schafe und 25 Schweine verringert, stellte aber mit einem Schätzwert von 3 366 fl. rund 50 Prozent des Gesamtwertes des beweglichen Guts dar. Die ausgedehnte Landwirtschaft wurde erst Anfang des 20. Jahrhunderts aufgegeben und die Stallungen und Scheuern zum Verkauf ausgeschrieben oder abgebrochen.[76]

Zur Haupteinnahmequelle der Wirtschaft entwickelten sich im 16. und 17. Jahrhundert die Geldgeschäfte, d. h. die Einnahmen aus den Pfründ- und Leibrentenverträgen sowie aus dem Kreditgeschäft. 1630 waren rund 10 000 fl. als Darlehen an verschiedene Privatpersonen und Institutionen ausgeliehen. Diese Funktion als Vorläufer späterer Darlehenskassen übte das Spital bis ins 19. Jahrhundert hinein aus. 1809 befand sich ein Kreditvolumen von rund 10 934 fl. im Umlauf.[77] Ausführlich dokumentiert wird dieser Geschäftszweig durch die im Spitalarchiv vorhandenen Zins- und Schuldbriefe aus dem 16. und 17. Jahrhundert. Besonders ins Auge fällt bei diesen Schuldscheinen die für heutige Begriffe extrem lange Laufzeit. So wird ein 1663 ausgeliehener Kredit erst nach 72 Jahren zurückbezahlt. Als notorischer und gleichzei-

Abb. 7 Archivschrank des Heilig-Geist-Spitals. Hälfte 16. Jahrhundert, Unterteil im 20. Jahrhundert frei ergänzt, Franziskanermuseum Inv. Nr. 11738.

tig größter Schuldner taucht die Stadt Villingen in den Büchern auf; 1809 belief sich ihr Schuldenberg auf insgesamt 3 200 fl. Zu den Kreditnehmern des Spitals gehörten nicht nur einfache Bürger, sondern auch umliegende Herrschaften wie Fürstenberg-Meßkirch, Fürstenberg-Stühlingen und indirekt sogar Kaiser Ferdinand I. Letzterer verpfändet 1553 für ein Darlehen von 500 fl. Rechte in der Landvogtei Ortenau an einen Straßburger Bürger. Der Schuldschein dieser Transaktion gelangt in die Hände des Spitals, welches nun berechtigt ist, 25 fl. aus der Landvogtei einzuziehen.[78]

Diese bisherigen Ergebnisse werfen nur einige Schlaglichter auf die spitalische Ökonomie. Präzisere Aussagen zu deren Entwicklung bedürfen einer systematischen Auswertung der noch erhaltenen Rechnungsbücher.[79] Ob der in der allgemeinen Spitalge-

schichte konstatierte Trend zum wirtschaftlichen Niedergang in der frühen Neuzeit auch für Villingen gilt, bleibt zu prüfen. In einem Briefwechsel zwischen Magistrat und vorderösterreichischer Regierung um 1770 weigert sich die Stadt bzw. das Spital, eine Steuer von 177 fl. zu bezahlen mit der Begründung, es sei durch Mißernten und zahlreiche Arme völlig überlastet und zahlungsunfähig. Die Bitte um Steuerbefreiung wird von der Regierung abgelehnt mit dem Hinweis, Villingen sei das „bestbegütertste Spital im Breisgau".[80]

Die wirtschaftliche Fundierung des Gutleuthauses erfolgte hauptsächlich über Stiftungen Villinger Bürger. In den überlieferten Urkunden des 14., 15. und 16. Jahrhunderts werden die „Siechen an dem Veld zu Villingen" oder die „armen Sundersiechen" mit einmaligen Geldzahlungen oder sonstigen

Vermögenswerten bedacht.[81] Die ökonomische Basis des Gutleuthauses kann jedoch nicht mit der des Spitals konkurrieren, was auch in der geringeren Versorgungskapazität zum Ausdruck kommt. Eine Momentaufnahme der wirtschaftlichen Situation gegen Ende des 18. Jahrhunderts zeigt das Rechnungsbuch von 1768. Die Haupteinnahmequelle bildet hier das Darlehensgeschäft. Insgesamt hatte die Siechenpflege in diesem Rechnungsjahr 22 666 fl. an über 200 Personen und Institutionen aus Villingen und Umgebung ausgeliehen. Bei einem Zinsatz von 5 Prozent und unter Berücksichtigung der Außenstände, ergaben sich daraus rechnerische Einkünfte von 3 260 fl. De facto fielen die Einnahmen weitaus geringer aus, da es mit der Zahlungsmoral der Schuldner nicht immer zum besten stand – selbst die Zinszahlungen mußten oft gestundet werden. Die Stadt Villingen ging als größter Schuldner mit schlechtem Beispiel voran; sie bezahlte über Jahrzehnte hingweg keinerlei Zinsen, so daß das Gutleuthaus 1768 genötigt wird, die angehäufte Zinsschuld von 2 253 fl. selbst zu übernehmen. Mit der Begründung, das Kapital sei in Zeiten äußerster Kriegsnot, als das Gemeinwesen „vollends erschöpft" war, ausgeliehen worden, deklarierte der Magistrat das Ganze deshalb im nachhinein als unverzinsliche Kreditaufnahme. Die milden Stiftungen wie Spital und Gutleuthaus wurden offensichtlich von der Stadt in Zeiten großer Finanznot als potente und geduldige Geldgeber betrachtet, deren Mittel man sich aufgrund der Verwaltungsstruktur mehr oder weniger problemlos bedienen konnte.

Zu den weiteren Einkommensquellen der Gutleuthauspflege gehörten Einnahmen aus der Vermietung des Schaffneihauses, aus den Pfründverkäufen und in besonderem Maße aus Lehenszinsen, die in Form von Hafer und Dinkel aus den umliegenden Ortschaften eingezogen wurden. Die so zur Verfügung stehenden 32 Malter Dinkel im Jahr 1768 wer-

den für die Brotversorgung der Insassen und für das wöchentliche Almosenmehl verbraucht; der Hafer wird verkauft. In der Rechnungsbilanz des Gutleuthauses rangieren 1768 die Ausgaben für die offene Armenfürsorge mit 357 fl. sowie der Unterhalt für die Insassen mit rund 260 fl. an erster Stelle, gefolgt von den Verwaltungskosten in einer Höhe von immerhin 154 fl. Als weiterer Negativposten wird die Bezahlung der Franziskaner- und Kapuzinermönche aufgeführt. Sie erhalten für die monatliche Abhaltung der 5–7 Jahrtagsmessen eine Aufwandsentschädigung von 30 Kreuzer pro Messe und Essenslieferungen. Der Ausgabenschwerpunkt der Stiftung liegt in diesem Jahr eindeutig im Bereich der offenen Armenfürsorge. Was die Wirtschaftlichkeit der Pflege anbelangt, so wird laut Rechnungsbuch solide kalkuliert: den Einnahmen von 1 840 fl. stehen Ausgaben in Höhe von 1 469 fl. gegenüber, damit wird ein Überschuß von knapp 400 fl. erzielt. Bis 1812 sinkt jedoch das Gesamtkapital von 24 508 fl. auf 18 689 fl. ab, wobei es 1808 mit 17 744 fl. seinen Tiefstand erreicht.[82]

Die Elendjahrzeitpflege verdankt ihre finanzielle Ausstattung ebenfalls den Bürgern der Stadt. In einem Rodel des 16. Jahrhunderts, mit Nachträgen von 1651, werden über 240 Stiftungen aufgeführt, die der Pflege Grundbesitz sowie Herrschafts- und Zinsrechte vermachten. Der Stiftung gehörte u. a. das Schaffneihaus in der Gerberstraße, eine Zehntscheuer in Tuningen, zwei Höfe in Emmingen und ein Hof in Rietheim.[83] Ihr Einkommen bezog die Elendjahrzeitpflege ebenfalls aus dem Kreditgeschäft und aus den Herrschaftsrechten. Hier fielen v. a. die Zehntrechte in Tuningen, die jährlich 120 Malter Dinkel einbrachten, besonders ins Gewicht. Der Früchteverkauf aus diesen Zehntrechten bildete, zumindest im Jahr 1601/02, die wichtigste Einnahmenquelle, die Zinseinnahmen aus dem Darlehensgeschäft blieben dahinter zurück. Offensichtlich

Abb. 8 Truhe zur Aufbewahrung der Rechnungs-bücher und des Geldvorrates der Elendjahrzeit-pflege. Franziskanermuseum Inv.Nr. 867.

verfügte die Elendjahrzeitpflege über gerin-gere Kapitalressourcen; sie hatte 1755 nur 12 876 fl. im Umlauf – rund 50 Prozent weni-ger als das Gutleuthaus.[84] Der Großteil der Einnahmen wurde für die Almosenvergabe verwendet. Weitere Unkosten entstanden durch Bauinvestitionen zum Erhalt der Kirche und des Pfarrhofs zu Tuningen. Den-noch erzielte auch die Elendjahrzeitpflege laut Rechnungsrezessen einen finanziellen Überschuß.[85]

Der Vergleich der drei Institutionen zeigt, daß es Unterschiede im Vermögensumfang gab und das wirtschaftliche Potential auch Rückschlüsse auf die Versorgungskapazi-täten der einzelnen Stiftungen zuläßt. Um die Entwicklung der Vermögensverhältnisse näher zu beleuchten, wäre eine systemati-sche Auswertung der Rechnungsbücher not-wendig.

Weitere Einrichtungen des Armenwesens

Neben den zentralen Anlaufstellen Heilig-Geist-Spital, Elendjahrzeitpflege und Gut-leuthaus existierten in Villingen noch kleine-re Einrichtungen unterschiedlichster Prove-nienz, die meist auf eine spezielle Zielgruppe zugeschnitten waren und sich nach einigen Jahrzehnten oder Jahrhunderten wieder auflösten oder den veränderten Umständen anpaßten. Dazu gehörte das sogenannte An-toniterhaus. Es wurde zwischen 1336/60 von dem gleichnamigen Orden für die am Anto-nius-Feuer (Mutterkornbrand) Leidenden eingerichtet, hatte aber nur bis ins 16. Jahr-hundert hinein Bestand.[86]

Im 17. Jahrhundert wird von einem „Fran-zosenhaus" berichtet. Es soll 1672 zur Abson-derung für Syphiliskranke entstanden sein und wurde später als sogenanntes „Bettel-häusle" für die Unterbringung von Ortsar-men und fremden Bettlern benützt. 1844 will es die Stadt verkaufen, um mit dem Erlös zwei Cholerazimmer im Gutleuthaus einzu-richten.[87]

Als zusätzliches Standbein der offenen Ar-menfürsorge etablierte sich seit dem 16. Jahr-hundert das „Armensäckel".[88] Eine vom Fi-nanzvolumen her kleinere Stiftung, die Ende des 18. Jahrhunderts in erster Linie einmalige Sonderzahlungen an Arme leistete und nach 1800 durchreisende Handwerksgesellen un-terstützte. Im Jahre 1805/6 werden aus die-sem Fonds immerhin an 1744! Handwerks-burschen 3–5 Kreutzer ausbezahlt.[89]

Ebenfalls eine Rolle innerhalb der städti-schen Fürsorge spielten große private Nach-lässe, z. B. der Dattenbergsche, Dr. Metzsche oder Kegelsche, deren Vermögenswerte nur zweckgebunden zur Förderung von Studie-renden, Lehrlingen oder Waisenkindern ver-wendet werden durften. Daneben gab es noch unzählige kleinere Stiftungen für Kir-chen und Altäre, bei denen die Stifter die Ver-teilung von Almosen zur Auflage gemacht hatten. Es fällt daher schwer, die Summe der unterschiedlichen Hilfsangebote aufzulisten, zumal nur schwer eingeschätzt werden kann, wie stark die Reglementierungs- und Zentra-lisierungsbestrebungen der Obrigkeit diesbezüglich zum Tragen kamen. Sicher ist, daß der Magistrat bei der Bekämpfung der Armut auf verschiedene Finanztöpfe zurückgriff und diese auch miteinander kombinierte, d. h., ein Armer konnte wöchentliche Geldzahlungen aus dem Armensäckel und zusätzlich Brotlieferungen aus der Elendjahrzeitpflege erhalten oder das Gutleuthaus und die Elendjahrzeitpflege wurden gemeinsam zu Zahlungen oder Mehllieferungen verpflichtet.[90] Dies macht eine Bewertung des städtischen Armenwesens schwierig, da weder der genaue wirtschaftliche Hintergrund der Unterstützten noch das quantitative und qualitative Gesamtmaß der Leistungen im Einzelfall genau eruiert werden kann. Am besten läßt sich die Situation der im Spital oder Gutleuthaus aufgenommen Armen darstellen. Die Aufnahme in eines dieser Armenhäuser bedeutete, zumindest im 16. und 17. Jahrhundert, eine umfassende und sichere Versorgung, stellte jedoch aufgrund der beschränkten Aufnahmekapazitäten einen besonderen Glücksfall für den einzelnen dar.[91]

1 Fischer, Thomas: Städtische Armut und Armenfürsorge im 15. und 16. Jahrhundert. Sozialgeschichtliche Untersuchungen am Beispiel der Städte Basel, Freiburg i. Br. und Straßburg. Göttingen: 1979 (Göttinger Beiträge zur Wirtschafts- und Sozialgeschichte 4), S. 23 und 58.
2 Zur Problematik der Definition von Armut und der quantitativen Erfassung armer und bedürftiger Personen siehe: Jütte, Robert: Poverty and Deviance in Early Modern Europe. 2. Aufl. Cambridge: Cambridge University Press, 1996, S. 8 ff. und 45 ff.
3 Rodenwaldt: Leben T I (1976), S. 40.
4 SAVS Best. 2.4 S 135, Bericht über Seelen- oder Elendjahrzeithaus 6. Juli 1755. Vgl. Rodenwaldt: Leben T I (1976), S. 40.
5 Zur Definition von Armut und Bedürftigkeit siehe Anm. 1 S. 17. Ursachen für Armut siehe Anm. 2 S. 21.
6 Rodenwaldt: Leben T I, S. 43.
7 Ausführliche Darstellung der Geschichte der Armenfürsorge siehe: Sachße, Christoph und Florian Tennstedt: Geschichte der Armenfürsorge in Deutschland. Vom Spätmittelalter bis zum Ersten Weltkrieg. Bd. 1. Stuttgart: Kohlhammer, 1980.
8 Rodenwaldt: Leben T I, S. 114.
9 SAVS Ratsprotokoll vom 6. Juli 1724 und 18. 3. 1726. Bettelordnungen siehe Best. 2.1 P 35 (1722), E 56 (1770), DDD 30 (1802).
10 Rodenwaldt: Leben T I, S. 31 u. 41.
11 Ebd. S. 189–190.

12 Ebd. S. 58/59, 178, 189–190.
13 Wie Sachße/Tennstedt, Armenfürsorge, S. 36 und 125.
14 Bei der bisherigen Bearbeitung des Themas war nur eine punktuelle Auswertung der seriellen Quellen (Rechnungs- und Hausbücher) möglich, der Aufsatz kann daher nur einen ersten Einstieg in die Thematik bieten. Zur bisherigen Literatur: Eine kurze Darstellung des Fürsorgewesens findet sich bei Revellio: Beiträge, S. 440. Eine ausführlichere Bearbeitung der Gründungsgeschichte sowie der rechtlichen und verwaltungsmäßigen Situation des Heilig-Geist-Spitals vom Mittelalter bis zum 17. Jahrhundert bietet die Dissertation von Berweck, Wolfgang: Das Heilig-Geist-Spital zu Villingen im Schwarzwald von der Gründung bis zum Beginn des 17. Jahrhunderts. Villingen 1963. Einen Ausblick in die Spitalgeschichte des 19. Jahrhunderts bietet der Aufsatz von Fuchs, Josef: Heilig-Geist-Spital, in: Festschrift zur Einweihung des Altenheims. Hrsg. Spitalfond Villingen. Villingen 1978.
15 Zur Problematik der Gründungsgeschichte siehe Anm. 14 (Berweck) S. 4 ff.
16 Wie 14 (Berweck) S. 50 f., 81. SAVS Ratsprotokolle vom 16. 3. 1724, 19. 7. 1725, 11. 3. 1726, 6. 5. 1726; Best. 2.2 Spitalrechnung VIII 5.8 1720–1725.
17 SAVS Best. 2.2 XVI 4a Inventar von 1809.
18 Rodenwaldt: Leben T I, S. 171.
19 Ebd., S. 80.
20 SAVS Best. 2.1 JJ 287 (1522) 3. 7. 1572. 1486 muß ein Gefangener dem Spital, die während seiner Gefangenschaft erhaltene „Atzung" bezahlen, siehe Best. 2.1 JJ 36 (658) 18. 12. 1486.
21 Wie Berweck: Heilig-Geist-Spital, S. 52 ff. Über die Evaluation von Pfründpreisen siehe: Ströbele, Ute: Leben im Spital. Zur Sozialgeschichte des Rottenburger Spitals vom 16.–18. Jahrhundert. Zulassungsarbeit. Universität Tübingen: 1986, S. 104 ff.
22 SAVS Best. 2.3 S 9 Akten über die Aufnahme von Pfründnern. 1509 = 17 Arme, 1593 = 21 Arme. Vgl. auch Anm. 14 (Berweck), S. 35.
23 SAVS Best. 2.2 Spitalrechnungen VIII. 5 (Karton 77 Nr. 58) enth. auch „Stadt Villingen Waisenhospital Schatzungseinnahmen 1768–1771", Bittschrift der Stadt an die Regierung in Freiburg 1769. Revellio wie Berweck: Heilig-Geist-Spital S. 439 gibt für das Jahr 1785 eine Gesamtzahl von 34 Personen an. Demnach müßte die Insassenzahl in 16 Jahren um mehr als die Hälfte gesunken sein und das Villinger Spital zu den kleinsten südd. Spitälern gehört haben. Zum Vgl. Insassenzahlen anderer Spitäler aus dem 16. und 17. Jahrhundert: Biberach 398, Überlingen 109, Esslingen 106, Rottenburg 76, wie Ströbele: Leben im Spital, S. 31.
24 SAVS Best. 2.1 U 20 (1034) 29. 2. 1520; Best. 2.3 S 9 Spendenverzeichnis von 1593; Bestand 2.2 Spitalrechnungen VIII.5 (Karton 77 Nr. 58) „Villingen Waisenhospital Schatzungseinnahmen 1768–1771", Bittschrift der Stadt an die Regierung zu Freiburg 1769; Best. 2.2 XVIc 170 Stiftungsbrief vom 22. 3. 1770.
25 SAVS Best. 2.1 PP 48i (1212) Brief der Schmied- und Kesslerbruderschaft 24. 4. 1530; Best. 2.3 A 33 Abschrift des Pfründbriefs der Schmied-und Kesslerbruderschaft von 1533; wie Berweck: Heilig-Geist-Spital, S. 57 f.
26 Die Krankenhausfürsorge im alten Villingen, in: Das neue Villinger Krankenhaus. Sonderbeilage des Südkurier vom 1. 12. 1961.
27 Wie Berweck: Heilig-Geist-Spital, S. 35.
28 Einwohnerzahl siehe Revellio: Beiträge, S. 15 f.
29 Kurze Beschreibung dieser Institution bei Revellio: Beiträge und Rodenwaldt: Leben T I. Der eingesehene Quellenbestand im Stadtarchiv beschränkt sich auf wenige

Urkunden (Best. 2.1), die über den Besitzstand Auskunft geben und Akten (Best. 2.2), die primär das 19. Jahrhundert abdecken. Für Ende des 18. Jahrhunderts sind v. a. Rechnungen (Rechnungsbuch von 1768/69, Leprosenpflegschaftsrechnungen 1775/76–1811/12 und Hausbücher 1793–1814) erhalten, von denen exemplarisch das Hausbuch von 1795/95 und die Rechnungen von 1768/69, 1797 und 1811 ausgewertet wurden, Bestand 2.2 VIII.6.

30 Knefelkamp, Ulrich: Das Gesundheits- und Fürsorgewesen der Stadt Freiburg im Breisgau im Mittelalter. Freiburg im Breisgau: 1981 (Veröffentlichungen aus dem Archiv der Stadt Freiburg im Breisgau 17), S. 54 ff. Ruffié, Jacques und Jean-Charles Sournia: Die Seuchen in der Geschichte der Menschheit. 2. Auflage. Stuttgart: 1993, S. 83.

31 Rodenwaldt: Leben T I, S. 81.

32 Rodenwaldt: Leben T I, S. 83. Laut Rodenwaldt gab es seit 1672 ein eigenes „Franzosenhaus" zur Unterbringung der Syphiliskranken, in welchem später Ortsarme und Obdachlose untergebracht waren. 1833 soll dieses „Bettelhäusle" versteigert und mit dem Erlös zwei Cholerazimmer im Gutleuthaus eingerichtet werden, Rodenwaldt: Leben T II, S. 221.

33 Rodenwaldt: Leben T I, S. 81.

34 Jenisch, Bertram: Die Ausgrabung Villingen, Kapuzinerkloster 1987/88. Archäologische Untersuchungen zur mittelalterlichen Topographie der Stadt Villingen. Magisterarbeit. Universität Freiburg: 1989, S. 35. Bestätigt wird dies auch durch eine Urkunde von 1519, in welcher einer Frau ein Diebstahlsvergehen im „armen Sondersiechen pläghaus zu Villingen an der niederen Straße" zur Last gelegt wird, SAVS Best. 2.1 JJ 171 (1519) Urkunde. Revellios Angaben (wie 14 S. 114), daß die Siechenpflege nach dem 30jährigen Krieg in ein Haus an der Stelle des späteren Kapuzinerklosters umzog, bis sie sich 1665 in der Färberstraße niederließ und 1718 wieder ein neues Gebäude am ursprünglichen Platz bezog, müssen dahingehend revidiert werden, daß in Villingen zunächst zwei Siechenhäuser vorhanden waren, eines davon neben dem Kapuzinerkloster, welches dann nach 1664 auf dessen Drängen in die Färberstraße verlegt wurde.

35 SAVS Best. 2.2 XVI b1, Schreiben der Stadt Villingen vom 22. 2. 1664.

36 Ebd.

37 Revellio: Beiträge, S. 441.

38 Bereits 1714 wird im Ratsprotokoll festgehalten, daß eine Frau im Gutleuthaus aufgenommen wird und dafür 120 fl zu bezahlen hat, SAVS Best. 2.2 XVI d7 Briefwechsel zwischen Leprosenpflege und Stiftungsvorstand 1867 und 1870. Vgl. auch Rodenwaldt: Leben T II, S. 221.

39 SAVS Best. 2.2 VIII.6 Mannualien von 1793/94–1802/03.

40 SAVS Ratsprotokolle vom 9. 4. 1725, 12. 12. 1725, 14. 3. 1726.

41 SAVS Best. 2.2 VIII.6 Leprosenpflegschaftsrechnungen 1768/69, 1797 und 1811.

42 SAVS Best. 2.4 S 1 Urkunde von 1356 und S 135 Die Gründung der Elendjahrzeitpflege verfaßt von Joseph Schilling, Schaffner, 5. 2. 1755. Vgl. auch Anm. 14 (Revellio), S. 441.

43 1 lb (Pfund) Fleisch entspricht heute ungefähr der Fleischmenge von 0, 47 kg. Zur Umrechnungsproblematik siehe Archivpflege in den Kreisen und Gemeinden. Hg. v. d. Württ. Archivdirektion u. d. Staatsarchiv Sigmaringen. Stuttgart 1952, S. 84 und Dirlmeier, Ulf: Untersuchungen zu Einkommensverhältnissen und Lebenshaltungskosten in oberdeutschen Städten des Spätmittelalters. Heidelberg: 1978 (Abhandlungen der Heidelberger Akademie der Wissenschaftlichen phil.-hist. Klasse Jg. 1978, 1. Abh.), S. 357.

44 SAVS Best. 2.4 S 47 Verzeichnisse (Rechnungen) über die großen Fleisch- und Heringsspenden 1613–1631.

45 Ebd. Bericht über die Elendjahrzeitpflege von Johann Heinrich Mötz, Dekan und Pfarrherr, 2. 7. 1697.

46 Ebd. Verzeichnisse von 1613–1631.

47 SAVS Best. 2.4 S 135 Die Gründung der Elendjahrzeitpflege verfaßt von Joseph Schilling, Schaffner, 5. 2. 1755 und S 136 Schreiben zur Vereinigung der Elendjahrzeitpflege mit der Armenkasse 1816–1839.

48 Was die Lokalisierung des Schaffneigebäudes anbelangt, so identifiziert Rodenwaldt: Leben T I, S. 137 die Rabenscheuer in der Kanzleigasse/Münsterplatz als Haus der Elendjahrzeitpflege. In den hier ausgewerteten Archivalien wird jedoch nur von einem Haus in der Gerbergasse berichtet. 1447 verkauft ein Villinger Bürger sein Haus in der Gerbergasse, welches an das Elendjahrzeithaus stößt, SAVS Best. 2.1 GG 33a. 1856 soll das dreistöckige Pfleghaus mit einem Schätzwert von 35 000 fl. verkauft werden, SAVS Best. 2.4 S 138 Auszug aus dem Stiftungsratsprotokoll 12. 3. 1856.

49 SAVS Best. 2.4 S 47 Spendenverzeichnis 16. Jahrhundert und S 48 Stiftungs- und Zinsrodel 1485–1698.

50 Ebd. und Ratsprotokolle vom 9. 4. 1725, 6. 7. 1726, 14. 3. 1726.

51 Rodenwaldt: Leben T I, S. 59.

52 SAVS Best. 2.2 XVI e 1a, Protokolle und Berichte über die im Elendjahrzeithaus angefangene Wolltuchfabrik. Die Fabrik wurde vermutlich 1794 in das Haus von Joseph Riegger transferiert, denn im Schaffneihaus wird ein Militärkrankenspital einquartiert, Schreiben vom 9. 9. 1794. Die von Rodenwaldt: Leben T I, S. 58 für das Jahr 1793/94 angesetzte Gründung eines Arbeitshauses muß daher in Zweifel gezogen werden.

53 Rodenwaldt: Leben T II, S. 31.

54 SAVS Best. 2.3 T 6 Spitalordnung von 1502 mit Änderungen aus dem 17. und 18. Jahrhundert; Abschrift bei Berweck: Heilig-Geist-Spital, S. 85.

55 Über den Fleischverbrauch in den Spitälern siehe Anm. 21, S. 67 ff.

56 SAVS Best. 2.3 T 6 Spitalordnung von 1502 und A 4, 9, 12, 19, 27, 28 Jahrtagsstiftungen. Vgl. auch Anm. 14 Berweck: Heilig-Geist-Spital, S. 49 f.

57 SAVS Best. 2.2 XVI c 105 „Bezeichnung der Kostabteilungen wie sie im Spital und Armenhaus zu Villingen künftig üblich sein sollen" 1842. Zum Thema Fleischkonsum im Mittelalter und der frühen Neuzeit siehe Abel, Wilhelm: Stufen der Ernährung. Göttingen: 1981, S. 33 ff. u.42 f. Ders.: Massenarmut und Hungerkrisen im vorindustriellen Deutschland. Göttingen: 1972, S. 64 ff. Vgl. auch Dirlmeier: Einkommensverhältnisse. S. 363. Zum Thema Ernährung der Armen allgemein siehe Anm. 2, S. 72.

58 SAVS Best. 2.2 VIII.6 Manual des Gutleuthauses 1795/96 und Leprosenpflegerechnung von 1768.

59 Ebd.

60 SAVS Best. 2.2 XVI d 4 Pfründbrief vom 6. 12. 1784.

61 SAVS Best. 2.3 T 6 Spitalordnung 1502; A 12 Stiftungsbrief von Heinrich Wighardt 1332; A 4 Stiftungsbrief über ein Licht in der unteren Stube 1344.

62 SAVS Best. 2.3 T 6 Spitalordnung; Bestand 2.2 XVI 1. „Conto über Medikamente, die ins Spital geliefert wurden von Chirurg Bichweyler" 22. 9. 1772; Best. 2.2 XVI c 105 Anordnung der Spitalmeister zur Versorgung der Kranken 20. 12. 1787. Vgl. auch Anm. 14 Berweck: Heilig-Geist-Spital, S. 54 f.

63 SAVS Best. 2.3 T 6 Spitalordnung 1502; wie 3, S. 80.

64 SAVS Best. 2.3 T 6 Spitalordnung 1502; Best. 2.1 JJ 222 (1125) Schwörung von Urfehde wegen Diebstahls im Spital 14. 12. 1525 und JJ 206 (1125) Urkunde vom 27. 8. 1523.

65 SAVS Best. 2.2 XVI c 2 „Inquisitionsprotokoll Herrn Franz Neydinger" 18. 5. 1736; Best. 2.2 XVI c 105 Schreiben des Großherzoglichen Bad. Bezirks-Amts 1817 und Protokolle von 1866.

66 Zur These Armenfürsorge als Instrument der Sozialdisziplinierung siehe Sachße/Tennstedt, S. 132 und Jütte, Robert: Obrigkeitliche Armenfürsorge in deutschen Reichsstädten der frühen Neuzeit. Köln, Wien: 1984, S. 340 ff. Klein, Alexander: Armenfürsorge und Bettelbekämpfung, S. 319.

67 Jütte: Poverty and Deviance, S. 73.

68 Berweck: Heilig-Geist-Spital, S. 61 ff.

69 SAVS Best. 2.3 A Stiftungsbriefe.

70 Berweck: Heilig-Geist-Spital, S. 61–73.

71 SAVS Best. 2.2 XVI c 4a Inventar des Spitals von 1809.

72 SAVS Best. 2.3 F 5 und 6 Faszikel und Schriften zum Zehntstreit mit den Johannitern. Vgl. auch Berweck: Heilig-Geist-Spital, S. 79.

73 SAVS Best. 2.3 B 1, 2, 3, 11, 14, 18, 21, 22 Fürstenbergische Lehensbriefe.

74 SAVS Best. 2.3, D1, 2, 6, 9, 10, 19, 11, 12, 14, 18, 25 Lehensbriefe des Spitals.

75 Zur Umrechung von Jauchert u. Morgen in heutige Flächenmaße siehe Sannwald, Wolfgang: Spitäler in Pest und Krieg. Gomaringen: 1993, S. 89.

76 SAVS Best. 2.3 D 10 Bestandsbrief um den Hof zu Vockenhausen 1628; T 5 Inventar über des Spitals vorhandene Mobilia und Hausrat 1681; Best. 2.2 XVIc 4 Inventar des Spitals von 1832–1889. Vgl. auch Berweck: Heilig-Geist-Spital, S. 82 ff.

77 Wie Berweck: Heilig-Geist-Spital, S. 76–84. SAVS Best. 2.2 XIV c 4a Inventar des Spitals von 1809.

78 SAVS Best. 2.3 G 1 Zinsbrief der Stadt Villingen 1529; G 10 Zinsbrief von Johann Stöppell 1663; H 1 Concession und Bewilligung Kaiser Ferdinands I. 1553; unter Buchstabe I, K und L Fürstenbergische Schuldsachen; Best. 2.2 XIVc 4a Inventar des Spitals von 1809. Zu spitalischen Darlehensgeschäften im allgemeinen und dem Problem der Restanzen bei der Auswertung der Rechnungsbücher siehe Anm. 75, S. 209 f. und S. 227 ff.

79 Zur zeitaufwendigen Auswertung von spitalischen Rechnungsbüchern und der methodischen Problematik siehe Sannwald: Spitäler, S. 9 f. und 24 ff.

80 SAVS Best. 2.2 Spitalrechnung VIII.5 (Karton 77. Nr. 58) Schriftwechsel zwischen Regierung in Freiburg und der Stadt Villingen 1768–1771.

81 SAVS Best. 2.1 EE 3a (1357) ?, PP 39 (958) Stiftungsbrief von 1514; GG 61 (1590) Testament eines Villinger Bürgers 1592; AAA K 7a (3154) Urbar über die Lehen und Erbzinsgüter der Armen im Feld in den Dörfern Dürrheim und Weigheim 6. 12. 1719.

82 SAVS Best. 2.2 Rechnungsbuch des Gutleuthauses VIII.6 1768 und Leprosenpflegschaftsrechnungen VIII. 6 1796/7–1811/12. Die Vergleiche dieser absoluten Summen sind nur bedingt aussagekräftig und müssen in Relation zu Preis-Lohn-Reihen gesetzt werden, siehe Sannwald: Spitäler, S. 85 ff., 151 ff.

83 SAVS Best. 2.4 A 10, A 518, A 536, S 43c, S 48 Stiftungs-und Zinsrodel der Elendjahrzeitpflege 1485–1698, S 208 Kaufbrief über Höfe zu Emmingen 3. 12. 1530, S 241 Lehensbriefe über Zehnt zu Tunningen 1437–1680; Best. 2.1 DD 52 Kaufbrief, in welchem Abgaben an die Elendjahrzeitpflege erwähnt 12. 11. 1563.

84 SAVS Best. 2.4, S 44 Rezeß der Jahresrechnung von 1601/1602, S 47 Spendenrodel 1609–1697, S 135 Die Gründung der Elendjahrzeitpflege verfaßt von Joseph Schilling 5. 2. 1755 und Bericht über Seelen- und Elendjahrzeithaus

nach der Hofkammer zu Konstanz 6. 7. 1755, S 55.4 Zinsverschreibungen 1681–1715.

85 SAVS Best. 2.4, S 46 Extrakte und Rezesse der Rechnungen der Elendjahrzeitpflege 1601–1629, S 47 Bericht über die Elendjahrzeitpflege von Dekan Johann Heinrich Mötz 2. 7. 1697; S 135 Bericht an die Hofkammer vom 6. 7. 1755.

86 Hermann, Manfred: Das Antoniterhaus in Villingen, in: SVG Baar, Heft 28, S. 121–141.

87 Rodenwaldt: Leben T II, S. 221.

88 SAVS Best. 2.1 GG 61 Testament eines Villinger Bürgers, in welchem Zuwendungen an das Armensäckel gemacht werden 1. 10. 1592; Best. 2.4 2/423 Urkunde von 1607.

89 SAVS Best. 2.2 Armensäckelrechnung VIII. 8 1771/73, 1794 und 1805/6.

90 SAVS Ratsprotokolle von 11. 5. 1724; 6. 7. 1724; 23. 3. 1724; 9. 4. 1725; 16. 8. 1725; 4. 3. 1726.

91 Im 18. Jahrhundert verschlechtert sich allerdings die Situation in manchen Spitälern drastisch. Aus den ehemals gut ausgestatteten Pfründeanstalten werden reine Armenhäuser mit ausgesprochen üblem Ruf.

Ingeborg Kottmann, Ute Schulze

Villingen auf dem Weg
von Vorderösterreich nach Baden 1740–1806

Villingen gehörte seit 1326 zu den sogenannten österreichischen Vorlanden. Seit
dem 16. Jahrhundert unterschied man dabei
drei Gruppen: das eigentliche „Vorderösterreich" (die Gebiete am Oberrhein, im
Schwarzwald, Breisgau im Oberelsaß und im
Sundgau), „Schwäbisch Österreich" (die
Herrschaften in Oberschwaben, an der Donau und am oberen Neckar) und die Besitzungen, für die 1752 die Benennung „Vorarlberg" gebräuchlich wurde.[1]

Im engeren Sinne umfaßte der Breisgau
den Schwarzwald und die Waldstädte. Als
österreichisches Territorium vereinigte er eine Vielzahl von dem Landesherrn direkt unterstellten (immediaten) und mittelbar unter-
geordneten (mediaten) Herrschaften in drei
Ständen.[2]

Dem ersten Stand gehörten insgesamt
14 geistliche Institutionen an. Den Vorsitz
führte (endgültig seit 1666) der Fürstabt von
St. Blasien. Den zweiten Stand der 24 adligen
Herren präsidierte ein jeweils auf Lebenszeit gewählter Vertreter. Im dritten Stand
fanden sich 13 Städte und 6 Landschaften
zusammen. An der Spitze stand Freiburg.
Während seiner Besetzung durch die Franzosen (1677–1698) hatte Villingen als in der
Rangfolge zweite Stadt stellvertretend diese
Position inne.

Die Stände waren Mittler zwischen dem
Landesherrn einerseits und der örtlichen
Verwaltung und Bevölkerung andererseits.
Sie sorgten für die Steuerabwicklung und die
Aufbringung von Geld-, Sach- und Dienstlei-
stungen in Kriegszeiten. Ihre Zuständigkeit
erstreckte sich auf folgende Bereiche: Recht
der Steuerbewilligung, Umlage der von den
Ständen selbst bewilligten Leistungen auf die

einzelnen Stände und ihre Mitglieder (Repartition), Mitwirkung im Militärwesen
(Kontributionen [= finanzielle Mittel], Rekrutenstellung, Verpflegung und Quartier
durchziehender Truppen), Mitwirkung in der
Rechtspflege (bei Prälaten und Rittern erst-
instanzliche Kompetenzen).

Beratungen zu diesen Fragen fanden auf
den Landtagen statt, bei denen alle Mitglieder oder ihre Vertreter zusammenkamen. Sie
wurden vom Landesherrn einberufen, jedoch
ging die Initiative häufig von der Freiburger
Regierung aus. Die Verhandlungen verliefen
sehr förmlich und langwierig. Zunächst trug
der Vertreter des Landesherrn den ständischen Deputierten die Forderungen des Landesfürsten vor. Anschließend berieten die
Stände entweder gemeinsam oder jeder für
sich in seiner Kurie. Am Ende mußten dann
alle drei Stände gemeinsam schriftlich ein
einstimmiges Votum abgeben. Den Abschluß
bildete der „Rezeß", in dem alle Ergebnisse
festgehalten waren.

Neben den Landtagen gab es auch Aus-
schußtage, die vom Landtag einberufen oder
beauftragt waren und von den Ständen selbst
einberufen wurden. Sie dienten der Kommunikation ohne den Landesherrn.

Säkularisation und Kirchenreform
unter Maria Theresia und Joseph II.

Die gesamteuropäische Geistesbewegung
der Aufklärung stellte den Menschen als ver-
nunftbegabtes Wesen in den Mittelpunkt. Andere Wertmaßstäbe, wie Religionszugehörig-
keit oder bestimmte Rechtsformen, traten in
den Hintergrund.[3] Dieser Ansatz wurde zur
Triebfeder für die Säkularisation. Die Staaten

des aufgeklärten Absolutismus sahen die Kirche als staatliche Einrichtung. Der Besitz geistlicher Institutionen wurde eingezogen und rein kontemplative Klöster und Stifte aufgehoben. Auswirkungen hatte dies auch auf die Bereiche der Bildung und sozialen Einrichtungen. Klerus und geistliche Gemeinschaften betrieben Seelsorge, aber auch Schulen, Waisen-, Armen- und Siechenhäuser.[4]

Joseph II. hatte während seiner Jugend die neuen Ideen kennengelernt und setzte sie als Mitregent seiner Mutter (1765–1780) und als Alleinherrscher (1780–1790) konsequent durch.

Kernstück seiner Politik war das Toleranzpatent von 1781. Es machte die gleichzeitig anlaufenden Reformen auf kirchlichem Gebiet erst denkbar. „Nun wurde die Rolle der katholischen Institutionen, besonders der Klöster, zur Diskussion gestellt. Die Aufhebungswellen, die 1781 einsetzten, waren tiefgreifend."[5]

Auch die Pfarreien wurden neu eingeteilt.[6] Die allgemeinen Krankenhäuser in Wien und Graz, das Josephinum, die Waisenhäuser, Taubstummeninstitute und die an das Pfarrsystem gebundenen Armeninstitute wurden unter Joseph II. eingerichtet.[7]

Die Auflösung der Klöster und Stifte hatte 1773 noch unter Maria Theresia mit der Aufhebung des Jesuitenordens begonnen. Die Societas Jesu hatte über die Ausbildung der Kleriker an den Universitäten großen Einfluß besessen. In den habsburgischen Landen wurden in mehrere Wellen insgesamt 700 bis 800 geistliche Gemeinschaften aufgehoben. Daneben wurden auch religiöse Bräuche, die als abergläubisch eingestuft wurden, untersagt.

Die Neuerungen zeigten auch in Villingen Wirkung. 1770 erfolgte das Verbot der Passionsspiele und Karfreitagsprozession. Eine Eingabe der Villinger Bürger vom 24. Okt. 1774 bei der Regierung und Kammer zu Frei-

burg zeigt, wie hoch die Strafe bei Zuwiderhandeln war. „Und zwar hat Magistratus im Februario Anno 1773 der gesamten Bürgerschaft Publicieren lassen, das die allhier sonst gewöhnliche Faßnacht-Masqueren ad 100 Ducaten Straf von hoher Stelle verbotten seyen."[8]

Ein „Nothwendiger Ausweis zur Errichtung der neuen Pfarreyn, und Lokalkaplaneyen" mußte im Dezember 1783 sowohl in Villingen als auch in den Dependenzorten erstellt werden.[9] Darin enthalten waren neben der Nennung des Ortes und seiner Herrschaft folgende Angaben: Zahl der katholischen und nichtkatholischen Einwohner, Diözesen-, Dechantei- oder Landkapitelzugehörigkeit der Pfarrei, Wegverhältnisse, mögliche Behinderungen durch Hochwasser, Berge oder Schnee. Weitere Fragen waren: Muß der Pfarrer eventuell durch eine fremde Pfarrei gehen, um den Ort zu erreichen? Gibt es vor Ort einen Seelsorger oder handelt es sich um eine vermischte Pfarrei?[10] Wird der Gottesdienst an allen Sonn- und Feiertagen gehalten oder nicht? Müssen die Gläubigen in eine fremde Kirche gehen? Wie heißt diese und wieweit ist sie entfernt? Wird um einen eigenen Pfarrherrn oder Kaplan gebeten? Ist eine Kirche oder Schloßkapelle vorhanden? War schon immer eine Pfarrei vor Ort? Gibt es darüber Dokumente? Welche Einkünfte und welche Kirchenbedürfnisse sind vorhanden? Gibt es in der Nähe ein Kloster, eine Wallfahrt oder ein Gnadenbild? Was wollen Herrschaft und Gemeinde zur Erhaltung eines eigenen Pfarrherrn oder Kaplan beitragen? Das Ergebnis war:

In Villingen gab es 3176 Katholiken und 7 Nichtkatholiken, 1 Pfarrer, 4 Kapläne und 1 Primissarius (Frühmesser). Täglich wurde Gottesdienst gefeiert. Das Münster, als eine „geräumige Pfarrkirche" bezeichnet, reichte für die Gläubigen aus. Als Ordensgemeinschaften wurden die Benediktiner, Minoriten, Kapuziner und Ursulinen genannt.

„Auch ein Gnadenbild respective Wallfahrt zum heiligen Kreuz in der Bickenkapell" war vorhanden.

Im zur Stadt Villingen gehörenden (Unter-)Kirnach lebten 568 Katholiken, „alle österreichische Unterthanen."[11] Der Ort gehörte zur Pfarrei Villingen. Von dort her führte ein langer Weg mit häufigem Eis und Schnee, eine andere Pfarrei mußte aber nicht durchquert werden. Anfänglich wurde 14täglich in Unterkirnach Gottesdienst gehalten, im Berichtszeitraum jedoch an allen Sonn- und Feiertagen. Man hatte bereits im April 1782 und im Januar 1783 um einen Pfarrer gebeten. Eine „wohlgebaute Kirche" war vorhanden. Wie auch an anderen Orten war nicht bekannt, ob man jemals eine eigene Pfarrei gewesen war, weil keine Dokumente vorhanden waren. Die finanzielle Situation war nicht sehr rosig, mußte doch der fehlende jährliche Restbetrag von 16 fl. 55 xr „zeit hero von Gutthäver (Gläubigern) bestritten werden". Alle übrigen Dependenzen konnten dagegen Überschüsse erzielen. Außer den Villinger Klöstern lagen keine weiteren in der Umgebung Unterkirnachs. Die Gemeinde wollte für einen Pfarrhof das Gelände stellen und die nötigen Fronen leisten. Über den Beitrag der „Herrschaft" steht zu lesen: „Wissen wir nicht."

Der Gemeinde Pfaffenweiler gehörten 129 Katholiken an. Man verfügte über eine eigene Pfarrei, die von den Benediktinern in Villingen excurrendo versehen wurde. Von dort war der Ort „nur durch 3/4 Stunde guten Wegs" erreichbar. Hindernisse waren keine bekannt, und es mußte auch nur die Pfarrei Villingen durchquert werden. An allen Sonn- und Feiertagen konnte man in der eigenen Kirche Gottesdienst feiern. Ein eigener Pfarrer wurde nicht gewünscht. Es heißt nämlich: „Wir sind mit der bisherigen Excursion vergnügt." Man könne auch zu einer eigenen Pfarrei nichts beitragen.

Die 192 Grüninger Katholiken wurden

schon immer von der Johanniterkommende in Villingen excurrendo betreut. Um zu ihnen zu gelangen, mußte der Pfarrer seine häufig von Hochwasser behinderte Route durch den Sprengel von Kirchdorf zurücklegen. In der eigenen Kirche fanden an allen Sonn- und Feiertagen Gottesdienste statt. Etwa eine Stunde entfernt lag das Paulinerkloster von Tannheim. Bereits 1755 war ein Legat zum Bau eines Pfarrhofes in Höhe von 300 fl. gegeben worden. Die Gemeinde wollte neben Einkünften aus Holzverkauf auch Frondienste zum Bau leisten.

In Überauchen gab es 186 katholische Seelen. Man gehörte wie Rietheim, Marbach und Klengen zur Pfarrei Kirchdorf, das im Fürstenbergischen lag und dem drei österreichische und zwei fürstenbergische Gemeinden angeschlossen waren. Da ein Gottesdienst im eigenen geräumigen Gotteshaus nur am 6. Dezember und an Kirchweih sowie einmal monatlich stattfand, mußte man 1/4 Stunde nach Kirchdorf laufen. Bei Hochwasser war aber ein Umweg von ca. drei Stunden in Kauf zu nehmen. Auch Überauchen hatte bereits zweimal um einen eigenen Pfarrer nachgesucht. Das Paulinerkloster Tannheim und die Villinger Klöster befanden sich jeweils eine Stunde entfernt. Was bisher der Pfarrer in Kirchdorf erhalten hatte, sollte dem neuen zukommen. Darüber hinaus wollte man auch hier Fronen leisten.

Für die 173 Rietheimer, 230 Marbacher und 352 Klengener Katholiken galten dieselben Straßenverhältnisse wie für Überauchen. Von Marbach aus war man 1/4 Stunde, von Rietheim über die Brigach und den Hollenbach 1/2 Stunde unterwegs. In allen genannten Orten wurde an Kirchweih Gottesdienst gehalten, darüber hinaus in Rietheim auch am 26. November und wie in Marbach einmal monatlich. Dort kam der 25. Juli, in Klengen der 20. Januar hinzu. Alle drei Gemeinden besaßen eigene Kirchen und hatten bereits um Pfarrer gebeten. Außer den Villinger Klö-

stern waren keine weiteren vorhanden. Sie lagen von Marbach 1/2 Stunde und von Klengen
aus eine Stunde entfernt. Die Rietheimer
waren bereit, für einen Pfarrhof 300 fl. aufzubringen. In Marbach wollte man wie in
Klengen, wo man auch einen Platz für den
Pfarrhof zur Verfügung stellen konnte, Fron
leisten. Überall war man willens, dem Pfarrer
das zu geben, was bisher der Kirchdorfer
erhielt.

1782 kam es zur Aufhebung der Konvente
der Klarissen und Dominikanerinnen in Villingen. Sie wurden in ein Institut der Ursulinen umgewandelt, das sich dem Unterricht
der Mädchen widmete. Die Zahl der Klosterfrauen wurde auf zwölf Chor- und vier Laienschwestern festgesetzt. Ab 1783 durften keine
Statuen auf Prozessionen mehr mitgeführt
werden. 1784 wurden auch die religiösen Bruderschaften, Kongregationen und sonstigen
religiösen Gesellschaften aufgelöst und ihre
Vermögen auf den Religionsfonds übertragen. Villingen verfügte nach Freiburg über
die größte Zahl von Bruderschaften. Insgesamt gab es vierzehn. 1786 wurden die Ösch-
prozessionen untersagt, die Votivtafeln aus
den Gotteshäusern entfernt, die St. Anton-
Kapelle in der Rietstraße entweiht.

Die Neustiftkapelle war dem hl. Georg und
den Vierzehn Nothelfern geweiht. Sie lag ursprünglich außerhalb der Stadtmauer zwischen Oberem- und Riettor. Sie war die Kapelle der Villinger Bruderschaft „der wilde
harsch", die 1456 ihre Statuten erhielt.[12] Die
Kapelle wurde im 17. Jh. abgebrochen und in
die Stadt, in die Brunnengasse verlegt. Eine
Zeichnung zur Winterbelagerung 1633 zeigt
noch das alte Bauwerk vor der Mauer. 1786
wurde die Kapelle aufgehoben und als Stadt-
metzig eingerichtet.[13]

1788 wurden Wetterläuten, Novenen,
Kreuzgänge und Öschritte[14] verboten. 1791
bis 1792 wurden das Franziskanerkloster, die
St. Johannes-Kapelle und das aufgehobene
Dominikanerinnenkloster für militärische

Zwecke umgebaut. Die Johanneskapelle war
ursprünglich 1750 vor dem Oberen Tor erbaut worden. Ihr Stifter war Oberproviant-
Kommissar Grechtler. Sie wurde am 24. Juli
1762 geweiht, aber 1810 in eine Ziegelhütte
verwandelt.

Die geistliche Jurisdiktion für das Villinger
Landkapitel oblag dem Bistum Konstanz, das
auch die Kirchenvisitationen durchführte.[15]
Immer wieder kam es zu Untersuchungen gegen Geistliche. So wurde 1752 der Fall des
Kaplans Joseph Vorschütz verhandelt, der
sich eines Vergehens bei der Hostienaustei-
lung schuldig gemacht hatte. Kaplan Hartmann wurde 1753 vorgeworfen, nachts in
Wirtshäuser zu gehen, sich unters Volk zu mischen und sich darüber hinaus ungehörig
über Abt und Konvent des Benediktinerklosters sowie gegen den Magistrat geäußert zu
haben.[16]

Auch das Studien- und Schulwesen wurden
neu organisiert. Der Schwerpunkt der Reformen im Bildungswesen lag insgesamt im
Bereich des niederen Schulwesens.[17]

„Schließlich fand dies alles in der ‚Allgemeinen Schulordnung für die deutschen Nor-
mal-, Haupt- und Trivialschulen in sämtlichen
Kaiserlich-Königlichen Erblanden' seinen
Niederschlag, die am 6. Dezember 1774 kund-
gemacht wurde." „Dieser Schulkodex ist das
wichtigste Dokument in der Entwicklung des
österreichischen Bildungswesens. Er ist zudem eine der bedeutendsten Nationalschul-
ordnungen Europas, wie sie die Aufklärung,
dieses pädagogisch-schulpolitisch sehr vor-
wärtsschreitende Zeitalter, kannte und in
manchen Staaten schuf. Er ist vor allem aber
die Stiftungsurkunde der österreichischen
Volksschule wie eines eigenen, gesellschaftliche wie kulturell profilierte Aufgaben er-
füllenden Lehrerstandes."[18]

Die Erziehung wurde als Schlüssel zur Zukunft des eben entstandenen Großstaates
Österreich angesehen.[19]

In den Kronländern wurde die Bildungsreform durch die Einsetzung von Schulkommissionen vorangebracht. Auch Musterschulen wurden geschaffen, „an denen zudem in ‚Präparandenkursen' alle Lehrer nunmehr eine systematische, methodisch durchdachte Ausbildung genossen, Lehrbücher, zunächst vor allem als Anleitungsbücher (‚Methodenbücher') für Lehrer und für die nun ebenfalls einer Prüfung unterworfenen Hauslehrer, wurden verfaßt wie auch erste Lehrmittel geschaffen."[20]

Ein dreiteiliges Netz von Schulen unterhalb der Gymnasien bestand aus den Normalschulen, mit dem Sitz am Ort der Schulkommission, Hauptschulen in den großen Städten, aber wenigstens eine in jedem Bezirk und Trivialschulen in allen kleinen Städten, Märkten oder in Orten mit einer Pfarroder einer davon entfernten Filialkirche. Österreich wurde zum Vorbild des muttersprachlichen Schulwesens in Europa.[21]

Von den elf Gymnasien in Vorderösterreich waren zwei in Villingen angesiedelt. Die Franziskaner und die Benediktiner unterhielten sie. Diese beiden Schulen wurden 1794 zwangsweise vereinigt und der Unterricht den Benediktinern übertragen.[22] Die Franziskaner besorgten seitdem den Normalschulunterricht für Knaben.

Um die Lehrkräfte für das neue Schulsystem auszubilden, war deren Entsendung an die Normalschule in Freiburg vorgesehen. Die Kosten waren von der Gemeinde zu tragen. Daher verwundert es nicht, daß der Villinger Magistrat die Abordnung zweier Ursulinen nach Freiburg für überflüssig hielt, da den „Klosterschwestern der Vatersammlung zur unterweißung der Jugend nichts abgehet als eine schöne Schrift und Rechnungskunst, entgegen die selbe diese 2 Stücke hierorts gar füglich selbst erlernen können".[23] Schließlich wurden dann doch zwei Schwestern „mit großen Kösten" nach Freiburg entsandt, 1775 folgten dann zwei Minoriten. Letztere waren laut Aussage des Magistrats vom „Donner ge-

troffen", als man sie auf die Normalschule beschränkte. Als Begründung für die Beibehaltung des Franziskaner-Gymnasiums wurde am 5. Dezember 1774 ins Feld geführt, daß von den neun Benediktinerpatres, die überhaupt unterrichten konnten, „4 zu unausweichlichen anderen Diensten des Klosters gewidmet" seien.[24]

Um die Forderungen nach Schulbildung unter staatlicher Regie durchzusetzen, ergriff man verschiedene Möglichkeiten. So sollten auch diejenigen, die von Privatlehrern unterrichtet wurden, von dem Direktor des jeweiligen Gymnasiums „aus allen Gegenständen, und besonders durch praktische Ausarbeitung strenge geprüft" werden.[25] Die Aufnahme in ein handwerkliches Lehrverhältnis sollte an einen mindestens zweijährigen Besuch der Normalschule gebunden sein.[26] Noch 1804 mußten jedoch die Modalitäten für die Sommerschule in den Villinger Dependenzorten so gestaltet werden, daß die Kinder nicht wegen Hüte- oder sonstigen Aufgaben dem Unterricht fernblieben.[27] Die Notwendigkeit der Arbeit der Kinder für die Familie sollte weitestgehend berücksichtigt werden. Weihnachtsferien, die als „nachtheiliger Zeitverlust" für Schüler und Unterricht gleichermaßen eingestuft wurden, wurden untersagt. Am 24. und 27. Dezember sollte Unterricht gehalten werden.[28]

Nicht nur das neue Lehrsystem, auch der Bau von geeigneten Räumlichkeiten führten zu Ausgaben und damit zu einem ausgedehnten Schriftverkehr der verschiedenen Instanzen. In Villingen selbst und in den zugehörigen Dependenzorten wurde mit der Schulreform Ernst gemacht. Zum Beispiel wurden für die der Johanniterkommende Villingen zugehörenden Orte am 6. September 1784 „zur Erlernung der Normalschule [vier] subjecta vorgestellt, als Joseph Schrenk von Dierheim [= Dürrheim], Joseph Burg von Weigheim, Johannes Rottler von Obereschach, und Johann Storz von Neuhausen".

Die Dorfschaften sollten zusammengefaßt werden, und „die vier aufgestellten Schulmeister bey denen Minoriten allhier die neue Lehrart sich beylegen" lassen. Die Anerkennung als Normalschullehrer sollte erst nach einer in Freiburg bestandenen Prüfung erteilt werden.[29]

Die Studenten des Villinger Gymnasiums kamen nicht nur aus der Stadt selbst, sondern auch aus der näheren und weiteren Umgebung, wie die Listen der Jahre 1786 und 1793 belegen.[30] Der Besuch von Gasthäusern durch die Studenten stellte ein Problem für die Ortsobrigkeit dar. Noch in modenesischer Zeit wurde per Hofdekret ein entschiedenes Vorgehen in dieser Angelegenheit seitens Polizei und Schuldirektion gefordert.[31]

Die Verfassungs- und Verwaltungsreformen seit 1749

Die Verfassungs- und Verwaltungsreformen fanden auf drei Ebenen statt. Neben den Wiener Zentralbehörden wurden auch die Stellen der einzelnen Länder und die lokalen Gewalten erfaßt. Dabei waren zwei Männer maßgebend: Friedrich Wilhelm Graf von Haugwitz und Wenzel Anton Graf von Kaunitz-Rietberg (1764 Fürst).

1749 begann Maria Theresia mit weitreichenden Reformen. Ziel war die Stärkung des Zentralstaates gegenüber den Ständen und die Verbesserung der finanziellen Situation nach dem Erbfolgekrieg. Das Verwaltungshandeln sollte schneller und vor allem effizienter werden.[32] Die Neuerungen bestanden aus einer Reihe von Einzelmaßnahmen und waren darin begründet, ein stehendes Heer von 108 000 Mann zu unterhalten und dafür die Staatseinnahmen zu steigern. Bereits 1747 war Haugwitz beauftragt worden, eine Möglichkeit zur Beschaffung der benötigten Summe von 14 Millionen Gulden zu finden. Deshalb schlug er vor, „die Steuern von den Ständen nicht alljährlich, sondern für

einen größeren Zeitraum (10 Jahre) bewilligen zu lassen und die Verwaltung der Finanzen und der allgemeinen politischen Verwaltung zu verstaatlichen, das heißt sie den ständischen Behörden zu entziehen und eigenen landesfürstlichen Behörden zu übertragen."[33] Haugwitz orientierte sich am Beispiel Brandenburg-Preußens.[34] Sein Bestreben war es, das ständische Element auszuschließen und die landesfürstliche Macht zu stärken. Maria Theresia „entschied in einer denkwürdigen Konferenz am 29. Jänner 1748 gegen den Rat und zum Teil gegen ihre Minister für Haugwitz und seine Reform"[35]. Bei der Neuorganisation der Behörden waren sachliche Kriterien maßgebend und nicht wie früher vielfach die Herkunft.

Auf der Ebene der Zentralverwaltung wurden unter Haugwitz zunächst zwei Behörden neugeschaffen, das „Directorium in publicis et cameralibus" und die „Oberste Justizstelle". Das Direktorium hatte die gesamte politische (innere) Verwaltung und die Finanzverwaltung, die Oberste Justizstelle, die Justizverwaltung und Rechtsprechung in höherer Instanz inne.[36]

Ab 1761 kam es unter Fürst von Kaunitz zu einer zweiten Reformwelle. Er hob die Konzentration der Kompetenzen des Direktoriums wieder auf, das „zu einer schwerfälligen und wenig effizienten Monsterbehörde angeschwollen war"[37]. Kaunitz befürwortete eine Dezentralisierung. So wurde am 29. Dezember 1761 die Zerschlagung des Direktoriums angeordnet. Die Finanzverwaltung wurde wieder gelöst und auf mehrere Zentralstellen verteilt.

Auch in Vorderösterreich wurden bereits unter Maria Theresia die verschiedenen Verwaltungsstellen neu organisiert.[38] 1759 kam es zur Vereinigung von Justiz und Verwaltung. Die vorderösterreichische Repräsentation und Kammer in Konstanz und die vorderösterreichische Regierung in Freiburg (von der Repräsentation und Kammer abhängige Justiz- und Lehenbehörde) wurden 1759 in der vorderösterreichischen Regierung und Kammer in Freiburg zusammengefaßt. Diese Behörde war von 1759 bis 1803 tätig.

Die Regierung und Kammer war unter anderem auch Aufsichtsbehörde für die Stadtmagistrate und die Oberämter.

Parallel zur Verwaltungsreform wurde unter Maria Theresia auch das Steuerwesen erneuert. Zum ersten Mal führte sie einen genauen Nachweis über Einnahmen und Ausgaben des Staates ein. 1749 wurde eine Grundsteuerreform in Angriff genommen. Ihr Ziel war es, „Unregelmäßigkeiten in der Realsteuerveranlagung zu bereinigen und insbesondere die bis dahin bestehende Steuerfreiheit des Adels zu beseitigen".[39] Die bis dahin übliche Praxis der Umlage der Steuern (Repartition) sah vor, daß die beiden ersten Stände je ein Viertel, der dritte Stand jedoch zwei Viertel der Mittel aufbringen mußte. Die tatsächliche Leistungsfähigkeit wurde dabei nicht berücksichtigt. Dies führte zu häufigen Eingaben und Abordnungen (Deputationen) an den Hof. 1763 wurde die Besteuerung geändert. Nun sollten alle Stände gleichmäßig belastet und auch der Grundbesitz besteuert werden. Die drei Stände schickten Abgeordnete an den Wiener Hof, um dieses neue System der „Peräquation" abzuwenden. Der Villinger Schultheiß Joseph Handtmann reiste gemeinsam mit dem Syndikus Franz Joseph Schmid(t) von Schmid(t)feld als Vertreter des dritten Standes 1763 in die österreichische Hauptstadt, wo die Stände bis 1765 verhandelten. Vor allem die Gütervermessung und Ertragsschätzung durch einen Peräquationskommissar wurde heftig kritisiert. Alle Hinweise der Stände auf alte Privilegien nützten nichts, Maria Theresia blieb bei ihrer Entscheidung.

Als Justizstelle gab es von 1782 bis 1805 noch das vorderösterreichische Landrecht in Freiburg. Es war staatliche erste Instanz für

Adel und Korporationen in Zivilsachen und übernahm gewisse standesherrliche Funktionen (Ehelichkeitserklärungen etc.). Seit 1787 mußten sich die Advokaten einer Prüfung unterziehen. Die Berufungsinstanz war das vorderösterreichische Appellationsgericht. Dieses existierte ebenfalls von 1782 bis 1805 und hatte seinen Sitz in Freiburg. Es war Zivilgericht in Streitsachen des Adels; als Kriminalobergericht zweite Instanz in Strafsachen; als oberste Justizbehörde in den Vorlanden mit der Durchführung der Justizreform, Neuorganisation der Gerichtsbehörden, Prüfung, Befähigungserklärung und Ernennung der Richter und Advokaten befaßt.

Die Stadtmagistrate besorgten die örtliche Verwaltung und waren Gericht in Zivilsachen für die Ortsbevölkerung. 1785 behielten nur noch „ordentlich organisierte Magistrate" (geprüfter Syndikus, examinierte Ratsmänner, Kanzlist, Gerichtsdiener) die freie Justizverwaltung.

Die Oberämter waren Mittelstellen für die politische Verwaltung und Gerichtsinstanz in Kriminalfällen.

Auch die Stände bekamen die Neuerungen zu spüren. So wurde 1764 der Landtag durch den „landständischen Konseß" ersetzt. Dieses Gremium, das quasi ein ständig tagender Ausschuß war, bestand nur noch aus 2 Vertretern pro Stand. Die Hälfte dieser Abgeordneten wurden jeweils nach drei Jahren neu gewählt. Die Kontrolle durch die Verwaltung war strenger geworden, führte doch der Präsident der Regierung und Kammer bis 1790 den Vorsitz im Konseß.

Die Zahl der städtischen Ämter wurde stark beschränkt. Die Amtsträger wurden von den Freiburger Behörden geprüft. Die Reformen bedeuteten neben einer personellen Einschränkung auch eine Professionalisierung der Verwaltung bis in die Stadtmagistrate hinein. 1756 gab der Präsident der Regierung und Kammer Anton Thaddäus v. Sumeraw Instruktionen für alle städtischen

Amtspersonen und Gremien heraus. Es wurden nicht nur die Aufgaben definiert, sondern auch die jeweilige Rückmeldung an die vorderösterreichischen Stellen festgeschrieben.

In den Gemeindegremien wurde der Einfluß der Zünfte zurückgedrängt. Dies rief den Widerspruch der Städte hervor.

Die Reformen in Verwaltungs- und Steuerwesen hatten für Villingen zweierlei zur Folge. Erstens wurde die städtische Souveränität fast vollständig beseitigt. Zum zweiten wurde bei der Besetzung der Ämter auf Bildungs- und Eignungsvoraussetzungen Wert gelegt, die durch die Regierungsbehörden festgesetzt und kontrolliert wurden.

Durch die Änderung der Ratsverfassung in der Mitte des 18. Jahrhunderts erfuhr der Rat eine weitere Verminderung. Dies geschah jedoch nicht aufgrund der Schwierigkeiten Ratsstellen zu besetzen, wie es 1418 der Fall gewesen war,[40] sondern im Zuge der Reformmaßnahmen der österreichischen Landesherrschaft. Alle Bitten um Aufschub dieser Maßnahme nützten nichts.

Der sogenannte volle Rat bestand jetzt aus: Amts- und Altschultheiß, Amts- und Altbürgermeister, neun Richtern, Amts- und Altobristzunftmeister, 16 Amts- und Altzunftmeistern, zusammen 31 Mitglieder.[41] Damit nahm der Niedergang der Ratsverfassung seinen Anfang. Bisher war jeweils noch ein drittes zünftisches Mitglied vorgesehen gewesen. Nun waren nur noch 18 von einstmals 27 Zunftstimmen im Rat vorhanden. Das Gericht blieb bei der bisherigen Stimmenzahl. Schon im folgenden Jahr wurde beschlossen, daß dem Rat nur noch neun Zunftmeister, fünf Richter, zwei Bürgermeister und zwei Schultheißen angehören sollten. Die Zweidrittelmehrheit der Zünfte war somit beseitigt.

1756 geschah dann das für die Villinger Unfaßbare: Infolge der Reform des Verwaltungs- und Steuerwesens durch die österreichische Regierung erklärte der Triberger

Obervogt von Pflumern als deren Vertreter den Magistrat für aufgelöst.[42] Alle Bitten um Aufschub waren vergeblich. Eine neue Verfassung wurde eingeführt, die nur noch neunzehn Rats- und vier Gerichtsmitglieder vorsah. Dabei bildeten den inneren Rat zehn Personen: Bürgermeister, Schultheiß, zwei Deputationsräte,[43] Syndikus und fünf weitere Räte; im äußeren Rat saßen neun Zunftmeister. Alle Amtsträger waren auf Lebenszeit gewählt. Die neue Verfassung verstieß damit gegen die hergebrachte freie Wahl der Magistratsmitglieder. Außerdem fiel nun die jährliche Abwechslung unter den Amtleuten weg.

Die Bürgerschaft selbst stand nicht gut zum Magistrat, der in den Verdacht einer schlechten Verwaltung geraten war. Mißbräuche in den verschiedenen ökonomischen Ämtern waren bekannt geworden. Mit dem Versprechen, der Stadt ihre alten Privilegien zu erhalten, versuchte der Magistrat die Bürgerschaft auf seine Seite zu bringen. Unter Androhung harter Strafen für die Rädelsführer und der Absendung eines Militärkommandos sollte die Verordnung durchgesetzt werden. Der Magistrat entsandte eine Deputation nach Wien. Diese Reise beschäftigte die Verwaltung dann noch über Jahre, da die Bezahlung der Spesen strittig war zwischen dem Magistrat, der sie der gesamten Stadtgemeinde auferlegen wollte, der Bürgerschaft, die einzelne Magistratsmitglieder in der Pflicht sah, und der vorderösterreichischen Regierung und Kammer, die eine entsprechende Klage des Deputierten Bandel abwies.[44] Die Auseinandersetzungen um die Regulierung der Ratsverfassung wurde Ende 1756 scheinbar beendet, indem der Obervogt die einflußreichsten Magistratsmitglieder (Bürgermeister, Schultheiß, Syndicus) für die Sache einnehmen konnte. Die Geschehnisse führten in der Stadt zu einem Konflikt, der sich bis 1782 hinzog.

Am 6. Januar 1757 wurden der in der Franziskanerkirche versammelten Bürgerschaft wie jedes Jahr das Stadtgesetz vorgelesen. Es wurde dabei versucht, die Neuerungen möglichst zu verschleiern und den Eindruck zu erwecken, es sei alles beim Alten geblieben. Die Bürgerschaft konnte zunächst tatsächlich getäuscht werden.

Aber 1772 lebte der Konflikt erneut auf. Um die Reduktion der Ratsstellen nicht offensichtlich werden zu lassen, hatte man alle alten Ratsmitglieder bis zu ihrem Tode in den Rat gehen lassen.

Nach dem Tod des Bürgermeisters Kegel 1778 wurde das Ausmaß der Täuschung aber offenbar, da in seinem Nachlaß ein Brief gefunden wurde, aus welchem hervorging, wie weit die Verschleierungstaktik gegenüber der Bevölkerung gegangen war. Dieses Schreiben geriet 1781 in die Hände einiger Bürger. Für die Deputierten der Zünfte erklärte der „Wilde Mann"-Wirt Ignaz Maier, die neue Verfassung sei der ganzen Bürgerschaft schädlich und verhaßt. Die Bürger bäten den Magistrat, für Abschaffung derselben zu wirken und die Wiederherstellung der alten Privilegien zu erstreben.

Durch die Hinhaltetaktik des Magistrats kam es zum Bruch zwischen ihm und der Bürgerschaft. Erbitterte Parteien bildeten sich, die mit Hilfe von Spottnamen unterschieden wurden:
- Schnabuliner, das waren die Herren des Magistrats und ihre Anhänger,
- Mordiner, Gegner des Magistrats, die sich für Wiederherstellung der alten Privilegien einsetzten,
- Finkenreiter, Bürger, die je nach ihrem Vorteil, der einen oder anderen Gruppe angehörten.[45]

Die einzelnen Gruppen bekämpften einander mit Schmähschriften, die in den Häusern und öffentlichen Lokalen verlesen wurden. Folgender Text kursierte unter dem Namen Kapuzinerpredigt: „Unsere Herren sind Hurenbuben und Ehebrecher, Schelmen an dem Gemeinen Wesen, Schelmen an den Pfleg-

schaften, Schelmen an den Waisen, Schelmen an der Hagelsteuer, Schelmen an dem Geld vor zwei Jahren wegen Wasserschwemmung, Schelmen an dem Geld, so gegeben worden wegen der Landstrass, verlogene, galgenmäßige Herren haben wir und noch mehr Anderes. Sagt es, wo ihr wollt, ich, Ignaz Maier, ‚Wilde Mann' Wirt, ich bin Mann davor."[46] Auch die Predigt, die Kaplan Franz Anton Kaiser am 28. 4. 1782 gehalten hatte, erregte großes Aufsehen und brachte ihm ein Verfahren ein.[47]

Unverständliche Gewaltmaßnahmen des Magistrats taten das ihre, den Aufruhr immer neu zu entfachen. Um die Ausstellung besiegelter Vollmachten für die Deputation zu verhindern, mußten die Zunftmeister alle Zunft- und Handwerkersiegel auf der Stadtkanzlei abliefern. Angesehene Bürger wurden als Rebellen bei der Behörde verleumdet, und diese sparte nicht mit Geldbußen und Freiheitsstrafen.

Dazu kam die Mißwirtschaft, die trotz Einsparungen und bedeutend verringertem Ratspersonal eine jährliche Mehrbelastung erbrachte. Eine Beschwerdeschrift nach der anderen sandten die Magistratsgegner nach Freiburg und verlangten eine Appellation gegen den Magistrat. Hauptkritikpunkt war dabei der Vorwurf, der Magistrat habe nur die Beibehaltung der Annuität der Ämterwahl, nicht aber die übrigen Verfassungsänderungen verfolgt.

Am 16. November 1782 kam der kaiserlich königliche Kommissar Cron von Freiburg in Villingen an, um den Streit beizulegen. Die Gegner des Magistrats mußten diesem bei Verlust des Bürgerrechts Abbitte leisten, die Prozeßkosten selber tragen, durften keine Zusammenkünfte mehr halten und wurden von allen Wahlen für Stadtämter ausgeschlossen.[48] Vierundzwanzig Bürger waren verurteilt worden. Der Kommissar Cron warf diesen zünftischen Deputierten in seiner Relation vom 20. April 1783 vor, „nur darauf los lärmen" zu wollen, obwohl die Angelegenheit „bereits so vielfältig abgeurtheilt" sei.[49]

Daß die Villinger mit der Ratsbesetzung aber noch lange nicht zufrieden waren, zeigt die nach 1787 entstandene Übersicht über die Ratsverfassungen. Darin werden die seit 1757 durchgeführten Änderungen durchweg kritisch beurtheilt.[50]

Die Dienstinstruktionen für die städtischen Gremien und Beamten geben ein eindrucksvolles Bild für die Komplexität des obrigkeitsstaatlichen Eingriffs in die kommunale Verwaltung. Alle Wahlen einschließlich die der Beamten der Stadtverwaltung bedurften nun der Bestätigung durch die Regierung.

Als Beispiel für die Zuständigkeiten der städtischen Ämter und Gremien seien hier die Instruktionen für den Bürgermeister zusammenfassend dargestellt, die der Präsident der vorderösterreichischen Repräsentation und Kammer, Freiherr von Sumeraw, am 20. November 1756 unterzeichnet hatte. In 12 Punkten wurde genau definiert, welche Kompetenzen der Amtsträger haben sollte und welche Pflichten damit verbunden waren. Neben dem Vorsitz im Rat, den er auch einberief, hatte er die Verantwortung für den reibungslosen Ablauf des Geschäftsgangs. Er bewahrte das Stadtsiegel, welches nur bei seiner Abwesenheit dem Syndicus anvertraut werden sollte und sonst niemandem. Gemeinsam mit dem Schultheißen oblag ihm die Leitung der politischen, wirtschaftlichen und rechtlichen Belange der Stadt. Die beiden „Häupter der Stadt" (Bürgermeister und Schultheiß) hatten die Aufsicht über die Arbeit der städtischen Gremien und nachgeordneten Beamten, wobei der Bürgermeister als „Dienstvorgesetzter" für alle fungierte.[51]

Auch für die übrigen Ämter und die Gremien gab es solche genauen Instruktionen[52], von denen die wichtigsten im folgenden kurz skizziert werden sollen:

Der Schultheiß hatte die beim Stadtgericht zu bearbeitenden Fälle dort vorzutragen, ge-

meinsam mit dem Bürgermeister leitete er das Stadtregiment in wirtschaftlicher, allgemein-politischer und rechtlicher Hinsicht. Er faßte die Beschlüsse und Erkenntnisse der Gremien ab. Auch die Beaufsichtigung untergeordneter Ämter, Gewährleistung und Durchsetzung der Einhaltung der Steuer- und Polizeiordnung fiel in seine Kompetenz.

Der Syndikus rangierte bei öffentlichen Anlässen gleich nach Bürgermeister und Schultheiß; besonders betont wurde seine Verpflichtung zu Stillschweigen über Amtshandlungen. Er war beauftragt mit der Protokollführung bei Rats-, Gerichts- und Deputationssitzungen, wobei er nur ein Votum informativum (also keine beschließende Stimme) hatte. Er hatte auch für die Sitzordnung in den Gremien und die Einhaltung der neuen Instruktionen zu sorgen. Die Abgabe von Gutachten gehörte ebenso wie das Führen des Rats- und des Gerichtsbuchs zu seinen Dienstobliegenheiten. Die gesamte Schriftverwaltung inklusive Registratur und Archiv lag in seinen Händen. Als Vertreter der Stadt nach außen trat er bei „gemeinen und drittständischen Versammlungen" auf. Er mußte alle Konzepte dem Bürgermeister oder Schultheiß vorlegen.

Der äußere Rat war für die Kontributionen, Steuer- und Anlagerechnungsabhör, den Verkauf und die Verpfändung von Gemeindegrundstücken oder deren Rechten, Grenzveränderungen, den Liegenschaftserwerb für die Stadt und die Aufnahme von Kapitalschuld zuständig. Bei rechtlichen Anfechtungen gegen die Stadt wurde er tätig. Die Annahme von Neubürgern und Zunftangelegenheiten, die alle neun Zünfte betrafen, waren seine Angelegenheit.

Der innere Rat sollte wöchentlich mindestens zu einer Sitzung zusammenkommen und alle vierzehn Tage eine Sondersitzung für Zunftangelegenheiten abhalten. Alle städtischen Angelegenheiten mit Ausnahme derer, für die die Rats- und Wirtschaftsdeputation zuständig war, wurden im inneren Rat behandelt. Er hatte auch eine Aufsichtsfunktion über unterstellte Ämter. Zu seinen Kompetenzen gehörten darüber hinaus die Zivil- und Strafgerichtsbarkeit und die Überwachung der Einhaltung der Polizeiordnung. Er hatte für die Einsetzung von Witwen- und Waisenvögten zu sorgen. Alle Fälle, für die der Konsens der Gemeinde nötig war, wurden in ihm verhandelt.

Die Mitglieder der Rats- und Wirtschaftsdeputation durften keinen Posten im Säckel-, Steuer-, Wald- oder Holz-, Bau-, Salz- oder Zollamt oder rechnungsführenden Pflegschaften innehaben. Sie sollten wöchentlich mindestens zwei, wenn zur Rechnungsabhör nötig, auch mehr Sitzungen abhalten. Die Finanzangelegenheiten, vor allem Rechnungsabhör, sinnvolle Nutzung des Waldes waren ihre Gegenstände. Jährlich oder wenigstens alle zwei Jahre sollte ein Abreiten des Banns stattfinden. Die Oberpflegschaft und Aufsicht über Spital und Stiftungen, Visitation und Kontrolle des Spitalmeisters waren bei der Deputation angesiedelt. Daneben war sie auch für die Abfassung von Instruktionsberichten und deren Übersendung an das Direktorium in Freiburg zuständig.

Unter Joseph II. wurden viele von seiner Mutter begonnenen Maßnahmen fortgeführt. Die Verwaltung Vorderösterreichs wurde ausgestaltet und vereinheitlicht. Auf unterster Ebene behielten nur noch Städte die Gerichtsbarkeit, die wie Villingen über einen regulierten Magistrat verfügten. Das hieß, er mußte aus geprüften Juristen bestehen. Der juristisch gebildete Syndicus erlangte den absoluten Vorrang vor den anderen städtischen Ämtern. Für alle Beamten wurde die staatliche Prüfung vor einer Staatsbehörde obligatorisch. Die obersten Dienstgrade hatten diese vor der Regierung und Kammer in Freiburg, alle übrigen vor dem Oberamt abzulegen.[53]

Der Nachfolger Josephs II., sein Bruder

Leopold II., machte den Ständen dann wieder einige Zugeständnisse. Die in Wien vorgebrachten Beschwerden gaben hauptsächlich Interessen der Prälaten und des Adels wieder. Die rechtliche Stellung der abhängigen Bauern verschlechterte sich wieder. Den Ständen wurde die Wahl eines eigenen Konseß-Präsidenten eingeräumt.

Kriege verändern das Leben

Villingen war schon im Dreißigjährigen Krieg Beschwernissen durch Belagerungen ausgesetzt gewesen. So hatten im Januar 1633 württembergische Truppen die Stadt in der „Winterbelagerung" eingeschlossen, brachen diese jedoch wegen der widrigen Wetterverhältnisse noch vor Ende des Monats ab. Schon im Juni desselben Jahres kam es zur „Sommerbelagerung" durch die Württemberger, die bis zum Oktober andauerte. Mitte August war die Stadt mit schweren Geschützen unter Beschuß genommen worden. Im September unternahmen die Belagerer einen Sturmangriff. Obwohl seit Oktober die unmittelbare militärische Bedrohung beseitigt war, war Villingen trotzdem noch in seiner Versorgung blockiert. Die Bürger unternahmen daher Auszüge in die Umgebung. Aufgrund des rücksichtslosen Vorgehens kam es zur dritten Belagerung im Sommer 1634. Die Angreifer beabsichtigten, die Brigach aufzustauen und die Stadt unter Wasser zu setzen. Der „Schwedendamm" kam dann jedoch nicht zum Einsatz aufgrund der Ereignisse an anderen Kriegsschauplätzen.

Auch der Spanische Erbfolgekrieg (1701–1714) warf seinen Schatten auf Villingen. 1704 versuchte der französische Marschall Talard die Stadt einzunehmen. Vom 17. bis zum 22. Juli belagerte er die Stadt. Villingen wurde nur aufgrund der allgemeinen Kriegsentwicklung von einer Einnahme verschont. Die Befestigungsanlagen waren schlecht gewartet und überaltert.

Seit dem Regierungsantritt von Maria Theresia[54] gab es immer wieder kriegerische Auseinandersetzungen, in die auch die vorderösterreichischen Lande[55] und somit Villingen
einbezogen wurden. Für die Bevölkerung, die
die Soldaten verpflegen mußte, eine Zeit der
Entbehrungen. Da Villingen an einer der
meistbenutzten Durchgangsstraßen lag, hatte
die Stadt in dieser Zeit unter allerlei Einquartierungen und Durchmärschen zu leiden.
Heere aus Österreich, Baden, Württemberg,
Frankreich und England wollten versorgt
werden. Die Soldaten dieser Armeen kamen
aus ganz Europa. Beim Durchmarsch kaiserlicher Truppen im Frühjahr 1791 stammten
die Soldaten z. B. aus Schweden, Slowenien,
Böhmen, Ungarn, Italien und aus den Niederlanden.

Dabei begann die Epoche doch friedlich.
Am 19. Oktober 1741 nahm Franz von Lothringen, der Gemahl Maria Theresias, die
Erbhuldigung[56] in Villingen entgegen. Man
glaubte sich in Sicherheit, hatten doch die
Stadtmauern bisher jedem Angriff widerstan-
den, dies trug viel zum Selbstbewußtsein der
Villinger bei. Aber am 10. September 1744
während des österreichischen Erbfolgekrieges[57] mußte die Stadt aufgrund der veralte-
ten Festungsanlagen[58] kampflos an den französischen General Bellil übergeben werden.
„So haben wir ohngewehrt hereingelassen
und den 11. Septbr. dem Kaiser Carollo
den VII. gehuldigt mit Bedingnuß, bei unsern
alten Gewehtigkeiten uns zu lassen, aber
nichts ist gehalten worden."[59] Im August war
noch Prinz Karl mit der österreichisch-unga-
rischen Armee in Villingen gewesen. Die Einquartierung dauerte bis April 1745. Die Bevölkerung hatte bis zu vier Soldaten im Haus.
Im April des Jahres standen 6 Regimenter auf
dem Bickeberg, die von Konstanz und Bregenz kamen. Als die Truppen abzogen, nahmen sie entgegen der Versprechungen sämtliche Geschütze mit. Diesen Verlust konnte die
Stadt nicht ersetzen.

Nicht nur für die Unterbringung und
Ernährung der Truppen mußte die Stadt aufkommen, auch für die Behandlung von erkrankten oder verwundeten Soldaten zahlte
eine städtische „Sozialkasse" (Elendjahrzeitpflege). Krank konnte man in der überfüllten
Stadt schnell werden, denn oftmals standen
den 3 000 Einwohnern von Villingen das
zwei- bis zehnfache an Soldaten gegenüber.
Die sanitären Verhältnisse waren katastro-
phal, weil Mensch und Tier auf kleinstem
Raum zusammenlebten.

Man unterschied ordentliche Durchmärsche mit und ohne Kost und außerordentliche, d. h. Standquartiere auf Zeit. Wie viele
Soldaten jemand aufnehmen mußte, richtete sich nach dem Vermögen: I. Steuerklasse – 20 Personen, II. Steuerklasse – 10 Personen und III. Steuerklasse – 6 Personen. Die
Zahl der Einquartierungen wurde bei Bedarf
erhöht. Ersetzt wurden zeitweise nur 4 xr
manchmal bis zu 12 xr pro Mann und Tag.
Dies reichte nicht aus, denn ein Ei kostete bereits 3 xr und 500 Gramm Rindfleisch 13 xr.

Beim Regierungsantritt von Maria Theresia war es die Aufgabe der Stände gewesen,
Kontributionen und Rekruten zu bewilligen,
Verpflegung und Quartier für die Truppen zu
stellen und die Uniform und Ausrüstung zu
zahlen. Mit der Heeresreform von Maria Theresia, an der seit 1748 gebastelt wurde und deren erster Teil für die Infanterie 1749 in Kraft
trat, änderte sich dies. Es war nun eine Be-
rufsarmee, deren Soldaten durch Werber angeworben wurden. Die Ausbildung und Ausrüstung bezahlte die Staatskasse. Kontributionen wurden aber immer noch erhoben.[60]
Die Volks- und die Häuserzählung von 1786
diente dazu, die Einquartierungen exakter
und gerechter durchzuführen und war für die
Einführung der Konskription[61] 1787 wichtig,
denn diese führte erst Joseph II. in Vorderösterreich ein.[62] Damit entfielen die selbständigen Regimentswerbungen für Inländer und
die ständige Rekrutenstellung. Bei der Ein-

quartierung begann man mit der Hausnummer „eins" und quartierte solange ein, bis alle versorgt waren, bei der nächsten begann man dort, wo die letzte aufgehört hatte. Nur Offiziere bekamen besondere, d. h. bessere Quartiere zugewiesen. Die Mannschaften lagerten vor den Toren oder in offiziellen Gebäuden und erst wenn diese überfüllt waren, wurden sie bei Privatleuten untergebracht.[63]

Die Säkularisation, die Verwaltungsreform und die Kriege brachten viele Veränderungen bei der Nutzung von Gebäuden in dieser Zeit. Das Kloster St. Klara und die Kapelle St. Johann wurden Militärdepots, das Dominikanerkloster Kaserne, im Franziskanerkloster lagerte die Condé Armee, im Zeughaus und im Pfahlen Haus wurden Kriegsgefangene untergebracht, die Bickenkapelle diente als Artilleriedepot und Pferdestall und in den Schmidstuben war die Hauptwache.

Die Stadt mußte zudem noch Fuhrleistungen erbringen, z. B. wurden 38 Pferde benötigt, um die Condé Armee nach Schramberg zu bringen. Auch die Ablieferungen nach Freiburg und Kehl in die dortigen Depots mußten mit Fuhrwerken, die von Pferden und Ochsen gezogen wurden, durchgeführt werden. Oftmals konnte die Verwaltung in der Kürze der Zeit nicht genügend Gespanne bekommen. Die Fuhrleute kämpften für eine möglichst hohe Bezahlung.[64]

Der Ausbruch der Französischen Revolution[65] wurde von einem großen Teil des Bildungsbürgertums begrüßt. In den Lesegesellschaften diskutierte die aufgeklärte, bürgerliche Öffentlichkeit die Ereignisse in Frankreich. Aber es glaubten nur wenige an die Übertragbarkeit der Geschehnisse auf Deutschland; zu verschieden waren die Voraussetzungen. Dennoch wurde die Parole „Freiheit und Gleichheit" auch in den deutschen Staaten zum Begriff für die Veränderung der politischen und wirtschaftlichen Lage. Der Freiheitsbaum, das Symbol der neuen Ordnung, wurde in Villingen nicht errichtet,

zu sehr war man noch den alten Denkmustern verhaftet. Auch die durchziehenden Heere, die Leid für die Bevölkerung brachten, konnten keine Begeisterung wecken. Die Hinrichtung von Ludwig XVI. kühlte diese vollends ab, zumal die französischen Soldaten der Condé Armee hier einen Totengottesdienst für den König abhielten. Außerdem machte der tief verwurzelte Katholizismus die Villinger immun gegen die Parolen der Französischen Revolution. Der Glaube bestimmte die regionale Kultur und die Mentalität.[66]

Als „Stimme des Volkes" verurteilte Maria Agathe Zimmermann in ihrem Tagebuch die Revolution in Frankreich. Freiheit und Gleichheit bedeuteten für sie, daß jeder nach seiner Wollust und nach seiner Begierde leben kann. „die heiligen haben sie verspotet und gelästert, und gott haben sie aus dem tabernackel dans hin geworfen, und mit füssen getreten."[67] Sie beklagte die Verfolgung des Adels und der Kirche in Frankreich und hoffte, daß die Flüchtlinge – „und vühle dausent haben sich in unser land flichtig gemacht nur um das leben zu erreten." – bei guten Leuten unterkommen. In Villingen hätte es der repressiven Maßnahmen, Versammlungs- und Vereinigungverbote und der Gegenpropaganda nicht bedurft.[68]

1791 marschierten kaiserliche Truppen im Frühjahr durch Villingen. Ein Jahr später gab es im Sommer Einquartierungen von ungarischen Truppen und seit dem 28. Oktober von der Condé Armee, die bis zum März 1793 blieb.

Die Verpflegung vom Feldwebel abwärts pro Tag und Kopf bestand 1790 aus:[69] 1 Kilogramm Brot, 1 Teller Fleischsuppe, 250 Gramm Ochsen- oder Kuhfleisch, Portion Gemüse (Kraut, Rüben, Erdäpfel), 1 Schoppen ($\frac{1}{2}$ Liter) Wein oder $\frac{1}{2}$ Maß Bier.

Bis 1806 erhöhte sich die Fleischportion auf 500 Gramm. „Dem Offizier gebührt ein Tisch nach Maßgabe seines Standes; hieben versteht es sich, daß die Herren Kapitains und Lieutenants von ihrem Quartiergebern mehr nicht, als, 4 speisen, nur Land=Wein, und nur von einerley Gattung, verlangen könne." Wenn sich Soldaten „Exsesse oder Gewaltthaten gegen die Einwohner erlauben sollten", müssen die Vorfälle dem französischen Generalquartier gemeldet werden.[70]

Ab 1792 rückte mit dem Beginn der Kriege gegen Frankreich eine Bedrohung Freiburgs wieder in den Bereich des Möglichen. So flüchtete im Laufe dieses Jahres die gesamte Justiz und Verwaltung nach Konstanz.[71] Eigentlich sollten die Stände zu den Beratungen über die Festlegung von Rekruten, Vorspann- und Verpflegungsgebühren und zur Festlegung der Marschrouten herangezogen werden. Doch seit Beginn der Revolutionskriege übernahm das ein Regierungskommissär. Der Konseß genehmigte dies bis 1798 stillschweigend, als dann eine kurze Friedensphase eintrat, forderte er seine alten Rechte wieder ein.[72]

Die Villinger mußten selbst in den Krieg ausrücken. Dies verursachte ebenfalls erhebliche Kosten. Der Landsturm bestand aus Männern im Alter von 18 bis 40 Jahren. Es gab drei Abteilungen, und die Mitglieder wurden im Falle einer Gefangennahme wie reguläre Soldaten behandelt. Die Einwohner mußten ihre Gewehre für die Miliz abliefern. Die Villinger Dependenzorte (Klengen, Marbach, Rietheim, Grüningen, Pfaffenweiler, Überauchen und Unterkirnach) wurden anteilig zur Truppenunterbringung und zur Mannschaftsstellung herangezogen. 1793 zogen im Dezember 150 Mann des Villinger Landsturms bewaffnet an den Rhein. Alle 14 Tage kam die Ablösung. Viele kehrten verwundet oder krank zurück. Die Gemeindekasse wurde mit 4 000 fl. belastet. Französische Kriegsgefangene übernachteten in den Wirtshäusern auf dem Weg nach Niederösterreich.[73]

Die nächsten nicht gewollten Besucher waren 1794 Kavalleristen aus Österreich, Ungarn und Böhmen auf dem Durchmarsch.

Maria Agathe Zimmermann schilderte in ihrem Tagebuch die Sorgen des Alltags, die Mäuseplage 1794, die Verteuerung der Lebensmittel 1795 und 1799, die Furcht vor der Armut, das Vergraben von Wertsachen aus Angst vor den Franzosen bzw. den Transport derselben in die Schweiz, das Elend der Flüchtlinge aus dem Breisgau sowie die Holzknappheit von 1797. Aber die Stadt wurde auch von anderen Städten um Hilfe gebeten, wenn wie z. B. in Überlingen und Oberschwaben große Schäden durch Hagel und Überschwemmung entstanden waren.[74] Zum Backen für die Armeen war zu viel Holz gebraucht worden, so daß für die Bevölkerung nicht mehr ausreichend zur Verfügung stand. „man kan es nicht genugsam beschreiben wie erbärmlich es gewesen ist, es hat kein Mensch den andern können trösten, es hat eins das andere mit verweinten augen angesehen."[75] Aber nicht nur Holz wurde knapp, auch die Lebensmittelpreise stiegen. Die Getreidepreise lagen in Villingen in dieser Zeit deutlich über denen von Freiburg.[76] Aufgrund der schlechten Ernährungs- und Wohnlage starben die Menschen an Entkräftung, Auszehrung, Schwindsucht, Wassersucht und ähnlichen Krankheiten.[77]

Das englische Regiment „Royal Etranger" lag 1795 in der Stadt. Diese Soldaten bezahlten ihre Quartiergeber selbst. Werber reisten von Villingen in die Schweiz, um Söldner anzuwerben. Die Beschäftigung von österreichischen Untertanen war ihnen vom Kaiser untersagt worden. Die Engländer zogen am 28. August ab, und die kaiserliche Artillerie quartierte sich ein. Im Golden Bühl (damals Wiesengelände) standen ca. 100 Kanonen und 150 Pferde. Die Kanoniere waren in der Stadt untergebracht.

Religiöse Vorschriften wurden streng beachtet. Am 15. Juli 1796 retteten die Villinger das Nägelinskreuz aus der Bickenkapelle; in feierlicher Prozession wurde es von dort ins Münster überführt. Jeden Abend beteten Einwohner davor den Rosenkranz. Sie baten um Schutz für die Stadt. Es ist so, als hätte man geahnt, daß die Kapelle bald andere Funktionen bekommen würde: Pferdestall und Magazin. Am 3. Juli 1796 richtete Sumeraw einen Appell an die Breisgauer Bevölkerung: „Noch ist es nach der schriftlichen Versicherung des Feldmarschalleutnants Fröhlich nicht zu spät, dasselbe [Breisgau] zu erretten, wenn wir unsere gemeinsamen Kräfte vereinigen und uns als Männer verteidigen, wozu uns die heiligen Pflichten gegenüber dem Monarchen, dem Vaterlande, Religion, Eigentum und gegen die Weiber und Kinder verbinden. … und sogleich zur Verteidigung des lieben Vaterlandes sich aufzumachen, in Ermangelung der nötigen Feuerwehre sich mit Krampen, Schaufeln, Speißen und anderen Verteidigungsinstrumenten zu bewaffnen und in den bestimmten Sammelplätzen einzufinden, um sofort den verheerenden Feind in Verbindung mit dem k. k. Militär zu schlagen." Aber Fröhlich mußte ab dem 14. Juli den Breisgau räumen. Die französischen Volksheere unter der Leitung junger, fähiger Generäle waren den k. k. Truppen überlegen.[78]

Ein Jahr darauf kam im Juli nochmals das Condéische Korps an, das von den Bürgern unentgeltlich verpflegt werden mußte. Am nächsten Tag rückten noch Kavallerie und Infanterie der kaiserlichen Truppen ein. Beide Heere zogen am 18. des Monats weiter. 1 600 „Landstürmer" aus der Gegend rückten mit aus. Sie durften jedoch bald wieder zurückkommen. Ihnen folgten Franzosen im Quartier. General Jordis logierte im Benediktinerkloster, seine Soldaten auf den Schützenwiesen südlich vor der Stadt. Die Bauern der Dependenzorte mußten das Magazin wieder mit Korn, Hafer und Heu auffüllen. Als die Franzosen Richtung Ulm zogen, ließen sie eine Besatzung von 50 Mann zurück. Wo man so

eng aufeinanderlebte, ließen sich Streitereien und Prügeleien nicht immer vermeiden. Dabei waren nicht nur Schäden am Mobiliar zu verzeichnen, sondern die Bevölkerung wurde auch drangsaliert, wie folgende Geschichten belegen: Ein Villinger wurde am 18. Juli 1796 auf ein Pferd gebunden und die ganze Nacht von Soldaten über die Felder gejagt. Am Morgen befreiten ihn Bürger und Bürgermeister. Die Soldaten stahlen das Pferd und bedrohten auch die Retter, denen allerdings kaiserliche Soldaten halfen, dennoch trauten sie sich den ganzen Tag nicht aus dem Haus.[79]

Besonders schlimm erging es 1797 dem Zunftmeister Johann Brugger, der als Inspektor bei der Beerdigung von Soldaten auf dem Hoptbühl zugegen sein mußte, damit die Gräber auch tief genug gegraben würden. Es kam zu einem Disput darüber, die Soldaten warfen ihn ins Grab und schaufelten es zu. Nur Bruggers Kopf schaute noch hervor. Glücklicherweise überstand er die „Beerdigung" lebend.[80]

Jeder Krieg bringt Gewalt gegen Frauen mit sich: „einige haben sie die Ehre geraubt. die haben sich nicht mehr können flichtig machen, o wie manches unschuldiges junges blut haben die barbarischen spizbuben in das elend gestirzt durch dieses schlechte leben sind die weibspersonen mit schwere Krankheiten überfallen worden."[81]

In den umliegenden Orten waren Vergewaltigungen häufiger als in der Stadt selber. Um die eigenen Frauen zu schützen, haben Bürger die Soldaten oftmals zu ledigen, allein lebenden Frauen geführt. Deren Schreie hat man anschließend überhört.

Die Villinger mußten wieder zum Schanzen nach Kehl am Rhein. Im September lagen erneut 2 000 Franzosen in der Stadt. „Die haben aber die leit so behandelt, das man ihnen nicht genug hat geben können."[82] Dann kamen wieder die Kaiserlichen. Als die Franzosen zurückkehrten – ihre Hauptstreitmacht lag in Donaueschingen und Bräunlingen –, ereignete sich ein kleines Gefecht am Sonntagnachmittag, das die französische Armee gewann. Die Kanonen der Kaiserlichen standen auf dem Bickeberg, die der Franzosen auf der Wannen. Das Gefecht dauerte drei Stunden und die Beschießung richtete sich auch gegen Schwenningen. Die Bevölkerung wurde in Angst und Schrecken versetzt. Die Häuser haben gezittert, „Das man glaubt hat die Stadt seyn am zusammen fallen. die Einwohner haben die Hände zusammengeschlagen und haben um ihrer Vater Stadt biterlich geweint."[83] Die französischen Soldaten stürmten danach durch alle vier Tore der Stadt, plünderten und töteten die noch anwesenden Kaiserlichen. Anschließend versuchten sie von den reicheren Bürgern Geld zu erhalten, aber „die Bürger sind mit List den Franzosen auskomen"[84]. Die Bickenkapelle wurde zum Pferdestall und die Siechenkapelle zum Schlachthaus umfunktioniert. Die Tiere wurden auf dem Altar geschlachtet. Besonders erbost hat damals, daß die Heiligen-Figuren auf dem Misthaufen landeten. Die Angst saß bei den Einwohnern tief, denn auch die Geistlichen wagten es drei Tage nicht, Gottesdienst abzuhalten. Am 11. Oktober 1796 mußte jeder Haushalt folgende Dinge abliefern: ein Paar Schuhe, einen Fruchtsack, 1 000 Schuhnägel, 1 000 Stecknägel und zwei Zentner Rohnägel. Kaiserliche Kavallerie, die den Winter über Quartier nahm, löste die französische ab.

Am 13. März 1797 versammelten sich 300 Bürger um 2 Uhr nachts bei der Bickenkapelle und unternahmen eine Wallfahrt auf den Dreifaltigkeitsberg bei Spaichingen. Sie baten Gott um Beendigung der grassierenden Viehseuche. Dieser fielen über 800 Stück Vieh zum Opfer.[85]

1797 brauchten kaiserliche Truppen Verpflegung. Zwar schlossen die Franzosen und die Kaiserlichen einen Waffenstillstand, aber die Bevölkerung hatte davon keinen Vorteil, denn Einquartierung gab es auch dann noch.

Die Ernte mußte teilweise vorzeitig eingeholt werden, da neue Einquartierungen im August bevorstanden. Dadurch entstand ein Schaden von 6 000 fl. 18 000 Soldaten unter dem Feldmarschall Graf von Nauendorf, Prinz Joseph von Lothringen und dem Feldmarschallieutnant Karl Alois zu Fürstenberg kampierten südöstlich und nordöstlich der Stadtmauer. Im September nahm Erzherzog Karl hier Quartier im Haus „Zur Sonne". Ihm zu Ehren gab es viele Feierlichkeiten. Ferner ließ er mehrere große Manöver abhalten. Man hat eigens ein Backhaus zwischen der inneren und äußeren Stadtmauer in der Nähe des Riettores errichtet. 150 Bäcker waren notwendig, um die Soldaten zu verpflegen. Neben dem Tor lagerten die 6 000 Fässer mit Mehl. Die große Viehseuche erleichterte die Verpflegung nicht gerade. Viele Tiere mußten notgeschlachtet werden. Der Boden, auf dem die Armeen gelagert hatten, war kaum noch zu beackern, weil er knochenhart war.

Nachdem es ein Jahr lang fast ruhig war, kündigten die Franzosen ihre Ankunft an und teilten mit, daß sie neben 33 000 Mann und 36 000 Pferde noch 750 Gefangene dabei haben.[86] Es gab Mangel an Hafer und Heu. Die reichen Müller mußten bis zu 30 Personen unterhalten. Im Benediktinerkloster waren 100 Mann untergebracht. Der Klosterwein war den Offizieren zu schlecht. Alkohol war für viele Armeeangehörige fast noch wichtiger als Nahrung. Die Wirte konnten oft nicht schnell genug Nachschub besorgen. Betrunken fingen die Soldaten Händel an, es kam zu Streitigkeiten untereinander und mit Einwohnern. General Jourdan – einquartiert bei den Benediktinern – beschwerte sich über die Qualität des Weines. Für ihn mußten Weine aus Burgund und der Champagne gekauft werden. Er legte zudem Wert auf ein ausgedehntes Mahl von 25 Gängen. Maria Agathe Zimmermann bemerkte: „Die hohen herren von denen Franzosen sind größere spizbuben gewesen als die gemeinen."[87]

Auch die Forderung nach 6 000 Zentnern Heu war nicht zu erfüllen. Es gab kein Heu mehr in der Stadt. Im März wurde der Altar und die Kanzel in der Franziskanerkirche abgebrochen. Beim Abzug stellten sie nochmals so hohe Forderungen, daß der Bürgermeister nicht in der Lage war sie zu erfüllen. Zur Strafe sollte der Bürgermeister gegeißelt werden. Letztendlich gaben sie sich mit 1½ Zentnern Zucker, je einem Faß Wein und Branntwein und 100 Säcken mit Frucht zufrieden.

Lieferungen für gefangene österreichische Truppen vom 3. bis 20. März 1799 (Angaben in fl.)[88]

Verpflegung	33 589,—
Brot	3 566,28
Hafer	341,15
Hafer	1 357,55
Stroh	391,20
Stroh	224,10
Heu	321,18
Heu	1 148,12
Ausgaben insgesamt:	44 058,27

Aber es waren nicht nur die Soldaten, die kamen. Nein, Bedienstete begleiteten jeden Offizier. Die Wäscherinnen wurden sogar als zum Militär gehörend gezählt und hatten Anspruch auf die gleiche Unterkunft und Verpflegung wie die männlichen Soldaten.

Die Offiziere wohnten bei den Benediktinern, die Ursulerinnen mußten 100 Mann beherbergen. Viele hatten kaum noch Geld für Lebensmittel und vor allem Wein. Tiere mußten geschlachtet werden, weil kein Futter mehr da war. Auf dem Rückweg, zwar geschlagen, aber mit neuen Forderungen, erschienen die Franzosen wieder in Villingen. Anschließend beehrten 14 000 Österreicher die Stadt. Diesmal diente die Franziskanerkirche als Pferdestall, und die Tiroler Scharfschützen schliefen im Franziskanerkloster. Manche Bürger mußten bis zu 50 Mann versorgen. Bei Tannheim und Wolterdingen wur-

den Schanzen gebaut, die viel kosteten, aber nutzlos waren. Es war ein ständiges Kommen und Gehen in diesem Jahr.

Die Franzosen forderten neben der Unterbringung und Verpflegung auch noch Naturalleistungen und hohe Geldbeträge, die Villingen manchmal nicht in der Lage war zu erfüllen. Am 31. März 1799 verlangten sie z. B. 14 000 fl., die nicht beschafft werden konnten. Aus diesem Grund nahmen sie 7 Geiseln mit nach Straßburg, den Syndikus der Stadt Handtmann, Apotheker Benedikt Ummenhofer, Flaschenwirt Dold, Talvogt Mayer, Kaufmann Provence, Wirt Wickenhausen und Joseph Schertle. Diese kamen am 17. April frei, nachdem die 14 000 fl. vom Baseler Thurneis hinterlegt worden waren. [89]

Auch das neue Jahrhundert begann mit Einquartierung. Im Frühjahr rückten wieder Franzosen ein und der Villinger Landsturm zum Breisgau aus. Allerdings war bei Waldkirch Schluß des Vormarsches, denn das französische Heer hatte bereits Denzlingen besetzt. Französische Truppen brachten die Vorräte des Villinger Magazins nach Donaueschingen. Im Mai kamen französische Kriegsgefangene nach Villingen, die vor dem Niederen Tor lagern mußten. Von Juli bis November – während eines Waffenstillstandes – mußten Franzosen verköstigt werden. Die Ernte war in diesem Jahr sehr gut, so daß die sogenannte Franzosensteuer bezahlt werden konnte. Nachdem wieder Kämpfe stattfanden, wurden kaiserliche Kriegsgefangene in die Stadt gebracht. Auch die Polen, die in französischen Diensten standen, mußten verpflegt werden.

Vom 15. November 1800 bis zum 17. Januar 1801 wurden insgesamt 34 000 Soldaten mit Essen und Trinken versorgt. Im Januar mußten die Bürger ihre Gewehre abgeben, die nach Straßburg gebracht wurden. Die Wirtezunft beklagte sich in diesem Jahr über die häufigen Einquartierungen. Sie forderte die Verwaltung auf, die Lasten gerechter zu verteilen, denn es sei kaum möglich, alle Steuern, Abgaben und Naturalleistungen aufzubringen. Ferner seien die Mißhandlungen und Beschimpfungen auf Dauer nicht zu ertragen. Die Wirte drohten mit Auswanderung.[90]

Während des Sommers 1801 gab es Durchmärsche und Einquartierungen. Zudem mußte nun noch eine Steuer mehr nach Freiburg abgeführt werden. Bis Oktober lagen 100 französische Soldaten als Besatzer in der Stadt.

1802 war ein schlimmes Jahr. Der landständige Konseß wollte alle öffentlichen Bälle und Tänze in der Fasnachtszeit verbieten und drohte bei Zuwiderhandlung eine Strafe an, „weil die dermaligen traurigen Zeitumstände, die Noth der Landeseinwohner, der allgemeine Geldmangel, die stockenden Gewerbe, und die hingegen auf Verpflegung der Truppen u. erforderlichen großen Ausgaben, ein für allemal mit Lustbarkeiten, mit solchen öffentlichen, von den Landesauthoritäten selbst angeordneten, oder doch verwilligten Ergötzungen im Widerspruche stehen". Es wurden dann aber den zuständigen Stellen vor Ort überlassen, ob sie Fastnachtsvergnügungen genehmigten.[91] Schwere Hagelschauer erschwerten die Ernte. Die Mitglieder des Konsesses wandten sich mit einem Bittbrief vom 5. Januar 1802 an den Kaiser, den auch der Villinger Syndikus Handtmann unterschrieb. Die Kasse war erschöpft und dies habe man bereits im Jahr zuvor dem Kaiser mitgeteilt, aber es sei weder eine Hilfe noch eine Aufmunterung gekommen. „In diesem Vertrauen auf die Huld Eurer Majestät können wir uns nicht irren, und auf dieses Vertrauen gestützte, (Wir sagen es freymüthig) werden wir unseres Vorstellens und Bittens kein ende machen, bis uns gebethene Hilfe zugesagt ist und wirksam zutheil wird"; sie erinnern an viele freiwillig geleistete Zahlungen und betonen, sie seien immer treue Untertanen gewesen, die nun eine zehnjährige Leidenszeit hinter sich hätten.[92] Die Malteser versuchten

vergeblich, das Benediktinerkloster zu beschlagnahmen.

Schon glaubten die Bürger an eine Besserung der Lage, als 1805 die Forderung kam, 500 Bretter, 500 Stück Rahmenschenkel, 1 000 Palisaden und 100 Mann zum Schanzen nach Kehl zu schicken. Französische Einquartierung konnte durch die Zahlung von Geld vereitelt werden. Am 6. Oktober 1805 forderten zwei französische Generäle, die im Benediktiner Quartier hatten, 5 000 fl. von den Mönchen, diese zahlten 2 000 fl. Daraufhin zerschlugen die Generäle wütend die Klosterfenster und etliche kostbare Gläser.[93]

Aber Durchmärsche von französischen Heeren konnten nicht verhindert werden, ebensowenig wie der Einmarsch des württembergischen Kommissärs Hofrat Spittler am 5. Januar 1806 mit 150 Mann Infanterie und 50 Kavalleristen. Er nahm Villingen für die Krone von Württemberg in Besitz. Ab dem 15. Januar verpflegten sie sich selbst im Franziskaner. An den französischen Kommandanten von Freiburg mußten Kontributionsgelder gezahlt werden. Ab 16. Juli war wieder französische Kavallerie in der Stadt. Obwohl Villingen nach dem 12. September badisch war, rückten französische Truppen ein.

Condé Armee in Villingen[94]

Den Winter 1792/93 verbrachten ca. 4 000 Soldaten der französischen Emigrantenarmee, nach ihrem Gründer Condé Armee genannt, in Villingen. Die Offiziere mit ihren Bediensteten – ca. 1 500 – waren in der Stadt im Franziskanerkloster einquartiert. In Frankreich wurde diese Armee nicht besonders ernst genommen, wie Karikaturen aus dieser Zeit belegen. Die Bevölkerung befürchtete ein Sittenverderbnis durch die Emigranten. Das Bild des Emigranten als Frauenheld und Abenteurer verband sich dabei mit der Furcht vor der „Franzosenkrankheit" (Syphilis).

Von sonstigen französischen Emigranten ist in Villingen nichts überliefert. [95]

Am 21. Januar 1793 wurde Ludwig XVI. in Paris hingerichtet. Prinz Condé ließ am 29. Januar 1793 in der Franziskanerkirche einen Totengottesdienst zu Ehren des Verstorbenen abhalten. Da die Kirche für die ca. 3 000 Teilnehmer zu klein war, versammelten sich viele in bitterer Kälte vor dem Gebäude. Auch Villinger nahmen an diesem Gottesdienst teil und ließen die Monarchie hochleben. Ein französischer Offizier notierte seine Erlebnisse in Villingen:

„Diese Landschaft ist ein wahrhaftes Sibirien, nur verschneite Wiesen und Wälder. . . . Die Schwarzwälder sind ein verschlossenes Volk. Besonders uns Fremden gegenüber sind sie zurückhaltend. . . . Es gibt den ganzen Winter über geräuchertes Rind- und Schweinefleisch, dazu Sauerkraut und manchmal gedörrtes Obst. Gemüse bekommen wir außer Kartoffeln und weißen Rüben kaum, es sei denn an Festtagen etwas Zwiebeln und Karotten. Neben dem hier üblichen Bier gibt es allenfalls einen minderwertigen Weißwein zu trinken. Aber man gewöhnt sich an alles." Der Salat „schwimmt fast immer im Essig".

Lobend äußerte er sich über die Tracht der Villingerin. Aber auch die Nöte der Emigrantenarmee kommen in seinen Schilderungen vor: „Ich habe überhaupt kein Geld mehr; das heißt, mir bleiben noch ungefähr 100 Francs und meine Uhr, die ich zu verkaufen versuche, was ziemlich schwierig ist, trotz ihres schweren Goldgehäuses."

Ungewohnt waren die Federbetten. Der Langeweile versuchten die französischen Offiziere durch Spiele, Wettkämpfe und Jagden zu entgehen. [96]

Intermezzo: Herzogtum und Württemberg

Die Friedensschlüsse im Anschluß an die Koalitionskriege gegen Frankreich im späten 18. und frühen 19. Jahrhundert hatten weitrei-

chende Bedeutung für die Neuordnung Europas und insbesondere Deutschlands. Was mit einem Krieg gegen das revolutionäre Frankreich begonnen hatte, endete zunächst mit dem Triumph Napoleons. Die Fürsten wurden für ihre Gebietsverluste an Frankreich durch die Abtretung des linken Rheinufers entschädigt. Der Breisgau gehörte zur Manövriermasse im Länderaustausch.

Im Frieden von Campo Formio (1797) wurde dem Herzog von Modena als Entschädigung für seine in Italien verlorenen Gebiete der Breisgau zugesprochen. Er war aber mit dem Tausch nicht zufrieden und sträubte sich zwei Jahre gegen die Annahme, da dort nur 150 800 Personen lebten, die ihm wesentlich weniger an Einkünften erwirtschafteten. Erst als das Angebot um die Ortenau erweitert wurde, stimmte er zu. Ziel der französischen Politik war es, Österreich von Deutschland abzutrennen. Daher wurde Vorderösterreich aus dessen Herrschaft gelöst und größere Mittelstaaten in Südwestdeutschland gebildet.[97] Am 16. Februar 1803 verzichtete Franz von Österreich auf die breisgauischen und ortenauischen Gebiete zugunsten Herzog Herkules' von Modena. Auch dessen Schwiegersohn, Erzherzog Ferdinand von Österreich (ein Sohn Maria Theresias), bestätigte die Übernahme am 2. März 1803. Für die Ergebenheitsadresse von Villingen bedankte sich der Herzog zwar, aber in italienischer Sprache. Franz II. schrieb in dem allerhöchsten Handschreiben über die Abtretung: „Zu endlicher Herstellung des allgemein gewünschten Friedens haben wir uns durch Drang der Umstände bewogen gefunden, mittelst des hierüber unterm 9ten Hornung 1801 zu Lunéville abgeschlossenen Traktats, und der zu Paris den 26ten Dezember vorigen Jahres zu Stand gekommenen Konvenzion das vorderösterreichische Breisgau, und die Landvogten Ortenau in ihrer bisherigen Landesverfassung an des Herrn Herzog von Modena Lieben, als ein Surrogat des Herzogthums

Modena, abzutreten." Er gab noch seinen „Schmerz" zum Ausdruck, weil die Untertanen so viel „Treue und Anhänglichkeit" bewiesen hätten.[98]

Hermann von Greifenegg, Modenesischer Besitznahmekommissär, hielt am 2. März 1803 eine Rede an die Breisgauischen Landstände. „Schon seit dem 17ten Oktober 1797 beunruhigte es uns schmerzlich, von unserm guten Monarchen getrennet zu werden. Trost, unbeschreiblicher Trost war es für uns, wieder unter einen sanften Landesregenten zu kommen, und durch seine durchlauchtigste Nachkommenschaft mit dem väterlichen Erzhause in später Folge wieder verbunden zu werden. Unserm geliebtesten Monarchen blutete ebenfalls sein Vaterherz, so getreue – so unerschütterlich anhängliche Unterthanen, die für Ihn ihr Gut und Blut so bereitwillig zum Opfer darbrachten, von sich zu lassen; … und was unser Glück und unsere Wonne vollkommen macht, S[e] königl. Hoheit Erzherzog Ferdinand von Oesterreich, süßer Name!! Sind in Abwesenheit unsers durchlauchtigsten Landesherrn, höchstdessen Administrator, sind unser liebreicher Beschützer."[99] So mochten es damals auch die Einwohner von Villingen empfunden haben, es war subjektiv kein Wechsel des Herrscherhauses. Doch bald merkte man den anderen Wind, denn Greifenegg beutete das Land für den Herzog von Modena aus. Die Bevölkerung neigte deshalb eher Baden zu.[100]

Am 13. Oktober 1803 starb Herzog Herkules, Nachfolger wurde Erzherzog Ferdinand, „so machen wir durch gegenwärtiges Patent Unseren wirklichen Regierungsantritt über die beyden Landschaften Breisgau und Ortenau öffentlich bekannt"[101]. In Villingen wurde ein sechswöchiges Trauergeläute angeordnet. Alle Vergnügungen waren verboten.

Durch den Preßburger Frieden (1805) fiel Villingen an das neue Königreich Württemberg. Der Herzog von Württemberg hatte behauptet, Villingen sei eine württembergische

Enklave. Die französischen Unterhändler kannten sich in diesem Gebiet weder geschichtlich noch geographisch aus und waren deshalb einverstanden. Am 5. Dezember 1805 hatte der König von Württemberg, Friedrich, dem Amtsverweser Johann Gottlieb Schmidlin die Order erteilt, „die der Commende Villingen in der Stadt Villingen zustehende Gebäude, Kassen und Voräthe in Besitz zu nehmen". Dieser begab sich am 14. Dezember von Hornberg nach Villingen, um die Commende und „den Beamten gegen S[e] Kurfürstliche Durchlaucht in Pflichten zu nehmen". Doch der Kommendeamtmann Joh. Baptist Willmann erklärte ihm, er könne nicht in den Dienst von Württemberg treten, da er in den Diensten der Johanniterkommende stände. Syndikus Handtmann erklärte, „daß man erwartet hätte, es würde schon wegen der bisher bestandenen guten Nachbarschaft kein Versuch gemacht werden, irgendein innerhalb der Ringmauern der Stadt Villingen liegendes Eigenthum ohne vorherige Anzeige bei dem Magistrat, welchem allein das Hoheitsrecht über das ganze Gebiete der Stadt zustehe, und welcher auch in allen anderen Fällen die ordentliche Ortsobrigkeit seye, in Besitz zu nehmen". Handtmann protestierte, da keine landständische Bewilligung vorlag. Schmidlin verwies auf seine Order, die Stadt dürfe sich nicht einmischen, denn es handele sich um Besitztümer der Johanniterkommende. Da das Wappen der Johanniter nicht gestört habe, so könne auch die Anbringung des württembergischen Wappens an derselben Stelle nicht stören. Schmidlin hatte nur kurzzeitig Erfolg, da die erzherzogl. Regierung und Kammer in Freiburg die Meinung des Magistrates teilte. Deren Stellungnahme wurde öffentlich verlesen. „Nach dieser Handlung verfügte man sich an das Ort, wo die Kürwürthembergsche Wappen und das Besiznahme Patent angehäftet war, und lies denselben in gegenwart sämtlich anwesender Ortsvorgesezten wegnehmen."[102]

Am 3. Januar 1806 besetzte der württembergische Hofrat Spittler mit 150 Mann Infanterie und 55 Dragonern Villingen für die Krone von Württemberg. Im Übernahmepatent heißt es: „unter andern von Unserem hohen Alliirten des Französischen Kaisers Majestät eroberten und Uns überlassenen Ländern, Städten und Ortschaften, auch die Stadt Villingen mit ihrem Gebiet… samt allen damit verknüpften Regalien, Rechten und Zuständigkeiten förmlich Besitz nehmen zu lassen."[103] Der Villinger Magistrat wollte eine Bestätigung von der erzherzogl. Regierung und zudem vom Eid auf Ferdinand entbunden werden.

Bereits am Ankunftstag visitierte Spittler das Oberzollamt, die Öhmdgeld-Herren, das Salzstadelamt sowie das Franziskanerkloster, St. Ursula und das Kloster St. Georgen zu Villingen. Dessen Vermögen wurde mit 613 fl. 5 xr in der Abteikasse und 103 fl. 46 xr beim Küchenmeister taxiert. „Am Ende wurde dem Kastenmeister aufgegeben:

1. Die Vorräte an Getreide, Hey und Stroh nach vorherigem urkundlichen Sturz in einer Consignation anzuzeigen.
2. ein Inventarium der Kirchen Präciosa, Vasa Sacra, Ornat, gold, silber und anders zum Geistl. und Conventsgebrauch
3. ein Inventarium über das Hausgeräthe an Betten, Lainwand und Meubles
4. ein Etat der Bibliothek und Sammlung von Naturalien und Instrumenten
5. ein Verzeichnis über Viehstand nach allen Gattungen
6. Werkzeuge und Vorrath an Wagen aller Art, Fuhrgeschirr
7. einen Auszug der Rückstände in Bälde zu verfertigen und der Commission zu übergeben."

Abschließend wurde das württembergische Wappen am Klostertor angebracht.[104] Die Übernahme durch den König von Württemberg ist den Villingern sichtlich schwer gefallen. Die erste Anordnung, keine Kontributionen mehr nach Freiburg zu senden, mochte man noch als günstig aufnehmen. Aber das Schwören des Treueeides auf den württembergischen König fiel schon wesentlich schwerer. Die Weisungen, jede Entscheidung von der Zivilkommission billigen zu lassen, und die Zuteilung der Stadt zum Kreis Rottweil ließen jede Begeisterung im Keim ersticken.[105]

Die offizielle Übergabe der Städte Villingen und Bräunlingen mit ihren Dependenzorten durch den französischen General Pririon an Seine Exzellenz Herrn Geheimen Rat von Reischach fand am 30. Mai um 9 Uhr auf dem Rathaus in Villingen statt. Es mußten sich der Magistrat und das königliche Dienstpersonal versammeln und die Ansprachen der beiden Vertreter anhören. Anschließend gingen alle ins Münster, dort predigte ein Geistlicher und es wurde ein Te Deum gehalten. Der Magistrat hatte vorher verfügt, den Münsterplatz und die umliegenden Straßen zu säubern. Auf dem Platz sollten Bäume aufgestellt werden. Am Oberen Tor gab es eine Ehrenpforte. Die Bürgerschaft und der Postillion empfingen die Gäste zu Pferde, das Bürgermilitär mußte antreten, die Glocken läuteten und die Bürgerschaft bildete ein Spalier vom Oberen Tor bis zum Gotteshaus. Die Vögte und Untervögte der Dependenzorte mußten auch erscheinen. Vier Mädchen und vier Knaben trugen einen Glückwunsch „unter der Leitung der Ursulinen und des Normallehrers Schonstein" vor. Die Schulkinder standen Spalier, als die Gäste ins Rathaus gingen. „und dabey hat niemand kein Fried gehabt innerlich nur leid".[106]

Damit beim Empfang auch alles funktionierte, hatte man eine Person nach Rottweil gesandt, die rechtzeitig über die Ankunft der offiziellen Vertreter informieren sollte. Die hohen Herren übernachteten im Gasthaus „Zum Rappen". Die städtische Huldigungsadresse wurde vom König beantwortet. Genaue Anweisungen, wie mit den Be richten zu verfahren sei, kamen nun von Rottweil.

Kurz vor dem Einmarsch hatten die Klöster neue Inventarverzeichnisse erstellt, so daß der württembergische Kommissär sich schnell einen Überblick verschaffen und seine Requirierungslisten schreiben konnte. Schon am 24. Juli lagen diese Listen mit Gütern vor, die ihm besonders wertvoll erschienen. Die kurze Zugehörigkeit zu Württemberg war teuer für Villingen. Aus den Klöstern – Benediktiner, Kapuziner und Ursulinen – wurden die Kelche und Monstranzen aus Silber und Gold nach Stuttgart gebracht. Anderes ließ die württembergische Regierung versteigern.

Einmal hielten empörte Einwohner vor dem Riettor einen Wagen an, der mit gekauftem und auch entwendetem Klostergut beladen war. Sie jagten den Besitzer davon und führten den Wagen in das Kloster zurück. Die noch anwesenden Kapitulare[107] des Klosters setzten jedoch durch, daß dieser Wagen dem Eigentümer zurückgegeben wurde.

Später schätzte man den Wert der versteigerten und mitgenommenen Güter auf 191 800 fl. Hinzurechnen darf man die Schäden, die die württembergischen Truppen angerichtet haben, 11 784 fl. und 51 xr.

Villingen wird badisch

Durch den Rheinbundvertrag vom 12. Juli 1806[108] (Art. 14) kamen die Gebiete rechts der Brigach an das ebenfalls neugeschaffene Großherzogtum Baden. Die für das finanzielle Überleben der Stadt wichtigsten Teile fehlten, dies waren der Germanswald, die beiden Hammerwerke, neun Fruchtmühlen einschließlich derjenigen von Marbach und Klengen, der sogenannte Hochwald, der Friedhof mit der Altstadtkirche, viele Wiesen und Äcker, die Bürger und auch dem Spital gehörten, die Dependenzorte Marbach und Klengen sowie der größte Teil des freien

Pirschbesitzes.[109] Die offizielle Übergabe fand am 12. September 1806 statt. Der badische Abgesandte von Drais wurde an der Stadtgrenze von einer Magistratsdeputation begrüßt. Er wurde bis zu seinem Quartier im Benediktinerkloster geleitet. Der Magistrat machte die großh. Regierung auf die nachteiligen Folgen aufmerksam. Villingen stand so wesentlich schlechter dar als der Nachbarort Schwenningen. In einem Gebietsaustausch vom 17. Oktober 1806 kamen die am linken Brigachufer liegenden Gebiete wieder zur Stadt.[110] Es wurde mit Tuttlingen getauscht, das irrtümlich zu Baden gekommen war. Am 23. November[111] huldigten die Villinger im Münster dem Großherzog. Der französische General Monard und Hofkommissär von Drais hielten eine Rede. Am 16. November wurden die Villinger bereits auf dieses Ereignis eingestimmt, denn auf Verfügung der Großh. Hofkommission mußten „alle betreffenden Stadt= und Landpfarrer die Natur und wichtigkeit der Unterthanen=Treue, die sich durch die Huldigungsfeier ausspricht, ihren Zuhörern in der Predigt ans Herz bringen".[112] Mit der Besitznahme durch Baden hörten die Streitigkeiten zwischen Mordinern und Schnabulinern auf, und es kehrte wieder Ruhe in der Stadt ein, obwohl auch der Großherzog Karl Friedrich[113] sich nicht ganz so großzügig verhielt, wie es die Villinger erwartet hatten. An der Huldigung in Freiburg am 22. November, dem Geburtstag des Großherzogs nahm auch eine Delegation aus Villingen teil, die die Huldigung der ganzen Bürgerschaft überbrachte.[114]

Da das Benediktinerstift nur noch als Gymnasium genutzt werden sollte, wurde die Kirche überflüssig. Es wurden „damit zugleich 11 Glocken und eine Silbermännische Orgel, welche sich mit der St. Blasianischen um den Vorzug streitet, disponibel".[115] Die Stücke wurden jedoch nicht sofort abtransportiert, sondern noch am 22. Juli 1807 hieß es, die Orgel und Glocken sollten zunächst „wohl verwahrt werden".[116] In der Folgezeit wurde das ehemalige Benediktinerkloster profan genutzt. Die Bausubstanz war mehr und mehr „dem Ruin ausgesetzt".[117]

Leider ließ der Frieden noch auf sich warten, denn die Ablieferungen und Einquartierungen gingen weiter. Erst 1815 kehrten auch in dieser Gegend wieder ruhigere Zeiten ein.

1 Quarthal, Franz, Georg Wieland und Birgit Dürr: Die Behördenorganisation Vorderösterreichs von 1753 bis 1805 und die Beamten in Verwaltung, Justiz und Unterrichtswesen, Bühl/Baden 1977, S. 44. (Quarthal: Behördenorganisation) zum Begriff „Vorderösterreich": Hug, Wolfgang: Vorderösterreich: Was war das eigentlich, in: BadH 1/1996, S. 123 ff.

2 Vgl. Quarthal, Franz: Die Habsburgischen Landstände in Südwestdeutschland, in: Blickle, Peter (Hg.): Von der Ständeversammlung zum demokratischen Parlament. Die Geschichte der Volksvertretungen in Baden-Württemberg, Stuttgart: Theiss, 1982, S. 79–92; Speck, Dieter: Die vorderösterreichischen Landstände. Entstehung, Entwicklung und Ausbildung bis 1595/1602, 2 Bde., Freiburg/Würzburg: Ploetz 1994; zur Ständeforschung s. Press, Volker: Herrschaft, Landschaft und „Gemeiner Mann" in Oberdeutschland vom 15. bis zum frühen 19. Jahrhundert, in: ZGO 123/NF 84 (1975), S. 169–214.

3 Brauneder, Wilhelm und Friedrich Lachmayer: Österreichische Verfassungsgeschichte, 2. erg. Aufl., Wien: Manz 1980, S. 81.

4 Vgl. auch die Beiträge von Edith Boewe-Koob, Casimir Bumiller, Bertram Jenisch/Karl Weber und Ute Ströbele in diesem Band.

5 Gutkas, Karl: Joseph II., Maria Theresias ältester Sohn, in: Koschatzky, Walter (Hg.): Maria Theresia und ihre Zeit. Eine Darstellung der Epoche von 1740–1780 aus Anlaß der 200. Wiederkehr des Todestages der Kaiserin, Salzburg/Wien: Residenz 1979, S. 183. (Koschatzky: Maria Theresia).

6 Gutkas, Karl: Die kirchlich-sozialen Reformen, in: Österreich zur Zeit Kaiser Josephs II. Mitregent Kaiserin Maria Theresias, Kaiser und Landesfürst, Niederösterreichische Landesausstellung Stift Melk, 29. März–2. November 1980, hg. Amt der Niederösterreichischen Landesregierung, Abt. III/2 – Kulturabteilung, Schriftleitung: Karl Gutkas, Wien 1980 S. 173.

7 Gutkas, Karl: Joseph II., Maria Theresias ältester Sohn, in: Koschatzky: Maria Theresia, S. 184.

8 GLA Abt. 184 Nr. 168.

9 Alle folgenden Angaben aus: GLA Abt. 184, Nr. 390; s. auch SAVS Best. 2.2 Nr. XV 13–19b.

10 Unter „vermischter Pfarrei" wurde die Zugehörigkeit der Gemeindemitglieder zu verschiedenen Herrschaften verstanden.

11 Diese Angabe findet sich auch bei allen übrigen Orten.

12 Vgl. SAVS Best. 2.4 Nr. C.1; Repertorium PfrA, Nr. 99, S. 38 f.

13 Dies geht aus einer Sammlung verschiedener Urkunden und andere Notizen für die Geschichte Villingens von 1812 hervor, die in der Leopold-Sophien-Bibliothek in Überlingen aufbewahrt wird.

14 Wetterläuten: Glockenläuten bei Gewitter; Novenen: 9tägige katholische Andacht als Vorbereitung auf ein Fest oder für ein besonderes Anliegen des Gläubigen; Öschritt: Bittprozession berittener Männer durch die Markung; Kreuzgänge: kirchlicher feierlicher Umzug, bei dem ein Kreuz mitgeführt wurde.

15 Vgl. dazu: EAF Ha 77 und 77a; GLA Abt. 184 Nr. 424.

16 EAF Ha 370 pag. 11 f. (Vorschütz) und 25 f. (Hartmann).

17 Gönner, Rudolf: Bildungsreform als Staatspolitik. Zu den Wirksamkeiten Maria Theresias auf dem Gebiet des Schulwesens, in: Koschatzky: Maria Theresia, S. 209.

18 Ebd.

19 Ebd.

20 Ebd., S. 210.

21 Ebd.

22 Quarthal: Behördenorganisation S. 123.

23 Villingen, 29. April 1773, GLA Abt. 184 Nr. 581.

24 Alle Angaben aus GLA Abt. 184 Nr. 581. Zum Gesamtpersonalstand der Benediktiner in den Jahren 1782, 1790–1799, 1806 inclusive Novizen und Laien s. GLA Abt. 100 Nr. 325, 491 und 674.

25 SAVS Best. 2.1 OO 17: Gedrucktes Zirkular der vorderösterreichischen Regierung und Kammer vom 15. Dez. 1796.

26 Ebd.: gedrucktes Zirkular der vorderösterreichischen Regierung und Kammer vom 10. Sept. 1787.

27 Ebd.: erzherzogliche Regierung und Kammer, 17. Sept. 1804.

28 Ebd.: gedrucktes Zirkular der vorderösterreichischen Regierung und Kammer vom 1. Dez. 1788.

29 GLAK Abt. 184 Nr. 620.

30 Ebd. Nr. 726: gedrucktes Verzeichnis von 1786; Nr. 727: handschriftliche Auflistung von 1793, darin wird auch ein Joseph Dürr aus Krakau, Polen, genannt.

31 SAVS Best. 2.1 OO 17.

32 Die gesamte Neuordnung der zentralen Verwaltung kann an dieser Stelle nicht thematisiert werden. Vgl. dazu immer noch: Die österreichische Zentralverwaltung. II. Abteilung. Von der Vereinigung der böhmischen Hofkanzlei bis zur Errichtung der Ministerialverfassung (1749–1848): Bd. 1, 1. Halbbd: Die Geschichte der österreichischen Zentralverwaltung in der Zeit Maria Theresias (1740–1780), bearb. v. Friedrich Walter, Wien 1938; Bd. 1, 2. Halbbd., 1. Teil: Die Zeit Josephs II. und Leopolds II. (1780–1792), bearb. v. Friedrich Walter, Wien 1950; Bd. 1, 2. Halbbd., 2. Teil: Die Zeit Franz' II. (I.) und Ferdinands I. (1792–1848), Friedrich Walter, Wien: Holzhausens Nachfolger 1956. 2. Bd.: Die Zeit des Directoriums in publicis et cameralibus (Vorstadien 1743–1749, Das Directorium 1749–1760): Aktenstücke, bearb. v. Joseph Kallenbrunner und Melitta Winkler, Wien: Holzhausen 1925 (= Veröffentlichungen d. Kommission für neuere Geschichte Österreichs 18, 32 (= Bd. 17), 35, 42).

33 Ogris, Werner: Staats- und Rechtsreformen, in: Koschatzky: Maria Theresia, S. 57. (Ogris: Staats- und Rechtsreformen).

34 Brauneder/Lachmayer: Verfassungsgeschichte, S. 83.

35 Ogris: Staats- und Rechtsreformen, S. 57.

36 Ebd., S. 59.

37 Ebd., S. 60.

38 Vgl. Quarthal: Behördenorganisation, S. 52–61, S. 89–94, S. 111–118; Villingen als vorderösterreichische Stadt am Ende des Alten Reiches, (Blätter zur Geschichte der Stadt Villingen-Schwenningen 2/96) hrsg. Stadtarchiv und Museen Villingen-Schwenningen, 1996, Schaubild S. 5.

39 Ogris: Staats- und Rechtsreformen, S. 58.

40 Vgl. dazu den Beitrag von Casimir Bumiller in diesem

Band. s. auch: Oberrheinische Stadtrechte, hg. der Badischen historischen Kommission, zweite Abteilung: Schwäbische Rechte, 1. Heft: Villingen, bearb. v. Christian Roder, Heidelberg 1905; Bader, Karl Siegfried: Stadtrecht und Bürgerfreiheit im alten Villingen. Vortrag gehalten am 30. Sept. 1951 bei der Tagung des Vereins für Geschichte und Naturgeschichte der Baar in Villingen, Sonderdr. aus: Einwohnerbuch Villingen 1952. SAVS 2.1 B 20: Zustimmung des Landesherrn zur Ratsminderung.

41 Maier, Rudolf: Das Strafrecht der Stadt Villingen in der Zeit von der Gründung der Stadt bis zur Mitte des 16. Jahrhunderts, jur. Diss., Freiburg i. Br. 1913, S. 10.

42 SAVS Best. 2.1 LL 1 auch für die folgenden Ratszusammensetzungen.

43 Mitglieder der Rats- und Wirtschaftsdeputation, die für die „Ökonomie" zuständig war.

44 Zur Reise Bandels s.: SAVS Best. 2.1 YY 11, GLA Abt. 184 Nr. 220–222 u. 225.

45 Schnabuliner: diejenigen, die ihren Schnabel an der reich gedeckten Tafel wetzen; Mordiner: diejenigen, die Zeter und Mordio schreien; Finkenreiter: Lügner, Schwindler, Schmeichler. Nach Zimmermann, Michael: Des Peregrinus Beck Groteskengemälde: ein Zeugnis Villinger Spottlust des ausgehenden 18. Jahrhunderts, Typoskript u. Artikel.

46 Schleicher, Johann Nepomuk: Die frühere Rathsverfassung der Stadt Villingen und der Kampf der Schnabuliner, Mordiner und Finkenreiter um das Stadtregiment, Konstanz: Ammon 1873, S. 54. (Schleicher: Rathsverfassung).

47 GLA Abt. 184 Nr. 360 f., EAF Ha 368, pag. 236–238 und SAVS Best. 2.1 DDD 29/5.

48 Nach Schleicher: Rathsverfassung, S. 89 ff.

49 GLA Abt. 184 Nr. 169, s. auch Nr. 170.

50 SAVS Best. 2.1 LL 1.

51 SAVS Best. 2.2 Nr. IV 2a.1.

52 Ebd.: enthält die Instruktionen für folgende Ämter und Gremien: Bürgermeister, Stadtbaumeister, Kornpfleger, Kornmesser, äußerer Rat, innerer Rat, Registrator, Schultheiß, Syndikus, Säckelamt, Säckelamts- oder Rentmeister, Steueramt, Spitalmeister, Kanzleisubstitut, Wald- und Holzmeister, Rats- und Wirtschaftsdeputation, Zollschreiber im Kaufhaus und übrige Fleisch- und Torzoller, Pürschvogt.

53 Quarthal: Behördenorganisation, S. 83 und 129.

54 Vgl. Tapié, Victor Lucien: Maria Theresia und ihr Reich. Styria, Graz Wien Köln, 1980. Er beurteilt die Regierungszeit als sehr positiv. „Die Heeresreformen haben der Monarchie in ihren Beziehungen zu den andern europäischen Mächten wieder das nötige Rückgrat verschafft. Durch ihre Verwaltungsreformen schuf sie, inspiriert am preußischen und französischen Beispiel, die neue österreichische Bürokratie, in der eine neue Vorstellung vom Staatsdienst zum Leben erweckt wurde. Und schließlich hat ihre Regierung wesentlich zum wirtschaftlichen Aufschwung und zur Produktionsvielfalt beigetragen." S. 275.

55 Nicht nur Villingen war von den Kriegsgeschehnissen betroffen. Auch der Marktflecken Schwenningen hatte schwer unter den Feindseligkeiten bis 1815 zu leiden. Benzing, Otto: Schwenningen am Neckar. Geschichte eines Grenzdorfes auf der Baar. Kuhn, Villingen-Schwenningen 1985, S. 258 ff.

56 SAVS Best. 2.1 BBB 6 II. Die Erbhuldigung ist ein Treueeid. Joseph II. hat ihn nicht mehr verlangt.

57 Karl VI. hatte versucht, den Erbanspruch seiner Tochter Maria Theresia durch die sogenannte „Pragmatische Sanktion", die auch die weibliche Erbfolge zuließ, zu si-

chern. Durch eine überaus komplizierte diplomatische Offensive hatte er die oft teuren Zustimmungen der europäischen Mächte eingeholt. Prinz Eugen hatte vorausgesagt, daß eine schlagkräftige Armee und eine gut gefüllte Staatskasse ein besserer Schutz seien. Kurz nach der Thronbesteigung überfiel Friedrich II. von Preußen Schlesien und der österreichische Erbfolgekrieg begann. Er endete 1748 mit dem Frieden zu Aachen, der den Verlust von Schlesien aber auch die Garantie der anderen Erbansprüche für Maria Theresia brachte.

58 Wie veraltet die Anlagen waren, macht die Tatsache deutlich, daß bereits 1789 auf den Wällen Obstbäume gepflanzt wurden. Die Wallanlagen waren da noch im Besitzt der Zünfte, die vorher für ihre Erhaltung zuständig waren.

59 Chronikalische Aufzeichnungen von J. N. Oberle SAVS Best. 2.2 (Bücher) IX 3.

60 Vgl., Heinl, Otto: Heereswesen und Volksbewaffnung in Vorderösterreich. Freiburg i. Br. 1941. (Heinl: Heereswesen) Das Werbekommando saß in Freiburg. Heinl urteilt über die Reform: „Sie hatte, seit 1765 von ihrem Sohn tatkräftig unterstützt, die Armee von privaten und ständischen Einflüssen befreit, durch eine einheitliche, strenge Militärgesetzgebung diszipliniert und so zu einem wirksamen staatlichen Instrument gemacht." S. 11.

61 Aushebung zum Militärdienst.

62 Kaiser Leopold verzichtete wieder darauf, denn sie war auf großen Widerstand gestoßen. Gotheim, Eberhard: Der Breisgau unter Maria Theresia und Joseph II, Neujahrsblätter der Badischen historischen Kommission, N. F. 10, Heidelberg 1907, S. 105 ff. In den Vorlanden wurde für das Hausregiment „Bender" geworben. Außerdem mußten 200 – in Kriegszeiten 400 – Reiter gestellt werden. Die wichtigsten militärischen Einrichtungen befanden sich in Freiburg: Generalkommando, Werbekommando, Feldkriegskommissariat, Verpflegungsamt, Kriegskasse, Zeughaus und Militärkrankenhaus. Vgl. Regele, Oskar: Zur Militärgeschichte Vorderösterreichs, in: Metz, Friedrich (Hg.): Vorderösterreich, eine geschichtliche Landeskunde. Freiburg 1959, 2 Bde, S. 117 ff., hier S. 122 f.

63 Dies war im Einquartierungsplan von 1798 endgültig festgeschrieben. SAVS Best. 2.1 Z 66.

64 SAVS Best. 2.1. Z 61 und 72.

65 Über den Verlauf und die Auswirkungen der Revolution auch auf deutsche Gebiete: Markov, Walter und Albert Soboul: 1789 Die Große Revolution der Franzosen. Köln: Pahl-Rugenstein, 1989³.

66 Zu den Veränderungen der Meinungen in dieser Zeit: Fenske, Hans: Der liberale Südwesten. Freiheitliche und demokratische Traditionen in Baden und Württemberg. Stuttgart, Berlin: Kohlhammer 1981, S. 26. „So gab es Ablehnung zunächst kaum. Aber schon im Herbst 1789 begann sich die Beurteilung zu ändern, und die Zustimmung bröckelte ab. In den folgenden Jahren wuchs die Skepsis immer mehr an, um während der Zeit der Jakobinerherrschaft, 1793 und bis zum Juli 1794, einer weitverbreiteten Desillusionierung Platz zu machen."

67 Ebd. Maria Agathe Zimmermann, SAVS Best. 2.1 BBB 10.

68 Heinl: Heereswesen, S 39.

69 SAVS Best. 2.1 Z 48.

70 So steht es in einer Verordnung der kurbadisch-provisorischen Regierung vom Mai 1806. Sie wurde vom französischen General Monard ebenfalls unterschrieben und in Deutsch und Französisch veröffentlicht. Allgemeines Intelligenzblatt für das Land Breisgau vom 24. Mai 1806 Nr. 42.

71 Quarthal: Behördenorganisation, S. 130 f. Zu den Revolutionskriegen: Soboul, Albert: Die Große Französische Re-

Revolution. Europäische Verlagsanstalt, Frankfurt/M 1973, 2 Bde. S. 210f.

72 Heinl: Heereswesen, S. 23ff.

73 Zahlreiche Beispiele hierzu im SAVS Best. 2.1 unter der Signatur Z. Ich werde nicht für jeden einzelnen Durchmarsch das Faszikel angeben.

74 SAVS Best. 2.1 XX 4.

75 So lautete das Resumee von Maria Agathe Zimmermann, SAVS 2.1 BBB 10.

76 Vgl. die Fruchttabellen in: Allgemeines Intelligenzblatt für das Land Breisgau. Der Preis lag in Villingen bis zu einem fl. höher als in den Städten der Rheinebene.

77 Einen Überblick über die Todesfälle im Breisgau geben: Allgemeines Intelligenzblatt für das Land Breisgau, ab 1802 erschienen.

78 Heinl: Heereswesen, S. 61f. Heinl behauptete, daß es seit 1793 im Schwarzwald einen Partisanenkrieg gegen die Franzosen gegeben hätte. Ebd. S. 63.

79 Maria Agathe Zimmermann SAVS Best. 2.1 BBB 10.

80 Ebd.

81 Ebd.

82 Ebd.

83 Ebd.

84 Ebd.

85 Das um 1380 entstandene Nägelinskreuz wird in Villingen seit Beginn des 15. Jahrhunderts bis heute als Gnadenbild verehrt. Die Legende berichtet, daß der Bauer Nägelin es in der Nähe von Spaichingen mit der Weisung gefunden habe, nach Villingen zu bringen, damit die Stadt vor Ketzerei, Eroberung und Feuer verschont wird.

86 Französische Armeeorder, SAVS Best. 2.1 Z 75.

87 Maria Agathe Zimmermann SAVS Best. 2.1 BBB 10.

88 SAVS Best. 2.1 Z 70.

89 SAVS Best. 2.1. Z 69 Nr. 35. Es sind viele Ablieferungslisten aus dieser Zeit erhalten.

90 SAVS Best. 2.1 Z 71.

91 Allgemeines Intelligenzblatt für das Land Breisgau vom 13. Januar 1802 Nr. 4.

92 Ebd. 16. Januar 1802 Nr. 5.

93 Gedruckte Ablieferungsliste von 1799, SAVS Best. 2.1. Z 69 Nr. 35.

94 Weißer, Hubert: „C'est une véritable Sibérie...". Die Condé-Armee 1792/93, in: GHV XVII/1992/93.

95 Ab dem Sommer 1789 wurde Deutschland zum Emigrationsland für die aus Frankreich flüchtenden. Ab März 1792 wurde der Besitz von Emigranten beschlagnahmt und eine Rückkehr dadurch unmöglich. Im Kaiserreich von Napoleon war es erlaubt, nicht veräußerten Besitz zurückzufordern. Ab 1815 gab es großzügige Entschädigungen. Emigration in Frankreich – Französische Emigranten in Deutschland 1685–1945. Ausstellungskatalog Paris 1983. Soboul, Albert: Die Große Französische Revolution. Europäische Verlagsanstalt, Frankfurt/M 1973, 2 Bde. I, S. 188ff.

96 F. de Romain: Souvenirs d'un officier royaliste, Paris 1824. Übersetzungen von Hubert Weißer.

97 Press, Volker: Vorderösterreich in der habsburgischen Reichspolitik des späten Mittelalters und der frühen Neuzeit, in: Maier, Hans und Volker Press (Hg.): Vorderösterreich in der frühen Neuzeit, unter Mitarb. v. Dieter Stievermann, Sigmaringen: Thorbecke 1989, S. 39f.

98 SAVS Best. 2.1. MM 1.

99 Ebd.

100 Dies ist jedenfalls die Meinung von Windelbrand, Wolfgang: Der Anfall des Breisgaus an Baden. Tübingen 1908, S. 77. (Windelband: Anfall an Baden).

101 Schreiben vom 18. Oktober 1803. SAVS Best. 2.1. MM 1.

102 SAVS Best. 2.1 MM 2. Schreiben aus Freiburg vom 27. Dezember 1805.

103 Dieses war ein gedruckter Text, in dem nur „die Stadt Villingen mit ihrem Gebiet" handschriftlich eingetragen worden war. SAVS Best. 2.1 MM 2.

104 GLA Abt. 184 Nr. 629. Darin sind auch die Übergabeprotokolle der übrigen Institutionen vorhanden. Vgl. auch: SAVS Abt. 2.1 Nr. BB 75 und 76.

105 SAVS Best. 2.1 MM 1. Die Anordnungen erfolgten am 9. Januar und am 2. März.

106 Tagebuch von Maria Agathe Zimmermann, SAVS 2.1 Nr. BBB 10; Aufzeichnungen des Stadtpfarrers Adrian Johann Baptist Wittum von 1796–1815 in der deutschen Fassung im Villinger Volksblatt vom 29. April bis zum 15. Mai 1884 erschienen (nach dem lateinischen Original der Stadtpfarrei). SAVS Best. MM 2.

107 Kapitular = stimmberechtigter Mönch eines Klosters.

108 Mit dem Vertrag sagten sich 16 süd- und westdeutsche Fürsten von Kaiser und Reich los. Sie schlossen sich im Rheinbund zusammen, dessen Protektor Napoleon war.

109 Preiser, Hermann: Die unfreiwillige Trennung der Stadt Villingen vom Hause Österreich, in: GHV XVII/1992/93, S. 23 ff., hier S. 30.

110 SAVS Abt. 2.1 Nr. MM 3a. Kopie des Originals GLA Abt. 48 Nr. 6504. Zu den Verhandlungen: Windelbrand: Anfall an Baden, S. 107 ff. Art. 1 besagte, daß Baden Tuttlingen, Mühlheim und die in Württemberg gelegenen Gefälle St. Blasien und St. Peter abtrat und auf die Villinger Effekten verzichtet. Art. 2 besagte, daß Württemberg Triberg, Villingen links der Brigach, Neuhausen, Obereschach, Thierheim, Sponeck und ortenauische Gefälle abtrat und auf sämtliche Gefälle, Rechte, und Lehnsherrlichkeiten, die jeder im Gebiete des anderen besaß, verzichtete. S. 127.

111 Laut Anordnung sollte der Huldigungsakt am 22. November, dem Geburtstag des Großherzoges vorgenommen werden. Da jedoch eine Delegation nach Freiburg ging, wurde der Termin in Villingen verlegt. Allgemeines Intelligenzblatt für das Land Breisgau vom 15. November 1806.

112 Ebd.

113 Als Karl Friedrich 1746 an die Regierung kam, umfaßte sein Territorium dreißig Quadratmeilen und hatte 90 000 Einwohner, als er starb waren es 250 Quadratmeilen und über eine Million Einwohner. Biographie über Karl Friedrich in: Engler, Helmut (Hg.): Große Badener. DVA, Stuttgart 1994, S. 97 ff.

114 Maria Agathe Zimmermann, SAVS 2.1 BBB 10.

115 Auszug aus dem Organisationsprotokoll vom 8. und 9. November 1806, GLA Abt. 100 Nr. 478. Zu den in den frühen 1730er Jahren an der Kirche durchgeführten Bauarbeiten hatten auch die Bewohner der umliegenden Dörfer Fuhrdienste geleistet: Neuhausen, Pfaffenweiler, Hochemmingen, Schwenningen, Weilersbach, Dauchingen, Kappel und die aus dem Brigachtal, sowie jene ganze Reihe Geistlicher und Weltlicher unter ihnen Prinz Eugen von Savoyen (41 fl. 40 xr) Beiträge geleistet. GLA Abt. 100 Nr. 475.

116 Protokoll des Geheimen Rates, GLA Abt. 100 Nr. 478.

117 GLA Abt. 100 Nr. 498.

Ingeborg Kottmann

Revolutionäre Begebenheiten
aus Villingen und Schwenningen[1]

„Lenkt man oben nicht bei Zeiten ein, werden die Kämpfe ernstlich, dann gnad' uns Gott! Alles ist möglich."[2]

Mit dem amerikanischen Unabhängigkeitskampf und der Französischen Revolution beginnt die moderne Zeit, in der in den europäischen Staaten zu verschiedenen Zeitpunkten und unter verschiedenen Umständen die absolutistische Staatsform überwunden wurde und konstitutionelle und demokratische Formen an ihre Stelle traten. Diese beruhten auf den Gedanken der persönlichen Freiheit und politischen sowie sozialen Gleichheit, die durch die Französische Revolution zum Besitz der europäischen Völker wurden. Die Verteidigung der revolutionären Ideen gegen die alten Mächte ließ in Frankreich den nationalen Gedanken voll entstehen, der im 19. Jahrhundert alle Völker ergriff. All diese Komponenten bestimmen auch die Revolution 1848 und 1849 in Europa, deren Ausgangspunkt die Pariser Februarrevolution war.[3] Die ersten Erfolge jagten die alten Regierungen in den deutschen Ländern fort, aber die alten Mächte blieben: Hof, Bürokratie und Militär. Dort, wo der Kampf vorzeitig abgebrochen wurde, konnte auch der Sieg nicht vollkommen sein. Wie sich 1849 zeigte, waren die Errungenschaften der „Märzrevolte" nur einem momentanen „Nervenzusammenbruch" der Herrschenden zu verdanken gewesen.[4] Der Einmarsch der preußischen Truppen in Baden machte klar, daß sie sich davon erholt hatten. Das blutige Ende der Revolution in Rastatt verdeutlicht, daß der Wunsch der Liberalen, eine Reform durch Kompromisse zu erzielen, bei den Herrschenden keine Unterstützung fand.[5]

Den Startschuß für die Veränderungen gab

die Offenburger Versammlung vom 12. September 1847. Von Friedrich Hecker und Gustav Struve[6] eingeladen, versammelten sich ca. 900 Personen, die 13 „Forderungen des Volkes" verabschiedeten, zu denen unter anderem Versammlungs-, Gewissens-, Religions- und Pressefreiheit sowie gerechte Besteuerung und Bildungschancen gehörten.[7] Die Zeitungen sorgten für eine Verbreitung der Forderungen. Auf der Versammlung in Mannheim am 7. Februar 1848 wurden die Beschlüsse von Offenburg bekräftigt. Die sogenannte Mannheimer Petition wurde das Vorbild für die nun in vielen Orten verfaßten Eingaben.

Hinweise auf Unzufriedenheit innerhalb der Bevölkerung gab es in den Jahren zuvor genügend. Die Hungerunruhen im Frühjahr 1847 waren eine ernste Warnung. Auch die noch immer nicht abgeschlossene Grundentlastung der Bauern sorgte für Unruhe. Ob sich ohne den Sturz der Dynastie in Frankreich in der sogenannten Februarrevolution die Wut von Teilen der Bevölkerung in einer Revolte entladen hätte, darf bezweifelt werden, denn die Ernte 1847 war gut ausgefallen.[8]

Die vierziger Jahre des 19. Jahrhunderts waren durch eine krisenhafte agrarische Konjunktur gekennzeichnet.[9] Man prägte für das Massenelend damals eigens einen neuen Begriff: Pauperismus. Es gab Schäden durch die lange Feuchtigkeits- und Trockenperiode, durch Hagelschlag und die Kartoffelkrankheit, letztere setzte besonders im badischen Schwarzwald den Bauern zu.[10] Im Jahre 1845, als wegen Kartoffelfäulnis die Kartoffelernte ausfiel, und 1847, als es kaum Brotgetreide gab, meldeten die Behörden die Zunahme von Diebstahlsdelikten und damit die Gefährdung des Eigentums und der öffentlichen Ordnung. Versuche der badischen und württembergischen Regierung, wenigstens die Ausfuhr von Getreide zu unterbinden, wurden umgangen. „Überall spürt man die durch die übermäßige Theuerung hervorgebrachten Zukungen. Arbeit und Verdienst sind gering; die Gewerbe stocken; die Einnahmen werden immer kleiner, die Ausgaben und Anforderungen des täglichen nothwendigsten Bedarfes immer größer."[11] In Villingen wurde im Januar 1847 von der Stiftung eine Suppenküche eingerichtet. Sie sollte ursprünglich nur drei Monate bestehen, wurde dann aber bis zum 18. Juli weiter betrieben, da die Not zu groß war.[12] In Schwenningen wurde bereits im Sommer 1846 eine Suppenanstalt eingerichtet.[13] An vielen Orten kam es aus den oben genannten Gründen 1847 zu Hungerunruhen.

Für Villingen ist der Vorfall vom 9. Mai 1847 belegt, den Gendarmerie und Bezirksamt meldeten. Fruchthändler Mathias Maier aus Waldkirch war dafür bekannt, daß er die Preise hochtrieb, deshalb waren die Behörden in Villingen bei seinem Eintreffen vorgewarnt und baten ihn, die Stadt schnell zu verlassen. Maier hielt sich nicht an den Rat, sondern steigerte immer zu Höchstpreisen mit, „... (dieses) wurde nach einer kleinen Weile im Publikum bekannt und strömte schon haufenweise dem Kaufhaus zu, und suchten den Fruchthändler und sagten ihm, ob er das Einkaufen bleiben lassen wolle oder nicht, und soll sobald wie möglich die Stadt verlassen. Auf dieses soll Maier geantwortet haben, der erste der mich angreift, den steche ich zusammen."[14] Nach und nach versammelten sich 200 Personen. Daß es zu keiner unmittelbaren Schlägerei kam, ist dem Amtmann zu verdanken, der ihn auf das Bezirksamt brachte. Maier verließ die Stadt, als er durch das Niedere Tor fuhr „regnete es mit Prügeln und Steinwürfen auf ihn, reißen ihn aus dem Wa-

gen und die Versammlung der Leute in einem Augenblick über 300 an der Zahl..." Maier „lag in seinem Blute". Weil Sonntag war, hatten einige Villinger zu tief ins Glas geschaut „und der Auflauf und Tumult ließ nicht nach". Erst als der Amtmann mit 20 Mann des Bürgermilitärs anrückte, konnte er die Situation bereinigen. Maier war nicht ernsthaft verletzt und konnte seine Fahrt nach Donaueschingen fortsetzen. Die Aufständischen warfen dem lokalen Fruchthändler und den Bäckern noch die Fenster ein.[15] Dies war ein Versuch, den lokalen Markt auf die eigene Versorgung zu begrenzen. Aber die Zeiten hatten sich bereits – für viele nicht verständlich – zu einer Marktordnung mit überregionaler Orientierung gewandelt.[16] Ein Zeichen für diese Wandlung war auch der Abriß des Niederen Tores im gleichen Jahr. Die Niederlegung der Mauern galt damals als Zeichen der Befreiung aus den Fesseln der mittelalterlichen Wirtschafts- und Gesellschaftsstruktur.

Wenden wir uns den Ereignissen 1848 und 1849 in Villingen und Schwenningen zu. Die Stadt Villingen-Schwenningen bietet nämlich die Möglichkeit, die Revolution aus der Sicht zweier Staaten zu beleuchten, denn Villingen gehörte damals zum Großherzogtum Baden und Schwenningen zum Königreich Württemberg. Während die Villinger aktiv an der Revolution teilnahmen, schielten sie immer wieder in die Nachbargemeinde, waren dort doch württembergische Truppen stationiert, die jederzeit eingreifen konnten.

Die Wiederherstellung des Pressefreiheitsgesetzes vom 28. Dezember 1831[17] im März 1848 führte in Villingen am 28. März 1848 zur Eröffnung einer Druckerei durch Ferdinand Förderer[18], die auch die Zeitung druckte, die die Demokratiebewegung durch Beiträge und die Veröffentlichung von Broschüren unterstützte.[19] Der einführende Text auf der ersten Seite der ersten Villinger Nummer kann als Programm angesehen werden: „Fünfzehn lange Jahre strömte das Blut durch die Pulse des deutschen Volkes wie faules Wasser aus dem Sumpfe der Knechtschaft; es redete nur die Sprache der Geister, d. h. es schwieg. Erloschen waren unsere Hoffnungen, verstummt unsere Wünsche. Da drang wie am Schöpfungstag das schaffende Wort: ‚Es werde Licht' durch die Finsternis, und der aufflammende Thron Frankreichs verkündete auch den deutschen Ländern einen neuen Tag, dessen erstes Geschenk die Pressefreiheit war. Mit ihr ist uns das kräftigste Mittel gegeben, wenn auch nicht die Uebel des Leibes, doch die viel gefährlicheren der Seele zu heilen, die da heißen Dummheit und Unwissenheit. Diese sind die giftigen Quellen des Aberglaubens, der Ungerechtigkeit, des Hasses und der Verfolgungswuth. Mit der freien Presse ist uns das Gegengewicht gegen jeden Druck, die Bedingungen jeder Freiheit und jedes Rechts, jeder Selbständigkeit und des bürgerlichen Lebens in die Hand gegeben. ...“[20] In der Druckerei von Förderer wurden auch viele Flugblätter gedruckt. Die Flugblätter waren das Mittel der Massenagitation in jener Zeit und geben uns heute einen Überblick über den Ablauf der Geschehnisse und einen Einblick in die Denkstrukturen der Revolutionäre. Sie wurden vor allem im Volksbildungsverein verteilt und im „Schwarzwälder“ veröffentlicht, solange dies möglich war.[21] Auch die Regierungen nutzten dieses Mittel, um ihre Zugeständnisse und später die Rücknahme derselben zu verkünden.[22]

Am 5. März 1848 fand die erste Volksversammlung in Villingen im Alten Rathaus statt, die der Arzt Karl Hoffmann[23] einberufen hatte, „um sich über eine Petition an die hohe zweite Kammer in Betreff der wichtigsten Volks- und Vaterlandsangelegenheiten zu besprechen“.[24] Das Bezirksamt sah keine Möglichkeit, die Versammlung zu verhindern. Man befürchtete allerdings Unruhen während der Fastnachtstage und forderte den

Gemeinderat auf, eine Bürgerwehr aufzustellen. Die gut besuchte Versammlung beschloß eine Petition, die von 500 Personen unterschrieben wurde. Man forderte: 1. Volksbewaffnung mit Offizierswahl, 2. unbedingte Pressefreiheit, 3. Schwurgerichte nach dem Vorbild Englands, 4. ein deutsches Parlament, 5. Ministerverantwortlichkeit, 6. Verfassungseid von Volk und Militär, 7. Glaubensfreiheit, 8. Gesetzesinitiative für beide Kammern, 9. Abschaffung der indirekten Steuern, Öffentlichkeit in der Verwaltung des Kirchen- und Stiftungsvermögens und 10. Abschaffung besonderer Stände, Gleichheit vor dem Gesetz.[25] Diese Petition wurde dem Abgeordneten des hiesigen Bezirks zur Überreichung in Karlsruhe zugeschickt. Schon 1847 forderte Hoffmann in einem Artikel Mut von den Gemeinderats- und Ausschußmitgliedern für Entscheidungen, die der Gesamtheit der Bürgerschaft zugute kommen. Er wünschte eine Erneuerung des Ausschusses. Er endete: „Leidenschaftslos und einzig nach dem Rufe meines Gewissens habe ich gesprochen und gehandelt; mögen es meine lieben Mitbürger auch thun!“[26]

Die politisch aktiven Personen waren in Villingen Männer, die dem Mittelstand angehörten, meist eine höhere Bildung besaßen und teilweise zu den wirtschaftlich Begünstigten gehörten. Sie waren Ärzte, Kaufleute, Lehrer, Priester, Rechtsanwälte[27] und Verwaltungsbeamte. Ihnen ging es vor allem um politische Mitspracherechte, weniger um soziale Probleme. Eine Ausnahme bildete vielleicht der Arzt Hoffmann.[28] „Die Höhe der Einkünfte, die soziale Geltung waren nicht das Alleinentscheidende. Die Eingesessenen, die mittleren Bürokraten, die Ladenbesitzer und die Handwerksmeister, die meisten Frauen neigten mehr nach rechts, gebildete Beamte, Lehrer, Ärzte, Intellektuelle, die Söhne reicher Leute, überhaupt die Jugend und die klügeren Frauen neigten mehr nach links.“[29] Diese Beschreibung von Valentin traf auf die

Villinger Verhältnisse ebenso zu wie auf die Schwenninger. „Die Volksschullehrer waren eine revolutionäre Gruppe, die im Süden eine besonders große Rolle spielte. ... und sie waren vielleicht das bekannteste Beispiel für unterbezahlte Beamte mit übertriebenen Vorstellungen von ihrer eigenen Bedeutung."[30] Die verwandtschaftlichen Verhältnisse waren ebenfalls wichtig, denn ohne sie wäre Hoffmann nicht so schnell in Villingen akzeptiert worden. Sein Schwager Martin Maier, Stadtrechner, war auch ein Anhänger der Revolution, während sein Schwager Jakob Zech, Spitalrechner, eher der konservativen Partei zuzurechnen ist.

Die Geschehnisse in der näheren und weiteren Umgebung wurden in Villingen genau beobachtet, deshalb wurden die Gemeinderäte Weber und Schmid auch zur Großversammlung am 8. März nach Donaueschingen geschickt, um die Interessen von Villingen zu vertreten. Es nahmen ca. 4000 Personen teil, Hauptredner war der Bezirksabgeordnete Welte.

Der Schwenninger Gemeinderat beschloß am 13. März, Sicherheitswachen aus Freiwilligen aufzustellen, um „Raubgesindel" aus Villingen abzuhalten. Dies empfand die Villinger Bevölkerung als Beleidigung.[31]

In Villingen fand die zweite Volksversammlung für den Oberamtsbezirk am 14. März statt. Die Straßen waren zum erstenmal mit schwarz-rot-goldenen Fahnen geschmückt, die aus den Fenstern hingen. Die Teilnehmer, die trotz ungünstiger Witterung erschienen waren – fast 4000 –, trugen an ihren Hüten Kokarden in denselben Farben. Sie kamen aus dem Amtsbezirk und aus den angrenzenden Orten Württembergs (Deißlingen, Schwenningen, Rottweil).[32] Man versammelte sich vor der Stadtapotheke in der Rietstraße. Karl Hoffmann sprach, auf dem Balkon stehend, als erster und tadelte das „lahme Wirken des Deutschen Bundes". Er meinte, jetzt sei der rechte Augenblick zur Erlan-

gung verfassungsmäßiger Rechte gekommen. Anschließend las er die Petition mit den 13 Punkten vor, die der nächste Redner Advokat Rudolf näher erläuterte. Die Kapläne Dietz und Moll riefen danach zu Eintracht und Festigkeit auf.[33] Der Redakteur des Uhrengewerbeblattes, Georg Schultheiß, erörterte die finanziellen Vorteile, die die Erreichung der Freiheiten bringen würde, und Pfarrer Josef Oberle aus Aasen appellierte an die Einigkeit von Fürsten und Volk. Unter die Petition setzten an diesem Tag 1712 Personen ihre Unterschrift. Zum ersten Mal nahmen auch Frauen an den Versammlungen teil, wenn sie sich auch – anders als in vergleichbaren Städten –, so weit bekannt, nicht zu Wort meldeten.[34]

Um 14.00 Uhr kam die Menge wieder zusammen, denn von Karlsruhe waren die Abgeordneten Mathy und Straub eingetroffen, die geschickt worden waren, um die Gemüter zu beruhigen. Sie berichteten von den Personalentscheidungen der Regierung[35], die jubelnd zur Kenntnis genommen wurden. Die Menge begleitete die Abgeordneten zum „Hotel Blume-Post". „Jetzt erst ließ sich die ganze herzvolle deutsche Gutmüthigkeit freien Lauf. Der Scherz bot dem Ernst die Hand: man trank auf das Nimmereinschlafen des erwachten deutschen Michels, auf das Wohl der Schützen-, Turn- und Singvereine, als den Vorkämpfern deutscher Einigkeit und Freiheit ... Klang und Sang, Blick und Wort, Alles verkündete, daß die ganze Versammlung nur Ein Herz habe voll Vertrauen auf sich und eine schönere Zukunft."[36]

Die Aufforderung der Volksversammlungen zur Volksbewaffnung fand in Villingen kaum Gehör. Die Bemühungen, Freiwillige anzuwerben, waren vergeblich, deshalb hob die Gemeindeverwaltung am 19. März das Bürgermilitär auf, übernahm dessen Schulden und erhielt dafür die Waffen, Armaturen und Musikinstrumente. Damit bewaffnete sie die Bürgerwehr, die unter dem Befehl des

Gemeinderats stand. § 1 des Dienstreglements lautete: „Die Bürgerwehr der Stadt Villingen vertritt die gesamte Einwohnerschaft dahier, in betreff jener Dienstleistungen, welche zum Behuf der öffentlichen Ruhe und Ordnung, der Sicherheit der Personen und des Eigenthums, ihr, der Bürgerwehr nämlich, hiermit übertragen werden. Die Bürgerwehr hat hauptsächlich und insbesondere die Aufgabe zu lößen, das Band der Eintracht, der Vaterlandsliebe, und des Gemeingeistes immer mehr und fester zu begründen. Die Bürgerwehr diene auch dazu, unserer Vaterstadt das ihr, unter Städten gleichen Ranges gebührende Ansehen von innen, so wie auch von außen wehren und verhalten helfen."[37] Das Infanterieregiment „Erbgroßherzog" in Freiburg lieferte 200 Exerziergewehre, für deren Bezahlung die Stadt bürgen mußte. Das erste Aufgebot zählte am 4. Mai 120 Mann, das zweite 98, das dritte, die Männer vom 40. bis 55. Lebensjahr umfassend, 399. Letzteres wurde nie aufgestellt. Nur die beiden ersten Aufgebote konnten bewaffnet werden. Die Bewaffnung war nicht auf dem neuesten Stand, denn es gab nur Steinschloßgewehre. Die Offiziere wurden gewählt; Kommandant war Bezirksförster Hubbauer, Hauptmann des ersten Aufgebots war Baptist Willmann[38], des zweiten Joseph Sorg[39]. Nepomuk Schleicher war Instruktor. Kaplan Dietz vertrat sogar die Auffassung, daß alle, die noch kein Bürgerrecht besitzen, mit Sensen kämpfen sollten anstatt mit Gewehren. Dagegen regte sich Widerspruch, es sei eine „Herabsetzung dieser jungen Männer".[40] Der Villinger Gemeinderat gewährte den einrückenden Rekruten noch die übliche Unterstützung, während im Umland die Gemeinden das Einrücken verhinderten.[41]

Am 17. März kam Josef Fickler nach Villingen, er wollte für die Republik werben. Die Villinger verhängten ein Redeverbot, sollte er sich nicht daran halten, standen Leute bereit, ihn mit Steinwürfen am Reden zu hin-

dern. Fickler zog weiter nach Offenburg zur Versammlung am 19. März. Gemeinderat Schmid und Ausschußmitglied Johann Schleicher (Färber) nahmen mit 16 bewaffneten Villingern auch an dieser Versammlung teil.[42] Für Aufregung sorgte in diesen Tagen das Gerücht, daß französisches „Gesindel" in Offenburg eingefallen sei. Der Bürgermeister schickte den Beamten Sedelmaier nach Hornberg, um Erkundigungen einzuziehen und Pulver zu kaufen. Die ersten Informationen über die Gerüchte erhielt der Villinger Bürgermeister vom Schultheißenamt in Schwenningen.[43] In Schwenningen wurde die Sturmglocke geläutet. „Ich kann nicht sagen wie oft an einem Tage geläutet wurde. Jedesmal begaben sich die Leute zum Rathaus. Mein Großvater suchte Männern und Weibern beizubringen, daß alle Greuelmeldungen nur Irrtum und bloße Gerüchte seien; niemand wollte auf ihn hören."[44] Auf Veranlassung des Oberamtes Rottweil wurde eine Bürgerwehr von 20 Mann aufgestellt und bewaffnet, allerdings waren die Gewehre mit unbrauchbaren Schlössern versehen. Werkzeugmacher Jäckle mußte sie noch richten. Im Laufe des Jahres erhielt die Gemeinde jedoch 20 französische Gewehre aus dem Königlichen Arsenal.[45]

Die „Schwenninger Revolution" begann am 27. März im Gasthaus „Bären".[46] Dort verfaßten 23 angesehene Schwenninger Bürger, darunter Johannes Bürk und Thomas Haller, eine Schrift „An Ortsvorsteher und Gemeinderat... und laden die sämtlichen noch in ihrer Stellung verharrenden Herren, von derselben zurückzutreten und es den nachberechtigten Bürgern zu überlassen, in Ausübung des ihnen gesetzlich zustehenden Rechts diejenigen ihrer Mitbürger zur Gemeindeverwaltung zu berufen, welche sie ihres Vertrauens würdig erachten". Wenn sie nicht zurückträten, dann könne der Frieden in der Gemeinde nicht gewahrt werden.[47] Es geschah jedoch nichts, denn württembergi-

sche Truppen – 1. Infanterie Regiment und eine Schwadron Kavallerie – unter General-
leutnant Miller waren im Ort einquartiert.
Die Gemeinderäte waren so froh über die
Anwesenheit des Militärs, daß sie für die Verpflegung 24 xr pro Tag und Mann bewilligten
und dafür einen Kredit aufnahmen.[48] Eine
extra eingesetzte Fourage-Kommission –
Jacob Stähle und Erhard Würthner – mußte Futter für die Pferde in Dürrheim kaufen.
Da die Gemeindekasse leer war, wurde zu
diesem Zweck ein Kredit von 1 000 fl. aufgenommen. Als die württembergischen Truppen abgezogen waren, wurde der Gemeinderat, obwohl auf Lebenszeit gewählt, abgesetzt. Allerdings kehrten – bis auf fünf – alle
schon kurze Zeit darauf ins Amt zurück. Inzwischen waren fünf Gemeinderäte neuge-
wählt worden, sie verblieben ebenfalls im
Gremium. Auch in Schwenningen soll es Freischärler gegeben haben. „Sie waren meist aus
den niederen Schichten und trieben allerlei
unfug im Dorfe. So führten sie eines Tages
zwei Strohmänner auf einem Wagen im Dorfe herum und machten Katzenmusik dazu.
Unter den Anführern waren auch Bürger, denen man solches nicht zugetraut hätte."[49] Der
Ort besaß um diese Zeit noch einen bäuerlichen Charakter, die Industrialisierung war
noch nicht sehr weit gediehen. Man achtete
hier auf die Verlautbarungen bzgl. der Feu-
dallasten und des Eigentums. Und die Warnung des württembergischen Abgeordneten
Paul Pfitzer vor einer entschädigungslosen
Enteignung wurden hier wohlwollend zur
Kenntnis genommen: „Jede Aufforderung,
die noch bestehenden Feudalabgaben
schlechthin aufzuheben, und Rechte, die bisher von dem Staate anerkannt und von den
Gerichten geschützt waren, wegen des Unrechts, der Härte und Bedrückung, die theil-
weise an ihnen kleben mögen, ganz zu vernichten, um so mit einem Federstrich Recht
und Unrecht abzuschaffen, ... mußte zurückgewiesen werden, denn wir wissen, daß von

der Vernichtung der Grund- und Lager-
bücher nur ein Schritt ist zu der Vernichtung
der Hypothekenbücher und Schuldbriefe,
und von der Vernichtung der Schuldbriefe
wiederum nur ein Schritt bis zur Theilung des
Eigenthums oder einer allgemeinen Güterge-
meinschaft."[50] Daß das Problem der Über-
schuldung von Bauernhöfen infolge der Ablösung der Fronen und der Zehnten auch in
dieser Gegend akut war, zeigen die vielen
Zwangsversteigerungen im Umland.[51]

Johannes Bürk, einer der Unterzeichner
der Petition, wurde durch verschiedene
Hetzartikel im „Rottweiler Anzeiger" als
Aufrührer, Vaterlandsverräter und Schmugg-
ler verbotener Schriften bezeichnet. Bürk
war der Vorkämpfer für Veränderungen in
der Gemeinde. „Es werden von einer Parthei,
von welcher freilich nichts Gutes zu erwarten
ist, welche aber einen großen Einfluß hier
hat, folgende schändlichen Verdächtigungen
gegen mich verbreitet: ... Unordnung und
Gesetzlosigkeit hervorgerufen und geleitet
(zu) haben." Ihm sei der „schmachvolle Kra-
vall vom 26. v. M. zuzuschreiben", und er stehe „mit Hecker und Struve in Verbindung....
Es ist dies die Arbeit derjenigen Parthei, welche mir wegen meines freiheitlichen, gesetz-
mäßigen Strebens, wegen meines Auftretens
gegen die lebenslänglichen Gemeinderäthe
und gegen die hiesigen Bauern-Aristokratie
bitterfeind ist, welche mich auf offener Straße
meuchlings überfallen hat und mir mit Tod
und Verderben droht." Bürk kündigte eine
gerichtliche Untersuchung der Vorfälle an
und fuhr fort: „Ich gebe darum für jetzt nur
die vorläufige Erklärung, daß die fraglichen
Gerüchte niederträchtige Lügen sind, wie
man sie nur bei dem Fürsten der Hölle ent-
lehnen kann."

Die Gegenseite antwortete mit neuen Un-
terstellungen und Verleumdungen. „Die hiesige Bürgerschaft kennt Bürk und es würde
nicht der Mühe wert sein, auf eine solche Eingabe etwas zu erwidern, wenn nicht zu den-

ken wäre, daß das auswärtige Publikum, so
wie unsere Nachbars-Orte seine schamlosen
Lügen glauben schenken möchten ... wäre er,
was er schon längst wünschte, Gemeinderath
oder gar Orts-Vorsteher, würde er der Le-
benslänglichkeit der Gemeinderäthe gerne
huldigen, ... überhaupt sollte es ihm aus
wohlbekannten Gründen nicht einfallen, als
Kandidat zur Stelle eines Gemeinderaths-
Mitgliedes oder Orts-Vorstehers aufzutreten,
denn er sollte doch denken und wissen, daß
der größere und rechtliche Theil der Bürgerschaft gegen ihn ist. ... Wir wünschen schließlich nur, er möchte erleuchtet von seiner angeblichen Reise zurückkommen, und aber
bedenken, daß nur die besitzende Klasse Gemeinde und Staat bisher unterhalten haben,
und fortwährend unterhalten wollen, nicht
aber gewisse Proletarier, welche über die
Geldbeutel, der sog. Bauern-Aristokratie, ohne diese zu fragen, gerne verfügen möchten.
Den 21. Mai Die Bürger von Schwenningen."[52] Bürk entzog sich vorübergehend der
Gemeindearbeit und ging aus beruflichen
Gründen in die Schweiz.

In der Versammlung von Altdorf-Engen
vom 29. März wurde zum ersten Mal offen die
Republik gefordert. In Ausführung der dort
gefaßten Beschlüsse wurde am 2. April in Villingen ein Volksausschuß gewählt, der gemäß
den Beschlüssen der Offenburger Versammlung von 1848 die politische Teilnahme der
breiten Bevölkerung sichern sollte. Es gehörten ihm 15 Mitglieder an: Karl Hoffmann,
Arzt; Nikodemus Diez, Kaplan; Wunibald
Moll, Kaplan; Johann Schmid, Gemeinderat;
Johann Schleicher, Färber; Aloys Schilling,
Tierarzt; Ferdinand Förderer, Buchhändler;
Martin Maier, Stadtrechner; Karl Rasina, Fabrikant; Jakob Rudolf, Rechtsanwalt; Anton
Weber, Gemeinderat; Josef Vetter, Altbürgermeister; Friedrich Hubbauer, Bezirksförster und Johann Neidinger, Kaufmann.[53]

Die ersten Ansätze eines Aufruhrs wurden
durch die aufgestellte Bürgerwache erstickt.

Nur am Amtshaus wurde ein Zettel mit folgendem Text befestigt:
„An das liederliche Oberamt
dahier
gute Warnung
Wenn du nicht herabsetzest den Tax vom
Brot,
so wird eine Kugel sicher deinen Todt.
Die Nemesis 1848."[54]

Die Aktivitäten verlagerten sich nach Donaueschingen. Zur dortigen Versammlung
(6. April) zogen 475 bewaffnete Villinger. Die
Listen der Teilnehmer, nicht alle nahmen freiwillig teil, sind erhalten. Ein Zuschauer aus
Hüfingen schrieb an die Stadtverwaltung:
„Ich hoffe, daß Sie mit Ihrer wackeren Truppe
glücklich wieder nach Villingen gelangt sind.
Ihre Bürgergarde hat in Ansehung der Bewaffnung, sowohl als der kriegerischen Haltung und des frohen Mutes der Mannschaft
allgemeine Bewunderung bei Sachverständi-
gen erregt und die Überzeugung hervorge-
bracht, daß, wenn alle Städte des Deutschen
Bundes in dem Maße Streitkräfte wie die Villinger darbieten könnten, wir weder einen
russischen noch französischen Einfall zu besorgen hätten und keine stehenden Heere
mehr nöthig hätten."[55] Der Schreiber wußte
nicht, daß zwei Teilnehmer beim Abmarsch
ihre Gewehre vergessen hatten. Sie tauchten
nach einiger Zeit wieder auf und wurden
zurückverlangt. Die teilweise grob formuller-
ten Beschlüsse der Donaueschinger Versammlung sollten durch eine Deputation unter Leitung von Karl Hoffmann nach Karlsruhe gebracht werden. Mit Petitionen versuchten die liberalen Kräfte Veränderungen herbeizuführen.[56]

Die Wahlen für den Gemeinderat und den
Bürgerausschuß wurden in der Stadt Villingen auch 1848 durchgeführt. Die Gewählten nahmen die Wahl in der Regel an. Doch
revolutionäre Vorstellungen machten sich
auch dort bemerkbar. Rechtsanwalt Wittum
lehnte seine Wahl mit Bezug auf § 32 der

Gemeinderordnung vom Dezember 1831 ab.[57]

Am 11. April wurde ein Volksausschuß für den Amtsbezirk im Alten Rathaus gewählt, von den neun Mitgliedern kamen sechs aus Villingen. „Der Zweck des Bezirksausschußes und des Volksausschußes besteht einzig darin, in unserer tief bewegten Zeit dasjenige, was als ein wohlbegründetes Recht der Bürger und für das Wohl des Volkes als ein wahres Bedürfnis erscheint – auf eine vernünftig geordnete und männlich feste weise möglichst sicher zu erstreben. ... Unordnung und unzeitiges, übereiltes Handeln sind nicht die Mittel, durch welche unser heiliger Zweck erreicht werden kann. ... Sollten seine (Volksausschuß) Beschlüsse und Handlungen je eine Mißbilligung, einen Tadel verdienen, so ist es eine Pflicht der Ehrlichkeit, daß dieses auf offenen, geraden Wegen und nicht in heimlichen Winkelzügen geschehe.“[58]

Gustav Struve versuchte von Donaueschingen aus, einen Freischärlerzug zu organisieren. Doch der drohende Einmarsch von württembergischen Truppen ließ in Villingen keine Begeisterung dafür aufkommen. Die Kapläne Moll und Diez, die Gemeinderäte Weber und Neidinger und der Stadtrechner Maier wollten sich in Donaueschingen informieren. Da sie jedoch von Struve keine Auskunft über den geplanten Verlauf des Zuges erhielten, beschlossen sie, nicht teilzunehmen. Der Gemeinderat und der Bürgerausschuß schlossen sich dieser Meinung an. Auf einer Gemeindeversammlung wurde die Erklärung von Struve, die auf den Beschlüssen von Offenburg basierte, angenommen.[59] Dies geht auch aus einem Schreiben von Geh. Regierungskommissär von Stengel an die badische Regierung hervor. Er sollte die revolutionären Aktivitäten im Seekreis überwachen und war somit auch für Villingen und Donaueschingen zuständig. Aus Sicherheitsgründen nahm er zunächst in Schwenningen sein Quartier. In seinem Bericht vom 14. April

1848 vermerkte er: „In Villingen erhielt ich von dem Posthalter den anliegenden Aufruf von Hecker und Struve. Die Stadt Villingen will keinen Theil an dem Unternehmen Hecker und Struve nehmen, und haben dem aus dem Seekreis herannahenden Zuge eine Deputation entgegen geschickt, um die Erklärung abzugeben, daß sie sich bei einem Zuge nach Karlsruhe nicht beteiligen werden; sie müßen jetzt ihre Felder bauen und bestünden allein auf der Offenburger Erklärung.“[60] Von Stengel war bei der Versammlung anwesend. Es scheint so, daß eine Deputation nach Geisingen gezogen ist, um sich mit anderen Delegationen zu besprechen.

Am 15. April rückten württembergische Truppen in Donaueschingen ein, die Freischärler zogen Richtung Freiburg ab.[61] In Villingen wurde eine Bezirksversammlung einberufen. Der Amtmann Blattmann warnte vor einer Teilnahme. Im Seekreis kursierte ein Flugblatt gegen von Stengel. „Der blutgierige Beck hat den f. g. Hl. von Stengel die Vollmacht erteilt, daß alle Behörden im Seekreis zu vollziehen haben, was derselbe verordnet ... “[62] Die „Deutsche Zeitung“ aus Karlsruhe hatte über die Auffassung der Villinger bzgl. des Einmarsches der württembergischen Truppen folgendes geschrieben: „Aus Villingen wurde der württembergische General ersucht, ungesäumt mit seinen Truppen einzurücken.“ Dies rief große Empörung hervor. Hoffmann verwies darauf, daß in einer Versammlung des Gemeinderats und des kleinen Bürgerausschusses dem Geh. Regierungskommissär v. Stengel eine Erklärung überreicht worden war, aus der eindeutig hervorging, daß Villingen seine Ruhe und Ordnung ohne württembergische Truppen aufrechterhalten könne und eine Einquartierung nur bei einer auswärtigen Gefahr akzeptiert werde.[63]

Am 23. April war in Villingen ohne Wissen des Gemeinderats eine Aufforderung durch die Schelle verkündet worden, in der 69 Villinger Einwohner sich bereit erklärten, sich dem Heckerschen Freischarenzug[64] anzuschließen, wenn ihnen eine Unterstützung durch die Stadtkasse oder durch die hiesige Bürgerschaft zuteil werde. Sie forderten einen Gulden für Unverheiratete und einen Gulden und 10 Kreuzer für Verheiratete pro Tag und die Überlassung von Gewehren, Munition und Proviant.

Der Bürgermeister wurde gezwungen, nachts eine Versammlung einzuberufen.[65] Diese erließ folgende Aufforderung:

„In der heutigen Bürgerversammlung wurde beschlossen, zur Unterstützung des Heckerschen Zuges eine Mannschaft abzusenden, und es hat sich bereits eine Zahl freiwilliger Männer zum Abmarsch fertig gemacht. Gemeinden, welche diesen Zug unterstützen wollen, wollen sich den 24. d. M. nachmittags 2 Uhr hier anmelden, wo ihnen das Nähere eröffnet werden wird. Villingen den 23. April 1848, Bürgermeisteramt: Stern."[66]

Der Gemeinderat und der Volksausschuß waren bestürzt über die hitzigen Debatten in der Versammlung. „Von seiten des Gemeinderats wie des Volksausschusses wurde vielseitig sich dagegen erklärt. Es war eine tumultartige Beratung in der man sein eigenes Wort nicht verstand", berichtete Förderer.[67] Einen Tag darauf zogen die Freiwilligen morgens um 7 Uhr vor das Haus des Bürgermeisters, wo sie ihre Ausrüstung erhielten. Säumende wurden durch die Polizeidiener aus ihren Häusern geholt. Insgesamt zogen 87 Mann Richtung Freiburg, es waren meist Familienväter, die sich wegen Verdienstlosigkeit und Nahrungssorgen zu diesem Zug entschlossen hatten. „Wir glauben mit Sicherheit behaupten zu dürfen, daß die Mannschaft nur gegen Armuth und Mangel, nicht aber gegen Gesetz und Ordnung ausgezogen ist."[68] Zahlreiche Klagen wurden laut, da der Kriegszustand das wirtschaftliche Leben stark beeinträchtigte.

„Aus Villingen sind nach unter dem 24. d. M. unter Anführung des prakt. Arztes Hoffmann und des Buchhändlers Förderer auf Veranlassung des Apothekers Brunner 80 Mann nach Freiburg gezogen."[69] Während seiner Gerichtsverhandlung wurde Baptist Willmann als Anführer dieses Aufgebots genannt, weil er sich auch öffentlich für die freundliche Aufnahme der „Wehrmannschaft" in Furtwangen bedankt hatte.[70] Die Gemeinderäte Weber und Schilling hatte man vorausgesandt, um Informationen einzuholen. Sie gelangten bis Denzlingen, wo sie fliehende Freischärler über den Stand unterrichteten. Sie kehrten um und trafen die Kolonne in Furtwangen. Angesichts der Vorgänge im Breisgau wurde beschlossen, die Freischärler zurückzuholen. Dies sei zum Ärger von Hoffmann beschlossen worden, behauptete von Stengel.[71] Die Freischärler wußten noch nicht, daß Großherzog Leopold am 23. April 1848 eine provisorische Verordnung, die im See- und Oberrheinkreis den Kriegszustand ausrief, erlassen hatte. Es war nun verboten, eine Waffe zu tragen, Volksversammlungen einzuberufen und sich zu den Zielen der Revolution zu äußern.[72] Ein Villinger, Heinrich Kornhas, nahm aktiv an den Kämpfen teil. Er war ein glühender Anhänger von Volksfreiheit und Vaterlandsliebe, darauf wies August Willich, Freischarführer, in einem Brief an Kornhas' Eltern hin.[73] In dieser Zeit hatten zwei Villinger Bürger am Marktbrunnen einen Freiheitsbaum errichtet, der auf Befehl des Bezirksamts beseitigt werden mußte.[74]

In Baden wurden die Abgeordneten für die deutsche Nationalversammlung in Frankfurt indirekt gewählt, und es durften nur die Inhaber des Bürgerrechts ihre Stimme abgeben. „Bei der Wahl der Wahlmänner für die deutsche Nationalversammlung ist jeder Staatsbürger, der das 21. Jahr zurückgelegt hat, in der Gemeinde, in der er seinen Wohnsitz hat, stimmfähig und wählbar."[75] Im Schwarzwälder wurde eine Warnung veröffentlicht: „Als Wahlmänner taugen in gegenwärtig kritischer Zeit jetzt weniger als jemals namentlich nicht: die Staatsdiener jeder Klasse, die Geistlichen und Lehrer, so fern selbe nicht als volkstümlich berühmt sind, alle Jesuiten, welchen Rok sie auch tragen mögen, und jene Bürgermeister, welche schon längst als volksfeindliche Wühler in der öffentlichen Meinung stehen, und als gedungene Herrenknechte bekannt sind."[76] Die Wahlmänner von Villingen waren: Karl Hoffmann, Wunibald Moll, Nikodemus Diez, Karl Wittum, Martin Kienzler, Johann Schmid, Johann Schleicher und Anton Weber.[77] In der Presse wurde vorgeschlagen, die Stadt aus Anlaß der Wahl mit schwarz-gold-roten Fahnen zu beflaggen.[78] Da der Sieger am 18. Mai, Prof. Kapp, auch in Tauberbischofsheim gewählt worden war, mußte am 6. Juni neu gewählt werden. Diesmal erhielten Hecker und Metz gleichviele Stimmen.[79] Das Los entschied für den Seidenfabrikanten Carl Metz aus Freiburg. Metz nahm die Wahl an: „Ich hoffe", schrieb er, „wir werden Freiheit und Einheit nebeneinander stellen können; wäre dem unglüklicherweise nicht so, dann stünde mir Freiheit höher als die Einheit. Von jeher bin ich ergeben gewesen den Grundsätzen wahrer Freiheit. ... Ich glaube, daß ausschließlich nur die treue Verfolgung der Lehre Christi uns vom Verderben zurükhalten und zu wahrem Glük uns führen kann. Neben wahrem Christentum kann Tyranei nicht bestehen."[80] Es kam während der Wahl zu einem Zwischenfall, den Wahlmännern Moll und Diez hat man, weil sie nicht für Hecker gestimmt hatten, die Fenster eingeworfen und ihre Bildnisse am Galgen befestigt.

In Württemberg wurde direkt gewählt. Der vierte Stand, die Unselbständigen, waren dort von der Wahl ausgeschlossen. Die unterschiedlichen Wahlmodalitäten resultierten aus den sehr geringen Vorgaben des Vorparlaments, denn es hatte nur bestimmt, daß auf

je 50 000 Einwohner ein Abgeordneter zu wählen, daß jeder Deutsche in jedem Staat wählbar und jeder volljährige selbständige Staatsangehörige wahlberechtigt und wählbar sei.[81] Anläßlich der Eröffnung der Deutschen Nationalversammlung fand in Villingen wie andernorts auch am 28. Mai eine kirchliche Feier statt, wozu das Pfarramt im Auftrag des Erzbischöflichen Ordinariats eingeladen hatte.[82]

In Villingen nahm wenige Tage nach dem Ende des Heckerzuges[83] das Großh. Bezirksamt seine Untersuchungen gegen die Teilnehmer am Freischärlerzug auf.[84] Die führenden Köpfe hatten sich in die Schweiz geflüchtet. In Villingen rief der Stadtrechner Maier dazu auf, für die „Heimatflüchtigen" zu spenden.[85] Eine kurzsichtige Bürokratie tat alles, um die Erregung im Volke nicht zur Ruhe kommen zu lassen. Das Denunziantentum blühte, besonders, seit es im Zuge der Rückführung der württembergischen und bayrischen Truppen Einquartierungen in Villingen gab. Bürger beschwerten sich über die ungerechte Verteilung der Soldaten. „... wo ein Bürger während 7 Tagen 4 Mann hat, während sein Nachbar, der eben so vermöglich ist, keinen hat, oder nur einen? ... Oder ist es erforderlich, daß man die Mittelklasse so sehr in Anspruch nimmt, um Vermöglichere und höchst Besteuerte ganz zu verschonen?" Die Einquartierungskommission verbat sich die Vorwürfe.[86] Zahlreiche Klagen über die Beeinträchtigungen im wirtschaftlichen Leben waren zu hören. Die enormen Summen für die militärische Einquartierung verhinderten notwendige Sanierungen und hielten die Preise auf einem hohen Niveau, so daß in den unteren Schichten bereits wieder der Hunger einzog und die Lebensmitteldiebstähle anstiegen.

Man beschuldigte sich auch öffentlich. Herr Körner verwahrte sich dagegen, daß behauptet würde, er habe beim Abzug der Truppen diese als Gesindel bezeichnet und es begrüßt, daß sie endlich fort seien.[87] Alle am Zug Beteiligten hatten sich des Verrats schuldig gemacht. Bürgermeister Stern habe die Namen dem bayrischen Corporal Lacher mitgeteilt, schrieb Willmann.[88] Stern reichte eine Klage wegen absichtlicher Kränkung ein. Einige verloren den Humor nicht und gründeten einen „Gegenspionen-Verein", der in einer Anzeige verkündete: „Anzeige für und gegen geheime Spürhunde und Angeber, auch Spione und Denuncianten genannt. Eine beklagenswerthe Thatsache ist es, daß ein solches unsittliche Gesindel auch in unserer Stadt zu spuken angefangen und durch sein ehr- und schamloses Wirken im Geheimen sowohl einzelne Personen, als auch ganze Gemeinden und Behörden verdächtigt hat. …hat sich hier ein Verein gebildet, der stets auf solche Galgenvögel fahnden und nöthigenfalls durch ein besonderes Fahndungsblatt die hiesigen Einwohner zur Wachsamkeit auffordern wird."[89] Johann Schleicher, der sich aktiv für die demokratischen Forderungen einsetzte, wurde z. B. nachgesagt, er sei ein fauler und schlechter Lehrer und führe ein unsolides Leben. „Seit seiner Anstellung mißhandelt er unsere Kinder oft durch Schläge und Einsperren, auch gibt er schriftliche Arbeit in Massa als Strafen auf, um Papier zu gewinnen und selbes zu verkaufen…Auch durch sein Privatleben stiftet er nicht viel Gutes, er ist bei allen politischen Gesellschaften." Schleicher verteidigte sich, und auch sein Schulleiter bescheinigte, „daß wir denselben stets als sehr tüchtig im Lehrfache, als ebenso fleißig und wissenhaft in seinem Berufe und sittlich rein in seinem Streben und Wandel erfunden haben". Die unter kirchlicher Aufsicht stehenden Lehrer waren auch in Villingen ein Aktivposten der Revolution.[90] Wohl deshalb wurde im „Gesetz, betreffend das Verfahren bei dem Aufgebot der bewaffneten Macht gegen Zusammenrottungen und Aufruhr" vom 31. 8. 1849 ausdrücklich verfügt: „Eltern, Erzieher, Dienst- und Fa-

brikherren haben die Verpflichtung, ihre Kinder, Zöglinge, Arbeiter, Gesinde etc. zurückzuhalten und ihnen zu verbieten, sich unter die Volkshaufen zu mischen, und die Arbeiter, Handwerkgehülfen und Lehrlinge sind verpflichtet, den Weisungen ihrer Dienst- und Fabrikherren gehorsam zu seyn."[91] Neben den Lehrern fürchtete die Obrigkeit Zusammenkünfte von ledigen Handwerksgesellen und Arbeitern. Jetzt entdeckte man auch, daß alle die Orte, die am 14. März mit einer deutschen Fahne nach Villingen gezogen waren, mit Einquartierungen bestraft wurden. In Württemberg verzichtete die Regierung auf repressive Maßnahmen.

Hoffmann sammelte Bittschriften für eine politische Amnestie der Freischärler.[92] Im Rathaus wurde die bei der Parlamentswahl des dritten Bezirkes angenommene Petition für Amnestie zur Unterzeichnung ausgelegt. „Der Riß zwischen dem badischen Volk und den großherzogl. Behörden ist längst schon weit genug, ohne daß derselbe noch erweitert zu werden braucht durch Fortsetzung eines Riesenprozesses." Wenn man Konflikte und sinnlose Ausgaben verhindern wolle, „ist es dringendes Erforderniß, daß ungesäumt eine ausnahmslose Niederschlagung aller gerichtlichen und polizeilichen Verfolgungen hinsichtlich der jüngsten republikanischen Volkserhebung ausgesprochen werde, sowohl für die Eingekerkerten, als für die Flüchtlinge und als für die erst noch mit gerichtlicher Verfolgung Bedrohten".[93] Es wurde zwar eine Amnestie erlassen, aber „während Württemberg eine wirkliche Amnestie ertheilt und alle Untersuchungen niederschlägt, werden in der badischen Amnestie so viele Ausnahmen von der Begnadigung angeführt, daß es schwer einzusehen ist, wem dieselbe angedeihen kann".[94] Der Bezirksausschuß ruft daher zu einer Volksversammlung am 27. August in Hüfingen auf.[95] In der 26. Sitzung des Parlaments zu Frankfurt überreichte eine Delegation aus Villingen dem Abgeordneten von

Itzstein eine Petition, die um das Festhalten an der proklamierten Volkssouveränität bat. Der Humor ging nicht ganz verloren, unter der Rubrik „Unpolitischer Nachtisch" wurden satirisch-ironische Seitenhiebe auf die Obrigkeit und die Bevölkerung abgeschossen. „Zugleich mache ich bekannt, daß ich Republikanisirbrillen besize, welche die Eigenschaft haben, daß man auf dem Kopfe eines Jeden, den man durch diese Brillen ansieht, eine Jakobinermüze zu sehen glaubt. Man darf diese Gläser nur heimlich in die Brillen der Leute sezen, dann sehen sie schon Alles roth. Möchten besonders der constitutionell-monarchischen Gesellschaft zu empfehlen sein."[96]

Obwohl man sich in Villingen sonst die Einmischung des württembergischen Militärs verbat, am 7. August war man froh über ihre Hilfe, denn in kurzer Zeit brannten sieben Wohn- und fünf Ökonomiegebäude ab, dabei gingen bedeutende Vorräte an Futter und Brennmaterialien verloren. Es war wieder einmal Brandstiftung. Aus allen Nachbarorten kamen Löschmannschaften und aus Schwenningen eine halbe Kompanie königlich-württembergische Infanterie, die vor allem das weitere Ausbreiten der Flammen verhinderte. Es brannte in diesem Jahr in Villingen häufiger. Eine Familie war in fünf Wochen gleich dreimal betroffen. Der Bürgermeister setzte für die Ergreifung des Täters eine Belohnung von 500 fl. aus.[97]

Die Bürgerwehr Villingens wurde im September neu konstituiert, die Gefahren waren zu groß geworden. Sie hatte nach dem Heckerputsch im Mai ihre Waffen abgeben müssen. Es durfte nun für den Wachdienst kein Ersatzmann gestellt werden.[98] Infolge des erfolglosen Struveputsches[99] kam es wieder zu Einquartierungen. Der Bürgermeister warnte, daß die Verweigerung von Steuern nicht statthaft sei. Die Gemeinde mußte nämlich die Kosten tragen, wenn Militär zur Eintreibung benötigt wurde bzw. mußte die

Steuern für die Bürger vorstrecken.[100] Im November forderte das Kriegsministerium von Villingen 200 Gewehre und 3000 Zündhütchen zurück, die die Gemeinde bei der Zeughausdirektion abliefern und die Herstellung etwaiger Schäden bezahlen sollte. Erhalten hatte man die Gewehre von dem II. Infanterieregiment in Freiburg. Darüber entbrannte ein Streit, der erst 1854 mit dem Urteil des Großh. Bad. Oberhofgerichts in Mannheim endete. Villingen mußte die Kosten für die drei Instanzen und für die Gewehre bezahlen.[101]

Die Revolution setzte Kräfte zur Vereinsbildung frei, nachdem die Versammlungs-, Vereins- und Pressefreiheit beschränkenden Gesetze und Verordnungen im Bund und den Einzelstaaten gefallen waren.[102] Johann Schleicher war Mitbegründer eines Turnvereins, der zu einem „Hüter liberalen Geistes" wurde. Der Turnverein veranstaltete am 17. Dezember um 13 Uhr eine Trauerfeier für den in Wien standrechtlich erschossenen Robert Blum (9. November 1848). Der geplante Fackelzug war vom württembergischen Oberst Brandt verboten worden. Der Leichenzug mit ca. 2000 Teilnehmern führte vom Münsterplatz zum Friedhof. Joseph Rasina, Karl Hoffmann und Rechtsanwalt Joseph Fuchs hielten Gedenkreden. Dann ging es in der gleichen Ordnung wieder in die Stadt zurück, wo im Gasthaus „Zum Löwen" ein katholischer Priester sprach. Das Läuten der Glocken wurde untersagt, „man entschädigte sich durch das Läuten in der St. Veitskapelle und der Friedhofskirche".[103] Im Auftrage des Turnrates vermeldete Hoffmann einige Tage später: „Das Rätsel, warum der christkatholische Pfarrer Früh von Konstanz auf die an ihn ergangene Einladung ungeachtet seiner früheren Zusage bei der für Robert Blum am letzten Sonntag hier abgehaltenen Trauerfeierlichkeit nicht erschienen, ist nun gelöst." Ein „elender Schurke" habe im Namen des Turnrats Pfarrer Früh geschrieben,

die Leichenfeier könne wegen Hindernissen
nicht stattfinden und sei verlegt. „Die groß-
artige Niederträchtigkeit dieser Handlung
und deren Urheberschaft richtet sich von
selbst."[104]

Die Stimmung am Ende des Jahres
gibt folgendes Gedicht wieder:[105]

„Am Schlusse des Jahres 1848
So ständen wir an eines Jahres Grab,
wie wir noch keines sahen im Jahrhundert.
Wie viel, was wir gehofft, steigt mit hinab,
wie viel, was wir bejubelt und bewundert! –
In eine sternlos wüste Winternacht
ward deutscher Freiheit Hoffnungstag
verwandelt;
dem Heiland gleich ward sie verhöhnt,
verlacht,
gegeiselt und gekreuzigt und verhandelt.
Wohin wir sehen, welch jammervolles Bild
beut für die Zukunft dieses Jahres Ende:
die Herzen leer, die Kerker überfüllt,
gefesselt die für Freiheit rüstgen Hände,
die Mütter – ihrer Gatten frech beraubt
die Kinder – brotlos arme Waisenscharen
des Sieges Kränze auf der Herrschsucht
Haupt:
Wer mag in solchem Jammer Trost
bewahren?
Noch eine Träne Dir, du Heldenschar
die du im Kampf für Freiheit mußtest fallen!
Dir lacht des Ruhmes flammender Altar,
Uns drohen neuer Feinde Satanskrallen!
Und wenn die Feigheit schleichet durch die
Welt,
wenn lächelnd man die Freiheit sich läßt
rauben,
wenn Lieb und Treu und Glaube matt
zerfällt,
Dann ist es schwer, an einen Sieg zu
glauben!"

Die Geschehnisse 1849

Das neue Jahr begann mit Einquartierung.
Tief bewegte die Villinger die Verurteilung
eines Soldaten zu 10 Jahren Festungsarrest,
der seinen Hauptmann mit dem Säbel eine
Epaulett gespalten hatte. „Mit Thränen hörte
der Unglückliche sein Verdammungsurtheil
an."[106] Im Januar 1849 wurde bekannt, daß
K. Hoffmann und J. Schmid wegen der Beteiligung am Aprilaufstand angeklagt würden.
Anklagepunkte waren: Versuch das Ausrücken der Rekruten zu verhindern, Unterstützung des Heckerzuges, Besuch von Volksversammlungen und Befürwortung der dortigen Beschlüsse sowie Gefährdung des Eigentums des Fürsten von Fürstenberg. In zwei
Extrabeilagen zum Schwarzwälder Nr. 19
und 24 wehrten sie sich gegen die erhobenen
Beschuldigungen. Er habe nicht die Abhaltung der Gemeindeversammlung in der
Nacht vom 23. auf den 24. April verlangt, betonte Hoffmann. Als Vorstand des Volksausschusses habe er sich gegen den Freischarenzug von Hecker gewandt. Rechtsanwalt Rudolf und er hätten auf Wunsch des Volksausschusses und der Gemeindegremien an der
Hüfinger Versammlung teilgenommen und
den Aufruf verfaßt. Auf der Donaueschinger
Versammlung sei er nicht gewesen, da er am
gleichen Tage mit General von Miller ein Gespräch in Rottweil geführt habe. Hoffmann
schrieb: „Ich habe viele Gründe, das Untersu-
chungsverfahren und die Zeugenaussagen zu
verwerfen, weil Untersuchungsrichter und
Zeugen zum großen Theil bei dem Vergehen,
das mir zur Last gelegt werden soll – selbst
betheiligt, einseitig und leidenschaftlich sind.
Unter dem hellsehenden Blick unserer Poli-
zeibehörden sind alle Verbrechen begangen
worden, als deren Urheber oder Teilnehmer
ich nun angeklagt werde. Mein Untersuchungsrichter war Teilnehmer des bewaffneten Auszugs nach Donaueschingen, wo angeblich hochverräterische Beschlüsse (in

meiner Abwesenheit) gefaßt wurden; dieser und andere diesem Freischarenzuge sich angeschlossene Mitglieder der hiesigen Staatsbehörden konnten gegen jene Beschlüsse Einsprache erheben, haben es aber nicht getan; öffentlich wurde die Bildung des Freischaarenzuges betrieben, durch das Bürgermeisteramt wurden die hierauf bezüglichen Bekanntmachungen besorgt, Polizeidiener wurden im Dienstwege für Freischärler-Angelegenheiten verwendet, unter den Augen unserer hiesigen Obrigkeit stellten die Reihen der Freischaaren sich auf, Gemeinderäte sorgten für deren Bewaffnung, von Gemeinderats wegen wurde der Anführer der Freischaren bestellt, und diese Leute, welche eine große Reihe von Unterlassungssünden durch Nichtausübung ihrer Amtspflichten auf sich geladen, ... sollen als Zeugen gegen mich gebraucht werden. Pfui, da gibt es eine saubere Gerechtigkeit!" Gemeinderat Schmid verwahrt sich besonders gegen die Anschuldigung, er habe die Beschlüsse von Hüfingen auch in Villingen in Kraft setzen wollen. „In Betreff meiner oben angeführten Belastungszeugen bemerke ich: daß sich diese sowohl in der Sache, als auch in der Person geirrt haben ..." Er habe die Volkssache vertreten, ohne an hochverräterischen Unternehmen beteiligt gewesen zu sein, fügte er hinzu.[107] Hoffmann wurde vom Gemeinderat bescheinigt, er habe „in seinen Vorträgen bei Volksversammlungen immer zur Ruhe und Ordnung ermahnt ..." Bürgermeister Stern und die Gemeinderäte Konstanzer, Kienzler und Franz Dold haben dieses Zeugnis jedoch nicht unterschrieben.[108]

Die Fastnacht verlief in diesem Jahr sehr ruhig, deshalb kamen Schüler auf die Idee, am 11. März einen Umzug im Stile der Heckerscharen (Schlapphut und Schleppsäbel) zu veranstalten. Bürgermeister Stern machte die Lehrer dafür verantwortlich. Die Lehrer wehrten sich öffentlich. „Wie es eben geht, Hr. Bürgermeister! mit dem besten Willen der Lehrer wird oft das festgesetzte Ziel nicht erreicht, und es ist gerade so, um im Gleichnisse zu sprechen, als wenn eine Gemeinde den löblichen Willen hat, den Tauglichsten aus ihrer Mitte zum Bürgermeister zu wählen, und errathet dann gerade den Untauglichsten. Wenn wir alle diese ‚ähnlichen Vorfälle' verhindern könnten, so würden wir gewiß mit Gold anstatt mit Coburgermünze besoldet." Dieses rief wiederum Unmut hervor. „Es war Ihre Pflicht gewesen, den formellen Weg, wenn sie sich betroffen fühlten, zu betreten, anstatt den nicht geeigneten zu wählen. Sie haben ein böses Beispiel gegeben und ich sage es unverhohlen, daß von Lehrern mit solchen Handlungsweisen keine artigen, gebildeten Schüler zu erwarten sind."[109] Den Bürgermeister müssen diese Worte sehr gefreut haben.

Am 10. März wurde in Villingen der Volksverein gegründet.[110] Die politischen Organisationen waren wichtige Träger der Revolution. Die Mitgliederzahl wuchs im ersten Monat bereits auf 450. „§ 1. Der Volksverein bekennt sich entschieden zu dem Grundsatz der von der deutschen Revolution angestrebten und vom Vorparlament laut ausgesprochenen, in neuerer Zeit aber von der Hauspolitik der Fürsten und von einer finsteren Reaktion vielfach bedrohten Volkssouveränität (Herrschaft des Volkswillens). § 2. Der Volksverein wird mit gesetzlichen Mitteln seine Zwecke zu erreichen suchen, aber auch gegen rohe Eingriffe einer zerstörenden Gewalt mit aller Kraft sich erheben." Ferner betont die Satzung an mehreren Stellen, daß die Zusammenarbeit der Volksvereine untereinander wichtig sei.[111] Rechtsanwalt Josef Fuchs übernahm die Leitung.[112] Das Bezirksamt bezeichnete ihn später als „durch und durch roth, ein Scheusal seiner Zeit, der selbst den Villinger Demokraten zu ungebildet". Er wollte die Bürgerwehr einsetzen, um den „General Müller aus Schwenningen und der Umgebung mit seinen Truppen zu vertrei-

ben". Er sei die treibende Kraft bei der Verhaftung von Amtmann Blattmann und der
Absetzung des Bürgermeisters gewesen. Er
habe nie die Achtung seiner Gesinnungsge-
nossen besessen, sei ein Halsabschneider und
habe eine donnernde Stimme. Als Interims-
kommissär habe man ihn abgesetzt, weil er zu
großzügig mit Pfleg- und Stiftungsgeldern
umgegangen sei. Der Schreiber hält Hoffmann für gefährlicher, da er intelligenter
sei.[113] Der Volksverein beeinflußte die Kommunalpolitik, auf seine Initiative hin wurde
ein Schreiben an die Nationalversammlung
und die großh. Regierung gesandt, in dem einerseits gebeten wurde, jegliche Truppen-
durchzüge zu verhindern, und andererseits
dem großh. badischen Staatsministerium nahegelegt wurde, die Frankfurter Reichsverfassung anzuerkennen.[114] „Erklärung der
Bezirksversammlung zu Villingen, die Hand-
habung der Reichsverfassung betreffend.

1. Die von der deutschen Nationalversammlung gegebene Reichsverfassung ist wenigstens als Minimum der Volksfreiheit in der
jezigen gefahrvollen Zeit mit aller Macht zu
schützen;

2. die Regierungen, welche die Anerkennung der Reichsverfassung verweigern, oder
andern widerspenstige Regierungen mittelbar oder unmittelbar unterstüzen, sind als
Rebellen zu betrachten und diesen gegenüber ist das Volks verpflichtet seine bedrohten
Freiheiten und Rechte mit Gut und Blut
zu verteidigen; ...

5. wir protestieren gegen jede Truppenzu-
sammenziehung, welche ohne die Anordnung
der Reichsgewalt stattfindet; ...

7. wir verlangen von der Großherzoglich
badischen Staatsregierung, daß sie die in
ihren Händen befindliche öffentliche Gewalt
in ihrem ganzen Umfange benüze um alle
Durchmärsche von bairischen Truppen durch
unser Land, welche nicht von der Reichsgewalt angeordnet sind, unmöglich zu machen."
Dieses Schreiben vom 9. Mai 1849 ist vom

Bezirksausschuß des Volksvereins unterzeichnet.[115]

Der Villinger Volksverein beteiligte sich
auch an der Aktion für die Abschaffung der
zweiten Kammer. Als der Villinger Abgeordnete Welte seinen Sitz in der Kammer aufgab,
forderte der Volksverein die Wahlmänner des
5. Wahlbezirks auf, die Ersatzwahl nicht vorzunehmen. Sie konnte auch tatsächlich nicht
durchgeführt werden, da einige Wahlmänner
gegen die Wahl votierten. Am 23. April stellten die Volksvereine von Villingen, Vöhrenbach, Pfaffenweiler und Dürrheim eine Forderung an den Abgeordneten Metz, er solle
die badische Kammer verlassen, nach Frankfurt gehen und die Adresse vortragen. „und
wir fordern deßhalb Euch auf, bei der am
25. d. M. angeordneten Deputiertenwahl
nicht nur der Stimmgebung sich zu enthalten,
sondern in unserm Auftrage gegen die Wahl
zu protestieren und die Einberufung einer
constituirenden Versammlung mit Entschiedenheit und Nachdruk zu verlangen".[116] Der
Villinger Volksverein gehörte auch der Kreisversammlung der Volksvereine an, die auf
Antrag von Villingen die „Seeblätter" aus
Konstanz unterstützte, denn diese setzten
sich für die demokratischen Belange ein.[117]
Am 4. April hatte Metz eine Versammlung
des Volksvereins besucht und eine Rede gehalten. Im Mai 1849 beschloß der Landesausschuß und das Exekutivkomitee (provisorische Regierung) die Auflösung der badischen
Kammern und die Wahl einer konstituieren-
den Versammlung.

Als Gegengewicht zum Volksverein wurde
der Vaterländische Verein von zwei Donau-
eschingern am 30. März in Villingen gegründet, ihm gehörten eine große Anzahl angesehener und wohlhabender Villinger an, u. a. als
Obmann Martin Kienzler und als Schriftführer Robert Schilling, ferner Bezirksförster
Hubbauer, Fabrikant Fr. J. Dold, Ratsschreiber Jakob Schupp und Spitalverwalter Jakob
Zech. In einem Schreiben an das Ministerium

des Innern nannte er seine Vereinsziele: „nach seinen Vereinsatzungen, mit allen Mitteln und Kräften durch die That zu beweisen, wie sowohl die Sicherung der bisherigen Errungenschaften der Märzrevolution von 1848 als wie die Erhaltung der Einheit, der Freyheit, Macht und Wohlfahrt Teuschlands, der Leitstern seiner sämtlichen Bestrebungen war, und künftig sein wird!" Ferner bekennt er sich zu den konstitutionellen Prinzipien und der Nationalversammlung „und findet auch hierin allein die Hauptquelle zur Herstellung des schmerzlich entbehrten Friedens, der Arbeitslust, des allgemeinen Gewerbsverkehrs, der Kreditfähigkeit und der Entwicklung des ächten freyen Bürgerglükes!". Das Volk könnte große Taten vollbringen, „wenn es in nationalen Hochgefühle wirken wollte, und den vollständigen Muth und die Kraft hätte, den Terrorismus der bisherigen Wühler im Staatsleben energisch zu bekämpfen. Der ächte Manneswille ist der Schöpfer großer Taten!". Sie seien bereit, Vaterland, Eigentum und Familienglück zu schützen. Sie bedauerten, daß das Gesetz vom 1. April 1848 über die Bürgerwehr nicht überall und vor allem im Amtsbezirk Villingen beachtet werde. Sie baten daher: „so schleunig wie möglich, nicht nur den Vollzug des Bürgerwehrgesetzes anordnen sondern noch vielmehr Mittel zur Bewaffnung der Bürgerwehr auffinden zu wollen, auf daß endlich der Wille jedes ächten Biedermannes und Volksfreundes zur That werde!" Unterschrieben haben Martin Kienzler und Robert Schilling.[118] Es gab einen Vorläufer, den allgemeinen Verein zum Schutze vaterländischer Arbeit, der auch ungefähr die gleichen Mitglieder hatte. Es wurde eine neue Handels- und Gewerbepolitik angestrebt, und der Verein wollte im Parlament vertreten sein.[119]

Angeregt von den Männern, gründeten Johanna Schrenk und Katharina Förderer den Verein für Verwundetenpflege und sonstiger freiwilliger Hilfsarbeit, weil „wir vermögen

unsere Männer und Jünglinge zum heiligen Kampfe zu entflammen".[120] Sie baten die Bevölkerung um Spenden, alte Leinwand, Hemden und Socken, auch neue Leinwand zur Hemdenfertigung.[121] Dem provisorischen Vorstand gehörten an: Johanna Schrenk, Katharina Förderer, Leoba Wehrle, Maria Görlacher, Magdalena Pfaff, Mina Weisser und Gertrude Reger. In dieser Zeit wurden sich die Frauen bewußt, daß sie die eine Hälfte der Menschheit sind. Sie nahmen passiv an politischen Entscheidungen teil, die oft die bestehenden Strukturen des Alltags auch für sie erheblich veränderten. Auch in Villingen beeinflußten und trugen Frauen revolutionäre Politik mit.[122] Hoffmann würdigte die Arbeit der Frauen öffentlich. Frauen durften vernehmlich vom Frieden träumen, von Soldaten, die ihre Gewehre wegwerfen, sich umarmen und einen Friedensappell an die Fürsten richten. Die Schilderung schließt: „Sie erhob noch einmal ihre Hände zum Himmel und betete: Herr laß diesen Traum mehr als einen Traum sein."[123] Der württembergische Frauen- und Jungfrauen-Verein fordert die Männer wiederholt auf, den Kampf zu wagen. „Höret das Gelübde deutscher Frauen, welches in heiliger Vaterlandsliebe wir geloben: Nie werden wir dem unsere Hand am Altare reichen, dessen Hand von dem Blute seiner deutschen Mitbrüder befleckt wurde! Nie werden wir mit dem häuslichen Heerd theilen, der mit Feuer und Schwerdt dieses unser Heiligthum zerstöret hat!! Nie werden wir dem einst in treuer Liebe nah'n, dessen feindliche Waffe Unglück und Verderben über die deutschen Gaue gebracht hat!!!"

„Man will unsere Söhne, unsere Brüder zwingen, sich im Dienste der Fürsten gegen uns zu kehren, damit die Zerrissenheit Deutschlands sein Ende nehme! Es gilt, diese Schmach abzuwehren, die neue Reichsverfassung auf jede Weise zur Geltung zu bringen und das gesamte Vaterland zu retten."[124]

In Schwenningen hat sich ebenfalls ein demokratischer Volksverein gegründet. Wichtiger war jedoch die Gründung der Genossenschaft für das Uhrengewerbe durch Johannes Bürk.[125] Am 20. Mai fand die erste Versammlung des Volksvereins statt. Die badischen Vereine unterstützten ihn dabei tatkräftig, indem sie zahlreich zur Versammlung im Schulhaus erschienen.[126] Über die Mitglieder des Vereins ist leider keine Auskunft zu bekommen, aber einige Beschlüsse sind bekannt. „Schwenningen. Letzten Samstag den 9. d. M. haben wir beschlossen unsrem Landesausschuß in Stuttgart die Erklärung abzugeben, daß wir uns den Reutlinger Beschlüssen vom 28. Mai namentlich in Beziehung auf ein Schuz- und Truzbündniß mit unsern badischen und pfälzischen Brüdern mit Ausnahme des leztern Beschlusses (Ablösung betreffend) unbedingt anschließen. Der Volksverein."[127]

Die Aktivitäten in dieser Zeit versetzten den Schwenninger Gemeinderat in Panik, denn er stellte umgehend an den Gemarkungsgrenzen Wachen auf. Dies wiederum rief den Zorn der Villinger hervor, daß im „durch alle Zweige des Verkehrs mit uns und den umliegenden badischen Ortsschaften so innig verwobenen Marktflecken Schwenningen eine Versammlung des Gemeinderates stattgefunden habe, um sich gegen badische ‚Eindringlinge', von denen nur Raub und Plünderung zu gewärtigen bevorstehe, ... die Grenzen zu bewachen. Man fragt sich: hat man in Schwenningen allen Verstand verloren?" Der Schreiber befürchtete eine Verschlechterung des bisher guten Verhältnisses. Die gleiche Meinung vertritt der Lehrer Karl Knauß aus Schwenningen: „das Aussenden und Bezahlen spionierender Schimmelreiter in der Person freiheitsfeindlicher Bauernspeichelleker, – und wie diese Albernheiten immer noch heißen mögen, sie haben Euch vor Gott und der Welt lächerlich, aber auch bedauernswürdiger, Schwenningen aber insgesamt und größtentheils unschuldig bei

unsern badischen Brüdern verachtet gemacht." Knauß glaubte, er solle wegen seiner liberalen Gesinnung aus Schwenningen vertrieben werden.[128] Dabei darf nicht übersehen werden, daß zu dieser Zeit die Gemeinde von den Großbauern regiert wurde, deshalb kam es zu einer Polarisierung: „Hie Bauer, hie Demokrat!" oder „Lônt dia verschroobne Buura gau, / i bliib a Demokrat."[129] Eine eingesendete Stellungnahme zur Gemeinderatswahl spiegelt diesen Konflikt: „Bürger von Schwenningen! Die Gemeinden sind die Grundlagen des Staatsverbandes. Soll das deutsche Staatsgebäude, das gegenwärtig von den geschicktesten Baumeistern neu aufgebaut zu werden beginnt, auf Dauer dem zwecke der Freiheit entsprechend zu Stande kommen, so müssen nothwendigerweise die Grundsteine desselben, die Gemeinden, gesund, gediegen und zum Zusammenfügen tauglich zugerichtet sein, ... Das Alte und Verknöcherte, das Faule und Wanzenähnliche, das an und in ihnen war, – und das waren vor Allem die lebenslänglichen Gemeinderäthe – wurde von den Gemeinden rasch bewältigt; ... Damit ist die schändliche, schmachvolle Geld- und Bauernaristokratie, der schmuzige, das Gemeinwohl verachtende Eigennuz, der Uebermuth des Angewachsenseins an den unerschütterlichen Rathstuhl, und noch Vieles, das sich nicht mit Worten aussprechen läßt, das aber nur zu hart gefühlt wurde, besiegt, und in Bälde werden die Folgen dieses Sieges sich im Gemeindeleben auf das Erfreulichste kundgeben. Aber noch strebt der besiegte Feind, die verlorne Macht wieder zu erringen; ... Bürger von Schwenningen! Am nächsten Montag ist es an Euch, zu zeigen, daß es Euch mit Verbesserung Eurer und der Gemeinde Verhältnisse Ernst ist, zu zeigen, daß Ihr den Krebsschaden der Gemeinde in seiner ganzen Gefahr erkannt, daß Ihr ihn mit Ueberzeugung aus dem Fleische der Gemeinde ausgeschnitten habt, und daß ihr Ihn nun um keinen Preis wieder überhand nehmen lassen wollt. ... Wählt frei, und eingedenk Eurer Pflichten gegen Euch selbst, Eure Mitbürger und Eure Nachkommen! Wählt Bürger, welche bisher mit Wort und That gezeigt haben, daß sie ihren eigenen Vortheil ganz vergessen, wo es gilt, für das Wohl ihrer Mitbürger und der Gesammtheit zu wirken."[130]

Nach der Rückkehr von der Offenburger Versammlung (12./13. Mai) beriefen die Deputierten von Villingen eine Volksversammlung ein; auf dieser wurden die Beschlüsse von Offenburg verkündet und Bürgermeister Stern sowie Ratsschreiber Schupp abgesetzt. Provisorischer Bürgermeister wurde Lehrer Johann Schleicher[131] und Ratsschreiber Essigfabrikant Schmid[132]. Man glaubte, die Republik sei nun bald Wirklichkeit, da doch die Soldaten der Bundesfeste Rastatt und die der Karlsruher Garnison meuterten und der Großherzog bei Nacht und Nebel geflüchtet war. Die fünf Gemeinderäte, Schmid, Schleicher, Neidinger, Förderer und Hoffmann, die den Verfassungseid verweigert hatten, wurden wieder eingesetzt.[133] Hoffmann wurde zum Zivilkommissar ernannt. Sein erster Erlaß war die Ernennung des „Schwarzwälders" zum Verkündungsblatt. Schriftführer wurde Willmann. Die Zivilkommissäre besaßen eine große Machtfülle, denn sie übernahmen die Amts- und Verwaltungsgeschäfte in den jeweiligen Bezirken. In Villingen wurde er vom Sicherheitsausschuß unterstützt, der sich aus den Reihen des Volksvereins gebildet hatte.[134] Selbstverständlich wurden auch die Villinger aufgefordert, für die im Kampfe stehenden Revolutionstruppen zu spenden.

Die Volksbewaffnung schien den Verantwortlichen zu dieser Zeit am vordringlichsten. Das 1. und 2. Aufgebot sollten so rasch wie möglich mobil gemacht und mit Gewehren ausgerüstet werden. Baptist Willmann reiste nach Karlsruhe, um beim Landesausschuß (Provisorische Regierung)[135] Erkundi-

gungen über den Ankauf von Gewehren und die Einsetzung eines Militärinstruktors zu betreiben. An die Spitze des Bataillons Villingen (600 Mann) wurde Bauführer Johann Schwarzwälder, gebürtig aus Sunthausen, gestellt. Amtmann Blattmann behauptete später, daß er zur Aufrüstung des Aufgebotes „unter Androhung der Gewalt" aufgerufen habe.[136] Schwierig war die Beschaffung der Ausrüstung, ein Wehrausschuß kümmerte sich darum. Am 27. Mai beschloß die Gemeindeversammlung den Ankauf von 400 Gewehren und 24 000 Gewehrkapseln in der Schweiz. Die Gemeinderäte Krebs[137] und Neidinger reisten in die Schweiz und kauften 210 Gewehre von der Firma Adolf Braßt in Aarau. Die heute zu Villingen-Schwenningen gehörenden Orte Obereschach und Pfaffenweiler verschuldeten sich bei ähnlichen Einkäufen für die Bürgerwehr auf Jahre. Überhaupt führten diese Gewehreinkäufe nach der Revolution zu unerfreulichen Auseinandersetzungen. Die Kleidung der Bürgerwehr war genau vorgeschrieben: Schwarzer Hut, grauer Mantel, blaue Bluse, schwarzer Gürtel, Stiefel, ein paar Hosen, ein Hemd und ein Tornister. Den Mantelstoff lieferte die Tuchfabrik Dold und Schmid in Villingen, genäht wurden sie von allen Schneidern der Stadt. Die Feldflaschen stellte die Glasfabrik in Herzogenweiler her. Der Zivilkommissar Hoffmann mußte am 24. Mai an alle Stadt- und Umlandbewohner, Vereine, private und öffentliche Einrichtungen appellieren, ihre verfügbaren Gelder an Villingen auszuleihen. Aber es ging zu wenig Geld ein, so daß man Anleihen von insgesamt 6 000 fl. aufnehmen mußte.[138] Auch die Mitglieder des vaterländischen Vereins unterstützten diese Aktion, die Gemeinderäte Dold, Förderer, Kienzler und Johann Schleicher waren für die Rechnungsführung zuständig.

Die Ausbildung der Bürgerwehr leitete der aus Karlsruhe angereiste Exerziermeister Philipp Hirsch. Geübt wurde auf der Amtmannwiese[139] vor dem Oberen Tor. Jeden Donnerstag und Samstag nahmen auch die Mannschaften aus den Bezirksorten teil. Arbeitgebern, die ihren Arbeitnehmern Schwierigkeiten wegen der Teilnahme machten, wurden strenge Strafen angedroht.

Im Mai kamen wieder württembergische Truppen nach Schwenningen, die die Geschehnisse in Baden beobachten sollten. Wie verworren die Situation war, belegt folgender Zwischenfall. Am Himmelfahrtstag kamen 25 Dragoner unter Oberleutnant von Holzing abgekämpft in Villingen an, ihr Regiment war aus Freiburg ausgezogen, um sich mit den württembergischen Truppen zu vereinigen. Die Mehrheit war aber zur Revolution übergegangen. Die restlichen wurden vom General Prinz Wilhelm von Württemberg in Villingen freundlich begrüßt. Er wollte sie nach Rottweil mitnehmen, aber dort wurden sie mit einem Steinhagel empfangen, so daß ihnen nur die Flucht blieb. Abends kamen sie ermattet bei General Miller in Schwenningen an, der sie nach Karlsruhe zurückschickte. Einige Soldaten des 4. württembergischen Infanterieregiments gaben folgende Erklärung ab: „Wir erklären, daß wir uns nie und nimmermehr gebrauchen lassen werden zum Kampf gegen unsere Mitbürger, Freunde und Brüder, zum Kampfe gegen uns selbst."[140]

Am 3. Juni wurden die Wahlen für die verfassungsgebende Versammlung durchgeführt. Hoffmann erreichte das zweitbeste Ergebnis im 3. Wahlbezirk (5 056 Stimmen). Zum ersten Mal in Deutschland wurde ein Parlament nach dem allgemeinen, gleichen, geheimen und direkten (Männer-)Wahlrecht gewählt. Die Abgeordneten versammelten sich am 10. Juni im Ständehaus in Karlsruhe und bemühten sich in den folgenden drei Wochen, die politische Arbeit parlamentarisch-demokratisch zu gestalten. Hoffmann beteiligte sich aktiv an den Beratungen.[141] Ein wichtiges Anliegen der Versammlung war es, die politische Arbeit auch auf kommunaler

Eben demokratisch zu legitimieren. Am 14. Juni wurde die Wahl des Bürgermeisters nach dem allgemeinen, gleichen, geheimen und direkten (Männer-)Wahlrecht eingeführt. Auch in Villingen wurde Schleichers Ernennung zum Bürgermeister durch eine Wahl bestätigt. Und dies obwohl Schleicher öffentlich erklärt hatte: „daß ich unter diesen Umständen die möglicherweise auf mich fallende Wahl eines Bürgermeisters für Villingen aus vielen gewichtigen Gründen, welche jeder billigen wird, nicht annehme." Er stellte seine Arbeitsüberlastung durch die Stellen als Lehrer und Bürgermeister dar.[142]

Am 6. Juni wurde ein Verbrüderungsfest mit zwei Kompanien des 2. badischen Infanterieregiments und dem 1. Aufgebot der Bürgerwehr auf dem Marktplatz gefeiert. Am nächsten Tag nahmen die Soldaten am Fronleichnamszug teil. „Es war dieser kirchliche Umzug ein Herz und Gemüt ergreifendes Gegenstück des früheren Zustandes zwischen Soldat und Bürger."[143] Die Truppen zogen abends nach Donaueschingen weiter. Am Tag danach fand die feierliche Vereidigung der Wehrmänner vor dem Bezirkskommissar Hoffmann auf die Reichsverfassung statt. Kaplan Moll hielt die Festrede. Das erste Aufgebot bekam vom Frauen- und Jungfrauenverein eine schwarz-rot-goldene Fahne überreicht. Auch wenn das Besticken einer Fahne eine typisch weibliche Tätigkeit ist, so macht die Gestaltung und die Überreichung derselben deutlich, daß bürgerliche Frauen eng verbunden waren mit den nationalen Zielen der Revolution.[144] Am Abend wurde getanzt; die Einheimischen im „Löwen", die von auswärts im „Adler". Am 9. Juni erging der Aufruf an alle Gemeinden im Wehrbezirk Villingen, auch das erste und zweite Aufgebot schleunigst zu bewaffnen und einzuüben. Die Überwachung von Ruhe und Ordnung oblag von nun an den zu wählenden Sicherheitsausschüssen. Die Mitglieder durften Personen verhaften, die sie auf „frischer Tat" erwischten. Der Sicherheitsausschuß entschied, ob die festgenommene Person wieder freigelassen oder inhaftiert wurde.[145]

Der Amtmann Blattmann wurde vom 25. Juni bis 5. Juli zunächst im Gasthaus „Zur Post", dann im Benediktinerkloster gefangengehalten. Seine Verhaftung sei nur unter dem Druck von Kreisdirektor Peter, Pfarrer Ganter, der den Haftbefehl unterschrieb, und Joseph Au aus Karlsruhe geschehen; diese hätten auch die standrechtliche Erschießung geplant, behauptete später Joseph Ignaz Ummenhofer. Willmann und Ummenhofer, Mitglieder des Sicherheitsausschusses, verhafteten den Amtmann. Vor Gericht wurde dieser Vorgang als ruhig hingestellt. Blattmann durfte ohne Begleitung in seine Wohnung im gleichen Hause gehen und seinen Hut holen. Die Unterbringung sei standesgemäß gewesen, denn Blattmann sei beliebt gewesen, und niemand habe Rachsucht gegen ihn verspürt.[146]

In der Nacht vom 1. auf den 2. Juli 1849 brach Adolf Maier, Apotheker aus Stettenfels und einer der aktivsten württembergischen Agitatoren während dieser Zeit, von Donaueschingen kommend mit ca. 60 bis 70 Mann, bewaffnet mit Gewehren und Sensen, in das Schwenninger Schultheißenamt ein und verlangte – vergebens – die Herausgabe von Gewehren und Munition. Fabrikant Rosée aus Donaueschingen hatte die Schwenninger vor einem Einfall von Freischaren gewarnt. Diese hatten aber bereits aus Villingen die Nachricht erhalten, daß Adolf Maier den Beschluß gefaßt habe, Schwenningen als ersten württembergischen Ort zu überfallen. Ratsschreiber Bürk war also gut gerüstet, als die Freischärler kamen. Maier zog noch am selben Tag weiter nach Deißlingen und versetzte die amtlichen Stellen in Rottweil in höchste Alarmbereitschaft. Der Rottweiler Amtmann war mit dem Vertreter der Nationalversammlung, Dr. Rheinwald[147], nach Schwenningen aufgebrochen,

aber bereits in Rottenmünster erreichte sie die Nachricht, daß die Freischaren nun auf dem Weg nach Rottweil seien.[148]

St. Georgen forderte am 5. Juli die Zusendung der Wehrmannschaft des Amtes Villingen. Man schickte eine Deputation, um sich über die Lage zu informieren. In Villingen hatte man bereits die Entwaffnung der Bürgerwehr beschlossen, und Bürgermeister Schleicher „suchte den Beschluß mit Nachdruck zu vollziehen, wurde aber durch den Freischarenführer Essellen daran gehindert". Zwei Stunden vor Einzug der Reichstruppen zogen so noch ca. 150 Mann vom 1. Aufgebot nach Donaueschingen.[149]

Am 6. Juli nachmittags marschierte die Reichsarmee, von Rottweil kommend, in Villingen ein. Die Artillerie stand auf dem Bickeberg, doch der Zivilkommissar Großh. Regierungsrat Stephani ging allein und schickte dem wartenden General eine Unterwerfungsdeputation. Nachdem das Neckarkorps abgezogen war, rückten mecklenburgische, hessische und preußische Truppen ein.[150] Die Truppen waren in den Gebäuden des Benediktinerklosters und in Privatquartieren untergebracht und blieben bis November 1850.[151]

Ab 8. Juli 1849 mußten sämtliche Waffen in der Rüstkammer des Alten Rathauses abgegeben werden. Die Polizeistunde wurde auf 9 Uhr festgelegt.[152] Stern wurde wieder Bürgermeister und neue Gemeinderäte ernannt: „Es sind dies lauter Konservative und Ehrenmänner."[153] Wer von den „Revolutionären" nicht geflohen war, wurde verhaftet. Das Sprachrohr der Revolution, „Der Schwarzwälder", durfte nicht mehr erscheinen. „Den Abnehmern des ‚**Schwarzwälders**' diene zur Nachricht, daß das weitere Erscheinen desselben, wie solches bereits bei der Oberrheinischen und bei andern Zeitungsblättern geschah, durch Verfügung des Großherzogl. Bad. Landeskommissärs und Regierungsvorstandes des Seekreises vom 12. d. Mts. **für die**

Dauer des Kriegszustandes untersagt wurde. Villingen, den 16. Juli 1849. **Die Redaction des Schwarzwälders**."[154]

In Schwenningen gab es keine Prozesse und reaktionäre Maßnahmen. Die Gesetze vom 18. 6. und 6. 7. 1849 zur Gemeindeneuordnung brachten sogar im nachhinein noch einen Erfolg, schafften sie doch die lebenslänglichen Gemeinderäte ab. Die Wahl erfolgte nun im Dezember auf sechs Jahre, und nach zwei Jahren trat jeweils ein Drittel aus und wurde durch Wahl ersetzt. Aber die Polizei registrierte in den folgenden Jahren eine Zunahme der Bettelei von Auswärtigen.[155]

Man erzählt sich über den Knecht Wendel von Obereschach in dieser Zeit folgende Geschichte. Wendel trank gern ein Schnäpschen. Eines Tages wurde er im Villinger Wirtshaus „Flasche" von Villingern, die ihren Amtmann ägern wollten, aufgefordert, zwei Stunden mit einem Hut in der Stadt spazierenzugehen, danach könne er so viel trinken, wie er wolle. Der Wendel nahm das Angebot an. Die Villinger setzten ihm einen Hecker-Hut auf. Das Tragen dieses Hutes war verboten, und so kamen auch schon bald Polizisten auf Wendel zu und verhafteten ihn. Er wurde zum Amtmann geführt, der ihm nach einiger Zeit den Herkunftsort des Hutes entlockte. Die Villinger hatten aber bereits die Wirtschaft verlassen. Wendel war sehr empört über die Villinger Zecher.[156]

Die Wehrmänner waren in die Schweiz geflohen.[157] Am 9. Juli registrierte man 149 Vermißte. Am 10. Juli reisten die Gemeinderäte Storz und Neidinger in die Schweiz, um die Wehrmänner zurückzuholen. 94 waren bereit, nach Villingen zurückzukehren.[158] Ihnen wurde sicher auch ein Zwangspaß ausgestellt, der ihnen vorschrieb, sich bei den Behörden ihres Heimatortes zu melden.[159] Handwerker waren bei der Rückkehr, wenn sie nicht an vorderster Front gestanden hatten, zumeist kaum Repressionen ausgesetzt, anders erging es den Beamten. Der Villinger Amtsvorstand

war von der Rückkehr nicht begeistert, für ihn waren es alle Wühler, die sich in der Schweiz unter falschen Vorzeichen Reiseunterlagen beschafft hatten oder ohne Papiere bis nach Donaueschingen und Villingen kamen. Hoffmann sei ein Agitator, den die Schweiz ausweisen müsse, denn wegen seiner Anweisungen „liefen die Wühler scharrenweise in den benachbarten königlich württembergischen Ort Schwenningen". Der Schreiber fährt fort: „Die frühern Untersuchungsrichter hatten die Schwachheit die hiesigen Wühler mittels der Coution auf freien Fuß zu setzen, während auf mehrere derselben sechs bis acht Jahre Zuchthausstrafe warten."[160]

Vermögen von an der Revolution beteiligten Personen wurde beschlagnahmt. Im Juli 1849 hat Hoffmann daher einen Teil seiner Wiesen, seinen Hausrat und seine chirurgischen Instrumente verkauft. Er wollte der Beschlagnahme zuvorkommen. Käufer war der Bärenwirt Johann Baptist Mauer. Die Großh. Obereinnehmerei in Donaueschingen meinte „die Schulden werden sein mit Beschlag belegtes Vermögen übersteigen".[161] Die Bezirkskasse verlangte ferner die Einkünfte, die er als Zivilkommissär erhalten hatte, zurück. Die Schuld wurde im Grund- und Pfandbuch von Villingen eingetragen. Seine noch vorhandenen Liegenschaften wurden versteigert. Die privaten Gläubiger hatten das Nachsehen, denn zunächst bediente sich der Staat.[162]

Neben Hoffmann, Schleicher und Willmann wurden wegen Hochverrat verurteilt: Joseph Fuchs zu drei Jahren (zwei)[163] und Joseph Görlacher zu einem Jahr (acht Monate). Die Berufung beim Hofgericht in Mannheim war hier erfolgreich, er wurde für „klagfrei" erklärt.[164] Der Stadtrechner Martin Maier wurde vom Verdacht des Hochverrates freigesprochen, mußte aber die Kosten des Verfahrens tragen. Joseph Ignaz Ummenhofer, Nikolaus Compost, Valentin Krebs und Jacob

Bracher[165] waren wegen öffentlicher Gewalttätigkeit angeklagt. Das Hofgericht des Seekreises verurteilte sie am 27. April 1851 jeweils zu drei Monaten Arbeitshaus. Sie legten beim Hofgericht in Mannheim Berufung ein. Ihre Strafe wurde auf vier Wochen reduziert.[166] Aber nicht alle Berufungen hatten Erfolg. Johann Schleicher und Joseph Sorg waren wegen Hochverrat zu drei Jahren Zuchthaus (zwei) bzw. sechs Monaten (vier) und Schadenswiedergutmachung vom Hofgericht des Seekreises am 8. 3. 1850 verurteilt worden. Ihnen wurde vorgeworfen, am 5. Juli 1849 in einer Volksversammlung das Ausrücken der Bürgerwehr nach Donaueschingen befürwortet zu haben. Der Rechtsanwalt schreibt in seiner Rekursbeschwerde, daß den Angeklagten kein anderes Verhalten möglich war, da „wie überall in der Stadt selbst eine starke Parthei bestand, welche mit den Anführern sympathisierte. ... Was den Angeschuldigten Joseph Sorg betrifft, so gehörte dieser entschieden zu den Gegnern der Revolution, und er äußerte diese seine Gesinnung auch in einer Weise, daß er sich den Haß der ganzen Revolutionsparthei zuzog, welches sich namentlich darin kund gab, daß sein Wirthshaus von keinen Größten mehr besucht und förmlich gemieden wurde." Der Villinger Gemeinderat stellte ebenfalls ein gutes Leumundszeugnis aus. Sorg sei so hineingeschlittert, da er Mitglied im Bürgerausschuß gewesen sei, er sei ein „rechtschaffender Gemeinde- und Staatsbürger". Das Mannheimer Hofgericht beließ es bei den Urteilen der Vorinstanz.[167] Sehr gnädig wird der Fabrikant Carl Rasina behandelt, sein Urteil lautet: beruht, obwohl er auch des Hochverrats angeklagt war. Die Rubrik „Vermögen" dürfte bei der Urteilsfindung eine Rolle gespielt haben, denn „Beruht" steht in den Listen fast nur bei Personen mit Vermögen. Auch der Weinhändler Lorenz Stöhr brauchte seine drei Monate Arbeitshaus nicht abzusitzen, sein Verfahren „beruht",

ebenso das von Rabenwirt Josef Faist und dem Posthalter Albert Feger.[168] Nach Berechnungen hat die Revolution der Stadt vom 14. Mai bis 6. Juli 1849 17 792 fl. und 49 xr gekostet, davon mußten im September noch 8 641 fl. und 28 xr beglichen werden.[169]

Auch über Villingen und Schwenningen senkte sich zunächst eine Grabesruhe. Denunziationen waren wieder Tor und Tür geöffnet, denn die Kommissare suchten überall nach Sympathisanten der Revolution, und verdächtig konnte schon der Leser einer als liberal eingestuften Zeitung oder das Mitglied des Turnvereins sein. Aber dennoch, die Revolution fand nicht nur in der Mitte des Jahrhunderts statt, sondern sie markierte zugleich einen Wendepunkt in der Politik. Die Revolution ist zwar gescheitert, aber sie hat politische, soziale und wirtschaftliche Veränderungen beschleunigt und dafür gesorgt, daß die Idee der freiheitlichen Staatsordnung nicht mehr aus den Köpfen vertrieben werden konnte. Daran konnte auch das folgende Jahrzehnt „entfesselter" Polizeistaatlichkeit nichts ändern.[170]

---

1 Es werden die überregionalen Ereignisse nur insoweit herangezogen, wie sie für das Verständnis der Geschehnisse vor Ort notwendig sind. Auf weiterführende Literatur wird verwiesen. Da die Villinger sich revolutionärer verhielten als die Schwenninger, nehmen diese Schilderungen zwangsläufig den größten Raum ein. Wörtliche Zitate wurden mit Original-Tippfehlern übernommen.
2 Dies schrieb Karl August Varnhagen von Ense, Journal einer Revolution. Tagesblätter 1848/49. Textauswahl von Hans Magnus Enzensberger. Franz Greno, Nördlingen 1986, S. 10, Tagebuchnotiz vom 15. März 1847 (zit. Varnhagen, Journal).
3 Über die Ereignisse in Paris informierte der „Schwarzwälder" seine Leser.
4 Ganz Europa war an dieser Revolution beteiligt. S. Horst Stuke u. Wilfried Forstmann (Hg.), Die europäischen Revolutionen von 1848. Neue Wissenschaftliche Bibliothek; 103: Geschichte. Verlagsgruppe Athenäum, Hain, Scriptor, Hanstein, Königstein/Ts 1979. Hans Rothfels, Das erste Scheitern des Nationalstaats in Ost-Mittel-Europa 1848/49, in: Dieter Langewiesche (Hg.), Die deutsche Revolution von 1848/49, Wissenschaftliche Buchgesellschaft, Darmstadt 1983, S. 222 ff. (zit. Langewiesche, Revolution) Er macht vor allem den Nationalismus für das Scheitern verantwortlich.
5 Die Historiker hatten bis in die jüngste Gegenwart Probleme mit dieser Revolution. Sie haben sie mehr verurteilt

als beurteilt. Sieht man vom Werk Veit Valentins ab, beginnt eine bewußtere Auseinandersetzung erst in den 70er Jahren dieses Jahrhunderts. Veit Valentin, Geschichte der deutschen Revolution von 1848–1849, 2 Bde., Berlin 1930 f., Nachdruck Köln 1970 (zit. Valentin, Geschichte). Diese Bände sind noch immer eine große Detailsammlung, wie sie auch nicht mehr zusammengetragen wurde. Einen Überblick über den Forschungsstand: Dieter Langewiesche, Die deutsche Revolution von 1848/49 und die vorrevolutionäre Gesellschaft: Forschungsstand und Forschungsperspektiven, in: Archiv für Sozialgeschichte 21 (1981) S. 458 ff. Wolfram Siemann, Die deutsche Revolution von 1848/49. Neue Historische Bibliothek N. F. 266, Frankfurt/M. 1985, S. 7 ff. (zit. Siemann, 1848/49). Es würde zu weit führen, hier näher auf diesen Punkt einzugehen, obwohl allein die unterschiedlichen Beurteilungen der Ereignisse in der BRD und DDR ein Lehrstück für ideologische Vereinnahmung darstellen.

6 Zur Rolle von Offenburg während der Revolution: Franz X. Vollmer, Offenburg 1848/49. Ereignisse und Lebensbilder aus einem Zentrum der badischen Revolution. Karlsruhe 1997. Biographie über Hecker: Helmut Engler (Hg.), Große Badener. Gestalten aus 1200 Jahren. DVA, Stuttgart 1994, S. 166 ff. Biographie über Struve: Alfred Georg Frei, Kurt Hochstuhl, Wegbereiter der Demokratie. Die badische Revolution 1848/49. Der Traum von der Freiheit. G. Braun, Karlsruhe 1997, S. 38 ff. (zit. Frei, Wegbereiter). Selbstverständlich vertrieb die Buchhandlung Förderer auch Porträts von beiden als Stahlstiche und Zeichnungen in allen Größen. „Diese Bilder wurden ganz nach der Natur gezeichnet und sind wohl getroffen, sie übertreffen überhaupt alle bis jetzt Herausgekommenen. Im Schwarzwald sind solche noch gar nicht verbreitet." Schwarzwälder vom 6. Juli 1848 Nr. 67.

7 Aber schon hier zeigt sich die Zerrissenheit der revolutionären Bewegung, die führenden Liberalen der 2. Kammer von Baden veranstalteten eine Gegenkundgebung am 10. Oktober in Heppenheim. Weitgehend übereinstimmen die Erklärungen in den Forderungen nach Bundesreform und bürgerlichen Freiheitsrechten, allerdings hielt man am Zensuswahlrecht fest. In Heppenheim wurde der Weg zur nationalen Einigung Deutschlands und die Verfassungstreue stärker betont. Eine Trennung der Liberalen in die gemäßigten Liberalen um Mathy und Bassermann und in Demokraten um Hecker und Struve hatte also schon vor Beginn der Revolution stattgefunden. Die Demokraten wollten ihre Ziele mit Massenversammlungen und Petitionen erreichen, die Liberalen setzten eher auf den Weg durch die Institutionen. Vgl. Werner Boldt, Die Anfänge des deutschen Parteiwesens. Fraktionen, politische Vereine und Parteien in der Revolution 1848, Paderborn 1971. (Boldt, Parteiwesen).

8 Rudolf Stadelmann, Soziale und politische Geschichte der Revolution von 1848, München 1948, S. 45. Stadelmann ist der Überzeugung, daß es „ohne das dramatische Geschehen in Paris" keine Aufstände gegeben hätte.

9 Die Mehrheit der Bevölkerung in Baden arbeitete in der Landwirtschaft. Überhaupt lebten nur wenig mehr als eine Million Einwohner in Baden. Zeitschrift des Vereins für deutsche Statistik, 1. Jg., 1847, S. 800 f.

10 Vgl. J. Bergmann, Ökonomische Voraussetzungen der Revolution von 1848. Zur Krise 1845 bis 1848 in Deutschland, in: Geschichte und Gesellschaft, Sonderheft 2, 1976, S. 245 ff. Droz sieht die Ursachen der Revolution nicht in der wirtschaftlichen Krise, diese habe nur das „revolutionäre Klima" angeheizt, vielmehr habe eine Verbitterung über die Schikanen, wie Pressezensur etc., geherrscht.

Jacques Droz, Die deutsche Revolution von 1848, in: Langewiesche, Revolution. S. 91 ff., hier S. 93 f. Ferner: Manfred Gailus, Soziale Protestbewegungen in Deutschland 1847–1849, in: Heinrich Volkmann, Jürgen Bergmann (Hg.), Sozialer Protest. Studien zu traditioneller Resistenz und kollektiver Gewalt in Deutschland vom Vormärz bis zur Reichsgründung. Westdeutscher Verlag, Opladen 1973, S. 76 ff.

11 Schwarzwälder vom 4. Mai 1847 Nr. 36. Es wurden immer wieder Diebstahlsmeldungen von Lebensmitteln veröffentlicht. Eine Verordnung des Ministeriums des Innern vom 18. Mai 1847 Nr. 21 verdeutlicht das Problem. Wegen der hohen Teuerung wurde den Bäckern vorgeschrieben, Schwarzbrot erst nach 24 Stunden Liegezeit zu verkaufen. Auch die Rationierung von Mehl wurde geregelt und eine Strafe bei Verstößen festgesetzt. Es ist verständlich, daß die Fruchtstandsberichte in der Presse einen breiten Raum einnahmen. Aber auch die vielen Gantungen (gerichtliche Versteigerungen) lassen den Ernst der Lage erkennen. Auffällig ist, daß zwar aus Württemberg berichtet wurde, aber fast nur aus der Gegend von Stuttgart bis Heilbronn. Der nächstliegende Ort, Schwenningen, wurde ignoriert. Der Rottweiler Anzeiger veröffentlichte im Januar 1848 eine Artikelserie „Hilfsmittel gegen den Pauperismus". In Württemberg war der Kartoffelaufkauf zwecks Wiederverkauf 1846 verboten. Um die Not zu lindern, wurden Getreideaufkäufe in Ungarn und den Niederlanden getätigt. HStAS Best. E 10/73.

12 Schwarzwälder vom 7. Mai 1847 Nr. 37. Die Einwohnerschaft trug durch Spenden zur Unterhaltung bei. Auch das Fastnachtskomitee stiftete einen ansehnlichen Betrag. Es gab Theaterspiele zugunsten der Bedürftigen. 134 Familien der Stadt wurden unterstützt. In den ersten drei Monaten wurden 45 000 Schoppen Suppe zubereitet, davon wurden 3 500 zu 1 bis 1 1/2 xr verkauft und 820 an reisende Handwerksburschen unentgeltlich abgegeben.

13 Zunächst wurde die Suppenküche durch Spenden, ab dem Herbst durch die Gemeindekasse finanziert. Gemeinderatsprotokoll vom 4. November 1846. SAVS Best. 3.1–4. Im Januar 1847 bezahlte die Gemeinde sogar die Auswanderung von 224 Personen nach Amerika. Ebd. 2211. Nähere Informationen: Otto Benzing, Schwenningen am Neckar. Geschichte eines Grenzdorfes auf der Baar. Hermann Kuhn Verlag, Villingen-Schwenningen 1985, S. 336 ff. (Benzing, Schwenningen). Leibbrand stellt fest, daß 1848 die Auswanderung auf ein Drittel des Vorjahres zurückging, „als die Revolution die Hoffnung auf eine wirtschaftliche Besserung für das arbeitende Volk erweckte". Robert Leibbrand, Das Revolutionsjahr 1848 in Württemberg. Verlag das Neue Wort, Stuttgart 1948, S. 12.

14 GLAK Best. 236/8492 enthält die entsprechende Korrespondenz.

15 Fabrikant Kaspar Schumpp verteidigte sich im „Schwarzwälder" vom 14. Mai 1847 gegen den Vorwurf, er habe bei der „Mißhandlung" des Fruchthändlers Maier mitgewirkt. Ebenfalls verwahrte sich der Hechtwirt Paul Dold gegen die Verbreitung der angeblichen Äußerungen seiner Ehefrau. Sie habe keinen Beifall geklatscht und keine Zustimmung zu den Vorkommnissen geäußert. Ebd. Dies ist der einzige Beleg dafür, daß auch in Villingen Frauen an den Brotkrawallen beteiligt waren. Es gab noch mehrere Anzeigen, in denen Personen erklärten, sie seien nicht bei den Unruhen gewesen. In Stuttgart haben die Frauen ihre Männer angefeuert und dann selbst handgreiflich eingegriffen. Sabine Kienitz, „Da war die Weibsperson nun eine der Ärgsten mit Schreien und Lärmen". Der Stuttgarter Brotkrawall 1847. In: Carola Lipp (Hg.), Schimpfende

Weiber und patriotische Jungfrauen. Frauen im Vormärz und in der Revolution 1848/49. Bühl-Moos 1986, S. 76 ff., hier S. 78 (zit. Lipp, Weiber).

16 Obermann meint, daß diese Krise eine wichtige Rolle im Umwandlungsprozeß der Eigentumsverhältnisse und der Formierung der bürgerlichen Klasse auf der einen und der Arbeiterklasse auf der anderen spielte. Karl Obermann, Flugblätter der Revolution. Eine Flugblattsammlung zur Geschichte der Revolution von 1848/49 in Deutschland. VEB Verlag, Berlin 1970, S. 27.

17 Da die Bundesversammlung mit der endgültigen Verkündung zögerte, sah sich der Großherzog „veranlaßt, provisorisch für das Großherzogthum eigene Anordnungen zu treffen, und zu verordnen, wie folgt: Das Preßgesetz vom 28. Dezember 1831 (Großh. Bad. Regierungs-Blatt vom 12. Januar 1832) wird wieder in Wirksamkeit gesetzt. Hinsichtlich der mittelst der Presse verübten Verbrechen findet das im Jahr 1845 mit Unseren Ständen vereinbarte Strafgesetzbuch Anwendung. Gegeben zu Karlsruhe in Unserem Staatsministerium, den 1. März 1848." Großh. Bad. Regierungs-Blatt vom 1. März 1848. Der Schwarzwälder berichtete ausführlich von den Zusammenkünften der 2. Kammer, u. a. auch von den Verhandlungen über den Kredit für die kurz vor dem Konkurs stehenden drei Großfabriken, der mit 35 zu 20 Stimmen gebilligt wurde. Es war die erste Vergabe eines Staatskredits, um Arbeitsplätze zu erhalten. Vgl. Frei, Wegbereiter. S. 34 ff. Wolfgang Piereth, Revolution und Pressefreiheit, in: BadH 3/1997, S. 349 ff. Auch in Württemberg verkündete der König: „§1 Die durch die Verordnung vom 1. Oktober 1819 eingeführte Censur ist aufgehoben." Das Gesetz über die Pressefreiheit vom 30. Januar 1817 tritt wieder in Kraft. Der König war der erste deutsche Fürst gewesen, der die Zensur ersatzlos gestrichen und sich 1819 nur widerwillig dem Bundesbeschluß gebeugt hatte. Günter Stegmaier, Von der Zensur zur Pressefreiheit, in: Von der Preßfreiheit zur Pressefreiheit. Südwestdeutsche Zeitungsgeschichte von den Anfängen bis zur Gegenwart. Hrsg. von der Württembergischen Landesbibliothek. Theiss, Stuttgart 1983, S. 129 ff., hier S. 141 ff.

18 Ferdinand Förderer wurde am 26. Mai 1814 in Niedereschach bei Villingen geboren. Er war verheiratet mit Catharina, geborene Brunner. Drei ihrer fünf Kinder verstarben im ersten Lebensjahr. 1837 hatte Förderer eine Zeitung gegründet, die nach der Revolution wegen der demokratischen Tendenz bis 1856 zwangsweise verboten wurde. Im Vormärz war er führend an gesellschaftlichen Einrichtungen der selbstbewußten städtischen Bürger beteiligt gewesen: 1840 an der Einrichtung einer Leihbücherei, 1845 als Chef der Bürgergarde. Er gehörte im März 1848 dem Volksausschuß an und war später ebenfalls an der Gründung des Volksvereins beteiligt. 1849 flüchtete Förderer in die Schweiz. Nach der Rückkehr war er ab 1857 wieder Mitglied des Gemeinderats und blieb 32 Jahre lang bis zu seinem Tod in diesem Amt. 1876 war Förderer ein Gründungsmitglied des Altertumsvereins. Er starb am 15. März 1889 in Villingen.

19 Förderer bemühte sich seit 1837 um eine Konzession für eine Druckerei und Buchhandlung. Seine Gesuche wurden wiederholt abschlägig beschieden. Die Buchhandlung wurde am 19. Oktober 1837 vom Ministerium des Innern genehmigt. In einem neuen Antrag für die Druckerei begründet er die Notwendigkeit damit, daß er sonst die Druckereien im Württembergischen beauftragen müsse, denn im Bezirk gäbe es nicht eine Druckerei und zudem würde seine Tätigkeit als Buchhändler erleichtern. Er habe bereits sehr viele Manuskripte, die druckreif seien. Eine

Druckerei würde das Steueraufkommen steigern und das Gewerbe fördern. Er rechnete mit einem Verlust von 5 000 fl. für den badischen Staat. Die Regierung des Seekreises lehnte ab, „weil wir die Gründung einer Druckerei in Villingen weder für nothwendig, noch für erwünscht erachten. ... und bei allen Gesuchen stehet dieselbe Absicht im Hintergrund, nemlich ein Localblatt zu gründen." (30. 7. 1839) „Die Bildungsstufe von Villingen und Umgebung ist nicht der Art, daß Eroberungen auf dem Felde der Wissenschaft zu erwarten sind. Die Errichtung von Buchdruckereien in kleineren Landstädten ist kein Bedürfnis." Die Regierung befürchtete politische Agitation. (12. 10. 1839) Aber die Herausgabe eines Wochenblattes wurde am 24. 9. 1839 unter der Auflage genehmigt, daß eine Kaution gestellt und ein Zensor bestellt wird. Zensor wurde der Amtmann. Auch die Gesuche und Bittschriften der 40er Jahre haben zunächst keinen Erfolg. Am 3. 12. 1847 unter Nr. 2465 wird ihm endlich die Konzession unter dem Vorbehalt des Widerrufes erteilt. GLAK Best. 236/4451. In der Zeitung wurden, heute nicht mehr denkbar, Verleumdungsvorwürfe und Stellungnahmen dagegen als Privatanzeigen mit voller Namensnennung abgedruckt. Vgl. 15. und 22. Februar 1948 Nr. 13 und 15.

20 Schwarzwälder vom 28. März 1848 Nr. 25. Zur Rolle der Presse in der Revolution: Hanno Tauschwitz, Presse und Revolution 1848/49 in Baden. Ein Beitrag zur Sozialgeschichte der periodischen Literatur und zu ihrem Einfluß auf die Geschichte der badischen Revolution 1848/49. Esprint, Heidelberg 1981.

21 Viele Flugblätter wurden in der Schweiz gedruckt und nach Deutschland geschleust. Die Exilanten in der Schweiz, egal welcher politischen Richtung sie angehörten, hatten die Hoffnung, mit ihrer Agitation die Revolution zu fördern. In der Schweiz hatten sie, wofür sie in ihrer Heimat vergeblich kämpften: Demokratie, liberale Ordnung und Pressefreiheit. Tagungsbericht von Thomas Chr. Müller auf der Forschungsbörse in Offenburg am 17. Oktober 1994. Amtmann Blattmann fahndete nach verdächtigen Flugblättern und Broschüren. SAVS Best. 2.2 IX a 34.

22 Im SAVS Best. 2.1 Nr. Z 95 befinden sich genügend Beispiele, um dies zu belegen.

23 Geboren 1814 in Obergrombach bei Bruchsal war Hoffmann 1839 als Arzt nach Villingen gekommen. Er war verheiratet mit Franziska, geborene Kammerer, die aus einer der angesehensten Familien der Stadt stammte. Von den sieben Kindern des Paares überlebten vier das erste Lebensjahr nicht. Auch seine Gegner bezeichnen Hoffmann als guten Arzt. Seit 1843 war er Mitglied des Kleinen Bürgerausschusses. An der Revolution war Hoffmann von Beginn an führend beteiligt. Im März 1848 gehörte er dem Volksausschuß an. Später war er Gründungsmitglied des Volksvereins. In der Mairevolution versah Hoffmann das Amt des Zivilkommissärs im Amtsbezirk Villingen und gehörte als Abgeordneter der badischen verfassunggebenden Versammlung in Karlsruhe an. Vor dem Einzug des Militärs flüchtete er in die Schweiz. Wegen Hochverrats verurteilte man ihn in Abwesenheit zu zehn Jahren Zuchthaus. Hofgericht in Abwesenheit verurteilt. Das Staatsministerium drängte 1852 die Schweizer Behörden, Familie Hoffmann mehr in das Innere der Schweiz zu verbringen, was diese aber ablehnten. Hoffmann wurde 1856 Arzt beim Schweizer Militär. Er starb am 28. April 1857 in Islikon, Schweiz. Für Hoffmann war es sicherlich leicht, den Schweizer Behörden seinen Flüchtlingsstatus zu beweisen. Die Flüchtlinge des badischen Aufstandes standen unter direkter Bundeskontrolle. Ihre persönlichen Verhältnisse und ihre Beteiligung am Aufstand wurden genau geprüft. S. Jürg Frei,

Die schweizerischen Flüchtlingspolitik nach den Revolutionen von 1848 und 1849. Zürich (Diss.) 1977, S. 473 (zit. Frei, Flüchtlingspolitik). Wie die Flüchtlinge die Schweiz sahen s. Max Lüthi, Die Schweiz im Urteil deutscher Flüchtlinge um 1848. In: Werner Näf (Hg.), Deutschland und die Schweiz in ihren kulturellen und politischen Beziehungen während der ersten Hälfte des 19. Jhds. Bern 1936, S. 52 ff.

24 SAVS Best. 2.1 Nr. Z 95. und Best. 2.2. IX a 1. Dazu Schwarzwälder 10. März 1848 Nr. 20.

25 Es sollte beachtet werden, daß die Annahme des parlamentarischen Regierungssystems nicht zu diesen Forderungen gehörte. Vgl. Manfred Botzenhardt, Deutscher Parlamentarismus in der Revolutionszeit 1848–1850, Düsseldorf 1977.

26 Schwarzwälder vom 11. Mai 1847 Nr. 38.

27 Lehrer, Ärzte und Rechtsanwälte, diese Berufe hatten damals kein großes gesellschaftliches Ansehen. Leonore O'Boyle, Die demokratische Linke in Deutschland 1848, in: Langewiesche, Revolution, S. 261 ff., hier S. 267 f. Frei behauptet, daß die Juristen die revolutionärste Berufsgruppe gewesen seien. Frei, Wegbereiter. S. 37.

28 Vgl. Rudolf Stadelmann, Soziale und politische Geschichte der Revolution von 1848, München 1948. Wilhelm Mommsen, Größe und Versagen des deutschen Bürgertums: Ein Beitrag zur Geschichte der Jahre 1848/49, Stuttgart 1949, S. 42. Er nennt sie „heimatlose Intellektuelle". Riehl nennt als revolutionäre Kräfte die Ausgestoßenen aller Schichten. Wilhelm Heinrich Riehl, Die bürgerliche Gesellschaft, Stuttgart/Tübingen 1854², S. 280.

29 Valentin, Geschichte. II, S. 557.

30 Leonore O'Boyle, Die demokratische Linke in Deutschland 1848, in: Langewiesche, Revolution. S. 261 ff., hier S. 273.

31 Gemeinderatsprotokoll vom 13. März 1848. SAVS Best. 3.1–4.

32 Dies ist auch nicht weiter verwunderlich, denn die Einladung zu den Volksversammlungen in Donaueschingen und Villingen stand mehrfach im Rottweiler Anzeiger. SAVS Best. 2.2. IX a 1.

33 Zur Rolle der Priester der katholischen Kirche während der Revolution: Clemens Rehm, Die katholische Kirche in der Erzdiözese Freiburg während der Revolution 1848/49. Freiburg, München 1987.

34 Scharfe stellt für Württemberg fest, daß die Oberamtsberichte immer wieder verwundert notierten, daß sich Frauen aktiv beteiligten. Martin Scharfe, … Die Erwartung, daß „nun alles Frei sey", in: Festschrift für Karl-Sigismund Kramer, Berlin 1976, S. 179ff., hier S. 189. „Ein Weib soll seyn: angenehm, artig, anmuthig, achtbar, aufrichtig; bescheiden, bedächtig, belesen, beliebt, beharrlich, bewährt, brav; christlich; demüthig, dienstwillig, dankbar; ehrbar, edelmüthig, einsichtsvoll, enthaltsam, eifrig; freundlich, fleißig, fromm, friedfertig, fehlerfrei, freimüthig; geduldig, gesprächig, gesellschaftlich, gütig, gesittet, gebildet, gesund, gehorsam, gefühlvoll, geistvoll, genügsam, gewandt, gewissenhaft; heiter, häuslich, herzlich, harmlos, haushälterisch, höflich, hold, hülfreich; innig, interessant; jung; keusch, kindlich, kräftig; liebenswürdig, liebreich, leutselig; milde, manierlich, mäßig, musterhaft, mitleidig; nachsichtsvoll, nachgiebig, nett; offen ordnungsliebend; pflichttreu, pünktlich; qualificirt; reizend, rein, rechtlich, reinlich; schön, standhaft, sanft, scharfsinnig, sittlich, sparsam; talentvoll, tugendhaft, tadellos, thätig, theilnehmend, treu; unveränderlich, ungekünstelt, uneigennützig; verschämt, verschwiegen, vernünftig; wohlwollend, weise, wohlgezogen; wirtschaftlich; züchtig, zärtlich, zuvorkommend, zu-

traulich und zuverlässig." Neues Tagblatt für Stuttgart und Umgebung vom 1. 2. 1846 zitiert nach Elisabeth Sterr, „Hat nicht Gott … euch eure Stellung zum Manne angewiesen?" Das Frauenbild in der württembergischen Presse. In: Lipp, Weiber. S. 166 ff., hier S. 172. In dieser Aufzählung wird deutlich, daß die Frau auf die Bereiche Familie, Erziehung und Haus festgelegt wurde. Um die Rolle der Frauen in der Geschichte annähernd beschreiben zu können, braucht man einen Perspektivwechsel, der laut Bock in das methodologische Vokabular Eingang fand. Über Frauenaktivitäten schrieben nämlich damals zunächst die Männer. Diesen Filter muß man entfernen, um das hinter dem Handeln stehende Denken der Protagonistinnen wahrzunehmen. Gisela Bock, Historisches Fragen nach Frauen. Historische Frauenforschung: Fragestellungen und Perspektiven, in: Karin Hausen (Hg.), Frauen suchen ihre Geschichte. Historische Studien zum 19. und 20. Jahrhundert, München 1983 ff., hier S. 24.

35 Männer der bisherigen Opposition traten als „März-Minister" in die Regierungen ein. In Baden leitete der Liberale Leopold Bekk seit 1846 die „Regierung". Nun wurde der Liberale Carl Welcker zum bad. Bundestagsgesandten ernannt und Friedrich Bassermann zur Bundesversammlung nach Frankfurt geschickt. Hoffmann, ein anerkannter Finanzexperte, stand nun an der Spitze des Finanzwesens. Unbeliebte Konservative wurden in den Ruhestand geschickt. In Württemberg übernahm Römer Regierungsverantwortung.

36 Schwarzwälder vom 17. 3. 1848 Nr. 22. Solche Vorkommnisse sind es, die Stadelmann zu der Auffassung brachten, es sei eine „biedermännische Revolution", ein „Aufstand des kleinen Mannes, der seine gewohnte Unterwürfigkeit und Devotion nicht ablegen" konnte, gewesen. Aber auch eine „wirkliche Volkserhebung", die alle Schichten und alle deutschen Staaten erfaßte. Rudolf Stadelmann, Das Jahr 1848 und die deutsche Geschichte, in: Langewiesche, Revolution. S. 21 ff., hier S. 25 f. Mathy berichtete in Karlsruhe über diese Reise: „Und nach Allem, was wir gehört und gesehen, sind wir den Bewohnern des Seekreises in ihrer überwiegenden Mehrzahl das Zeugniß einer edlen, ja bewundernswerthen Haltung schuldig." Er fügte hinzu, es habe keine Ausbrüche der Roheit wie andernorts gegeben. Aber gegen den Versuch eines Rückschrittes würden sie entschlossen – notfalls mit Waffen – kämpfen. Schwarzwälder vom 28. März 1848 Nr. 25.

37 Das Reglement hat J. Schmid vorgelegt. SAVS Best. 2.2 IX a 1. Förderer vertrieb das „Bad. Bürgerwehr-Gesez" für 4 xr „Dieses Schriftchen ist jedem bad. Staatsbürger bei der gegenwärtige Bürgerbewaffnung aufs beste zu empfehlen." Auch ein Exerzierbüchlein hat er im Angebot. Jakob Bracher, Siebmacher, preist seine Trommeln für Bürgerwehren für 9 fl. an. Schwarzwälder vom 4. April 1848 Nr. 27. Großh. Bad. Regierungs-Blatt vom 3. April 1848. „Art. 92. Die bestehenden Bürgermilitärcorps sind nach den Bestimmungen dieses Gesetzes umzugestalten. Art. 93. Dieses Gesetz tritt außer Wirksamkeit, sowie das baldigst zu erlassende Gesetz über Wehrpflicht mit Verschmelzung des stehenden Heeres und der allgemeinen Volksbewaffnung verkündet sein wird." Dies versuchten die Revolutionäre ein Jahr später umzusetzen.

38 Willmann, geboren 1808, war bereits 1832 als Student wegen aufreizender Reden und Singens des „Hambacher Liedes" verwarnt worden und hatte 1834 vierzehn Tage Gefängnis wegen Singens eines Schmähliedes auf die Fürsten erhalten. Willmann war in die Schweiz gegangen und wurde dort beim Obergericht in Bern angestellt. 1847 wurde er jedoch als Ausländer entlassen und ging zurück nach

Villingen. Er gehörte zu den Gründungsmitgliedern des Volksvereins, war Offizier der Bürgerwehr und versah vom 9. Juni bis 5. Juli das Amt des Zivilkommissärs als Verteter von Hoffmann. 1850 verurteilte ihn das Großh. Hofgericht in Abwesenheit zu vier Jahren Zuchthaus bzw. 2 Jahre und acht Monate Einzelhaft. Für den entstandenen Schaden sollte er ebenfalls aufkommen. Nachdem er sich gestellt hatte, kam er 1855 nach Bruchsal, wo er aber noch im gleichen Jahr (30. 9. 1855) begnadigt wurde. Eine generelle Amnestie lehnte das badische Justizministerium ab. Aber ab 1850 wurden immer wieder individuelle Begnadigungen ausgesprochen. Erst 1857 wurde den noch einsitzenden Häflingen die Reststrafe erlassen. Aber die volle staatsbürgerliche Eingliederung gab es nur bei Wohlverhalten. GLAK. Best. 49/2457. Willmanns Frau hatte sich für ihn eingesetzt. Ohne den Rückhalt der Frauen und ihr Schweigen sowie die Existenzsicherung während ihre Männer im Gefängnis saßen bzw. sich im Ausland aufhielten, wären viele revolutionäre Geschehnisse nicht möglich und die Bestrafung von wesentlich mehr Teilnehmern geschehen. Gertrud Schubert, Passiver Widerstand – „Verführung zum Treubruch". Die Heilbronnerinnen während der Besetzung ihrer Stadt 1848/49. In: Lipp, Weiber. S. 144 ff., hier S. 157 f. – 1859 wurde Willmann in Villingen zum Stiftungsrechner ernannt. Er starb 1884.

39 Joseph Sorg hat bei der Verhandlung wegen Hochverrat immer wieder betont, er sei nicht mit dem Herzen beteiligt gewesen, sondern nur aus Versehen hineingeraten. Aber er hat bereits 1847 einen Aufruf mit unterzeichnet, der zu Beratungen für die anstehende Bürgermeisterwahl aufforderte. Die Unterzeichner gehören einer gegen die alten verkrusteten Strukturen ankämpfenden Gruppe an. Es finden sich bereits alle 1848/49 aktiven Personen darunter: „Karl Hoffmann, prakt. Arzt. Ferd. Förderer, Buchhändler. Schilling, Thierarzt. Andreas Staiger. Schleicher, Färber. Joh. Neidinger. Joseph Singer. Fleig, Schreiner. Faist zum Raben. Hechtwirth Paul Dold. Benedikt Mauch. Jakob Flaig. Joseph Sorg. Baptist Wittum. David Flaig. Säger Moser. E. Blessing." Schwarzwälder vom 11. Juni 1847 Nr. 47.

40 Diskussion in SAVS Best. 2.2 IX a 1.

41 Revellio, Beiträge S. 385 ff. Donaueschingen, Hüfingen und Bräunlingen beschlossen, keine Rekruten einrücken zu lassen. Bräunlingen hielt sich nicht an den Beschluß. Der Großh. Innenminister bezeichnete dies als „verbrecherische Versuche", die die Soldaten zur Fahnenflucht aufriefen. Großh. Bad. Anzeigenblatt für den Seekreis 1848 vom 8. April. In Schwenningen verlief die Rekrutierung wie in den Jahren zuvor. SAVS Best. 3.1–4 Nr. 9330.

42 Zur Offenburger Versammlung hatten u. a. Hecker, Struve, Welker und Itzstein geladen. Es sollten die Wahlen zur Nationalversammlung vorbereitet werden. Einladung abgedruckt in: Schwarzwälder vom 17. März 1848 Nr. 22. Einen Bericht über den Verlauf und die Forderungen ebd. 24. März 1848 Nr. 24. Hier wurde besonders der ersten und Teilen der zweiten Kammer das Vertrauen entzogen, eine Trennung von Staat und Kirche im Schulwesen und die Gründung von Volksvereinen gefordert. Boldt vergleicht die Beschlüsse mit denen der Göppinger Versammlung und kommt zu dem Schluß, daß die Württemberger eine gemäßigtere Gesinnung zeigen. Werner Boldt, Die württembergischen Volksvereine von 1848 bis 1852. Veröffentlichungen der Kommission für geschichtliche Landeskunde in Baden-Württemberg Reihe B, Bd. 59, Kohlhammer, Stuttgart 1970, S. 10 (Boldt, Volksvereine). Während die Offenburger Beschlüsse laut Valentin ein „Bekenntnis zur folgerichtigen Demokratie" seien, da man das Volk als Ge-

samtheit sieht, sprechen die Texte in Württemberg von einer Mehrheit von „Mitbürgern" oder „Staatsbürgern". Valentin, Geschichte. I, S. 347.

43 SAVS Best. 2.2 IX. Die Informationen aus Schwenningen stehen auf blauem Papier. Auch der Rottweiler Anzeiger widmete diesem Thema viel Raum am 26. und 29. März Nr. 37 und 38.

44 Aussage von Anastasia Müller, abgedruckt in: August Reitz, Von der Neckars Quelle, Neckar-Verlag, Villingen-Schwenningen 1935, S. 168. (Reitz, Neckars Quelle).

45 Diese Gewehre wurden beim großen Stadtbrand 1850 fast völlig vernichtet. SAVS Best. 3.1–4 Nr. 6275 und Gemeinderatsprotokoll vom 2. Juni. Darin auch eine Liste der wehr- und beitragspflichtigen Männer vermutlich von 1850.

46 Ute Beck, Albrecht Benzing, Thomas Bay, Die 48er Revolution in Schwenningen. 1974 ms. Die württembergische Regierung spricht von einer „republikanischen Schilderhebung" HStAS Best. E 146, Bü 1926. „Der von Seiten der königl. Staatsregierung ergangenen Aufforderung, die Schritte und Maßregeln des neuen Ministeriums mit Ruhe und Vertrauen zu erwarten, ist die große Mehrzahl der Württemberger in einer Weise nachgekommen, daß unser Land von Ruhestörungen wie sie anderwärts in Deutschland vorgefallen sind, verschont geblieben ist. Die Pflicht verfassungsmäßigen Gehorsams wie der Leistung der schuldigen Abgaben dauert für den Württemberger fort und die Gesetze sind nicht aufgehoben, ... Alle Beamten und Ortsobrigkeiten werden daher aufgefordert, den ihnen anvertrauten Posten in dieser schweren und verhängnisvollen Zeit, so lange sie nicht im gesetzlichen Wege davon entbunden sind, nicht zu verlassen und das Ansehen des Gesetzes mit den durch das Gesetz in ihre Hand gelegten Mitteln ohne Furcht, mit Umsicht und Geschlossenheit, jedoch unter Beobachtung jeder dem konstitutionellen Statsbürger gebührenden Rücksicht aufrecht zu erhalten." Rundschreiben der Regierung unter Römer. Es zeigt, daß auch in Württemberg nicht alles ruhig verlief. HStAS Best. E 146, Bü 1926. Zu den Vorgängen in Württemberg: Robert Leibbrand, Das Revolutionsjahr 1848 in Württemberg, Verlag das Neue Wort, Stuttgart 1948.

47 Schreiben im Depositum der Familie Bürk. Heimatmuseum Schwenningen.

48 Zur Einquartierung: SAVS Best. 3.1–4 Nr. 9366. Gemeinderatsprotokoll vom 10. April 1848. SAVS Best. 3.1–4. Paul Vosseler möchte 1850 die Kosten für die Verlegung der „Park-Wache" beim Ausmarsch nach Donaueschingen im April 1848 in sein Haus erstattet haben. Aber es gab Veränderungen auch in Schwenningen. Z. B. mußten Gemeinderäte fortan nicht mehr jeden Sonntag in die Kirche und sie kürzten sich die Tagegelder. Benzing, Schwenningen. S. 345 f.

49 Aufzeichnungen von Anastasia Müller, in: Reitz, Neckars Quelle. S. 168.

50 Verhandlungen der württembergischen Kammer der Abgeordneten auf dem Landtage von 1848, Stuttgart 1848, S. 229 f.

51 Stark betroffen waren Pfaffenweiler, Weilersbach und Rietheim. Schwarzwälder seit 1847 ff. Zu den Problemen: Erwin H. Eltz, Die Modernisierung einer Standesherrschaft. Thorbecke, Sigmaringen 1980, S. 38 ff. Hier sind auch die Württemberg betreffenden Gesetze aufgeführt. Eine schrittweise Ablösung war seit 1817 sowohl in Baden als auch in Württemberg vorgenommen worden, z. B. Gesetz über die Aufhebung der Herrenfrohnden vom Dezember 1831. Großh. Bad. Regierungs-Blatt vom 6. Januar 1832. Die Revolution beschleunigte nun den Prozeß. „Man

hat aus eingekommenen Berichten ersehen, daß sich in einigen Gemeinden die irrige Ansicht verbreitet, als wären auf den Grund der Beschlüsse der Offenburger Volksversammlung alle Zehntberechtigungen unentgeldlich aufgehoben. Um dieser irrthümlichen Ansicht zu begegnen, werden die Bewohner des Seekreises darauf aufmerksam gemacht, daß den Volksversammlungen kein Gesetzgebungsrecht, sondern nur das Recht zusteht, Wünsche, Verlangen und Vorschläge im Wege der Petition aufgefaßte Beschlüsse der Regierung des Landes vorzutragen." Großh. Bad. Anzeigenblatt für den Seekreis 1849 vom 16. Juni. Über die Zehntablösungsverhandlungen und Zwangsversteigerungen in der Region informiert das Großh. Bad. Anzeigenblatt für den Seekreis 1848 und 1849.

52 Schreiben von Bürk veröffentlicht im Rottweiler Anzeiger vom 19. Mai 1848, Erwiderung am 26. Mai. Jemand, der mit J. Bürk unterschrieb, warf ihm Unterschlagung vor. „Wegen Schuldenmachen drohe sein Untergang, und er wäre in Gant gerathen, wenn er dies nicht wegen Minderjährigkeit durch die Appellation beim Gerichtshof abgewendet hätte." Am 14. Juni entgegnet Bürk, er habe kein Geld unterschlagen, sondern aus Geldersparnis eine Summe per Wechsel bezahlt. „Damit sie aber diesen Nachtheil nicht ferner durch unehrliche Finten, wie in ihren beiden ‚Erwiderungen' auszugleichen versucht sein, und weil ich lieber in einem ehrlichen offenen Kampfe stehe, will ich ihnen, selbst auf die Gefahr hin, das ‚rathe dir selber' nochmals hören zu müssen, den wohlmeinenten Rath geben, mit Eifer und Fleiß sich wieder dem Schulbesuche zu unterwerfen, ehe sie nocheinmal ernstlich zur Feder greifen. – Vor dem Geiste desjenigen aber, welcher den unvergleichlichen staatswissenschaftlichen Lehrsatz (Erw. vom 21. Mai) entdeckt hat: daß nur die besitzende Klasse Gemeinde und Staat bisher unterhalten habe und noch unterhalte, ziehe ich voll Bewunderung und Hochachtung den Hut und beuge mich demuthsvoll zur Erde nieder, welche das Glück hat, von seinen Füßen getreten zu werden. Die größten Staatsrechtslehrer der Vergangenheit und Gegenwart sind nicht werth, ihm die Schuhriemen zu lösen. J. Bürk" Biographische Angaben zu Johannes Bürk: F. L. Neher, Johannes Bürk ein schwäbischer Wegbereiter industrieller Fertigung. Schwenningen 1956. Michael Zimmermann, Der Herr der Zeit. Johannes Bürk, dem Tüftler und Denker zum 125. Todestag, in: Süd-West-Presse vom 29. November 1997. 1849 wird Bürk in den Gemeinderat gewählt und zum Ratsschreiber berufen.

53 Eine Einladung stand auch im Schwarzwälder vom 28. März 1848 Nr. 25. Karl Hoffmann forderte alle „Vaterlandsfreunde" auf, daran teilzunehmen. Ebd. vom 4. April Nr. 27 Liste der Mitglieder.

54 SAVS Best. 2.2 IX a 1. Amtmann Blattmann bemerkte dazu, daß die Schrift absichtlich entstellt und unkenntlich gemacht worden sei. Das Amtshaus wurde von da an besser bewacht.

55 Schwarzwälder vom 11. April 1848 Nr. 30.

56 Im September lag auf dem Rathaus in Villingen z. B. eine zur Unterschrift aus, die eine Handwerks- und Gewerbeordnung für Deutschland forderte. Schwarzwälder vom 30. September 1848 Nr. 104.

57 § 32 regelt die Möglichkeiten der Wahlablehnung, denn generell galt § 15 „Jeder Gewählte muß die auf ihn gefallene Wahl annehmen". Eine Verweigerung der Wahl ohne Grund sah eine Strafe zugunsten der Ortsarmenkasse vor. Die Wahlperiode dauerte sechs Jahre. Der Gemeinderat erneuerte sich alle zwei Jahre zu einem Drittel. Die Mitglieder des Bürgerausschusses mußten je zu einem Drittel

aus den drei Steuerklassen kommen. Wahlberechtigt waren alle Gemeindebürger. Großh. Bad. Regierungs-Blatt vom 17. Februar 1832. Zu den Wahlen SAVS Best. 2.2. IX a 29, 31 und 32. Schwarzwälder vom 29. April 1848 Nr. 38.

58 Die Villinger waren Hoffmann, Diez, J. Vetter, Weber, Faißt. Ferner gehörten ihm Bürgermeister Buck aus Dürrheim, Casimir Stegerer aus Vöhrenbach, Altbürgermeister Riegger aus Pfaffenweiler und Sternenwirt Fischer aus Klengen an. Auszüge aus der Resolution in: Schwarzwälder vom 18. April 1848 Nr. 33.

59 SAVS Best. 2.2. IX a 1. Hierin ein Schreiben von Struve, der bedauerte, nicht nach Villingen kommen zu können.

60 GLAK Best. 236/8521. Der Bericht von den Unruhen in Donaueschingen – Villinger hatten berichtet, die Eingänge zur Stadt seien von Aufständischen besetzt – veranlaßte den Regierungsrat Stockhorn auf der Reise nach Konstanz, den Weg durch Württemberg zu nehmen.

61 Ein Regiment Infanterie und ein Regiment Kavallerie unter dem Kommando von General Müller zogen, ohne auf Widerstand zu stoßen, in Donaueschingen ein. Geh. Regierungskommissär von Stengel verhaftete den Bürgermeister und bat um neue Instruktionen aus Karlsruhe. Müller sah die Unruhen im Seekreis nicht als sehr schlimm an. GLAK Best. 236/8521. Von Stengel wurde die politische Verwaltung des Seekreises provisorisch übertragen. Schwarzwälder vom 25. April 1848 Nr. 36. Großherzog Leopold bat seine Badener, die fremden Truppen freundlich zu empfangen. „Theure Badener! Nicht zur Unterdrückung der Freiheit, wie man Euch glauben machen möchte, sondern zur Erhaltung und verfassungsmäßigen großartigen Entwicklung derselben für Euch, im Vereine mit ganz Deutschland, ist diese Maßregel ergriffen worden!" Großh. Bad. Regierungs-Blatt vom 11. April 1848. Im Schwarzwälder wird in diesem Zusammenhang von der „Struve'schen Bewegung" gesprochen. Schwarzwälder vom 18. April 1848 Nr. 33. Zu den Geschehnissen im Umland: Revellio, Beiträge S. 394 ff.

62 GLAK Best. 236/8521. Bei der Bezirksversammlung sollten die Ortsausschüsse ein Verzeichnis der Waffen mitbringen. Die Abkürzung verstanden die Leute damals als Anspielung auf die Spitzeldienste von Stengel.

63 „Deutsche Zeitung" vom 18. April 1848. Schwarzwälder vom 22. April 1848. Bei der Redaktion trafen empörte Zuschriften ein. In einer Erklärung wies der Redakteur darauf hin, daß die auswärtigen Zeitungen im Rahmen der neuen Pressefreiheit dies schreiben durften.

64 Nach der Enttäuschung im Frankfurter Vorparlament, in dem das Programm von Struve vorgetragen kaum Zustimmung fand, und auch Heckers Antrag, das Vorparlament „in Permanenz" zu erklären, durchfiel, beschlossen beide, durch einen bewaffneten Aufstand in Baden die republikanische Sache durchzusetzen. „Der Glaube an die Klarheit und Gerechtigkeit unserer Sache, gab uns die Fahne in die Hand, der Gedanke, ein großes Volk zu erlösen aus tausendjähriger Knechtschaft, ließ uns das Schwert umgürten; mit dem Vertrauen auf eine muthige und gewaltige Erhebung der Männer zogen wir vorwärts durch die Berge." So beschrieb Hecker seine Antriebskraft 1848. Friedrich Hecker, Die Erhebung des Volkes in Baden für die deutsche Republik im Frühjahr 1848, Reprint Edition 100 bei ISP, Köln 1997, Vorwort. Franz Sigel, Kommandant der Konstanzer Bürgerwehr, meldete schon damals Bedenken an, da die Ausbildung noch nicht beendet sei. „Ich muß gestehen, daß ich schon damals in das Gelingen unseres Unternehmens Zweifel setzte, und dieser stieg, als wir mit kaum 300 Mann in Engen eintrafen." Ebd. S. 106. Über den Verlauf des Heckerzuges: Willy Real, Die Revolution

in Baden 1848/49, Kohlhammer, Stuttgart, Berlin, Köln, Mainz 1983, S. 59 ff. Real spricht dabei von einem Putsch. Siemann verneint dies entschieden, denn „Das heißt die Geschehnisse vom Ergebnis her beurteilen und verkennen.... Erst Heckers Zug lehrte vier Erkenntnisse, die zuvor über die Revolution noch unbekannt waren." Der Heckerzug war der erste geplante Freischarenzug. Hecker täuschte sich nicht über die soziale Zusammensetzung seiner Schar, aber über die Rolle der Bundestruppen. Die politischen Gruppierungen bezogen ihre Positionen. Die Verhaftung war von Josef Fickler durch Karl Mathy belegt dies exemplarisch. Siemann, 1848/49. S. 73 ff.

65 Dies berichtete von Stengel. Förderer und Hoffmann hätten den Bürgermeister und die Gemeinderatsmitglieder um Mitternacht aus den Betten geholt, um über die Anschaffung von Waffen und Munition für die Freiwilligen zu beraten. Eigentlich seien alle dagegen gewesen. „Sie mußten aber der Gewalt nachgeben, die Freischaren tummelten sich in der Zwischenzeit." GLAK Best. 236/8521.

66 SAVS Best. 2.1 Nr. Z 95.

67 S. Revellio, Beiträge S. 397 und SAVS Best. 2.2. IX 3. In dem Bericht über die Ereignisse wurde Ferdinand Stocker als Schreiber der Verkündigung durch die Schelle genannt. Josef Oberle soll sie den Polizeidiener gegeben haben. Bürgermeister Stern habe sich mit der Verschiebung der Versammlung nicht durchgesetzt. Wer den Tambour Säger veranlaßt hat, den Generalmarsch um 7 Uhr zu blasen, war nicht zu ermitteln. SAVS Best. 2.2. IX a 1.

68 Dies schrieb Bürgermeister Stern in einer Rechtfertigung an die Regierung des Seekreises. SAVS Best. 2.2. IX a 1.

69 Dies berichtete von Stengel am 27. April 1848. Er veranlaßte eine Untersuchung. GLAK Best. 236/8521.

70 GLAK Best. 234/2033 und Schwarzwälder vom 27. April Nr. 37.

71 Regierungskommissär von Stengel interpretierte die Geschehnisse aus der Sicht der badischen Regierung. Hoffmanns Auftreten in den Versammlungen bezeichnete er als diktatorisch. Man habe zum Ärger von Hoffmann beschlossen, „Daß kein Bürger weiter von hier abgehen, und die gestern abmaschierte (24.4.) Mannschaft zurückgerufen werden solle." Er sagte weiter, daß viele nur des Geldes wegen am Zug teilnahmen oder weil sie das verbrecherische Tun nicht gesehen hätten, bzw. weil sie so verblendet waren, daß sie Recht und Unrecht nicht mehr unterscheiden konnten. Er forderte auch die Verhaftung von Hoffmann wegen Hochverrats. Dafür wurde ihm militärische Unterstützung zugesagt.

72 Großh. Bad. Regierungs-Blatt vom 24. April 1848.

73 abgedruckt in: Schwarzwälder vom 17. März 1849 Nr. 11 Wochenbeilage.

74 SAVS Best. 2.2. IX a 1. Das Bürgermeisteramt meldete am 27. April 1848 den Vollzug der Anweisung.

75 Die ursprüngliche Verordnung vom 25. März, ihr lag die Wahlordnung vom 23. Dezember 1818 zugrunde, mußte dahingehend abgeändert werden, daß das Wahlalter auf 21 Jahre gesenkt wurde. Großh. Bad. Regierungs-Blatt vom 29. März und 11. April 1848. Zitat S. 107.

76 Schwarzwälder vom 13. April 1848 Nr. 31.

77 Wittum (Rechtsanwalt), Kienzler (Gemeinderat), Schleicher (Färber), Weber (Gemeinderat). Zum 3. Wahlbezirk gehörten die Amtsbezirke Donaueschingen, Neustadt, Villingen, Hornberg, Triberg. Wahlort war Villingen. Den Vorsitz hatte Hofgerichtsdirektor Kieffer. Großh. Bad. Regierungs-Blatt vom 27. April 1848. In einer Vorbesprechung in Vöhrenbach lauteten die Kandidaten noch Regierungsdirektor Peter, Abgeordnete Itzstein und Welte und Hofgerichtsadvocat Rindeschwender.

78 Schwarzwälder vom 16. Mai 1848 Nr. 45.

79 Ebd. vom 8. Juni 1848 Nr. 55. Hecker wurde in Thiengen gewählt, aber nicht als Abgeordneter in der Nationalversammlung zugelassen. Da er auch im zweiten Wahlgang siegte, war Thiengen in Frankfurt mit keinem Abgeordneten vertreten. Herbert Reiter, Politisches Asyl im 19. Jahrhundert: Die deutschen politischen Flüchtlinge des Vormärz und der Revolution von 1848/49. Duncker und Humblot, Berlin 1992, S. 151 f. (zit. Reiter, Asyl). Hecker beschwerte sich in einem Brief vom 20. Juni 1848 an die konstituierende Nationalversammlung darüber, daß er über seine Wahl nicht offiziell unterrichtet wurde. „Im Namen des Grundsatzes der Volkssouveränität, im Namen des souveränen Volkes, ... dessen Vertreter ihr seid, ersuche ich Euch, Bürgervertreter Deutschlands, sofort die Wahlakten der in Thiengen stattgehabten Wahl einzufordern und mich von der geschehenen Erwählung in Kenntnis zu setzen." Abgedruckt in: Karl Obermann, Flugblätter der Revolution. Eine Flugblattsammlung zur Geschichte der Revolution von 1848/49 in Deutschland. VEB Verlag, Berlin 1970, S. 237 ff., hier S. 239. In Württemberg verhinderte der Hauptausschuß (Zusammenschluß von Volksvereinen), daß ein Kandidat in mehreren Bezirken nominiert wurde. Boldt, Volksvertretung. S. 20.

80 Schwarzwälder vom 13. Juni 1848 Nr. 57.

81 Hans Fenske, Der liberale Südwesten. Freiheitliche und demokratische Traditionen in Baden und Württemberg. Schriften zur politischen Landeskunde Bd. 5. Hrsg. von der Landeszentrale für politische Bildung Baden-Württemberg, Kohlhammer, Stuttgart, Berlin 1981, S. 98.

82 Schwarzwälder vom 27. Mai 1848 Nr. 50.

83 Mommsen ist der Auffassung, Heckers Unternehmung habe „die Sache der Revolution diskreditiert". Hecker trage die Verantwortung für die Schwächung der demokratischen Sache. Wilhelm Mommsen, Größe und Versagen des deutschen Bürgertums: Ein Beitrag zur Geschichte der Jahre 1848/49, Stuttgart 1949, S. 57. Dem widerspricht Siemann, für ihn ist es die erste organisierte Volkserhebung. Siemann, 1848/49. S. 73 f.

84 SAVS Best. 2.2. IX a 22. Hierin verschiedene Leumundszeugnisse und einige Lebensläufe. Griewank meinte, daß nach den Ereignissen 1848 bei den meisten die Sorge um den Besitz und um die Sicherung des Bestehenden größer war als das Interesse für politische Veränderungen. Auch sei die Zeit für eine Republik nicht gegeben gewesen, da die Mehrheit loyal gegenüber den Fürsten war. Karl Griewank, Ursachen und Folgen des Scheiterns der deutschen Revolution von 1848, in: Langewiesche, Revolution. S. 59 ff., hier S. 71 u. 73.

85 Schwarzwälder vom 4. Juli 1848 Nr. 66. Maier bedankte sich bei den ersten Spendern, den Arbeitern der chemischen Fabrik in Villingen.

86 Ebd. vom 15. Juli 1848 Nr. 71. Unterschrieben ist diese Anklage mit „Ein Republikaner". Ebd. 18. Juli Nr. 72. Zu den Kosten der Einquartierung 1848 s. SAVS Best. 2.2. IX a 38.

87 Ebd. vom 11. April 1848 Nr. 30. Herr Huber bestätigte diese Anschuldigungen als Wahrheit. Ebd. 15. April 1848 Nr. 32.

88 Ebd. vom 18. Juli 1848 Nr. 72. Baptist Willmann teilte dies in einer Anzeige mit. Stern habe noch hinzugefügt, daß Willmann die Truppen angeführt habe, obwohl seine Unterschrift auf dem Freischarenverzeichnis fehle.

89 Ebd. vom 1. Juli 1848 Nr. 65. Der Schwarzwälder prangerte immer wieder das Denunziantentum an.

90 Ebd. vom 9. Dezember 1848 Nr. 134. Hier sind das Schreiben der Gegner und Schleichers Rechtfertigung abgedruckt. Auch im Namen des Turnvereins wird ihm ein gu-

tes Zeugnis ausgestellt. Ebd. 12. Dezember 1848 Nr. 135. Vgl. Hartmut Titze, Die Politisierung der Erziehung. Untersuchungen über die soziale und politische Funktion der Erziehung von der Aufklärung bis zum Hochkapitalismus. Frankfurt/M. 1973, bes. S. 182ff.

91 Regierungsblatt für das Königreich Württemberg Nr. 56 vom 31. 8. 1849, S. 493ff., hier S. 498.

92 Aufrufe im Schwarzwälder u.a. am 20. Mai Nr. 47.

93 Schwarzwälder vom 20. Mai 1848 Wochenbeilage Nr. 16. Zur Debatte um die Amnestie in der Nationalversammlung: Reiter, Asyl. S. 147ff. „Die beiden Debatten zeigen, daß die Mehrheit der Nationalversammlung nicht bereit war, gegenüber Flüchtlingen und politischen Straftätern eine großzügige Haltung einzunehmen. Es wurde kein Versuch unternommen, sie wenn nicht in ihrer Gesamtheit, so doch in Teilen zu integrieren. Die Teilnehmer am Hecker Freischarenzug wurden nicht als irregeleitete Minderheit, sondern als tödliche Gefahr gesehen." S. 152.

94 Schwarzwälder vom 22. August 1848 Nr. 87. Großh. Bad. Regierungs-Blatt vom 16. August 1848. Revellio, Beiträge, S. 401f.

95 Schwarzwälder vom 22. August 1848 Nr. 87.

96 Ebd. vom 11. Mai 1848 Nr. 43. Diese Reihe erschien in unregelmäßigen Abständen.

97 Ebd. vom 8. August 1848 Nr. 81. Brandgeschädigte suchten später nach ihrem Eigentum, nicht alle scheinen uneigennützig geholfen zu haben. Anzeige des Bürgermeisters am 9. September 1848 Nr. 95.

98 Ebd. vom 21. September 1848 Nr. 100. Die Regierung forderte im November auch die im Frühjahr zur Verfügung gestellten 200 Gewehre zurück, so daß Teile der Wehr unbewaffnet waren. Ebd. Vom 25. November Nr. 128. Auf der Bürgerversammlung hatten die Bürgerwehrleute eine Bezahlung der Waffen aus der eigenen Tasche abgelehnt.

99 Struves Zug, von Lörrach ausgehend, wurde in Staufen aufgerieben. (22. bis 24. September 1848). Auch Struve verfügte über keine gefestigte Anhängerschaft, aber sein Zug war besser organisiert als der von Hecker.

100 Schwarzwälder vom 31. Oktober 1848 Nr. 117.

101 SAVS Best. 2.2. IX a 52.

102 Die Forderung in jeder Gemeinde einen „vaterländischen (demokratischen) Verein zu gründen, dessen Aufgabe es, für die Bewaffnung, die politische und soziale Bildung des Volkes sowie für die Verwirklichung seiner ihm zustehenden Rechte Sorge zu tragen, um einen dauerhaften Frieden zu Begründen", hatte die Offenburger Versammlung am 19. März 1848 proklamiert. Aber bis Mitte des Jahres – verboten wurden die Vereine am 22. Juli – meldeten die Bezirksämter „vereinsfrei". Ausnahmen waren Mannheim, Heidelberg, Offenburg, Freiburg und Hüfingen. Frei, Wegbereiter. S. 96f.

103 Ob das Verbot ausgesprochen wurde, weil Blum ein Revolutionär oder ein Deutschkatholik war, läßt sich nicht mehr erschließen. Allerdings hatte das erzbischöfliche Dekanat auch einen Trauergottesdienst nicht zugelassen. Vgl. Frei, Wegbereiter. S. 94. Es gab in vielen Gemeinden Trauerfeiern für Blum.

104 Schwarzwälder vom 23. Dezember 1848 Nr. 140.

105 Ebd. vom 23. Dezember 1848 Nr. 36 Wochenbeilage.

106 Rottweiler Anzeiger vom 19. Januar Nr. 8.

107 Die erste Beilage veranlaßte Uhrenmacher Josef Zeller, darauf hinzuweisen, er habe nur behauptet, Hoffmann habe die Hüfinger Beschlüsse verkündet. Schwarzwälder vom 22. Februar 1849 Nr. 23. Schwenningen war zu dieser Zeit wieder von Truppen – 6. Infanterie Regiment – besetzt. HStAS Best. E 146, Bü 1929.

108 Schwarzwälder vom 3. März 1849 Nr. 27.

109 Ebd. vom 22. März 1849 Nr. 35 und vom 5. April Nr. 41.

110 Die Hüfinger hatten bereits im August 1848 einen Volksverein gegründet, der immer wieder Aufrufe herausgab. Dr. Volkhardt Huth, „Vor uns liegt ein glücklich Hoffen…" Aspekte der Revolution von 1848/49 in unserem Kreisgebiet, Almanach SBK 1995 und 1996. Revellio, Beiträge S. 405 ff. Allgemein für Baden: Frank Fassnacht, Die Revolution in Baden 1849: Volksvereine und Verfolgte. Ms. Universität Freiburg 1996. Für Württemberg: Boldt, Volksvereine.

111 Satzung. SAVS Best. 2.1 Nr. Z 95. Abgedruckt in: Schwarzwälder vom 8. 5. 1849 Nr. 55. Zur Vereinsbildung: Dieter Langewiesche, Vereins- und Parteibildung in der Revolution von 1848/49, in: Historische Zeitschrift, Beiheft 9 (N.F.), München 1984.

112 Im Wochenblatt vom 12. April 1849 Nr. 44 sind alle Ausschußmitglieder namentlich erwähnt. Mitglieder des Vorstandes: Josef Fuchs (Advocat), Carl Hoffmann (Arzt), Johann Schleicher (Gemeinderat), Johann Schmid (Gemeinderat), Benedikt Göth (Paradieswirt), Johann Neidinger (Gemeinderat), Lorenz Stöhr (Weinhändler), Johann Baptist Willmann, Martin Maier (Stadtrechner), Ferdinand Stocker (Commis), Josef Johann Ummenhofer (Händler), Johann Nepomuk Krebs (Kürschner), Karl Rasina (Fabrikant). GLAK Best. 236/8509.

113 Schreiben des Bezirksamts vom Dezember 1849. Im gleichen Brief bezeichnet er Willmann als Eiferer. GLAK Best. 236/8577.

114 Amand Goegg hatte aus den Zügen von Struve und Hecker die Lehre gezogen, daß gute Propaganda und die Organisation in Verbänden für das Gelingen eines Aufstandes notwendig sei. Im Winter 1848/49 sorgte er für die Gründung von ca. 400 Ortsgruppen von Volksvereinen und für die Bildung von demokratischen Zellen innerhalb des Heeres. Dank dieser Vorarbeit konnte sich im Mai 1849 der Aufstand über ganz Baden ausdehnen. Zur Reichsverfassungkampagne s. Siemann, 1848/49. S. 204 ff. Für Württemberg: Boldt, Parteiwesens. S. 56 ff.

115 GLAK Best. 233/30032.

116 Schwarzwälder vom 24. April 1849 Nr. 49.

117 In der Kreisversammlung waren 47 Vereine mit insgesamt 3 000 Mitgliedern organisiert. Der Redakteur der Seeblätter kam öfters mit dem Pressegesetz wegen seiner Äußerungen in Konflikt.

118 GLAK Best. 236/4174. Im Vaterländischen Verein waren auch Mitglieder aus den umliegenden Gemeinden vertreten. Darauf wird im Schreiben extra hingewiesen, um zu zeigen, daß der Wunsch in der Region allgemein verbreitet ist. „An der Spitze der Vaterländischen in Donaueschingen ständen reaktionäre Kreise vom Hofkünstler bis zum Hofschuhputzer." So zitiert Revellio nach einem Schreiben des Hüfinger Volksvereins. Revellio, Beiträge S. 408.

119 Schwarzwälder vom 10. Oktober 1848 Nr. 108.

120 Ebd. vom 26. Mai 1849 Nr. 63. Bemerkenswert, seit Mai appellierten auch der Landesausschuß und die regionalen Ausschüsse an „Männer und Frauen in Baden!" Im Schwarzwälder erschienen immer wieder Spendenaufrufe des Vereins „Säumet nicht, die Opfer zu bringen, die das Vaterland in der Stunde der Gefahr von Euch verlangt."

121 Bis Ende Juni sammelten sie 21 Stück Leintücher, 3 Bettüberzüge, 14 Handtücher, 8 Sacktücher, 40 Hemden, 30 Paar Socken, 110 Stück Rollbinden, 200 Stück Verbandsleinwand, 25 Stück Spreiersäckchen und 10 Pfund Charpie (spezielle Watte). Schwarzwälder vom 23. Juni 1849 Nr. 75.

122 Auch in Herzogenweiler gründeten Frauen einen Frauen-
verein. Daß sie nicht nur stumm Duldende waren, verdeutlicht nachstehende Anzeige: „Erklärung. Da sich
mein verstorbener Ehemann Anton Förderer als Bürge
für mehrere, zum Theil mir unbekannte Schuldner verbindlich gemacht haben soll, so erkläre ich hiermit, daß
ich diese Verbindlichkeit nicht übernehme, sondern vielmehr die geleistete Bürgschaft meines seligen Mannes
den betreffenden Gläubigern aufkünde. Niedereschach
den 17. Mai 1847 Anton Förderer's Wittwe." Schwarzwälder vom 21. Mai 1847 Nr. 41. Aber Aktivitäten, wie die
Heilbronnerinnen sie ausführten – Patronenproduktion –,
sind hier nicht bekannt. Gertrud Schubert, Passiver Widerstand – „Verführung zum Treubruch". Die Heilbronnerinnen während der Besetzung ihrer Stadt 1848/49. In:
Lipp, Weiber. S. 144 ff., hier S. 145 f.
123 Schwarzwälder vom 25. April 1848 Nr. 36. Ein Traum
(Von einem Frauenzimmer) wurde veröffentlicht, als die
letzten Gefechte der Hecker-Freischaren stattfanden.
124 Rottweiler Anzeiger vom 18. Mai Nr. 58 und vom 30. Mai
1849 Nr. 63.
125 Zweck der Genossenschaft war die Förderung des Gewerbes vor allem aber des Uhrengewerbes. Dazu: Annemarie Conradt-Mach, Vom Bauerndorf zur Arbeiterschaft, hier: 3. Teil – In der Not: der Ruf nach dem Staat,
Süd-West-Presse vom 13. September 1997 und 4. Teil –
Handwerker in der Abhängigkeit von Fabriken, Süd-
West-Presse vom 20. September 1997.
126 Zur Versammlung hatte der Verein auch im Schwarzwälder vom 17. Mai Nr. 59 aufgerufen. Als im April 1848 von
Rottweil die Aufforderung kam, einen Märzverein in allen Orten des Amtsbezirkes zu gründen, hatte in Schwenningen niemand reagiert. Einen Einblick in die Geschäh-
nisse auf württembergischer Seite: „Anklageakt gegen
den vormaligen Rechts-Consulenten August Becker wegen Hochverrats". In der Zeugenliste stehen auch Personen aus Schwenningen. Altbürgermeister Silvester Rieg-
er von Pfaffenweiler hat ebenfalls mit Unterstützung
aus Villingen versucht, im Ort einen Volksverein zu gründen. Auch in Dürrheim leisteten die Villinger Aufbauhil-
fe. Einige Rietheimer waren Mitglieder im Villinger
Volksverein. Man kann also sicher sagen, daß sich die Begeisterung für Freiheit und Demokratie nur auf städtische Gemeinwesen beschränkte. GLAK Best. 236/8208.
Stefan Müller hat herausgefunden, daß die Mitglieder
von Volksvereinen aus kleineren Städten in die umliegenden Dörfer zogen, um unter den Bauern für die Gründung von Vereinen zu werben. Demgegenüber blieben
die Versuche der gemäßigten Liberalen, mit Hilfe von
„vaterländischen" Vereinsgründungen ein Gegengewicht
zu den Volksvereinen zu schaffen, wenig erfolgreich. Forschungsbörse vom 17. Oktober 1994 in Offenburg.
127 Schwarzwälder vom 12. Juni Nr. 70. Gefordert wurde in
Reutlingen neben den Bündnissen mit Baden und der
Pfalz, die Zurückrufung der württembergischen Truppen
von der Grenze zu Baden, die Weigerung des Durchmar-
sches fremder Truppen, allgemeine Volksbewaffnung und
Vereidigung von Heer und geistlichen und weltlichen Beamten. Schwenningen wollte nicht mittragen, daß die Nationalversammlung einen Vollziehungsausschuß bildet,
der „den Reichsfeind aus den Reichsmarken" vertreibt.
Boldt, Parteiwesens. S. 65 ff. HStAS Best. E 146, Bü 1929.
128 Schwarzwälder vom 14. Juni 1849 Nr. 71 und vom 21. Juni
Nr. 74. Knauß hält die Schwenninger Bauern für borniert.
In Schwenningen scheint etwas von der „Revolutions-
feindlichkeit", die, laut Griewank, der deutsche orthodo-
xe Protestantismus hatte, spürbar gewesen zu sein. Karl

Griewank, Ursachen und Folgen des Scheiterns der deutschen Revolution von 1848, in: Langewiesche, Revolution. S. 59 ff., hier S. 81.
129 Martin Scharfe, ... Die Erwartung, daß „nun alles Frei
sey", in: Festschrift für Karl-Sigmund Kramer, Berlin
1976, S. 179 ff., hier S. 184. Das letzte Zitat stammt aus einem Mundartgedicht aus jener Zeit, zitiert in: Reitz,
Neckars Quelle. S. 228 f.
130 Rottweiler Anzeiger vom 16. April 1848 Nr. 46. Ähnlich
äußerte sich auch Johannes Bürk in einem Brief an einen
Freund: „Immer tiefer sinkt diese eines besseren Schicksals zwar fähige aber freilich in ihrer gegenwärtigen
Schlafsucht unwürdige Gemeinde, ..."
131 Johann Evangelist Schleicher wurde 1816 geboren, er war
Bürgerschullehrer, später Chordirigent; verheiratet mit
Elisabeth, geborene Schrenk. 1848/49 war Schleicher Mit-
glied des Bürgerausschusses und Gemeinderatsmitglied.
Er gründete den Turnverein mit und gehörte im März
1848 dem Volksausschuß an. In der Mairevolution wurde
er Nachfolger des abgesetzten Bürgermeisters Stern. Das
Großh. Hofgericht in Konstanz verurteilte ihn zu drei
Jahren Zuchthaus wegen Hochverrats. Dieses Urteil bestätigte das Oberhofgericht am 20. April 1851. 1853 wanderte er nach Amerika aus. Laut Schreiben der Schweizer
Bundesbehörden schiffte er sich am 18. Oktober 1853 in
Le Havre ein. Seine Frau folgte ihm ohne behördliche Erlaubnis. Vorher hatte sie um Gnade und Verzeihung für
ihren Mann gebeten. Sie bemängelte das Verfahren, denn
die vom Verteidiger genannten 20 Zeugen seien nicht
gehört worden. Frau Schleicher meinte, da ihr Mann eine
sehr dünne Stimme habe, könnte er bei einer Versammlung im Theatersaal von einigen Personen falsch verstanden worden sein. Er sei zwar einstimmig in „ungesetzli-
cher Versammlung" zum Bürgermeister ausgerufen, „einige Zeit später aber in gesetzlicher Wahl mit Stimmenmehrheit wirklich gewählt" worden. Schlimmes sei ver-
hütet worden, da er sein Amt fleißig, gewissenhaft und be-
sonnen ausgeübt habe. Die Unterschriftenliste vom Gnadengesuch ist zwei Seiten lang. Spitalverwalter Zech gehörte
zu den Unterzeichnern. Das Justizministerium befand am
20. Juni 1850, daß die Bitte der Ehefrau zu wenig sei.
Schleicher solle sich selbst ein Gnadengesuch stellen, dies tat
er am 26. Juli 1850. Von einem Umsturz habe er nichts gemerkt, da Villingen sehr weit von den Zentren entfernt
liege. Er habe Ruhe und Ordnung gehalten und bat deshalb, Gnade vor Recht ergehen zu lassen. GLAK Best.
234/1950. Frau Schleicher war sicherlich nicht die einzige
Frau, die während und nach der Revolution ihren Mann
unterstützte. Aber die Namen der Männer kennt man, dabei war vieles ohne die vielfältige Beteiligung der Frauen
nicht denkbar. Ob die Auswanderung freiwillig geschah
oder auf Druck der Schweizer Behörden, ist nicht bekannt. Nach der allgemeinen Amnestie kehrte Schleicher
1864 nach Villingen zurück; die Demokraten stellten ihn
1870 bei der Bürgermeisterwahl auf. 1871 und 1883 wurde
Schleicher in den Gemeinderat gewählt. Zur Schweizer
Abschiebepolitik: Frei, Flüchtlingspolitik. S. 479 ff. Es war
eine Zusammenarbeit mit Frankreich nötig, denn die
Schweiz ist ja ein Binnenland. Frankreich gestattete die
Durchreise und übernahm sogar teilweise die Kosten. Bei
asylwidrigem – politische Betätigung, aber auch Bettelei,
Betrug, ungebührliches Betragen – Verhalten wurden die
Betreffenden ausgewiesen. Reiter, Asyl. S. 231 f. Zur Stellung der Vereinigten Staaten zum Flüchtlingsproblem
ebd. S. 287 ff. Die politisch Verfolgten wurden wie norma-
le Einwanderer aufgenommen.
132 Dies war sogar dem Rottweiler Anzeiger eine Meldung

wert. 18. Mai 1849 Nr. 58. Der Bericht des Bürgermeisters Stern vom 28. März 1850 befindet sich in: SAVS Best. 2.2 IX 3 „Bücher" Nr. 21.

133 Großh. Bad. Regierungs-Blatt vom 9. Juni 1848. Am 7. Juni verkündete der Großherzog, daß jeder Staatsbürger den Eid auf die Verfassung leisten müsse, die Soldaten mit dem Fahnen- und die öffentlichen Diener mit dem Diensteide. Die anderen mit dem Huldigungseid nach dem 21. Geburtstag. Letzterer lautete: „Ich schwöre Treue dem Großherzog und der Verfassung, Gehorsam dem Gesetze, und des Fürsten wie des Vaterlandes Wohl nach Kräften zu befördern, so wahr mir Gott helfe."

134 Vertreter im Sicherheitsausschuß waren: Kupferschmied Ackermann, Paradieswirth Göth, Buchbinder Häßler, Nikolaus Kompost, Nikolaus Krebs, Stadtrechner Maier, Goldarbeiter Oberle, Weinhändler Stöhr, Kaufmann Jos. Ummenhofer, Wilhelm Ummenhofer, Kaufmann Weishaar und Anwalt Wittum. Später kamen noch 30 Mitglieder hinzu, denn die Gesamtzahl sollte 2 1/2 mal größer als die benötigte Zahl sein. Schwarzwälder vom 19. Juni 1849 Nr. 73. Sie stammten aus allen Berufen.

135 Die Offenburger Versammlung (12.–13. Mai 1849) sollte die Organisation der badischen Volksvereine nach württembergischem Vorbild in Angriff nehmen. Doch die gleichzeitigen Aufstände des Militärs in den wichtigsten Garnisonen, die vor allem in der Umstrukturierung der Armee von einer großherzoglichen Bauernarmee zum modernen Bürgerheer ihren Ursprung hatten, verlangten andere Themen. Ein permanent tagender Landesausschuß unter Vorsitz von Lorenz Brentano wurde eingerichtet. Nach der Flucht des Großherzogs ernannte der Landesausschuß eine Exekutivkommission (Provisorische Regierung) mit Brentano an der Spitze. Am 1. Juni 1849 löste sich der Landesausschuß auf. Die Kontrolle über die provisorische Regierung sollte die zu wählende verfassunggebende Versammlung ausüben, die auch am 13. Juni die Regierung bestätigte. „Die Regierung hatte trotz mancher innerer Querelen tatsächlich Rückhalt in der Bevölkerung und im staatlichen Machtapparat erworben. Militär, Verwaltungsbeamte und Richter stellten sich ihr zur Verfügung." Siemann, 1848/49. S. 215 ff., Zitat: S. 216. Sonja-Maria Bauer, Die verfassunggebende Versammlung in der badischen Revolution von 1849, Beiträge zur Geschichte des Parlamentarismus und der politischen Parteien Bd. 94, Droste Verlag, Düsseldorf 1991. S. 18 ff., Zur Wahl der Regierung: ebd. S. 106 ff.

136 GLAK Best. 236/8535. Schwarzwälder flüchtete in die Schweiz.

137 Joseph Krebs wurde durch das Hofgericht in Konstanz für klagfrei erklärt, also nicht verurteilt.

138 Bekanntmachung vom 24. Mai, veröffentlicht im Schwarzwälder vom 26. Mai 1849 Nr. 63. und 16. Juni 1849 Nr. 72. Stadtrechner Maier bat, ihm Personen zu nennen, die eine Anleihe tätigen könnten.

139 Heute Fabrikgelände Firma Binder.

140 Rottweiler Anzeiger vom 20. Mai 1849. Ute Beck, Albrecht Benzing, Thomas Bay, Die 48er Revolution in Schwenningen. 1974 ms. Sie nennen 23 Dragoner. Schwarzwälder vom 31. Mai 1849 Nr. 65.

141 Hoffmann war u. a. im Bittstellerausschuß. GLAK Best. 231/1128. Er war auch anwesend, als am 13. Juni eine „Provisorische Regierung mit Diktatorischer Gewalt" gewählt wurde. Der ersten von einem Parlament gewählten Regierung gehörten u. a. Lorenz Brentano, Amand Goegg und Maximilian Werner an. Es wurden folgende Neuerungen im Parlament eingeführt: Recht der Gesetzesinitiative; direkte Anfragen an die Regierung; Miß-

trauensvotum, dieses setzte eine Ministerverantwortlichkeit voraus. Wie Frau Bauer meint, zeigt sich in all diesen Maßnahmen, daß die badischen Revolutionäre das Prinzip der „parlamentarischen Revolution" vertreten. Sonja-Maria Bauer, Die verfassunggebende Versammlung in der badischen Revolution von 1849, Beiträge zur Geschichte des Parlamentarismus und der politischen Parteien Bd. 94, Droste, Düsseldorf 1991. Bauer berichtet über die Tätigkeit von Hoffmann in den Ausschüssen.

142 Schwarzwälder vom 7. Juni 1849 Nr. 68. Bezirksförster Hubbauer verwahrt sich gegen den Vorwurf, er habe vor der Wahl unseriöse Wahlpropaganda zuungunsten von Schleicher betrieben. Schwarzwälder vom 23. Juni 1849 Nr. 75.

143 Schwarzwälder vom 9. Juni 1849 Nr. 69.

144 Über die Tätigkeiten von Frauen im Erwerbsleben zu dieser Zeit: Carola Lipp, „Fleißige Weibsleut" und „liederliche Dirnen". In: Lipp, Weiber. S. 25 ff.

145 Schwarzwälder vom 9. Juni Nr. 69, Sonderbeilage. Die Mitglieder erkannte man am weiß-roten Band am Arm.

146 GLAK Best. 240/2507.

147 Die Oberämter Rottweil, Spaichingen und Tuttlingen entsandten einen Abgeordneten in die Nationalversammlung. Rheinwald war Professor in Bern.

148 StAS Wü 65/30. Ein Frühstück bekamen die Freischärler in Deißlingen. Die Rottweiler stärkten die Freischaren mit Getränken und Lebensmitteln, bevor diese weiterzogen, denn Maier (auch Majer oder Mayer geschrieben) scheute sich vor einer Auseinandersetzung mit dem Scharfschützenkorps. Maier soll den Beschluß zum Einfall in Villingen im Gasthaus „Zum Raben" gefaßt haben. Rottweiler Anzeiger vom 4. Juli 1849 Nr. 78. HStAS Best. E 146, Bü 1928. Maier hatte sich bereits am 10. Juni in dieser Gegend aufgehalten, denn er nahm an einer Versammlung in Dürrheim teil. Reitz, Neckars Quelle, S. 167. Reitz nennt 30 Freischärler, die von den Einwohnern mit Sensen und Mistgabeln vertrieben wurden.

149 Regierungs-Blatt vom 19. März 1851 verkündete die offizielle Aufhebung der Bürgerwehr.

150 Mit Verfügungen vom 26. und 27. Juni 1849 hatte der Großherzog Leopold angeordnet, daß sobald die Truppen einmarschiert seien, die alten Behörden, Beamten und Gemeindekollegien wieder ihre Tätigkeit aufnehmen sollten, sofern sie nicht an revolutionären Ereignissen beteiligt seien. Ein badisches Schlaflied aus dieser Zeit lautet: „Schlaf leis mein Kind, schlaf leis – Draußen geht der Preuß – der Preuß hat eine blut'ge Hand – wir alle müssen stille sein – allwie dein Vater unterm Stein – Schlaf leis mein Kind, schlaf leis – draußen schleicht der Preuß." Zit. nach: Hap Grieshaber, Malbriefe, Brief Nr. 3 1935/36, dtv, München 1969, S. 9.

151 Zur Freude der Schwenninger Schuster brauchten die Reichstruppen neue Schuhe und Stiefel, die sie auf Kosten der Gemeinde Villingen fertigen durften. Andere Orte vergaben auch Aufträge dieser Art nach Schwenningen, z. B. Mönchweiler. SAVS Best. 2.2 IX a 64. Wie immer gab es auch diesmal bei der Einquartierung Klagen, die Quartiere seien unsauber und die Verpflegung zu schlecht, meinten die Soldaten. Während den Quartiergebern die Kosten für die Verpflegung zu hoch waren. Die Klagen kann man dem Villinger Volksblatt entnehmen, das ab September 1849 als Wochenblatt erschien. Die genaue Kostenaufstellung in: SAVS Best. 2.2. IX a 44. Quittungen und Belege in: ebd. Nr. 67a, 68, 69 und 73. Abrechnung über Arztkosten ebd. 73a.

152 SAVS Best. 2.2. IX. a 2. Die Polizeistunde wurde auf acht Uhr vorverlegt. Die Gasthäuser „Zum Paradies" und

„Zum Raben" sowie die zwei Bierhäuser standen unter Beobachtung. Einige Wehrmänner kamen aus Furcht nicht zurück. Sie hielten sich teilweise in den umliegenden Orten auf. Wer bewaffnet im Kreisgebiet angetroffen wurde, konnte zum Tode oder zu 10 Jahren Zuchthaus verurteilt werden, denn selbstverständlich waren alle Erlasse nicht nur der provisorischen Regierung in Karlsruhe, sondern auch der unteren Behörden aufgehoben. Für den Seekreis: Großh. Bad. Anzeigenblatt für den Seekreis 1849 vom 14. Juli.

153 SAVS Best. 2.2 „Bücher" IX 3. Chronik von J. N. Oberle 1790–1850. Oberle stand der Revolution negativ gegenüber. Die eingesetzten außerordentlichen Landeskommissäre hatten das Recht, Bedienstete zu suspendieren, wenn sie sich für die Revolution eingesetzt hatten, und andere Personen in die Position einzusetzen.

154 Erst 1856 bekam der Verleger Förderer die Zulassung zurück. Aber da die Druckerei und der Verlag die einzige Einnahmequelle der Familie bildeten, ließ man ihn das Gewerbe ausüben. 1851 soll er das Gewerbeblatt für die Uhrmacherschule in Furtwangen drucken. Aber die Behörden forderten Wohlverhalten. 1852 wurde wieder versucht, ihm die Lizenz zu entziehen. Aber eine Genehmigung für die Fertigstellung angefangener Buchprojekte wurde immer wieder verlängert. GLAK Best. 236/44451.

155 Regierungs-Blatt für das Königreich Württemberg 1849 Nr. 29 und 38. SAVS Best. 3.1–4 Nr. 6300.

156 Nach den Unterlagen von Johann Storz. Das Tragen des Heckerhutes galt als „Insubordination", das Singen des Heckerliedes war strafbar. Lied abgedruckt in: Friedrich Hecker, Die Erhebung des Volkes in Baden für die deutsche Republik im Frühjahr 1848, Reprint Edition 100 bei ISP, Köln 1997, S. 133.

157 Über das politische Asyl und die rechtlichen Grundlagen s. Reiter, Asyl. Die Bundesverfassung von 1848 traf eine Regelung für alle Schweizer Kantone, vorher war die Gewährung von Asyl Kantonsangelegenheit. Ebd. S. 32f. „Nach den Revolutionen von 1848/49 bewies sich die Rechtsinstitution des politischen Asyls, d. h. die Regel der Nichtauslieferung politischer Straftäter, als geboten." Ebd. S. 37. Einzelheiten zur schweizerischen Flüchtlingspolitik: Frei, Flüchtlingspolitik. Es gab damals ca. 2 1/2 Millionen Einwohner in der Schweiz und ca. 12000 Flüchtlinge, eine beachtliche Anzahl. Ebd. S. 321 f. Der Bundesrat war für die Verteilung auf die Kantone, die Unterbringung und Verpflegung verantwortlich. Das Asyl wurde nur befristet gewährt. Die badische Regierung versuchte durch die Vermögensbeschlagnahmung Druck auf die Flüchtlinge auszuüben. GLAK Best. 236/8526 enthält auch Fälle, die Villinger Bürger betreffen. Vgl. Willi Real, Die Revolution in Baden, Stuttgart 1983, S. 78. Frankreich bemühte sich, durch restriktive Maßnahmen den Strom der Flüchtlinge einzuschränken, ließ allerdings Durchreisende auf dem Weg nach England und Amerika passieren. Reiter, Asyl. S. 200 ff. Da mir bisher keine Flüchtlinge aus Villingen in Frankreich bekannt wurden, gehe ich nicht darauf an dieser Stelle ein.

158 Man flüchtete nicht nur der Nähe wegen in die Schweiz, viele Republikaner glaubten, daß eine Republik die Pflicht habe, Republikanern Asyl zu gewähren. Diese Auffassung nennt Reiter realitätsfremd. Auch Zeitgenossen haben dies bereits als Irrtum bezeichnet. Über die Vorgänge, die diese Meinung aufkommen ließ, s. Varnhagen, Journal. S. 15 ff. Reiter, Asyl. S. 53 f. Flüchtlingen wurde es in der Schweiz nicht gestattet, sich politisch zu betätigen. Ebd. S. 104 ff. Die Schweiz versuchte, die deut-

schen Staaten zu einer Amnestie zu bewegen, indem sie das von den Flüchtlingen mitgebrachte Kriegsmaterial zurückhielt. Frei, Flüchtlingspolitik. S. 405 ff. Frankreich empfahl der Schweiz, alle deutschen Flüchtlinge auszuweisen. Ebd. S. 354. Viele versuchten, nach dem Scheitern der Revolution in die USA auszuwandern, da es bis 1905 noch keine Einwanderungsbeschränkungen gab, war dies relativ einfach. Zudem war man als Staat selbst durch Revolution entstanden, so daß die Flüchtlinge eher wohlwollend aufgenommen wurden. 80000 Badener sollen nach der Revolution ihr Land verlassen haben. Willi Real, Die achtundvierziger Revolution 1983, S. 175. „Die achtundvierziger Revolution ... schleuderte Hunderttausende von politisch Verfolgten und Mißvergnügten nach Amerika, welche durch ihre große Zahl ganze Staaten bevölkerten und deren Charakter bestimmten." Gustav Struve, Diesseits und jenseits des Ozeans, Coburg 1863, S. 29. In der Forschung ist es umstritten, ob die Einwanderer alle ihr Land aus politischen Gründen verließen oder ob vielmehr wirtschaftliche Gründe eine Rolle spielten. Reiter, Asyl. S. 62. Im Verzeichnis 1849–1853 über aus der Schweiz nach Amerika ausgewanderten Flüchtlingen stehen folgende Personen aus Villingen-Schwenningen: A. und Joseph Straub, Landmann aus Pfaffenweiler; Wilhelm Kopp, Steinhauer, und Hubert Huber, Wundarzt, Villingen; Johann Hölzle, Müller, Thannheim; Felix Hubenschmidt, Schreiner, Mühlhausen. GLAK Best. 236/8536. In der Liste vom 24. Juli 1856 werden noch N. Hummel aus Obereschach und Philipp Eigeldinger aus Weilersbach als flüchtig gemeldet.

159 Zu den Paßgesuchen und -erteilungen: Reiter, Asyl. S. 218ff. GLAK Best. 49/2408, 49/2409 und 49/2410. Die Schweizer Behörden versuchten die Flüchtlinge zur Rückkehr zu bewegen. Eine Verurteilung zu einer kurzen Gefängnisstrafe sei kein Grund, in der Schweiz zu bleiben, wurde argumentiert. Auch Geldstrafen und Entzug des Bürgerrechts waren keine ausreichenden Gründe. Willy Real, Die Revolution in Baden 1848/49, Kohlhammer, Stuttgart, Berlin, Köln, Mainz 1983, S ˙8 f. Die Hauptführer des badischen Aufstandes wurd ..nach einem Beschluß vom 16. Juli 1849 ausgewiesen. Ebd. S. 151 f. und Frei, Flüchtlingspolitik. S. 348 ff. 1851 meldete die Schweiz noch 19 Personen als Flüchtlinge, die aus den heutigen Stadtbezirken von Villingen-Schwenningen stammten – Villingen, Marbach, Pfaffenweiler, Tannheim, Weilersbach. GLAK Best. 48/3078.

160 Brief des Villinger Amtsvorstandes vom 21. März 1850. GLAK Best. 236/8572, II. Teil. Der Direktor der Großh. Regierung des Seekreises schrieb an den Ministerialrat Fischer am 3. Mai 1852: „Nach erhaltener zuverlässiger Anzeige hält sich der politische Flüchtling Karl Hoffmann von Villingen seit neuester Zeit in Islikon Cantons Thurgau auf und betreibt die ärztliche Praxis. – Es wäre wünschenswert, daß dieser Flüchtling, der als früherer Wühler bekannt ist, von der Grenze entfernt und in die innere Schweiz verwiesen werden könnte." Allerdings sah er einer Entsprechung seines Wunsches pessimistisch entgegen, „da Hoffmann seine Praxis in Islikon mit Genehmigung der schweizerischen Landes- und Cantonalbehörden eröffnet hat". Der schweizerische Landesrat lehnte 1853 das Begehren auch ab, u. a. mit dem Hinweis, daß eine Entfernung für Hoffmann und seine Familie eine unzumutbare Härte sei, da er die Räume längerfristig gemietet habe. GLAK Best. 236/8575.

161 GLAK Best. 237/3420. Insgesamt verlangte die Großh. Regierung nach Berechnungen des Finanzministeriums drei Millionen Gulden. Diese Summe wurde auf die ver-

urteilten Teilnehmer der badischen Revolution je nach Grad der Verwicklung umgelegt. Die Geldforderungen führten bei vielen zum Ruin. Da die Gerichtsakten für Hoffmann fehlen, ist die Summe für ihn nicht mehr genau feststellbar.

162 GLAK Best. 237/3421. Gläubiger waren Fridolin Butta, Maler Fleig, Blessing aus Unterkirnach und der Maurer Karl Stetter. Butta klagte, er hatte aber keinen Erfolg, da die Verfügung nur die Ehefrau erhalten hatte. Diese war nicht rechtsfähig, und der Liquidbeschluß somit nicht statthaft. GLAK Best. 237/3419–3425.

163 Die in Klammern stehenden Zahlen bedeuten die Anzahl der Jahre bzw. Monate, die ein Angeklagter sich für Einzelhaft entschied. Joseph Fuchs, in der Liste der Schweiz steht, er stamme gebürtig aus Niedermesingen, wird in mehreren Schreiben als „gefährlicher Mensch" bezeichnet. Die badische Regierung bemühte sich um eine Auslieferung aus der Schweiz. Am 1. August 1852 teilte das Bezirksamt mit, Fuchs sei „in der Behausung" des Storchenwirts Christian Würthner „einer der ersten Demokraten in Schwenningen" verhaftet worden. GLAK Best. 236/8575.

164 GLAK Best. 240/2507.

165 Krebs war Kupferschmied und Bracher Siebmacher.

166 Der Rechtsanwalt hatte argumentiert, die Angeklagten hätten geglaubt, im Sinne der provisorischen Regierung zu handeln. Urteil vom 21. März 1851. GLAK Best. 240/2507.

167 Das Leumundszeugnis stammt vom 5. März 1850 und wurde von Dold, Osiander, Butta, Neidinger und Stern unterschrieben. Alle Unterzeichner kann man nicht gerade als Freunde der Revolution bezeichnen. GLAK Best. 240/2271 und 236/8575 dort Urteil gegen Schleicher, der vor dem letztinstandlichen Urteil in die Schweiz geflüchtet ist. GLAK Best. 2 37/16844 – Hier steht, Sorg wurde im zweiten Urteil klagfrei gesprochen.

168 GLAK Best. 237/16844 und 48/3078.

169 SAVS Best. 2.2. IX a 43 und Best. 2.12, 1848 und 1849 Stadtrechnung. Villinger Wochenblatt vom 22. September 1849 Nr. 5. 500 Gramm Weißbrot kosteten 5 xr.

170 Wolfram Siemann, Der „Polizeiverein" deutscher Staaten, Eine Dokumentation zur Überwachung der Öffentlichkeit nach der Revolution von 1848/49. Tübingen 1983. Viele Autoren machen für das Scheitern der Revolution einen Hang zur Autoritätsgläubigkeit aus, der durch die gescheiterte Revolution eher gestärkt als geschwächt wurde. U. a. Karl Griewank, Ursachen und Folgen des Scheiterns der deutschen Revolution von 1848, in: Langewiesche, Revolution. S. 59 ff., hier S. 87. Andere machen für die Niederlage das Bürgertum verantwortlich, das sich sowohl gegen den Adel als auch gegen die Arbeiterschaft stellte. Jürgen Kuczynski, Die wirtschaftlichen und sozialen Voraussetzungen der Revolution von 1848–1849, Berlin 1948, S. 20.

Marianne Kriesche

Das Schulwesen in Villingen-Schwenningen

Die Schulentwicklung in Villingen

Von der Pfarrschule
über die deutsche Stadtschule in Villingen
zur Grund- und Hauptschule

Seit jeher besaßen die Städte eine besondere Bedeutung für die Förderung und Entfaltung des Bildungs- und Schulwesens. Die Stadt leistet in der Gegenwart einen entscheidenden Beitrag zur Ausstattung und zum Unterhalt der öffentlichen Schulen. Im Mittelalter bot sie zunächst Raum für das kirchliche Schulwesen mit seinen Kloster-, Dom-, Stifts- und Pfarrschulen, um später selbst Schulträger zu werden. Bereits Karl der Große hatte es dem Pfarrklerus zur Pflicht gemacht, Schüler zu unterrichten, die die Geistlichen als Sänger und Meßdiener beim Gottesdienst unterstützen sollten. Dafür mußten sie im Lesen und Singen unterwiesen werden. Obwohl keine schriftlichen Nachrichten darüber erhalten sind, ist davon auszugehen, daß dies auch in Villingen so geschah: Als Kaiser Otto III. den Ort zu einem Markt erhob und ihm das Markt-, Münz- und Zollrecht zusammen mit der Gerichtsbarkeit verlieh, waren die Kenntnisse des Lesens, Schreibens und Rechnens nicht mehr nur für gottesdienstliche Bedürfnisse erforderlich. Sie waren für die größeren Kaufleute notwendig für das Betreiben des Handels. Außerdem wurden sie benötigt für die Ausübung der Gerichtsbarkeit und für die Verwaltung des Gemeinwesens.

In Villingen wurde der Unterricht bis ins 13. Jahrhundert von der Pfarrgeistlichkeit durchgeführt und bestand fast ausschließlich in mündlicher Unterweisung. Mit dem Aufblühen des Städtewesens seit dem 13. Jahrhundert wuchs die geistige Regsamkeit der

Bürger und das Interesse an Schulbildung. In allen Städten, auch den kleineren, entstanden Elementarschulen, die weiterhin unter der Aufsicht der Pfarrgeistlichen standen.

Auch für Villingen ist eine solche deutsche Stadtschule bereits für 1295 in einer Urkunde belegt. Sie enthält auch den Namen von „Meister Eberhard, Schulrector zu Villingen", der wohl nicht der erste Villinger Schulmeister, wohl aber einer der ersten gewesen sein muß. In Bürgerbüchern oder in städtischen Urkunden wurden auch in der Folgezeit bis ins 16. Jahrhundert die Namen von Villinger Schulmeistern der deutschen Schule vermerkt.[1]

Die Stadtschule wurde bis zum 16. Jahrhundert wohl nur von Knaben besucht. Ihre Ausstattung war sicherlich mehr als bescheiden. In Ermangelung von Schulbüchern bestand der Unterricht aus dem mündlichen Vortrag des Lehrers und dem Auswendiglernen von Gebeten, Psalmen und dem Beichtspiegel durch die Schüler. Im Lesen wurden den Schülern einzelne Buchstaben und Lautzeichen eingeprägt. Im Schreibunterricht ritzte der Schüler mit einem Griffel Buchstaben in eine mit Wachs überzogene Tafel. Im Rechenunterricht wurden die Grundrechenarten Addieren, Dividieren, Subtrahieren und Multiplizieren gelehrt. Die arabischen Zahlen führte man erst im 15. Jahrhundert ein. Die Schulzucht wurde streng mit der Rute gehandhabt.

Erst im 16. Jahrhundert wurde Schulunterricht auch für Mädchen erteilt. 1572 setzte der

Rat der Stadt eine allgemeine Schulordnung in Kraft, nach der Jungen und Mädchen wechselweise ab 6 Uhr morgens die Schule für einige Stunden besuchten, danach heimgingen und wieder kamen. Der Unterricht endete an 3 Tagen nach 17 Uhr und an 3 Tagen um 13 Uhr. Die Unterrichtsverpflichtungen des Lehrers betrugen 40–42 Wochenstunden. Seine Tätigkeit umfaßte Vorlesen, Erzählen, Erklären und an die Tafel schreiben. Die Schulaufsicht wurde durch einen Ausschuß ausgeübt, dem der Stadtpfarrer, der Stadtschreiber und ein Bürger der Stadt angehörten.

Für ihre Aufgabe besaßen die Lehrer keine spezielle Ausbildung. Sie mußten lediglich eigene Festigkeit im Lesen und Schreiben vorweisen. Die Einkünfte eines Lehrers bestanden laut Anstellungsvertrag sowohl aus Naturalien, welche die Stadt lieferte, als auch aus Geldbeträgen, die jeder Schüler und jede Schülerin vierteljährlich zu entrichten hatten. Zum Lehrergehalt schoß das Spital noch einiges zu. Unterricht wurde im Sommer und im Winter abgehalten, für die Jungen 6 Stunden, für die Mädchen 3 Stunden.

Einen wichtigen Einschnitt in die schulgeschichtlichen Entwicklungen des 18. Jahrhunderts markierten die Reformen der Kaiserin Maria Theresia. In einer am 6. Dezember 1774 veröffentlichten „Allgemeinen Schulordnung" wurde der Unterricht zum Gemeingut des gesamten Volkes bis in die untersten Schichten erklärt. In den Städten errichtete man Haupt- oder Normalschulen, in den Dörfern Trivialschulen. Für diese Schulen wurden feste Regeln über die Art der Wissensvermittlung, die Schulzucht, schriftliche Zeugnisse, öffentliche Prüfungen und sonntäglichen Wiederholungsunterricht aufgestellt. Die Schulpflicht begann mit dem 6. Lebensjahr und dauerte 6–7 Jahre. Wie die Akten des Stadtarchivs ausweisen, gestaltete diese Maßnahmen das Schulwesen in Villingen um. In einem landesherrlichen Anschrei-

ben wurde „allen mit dem Unterricht der Jugend Betrauten nachdrücklich befohlen, die Schüler zu gründlicher Erlernung der Muttersprache anzuhalten und sich einer reinen und klaren Schreibart zu befleißigen".[2] Die vorderösterreichische Regierung in Freiburg ermahnte den Stadtrat von Villingen, bei künftigen Neubesetzungen der Schulstellen auf solche Lehrer Bedacht zu nehmen, „welche ihrer Muttersprache im Reden und Schreiben nach ihrer Klarheit und Reinheit am besten kundig seien".[3] Der Magistrat entsandte mehrere Lehrkräfte zu einem Unterrichtskurs nach Freiburg.

Die Eröffnung der Normalschule in Villingen mit je zwei Klassen und zwei Lehrkräften für die männliche und die weibliche Jugend fand im Oktober 1773 statt. Der Schulbesuch war Pflicht, strenge Zwangsmaßnahmen wurden bei Schulversäumnissen durch den Magistrat festgelegt. Als 1774 die Regierung die beiden damals nebeneinander bestehenden Gymnasien zusammenlegte und den Unterricht den Benediktinern übertrug, übernahmen die Franziskaner die Normalschule der Jungen. Sie stand zunächst unter einem städtischen Direktorium, wurde dann aber ab 1777 von den Franziskanern allein geführt.

Seit den Anfängen der Industrialisierung wurde das Schulwesen zunehmend vielgestaltiger. Eine Reihe von neuen Schularten bauten auf der Normal- oder Volksschule auf und setzten sie fort. Dem steigenden Bedarf an qualifizierten Arbeitskräften kam die Einrichtung von Fortbildungs- und Berufsfachschulen entgegen. Auf Anregung Wessenbergs führte Baden 1834 als erstes deutsches Land die Gewerbeschulpflicht für Lehrlinge ein. In der Vielzahl der Schulgründungen im 19. Jahrhundert sind auch die Fortbildungsschulen für den hauswirtschaftlichen Unterricht und die Berufsfachschulen zu nennen, z. B. die 1850 im benachbarten Furtwangen gegründete Uhrenfachschule. Erste Bemühungen um die Erwachsenenbildung legten in der zweiten Hälfte des 19. Jahrhunderts die Arbeiterbildungsvereine an den Tag. Nach dem 1. Weltkrieg entstanden Volkshochschulen: 1919 in Stuttgart und Freiburg, 1923/24 in Konstanz, 1925 in Singen. Die Volkshochschule Villingen-Schwenningen konnte im Jahr 1997 ihr 50jähriges Jubiläum begehen.

In der ersten Hälfte des 20. Jahrhunderts besuchte der weitaus größte Teil der Schülerinnen und Schüler in Villingen wie anderenorts die Volksschule. Die Villinger Mädchen gingen in die Mädchenschule, in das heutige Gebäude der Klosterringschule, die Jungen in die Knabenschule, in das heutige Gebäude der Karl-Brachat-Realschule. Das Anwachsen der Bevölkerung der Stadt, insbesondere durch Zuzüge nach dem Kriegsende, und die Erschließung neuer Wohngebiete machten die Errichtung neuer Schulen erforderlich. Die meisten von ihnen wurden in den fünfziger und sechziger Jahren erbaut. Sie tragen sämtlich ihren Namen nach dem betreffenden Siedlungsgebiet: Südstadtschule, Bickebergschule, Goldenbühlschule, Warenbergschule, Haslachschule, Steppachschule, Erbsenlachenschule. Der Name „Volksschule" wurde 1966 im ganzen Land in „Grund"- bzw. „Hauptschule" umgewandelt.

Im gleichen Jahr trat der Schulentwicklungsplan mit der Begründung sogenannter „Nachbarschaftsschulen" für den Hauptschulzweig und der Reduzierung kleinerer Schulen auf nur einen Grundschulzweig in Kraft. Dies betraf hauptsächlich die ländlichen Gegenden. Inzwischen wurden diese Maßnahmen wieder aufgehoben. Trotz der allgemeinen Aufwertung der Hauptschule durch ein 9. Schuljahr im Jahre 1967 und danach der Errichtung der Werkrealschule mit einem 10. Schuljahr und der Möglichkeit des Erwerbs der Mittleren Reife an einzelnen Schulen[4] läßt der Zustrom zur Hauptschule zugunsten der weiterführenden Schulen nach. Besuchten noch in den sechziger Jahren

im Schwarzwald-Baar-Kreis 70% der Schüler eines Jahrganges die Hauptschule, so sind es jetzt noch 39%. Diese Zahlen beweisen, daß die Dreigliedrigkeit unseres Schulwesens ausgeglichenere Formen angenommen hat und der Bedarf an „höherer Bildung" gestiegen ist.

Einer wachsenden Beliebtheit erfreut sich dabei das jetzt flächendeckende Realschulwesen. Die Bezeichnung „Realschule" wurde erst 1964 anstelle der Bezeichnung „Mittelschule" im Hamburger Abkommen verankert. Ungleich der Gesamtentwicklung in Schwenningen und im württembergischen Raum, wo die Mittelschule schon vor hundert Jahren fest etabliert war, ist diese Schulart in Villingen, Bad Dürrheim und im gesamten badischen Raum erst 30–40 Jahre alt, hat aber überall rasch Fuß gefaßt. Der Aufbau der Realschule Villingen vollzog sich über den Mittelschulzug der Volksschule, der im Schuljahr 1954/55 seine Arbeit begann. 10 Jahre später, 1964/65, wurde er mit 12 Klassen bereits als „Mittelschule" und 1967 mit 15 Klassen als „Realschule" bezeichnet. Die Namengebung „Karl-Brachat-Realschule" geschah im Jahre 1972. Seither hielt das Ausbautempo bis zum heutigen Tage an. In unserer Stadt hat sich die „Schule der Mitte", die Realschule, somit als ein leistungsfähiger und attraktiver Schultyp erwiesen.

Von der Lateinschule zum Gymnasium

Neben der deutschen Schule, deren Aufgabe es war, durch Lese-, Schreib- und Rechenunterricht die für das bürgerliche und geschäftliche Leben notwendigen Kenntnisse zu vermitteln, gab es in Villingen wie anderenorts auch eine Lateinschule mit einem „lateinischen Schulmeister". Namentlich ist ein solcher erst seit dem 16. Jahrhundert belegt, da die Aufgabe zuvor wohl von Kaplänen wahrgenommen wurde.

In der Lateinschule wurden vorzugsweise

Abb. 1 Altes Gymnasium in der Schulgasse, vor 1914.

Knaben so in der lateinischen Sprache unterrichtet, daß sie beim Gottesdienst durch Lesen und Singen der Chorgebete mitwirken konnten. Außerdem erlernten sie auch das Schreiben und Rechnen. Getrennt davon ist von einer Art lateinischer Schule für die Novizen des Villinger Franziskanerklosters bereits 1436 und 1497 die Rede. 1498 übergab der Rat der Stadt den Franziskanern „die höhere lateinische Schule". Diese muß nicht fortbestanden oder sich verändert haben, da das Ordenskapitel 1650 auf Bitten der Bürger beschloß, eine höhere Schule genannt „Gymnasium" zu errichten, die auf den Besuch der Universität vorbereitete.

Auch die Benediktiner hatten seit ihrer Übersiedelung von St. Georgen nach Villingen ab der Mitte des 17. Jahrhunderts eine kleine Lateinschule, die im Laufe des 18. Jahrhunderts zu einem Gymnasium erweitert wurde. Schon seit 1648 scheinen die Benediktiner Verbindung mit der städtischen Lateinschule aufgenommen zu haben. Laut einer Urkunde von 1686[5] wandten sich Abt und Konvent an den Magistrat von Villingen, um die Erweiterung des Klosters und Mittel und Gebäude für zwei Schulen zu beantragen. Der Rat gewährte die Bitten mit einer

großzügigen Ausstattung von Kloster und Schulen. In der Folgezeit traten Franziskaner- und Benediktiner-Gymnasium in Konkurrenz zueinander. Aus Mangel an Schülern konnte jedoch keine der beiden Schulen so recht gedeihen. Daher beschloß die vorderösterreichische Regierung, die beiden Gymnasien zu einem zusammenfassen und dieses den Benediktinern zu übertragen.

Die Zuweisung der Normalschule als Ausgleich für die Franziskaner wurde bereits oben erwähnt. Am Gymnasium vermittelte man im Unterschied zu den Universitäten nur einen Teil der „universitas literarum", nämlich das sogenannte Trivium von Grammatik, Rhetorik mit Poesie und Dialektik. Dabei stand die lateinische Grammatik im Mittelpunkt des Lehrplanes. Das Gymnasium arbeitete mit einer Zahl von 50 bis 70 Schülern erfolgreich bis zum Ende der österreichischen Landesherrschaft und der Aufhebung des Klosters St. Georgen im Jahre 1806.

Obwohl danach Rat und Bürgerschaft der Stadt größte Anstrengungen um die Beibehaltung der bisherigen Lehranstalt unternahmen und 1808 eine ausführliche Bittschrift an den neuen Landesherren, den Großherzog von Baden, richteten, wurde die Schule zugunsten des im Jahre 1778 gegründeten Donaueschinger Gymnasiums aufgehoben. Villingen behielt 5 Gymnasialklassen unter dem Namen eines Pädagogiums. Dieses erwies sich jedoch als nicht lebensfähig, so daß es im Jahre 1818 durch das großherzogliche Innenministerium in eine „Realschule"[6] umgewandelt wurde. Diese trug den praktischen Bedürfnissen der Zeit verstärkt Rechnung, indem sie neben einem Schulzweig, der sich dem „Studium" widmete, einen zweiten auswies, in dem praktische Fächer unterrichtet wurden, um auf „Gewerbe" und „Künste" vorzubereiten. Die Schule stand unter der Aufsicht des Dekans. Den Unterricht führten die Kapläne, der Münsterchordirigent und ein Malermeister durch. Die Mittel für die

Besoldung der Lehrkräfte und für den Unterhalt der Schule stammten aus einem Fonds, der aus klösterlichem und kirchlichem Vermögen errichtet war. 1837 wurde in Ausführung eines Erlasses des Ministeriums des Inneren die Realschule in eine „Höhere Bürgerschule umgewandelt, wohl mit der Absicht", neben Latein und Griechisch auch Französisch und Englisch anzubieten.

Der Unterricht wurde weiterhin hauptsächlich von den Kaplänen der Münsterpfarrei getragen. Man faßte aber auch eine Übernahme von Lehrkräften der Primarschule ins Auge. Die Schüler mußten ein Jahresschulgeld von 4 Gulden zahlen. Für arme Schüler wurden die Kosten der Lernmittel aus der Stadtkasse beglichen. Ein Verwaltungsrat, seit 1859 „Aufsichtsrat" genannt, regelte die finanziellen Angelegenheiten. Zuwendungen durch die Stadtkasse sind seit dieser Zeit belegt. Während die Unterrichtsabläufe auf der höheren Bürgerschule zur Zufriedenheit der Schulaufsicht durchgeführt wurden, befand sich das Schulgebäude in einem unbefriedigenden Zustand. 1878/80 sprechen die Quellen von Verbesserungen am Gebäude des „Realgymnasiums", wie die Schule seit 1878 hieß. Bis 1905 scheint sich offenbar wenig geändert zu haben. Vermutlich um die Jahrhundertwende übernahm die Stadt die Besoldung der Lehrer. Die Baukosten und Unterhaltskosten für die Schulgebäude hatte weiterhin der Schulträger, die Stadt, zu tragen.

Mit der Industrialisierung begann ab der Mitte des 19. Jahrhunderts ein starkes Bevölkerungswachstum und damit eine rege Bautätigkeit sowohl auf dem privaten wie auf dem industriellen Sektor. Von der Mitte des 19. Jahrhunderts bis zum Beginn des 20. Jahrhunderts vervierfachte sich die Einwohnerzahl von Villingen, was auch eine starke Zunahme der Schülerzahlen zur Folge hatte. Besuchten 1873 nur 65 Schüler die höhere Schule, so waren es bereits 1907 über 200 Schüler. Ende des 19. Jahrhunderts nahm

auch die Mädchenbildung ihren Aufschwung. Auf eine Anfrage im Jahre 1905 meldeten sich 11 Mädchen für die höhere Schule in Villingen. Die allgemeine Schülerzunahme und wohl auch diese Erweiterung des Schulkreises veranlaßten den Schulträger, neben einer neuen Volksschule am Klosterring einen Neubau für die höhere Schule zu planen, der 1907 in Angriff genommen und 2 Jahre später, 1909, vollendet wurde. Zugleich wurde eine mit der oberen Schulbehörde vereinbarte neue Satzung für ein „Realgymnasium mit Oberrealschule" verwirklicht, in dem auf einem gemeinsamen 3klassigen Unterbau ein weiterer 6 Klassen umfassender Realschulzweig und ein Oberrealschulzweig errichtet wurden. Das neue Gelände am Romäusring beherbergte 1909 bereits 322 Schüler in 15 Klassen. Die Schüler durften schon nach der 3. Volksschulklasse, also mit 9 Jahren, nach dem Bestehen einer Aufnahmeprüfung in die Sexta des Gymnasiums übertreten.[7] Der größte Teil der Schüler kam aus Villingen, Schwenningen, Donaueschingen und der näheren Umgebung. Diejenigen, die von weiter herkamen, fanden Kost und Logis bei Villinger Bürgern.

Daß viele Schwenninger Schüler das Villinger Gymnasium besuchten, war darin begründet, daß die dortige „Realanstalt" später „Realschule" nur bis zur Untersekunda führte, und daß erst ab 1928 die Möglichkeit bestand, auch in Schwenningen das Abitur abzulegen. Von 1926–1942 tauchen in den Schüler- und Abiturlisten auch Schüler aus dem Unterkirnacher Schulbrüder-Kloster „Maria Tann" auf, die die letzten Klassen zur Vorbereitung auf ein Theologiestudium besuchten. Die Phase endete mit dem Verkauf des Anwesens an die Schwarzwaldschule Triberg.

Seit 1908 bis zum Jahre 1957 mußte in steigender Höhe Schulgeld gezahlt werden. Die Kriegsjahre des 1. Weltkrieges waren gekennzeichnet durch Unterrichtsausfall, bedingt durch Mangel an Lehrkräften und durch wirtschaftliche Einschränkungen. Nach dem Zusammenbruch und den folgenden schweren Friedensjahren ging die Schülerzahl so zurück, daß die zwei Vollanstalten der Schule nicht lebensfähig erschienen. So entschied das Unterrichtsministerium 1924, die Oberrealschule zugunsten des Realgymnasiums abzubauen. Die Umbildung war 1926/27 vollendet.

Bis zum Ende der dreißiger Jahre geführte „Jahresberichte" geben Auskunft über den Fächerkanon, die Lehrpläne und den durchgenommenen Lehrstoff.

Um begabten Volksschülern aus ländlichen Gegenden auch noch nach der 4. Klasse die Chance zu geben, eine höhere Schule zu besuchen, wurde im Jahre 1929 in Villingen eine Aufbauschule mit Internat errichtet. Sie baute auf der 6. Volksschulklasse auf und begann mit der Quarta. Nach vierjährigem Kurs erfolgte dann die Zusammenführung mit der Oberstufe des Realgymnasiums. Leider blieb der erhoffte Schülerzugang aus, so daß die Aufbauschule nur wenige Jahre Bestand hatte.

Während der Jahre des Dritten Reiches blieb die Schule vor Politisierung und Kriegspropaganda nicht verschont. Eine neue Schulordnung wurde darauf gerichtet, die Schüler im „nationalsozialistischen Geist" zu erziehen. 1938, ein Jahr vor dem Ausbruch des 2. Weltkrieges, benannte man das Realgymnasium um in „Immelmannschule", Oberrealschule für Jungen, ein Name, der 1945 wieder fallengelassen wurde. Nach gravierenden Beeinträchtigungen aufgrund der Kriegsjahre und seinem Erliegen bei Kriegsende lief der Unterricht im Herbst 1945 wieder langsam an. Neben Raumnot bestimmte Lehrermangel die folgenden Jahre.

Auf Anweisung der französischen Besatzungsmacht wurde Französisch als 1. Fremdsprache eingeführt, die Schülerleistungen nach dem französischen Punktesystem (bis 20 Punkte) bewertet und die zentrale Reifeprüfung eingeführt. 1948 wurde die „Oberrealschule Villingen" nochmals umbenannt in „Gymnasium Villingen".

Ab dem Schuljahr 1954/55 verwandte man wieder eine Notenskala von 1–6. Blieb die Schülerzahl bis zum Beginn der 50er Jahre in etwa konstant, so begann ab der Mitte des Jahrzehntes ein ständiges Wachstum von etwa 400 Schülern im Jahre 1954 auf 933 im Jahre 1968 und 1061 im Jahre 1971. Diese Entwicklung führte dazu, daß die Raumnot allmählich unerträglich wurde. Seit 1967 bemühten sich Schulleitung und Stadt einerseits um einen Neubau und andererseits um die Errichtung eines zweiten, selbständigen Gymnasiums. So beschloß der Stadtrat im gleichen Jahr das Gelände am Hoptbühl für die Errichtung des neuen Schulgebäudes zu bestimmen und nahm im Folgejahr 1968 den preisgekrönten Entwurf des Architekten Kaufmann zur Verwirklichung an. Der Baubeginn erfolgte 1969, die Fertigstellung 1971/72. Bereits 1971 war auch die Genehmigung zur Errichtung eines zweiten Gymnasiums durch das Kultusministerium erfolgt. Nach Bewältigung der schwierigen Aufgabe der Teilung des Lehrerkollegiums und der Schülerschaft und der Zuweisung an eines der beiden Gymnasien konnte mit Beginn des Schuljahres 1972/73 der Unterricht an beiden Schulen aufgenommen werden.

Das mathematisch-naturwissenschaftliche Gymnasium, Rechtsnachfolger des ehemaligen Gymnasiums Villingen, nahm seine Arbeit im neuen Gebäude am Hoptbühl auf. Die neugegründete Schule bezog als neusprachliches Gymnasium mit mathematisch-naturwissenschaftlichen Zweig das Gebäude am Romäusring. Der Gemeinderat, der die Schulnamen in eine einheitliche Form bringen wollte, legte noch 1972 die Bezeichnungen „Gymnasium am Hoptbühl" und „Gymnasium am Romäusring" für die Gymnasien in Villingen und „Gymnasium am Deutenberg" für das Gymnasium in Schwenningen fest.

Die Entwicklung der Unterrichtsarbeit an den Gymnasien wurde seit 1977/78 maßgeblich bestimmt durch die Reformen zur „neugestalteten Oberstufe", die nach der „Reform der Reform" 1986 in abgewandelter Form noch heute Gültigkeit haben. Das stetige Anwachsen der Schülerzahlen Anfang der 80er Jahre, unterbrochen durch einen Abstieg an ihrem Ende und zu Beginn der 90er Jahre, setzt sich nunmehr wieder fort. Während am Gymnasium am Hoptbühl die Schülerzahl von 800 bereits wieder überschritten ist, nähert sich ihr das Gymnasium am Romäusring an. Der derzeitige technologische, soziale und gesellschaftliche Wandel verfehlt seine Wirkung auf Unterrichtsziele und -methoden des Gymnasiums ebenso wie der anderen Schularten nicht. Ihm wurde mit den neuen Bildungsplänen für die allgemeinbildenden Schulen Rechnung getragen. Unter anderem soll das Fach Mathematik als Leitfach den Schülern mit der „Informationstechnischen Grundbildung" die nötigen Grundkenntnisse und Fertigkeiten im Umgang mit dem Computer vermitteln. Im Fremdsprachenunterricht wurde der Schwerpunkt auf die Kommunikationfähigkeit gelegt und hier wie in den gesellschaftswissenschaftlichen Fächern der europäische Einigungspozeß in die didaktische Zielsetzung einbezogen.

Darüber hinaus lassen die Probleme unserer Zeit die Aufspaltung in voneinander unabhängige Unterrichtsfächer als unangemessen erscheinen. Ein ganzheitliches Erleben der Welt erfordert fächerverbindende und fächerübergeifende Kooperation im Unterricht. Unabhängig von den Wandlungen der Zeit eröffnet der Abschluß an unseren Gymnasien den Absolventen einerseits alle Möglichkeiten einer beruflichen Ausbildung und andererseits die uneingeschränkte Studierfähigkeit.

Ausbau und Entwicklung
der Mädchenbildung in Villingen

Wie bereits dargelegt, war der Unterricht in der Villinger Stadtschule bis zum 16. Jahrhundert nur den Knaben vorbehalten und erst seit 1572 auch für die Mädchen bestimmt. Die Schulreformen der Kaiserin Maria Theresia brachten einen besonderen Aufschwung gerade für die Mädchenbildung, indem nun zahlreiche Mädchenschulen ins Leben gerufen wurden. Auch der Villinger Magistrat bekundete sein Interesse an der weiblichen Erziehung und entsandte neben einem Schullehrer für die Knaben zwei Dominikanerinnen für die Unterrichtung der Mädchen zu einem Unterrichtskurs nach Freiburg. 1773 konnten neben den männlichen zwei weibliche Normalschulklassen eröffnet werden, die von den Schwestern unterrichtet wurden.

Als Kaiser Joseph II. die beiden Villinger Klöster der Klarissinnen und der Dominikanerinnen 1782 aufhob, konstituierte sich auf Anraten des Magistrats und mit Zustimmung der Regierung aus dem Großteil der beiden Konvente das Kloster St. Ursula. Es machte sich die Übernahme und Weiterführung der weiblichen Stadtschule zur Hauptaufgabe. Die Ursulinen lebten nach der Regel der französischen Ordensgründerin Anne de Xainctonge (1567–1621), die sich schon sehr früh gegen die soziale Not und den niedrigen Bildungsstand der Frauen der mittleren und unteren Volksschichten gewandt hatte. Schon bei der Überprüfung 1783 und auch bei den folgenden Visitationen durch die staatliche Schulbehörde ernteten die Villinger Lehrfrauen hohes Lob. Neben Lesen, Schreiben, Rechnen, Religion und Handarbeit unterrichtete man später auch eine Fremdsprache, Französisch, die Sprache der Gebildeten. Wenig später wurde dem Lehrinstitut die Ausbildung seiner eigenen Lehrkräfte gestattet.

Als Anfang des 19. Jahrhunderts Villingen von Vorderösterreich zum Großherzogtum

Baden kam, traten neue Verordnungen für das Schulwesen und ein verbindlicher Lehrplan mit genauer Stundentafel in Kraft. 1811 erhielt die Schule die neue Bezeichnung „Lehr- und Erziehungsinstitut". Ein „Kosthaus", das spätere Internat, durfte eingerichtet werden. Der anfangs recht bescheidene Lehrplan wurde im Laufe der Zeit erweitert und die Stundenzahl erhöht.

In der Normalschule unterrichteten die Schwestern 50–65 Mädchen in einer Klasse. Die Schülerinnen lernten: Buchstabieren, Lesen, Rechnen, Diktate schreiben, Religion und Handarbeit. Im Pensionat hatten die Mädchen nach Abschluß der Volksschule die Möglichkeit, sich in intensivem Unterricht weiterzubilden. Der Unterricht wurde von 1819 bis 1914 in 4 halbjährlichen „Pensionskursen" erteilt. Damit war bereits ein Schritt hin zu einer höheren Mädchenschule getan, die 1914 in Form einer „Mädchenrealschule des Lehrinstituts St. Ursula" gegründet wurde. Neun Jahre zuvor, 1905, hatten sich, wie bereits berichtet, 11 Mädchen für das städtische Villinger Realgymnasium angemeldet.

Auch die private Realschule St. Ursula fand in den Folgejahren viel Zuspruch und wurde auf 6 Unterrichtsjahre erweitert. In der Zwischenzeit konnten im Lehrinstitut auch andere Schulzweige eröffnet werden: 1903 eine Kochschule, 1906 eine Hilfsklasse für zurückgebliebene Kinder, 1903–1919 Seminarzweige für die Lehrerinnenausbildung, 1926 eine „Frauenschule" (Haushaltungsschule).

Die Machtergreifung der Nationalsozialisten brachte entscheidende Veränderungen für St. Ursula. Alle seine schulischen Einrichtungen wurden 1940 geschlossen. Die Lehrfrauen arbeiteten weiter an der städtischen Mädchenschule. Erst nach dem Zusammenbruch 1945 wurde die Schule als Progymnasium zusammen mit der Handelsschule wieder eröffnet und 1952 staatlich anerkannt. Im Jahre 1949 begann das Internat mit seiner Ar-

beit. Der rege Zustrom von Schülerinnen zum Progymnasium ermunterte die Schulleitung 1972/73 zu einer Erweiterung des Bildungsangebots durch einen neusprachlichen Zug und 1979/80 zur Errichtung eines Realschulzuges. Alle diese Maßnahmen wurden durch städtische oder staatliche Förderung unterstützt, da auch diese Stellen die besondere Bedeutung der Schule für die Mädchenbildung erkannt hatten. Erwähnt sei noch, daß heute Progymnasium und Realschule St. Ursula nicht nur den Mädchen, sondern auch den Jungen offensteht und daß bis zum Beginn des neuen Jahrhunderts das Progymnasium zu einem Vollgymnasium ausgebaut sein wird.

Die Schulentwicklung in Schwenningen

Von der Schwenninger Volksschule
zur Realschule und zum Gymnasium

Obwohl der karolingische Flecken Suannengia bereits 817 urkundlich erwähnt ist, gibt es bis zur Mitte des 16. Jahrhunderts über Unterricht oder über eine Schule in diesem Dorf keine Nachrichten.[8] Die Geschichte des Schulwesens in Schwenningen ist daher kürzer und beginnt später als in Villingen.

Noch im Jahr 1559, als sich Herzog Christoph von Württemberg verstärkt um die Einrichtung des Volksschulwesens auf den Dörfern bemühte, zeigten die Schwenninger „net viel Lust" zu einer Schule.[9] Ein möglicher Grund könnte die Befürchtung gewesen sein, daß die Kinder dadurch von der Mitarbeit in Haus und Feld abgehalten würden. Finanzielle Gründe waren es wohl nicht, da in dieser Zeit Schule und Kirchendienst (Meßnerei) miteinander verbunden waren und für beide eine Pfründe zur Verfügung stand. Die erste, noch sehr bescheidene Volksschule für Schwenningen ist 1581 belegt. Der Meßner versammelte 30 bis 50 Schüler in seiner Wohnstube und lehrte sie den Katechismus, neue Kirchenlieder, Sprüche, Psalmen und das Neue Testament. Im Sommer gab es keinen Unterricht, im Winter war er unregelmäßig. Wer eine höhere Bildung in einer Lateinschule wünschte, mußte nach Tuttlingen gehen.

Für den Volksschulunterricht benötigte man keine besondere Berufsausbildung. Es genügte, wenn der Meßner lesen und schreiben konnte, im Katechismus bewandert war und Choräle anzustimmen vermochte. Seit 1625 bis ins 20. Jahrhundert sind Schwenninger Lehrer namentlich erwähnt. Der Schulmeister wohnte im Lehrerhaus, seine Einkünfte setzten sich aus Naturalien und Geldmitteln zusammen. Feste Sätze gab es seit 1833. Im Laufe des 19. Jahrhunderts wurden die Unterrichtszeiten im Sommer auf 3 Tage festgesetzt und die Sommer- und Herbstferien in die Erntezeit gelegt, damit Lehrer und Schüler der Feldarbeit nachgehen konnten. Vier Fächer sollten auf das Berufsleben und „die Eingliederung in das Gottesreich" vorbereiten: Lesen, Schreiben, Memorieren und Singen. Ziel der Erziehung war also nicht nur Verstandesbildung, sondern auch die Heranbildung zum Christen. Bereits 1639 war die allgemeine Schulpflicht für Jungen und Mädchen in Baden und Württemberg Gesetz geworden.

1823 tauchte eine ganz neue Schulgattung in Schwenningen auf, eine „Industrieschule". Die Wurzeln dieses Schultyps gehen in das 18. Jahrhundert zurück, als angestrebt wurde, den künftigen Arbeitskräften eine praktische Ausbildung für die Landwirtschaft, Forstwirtschaft, Hauswirtschaft und die gewerbliche Wirtschaft zu geben.

Der Schultyp fand in der Folgezeit keinen großen Widerhall, gab aber die ersten Anstöße für die Gewerbeschulen und die Realschulen. Während erstere das Hauptgewicht auf die praktische Ausbildung legten und sich damit das Ziel der Industrieschulen: „Einübung von Fleiß und Handfertigkeiten" zu eigen machten, wurden bei den Realschulen die Mathematik und die Realien besonders betont, um zukünftige „Professionisten" für das Leben vorzubereiten.

Im April 1840 begann auch in Schwenningen die Arbeit einer „höheren Schule" mit der Eröffnung einer zunächst einklassigen Realschule mit einem Realschullehrer, die in dieser Form 40 Jahre lang zur Zufriedenheit der Eltern und der Vorgesetzten ihren Bestand hatte. Aus dieser Schule gingen die Männer hervor, die den gewerblichen und industriellen Aufschwung Schwenningens begründeten. Der Lehrplan umfaßte folgende Fächer: Religion, Deutsch, Französisch, Rechnen, Geometrie, Geschichte und Erdkunde, Naturkunde, geometrisches Zeichnen und Freihandzeichnen, Schönschreiben, Singen, Turnen, Englisch, Physik. Im Laufe der Zeit war ein Übergang von der 4. Klasse Volksschule in die Realschule nur den begabtesten Schülern möglich. Die Schule wuchs nur allmählich, wurde aber gegen Ende des Jahrhunderts erweitert, so daß die Jungen schon mit 9 Jahren in die Realschule eintreten konnten. In den 90er Jahren stiegen die Schülerzahlen so rasch an, daß die Realschule 6 Klassen benötigte und die Oberklassen geteilt werden mußten.

1901 wurde die „Einjährigenprüfung" eingeführt. Für die stark gewachsene Schule benötigte man schließlich ein neues Gebäude, das 1902 auf dem Postplatz eingeweiht und bezogen wurde. Den meisten Familien, die ihre Söhne vorwiegend in die heimische Industrie schickten, genügte die Einjährigenprüfung vollauf. Diejenigen Väter, die ihre Söhne studieren lassen wollten, mußten sie auf das Gymnasium Villingen oder nach Rottweil schicken. Bis zum Ende des 1. Weltkrieges waren es kaum ein Dutzend Abiturienten, die ein Universitätsstudium, meist das Medizinstudium, aufnehmen wollten. Nach den Wirren des 1. Weltkrieges normalisierte sich der Unterricht an der Realschule wieder und näherte sich in Ziel und Methode dem

„Progymnasium" an. Besondere Bedeutung
wurde dem mathematisch-naturwissenschaftlichen Unterricht beigemessen.

In der Nachkriegszeit bemühte sich die
Stadtverwaltung um eine Aufstockung ihrer
6klassigen Schule zur 9klassigen Vollanstalt.
Sie erhielt die Genehmigung, eine Oberstufe
einzurichten, im Jahre 1925. Die ersten Ab-
iturientenklassen konnten 1928 nach erfolgreicher Prüfung entlassen werden.

Die politischen und wirtschaftlichen Er-
schütterungen der Folgejahre beeinflußten
auch das Leben und die Unterrichtsarbeit an
dieser Schule. Ab 1933 konnte sie sich den
Ideen und Maßnahmen des Nationalsozialismus nicht mehr verschließen. 1937 trat ein
neuer Lehrplan in Kraft, und die Schule wurde umbenannt in „Deutsche Oberschule".
Man verkürzte die Schulzeit auf 8 Jahre.

Wie im 1. Weltkrieg wurde seit 1939 der
Unterricht beeinträchtigt durch den Kriegs-
einsatz der Lehrer und durch Sammlungen
und Hilfsdienste, die die Schüler zu leisten
hatten. Nach dem Ende des Krieges und dem
Einmarsch der französischen Truppen konnte
der Unterricht erst im Herbst 1945 wieder
aufgenommen werden, und zwar im Gebäude
der Mädchenschule. Die Oberschule diente
den französischen Soldaten als Kaserne und
stand erst im Herbst 1946 wieder für den Unterricht zur Verfügung. Unter schwierigsten
Umständen und nach ständig veränderten
Richtlinien waren 500 Schüler in 14 Klassen
zu unterrichten. Seit 1947 gab es wieder
9 Jahrgänge, und es wurde eine zentrale Reifeprüfung eingeführt. Mitte der 50er Jahre
wuchs die Schülerzahl so an, daß großer
Raummangel entstand. Etwas Entlastung
brachte nur die Öffnung der Mädchenmittelschule auch für Jungen.

Mittlerweile rückte die Oberschule zum
Gymnasium auf, und der Gemeinderat beschloß dafür einen Neubau. Er konnte 1965,
im 125. Schuljahr, am Deutenberg eingeweiht
und bezogen werden. Seit 1959 besitzt das

Abb. 2 Im Vordergrund das alte Schulhaus, evan-
gelische Stadtkirche, dahinter die evangelische
Mädchenschule, erbaut 1872/73, erweitert 1904/05.
Aufnahme um 1935.

Schwenninger Gymnasium zwei Züge: einen
mathematisch-naturwissenschaftlichen und
einen neusprachlichen. 1965 wurde noch ein
Aufbauzug eingerichtet, der später wieder
aufgegeben wurde. Die neuen Entwicklungen bis in die 90er Jahre verliefen in gleicher
Weise wie an den Villinger Gymnasien.

Die Mädchenbildung in Schwenningen

Im Laufe des 19. Jh. erlangte die Mädchenbildung auch in Schwenningen eine immer
größere Bedeutung. Wie Villingen besaß auch
Schwenningen in der 2. Jahrhunderthälfte für
die Jungen eine Volksschule und eine Realschule und für die Mädchen eine Volksschule,
sämtlich in städtischer Trägerschaft. Den
Sprung in die Realschule wagten die Schwenninger Mädchen erst zu Beginn des 20. Jh.

Als die Schwenninger Bürger 1887 den Mädchenschulmeister David Würth zum Schultheißen wählten, taten sie einen Glücksgriff. In seine Amtszeit von 1887–1912 fällt nicht nur die Stadtwerdung Schwenningens, sondern auch eine beispielhafte Entwicklung des Schulwesens.

Innerhalb von 14 Jahren wurden nicht nur 6 neue Schulhäuser eingeweiht, sondern auch 6 neue Schularten begründet: Eine Handelsschule, eine freiwillige katholische Konfessionsschule, eine Fortbildungsschule für Jungen, eine katholische Kleinkinder- und Industrieschule, eine Fachschule für Feinmechanik, Uhrmacherei und Elektrotechnik und eine Mädchenmittelschule. Letztere begann 1890 ihre Unterrichtsarbeit als private Einrichtung auf Grund der Initiative einiger Familienväter, die wünschten, daß ihre Töchter eine ähnliche Schulbildung erhielten wie die Jungen in der Realschule. Kamen die Schülerinnen zunächst aus dem gehobenen Bürgertum, so war es später das Bestreben, Mädchen aller Stände für das Erwerbsleben auszubilden. Der Lehrplan der Volksschule wurde dafür durch einige Realien erweitert, Französisch und Handarbeit kamen hinzu.

Zunächst baute die Mittelschule auf vier, dann auf drei Volksschuljahren auf. Schon 1902 übernahm die Gemeinde die bisherige Privatschule. 1911 konnte die zunächst einklassige zur dreiklassigen Schule ausgebaut werden, und da es im bisherigen Gebäude an Platz mangelte, zog man in die Metzgergasse 8. Auch wenn die Eltern für den Unterricht ihrer Töchter ein nicht geringes Schulgeld entrichten mußten, erhöhte sich die Schülerzahl zwischen den beiden Weltkriegen noch weiter.

Obwohl im Dritten Reich in eine Hauptschule umgewandelt, hielt die Schule an einem erweiterten Bildungsangebot fest, in dem z. B. die Fremdsprachen Englisch und Französisch enthalten waren. Seit 1945 wurde die Schule wieder als Mittelschule geführt

und wurde selbständig. In der Folgezeit vermehrte sich die Klassenzahl weiter, und die Schule wurde zweizügig.

Das Jahr 1957 brachte die entscheidende Neuerung, daß die Schule auch für Jungen geöffnet wurde. 17 Schüler machten von dem Angebot Gebrauch. Damit wurde es gerade in der Industriestadt Schwenningen auch den Jungen möglich, Kopfarbeit mit Handarbeit zu vereinigen. Die Neuregelung wirkte sich stark auf die Anmeldezahlen aus, und bald gab es 4 Eingangsklassen. Wieder herrschte Raumnot, die dadurch behoben wurde, daß der Großteil der Klassen 1965 in das Gymnasium auf dem Postplatz umzog. Doch schon bestanden Pläne für den Neubau der nun „Realschule" genannten Einrichtung, der 1973 vollendet und bezogen wurde.

Der Aufschwung in der Mädchenbildung Ende des 19. Jh. erstreckte sich auch auf die berufliche Bildung. So diente die Industrieschule als Arbeitsschule dazu, den Mädchen Handfertigkeiten beizubringen. Die Schülerinnen genossen also eine Art Handarbeitsunterricht und erlernten das Nähen und Stricken. Für die schulpflichtigen Mädchen wurde der Arbeitsunterricht dann schließlich obligatorisch.

Nachdem der Besuch der Fortbildungsschulen für die Jungen zur Pflicht gemacht wurde, gab es seit 1900 auch Fortbildungsschulen für Mädchen, in denen diese hauswirtschaftlichen Unterricht erhielten. Daraus entwickelten sich später die Hauswirtschaftsschulen bzw. Hauswirtschaftlichen Berufsschulen. Für die höhere Schulbildung der Mädchen im 20. Jh. gilt, daß anfangs nur wenige Mädchen von ihr Gebrauch machten. Im Laufe der Zeit, insbesondere in der zweiten Jahrhunderthälfte, wuchs die Zahl stetig an. Heute sind es 50% Mädchen oder mehr, die die Realschule oder das Gymnasium besuchen.

Die Vielfalt des Schulwesens in Villingen-Schwenningen hat der Stadt über die Jahr-

hunderte hinweg große finanzielle Opfer für
den Bau und den Unterhalt von Schulgebäu-
den, für den sachlichen Aufwand und für die
Beteiligung an den Besoldungskosten abverlangt. Jedoch entsprach das Angebot an
Bildungseinrichtungen dem Wunsch und Willen der Bürger und trägt zur Attraktivität der
Stadt bei. Villingen-Schwenningen hat als
ein stets um die Bildung und Ausbildung
seiner Jugend bemühter Schulträger und
Standort das wirtschaftliche, kulturelle und
geistige Leben in ihrem Raum entscheidend
gefördert.

Ziel dieses Aufsatzes war es, einen
Überblick über die Entwicklung des Schulwesens in Villingen-Schwenningen durch die
Epochen seit der Verleihung des Markt-,
Münz- und Zollrechtes zu geben. Dabei war
es unmöglich, auf alle Einzelheiten einzugehen. Gerade auch die durchgreifenden Wandlungen im 20. Jh. konnten nur kurz umrissen
werden. Es bedarf einer eigenen gründlichen
Untersuchung, um diese ausführlich darzustellen.

---

1   Roder, Schulwesen, S. 218.
2   Roder, Schulwesen, S. 229.
3   Gez. Freiherr von Kageneck, Frbg. 11. September 1768.
4   Dieser Zweig besteht in Villingen bereits seit 1972 an der
    Bickebergschule, jetzt auch an der Südstadtschule und in
    Obereschach und in Schwenningen an der Deutenberg-
    schule und an der Friedensschule.
5   Zitiert nach: Fuchs: Geschichte des höheren Schulwesens
    in Villingen von den Anfängen bis 1909 in: Höhere Schule
    am Romäusring, S. 100. SAVS Best. 2.1 BB Nr. 41, 1686, 13.
    Nov.
6   Die Bezeichnung „Realschule" im 19. Jh. wird stets für ei-
    ne „höhere Schule" verwandt. Sie ist nicht zu verwechseln
    mit der heutigen Realschule, deren Vorgängerin im 19. Jh.
    und in der ersten Hälfte des 20. Jh. „Mittelschule" genannt
    wurde.
7   Die heutigen Klassennamen von 5–13 lauteten damals
    IV=Quarta, V=Quinta, VI=Sexta, UIII=Untertertia,
    OIII=Obertertia, UII=Untersekunda, OII=Obersekunda,
    UI=Unterprima, OI=Oberprima.
8   Benzing, Otto: Schulwesen, S. 28–29.
9   Benzing, Otto: Schulwesen, S. 29.

Annemarie Conradt-Mach

Zur Geschichte der Gewerkschaftsbewegung in den Städten Schwenningen und Villingen

In einer Rückbesinnung 1924 skizzierte der christliche Gewerkschafter Karl Gengler[1] die Schwierigkeiten der Arbeitnehmerorganisation in der Schwarzwälder Industrie um die Jahrhundertwende[2]: „Rückblickend muß gesagt werden, weder Arbeiterschaft noch Arbeitgeber des Schwarzwaldes haben die Entwicklung leicht gemacht. Jahrzehntelang hat der größte Teil der Arbeiterschaft es an der praktischen gewerkschaftlichen Mitarbeit zur Besserung der Verhältnisse fehlen lassen. Es fehlte bei der Arbeiterschaft selbst am sozialen Empfinden, an der notwendigen Solidarität. Einer traute dem anderen nicht und war eifersüchtig auf jede kleine Besserstellung. Statt durch eigene Arbeit glaubten wieder andere durch Kriechertum, gepaart mit Feigheit, einen kleinen Vorteil vor den anderen zu ergattern. Man sparte die Beiträge, um am Jahresschluß erst recht nichts zu haben. Die Arbeitgeber des Schwarzwaldes zeigten selbst in kleineren Werken oft ein schroffes Herrenmenschentum. Wie oft ist in der Vorkriegszeit gegenüber den Organisationsvertretern das Wort gefallen: ‚Wir verhandeln nicht!' ... Wie mancher unserer Vorkämpfer wurde als ‚Sperling' auf die schwarze Liste gesetzt. Auf die Bekämpfung der gewerkschaftlichen Organisation verwendeten viele Unternehmer mehr Kraft als zur Regelung der wirtschaftlichen Fragen der Industrie."

Manches an dieser Aussage gehört auch heute (wieder) zum gewerkschaftlichen Alltag, die Lage der Arbeitnehmerorganisation in der Region ist schwieriger denn je; insoweit mag ein Rückblick auf 100 Jahre Gewerkschaftsbewegung manche heutigen Probleme verständlicher machen und vielleicht auch Kraft geben, eine schwierige Arbeit für alle Arbeitnehmer der Region fortzusetzen.

1871 zählte Rottweil z. B. 5 135 Einwohner, Villingen 1875 fast 6 000 und Schwenningen 1871 4 317. Das Bevölkerungswachstum des frühen 19. Jahrhunderts zwang viele Menschen der Region, in die neue Welt auszuwandern. Eine andere Lösung des Bevölkerungsproblems war die Suche nach neuen Arbeitsmöglichkeiten. Diese fand man im Uhrmacherhandwerk, das seit dem 17. Jahrhundert vor allem in den badischen Schwarzwalddörfern heimisch geworden war. Villingen hatte ein relativ entwickeltes Gewerbe und besaß vielfältige Zentrumsfunktionen als Bezirksamtsstadt für das Umland. Früher als in Schwenningen entstand in Villingen das Uhrengewerbe.

1846 zählte die Stadt 24 Großuhrmacher, die über ein bis zwei Gehilfen verfügten. Bereits 1826 waren in der Villinger Uhrenherstellung etwa 200 Personen beschäftigt. Eine Übersicht des Bezirksamts Villingen für 1865 nennt für die Stadt 19 Fabriken mit 254 Arbeitern.[3] Ein Reise- und Industriehandbuch aus dem Jahre 1877 beschreibt Villingen als eine industrielle und kulturell rege Schwarzwaldstadt. „Namentlich befinden sich hier, neben vielem Kleingewerbe, mehrere Uhren- und Musikwerkfabriken nebst Fabrication aller dahin gehörenden Bestandteile, eine Tuchfabrik (Dold), Düngerfabrik (Lutz), Metalltuchweberei, eine Glockengießerei, Kleinhammer mit Schmelze, mechanische Werkstätten, eine Buchdruckerei, Steindruckerei und photographische Ateliers, mehrere Bierbrauereien, Ziegeleien und Hafnerwerkstätten, Kunstmühlen, Sägewerke und Schnittwarenhandel, bedeutende Fruchtmärkte."[4]

Die Schwenninger Uhrenindustrie hatte 1875 erst 7 Uhrenfabriken und 100 Industriearbeiter.[5]

1877 waren die meisten Schwenninger Betriebe noch reine Handwerksbetriebe, von denen aber vier schon 50 und mehr Beschäftigte hatten. Alle Betriebe waren Familienbetriebe. Die meisten waren 1840 und früher gegründet. Zu ihnen gehörten auch die Vorläuferfirmen der späteren Großbetriebe Mauthe, Kienzle und Haller.

Die ersten Uhrenfabriken waren zwar im badischen Herrschaftsgebiet entstanden, der Siegeszug der billigen Amerikanerproduktion, die wesentliche Voraussetzung für die Massenproduktion, sollte sich aber im württembergischen Gebiet durchsetzen. Besonders erfolgreich im katholischen Schramberg, aber auch im evangelischen Schwenningen. Die ersten Firmen, die zur Massenfertigung nach amerikanischem System übergingen, waren die Firma Haller 1889, die Firma Mauthe 1886 und die Firma Schlenker und Kienzle 1894. Die „Amerikaneruhr" galt als handwerklich schlecht gemacht und ließ sich mit den Vorstellungen von einer qualitativ hochwertigen massiven Schwarzwälder Uhr nicht vereinbaren. Vor allem aber erforderte sie völlig neue Fertigungsweisen, den Einsatz von hochentwickelten Werkzeugmaschinen auf der einen Seite, auf der anderen benötigte man immer weniger ausgebildete Uhrmacher, es genügten angelernte Kräfte. Den Gegnern der Amerikaner-Uhr ging es daher weniger um die Verteidigung der Qualitätsuhr als um die Verteidigung eines traditionsreichen Handwerksberufs, des Uhrmachers.[6] Vermutlich setzte sich die Produktion nach amerikanischem System gerade deshalb in den weniger traditionsreichen Uhrmachergebieten Schwenningen und Schramberg durch. Schließlich brachte die neue Fertigungsweise eine Dequalifizierung des Uhrmachers mit entsprechenden Folgen für die Einkommen.

Gemeinsamkeiten der Industrialisierung in Villingen und Schwenningen

1. Die Industrialisierung in der Region fand erst in der zweiten Hälfte des 19. Jahrhunderts statt.
2. Leitindustrie war die Uhrenindustrie, eine arbeitsintensive, relativ niedrig entlohnende Industrie, die insoweit auf die Entfernung von den großen Industrieregionen angewiesen war, da sie nicht mit großstädtischen Löhnen konkurrieren konnte. Die Uhrenindustrie hatte schon relativ früh einen hohen Anteil an Frauenarbeit und bezog die Bevölkerung ganzer Landschaften als Heimarbeitskräfte in ihren Arbeitskräftebedarf ein. Der Bedarf an ungelernten Hilfskräften innerhalb der Großindustrie war lange Zeit ungebremst.
3. Die Uhrenindustrie war exportorientiert, vom Weltmarkt abhängig, und sie war eine „Luxusindustrie". Die Uhr war zumindest noch zu Beginn unseres Jahrhunderts ein äußerst langlebiges Produkt. Dies bedeutete, daß wirtschaftliche Krisen sehr schnell die Nachfrageseite beeinflußten, daß Änderungen der Zollbestimmungen rasch auf die Produktion durchschlugen.
4. Viele Uhrenarbeiter bezogen ihr Einkommen nicht allein aus Fabrikarbeit, sondern zu einem erheblichen Teil auch aus landwirtschaftlicher Tätigkeit, aus Heimarbeit und auch aus Mieteinnahmen als Hausbesitzer. Letzteres galt ganz besonders für Schwenningen. Immerhin waren rund 30 % der Schwenninger Arbeiter Hausbesitzer, ein Anteil, der in der Region einmalig hoch war.

Unterschiede zwischen Villingen und Schwenningen

1. Die Impulse zur Fabrikgründung kamen in Schwenningen aus den einheimischen Handwerkerschichten, was diesen Fabrikgründungen von vornherein eine relativ hohe Zu-

stimmung innerhalb der Bevölkerung sicherte. Demgegenüber waren die Unternehmer in Villingen im allgemeinen Zugereiste[7]. Sie kamen in der Regel nicht aus der einheimischen katholischen Handwerkerschicht, der ein starker konservativer Zug anhaftete, deren Wirtschaftsweise sich am standesgemäßen Einkommen orientierte.

2. Die Schwenninger Wirtschaft wurde von einer Branche, der Uhrenindustrie, dominiert. Den heimischen Arbeitsmarkt teilten sich drei Großbetriebe und mehrere mittlere und kleinere Betriebe, die sich gegenseitig Konkurrenz machten. Demgegenüber besaß Villingen eine differenzierte Industrie- und Gewerbestruktur, die Stadt hatte vielfältige Zentrumsfunktionen für das Umland.

3. Zu dem traditionellen Stadt-Land-Gegensatz kam der Gegensatz badisch-württembergisch und der Konfessionsunterschied evangelisch-katholisch. Die Landesgrenze behinderte und kanalisierte die Zuwanderung in der Industrialisierungsphase. Es ist erstaunlich, wie wenig Austausch zwischen den beiden so nahe beieinander liegenden Städten zu Beginn der Industrialisierung entstand. Um 1905 z. B. waren rund 60 % der Schwenninger nicht in Schwenningen geboren. Über 70 % dieser Zuwanderer aber stammten aus württembergischen Gebieten, und dies obwohl Schwenningen nahezu an allen seinen Gemeindegrenzen an badisches Gebiet stieß. Der konfessionelle Gegensatz beeinflußte auch lange Zeit das Wählerverhalten in den beiden Städten. Villingen hatte immer ein relativ hohes Potential an Zentrumswählern, während in Schwenningen Liberalismus und Sozialismus sehr stark waren.

4. Villingen wie Schwenningen profitierten während der Industrialisierung von den Bevölkerungsüberschüssen der umliegenden Landgemeinden. Die Schwenninger Zuwanderungsraten waren aber ungleich höher. Die rasche Entwicklung zur Industriestadt, die dadurch verursachten Disproportionen, die

besonderen Beziehungen der gesellschaftlichen Gruppen untereinander förderten ebenso wie ein spezielles Verhältnis der Gemeinde zum Umland die Bereitschaft zu radikalem Verhalten in politischer wie in sozialer Beziehung. Der Ruf Schwenningens als rote Hochburg der Region wurde im wesentlichen durch das Protestverhalten der Industriearbeiter begründet. Besonders eingegraben in das kollektive Gedächtnis haben sich hier einmal der große Streik in der Uhrenindustrie 1907, die Metzger-Beck-Affäre 1919 und der sog. „Reichswehreinsatz" 1923.[8]

5. Die Schwenninger Gesellschaft war homogener, weniger differenziert als die Villinger. 80 % gehörten bis in die Nachkriegszeit der Arbeiterschaft an. Die Fabriken, mitten in der Stadt gelegen, bestimmten den Alltag. Der Schwenninger Gesellschaft haftete ein amerikanischer Zug an. Dagegen war Villingen traditioneller, die Arbeiterschaft im Bewußtsein der Bevölkerung am unteren Rand der Gesellschaft angesiedelt. Die Fabriken befanden sich eher außerhalb des städtischen Weichbildes. Trotzdem vermochten gerade auch traditionelle Strukturen eine Krisenbewältigung in der Weltwirtschaftskrise eher zu leisten als im modernen Schwenningen.

Die Anfänge der Arbeiterbewegung[9]

1884 wurde in Villingen die erste sozialistische Gewerkschaft in der Schwarzwaldregion gegründet. „Intellektueller Urheber"[10], so vermutete damals das Bezirksamt, war der Unternehmer Louis Lutz. Unmittelbarer Anlaß der Gewerkschaftsgründung war ein Besuch Carl Grillenbergers in Villingen. Über die Gründung der ersten Gewerkschaft im Schwarzwald überhaupt berichtete das Villinger Bezirksamt: „Im Juni 1884 bildete sich hier ein Fachverein der Uhrmacher und berufsverwandter Arbeiter, welcher in seinen Statuten unter anderem die Regelung der Arbeitszeit und der Lohnverhältnisse als seine Aufgabe bezeichnete. Es zeigte sich bald, daß dieser Fachverein, wie die meisten der Vereine dieses Namens, darauf ausging, den Klassenhaß zu erregen und die im Stillen fortglimmende Glut sozialistischer Agitatoren zu schüren."

1885 folgten die Schwenninger Fabrikarbeiter. Auf Grund des Sozialisten-Gesetzes wurde die reichsweite Vereinigung der deutschen Metallarbeiter, der sich im Laufe des Jahres auch die Schwarzwälder Metallarbeiter angeschlossen hatten, bereits am 19. August 1885 von den Behörden verboten.[11]

Die Auflösung des Schwenninger Fachvereins ist gut dokumentiert, weil sie neben dem reichsweiten Verbot außerdem auf eine Beleidigungsklage des Fabrikanten Jakob Mauthe gegen den Uhrmacher Schleyerer aus Bondorf zurückging. Am 21. 8. 1885 zeigte der Schwenninger Fabrikant Jakob Mauthe bei der Staatsanwaltschaft in Rottweil folgendes an: „Seit ca. 4 Wochen besteht hier unter der Arbeiterbevölkerung ein in sozialdemokratischem Sinne geleiteter Arbeiterverein unter dem Titel ‚Fachverein für Metallarbeiter‘, dessen Mitglieder meist ziemlich verwehte Subjekte sind und sich in wöchentlichen Zusammenkünften in den bekannten Theorien ausbilden. ... Dabei beschimpften sie meine Person in gemeinster Art. Ein Arbeiter... sagte: ‚Bezüglich der Arbeitslöhne sind mir die Preise von Fabrikant Mauthe und Fabrikant Haller hier maßgebend‘, worauf genannter Schleyerer sagte: ‚Was der Mauthe! Zuerst kommt ein schlechter Spitzbub, dies ist der Mauthe nicht, denn wenn ein noch viel schlechterer kommt, das ist dann der Mauthe etc.‘ ... Nachdem schon mehrere derartige Früchte jenem Verein entsprossen sind, erlaube ich mir dieses Schreiben zur Kenntnis zu bringen mit der Bitte, hier ein Exempel zu statuieren, da bei einer bloßen Beleidigungsklage Schleyerer nach der ersten Vorladung, wie er sich geäußert haben soll, das Weite sucht ... Hochachtungsvollst Fr. Mauthe."

Mauthe äußerte außerdem vor der Staats-

anwaltschaft Rottweil: „Meines Erachtens liegt ein öffentliches Interesse an Verfolgung dieser Beleidigung deshalb vor, weil die beleidigende Äußerung in öffentlicher Wirthschaft ohne allen Anlaß von unserer Seite gefallen ist u. weniger unserer Person als vielmehr dem Stand der Fabrikanten u. Arbeitgeber überhaupt gegolten hat. Schleyerer war noch nie in unserem Geschäft und kann sich deshalb die Äußerung nicht auf eine persönliche Unzufriedenheit über unsere Behandlung der Arbeiter zurückführen lassen."[12]

Die Anzeige Mauthes wurde vor allem dadurch begründet, daß die beleidigende Äußerung in einem öffentlichen Raum und in Gegenwart mehrerer Zeugen gefallen war. Eine reine Beleidigungsklage erschien dem Fabrikanten sinnlos, weil der Angezeigte sich nur allzu schnell seiner Strafe entziehen könne, indem er einfach wegziehe. Mauthe verband die beleidigenden Äußerungen mit der Gründung des neuen Metallarbeiterfachvereins und bat ausdrücklich darum, ein Exempel zu statuieren.

Laut Fremdenbuch 1885 wurde der Uhrmachergehilfe Gustav Schlayer aus Bondorf/Württemberg am 12. 3. 1885 angemeldet, am 17. 8. 1885 meldete er sich in Schwenningen bereits wieder ab[13] und entzog sich so jeder strafrechtlichen Verfolgung. Er war in der Uhrenfabrik Thomas Haller beschäftigt. Die Beleidigung des Fabrikanten Mauthe fiel in einer Arbeiterdiskussion, in der die Arbeitslöhne des Fabrikanten Haller und des Fabrikanten Mauthe verglichen wurden.

Für die Arbeitnehmer wurde die Lohnfrage zum entscheidenden Problem. Am stärksten den Bedingungen des Arbeitsmarkts ausgeliefert waren die Arbeitsmigranten, die Gruppe, die nicht auf landwirtschaftlichen Nebenerwerb ausweichen und keine zusätzliche Nachbarschaftshilfe beanspruchen konnte; ihnen blieb im Zweifel nur die Abwanderung, eine erste Form des Arbeiterprotestes. Gewerkschaftliche Organisation aber war auf seßhafte Arbeiter angewiesen, die Interesse an ihrer Arbeitssituation hatten und diese möglichst verbessern wollten. Die merklich aggressivere Stimmung auf dem Arbeitsmarkt um 1885 lag vermutlich an den langsamer wachsenden Löhnen. Die 80er Jahre des letzten Jahrhunderts zeigten Krisenerscheinungen, 1886 kam es zur ersten Preisabsprache der Uhrenunternehmer, der Beginn einer Kartellbewegung, von der man glaubte, im Interesse von Arbeitern und Unternehmern zu wirken.

Am 7. Juni 1891 fand in St. Georgen eine Delegiertenversammlung statt, auf der über die Notwendigkeit gewerkschaftlicher Organisation gesprochen wurde. Die Delegierten kamen aus Hornberg, Schramberg, Triberg, Furtwangen, Vöhrenbach, St. Georgen, Villingen, Schwenningen und Mühlheim. Eine Gruppe war der Meinung, daß man gemeinsam mit den Fabrikanten die Arbeitsbedingungen ändern könne, allein auf dem Weg über Verhandlungen, um auf diese Weise die Risiken des Arbeitskampfes zu vermeiden, vor dessen Auswirkungen die meisten Arbeiter zurückschreckten. Einen gegensätzlichen Standpunkt nahm der Genosse Vosseler aus Schwenningen ein, der einen Anschluß der Schwarzwälder Lokalorganisation an den Deutschen Metallarbeiterverband vorschlug, da nur so gemaßregelte Arbeiter unterstützt werden könnten.[14] 1898 zählte der Deutsche Metallarbeiterverband (DMV) in Schwenningen erst 33 Mitglieder, in Villingen gehörten nur 12 Metallarbeiter diesem Verband an, außerdem waren in Schwenningen noch 33 Holzarbeiter in der freien Gewerkschaft organisiert.[15]

Nach der Aufhebung des Sozialistengesetzes organisierten sich die Arbeiter nur sehr zögernd. Die Herkunft der Uhrenarbeiter aus Bauernfamilien behinderten die Organisationsbereitschaft. So war Heinrich Feurstein der Ansicht, das isolierte Leben in den Schwarzwaldhöfen hätte aus ihnen einen

Menschenschlag gemacht, der nur die Menschen seiner „Sippe" gelten lasse. Die Schwarzwälder seien hochgradig selbstgenügsam, sie würden eine Garantie ihrer Zukunft nur in sich selbst und in ihrer „glänzenden Isolierung" suchen. Ein „häßlicher Egoismus", der nicht einmal vor Denunziation der Kollegen zurückschrecke, sei die Folge.[16] Das hohe Angebot an Arbeitsuchenden drückte die Löhne lange Zeit. Die Fabrikanlagen wurden zwar stetig erweitert, höhere Einkommen konnten die Arbeiter in aller Regel aber nur durch Mehrarbeit erreichen.[17]

1898 untersuchte eine Kommission des DMV[18] die Lage der Schwarzwälder Uhrenarbeiter von Schwenningen aus. Obwohl die Fragebögen von den Arbeitern völlig anonym beantwortet werden konnten, blieb der Erfolg der Erhebung doch weit hinter den Erwartungen zurück, was der DMV auf die „nicht ganz unberechtigte Furcht der Arbeiter vor Maßregelungen und sonstigen Chikanierungen bei der Arbeit" zurückführte. Die Lohntabelle stellte vermutlich einen ganz entscheidenden Fortschritt gewerkschaftlicher Solidarität dar. Nach Schätzungen der Kommission beteiligten sich von mindestens 1300 Schwenninger Arbeitern höchstens 18 % an der Erhebung.

Die Mobilisierung der Belegschaften gelang in der traditioneller arbeitenden Uhrenindustrie eher als in den Massenfabrikationsbetrieben des württembergischen Schwarzwaldes. Mobile flottante Arbeitermassen waren für gewerkschaftliche Arbeit selten zu erreichen. Interesse für Werkstatt- und Betriebsverhältnisse mit dem Ziel, diese zu verbessern, setzt Identifikation mit dem Betrieb und Kenntnisse über den Betrieb und die eigene betriebliche Situation voraus. Solche Einstellungen fand man nur bei ansässigen Arbeitern; die jungen, ungebundenen, in der Regel nur angelernten Arbeiterschichten, die in der Massenfabrikation arbeiteten, hatten nur wenig Interesse an einer dauerhaften

Beteiligung der Uhrenarbeiter an der Erhebung des DMV 1898

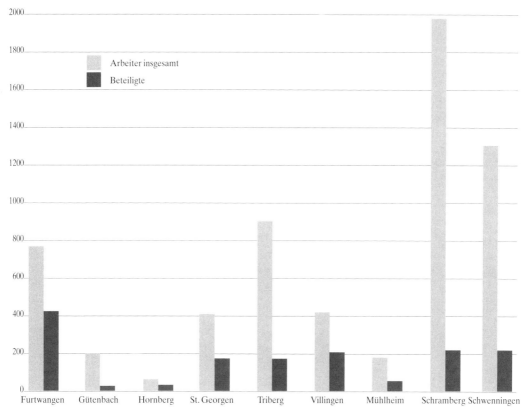

Schaubild 1

Verbesserung der betrieblichen Situation. Trotzdem arbeitete die Agitationskommission von Schwenningen aus, weil hier die Ablehnung der gewerkschaftlichen Kommission vermutlich am geringsten war und am wenigsten behindert wurde.

Eine Lohnübersicht auf der Basis von 218 Arbeitern gibt für Villingen einen Durchschnittstagelohn von 2,31 Mark, für Schwenningen auf der Basis von 219 Arbeitern einen Durchschnittslohn von 2,50 Mark an. Nimmt man alle Villinger und Schwenninger Arbeiter zusammen als Grundlage, dann ergibt sich ein Durchschnittslohn von 2,44 Mark. Die Lohnunterschiede zwischen den einzelnen

Arbeitern waren ganz beträchtlich. So konnten in Villingen wie in Schwenningen in Ausnahmefällen Tagelöhne von 5 Mark erreicht werden. Die Löhne von jugendlichen Arbeitern und weiblichen Arbeitskräften lagen weit darunter, nämlich bei ca. 1,40 Mark. Bei den 21- bis 30jährigen wurden die höchsten Tagesverdienste erreicht. Die meisten der befragten Arbeiter erreichten Tagesverdienste von 2 bis 3 Mark. Höhere Löhne erreichten nur wenige.

Die Schwenninger Arbeiter waren erheblich jünger als die Villinger. Weibliche Beschäftigte schnitten in Schwenningen beim Lohnvergleich günstig ab. In Villingen war die Lohnsituation für Männer und für metallverarbeitende Berufe besser. Das Lohngefüge reagierte sehr empfindlich auf die Arbeitsmarktsituation. Eine hohe Nachfrage nach bestimmten Arbeitskräften führte zu entsprechenden Lohnsteigerungen. Villingen hatte ein relativ großes Angebot an holzverarbeitenden Berufen, das drückte den Lohn. In Schwenningen bestand eine große Nachfrage nach jungen weiblichen Arbeitskräften, was die Löhne anhob.

Die Uhrenherstellung war ein arbeitsintensiver Produktionszweig. Lohnsteigerungen beeinflußten die Kalkulation eines Unternehmens ganz erheblich. Diese Unkosten versuchte man durch vermehrte Automation, teilweise aber auch durch Ausweichen auf billigere Hausindustrielle auszugleichen. Ein hoher Maschineneinsatz ermöglichte die vermehrte Beschäftigung von ungelernten Hilfskräften, von Frauen und Jugendlichen.

Für das Lohngefälle innerhalb der Schwarzwälder Industrieregion galt, daß die wirtschaftlichen Verhältnisse der Schwenninger Arbeiter mit die besten waren. Dieses Lohngefälle geht auch aus dem Geschäftsbericht des DMV für das Jahr 1907 der Geschäftsstelle Schwenningen hervor. Danach ergab sich, daß die Schwenninger Arbeiter durchschnittlich jünger und besser bezahlt waren als Uhrenarbeiter in anderen Gemeinden. Aber auch für die bestbezahlten Schwarzwälder Arbeiter ergab sich nach den Erhebungen des DMV aus dem Jahr 1907:

„Die bestbezahlte Arbeiterkategorie in der Uhrenindustrie erzielt einen Durchschnittsverdienst von 24 Mk. 68 Pf. (pro Woche). Nach statistischen Erhebungen betrug der

Das Durchschnittsalter und der durchschnittliche Wochenverdienst in der Uhrenindustrie 1907 nach einer Erhebung des DMV

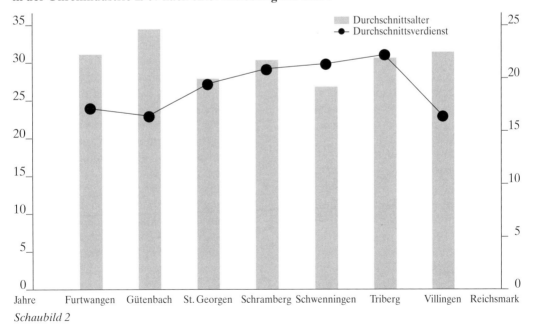

Schaubild 2

Durchschnittsverdienst eines Mechanikers Ende 1905 die Woche 32 Mk. 58 Pf. In Stuttgart verdiente also ein Mechaniker 1905 7 Mk. 90 Pf. mehr als ein solcher der Uhrenindustrie im Jahre 1907. Dabei sind die Lebensmittelpreise und sonstige Bedürfnisse (vor allem sehr hohe Heizkosten!) mindestens auf dem Schwarzwald ebenso teuer."[19]

Die damals sehr umstrittene Arbeit von Feurstein[20] zeigt zumindest für den badischen Schwarzwald schlüssig, daß die Familien der Uhrenarbeiter von den Löhnen der Familienväter nicht leben konnten. Die Unternehmen dehnten mehr und mehr ihre Ansprüche auf die gesamte Arbeitskraft der Familie aus.[21]

Die Uhrenfabriken hatten neben ihrem Stamm an Fabrikarbeitern etwa noch einmal so viele Heimarbeiter.[22] Der Hausindustrielle arbeitete mit eigenen Maschinen, erhielt weniger Lohn, seine Kapazitäten konnten bei sinkender Nachfrage problemlos stillgelegt werden. Eine andere Form der Heimarbeit war die Feierabendarbeit oder die hausindustrielle Tätigkeit von Familienangehörigen der Fabrikarbeiter. „Ein großes Kontingent der Heimarbeiter stellen auch die tagsüber in der Fabrik beschäftigten Arbeiter und Arbeiterinnen. Alle abend kann man diese mit einem Kistchen oder Sacke auf dem Buckel die Fabrik verlassen und diese bis 10 und 11 Uhr arbeiten sehen. Sogar sonntags wird noch gearbeitet."[23]

1904 waren nach der Untersuchung des DMV in Schwenningen 50 Männer, 500 Frauen und 700 Kinder mit Heimarbeit für die Uhrenindustrie beschäftigt, in Villingen waren es 50 Männer, 200 Frauen und 40 Kinder. Überstunden und Heimarbeit waren „beliebt", sie waren notwendig, um die Kredite für das Haus an den Fabrikanten abzuzahlen, sie wirkte lohndrückend, und sie behinderte die gewerkschaftliche Agitation in der knappen Arbeitsfreizeit, weshalb die Einschränkung der Heimarbeit wesentliches Ziel gewerkschaftlicher Tätigkeit war.

Der Arbeitskampf in der Uhrenindustrie 1907[24]

Der große Arbeitskampf in der Uhrenindustrie ging von Schwenningen aus. Ziel des Konflikts war die Durchsetzung eines Tarifvertrags, der gewerkschaftliche Mitbestimmung garantieren und einheitliche Arbeitsbedingungen mit sich bringen sollte. Zum 1. November 1906 stellte der Deutsche Metallarbeiterverband (DMV) Forderungen an die Schwarzwälder Uhrenfabrikanten, es ging wegen der Preissteigerungen um Lohnerhöhungen von 10 bis 15 % und eine Verkürzung der Arbeitszeit auf $9^1/_2$ Stunden. Am 2. November gründeten die Arbeitgeber einen Unternehmerverband, dessen wichtigstes Ziel es war, seinen Mitgliedern Unterstützung bei Arbeitskämpfen zu gewähren in dem Sinne, „daß die streikenden oder ausgesperrten Arbeiter von keinem Mitglied des Verbands beschäftigt werden dürften".[25]

Am 6. und 7. November fanden in allen Schwarzwaldorten Arbeiterversammlungen statt, die in Schwenningen von 1 200 Arbeitern besucht wurden.[26] Die Bezirksleitung des DMV erhielt in dieser Versammlung den Auftrag, mit den Arbeitgebern zu verhandeln, als unparteiischer Schlichter sollte der Villinger Bürgermeister Braunagel gebeten werden. Die Fabrikanten lehnten jegliche Verhandlungen mit den Gewerkschaften ab, sämtliche Konflikte dürften nur betriebsintern geregelt werden. Man kam den Arbeitern aber insoweit entgegen, daß die tägliche Arbeitszeit in den Fabriken der Uhrenindustrie auf $9^3/_4$ Stunden gesenkt wurde. Vor Sonn- und Feiertagen sollte die Arbeitszeit eine halbe Stunde früher enden.[27]

Anfang 1907 eröffnete der DMV in Schwenningen eine Geschäftsstelle. Leiter wurde der Schramberger Metallarbeiter Thomas Rold.

Abb. 1 Flugblatt des Deutschen Metallarbeiterverbandes aus dem Arbeitskampf von 1907.

Deutscher Metallarbeiter-Verband.

An die Einwohnerschaft von Schwenningen!

Auf unserm sonst so ruhigen und friedlichen Schwarzwald tobt seit Wochen ein Kampf, wie er noch selten in der Geschichte der Arbeiterbewegung zu verzeichnen war. Nicht wegen seiner Größe und seines Umfanges, sondern der eigentümlichen Umstände halber, unter denen er zu Stande kam, geführt und beendet wurde.

Ein sozial rückständiges und brutales Unternehmertum hat eingestandenermaßen den Kampf entfacht, um die Arbeiter des einzigen Mittels zu berauben, das sie besitzen, um sich gegen Ausbeutung und Willkür zu schützen.

Warum nun dieser Vernichtungskampf?

Einige Arbeiter hatten versucht, ihre Lohn- und Arbeitsverhältnisse der vorgeschrittenen Teuerung in ganz bescheidenem Maße anzupassen.

Seit Jahren haben die Fabrikanten unsere Kräfte gebraucht und sich Vorteile verschafft und uns ausgenützt. Um diesen für die Fabrikanten allerdings recht vorteilhaften Zustand auch für die Zukunft festzuhalten, wird das letzte Mittel versucht, um nochmals unsern

Geist und Körper in Fesseln zu schlagen

um allezeit willige und billige Arbeitskräfte zu haben.

Die Mittel, die man aber anwendet, um dieses Ziel zu erreichen, sind unanständig und unmoralisch, das können wir mit Fug und Recht behaupten, nach dem, was jetzt so langsam durchsickert und an die Oeffentlichkeit dringt. Arbeiter sucht man gegen Arbeiter auszuspielen und aufzuhetzen. Die leitenden Personen sucht man durch Lügen und gemeine Verleumdungen in Mißkredit zu bringen. Durch schnödesten

Mißbrauch der Einigungsbedingungen

versuchen einige Fabrikanten an einzelnen Arbeitern sich zu rächen.

Arbeiter!   Arbeiterinnen!

Die Art und Weise, wie man Euch untereinander zu verhetzen sucht, wie man einzelne Personen durch Verleumdung in Mißkredit zu bringen sucht, darf und kann nicht unbesprochen bleiben. In breitester Oeffentlichkeit müssen diese dunklen Schleichwege beleuchtet werden. — Es findet deshalb am

Samstag, den 10. August, abends 8 Uhr im Saalbau eine

öffentliche Versammlung

statt. Vor dem **Forum der Oeffentlichkeit** muß Zeugnis abgelegt werden, auf welcher Seite die **Wahrheit** zu finden ist.

Arbeiter und Arbeiterinnen von Schwenningen, ob Ihr nun aktiv oder passiv mitzumachen gezwungen waret, besucht die Versammlung massenhaft!

Um schnöden Mammon willen sucht man Euch durch ein noch nie dagewesenes Ränkespiel niederzuringen.

Die Arbeiter müssen der Fels sein, an dem Niedertracht und Bosheit zerschellen muß.

Die Arbeiterschaft von ganz Deutschland verfolgt mit Bewunderung unsern heroischen Kampf und unterstützt uns mit allen Mitteln, darum frisch auf zum

Kampf für unser Recht!

Handelsdruckerei Schwenningen.   **Die Ortsverwaltung.**

Am 1. Mai 1907, ein symbolisches Datum, wurden der Schwenninger Metallwarenfabrik Jäckle Forderungen der organisierten Arbeiter vorgelegt, die im wesentlichen identisch waren mit den nicht durchgesetzten Verbesserungsvorschlägen des Spätherbstes 1906.

Am 18. Mai 1907 kündigten die organisierten Arbeiter der Metallwarenfabrik Jäckle, einem Zulieferbetrieb der Uhrenindustrie. Die Gründe, warum gerade diese Firma gewählt wurde, waren:

1. Die Firma war der wichtigste Arbeitgeber im Schwenninger Neckarstadtteil, der traditionell die meisten sozialistischen Anhänger hatte.

2. Die Firma hatte gerade seit 1900 stark expandiert, war also augenfälliges Beispiel für die Gewinne und das Wachstum der Schwenninger Uhrenindustrie.

3. Die Firma war ein wichtiger Zulieferbetrieb für die Schwarzwälder Uhrenindustrie. Die Antwort der Unternehmer auf den Streik in der Schwenninger Firma war eine Aussperrung in den sechs Schwarzwaldorten Villingen, Schwenningen, St. Georgen, Schramberg, Triberg und Lenzkirch. Von der Aussperrung betroffen waren in der gesamten Schwarzwälder Uhrenindustrie 2 112 Arbeiter, davon allein 1 450 in Schwenningen und 500 in Villingen.[28]

Der Unternehmerverband suchte die Konfrontation mit den Gewerkschaften in der Überzeugung, daß nach einem erfolgreichen Arbeitskampf auf dem Schwarzwald endlich wieder „dauernde Ruhe" eintrete. Um den Schaden für die Unternehmen in Grenzen zu halten, wurden nur etwa 25 % der Belegschaften ausgesperrt. Man wollte nur die

Aussperrung Mitte Juni 1907

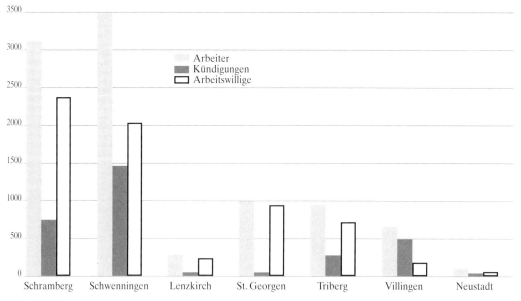

Schaubild 3

Organisierten treffen! Die Unternehmer forderten von ihren Arbeitern die Unterschrift unter einen Revers mit folgendem Inhalt: „Der Unterzeichnete erklärt, daß er die leichtfertige Anwendung von Gewaltmitteln zur Betreibung von Forderungen mißbilligt und eine friedliche Weiterentwicklung der Arbeiterverhältnisse wünscht." – „NB. Demjenigen, welcher seinen Zettel nicht oder ohne Unterschrift abgibt, muß gekündigt werden."[29]

Die geforderte Unterschrift wurde allgemein als Zumutung und als ehrenrührig aufgefaßt. Selbst der Unternehmerverband hatte nach Beendigung der Streikaktion Probleme damit, die eigene Vorgehensweise zu begründen. Ursache der überzogenen Arbeitnehmerforderungen sei die Agitation der Sozialdemokraten gewesen. Man mußte einsehen, daß das Vorgehen des Arbeitnehmerverbands viele langjährige treue Mitarbeiter verletzt hatte „durch die angebliche Zumutung, ihre bewährte Treue und Zufriedenheit unterschriftlich selbst bestätigen zu sollen[30]".

Mit einem Anschlag in den Fabriken für die ges. Arbeiterschaft warben die Unternehmer um Verständnis für ihre Maßnahmen: „Wir sind zwar überzeugt, daß der größte Teil unserer Arbeiterschaft mit uns einig geht; wir sind aber gleichwohl gezwungen, auch seine Erklärung einzuholen, denn wir können auf anderem Wege die notwendige Abgrenzung nicht vornehmen, weil die Andersgesinnten durch Stillschweigen oder Verleugnen sich vor der Aussperrung bewahren würden." Die Verweigerung der Unterschriften wurde darauf zurückgeführt, die Sozialdemokratie hätte in Umlauf gebracht, daß diejenigen, die unterschrieben, sich für immer eines höheren Verdienstes begeben.

Kampfmaßnahmen des Arbeitgeberverbands waren neben der Aussperrung, die die Organisation in der Uhrenindustrie eindämmen sollte, das Versenden von Schwarzen Listen. In einem Rundschreiben des Verbands v. 20. 5. 1907 wurden die Mitglieder aufgefordert, „jetzt überhaupt keine Arbeiter von Schwenningen einzustellen"[31]. Der DMV versuchte im Gegenzug die Zuwanderung neuer Arbeitskräfte in den Schwarzwald mit einer Sperre zu verhindern. Während des Arbeitskampfes, praktisch das ganze Jahr 1907 hindurch, wurde in sämtlichen sozialdemokratischen und gewerkschaftlichen Zeitungen der Hinweis abgedruckt: „Zuzug ist strengstens fernzuhalten – nach allen Schwarzwaldorten."

Eine Beurteilung der Wirksamkeit dieser Maßnahme ist sehr schwierig, da im Jahresverlauf 1907 die Konjunktur in der Uhrenindustrie einbrach, u. U. durch den Streik provoziert. Vermutlich hat schon allein das Bekanntwerden des Arbeitskampfes Zuwanderungswillige davon abgehalten, in der Uhrenindustrie um Arbeit nachzufragen. Den ledigen Arbeitern wurde von der Gewerkschaft Reisekostenunterstützung gewährt, damit sie den Bezirk verlassen konnten. Für die organisierten Arbeiter, die die volle Härte des Arbeitskampfes ertragen mußten, führte der Konflikt zu vielen persönlichen und familiären Spannungen, und er bedeutete natürlich auch materielle Opfer.

Vor Ort versuchte man Arbeitswillige durch Streikposten an der Arbeit zu hindern, zuerst vor der Firma Johann Jäckle. Immer wieder kam es im Laufe des sechs Wochen andauernden Arbeitskampfes zu tumultähnlichen Szenen. So wurde ein in Schwenningen arbeitendes Ehepaar am Villinger Bahnhof „von einer über 200 Köpfe zählenden Menge, Männer und Frauen, mit gehässigen Zurufen empfangen und bei dem Versuche, nach Hause zu gelangen, dermaßen bedrängt, daß sie in der Gerberstraße in ein Haus flüchten mußten. Erst nachdem zwei Polizisten sich dorthin begeben hatten, konnte das Ehepaar unter deren Schutz den Heimweg antreten."

Am 3. Juli erschienen die drei Schwenninger Fabrikanten Jakob Kienzle, Thomas Hal-

Abb. 2 Streikposten vor der Uhrenfabrik Mauthe.

ler und Johann Jäckle in Rottweil und forderten eine „entsprechenden Verstärkung der Landjägermannschaft, ... da tagtäglich... Belästigungen von Arbeitswilligen vorkommen". Desgleichen äußerte sich der Fabrikant Fritz Mauthe in einem Brief v. 11. Juli 1907.[32] Der Verlauf des Konflikts hatte gezeigt, daß der Arbeitgeberverband allein nicht in der Lage war, die Organisation entscheidend zu schwächen. Man versuchte nun über „Staatshilfe" eine Verhinderung des Streikpostenstehens zu erreichen.

Dies war einmal ein Eingeständnis, daß das Kampfziel nicht erreicht worden war, es war aber auch Hinweis, daß das Klima zwischen den Konfliktparteien sich erheblich verschlechtert hatte, daß der bis dahin bestehende Konsens zwischen Arbeitern und Fabrikanten, „zwischen den Bevölkerungsklassen", gefährdet war. Das Schultheißenamt in Schwenningen ließ sich die Sicht der Unternehmer, daß mit einer Eskalation der Situa-

tion zu rechnen sei, nicht aufdrängen. Am 2. Juli erschien ein Zeitungsaufruf, der das bisherige Verhalten der ausgesperrten und streikenden Arbeiter in Schwenningen als „lobenswert" ansah und man weiterhin auf die bisher „bewiesene Einsicht der hiesigen Arbeiterschaft" vertraue.[33]

Am Schlichtungsabkommen, das dann am 11. Juli 1907 unterzeichnet wurde, hatte auch der württembergische Gewerbeinspektor mitgewirkt. Unterschrieben wurde das Abkommen vom Vorstand des Verbands der Uhrenindustrie und der verwandten Industrien des Schwarzwalds, Andreas Haller und Richard Bürk, sowie dem Bezirksleiter des DMV.[34] Der Konflikt bei Johann Jäckle wurde betriebsintern geregelt. Die Firma stellte alle noch verfügbaren Arbeitnehmer wieder ein. Trotzdem waren in Schwenningen am 11. September 1907 immer noch annähernd 100 Arbeiter ausgesperrt.

Zu den Spätgeschädigten des großen Arbeitskampfes rechnete sich auch der Villinger Fabrikant Werner, der die Gewerkschaften beschuldigte, den Konkurs der Firma im Jahre 1912, also fünf Jahre später, durch den Streik mitverschuldet zu haben.[35]

Für die Gewerkschaften endete der Streik zwar mit einer Niederlage, im Sinne einer Klassenformation im eher organisationsfeindlichen Schwarzwald kann er aber als Erfolg angesehen werden. Die gemeinsame Niederlage einte. Die Erfahrungen der Metallarbeiter, die nirgendwo in Deutschland einen Arbeitsplatz fanden, weil sie auf einer Schwarzen Liste standen, oder die erst nach langer Arbeitslosigkeit einen Arbeitsplatz fanden, führten zu Ohnmachtsgefühlen und auch zu der Überlegung, daß man vermutlich nur mit einer starken Gewerkschaft seine Interessen, wenn überhaupt, durchsetzen könne.

Anzahl der Abgereisten, Wiedereingestellten und nicht wieder Eingestellten nach dem Arbeitskampf von 1907

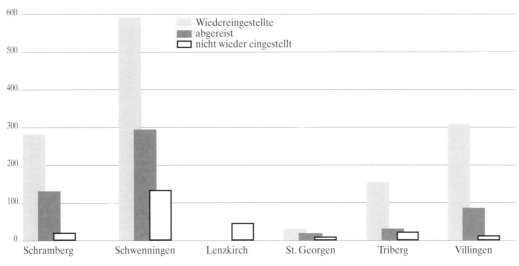

Schaubild 4

Die Entwertung der Lohnarbeit in der Inflation

Im Kriegsjahr 1917 wurde erstmals ein Lohntarif zwischen den Unternehmern der Ortsgruppe Schwenningen und den Arbeiterausschüssen der verschiedenen Betriebe in Schwenningen abgeschlossen.[36] Die Industrie beharrte auf ihren alten Positionen und verweigerte den außerbetrieblichen Gewerkschaftsfunktionären weiterhin die Mitarbeit an den Lohntarifen. Bei den „Vereinigten Arbeiterausschüssen" Schwenningens, den Arbeitnehmervertretern, handelte es sich um eine überbetriebliche Interessenvertretung auf lokaler Ebene. In der Schwenninger Uhrenindustrie bekamen die gewählten Arbeitervertreter daher gegenüber den reinen Verbandsfunktionären sehr großen Einfluß.

Dies hatte Konsequenzen: Lokale Konflikte beeinflußten das Betriebsklima in Schwenningen schnell, der oft eher moderate Einfluß der Gewerkschaftssekretäre von außerhalb, die eher die Lage der Gesamtindustrie im Au-

ge hatten, wurde so häufig zurückgedrängt. In dem 1918 gewählten Arbeiterrat Schwenningen spielten die betrieblichen Vertrauensleute als Arbeiterräte eine wichtige Rolle. Die Aktivitäten von Gewerkschaften und Arbeiterräten lassen sich daher nicht immer eindeutig unterscheiden. In den Jahren 1918/19 lag ihre Hauptaufgabe darin, einen demokratisch kontrollierten Übergang vom alten System zur neuen Volksherrschaft zu ermöglichen.[37]

Diese Aufgaben gingen 1919 an die neugewählten Gemeinderäte, aber auch an die mit dem neuen Betriebsrätegesetz (1920) geschaffenen Betriebsräte über. Innerhalb des Deutschen Metallarbeiterverbands war man mit dem im Februar 1920 verabschiedeten Gesetz nicht gerade glücklich. „Das Betriebsrätegesetz befriedigt unsere Anforderungen allerdings keineswegs. Im Gegenteil. Jeder Paragraph ist mehr darauf zugeschnitten, den Interessen der Unternehmer nicht zu nahe zu treten, wie den Arbeitern und ihren Vertretern wirkliche Rechte zu sichern. Und doch

ist das Betriebsrätegesetz der Arbeits- und
Kampfboden, auf den wir treten müssen."[38]

Trotzdem wurden die Betriebsräte, wenn
diese aus den Reihen der Gewerkschaften
kamen, zu einer weiteren Möglichkeit, die
Rechte der Arbeiter wirkungsvoll zu vertreten.[39] Durch Fortbildungsveranstaltungen
wurden die Schwenninger Betriebsräte auf
ihre neuen Aufgaben vorbereitet. Im Gegensatz zu Villingen, wo die Industriebetriebe
außerhalb der Stadtmauern lagen, befanden
sich die Schwenninger Betriebe mitten im
Zentrum und lagen nahe beieinander. Lokale
Konflikte wurden rasch in die Betriebe hin-
eingetragen bzw. griffen schnell von einem
Betrieb auf den nächsten über. Bei Organisation von Protestmaßnahmen kam den Betriebsräten eine wichtige Rolle zu. So kam es
im August/September 1920 zu einem mehrtägigen Generalstreik in Zusammenhang mit
der Einführung eines 10 %igen Steuersatzes
für niedrige Einkommen. Aber auch beim
Polizeiwehreinsatz in Schwenningen im November 1923 spielten die Betriebsräte eine
wichtige Rolle als Verhandlungspartner mit
dem Gemeinderat und der Polizeiwehr-
führung.

Am 9. April 1919 trat der erste „Lohntarif
für die Uhrenindustrie und die verwandten
Industrien des Schwarzwaldes, vereinbart
zwischen dem Verband der Uhrenindustrie
und der verwandten Industrien des Schwarzwaldes E. V. zu Villingen und dem Deutschen
Metallarbeiterverband" in Kraft, frühestens
kündbar zum 1. September 1919. Eine am
10. April 1919 „im Saalbau Rößle tagende,
außerordentlich stark besuchte Versammlung der Schwenninger Uhrenarbeiter und
Arbeiterinnen" stimmte dem Abkommen
zu.[40] Gegenüber dem Lohntarif für Schwenningen vom Januar 1918, der noch eine Re-
gelwochenarbeitszeit von 55³/₄ Stunden vorsah, galt jetzt eine Arbeitszeit von 48 Stunden, was einer Arbeitszeitreduzierung von
7³/₄ Stunden pro Woche entsprach.[41] Mit die-

sem Tarifvertrag war ein wesentliches Ziel
der Gewerkschaften erreicht worden: sie waren endlich als berechtigte Interessenver-
treter der Arbeitnehmer anerkannt.

Die Inflationszeit war für die Uhrenindustrie, eine Exportindustrie, eine günstige Zeit.
Man verdiente auf den Dollarmärkten und
bezahlte die Löhne in Inflationsgeld. Die Fabriken expandierten, stellten neue Arbeitskräfte ein, arbeiteten Überzeit. Die Industrie
machte Gewinne auf den ausländischen
Märkten, stand aber vor dem Problem, durch
die ungenügende Energieversorgung und die
Beschränkung der Arbeitszeit – der zentralen
Errungenschaft der Revolution – nicht in aus-
reichender Menge produzieren zu können.
Außerdem war das Deutsche Reich auf die
wenigen Handelsmöglichkeiten der deutschen Wirtschaft mit dem Ausland angewiesen, um seinen Zahlungsverpflichtungen
nachkommen zu können. Gleichzeitig verfiel
mit der Mark der Wert der Arbeitskraft. Güter des täglichen Bedarfs wurden nur noch
auf dem Schwarzmarkt gehandelt.

In den Gewerkschaftsversammlungen setzten sich unter dem Druck des Hungers und
der sinkenden Reallöhne mehr und mehr die
radikalen Gruppen durch. Die Basis war oft
mehrheitlich anderer Meinung als die auf
Kompromiß bedachte Ortsverwaltung, was
häufig zu wilden, von den Gewerkschaften
nicht mitgetragenen Streiks und Demonstrationen führte. Innerhalb der Leitung der
Schwenninger Ortsverwaltung des Deutschen Metallarbeiterverbands spiegelten sich
diese Veränderungen des politischen Klimas
wider. Der Mehrheitssozialist und Arbeiter-
ratsvorsitzende Ludwig Seyler wurde dann
Mitte 1921 von dem moderaten Unabhängigen Grunwald als Verbandsbeamter des
DMV abgelöst. Auch innerhalb der Organisation bildeten sich sogenannte spontane „Ak-
tionsausschüsse", und es versuchten sich
kommunistische Einflüsse durchzusetzen. Im
September 1923 setzte sich in Schwenningen

die Moskauer Liste gegen die Amsterdamer Liste mit 64 gegen 40 Stimmen durch.[42]

Diese Entwicklung, die im Herbst 1923 während der Hyperinflation ihren Höhepunkt erreichte, wurde vom Stuttgarter Polizeipräsidium folgendermaßen gesehen: „Die letzte Zeit mit ihrer starken Abwanderung sozialdemokratischer Arbeiter ins kommunistische Lager hat den kommunistischen Einfluß auf die proletarischen Vereinigungen erheblich verstärkt. Bei den Gewerkschaften kommt diese Verschiebung in erster Linie in der zunehmenden Radikalisierung der Ortsausschüsse u. Verwaltungen zum Ausdruck."[43] Die Inflation beschleunigte die Abfolge der Lohnverhandlungen zwischen Arbeitgebern und Gewerkschaften. Im allgemeinen wurden die Teuerungszulagen von den Arbeitgebern in der Inflationszeit akzeptiert.

Der einzige Lohnstreik dieser Jahre fand im Januar 1922 statt. Am 13. Dezember 1921 waren die Lohnverhandlungen in der Uhrenindustrie in Donaueschingen gescheitert. Der Schiedsspruch des Schlichtungsausschusses Rottweil vom 19. Dezember wurde zwar von Gewerkschaftsseite anerkannt, von den Unternehmern aber als „unannehmbar" abgelehnt. Die Unternehmer begründeten ihre Entscheidung mit der „sinkenden Kaufkraft des Auslands". Eine Lohnerhöhung sei nicht durchsetzbar, weil sie einen einfachen Wecker um acht bis zehn Mark verteuere.

In einer „großen Mitglieder-Versammlung" des DMV wurde Streik beschlossen. Am 5. Januar 1922 stimmten die organisierten Arbeiter in allen Schwenninger Betrieben ab, mit dem Resultat, „daß überall mit großer Mehrheit, von 97–100 %, beschlossen wurde, die Kündigung einzureichen".[44] Daraufhin beauftragte eine Funktionärsversammlung am 10. Januar in Rottweil die Betriebsräte, „alle Vorbereitungen zur Durchführung des aufgezwungenen Kampfes zu treffen".[45]

Der Arbeitskampf begann in Schwenningen am 14. Januar. Am Montag, dem 16. Janu-

ar, mußten sich die beteiligten Kolleginnen und Kollegen in den Streiklokalen in die ausgelegten Listen eintragen. Eine neue Lohnvereinbarung kam endlich am 21. Januar zustande. Trotzdem wurde der Arbeitskampf nicht wie vorgesehen am 25. Januar beendet. „Nachdem im Laufe des gestrigen Tages (24. Januar) eine Anzahl Arbeiter, zum Teil Betriebsratsmitglieder, ... die sich auf die Firmen Kienzle, Mauthe, Gebr. Junghans, Württ. Uhrenfabrik und Irion u. Vosseler verteilen, davon verständigt wurden, daß man auf ihre ferneren Dienste verzichtete, ... hat die Arbeiterschaft der betreffenden Betriebe ... die Arbeit heute früh nicht aufgenommen. Bei den in Frage kommenden Betrieben wurden Streikposten aufgestellt."

Am 25. Januar fand morgens eine Protestversammlung statt, auf der eine Resolution angenommen wurde, „solange im Streik zu verharren, bis der letzte Kollege wieder an seinen Platz gestellt ist".[46] Nach der Versammlung bildete sich ein Demonstrationszug, „an dem sich etwa 4 000 Arbeiter und Arbeiterinnen beteiligten". „Unter Vorantragen einer roten Fahne und unter Absingen der Internationale und Hochrufen auf die Solidarität der Arbeiterschaft" zog der Zug an den betreffenden Firmen vorbei. Auf dem Marktplatz sprach dann noch für die Streikleitung der Kollege Eugen Haller zu den Anwesenden. Am Nachmittag wurde schließlich der Konflikt zwischen den Parteien beigelegt. Noch am gleichen Abend wurde der Schwenninger Arbeiterschaft „durch Ausschellen" mitgeteilt, daß die Unternehmer ihre Kündigungen zurückgezogen hatten. Damit war der Arbeitskampf beendet.

In Villingen begann der Streik am 3. Januar 1922 mit einer gemeinsamen Konferenz der Betriebsräte und Vertrauensmänner beider Metallarbeiterverbände. Die Arbeiterschaft beschloß in einer Resolution, am Rottweiler Schiedsspruch festzuhalten und in den Betrieben mit Geheimabstimmungen über die

Kündigung zu beginnen. Besonders hartnäckig in der Ablehnung des Schiedsspruches
zeigten sich die Großfirmen. In Villingen
stimmten von 1 226 Arbeitern nur 28 gegen
den Streik.[47]

Im Januar kam es auch in Villingen zum
Streik. Die Betriebsräte in der Uhrenindustrie wurden beauftragt, den Arbeitskampf
vorzubereiten. Ein Schiedspruch, der die festen Zuschläge vorsah, wurde vom Verband
der Uhrenindustrie abgelehnt. Durch feste
Beträge würde der Unterschied zwischen gelernten und ungelernten Arbeitern nach und
nach verwischt. Kein Arbeiter würde mehr
einsehen, weshalb er ein Handwerk erlernen
solle. Die Industrie fürchtete einen Facharbeitermangel, wenn die Lohndifferenz zwischen gelernten und ungelernten Arbeitern
immer geringer werde.

Die Gewerkschaften dagegen bestanden
auf festen Zuschlägen, weil nur so wirkungsvoll der Teuerung entgegengetreten werden
könne, die schließlich alle Lohngruppen tref-
fe.[48] Durch prozentuale Zuschläge würden
nur die Lohndifferenzen verstärkt, die niedri-
ger Entlohnten müßten noch „intensiver
schaffen" und damit „Raubbau" an ihrer Arbeitskraft treiben. In Villingen endete der
Streik am 21. Januar. Für gelernte Arbeiter
wurden die Sätze des Rottweiler Schiedsspruches akzeptiert, ungelernte Arbeiter
mußten Abschläge von 10 bzw. 20 Pfennig
hinnehmen. Die Arbeitgeber erklärten sich
außerdem bereit, die nach dem 15. Februar
eintretenden Verteuerungen durch Lohnerhöhungen auszugleichen.

Zu Lohndifferenzen in Villingen kam es im
Oktober/November 1923. Der Schiedsspruch
sah Lohnkürzungen vor, die vor allem Angelernte und Hilfsarbeiter betrafen. Da Akkordlöhne nicht höher als 25 % über dem
Einstellohn liegen durften, befürchteten die
Akkord- und Lohnarbeiter Lohnkürzungen
von 15 %. Der Streik wurde durch Zugeständnisse an die Belegschaften beendet.

Die Inflationskonjunktur erhöhte die
Nachfrage nach Arbeit, zu keiner Zeit waren
so viele Arbeiter in den Uhrenfabriken beschäftigt wie in den Inflationsjahren. Auf der
anderen Seite wehrten sich die Menschen gegen die schlechten Versorgungsbedingungen.
Beides steigerte die Mitgliederzahlen der
freien Gewerkschaften. Die Gewerkschaften
erlebten zwischen 1918 und 1923 einen gewaltigen Mitgliederanstieg.

Im Vergleich zu den benachbarten Provinz-
städten hatte Schwenningen einen sehr hohen Organisationsgrad. Großindustrie verknüpft mit hoher Exportabhängigkeit und einer äußerst homogenen Industriestruktur
waren wohl die Ursachen für dieses Phänomen. Die Dominanz der Industrie als wesentlicher Arbeitgeber, das völlige Fehlen anderer Wirtschaftsbereiche schuf ein ungeheuer
radikales und stark politisiertes Klima. Die
Schwenninger Arbeiter reagierten rasch auf
äußere Einflüsse, so beginnt der Anstieg der
Gewerkschaftsmitgliederzahl nach 1918 sehr
schnell, während er in den Nachbarorten eher
langsamer verlief.

Insgesamt war die Inflationszeit in der Uhrenindustrie eine Zeit der Expansion, was
sich auch an einer Zunahme der Gewerk-
schaftsmitglieder ablesen läßt. Der Einbruch
der Mitgliederzahlen nach 1924 ist auch im
Zusammenhang mit der beginnenden Wirtschaftskrise zu sehen. 1916 gehörten in
Schwenningen nur 116 Arbeiter dem Deutschen Metallarbeiterverband an, 1917 waren
es 309 und 1918 schon 964 Mitglieder. 1919
waren bereits 4 605 Kollegen gewerkschaftlich organisiert! Der höchste Mitgliederstand
der Weimarer Zeit wurde mit 4 902 Organisierten im Jahre 1920 erreicht. 1924 fiel die
Zahl von 4 553 (im Jahr 1923) auf nur noch
1 715 Organisierte.[49]

Bei Kriegsende 1918 hatte der Deutsche
Metallarbeiterverband, Verwaltungsstelle
Villingen, 298 Mitglieder. 1922 waren hier
1 954 Metallarbeiter im DMV organisiert.

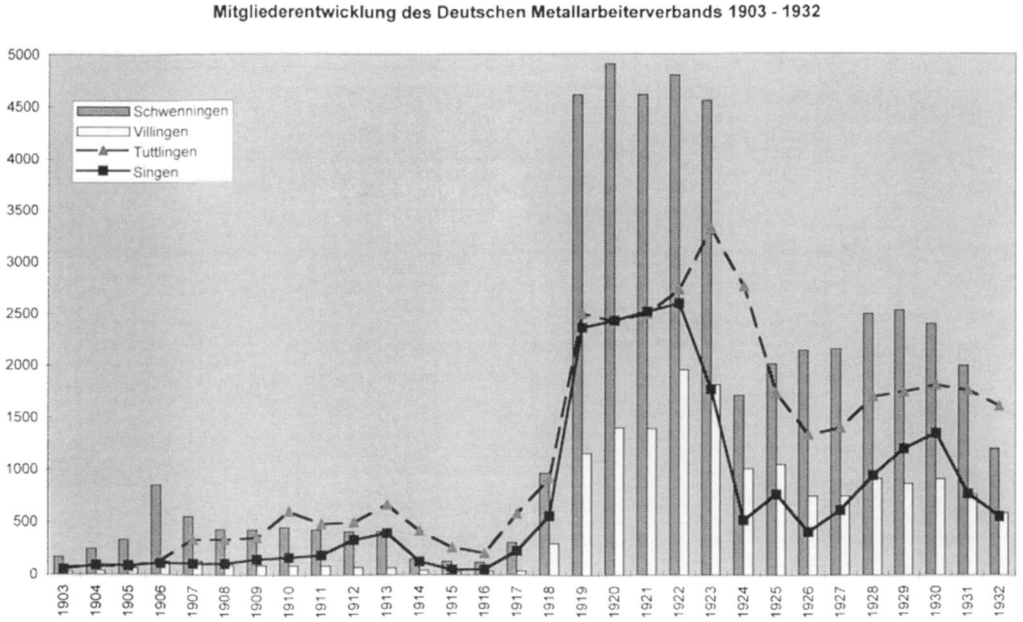

Mitgliederentwicklung des Deutschen Metallarbeiterverbands 1903 - 1932

Schaubild 5 (Quelle: Peter Scherer/Peter Schaaf, Dokumente zur Geschichte der Arbeiterbewegung in Württemberg und Baden 1848–1949. Stuttgart 1984, S. 697 ff.)

Obwohl Villingen circa 70 % Katholiken hatte, spielten die christlichen Gewerkschaften trotz erheblichen Propagandaaufwandes und äußerst rührigen Gewerkschaftssekretären politisch eine eher untergeordnete Rolle. Innerhalb der freien Gewerkschaften aber hatten radikale Richtungen eine wesentlich geringere Gefolgschaft als in Schwenningen. Die Villinger Großbetriebe – Kienzle-Uhren, SABA und Kaiser – waren Domänen der freien Gewerkschaften. Versuche des Junghans-Konzern 1922 in Villingen die „gelbe Arbeiterbewegung" zu etablieren, die als unternehmerfreundlich galt, beantwortete die Belegschaft des Messingwerks mit Streik.

Tarifverträge in der Inflationszeit auszuhandeln, war ein schwieriges Geschäft, weil das Ausmaß der Teuerung bei den Verhandlungen unmöglich einkalkuliert werden konnte. Zum Tarifvertrag vom Oktober 1922 zum Beispiel mußten im Laufe des Jahres

1923 über zwanzig Nachträge ausgehandelt werden, von zusätzlichen Abkommen über Teuerungszulagen abgesehen. Im ganzen gesehen nivellierten die Tarifverträge der Inflationsjahre die Löhne der Arbeitnehmer. Einmal bewirkten dies die festen und nicht prozentual berechneten Teuerungszulagen, zum anderen strebten die Gewerkschaften teilweise bewußt eine Reduzierung der Lohnunterschiede an. Zwischen gelernten und ungelernten Arbeitern gab es in der Uhrenindustrie nahezu keine Unterschiede in der Lohntüte mehr. Viele Facharbeiter sahen dadurch ihre Interessen bei den Gewerkschaften nicht mehr richtig vertreten. Mit dem Ende der Inflation nahm die Lohndifferenz der unterschiedlichen Lohngruppen wieder zu, erreichte aber die Lohnunterschiede des Tarifvertrages vom April 1919 nicht mehr.

Die Entwicklung der Tariflohnrelationen in der Schwarzwälder Uhrenindustrie

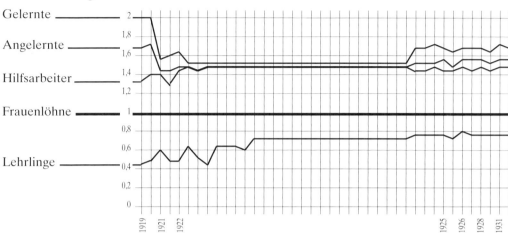

Schaubild 6

Tarifpolitik in der Krise

Das Ende der Inflation, zu Anfang sicher von allen mit Erleichterung begrüßt, stellte die Wirtschaft vor neue Probleme. Die Uhrenindustrie sah sich nach einer hektischen Inflationskonjunktur in einer ernsten Konkurrenzsituation mit den ausländischen Anbietern. Verhängnisvoll für die Region wirkte sich jetzt die einseitige Industriestruktur aus. Die deutsche Uhrenindustrie hatte 1926 circa 26 000 Beschäftigte, davon allein 20 000 im Schwarzwald. Von sechs führenden Uhrenunternehmen hatten fünf mit insgesamt 15 000 Arbeitern ihren Sitz in Schramberg und Schwenningen. Im Sommer 1926 wurden in Schwenningen nur noch 68 % der Arbeitsstunden des Vorjahres gearbeitet.[50] Im Laufe der Jahre 1927/28 wurde die Situation der Uhrenindustrie kurzfristig wieder günstiger.

Der große Einbruch des Exportmarktes kam dann im Gefolge der Weltwirtschaftskrise 1929/30. Unter der Überschrift „Exportnot der Uhrenindustrie" veröffentlichte die „Neckarquelle" am 2. Juli 1932 die folgende Wirtschaftsanalyse: „Wie ungewöhnlich groß die Verschiebung ist, zeigt die Statistik der in

der Schwarzwälder Uhrenindustrie gezahlten Lohnsummen. Diese betrugen in den Jahren: 1926: 26 662 164 Mark, 1927: 35 290 312 Mark, 1928: 42 148 211 Mark, 1929: 36 896 627 Mark, 1930: 32 871 569 Mark, 1931: 22 541 019 Mark. Und in diesem Jahr werden die gezahlten Löhne nach sachverständiger Schätzung kaum mehr als sage und schreibe 15 Millionen betragen. Man bedenke 1928 mehr als 42 Millionen und vier Jahre später fast nur noch ein Drittel! Wie kraß müssen die Auswirkungen im gesamten Wirtschaftsleben der uhrenindustriellen Standorte des Schwarzwaldes verspürt werden."[51]

Die Rezession traf die einseitige Industriestruktur Schwenningens auch härter als diejenige in Villingen. Dort überstanden die in der Weimarer Zeit neu angesiedelten Industriebetriebe die Krise wesentlich besser und halfen die Arbeitslosigkeit schneller überwinden. Da Verbesserungen der Vertriebsorganisation und des technischen Standards keine kurzfristigen Verbesserungen der Lage bringen konnten, suchten die Uhrenindustriellen nach anderen Möglichkeiten: Lohnsenkungen und Arbeitszeitverlängerungen. Am 25. November 1925 kündigten die Arbeitgeber die bestehenden Kollektivabkommen in der Absicht, „eine Herabsetzung der gegenwärtig gültigen Löhne durchzuführen".[52] Am 8. Dezember fand eine Konferenz von Experten zur Krise der Uhrenindustrie im Rathaussaal in Furtwangen statt. In Furtwangen selbst waren bereits 65% der Gesamtarbeiterschaft von den Auswirkungen der Wirtschaftskrise betroffen.[53] Da die Tarifparteien sich nicht einigen konnten, fällte der Schlichtungsausschuß am 22. Dezember einen Schiedsspruch, der die Akkordlöhne um drei Pfennige und die Stundenlöhne um zwei Pfennige senkte.

Die Betriebe wurden vom 20. bzw. 24. Dezember bis zum 7. Januar wegen „Arbeitsmangels" geschlossen. Am Montag, dem 22. Dezember 1925, wurden im Arbeitsamtsbezirk Villingen zwischen 2 400 und 2 600 Arbeiter in einen unbezahlten Werksurlaub von ca. drei Wochen geschickt.[54] Ein Familienvater mit fünf und mehr Kindern erhielt in diesen „Ferien" in der Woche nur 21,60 Mark Erwerbslosenunterstützung.[55] Aus Protest gegen dieses Unternehmerverhalten kam es am 4. bzw. 5. Januar zu Streikmaßnahmen der Arbeiter in Villingen, Furtwangen und Gütenbach. Am 9. Januar schlossen sich die Lithographen und Drucker der Firma Kienzle in Schwenningen diesen Aktionen an. Der Streik griff in den folgenden Tagen auf die Betriebe in Neustadt, Eisenbach und Triberg über. Die „Neckarquelle" berichtete unter der Überschrift „Die Aussperrung in Kraft getreten": „Nachdem in den bestreikten Betrieben die Arbeiterschaft bis heute vormittag die Arbeit nicht wieder aufgenommen hatte, bezw. die Arbeitswilligen von Streikposten an der Aufnahme der Arbeit verhindert wurden, ist heute in sämtlichen Betrieben der Schwarzwälder Uhrenindustrie und verwandten Betrieben der Arbeiterschaft ... gekündigt worden. ... Von der Aussperrung werden rund 25 000 Arbeiter betroffen."[56]

Die Industrie drohte den Arbeitnehmern mit „notwendigen Entlassungen" und Lohnkürzungen. Die Unternehmer glaubten wohl auch auf Grund der Zwangslage, in der sich die Arbeitnehmer befanden, ihre Forderungen durchsetzen zu können. Die Argumente der Unternehmer waren: „Die Absatzkrise verlangt eine Ermäßigung der Preise, die ebenso wie durch Herabsetzung sämtlicher Unkosten und Streichung der Gewinne, durch Reduzierung der Gehälter und Löhne zu erreichen ist."[57]

Die Fronten waren verhärtet. Durch das in Weimar übliche Schlichtungswesen war der Zwang zur Einigung, zum Kompromiß, nicht vorhanden. Jede Partei konnte sich auf ihre Position zurückziehen und die Schuld dem „wirtschafts- bzw. sozialpolitischen Unverstand" der Gegenseite zuschieben. Der Zwang, sich mit den Argumenten des Gegners auseinanderzusetzen, eventuell sogar Verständnis für dessen Lage aufzubringen, entfiel. Das Reichsarbeitsministerium beendete den Arbeitskampf auf Grund der Schlichtungsordnung. Damit war der Schiedsspruch vom 25. Dezember 1925 endgültig. Die Arbeitnehmer mußten die sechsprozentige Lohnkürzung hinnehmen, weitere Forderungen der Arbeitgeber wurden ebenfalls abgewiesen.

Im Januar 1926 wollte der Verband der Uhrenindustrie, Ortsgruppe Schwenningen, wegen Auftragsmangels circa 300 Entlassungen vornehmen,[58] dieses Ansinnen verlängerte den Arbeitskampf. Die Streikbewegung hatte sich nach einem Bericht des DMV in diesen Wochen auf 10 000 streikende bzw. ausgesperrte Arbeiter ausgedehnt. In dieser erregten Atmosphäre des Arbeitskampfes kam es auch immer wieder zu Belästigungen von Arbeitswilligen durch Streikposten bzw. zu Behinderungen von Firmentransporten.[59] Die Entlassungen wurden schließlich „einvernehmlich" zwischen Arbeitgebern und Arbeitnehmern in „Werkurlaube" umgewandelt. Die Betriebe blieben auch an Fasnacht 1926 wegen Auftragsmangels geschlossen.

Im April 1926 legte das Villinger Messingwerk wegen Arbeitsmangels trotz allmählich sich wieder belebender Konjunktur eine dreiwöchige Arbeitspause ein. Im Juni des Jahres gab es in Villingen immer noch 690 Arbeitslose.[60] Im August 1927 kam es erneut zum Konflikt. Der Metallarbeiterverband gab die Parole der Überstundenverweigerung aus und traf damit den Arbeitgeberverband empfindlich. Beigelegt wurde der Konflikt am 30. August 1927 durch den Schiedsspruch der Schlichtungskommission in Rottweil.[61] Die bisherigen Bestimmungen über Arbeitszeit und Urlaub blieben bestehen, die Überstundenzuschläge wurden geringfügig erhöht. Durch Schiedsspruch wurden auch die Tarifverhandlungen 1927 und 1928 beendet.

Nach dem Verlust von 5 000 Arbeitsplätzen in der Uhrenindustrie im Jahr 1926 konnten 1927 wieder 4 000 neue Arbeitnehmer eingestellt werden.[62] 1928 versuchte der DMV in Schwenningen die Einstellung von älteren Arbeitnehmern über das Arbeitsgericht zu erzwingen. Man berief sich dabei auf ein Grundprinzip der Verfassung, daß „Eigentum verpflichte". Da es sich bei den fünf Streitfällen um ehemalige Arbeiter der Württembergischen Uhrenfabrik handelte, verteidigte sich die Firma: Dem Grundsatz der Reichsverfassung „darf unmöglich die sinnwidrige Geltung untergeschoben werden, daß Unternehmungen durch Haltung eines überalterten Arbeiterstandes (mehr als 12 % sind über 60 Jahre alt) die Konkurrenzfähigkeit erschwert werden darf".[63]

Alte wurden entlassen, Frauen und Jugendliche eingestellt, und es wurde rationalisiert. 1930 setzten wieder Lohnkürzungen ein, durchschnittlich um 6 %. Und auch 1931 mußten die Arbeitnehmer einen Lohnabbau von 6 bis 9 % hinnehmen. Außerdem wurde versucht, die Arbeitszeit trotz der Arbeitslosigkeit von 48 Stunden auf 53 Stunden pro Woche heraufzusetzen und die Urlaubsansprüche zu reduzieren. Um ein weiteres Ansteigen der Arbeitslosigkeit zu verhindern, erreichte der DMV 1931 eine Arbeitszeitverkürzung „ohne Lohnausgleich" von 48 auf 44 Stunden in der Woche. Der Betrieb durfte aber jederzeit eine Verlängerung auf 48 Stunden ohne Zuschlag verlangen.[64]

Unter dem Druck von Arbeitslosigkeit und Lohnabbau war gewerkschaftliche Arbeit immer schwieriger geworden. Jeder befürchtete, durch sein Eintreten für Gewerkschaftsziele seinen Arbeitsplatz zu gefährden. Auch der Schiedsspruch in der Uhrenindustrie im Januar 1931 brachte eine sechsprozentige Lohnkürzung. Zu den Lohnkürzungen sollten die Arbeitnehmer dann auch noch eine erhöhte Bürgersteuer hinnehmen.[65] Die Lohnkürzung wurde vom Metallarbeiterverband abgelehnt. Im März wurden die Arbeitsbedingungen neu ausgehandelt. Die Unternehmer forderten Kürzung der Überstundenzuschläge, Beibehaltung der 48-Stunden-Woche und eine Reduzierung des Urlaubs. In einer öffentlichen Uhrenarbeiterversammlung am 11. März 1931 sprachen der Bevollmächtigte des Metallarbeiterverbandes Becker und ein christlicher Gewerkschaftsvertreter. Schuld am Lohnabbau gab man u. a. auch dem staatlichen Schlichtungswesen, außerdem spekuliere „das Unternehmertum... auf die Uneinigkeit der Arbeiterschaft".

Nachdem der Verband der Uhrenindustriellen im September 1931 das gültige Lohnabkommen kündigte, äußerte der DMV Befürchtungen, daß die Unternehmer „einen tariflosen Zustand" herbeiführen wollten.[66] Das Lohnabkommen vom 24. November 1931 sah wiederum eine sechsprozentige Lohnkürzung vor.[67] Über Notverordnungen mußten die Uhrenarbeiter zum 1. Januar 1932 neuerlich Lohnkürzungen hinnehmen.[68]

Auf dem Höhepunkt der Arbeitslosigkeit war die Stimmung in den Fabriken gereizt. In einer Versammlung vom 22. September 1932

wollte man gegen die Politik der Notverordnungen Stellung beziehen. Am 8. und 10. Oktober drohten Arbeiter der Firmen Müller-
Schlenker und Kienzle mit Streikmaßnahmen, wenn die Unternehmer auf ihren
Lohnkürzungen bestünden. Im Februar 1933
forderten die Schwarzwälder Unternehmer
eine Absenkung der Akkordbasis von 20 auf
15 %. Die Unternehmer würden zwar einsehen, daß man keine Lohnkürzungen mehr
von den Arbeitern verlangen könne, „wie
Kollege Becker in einer Arbeiterversamm-
lung ausführte, . . . aber sie müßten dieses Opfer eben doch noch verlangen, weil sie sich
sonst der Konkurrenz nicht mehr erwehren
könnten".[69]

Die Lage schien ausweglos. Für die Unternehmer waren in der Regel die angeblich zu
hohen Löhne und Soziallasten schuld, für
Unternehmer und Gewerkschaften gleichermaßen die Zollpolitik der Absatzländer und
die Reparationslasten des Reiches, für die
Gewerkschaften eine verfehlte Unterneh-
merpolitik. Die Fronten waren klar verteilt:
die Unternehmer versprachen sich von niedrigen Löhnen und Soziallasten einen verbesserten Absatz, die Gewerkschaften hingegen
glaubten, daß gerade höhere Löhne die Absatzmöglichkeiten verbesserten.

Gegen Ende der Weimarer Republik war
nach offizieller Anschauung, nachlesbar auch
in einer Unzahl wirtschaftspolitischer Artikel
der Lokalpresse, „der Kapitalismus am Ende". Am 16. Juni 1933 hatte Schwenningen
20 605 Einwohner. Einer unselbständigen Arbeit in Handwerk und Industrie gingen nur
noch 6 254 Personen nach, außerdem wurden
2 168 Arbeitslose gezählt. Zu Beginn der Krisenerscheinungen in der Uhrenindustrie versuchten die Unternehmer, einen großen Teil
der drohenden Arbeitslosigkeit durch Kurzarbeit aufzufangen. Auf dem Höhepunkt der
Krise überwog allerdings die Arbeitslosigkeit
bei weitem.

Arbeitslosigkeit veränderte die Lebensformen und Wertvorstellungen der Familien.
Die Betroffenen erlitten Einbußen ihres
Selbstwertgefühls. Vor allem die Familienväter erlebten einen deutlichen Funktionsver-
lust ihrer Person, wenn sie zusehen mußten,
wie Frau und Kinder das Geld heimbrachten.
Der „Wohlstand" des Arbeiters war unsicher
und schnell bedroht. Das Selbstbewußtsein
und die eigene Wertschätzung hingen unmittelbar mit dem Wert ihrer Arbeit zusammen.
In „Kampfverbänden", den militarisierten
Männerbünden der Rechten wie der Linken,
fanden viele schließlich kameradschaftlichen
Zusammenhalt, die gesuchte Geborgenheit.
Diese Gruppierungen vermittelten das Gefühl, etwas gegen die tägliche Bedrohung auszurichten, sie gaben scheinbar dem sinnlosen
Arbeitslosenalltag wieder Sinn.

„Wolln nicht mehr wandern . . . wollen uns
formieren,

wollen marschieren – marschieren – marschieren

mit all den Millionen andern!!"[70]

Der Verlust der Arbeit störte traditionelle
Werte und soziale Zuordnungen. Ein Ge-
misch, das verunsicherte und radikalisierte.
Eine Gesellschaft, die so stark von der Indu-
striearbeit geprägt war wie die Schwenninger,
hatte sehr viel größere Probleme mit Bewältigung und Organisierung der Arbeitslosigkeit
als zum Beispiel die Nachbarstadt Villingen,
die auf traditionelle, religiös begründete
Handlungsmuster zurückgreifen konnte.

Der entscheidende Schlag gegen die Arbeiterschaft war nicht von Hitler, sondern schon
vorher durch Wirtschaftskrise und Arbeitslosigkeit geführt worden. Ohnmächtige Gewerkschaften, durch die Wirtschaftskrise ihrer wichtigsten Kampfmittel beraubt, brauchten nur noch „abgesetzt" zu werden, funkti-
onslos waren sie bereits weitgehend. Wie
ohnmächtig die Gewerkschaften tatsächlich
geworden waren, läßt sich auch am Mitglie-
derverlust des DMV, Verwaltungsstelle
Schwenningen, zeigen. Die Mitgliederzahlen

reduzierten sich von 2 535 im Jahr 1929 auf
1 205 Mitglieder im Jahr 1932. 1931 verlor der
DMV 400 Mitglieder und 1932 fast 800. In
der Verwaltungsstelle Villingen waren die
Verluste etwas weniger dramatisch. Zwischen
1929 und 1930 gab es sogar eine leichte
Zunahme an Mitgliedern. 1931 traten dann
147 Mitglieder aus und 1932 weitere 173,
das entsprach einem Schwund von einem
Drittel. In Schwenningen reduzierten sich die
Mitglieder um die Hälfte.

Die Wirtschaftskrise im Schwarzwald und
auf der Baar hatte die Gewerkschaften so
entscheidend geschwächt, daß ein Generalstreik kein taugliches Mittel mehr sein
konnte, den Faschismus zu bekämpfen. Am
16. März 1933 bereits wurden in Villingen der
Gewerkschaftssekretär Wilhelm Schifferdecker in Schutzhaft genommen. Am 2. Mai
1933 wurden die Gewerkschaftsbüros von
den Nationalsozialisten geschlossen. Ludwig
Becker, seit 1930 in Schwenningen Gewerkschaftssekretär, mußte seinen Arbeitsplatz
endgültig verlassen.[71]

Nachkriegszeit

Es überrascht, daß 1945 sehr schnell die alten politischen Verhältnisse wieder installiert
wurden. Fehlende Herrschaftsstrukturen
stärkten die Betriebsräte, die mehrheitlich
sich wie vor dem Krieg der SPD oder der
KPD zugehörig fühlten.

In der Besatzungszeit kam es in Schwenningen zu Streikaktionen wegen der Ernährungslage. Am 9. Juni 1947 beschloß eine Be-
triebsräte-Vollversammlung Vollversamm-
lungen in den Betrieben am 10. Juni ab
8.00 Uhr und anschließend eine Protestkundgebung auf dem Marktplatz. Verhandlungen
zwischen der Militärregierung in Tübingen
und Vertretern der KPD und der Gewerkschaften verhinderten diese Aktionen, man
war aber der Ansicht: „Sollten sich die Versprechungen nicht realisieren lassen, ist we-

der die Kommunistische Partei noch (sind)
die Gewerkschaften in der Lage, Handlungen
seitens der Bevölkerung, die angesichts der
ihnen zugeteilten Hungerrationen verursachten Verzweiflungsstimmung entspringen, zu
verhindern."[72] Zwar seien sich die Betriebsräte der Tatsache bewußt, daß Streikaktionen
kein Gramm mehr Brot brächten, daß die
Ernährungskrise eine Folge der Katastro-
phenpolitik des Naziregimes sei, daß in dem
engen Produktions- und Verteilungsrahmen,
der den Gewerkschaften das volle Mitbestim-
mungsrecht verweigere, aber Streik das letzte
und einzig erfolgversprechende Mittel sei.

Im Zusammenhang mit den Demontage-
plänen der Besatzungsmacht, die eine Demontage von 70 % der Industrie vorsahen,
kam es ebenfalls zu gewerkschaftlichen Aktionen. In (Süd-)Württemberg-Hohenzollern
führten die Demontagepläne zum Rücktritt
der Regierung. Wegen der Ferienzeit war allerdings in Schwenningen vom anschließenden Generalstreik nur wenig zu spüren. Im
Zusammenhang mit den Demontagen zeigten die Belegschaften einmütige Geschlossenheit mit ihren Unternehmen. Im Jahr 1949
arbeiteten bei Kienzle die Arbeiter sogar in
der Ferienzeit, um einen Vorrat an Bestand-
teilen zu bekommen. Damit wollte man die
durch die Demontage befürchteten Betriebs-
stockungen verhindern.

Am 21. Und 22. Mai 1949 beschloß die
IG Metall Südwürttemberg[73] den Anschluß
an die IG Metall für das Gebiet der Bundesrepublik. Ende 1948 forderte die Gewerkschaft
eine Teuerungszulage, um die durch die
Währungsreform fühlbaren Preissteigerungen erträglicher zu gestalten. Die Segnungen
des Wirtschaftswunders betrafen die einzelnen Bevölkerungsgruppen recht unterschiedlich; 1953 beklagte der Geschäftsbericht der
IG Metall, daß trotz des wirtschaftlichen Fortschritts die Forderungen der Arbeitnehmer
nicht berücksichtigt würden, der Lohnanteil
am Sozialprodukt sei zurückgegangen.

Abb. 3 Protestkundgebung auf dem Schwenninger Marktplatz am 4. April 1963, Redner: Erich Mayer, 1. Bevollmächtigter der IG Metall in Schwenningen.

Obwohl der Frauenanteil traditionell in der Uhrenindustrie sehr hoch war, es der IG Metall auch gelang, den Frauenanteil unter den Betriebsräten kontinuierlich zu steigern, existierte in der Metallindustrie noch 1955 ein 22prozentiger Lohnabschlag des Frauenlohns vom Männerlohn. Für den Manteltarifvertrag von 1956 forderte die Gewerkschaft daher: Verkürzung der Arbeitszeit bei vollem Lohnausgleich, Fortzahlung des Lohnes bei Krankheit auf sechs Wochen auch für Arbeiter, Regelung von Zeit- und Akkordlohnproblemen, Beseitigung der Frauenlöhne und Abschaffung der alten Ortsklassen. Im Juni 1961 wurden die seitherigen Frauenlöhne endlich abgeschafft.

Anfang Mai 1963 kam es zum ersten längeren Streik der Metallindustrie[74] in der Region in der Nachkriegszeit. Für viele Arbeitnehmer war es der erste Streik, an dem sie mit-

machten. Anlaß war ein Lohnkonflikt. Die IG Metall forderte 8 %, die Unternehmer wollten einen Lohnstopp. Am 18. April 1963 wurde in Schwenningen die Urabstimmung durchgeführt. 76,2 % sprachen sich für Streik aus. Schwenningen wurde neben Stuttgart, Mannheim und Reutlingen in die Schwerpunktstreiks mit einbezogen. Die IG Metall Schwenningen rief mit einem Flugblatt zum Streik und zur ersten Streikkundgebung auf.

In den heimischen Betrieben versuchten die Betriebsleitungen, die Arbeiter durch Drohungen und gutes Zureden vom Streik abzuhalten. Eine Erklärung der Firmen endete: „Wir bitten Sie, Ihrem Unternehmen die Treue zu halten." Dem Streikaufruf folgten 4364 Mitglieder. Die Streikbeteiligung war in den Betrieben der Uhrenindustrie und der feinmechanischen Industrie höher als in den Betrieben des Maschinenbaus. Die ange-

Schwenninger Metallarbeiterinnen und Metallarbeiter!

Der Streik – der uns von den Arbeitgebern aufgezwungen wurde –

beginnt in Schwenningen am Montag, 29. April 1963 üm 0.00 Uhr!

Wir rufen die Metall - Arbeiterinnen und Metall-Arbeiter auf, die Arbeit am Montag nicht aufzunehmen!

Kein gewerblicher Arbeitnehmer wird sich zu diesem Zeitpunkt zur Streikbrecher-arbeit bereitfinden und damit zum Handlanger der Unternehmer werden. –

Zeigt auf der ersten **Streik-Kundgebung**

die am **Montag-Vormittag,** 29. April 1963, **um 10.00 Uhr auf dem Marktplatz** stattfindet, daß die Metallarbeiter Schwenningens sich diesem provokatorischen Diktat der Unternehmer nicht beugen.

Die Metallarbeiter haben beim Aüfbaü der Betriebe ünd dieser Wirtschaft Opfer über Opfer gebracht! – Dafür mit Aüssperrüng ünd Lohnstop bedacht zü werden, werden wir nicht hinnehmen!

Je geschlossener der Wille der Arbeitnehmer Schwenningens in der Arbeitsniederle-gung zum Ausdruck kommt, umso umfassender wird unser Erfolg sichergestellt sein.

Mit kollegialem Gruß

Industriegewerkschaft Metall für die Bundesrepublik Deutschland

Verwaltungsstelle Schwenningen/Neckar · Erich Mayer

Abb. 4 Streikaufruf der IG Metall.

drohte Aussperrung wurde in Schwenningen nicht vollzogen. In der zweiten Streikwoche einigten sich dann die Tarifpartner auf 5 % mehr Lohn.

Situation seit 1970

Das Eindringen der Halbleitertechnik in die Uhrenindustrie führte zu einem Einbruch in der heimischen Industrie, von dem sie sich bis heute noch nicht erholt hat. Auch bei den Gewerkschaften waren neue Strategien gefragt. 90 % der Unternehmen befanden sich 1974 in Baden-Württemberg. In Baden-Württemberg konzentriert sich die Uhrenindustrie auf Pforzheim und den südlichen Schwarzwald.

Seit ca. 1970 stagnierte die Produktion von Großuhren, ein Rückgang der Beschäftigten war auf Grund des Produktivitätsanstiegs und der Verringerung der Fertigungstiefe unvermeidlich. Schon die Verwendung des Motoraufzugs bei Wanduhren, der Einsatz von Kunststoff und die Verwendung von Quarzuhrenwerken führte zu einer Verringerung der mechanischen Teile, was einen erheblichen Abbau von Arbeitspätzen zur Folge hatte. Zwischen 1970 und 1973 gingen die Beschäftigten in der Deutschen Uhrenindustrie von 31 760 auf 28 680 zurück, während die Produktion von Großuhren immer noch zunahm. Ab 1974 brach auch der Absatz weltweit ein. Die Absatzschwierigkeiten bei mechanischen Großuhren, insbesondere bei Weckern, führte zum Konkurs von drei großen Herstellern: Kaiser, Mauthe und Blessing. Diese Firmen hatten 1970 insgesamt 4 100 Mitarbeiter beschäftigt. Verstärkt wurden die Schwierigkeiten durch eine hohe Exportabhängigkeit vom US-Markt.

Die Absatzschwierigkeiten und die drei Konkurse reduzierten die Beschäftigten 1974 und 1975 von 28 680 auf 21 000, rund ein Viertel aller Arbeitnehmer der deutschen Uhrenindustrie. Im Mai 1975 mußten außerdem noch 8 036 Arbeitnehmer Kurzarbeit hinnehmen. Die Deutsche Uhrenindustrie bestand auch 1970 weitgehend aus mittelständischen Unternehmen.

Die Unternehmensführung lag in Händen von Mitgliedern der Inhaberfamilien, dies galt für 95 % aller Unternehmen. Nach den drei großen Konkursen traf dies nicht mehr ganz zu. Ausnahmen bildeten die beiden größten Uhrenhersteller, die Gebr. Junghans GmbH und die Kienzle Uhrenfabriken. Jung-

Anteil der Beschäftigten in der Uhrenindustrie in Pforzheim und im südlichen Schwarzwald 1976 (in 1 000 Beschäftigte)[75]

	Industrie insgesamt	Uhren-industrie	Anteil der Uhrenindustrie
Standort Pforzheim im engeren Sinne (Stadt Pforzheim)	27,7	6,8	24,5%
Standort Pforzheim zuzüglich Enzkreis	50,2	8,5	16,9%
Standort Villingen-Schwenningen (Schwarzwald-Baar-Kreis)	41,0	10,4	25,4%
Standort Villingen-Schwenningen zuzüglich Landkreis Rottweil	63,0	13,0	20,6%

Größenstruktur der deutschen Uhrenindustrie 1976[76]

Betriebsgröße (Beschäftigte)	Betriebe		Beschäftigtenzahl	
	Zahl der Betriebe	in %	Zahl der Beschäftigten	in %
1–9	48	20,2	283	1,4
10–50	106	44,5	2699	13,1
51–100	38	15,9	2705	13,1
101–200	23	9,7	3092	15,0
201–500	18	7,5	5971	28,9
501–1000	3	1,3	1976	9,6
über 1000	2	0,9	3903	18,9
gesamt	238	100,0	20629	100,0

hans gehörte zur Diehl-Gruppe und Kienzle zur Kreidler-Gruppe.

Für viele Familienbetriebe trafen folgende Probleme zu[77]: schmale Kapitalbasis, mangelnde Banksicherheiten, fehlender Zugang zum Kapitalmarkt, zu große interne Vorbehalte gegen Beteiligungen, die meist kurzfristig getätigten Investionsfinanzierungen und die enorme Lohnintensität der Produktionserzeugnisse.

Diese Einschätzung wurde in mehreren Untersuchungen bestätigt. Die Kapitaldecke sei unbefriedigend, es gebe nur geringen Spielraum für Fremdfinanzierungen, im Umlaufvermögen sei zu viel Kapital gebunden. Die Unternehmen lebten von der Substanz, ihre Ertragslage sei nur deshalb noch günstig, weil die Investitionen völlig unzureichend seien. Das persönliche Verhältnis zu den Mitarbeitern zögere Entlassungen lange hinaus. Eine Studie des Bundesministeriums für Forschung und Technologie stellte damals fest: „Wenn sich die bisherigen Inhaber nicht in der Lage sehen, die technisch bedingten Umstrukturierungen selbst durchzuführen, sollte aber zunächst versucht werden, einen geeigneten Interessenten für die Übernahme dieser Aufgabe zu finden. In den meisten Fällen, in denen ein Familienunternehmen in

Schwierigkeiten geraten ist, scheint dieser Schritt zu spät erfolgt zu sein."[78]

Der Rückgang der Beschäftigten löste innerhalb der IG Metall Aktivitäten aus, die über den Uhrensektor hinaus Bedeutung bekamen.[79] Ausgang war die Konferenz des internationalen Metallarbeitergewerkschaftsbundes über die Uhrenindustrie in Wien im Frühjahr 1974. An ihr nahmen Vertreter aus Japan, Großbritannien, der Schweiz und der Bundesrepubik teil. Auf dieser Konferenz wurde über die Gefahren gesprochen, die das Eindringen der amerikanischen Halbleiterhersteller in den europäischen Markt und die Verlagerung von Produktion nach Billiglohnländer in Fernost für die europäische Uhrenindustrie mit sich bringt.

Am 6. Juli 1974 wurde im Schwenninger Beethovenhaus eine Versammlung von IG-Metall-Funktionären aus der Uhrenindustrie in Baden-Württemberg abgehalten.[80] Auf dieser Konferenz wurde über die Ergebnisse der Weltuhrenkonferenz vom Mai gesprochen. Die Funktionäre verlangten eine Untersuchung der Strukturlage und der Beschäftigungsentwicklung in der Uhrenindustrie, außerdem wünschten sie eine Arbeitstagung der IG Metall zum Thema. Die anwesenden Gewerkschafter sparten nicht mit

Kritik am Hauptvorstand der IG Metall und an der Landesregierung.

Am 10. 9. 1975 beschloß die Vertreterversammlung der Verwaltungsstelle Villingen-Schwenningen einen Katalog von Forderungen für die Region Schwarzwald-Baar-Heuberg. Adressaten waren die Bundesregierung, die Landesregierung, die Parteien und die Unternehmer der Uhrenindustrie. Mit kurzfristigen Maßnahmen sollte der akute Arbeitsplatzverlust verringert werden. Dazu zählten z. B. Kredite der Landeskreditbank für die Uhrenindustrie. Die Kurzarbeiterunterstützung durch das Bundesministerium für Arbeit sollte von 12 auf 24 Monate ausgedehnt werden. Rückkehrwillige ausländische Arbeitnehmer sollten ähnliche Hilfen angeboten bekommen, wie dies bereits in der AUDI-NSU-Krise geschehen war. Die Unternehmer sollten gemeinsam die Probleme der Strukturkrise angehen. Es dürfe zu keinen Entlassungen mehr ohne Sozialplan kommen. Das Landesarbeitsamt sollte sich bemühen, die aus der Uhrenindustrie Entlassenen wieder in der Region zu beschäftigen. Mittelfristig wurde verlangt: Die Region Schwarzwald-Baar-Heuberg solle in die regionale Wirtschaftsförderung aufgenommen werden. Bund und Land sollten Mittel zur Verfügung stellen, um in der Region neue Arbeitsplätze zu schaffen, wie dies bereits in Neckarsulm vorbildlich geschehen. Vom Land Baden-Württemberg wünschte man außerdem die Einrichtung einer Koordinierungsstelle für alle Maßnahmen der Strukturpolitik der Uhrenindustrie mit Beteiligung der Gewerkschaften.

Nachdem in Villingen durch den Kaiser-Konkurs fast 1 000 Mitarbeiter arbeitslos geworden waren, wurde 1974 von der IG Metall der Arbeitskreis „technischer Wandel" gegründet. An diesem Arbeitskreis nahmen auch Mitarbeiter von Entwicklungsabteilungen der Betriebe teil. Ergebnis war ein Maßnahmenkatalog, der im wesentlichen den auf

der Uhrenkonferenz in Sindelfingen am 21. 10. 1975 verabschiedeten Entschließungen entsprach. Der damalige Bezirksleiter der IG Metall Steinkühler warf auf der Konferenz der Landesregierung und den Unternehmern schwere Versäumnisse vor. Steinkühler forderte eine arbeitsorientierte Wirtschaftspolitik und die Einbeziehung von Betriebsräten und der Gewerkschaft in die Beantragungsverfahren für die Fördermittel und deren Bewilligung.

Am 19. 2. 1976 wurde der Forderungskatalog vom 10. September 1975[81] noch ergänzt um die Forderung nach einer Innovationsforschungsstelle. Verbunden werden sollte diese Forschungsstelle mit der Staatlichen Ingenieurschule in Furtwangen und der Staatlichen Feintechnikschule in Schwenningen. „Ein solches Institut kann mit Hilfe des Know-how in der Mechanik, in Verbindung mit den Möglichkeiten der Elektronik, den Betrieben der mittelständischen Industrie Forschungs- und Entwicklungsarbeiten zur Innovation an die Hand geben. An der Tagung in Villingen-Schwenningen, an der der IG-Metall-Bundesvorstand, Eugen Loderer und Hans Mayr, teilnahm, hielt auch der Bezirksleiter Franz Steinkühler eine vielbeachtete Rede: „Steinkühler bezeichnete die Veranstaltung mit dem IG-Metall-Bundesvorstand als möglicherweise historisches Ereignis, wenn sie dazu führe, daß die Arbeitnehmer nicht mehr allein den Unternehmern die Verantwortung für die technische Entwicklung überlassen."

Mitte 1976 legte der IG-Metall-Vorstand dann ein Papier zum Thema: Einrichtung einer Innovationsforschungsstelle vor. Als Hauptaufgabe dieser Einrichtung sollte der Abbau von Innovationsbarrieren zwischen den Informationsquellen und den Klein- und Mittelunternehmen sein. Insgesamt wurden diese Vorschläge stark beachtet, da mittlerweile auch in anderen Industriezweigen sich ähnliche Entwicklungen abzeichneten wie in der Uhrenindustrie.

In einem Interview im Oktober 1979 zur Lage der Industrie äußerte der Bevollmächtigte der IG Metall Villingen-Schwenningen Erich Mayer seine Entäuschung, daß in den vom Land nun eingerichteten Forschungsstellen die Betriebsräte nicht mit einbezogen würden. Nicht ohne Stolz meinte er aber: „Wenn ein Vertreter des Landesgewerbeamts sagt, daß die Region Schwarzwald-Baar-Heuberg die innovationsfreundlichste Region im ganzen Lande sei, dann kennzeichnet das schon einigermaßen die derzeitige Situation. Denn das heißt ja mit anderen Worten: Es ist nicht umsonst gewesen, was wir getan haben."[82]

Von der alten Stellung der Uhrenindustrie ist nicht mehr viel übrig geblieben, und auch die Gewerkschaften sind heute nicht mehr das, was sie einmal waren. Exportabhängigkeit, Familienbetrieb und starke Gewerkschaften waren wichtige Bezugspunkte in der Geschichte unserer Industrie. Die Spannung zwischen einem sozialen Radikalismus auf der einen Seite und dem Gefühl, daß wir doch alle in einem Boot sitzen, wie es in Gemeinsamkeitserklärungen von Unternehmern und Gewerkschaften manchmal geäußert wurde, waren wesentliche Grundlagen.

1 1886–1974. Vgl. Kessl, Werner: Karl Gengler (1886–1974). Christlich-Demokratische Politik aus sozialer Verantwortung. Ein Lebensbild. Rottweil 1986.
2 Festschrift zur Feier des Silbernen Jubiläums der Christlichen Gewerkschaft Villingens. Villingen 1924, S. 10–11.
3 SAVS Best. 2.2, Nr. V 3.7c.
4 Reise- und Industrie-Handbuch für Württemberg. II. Industrieller Theil. Stuttgart 1877, S. 234.
5 Beschreibung des Oberamts Rottweil, Stuttgart: Lindemann 1875.
6 Helmut Kahlert: 300 Jahre Schwarzwälder Uhrenindustrie, Gernsbach: Deutscher Betriebswirte-Verlag 1986, S. 189–194.
7 Wie zum Beispiel der Uhrenfabrikant Carl Werner.
8 Conradt-Mach, Annemarie: Arbeit und Brot. Die Geschichte der Industriearbeiter in Villingen und Schwenningen von 1918 bis 1933. Villingen-Schwenningen 1990, S. 160 ff. und S. 174 ff.
9 Conradt-Mach, Annemarie: Feinwerktechnik – Arbeitswelt – Arbeiterkultur. Ein Beitrag zur Wirtschafts- und Sozialgeschichte Villingens und Schwenningens vor 1914. Villingen-Schwenningen 1985, S. 139 ff.

10 Generallandesarchiv Karlsruhe 236/1710. Bericht des Bezirksamts v. 17. Juli 1884.
11 Hauptstaatsarchiv Stuttgart E 150, Bü 2044 (Verbot der Vereinigung der Metallarbeiter Deutschlands mit sämtlichen Mitgliedschaften).
12 Staatsarchiv Sigmaringen Wü 65/30, Nr. 80.
13 SAVS Fremdenbücher 1885.
14 Protokollbuch des Arbeitervereins Villingen (im Besitz der SPD Villingen-Schwenningen).
15 Deutscher Metallarbeiterverband (Hg.): Die Lage der Schwarzwälder Uhrenarbeiter nach den Erhebungen der Agitationskommission der Schwarzwälder Uhrenarbeiter in Schwenningen im März 1898. Stuttgart (1898), S. 81.
16 Feurstein, Heinrich: Lohn und Haushalt der Uhrenfabrikarbeiter des badischen Schwarzwalds. 1905, S. 204.
17 Badische Fabrikinspektion 1890, S. 4 Württembergische Fabrikinspektion 1898.
18 Deutscher Metallarbeiterverband (Hg.): Die Lage der Schwarzwälder Uhrenarbeiter nach den Erhebungen der Agitations-Kommission der Schwarzwälder Uhrenarbeiter in Schwenningen im März 1898. Stuttgart (1898).
19 Geschäftsbericht des DMV für das Jahr 1907, S. 992 f.
20 Feurstein, Heinrich: Lohn und Haushalt. Vgl. hierzu die Kritik in der Leipziger Uhrmacherzeitung vom 1. 4. 1905 und 15. 4. 1905. Der Verfasser bezeichnet Feursteins Arbeit als einseitig und tendenziös.
21 Feurstein, Heinrich: Lohn und Haushalt, S. 57 ff.
22 Für die Fa. Mauthe in Schwenningen stellte sich die Situation 1900 folgendermaßen dar: „Die Zahl der Hausindustriellen für beide Fabriken (Schwenningen und Bregenz) beläuft sich auf mehrere hundert, besonders in der Stammfabrik, diese Leute wohnen im ganzen Schwarzwald und den angrenzenden Gebieten zerstreut und haben regelmäßigen Verdienst und Arbeit, ohne daß sie genötigt sind, in den oft bis zu 10 Stunden entfernt liegenden Fabriken zu arbeiten."
23 Deutscher Metallarbeiterverband (Hg.): Die Heimarbeit und ihre Verbreitung in der Metallindustrie. Zusammenstellung vom Vorstand nach Berichten der Bezirksleiter und Ortsfunktionäre des Deutschen Metallarbeiterverbands. Stuttgart 1904, S. 53 ff.
24 Conradt-Mach, Annemarie: Feinwerktechnik – Arbeitswelt – Arbeiterkultur. Ein Beitrag zur Wirtschafts- und Sozialgeschichte Villingens und Schwenningens vor 1914. Villingen-Schwenningen 1985, S. 222 ff.
25 SAVS Spiegelhalder-Sammlung, Uhrenindustrie II.
26 Die NQ 8. 11. 1906.
27 SAVS Spiegelhalder-Sammlung, Uhrenindustrie II.
28 Eine umfangreiche Dokumentation befindet sich im SAVS Spiegelhalder-Sammlung/Uhrenindustrie II und im StA Sigmaringen Wü 65/30, Nr. 81.
29 SAVS Spiegelhalder-Sammlung/Uhrenindustrie II.
30 SAVS Spiegelhalder-Sammlung/Uhrenindustrie II (Geschäftsbericht des Verbands der Uhrenindustrie 1907).
31 Privatsammlung.
32 StA Sigmaringen Wü 65/30, Nr. 81.
33 Die NQ 2. 7. 1907.
34 Die NQ 13. 7. 1907.
35 SAVS Best. 2.2, Nr. V 3.7h.
36 Lohntarif für Schwenningen 1917 (Sammlung von Tarifverträgen der Industriegewerkschaft Metall, Verwaltungsstelle Schwenningen).
37 Peukert, Detlef: Die Weimarer Republik, S. 61: „Der Grad demokratischer Tradition und das Niveau industriegesellschaftlicher Komplexität verboten einen radikalen Bruch und erzwangen ein labiles Ausbalancieren der beteiligten

Interessen und der Anteile von Kontinuitätswahrung und Neuerung."

38 DMV-Jahrbuch 1920, S. 125.

39 DMV-Jahrbuch, S. 125: „Das Betätigungsfeld der Betriebsräte fällt mit dem der Gewerkschaften zusammen, es sind gemeinsame Aufgaben, die sie zu erfüllen haben. Die Gewerkschaften sind die wirtschaftlichen Kampfesorganisationen der Arbeiter. Aus den Gewerkschaften müssen die Betriebsräte hervorgehen, nur in Gemeinschaft mit den Gewerkschaften können die Betriebsräte ihre Aufgaben… erfüllen."

40 Die NQ 11. 4. 1919.

41 Sammlung von Tarifverträgen der Industriegewerkschaft Metall, Verwaltungsstelle Schwenningen.

42 Bei der Moskauer Liste handelte es sich um die Liste der kommunistischen Arbeiter. Die Amsterdamer Liste war die Liste der sozialdemokratischen Arbeiter im Deutschen Metallarbeiterverband. HStA Stuttgart E 151 c II, Bü 223, Brief v. 22. 11. 1923. Diese Entwicklung, die im Herbst 1923 während der Hyperinflation ihren Höhepunkt erreichte, wurde vom Stuttgarter Polizeipräsidium folgendermaßen gesehen: „Die letzte Zeit mit ihrer starken Abwanderung sozialdemokratischer Arbeiter ins kommunistische Lager hat den kommunistischen Einfluß auf die proletarischen Vereinigungen erheblich verstärkt. Bei den Gewerkschaften kommt diese Verschiebung in erster Linie in der zunehmenden Radikalisierung der Ortsausschüsse u. Verwaltungen zum Ausdruck."

43 HStA Stuttgart E 150, Bü 2051.

44 Die NQ 11. 1. 1922.

45 Die NQ 18. 1. 1922.

46 Die NQ 26. 1. 1922.

47 VV 9. 1. 1922.

48 DMV-Jahrbuch 1923, S. 154.

49 Scherer/Schaaf: Dokumente zur Geschichte der Arbeiterbewegung, S. 697–702.

50 Die NQ 4. 9. 1926.

51 Die NQ 2. 7. 1926.

52 Die NQ 2. 12. 1925.

53 VV 9. 12. 1925.

54 VV 19. 12. 1925.

55 VV 9. 12. 1925.

56 Die NQ 15. 1. 1926.

57 Die NQ 22. 1. 1926.

58 Die NQ 26. 1. 1926.

59 VV 14. 1. 1926.

60 VV 24. 6. 1926.

61 Die NQ 31. 8. 1927 u. 30. 8. 1927.

62 VV 30. 6. 1927.

63 Die NQ 14. 12. 1926.

64 DMV-Jahrbuch 1931, S. 216.

65 Die NQ 30. 1. 1931.

66 Die NQ 24. 9. 1931.

67 Die NQ 25. 11. 1931.

68 Die NQ 30. 12. 1931.

69 Die NQ 18. 2. 1933.

70 Aus dem Gedicht „Der Weg eines Erwerbslosen!", Organ der Werktätigen Bevölkerung Villingens, abgedruckt im „Roten Echo", herausgegeben von der Ortsgruppe der KPD Villingen, Januar 1933.

71 IG-Metall-Mitteilungen, Juli 1957, S. 27.

72 Hecker, Wolfgang: Der Gewerkschaftsbund Süd-Württemberg-Hohenzollern. Zur Gewerkschaftsbewegung in der französischen Besatzungszone 1945–1949. Marburg 1988, S. 217.

73 Im folgenden stütze ich mich auf die Geschäftsberichte der IGM, Verwaltungsstelle Schwenningen am Neckar.

74 Vgl. Kottmann, Ingeborg: Der große Streik in Schwenningen 1963, ebenso Geschäftsbericht 1963, 1964, 1965 der Industriegewerkschaft Metall, Ortsverwaltung Schwenningen a. N.

75 Hamke, F: Die Förderungsmaßnahmen des BMFT für die Uhrenindustrie. Ausgangslage, Förderungsmaßnahmen und Wirkungen. Untersuchung im Auftrage des VDI-Technologiezentrums Berlin. Berlin 1982 (masch.), S. 9.

76 Ebd., S. 12.

77 Ebd., S. 13.

78 Ebd., S. 14.

79 Geschäftsbericht 1972, 1973, 1974, Industriegewerkschaft Metall für die Bundesrepublik Deutschland. Verwaltungsstelle Villingen-Schwenningen.

80 Ebd., S. 34 ff.

81 Geschäftsbericht 1975, 1976, 1977, Industriegewerkschaft Metall für die Bundesrepublik Deutschland. Verwaltungsstelle Villingen-Schwenningen, S. 20 ff.

82 Geschäftsbericht 1978, 1979, 1980, Industriegewerkschaft Metall für die Bundesrepublik Deutschland. Verwaltungsstelle Villingen-Schwenningen.

Michael Joseph Heinrich Zimmermann

„(Nicht) immer unter Druck !"

Schwenningens Pressewesen: ein Kapitel der Zeit(ungs)geschichte

Wer wissen will, was in der Welt vor sich geht, bedarf der Botschaft, Nachricht, Zeitung, guter wie schlechter, mündlich überbrachter, auch gedruckter. Die sie, stets am Puls der Zeit, herstellen, haben es nicht leicht: Immer unter Zeitdruck arbeiten sie, gar so selten nicht aber auch unter dem (politischen) Druck der Zeit – in Schwenningen am Neckar seit mehr als anderthalb Jahrhunderten. Grund genug für einen Blick auf die Entwicklung des Pressewesens vor Ort, der zugleich Einblick gewährt in einen Ausschnitt der württembergischen Zeitungsgeschichte, in die jeweiligen Probleme und Chancen der Zeit: Zeitungsgeschichte als nicht gering zu veranschlagendes Kapitel der Zeitgeschichte.[1]

Ein erster Versuch: „Die Biene" des Johannes Bürk (1841/42)

In der ersten Hälfte des 19. Jahrhunderts ist Schwenningen „eine zeitungsarme, fast zeitungslose Gemeinde"[2], was bei dem landwirtschaftlich-bäuerlichen Gepräge des Ortes nicht verwundert. Lange noch sollte diese Beschreibung ihre Gültigkeit bewahren – trotz eines Versuches Johannes Bürks, ein Zeitungsverlagsgeschäft aufzubauen. Der erst 22jährige Mann entschloß sich im August 1841, mit der Gründung eines „Commissions-Bureaus" selbständig zu werden und – gleichsam als Ergänzung zu den nicht wenigen Diensten, die er einer erstaunten Einwohnerschaft anbot – „Die Biene", eine illustrierte

Wochenschrift, herauszugeben. „Das evangelische Schwenningen bekam damit zum Unbehagen der Rottweiler streng katholischen Oberamtsbehörden eine eigene Zeitung. Man mag dort über das ‚Blättle' mit Stachel ebensowenig erbaut gewesen sein wie über den gerade volljährig gewordenen, beängstigend aktiven Redakteur – ein Glück, daß es noch eine Zensurbehörde gab."[3] Daß selbige zu achten war, verrät bereits der ausführliche Untertitel der „Biene", die am 8. August 1841 erstmals erschien: „Wochenschrift für Unterhaltung und Belehrung im Gebiete der Landwirthschaft und des Gewerbe- und Kunstfleißes." Nicht politischer Nachricht und deren Kommentierung, „Unterhaltung und Belehrung" zur Hebung der allgemeinen Wohlfahrt ist dies Blatt schwerpunktmäßig gewidmet. Eine „Zeitung" in dieser Form entsprach noch am ehesten den Ansprüchen der heimischen Bevölkerung, der ein von seinen Idealen beseelter Redakteur verkündete: „In stetem Fluge dem Nützlichen zugewendet, vergißt die ‚Biene' nie, mit dem Nützlichen das Angenehme und Schöne zu verbinden."

Vieles mußte ungeschrieben, unveröffentlicht zumindest bleiben, „weil es der Leserschaft meist an Bildung und Verständnis, und der Zeitung an Raum fehlte"[4]. Auch mußte auf die Mitglieder der Gemeindekollegien Rücksicht genommen werden; es ging nicht an, sie durch Meldungen über Freiheitsbewegungen und demokratische Grundrechte, womöglich gar durch einen politischen Kommentar, der solche einklagte, zu verärgern, wenn man von ihnen als Abonnenten und Inserenten leben wollte. Auch eine detaillierte Wiedergabe und Kommentierung innergemeindlicher Auseinandersetzungen war dem

Abb. 1 Schwenningens Zeitungen im Wandel der Zeit – auf einen Blick. Layout: Michael J. H. Zimmermann, Mario Schweizer.

jungen Redakteur nicht anzuraten, denn die „Mitglieder der Gemeindekollegien … gefielen sich in bösartigen Zänkereien, und nichts Abschreckenderes schien es für sie zu geben, als die Drohung, ihre himmelschreienden Argumente durch ‚Die Biene' in ‚Erklärungen' und 'Erwiderungen', die von Verdächtigungen, Lügen und Ehrabschneidungen Ruß spien, vor die Öffentlichkeit zu tragen"[5]. Doch selbst „mit dem Nützlichen das Angenehme und Schöne zu verbinden" war kein leichtes Unterfangen. Allzubald nur sollte das schwirrende Summen der eifrigen „Biene" verstummen. Im zweiten Jahrgang ihres Erscheinens ging sie ein, „einesteils wegen der hohen Druckkosten und andererseits (wegen) der zwischen dem Wohnsitz des Herrn Redakteurs und der Druckerei und der gestrengen Zensurbehörde liegenden großen Entfernungen"[6]. Hauptsächlich bereitete aber eine bösartige Intrige dem ersten Schwenninger Blättchen den Garaus: Bürks Feinde im Gemeinderat beschuldigten den jungen „Redakteur und Commissionär" zu Unrecht der Unterschlagung, was ihm Verhaftung und mehrwöchige Untersuchungshaft eintrug; am Ende eine formlose Entlassung einbrachte, die lapidare Erklärung nur, daß sich die Anschuldigungen als unbegründet erwiesen hatten: ein Verfahren, das beim besten Willen ein rechtsstaatliches nicht genannt werden kann; ein Grund mehr, auf demokratische Veränderung hinzuarbeiten. Die Feinde Bürks in seinem Heimatort, die begüterte „Bauernaristokratie", die in ihm nur einen lästigen „Hetzer und Demagogen" zu erkennen vermochte, hatte einen ersten Sieg über fortschrittliche Kräfte errungen.[7]

Und gegen jede mutige Äußerung politisch oppositionell-demokratischer und volkstümlicher Haltung fand die alte Elite ihre Unterstützung in den Zensurbehörden. Nichts zeigt dies besser als Bürks zweiter Versuch im Zeitungsgeschäft: Als verantwortlicher Redakteur konnte er 1845 für den Verleger

F. J. Steinwand die Gestaltung eines Intelligenzblattes für das Oberamt Horb übernehmen, der aufklärenden „Laterne im Schwarzwald". Konnte sie politisch-kritisch alle Vorgänge beleuchten? Der Untertitel „Ein Blatt zur Belehrung und Unterhaltung" weist in eine andere Richtung; die Verwandtschaft mit der „Biene" ist offenkundig. Vor diesem Hintergrunde wird man mit gesteigerter Aufmerksamkeit die nachstehenden Worte lesen, die einem achtseitigen „Prospectus" entnommen sind, mit dem sich „Die Laterne" einer geneigten Leserschaft empfahl: „Die Biene, die Lehrerin der Ordnung und des Fleißes, hat sich verwandelt in eine Laterne, mittelst welcher ich die öffentlichen bürgerlichen, bäuerlichen und gewerblichen Zustände Süddeutschlands, namentlich Württembergs jedoch – und so ist mir von Oben herab auferlegt – mit Ausschluß politischen Raisonnements beleuchten will."[8] Politische Abstinenz muß geübt werden – zum Bedauern des demokratisch gesinnten Redakteurs. Die Hoffnung von Verleger und Redakteur, die Laterne könnte amtliches Mitteilungsblatt des Oberamtes Horb werden, erfüllte sich nicht. Ohne Angabe von Gründen wurde Steinwand die Konzession versagt; er stand im Ruche, Demokrat zu sein. Nach eineinhalb Jahren war auch dieses Unternehmen am Ende, der „Laterne" Leuchten verlosch.

„Denk ich an Schwenningen in der Nacht…" – Die lange Zeit der Zeitungslosigkeit (1843–1877)

Schwenningen selbst aber blieb nach den ersten Bemühungen Bürks eine zeitungslose Gemeinde, auf die der enttäuschte junge Mann nach seinem Umzug gen Horb nicht ohne Groll, doch auch nicht ohne Herzeleid, Trauer und Sorge zurückblickte. Im Februar 1846 schrieb er an ein befreundetes Mitglied des Bürgerausschusses in Schwenningen: „… Habe ich mich doch endlich losgemacht von dem unter Bauernherrschaft seufzenden Schwenningen, an dessen gegenwärtigen Zustand und an dessen Zukunft ich nur mit Trauern denken kann. Immer tiefer sinkt diese eines besseren Schicksals zwar fähige aber freilich in ihrer gegenwärtigen Schlafsucht unwürdige Gemeinde, und nicht lange mehr wird es dauern, wo es uns nur zur Schmach gereichen wird, zu ihren Bürgern gerechnet zu werden." Damals hoffte Bürk allerdings noch, in Horb seinen „schriftstellerischen Arbeiten ungestört obliegen zu können"[9].

Zumindest in zeitungsgeschichtlicher Hinsicht blieb der Marktflecken an des Neckars Quelle von der „Schlafsucht" befallen. Eine Änderung dieses Zustands ließ fast über Gebühr lange auf sich warten. Noch 1876 bleibt festzuhalten, „dasz Städtchen wie Metzingen mit 5003 Einwohnern, Schwenningen mit 4451 Einwohnern, Sindelfingen mit 3705 Einwohnern kein eigenes Blatt besitzen. ... Allzulange wird es indessen nicht währen, so wird auch über diesen Orten die Leuchte der Intelligenz in Gestalt einer Zeitung, eines Boten, eines Wochenblattes aufgehen."[10]

Auch über Schwenningen strahlt eine Leuchte der Intelligenz: „Die Schwenninger Zeitung" (1877–1880)

Bis auch am Ursprung des Neckars die „Leuchte der Intelligenz" hell erstrahlen konnte, bedurfte es seiner Zeit. Wesentliche Veränderungen waren Voraussetzung; der Anschluß an das Eisenbahnnetz, die forcierte Industrialisierung schufen sie. Das Gasthaus als alleiniger Umschlagplatz von Informationen aller Art und privilegierter Ort der Meinungsbildung genügte nicht mehr; Nachrichten und Meldungen von außerhalb des Etters gewannen an Bedeutung. Hinzu kam, daß obrigkeitliche Behinderungen des Pressewesens zunehmend abgebaut worden waren. Allerdings wurde selbst nach Aufhebung der Zensur die Presse im Königreich Württem-

berg auf mannigfache Weise durch die Obrigkeit behindert, sei es durch Stempelsteuer, Konzessions- und Kautionszwang, Postbeförderungsverbot. Erst das Reichspressegesetz des Jahres 1874 brachte die Pressefreiheit, deren Durchsetzung ein sprunghaftes Anwachsen von Zeitungsneugründungen in ganz Württemberg zur Folge hatte.[11] Es war an der Zeit, daß auch im Marktflecken Schwenningen von dieser neuen Aufbruchstimmung etwas zu verspüren war.

Im Februar 1877 war es soweit: Nach über 34 langen Jahren der Zeitungslosigkeit erschien die „Schwenninger Zeitung" unter Federführung ihres Redakteurs A. Brodbeck. Dieser erreichte, was einem Johannes Bürk nicht vergönnt gewesen; er erlangte am 13. Dezember 1877 die Konzession, seine Zeitung als Amtsblatt erscheinen zu lassen.[12] Diese Lizenzvergabe war die erste vor Ort. Sie gilt als Geburtsstunde einer Schwenninger Zeitung: Mochte sie auch im September 1880 wieder eingehen – nicht zuletzt war es die Konkurrenzzeitung des Buchdruckers und Redakteurs Josef Herbst, die dieser „Leuchte der Intelligenz" ihr Lichtlein ausblies –, so wurde deren „Tradition" doch nahezu bruchlos von der noch heute sich weitestgehender Beliebtheit bei der Ortsbevölkerung erfreuenden „Neckarquelle" fortgeführt, die im örtlichen Verdrängungswettbewerb den Sieg davongetragen hatte. Ihr als dritter Lokalzeitung gilt nun unsere Aufmerksamkeit, da über die „Schwenninger Zeitung" der Hauch des Vergessens geweht ist: Kein einziges Exemplar hat sich bis heute finden lassen; ausführlicher kann mithin nicht berichtet werden.

Zu Kaisers Zeiten –
Schwenninger Zeitungen 1880–1918

Der Schwenninger beständiger Begleiter:
Das Lokalblatt „Die Neckarquelle"

(Von der Gründung bis zum Ausbruch
des Ersten Weltkrieges)

Das Summen der „Biene" war verstummt, ohne eine lokale Zeitungstradition begründen zu können. Auch der „Schwenninger Zeitung", die nach nur drei Jahren ihres Erscheinens 1880 von der Bildfläche verschwand, war solches nicht gelungen. Über ein eigenes, kontinuierlich erscheinendes Tagblatt verfügt Schwenningen erst seit dem Mai 1880: „Die Neckarquelle" sollte im Laufe der Zeit zu einem Symbol der Beständigkeit für die Gemeinde am Ursprung des stolzen Schwabenflusses werden; ihr gelang es, dem Ort ihres Erscheinens zum treuen Weggefährten zu werden, ihn auf seinem Werdegang zu begleiten, manche Fährnisse dabei überwindend, Tradition und Fortschritt vereinend.

Erstmals erschien die „Neckarquelle" am 2. Mai 1880. Gegründet wurde sie von dem Buchdrucker Josef Herbst, der aus dem benachbarten Dauchingen stammte, in Villingen gelernt und sein Können in mehreren größeren Städten Badens vervollkommnet hatte; nach eigener Aussage auf vielfaches Ersuchen „der verehrlichen… Einwohnerschaft" entschloß er sich – in einer Person Verleger, Drucker, Redakteur und Kaufmann, der sich um Werbung und Vertrieb zu kümmern hatte, – zur Herausgabe des so sehnlich gewünschten Lokalblatts. Bedeutungsschwer ist die Ankündigung, mit der Herbst in der Probenummer seiner „Neckarquelle" an die Öffentlichkeit trat,[13] verrät sie doch nicht nur etwas von den (technischen) Startproblemen, sondern enthält auch eine programmatische Erklärung, die für die Redaktion dieser Zeitung auf Jahrzehnte hinaus verpflichtend sein sollte: Die unbedingte Un-

parteilichkeit eines Lokalblattes „ohne eigentliches politisches Programm" wird auf den Schild erhoben. Der Wunsch, seine Zeitung zum „Volksblatt" geraten zu lassen, treibt den Redakteur; der Schwerpunkt der Berichterstattung wird mit den „lokalen und provinziellen Begebenheiten" bestimmt; ein enger Kontakt von Zeitung und Leser soll – nicht zuletzt vermittelst „eingesandter Berichte" – hergestellt werden. Sollte es gelingen, ein Lebensbündnis zwischen Leser und Lokalblatt herzustellen?

Aller Anfang ist schwer, besonders derjenige mit bescheidenen Mitteln. Zwar schien die Existenz des Blattes nach kurzem gesichert – für das erste zumindest; konnte es sich aber, auf Abonnements und Inserate gestützt, bereits als lebensfähig für die Dauer erweisen? Obwohl der Verleger Herbst die junge „Neckarquelle" voll Mut und Zuversicht gleich dreimal wöchentlich „sprudeln" ließ, obwohl sich „Gemeinderath und Bürgerausschuß" schon nach wenigen Wochen zu ihr als „amtlichem Organ für die hiesigen Behörden" bekannten und Herbst die an seinen Vorgänger Brodbeck vergebene Lizenz übernehmen konnte,[14] obwohl schließlich das Erscheinen des „Blättles" freudige Aufnahme bei der Bevölkerung fand, Inserate aufgegeben, Abonnements getätigt, Berichte von „Begebenheiten aus dem lokalen Bereich" eingesandt wurden, blieb die Zeitung ein zartes Pflänzchen, das nicht so recht gedieh. „Die Auflage betrug anfangs 400, nahm aber sowohl 1880 als auch 1881 in den Sommermonaten… auf 250 Exemplare ab und hätte nicht an einem der Sommertage des Jahres 1880 Paul Meßner zur oberen Mühle zufällig eine Kuh zu verkaufen gehabt, so hätte an jenem Tag ,Die Neckarquelle' kein einziges Inserat aufzuweisen gehabt. Der Anzeigenumsatz an jenem Sommertag betrug ganze 48 Pfennig."[15] Die Zeitung wurde – wie allenorts im Schwabenland – erst nach des Tages harten Mühen gelesen; „zur Sucht" ließ schwere

Abb. 2 Typisch für die deutsche Zeitungslandschaft: die Verlegerfamilie. Aus der Reihe tanzt bei der „Neckarquelle" nur der Gründer: Josef Herbst, der 1882 an Hermann Kuhn verkaufte. Seither ein Familien-unternehmen, folgten aufeinander: Emil Seiz, Dr. Hans-Günther Ziegler (v. l.).

Arbeit die Lektüre des Lokalblatts bestimmt nicht werden – zumal bäuerliche Arbeit im Sommer die „unnütze Zeitverschwendung" nicht erlaubte: Kurzerhand wurde die Zeitung während der Sommermonate abbestellt – was in ländlich geprägten Gemeinden am oberen Neckar oder im Schwarzwald noch vereinzelt vorkommen mag.[16] Der Kampf um Abonnenten und Inserenten wurde zur Frage des Überlebens; der Kampf schien aussichtslos. Es war nicht ausgemacht, daß die „Neckarquelle" nicht das Schicksal der Wochenschrift „Die Biene" und der (wohl unregelmäßig erscheinenden) „Schwenninger Zeitung" teilen mußte – und versiegte. 1882 standen Verlag und Druckerei zum Verkauf. Ein engagierter Schriftsetzer aus dem Sächsischen erwarb das zum Kauf stehende Objekt; Hermann Kuhn hielt mit großem persönlichen Einsatz das Schwenninger Lokalblatt am Leben, vornehmlich dadurch, daß es ihm gelang, die Abonnementverpflichtungen beachtlich zu steigern: ein Anfangserfolg, der sich sehen lassen konnte. Die äußeren Umstände begünstigten das Unternehmen: der wirtschaftliche Aufstieg Schwenningens zur Industriestadt, das wachsende Verlangen einer stetig steigenden Zahl von Lesern, schneller und umfassender unterrichtet zu

werden, die Steigerung der Kaufkraft der Bevölkerung und die damit sich mehrenden Einzelhandelsgeschäfte, die ihre verehrte Kundschaft mit Inseraten zu locken suchten.

Das Barometer der Entwicklung zeigte nach oben – steil und unaufhörlich, wie es schien. Am 1. Januar 1891 trat „Die Neckarquelle" mit vergrößertem Format vor ihre Leser, ab 1. Oktober 1899 erschien sie bereits viermal, ab 1. Oktober 1905 sechsmal wöchentlich in erweitertem Umfang, hinzu kamen eine achtseitige Sonntags- und eine vierseitige belletristische Beilage. Die Ausgestaltung des Blattes ging mit einer stetig ansteigenden Auflagenzahl einher. Sie kletterte von knapp 1 000 Exemplaren anno 1886 auf etwa 3 000 im Jahre 1900; 1914 konnte die Geschäftsführung im Neujahrsblatt nicht ohne berechtigten Stolz verkünden: „Unbeeinflußt von Parteirichtung und ohne Voreingenommenheit berichtet die in Stadt, sowie in den württembergischen und badischen Nachbarorten bekannte 'Neckarquelle' in einer Auflage von über 4 000 Exemplaren."[17] Kuhn hatte erreicht, was Herbst zu erreichen gewünscht; es war ihm gelungen, „Die Neckarquelle" zum „Volksblatt der württembergisch-badischen Grenze" auszubauen und sie zum „erfolgreichsten Insertionsorgan für Stadt und

Umgebung" werden zu lassen, wie das Titelblatt nun ausweist. Öffentliche Bekanntmachungen, Kauf- und Verkaufsinserate von Privatpersonen, Geschäften und Betrieben, Stellengesuche und -angebote, Anzeigen für den Wohnungsmarkt, zahlreiche Annoncen der Vereine, nicht zuletzt die (gar wichtigen) familiären Nachrichten in Form von Geburts-, Tauf-, Verlobungs-, Hochzeits- und Todesanzeigen, jenes sichtbarste Zeichen für ein gelungenes Lebens- und Leserbündnis mit dem Blättchen, nehmen einen guten Teil der Zeitung für sich in Anspruch. Mit einer Auflage von 4 000 Stück war sie in den Bereich der mittelgroßen Zeitungen Württembergs vorgestoßen. Darüber war sie jedoch vor allem „Schwenninger Tagblatt" geblieben, das seinen Lokalcharakter nicht verleugnete: Eingesandte lokale Berichte bildeten unter der Rubrik „Von Hier und Umgebung" einen Schwerpunkt der Berichterstattung, umrahmt von den „Meldungen aus dem Reich", den Rubriken „Ausland" und „Verschiedenes", die ihm vorausgingen, sowie den Handels- und Verkehrsnachrichten, dem Veranstaltungskalender und den unmittelbar vor dem Anzeigenteil sich findenden Rubriken „Neue Nachrichten" und „Telegraphennachrichten" – „Aktuelles" wurde nicht ausgespart. Die 1880 eingegangene Verpflichtung wurde eingehalten: „Eine gedrängte übersichtliche Politik" hielt „den Bürger, dem an einer größeren Zeitung mangelt, mit den äußeren Vorkommnisssen in ununterbrochener Beziehung"; seine Aufmerksamkeit wandte das „Lokalblatt" „vorzüglich den lokalen und provinziellen Interessen zu", und es vertrat „das Wohl der Bevölkerung stets mit Wärme". Den Auswanderern wie den Verzogenen schlug „Die Neckarquelle" die Brücke zur Heimat – eine Aufgabe, die heutzutage das Schwenninger „Heimatblättle" zur Zufriedenheit seiner Abonnenten wahrnimmt, oblag zur damaligen Zeit der Tageszeitung: 1909 wurden 215 Exemplare in andere deutsche Länder verschickt, 14 über den „Großen Teich" nach Amerika versandt.[18]

Lokalcharakter und Heimatbindung des Blattes waren die Garanten seines Erfolges. Auch die konsequente Einhaltung der ernstgemeinten Zusage, sich „von jeder abgrenzenden Parteitendenz fernzuhalten", mag ihr Teil dazu beigetragen haben, stand die „Neckarquelle" doch allen Parteien und Gruppierungen offen, sei es im Anzeigenteil für Inserate, sei es im Nachrichtenteil für eingesandte Berichte. Als das „einzige vollständig unparteiische unabhängige Blatt unter den vielen im württembergisch-badischen Umkreis erscheinenden Zeitungen" stellt sie sich selbst als regionale Ausnahmeerscheinung in einer Welt zunehmend parteipolitisch orientierter Tagesblätter dar, und zwar nicht zu Unrecht. „Um die Jahrhundertwende kann man unter den württembergischen Tageszeitungen mindestens 50 Prozent einer bestimmten Parteirichtung zurechnen."[19] Durch die Neugründung parteigebundener Presseorgane, auch durch Ankauf oder Beeinflussung ehemals amtlicher oder parteiloser Zeitungen entwickelte sich die parteipolitisch gefärbte Presse schneller als die unparteiliche oder bewußt überparteiliche: ein Spiegel bemerkenswerter politischer Aktivität der Parteien Württembergs.[20]

Politische Presse in Schwenningen a. N.
Der Süddeutschen Volkspartei nahe:
Die „Schwenninger Bürgerzeitung"
(1898–19…)

Mit einem Druckerzeugnis zu Schwenningens schon angestammten Lokalblatt in Konkurrenz zu treten, erforderte unternehmerischen Mut. War er von Erfolg gekrönt? Kaum Spuren hat vor Ort das Druckwerk hinterlassen; einen ersten Hinweis verdanken wir des Königreichs Statistikern: „Buchdruckereien bestehen 2: H. Kuhn, mit Verlag der ‚Neckarquelle' (seit 1880), und H. Silgradt, mit Verlag

der ‚Schwenninger Bürgerzeitung' (seit
1898)."[21] 1898 gründeten die Gebrüder Keck
die „Handels=Druckerei Schwenningen" und
brachten den „Schwarzwälder Generalanzeiger" heraus, der sich bald aufgrund eines soli-
den Annoncenteils als lebenskräftig erwies.[22]
Binnen eines Jahres entschlossen sich die Gebrüder Keck zur Namensänderung ihres
Blattes: Am 24. September 1899 erschien
erstmals die „Schwenninger Bürger=Zei-
tung"[23], vierseitig nunmehr und in vergrößertem Format. Viermaliges wöchentliches Erscheinen wurde angekündigt: drei „politische" und eine „Unterhaltungsnummer", die
der Verlag unter dem Namen „Schwaben-
spiegel" herausbrachte.

Interesse vor allem verdient das politische
Programm dieses Blattes, das unter dem
Wahlspruch „Alle Zeit treu bereit, für Wahrheit, Recht und Freiheit" zu „allen Fragen des
öffentlichen Lebens eine freie und objektive
Stellungnahme ein(zu)nehmen" versprach,
zugleich aber versicherte, „ihrem wirtschaftlichen Programm in politischer Hinsicht dasjenige der Süddeutschen Volkspartei im wesentlichen an(zu)reihen, ohne jedoch auf dasselbe eingeschworen zu sein". Die Zeitung,
die in wahrhaft „keckem" Unterfangen der
überparteilichen „Neckarquelle" Leser abzuziehen trachtet, versteht sich als parteinahe,
nicht als parteigebunden. Sie will „ein Bür-
gerblatt sein und daher die Interessen des
Mittelstandes und des kleinen Mannes vertreten". Sie will für die Industrie als die Quelle neuen Wohlstandes für alle Klassen der Bevölkerung eintreten und daher „ein warmer
Freund der Arbeiter (sein), deren billigen
und gerechtfertigten Forderungen sie jederzeit in Schutz nehmen wird und soweit es die
Konkurrenzfähigkeit unserer Industrie
zuläßt, als wohlwollender Fürsprecher für die
wirtschaftliche Besserstellung der mit dem
Kampf ums Dasein Minderbemittelten in
ausgleichender, versöhnlicher Weise wirken".
Neben der Arbeiterschaft, neben dem Mittel-

stand in Industrie und Handwerk sind es die
kleineren und mittleren Bauern, denen die
„Schwenninger Bürger=Zeitung" sich verpflichtet weiß.

Die politische Grundhaltung zeigt sich in
Auswahl und farbig-färberischer Kommentierung des Berichteten. So geht es um die
Frage der Arbeitslosenversicherung auf dem
20. Parteitag des Vereins der Deutschen
Volkspartei. Gegen den Bund der Landwirte,
„vulgo ostpreußischer Nimmersatt und Lie-
besgabenritter auf Kosten seiner Auchkolle-
gen, d. h. Kleinbauern", zieht der verantwortliche Redakteur W. Keck vom Leder. Deutliche Kritik auch an einem „großen Offiziers-
schub", der „die Offiziere und das deutsche
Volk beglückt" habe. In ironischem Ton fährt
der Artikelschreiber fort: „Drei volle Num-
mern des Militärwochenblattes mit zusammen 122 Spalten füllen die Namen der Ge-
schobenen. ... Das deutsche Volk hat ja das
Geld, um die Offizierspensionen, die gewaltig
ansteigen, bezahlen zu können. Michel, mach
den Beutel auf."

Die Fronten sind klar gezogen in der „Poli-
tischen Rundschau", welche die ersten bei-
den Seiten des Blattes einnimmt. Es folgt die
Rubrik „Aus Nah und Fern", beginnend mit
Schwenningen, über Villingen, Hornberg,
Stuttgart hinausführend in die weite Welt:
nach Paris. „Verschiedenes" wird dem geneigten Leser alsdann geboten, hierauf
„Letzte Meldungen" vom 21. 9. zur Dreyfus-
Affäre, vom 22. 9. zum Ergebnis der Reichstagswahl in Pirna. Mit einem „Auszug aus der
Patentliste" schließt die erste Ausgabe des
Bürgerblatts. Knapp eineinhalb Anzeigen-
seiten verheißen auch wirtschaftlich einen
gelungenen Start. Und Großes hatten sich
die Zeitungsunternehmer vorgenommen:
Die „Schwenninger Bürger=Zeitung" sollte,
wie der Zeitungskopf bereits verrät, als
„Schwarzwälder General=Anzeiger" das maß-
gebliche „Organ für Publikationen aller Art
des Württembergischen und Badischen

Schwarzwaldes" werden. Um dieses Ziel zu erreichen, brachten sie ihr Blatt bald als mit je eigenem Zeitungskopf versehene „Trossinger -", „Thuninger -", „Dürrheimer -" und „Dauchinger Bürger=Zeitung" auf den Markt[24]. Dies geht jedenfalls zu einer Zeit, als die „Handels=Druckerei" bereits in den Besitz H. Silgradts übergegangen war, aus dem Briefkopf der Firma hervor.[25] Die Unternehmer verschafften sich damit von Anfang an einen größeren Absatzmarkt; geschickt sprachen sie die Bewohner der kleineren Ortschaften an, verliehen sie diesem Leserkreis doch das eher seltene Wohlgefühl, eine „eigene" Zeitung vor sich liegen zu haben: In Dauchingen z. B. war es jeder Konkurrenz gegenüber sicherlich von Vorteil, den Ortsnamen bereits im Zeitungskopf zu führen. Nur: Wurde die „Bürger=Zeitung" den an ein Lokalblatt gerichteten Erwartungen gerecht?

Zweifel kommen auf, nimmt man eine Ausgabe des Silgradtschen Blattes zur Hand; jene vom 17. April 1904 zum Beispiel. Zwar sucht die viermal wöchentlich erscheinende „Bürger=Zeitung" bereits durch ihren Aufbau ein Gefühl von Lokalbezogenheit zu vermitteln – die Titelseite ist fast ganz der Rubrik „Aus Nah und Fern" gewidmet, nimmt von Schwenningen ihren Ausgang und zieht von ihm als dem Mittelpunkt der von Silgradt anzusprechenden „Leserwelt" immer weitere Kreise –, allein, das Mitgeteilte ist oft mehr als dürftig. Meist handelt es sich um „Sensationen", über welche die „Bürger=Zeitung" nicht ohne Zeitverzug berichtet, um tragische Lebensschicksale, Unglücksfälle, Gerichtsurteile. Von örtlicher Bedeutung dagegen ist erstaunlich wenig, es überwiegen die Übernahmen aus großen Tageszeitungen. Erst nach diesem Blick nach „Nah und Fern" ist auf der Titelseite Platz für „Neueste Nachrichten", die bereits Gesetztes und auf den nachfolgenden Seiten bald zu Lesendes ergänzen. Es folgt die „Politische Rundschau", die mit herausragenden Weltereignissen beginnt, dann

das Deutsche Reich, hierauf das Ausland in den Blick nimmt. Immerhin ist dieser Teil der Zeitung illustriert, bemerkenswert in einer (Zeitungs-)Welt, die von wahrer „Bilderflut" noch nichts zu sagen wußte. Ein gutes Drittel der zweiten wie auch der dritten Seite ist im übrigen dem Fortsetzungsroman vorbehalten; er ist in jenen Tagen für ein Blatt dieser Größe wohl ein unabdingbares Muß. Der „Unpolitische Tagesbericht" bringt, gleich dem ersten Zeitungsteil, vorwiegend Kuriosa, manche Mitteilung von Prominenten, manches in der Tat Erfahrenswerte auch. Der krönende Abschluß: „Buntes Allerlei", aus dem Leben gegriffen, um den Leser zu erheitern.

Die „Bürger=Zeitung" hatte sich verändert – und sie hatte ihre Mängel; als lebensfähig erwies sich das Blättchen dennoch über längere Zeit. Viel trug dazu der Anzeigenteil auf Seite 4 bei, der noch immer vor allem von den Annoncen Schwenninger Geschäftsleute, amtlichen Anzeigen des Schultheißenamtes und Nachrichten kirchlicher Stellen gefüllt wird. Nur das Verbreitungsgebiet verlagerte sich: Ab 1905 firmierte das Unternehmen Silgradts als „Handels-Druckerei Schwenninger Neueste Nachrichten. Verlag der Villinger, Dürrheimer und Rottweiler Neueste Nachrichten. Schwarzwälder Generalanzeiger"[26]. Welchen Erfolg diese Teilrevision des Unternehmenskonzeptes brachte, konnte bislang noch nicht ermittelt werden[27]. Noch vor dem Jahre 1913, als Schwenningens erstes Stadtbuch erschien, muß die Firma erloschen sein: In ihm ist sie nicht verzeichnet. Eine empfindliche Konkurrenz für die Kuhnsche „Neckarquelle" hatte die „Schwenninger Bürger=Zeitung", die trotz ihres anspruchsvollen Wahlspruchs mit der Zeit wie die ihr nachfolgenden „Neuesten Schwenninger Nachrichten" weit eher dem Bedürfnis nach Unterhaltung denn dem nach Information und Belehrung Rechnung trug, vor allem ihres Anzeigenteils wegen bedeutet, wenn sie manch Inseranten an sich zog. Erstere hatte sich wieder einmal behauptet. Eine weitere Bewährungsprobe ließ nicht lange auf sich warten.

Die „Baar=Zeitung": Das Organ der Fortschrittlichen Volkspartei (1912–1914)

Der Trend zur parteipolitischen Presse war im Königreich unübersehbar. Auch an Schwenningen ging der Zug der Zeit nicht spurlos vorbei. Eindeutiger noch als die „Schwenninger Bürger=Zeitung", die sich der Süddeutschen Volkspartei nahe wußte, war die „Baar=Zeitung" Kampf- und Bekenntnisblatt des Linksliberalismus im Südwesten des Deutschen Reiches: Am 9. November 1912 erblickte sie am Ursprung des Neckars das Licht der Welt.

Auf der Titelseite der Erstausgabe[28] wandte sich die Fortschrittliche Volkspartei Schwenningen an ihre „Parteifreunde und Mitbürger" mit den Worten: „Nun ist also zur Tat geworden, was wir solange erstrebt und erwünscht: Unserem neunten württembergischen Reichstagswahlkreis, der alten Heimstätte für Volksfreiheit und Volksrecht, ist ein weiteres Parteiorgan, die ‚Baar=Zeitung' erstanden." Kein Geringerer als Conrad Haußmann, der große württembergische Linksliberale, Politiker und Staatsmann, der 1919 als Vizepräsident der Nationalversammlung und Vorsitzender ihres Verfassungsausschusses reichsweite Bedeutung erlangen sollte, schrieb das Geleitwort für das neuerstandene Parteiblatt: „Die öffentliche Meinung bedarf, um sich zu äußern und ihr Gewicht in die Wagschale zu legen, immer dringende(r) der publicistischen Organe, die nicht bloß widerspiegeln, sondern auch nach klaren Zielen planvoll hinweisen." Und besonders dringend erscheint ein linksliberales Blatt für Schwenningen und Umgebung. Denn: „Im Oberamt Rottweil hat sich in den letzten Jahren eine in diesem Bezirk starke gegnerische Partei ein Blatt geschaffen, um ihre bedrohte Existenz

zu retten. Es ist geboten, um das Gleichgewicht nicht künstlich verschieben zu lassen, ein Organ des Fortschritts ins Leben zu rufen, das die Stimmung und die Stimmen des fortschrittlichen Lagers sammelt und zu ihrem Recht kommen läßt. Auch die zur Stadt langsam herangewachsene Gemeinde Schwenningen kann für ihre Gemeindeinteressen einen weiteren Sprechsaal mit freier, moderner und gemeinnütziger Richtung willkommen heißen." Der Zeitpunkt für die Herausgabe des Blattes ist mit Bedacht gewählt, was auch der Artikel „Zur Landtagswahlbewegung. Der Aufmarsch der Fortschrittl. Volkspartei" noch auf der Titelseite belegt.

Die „Baar=Zeitung", das Organ der Fortschrittlichen Volkspartei, das zu Wahlkampfzeiten und -zwecken ins Leben gerufen worden war, erschien täglich unter Federführung des erfahrenen Zeitungsmannes Willy Bader, der sich in der Redaktion des linksliberalen Villinger „General=Anzeigers" bereits erste Meriten um die bürgerliche liberaldemokratische Bewegung erworben hatte. Auch Bader war nicht nur Redakteur; die Zeitung entstand in seinem Schwenninger Betrieb, der „Bader & Co. Druck- und Verlagsanstalt"; für den Inseratenteil zeichnete bis 1913 Karl Spannagel, von da an Otto Restle verantwortlich.[29]

Als „Fortschrittliches Volksblatt" nahm die „Baar=Zeitung" den Kampf gegen „Reaktion und politischen Katholizismus", mithin gegen die „unerträgliche Indienstnahme der Religion für Zwecke der Politik" entschlossen auf, wandte sich engagiert gegen „Konservatismus und Konfessionalismus" und vertrat eine Politik der Annäherung von bürgerlichen Demokraten und Sozialdemokraten, auch unter Einschluß und Unterstützung der Nationalliberalen, wo es darum ging, „als Phalanx der Linksparteien im Gedanken an die ernste Pflicht der Fernhaltung der klerikalreaktionären Herrschaft" zusammenzuarbeiten. Bestimmend für eine solche

Tageszeitung war die politische Nachricht, der politische Kommentar und die wertende Auseinandersetzung mit divergierenden Ansichten, Darlegungen und Erläuterungen, wie sie anderweitig parteigebundene Zeitungen veröffentlichten. Unübersehbar ist das unbeirrbare Eintreten für die „fortschrittliche Sache", der kämpferische Einsatz auch im Dienste des Gesamtliberalismus. Unübersehbar aber auch, daß es Differenzen innerhalb des Liberalismus gibt; stets trat Bader gegen „Militarismus und Marinismus" der Wilhelminischen Epoche und für eine Friedenspolitik der internationalen Verständigung sachkundig ein – nicht ohne parteipolitische Polemik der Fortschrittlichen Volkspartei gegen all jene, die, mit „nationalistischen Scheuklappen" versehen, Deutschlands Ehre, Deutschlands (Welt-)Machtstreben auf den Schild erhoben, nur, um deutschen Interessen nachhaltig auf Dauer zu schaden. Die Friedensagitation brachte die Linksliberalen in die Nähe der SPD, und so kann auch der „Vorwärts" gelegentlich zustimmend zitiert werden, nicht nur beim gemeinsamen Kampf gegen das Zentrum. Gleichzeitig ist aber die Redaktion der „Baar=Zeitung" – ebensowenig wie der Parteivorstand der FVP – gewillt, die Arbeiterschaft dem Zugriff der Sozialdemokratie zu überlassen; freudig werden Berichte über das erste Aufkeimen einer erneuten „liberalen Arbeiterbewegung" aufgenommen, um das „Dogma" zu widerlegen, „daß die Arbeiter der Sozialdemokratie verfallen seien".

Politische Presse reinsten Wassers, versteht sich die „Baar=Zeitung" als Bekenntnisblatt und Kampfinstrument der linksliberalen Sache. Sie will meinungsbildend das Leserpublikum in ihrem Sinne beeinflussen, meinungsprägend wirken. Diesem Ziele dient auch die überaus wirksame Aufmachung des Blattes: Schlagzeilen, Untertitel und Zwischenüberschriften sind ihm nicht fremd; die verständige Einteilung längerer Artikel in Kapitel, die

teils mit eigenen Überschriften versehen werden, die Hervorhebung von sinntragenden Schlagworten durch Sperrungen, schließlich die Hervorhebung wichtigster Meldungen durch Fettdruck stellen der Redaktion kein schlechtes Zeugnis aus; die Zusammenfassung zusammengehöriger Nachrichten unter seitenübergreifenden Haupttiteln, sogenannten Sammelüberschriften (wie z. B. „Internationale Lage", „Kongreßzeit" u. a.), nicht minder: Das Interesse des Lesers wird geschickt gelenkt.

Der Aufbau des Blattes ist übersichtlich: „Reich" – „Ausland" – „Aus Stadt und Land" – „Letzte Meldungen und Telegramme" – „Amtliches" – Leserbriefdienst („Briefkasten") – Werbung. Hinzu kommt die allwöchentliche achtseitige Unterhaltungsbeilage Sport, die neue Abonnenten anlocken und an die Zeitung binden soll, eine Aufgabe, die auch dem „Kleinen Feuilleton" zugewiesen wird. Vornehmlich wird auch in ihm des „Fortschritts" gedacht: der Pioniere der Luftfahrt, einer maßvollen Emanzipation der Frau, der Kämpfer für ein freies Deutschland wie des Buchhändlers Johann Philipp Palm aus Schorndorf, der auf Befehl Napoleons am 26. August 1806 zu Braunau hingerichtet wurde, da er die antifranzösische Flugschrift „Deutschland in seiner tiefsten Erniedrigung" verlegt hatte.

In ihrem eigentlichen Element war die Redaktion der „Baar=Zeitung" jedoch – wie könnte es anders sein? – in der kommentierenden Vorbereitung, Begleitung und kritischen Analyse von Wahlkämpfen. Die Landtagsersatzwahl für den Oberamtsbezirk Rottweil im Spätherbst 1913 mag als Beispiel dienen. Im Vorfeld des Kampfes um den Einzug in den Stuttgarter Halbmondsaal vergeht kein Tag, ohne daß auf die besondere Bedeutung dieses Ereignisses hingewiesen wird. Es gilt, dem Zentrum den Wahlbezirk Rottweil abzunehmen, damit die Pattsituation im Landtag zwischen den Stimmen der „verei-

nigten Linksparteien" (Fortschrittliche Volkspartei, Nationalliberale, d. h. Deutsche Partei,
Sozialdemokratische Partei Deutschlands)
und den „Parteien der Reaktion" (Konservative und Bund der Landwirte, Zentrum) aufzuheben und in Richtung des „Fortschritts"
zu verschieben. Aufgestellt sind der gemeinsame Kandidat der beiden liberalen Parteien,
der nationalliberale Gärtnermeister Müller,
der Kandidat der SPD, Stadtrat Fleig – beide
aus Schwenningen – und der Zentrumskandi-
dat Glükher, Stadtschultheiß aus Rottweil.
Sowohl über den Ausgang des ersten Wahl-
gangs vom 13. September 1913, der noch keine Entscheidung bringt, als auch über denjenigen der Nachwahl vom 27. September 1913
(Müller wird nun von Nationalliberalen,
Fortschrittlichen und Sozialdemokraten unterstützt)[30] unterrichtet die „Baar=Zeitung"
jeweils mit Extrablättern am Abend des
Wahltags.[31] Die aktuelle Information der
Einwohnerschaft in politischen Belangen ist
oberste Pflicht. Bei einer Wahlbeteiligung
von 93,56 % im Kreis, 96,3 % in der Stadt
siegt Müller mit einem Vorsprung von 217
Stimmen vor Glükher. „Der Sieg ist unser!"
lautet die Jubelzeile auf der Titelseite der
Sonntagsnummer tags darauf: „Die schwarze
Fahne ist vom Rottweiler Bezirk heruntergeholt worden. Von heute an flattert sieghaft
das Banner des Liberalismus über unserem
Wahlkreis."[32] Die Ausgabe enthält eine Wahl-
analyse mit Blick auf die Einzelresultate und
die jeweilige Wahlbeteiligung, eine Generalabrechnung mit der Zentrumspartei, Stimmen zum Sieg, Dankadressen an all jene, die
zum Sieg des „Fortschritts in Kreis und Land"
beigetragen haben.

Eine Konkurrenz zur „Neckarquelle"
konnte die „Baar=Zeitung" mit ihrem knapp
gehaltenen Lokalteil nicht sein, kaum deren
Ersatz, bestenfalls willkommene Ergänzung
für jene, die zwei in der Stadt erscheinende
Zeitungen sich leisten konnten. Die einseitige Ausrichtung auf politische Unterrichtung,

Belehrung und Beeinflussung setzte dem
Kreise möglicher Leser ihre Schranken; die
Zeitung mußte um jeden Käufer kämpfen:
Eine Vielzahl von Eigeninseraten weist darauf hin. Der Ausbruch des Ersten Weltkrieges
bereitete ihr das vorschnelle Ende; das „fortschrittliche Volksblatt" stellte sein Erscheinen ein – die „Neckarquelle" aber überlebte.

*Eine herbe Zeit: „Die Neckarquelle"
in den Jahren des Ersten Weltkrieges*

Während die im dritten Jahrgang erscheinende „Baar=Zeitung" mit Kriegsbeginn ihr
Erscheinen einstellte und damit das traurige
Los von Hunderten deutscher Tageszeitungen teilte, begann für „Die Neckarquelle" eine herbe Zeit, ein harter Kampf ums Überleben.[33] Schlagartig veränderte die Zeitung ihr
Gesicht unter dem Einfluß des Krieges.

Die Einberufung des technischen, des kauf-
männischen wie des in der Expedition beschäftigten Personals bis zum letzten ent-
behrlichen Mann stellte die Geschäftsleitung
vor ungekannte technische Probleme. Das
Blatt wurde vollständig im Handsatz hergestellt, der moderne Druckmaschinenpark,
Voraussetzung für die stetige Expansion der
letzten Jahre, war außer Betrieb. Das Ge-
schäftsleben kam anfänglich fast ganz zum
Erliegen, das Inseratengeschäft erlebte eine
Flaute wie nie zuvor: „Öffentliche Bekanntmachungen" bestimmen das Bild, Todesan-
noncen, gelegentliche Inserate von Verkäu-
fen aus privater Hand ergänzen es, Geschäfts-
anzeigen fehlen fast völlig. „Anzeigen man-
gelten derart, daß die Zeitung wiederholt nur
dreiseitig gedruckt werden konnte, während
sie vor dem Kriege regelmäßig vierseitig, am
Freitag und Samstag gar 6-, 8- und 10- bis
12seitig erschienen war."[34] Ein weiterer
Grund, den Umfang der Zeitung zu beschränken, waren die sinkenden Abonnentenzahlen; weite Teile der Bevölkerung mußten ihre Ausgaben auf ein Minimum reduzie-

ren. Mochten im Laufe des Krieges auch Abonnentenzahl und Inseratengeschäft sich wieder etwas günstiger gestalten, so kam die Geschäftsführung aus den Sorgen dennoch nicht heraus. Endlos war die Zahl der Verbote von Anzeigen jeglicher Art. „Beispielweise mußten Arbeiter- und Stellengesuche, An- und Verkäufe von vielen Lebensmitteln, von landwirtschaftlichen Erzeugnissen, von Maschinen und dergl. durch die Kriegsdienststelle in Stuttgart und Berlin erst genehmigt werden oder waren ganz verboten. Verbote und Verwarnungen kamen zu Hunderten, und es gab wohl keine Redaktion, die sich in dem Labyrinth der Verordnungen zurechtgefunden hätte. Die Leitung der ‚Neckarquelle' zog sich trotz der Vorsicht verschiedentlich Verweise und Strafandrohungen zu."[35] Ferner mußte die Zeitung im Laufe des Krieges mit der Rationierung des Druckpapiers leben lernen; selbst die Herausgabe von Extrablättern, die den Weg in den Krieg begleitet hatten und späterhin zur raschestmöglichen Verbreitung von besonders wichtigen Berichten, Siegesmeldungen und Sondertelegrammen dienten, mußte unterbleiben und durfte nur noch unter besonderen Bedingungen erfolgen. War die Flut der „Extrablätter", sichtbarer Ausdruck des natürlicherweise gesteigerten Bedürfnisses nach aktueller überregionaler Information, gedämmt, stand auch die Herausgabe von „Sondernummern" nicht mehr als Instrument schneller Unterrichtung unbegrenzt zur Verfügung, so mußte dies durch noch bessere Nutzung der Korrespondenzbüros mit ihren aktuellen Telegraphennachrichten wettgemacht werden, für die bis kurz vor Drucklegung ein Platz freizuhalten war. Der Übergang zu schlagzeilenartigen Überschriften, wie wir sie z. B. von der „Baar=Zeitung" bereits aus Friedenszeiten kennen, ferner die verbesserte Strukturierung der Titelseite ermöglichten Unterrichtung auf den ersten Blick. Das Gesicht der „Neckarquelle" hatte sich verändert.

Nicht verändert hatte sich hingegen die freiwillige Verpflichtung der Redaktion zu politischer Abstinenz. Weitgehend verzichtet sie auf die Kommentierung der Ereignisse. Angenehm zu vermerken ist, daß – auch hier ist die Redaktion langgeübter Praxis treu – alle (übersteigert) nationalistischen Töne der Berichterstattung fremd sind und bleiben; „eher schlich sich bei Fortdauer des Krieges Resignation ein"[36], ein Gefühl, das die meisten Schwenninger in den Kriegsjahren befiel. Militante Töne klingen einem nur aus dem „Amtlichen Tagesbericht der Obersten Heeresleitung" entgegen, welcher der „Neckarquelle" täglich durch das Telegraphenbureau Wolff telephonisch übermittelt wurde. Ansonsten berichtet die Redaktion mit aller gebotenen Vorsicht und Zurückhaltung über den Krieg, oft übernimmt sie Nachrichten aus größeren Tageszeitungen, vornehmlich Berlins („Lokalanzeiger" und „Tagblatt") und Zürichs („Zeitung", „Nachrichten" und „Post"), kommentarlos.

Der (Krieges-)Fesseln ledig: Die Aufbauarbeit Schwenninger Zeitungen in der Weimarer Republik

„Die Neckarquelle" – eine überparteiliche Zeitung vor Ort (1919–1933)

Alle Anstrengungen hatten die Jahre 1914 bis 1918 gekostet, um das Lokalblatt der Schwenninger Einwohnerschaft zu erhalten; erneut bedrohten die Jahre nach dem Ersten Weltkrieg mit der damit verbundenen Unsicherheit, der rapiden Geldentwertung und der unaufhaltsam wachsenden Arbeitslosigkeit die Existenz der Zeitungsverlage. Doch selbst diese Zeit überstand die „Neckarquelle" verhältnismäßig gut; die zwanziger Jahre stehen bei ihr im Zeichen kontinuierlicher Aufbauarbeit.

Schon bald nach Kriegsende konnte der Anzeigenteil wieder auf nahezu 50 Prozent des Zeitungsinhalts gesteigert werden; das

Blatt erschien im gewohnten Umfang. Nur das äußere Erscheinungsbild blieb verändert; man mußte den gewandelten Lesegewohnheiten der Bezieher Rechnung tragen, die, von der Berichterstattung während des Krieges verwöhnt, schnell, übersichtlich – und vor allem: aktuell unterrichtet sein wollten. Der Leserservice bestand in einer „Kurzen Tagesübersicht" am Anfang der Meldungen; die wichtigsten Tagesmeldungen wurden in Fettdruck herausgehoben; optisch abgesetzte Schlagzeilen dienten der Kurzinformation. Aktualität der Meldungen hatte ein redaktionseigenes Funkgerät zu gewährleisten, welches Schwenningens Tagblatt mit den maßgeblichen Nachrichtenagenturen zu vereinbarten Sendezeiten verband.[37] Auch hielt die Photographie ihren Einzug in die Lokalzeitung; sie allerdings war mehr dem Sensations- als dem Aktualitätsprinzip verpflichtet. Verschiedene monatliche Beilagen ergänzten das Zeitungsprogramm, wobei insbesondere „Unsere Heimat. Württembergische Monatsblätter für Heimat und Volkskunde" Aufmerksamkeit verdient: Nach dem Schock des Nationalitätenkrieges besann man sich allerorts auf die engere Heimat – und verlor sich oftmals liebevoll in ihr. Die Beilagen wurden meist von anderen Verlagen übernommen; ganzseitig illustrierte Artikel mit Themenschwerpunkten seltener. Hier konnte ebensogut „Lessing: Der Vater des deutschen Lustspiels" abgehandelt wie die Problematik der Fas(t)nacht in schwieriger Lage diskutiert werden: „Industrietage der frohen Laune (?)" lautete dann die Überschrift.

Nach wie vor hielt sich die Redaktion an den Grundsatz unbedingter Unparteilichkeit. Nicht nur der Inseratenteil stand jeder Partei offen, auch über Grußbotschaften, Großveranstaltungen der Parteien jedweder Couleur berichtete die „Neckarquelle" emotions- und kommentarlos; sie wollte nur informieren, eine eigene Meinung mußte der mündig geglaubte (?) Bürger sich selbst bilden – eine

Hilfestellung unterblieb selbst in den schwierigsten politischen Fragen. Nichts legt deutlicher Zeugnis ab von der Einhaltung des Grundsatzes (partei-)politischer Abstinenz als die erste Ausgabe der „Neckarquelle" im Jahre 1933[38]. Dem „Ruf zur Sammlung" des Prälaten Kaas, des Vorsitzenden der Deutschen Zentrumspartei, folgt die eindringliche Warnung des württembergischen Staatspräsidenten Bolz vor einer drohenden Diktatur. Daneben, fast unmittelbar an den Artikel „Kommt die Diktatur?" anschließend, Adolf Hitlers Neujahrsbotschaft. Den „Geist der Bewegung" aber sollten bald auch jene kennenlernen, die ihm in ihrer Zeitung – aus übergroßer Liberalität heraus – das Wort erteilten, ohne irgendeinen warnenden Kommentar anzuschließen. Diese Art politischer Abstinenz konnte auch, wie es die amerikanischen Presseplaner nach dem Ende des Dritten Reichs taten, als das apolitische Verhalten einer „standpunktlosen Mischpresse" gedeutet werden, deren Leser politisch unerfahren geblieben, ja geradezu desorientiert worden seien.[39] Man tut den Heimatzeitungen und Generalanzeigern gewiß Unrecht, wenn man sie der demokratischen Entwicklung in der Weimarer Republik abträglich schilt – als verhängnisvoll erwies sich eine falschverstandene Liberalität gegenüber dem Feinde der Freiheit im Rückblick auf jeden Fall.

Verständlich aber bleibt das Bemühen einer Lokalzeitung, nicht allzusehr ins Störfeuer politischen Meinungskampfes zu geraten, zumal in einem Gemeinwesen, in dem sie sich dank ihrer überparteilichen Ausrichtung gegen die erfolgreiche Konkurrenz einer jungen und kämpferischen Parteizeitung behaupten konnte.

Der Schwenninger SPD Kampfinstrument
und Bekenntnisblatt: Die Arbeiterzeitung
„Volksstimme" (1919–1933)

In ihrer Haltung, sich „jeder abgrenzenden
Parteipolitik fernzuhalten", wurde die
„Neckarquelle" sicherlich durch die Konkurrenzzeitung am Ort bestärkt; der kämpferischen „Volksstimme", gelang es, zur „in
Schwenningen und Umgebung viel gelesenen
Arbeiterzeitung" zu werden, (bedingt) zur
„echten Konkurrenz" der angestammten
„Neckarquelle" – wie eine Vielzahl von Anzeigen selbst „bürgerlicher" Vereine, die alle
möglichen Interessenten erreichen wollten,
noch heute nachempfinden läßt.

Das Erscheinen einer sozialdemokratischen Tageszeitung lag 1919 durchaus im
Trend; die SPD, deren Landesleitung lange
der hohen Kosten wegen vor der Gründung
parteieigener Lokalblätter gewarnt hatte,
hatte ihre ursprüngliche Zurückhaltung aufgegeben.[40] Die „Volksstimme"[41] war Bekenntnisblatt und Kampfinstrument des
SPD-Ortsvereins zugleich, darüber hinaus eine „Tageszeitung für das werktätige Volk"[42],
die schichtspezifisch unterrichtete, belehrte
und – nicht zuletzt in rechtlichen Fragen aller
Art – beriet, oftmals ein „Ratgeber in Recht
und Politik" für die Arbeiterschaft in Stadt
und Umkreis, die ihrer Zeitung dafür dankbar war. Diese machte aus ihrer parteipolitischen Gebundenheit gewiß kein Hehl; bereits im Zeitungskopf wies das Blatt seinen
politischen Standort aus – als „Sozialdemo-
kratisches Organ für das Schwarzwald=, das
obere Donau= und Baar=Gebiet."

Neben dem politischen Kampf, der immer
zugleich auch ein Kampf um und für die Republik war, bestimmten Meldungen aus der
Arbeitswelt, über Arbeitsplatzverhältnisse,
Arbeitsschutz, Arbeitsniederlegungen, Demonstrationen, Gesetzgebung und Rechtsprechung in allen Fragen, die für den Arbeiter relevant erschienen, das Gesicht der

Volksstimme. Diese eigentlichen Schwer-
punktthemen nahmen in der Regel bis zur
Hälfte des zur Verfügung stehenden Raumes
ein. Rechnet man die wöchentliche Beilage
„Aus dem Wirtschaftsleben" noch hinzu, werden 50 Prozent bestimmt noch übertroffen.
Und schließlich beleuchtete die alle zwei Wochen beiliegende „Gemeinde-Zeitung" Arbeitsverhältnisse und Gemeindepolitik in der
Stadt. Die Reichspolitik wurde darüber nicht
vernachlässigt; Sonderbeilagen widmeten
sich politischen Fragen; mit „Reaktion und
Reichsgründung" sei ein Beispiel genannt.
Das Bedürfnis der Leser nach Unterhaltung
wurde auch im SPD-Organ durch einen ständigen Romanteil befriedigt, selten durch Un-
terhaltungsbeilagen (wie „Volk und Zeit. Il-
lustriertes Unterhaltungsblatt zur Volksstimme…"); später immerhin durch Sportberich-
te und – einmalig fast für die „Provinz" – Ki-
nokritiken. Den geringsten Teil des Umfangs
konnten die Inserate für sich beanspruchen
(oft weniger als eine halbe Seite von vier Seiten insgesamt); zieht man die Vereinsanzei-
gen und die Eigeninserate der „Volksbuch-
handlung" der „Volksstimme" ab, so ist der
Werbeteil geradezu kümmerlich – auch im
Vergleich mit der 1912–1914 erscheinenden
liberaldemokratischen „Baar=Zeitung", die
immerhin zwischen 30 und 40 Prozent ihrer
ebenfalls vierseitigen Ausgabe mit Werbean-
zeigen füllen konnte: Die Unterstützung der
Geschäftswelt kam den Sozialdemokraten
fast selbstredend nicht im gleichen Maße zu
wie den liberalen und bürgerlichen Demokraten, denen die SPD-Zeitung oft mißtrauisch und ablehnend, manchmal geradezu
feindlich gegenübertrat.

Aufsehen erregte die „Volksstimme" durch
unnachgiebiges Eintreten für die Sache der
Partei in harter Auseinandersetzung mit den
„Bürgerlichen". Es war für die SPD-Zeitung
ausgemacht, daß es bei Reichstagswahlen um
die Alternative „Sozialismus und Volksrecht
oder Kapitalismus und Knechtschaft" ging,

getreu der Parole der Sozialdemokratie: „Demokratie und Gleichberechtigung, Freiheit und Sozialismus", daß eben deshalb keine Stimme einer bürgerlichen Partei gegeben werden dürfe. Die Sympathien der Schriftleitung gehörten naturgemäß der eigenen Partei. Überdeutlich zum Ausdruck kommt dies beispielsweise in dem Artikel „Parlamentarische Ordnung", der am 21. Juni 1922 auf der Titelseite erschien.[43] Die Verurteilung des tätlichen Angriffs auf einen DVP-Abgeordneten, die Kritik an den „undisziplinierten Elementen" der sozialdemokratischen Linken ist scharf, doch wird sie durch das klar bekundete Verständnis für diese Aktion mehr als ausgewogen. Der Kampf der „Volksstimme" ist der Kampf der SPD, ihre Sache die Sache der Proletarier. Den Dichtern unter ihnen räumte sie Platz ein für ihre Werke: So erschienen Gedichte wie „Winter" und „Notschrei der Zeit" von Ernst Klaar, „Der arme Mann" von Hans Gathmann[44] – Arbeiterdichtung, politisch, agressiv, oft aus Verzweiflung geboren.

Dichtung als Anklage! Und die Schriftleitung klagte an, was ihr anklagenswert erschien – nicht nur im Reich. Unter die Haut gingen direkte Angriffe auf mehr oder minder bedeutsame Größen der Lokalpolitik im Kampf gegen das „Bürgertum", aber auch in der harten Auseinandersetzung mit den weiter links stehenden Genossen, den feindlichen Brüdern der KPD, die einen Teil der Arbeiterschaft für sich reklamierten.

„Der Rote Wecker": Ein Blatt der kommunistischen Jugend vor Ort

Von Anbeginn der Republik stellte die äußerste Linke in der Stadt einen ernstzunehmenden Faktor des politischen Lebens dar; die Zeit von 1918 bis Ende 1923 sollte für sie zu jener Phase ihrer Geschichte werden, in der sie ihren Ruf als „rotes Schwenningen" erwarb. Die demokratischen Wahlen nach

dem Kriege erweisen dies. Der Trend nach links ist unverkennbar; die USPD nimmt der SPD von Mal zu Mal Stimmen ab; hinzugesellt sich am äußersten linken Rand des Parteienspektrums die im Frühjahr 1920 gegründete KPD/Spartakusbund[45], deren Sprecher weit radikalere Einstellungen vertraten als jene der USPD, die sich nicht an den Vorstellungen der Kommunistischen Partei Rußlands orientierten. Doch war dies kein Hindernis für die beiden Linksparteien, sich in Schwenningen noch vor den Gemeinderatswahlen am 27. November 1922 zu vereinigen. Im neugewählten Gemeinderat stellte die SPD acht Vertreter, die KPD vier.

Der Kampf um die Stimmen der Arbeiterschaft wurde erbittert geführt; die katastrophale Wirtschaftslage der Jahre 1922–1924 begünstigte ein stetiges Anwachsen des kommunistischen Lagers – worin man nicht zuletzt auch ein Versagen der gemäßigten Sozialdemokraten erkennen mag, die, inzwischen zur etablierten Partei geworden, die einfachen Arbeiter ohne weitergehende Qualifikation sowie die Hilfsarbeiter am unteren Ende der sozialen Leiter bei allem Engagement für das Proletariat vernachlässigte.[46] Die Unterstützung der unterprivilegierten Industriearbeiterschaft verlor die SPD zusehends; das kommunistische Stimmenpotential stieg an. Hinzu kam die große Schar der Erwerbslosen in schweren Krisenzeiten.

Jung, dynamisch, erfolgreich: So präsentierte sich die Kommunistische Partei Deutschlands in den zwanziger Jahren. Ihr Erfolg basierte auf einer konsequenten Erwerbslosenpolitik, welche sie zum Sammelbecken der von der Arbeitsmarktlage Gebeutelten geraten ließ, auf der Vereinnahmung der Minderqualifizierten, die sich von den Honoratioren der SPD im Stich gelassen fühlten, auf der Begeisterung der Jugend nicht zuletzt: Junge Arbeiter waren von Anfang an die bevorzugte Zielgruppe der Partei; auf sie war ihr Angebot im wesentlichen zugeschnitten, in ihr entfalteten die Jugendlichen mannigfache Aktivitäten. Es wäre verwunderlich, hätten sie nicht versucht, sich ihr eigenes Sprachrohr zu schaffen. Eine eigene Zeitung entstand[47]: „Der Rote Wecker" wurde von Jungkommunisten herausgebracht, die es verstanden, durch „lokale Berichterstattung" dem Kommunistenblättchen Leser zuzuführen, das – so ein Jungredakteur von ehedem – „attraktiver" gewesen sein soll „als die (Zeitung) von der Partei", ziemlich „aufgedreht" und in der Berichterstattung „nicht immer ganz wahrheitsgetreu", „dafür aber spannend und amüsant, mit satirischem Einschlag": ein Propagandablatt, das je nach Standpunkt Ärgernis erregte oder Freude bereitete. Nicht zuletzt die Karikatur als Instrument kritischer Beleuchtung der Schwenninger Arbeitswelt, gezeichnet aus dem Blickwinkel der direkt Betroffenen, wird lebhaftes Interesse hervorgerufen haben.

Redaktion, Druck und Vertrieb der handabgezogenen Exemplare lagen in der Hand der jungen Leute. „Die Zeitung war keineswegs illegal, für Vertrieb und Druck lagen amtliche Genehmigungen vor. Es war eine Schwenninger Zeitung."[48] Gegeben hat es noch mehrere solcher „Jugendzeitungen" in der Stadt.[49] „Kein Archiv hat sie leider gesammelt, und in den folgenden Jahren erschien es nicht opportun, im Besitz dieser Exemplare zu sein."[50] Nicht vom Winde verweht, in der Erinnerung festgehalten, von der „Braunen Diktatur" aber unterdrückt und „ausgemerzt".

Die Heraufkunft der NS-Diktatur:
Das erstrebte Ende der Meinungsfreiheit
und der Aufbau der NS-Presse

Störender noch als „Der Rote Wecker" mußte die vielgelesene „Volksstimme" auf die Ende 1931 merklich an Boden gewinnenden Nationalsozialisten wirken. Sie auszuschalten wurde der „Hitlerbewegung" vor

Ort zum Ziel; dabei versuchte die NSDAP, die Mißstimmung zu nützen, die der aggressive Stil der Berichterstattung in der „Volksstimme" bei den politischen Gegnern hinterlassen hatte und ständig aufs neue hinterließ. Herbert Holtzhauer, seit 1929 Schriftleiter der „Volksstimme", zuvor Redaktionsvolontär beim „Vorwärts" in Berlin, attackierte unnachsichtig die Größen der Lokalpolitik, selbst den Oberbürgermeister; er erregte Empörung und (Ent-)Rüstung all seiner Gegner, wurde „mit seiner Zeitung" zum „öffentlichen Ärgernis". Selbstlosigkeit heuchelnd, angeblich allein in Sorge um das Ansehen von Stadt und Oberbürgermeister, wollte die drei Mandatsträger umfassende nationalsozialistische Gemeinderatsfraktion durch namentliche Abstimmung am 5. Februar 1932 beschlossen wissen[51]: „Der Gemeinderat mißbilligt aufs schärfste die sehr unsachliche Berichterstattung der hiesigen Zeitung ‚Die Volksstimme'. Ganz besonders scharf mißbilligt der Gemeinderat die Verunglimpfung von im öffentlichen Leben unserer Stadt stehenden unbescholtenen Personen und ist empört darüber, daß diese Zeitung in ihrer üblen Art der Kritik auch nicht vor der Repräsentationsperson der Stadt, dem Herrn Oberbürgermeister, haltmacht. In Ansehung dessen, daß die ‚Volksstimme' nicht nur in Schwenningen, sondern auch in der Umgebung gelesen wird, sieht der Gemeinderat darin eine dauernde Schädigung des Ansehens unserer Stadt und ihrer Einwohnerschaft in der näheren und weiteren Umgebung." Nach einer scharfen Auseinandersetzung im Gemeinderat, die zu einer Lehrstunde in Sachen Pressefreiheit geriet, wurde der Mißbilligungsantrag der NSDAP-Fraktion von den Vertretern aller anderen Parteien abgelehnt – lediglich die KPD enthielt sich der Stimme. Für eine SPD-Zeitung votieren wollte man auf kommunistischer Seite denn doch nicht – bei aller Einsicht darein, daß es „im politischen Leben notwendig (sei), daß Kritik geübt (werde)", und deshalb „einer jeden Richtung das Recht ein(geräumt werden müsse), an Bestehendem Kritik zu üben"[52].

Die Ablehnung des Mißbilligungsantrags gegen die sozialdemokratische „Volksstimme" wurde von den Nationalsozialisten nicht leicht verschmerzt. Sie sahen sich genötigt, ihr ein eigenes Parteiblatt entgegenzustellen, und entschieden sich zur Herausgabe der „Nationalsozialistischen Volkszeitung" für die Oberämter Rottweil, Tuttlingen, Oberndorf und Spaichingen ab dem 1. Juli 1932. Sie sollte zudem den Kampf der „Hitlerbewegung" bei den Reichstagswahlen Ende des Monats ideologisch vorbereiten und begleiten: ein Propagandainstrument, das ohne alle Rücksicht tatsächliche, mögliche, nur vermeintliche Gegner verunglimpfte, all das weit hinter sich zurücklassend, was die Stadt je an parteipolitischer Auseinandersetzung erlebt hatte; eine „lokale NS-Kampfpresse" – dem Selbstverständnis nach. Der Wolf streifte seinen Schafspelz ab, der ihn vor kurzem noch so gut gekleidet...

Der Pressefreiheit schnelles Ende: Gleichschaltung im nationalsozialistischen Deutschland

Nebeneinander erschienen in größerer Auflage die überparteiliche „Neckarquelle" (die allerdings nicht immer einen unparteiischen Eindruck zu vermitteln weiß, wo sie unbesehen Polizeiberichten folgt oder eingesandte Berichte ohne weiteres abdruckt)[53], das SPD-Blatt „Volksstimme" und die „Nationalsozialistische Volkszeitung", das Propagandainstrument der NSDAP. Ein friedliches Nebeneinander konnte es nicht sein; es währte auch nicht lange. Die „Machtübernahme" durch die Nationalsozialisten am 30. Januar 1933 stürzte viele Menschen, viele Einrichtungen und Organisationen ins Unheil; viele sahen sich in ihrer Existenz aufs äußerste bedroht. In ihrem Willen zu totalitärer Herr-

schaft ließen die neuen Machthaber andere Meinungen nicht zu, vielmehr griffen sie zu jedem Mittel der Unterdrückung und Verfolgung anderer. Die Presse war mithin ein besonderes Ziel nationalsozialistischer Angriffe; „frei" bleiben durfte sie nicht, zumal ihr Hitler zufolge die Aufgabe der Erziehung des Deutschen bis ins hohe Alter zukam.

Die ersten Aktionen:
Die Vernichtung der sozialistischen Presse

Erstmals nach dem Reichstagsbrand vom 27. Februar 1933 war die Möglichkeit gegeben, Zeitungen zu verbieten – auf Grundlage der vom Reichspräsidenten unterfertigten „Notverordnung zum Schutz von Volk und Staat", die mit einem Federstrich die wichtigsten Grundrechte aufhob. In Württemberg konnten freilich Verbote nicht sofort ausgesprochen werden, da die rechtmäßige Regierung unter Staatspräsident Eugen Bolz sich gegen Rechtsbrüche sträubte. Dies änderte sich erst, als am 8. März von Jagow zum Reichskommissar und Polizeichef in Württemberg über den Kopf der Regierung hinweg ernannt wurde, noch ehe am 15. März der NSDAP-Gauleiter Wilhelm Murr zum Staatspräsidenten aufstieg. Sozialistische Blätter durfte es in Württemberg von nun an nicht mehr geben; dem Verbot der sozialdemokratischen und kommunistischen Blätter sollte dasjenige aller Parteizeitungen alsbald folgen, ebenso die Beschlagnahme ihres Vermögens.[54]

Schlagartig wurde ihnen der Garaus gemacht. Bis zum 11. März war in der Redaktion des Schwenninger SPD-Organs unbehinderter Journalismus möglich; unzensiert konnte das Blatt erscheinen. Doch nur fünf Tage überdauerte die Zeitung die letzten halbwegs freien Wahlen; ein sechstes Mal konnte sie nur noch mit der Bekanntgabe ihrer Schließung vor die Leser treten. Der Betrieb wurde beschlagnahmt, die Maschinen demontiert, das Zeitungsarchiv vernichtet.

Als Funksprüche das Verbot sozialdemokratischer Druckerzeugnisse am 13. und am
27. März für jeweils 14 Tage verlängerten, war
die „Volksstimme" bereits zum Verstummen
gebracht. Das „Neue Deutschland" der Nationalsozialisten trägt über das bessere der
Sozialdemokraten den Sieg davon, fürchter-
lich für die Freunde der Freiheit. Das Vermögen der politischen Gegner freilich bringen
die braunen Machthaber an sich. Der Trossinger Fabrikant Fritz Kiehn, der bereits 1930 in
die NSDAP eingetreten war und sich vor
1933 große Verdienste um sie dadurch erworben hatte, „daß er als der einzige Industrielle
des Gaues, welcher innerhalb der Bewegung
stand, für die Durchführung von Kundgebungen, Ausbau der NS-Presse usw. große finanzielle Opfer brachte und die Partei laufend zu
einer Zeit unterstützte, wo andere führende
Industriewerke seines Heimatkreises für die
Bewegung überhaupt nichts übrig hatten"[55],
wird belohnt. Nicht nur als Initiator der NS-
Presse unseres Raumes geht Kiehn ein in die
Geschichte, sondern auch als Liquidator der
sozialdemokratischen Zeitung Schwenningens und Sachwalter ihrer Hinterlassen-
schaft: meuchelmörderischer Attentäter auf
die freie Presse, ihr Totengräber, ihr „Lei-
chenschänder" nachgerade in einem. Mitte
Mai 1933 erhält er „Generalvollmacht für die
Volksstimme in Schwenningen". Seine Ansprüche auf Druckerei und Verlag macht der
(bis heute hoch)angesehene Bürger der Baar
bald geltend – beim Schwenninger Bürgermeisteramt; der Brief des ehrenwerten Bürgers Fritz Kiehn: ein Zeugnis von der Freiheit
Ende, ein Dokument nationalsozialistischen
Raubes zugleich.[56]

Doch nicht nur Vermögenswerten freiheit-
lich Denkender drohte Gefahr; sie selbst standen auf der Abschußliste der Nationalsozialisten. Am 20. März 1933 meldete die „Neckarquelle", daß „in verschiedenen Häusern der
Stadt polizeiliche Haussuchungen vorgenommen" worden seien, „so u.a. in den Geschäfts-

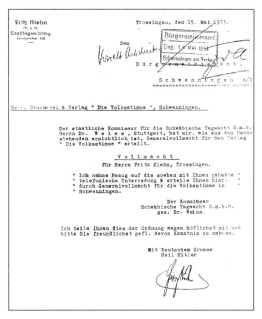

*Abb. 3 Ein Zeugnis von der Freiheit Ende, ein
Dokument des nationalsozialistischen Raubes
zugleich: Das Vermögen der politischen Gegner
bringen die braunen Machthaber an sich. Der
Trossinger Industrielle Fritz Kiehn wird für seine
hervorragenden Verdienste um ‚Führer, Volk und
Vaterland' fürstlich belohnt: „Die Partei dankt ihren
‚Genossen'".*

räumen der hiesigen ‚Volksstimme', in der
Wohnung des Redakteurs dieser Zeitung,
Herbert Holtzhauer, als auch bei Richard
Ackermann... Nennenswertes, bezw. bela-
stendes Material wurde nirgends vorgefun-
den. Redakteur Holtzhauer und der sozialdemokratische Landtagsabg(eordnete und
Reichsbannerführer) Ruggaber haben, wie
uns weiterhin mitgeteilt wird, Schwenningen
mit unbekanntem Ziel verlassen..."[57] Vier Tage später stand in derselben Zeitung zu lesen,
Herbert Holtzhauer, Schriftleiter der „Volksstimme", habe sich bei der Polizei gemeldet;
zunächst unter „polizeiliche Aufsicht" gestellt,
wurde er alsbald in „Schutzhaft" genommen;
er wurde ins Konzentrationslager Heuberg
verbracht.[58] Der letzte Kommentar der

„Volksstimme" am 11. März 1933 hatte gelautet: „Wahrt Eurer Zeitung auch in schwerer Zeit die Treue. Freiheit!"[59] „Das letzte Wort – fast ein Hilferuf. In der Folgezeit wird die ‚Freiheit' mit Füßen getreten."[60]

„Nachstoßen und vernichten": Das
Kesseltreiben gegen die „Bürgerliche Presse"

Nicht so leicht in den Griff zu bekommen wie die parteigebundene Presse waren die bislang bewußt überparteilichen Tageszeitungen, von denen nun erwartet wurde, daß sie sich auf den Boden des neuen Staates stellten und die nationale Revolution bejahten. Genügte dies den neuen Machthabern? Wohl kaum. Alle nicht-nationalsozialistischen Blätter wurden – sofern es sich nicht um sozialistische handelte – „Demokratie und Liberalismus" pauschal zugeschlagen, in denen die NSDAP nur den „Vortrupp des Marxismus" erkennen wollte. „Nachstoßen und vernichten" lautete die Devise im Kampf gegen die freien Tageszeitungen.

Systematisch war der Versuch der Partei, Zeitungsverlage in ihren Besitz zu bringen und unabhängige Zeitungen durch NS-Organe zu ersetzen. Mit Einschüchterungen jeder Art versuchten die neuen Machthaber, ihr Ziel zu erreichen: Wirtschaftliche Pressionen, befristete Verbote einzelner Zeitungen wegen angeblich „beleidigender Äußerungen" oder „unsachgemäßen Angriffen auf die Partei" suchten die Zeitungsunternehmer einzuschüchtern; ein gängiges Mittel, die bürgerliche Presse „auszutrocknen", war es, ihren Abonnenten Angst einzujagen, damit sie ihr Abonnement der unabhängigen Zeitung kündigten, ein neues bei der jeweiligen NS-Zeitung eingingen. Im Falle Schwenningens sollten die Bürger ihrer „Neckarquelle" den Rücken kehren – und dafür die „Nationalsozialistische Volkszeitung" abonnieren, die ab dem 1. November 1933 als allein für die württembergische Uhrenstadt bestimmtes NS-

Lokalblatt erschien; bald nahm sie den Namen „Das Hakenkreuz=Banner" an, dessen Lokalteil mit dem Titel „Schwenninger Beobachter" über den totalen Überwachungs- und Erfassungsstaat viel verrät; 1935 wurde sie in „Das Hakenkreuz" umbenannt.[61]

Für die „Neckarquelle" begann ein langer Leidensweg. Wenige Monate nach dem Verbot der sozialdemokratischen „Volksstimme" folgte der erste Schlag gegen das traditionelle Lokalblatt. Am 11. August 1933 langte ein tags zuvor von Oberbürgermeister Dr. Gönnenwein verfaßtes Schreiben bei der Verlagsleitung ein, in dem ihr mitgeteilt wurde, er sehe sich von der NSDAP „genötigt, mit sofortiger Wirkung ‚Die Neckarquelle' ihrer Amtsblatteigenschaft zu entkleiden."[62] Damit waren die neuen Herren ihrem Ziel, die einzig verbliebene Konkurrenz vor Ort zu vernichten, bereits bedenklich nahe gekommen. War der „bürgerlichen" Lokalzeitung der Charakter als Amtsblatt genommen, mußte dieser Informations- und Wettbewerbsnachteil fast zwangsläufig mit dem Verlust vieler Abonnenten bezahlt werden, was den Verleger kurz- oder mittelfristig vor die unbefriedigende Alternative stellen mußte, den Verlag ganz oder mehrheitlich (in der Regel mit 51 Prozent der Anteile) der Partei zu übereignen oder den eigenen Ruin ins Auge zu fassen.

Um solches zu vermeiden, kamen die Verlagsleitung der „Neckarquelle" und der von Hause aus linksliberale, nun parteilose Oberbürgermeister überein, daß das alte Lokalblatt die Bekanntmachungen der Stadtverwaltung unentgeltlich drucken dürfe, wenn ein Vertreter der Zeitung sie auf dem Rathaus abhole.[63] Bereits einen Monat später war selbst dieses Arrangement nicht mehr tragfähig; auf Erlaß des württembergischen Innenministeriums mußte „jedwede Form der Begünstigung" eines nicht-nationalsozialistischen Tagblattes unterbleiben. Doch selbst jetzt ging die Rechnung der National-

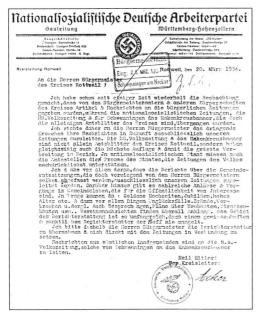

Abb. 4 Mit Pressionen aller Art versuchten die Nationalsozialisten, die bürgerliche Presse, mithin auch die „Neckarquelle" gleichzuschalten: Dieser Brief ist ein Beweisstück nur.

sozialisten nicht auf, da die „Neckarquelle" im wesentlichen ihren Leserstamm halten konnte – trotz des schweren Nachteils, daß die Leser des „Hakenkreuz(es)" die amtlichen Bekanntmachungen von Rathaus und Landratsamt nun stets einen Tag früher erfuhren. Noch im Jahre 1936 konnte die „Neckarquelle" eine Überprüfung der „Cura-Revisions- und Treuhandgesellschaft Berlin" auf ihre Rentabilität schadlos überstehen: Fehlende Wirtschaftlichkeit war kein „Rechtsgrund" für die Schließung der „Neckarquelle."[64]

Bereits im November 1933 waren „mehr als 70 % der Zeitungen dem NS-Gauverlag zugeführt"[65]. Verschiedene Gesetze und Einrichtungen waren geeignet, die kleine und mittlere „bürgerliche Presse" in die Hand zu bekommen: Erinnert sei an die Schaffung des „Reichsministeriums für Volksaufklärung

und Propaganda", dessen Leitung Goebbels übernahm (19. März 1933); die Einrichtung der Reichskulturkammer, die in sieben Kammern, darunter der Reichspressekammer für Presse und Schrifttum unter Leitung von Max Amann, alle „Kulturträger" des Reiches erfaßte (22. September 1933); die Erlassung des Schriftleitergesetzes (vom 4. Oktober 1933), das jede eigene Entscheidung und Verantwortung des Verlegers beseitigte und den Journalisten zum „Träger öffentlicher Interessen machte", der nur dem Staat verpflichtet war. Zur „rechtlichen Handhabe" kamen Willkürakte und Pressionen aller Art. Der Druck der Nationalsozialisten auf die „Neckarquelle" wuchs. Sie hielt stand, blieb privatwirtschaftliche Zeitung, zögerte ihr Ende hinaus – sie konnte dies, da viele ihrer Leser der Heimatzeitung die Stange hielten, sich selbst durch unsaubere Methoden nicht für das „Hakenkreuz" abwerben ließen.

Der Kampf wurde verschärft. Im Februar 1934 wurde der „Verein deutscher Zeitungsverleger" (VDZV) zum „Reichsverband deutscher Zeitungsverleger" (RVDZV) umgebildet, der in allen verantwortlichen Stellen mit zuverlässigen Parteigenossen besetzt wurde. Der Schein einer – freilich staatlich gelenkten – „berufsständischen Selbstverwaltung" blieb gewahrt, doch aus dem freien Standesorgan war ein unfreier Befehlsempfänger geworden, der dem Wunsch des „Führers" gemäß handelte. Der eigene Berufsverband machte gegen seinen Mitgliedsverlag mobil. Nicht nur wurde eine Untersuchung der „Neckarquelle" auf ihre Rentabilität unterstützt, die gemäß einer Verordnung des Reichspressekammerpräsidenten Amann vom 24. April 1935 für notwendig befunden worden war, sondern auch politische Vorwürfe wurden erhoben. Konnte eine Schließung der „Neckarquelle" wegen „ungesunden Wettbewerbs" nicht gerechtfertigt werden, so sollte sie wenigstens den (ebenfalls am 24. 4. 1935 ergangenen) Anordnungen Amanns zur

Beseitigung der „Skandalpresse" bzw. zur „Arisierung, Entkommerzialisierung, Entkonfessionalisierung der deutschen Presse" zum Opfer fallen. Fein hierauf abgestimmt, erscheinen die Anschuldigungen von seiten des RVZDV in einem Brief vom 28. Januar 1936[66]: Die „Neckarquelle" habe „linksgerichteten Parteien nahegestanden", habe eine „scharf ablehnende" Haltung gegenüber den Nationalsozialisten eingenommen und lasse eine „stark konfessionelle Einstellung" erkennen; zur Beanstandung Anlaß gibt die „ungenügende Behandlung der Juden- und Rassenfrage", die „ungenügende Berichterstattung über die HJ" und die „abträgliche Kritik an der Organisation der Deutschen Arbeitsfront"; vor allem aber wurde angeprangert, daß die „Neckarquelle" den „leidenschaftlichen Kampf für die nationalsozialistische Bewegung und den nationalsozialistischen Staat" vermissen lasse. Die Anklage kam einem Todesurteil für das privatwirtschaftlich betriebene Lokalblatt gleich. Zwar erfüllte die Verlagsleitung die Forderung, den „schwer belasteten Schriftleiter Eduard Ehemann"[67] nicht weiter zu beschäftigen, zumindest nicht in seiner Eigenschaft als Redakteur, doch nahm sie sich bei der Besetzung der Nachfolge ungebührliche Freiheiten heraus, als sie den von der NSDAP präsentierten Schriftleiter ablehnte und einen selbstgewählten Redakteur einstellte. Bis zum 31. Dezember 1936 zog sich der spannungsgeladene Kleinkrieg hin; dann hatten skrupellose Macht und niederträchtige Intrigen „ihren" Sieg errungen: „Die Verlagsrechte an der ‚Neckarquelle' gingen mit Wirkung ab 1. Januar 1937 auf eine neugegründete GmbH über, in welche die NS-Presse Württemberg-GmbH die Verlagsrechte am ‚Hakenkreuz' einbrachte und dafür trotz der im Gegensatz zur ‚Neckarquelle' weitaus geringeren Auflage die Majorität erhielt. Die NS-Presse diktierte. Es blieb nur der Lohndruck der Zeitung."[68]

Im Zeichen des Hakenkreuzes: Schwenninger Zeitungsgeschichte 1937–1945

Die „Neckarquelle", die schon zuvor aufgrund der einseitigen Ausrichtung der einlaufenden Nachrichten, Berichte und Meldungen ihr Gesicht verloren hatte – wofür die nationalsozialistischen Aktivisten, die neuen Herren Schwenningens, Sorge trugen –, hatte nun auch ihre Selbständigkeit eingebüßt. Der Kampf der Verlegerfamilie gegen die Gleichschaltung war verloren, die NSDAP war getreu ihrem Motto „Nachstoßen und vernichten" siegreich geblieben. Die Verlegerfamilie wurde ausgeschaltet, die „Neckarquelle" gleichgeschaltet, d. h., mit dem „Hakenkreuz" zwangsvereinigt. Zum Jahreswechsel erschien am 31. Dezember 1936 gleichlautend in der „Neckarquelle" und im „Hakenkreuz" als Mitteilung, was der Wahrheit Hohn sprach: „Die Neuerung wird durchgeführt im Sinne einheitlicher nationalsozialistischer Ausrichtung. Sie entspricht auch einem Wunsch und Bedürfnis der Schwenninger Einwohnerschaft."

Die beibehaltene graphische Gestaltung des Zeitungskopfes sollte – nicht anders als die fortgeführte Jahrgangszählung – eine Kontinuität vorgaukeln, die es so nicht gab. Doch auch der vertraute Zeitungskopf mußte weichen; mit der Umstellung auf Berliner Format strich die NS-Presse Württemberg GmbH den alten Titel „Die Neckarquelle" und setzte den bisherigen Untertitel an dessen Stelle: Am 15. Juli 1940 fanden die Schwenninger Leser erstmals keine „Neckarquelle" mehr in ihrem Briefkasten vor, sondern ein „Schwenninger Tagblatt". Um so krampfhafter war der Versuch der nationalsozialistischen Schriftleitung des „Tagblatts", eine Traditionslinie von der „Neckarquelle" zu den NS-Zeitungen mit altem oder neuem Haupttitel zu begründen; krampfhaft war das Bemühen, glaubhaft wohl kaum![69] Und selbst dieses „Schwenninger Tagblatt" erlebte das

Kriegsende nicht; um Arbeitskräfte für den Krieg „freizusetzen", auch um dem sich abzeichnenden Papiermangel zu begegnen, wurde am 1. März 1943 sein Erscheinen eingestellt; am 27. Februar 1943 gab die Schriftleitung bekannt, daß zum Zwecke der „Konzentration der Kräfte in den Zeitungsbetrieben" sich die „NS-Presse Württemberg entschlossen hat, die drei NS-Zeitungen des Kreises zusammenzulegen und deren Leser mit der ‚NS-Volkszeitung' Rottweil zu beliefern… Es ist jetzt nicht die Zeit, Vergangenem nachzutrauern. Wichtig ist heute nur, was dem Kriege nützt!" – Dem „totalen Krieg" folgte der (fast) totale Untergang; lange ließ er nicht mehr auf sich warten; beim Blick auf die zahllosen Opfer der letzten Kriegsjahre dennoch allzulange.

Wiederaufbau und Neubeginn: Die Rückkehr zur Meinungsvielfalt der Presse

1945 war vieles zu Ende: der Krieg, die Tyrannei des mörderischen Nationalsozialismus, die Presse auch; die NS-Blätter verschwanden, die letzten privatwirtschaftlich betriebenen Zeitungen nicht minder. Eine „neue Zeit" konnte beginnen und – wurde die Chance genutzt – eine bessere Zeit in einer freieren Welt, die auch das uneingeschränkte Recht der freien Meinungsäußerung achtete.

Der „Freie Neckarbote": Ein neues Kapitel der (Zeitungs-)Geschichte

Nach der bedingungslosen Kapitulation im Mai 1945 waren auf Beschluß der Siegermächte alle Verlagsrechte erloschen; keinem Deutschen war es gestattet, eine Zeitung oder Zeitschrift herauszugeben. Am Anfang konnte so in Schwenningen nur ein Mitteilungsblatt der Besatzungsmacht und der Stadt stehen, das immerhin als Wegweiser

dienen mochte auf dem schweren Weg zurück zu demokratischer Meinungsäußerung – auch in gedruckter Form. Schon der Name der ersten Schwenninger Zeitung nach dem Zweiten Weltkrieg verrät viel: „Freier Neckarbote"[70]. Mit Herbert Holtzhauer, dem ehemaligen Schriftleiter der sozialdemokratischen „Volksstimme", Martin Link, einem bürgerlichen Demokraten, und Ludwig Becker, dem früheren Leiter der KPO (Kommunistische Partei-Opposition) Schwenningens, teilen sich von der französischen Besatzungsmacht gewiß nicht zu beanstandende Männer die Schriftleitung des Blattes, welches die Schwenninger nach dem Zwang des „tausendjährigen Reiches", das nur etwas mehr als ein Jahrdutzend nicht hielt, was es vielen versprochen, zur Demokratie hinführen sollte.

„Herausgegeben vom Französischen Militärgouvernement und dem Oberbürgermeister der Stadt Schwenningen/Neckar" (wie der Zeitungskopf anzeigt), erschien das Blatt erstmals am 6. September 1945. „Den intelligenten und kritisch veranlagten Schwenningern", welche in ihrer Mehrheit die NS-Propagandapresse schwerlich begrüßt hatten – was nicht zuletzt die im Dritten Reich rückläufige Zahl verkaufter Zeitungen belegen mag[71] – versprach es, ein neues Kapitel im Buch der Schwenninger Zeitungsgeschichte aufzuschlagen, ein neues Kapitel der Geschichte schlechthin: das Kapitel wiedergewonnener Freiheit. Das Geleitwort des Schwenninger Oberbürgermeisters Dr. Otto Gönnenwein (der eine in Württemberg wohl einzigartige Karriere aufweisen konnte, blieb er doch bis zu seiner Abwahl im Jahre 1948 im Amt, das er seit 1930 ununterbrochen innehatte)[72] liest sich als Generalabrechnung mit einem düsteren Kapitel deutscher Geschichte, sich widerspiegelnd in der Historie örtlichen Pressewesens; es liest sich nicht minder als Verheißung einer besseren Zukunft: „Frei soll dieser Bote sein von einer die

Wahrheit steuernden Bevormundung. Frei soll er sein in der entschlossenen geistigen Abkehr von den Gedanken der Gewalt und des Unrechts. Frei soll er sein in der Erziehung zu einem vertieften Nachdenken über die Grundlage menschlicher Gesittung. Frei endlich im Dienste am sozialen und wirtschaftlichen Fortschritt."

Den Weg in die Freiheit wies der „Freie Neckarbote", der zwischen dem 6. September und dem 10. November 1945 erschien, danach bis 1948 durch das „Amtsblatt für Mitteilungen der französischen Militärregierung des Staatssekretariats Tübingen, der Stadtverwaltung Schwenningen, des Landratsamts Rottweil und aller anderen Behörden", schließlich durch das „Amtsblatt der Stadt Schwenningen am Neckar" fortgesetzt wurde.[73] Doch bereits während der Zeitspanne, in der zu Schwenningen der „Freie Neckarbote" erschien, vergab die französische Militärregierung in Württemberg-Hohenzollern die ersten Lizenzen für Zeitungen in deutscher Regie. Eine solche „schriftliche Zulassung der Militärregierung" war für die Herausgabe von Druckwerken durch Deutsche unbedingt erforderlich, da das Gesetz Nr. 191 der Militärregierung in Deutschland vom 12. Mai 1945 die Herstellung und Verbreitung von Zeitschriften und Zeitungen „vorbehaltlich anderer Anordnungen und sonstiger Ermächtigungen" verbot.[74]

Die ersten „überparteilichen"
Lizenzzeitungen: „Schwäbisches Tagblatt"
und „Schwarzwälder Post"

Lizenzen wurden zu Anfang nur für überregional erscheinende Tageszeitungen erteilt, deren Herausgeber einer (gewissenhaften) Überprüfung ihrer politischen Vergangenheit standhielten; zudem hatten sie „überparteilich" zu sein. Als erste Lizenzzeitung Württemberg-Hohenzollerns erschien am 21. September 1945 in Tübingen das „Schwäbische

Tagblatt", dessen Herausgebergremium die parteipolitische Ausgewogenheit zu gewährleisten hatte: 1946 wurde es aus dem Chefredakteur und Geschäftsführer Will-Hanns Hebsacker (parteilos), Dr. Ernst Müller (SPD-nahe), Alfred Schwenger (CDU), Dr. Erich Schairer, Werner Sternberg (KPD) und Rosemarie Schittenhelm (DVP-nahe) gebildet.[75] Am 2. Oktober 1945 gesellte sich die „Schwarzwälder Post" mit Sitz in Oberndorf hinzu, im Grunde genommen eine Altverlegerzeitung, gedacht als nahezu lückenlose Fortführung des alten „Schwarzwälder Boten"; der Herausgeber war mit Dr. Hermann Biesenberger derselbe geblieben – ein Mann, der sich im Kampf gegen die Einverleibung seines Verlages durch die NS-Presse bewährt hatte.[76] Beide Lizenzzeitungen unterhielten eigene Redaktionen und Geschäftsstellen in Schwenningen; die Ausgabe des „Schwäbischen Tagblatts" für Schwenningen, Schramberg und Rottweil wurde der Einwohnerschaft zur Hauszeitung für eine Übergangszeit, in der sie ohne ihre „Neckarquelle" leben mußte. Gedruckt wurde sie bereits im Hause Kuhn – eine erste Zusammenarbeit brachte Lizenzverleger und Altverleger, der im Besitz der Druckerei geblieben war, zusammen, wenn auch noch als „ungleiche Partner".[77]

Den Parteiblättern eine Chance:
Die Zulassung der Parteipresse
in der Französischen Zone

Die Franzosen ließen – im Gegensatz zu den Amerikanern – in ihrer Zone Parteizeitungen erscheinen. In Württemberg-Hohenzollern mußte gemäß Beschluß der französischen Militärregierung vom Februar 1947[78] allein das „Schwäbische Tagblatt" als „überparteiliche Tageszeitung" bestehen bleiben – (vorübergehend) zu einer Wochenschrift wurde die „Schwarzwälder Post". Die „Schwäbische Zeitung" in Leutkirch bekannte sich als „Organ der Christlich-Demokratischen Union"; neu herausgegeben wurden – in der Reihenfolge ihres Erscheinens – „Unsere Stimme. Württembergische Volkszeitung" als Parteiblatt der Landes-KPD in Schwenningen a. N., das Oberndorfer „Schwabenecho" der DVP, „Der Württemberger" als SPD-Zeitung in Reutlingen.[79] Obwohl die Auflagen der Parteizeitungen, die sich nach den Ergebnissen der Landtagswahl vom 18. Mai 1947 richteten,[80] beträchtliche Höhen erreichten – in Württemberg-Hohenzollern druckten die Parteizeitungen 49,5 Prozent aller Zeitungsexemplare[81] – konnten sie sich auf Dauer nicht behaupten; die überparteilichen Zeitungen setzten sich durch.

Diesem Trend konnte sich auch die „Württembergische Volkszeitung" „Unsere Stimme" nicht widersetzen. Das Organ der KPD in Württemberg – die erste Zeitung in Schwenningen, die von der Militärregierung zugelassen wurde – verfolgte politisch stramm die Linie Moskaus, auch in der Kommentierung der ganz Deutschland (be)treffenden Maßnahmen Sowjetrußlands. Von Radio Moskau wurde beispielsweise die Argumentation bezüglich der Berlin-Blockade wortgetreu übernommen.[82] Daß die kommunistische Presse von den Eingriffen der Zensur innerhalb der französischen Zone am stärksten betroffen war,[83] kann nicht erstaunen. Für die demokratische Liberalität spricht aber, daß die Stimme Moskaus in den westlichen Besatzungszonen so frei zu den Bürgern sprechen konnte, getarnt als „Stimme für Freiheit, Frieden und Fortschritt".

Der Heimatzeitung Wiederkehr:
Der „Neckarquell=Bote"/„Die Neckarquelle"

Noch war in der französischen Besatzungszone der Lizenzierungszwang nicht völlig aufgehoben, als sich am 6. August des Jahres 1949 erstmals wieder eine „Überparteiliche Heimatzeitung für das Neckarquell-Gebiet"

der freudig überraschten Bevölkerung präsentierte. Zwar klang der Titel des vorerst dreimal wöchentlich erscheinenden Blattes zunächst etwas fremd und sonderbar: „Schwäbisches Tagblatt – Neckarquell=Bote". Allein, es kündigte sich die altvertraute „Neckarquelle" wieder an – nur unter einem abgewandelten Namen eben: ein Schicksal, das die Schwenninger Lokalzeitung mit dem „Schwarzwälder Boten" verband.

Der Altverleger Dr. Hans-Günther Ziegler war ins Zeitungsgeschäft zurückgekehrt, noch ehe das „Gesetz Nr. 5 über die Presse, den Rundfunk, die Berichterstattung und die Unterhaltungsstätten"[84] vom 21. September 1949 die völlige Gewerbefreiheit für Presseerzeugnisse gewährte. Als hilfreich erwies sich für dies Unterfangen die langjährige Zusammenarbeit mit dem „Schwäbischen Tagblatt", als hilfreich auch die besonderen Konstellationen der Zeit nach Inkrafttreten des Grundgesetzes am 23. Mai 1949, das der Pressefreiheit Verfassungsrang verlieh: Das Ende des Lizenzierungssystems kündigte sich an – ein Grund für die Lizenzverleger, um ihre Abonnentenzahlen zu bangen, wußten sie doch um die bevorstehende Wiederkehr der lokalen Heimatzeitungen. Die Altverleger aber, die ihre Rückkehr auf den Zeitungsmarkt vorbereiteten, erkannten sehr wohl, daß sich kleine, ja selbst mittelgroße Heimatzeitungen im Gegensatz zu früher nicht lebensfähig erzeigen könnten. Nichts lag also näher als eine redaktionelle Gemeinschaftsarbeit der Altverleger unter Hinzuziehung der Lizenzverleger für die Themen Politik und Weltgeschehen, Landesumschau, Wirtschaft, Sport und Kultur bei gleichzeitigem Erhalt eines Lokalteiles, der auf die Bedürfnisse der Leser vor Ort zugeschnitten ist. Schon im ersten Jahr seines Erscheinens hatte das „Schwäbische Tagblatt" mit den Altverlegern Kontakt aufgenommen; mit der Druckerei Zieglers wurde kooperiert. Der Grundstein für eine weitergehende Arbeit war mithin bereits gelegt, als im Spätsommer des Jahres 1949 aus den Beratungen zwischen zwölf Altverlegern und den Lizenzträgern des „Schwäbischen Tagblatts" die „Schwäbische Verlagsgesellschaft mbH" mit Sitz in Tübingen hervorging. Diese Zeitungsgruppe, die sich bald darauf in „Südwest Presse" umbenannte, beließ den kleinen Altverlegerzeitungen ihre weitgehende Selbständigkeit; sie erschienen auf eigene Verantwortung und Rechnung ihrer alten Eigentümer.

Die erste Frucht dieser neuen Zusammenarbeit war der bereits genannte „Neckarquell=Bote". Sobald die alten Zeitungstitel freigegeben waren, trugen die Zeitungen der Südwest Presse wieder die in den Erscheinungsorten eingeführten alten Titel. Ab dem 22. Oktober 1949 konnte die alte Heimatzeitung wieder unter ihrem angestammten Namen firmieren. Beachtenswert nicht nur, daß Oberbürgermeister Dr. Kohler eigens ein Geleitwort verfaßte, in dem er betonte, daß „das öffentliche, wirtschaftliche, politische und kulturelle Leben unserer Stadt... eine Heimatzeitung" brauche, „welche dem drängenden Geschehen in unserer Gemeinde die Spalten unbeschränkt zur Verfügung stellen kann"; beachtenswert vor allem das Bekenntnis des Verlegers, wie es schon im Zeitungskopf aufscheint: „Die Neckarquelle. Überparteiliche Heimatzeitung für das Neckarquellgebiet", ein Bekenntnis, das nach den Schrecken der braunen Diktatur ein ganz neues Gesicht erhielt.

„Die Neckarquelle" konnte ihren früheren Leserstamm zurückgewinnen, die Auflage über Jahrzehnte kontinuierlich steigern; sie belegte 1997 unter 66 in Baden-Württemberg erscheinenden Tageszeitungen den 44. Platz bei einer gedruckten Auflage von 11.254 Stück[85]. Der Eintritt des Verlags Hermann Kuhn als Gesellschafter in die Südwest Presse brachte der „Neckarquelle" den Anschluß an die wichtigen Nachrichtendienste, an den teuren Apparat der großen Agenturen mit

ihrem Stab an freien und festangestellten Mitarbeitern im In- und Ausland. Die freie Gestaltung des Lokalteils ließ sie ihren Charakter als unabhängige Heimatzeitung wahren, deren Erscheinungsbild Redaktionsleiter Karl Rudolf Schäfer in über vierzig Jahre währendem Wirken bestimmt hat[86]: Nicht nur für die aktuelle Berichterstattung des Ortsgeschehens ist sie unverzichtbar, auch für die Lokalgeschichtsforschung leistet sie manch wertvollen Beitrag; unvergessen sind die „Schwenninger Heimatblätter" als vielgelesene Monatsbeilage der fünfziger Jahre. Hochwillkommen aber die Sonderseiten und Sonderbeilagen zu bestimmten Sachgebieten, wie sie das Engagement der Lokalredaktion in vielen Ressorts wie Wirtschaft und Industrie, Handel und Gewerbe, Geschichte, Volkskultur und Kultur heute kennzeichnen: bedenkenswerte und teilweise mit Preisen bedachte Arbeiten geistig Tätiger. Die Seiten mit den lokalen Themen aber sind die Lieblingsseiten aller Zeitungsleser – gleich welchen Geschlechtes, welchen Alters, welcher Schulbildung.

Pressevielfalt statt Meinungsmonopol: Das (nicht gänzlich) ungetrübte Zeitungsglück einer (Doppel-)Stadt im geeinten Deutschland

Neben die ortsansässige „Neckarquelle" trat schon früh der „Schwarzwälder Bote", der das Stadtgeschehen aus der württembergischen Uhrenmetropole zunächst in der „Rottweiler Rundschau" beleuchtete, ehe er sich am 24. September 1946 mit einer Schwenninger Heimatseite (s)einer geneigten Leserschaft präsentierte[87]: Der erste Schritt zur eigenen Lokalausgabe war getan. Als „Schwenninger Heimatpost" kam sie zu Beginn des Jahres 1950 auf den Markt; und sobald der „Schwarzwälder Bote" seinen angestammten Namen wieder führte, warb sie als „Schwenninger Zeitung" um die Gunst

potentieller Bezieher in (möglichst) beachtlicher Zahl. In der Tat ist der Bote aus dem
Schwarzen Walde vielen Bürgern der Stadt
zur geliebten „Zweitzeitung" geworden, nur
wenigen Haushalten zur alleinigen Informationsquelle über das Ortsgeschehen. Als
„Zeitung für Villingen-Schwenningen. Erste
gemeinsame Lokalzeitung für das Oberzentrum der Region Schwarzwald-Baar-Heuberg."[88] hat sich der „Oberndorfer", wie er im
Volksmund gelegentlich noch liebevoll genannt wird, einen festen Platz in der Zeitungslandschaft Schwenningens errungen,
was der „Badischen Zeitung" trotz intensiver
Bemühungen nach dem Städtezusammenschluß nicht gelang: Wie der „Südkurier"
blieb sie vorwiegend auf den badischen Teil
der gemeinsamen Stadt beschränkt – ehe sie
sich mit ihrer Lokalredaktion Ende November 1995 auch aus Villingen verabschiedete,
sich nach Furtwangen zurückzog, dafür Ko-
stengründe ins Feld führte, um... mit dem
bislang schärfsten Marktkonkurrenten zu
„kooperieren", d. h. im wesentlichem sich
vom „Südkurier" für dieses Gebiet redaktio-
nell versorgen zu lassen[89]. Die (von der Geschichte) überholten, doch emotional bis
heute aufgeladenen Grenzen zwischen den
einst selbständigen Staaten im deutschen
Südwesten scheinen unverrückbar; mit einem
Versuch, sie in Richtung Badnerland zu über-
schreiten und in den Markt von „Südkurier"
und „Badischer Zeitung" einzubrechen, ist
das Verlagshaus Kuhn 1953 schon gescheitert.
Der erste Jahrgang des heute weithin verges-
senen „Schwarzwald-Baar Anzeigers" war
zugleich sein letzter. Konzipiert als „Heimatzeitung für die Kreise Villingen und Donaueschingen", als „Anzeigenblatt für die Bezir-
ke Villingen, Donaueschingen und Schwenningen a. N.", zeigt er seine Schwäche vom ersten Tage an: Berichtet wurde aus Villingen,
Donaueschingen, Triberg, Vöhrenbach; Inserate gingen fast nur aus Schwenningen ein.
Die Zeitung trug sich nicht.[90]

Die Bereitschaft, Grenzen zu überwinden,
ging dem Verlag trotz dieses Fehlschlags nicht
verloren. Am 1. Juli 1990 wurde der Sprung
über die eben erst gefallene Mauer, die Jahrzehnte Bundesrepublik Deutschland und
Deutsche Demokratische Republik trennte,
voll Mut und Zuversicht gewagt. Im wahren
Wortsinne befreiende Pressearbeit mit dem
Ziel eines raschen Aufschwungs Ost in
Sachen Demokratie leistete Günther Baumann, verantwortlicher Redakteur zweier
Wochenzeitungen („Dreiländereck" und
„Görlitzer Zeitung") wie zweier Inseraten-
blätter („Oberlausitzer Anzeiger" und „Neuer Görlitzer Anzeiger"). Die bald zu festen
Größen auf dem neuen Markt der Meinungsfreiheit avancierenden „Zeitungen", die eine
neue Zeit anzeigten, mithin auch die noch
nicht gestürzten Größen der SED auf lokaler
und regionaler Ebene, wurden in Schwenningen gedruckt, um tags darauf in Görlitz, Zit-
tau und Löbau zu erscheinen. Eines der inter-
essantesten Kapitel in der Geschichte des
Kuhn-Verlages wurde jedoch im Januar 1994
(abrupt) beendet. Als sich abzuzeichnen begann, daß sich die kleine Presseflotte auf längere Sicht selbst bei bewegtem Wasser würde
wohl halten können, mußten die Segel gestrichen werden, da bei erhöhtem Wellengang
das Mutterschiff nicht ins Schlingern geraten
durfte; die im Westen sich bemerkbar ma-
chende Rezession zwang dazu, die „Bastio-
nen des Ostens" aufzugeben.[91]

Nicht nur die Neuen Bundesländer bewegen die Gemüter; die neue Technik vermag
solches auch. Dem Sprung über die Mauer
muß der gelungene ins 21. Jahrhundert folgen: Der Anschluß an die Datenautobahn,
zeitgemäßer ISDN-Datentransfer, moderns-
te Herstellungsverfahren bis zum Ganzsei-
tenumbruch sind für Zeitungshäuser unab-
dingbare Notwendigkeit, Online-Aktivitäten
neue Betätigungsfelder. Was Wunder, wenn
im Zeitalter des Internet nach dem Vorbild
der großen Zeitungen und der Regionalpres-

se auch bei Verlegern der Lokalzeitungen darüber nachgedacht wird, Chancen dieser neuen Kommunikationstechnik zu nutzen und, werden Ansätze hierzu erkannt, gemeinsam der neuen Herausforderung zu begegnen: beispielsweise in einer Interessengemeinschaft unter dem Namen „Pipeline", die im Gründungsstadium 1996/97 etwa zwanzig Lokalzeitungen umfaßt; die Raffinerie gibt das Vorbild; ohne Raffinement wird kaum einer sich im härter werdenden Kampf der Konkurrenten behaupten.[92]

Zwischen vier Tageszeitungen, darunter dreien mit eigener Lokalredaktion, von denen wiederum zwei, „Die Neckarquelle" und der „Südkurier", insofern kooperieren, als sie redaktionelle Beiträge austauschen, im Anzeigengeschäft zusammenarbeiten, darin dem Kunden gar einen Verbundrabatt gewähren,[93] hat heute der Leser in Villingen-Schwenningen die Wahl – ein seltenes, wenn auch längst nicht mehr ungetrübtes Glück im Zeitalter der Pressekonzentration.[94]

Darüber hinaus flattert ihm allwöchentlich und kostenlos der „Stadtanzeiger" auf den Tisch, der seit 1964 neben sehr viel Werbung und Kleinanzeigen auf wenigen Seiten eine gedrängte Übersicht über herausragende Geschehnisse in der Gemeindepolitik, aber auch in Sport und Kultur bietet[95]. Seit dem 12. Oktober 1989 bringt der Kuhn-Verlag die „Wochenpost" heraus, die durch gediegene Beiträge von Mitarbeitern vor Ort zu Themen von lokalem Interesse ihr besonderes Profil erhält,[96] sich abhebt von anderen Anzeigenblättern, zu denen seit dem 3. Dezember 1987 auch der „Wochenmarkt" des „Schwarzwälder Boten" („WOM – frech und informativ") gehört, der, reißerisch im Stil der Boulevardzeitungen aufgemacht, eine Art „Bild der Heimat" zu sein verspricht.[97] Ein kurzes Gastspiel über ein Jahr nur gab die anno 1996 gegründete „SonntagsZeitung" mit ihrer Ausgabe Villingen-Schwenningen-Bad Dürrheim.[98] Weit größer als gemeinhin

angenommen ist die für Tageszeitungen in Zeiten wirtschaftlicher Zurückhaltung bedrohlich scheinende werbliche Konkurrenz durch die wöchentlich erscheinenden Anzeigenblätter, denen allmonatlich aufgelegte Magazine mit (bisweilen der Lektüre zu empfehlendem) redaktionellem Teil sich zugesellen, die sich allein durch Inserate finanzieren und, kostenlos ausliegend, ihre Leser finden: das „Sportpanorama" seit 1985, wie das zehn Jahre jüngere „Immobilien Panorama" ein Schwenninger Erzeugnis, ferner der „freizeitspiegel", ein in Stetten verlegtes, in Schwenningen gedrucktes Stadtmagazin mit dem Anspruch eines „anstattmagazins", das wirklich guten Lesestoff aus dem Kultur- und Museumsbereich bietet...[99]

Wer aber (trotz des vorrangig geübten Ankündigungsjournalismus) allmonatlich Lesefrüchte von außerordentlicher Qualität pflücken mochte, konnte für kurze Zeit zur „tangente" greifen, einem „kulturmagazin für die Region Schwarzwald-Baar-Heuberg", das unter dem Motto „und die Provinz lebt doch!" hohen Ansprüchen gerecht werden wollte, Berührungen provozieren, Berührungsängste aber abbauen – und mochten es die schwerlastenden vor im weitesten Wortsinne verstandener „Kultur" und kritischem Denken sein.[100] Das Werk der Redaktionsleiterin Christina Nack und ihres Stabes mußte das Schicksal des von Wolfgang Rossband seit März 1981 herausgegebenen humorvollfrechen, dank ihrer heimatgeschichtlichen und kulturdominierten Seiten durchaus wertvollen illustrierten Monatsschrift „stadtrevue" teilen, die nicht drei Dutzend vollmachte, ehe sie (fast) sang- und klanglos wieder verschwand,[101] doch wenigstens deutlichere Spuren hinterlassend als das vom Oberzentrischen Verlag Heuft KG herausgegebene „überparteiliche und neutrale Stadtmagazin" mit dem Titel „Vau Ess. Stadtmagazin für Villingen-Schwenningen und Oberzentrum des Schwarzwald-Baar-Kreises"[102], das es, den Schwerpunkt im Musischen setzend, im Politischen aggressiv und anklagend, nur zu einer einzigen Nummer (Juli 1989) brachte – sei es, weil den Baaremer Biedermännern „Ein Groß-Bordell mit allem Pi, Pa, Po" als Aufmacher ebendies, zuviel Pipapo nämlich, war; sei es, weil der verletzende Ton die Geldbeutel derer verschloß, deren Ohren er traf, oder allgemein nicht goutiert wurde.[103] Gleichfalls nur auf eine Ausgabe brachte es, bedauerlicherweise, im Januar 1989 der beachtenswerte Versuch, verschiedenen Nationen entstammende Bewohner der Doppelstadt in einer, mag man dies betonen oder bestreiten, infolge starken Zuzugs ‚multikulturell gewordenen Gesellschaft' einander näherzubringen: „VS-international. Zeitung von Ausländern für Ausländer und Deutsche", herausgegeben von der Stadtverwaltung, erstellt von einem der drei Arbeitskreise des Ausländerbeirats, zu lesen von jedermann, aufgerufen, sich dank des kostenlos an alle Haushalte verteilten Blattes zum polyglotten Weltbürger heranzubilden.[104]

Vier Zeitungen aber werben in der Doppelstadt Tag für Tag, sechsmal wöchentlich um Leser; erstaunlich viele für um die 80 000 Einwohner. Und ein seltenes Glück für sie: Pressevielfalt ist ein Garant für Meinungsvielfalt – in einer freien Welt, wichtig selbst auf der örtlichen Ebene.[105] Zu verachten ist die vierte Gewalt im Staate nämlich nie, nicht in der kleinstdenkbaren res publica libera; der fast völlige Rückzug der vierten Kraft der örtlichen Presse aus Villingen-Schwenningen für viele bedauerlich. Die traditionell gewachsene Heimatzeitung mit ihrer speziellen Aufgabenstellung auch für die Zukunft zu bewahren, ist eine Herausforderung an die Verleger, eine Verpflichtung aber auch für die Bürger, die Lokalzeitung als zahlende Leser nach Kräften zu unterstützen.

1 Vgl. Zimmermann, Michael: Schwenningen und seine Zeitungen von 1841 bis heute (= Sonderbeilage der Südwest Presse/Die Neckarquelle 111. Jg. Nr. 190 vom 17. August 1991). Dem teilnehmenden Interesse des bereits vom Tode gezeichneten Vaters Joseph Zimmermann verdankt vorliegender Aufsatz viel. Zur Vertiefung des Themas mit dem Schwerpunkt Villingen und Schwenningen nebst (Seiten-) Blicken auf Oberndorf und Rottweil s. die wenig bekannte Serie aus der Feder von Conradt, Uwe: Gestern und heute: Zeitungen in unserer Region, in: stadtrevue 1 (1982) H. 11, S. 38–40 (F. 1: Zeitungen in unserer Region); 2 (1983) H. 3, S. 28–31 (F. 2: Der Kampf um die Pressefreiheit); 2 (1983) H. 4, S. 32–35 (F. 3: Die Entstehung des „Schwarzwälder Boten"); 2 (1983) H. 5, S. 32–35 (F. 4: „Schwarzwälder Bote" und Villinger „Schwarzwälder"); 2 (1983) H.6, S. 32–35 (F. 5: Die Presse in Baden und Villingens „Schwarzwälder"); 2 (1983) H. 7, S. 32–35 (F. 6: In Villingen: Der Schwarzwälder – in Schwenningen: die Laterne); 2 (1983) H.8, S. 32–35 (F. 7: Zeitungen werden aktuell); 2 (1983) H. 9, S. 28–31 (F. 8: Die „Neckarquelle" entsteht); 2 (1983) H. 12, S. 80–83 (F. 9: Neckarquelle: Aus den Anfangstagen); 3 (1984) H. 1, S. 16–19 (F. 10: „Badische Mai-Revolutions-Blätter").
2 Conradt, Uwe: Vom privaten Brief zur Zeitung, in: 100 Jahre „Die Neckarquelle" 1880–1980, Jubiläumsbeilage Nr. 1 vom 13. Juni 1980, S. 33–40; hier: S. 37.
3 Neher, Franz Ludwig: Johannes Bürk, ein schwäbischer Wegbereiter industrieller Fertigung. Zum hundertjährigen Bestehen der Württembergischen Uhrenfabrik Bürk Söhne Schwenningen am Neckar 1855/1955, Schwenningen a. N. 1956, S. 75; s. Zimmermann, Michael: Bürks „Biene" summt nicht lange, in: SB 157 Jg. Nr. 283 vom 7./8. Dezember 1991, S. 24. „Vergessen hatte... das Statistische Amt" die Zeitung, die mit eigenem Stachel wider den der Mächtigeren löckte, keineswegs (so Conradt, wie 1, F. 6, S. 34 f.); nur ordnete sie Schott, Theodor: Die Zeitungen und Zeitschriften Württembergs im Jahre 1876 mit einem Rückblick auf die frühere periodische Presse des Landes, in: Württembergische Jahrbücher für Statistik und Landeskunde 1877, H. 4, S. 94–142; hier: S. 119 unter die Rubrik „landwirtschaftliche Blätter" ein und fälschlich so: „Auch die Bienenzucht erfreute sich emsiger Beobachtung und Förderung durch: die Biene, Rottweil, 1842."
4 Neher (wie 3), S. 79.
5 Ebd.
6 Neher (wie 3), S. 76.
7 Neher (wie 3), S. 81 f.
8 Neher (wie 3), S. 86.
9 Neher (wie 3), S. 86.
10 Schott (wie 3), S. 97. Dazu s. Zimmermann, Michael J. H.: „Und gibt das täglich geistig Broth": „Die Schwenninger Zeitung" 1877. Dem „Städtchen Schwenningen" geht ein Licht der Intelligenz auf!/Theodor Schott zur Geschichte der (Zeitungs-)Kultur in Württemberg, in: Hble 45 (1997) H. 12, S. 4 und 46 (1998) H. 1, S. 6–7.
11 Die genannten Behinderungen waren in Württemberg in Vollziehung der restriktiven „Allgemeinen Bundesbestimmungen, die Verhältnisse des Mißbrauchs der Presse betreffend" vom 6. Juli 1854 durch eine königliche Verordnung am 7. Januar 1856 erneut eingeführt worden; wieder einmal – wie bereits 1819 – hatte liberales württembergisches Presserecht auf Druck des Deutschen Bundes zurückgenommen werden müssen: Das Zeitungsgeschäft wurde von einer persönlichen Konzession abhängig gemacht, die Geschäftstüchtigkeit und Unbescholtenheit des Unternehmers voraussetzte und jederzeit – auch bei den geringsten Verstößen gegen diese Erfordernisse – entzo-

gen werden konnte. Zudem wurden ökonomische Barrieren errichtet; die staatlicherseits geforderte Kaution in einer Höhe von 5000 Thalern bzw. 8000 Gulden war beachtlich. Postsondertarife galten für den Zeitungsversand: Bei politischen Zeitungen wurde ein Zuschlag von 50 Prozent auf die regulären Postgebühren erhoben, bei nichtpolitischen immerhin ein solcher von 25 Prozent. Wurde in Württemberg auch das Gesetz über die Pressefreiheit vom 30. Jänner 1817 bereits am 24. Dezember 1864 wieder in Kraft gesetzt, womit alle Beschränkungen fielen – konnte man darauf trauen, solange „höhere Instanzen" württembergisches Recht nicht bestätigten? Solches tat das bald nach der Errichtung des Deutschen Reiches erlassene Reichspressegesetz vom 25. April 1874, dessen Ausführungsbestimmungen für Württemberg am 27. Juni desselben Jahres verlautbart wurden. Die Pressefreiheit wurde proklamiert, die Zensur und alle sonstigen gegen die Presse gerichteten Präventivmaßnahmen verboten. Staatliche Eingriffe in die publizistische Tätigkeit der Presse sollten der Vergangenheit angehören, Zeitungsverbote nicht minder. Allerdings wurde der Freiheit der Meinungsäußerung Verfassungsrang nicht zugebilligt, Einschränkungen durch den Reichsgesetzgeber blieben (bei einfacher Mehrheit) möglich. Zum Vorstehenden vgl. Stegmaier, Günter: Von der Zensur zur Pressefreiheit, in: Von der Preßfreiheit zur Pressefreiheit. Südwestdeutsche Zeitungsgeschichte von den Anfängen bis zur Gegenwart. Hrsg. Württembergische Landesbibliothek Stuttgart in Zusammenarbeit mit dem Verband Südwestdeutscher Zeitungsverleger und dem Verband der Druckindustrie in Baden-Württemberg, Red. Klaus Dreher, Stuttgart 1983, S. 129–153. Mit Gewährung der Pressefreiheit belebte sich der Zeitungsmarkt zusehends; in Württemberg sollte die Zunahme der Zeitungen das Bevölkerungswachstum bald um das Dreifache übertreffen. Näheres hierzu bei Conradt (wie 2), S. 33.

12 Gemeinderatsprotokolle Bd. 17 (18. 10. 1876–9. 9. 1880) p. 174, SAVS, Best. 3.1–4.

13 Sämtliche Jahrgänge des Lokalblattes „Die Neckarquelle" sind im SAVS, Best. 5.20 vorhanden. „Die Neckarquelle", 1. Jg. Nr. 1 vom 2. Mai 1880, S. 1.

14 Stolz verkündet die im harten Konkurrenzkampf zwischen den seit Mai 1880 miteinander in Wettbewerb stehenden Schwenninger Tageszeitungen erfolgreiche „Neckarquelle" (1. Jg. Nr. 33, 17. Juli 1880, S. 1), „daß laut Beschluß des Verehrl. Gemeinderaths und Bürgerausschusses in der Sitzung vom 15. d. M. mit Wirkung vom 1. Juli an die ‚Neckarquelle', als ‚amtliches Organ für die hiesigen Behörden' angenommen wurde." Die Meldung, die Herbst voll freudiger Erregung seinen Lesern mitteilt, beruht – im Gegensatz zu den irrigen Ausführungen Conradts (wie 2) S. 37 (ähnlich bereits Conradt, wie 1, F. 8, S. 29) die gleich mehrere Fehler enthalten – auf Tatsachen. Unter dem 15. Juli 1880 findet sich in den Gemeinderatsprotokollen Bd. 17 (18. 10. 1870–9. 9. 1880) p. 469 der entscheidende Eintrag: Brodbeck wurde auf Betreiben von Herbst die Lizenz entzogen und von jenes „Schwenninger Zeitung" auf deren „Neckarquelle" übertragen (was Schott, Theodor: Die Zeitungen und Zeitschriften Württembergs im Jahr 1886 mit einem Rückblick auf die periodische Presse des Landes 1877–1885, Stuttgart 1888, S. 32 zur Annahme verführte, deren Geburtsstunde sei mit 1877 korrekt anzugeben); dem Konkurrenten vor Ort war der entscheidende Schlag versetzt, von dem er sich nicht mehr erholte. Am 28. September 1880 (1. Jg. Nr. 64, S. 1) triumphiert Herbst in seinem Blatt: „Auswärtigen Freunden beehren wir uns ... zu eröffnen, daß nunmehr die ‚Schwenninger Zeitung' zu er-

scheinen aufgehört hat und von jetzt an ‚Die Neckarquelle' das einzige in Schwenningen erscheinende Blatt ist." Keinesfalls schon Anfang 1880 und keinesfalls ohne fremdes Dazutun – so Conradt, a. a. O. – stellte die „Schwenninger Zeitung" ihr Erscheinen ein. Sie wurde von dem dynamischeren Konkurrenten vom Markt gefegt. Das entscheidende Datum war der 15. Juli 1880, seit dem 17. Juli firmierte die „Neckarquelle" als Amtsblatt für die Behörden in Schwenningen; s. Zimmermann, Michael: Der 15. Juli: Markstein in der Pressehistorie, in: NQ 110. Jg. Nr. 160 vom 14. Juli 1990, S. 14.

15 Ziegler, Hans-Günther: Tradition und Fortschritt vereint. Ein Rückblick auf die 75jährige Geschichte des Druck- und Verlagshauses Hermann Kuhn KG, in: 75 Jahre Die Neckarquelle, Schwenningen a. N. 1955, S. 4–7; hier: S. 3.

16 Borst, Otto: Schwäbische Zeitungen und ihre Leser zwischen Spätaufklärung und Gründerzeit, in: Von der Preßfreiheit zur Pressefreiheit (wie 11) S. 101–128; hier: S. 128.

17 Die Neckarquelle 35. Jg. Nr. 1 vom 2. Januar 1914, S. 1.

18 S. Conradt (wie Anm. 2), S. 38.

19 Stein, Theodor: Südwestdeutsche Zeitungsgeschichte – ein Überblick über die Anfänge bis zum Jahre 1933, in: Von der Preßfreiheit zur Pressefreiheit (wie 11), S. 21–100; hier: S. 82. Welch wertvolles Gut eine Zeitung sein kann, die „sich parteipolitisch nicht mißbrauchen lassen" will, hat Conradt (wie 1), F. 8, S. 29 ff. aufgezeigt und (ebd.) F. 9, S. 81 f. am Beispiel überzeugend dargestellt.

20 Ebd. S. 82.

21 Das Königreich Württemberg. Eine Beschreibung nach Kreisen, Oberämtern und Gemeinden. Hrsg. K(öniglisches) Statistisches Landesamt. Zweiter Band, Schwarzwaldkreis, Stuttgart 1905, S. 470.

22 Vorerst (noch) unbekannt bleibt der Zeitungskopf des Schwarzwälder General=Anzeigers, der sich bei Recherchen in der Zeitungssammlung der Württembergischen Landesbibliothek zu Stuttgart nicht ausfindig machen ließ.

23 Einzusehen ist die Erstausgabe der „Schwenninger Bürger=Zeitung. Schwarzwälder General=Anzeiger. Organ für Publikationen aller Art des Württembergischen und Badischen Schwarzwaldes" 2. Jg. Nr. 76 vom 24. September 1899 in der Württembergischen Landesbibliothek. Das im Zeitungskopf genannte Datum – 24. 9. 1898 – ist freilich falsch; zugeschlagen hat der Druckfehlerteufel gleich zu Beginn.

24 Dazu s. Zimmermann, Michael: Als Tuningen eine eigene Zeitung hatte, in: SB 156. Jg. Nr. 190 vom 18./19. August 1990, S. 22. Ein solches T(h)uninger Tagblatt befindet sich in der Sammlung Michael J. H. Zimmermann, Villingen-Schwenningen.

25 Ein Exemplar hat sich im SAVS, Best. 2.2 XI. 3 Nr. 42 erhalten.

26 Briefwechsel im SAVS, a. a. O.

27 Die „Schwenninger Neueste Nachrichten" vom 29. November 1910, aufbewahrt im Privatarchiv Rolf Nickstadt, Villingen-Schwenningen, erscheinen im miserablen Druck, welcher der Zeitung keine große Zukunft mehr verheißt.

28 Aufbewahrt in der Württembergischen Landesbibliothek zu Stuttgart.

29 Einige Exemplare haben sich im Archiv des Schwenninger Heimatvereins erhalten; wenige in der Sammlung Michael J. H. Zimmermann, Villingen-Schwenningen; von ihnen geht die nachstehende Betrachtung aus.

30 Die SPD „zieht ihre Kandidaten zurück", um „ihre ganze Stoßkraft ausschließlich gegen das Zentrum zu richten", gegen den „skrupellosen Feind" aller „Arbeiter, Mitbür-

ger, Wähler" Schwenningens: So lautet der Aufruf des sozialdemokratischen Wahlkomitees unmittelbar vor der
Wahl, die auch zu einem Kampf der Schwenninger gegen
das Rottweiler Zentrum geworden war, gegen die „Frech-
heit der schwarzen Brüder"; „Ehrensache jedes Bewohners von Schwenningen ist es, dieser Gesellschaft zu zeigen, daß wir auch noch da sind!" Markante Worte.

31　Auch die „Neckarquelle" gibt im übrigen am 13. September 1913 „abends 9 Uhr" ein Extrablatt aus: „Das Ergebnis der Landtags-Ersatzwahl im Bezirk Rottweil" muß
schnell unter die Leute gebracht werden.

32　Baar-Zeitung, 2. Jg. Nr. 226 vom 28. September 1913, S. 1.

33　S. Herdegen, Gerhard: Schwenninger Chronik 1914–1918;
bearb. und für den Druck vorbereitet von Dr. Manfred
Reinartz, Villingen-Schwenningen 1976, S. 122–124.

34　Herdegen, a. a. O., S. 123.

35　Ebd.

36　Conradt (wie 2), S. 38 mit feinsinnigen Bemerkungen zu
diesem Themenkomplex.

37　Ziegler (wie 15), S. 4.

38　Die Neckarquelle 54. Jg. Nr. 1 vom 2. Januar 1933, S. 2.

39　Zur amerikanischen Pressepolitik s. Möninghoff, Uwe:
Neuanfang und Wiederkehr. Die Tagespresse in Baden
und Württemberg nach 1945, in: Von der Preßfreiheit zur
Pressefreiheit (wie 11), S. 173–199; hier: S. 175. Das Dictum ist dem amerikanischen Presseoffizier Harold Hur-
witz zuzuschreiben.

40　S. Die SPD in Baden-Württemberg und ihre Geschichte
von den Anfängen der Arbeiterbewegung bis heute. Hrsg.
Jörg Schadt und Wolfgang Schmierer; mit einem Geleitwort von Erhard Eppler, Stuttgart 1979 (Schriften zur politischen Landeskunde Baden-Württembergs 3), S. 358 f.

41　Durchgesehen wurden die im SAVS, Best. 5.14 lagernden
Jahrgänge 2 (1920), 3 (1921), 4 (1922), 5 (1923) und 6
(1924), die leider nur unvollständig erhalten sind.

42　Als solche bietet sich die „Volksstimme" seit 1924 im Untertitel ihrer Leserschaft dar.

43　Volksstimme 3 Jg. Nr. 141 vom 21. Juni 1921, S. 1.

44　Volksstimme 4. Jg. Nr. 50 vom 1. März 1922, S. 3.

45　Die erste Anzeige von KPD/Spartakusbund findet sich am
2. März 1920 in der Neckarquelle 41. Jg. Nr. 51 S. 4.

46　In diesem Zusammenhang sei verwiesen auf: Geist, Wolfgang: Die politischen Wahlen in Schwenningen 1928–1933
(Ms. Zulassungsarbeit zur wissenschaftlichen Prüfung für
das Lehramt an Gymnasien. Freiburg 1979), insbes.
S. 18–21.

47　S. Conradt (wie 2) S. 39; die nachstehenden Zitate ebd.

48　A. a. O.

49　So Herbert Martin Heim in einem Gespräch am 31. Mai
1989.

50　Conradt (wie 2), S. 39.

51　Erstmals abgedruckt in der Neckarquelle 53. Jg. Nr. 30
vom 6. Februar 1932, S. 3–4: „Aus der Sitzung des Gemeinderats am 5. Februar".

52　Die scharfe Auseinandersetzung im Schwenninger
Gemeinderat geriet zu einer Lehrstunde in Sachen Demokratie und Pressefreiheit. „Die Neckarquelle" berichtete
damals ausführlich über den Verlauf der Sitzung. Der
besonderen Bedeutung wegen wird der Wortlaut der Veröffentlichung wiedergegeben bei Zimmermann (wie 1),
S. 7.

53　Wie „eigenständig" die „Neckarquelle" in ihrer Berichterstattung selbst in den letzten Jahren der Republik von Weimar eigentlich war, ist eine Frage, die sich stellen läßt.
Geist (wie 46), S. 48 formuliert: „Man ist versucht zu sagen, die Berichterstattung der Provinzpresse spiegelt die
allgemeine Haltung wider, die dem herrschenden Terror

gegenüber verbreitet war. Eine scharfe Reaktion auf Ausschreitungen von links und eine verharmlosende oder
überhaupt keine Berichterstattung über Ausschreitungen,
die von rechts provoziert und organisiert wurden, denn
zweifellos gab es diese auch in Schwenningen." Deutlich
wird die Gefahr, die einer stark von eingespaltenen Berichten lebenden Zeitung droht: Wider eigenen Willen und wider eigenes Bekunden verliert sie ihre „Überparteilich-
keit", ja kann sogar zur Meinungspresse einer besonders
aktiven politischen Gruppierung werden. Vgl. auch Conradt-Mach, Annemarie: Arbeit und Brot. Von der Wirtschaftskrise 1924 bis zur Machtergreifung 1933 (= Beilage
der Südwest Presse/Die Neckarquelle zum 1. Mai 1988),
S. 7: „Die Zusammenarbeit zwischen NSDAP, SA, SS und
der Polizei funktionierte ganz offensichtlich gut. In der
Zeitung läßt sich kein einziger Polizeibericht über einen
verletzten Kommunisten oder Sozialdemokraten finden ... Entweder wurden also Anzeigen von links in den
Polizeiberichten unterdrückt, oder aber verzichteten die
betroffenen Sozialisten von vornherein wegen Aussichts-
losigkeit auf eine Anzeige. Da wichtige Jahrgänge der sozialdemokratischen Schwenninger Zeitung ‚Volksstimme'
vernichtet wurden, existieren leider keine anderslauten-
den Darstellungen mehr."

54　S. Binkowski, Johannes: Die Diktatur des Nationalsozia-
lismus. Die Presse in Baden-Württemberg 1933–1945, in:
Von der Preßfreiheit zur Pressefreiheit (wie 11)
S. 155–171; hier: S. 155 ff.

55　Berlin Document Center, Akte Kiehn; zitiert bei Schnabel,
Thomas: Württemberg zwischen Weimar und Bonn
1928–1945, Stuttgart 1986, S. 256 f. Doch s. auch die ver-
klärende Verzeichnung des Mannes, dem „seine wirtschaftliche Cleverness und sein politisches Engagement ...
den großen Aufstieg einbrachten" bei Häffner, Martin:
Vom Alemannendorf zur Musikstadt, Trossingen 1997,
S. 176, S. 221 f.

56　Schreiben von Fritz Kiehn, M. d. R., an das Bürgermeisteramt Schwenningen, datiert: Trossingen, den 15. Mai 1933;
aufbewahrt im SAVS, Best. 3.1–4.

57　Die Neckarquelle 54. Jg. Nr. 66 vom 20. März 1933, S. 5.

58　Die Neckarquelle 54. Jg. Nr. 70 vom 24. März 1933, S. 4:
„(Der Polizei gestellt). Der seit etwa 8 Tagen von hier ab-
wesende Redakteur der hiesigen ‚Volksstimme', Herbert
Holtzhauer, hat sich, wie uns vom Polizeiamt mitgeteilt
wird, vorgestern abend der hiesigen Polizei gestellt. Holtzhauer wurde vorläufig nicht in Schutzhaft genommen,
doch steht er bis auf weiteres unter polizeilicher Aufsicht." – Holtzhauers Familie lebte noch in der Stadt.

59　Volksstimme 15. Jg. Nr. 59 vom 11. März 1933, Titelseite.

60　Conradt-Mach, Annemarie/Uwe Conradt: Das letzte
Wort – fast ein Hilferuf. Vor 50 Jahren am 11. März: Verbot
der sozialdemokratischen Schwenninger Zeitung ‚Volksstimme" in: NQ 103. Jg. Nr. 67 vom 22. März 1983, S. 29.

61　Sämtliche Ausgaben der nationalsozialistischen Presseerzeugnisse „Nationalsozialistische Volks-Zeitung"
(1932–1933), „Das Hakenkreuz-Banner" (1934), „Das Hakenkreuz" (1935–1936), „NS-Volkszeitung" (1943–1945)
finden sich im Zeitungsarchiv der „Neckarquelle".

62　Ziegler (wie 15), S. 3.

63　Ebd. Noch im Frühjahr 1934 fühlten sich Vertreter der
NSDAP bemüßigt, energisch dagegen vorzugehen, daß
„Artikel und Nachrichten an die bürgerlichen Zeitungen
gegeben ..., die nationalsozialistischen Zeitungen, die
NS.Volkszeitung & für Schwenningen das Hakenkreuz-
banner, die doch die alleinigen Amtsblätter des Kreises
sind, übergangen" werden. „Im nationalsozialistischen
Staat müssen auch die Amtsstellen die Presse des Staates,

die Zeitungen des Raumes nachdrücklich unterstützen", wobei der NSDAP-Kreisleiter Rottweils in seinem Schreiben vom 20. März nicht nur die Gemeinderatssitzungen, sondern das Gemeindeleben schlechthin in den Blick nimmt: „Goldene Hochzeiten, Jubiläen, hohes Alter ..., Unglücksfälle, Brände, Verbrechen ..., Besprechungen, Pläne über Neubauten, Strassenbauten ..., Vereinsnachrichten." Sechs Tage später erbost sich die Schriftleitung des „Hakenkreuz-Banners": „Wir stellen nun wiederholt fest, dass seitens des Städt. Fürsorgeamts amtliche Bekanntmachung gleichzeitig auch direkt an die ,Neckarquelle' gegeben werden. So befindet sich in der heutigen Ausgabe der ,Neckarquelle' auch die vom Bürgermeisteramt unterschriebene Bekanntmachung betreffs Erklärung Schwenningens als Notstandsgemeinde, ebenso wie die dazu gehörige Erläuterung im redaktionellen Teil." Und dies, obwohl „die gleichzeitige Weitergabe derartiger Veröffentlichungen an die ,Neckarquelle' nicht statthaft ist." (SAVS, Best. 3.1-4) Da wurden Erlasse von höchster Stelle nicht beachtet; selten, immer seltener – bis das letzte Rinnsal amtlicher Nachrichten auf dem Wege zur bürgerlichen Presse durch die braune Wüste ausgetrocknet war, s. o. im Text.

64 Ziegler (wie 15), S. 4; Mitteilung an die Verlagsleitung vom 19. Juni 1936.

65 Binkowski (wie 54), S. 160.

66 Auszugsweise abgedruckt bei Ziegler (wie 15), S. 4.

67 Ebd.

68 Ebd. Zum „archivarischen Unikum", daß im Zeitungsarchiv der Landesbibliothek zu Stuttgart, das nur Jahrgänge aus der Zeit nach der Gleichschaltung besitzt, die „Neckarquelle" in der Abteilung „Nationalsozialistische Blätter in Baden und Württemberg" abgelegt ist, s. Conradt (wie 1), F. 9, S. 80, der ironiereiche Kritik an diesem peinlichen Irrtum der Archivare übt. Und wahrlich, hier zu ruhen, bis das Papier zu Staub zerfällt, hat die „Neckarquelle" nicht verdient noch die Verlegerfamilie, die Nationalsozialisten in Verlegenheit brachte.

69 S. den zweiseitigen Artikel „Eine alte Zeitung im neuen Gewand" aus der Feder des NS-Schriftleiters Wilhelm Heimer im „Schwenninger Tagblatt" vom 15. Juli 1940 (61. Jg. Nr. 164, S. 4–5): „Das größte Ereignis in der Entwicklung der ,Neckarquelle' und der Schwenninger Presse überhaupt, war der am 1. Januar 1937 erfolgte Zusammenschluß der Neckarquelle mit der hiesigen nationalsozialistischen Tageszeitung ,Das Hakenkreuz', der ein starkes zustimmendes Echo in der hiesigen Oeffentlichkeit fand, und in Schwenningen symptomatisch für die endlich errungene Einheit des deutschen Volkes unter nationalsozialistischer Führung gewertet werden kann." Viele Leser der alten „Neckarquelle" – und nicht nur diese – hätten auf ein solches „Großereignis" dankbar verzichtet; nicht gerne auf eine Wende zum Besseren nach den Jahren bitterster Armut, wohl aber auf die „Zeichen einer weltgeschichtlichen Zeitwende, die unter dem Donner der Kanonen geboren wird", Zeichen, deren eines die NS-Presse war, welche – und dieser Satz durfte geglaubt werden – „als das Sprachrohr der Regierung und der Partei" hauptsächlich der „politischen Schulung" (Volksaufklärung und Propaganda) dient. Für die alte Heimatzeitung war kein Platz im „Neuen Deutschland" der Nationalsozialisten gewesen, als letztes fiel ihr Name!

70 S. Zimmermann, Michael: Am 6. September vor 45 Jahren wieder Schwenninger Zeitung, in: NQ 110. Jg. Nr. 106 (4. September 1990), S. 17–18, sowie Ders., Marktstein lokaler Pressegeschichte F. I–IV, in: SB 156. Jg. Nr. 208 (8./9. September 1990), S. 14, Nr. 234 (10. Oktober 1990), S. 16,

Nr. 289 (16. Oktober 1990), S. 20, Nr. 254 (3./4. November 1990), S. 22; v. a. F. I (Freier Neckarbote weist Weg zur Demokratie). Die Ausgaben dieses Wegweisers in eine bessere Zukunft sind einzusehen im Privatarchiv Rolf Nickstadt, Villingen-Schwenningen.

71 Die Deutschland-Berichte der Sozialdemokratischen Partei Deutschlands, Sopade, 3. Jg. Nr. 6 vom Juni 1936, S. B10ff., sagen etwas über das Leseverhalten der Bürger in den Jahren des Nationalsozialismus aus: „Die Ergebnisse der nationalsozialistischen Pressepolitik ... drücken sich in drei wesentlichen Verschiebungen aus: 1. Die Zahl der Zeitungen ist zurückgegangen. 2. Die Gesamtauflage der Zeitungen hat sich vermindert. 3. Der Anteil der NS-Presse an Gesamtzahl und Gesamtauflage der Zeitungen ist gewachsen." Für Schwenningen hält die in Anbetracht der Zeitumstände mit akribischer Wissenschaftlichkeit verfaßte Arbeit auf S. B 26 fest: Bei einer Einwohnerzahl von 20065 wird für 1932 eine Gesamtdurchschnittsauflage von 7800 Zeitungen vermerkt, im Januar 1934 von 6596, im dritten Quartal 1935 von 6711; wie die Auflage zieht auch die Zahl verkaufter Zeitungen von 1934 auf 1935 leicht an: Statt 5888 sind es 5929. Deutlich bleibt jedoch der Einbruch im Jahre 1933; deutlich, daß die gleichgeschaltete Presse bei der Einwohnerschaft an Interesse verliert. Ist es mehr als ein Rückzug aus monotoner Langeweile? Im besonderen Fall ist eben „Volkszeitung" nicht „Volksstimme". Darüber hinaus hat die NS-Presse in Schwenningen wie mancherorts in den evangelischen Industriegebieten Württembergs eine nicht zu unterschätzende Durchsetzungsprobleme. „In Stuttgart gelang es dem NS-Kurier bis 1937 nicht, Das Stuttgarter Neue Tagblatt von seiner führenden Position zu verdrängen. Er mußte sogar gegenüber Anfang 1934 einen Rückgang seiner Auflage um über 10% hinnehmen. In Göppingen, Reutlingen und Schwenningen sah es 1937 nicht viel anders aus", urteilt Schnabel (wie 55), S. 364. Schwenningens Bürger hingen an ihrer alten Heimatzeitung, der „Neckarquelle" – bis zum 31. Dezember 1936. (Hinsichtlich der Jahreszahl nur ist demnach Schnabel zu korrigieren.) Wie widersetzlich Schwenningen sein konnten, zeigt jedoch strebend mehr noch als ihr Leseverhalten: Hinzuweisen ist auf die starken Vorbehalte von (bekennenden) Protestanten, deren gerechte Würdigung allzu oft nur unterbleibt; hierzu s. Zimmermann, Michael: „Einsam unter den Menschen gleichen Blutes". Einzelne nur setzten Zeichen in der Stunde der Versuchung/(Kritische) Anmerkungen zum Werk „Antifaschist, verzage nicht ... !", in: Hble 39 (1991) H. 7, S. 3–5 und Ders., Der evangelische Kirchengemeinderat Wilhelm Meßner, in: Hble 39 (1991) H. 10, S. 4.

72 S. Zimmermann, Michael: Otto Gönnenwein: „Ein wahrhaft seltener Vogel, ein Sonderfall gewiß", in: NQ 116. Jg. Nr. 112 vom 14. Mai 1996, S. 30–31.

73 S. Conradt (wie 2), S. 40. Ausgaben dieser Amtsblätter befinden sich im Zeitungsarchiv der „Neckarquelle".

74 Militärregierungsgesetz Nr. 191; abgedruckt bei Greuner, Reinhard: Lizenzpresse. Auftrag und Ende. Der Einfluß der anglo-amerikanischen Besatzungspolitik auf die Wiedererrichtung eines imperialistischen Pressewesens in Westdeutschland, Berlin/DDR 1962, S. 265–266.

75 S. Mönninghoff (wie 39), S. 188.

76 Vgl. Binkowski (wie 54), S. 160–166; s. auch Heyd, Werner P.: Geschichte des „Schwarzwälder Boten", in: 150 Jahre „Schwarzwälder Bote" (= Sonderbeilage des Schwarzwälder Boten vom 3. Januar 1985), S. 7–9; hier: S. 9 – und zuletzt zum Thema Wolf, Günther: Lokale Nachrichten waren heiß begehrt. Das Wiedererscheinen nach dem Zweiten Weltkrieg, in: 50 Jahre Schwarzwälder Bote Lokalaus-

gabe Schwenningen (= Sonderbeilage des Schwarzwälder
Boten 162. Jg. Nr. 247 vom 24. Oktober 1996), S. 3.

77 S. Conradt (wie 2), S. 40; Mönninghoff (wie 39), S. 194.

78 S. Fischer, Heinz-Dietrich: Parteien und Presse in
Deutschland seit 1945, Bremen 1971, S. 68.

79 S. Schütz, Walter J.: Die Tagespresse in Baden-Württemberg 1964/65, in: Publizistik 10 (1965) S. 424–454; hier:
S. 433 Anm. 12.

80 S. Fischer, Heinz-Dietrich: Handbuch der politischen
Presse in Deutschland 1480–1980. Synopse rechtlicher,
struktureller und wirtschaftlicher Grundlagen der Ten-
denzpublizistik im Kommunikationsfeld, Düsseldorf 1981,
S. 341.

81 S. Mönninghoff (wie 39), S. 190 unter Verweis auf Hädler,
Christian: Die Versorgung der deutschen Tagespresse mit
Zeitungsdruckpapier. Eine zeitungs- und wirtschaftswis-
senschaftliche Untersuchung. Diss. Nürnberg 1961, S. 122.

82 „Unsere Stimme" 2. Jg. Nr. 54 vom 21. Juli 1948, S. 1 – im
Privatarchiv Rolf Nickstadt, Villingen-Schwenningen, Ver-
wahrort einiger Ausgaben des KPD-Blattes; sämtliche
Ausgaben gebunden im Zeitungsarchiv der „Neckarquelle".

83 S. Bohn, Willi: Einer von vielen. Ein Leben für Frieden
und Freiheit, Frankfurt/M, S. 178 f.; vgl. Fischer (wie 78),
S. 450, 466 f.

84 Gesetz Nr. 5; abgedruckt bei Greuner (wie 74), S. 304–307.

85 ivw (= Informationsgemeinschaft zur Feststellung der Verbreitung von Werbeträgern e.V.), Auflagenliste 1997, Heft
2, S. 126 bietet die aktuellen Zahlen; zum Vergleich: der
Stand der Dinge 1982 bei Leemrijze, Jan: Die Tagespresse in Baden-Württemberg von 1953 bis heute, in: Von der
Preßfreiheit zur Pressefreiheit (wie 11), S. 201–233; hier:
S. 221. Neben ivw stets heranzuziehen ist auch die jeweils
aktuelle Ausgabe von Stamm. Presse- und Medienhand-
buch. Leitfaden durch Presse und Werbung (Essen) mit
den Zahlen unter den jeweiligen Verlagsorten.

86 Zum Wirken des lokalen Chefredakteurs s. Rodek, Hans-
Georg: Die Ära Schäfer geht zu Ende, in: NQ 109. Jg.
Nr. 291 (18. Dezember 1989) S. 10 f. sowie Steinbach,
Gerd: Beim Zwiebelkuchen endete die Verantwortung, in:
NQ 109. Jg. Nr. 300 (30. Dezember 1989) S. 11. Daß das
traditionsreiche Schwenninger Presseerzeugnis nicht nur
als „Echo der Welt" widerhallt, sondern sechsmal
wöchentlich als „Stimme der Heimat" ertönt, ist ganz gewiß Spiegel seiner Überzeugung von der Funktion der reinen Standortzeitung „Die Neckarquelle", sein Werk, getragen gewiß vom Chef des Hauses, dem die Befassung mit
der Geschichte Schwenningens am Neckar zur verlegeri-
schen Aufgabe wurde (s. u. a. Schäfer, Karl Rudolf: Der
Zeitungsverleger Dr. Hans-Günther Ziegler. Ein Förderer
der heimatkundlichen und heimatgeschichtlichen Forschung, in: Almanach SBK 92 F.16 [1991], S. 117–120) –
und in dem damit eine Tradition begründete, die erfreulicher-
weise den Wechsel zu Hans-Ulrich Ziegler (Verleger) und
Günther Baumann (Redaktionsleiter) überdauert hat.
Schäfers Bekenntnis, abgedruckt bei Haller, Michael, Thomas Mirbach: Medienvielfalt und kommunale Öffentlichkeit. Publizität im lokalen Raum: eine Informationsfluß-
analyse am Beispiel Villingen-Schwenningen. Eine Untersuchung im Auftrag des Presse- und Informationsamtes
der Bundesregierung, Bonn 1989, S. 50 : „Wir betrachten
uns als eine echte Heimatzeitung; wir haben den Begriff
der Heimat in unser Programm aufgenommen, d. h., wir
wollen die unterschiedlichen Lebensbereiche, wie: Arbeitswelt, Freizeit und Kultur, auf unsere Heimat beziehen. Allerdings möchten wir ‚Heimat' nicht in einem ro-
mantisch verklärenden Sinn verstehen. … Wir wollen den

Leser am Blatt beteiligen; dafür ist derselbe Standort von
Verlag, Druck und Redaktion wichtig. Im weiteren möchte die ‚Neckarquelle' Orientierungshilfen bieten: sie ist
kommentierfreudiger als die anderen Zeitungen und führt
auch mehr Gespräche/Interviews mit Lesern. Ganz bewußt pflegen wir außerdem die Heimatgeschichte und
unterstützen die Heimatforschung, indem wir für solche Themen mehr Raum zur Verfügung stellen." Daß die Heimatzeitung sich aktiv für die Gestaltung der Heimat in Gegenwart und Zukunft einsetzt, für die Erhaltung ihrer Bau-
und Naturdenkmale, Altstadtreservate und Naturschutz-
gebiete auch, sei nur erwähnt: Bürgeranwalt, der Lebens-
hilfe leistet, nicht nur, sondern auch Pfleg- und Brutstätte
des Bürgersinns, Garant von Lebensqualität auf vielen
Gebieten, Sponsor und Veranstalter kultureller Großer-
eignisse vom Streetballturnier bis zu den „Schwenninger
Konzerten" auf höchstem Niveau. Daß der Steuermann
auf dem Weg zur Zeitung der Zukunft das Ruder in die
richtige Richtung gerissen, meinen Kruse, Kuno, Horst
Röper, Dietrich Willier: Zeitungen auf Heimatkurs, in:
Die Zeit Nr. 29 vom 11. Juli 1997, S. 9–11.

87 S. die Reproduktion der Lokalseite „Schwenninger Hei-
mat-Post" vom 24. September 1946, in: 50 Jahre Schwarzwälder Bote Lokalausgabe Schwenningen (wie 76), S. 6.

88 Erklärtes Ziel der Verlagsleitung war es, mit der Fusion
der Schwesterstädte Schwenningen und Villingen, die am
1. Jänner 1972 erfolgte, Schritt zu halten, ja ihr voraus-zu-
eilen, dabei die Richtung für ein gedeihliches Miteinander
weisend. Am 1. April 1971 tragen die Villinger und die
Schwenninger Zeitung den Untertitel „Erste gemeinsame
Lokalausgabe im Oberzentrum Villingen-Schwenningen" – und nur sechs Tage später erscheint der „Schwarzwälder Bote" als „Zeitung für Villingen-Schwenningen,
Erste gemeinsame Lokalausgabe des Oberzentrums der
Region Schwarzwald-Baar-Heuberg." Die grundlegende
Entscheidung hierzu wird dem Leser in einem Beitrag in
eigener Sache näher erläutert: „Die Städte Villingen und
Schwenningen wollen am 1. Januar 1972 eine gemeinsame
Stadt bilden. Mit überzeugender Mehrheit haben sich die
Bürger in beiden Städten bei einer Bürgeranhörung am
28. März dafür entschieden. ‚Der Schwarzwälder Bote',
der schon seit Jahrzehnten in beiden Städten erscheint, hat
aus dieser Haltung der Bevölkerung Konsequenzen gezogen und bietet seinen Lesern mit dem heutigen Tag eine
neue Ausgabe ‚Villingen-Schwenningen' an. Durch die
Aufnahme der beiden Städtenamen in den Titel der Zeitung wird deren Zusammengehen äußerlich dokumentiert. …" Württemberger und Badener bringt dieser Bote
zwischen zwei (mikrokosmischen) Welten zusammen, die
sich nicht immer wohlgesonnen sind, indem er bisweilen
(r)echt aufklärerisch in seiner Berichterstattung die
Schranken und (geistigen) Beschränkungen (bisweilen)
überwindet, die jene kennzeichnen, in deren Kopf und
Herz die längst gefallenen Grenzen fortbestehen. Wächst
einmal zusammen, was die Väter der Gebietsreform zusammenwachsen sehen wollten? Vielleicht. Dann aber
gölte zumindest für die Männer, die beim angesehenen
Oberndorfer Tagblatt das Sagen haben: „Sie entschieden, weil sie begriffen …" – allem auf der Inschrift des Villinger Münsterbrunnens geäußerten Spott über die damals die Fusion fördernden politischen Entscheidungsträger zum Hohn. Zurückhaltender in der Bewertung: Wagner, Peter Michael: NPD-Hochburgen in Baden-Württemberg. Erklärungsfaktoren für die Wahlerfolge einer rechtsextremistischen Partei in ländlichen Regionen 1972–1994,
Berlin 1997 (Ordo politicus 32), S. 135 f. mit Anm. 389
und 390.

89 S. „BZ Villingen, die Letzte", den bitteren Abschied der engagierten Journalisten von den Lesern einer ärmer gewordenen Zeitungslandschaft in der Badischen Zeitung vom 30. November 1995; vgl. dazu auch den Beitrag in: DJV-Blickpunkt 7/95, S. 4–5. Das Abstecken der Gebiete, die zivile Führungsstabschefs ohne Zeitungskriegsgetümmel arrondieren, ist eine beliebte Strategie der achtziger Jahre, die derzeit durch gelegentliche Einbrüche in Nachbarverlagesland unterbrochen wird.

90 Der „Schwarzwald-Baar Anzeiger" findet sich im Zeitungsarchiv der „Neckarquelle".

91 Selbstredend ist dies kein Einzelfall, wenn nunmehr die Großverlage wie Gruner + Jahr, Springer, Burda und wenige andere 90 Prozent der verkauften Abonnementzeitungen halten; vgl. Fink, Andreas, Walter Saller: Gewendete Monopole. In Ostdeutschland verdrängten Großverlage fast alle Mitbewerber aus dem Zeitungsmarkt, in: Die Zeit Nr. 29 vom 11. Juli 1997, S. 10. Für Auskünfte Dank gebührt Verlagsleiter Jürgen Mahlbacher.

92 Abermals. Zu danken ist auch Verleger Hans-Ulrich Ziegler.

93 „Um Konzentrationstendenzen wirksam begegnen zu können, entschlossen sich die meisten kleineren und mittleren Verlage zu wirtschaftlicher Kooperation. In vielerlei Formen entwickelten sie Eigeninitiativen: im redaktionellen Bereich durch Bildung von Zeitungsringen, Gemeinschaftsredaktionen, gemeinsamen Korrespondentenbüros, auf dem Anzeigensektor durch Tarifgemeinschaften, Anzeigenringe und Zusammenlegung von Anzeigenteilen, im Vertrieb durch Kooperation im Versand und in der Zeitungszustellung, im technischen Bereich durch Druckgemeinschaften und gemeinsame EDV-Anlagen.": Medienkundliches Handbuch. Die Zeitung. Zeitungssystematischer Teil. Hrsg. Peter Brand, Volker Schulze, Braunschweig 1983, S. 36. Jüngstes Beispiel für die letztgenannte Bemühung, sich den Herausforderungen der Medienbranche zu stellen: die Druckzentrum Südwest GmbH mit Niederlassungen in Oberndorf und Schwenningen; s. hierzu zuletzt „Schwarzwälder Bote mit neuer Struktur", in: SB 164. Jg. Nr. 1 (2. Jänner 1998), S. 8. Zur Kooperation zwischen den beiden Schwerpunktzeitungen aber vgl. Haller, Mirbach (wie 86) passim, v. a. S. 9 und 52.

94 Zum „Medienparadies" Villingen-Schwenningen („Vielfalt der Zeitungen, Eigenständigkeit der Redaktionen und... Zusammenhalt über Grenzen hinweg") s. auch Feldforschung in Villingen-Schwenningen. Ein Beitrag zur Diskussion über die Kultur in der Doppelstadt. Ein Projekt des Ludwig-Uhland-Instituts für Empirische Kulturwissenschaft der Universität Tübingen unter Leitung von Christel Köhle-Hezinger und Hermann Bausinger. Hrsg. Stadt Villingen-Schwenningen, Villingen-Schwenningen 1991, S. 26f. sowie, als kritischer den „über lange Zeit ungewöhnlich vielfältige, gleichzeitig aber für die nicht hergestellte Einheit der Stadt symptomatische Mediensituation" beäugend, Wagner (wie 88) S. 134ff., der (ein Vierteljahrhundert nach Holtzhauer, Herbert: Öffentlichkeitsarbeit für das Oberzentrum, in: Das Oberzentrum. Jahrbuch der Stadt Villingen-Schwenningen 1974, S. 29–42; hier: S. 41f.) mit den alten Strukturen und den „Grenzen im Kopf" das Erscheinen von vier Tageszeitungen erklärt, die zu den großen des Landes zählen – und von denen die zwei größten, die „Südwest Presse" und die „Schwäbische Zeitung" in Schwenningen Regionalkorrespondenten vor Ort haben, das ein kleines Medien(ober)zentrum dem erscheint. Und auch das Hörfunkstudio des Südwestfunks (mit festem Korrespondenten) berücksichtigt. Und der, gleich dem Politologen

(S. 136), die Vorteile des Wettbewerbs zu schätzen weiß: „Die Konkurrenzsituation bewirkte allerdings auch, daß die vier Tageszeitungen sehr viel stärker als in anderen Städten zu einer intensiveren Durchleuchtung des kommunalpolitischen Geschehens gezwungen waren, wobei... Zwistigkeiten in der Stadtverwaltung oder bei den Parteien zu den besten Gelegenheiten gehörten, unter Ausschöpfung aller Informationsquellen sich durch eine möglichst umfangreiche Berichterstattung von der Konkurrenz abzuheben."

95 Erstmals erschien der „Anzeiger für Villingen, Schwenningen, St. Georgen und Umgebung" am 3. April 1964 in einer Auflage von 30000 Stück. Daß das kostenlos verteilte Werbeblättchen einen relativ umfangreichen redaktionellen Teil enthielt, damit es umso sicherer auch gelesen werde, schuf dem Herausgeberehepaar Hock nicht nur Freunde. Eitel Freude löste das Unternehmen bei den Tageszeitungsbesitzern und -machern gewiß nicht aus; selber stark vom Anzeigenerlös abhängig, mußten und müssen sie in ihm eine Gefahr für die eigene gedeihliche Existenz erkennen.

96 Was nicht zuletzt dem ungewöhnlichen Engagement von Axel Bethge, Beilagenchef des Hauses, zu danken ist; Personen prägen Blätter.

97 S. 10 Jahre WOM im Schwarzwald-Baar-Kreis (= Sonderbeilage im WOM VS Nr. 45 vom 6. November 1997) S. 7–8; hier: S. 7.

98 Exemplare des vom Verlag der Badischen Zeitung in Freiburg auf den Markt geworfenen Blattes befinden sich in der Sammlung Michael J. H. Zimmermann, Villingen-Schwenningen.

99 Zu korrigieren daher Wagner (wie 88) S. 135. Und muß an andere „Print-Publikationen" noch erinnert werden, die nicht nur vom Leser Zeit fordern, sondern auch von der Wirtschaft Annoncen: Wettbewerber, die ihr (bescheiden) Teil dazu beitragen, daß der Anteil der Tageszeitungen am Gesamtwerbeaufkommen auf weniger als 30 Prozent gesunken ist? Amts-, Kirchen- und Gemeindeblätter sind zu nennen; Vereinsschriften (wie die qualitativ auf höchster Ebene anzusiedelnden „SCS-Nachrichten", die seit dem Oktober 1965 über viele Jahre erschienen und selbst Natur- und Umweltschützern Möglichkeiten boten, ihre Forschungsergebnisse und Heimatschutzappelle zu veröffentlichen; eine erfolgreiche Quartalsschrift nicht anders als das 1997 im 73. Jahrgang erscheinende „Turnblatt" der Turngemeinde 1859 Schwenningen mit seinen oft genug heimatkundlich bedeutsamen Aufsätzen) oder Veröffentlichungen von Verbänden und Informationsdruckwerke von Institutionen (wie, um nur ein Beispiel anzuführen, „Familie & Freizeit – Das Magazin aus dem Familienfreizeitpark Villingen-Schwenningen", seit 1997 von der Stadtjugendpflege herausgegeben).

100 Im Mai 1996 wurde die „tangente" aus der Taufe gehoben – und fand, noch ein Säugling, große Beachtung; s. nur Kühnert, Hanno: „Besinnt Euch auf das, was Ihr selbst habt!" Das süddeutsche Kulturmagazin „tangente" kämpft ums Überleben in: Die Zeit Nr. 24 vom 6. Juni 1997, wiederabgedruckt in: tangente Nr. 15 (Juli 1997) S. 6–7. Dann der (nicht ganz) plötzliche Kindstod im März 1998: Die Baumeister des ambitionierten illustrierten Monatshefts, das den „geistigen" Brückenschlag zwischen den Landkreisen Schwarzwald-Baar, Rottweil und Tuttlingen versuchte, hatten weniger ihre architektonischen Kenntnisse als den Baugrund falsch eingeschätzt. Trotz gewissen Zuspruchs (und nicht gering zu veranschlagender Unterstützung durch auf Honorar verzichtende freie [Mit-]„Arbeiter der Stirn", die, wird mit ihrem

Bildmaterial bisweilen verantwortungslos umgegangen, bisweilen verärgert reagieren) fehlte die finanzielle Basis für die in einer Auflage von 10 000 Exemplaren bei 1 000 festen Abonnenten erscheinende „tangente". Die heimische Wirtschaft, so die Meldung von der Anmeldung des Konkurses, die der Südwestfunk am 23. März 1998 über den Äther sandte, habe zu wenige Anzeigen geschaltet, für Markenartikler aber sei „die Region abseits der Ballungsräume völlig uninteressant", vgl. Hauser, Gerhard: „Tangente" vor dem Aus, in: NQ 118. Jg. Nr. 69 (24. März 1998) S. 19.

101 Ausgaben der „stadtrevue" finden sich in der Sammlung Michael J. H. Zimmermann, Villingen-Schwenningen.

102 Ein Exemplar: SAVS Best. 1.42.23, Depositum Rolf Nickstadt.

103 Nicht frei von Wahrheitsliebe, die manche mit Sarkasmus verwechseln: Conradt (wie 1), F. 5, S. 32: „… man muß nicht an totalitäre Systeme allein denken, wenn man auch heute vom Druck auf die Presse spricht. Rücksicht auf Abonnenten, Zurückhaltung gegen die Inserenten, selbst politischer Druck von allen Seiten, welcher Journalist in der Bundesrepublik könnte kein Lied davon singen? Natürlich könnte man einen Artikel bringen, natürlich sollte ein Skandal aufgegriffen und publiziert werden. Aber ist das gerade opportun?" Ja, tut das not? Da kann Zeitungsvielfalt nur ein Glück sein. Denn: „Wat dem eenen sin Uhl, ist dem annern sin Nachtigall", vielleicht auch in der Nachrichtenwelt.

104 Information als Grundlage gegenseitigen Verstehens und besseren Zusammenlebens; Lebens- und Orientierungshilfe, auch durch erläuternde Darlegung von Änderungen des deutschen Gesetzes- und Vorschriftenkatalogs; Berichterstattung aus Sport und Kultur – und all dies in Deutsch, Griechisch, Italienisch, Serbokroatisch, Spanisch und Türkisch: umfassende Ziele und Aufgaben des Redaktionskollegiums! Aufbewahrt wird eines der 40 000 gedruckten Exemplare im SAVS Best. 1.42.23, Depositum Rolf Nickstadt. Die Zeitung wird zum Mittel der sozialen Integration, als das manch aufklärerischer Geist sich selbst das Tagblatt wünscht: wie geschaffen, Verhaltenssicherheit zu vermitteln, ein geregeltes Miteinander zu ermöglichen. Nur hingewiesen werden kann auf einen im Juli 1997 erfolgten Versuch, in einem nicht unproblematischen Stadtteil, dem ‚Schilterhäusle', das Gespräch der Gruppen untereinander durch ein von Angelika Lange und Irene Pitkowski gestaltetes „Stadtteil-Blättle" in Gang zu bringen; s. Gravenstein, Herbert: Blättle soll Dialog fördern, in: NQ 117. Jg. Nr. 154 (8. Juli 1997) S. 17.

105 Daß lokal oder regional alleingestellte Blätter als „Forumszeitungen" aufgrund ihrer wirtschaftlichen Möglichkeiten über alle wichtigen Ereignisse auf hohem Niveau berichten, ist nur eine These – wie die, daß sie „keine Neigung zeigen, unvollständig oder parteiisch zu informieren, … vielmehr eine breitere Nachrichtengebung und eine offene Kommentierung an(strebten), weil sie den Informationsbedürfnissen möglichst aller Bevölkerungsschichten Rechnung tragen wollten". Was im Medienkundlichen Handbuch (wie 93), S. 36 als gesicherte wissenschaftliche Erkenntnis verkauft wird, scheint mir aus eigener Erfahrung als unglaubwürdiges Gerücht – nicht anders als Kruse, Röper, Willier (wie 86), S. 11. Zutreffend in diesem Punkte: Haller, Mirbach (wie 86), passim, die zu dem Schluß gelangen, daß die Blätter ihr eigenes publizistisches Profil besitzen, ja sogar bei großenteils identischer Nachrichtenlage völlig verschiedene Bilder der Wirklichkeit vermitteln. Auch im Bereich des Politischen, in dem das jeweilige „redaktionelle Selbstver-

ständnis in der Abgrenzung nach Ultrarechts zu eindeutigen Selektionsregeln" (a. a. O., S. 16; s. auch S. 51 f.) führt, die ebenso eindeutig zu unterschiedlichen Ergebnissen führen. Zuletzt präzise zum Thema Wagner (wie 88), S. 137 mit Anm. 393 und 394. Wenn bei allem gesamtstädtischen Anspruch schließlich die beiden Schwerpunktzeitungen „Südkurier" und „Neckarquelle" darauf achten, daß Interessen der beiden Teilstädte, denen bei der Fusion Parität und Gleichbehandlung vertraglich zugesichert wurden, sorgfältig gegeneinander abgewogen werden, muß dies nicht nur als nachteilig kritisiert werden, sondern kann als die Wahrnahme eines Wächteramtes in der Wirklichkeit, wie sie nun einmal ist, verstanden werden: vgl. zuletzt (mit Argusaugen) Baumann, Günther: 1997 und die Folgen, in: NQ 117. Jg. Nr. 301 (31. Dezember 1997), S. 17 zur Verschiebung der Gewichte zwischen den Stadtbezirken durch Abschaffung der unechten Teilortswahl; zur Frage, ob die Zeitungen „integrative, auf die Gesamtstadt gerichtete Prozesse zu stärken suchen oder ob sie eher teilstädtische Perspektiven vertreten", s. Haller, Mirbach (wie 86), S. 33 f., 36 f., 54 ff., 106.

Annemarie Conradt-Mach, Ingeborg Kottmann

Einstimmung des Volkes auf den Krieg 1933–1945

Die politischen Strukturen der NS-Zeit auf Regierungsebene sind sehr gut erforscht, auf kommunaler Ebene ist dies anders, da die Forschung lange Zeit dem Irrtum unterlag, daß ein diktatorisch geleiteter Staat dies bis in die kleinste Zelle umsetzen würde. Nach der Machtergreifung Hitlers am 30. Januar 1933 begann eine geschickte psychologische Beeinflussung der Bevölkerung, die alle Lebensbereiche erfaßte. Die nationalsozialistische Regierung betonte ständig ihren Friedenswillen, während sie das Volks systematisch auf den Krieg vorbereitete. Wer sich der Vereinnahmung entziehen wollte, riskierte sein Leben oder zumindest seine Freiheit.

Wie in jeder Gemeinde gab es auch in Schwenningen und Villingen bald einen NS-Ortsgruppenleiter, eine SA- und SS-Abteilung, HJ-Führer (Hitlerjugend), NSV-Leiter (Nationalsozialistische Volkswohlfahrt), eine DAF (Deutsche Arbeitsfront), BDM-Führerinnen (Bund deutscher Mädchen) und Parteigenossen.[1]

Schwenningen: Der nichtgeglückte Versuch einer totalen Übernahme

Am 4. Mai 1930 wurde Dr. Otto Gönnenwein zum Oberbürgermeister der Stadt Schwenningen gewählt. Er sollte dieses Amt bis 1948 ausüben. Schwenningen war überschuldet, denn sein Vorgänger hatte viele Kommunalbauten geschaffen. Die Neuordnung der Verwaltung und der Schuldenabbau waren somit die vordringlichsten Aufgaben.[2] Dr. Gönnenwein schreibt sein Verbleiben im Amt dem Einfluß des Ortsgruppenleiters Hans Hermann zu, der sich dadurch die Feindschaft der radikaleren Gruppe zuzog. „Seine feste Haltung behielt Herr Hermann

auch bei, als der berüchtigte Polizeipräsident Mattheiß meine Amtsenthebung verlangte." So steht es in einer eidesstattlichen Erklärung von Dr. Gönnenwein vom 1. Juli 1948.[3]

Mit dem am 31. März 1933 erlassenen vorläufigen Gesetz zur Gleichschaltung der Länder wurden auch die Gemeindeparlamente aufgelöst. Der Württembergische Gemeindetag protestierte zwar, indem er darauf hinwies, daß in kleineren Orten oft nicht nach Parteien, sondern nach wirtschaftspolitischen Gruppierungen gewählt worden sei. Aber aufgrund der organisatorischen Schwäche der NSDAP und dem geringen Ansehen ihrer lokalen Vertreter konnte weder die Beibehaltung der alten Gemeinderäte noch eine Neuwahl erstrebenswert sein. Man versuchte es damit, daß man entsprechend dem Wahlergebnis der Reichstagswahl vom 5. März die Gemeinderäte zusammensetzte.[4] Die Ortsgruppe der NSDAP wurde am 18. Oktober 1930 von Lothar Hornuß gegründet. Die SPD- und KPD-Gemeinderäte von Schwenningen wurden entlassen, letztere umgehend verhaftet. Die beiden DDP-Gemeinderäte schieden schon vor dem 14. Juli aus. Frauen durften von nun an kein politisches Amt bekleiden. Sie wurden auf die Rolle der Hausfrau und Mutter festgelegt. Propagandaminister Goebbels begründete den Ausschluß der Frauen aus der Politik: „Nicht weil wir die Frauen nicht achten, sondern weil wir sie zu hoch achten, haben wir sie aus dem parlamentarisch-demokratischen Ränkespiel, ... ferngehalten."[5] Ab 1934 tauchte unter den städtischen Behörden der Beauftragte der NSDAP auf: Kreisleiter Acker von Rottweil. Aber Dank des Oberbürgermeisters, der seine Stellung behielt, da er keiner Partei angehörte, kam es in Schwenningen nicht zu

PARTEIENENTWICKLUNG IN VILLINGEN UND BADEN
1924 bis 1933 in Prozent

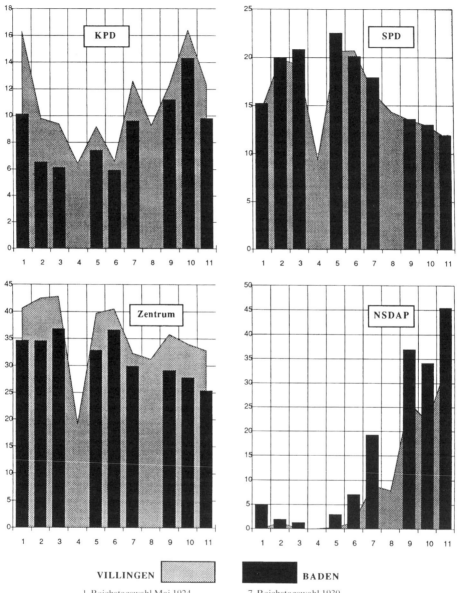

VILLINGEN   BADEN

1. Reichstagswahl Mai 1924   7. Reichstagswahl 1930
2. Reichstagswahl Dezember 1924   8. Kommunalwahl 1930
3. Landtagswahl 1925   9. Reichstagswahl Juli 1932
4. Kommunalwahl 1926   10. Reichstagswahl November 1932
5. Reichstagswahl 1928   11. Reichstagswahl 1933
6. Landtagswahl 1929

Abb. 1 Quelle: Villinger Volksblatt, Th. Schnabel: die Machtergreifung in Südwestdeutschland, Stuttgart.

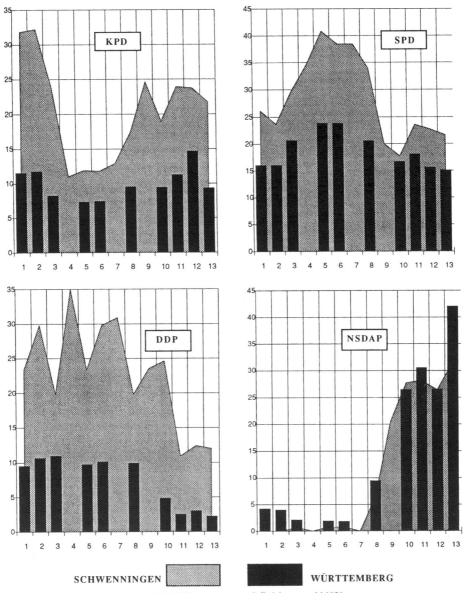

PARTEIENENTWICKLUNG in SCHWENNINGEN und WÜRTTEMBERG 1924 bis 1933 in Prozent

SCHWENNINGEN   WÜRTTEMBERG

1. Reichstagswahl Mai 1924
2. Landtagswahl 1924
3. Reichstagswahl Dezember 1924
4. Kommunalwahl 1925
5. Reichstagswahl 1928
6. Landtagswahl 1928
7. Kommunalwahl 1928

8. Reichstagswahl 1930
9. Kommunalwahl 1931
10. Landtagswahl 1932
11. Reichstagswahl Juli 1932
12. Reichstagswahl November 1932
13. Reichstagswahl 1933

Abb. 2 Quelle: Neckarquelle; Th. Schnabel: die Machtergreifung in Südwestdeutschland, Stuttgart 1982.

einer großen Durchsetzung der Verwaltung mit Alt-NSDAP-Mitgliedern. Das Gesetz zur Wiederherstellung des Berufsbeamtentums vom 23. Juni 1933 diente dazu, nicht mehr erwünschte Behördenangestellte zu entlassen. Es wurde nicht verheimlicht, daß eine Säuberung stattfand.

Man war in Schwenningen nicht bereit, jede Bitte von seiten einer NS-Organisation zu erfüllen. So beschied man im September 1933 dem HJ-Oberamtsführer, daß man keine 10 RM für 1000 Einwohner an die HJ abführe. Es sei ausreichend, ihnen die Räumlichkeiten kostenlos zu überlassen.[6]

Die Reichstagswahl am 5. März 1933 brachte zwar einen Gewinn für die NSDAP mit 30%, sie lag aber deutlich unter dem Württembergischen Gesamtergebnis mit 42%. Die KPD erhielt noch 21%, in Württemberg 8%.[7]

Villingen: NS-Führer als Bürgermeister

Im Gemeinderat saßen 1933 7 Gemeinderäte der Liste aus Zentrum und Wirtschaftspartei Evangelischer Volksdienst, 2 SPD und je 1 KPD, NSDAP und Liste Staatspartei und DVP. In einer Wahluntersuchung wird darauf hingewiesen, daß die NSDAP vor 1933 keinen großen Zuspruch gehabt habe.[8]

Im Juli 1933 wurde Bürgermeister Hermann Schneider in sein Amt eingesetzt, er war mit 27 Jahren einer der jüngsten in einer solchen Position. Sein Ziel war die Umwandlung des Ortes in einen Kneippkurort. Der ehrgeizige Schneider schaffte 1937 den Sprung nach Karlsruhe als Kreisleiter.[9] Sein Nachfolger war Karl Berckmüller,[10] der sein Amt in Villingen am 4. Oktober 1937 antrat und offiziell bis Mai 1945 innehatte. Aber er wurde schon am 1. April 1940 eingezogen, so daß der 1. Beigeordnete Hermann Riedel die Amtsgeschäfte versah. Die von Berckmüller für sich reklamierten Erfolge – Wohnungsbauprogramm, Erbhöfe, städtisches Krankenhaus – waren nur mit Hilfe von Riedel

möglich gewesen. Im Februar 1937 mußte Berckmüller die SS nach einem Ehrengerichtsverfahren verlassen. Vielleicht hängt sein Einsatz für die Entlassung eines offensichtlich unfähigen SS-Chefarztes und für die katholische Schwesternschaft damit zusammen.[11] Er hatte während seiner Amtszeit noch immer Kontakte zur Gestapo und sein Umgangston war nicht gerade liebenswürdig. „Falls sie es wagen sollten, die Maßnahmen der Stadtverwaltung zu verhindern oder zu stören, (werden) Sie Gefahr laufen, durch die zuständigen Behörden in Schutzhaft genommen zu werden." Dies schrieb er einem Einwohner, der seine Anordnung leicht kritisiert hatte.[12]

Von der Arbeitslosigkeit zur Vollbeschäftigung 1933 bis 1939

Die hohe Arbeitslosigkeit unserer Region war mit der wesentliche Grund, weshalb sich die NSDAP auch hier bis 1933 zur stärksten Partei entwickelte. Die Lösung dieses Problems war die wichtigste Aufgabe, die an die neuen Machthaber gestellt wurde, welche es verstanden, die sich seit Ende 1932 wieder bessernde Wirtschaftslage als wichtigsten Anfangserfolg der neuen Regierung zu verbuchen. Daß sich die Arbeiter nicht gerade aus tiefer Überzeugung heraus der NSDAP zuwandten, war auch bei den Betriebsratswahlen im Frühjahr 1933 erkennbar.

Nach der Machtergreifung gab es in Schwenningen noch 1740 Arbeitssuchende, davon 806 Unterstützungsempfänger. Ende September 1933 waren es noch 1091 Arbeitssuchende und 533 Unterstützungsempfänger, am 1. März 1934 waren noch 990 Schwenninger arbeitslos und 495 auf öffentliche Hilfe angewiesen. Im Juli 1934 wurden noch 490 Arbeitslose in Schwenningen gezählt.[13]

1933 versuchte die NSDAP die Arbeitslosen in Schwenningen durch eine verschärfte Doppelverdienerkampagne zu reduzieren.

Dadurch mußten 56 weibliche und sechs männliche „Doppelverdiener" aus dem Erwerbsleben ausscheiden, was 20 arbeitslose Frauen und 42 arbeitslose Männer in ein Arbeitsverhältnis brachte. „Bei den männl. Eingestellten handelt es sich fast durchweg um SA-Leute."[14] Die gesamte Aktion war ein Beschäftigungsprogramm für Parteimitglieder. Dies geht auch aus einem Schreiben des Verbandes der Uhrenindustrie vom 14. 8. 33 hervor, welches darauf hinweist, daß „die alten Kämpfer der nationalen Verbände" in Arbeit zu bringen seien. Außerdem verknüpfte der Arbeitgeberverband diese Aktion auch mit dem Zweck „einer Auswechslung politisch unzuverlässiger oder staatsfeindlicher Elemente". „Diese Frage gehört zwar nicht unmittelbar in den Rahmen des Doppelverdienertums; sie ist jedoch staats- und betriebspolitisch so wichtig, dass wir besonders darauf aufmerksam machen möchten." Unterzeichnet war dieses Schreiben an die Mitgliedsfirmen vom neuen Vorstand Emil Speck; er hatte den Uhrenfabrikanten Dr. Fritz Mauthe abgelöst, sowie vom alten und neuen Geschäftsführer Dr. Sasse. Die Zuteilung von Arbeit wurde zu einem wichtigen Disziplinierungsmittel. Da Arbeitsplatzwechsel ohne die Mitwirkung des Arbeitsamts im III. Reich unmöglich gemacht wurde, konnte die Partei über die Arbeitsverteilung bestimmen. Dieser Zusammenhang läßt sich an vielen Schwenninger Arbeiterbiographien nachweisen.[15]

Der beschriebene Mechanismus der Arbeitszuteilung war aber nur so lange wirkungsvoll, als Arbeitsmangel herrschte. Mit der Konjunktur und dem immer knapper werdenden Angebot an Arbeitskräften verbesserte sich die Situation der Arbeitnehmer zusehends. Arbeitsverteilung als Disziplinierungsmittel wurde wirkungslos.

Dies läßt sich auch aus einem Schreiben vom 22. April 1936 des Arbeitsamts Rottweil an die „Direktion der Firma Mauthe" ablesen: „Der Ortsgruppenleiter der NSDAP in Neufra Kreis Rottweil teilt mir mit, dass Obengenannter jede Gelegenheit benütze, andere Jugendliche in Lauffen von der HJ abwendig zu machen, mit dem Hinweis, sie wären alle dumm, wenn sie in die HJ gehen, er hätte eine Lehrstelle bekommen, ohne daß er der Hitlerjugend angehört. Durch diese Äusserungen... hätten sich verschiedene Jugendliche... vom Dienst in der HJ abbringen lassen."[16]

Im benachbarten Villingen wurde die Arbeitslosigkeit anscheinend schneller abgebaut. Ende 1935 wurden im Arbeitsamt Villingen nur noch 141 Personen als arbeitslos registriert.[17]

„Der Beschäftigungsgrad ist gerade in diesem Jahr ein außerordentlich günstiger. Während in der Industrie (Uhren-, Werkzeug-, Radio-, Textil-, Messing- und Aluminiumindustrie) 1933 noch 1435 Personen beschäftigt waren, beträgt diese Zahl heute 2922; davon sind 1549 männliche und 1373 weibliche Beschäftigte... Bei der Machtübernahme durch den Nationalsozialismus betrug die Zahl der Arbeitslosen 783, sie beträgt jetzt noch 196. Diese Arbeitslosen konnten aber nur deshalb nicht in den Arbeitsprozeß übergeführt werden, weil sie überaltert und nur beschränkt arbeitsfähig sind."[18]

Zu Beginn des III. Reiches arbeiteten in Schwenningen 6254 Personen in abhängiger Stellung in Industrie und Handwerk, in Villingen waren es etwa 1600 Personen. Sechs Jahre später (17. 5. 39) waren in Schwenningen 15 800 Personen in abhängiger Stellung in Industrie und Handwerk beschäftigt, in Villingen 7900. 13 000 Industriearbeitern in Schwenningen standen 7800 Arbeiter in Villingen gegenüber. Zum Vergleich: 1925 hatte Villingen erst 1566 Industriearbeiter, Schwenningen bereits 9689!

1939 war die Arbeitslosigkeit in unserer Region völlig überwunden. Villingen und Schwenningen hatten einen Höchstand an

Arbeitern in ihrer bisherigen Geschichte zu verzeichnen. Die Expansion der Industrie verlief aber in Villingen wesentlich dynamischer. Die Radio-, Elektro und Apparateindustrie hatte die Folgen der Weltwirtschaftskrise viel besser überstanden als die Uhrenindustrie. Villingen wurde auch von der Arbeitslosigkeit insgesamt weit weniger betroffen als Schwenningen.[19]

Fallbeispiel: SABA

Vor dem Krieg war die Firma SABA das bedeutendste Villinger Unternehmen. Nach einem Schreiben der Stadtverwaltung Villingen vom 26. 1. 48 sah die Bedeutung der SABA folgendermaßen aus: „Im Verhältnis zum Gesamtsteueraufkommen (der Industrie) an Gewerbesteuer betrug das Steueraufkommen der Firma SABA im Jahre 1937 73 Prozent, im Jahre 1938 73 Prozent, im Jahre 1939 79 Prozent." Die Firma hatte außerdem eine Reihe von Schattenbetrieben. 1938 arbeiteten bei der SABA 902 Personen, davon 213 Pendler. Auch in der Zeit der Weltwirtschaftskrise hielt sich die SABA – damals eine Firma mit wegweisender Zukunftstechnologie – außerordentlich gut im Vergleich zu anderen Industriezweigen. Wichtige Baumaßnahmen wurden schon vor 1933 gemacht bzw. in die Wege geleitet. Mit der dynamischen Vorwärtsentwicklung der SABA bewiesen die neuen braunen Machthaber in Villingen ihre wirtschaftspolitischen Erfolge, deren Ursachen bereits aus der Weimarer Zeit stammten. Das Zusammenfallen von Machtergreifung und Aufschwung der modernen Radioindustrie konnte dem Regime gerade recht sein. Das Radiogeschäft war wie auch das Uhrengeschäft saisonabhängig. Im Sommer kam es meist zu hohen Arbeiterentlassungen, auf das Weihnachtsgeschäft hin wurden dann wieder Arbeiter eingestellt. Ziel der Firmenleitung war es, eine ganzjährige Auslastung der Kapazitäten zu erreichen. „Die

nationalsozialistische Revolution" steigerte „die Absatzmöglichkeiten der Branche gewaltig." Trotzdem mußten im Februar 1934 wieder 350 bis 400 Arbeiter entlassen werden. Nach dem 18. 6. 1934 konnte die dann nur noch aus 370 Beschäftigten bestehende Belegschaft wieder voll beschäftigt werden. Neueinstellungen wurden vorgenommen. Der Export-Anteil ging innerhalb eines Jahres von 33% auf 6,7% zurück, was teilweise auf Boykottmaßnahmen des Auslands gegen die Machtergreifung zurückzuführen war. Um den Export wieder zu steigern, war die SABA sogar bereit, unter Selbstkosten zu produzieren.[20] Ende 1934 lief die Radiokonjunktur so gut, daß die Firma Überstunden beantragen mußte, und dies in einer Zeit, in der die Arbeitslosigkeit in manchen Gegenden noch weit verbreitet war. Am 15. 9. 34 begründete das Unternehmen sein Anliegen: Die Verhältnisse in der Radioindustrie zeichnen sich dadurch aus, „dass unsere Belegschaft während der Hauptsaison zwischen September und Dezember bei dreifacher Arbeiterzahl noch nicht ausreicht und daß ein Drittel der Belegschaft während der Sommermonate nur mit großen Verlusten durchgehalten werden kann". Aus diesem Grunde beantragte die SABA „während der Hauptsaison-Periode etwa vom 1. 10. bis 10. 12. ... die Arbeitszeit auf 10 Stunden verlängern zu dürfen". Außerdem argumentierte die Firma, „wir haben alle nur einigermaßen brauchbare Arbeitskräfte des gesamten Schwarzwaldgebietes aufgesaugt". Weitere Arbeitskräfte könnten nicht herangezogen werden, da es an Unterbringungsmöglichkeiten fehle. Doppelschichten könnten nicht in jedem Fall eingeführt werden, da Nachtschichten für weibliche Arbeitskräfte verboten seien. Weiterhin lasse die Verkehrssituation einen Schichtwechsel für Auswärtige um 10 oder 11 Uhr abends nicht zu.[21]

Ein weiteres Problem der SABA war die Rohstoffbeschaffung. Im August 1934 wollte die Reichsbank nicht die nötigen Devisen bereitstellen, um Material für Cadmium-Anoden zu beschaffen. Die SABA forderte daher von der Stadtverwaltung eine Dringlichkeitsbescheinigung, „in welcher vielleicht auch zum Ausdruck gebracht werden kann, welche Bedeutung unsere Firma in der badischen Wirtschaft im allgemeinen und im notleidenden Schwarzwaldgebiet im besonderen einnimmt". Ein Jahr später hatte das Unternehmen ähnliche Probleme, als die Überwachungsstelle für unedle Metalle das dringend benötigte Kupfer nicht freigeben wollte. Diesmal bescheinigte der Kreisleiter der Firma SABA, „dass sie nicht nur für die Stadt Villingen, sondern auch für das gesamte Schwarzwaldgebiet von besonderer Bedeutung ist, weil durch sie sehr viele Volksgenossen Arbeit und Brot finden".[22]

1935 feierte die SABA ihr 100jähriges Bestehen. In der Festschrift wurden die Sozialleistungen der Firma besonders hervorgehoben. Schließlich waren die Nationalsozialisten mit der Forderung nach Aufhebung des Klassenkampfes angetreten und unter dem mächtigen Einfluß von DAF und Partei versuchten die Unternehmen, diesem Anspruch gerecht zu werden. Hermann Schwer, der Betriebsführer, wurde zum Ehrenbürger gemacht, gleich nach Adolf Hitler, „die höchste Ehre, die ein Gemeinwesen gemeinhin und insbesondere erst im nat. soz. Staate zu vergeben hat", so Bürgermeister Schneider.[23] Dies war eine Verbeugung der neuen Machthaber vor dem bedeutendsten Unternehmer und Steuerzahler der Stadt. Man brauchte den Erfolg des Rundfunkindustriellen, um sich selbst damit zu schmücken.

Fallbeispiel: Kienzle Apparate

Beim ersten Betriebsappell im Krieg vor dem Weihnachtsfest 1939 munterte der Betriebsführer Dr. Herbert Kienzle seine Gefolgschaftsmitglieder mit folgenden Worten auf: „Es ist unsere Aufgabe, die innere Front – und wir gehören auch dazu – derartig stark zu machen, dass wir auch einem jahrelangen Krieg mit Vertrauen entgegensehen können." In seinen Ausführungen vor der Belegschaft ging Herbert Kienzle auch auf die Schwierigkeiten ein, die durch die Umstellung von Friedens- auf Kriegsproduktion entstanden waren, vor allem, weil der Export völlig ausfiel. „Ich hatte mich bereits einige Monate vor Kriegsausbruch bemüht, weitere Aufträge zu bekommen."[24]

Beim Betriebsappell sprach auch der Kreisobmann Lehmann. Er skizzierte rückblickend die Entwicklung der Firma im Laufe des III. Reiches. „Wenn ich zurückdenke an das Jahr 1934, als ich nach Villingen kam und das erstemal zu der Firma Kienzle Apparate A.G. ging, da waren sie noch ein kleines Häufchen von 50–60 Personen, und wenn ich heute in diesen großen Saal sehe, dann sind es bestimmt weit über 300."

Dieses außerordentliche Wachstum verdankte das Unternehmen weitgehend den Fähigkeiten seines Betriebsführers Dr. Herbert Kienzle, der die Zeichen der Zeit zu nutzen verstand.[25] Nach den schriftlichen Darstellungen der Kienzle Apparate AG entsprach Herbert Kienzle dem Typ des modernen Unternehmers. Er setzte sich konsequent für den Einsatz moderner amerikanischer Fertigungsmethoden ein und war äußerst rührig, über politische Beziehungen an Aufträge für seine Firma heranzukommen. Die politischen Verhältnisse machte er sich dienstbar, so gut dies eben möglich war.

Kienzle setzte sich bereits 1933 energisch für Regierungsaufträge ein. Er wollte seinen Tachografen der Deutschen Reichsbahn verkaufen. Die Bemühungen gingen eindeutig dahin, Heeresaufträge zu bekommen. „Wir haben uns auch reichlich bemüht, Heeres-Aufträge zu bekommen, wobei aber unserem Herrn Dr. Kienzle bei seinen wiederholten Versuchen immer wieder entgegnet wurde, dass uns keine Heeresaufträge gegeben werden können, weil wir ... Grenzland ... seien."[26]

Es gelang dem Unternehmen, die Autokonjunktur für eine Steigerung der Tachografenproduktion zu nutzen.

Probleme machte die Rohstoffbewirtschaftung des Vierjahresplans von 1936. „Unsere Firma hat z. Zt. die grössten Schwierigkeiten, Material ... für die Herstellung des Tachografen hereinzubekommen. Zur Zeit werden wir mit Material derartig knapp beliefert, dass wir in 2 Wochen unsere Fabrikation einstellen müssen ... (Wir) bitten ... um die Ausstellung eines Nachweises, aus dem hervorgeht, dass unsere Fabrikation im Rahmen des Vierjahresplans von Wichtigkeit ist."[27]

Der gewaltige Aufstieg der Kienzle Apparate AG zeigt sich deutlich im Ausbau der Firma in der Zeit des Nationalsozialismus.[28]

Während des Krieges produzierte Kienzle Sonderfertigungen für die Luftwaffe. Einen weiteren Hinweis auf die wehrwirtschaftliche Bedeutung des Unternehmens gibt auch der hohe Anteil an männlichen Arbeitskräften, den die Firma sogar im Jahr 1943 noch halten konnte, sowie die außerordentliche Zunahme an Arbeitskräften in den Kriegsjahren 1939 bis 1943, die innerhalb der Schwarzwälder Industrie einmalig dasteht. Ohne den Krieg wäre diese rasche Expansion der Firma Kienzle Apparate völlig ausgeschlossen gewesen.

Betriebsführer und Gefolgschaft waren ideologisch wichtige Säulen nationalsozialistischer Wirtschaftspolitik. Die Bedeutung des deutschen Arbeiters zeigte ein Betrieb durch soziale Sonderleistungen, auch eine Möglichkeit, latent vorhandene sozialistische Forderungen innerhalb der Arbeiterschaft einzudämmen. Die Konjunktur seit 1933 verbesserte die wirtschaftliche Situation bestimmter Facharbeitergruppen relativ schnell.

Herbert Kienzles wichtigstes Anliegen, wohl auch aus den Erfahrungen der Weltwirt-

schaftskrise heraus, war eine dauernde Auslastung der Kapazitäten, was für ihn bedeutete, „ständig Aufträge für komplette Geräte zu erhalten ... Wir legen ... Wert darauf, den ganzen Betrieb zu beschäftigen und haben deswegen vor einem Jahr schon diesen (Rüstungs-)Auftrag entgegengenommen, und ich freue mich wirklich, dass er auch Erfolg gehabt hat."

Für die Arbeiter bedeutete dies zwar nach Kriegsbeginn Überstunden, Kienzles Firmenpolitik brachte ihnen aber Dauerarbeitsplätze, die vor 1933 in der Schwarzwälder Industrie nicht selbstverständlich waren.

Die Bautätigkeit war vorrangig sicher ein Zeichen für die Expansion der Firma, die laut Dr. Kienzle 1938 und 1939 jeweils eine Umsatzsteigerung von 50 % erreichen konnte, gleichzeitig wurden aber auch die Arbeitsstätten den Bedürfnissen der Arbeiter angepaßt. Kienzle hatte „schöne" Werkstätten und „vorbildliche" Büros. Die Firma besaß einen betriebseigenen Sportplatz, eine Unterstützungskasse für unverschuldet in Not geratene Gefolgschaftsmitglieder, es gab Geburtenbeihilfen zwischen 80 und 130 Mark, außerdem wurden die Versicherungsleistungen der eingezogenen Soldaten weiter bezahlt. Dazu leisteten auch die Arbeitskameraden zwei freiwillige Arbeitsstunden. Der Betriebsobmann Münzer konnte nur betonen, „daß unser Betriebsführer ganz im Sinne unseres großen Führers handelt". Das Unternehmen verteilte Prämien für betriebliche Verbesserungsvorschläge, die betreffenden Arbeiter wurden öffentlich ausgezeichnet. Aber nicht nur technische Verbesserungen, sondern auch allgemeine Verbesserungen der Arbeitssituation wurden honoriert.

Die Firma bemühte sich um die Errichtung eines Kindergartens, und als die Ernährungslage im Laufe des Krieges schlechter wurde, setzte Herbert Kienzle sich für eine Verbesserung der Situation zugunsten seiner Arbeiter ein. Das Führerprinzip innerhalb des Betriebs schien verwirklicht. Kienzle wurde nahezu eine Symbolfigur für die NS-Wirtschaftspolitik, was seinen offiziellen Anstrich durch die Verleihung des Kriegsverdienstkreuzes und die Auszeichnung des Betriebs als Kriegsmusterbetrieb im Jahre 1943 erhielt.

Fallbeispiel Mauthe

Im Mai 1944 feierte die Firma Mauthe in Schwenningen ihr 100jähriges Bestehen unter den Bedingungen des Weltkriegs. Nach dem Festredner Dr. Fritz Mauthe, dem Seniorchef, ging Direktor Ernst Jung auf die Firmengeschichte ein. „Nach dem unglücklichen Ausgang des ersten Weltkrieges widmete sich Dr. Mauthe mit verdoppelter Energie dem (Aufbau) ... und auch der Modernisierung der technischen Anlagen. Selbst unter schwierigen Verhältnissen wurde ein großer Neubau errichtet (Mauthe wurde damals von den inflationären Verhältnissen begünstigt; Anmerkung durch den Verfasser), der besonders der modernen Fliessfabrikation zugute kam. Seine Hauptsorge in der damaligen Zeit war aber, die Firma gesund und stark zu halten... ein gesundes, leistungsfähiges Unternehmen konnte so 1933 den Marsch in die Zeit Adolf Hitlers antreten". [29]

1925 beschäftigte das Unternehmen 1 697 Arbeitskräfte. Dieser Höchststand reduzierte sich bis 1933 auf 1 314 Beschäftigte. Es gelang der Firma offensichtlich, relativ viele Arbeitsplätze in der Weltwirtschaftskrise zu erhalten. In der Zeit des Dritten Reiches nahm die Beschäftigtenzahl bis zum 31. 12. 1938 wieder auf 1 481 Personen zu. Der Stand von 1925 wurde aber selbst in der Kriegszeit mit dem Höchststand von 1 647 Arbeitskräften am 31. 12. 1941 nicht mehr erreicht. Zu Kriegsende beschäftigte Mauthe 1 298 Personen, immerhin über 20 Personen weniger als während der Weltwirtschaftskrise!

Ein Facharbeitermangel wurde ab 1937 deutlich spürbar, da vermehrt junge Facharbeiter zum Reichsarbeitsdienst und zum Wehrdienst einberufen wurden. Fähige Arbeiter verlor die Firma auch an Parteibehörden, die mit einer bequemeren Arbeit und besserer Bezahlung lockten. Ab 1938 mußte das Unternehmen um seine Facharbeiter regelrecht kämpfen. So argumentierte Mauthe in einem Schreiben vom 8. November 1938: „Wir haben gerade in unserer Abteilung Stanzen- und Werkzeugbau durch Arbeitsdienst, Militär und aus politischen Gründen mehrere unserer besten Werkzeugmacher verloren, so dass wir den laufenden Arbeitsanfall schon nicht mehr bewältigen können."

Im Juli 1938 bemühte man sich in einem Schreiben an die Gestapo Oberndorf um einen Mitarbeiter: „Unser erster Werkzeugmacher, Otto Hranika... ist seit 8. Juni 1938 in Haft. Da es sich um unseren besten Werkzeugmacher handelt, sind wir in der Werkzeugherstellung durch das Fehlen dieses Facharbeiters merkbar gehemmt."

Den Arbeitskräftemangel zu Kriegsbeginn versuchte man durch den vermehrten Einsatz von Frauen auszugleichen, deren Arbeitsneigung in der Regel aber im Dritten Reich weniger ausgeprägt war. So kam es häufiger vor, daß von Frauen, die ihre Arbeitsstelle verließen, der letzte ausstehende Lohn einbehalten wurde, ihnen mit „gesetzlichen Mitteln" oder mit einer Meldung beim „Treuhänder der Arbeit" gedroht wurde. Im Herbst 1940 wurden bei Mauthe in einer größeren Aktion ehemalige weibliche Beschäftigte angeschrieben, mit dem Hinweis: „Sie waren früher bei uns beschäftigt... Nachdem... wir gegenwärtig sehr viele Arbeitskräfte benötigen, möchten wir Sie auffordern, Ihren Arbeitsplatz recht bald wieder aufzunehmen."

Die Firma Mauthe hatte ihre Produktion im Vergleich etwa zu Kienzle-Uhren sehr spät auf Kriegsproduktion umgestellt, was auch die Probleme mit der Versorgung von

Arbeitskräften erklärt. Die Leistungssteige-
rungen der Firma waren neben dem damals
üblichen Raubbau an menschlicher Arbeitskraft auf eine völlige Reduzierung der Produktion auf nur ganz wenige Typen zurückzuführen. 1944 wurden bei Mauthe im wesentlichen nur 2 cm Kopfzünder, Zeitzünder S 45
und Zeitzünder S 30 hergestellt.

Die „Probleme" der Munitionsproduktion
kennzeichnete auf der Jubiläumsfeier Oberst
Gutscher von der Rüstungsinspektion Stuttgart: „Es ist Ausgezeichnetes geleistet worden, denn es ist ein Unterschied, ob ich einen
Wecker habe, der noch so gut geht, da kommt
es auf 1 oder 2 Sekunden nicht so genau an …
Wenn ich aber das Instrument habe, das Sie
hier machen und bei dem es auf ein 100stel
Sekunde ankommt, wenn ich den Gegner erledigen will, so ist es ein Zeichen dafür, dass
die gesamte Belegschaft in eine höhere Sphäre gehoben wurde, und nur durch die äußerste Präzision war es möglich, zu diesen hervorragenden Leistungen zu kommen."

Der Arbeiter in den Rüstungsfabriken war
wichtig in einem „modernen" Krieg. Die Bedeutung der „Soldaten der Arbeit" wurde
von der Firma durch die Auszeichnung besonders verdienstvoller und „betriebstreuer"
Gefolgschaftsmitglieder bei der 100-Jahr-Fei-
er unterstrichen. Es gab Geldzuwendungen.
Man hatte es sogar geschafft, jedem, der über
10 Jahre in der Firma war, einen Jubiläums-
wein zu spendieren und den Ostarbeitern stiftete die Firma Mauthe 200 Liter helles Bier,
was eine Rechnung der Bärenbrauerei vom
9. Mai 1944 belegt.

Die Rüstungsproduktion der Firma Mauthe
wurde bis kurz vor Kriegsende aufrechterhalten. Die letzten Rechnungen über S 45 Zeitzünder und 2 cm Kopfzünder stammen vom
19. April 1945.

Neue Verwaltungsstruktur: Die Partei wollte in der Kommune mitregieren

Am 30. Januar 1935 trat die Deutsche Ge-
meindeordnung (DGO)[30] in Kraft. Sie stellte
die Gemeindeverwaltung auf das Führerprinzip um, ordnete sie straff auf den Staat hin
und gab der Partei erhebliche Einflußmög-
lichkeiten. Nach der Präambel hatten die
Kommunen mitzuwirken „an der Erreichung
des Staatszieles, in einem einheitlichen, von
nationalem Willen durchdrungenen Volke
die Gemeinschaft wieder vor das Einzel-
schicksal zu stellen". Der Bürgermeister war
der alleinige „Führer". „Denn Führung der
Gemeinde besteht nur so lange, als Gemeinschaft zwischen Führer und Gefolgschaft, ste-
ter Austausch zwischen beiden vorhanden ist.
Deshalb sehe ich es als die erste und vor-
nehmste Aufgabe des Bürgermeisters an, die
ihm in der Gemeinde anvertraute Gemeinschaft zu erhalten und immer fester zusam-
menzuschließen."[31] Neben ihm spielte der
Beauftragte der NSDAP eine wichtige Rolle.
„Zur Sicherung des Einklangs der Gemeindeverwaltung mit der Partei" hatte er erheblichen Einfluß auf die Berufung und Abberufung des Bürgermeisters und der Beigeordneten. Aus den um diese Positionen eingegan-
genen Bewerbungen hatte er nach Beratung
mit dem Gemeinderat der berufenden Stelle
eine Dreierliste vorzulegen, je nach Orts-
größe also dem Reichsminister des Innern,
dem Reichsstatthalter, der oberen Aufsichtsbehörde oder der Aufsichtsbehörde. Letzteres traf auf Schwenningen und Villingen zu.
Die Gemeinderäte bestellte er selbst im Benehmen mit dem Bürgermeister; ihre Aufgabe war es, die dauernde Fühlung der Gemeindeverwaltung mit allen Schichten der Einwohnerschaft zu sichern und in diesem Sinne
den Bürgermeister zu beraten. Die Gemeinden waren einer straffen Staatsaufsicht unterworfen. Parteibeauftragter war der Kreisleiter der NSDAP. Konflikte wurden meist zu-

gunsten der Gemeinden gelöst. Das Interesse an der Selbstverwaltung ging zurück. Die Qualität der Kommunalverwaltung blieb gut.

Vereinnahmung des Menschen für die Ziele einer Partei

Mit der „nationalen Erhebung" haben sich viele, und zwar aus allen sozialen Schichten, identifiziert, zumal der „neue Staat" mit seiner Partei eindrucksvoll zu demonstrieren verstand, wie „stolz" man als Deutscher auf sich sein konnte. Entsprechend begeistert wurden Aufmärsche, „Führerreden" im Rundfunk, Uniformen und Fahnen von der Bevölkerung begrüßt.[32] Dem Gesinnungszwang, den die Partei ausübte, konnte sich öffentlich kaum jemand entziehen, denn auch das Spitzelsystem war gut ausgebaut. Die Jugend war am leichtesten für die Vorstellungen der „neuen Bewegung" zu begeistern. Sie galt als Träger der Hoffnung in die Zukunft, daher wurde ihr gezielt die nationalsozialistische Lehre vermittelt. Freizeitbeschäftigungen sollten sie in die Organisationen HJ und BDM locken. Viele Ältere blieben skeptisch, dies lag vielleicht auch an ihrer Verwurzelung im Glauben.

Die Teilnahme an Veranstaltungen, an Übungen und an Vorträgen wurde mehr und mehr zur Pflicht, die überwacht wurde. Aber man kontrollierte sich auch untereinander, es gab „liebe" Nachbarn, die dem Bürgermeister anonyme Anzeigen schickten.

Als wertvolles Propagandainstrument galten die Zeitungen. Hier wurde darum alsbald eine Gleichschaltung durchgeführt. Ab 1933 war im Amtsbezirk Villingen das „Schwarzwälder Tagblatt" aus Furtwangen amtliches Verkündigungsblatt. Alle anderen durften die öffentlichen Bekanntmachungen einen Tag später kostenlos drucken, mußten sie aber auf der Behörde selbst holen. Für Angestellte einer Behörde wurde es riskant, das „Villinger Volksblatt" zu halten, denn es galt

als reaktionär und zentrumsnah. Es wurde 1935 verboten.[33]

Für den Krieg und die Lebensraumpolitik brauchte man Menschen, deshalb strebte man eine hohe Geburtenrate an. 1937 wurde das Ehrenkreuz für die Mütter eingeführt; eine Auszeichnung für Mütter, die 4 oder mehr Kinder geboren hatten. Schon ab 1934 zahlte die Bad. Regierung Staatsbeihilfen. „Die Badische Regierung hat beschlossen, Eltern badischer Staatsangehörigkeit bei der Geburt des siebenten und jedes weiteren Kindes, sofern die übrigen Kinder noch am Leben sind und es sich um eine erbgesunde arische Familie von einwandfreiem Ruf und Verhalten und mit einwandfreier politischer Einstellung handelt, eine Staatsbeihilfe von 25 RM zu überweisen, wenn sie in Baden ihren Aufenthalt haben."[34]

Jeder Deutsche gehörte irgendeiner Organisation an, die Bauern zwangsläufig zum RNS (Reichsnährstand) und die Arbeiter zur DAF. Alle diese Organisationen veranstalteten Schulungsabende, an denen das Erscheinen Pflicht war. In den Einladungen, die in den Zeitungen veröffentlicht wurden, stand dann „Jugendgruppe vollzählig" oder „erscheinen Pflicht".[35] In je mehr Formationen man tätig war, um so mehr Freizeit wurde organisiert verbracht. Der Mensch wurde zum Massenwesen.

Die Mobilisierung und Vereinnahmung eines jeden Bürgers für die Ziele der NSDAP wurde immer perfekter und rigoroser. Robert Ley, NS-Reichorganisationsleiter, beschrieb es folgendermaßen: „Der einzige Mensch, der in Deutschland noch ein Privatleben führt, ist jemand der schläft."[36] Auch der Urlaub wurde organisiert durch „Kraft durch Freude"-Fahrten.

Die Sammelwut während dieser Jahre war enorm. Das Winterhilfswerk sammelte jedes Jahr zu Beginn des Winters Geld, Lebensmittel, Haushaltsgeräte oder Kleidung. Enorme Beträge kamen so zusammen, aber nur ein kleiner Teil der Geldbeträge wurde an Bedürftige weitergeleitet. Mit dem übrigen wurden Kanonen oder Panzer gebaut.[37]

Ab 1938 gab es Sammelscheine für wildwachsende Heilpflanzen. Man erhielt sie nur, wenn man Mitglied der „Reichsarbeitsgemeinschaft für Heilpflanzenkunde" war. Die Sammeltätigkeit konnte haupt- und nebenberuflich ausgeübt werden. Lehrer bekamen den Schein, um mit ihren Schülern sammeln zu gehen. Familien konnten einen Paß mit den Namen sämtlicher Mitglieder erhalten. Sachbearbeiter für den Kreis Villingen war der Apotheker Dr. W. Gayer, Besitzer der Berthold-Apotheke in Villingen.

Um die Bevölkerung auf den Krieg vorzubereiten, gab es Verdunkelungsübungen. Die erste Großübung im Kreis Villingen fand am 23. November 1936 statt.

1935 war es wieder soweit, die allgemeine Wehrpflicht wurde entgegen dem Abkommen von Versailles eingeführt.[38] Die Gemeindeverwaltung mußte die Jahrgänge 1914 und 1915 erfassen und der zuständigen Stelle in Donaueschingen melden. Damit die Listen auch richtig ausgefüllt wurden, gab es für die Gemeindebediensteten am 9. April 1935 morgens um 10 Uhr eine Schulung in Villingen. In dem Schreiben des Bezirksamtes hieß es: „Über die angeordneten Arbeiten darf keinerlei Mitteilung oder Erörterung in der Presse erfolgen."[39] Die Erfassung mußte bis 15. Mai 1935 abgeschlossen sein. Es war auch gestattet, sich freiwillig zu melden. Ein Problem stellte der geforderte Ariernachweis dar. Er wurde 1935 noch als Sollvorschrift behandelt, da die Vordrucke fehlten und die Standesämter mit den Datenauskünften nicht nachkamen. Auch eine Zurückstellung aus privaten oder beruflichen Gründen war möglich.

Die Vorbereitung für den Krieg wurde im Laufe des Jahres 1935 immer konkreter. Als Einstimmung darauf führte das Deutsche Volksbildungswerk 1936 den Wettbewerb „Die Dorfgeschichte im Weltkrieg" durch. Plakate warben ab 1937 für den Kauf von Gasmasken. Die Bürger sollten diese für Notfälle erwerben.

Auch die dauernden Sparappelle und die vielfältigen Sammelaufrufe sollten auf den Krieg vorbereiten. Die Zeitungen informierten über einheimische Pilze, Kräuter und sonstige Pflanzen und deren Verwertbarkeit. Schon 1933 wurde das Eintopfessen an jedem zweiten Sonntag im Monat als Solidaritätsveranstaltung mit den Armen der Gesellschaft eingeführt. Es erinnerte angeblich an die Sitte, den Mittagstisch für einen unbekannten Gast mitzudecken. Zur Erinnerung wurden dafür Holzlöffel verkauft, die Schnitzer im Schwarzwald gefertigt hatten.[40] In den Zeitungen standen Tips für die Hausfrauen, wie sie sparsam und mit einheimischen Produkten kochen konnten. „Was kocht die sparsame Hausfrau" oder „Kampf dem Verderb" lauteten die Überschriften. Appelle, nichts verderben zu lassen, gab es jeden Tag in den Zeitungen, teilweise wurden sie als kurze Texte wie Anzeigen gestaltet. „Jede Hausfrau sammelt Küchenabfälle für die Schweine." „Hausfrauen! Zerstört nicht die besten Nährwerte der Nahrungsmittel durch unzweckmäßige Zubereitung." „Auch geflickte Socken halten warm!"[41]

Die Glorifizierung des Soldaten wurde in den Zeitungen und Zeitschriften in vielen Serien z. B. „Wehrwille und Wehrkraft" propagiert. Der Krieg sollte seinen Schrecken verlieren.

Auch die Gesundheitsfürsorge wurde neu geregelt. In Villingen und Rottweil richtete man Staatliche Gesundheitsämter ein, die bisher für die Gesundheitsvorsorge zuständigen Bezirksärzte wurden abgeschafft. Im Gesundheitsamt gab es eine Abteilung Erb- und Rassenpflege.[42] Es überwachte nun die Schutzimpfungen, die Abgabe von Arzneien und Giftstoffen, kontrollierte die Sterbe- und Leichenschauscheine, die Sterberegister und die Tagebücher der Hebammen ebenso wie die Meldekarten der Desinfektoren. Die Einweisungen in die psychiatrischen Kliniken liefen auch über das Gesundheitsamt.

Die Rüstungsproduktion[43]

Bereits 1936 konnten nach Beobachtungen der Wehrwirtschaftsinspektion V in manchen Betrieben wieder Überstunden gemacht werden. Die Betriebe waren in der Regel an Wehrmachtsaufträgen interessiert, weil sie sich davon eine durchgängige Beschäftigung ihrer Gefolgschaftsmitglieder und eine Auslastung ihrer Kapazitäten versprachen. Für die badischen Firmen gab es wegen der Grenzlage am Anfang keine Heeresaufträge, die Auto- und auch die Radiokonjunktur brachte den betroffenen Firmen recht bald eine gute Beschäftigungslage. In dem stark von der Uhrenindustrie bestimmten Schwenningen dagegen ließ der Abbau der Arbeitslosigkeit länger auf sich warten. Günstig wirkte sich hier die Einführung der Wehr- und Arbeitsdienstpflicht aus, die ab Oktober 1936 auch in der Uhrenindustrie zu einem Arbeitskräftemangel führte.

Im April 1937 berichtete die Firma Junghans, die ganz groß ins Zündergeschäft eingestiegen war, „dass die großen Wehrmachtsaufträge sie daran hinderten, ihren Export im bisherigen Umfang aufrechtzuerhalten und die Konkurrenz diese Situation auszunutzen suche". Im gleichen Monat bereitet sich die Firma Kienzle-Uhren auf die Fabrikation von 2 cm Kopfzündern A. Z. 5054 (Aufschlagzünder) vor.

Die Heeresaufträge waren für die Uhrenindustrie auch deshalb wichtig, weil die Exportaufträge sich verschlechterten auf Grund der Boykottmaßnahmen gegen deutsche Waren. Besonders nach der Reichskristallnacht bekamen die Uhrenindustriellen diese Einbußen empfindlich zu spüren. So berichtete die Jahresuhrenfabrik Schatz/Triberg aus

England, daß dort Arbeitslose veranlaßt würden, deutsche Waren, die im Londoner Hafen ankämen, zu zerschlagen. Trotzdem konnte die Firma SABA ihre Exporte 1939 noch steigern. Im wesentlichen gingen die Radios in die nordischen Staaten und die Balkanländer.

Im Laufe des Jahres 1938 machte sich dann ein ganz erheblicher Arbeitskräftemangel bemerkbar. Die gute Konjunktur verbesserte die Situation der Arbeitskräfte. Die Freizügigkeit der Arbeitnehmer war zwar im III. Reich teilweise erheblich beschränkt worden durch alle möglichen Schikanen, trotzdem versuchten die Firmen über höhere Lohnangebote Arbeitskräfte anzulocken, und die Arbeitnehmer fanden Mittel und Wege, über „legale" Kündigungsgründe ihren Arbeitsplatz zu wechseln. So verlor zum Beispiel die württembergische Landwirtschaft im Zeitraum von 1933 bis 1938 fast 20 % ihrer Arbeitskräfte an die Industrie trotz vieler entgegenstehender Verordnungen.

Dem Arbeitskräftemangel, vor allem dem Facharbeitermangel, versuchte die Industrie schon vor Kriegsbeginn mit Überstunden zu begegnen. Die Erfahrungen waren aber ungünstig: „Eine ganze Zahl von Industriebetrieben hat sich dahingehend geäußert, daß höchstens eine Arbeitszeit von 54 Stunden in der Woche tragbar sei. Wenn die Arbeitszeit über dieses Maß hinausgeht, verdoppelt und verdreifacht sich der Krankenstand und zeigt sich das Bestreben der Belegschaft eigenmächtig Urlaub zu nehmen."[44]

Im Juli 1939 beklagt die Uhrenfabrik Kienzle, „dass sie unter einem fühlbaren Rückgang der Belegschaft leidet, da ein Ersatz für die zum Arbeitsdienst und zur Wehrmacht Eingezogenen schwer zu beschaffen bzw. überhaupt nicht zu erhalten ist".

Neben den Wehr- und Arbeitsdienstpflichtigen wurden im Arbeitsamtsbezirk Villingen außerdem 500 bis 600 Arbeitskräfte für den Bau der Westbefestigung abgezogen, was die Arbeitszeiten weiter verlängerte. Die Stimmung der Belegschaften war daher kurz vor Kriegsbeginn nicht sonderlich gut.

Entscheidend für die Leistungsfähigkeit der Betriebe war die Versorgung mit Arbeitskräften. „Wenn die Leistungen trotz (des) Abzuges von Arbeitskräften noch gesteigert werden konnten, so ist dies auf den rücksichtslosen Einsatz der Arbeitskräfte zurückzuführen. (Dies stößt jedoch auf Grenzen) ... So konnten häufig Fälle von Erkrankungen oder Fernbleiben von der Arbeitsstätte bemerkt werden... Vielfach werden Forderungen gestellt, die Disziplin und Lohnabkommen lockern. Die geringste Unstimmigkeit oder Rüge führt zur Arbeitsniederlegung und Abwanderung in besser bezahlte Betriebe."[45]

Der Kriegsbeginn brachte für die Arbeitnehmer den Wegfall der Überstundenzuschläge. Die Friedensproduktion der Uhrenindustrie wurde kontingentiert, was bei Kienzle-Uhren zum Beispiel eine größere Anzahl von Revolverdrehbänken freisetzte, die dann für die S/30-Fertigung (Zünder) verwendet wurden. Am 19. 9. 39 berichtete die Wehrwirtschaftsinspektion: „Stimmung in der Industrie. Diese kann als gut bezeichnet werden, teilweise sogar sehr gut." Bereits im September 1939 arbeiteten so gut wie alle Metallbetriebe direkt oder indirekt für die Wehrmacht. Die übrigen Unternehmen versuchten mit „aller Gewalt", „irgendwie in die Kriegsfertigung eingeschaltet zu werden" – wegen der Drosselung von Rohstoffen.

Nach Angaben des Rüstungskommandos Villingen, das im wesentlichen verantwortlich für die Wehrwirtschaft des Schwarzwaldbezirks war (1939–1942), produzierten in seinem Bereich 24 Firmen schon vor Kriegsbeginn und 40 weitere mit Kriegsbeginn für die Rüstung. Wichtigstes Produkt am 1. 3. 1940 waren 2 cm Zünder. Die Munitionsproduktion stellte den Hauptanteil der heimischen Rüstungsproduktion. Eine besondere Bedeutung erlangte der Zeitzünder S/30, der bei Junghans, Kienzle-Uhren, Mauthe und Mat-

thias Hohner in Trossingen und anderen produziert wurde. Der S/30 Zeitzünder wurde für die 8,8 cm Flakgranaten benutzt. Ende 1941 wurden im Wehrkreis V monatlich 570 000 Stück produziert. Bei Kienzle stellte man außerdem noch 2 cm Kopfzünder 45, bei Müller-Schlenker die Z 41 Abwurfmunition her.

Einen Eindruck über die Vielzahl der Typen vermittelt ein Bericht des Rüstungskommandos Stuttgart II, seit 1943 zuständig für den württembergischen Schwarzwald, vom III. Quartal 43: „Infolge der Zunahme der feindlichen Luftangriffe auf deutsches Hoheitsgebiet mussten gewisse Zünder vordringlich gefertigt werden. So wurde... der Zünder 89 b (Behälterzünder mit Uhrwerk) in den Stückzahlen stark in die Höhe getrieben... Ferner wurde der Zünder A.Z.73a (einfacher Zünder ohne Uhrwerk) für die Schnellaktion Bombenmassenabwurf, besonders für die SD 1 (Splitterbombe) eine erhöhte Fertigung verlangt und auch erreicht. Ferner wurde der Z.Z.67 mit Uhrwerk (Laufzeit 15–30 Min.) ... zum vermehrten Ausstoß gebracht. Entwickler und Hauptfertiger Firma Müller-Schlenker, Schwenningen... Es bleibt noch zu erwähnen der A.Z.70 b (Berührungs- oder Erschütterungszünder für die SD/Splitterbombe), der besonders zur Panzerbekämpfung und Flugplatzverseuchung dient."

In Schwenningen wurden auch ZE-Werke, Zeiteinstellungswerke für Seeminen hergestellt. „Und zwar waret die ziemlich hoch und hon zwei gegeläufige Gangregler ghet. Bei der Württembergische und bei Schlenker-Grusa isch des gergschtellt worra. Also min Vater hets ufgschtellt und kontrolliert, und dort send se no ibaut worda, in Seemina."[46] Die Firma Schlenker-Grusen war „Führerin einer Arbeitsgemeinschaft verschiedener Firmen zur Fertigung von Zeiteinrichtungen für Seeminen".[47]

In Villingen wurde bei Kaiser-Uhren und Fichter und Hackenjos Munition hergestellt, unter anderem Abwurfmunition AZ 63 und AZ 73 für die Luftwaffe. Am 30. 6. 1943 wurden zum Beispiel in Villingen folgende Rüstungsprodukte hergestellt: SABA fertigte 10-Watt-Sender c, UKW-Empfänger e, Mittelwellenempfänger c, 30-Watt-Sender a für die Panzerfertigung. Kienzle-Apparate stellte für die Luftwaffe Flugmotorenzubehör her wie Ladedruckregler, Höhengemischregler, Luftschraubenverstellregler. Kienzle-Produkte wurden für die Flugzeugmotoren der Firmen Junkers und Daimler-Benz verwendet. Die Maschinenfabrik Binder produzierte ebenfalls für die Luftwaffe Flugzeughydraulik und Magnete. Einheitspedale und Kupplungshebel für Flugzeuge fertigte Fichter und Hackenjos, außerdem Abwurfmunition AZ 63 und Bordmunition Z 1502 F. Für die Kriegsmarine produzierte das Metallwerk Schwarzwald A.G. Messing- und Kupferbleche.[48]

Die Rüstungsindustrie, verstärkt in der Endphase des „totalen Krieges", verlangte eine völlige Umstrukturierung der Betriebe. Neben dem Arbeitskräftemangel stand der Mangel an Rohstoffen. Bereits im ersten Kriegswinter wurden die Kohlen knapp. Die Industrie mußte, um Strom zu sparen, ihre Kapazitäten gleichmäßig ausnutzen, was die Einführung von Nacht- und Feiertagsschichten für Arbeiter erforderte.

Die Firmen wurden zu Arbeitsgemeinschaften zusammengeschlossen, die gleiche Produkte herstellten und Erfahrungen in der Fertigung austauschten. Die Expansion in der Produktion sowie der Verschleiß machten neue Werkzeugmaschinen erforderlich. So gelang es der Firma Mauthe, noch im Sommer 1940 aus der Schweiz 8 Tornos-Langdrehautomaten und 17 Bohrmaschinen zu erhalten für 50 000 bis 60 000 Reichsmark in Devisen. Im Spätjahr 1940 wurden dann Firmen der Schwarzwälder Industrie mit französischen Beutemaschinen „schnell beliefert". 1942 mußte in der Zünderfertigung wegen Materialmangels von Aluminium auf Eisen oder Zink umgestellt werden. Diese Umstellung verlangte wiederum veränderte Produktionsmethoden. Die Firmen entwickelten unter dem Zwang der Verhältnisse neue Herstellungsverfahren, bei denen Arbeitsstunden und Material gespart werden konnten.

Die Bedingungen der Kriegswirtschaft, die an einem möglichst großen Ausstoß vor allem in der Munitionsfertigung interessiert war, führte zwangsläufig dazu, daß große Firmen gegenüber kleineren bevorzugt wurden, vor allem, was die Zuteilung von Arbeitskräften, Material und Rohstoffen anging. Über Rationalisierung versuchten die Firmen eine Monopolstellung zu erlangen, was den Preisauftrieb beschleunigte. Die Gefahr der Konzentration wurde auch von den Rüstungskommandos gesehen. Begünstigt wurden durch das System der Kriegswirtschaft auch alle Firmen, die für Sonderfertigungen produzierten, wie zum Beispiel den Flugzeugbau oder das Adolf-Hitler-Panzerprogramm. Im Flugzeugbau waren an regionalen Betrieben die Firmen Kienzle-Apparate und Binder engagiert, im Panzerbau die Firma SABA.

Ab 1943 mußte die Industrie auch Probleme durch fliegergeschädigte Zulieferfirmen hinnehmen. Die kämpfende Truppe bekam nicht mehr genug Munitionsnachschub.

So mußte etwa seit dem 20. 5. 44 die Fertigung von Feldfunksprechern bei SABA eingestellt werden, weil ein wichtiger Zulieferer durch Bombenschaden ausfiel.

Die Firma Kienzle-Apparate wurde am 2. 3. 42 ein Opfer der Stromeinsparungen, weil sie einen auf Veranlassung des Reichsluftfahrtministeriums eingerichteten Prüfstand auf Grund von Strommangel nicht betreiben konnte, „wofür die ganze Produktion der Ladedruckregler für die Daimler-Benz Flugmotoren DB 601 und DB 605, auf die die Firma Daimler-Benz zur Fertigstellung der Motoren dringend angewiesen ist, nicht ins Laufen kommt".[49]

Seit September 1944 wurde auch unsere Region verstärkt von feindlichen Flugzeugen angegriffen. Nach der Kriegschronik von Hermann Riedel waren vor allem die Bahnlinie, die städtischen Versorgungswerke und Privathäuser betroffen. Im Vergleich zu anderen Industrieregionen hatte die Schwarzwälder Industrie aber wenig Fliegerschäden. Der stärkste Angriff erfolgte auf die Firma SABA am 19. April 1945, kurz vor Kriegsende.

Arbeiter im „Totalen Krieg"

Im April 1944 fielen die Osterfeiertage für die Arbeiter der Rüstungsindustrie aus. „Die vom Führer befohlene Steigerung der Jägerfertigung (Kampfflugzeuge) zwingt uns dazu, alle Möglichkeiten… auszunutzen. Es ist bereits angeordnet worden, die Arbeitszeit auf wöchentlich 72 Stunden zu erhöhen und weitestgehend Sonntagsarbeit durchzuführen… Es ist daher am Karfreitag sowie am Ostermontag die übliche werktätige Arbeitszeit anzusetzen."[50] Außerdem galt eine Urlaubssperre für ausländische Arbeitskräfte. „Den um Urlaub nachsuchenden Ausländern ist mitzuteilen, dass vorübergehend aus verkehrstechnischen oder ähnlichen Gründen eine Durchführung der Urlaubstransporte nicht möglich ist."[51]

„Die Durchführung der 72-Stundenwoche" war aber auf Dauer nicht haltbar. In einzelnen Fällen kam es „zu merklichem Leistungsabfall". Eine Verbesserung der Situation war nur durch Zwangsmaßnahmen möglich, „um das Gebot des totalen Krieges auch wirklich durchzuführen und frische Arbeitskräfte für die Wirtschaft zu gewinnen". „Jegliche private Interessen" mußten „in der Stunde, da die nationale Existenz auf dem Spiele" stand, ausgeschaltet werden.[52] „Der offene Terror (wurde) zu einem unentbehrlichen Erziehungsmittel im Arbeiteralltag, zum letzten und wichtigsten Garanten des

Fortbestandes ökonomischer und politischer Herrschaft. Der Weg von der Betriebsgemeinschaft zum Betrieb–als–Konzentrationslager war kurz und geradlinig… Auf die damit eingeleitete totale Instrumentalisierung des einzelnen Arbeiters konnte nur noch ein weiterer Schritt folgen: die Vernichtung von Menschen im Produktionsprozeß um der Produktion willen."[53] Wenn man an die ausgedehnten Lager der Kriegshilfspflichtigen, der Fremdarbeiter, der Kriegsgefangenen denkt, in denen die Arbeitskräfte der Rüstungsindustrie teilweise ihr Leben fristen mußten, wenn man an das System der Dienstverpflichtung denkt, so muß man Mason zustimmen.

Da die Arbeitskräfte nicht ausreichten, wurden auch Jugendliche und Frauen zur Arbeit in der Rüstungsindustrie gezwungen, bei überlangen Arbeitszeiten und teilweise fast ohne Lohn. Neben der totalen Ausbeutung in den Betrieben der Rüstungsindustrie mußten die Gefolgschaftsmitglieder eine immer schlechter werdende Versorgungslage hinnehmen. Der private Konsum mußte zugunsten der Rüstung auf ein Minimum reduziert werden. Brot und Brotaufstriche, Gemüse und Fleisch waren gegen Ende des Krieges nicht mehr zu bekommen, und im letzten Kriegswinter wurden in Villingen selbst noch die Kartoffeln knapp.

Schon im Winter 42/43 reichten die Bezugsscheine für Frauen- und Kinderschuhe nicht aus. Auf Intervention der Stadtverwaltung bekam man dann 36 Paar Frauenschuhe für 300 bedürftige Arbeiterinnen zugeteilt. Der 1. Beigeordnete Riedel konnte nur noch resigniert feststellen, daß er dadurch mit einem Ansteigen der Krankheitsrate berufstätiger Frauen rechne. Den Arbeiterinnen fehlten die Schuhe, um den Weg durch den Schnee in die Fabrik zurückzulegen. Und die Wege waren häufig weit, da die Verkehrsmittel wegen Treibstoffmangels oder wegen Schneefalls ausfielen.

Die Serviceleistungen der Einzelhändler wurden wegen Personalabzugs völlig gestrichen. So wurden zum Beispiel die immer knapper werdenden Brennstoffe nicht mehr in den Keller geliefert. Riedel bemerkte dazu im Mai 1942: „Es sind mir Fälle bekannt, wo schwangere Frauen (durch) ... körperliche Anstrengungen (verursacht durch das Schleppen von Kohlensäcken) eine Frühgeburt erhielten."

Gegen Ende des Krieges wurden der Stadt Villingen 2 900 Fliegergeschädigte oder Umquartierte zugewiesen, die man notdürftig in Baracken und bei Privatleuten unterzubringen versuchte.[54] Die Industrie und die Partei erstellten die Baracken in der Nähe der Industrieanlagen, da sie an diesen „neuen" Arbeitskräften interessiert waren. Die Evakuierten zeichneten sich dagegen nicht immer durch besondere Arbeitsfreude aus, im Gegenteil, sie vertraten die Auffassung, „daß die hiesige Bevölkerung viel zu viel arbeiten würde gegenüber den Menschen in ihren Gebieten".[55]

Die Auswirkungen der Kriegswirtschaft auf die heimische Industrie lassen sich folgendermaßen zusammenfassen. Die Rüstungskonjunktur begünstigte die wehrwirtschaftlich wichtigen Firmen ganz außerordentlich. Besonders gut stellten sich Firmen, die für die Luftwaffe arbeiteten oder für andere Sonderprogramme. Diese Firmen erhielten immer noch relativ gut ausgebildete Arbeitskräfte, konnten Rohstoffe, Maschinen und anderes Vermögen für die Nachkriegszeit horten. Die Situation im Schwarzwald war trotz Fliegerangriffe im Vergleich zu anderen Gebieten noch immer relativ günstig. Es gab wenig Bombenschäden. Die Demontage nach dem Krieg muß auch unter dem Gesichtspunkt bewertet werden, daß die Expansion der Schwarzwälder Rüstungsindustrie auch durch den massenhaften Einsatz von Fremdarbeitern und in geringerem Umfang mit Hilfe von „Beutemaschinen" zustande kam.

Den Betriebsführern bescherte das System ständige Auslastung der Kapazitäten, sichere Aufträge, „ungestörte Betriebsharmonie". Diese Bedingungen waren so bestechend, daß man darauf verzichtete, moralische Fragen zu stellen. Die Fabrik interessierte, die Ideologie war nebensächlich. Die hiesigen Unternehmer waren in der Regel sicher keine fanatischen Parteigänger. Man nahm mit, was man bekommen konnte. Wenn Zuspruch nicht half, dann mußte die Gestapo helfen. Nach dem Zusammenbruch brachte die Demontage der Siegermächte neue Solidarisierungseffekte zwischen Betriebsführer und Arbeitnehmer. Die Harmonisierung in den Fabriken blieb dadurch auch nach 1945 bestehen. Der Übergang der alten „Betriebsgemeinschaft" zur neuen „Sozialpartnerschaft" verlief häufig reibungslos.

Der Nationalsozialismus übernahm 1933 durch die Wirtschaftskrise schwer angeschlagene Gewerkschaften und zerstörte sie völlig. Unter den Bedingungen des neuen Arbeitskräftemangels verbesserte sich aber die Situation vor allem der Metallfacharbeiter zusehends. Durch die Nachfrage nach Arbeit konnten die Arbeiter ihre Interessen trotz staatlicher Beschränkungen ein Stück weit durchsetzen. Die Betriebsgemeinschaftsideologie verhinderte Nachdenken und Kritik.

Der Krieg brachte dann die totale Ausbeutung der menschlichen Arbeitskraft. Das Klassensystem innerhalb der Betriebsgefolgschaft – Deutsche, Fremdarbeiter, Kriegsgefangene mit unterschiedlichen Rechten – war ein Teil der Disziplinierung von Arbeitern. Flucht in die Krankheit, Bummelei, kleinere Sabotageakte oder andere Verweigerungsformen, die grundsätzlich nur selten nachgewiesen werden konnten, ermöglichten den Industriearbeitern ihre private kleine Rache am System, an der totalen Ausnutzung der menschlichen Arbeitskraft. Da Arbeitskräfte immer knapper wurden, waren die Betriebsführer im allgemeinen auch bereit, über manches hinwegzusehen.

1 Bracher, Karl Dietrich, Manfred Funke, Hans-Adolf Jacobsen (Hg.): Nationalsozialistische Diktatur 1933–1945, Schriftenreihe der Bundeszentrale für politische Bildung Bd. 192, Bonn 1986. (Bracher: 1933); Koch, Hannsjoachim W.: Geschichte der Hitlerjugend – Ihre Ursprünge und ihre Entwicklung 1922–1945, Percha 1976. Klaus, Martin: Mädchen in der Hitlerjugend, Köln 1980. Die Mädchenorganisation in der Hitlerjugend gliederte sich in JungMädel im Alter 10 bis 14 Jahre und BDM 14 bis 21 Jahre. Aber erst im Gesetz vom 1. Dezember 1936 (RGBl S. 993) wurde sie als Staatsjugend definiert. § 2: „Die gesamte deutsche Jugend ist außer im Elternhaus und Schule in der Hitlerjugend körperlich, geistig und sittlich im Geiste des NS zum Dienst am Volk und zur Volksgemeinschaft zu erziehen." Die Selbstdarstellung und die Rassenideologie kommen in folgender Heiratsanzeige zum Ausdruck. „Deutsche Minne, BDM-Mädel, gottgläubig, aus bäuerlicher Sippe, artbewußt, kinderlieb, mit starken Hüften, möchte einem deutschen Jungmann Frohwalterin seines Stammhalters sein (Niedere Absätze – kein Lippenstift). Nur Neigungsehe mit zackigem Uniformträger." „Völkischer Beobachter" vom 12. 8. 1934.

2 Auf die kirchenpolitischen Maßnahmen soll nicht näher eingegangen werden. Für Schwenningen: Conradt-Mach, Annemarie: Ihr seid nicht mehr Fremde. 100 Jahre Kirchengemeinde St. Franziskus 1893–1993. Villingen-Schwenningen 1993. Für Villingen: Kroneisen, Gabriele: Die Rolle der katholischen Kirche im NS-Staat. Unter besonderer Berücksichtigung politischer Auswirkungen und persönlicher Schicksale in der Stadt Villingen. Freiburg 1977.

3 SAVS Best. 3.1–4 Nr. 9845. Zur Person von Dr. Gönnenwein: Zimmermann, Michael: Otto Gönnenwein: „Ein wahrhaft seltener Vogel, ein Sonderfall gewiß", in: Die NQ vom 15. Mai 1996.

4 Schnabel, Thomas; Württemberg zwischen Weimar und Bonn 1928–1945/46, Schriften zur politischen Landeskunde Baden-Württemberg Bd. 13, Hg. von der Landeszentrale für politische Bildung Baden-Württemberg, Stuttgart 1986, S. 286 f. (Schnabel: Württemberg).

5 Joseph Goebbels Rede im März 1933, zit. nach: Frauen unterm Hakenkreuz, Berlin 1983, S. 74.

6 Gemeinderatsprotokoll vom 12. September 1933.

7 Trotz Wahlbeeinträchtigungen hatten Kommunisten und Sozialdemokraten ebenso wie das Zentrum ihren Stimmenanteil halten können. Mehr als die Hälfte der wahlberechtigten deutschen Bevölkerung war in freien Wahlen nicht für die NSDAP zu gewinnen. Michalka, Wolfgang (Hg.): Die nationalsozialistische Machtergreifung. Uni-Taschenbücher Bd. 1329, Paderborn 1984. Bracher, 1933, S. 32 ff.

8 Geist, Rüdiger: Der Aufstieg der NSDAP 1919–1933 im Spiegel der Wahlen in der Stadt Villingen im Schwarzwald, Villingen-Schwenningen 1988 ms, S. 106 f.

9 Er war auch im Kreis Villingen Kreisleiter gewesen. Die Zelleneinteilung für die Partei wurde auch auf die NSV, den RLB (Reichsluftschutzbund) und die DAF übertragen. Nach Kriegsende wandte sich Schneider an Dr. Gönnenwein mit der Bitte, er möge ihm bestätigen, daß er nicht ohne Vorbildung Bürgermeister geworden sei und ein Examen als Volkswirt besitze. Gönnenwein antwortete, vom Examen und den angeführten Tätigkeiten habe er keine Kenntnis gehabt. „Andererseits ist es schwer sein nachzuweisen, dass Herr Schneider im Alter von 27 Jahren die für die Leitung der Stadt Villingen erforderlichen Kenntnisse und praktischen Erfahrungen mitbrachte. Bestätigen wird man ihm bestenfalls können, dass er sich Mühe gab.

… In die Verwaltung des Herrn Schneider habe ich nie Einblick genommen. … Bei den Verhandlungen, die ich mit ihm wegen des Gasvertrages führte, bekam ich den deutlichen Eindruck, dass er sich von sachkundiger Seite beraten ließ." Das bedeutet, daß Hermann Riedel die Amtsgeschäfte seit 1933 führte. SAVS Best. 3.1–4 Nr. 9845.

10 Zur Biographie: Stolle, Michael: Von Idealisten, Aufsteigern, Vollstreckern und Verbrechern, in: Kißener, Michael, Joachim Scholtyseck (Hg.): Die Führer der Provinz. NS-Biographien aus Baden und Württemberg, Universitätsverlag Konstanz GmbH, Konstanz 1997, S. 31 ff. Berckmüller soll kühl kalkulierend gewesen sein. Bevor er nach Villingen kam, war er Leiter der Gestapo in Karlsruhe und des Hafenamts Mannheim.

11 GLAK Best. 465a 51/68/839.

12 SAVS Best. 1.17 Personalakte. Aus den Vernehmungen nach 1945 geht hervor, daß viele Villinger ihn für einen „Naziaktivisten" hielten. GLAK Best. 465a 51/68/839. Die Schutzhaft, ein Rechtsmittel der Weimarer Republik, wurde ab 1933 zu einem Terrorinstrument, denn in Schutzhaft konnte man ohne Verfahren auf unbestimmte Zeit genommen werden. Hiesige Schutzhäftlinge kamen in das Lager Hofgut Ankenbuck bei Bad Dürrheim. Berckmüller selbst scheint seine Einberufung zur Wehrmacht begrüßt zu haben, war er doch kein Verwaltungsfachmann und dieser Tätigkeit längst überdrüssig. SAVS Best. 1.17.

13 SAVS Best. 3.1–4 Nr. 4801, 4823.

14 Ebd.

15 Der Schwenninger Kommunist Herbert Schöne (1903–1962) z. B. hat nach seiner Entlassung aus dem KZ „größte Schwierigkeiten, wieder eine Arbeitsstelle zu finden, denn mit seiner politischen Vergangenheit und Einstellung ist er zunächst von jeder Arbeitsvermittlung ausgeschlossen, und seine Familie bleibt weiter Fürsorgeempfänger. Erst 1936 gelingt es ihm, in einer Triebfabrik unterzukommen, allerdings zu einem Stundenlohn von 58 Pfennig. Vorher, 1930 hatte er 1,11 RM verdient." Ebenso erhält Mathilde Müller, ehemalige KP-Gemeinderätin, ihren Arbeitsplatz nach der Rückkehr aus dem KZ nicht wieder. Wilhelm Schlenker kann nach der Haftentlassung „trotz intensiver Bemühungen keine Arbeit erlangen. Politische Gründe sind dabei ausschlaggebend. Erst 1936 wird er von Schlenker-Grusen eingestellt, wobei er unterschreiben muß ,daß er sich im Betrieb weder gewerkschaftlich noch politisch betätigt und auf Lohnforderungen verzichtet'. Die ersten beiden Jahre erhält er 58 Pfennige. Hausen, Ekkehard, Hartmut Danneck: „Antifaschist verzage nicht…!" Widerstand und Verfolgung in Schwenningen und Villingen 1933–1945. Villingen-Schwenningen 1990, S. 57 f und 71 f.

16 Privatsammlung/Kopien im Besitz des Verfassers.

17 SAVS Best. 2.2 IV 1 c 13.

18 Ebd.

19 SAVS Best. 2.2. XV 80 ff., Statistik.

20 SAVS Best. 2.16 Nr. 775. Schreiben vom 28. 6. 34.

21 Ebd.

22 Ebd. Schreiben vom 12. 8. 35.

23 Hermann Schwer starb bereits 1936.

24 SAVS Best. 2.16 Nr. 775.

25 Herbert Kienzle, „ein heimatverbundener Schwarzwälder Unternehmer", wurde am 3. Juni 1887 als Sohn des Schwenninger Uhrenfabrikanten Geh. Kommerzienrat Jakob Kienzle geboren. Er studierte in Stuttgart und Berlin Elektrotechnik und schrieb eine Dissertation über „Arbeitsweise der selbsttätigen Drehbänke". Nach dem Studium ging Kienzle nach Amerika, um Erfahrungen in amerikanischen Fertigungsmethoden zu sammeln. Dort wurde

er zwei Jahre interniert, nachdem die USA 1917 in den Weltkrieg eingetreten waren. 1919 übernahm Kienzle die technische Leitung der Kienzle Uhrenfabriken A.G. „Das Hauptziel seiner Arbeit, die Leistungssteigerung, erreichte Dr. Kienzle durch weitgehende Rationalisierung und durch straffere Organisation. Der Verbesserung der Arbeitsmethoden und der zweckmäßigen Einrichtung von Maschinen und Vorrichtungen galten sein voller Einsatz und seine Begeisterung." 1931 schied Herbert Kienzle aus der Leitung der Uhrenfabriken A.G. aus und übernahm die Leitung der Kienzle Taxameter und Apparate A.G. in Villingen, die 1928 als selbständiger Betrieb von den Uhrenfabriken abgetrennt worden war.

26 SAVS Best. 2.16 Nr. 775. Firmenschreiben.

27 Ebd. Schreiben vom 27. Januar 1937 an den Beauftragten für den Vierjahresplan, Geschäftsgruppe Rohstoffbewirtschaftung.

28 „Schon ... 1937 hatte sich die geschäftliche Lage so gebessert, daß die Errichtung eines Verwaltungsgebäudes notwendig wurde und im Jahr darauf das Fabrikgebäude ... erweitert werden mußte. 1939 wurde das Gebäude der Fa. Rappenegger ... erworben ... Die bedeutendste Vergrößerung brachte 1940/41 der Baukörper längs der Brigach. Um die gleiche Zeit wurde auch das Zweigwerk Mönchweiler erweitert." Kienzle-Blätter, Heft 4, 3. Juni 1952. Im Bericht des Rüstungskommandos Villingen läßt sich dazu nachlesen: „Die Neubaufrage Kienzle Apparate A.G. ... wurde im Einverständnis mit dem RLM (Reichsluftfahrtministerium) LC3 und dem D-Amt zum Abschluß gebracht." Bundesarchiv Freiburg (BAFr.) Best. RW 21–21/1.

29 Ausführungen über die Firma Mauthe beruhen auf dem Material der Sammlung Pfänder und eines weiteren Privatsammlers.

30 Zu den Vorverhandlungen s. Schnabel: Württemberg, S. 293 ff.

31 SAVS Best. 2.16 Nr. 020/19 Rundschreiben vom Ministerium des Innern.

32 Zum Alltag im Nationalsozialismus folgende Literaturhinweise: Focke, Harald/Uwe Reimer: Alltag unterm Hakenkreuz. Wie die Nazis das Leben der Deutschen veränderten. Hamburg 1981. Freund, Michael: Deutschland unter dem Hakenkreuz, München 1982. Ruhl, Klaus Jörg: Brauner Alltag 1933–1939 in Deutschland, Düsseldorf 1981. Thamer, Hans-Ulrich: Verführung und Gewalt, Deutschland 1933–1945. 1986.

33 Zur Presse in Schwenningen: Bericht von Michael Zimmermann in diesem Band.

34 SAVS Best. 1.103 Nr. 745 Erlaß vom 8. 3. 1934. Der Hausarzt wurde befragt, ob die Familie arisch und rassisch gesund sei. „Was der Mann einsetzt an Heldenmut, setzt die Frau ein in ewig geduldigem Leiden und Ertragen. Jedes Kind, das sie zur Welt bringt, ist eine Schlacht, die besteht für Sein oder Nichtsein ihres Volkes." Dieses Adolf-Hitler-Zitat stand den jeweiligen Feierlichkeiten bei der Verleihung als Leitspruch voran. Satzung des Ehrenkreuzes vom 16. 12. 1938, RGBl 1938 I S. 1924.

35 NQ vom 22. Juli 1940.

36 Zit. nach Beradt, Charlotte: Das Dritte Reich im Traum. Frankfurt/M 1981, S. 5.

37 Andere Spenden waren „Hitlers-Freiplatz-Spende" für einen Kuraufenthalt von NSDAP-Altmitgliedern, „Reichseierspende" und die Sammlung der NSV.

38 Gesetz vom 16. März 1935, RGBl 1935, I Nr. 28 S. 375 über den Aufbau der Wehrmacht. § 1: „Der Dienst in der Wehrmacht erfolgt auf der Grundlage der allgemeinen Wehrpflicht." Der Vertrag von Versailles sah nur ein Berufsheer

von 100 000 Mann und 15 000 Marinetruppen mit 4 000 Offizieren vor.

39 Merkblatt vom 9. April 1935. SAVS Best. 1.103 Nr. 565.

40 270 000 Holzlöffel wurden angefertigt, die für 6 Rfg verkauft wurden. „SB", 7. März 1934 S. 3. In der Zeitung wurde dafür mit Sprüchen geworben: „Herr Eintopf und Frau Kelle melden sich zur Stelle." Ebd. 9. November 1935 S. 6. Den Gaststätten wurden die Gerichte vorgeschrieben, am 8. Dezember 1935 sollten sie kochen: Weiße Bohnen mit Wurst und Speck, Brühkartoffeln mit Rindfleisch und Gemüsetopf mit Knödeln. Ebd. 4. Dezember 1935 S. 2.

41 „Der Schwarzwälder" und die „NQ", Jahrgänge 1933–1942.

42 Reichsgesetz über die Vereinheitlichung des Gesundheitswesens vom 3. Juni 1934; Einrichtung von Gesundheitsämtern 6. Februar 1935; Durchführungsverordnung zum Gesetz Vereinheitlichung des Gesundheitswesens 1. April 1935, s. Beiträge zur nationalsozialistischen Gesundheits- und Sozialpolitik, 3 Bde, Rotbuch Berlin 1986.

43 Zur Rüstungspolitik vgl. Peter, Roland: Rüstungspolitik in Baden. Kriegswirtschaft und Arbeitseinsatz in einer Grenzregion im Zweiten Weltkrieg. München 1995.

44 BAFr. Best. Wehrwirtschaftsinspektion.

45 Ebd.

46 Rolf Nickstadt, Interview vom 17. 7. 1989.

47 S. Kriegsauftrag Nr. 7136 vom 28. März 1940 der Sperrwaffen-Inspektion Kiel. BAFr. Best. RW 20–5/7.

48 Ebd. Best. RW 21–21/6.

49 Ebd. Best. Rüstungskommando.

50 Ebd. Rundschreiben Nr. 21, Wehrkreis V.

51 Ebd. Best. RW 21–59/3. Rundschreiben Nr. 119, Wehrkreis V.

52 Ebd. Best. RW 21–21/9 Rüstungskommando Freiburg 1944.

53 Mason, Timothy W.: Sozialpolitik im Drittenreich. Arbeiterklasse und Volksgemeinschaft. Opladen 1978, S. 322.

54 Zu den Auswirkungen des Krieges in Villingen vgl. Riedel, Hermann: Villingen 1945. Bericht aus einer schweren Zeit. Villingen 1968.

55 Bericht des 1. Beigeordneten Riedel vom 28. 1. 44.

Ekkehard Hausen, Hartmut Danneck

Widerstand und Verweigerung
in Schwenningen und Villingen 1933–1945

Widerstand zwischen Schwarzwald, Baar und Alb – gab es das? Wer diese Frage stellt und sich der Sache zu nähern sucht, stößt mitunter auf Erstaunen, Unsicherheit oder verlegenes Schweigen. Denn im Bewußtsein unserer Zeit hat dieses Thema keinen festen Platz – man weiß nichts oder nicht viel und will oft auch nichts Genaueres wissen.

Das hat sicher mehrere Gründe. Der Widerstand der 30er Jahre war gespalten in politische Richtungen. Sozialdemokratische, kommunistische, christliche und bürgerlich-konservative Gruppen standen meist völlig abgeschottet nebeneinander. Nicht immer ist heute dieses Lagerdenken durch eine Besinnung auf die Gemeinsamkeiten überwunden, die trotz aller ideologischen Differenzen bestanden. Die Opfer der politisch „gegnerischen" Richtung gehören dann nicht zur eigenen Tradition. So klingt z. B. der Begriff „Antifaschismus", der in benachbarten westeuropäischen Ländern verbindend wirkt, bei uns für manche eher verdächtig. Andere fragen, „was das Ganze denn gebracht habe". In der Tat blieb der Widerstand gegen das Regime letztlich erfolglos. Nicht die deutschen Nazigegner stürzten Hitler. Allzuschnell verblaßte so der Wert, der in den vielfältigen Aktionen gegen die Diktatur lag.

Außerdem ersparte die lange Zeit gängige Vorstellung von der monolithischen, allumfassenden Diktatur der Nazis über die propagandistisch manipulierten Massen die Auseinandersetzung mit dem Thema. Wenn alle „Heil" riefen, erübrigten sich Fragen nach dem unterschiedlichen Verhalten von einzelnen oder Gruppen.

Ein weiterer Grund macht das Thema undankbar: Viel Zeit ist verstrichen, bis Nachforschungen in den Archiven einsetzten und Zeitzeugen befragt wurden. Das entstehende Bild muß deshalb zwangsläufig lückenhaft bleiben.

Die Belege zeigen, daß die Nazis mit ihrem Willen zur totalen Erfassung der Gesellschaft auch in Villingen und Schwenningen immer wieder an Grenzen stießen. Verweigerung, Bewahrung einer unabhängigen, kritischen Einstellung, Nicht-Mitmachen, Hilfe für Bedrohte, Aufklärung über das wahre Gesicht des Regimes: All dies gab es in beiden Städten. Weniger von großen Taten und weitgespannten Zielen ist auf den folgenden Seiten zu berichten als von Menschen, die sich selbst keineswegs als „Helden" verstanden. Alle verband die Gegnerschaft gegen den Machtanspruch der NSDAP. Ihre Wege trennten sich bei der Frage, wie ein Deutschland ohne Hitler aussehen würde. Kommunistische Gesellschaft, soziale Demokratie, westlicher Parlamentarismus, restaurativ-autoritärer Staat – die Spannweite der Vorstellungen war groß. Eine Auseinandersetzung mit diesen weiterführenden Absichten und damit etwa auch eine Unterscheidung zwischen politisch „gutem" und „schlechtem" Widerstand ist unserer Fragestellung nicht angemessen.

Der folgende Beitrag ist zweigeteilt. Er informiert anhand ausgewählter Beispiele zuerst über die Vorkommnisse in der damals württembergischen Arbeiterstadt Schwenningen, sodann über die Nazigegner im badischen, bürgerlich-katholischen Villingen. Auch in der Reaktion auf die NS-Diktatur zeigten sich die Unterschiede zwischen den beiden Städten.

Schwenningen

Leichtes Spiel hatte die NSDAP in Schwenningen nicht. Zu fest verwurzelt schien das in Generationen gewachsene traditionelle Arbeitermilieu der „roten Hochburg" am Neckarursprung. Mehr als zwei Drittel der Beschäftigten waren Arbeiter, die meisten von ihnen in den freien Gewerkschaften organisiert, und in der Regel gaben mehr als 50% der Wähler bei Reichstagswahlen den beiden Arbeiterparteien SPD und KPD ihre Stimme (Reichsdurchschnitt ca. 35%). Herzstück des Milieus war das dichte Geflecht von Arbeitervereinen, das, angefangen von den Sport- und Freizeitverbänden über die Bildungs-und Kulturvereinigungen bis hin zu den Selbsthilfe- und Selbstschutzorganisationen, nahezu alle Lebensbereiche umfaßte.[1] Dieses soziale Beziehungsgefüge funktionierte trotz der Spaltung in SPD und KPD auch Anfang der 30er Jahre noch weitgehend. Hier einzudringen war den Nazis kaum möglich, denn menschenverachtende und nationalistische Parolen, wie das „Recht der höherwertigen Rasse" oder die Vorstellung vom deutschen „Volk ohne Raum", fanden wenig Widerhall in einem System, das auf den Prinzipien der Solidarität und der Gleichheit der Menschen gegründet war.

Entsprechend schlecht waren auch die Wahlergebnisse der NSDAP. Noch 1930, als die Partei im Reichsdurchschnitt schon auf über 18% gekommen war, reichte es in Schwenningen nur zu 6,6%. So verlegte man die Anstrengungen auf die Straße: In unzähligen Aufmärschen, Veranstaltungen und Kundgebungen mit Parteiprominenz (u. a. mit Hitler, Goebbels und Strasser) versuchte man, die Kraft der braunen Bewegung zu demonstrieren. Gleichzeitig wuchs die Gegenwehr der Arbeiterschaft: Kampforganisationen zur Verteidigung der Republik wurden mobilisiert oder neu gegründet, so z. B. das „Reichsbanner Schwarz-Rot-Gold", die „Ei-

serne Front"(SPD), die „Arbeiterwehr" (KPD) oder die „Arbeitersportwehr" (KPO)[2]. Demonstrationen und Gegendemonstrationen, Auftritte und Gegenauftritte beherrschten die Straßen und Säle der Stadt. Vor allem 1932, im Jahr vor Hitlers Machtübernahme, kam es immer wieder zu Zusammenstößen und Handgreiflichkeiten zwischen den fanatischen Sturmtrupps der Nazis (SA oder SS) und ihren erbitterten Gegnern, die nicht kampflos zuschauen wollten, wie Staat, Gesellschaft und Heimat zu einem Opfer von Macht- und Rassenwahn, Gewalt und niedersten Instinkten wurden.

Doch bei all den zahlreichen Aktionen, ob spontan oder geplant, war das grundlegende Dilemma der deutschen Arbeiterbewegung in den 20er und 30er Jahren, ihre tiefe Spaltung, nicht zu übersehen. Gemeinsame Initiativen gab es kaum, oft gehörte man verschiedenen, miteinander konkurrierenden Organisationen an (z. B. „Reichsbanner", „Arbeitersportwehr") und machte mehr Stimmung gegeneinander als gegen den gemeinsamen Gegner. Die seit der Revolution von 1918/19 geführte Auseinandersetzung zwischen SPD und KPD über den richtigen Weg zu einer sozial gerechten und menschenwürdigen Gesellschaft hatte auch in Schwenningen tiefe Spuren hinterlassen. Während die KPD den Sozialdemokraten vorwarf, sie schlössen zu viele Kompromisse mit dem bestehenden Wirtschaftssystem und verrieten daher die Ideale der Arbeiterbewegung, konnte die SPD den Kommunisten mit Recht deren problematisches Demokratieverständnis vorhalten. Denn ohne Zweifel unterschätzte die KPD in ihrem Streben nach einer klassenlosen Gesellschaft den Wert des rechtsstaatlichen und pluralistischen Demokratiekonzepts. Unstrittig ist auch, daß die KP-Führung sich in den Jahren zuvor immer mehr in die Abhängigkeit von Stalin und dem sowjetischen Kommunismus begeben hatte. Unter deren zunehmendem Einfluß verstieg man

sich gar zu der Theorie, die Sozialdemokraten
seien den Nazis verwandte „Sozialfaschisten",
die man noch vor jenen bekämpfen müsse.

Streiken oder Abwarten? –
Der Tag der Machtübernahme

Die fehlende Einheit der Nazigegner zeigte
sich besonders am 30. Januar 1933, dem Tag,
an dem Hitler zum Reichskanzler ernannt
wurde. Zufällig war auf diesen Tag eine Versammlung der Metall-Gewerkschaft gelegt
worden. Die anwesenden Delegierten beider
Richtungen verloren sich einmal mehr im alten Streit über die richtige Strategie (Bewaffnung und Generalstreik oder legaler, friedli-
cher Kampf?) und konnten sich nicht auf ein
gemeinsames Vorgehen einigen. Ratlos und
bedrückt gingen die Teilnehmer auseinander,
nachdem man gemerkt hatte, wie sinnlos es
war, weiter miteinander zu streiten.[3]

Die Berliner KPD-Führung hatte am Vorabend zu einem Generalstreik aufgerufen als
letzter Möglichkeit, die Naziherrschaft noch
zu verhindern. Der SPD-Vorstand dagegen
befürchtete Bürgerkrieg und ein Blutbad mit
unabsehbaren Folgen. Um dem Gegner keinen Vorwand für polizeiliche Übergriffe zu
geben, verfocht man streng das Legalitäts-
prinzip und setzte alle Hoffnungen auf die
kommenden Wahlen.

Hätte es in der Arbeiterhochburg Schwenningen überhaupt Chancen für einen erfolgreichen Generalstreik gegeben? Herbert
Holtzhauer, Lokalredakteur der sozialdemokratischen Tageszeitung „Volksstimme",
gehörte im damaligen Schwenninger SPD-
Vorstand zu denen, die am entschiedensten
gegen den Aufstieg der Nazis Front gemacht
hatten. 50 Jahre danach urteilt er, ein Generalstreik sei damals in Schwenningen ohne
weiteres möglich gewesen, aber zur Enttäuschung vieler, vor allem junger Kräfte in der
Partei, die in Alarmbereitschaft gestanden
hätten, habe es „kein Zeichen von oben" ge-

Abb. 1 Herbert Holtzhauer (1906–1987)
Holtzhauer war Chefredakteur der Schwenninger
SPD-Zeitung „Volksstimme" und Mitbegründer
des „Reichsbanners Schwarz-Rot-Gold". Nach
vergeblicher Flucht wurde er 1933 ins KZ Heuberg
verbracht und in den Jahren 1935 und 1938 zwei
weitere Male verhaftet.

geben. Auch in der Schwenninger SPD-
Führung klammerte man sich an die Hoffnung, daß Hitlers Regierung bald scheitern
werde oder mit dem Stimmzettel zu besiegen
sei. „Wir hatten keine Ahnung von dem, was
kommen würde." (Holtzhauer)

Während die SPD sich also abwartend verhielt und das Risiko eines Generalstreiks
nicht eingehen wollte, versuchten verschiedene jüngere KPD-Mitglieder, diesen in die Tat
umzusetzen. Begonnen hatte es morgens bei
einer Versammlung von Arbeitslosen im
Gasthaus „Neckarquelle". Auf die Nachricht
von Hitlers Ernennung entschloß man sich
unter Führung des „Erwerbslosenausschus-

ses"[4] spontan zu einer Demonstration. Nach Augenzeugenberichten zogen rund 200 Demonstranten durch die Stadt und skandierten in Sprechchören, daß am Nachmittag die Arbeit niedergelegt werden solle. Doch die nach der Mittagspause vor den Fabriktoren aufgezogenen Streikposten konnten sich nicht lange behaupten, immer weniger Arbeiter ließen sich aufhalten, bis schließlich alle wieder an ihrem Arbeitsplatz waren. Somit blieb die Aktion in den Anfängen stecken. Offenbar war sie mit wenig Überlegung organisiert, die Arbeiter kaum vorbereitet und die Parteiführung nicht eingeweiht. Und vor allem: Es gab keinen Versuch, auf die Sozialdemokraten zuzugehen, die ja mindestens die Hälfte der Arbeiterschaft hinter sich hatten.

Den Aktionen am Mittag folgten dann noch einige Demonstrationszüge am Abend, mit einer Kundgebung von mindestens 600 Teilnehmern auf dem Marktplatz. Vier Redner riefen zum Generalstreik auf. Vergebens.

Verfolgungen und erste Proteste

Daß aber auch der Legalitätskurs der SPD erfolglos blieb, zeigen die weiteren Ereignisse. Knapp einen Monat nach der Machtübernahme erhielt zunächst die KPD Betätigungsverbot, viele ihrer Funktionäre wurden verhaftet. Und nach der Reichstagswahl vom 5. März fühlte sich die NSDAP schon so fest im Sattel, daß sie mit dem Angriff gegen die SPD begann: Zunächst wurde die Parteipresse verboten, dann nacheinander die Jugend- und Wehrverbände, die Freien Gewerkschaften, die vielen Arbeitervereine des sozialdemokratischen Umfelds, schließlich am 22. Juni die SPD als Ganzes.

Begleitet waren die Verbotsdekrete von Verhaftungsaktionen größten Ausmaßes. Wieder war zunächst hauptsächlich die KPD betroffen, die in mehreren Verhaftungswellen zwischen dem 12. März und 15. Mai in Schwenningen ca. 50 ihrer aktivsten Mitglie-

der verlor, darunter die Stadträte Berthold Furtwängler, Eugen Jetter und Mathilde Müller.[5] Außer den Frauen[6] wurden alle ins neu errichtete KZ Heuberg (Stetten am Kalten Markt) verbracht. Jakob Sulan, Erich Honer u. a. entzogen sich zunächst durch Flucht der Verhaftung,[7] aber auch sie wurden später von der SA oder Gestapo aufgegriffen. Etwas glimpflicher kam die SPD davon: Herbert Holtzhauer und Karl Ruggaber mußten ins KZ Heuberg, Eugen Saile und drei weitere Sozialdemokraten[8] erhielten mehrwöchige Gefängnisstrafen.

Mit einem solch schnellen und harten Zugreifen der Nazis in den ersten Monaten ihrer Herrschaft hatten die meisten ihrer Widersacher aus der Arbeiterbewegung nicht gerechnet. Ohnmächtig mußten sie zusehen, wie ihre Organisationen in wenigen Monaten zerschlagen wurden, die in vielen Jahrzehnten zuvor mühsam aufgebaut worden waren, wie die profiliertesten ihrer politischen Freunde hinter Gefängnistoren verschwanden oder zur Flucht gezwungen waren.

Doch ganz ohne öffentliche Mißfallensbekundungen verlief der Unterdrückungs- und Gleichschaltungsprozeß nicht. Der Schulleiter der Oberrealschule, Dr. Wundt, z. B. wehrte sich am 9. März noch dagegen, daß SA-Leute in seiner Schule die Hakenkreuzfahne hißten, obwohl diese Naziflagge bereits einen ganzen Tag lang vom Rathaus wehte.[9] Fünf Tage später, in der Stadtratssitzung vom 14. März, protestierte die KP-Stadträtin Mathilde Müller „im Namen der arbeitenden Bevölkerung Schwenningens" gegen die zwei Tage zuvor erfolgten Verhaftungen, bis OB Gönnenwein ihr das Wort entzog. Von den Gewerkschaftsfunktionären Ludwig Becker (KPO) und Eugen Saile (SPD) weiß man, daß sie am 2. Mai gegen die Überführung ihrer Gewerkschaftsräume und Bestände in den Besitz der „Deutschen Arbeitsfront" hinhaltenden passiven Widerstand leisteten. Die fünf Stadträte der SPD (darunter Karl Schä-

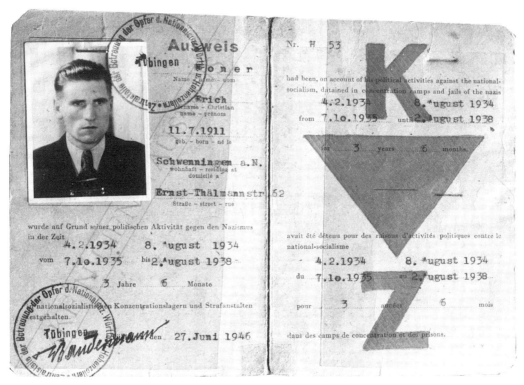

Abb. 2 Erich Honer (1911–1988)
Honer war Vorsitzender des Kommunistischen Jugendverbands in Schwenningen und ging 1933 in den politischen Untergrund. Ein Jahr später wurde er verhaftet und mußte über 40 Monate in Gefängnissen und Konzentrationslagern zubringen.

fer und Eugen Haller) stimmten in der Gemeinderatssitzung vom 5. Mai gegen die Erhebung Hitlers zum Ehrenbürger Schwenningens. Natürlich konnten die angeführten Beispiele oppositionellen Verhaltens die Nazis nicht von ihrem eingeschlagenen Weg abbringen, aber die Öffentlichkeit erfuhr, daß es noch Andersdenkende gab, die Mut genug hatten zu zeigen, daß sie mit der Entwicklung nicht einverstanden waren.

Auch von ganz anderer Seite hörte man vorsichtige Kritik. In der Aprilausgabe des Evangelischen Gemeindeblatts wurde Hitler mittels abgedruckter Zitattexte daran erinnert, „daß der Gott, von dem er spricht, nicht nur der Gott der Deutschen ist, sondern der Gott aller Völker und Gestirne". Und weit-

sichtig hieß es: „Wird Hitler herrschen wie ein stolzer Tiger, dann wird er alles auseinander treiben, und Deutschland wird aus den Fugen gehen."

Verantwortlich für das Gemeindeblatt war Pfarrer Karl Knoch von der Johanneskirche, der dem kleinen „Bund religiöser Sozialisten" nahestand. Auch bisher hatte sich Knoch mit seiner Meinung nicht zurückgehalten. In einer Predigt soll er Hitler der „Vergötzung der Materie" bezichtigt und im privaten Gespräch die neue Regierung gar als „Saubande" bezeichnet haben. Für die überzeugten NS-Anhänger in der Kirche, die „Deutschen Christen", war nun das Maß offenbar voll, denn das Erscheinen des Gemeindeblatts löste einen solchen Sturm der

Entrüstung aus, daß sogar der Oberkirchenrat in Stuttgart eingeschaltet wurde. Knoch mußte schließlich die Schriftleitung des Blattes abgeben.[10]

Daß Knoch mit seiner Hitler-Kritik offenbar ziemlich allein stand und von seinen Amtskollegen kaum Unterstützung erfuhr, war kein Zufall. Denn wie im ganzen Reich war auch in Schwenningen der überwiegende Teil der aktiven Kirchenmitglieder den neuen Machthabern eher positiv gesonnen. Zu beherrschend waren in der Kirche noch die nationalen und obrigkeitsstaatlichen Traditionen des 1918 untergegangenen Kaiserreichs. Der demokratischen Republik, die man mit der „gottlosen" Sozialdemokratie identifizierte, stand man mißtrauisch bis ablehnend gegenüber. So überrascht es nicht, daß 1933 das Außerkraftsetzen der Grundrechte oder die beginnenden Verfolgungen vor Ort von der Kirche kaum wahrgenommen wurden. Waren die Verhafteten schließlich nicht auch die eigenen Gegner?

Noch deutlichere Zeichen der Zustimmung kamen von der katholischen Gemeinde. „Unser Volk findet sich neu zur Gemeinschaft", liest man im Schwenninger „Pfarrführer" von 1934 (geschrieben 1933), „die katholische Kirche begrüßt aufrichtig die Volksgemeinschaft." Nur „klare Gliederung und auch Unterordnung im politischen Raume" gewährleiste „die Wiedererstarkung der Volkskraft und Volksgröße". Lob erhielt Stadtpfarrer Schick 1934 von der Partei dafür, daß er es bei der Machtübernahme der Nazis „wie kein zweiter verstanden habe, in einer roten Hochburg wie Schwenningen den Belangen des nationalsozialistischen Staates Rechnung zu tragen".[11]

„Staatsfeindliche" Äußerungen und mehr: Verweigerung im Alltag

Eingeschüchtert vom Terror der neuen Machthaber, hilflos gegenüber der Gleichschaltung in Staat und Gesellschaft, entmutigt vom Anpassungskurs der beiden Kirchen, resignierten viele Gegner des Nationalsozialismus. Sie zogen sich in den privaten Raum zurück und hofften, ihre Gesinnung für die Zeit nach Hitler bewahren zu können. Doch auch im Privatbereich war das Regime durch Formen von Verweigerung oder Widersetzlichkeit durchaus zu verunsichern. Rückzug ins Privatleben, sei es aus Resignation oder aus berechtigter Vorsicht, hieß ja nicht unbedingt, zum Mitläufer oder gar Anhänger der Nazis zu werden.

Es gab viele Gebiete des täglichen Lebens, in denen Mitbürger ihre ablehnende Haltung deutlich machten. So etwa Erwin Mey, der sich weigerte, bei einem Betriebsappell das Horst-Wessel-Lied mitzusingen und mit dem „deutschen Gruß" zu grüßen. Bei der „Mißachtung der nationalen Symbole" kannten die Nazis ohnehin keinen Spaß. Das mußte selbst der Fabrikant Eugen Schlenker, Besitzer der Uhrenfabrik Müller-Schlenker, erfahren, der wegen einer vielleicht gar nicht so kritisch gemeinten Bemerkung („Ist Hitler denn krank, daß man immer Heil Hitler sagen muß?") eine Anzeige erhielt, die ihren Weg bis zum Württembergischen Polizeiamt in Stuttgart nahm. Auch der Arbeiter Anton Müller wurde wegen Beleidigung vor Gericht gestellt, da er vor Kollegen den Führer der Deutschen Arbeitsfront Dr. Ley einen „Hurenbub und Trunkenbold" genannt hatte. Maria Vosseler, Ehefrau des bekannten ehemaligen SPD-Stadtrats Andreas Vosseler, mußte für einen Tag hinter Gitter, weil sie einen Mann in SA-Uniform mit den Worten begrüßte: „Wenn ich könnte, wie ich wollte, würde ich Ihnen den braunen Anzug in Fetzen reißen."

Der ehemalige Gewerkschaftssekretär und Sozialdemokrat Schönenberger wurde angezeigt, weil er ein Busunglück von Hitlerjungen mit dem Wunsch kommentiert haben soll: „Wenn nur die ganze Hitlerjugend verrecken

täte!" Wegen einer „staatsfeindlichen Äußerung" wurde am 1. Februar 34 der ehemalige
Sozialdemokrat Georg Haller in Haft genommen. Am Vortag hatte er in seinem Betrieb
die im Rundfunk übertragene Rede Hitlers
zum ersten Jahrestag der Machtübernahme
vorzeitig verlassen. „Ich habe wichtigere Sachen zu tun, als den Dreck anzuhören", soll er
erwidert haben, als er am nächsten Tag von
Arbeitskameraden darauf angesprochen wurde. Ähnlich respektlose Überlegungen stellte
der Kaufmann Johann Hauser an. Die Nazis
würden alle „ihre Gaben" mit Gewalt durchsetzen, und vor einem künftigen Krieg würde
er sich lieber drücken als „fürs Vaterland zu
sterben". Diese Meinungen mußte er mit acht
Tagen Gefängnis bezahlen (6. März 1934).[12]

Viele Bürger sahen sich nicht in der Lage,
ihren Unmut über die herrschenden Zustände so offen auszusprechen, nicht wenige aber
gaben durch spontane Hilfeleistungen für
verfolgte Mitbürger ihre abweichende Einstellung zu erkennen. Die Ärztin Dr. Benzing
zum Beispiel, die den auf offener Straße von
SA-Leuten zusammengeschlagenen Kurt
Nickstadt umsonst behandelte, nachdem die
Krankenversicherung die Kostenübernahme
abgelehnt hatte. Oder in den späten Kriegsjahren Johann und Anna Schlenker, die das
Los von russischen Zwangsarbeiterinnen zu
erleichtern versuchten, welche in einer ihrem
Haus in der Gerokstraße gegenüberliegenden Lagerhalle hausen mußten. Trotz vielfa-
chen Verbots halfen sie mit Eßwaren, Kleidung, Krankenpflege, auch mit guten Worten,
und bewiesen so Menschlichkeit in einem unmenschlichen System. Viele weitere Beispiele
könnten genannt werden.

„Vorbereitung zum Hochverrat": Politischer Widerstand

Man kann darüber streiten, ob die bisher
angeführten Beispiele unangepaßten Verhaltens schon als „Widerstand" bezeichnet werden können. Zwar spricht aus ihnen eine innere Haltung, welche die eigene, dem System
widersprechende Identität zu wahren sucht,
sich im Gegensatz zu den meisten Mitbürgern
den Anforderungen und Zwängen der Diktatur in bestimmten Bereichen nicht beugt und
somit Widerstand gegen ihre totalen Ansprüche leistet. Allerdings schließt diese Haltung Kompromisse mit dem System nicht aus,
die Herrschaft wird vielleicht begrenzt, aber
nicht gefährdet. Um einen inflationären Gebrauch oder sogar Mißbrauch zu verhindern,
möchten daher manche Historiker den Begriff „Widerstand" enger definieren und ihn
nur dann verwenden, wenn Ziele und Aktivitäten der Personen grundsätzlich und bewußt auf die Schwächung bzw. den Sturz des
Regimes ausgerichtet sind.

Hier ist nun in erster Linie wieder von den
Parteien der Arbeiterbewegung zu reden,
denn es ist unumstritten, daß keine Gruppierungen dem Nationalsozialismus so grundlegend und vom ersten Tag an opponiert haben
wie sie.

Nach dem Verbot von KPD und SPD und
der ihnen nahestehenden Vereine war für
diejenigen, die nicht resignieren wollten, zunächst die entscheidende Frage: Welche Möglichkeiten gab es, Zusammenhalt, gemeinsame Tradition und Gesinnung zu bewahren?
Sowohl jüngere ehemalige SPD-Genossen
als auch KP-Anhänger fanden unabhängig
voneinander jeweils ein Domizil am Rohr-
hardsberg hinter Schönwald und Schonach.
Bei manchen Wochenendwanderungen traf
man dort mittels Zug und Bus oder mit dem
Fahrrad ein, übernachtete und kehrte am
Sonntag zurück. Hier konnte man unbehel-
ligt von Spitzeln Nachrichten und Meinungen
austauschen, sich gegenseitig im Bewußtsein
stärken und möglicherweise Aktionen gegen
das Regime planen. Denn vor allem die jüngeren Genossen, die noch keine eigene Familie hatten, gaben sich nicht damit zufrieden,
sich nur zu treffen. Man wollte etwas tun.

Besonders aktiv aus den Reihen der ehemaligen Sozialdemokratie waren in der ersten Zeit z. B. die Gebrüder Karl und Robert Glunz, Erich Vosseler oder Karl Schäfer (jun.). Sie fuhren mit dem Fahrrad bzw. Motorrad an oder über die Schweizer Grenze (Konstanz, Schaffhausen u. a.) und besorgten dort an bestimmten Stellen Flugblätter oder Druckschriften der Exil-SPD in Prag (z. B. „Neuer Vorwärts"), um sie bei alten Genossen in Schwenningen, aber auch in anderen Städten abzugeben.

Wie gefährlich so etwas sein konnte, zeigt eine Fahrradtour, die Karl Glunz und Erich Vosseler über die Ostertage 1934 nach Zürich unternahmen. Nach zwei angenehmen Tagen bei der Sozialistischen Arbeiterjugend Zürichs packten die Schweizer Genossen ihnen zum Abschluß große Mengen von Flugblättern im Kleinstformat zusammen, schlitzten ihre Fahrradschläuche auf, steckten alles hinein und flickten dann wieder zu. Die beiden kamen zwar gut über die Grenze, aber einige Kilometer nach Blumberg – nachts um vier Uhr – platzte ein Reifen und das gefährliche Material lag auf der Straße. Schnell mußte alles in den Rucksack gestopft und die Räder bis Hüfingen geschoben werden. Ein Fahrradhändler wurde herausgeklingelt, der ihnen, wenig erfreut, schließlich einen neuen Reifen gab, so daß sie genau um 7 Uhr wieder in Schwenningen bei der Arbeit waren und nicht auffielen.

Die dem Regime so entgegentraten, taten sich ziemlich schwer, da sich nun herausstellte, daß die SPD auf die Illegalität kaum vorbereitet war. Eine zentrale inländische Lenkung des Widerstands gab es nicht, die Aktiven vor Ort waren meist auf sich allein gestellt, und die illegalen Handlungen blieben zum großen Teil Einzelaktionen. Kontakte zur Exil-SPD ergaben sich oft eher zufällig auf Grund alter Bekanntschaften aus der Zeit der Arbeitervereine.

Dies war auch so beim aufsehenerregenden Fall des ehemaligen SPD-Stadtrats Karl Schäfer (sen.). Der Fahrradhändler aus der Talstraße 25, der auch lange Jahre 2. Vorsitzender des Arbeitersportvereins FSV Schwenningen war, hatte mit Hilfe alter kameradschaftlicher Verbindungen in die Schweiz Kontakte zu Erich Schöttle in St. Gallen geknüpft, dem Grenzsekretär der Exil-SPD. Von diesem wurde Schäfer in den Jahren 1934 und 1935 über Mittelsmänner aus Kreuzlingen und Konstanz mit illegalen Schriften beliefert, die er an alte politische Freunde weitergab. Unter dem Einfluß Schöttles versuchte er im Jahr 1935, die Aktivitäten zu intensivieren, organisierte illegale Zusammenkünfte und faßte die Möglichkeit einer festeren Organisation ins Auge. Als Schöttle deshalb im Herbst 1935 selbst zu einem illegalen Besuch nach Schwenningen kommen wollte, erreich-

Abb. 3 Karl Schäfer (1888–1938)
Schäfer war führender Kopf einer sozialdemokratischen Widerstandsgruppe in Schwenningen. Im Juni 1938 starb er im KZ Welzheim an den Folgen der dort erlittenen Mißhandlungen.

te ihn kurz zuvor die Nachricht, daß Schäfer zusammen mit drei anderen ehemaligen Genossen verhaftet worden sei. Zum Glück war dieser gewarnt worden und hatte Minuten vor der Festnahme noch alles belastende Material vernichten können, so daß er wieder auf freien Fuß gesetzt werden mußte. Wie sich herausstellte, waren die Polizeimaßnahmen in ganz anderem Zusammenhang erfolgt[13], sie machten Schäfer aber vorsichtig und veranlaßten ihn, alle Pläne einer festeren illegalen Zellenbildung aufzugeben.

Das tragische Nachspiel indessen kam drei Jahre später: In Frankfurt war eine sozialdemokratische Widerstandsgruppe aufgeflogen, deren Spuren die Gestapo über Konstanz bis nach Schwenningen führten. Am 10. Mai 1938 wurde Karl Schäfer wegen der oben geschilderten illegalen Betätigungen unter dem Verdacht der „Vorbereitung zum Hochverrat" festgenommen, ca. drei Wochen danach folgten unter großer Anteilnahme der Bevölkerung zehn weitere ehemalige Schwenninger Sozialdemokraten.[14] Während diese später vom Oberlandesgericht Stuttgart meist zu mehrjährigen Gefängnisstrafen verurteilt wurden (u.a. Erhard Schrenk, Eugen Haller), ereilte Karl Schäfer ein bitteres Schicksal. Von der Stuttgarter Gestapo ins berüchtigte KZ Welzheim eingeliefert, wurde er „sofort in den Bunker gesteckt", wie der Mitgefangene Friedrich Schlotterbeck erzählt. „Tagelang hörten wir die Schläge der SS-Leute und das Jammern des Gefangenen. (…) Nach Wochen kam er aus dem Bunker und mußte an einem heißen Tag sofort zum Arbeitsdienst. Bei den Erdarbeiten wurde er pausenlos gehetzt." Es ging um den Bau einer Wasserleitung. „Um neun Uhr brach er zusammen. Sie schlugen ihn und rissen ihm fast ein Ohr ab. Als er taumelnd wieder aufstand, traten sie ihn vor die Schienbeine und in die Geschlechtsteile. Schließlich lallte er nur noch."[15] Bis zur Mittagspause lag der Ohnmächtige in der glühenden Hitze. Am Abend

war Karl Schäfer tot, „gestorben an einem Hitzschlag", wie die KZ-Führer es zu formulieren wußten.

Auch die Kommunisten hatten ein KZ-Opfer zu beklagen. Der ehemalige Bäcker und Fabrikarbeiter Josef Schmid wurde wegen eines Handgemenges mit einem Schwenninger NS-Funktionär im August 1941 in Welzheim eingeliefert, einen Monat später ins KZ Flossenbürg. Schmid, der bereits 1933 in KZ-Haft gewesen und schon lange lungenkrank war, starb dort am 19. Januar 42 an einer Lungenentzündung. Nähere Todesumstände sind nicht bekannt.

Im Gegensatz zur SPD hatte die Schwenninger KPD in den ersten Jahren der Gewaltherrschaft versucht, ihre Parteiorganisation mit Zellen, Leitungen und Beitragszahlungen im Untergrund weiterzuführen. Trotz der vielen Verhaftungen wurden z. B. 1933 noch Beitragsmarken abkassiert, und immer wieder kam es zu geheimen Treffen von Führungszirkeln. Die Polizei warf am 15. Mai 33 Heinrich Happle, Jakob und Robert Vosseler vor, sie seien Mitglieder von „kommunistischen Fünfer-Zellen"; von Max Penkewitz und Hugo Quattländer hieß es fünf Monate später, sie gehörten zur Leitung der illegalen Schwenninger KPD.[16] Mindestens bis zum Jahr 1936 gab es immer wieder Versuche, die Parteiführung neu einzurichten.

Am Anfang der Diktatur machten die KP-Anhänger vor allem durch das Verteilen von Flugblättern oder das Ankleben von Wandzetteln von sich reden. Diese stellten sie anfangs in Schwenningen selbst her; Emma Zuckschwerdt wurde von der Polizei als diejenige ausgemacht, „die den hiesigen kommunistischen Druckschriftenvertrieb etc. leitete" (15. Mai). Adressaten waren dabei nicht wie bei der SPD nur die eigenen Anhänger, deren Rückgrat durch Aufklärung gestärkt werden sollte, sondern die gesamte arbeitende Bevölkerung. In der Nacht zum 27. März 1933 und in den folgenden Tagen wurden zehn Kommunisten festgenommen, weil sie, angeführt von Jakob Schmidt und Hugo Schlenker, am Abend zuvor um 21 Uhr in sämtlichen Schwenninger Wirtschaften „hochverräterische Flugblätter" geworfen hatten. Sie wurden auch für weitere Flugblätter verantwortlich gemacht, die in den zwei Wochen zuvor ebenfalls in Schwenningen aufgetaucht waren. Ein ehemaliges KPD-Mitglied, inzwischen zum „Vertrauensmann" (d. h. Spitzel) der Polizei „aufgestiegen", hatte sie verraten. Durch die erneuten Verhaftungen ließ man sich aber offenbar nicht entmutigen, weitere Flugblattaktionen folgten am 31. März, 5. April, 25. Mai und in den folgenden Monaten.

Als am 2. Oktober um Mitternacht an vielen Stellen wiederum angeklebte Handzettel „mit hochverräterischem Inhalt" entdeckt wurden, setzte man laut Polizeibericht „die gesamte Polizei und 70 SA-Männer zur Ausfindigmachung der marxistischen Kleber" ein. Nachdem die Durchsuchung von Straßenpassanten nichts erbrachte und die Kleber nicht ermittelt werden konnten, nahm man – „um den marxistischen Hetzern hier das Handwerk zu legen" – als „geistige Urheber der Tat" kurzerhand und völlig willkürlich Wilhelm Breisinger, Hugo Quattländer und Max Penkewitz sowie vier weitere ehemalige KP-Genossen[17] fest.

Bis 1938 sollen noch Flugblätter der KP in Schwenningen aufgetaucht sein. Um diese zu besorgen, mußten riskante Fahrradfahrten an die Schweizer Grenze unternommen werden. Dabei wurden zu verschiedenen Zeitpunkten Erwin Zuckschwerdt, Anton Müller, Joseph Öhler, Joh. Stegmann und Erwin Maier als Kuriere ertappt. Genauso gewagt war es, für solche illegalen Zwecke die Post zu benutzen. Jochen Zwick wurde in Haft genommen, weil Postbeamten auffiel, daß er von einer Stuttgarter Deckadresse ein Paket mit illegalen Druckschriften erhalten hatte.

Wie man auch anders als mit Flugblättern demonstrieren konnte, daß man noch da war, zeigten Emil Haselhofer und Paul Stegmann, die am 1. März 33 im Reutewald bei Schwenningen auf einer Tanne eine rote Fahne hißten. Auch ein Jahr später, so vermeldet der Polizeibericht, wurde in derselben Gegend „an einer 8 m hohen Baustange ein 128/68 cm großer roter Fetzen befestigt. In weißer Farbe trug er eine Sichel, einen Hammer, den Sowjetstern und den Kampfruf Rot Front". Ein Täter konnte jedoch nicht ermittelt werden.

Besonders wichtig war der illegalen KPD die Widerstandtätigkeit im Betrieb. Schon am 31. März 33 wurde Klemens Müller beim Verteilen von Flugblättern bei Schlenker-Grusen ertappt, am 5. April tauchte ein Flugblatt der „Revolutionären Gewerkschaftsopposition" (RGO) auf. Noch im Juli 1938 wurde der frühere Stadtrat Franz Albus festgenommen, weil er in den Rüstungsbetrieben „laufend antinationalsozialistische Propaganda" betrieben haben soll.

Ohne die Leistungen des örtlichen KP-Widerstand schmälern zu wollen, muß dennoch gesagt werden, daß der hohe Einsatzwille und die oft bewundernswerte Opferbereitschaft, die in den geschilderten Beispielen zum Ausdruck kommt, zum großen Teil von der unrealistischen Erwartung gespeist wurde, daß die Naziherrschaft schnell zu stürzen sei und daß in der folgenden Krise die Arbeiterbewegung unter Führung der KPD die Macht im Staate antreten werde. Diese Überzeugung machte blind für die Realitäten, die darin bestanden, daß die Nationalsozialisten schon nach kurzer Zeit fest im Sattel saßen. Und sie verhinderte die Überprüfung des gefährlichen, auf zentraler Lenkung basierenden Widerstandskonzepts, das es der Polizei immer wieder leicht machte, ganze Gruppen aufzuspüren und zu zerschlagen.

Trotz des Kampfes gegen einen gemeinsamen Gegner und trotz mancher Einigungsversuche blieben die Gegensätze zwischen Sozialdemokraten und Kommunisten auch in

der Illegalität weitgehend bestehen. Dies
schloß aber nicht aus, daß es vor Ort zur Zusammenarbeit über die Parteigrenzen hinweg
kommen konnte. Erich Vosseler (SPD) erinnert sich z. B. an einen gefährlichen „Ausflug"
mit Eugen Leitermann (KPO), bei dem sie einen hochrangigen KPD-Politiker, dessen Namen sie nicht wissen durften, gemeinsam auf
einsamen Waldpfaden über den Randen nach
Schaffhausen schmuggelten. Es war nicht das
einzige Mal, daß Leitermann, der überregionale Kontakte hatte, solche Fluchthilfeaktio-
nen wagte. Immer wieder kamen Unterge-
tauchte bei ihm in der Staufenstraße an, oder
er holte sie an einem bestimmten Ort in der
Nachbarschaft (z. B. Dürrheim) ab, um sie am
nächsten Tag in die Schweiz zu geleiten. Daß
Hilfsaktionen für politisch Verfolgte meist
überregional, oft sogar parteiübergreifend
organisiert waren, zeigt auch das Beispiel des
den Sozialdemokraten nahestehenden Kurt
Nickstadt. Als politische Freunde (u. a. Ludwig Becker, KPO) ihn darum baten, stellte er
sein Haus als Anlaufpunkt für politische
Flüchtlinge zur Verfügung. Nickstadt wußte
aus konspirativen Gründen nichts über die
Flüchtigen und ihre Herkunft, einzig die
Adresse der nächsten Anlaufstelle bei Donaueschingen war ihm bekannt, die er dem
Flüchtling mitteilen mußte.[18]

Je fester sich im Laufe der Jahre das Regime etablieren konnte, desto schwieriger
wurde es für die verbliebenen Antifaschisten,
Risikobereitschaft und Durchhaltewillen
aufrechtzuerhalten. Eine besondere Unwäg-
barkeit machte ihnen dabei zunehmend zu
schaffen: Wem konnte man eigentlich noch
trauen? War der politische Freund von ehedem – vielleicht aus Angst vor Folter und
KZ – inzwischen zu einem V-Mann der Polizei geworden? Oder der Unbekannte, der
sich als Verfolgter oder als Abgesandter von
anderen Widerständlern ausgab, – durfte man
ihm glauben, oder hatte ihn die Gestapo als
„Lockvogel" geschickt? Unter solchen Um-

Abb. 4 Ludwig Becker (1892–1974)
Becker war Landtagsabgeordneter, Gewerkschaft-
ler und Vorsitzender der Schwenninger KPO (Kom-
munistische Partei/Opposition). Im Jahr 1939 wur-
de er gefangengesetzt und mußte für sechs Jahre ins
KZ Buchenwald.

ständen wurde ein offenes politisches Gespräch unter Freunden immer schwieriger
und seltener, die persönlichen Kontakte nahmen ab. Wie weit das – oft berechtigte –
Mißtrauen, die politische Vereinzelung und
persönliche Vereinsamung zuweilen gingen,
zeigt besonders kraß das Beispiel von Vater
und Sohn Karl Schäfer: Beide leisteten auf
verschiedenen Wegen Widerstand gegen das
Regime (s. o.), beide lebten im selben Haus,
aber offenbar wußten sie gegenseitig nichts
von ihren jeweiligen politischen Aktivitäten.

Je weiter die Verhaftungen infolge des immer perfekteren Polizei- und Spitzelsystems
voranschritten, desto mehr rückten für die
Regimegegner schlichte Fragen der materiel-

len Existenzsicherung in den Vordergrund. Ganz konkrete Alltagsprobleme mußten bewältigt werden, Solidarität war vonnöten, d. h. Unterstützung für die von Verhaftung betroffenen Arbeiterfamilien, die sich ohnehin meistens am Rande des Existenzminimums befanden. Der oben erwähnte Uhrmacher und Fabrikarbeiter Georg Haller zum Beispiel, der das gemeinsame Anhören einer „Führer"-Rede vorzeitig verlassen hatte, war dieses „Deliktes" wegen von seinem Betrieb entlassen worden. Schon bisher hatte er bei 24 Wochenstunden nur 16 RM in der Woche verdient, hinzu kamen 5 RM Kriegsbeschädigtenrente. Das wöchentliche Einkommen eines städtischen Arbeiters der untersten Lohnstufe betrug damals ca. 25 RM, was schon kaum zum Leben reichte. Hallers Frau war ohne Verdienst, und beide, wie auch die 14jährige Tochter, waren lungenkrank. Sogar die Polizeiakten enthalten die Bemerkung: „Haller sieht sehr schlecht aus, ist auch leibarm und scheint nervös zu sein." Man braucht nicht viel Phantasie, um sich vorzustellen, wie es der Frau und der Tochter erging, nachdem der Ehemann bzw. Vater verhaftet und ins KZ Kuhberg bei Ulm eingeliefert worden war.

Fälle wie diese machen zum einen verständlich, warum gerade Familienväter vor einem solchen Risiko zurückschreckten, zum anderen zeigt er, wie sehr die betroffenen Personen auf solidarische Hilfe angewiesen waren. Was hier alles an gegenseitiger Unterstützung geleistet wurde, kann wohl kaum noch aufgezeigt werden, aber ohne diese hätten viele nicht überleben können.

„Ein feste Burg ist unser Gott" –
Widerstand in der Evangelischen Kirche

Neben den alten Gegnern aus der ehemaligen Arbeiterbewegung hatten es die Schwenninger Nationalsozialisten und Polizeibeamten ab 1936 mit einem neuen „Störenfried" aus ganz anderem Umfeld zu tun. „Pfarrer

Weber sät Sturm", überschrieb die in Stuttgart erscheinende NS-Wochenzeitung „Flammenzeichen" im Februar 1937 einen langen Artikel über einen Schwenninger Geistlichen und klagte, daß dieser es offenbar als seine einzige Aufgabe ansehe, „den Frieden der Stadt zu stören". Seine Predigten seien ausgesprochen „staatsfeindlich" und würden im Zuhörer „nur Zweifel und Zwiespalt hervorrufen". Der so Gescholtene, der evangelische Pfarrer Gotthilf Weber, hatte im Juni 1936 sein Amt als erster Stadtpfarrer angetreten. Ursprünglich hatte sich Weber, wie viele seiner Kollegen, vom neuen NS-Staat einiges versprochen. Die ersten Jahre der Diktatur jedoch, in denen die NS-Reichskirche u.a. das Führerprinzip und den Arierparagraphen durchsetzen oder das „jüdische"(!) Alte Testament abschaffen wollte, hatten ihn eines Besseren belehrt. Daher schloß er sich der Gruppe von Pfarrern an, welche die „Bekennende Kirche" (BK) gründeten und sich für die Freiheit von Verkündigung und kirchlicher Betätigung einsetzten. Als Mitarbeiter der BK in Bad Oeynhausen und Berlin-Dahlem war Weber also vor seiner Berufung nach Schwenningen kein unbeschriebenes Blatt. Und es verwundert nicht, daß der Kirchengemeinderat (KGR) seiner Ernennung zum ersten Stadtpfarrer nur mit einer Stimme Mehrheit zustimmte.[19]

Doch bald nach seinem Amtsantritt gelang es Weber, die nationalsozialistisch eingestellten „Deutschen Christen" aus dem KGR hinauszudrängen und in den nun kommenden Auseinandersetzungen mit dem NS-Staat die Unterstützung der übrigen Mitglieder dieses wichtigen Gremiums zu gewinnen. In diesen Konflikten – später als „Kirchenkampf" bezeichnet – ging es zum großen Teil um den Einfluß auf die Erziehung der Kinder und Jugendlichen. Übernahme der Kindergärten durch die NS-Volkswohlfahrt (NSV), Entzug des Religionsunterrichts für die Geistlichen, Einschränkung der kirchlichen Jugendarbeit,

Verpflichtung der Pfarrer auf Adolf Hitler und den „Geist des NS" durch ein Gelöbnis, wie vielerorts waren dies auch in Schwenningen zunächst die Hauptkonfliktpunkte. Mit aller Entschiedenheit, und jegliche Mittel ausschöpfend, wehrte sich die Gemeinde in sämtlichen angeführten Streitpunkten gegen die Zumutungen der staatlichen Erlasse. Weber erreichte, daß kein Schwenninger Pfarrkollege aus beiden Konfessionen das Gelöbnis auf Adolf Hitler ablegte. Der Kindergarten „Wilhelmspflege" wurde in kirchlichen Räumen in Konkurrenz zum NSV-Kindergarten noch über ein Jahr weitergeführt. Mit Informationsblättern und Bekenntnisgottesdiensten protestierte man gegen den Entzug des Religionsunterrichts und später gegen die Einführung des sogenannten „Weltanschaulichen Unterrichts". In Fürbittgottesdiensten gedachte man der inhaftierten Glaubensbrüder. Nach dem Vorbild der Protestanten suchte auch die katholische Kirche ab Ende 1936 unter Pfarrer Sass (später auch Vikar Manz) ihre kirchlichen Rechte zu verteidigen, z. B. durch die Fortführung eigener Jugendarbeit oder eines eigenen Religionsunterrichts.

Einer der Höhepunkte in dieser konfliktreichen Zeit war der evangelische Bekenntnisgottesdienst vom 29. Mai 1937. Hartköpfige Parteimitglieder saßen herausfordernd in den ersten Reihen, und während der Predigt wurden provozierende Zwischenrufe laut: „Herr Pfarrer, Sie lügen!" Da der Gottesdienst in Tumulten zu enden drohte, begann der Organist das Lutherlied „Ein feste Burg ist unser Gott" zu spielen. Die gesamte Gemeinde stimmte mit ein und übertönte die Schreier, die daraufhin geschlossen den Ort verließen. Pfarrer Weber: „Eine tiefgehende Erregung ging durch die gesamte Gemeinde hindurch. Bis in die späten Nachtstunden standen die Menschen, erregt diskutierend, beieinander."

Seine „Unbotmäßigkeit" mußte Weber mit permanenter Bespitzelung im Gottesdienst

Abb. 5 Pfarrer Gotthilf Weber (1900–1987)
Pfarrer Weber war in den Jahren 1936–1948 evangelischer Stadtpfarrer in Schwenningen. Mit Entschiedenheit bekämpfte er die nationalsozialistische Kirchenpolitik.

bezahlen, ungezählten Polizeikontrollen und -verhören, zwei Gerichtsverfahren und einer Inhaftierung. Der äußere Druck indes bewirkte die Solidarisierung der aktiven Kirchenmitglieder mit ihrem Pfarrer, die Gemeinde wuchs zu einer engen Gemeinschaft zusammen und fand in der beharrlichen, wenn auch nicht immer erfolgreichen Verteidigung des kirchlichen Freiraums zu einer neuen Identität.

Doch auch hier kann die Frage gestellt werden, inwieweit sich das Verhalten von Pfarrer und Gemeinde dem oben skizzierten, enger definierten Begriff von Widerstand zuordnen läßt. Ging es nicht hauptsächlich um die defensive Behauptung des kirchlichen Einflusses, wie dies ähnlich in vielen Kirchengemeinden der Fall war? Oder mündete Webers Widerspruchshaltung in eine grundsätzliche Kritik am NS-Staat? Und: Wurde diese Kritik auch öffentlich bemerkt?

Antworten auf solche Fragen ermöglichen vielleicht die Vorgänge des Jahres 1938, als Weber mit seinem Verhalten auch manche bisherigen Weggefährten vor den Kopf stieß. Anlaß war der vielumjubelte „Anschluß" Österreichs an Deutschland: Überall im Lande läuteten die Glocken, und Dankgottesdienste wurden abgehalten, in welchen dem „Führer" von der Kirchenobrigkeit für seine „Befreiungstat" gedankt wurde. In Schwenningen dagegen geschah weder das eine noch das andere. Und ein paar Wochen später weigerte sich Weber gar als einziger Geistlicher aus dem Dekanat Tuttlingen, einen Treueid auf Adolf Hitler abzulegen. Es gelang ihm schließlich, dem KGR klarzumachen, daß die Ausdehnung des Reichs vor allem eine Ausdehnung von Terror und Leid für einen großen Teil der dortigen Bevölkerung bedeutete. Eine bemerkenswert nüchterne politische Einschätzung inmitten der Wogen nationaler Euphorie, die aber auch zeigt, wie kompromißlos Weber seinen Weg verfolgte und jedes taktierende „Sowohl-als-auch" zu vermeiden suchte. So scheute er sich auch nicht, Mitarbeitern gegenüber den Mord an geistig Behinderten oder die Zustände in den Konzentrationslagern anzuprangern.

In den letzten Kriegsjahren schloß sich die Gemeinde einer Hilfsaktion der BK für jüdische Flüchtlinge an und stellte Plätze für deren geheime Unterbringung und Betreuung bereit. Außer den Pfarrern Weber und Schäfer sowie der Vikarin Margarete Hoffer waren aus Sicherheitsgründen nur wenige Gemeindemitglieder eingeweiht. Besonders aufopferungsvoll kümmerte sich die aus Österreich stammende Vikarin um die Flüchtlinge. Eine Jüdin beherbergte sie unter großen Schwierigkeiten fast ein ganzes Jahr lang bei sich im Johannespfarrhaus, mit einer anderen fuhr sie selbst bis in die Nähe von Singen am Hohentwiel und versuchte ihr dort über die Schweizer Grenze zu helfen.[20] Der ganze Haß der Nazis entlud sich noch

in den letzten Tagen des Krieges auf Pfarrer Weber: Sein Name befand sich auf einer „schwarzen Liste" von 16 Schwenninger Bürgern, die am 21. April 1945 von der SS hingerichtet werden sollten. Einen Tag zuvor, am 20. April, marschierten die französischen Truppen in die Stadt ein.

„Zusammenbruch" oder „Befreiung"? Für die wirklichen Gegner des Regimes stellte sich diese Frage nicht.

Villingen

Die „neuen Herren" und ihre Gegner in Villingen

Die Nationalsozialisten sahen von Anfang an in der Zentrumspartei und in den Arbeiterparteien SPD und KPD ihre Hauptgegner. Dominierend war in Villingen der Einfluß des Zentrums. Das festgefügte Netz von Partei, Kirchengemeinden, katholischen Verbänden und Vereinen vermittelte zusammen mit der zentrumsnahen Lokalzeitung „Volksblatt" eine konservative, an überkommenen Werten, wie Familie, Heimat, Brauchtum, Bürgersinn und Staatsautorität, orientierte Einstellung. Lärmenden Nationalismus lehnte man im „Zentrumsturm" ebenso ab wie die Emanzipations- und Modernisierungstendenzen im Gefolge der Industrialisierung. Als Hauptfeind begriff man, neben dem Liberalismus, den „gottlosen Bolschewismus": „Ordnung und Sitte in Staat und Gemeinden scheinen sich aufzulösen, und sinnlose Kräfte wollen unser Vaterland vernichten. Der Bolschewismus von links und der Radikalismus von rechts rennt mit aller Macht gegen die bürgerliche Weltordnung an ... Der Feinde sind viele. Im eigenen Land und von draußen kommen sie. Ein dunkler Osten wirft sein Netz über den Erdkreis. In deutschen Herzen kursiert die Bewegung der Gottlosen."[21] Dem Nationalsozialismus mißfiel diese defensive Einstellung. Entsprechend polemisierten die örtlichen Parteiorgane wiederholt

gegen Villinger „Spießbürger" und deren
mangelhafte „nationale" Begeisterung. Das
NS-„Schwarzwälder Tagblatt" hielt 1934
Rückschau auf den Tag der Machtübernahme, der in Villingen mit einem Siegesfackel-
zug gefeiert worden war: „Die Bevölkerung
verhielt sich noch etwas zurückhaltend, sie
hatte anscheinend noch nicht recht begriffen,
daß trotz ‚Volksblatt' und ‚Volkswille' die
Nazi auch in Villingen es geschafft hatten. Da
waren denn damals die Heilrufe etwas mager,
um so stärker aber das Gebrüll der ganz aus
dem Häuschen geratenen Kommunisten."[22]

Nach ihrem Machtantritt begannen die NS-
Organe den Spielraum von Kirche und Zentrumspartei in Villingen einzuengen. Der
„Volksblatt"-Redakteur Heinrich Karr geriet
1933 vorübergehend in Schutzhaft, sein Re-
daktionskollege Alban Jäger wurde von der
Gestapo überwacht und schließlich von einem SS-Mann tätlich angegriffen und verletzt. Parteistellen denunzierten das „Volksblatt" als „staatsfeindlich". Daraufhin versuchte das Blatt, weitere Schikanen durch
Bekenntnisse zum neuen Regime zu verhindern: „Gemäß den Grundsätzen der katholischen Kirche stehen wir hinter der legalen
Regierung und gemäß den Anordnungen und
Weisungen der Zentrumspartei werden wir
auch die nationale Aufbauarbeit der jetzigen
Reichsregierung unterstützen. Unser grundsätzlicher Kampf gegen den Marxismus ist
nicht erst von gestern auf heute."[23]

Auch katholische Vereine sahen sich Re-
pressalien der neuen Machthaber ausgesetzt:
Der Gesellenverein wurde überwacht und
verlor die meisten Mitglieder durch Austritt,
die DJK wurde im Juli 1935 verboten, die katholischen Jugendorganisationen durften keine öffentlichen Veranstaltungen, wie Ferien-
lager oder Feste, durchführen. Trotzdem
mahnte der Freiburger Erzbischof Gröber zu
„unbeirrbarer Mitarbeit" im neuen NS-Staat,
in der trügerischen Hoffnung, so den kirchlichen Einflußbereich sichern zu können.[24]

Ungleich schärfer gingen die Nationalsozialisten gegen die Organisationen der Arbeiterbewegung vor. Obwohl diese im überwiegend bürgerlichen Villingen nur eine Minderheit darstellten und durch die Spaltung in
SPD und KPD geschwächt waren, stellte das
„Arbeitermilieu" mit seinen zahlreichen
Gewerkschaften und Vereinen auch 1933
noch einen ernstzunehmenden Gegner der
NSDAP dar. Die Arbeiterparteien bekämpften auch in Villingen nationalsozialistische
und militaristische Propaganda, den rassisti-
schen Ungeist und die Ideen vom NS-Führer-
staat. Völlig zu Recht sahen die Nazis hier
ihren Hauptfeind: „Wir müssen ruhig feststellen, daß bis in die letzten Tage hinein der
Gegner auf dem besten Wege war, den deutschen Menschen charakterlich und geistig systematisch auszuhöhlen, ihn zu vergiften und
ihm lediglich das nordische Gesicht zu lassen.
… Wir brauchen Jahre erbitterten Kampfes,
um den Gegner auf allen Gebieten endgültig
zurückzudrängen, zu vernichten und
Deutschland blutig und geistig gegen neue
Einbrüche zu sichern."[25]

Scheinlegale Verfolgung durch Justiz und
Polizei sowie offener Terror untergeordneter
NS-Gliederungen zwangen SPD und KPD in
die Knie. Schnell war die KPD in die Illegalität abgedrängt, ihr Parteilokal in der Färberstraße 5 geschlossen, die Zeitung „Rotes
Echo" zum Schweigen gebracht.

Ein demonstrativer Akt der Einschüchte-
rung folgte am 17. März 1933: Die führenden
SPD-Mitglieder Josef Heid, Wilhelm Schifferdecker und Heinrich Übler wurden von
NS-Trupps überfallen und in Schutzhaft genommen. SS-Leute lauerten dabei abends
dem 53jährigen Gewerkschaftsführer Schifferdecker auf, der in der Oberen Straße das
„Volkshaus Löwen" als Gewerkschaftshaus
betrieb. Sie schleppten Schifferdecker in das
NS-Lokal „Stiftskeller" in der Gerberstraße
und mißhandelten ihn dort mit Stahlruten
und Gummiknüppeln.

Schlag auf Schlag folgten dann Haussuchungen bei Reichsbanner-, Partei- und Gewerkschaftsmitgliedern, KZ-Einweisungen und Verbote von Arbeiterkultur- und -sportvereinen. Nach wenigen Wochen beherrschten die Nationalsozialisten das öffentliche Leben in Villingen. Ein Teil der Bevölkerung hatte sich mit dem neuen System arrangiert, andere Kreise standen abwartend abseits. Nur eine Minderheit bewahrte eine konsequent ablehnende Haltung und zeigte diese auch, meist ohne viel Hoffnung auf Erfolg, doch immer unter großem persönlichem Risiko.

Das katholische Villingen:
Der Macht eine Grenze setzen

Im Bereich der katholischen Kirche zeigte sich der ungebrochene Selbstbehauptungswille des kirchlich orientierten Bevölkerungsteils v. a. bei öffentlichen Veranstaltungen wie den Fronleichnamsprozessionen. Trotz der nationalsozialistischen Gegenpropaganda und einschränkender Maßnahmen waren die Prozessionen oft gut besucht, und viele Häuser waren geschmückt.

Ein deutlicher Ausdruck der regimekritischen Haltung in kirchlichen Kreisen waren die Vorkommnisse im Juni 1937 am Rande einer Dekanatsjugendwoche. Bei der vom NS-Kreisleiter abfällig kommentierten Veranstaltung kam es am 6. Juni nach einer von Erzbischof Gröber gehaltenen Messe zu Zwischenfällen, über die der Polizeibericht meldete: „Die Kirchenbesucher, die sich auf dem Münsterplatz angesammelt hatten, (brachten) auf den Erzbischof Heilrufe aus, auch wurde das Deutschlandlied angestimmt, hingegen wurde eigentümlicherweise das Horst-Wessel-Lied nicht gesungen. Durch die Vorgänge auf dem Münsterplatz sollen zwischen beiden Parteien – Katholiken und Nationalsozialisten – durch einzelne Leute kleinere Reibereien entstanden sein, in welche auch

ein Soldat mitverwickelt wurde, der sich für seine kath. Überzeugung eingesetzt haben soll."[26]

Auch die katholischen Jugendorganisationen ließen sich nicht widerspruchslos verdrängen. Nachdem ein Auftreten in der Öffentlichkeit nicht mehr möglich war, versuchten einige Gruppen dennoch ihre Arbeit fortzusetzen. „Seelsorgstunden" traten an die Stelle der verbotenen Gruppenstunden. Man traf sich heimlich, wanderte gemeinsam und hielt so persönlichen Kontakt.

Gesellenvereinsmitglieder, wie Josef Hog, Alfons Weiser und Friedrich Ummenhofer, demonstrierten immer wieder ihre kritische Einstellung. Josef Hog, Jahrgang 1904, fiel während einer NS-Veranstaltung, die sich gegen die katholische Privatschule Maria Tann richtete, durch einen Zwischenruf auf, in dem er einen NS-Redner der Lüge bezichtigte. Haussuchung, Beschlagnahmung von Schriften, Schutzhaft und zwei Monate Strafhaft waren die Anwort auf diese „Provokation". Für die NSDAP ärgerlich war der Zuspruch, den der Zigarrenladen des Gemaßregelten fand. Ein Zeitzeuge erinnert sich: „Wir durften die Stumpen für den Vater nur bei Josef Hog in der Färberstraße kaufen. Da sind wir als Buben hineingekommen, da sind sechs, sieben herumgestanden. Wenn man hineingekommen ist, war plötzlich das Gespräch weg. Die hatten politisiert. Die haben erst recht dort gekauft!"[27]

Aus den Reihen der ehemaligen katholischen Arbeitnehmerorganisationen kam der 31jährige Schriftsetzer August Schöner. Er protestierte in einem Leserbrief gegen die Berichterstattung über „schwarze Banditen" in der NS-Presse und beklagte, daß so „die unter schweren Opfern geschaffene Volksgemeinschaft" bedroht sei. Wegen „dauernder Aktivitäten gegen den NS-Staat" verlor Schöner 1935 seinen Arbeitsplatz.

Besonderes Aufsehen erregte das Schicksal Ewald Huths. Er war seit 1921 Chordirektor

und Organist am Villinger Münster. Auch
nach 1933 blieb er seinen Überzeugungen
treu. Wiederholt kritisierte er öffentlich die
Machthaber, ihre Religionsfeindlichkeit und
ihre verantwortungslose Kriegspolitik. Huth
wurde denunziert und am 19. Januar 1944
verhaftet. Am 26. April 1944 erging das Todesurteil des SS- und Polizeigerichts XI in
Stuttgart. Huth habe „über Jahre hinweg in
der Öffentlichkeit den Willen des deutschen
Volkes zur wehrhaften Selbstbehauptung
gelähmt und zersetzt". Ein Mithäftling berichtet über Huths Haltung während der
Haft: „Papa Huth wird mir und allen, die jene
schreckliche Zeit überlebt haben, unvergeß-
lich sein. Er war der älteste von uns mit seinen
54 Jahren. ... Papa Huth hatte jedoch nichts
angestellt, nur seine Meinung gesagt. Als wir
ihn beten sahen, da haben wir zuerst spöttisch
gelächelt. Mehr und mehr ging uns jedoch
auf, daß für ihn Gott wie eine Wirklichkeit
war. Uns hat er dabei nie übersehen, hat uns
stets Mut gemacht und zugeredet. Er hat uns
aber auch zurechtgewiesen, wenn wir Unsinn
redeten und falsch urteilten. Das letzte Stück
Brot hat er weggegeben, wenn einer von uns
Jüngeren Hunger hatte. Er war uns wie eine
Sonne in dunklen Tagen."[28]

Im Schießstand Dornhalde in Stuttgart fie-
len am 1. November 1944 die tödlichen
Schüsse auf Ewald Huth. Heute erinnert die
Ewald-Huth-Straße an ihn.

Alle diese Beispiele zeigen: Aus dem katholischen Bereich formierte sich kein orga-
nisierter Widerstand mit politischer Zielsetzung. Aber man verteidigte zäh den Spielraum der Kirche und der ihr nahestehenden
Organisationen ebenso wie auch die hergebrachten Lebensformen und Gebräuche gegen den staatlichen Zugriff. Die Vereinnahmung durch das aggressiv auftrumpfende NS-
Regime wurde als Zumutung empfunden.
Zum Konflikt führten eher Beschneidungen
kirchlicher Rechte als die Beseitigung der
Demokratie oder die Verfolgung der Arbei-

Abb. 6 Ewald Huth (1890–1944)
Huth, engagierter Christ und Gegner des NS-
Regimes, wurde 1944 hingerichtet. Ein Mithäftling
portraitierte ihn kurz vor seinem Tod

terparteien und der Juden. Dies hatte seinen
Grund in selbstgenügsamen, „unpolitischen"
Einstellungen ebenso wie in Sympathien für
ein strikt antimarxistisches, „nationales" System. Kirchenführer, die mit dem NS-Staat
kooperierten, um den Einflußbereich der
Kirche zu schützen, verstärkten diese Haltung. Auch ein Villinger Katholik mußte in innere Konflikte kommen, wenn der Vorsitzen-
de der Bischofskonferenz noch 1940 von den
„heißen Gebeten" sprach, die die Katholiken
am Geburtstag des Führers „zum Himmel
senden", und „Treue zum jetzigen Staate und
seiner regierenden Obrigkeit" anmahnte.[29]

Trotz solcher Appelle und trotz der anderen
ungünstigen Umstände blieb die Beharrungs-
kraft des Katholizismus auch in Villingen un-
gebrochen. Sie setzte im privaten und sozia-

len Bereich dem totalen Durchdringungs-
willen der NSDAP eine Grenze.

Villinger Arbeiterbewegung gegen Hitler

Die meisten derjenigen Oppositionellen,
die strafrechtlich verfolgt wurden, kamen aus
dem Bereich der Arbeiterbewegung. SPD-
und KPD-Anhänger erlebten die Machtübernahme der Nationalsozialisten als schwere
politische Niederlage ihrer einst so starken
politischen Organisationen. Viele resignierten, andere hielten den Zusammenhang untereinander aufrecht und machten auch in
der Öffentlichkeit aus ihrer Überzeugung
kein Hehl. „Man sitzt abends nach Betriebs-
schluß zusammen und trinkt ein Glas Bier,
man trifft sich mit seinen früheren Gesin-
nungsgenossen in den Wohngebieten, man
hält den Zusammenschluß durch Familienbe-
suche aufrecht, man vermeidet irgendwelche
Organisationsformen und sucht in der geschilderten Weise nur, die Freunde bei der
Gesinnung zu halten."[30]
Beispiele für diese Haltung sind die Fälle
Andris, Teich und Blässing. Robert Andris,
ein ehemaliger SPD-Mann, äußerte sich ab-
wertend über Hitler und ließ in einem Hof
der Marbacher Straße den Satz fallen: „Im
dritten Staat herrscht überhaupt keine Gerechtigkeit." Von Juni bis November 1935 saß
er dafür in Haft.[31]
Aktiver   Gewerkschafter   und   vor
1933 führendes SPD-Mitglied war Heinrich
Teich. Er weigerte sich, in eine der Unter-
gliederungen der NSDAP einzutreten, und
sprach sich weiterhin öffentlich gegen das
NS-Regime aus. Ein Denunziant hörte 1936
im Gasthaus „Waldhorn" in der Förderer-
straße mit und zeigte Teich an.
Der bei SABA beschäftigte Schlosser Fritz
Blässing, der bis 1933 KPD gewählt hatte, geriet 1936 in die Mühlen der NS-Justiz. Im
Kreise von Arbeitskollegen hatte er gegen
die Regierung „gehetzt". Ein Zeuge kreidete

ihm an, daß er sich für Ausländer eingesetzt
habe, ein anderer wußte zu berichten, daß
Blässing während des Gemeinschaftsemp-
fangs einer Hitlerrede unliebsam aufgefallen
sei.
Schärfer gingen die Machthaber gegen einen alten Gegner vor, den aus Schwenningen
stammenden Mechaniker Reinhard Müller.
In seiner Gaststätte zum „Neuen Rößle" in
Buchenberg-Martinsweiler trafen sich ab
1932 Sozialdemokraten und „Naturfreunde".
Das ehemalige SPD-Mitglied Müller konnte
sich nicht „in die deutsche Gemeinschaft ein-
fügen", wie ein Sondergericht 1941 rügte. Er
hatte politisch kein Blatt vor den Mund genommen und wurde wegen „Wehrkraftzer-
setzung" und anderer antinazistischer Äußerungen an seiner Arbeitsstelle zu 18 Monaten
Haft und drei Jahren „Ehrverlust" verurteilt.
Ein herausragender Nazigegner war der
beim Villinger Berzirksamt arbeitende Revi-
sionsinspektor Josef Heid. In Stühlingen 1882
geboren, engagierte er sich in den 20er Jahren
als SPD-Stadtverordneter in Villingen und
wurde 1929 als SPD-Abgeordneter in den badischen Landtag gewählt. Die Nazis und ihre
Ideologie lehnte er vor wie nach 1933 entschieden ab. Als Redner im Kreisgebiet
brandmarkte Heid u. a. die vielerorts betriebene judenfeindliche Propaganda. Nachdem
ihn ein Villinger SA- und SS-Trupp in der
Nacht vom 16. zum 17. März 1933 in Geisingen überfallen, mißhandelt und nach Villingen geschleppt hatte, mußten Heids Verlet-
zungen zehn Tage im Krankenhaus behandelt
werden. Monatelange Haft im Villinger Gefängnis und im KZ Heuberg folgten. Schließlich entließ man ihn aus dem badischen
Staatsdienst mit der Begründung, Heid sei
„fanatischer SPD-Mann". Er mußte mit
seiner Familie Villingen verlassen und zog
nach Bruchsal. Wegen seiner weiterhin ab-
weichenden politischen Gesinnung brachte
ihn die Gestapo 1944 ins KZ Dachau. Er starb
dort am 21. Dezember 1944. Heute ist ihm

eine Gedenktafel am Heidplatz-Brunnen gewidmet.[32]

Unter argwöhnischer Beobachtung stand der Mechanikermeister Engelbert Tröscher, der in der Kalkofenstraße eine Fahrrad- und Motorradwerkstatt betrieb. Er war 1901 der SPD, 1921 der KPD beigetreten. Auf Wahlzetteln protestierte Tröscher 1934 gegen die NS-Führung. Im folgenden Jahr klebte er antifaschistische Propagandazettel an Telegrafenstangen und wurde 1936 verdächtigt, ausländische Rundfunksender abgehört zu haben. Über Hitler äußerte er sich immer wieder abfällig. Auch häufige kürzere und längere Haftstrafen hielten ihn nicht von seinen Aktionen ab. Schließlich tauchten an seinem Geschäft anonyme Inschriften mit dem Wortlaut auf: „Wer bei Juden kauft, ist Vaterlandsverräter." Tröscher, der auch jüdische Bürger zu seinen Kunden zählte, sollte mit diesen Hetzparolen wirtschaftlich ruiniert werden. Doch er überstand die Jahre der Schikanen und Verfolgungen.[33]

Ins berüchtigte KZ Mauthausen/Österreich („Mordhausen"), in dem die Häftlinge unter unmenschlichen Bedingungen in Steinbrüchen arbeiten mußten, schickten die Nazis im Sommer 1944 den früheren SABA-Betriebsratsvorsitzenden und SPD-Mann Fritz Restle. Nach monatelanger Haft kehrte er gesundheitlich angeschlagen nach Villingen zurück. Sein Engagement für sozialen Fortschritt und Demokratie wurde später mit der Verleihung des Bundesverdienstkreuzes geehrt.[34]

Ebenfalls auf der „Schwarzen Liste" der 1944 ins KZ Geworfenen stand der aus Köln

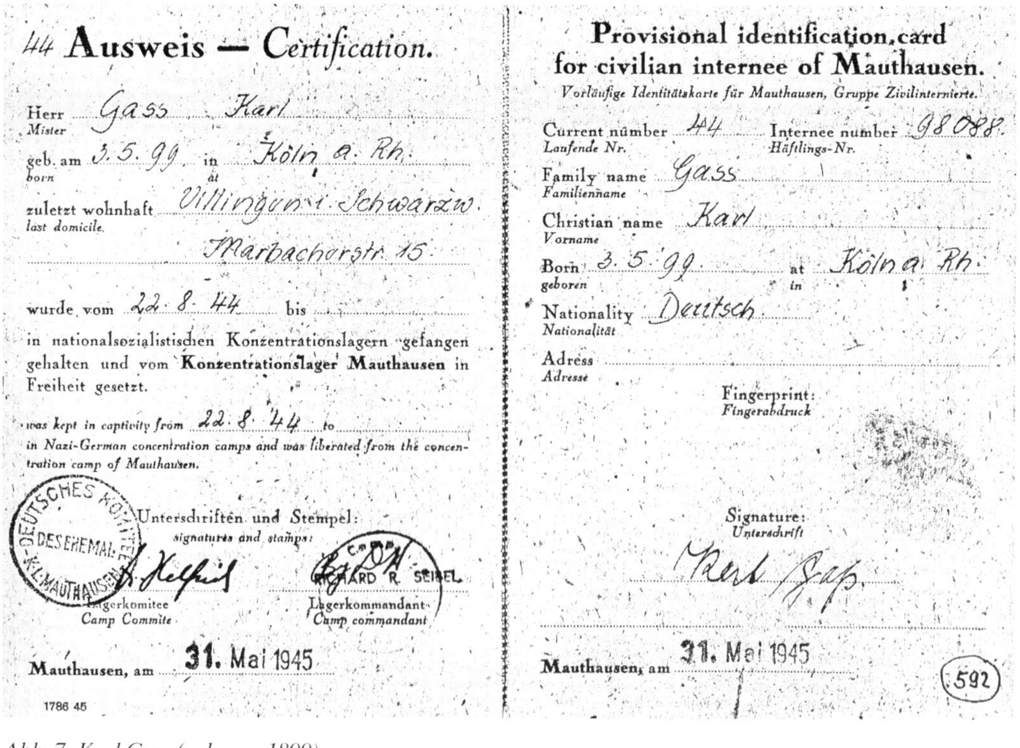

44 **Ausweis — Certification.**

Herr / Mister: Gass Karl

geb. am / born: 3. 5. 99 in / at: Köln a. Rh.

zuletzt wohnhaft / last domicile: Villingen i. Schwarzw. Marbacherstr. 15

wurde vom 22. 8. 44 bis in nationalsozialistischen Konzentrationslagern gefangen gehalten und vom **Konzentrationslager Mauthausen** in Freiheit gesetzt.

was kept in captivity from 22. 8. 44 *to* *in Nazi-German concentration camps and was liberated from the concentration camp of Mauthausen.*

Unterschriften und Stempel: / *signatures and stamps:*

Lagerkomitee / *Camp Commite* — Lagerkommandant / *Camp commandant*

Mauthausen, am 31. Mai 1945

1786 45

Provisional identification card for civilian internee of Mauthausen.

Vorläufige Identitätskarte für Mauthausen, Gruppe Zivilinternierte.

Current number / *Laufende Nr.*: 44 Internee number / *Häftlings-Nr.*: 98088

Family name / *Familienname*: Gass

Christian name / *Vorname*: Karl

Born / *geboren*: 3. 5. 99 at / *in*: Köln a. Rh.

Nationality / *Nationalität*: Deutsch

Adress / *Adresse*:

Fingerprint: / *Fingerabdruck*

Signature: / *Unterschrift*: Karl Gass

Mauthausen, am 31. Mai 1945

592

Abb. 7 Karl Gass (geboren 1899)
Gass wurde als führendes Mitglied der Villinger KPD durch drei Konzentrationslager geschleppt.

stammende Galvaniseur Karl Gass. Er hatte schon 1934 wegen Propaganda für die KPD in Haft gesessen. Nun schleppte man ihn vom KZ Natzweiler über Dachau nach Mauthausen. Der Hunger, die Gummiknüppel der KZ-Wachmannschaften und die Steinbrucharbeiten ruinierten im Winter 1944/45 seine Gesundheit. Gass sah seine Heimatstadt erst nach der Befreiung des Lagers im Mai 1945 wieder.

Neben den bisher dargestellten Beispielen für Einzelaktionen stehen die Versuche der Arbeiterparteien, den Widerstand zu planen und zu organisieren. So knüpfte die SPD-Auslandsorganisation auch in Südbaden ein Netz von Information und Vertrauensleuten. Drei SPD-Mitglieder aus dem Kreisgebiet wurden in diesem Zusammenhang von der Villinger Gestapo aufgespürt und Ende 1935 wegen der Verbreitung von „illegalen Druckschriften zu Hetzzwecken" zu Haftstrafen verurteilt.

Besonders risikoreich und letztlich erfolglos war der Versuch der KPD, auch in Villingen die Parteiarbeit konspirativ weiterzuführen. Hierzu trafen sich im Mai 1933 etwa 20 Parteimitglieder im Wald beim Aussichtsturm zu einer Unterbezirkskonferenz. Das Treffen wurde aufgedeckt und hohe Gefängnisstrafen folgten.

Wirkungsvoller arbeitete ein Schmugglerring, der sich unter dem Decknamen „Transportkolonne Otto" verbarg. Der Stuttgarter Willi Bohn organisierte diese weitverzweigte und jahrelang aktive Untergrundorganisation. SPD- und KPD-Publikationen und anderes regimefeindliches Material wurden ins Reich, verfolgte Antifaschisten wie der spätere Gewerkschaftsführer Willi Bleicher über die Schweizer Grenze geschleust. Zwei Mittelsmänner aus Singen am Hohentwiel berichteten: „Schweizer Freunde brachten das Material bis zur Grenze, und von dort wurde es von Singener Antifaschisten abgeholt. ... Karl Thoma war Hauptverteiler. Er brachte

Abb. 8 Karl Kratt (geboren 1910)
Kratt beteiligte sich jahrelang an Widerstandsaktionen aus dem Bereich der Arbeiterbewegung.

das Material nach München, ein anderer nach Konstanz, und ich hatte Verbindung mit Villingen mit den SPD-Genossen." „Später bin ich mindestens alle 14 Tage in die Schweiz gefahren und habe jedesmal eine ganze Aktenmappe voll Literatur im Zug mitgenommen. Diese Aktenmappe habe ich mit Hilfe eines Kaminschlüssels immer im WC des Zuges versteckt. Wir bekamen Verbindungen nach Villingen, nach Trossingen, nach Konstanz und zu den Mitgliedern der SAP in Freiburg."[35]

Unter hohem persönlichem Einsatz beteiligten sich auch drei Villinger an diesen Aktionen. Karl Kratt, ein junger Werkzeugmacher, der vor 1933 im Arbeiteresperantoverein Mitglied war und sich als parteiungebunden „linksoppositionell" verstand, hatte persönliche Kontakte nach Zürich. Regelmäßig

fuhr er zwischen 1934 und 1939 mit dem Fahrrad oder mit dem Zug in die Schweiz, um an-
tifaschistisches Material nach Villingen zu
bringen. Auch von den Singenern übernahm
er Schriften, die er dann zu Hause versteckte
und an andere Helfer weiterleitete. Er erinnert sich: „Man hat ein Gefühl von der Wichtigkeit der Sache schon gehabt, und man hat
auch Angst gehabt. Wenn eine größere Sache
war und ich in Singen wieder in den Zug gestiegen bin, hat man das auf einen Gepäckträ-
ger gelegt, in eine Ecke hinein, nicht dort, wo
man direkt gesessen ist, und hat sehr aufge-
paßt und hat es in Villingen schnell herausge-
holt. Oder man hat es unter die Bank gelegt.
Man hat wohl gewußt, wenn du erwischt
wirst, dann kommst du ins KZ. Man wußte
von Dachau, Ankenbuck und Struthof."

Karl Kratt beteiligte sich auch an den konspirativen Treffen einer Villinger Widerstandsgruppe um den Kaufmann Franz
Frank. Ab 1944 trafen sich 7 bis 10 Gleichgesinnte privat oder in einem Zimmer im Gasthaus „Lamm" in der Goldgrubengasse. Kontakte bestanden auch zu antifaschistischen
ausländischen Zivilarbeitern. In der Gruppe
Frank wurden mögliche Aktionen gegen das
Regime und gegen örtliche NS-Stellen be-
sprochen. Bei Kriegsende wollte man sich an
der Entnazifizierung beteiligen. Nach Einmarsch der französischen Streitkräfte wurde
die Gruppe vorübergehend mit Sicherungs-
aufgaben betraut.

Karl Kratts Kurierfahrten in die Schweiz
endeten bei Kriegsbeginn. Seinen Idealen
blieb er bis zum Ende der Diktatur treu: Kurz
vor Kriegsende sägte er die von den Nazis zu
Ehren des „Führers" gepflanzte Hitler-Eiche
am Amtsgericht an. Sie sollte umfallen oder
verdorren.[36]

Nicht im Gleichschritt der „Volksgemeinschaft"

Nicht nur in den Bereichen der Arbeiterparteien und der Katholischen Kirche gab es
Widerstandsaktivitäten. Die folgenden Beispiele zeigen nichtkonformes Verhalten aus
den unterschiedlichsten Motiven.[37]

Die Zeugen Jehovas verweigerten konsequent den Hitlergruß, beteiligten sich nicht an
den „Volksabstimmungen" des Regimes und
lehnten den Wehrdienst ab. Entsprechend
scharf reagierten die Machthaber. Auch in Villingen wurden 1936 „Bibelforscher" verhaftet
und zu Gefängnisstrafen verurteilt.

Seine liberalen Überzeugungen ließen den
Rechtsanwalt Dr. Ernst Haas zum Nazigegner werden. Er grüßte 1934 in der Niederen
Straße die Hakenkreuzfahne nicht, überstand aber alle Strafen und Schikanen. Ganz
anders lag der Fall eines Tierarztes, der sich
1935 vor dem Sondergericht zu verantworten
hatte. Er war kein grundsätzlicher Gegner
des NS-Staates, hatte jedoch trotzdem im
Tonhallenrestaurant die SS-Morde während
der Röhm-Affäre kritisiert. Eine gewisse Distanz zum Regime zeigten auch viele Arbeitskollegen ausländischer Zivilarbeiter, die sich
nicht als deutsche „Herrenmenschen" auf-
führten, sondern im täglichen Umgang die
Menschenwürde der Ausländer achteten.
Ebenso sind hier jene Villinger Bürger zu
nennen, die kurz vor Kriegsende bestrebt waren, die befohlene Zerstörung von Verkehrs-
und Industrieanlagen zu verhindern.

All dies macht deutlich: Das Bild einer geschlossenen hinter dem „Führer" stehenden
Stadt spiegelt nicht die ganze Wahrheit. In ihrer Propaganda vereinnahmten die Villinger
Nazis die Symbolfigur des kämpferischen
Romäus für sich, zu Unrecht, mußten sie doch
seinen obrigkeitskritischen Geist unterschlagen. Und diesen gab es in Villingen – auch in
den 30er Jahren.

Was bedeutet uns der NS-Widerstand

heute? Große und spektakuläre Erfolge lassen sich nicht aufzeigen, in Villingen und Schwenningen genausowenig wie auf Reichsebene. Doch wie dieser Beitrag gezeigt hat, gelang es manchen Mitbürgerinnen und Mitbürgern, durch mutige Handlungen oder offenherzige Worte u. a. der Willkürherrschaft in Teilbereichen zu trotzen. Indem sie sich – in welcher Form und an welcher Stelle auch immer – gegen das Unrechtsregime stellten, machten sie deutlich, daß Humanität und Zivilcourage noch nicht völlig untergegangen waren. Und viele derer, die wegen ihrer gegnerischen Einstellung verfolgt wurden und Leid erfuhren, trösteten sich mit der Hoffnung, daß in späteren Zeiten ein anderes, menschlicheres Deutschland entstehen könne, in dem auch ihr Name und ihr Schicksal nicht vergessen sein würde.

Wie pflegen wir heute die Erinnerung an diese Frauen und Männer, die durch ihr selbstloses Verhalten Freiheit und Leben aufs Spiel setzten und die Existenz ihrer Familie gefährdet sahen? Die oft genug in ständiger Angst vor der Entdeckung durch die Polizei lebten, berufliche, gesundheitliche Nachteile hinnehmen mußten oder andere, schlimmere Opfer erbrachten?

In Villingen wurden auf Initiativen aus der Bürgerschaft hin eine Straße und ein Platz nach Ewald Huth und Josef Heid benannt. Doch wer kennt außer den Namen auch die persönliche Geschichte, die sich hinter diesen Namen verbirgt? In Schwenningen erinnern der Geschwister-Scholl-Platz, die Stauffenberg-Straße und die Liselotte-Hermann-Straße an bekannte Widerstandskämpfer aus München, Berlin und Stuttgart. Wer aber nach einer Straße, einem Denkmal oder auch nur einer bescheidenen Gedenktafel für aktive Hitlergegner aus Schwenningen selbst sucht – z. B. Karl Schäfer oder Pfarrer Weber – der wird diese nicht finden. Beide sind, außer bei den noch lebenden Zeitgenossen, heute so gut wie vergessen.

Die Nazigegner, ihre Aktionen und ihr Schicksal sind in Villingen und Schwenningen – trotz der Bemühungen mancher Bürger – bisher kaum Teil einer lebendigen demokratischen Tradition geworden.

---

1 So z. B. Radfahrerbund „Solidarität", Freidenkerverband, Arbeitersamariter, Konsumverein, Feuerbestattungsverein, Volksfürsorge, Volkschor Freiheit, Naturfreunde usw.
2 Die KPO (Kommunistische Partei/Opposition) war eine Abspaltung der KPD, die sich gegen den zunehmenden Einfluß der Moskauer Komintern-Zentrale gewehrt hatte.
3 Vgl. Ekkehard Hausen/Hartmut Danneck: Antifaschist verzage nicht. Widerstand und Verfolgung in Schwenningen und Villingen. VS, 1990, S. 20. Alle im vorliegenden Kapitel erwähnten Vorgänge und Geschehnisse, deren Quellenangabe nicht vermerkt ist, sind in dem o. a. Band ausführlich dargestellt bzw. dokumentiert und nachgewiesen.
4 Der „Erwerbslosenausschuß" war eine Organisation bzw. Vertretung von Schwenninger Arbeitslosen. In ihm waren die KP-Mitglieder tonangebend.
5 Am 11. 3. wurden folgende Personen verhaftet: Gottfried Bertsche, Wilhelm Breisinger, Berthold Furtwängler, Ernst Günther, Willi Hacker, Johann Haldenwanger, Georg Hegenauer, Eugen Jetter, Albert Kessler, Johann Klug, Erwin Mey, Franz Quattländer, Albert Reuchlen, Josef Schmid, Oskar Wangler; am 27. 3.: Georg Danner, Karl Göhner, Joseph Katzameier, Alfred Haller, Hermann Müller, Joseph Schmieder, Mathilde Müller, Frieda Narr, Helene Stähle, Hugo Schlenker, Jakob Schmid; am 8. 3.: Paula Löffler; am 10. 3.: Gertrud Ackermann, Mathilde Müller, Mete Schrenk, Hermann Bader, Kurt Dietlicher, Ludwig Götz, Johann Mey, Klemens Müller, Johann Schäferling, Karl Stolz, Hans Zimmermann; am 15. 5.: Heinrich Happle, Emil Haselhofer, Paul Stegmann, Jakob Vosseler, Robert Vosseler, Erwin Zuckschwert, Johannes Zwick. Quelle: Kreisarchiv Rottweil, Altregistratur Az. 6200–6225. Die Bestände des Kreisarchivs, welche u. a. die Akten des Schwenninger Polizeiamts von 1933 bis 1935 enthalten, sind bis jetzt nur wenigen Jahren zugänglich. Da sie erstmals ausgewertet werden konnten, erfahren sie in diesem Kapitel eine besondere Berücksichtigung.
6 Die Frauen waren zumeist im Frauengefängnis Gotteszell in Schwäbisch Gmünd inhaftiert.
7 Außerdem Herbert Schöne, Wilfred Acker, Karl Ackermann, Erwin Maier und Franz Roser.
8 Ruggaber wurde am 18. 3. festgenommen, Holtzhauer am 28. 3., Eugen Saile, Philipp Schrenk, Adalbert Wiser am 15. 5. und Karl Glunz am 28. 6.
9 „Gymnasium am Deutenberg". VS, 1990, S. 90.
10 Vgl. Hausen/Danneck: Antifaschist, S. 82–85.
11 Zitiert nach Annemarie Conradt-Mach: Ihr seid nicht mehr Fremde. 100 Jahre Kirchengemeinde St. Franziskus. VS, 1993, S. 180 und 183.
12 Kreisarchiv Rottweil, a. a. O.
13 Außer Schäfer waren (am 30. 9. 1935) Herbert Holtzhauer, Karl Glunz, Alois Brehm, Martha Hausmann und Ernst Haug festgenommen worden. Eine „Betätigung für die illegale SPD" hatte der Staatsanwalt darin erblickt, daß Herbert Holtzhauer, seit seiner Haftentlassung zwei Jahre lang arbeitslos und völlig mittellos, einen Buchvertrieb begonnen hatte, in dem auch das Buch „Friedrich Ebert und

seine Zeit" verkauft wurde. Die oben genannten Freunde hatten dieses Buch erworben, um Holtzhauer finanziell zu unterstützen. Holtzhauer wurde zu einer 7monatigen Gefängnisstrafe verurteilt, Glunz mußte für 6 Wochen ins KZ Welzheim.

14 Am 31. 5. 38 wurden verhaftet: Alois Brehm, Gottlob Gärtner, Eugen Haller, Karl Glunz, Herbert Holtzhauer (die beiden letzteren zum 3. Mal!), Erhard Schrenk, Erwin Schrenk; am 7. 6.: Wilhelm Gärtner, Otto Hranicka, Philipp Schrenk.

15 Friedrich Schlotterbeck: Je dunkler die Nacht. Erinnerungen eines deutschen Arbeiters. Stuttgart 1986, S. 128. Schlotterbeck nennt zwar keinen Namen, aber es kann als gesichert gelten, daß es sich bei dem Häftling um Karl Schäfer handelt. Vgl. hierzu auch Julius Schätzle: Stationen zur Hölle. Frankfurt/M. 1974, S. 57 und Gerd Keller: Das KZ Welzheim. Welzheim 1975, S. 35f. Bei beiden finden sich noch weitere Angaben zum Tod Schäfers. Allerdings verwenden beide irrtümlich den Namen des „Schwenninger SPD-Gemeinderats Fischer", den es aber nicht gab. Zeit und Umstände des Todes weisen ziemlich eindeutig darauf hin, daß dieser „geheimnisvolle Häftling" (Schlotterbeck) Karl Schäfer war.

16 Diese und die folgenden Angaben zur KPD s. Kreisarchiv Rottweil, a. a. O.

17 Neben den Genannten waren dies Ludwig Götz, Hugo Schlenker, Erwin Stegmann, Johannes Stegmann.

18 Zu Leitermann und Nickstadt vgl. Hausen/Danneck: Antifaschist, S. 77 und 28 f.

19 Zu Pfr. Weber s. ebd., S. 88–107.

20 Ebd., S. 103–105.

21 Villinger Volksblatt, 20. 4. 1932.

22 Schwarzwälder Tagblatt, 30. 1. 1934. Der „Volkswille" war die regionale SPD-Zeitung.

23 Villinger Volksblatt, 2. 5. 1933.

24 Ernst Otto Bräunche u. a.: 1933. Machtergreifung in Freiburg und Südbaden. Freiburg 1983, S. 56.

25 Zit. nach Barbara Beuys: Vergeßt uns nicht. Menschen im Widerstand 1933 bis 1945. Reinbek 1987, S. 306.

26 GLA, Nr. 507/6113.

27 Gespräch mit Alfons Moser, 1989. Zum Fall Schöner: StAF, St. Anw. Konstanz P Nr. 6, Nr. 1035/34.

28 Gedenkschrift Ewald Huth, o. O. 1972.

29 Zit. nach Georg Denzler: Widerstand oder Anpassung? Katholische Kirche und Drittes Reich. München 1984, S. 82.

30 Zit. nach Barbara Beuys: Vergeßt uns nicht. Menschen im Widerstand 1933 bis 1945. S. 369.

31 Für diesen und die folgenden beiden Fälle: GLA, St. Anw. Mannheim 7 Kls 177/35 und 507/6624 und 507/6113.

32 Der Abschnitt basiert auf Heinz Lörcher: Josef Heid – ein Opfer des Nationalsozialismus, in: Almanach 1989 des Schwarzwald-Baar-Kreises, S. 82 ff.

33 Zu den Fällen Tröscher und Gass: Archiv der Vereinigung der Verfolgten des Naziregimes, Stuttgart.

34 Manuskript von Erwin Klopfer, 1988.

35 Käte Weick: Widerstand und Verfolgung in Singen und Umgebung. Stuttgart o. J., S. 56 ff.

36 Gespräche mit K. K., 1986 und 1989. Auf dem Ankenbuck zwischen Bad Dürrheim und Klengen war vorübergehend ein KZ eingerichtet.

37 Für die folgenden Fälle: GLA, Sondergerichtsakten Mannheim; Gespräch mit Maria Haas, 1986; Walther Hammer: Hohes Haus in Henkers Hand. Frankfurt/Main 1956; Jürgen Schadt/Wolfgang Schmierer (Hg.): Die SPD in Baden-Württemberg und ihre Geschichte. Stuttgart 1979, S. 129 f. Bestrebungen bei Kriegsende: SAVS, Hauptregi-

stratur, Abt. Gemeindeverw., Polit. Beurteilungen, VI/2 Entnazifizierung. Genauere Angaben und weitere Beispiele zum Widerstand in Villingen in Hausen/Danneck: Antifaschist, S. 115 ff.

Stefan Alexander Aßfalg

Fremdarbeiter in Villingen während des zweiten Weltkrieges

Der Fremdarbeitereinsatz war ein wesentlicher Bestandteil nationalsozialistischer Kriegswirtschaft. Dennoch hat die Erforschung dieses Aspekts deutscher Geschichte mit Ausnahme einiger weniger, vorwiegend ökonomisch-statistisch geprägter Veröffentlichungen aus den fünfziger Jahren erst im vierten Nachkriegsjahrzehnt in der westdeutschen Wissenschaft und Öffentlichkeit eine umfassendere Aufmerksamkeit erfahren.[1]

Wie vielerorts haben Fremdarbeiter in Villingen und Schwenningen während des zweiten Weltkrieges ganz erhebliche Bedeutung erlangt. Nach Kriegsende schien dies jedoch auch hier für Öffentlichkeit und Heimatforschung zunächst lange Zeit in Vergessenheit geraten zu sein. Intensiver setzte man sich in der Doppelstadt eigentlich erst im Rahmen der Veranstaltungen zum fünfzigsten Jahrestag des deutschen Überfalls auf Polen 1989 mit der Geschichte der Fremdarbeiter auseinander.

Darauf aufbauend, wurde hier der Versuch unternommen, die im Stadtarchiv Villingen-Schwenningen sowie in den entsprechenden Staats- und Landesarchiven vorhandenen Aktenbestände über den Fremdarbeitereinsatz zu sichten und anschließend mit mündlich erzählten Erinnerungen Villinger Bürger über die Zeit des Krieges in Zusammenhang zu setzen, um so die Lebensbedingungen der Fremdarbeiter in Villingen möglichst alltagsnah betrachten zu können. Um eine gewisse Repräsentativität und Vergleichbarkeit der Erinnerungen solcher Zeitzeugen zu gewährleisten, wurden hierzu unter anderem die Erinnerungen von 13 ehemaligen Beschäftigten der damaligen Villinger Firma Kienzle ausgewertet.[2]

Die Frage, inwieweit der Masseneinsatz von Fremdarbeitern auf deutschem Boden fester Bestandteil nationalsozialistischer Ideologie und Planung gewesen ist, beschäftigt die Wissenschaft im Grunde bis in die Gegenwart hinein. Die Spannweite möglicher Ursachen und Faktoren innerhalb dieser Diskussion reicht dabei von der einfachen Annahme, daß es sich gewissermaßen um eine Intensivierung und Radikalisierung der sich in den zwanziger und dreißiger Jahren ausbildenden Arbeitermigration innerhalb Europas gehandelt habe, bis hin zu der These, daß der Fremdarbeitereinsatz auf einem von Anfang an von den nationalsozialistischen Machthabern vorgesehenen Sklavenarbeitsprogramm beruht habe. In letzter Zeit scheint sich dabei jedoch zunehmend diejenige Auffassung durchzusetzen, die den Fremdarbeitereinsatz innerhalb des Reichsgebiets in erster Linie als eine so nicht vorgesehene, vielmehr kriegswirtschaftlich bedingte Notwendigkeit beschreibt. Einzig der unerwartet hohe Bedarf an Arbeitskräften in einer auf Blitzkriege und schnelle Siege abgestimmten deutschen Kriegswirtschaft wäre demzufolge ausschlaggebend für diese extreme Form des Arbeitseinsatzes gewesen. Tatsächlich erfolgten Planung und Strukturierung offenbar erst, als die Notwendigkeit des Arbeitseinsatzes selbst bereits unabwendbar geworden war. Daß sich die NS-Propaganda zunächst sichtlich schwer tat, die als „stumpfsinnig, tierhaft", endlich gar als „Untermenschen" diffamierten Sowjetbürger nun im eigenen Land als kriegswichtig zu rechtfertigen, verdeutlicht dies in besonderem Maße. Auch in der durch diese Propaganda jahrelang beeinflußten Villinger Bevölkerung regte sich so

durchaus Widerstand, als die Absicht einer
Internierung erster Kontingente russischer
Fremdarbeiter zum Arbeitseinsatz in Handwerk, Landwirtschaft und Industrie öffentlich
bekannt wurde.[3]

Freiwillig war dieser Einsatz für die betroffenen Arbeitskräfte übrigens, wenn überhaupt, nur zu Anfang. Er erfaßte letztlich
auch nicht nur ausländische Männer und
Frauen aus fast allen Ländern Europas, sondern auch unzählige Deutsche: Frauen, Männer, Greise, Kinder, die ihre Arbeitskraft Tag
für Tag, schließlich dann Nacht für Nacht für
einen immer mörderischer werdenden Krieg
einzusetzen hatten.[4] Ökonomisch betrachtet,
führte die nationalsozialistische Arbeitseinsatzpolitik übrigens durchaus zum Erfolg:
Den Koordinatoren dieses Ausbeutungssy-
stems, dem Generalbevollmächtigten für den
Arbeitseinsatz Fritz Sauckel (seit 1942) und
dem Reichsminister für Bewaffnung und
Kriegsproduktion Albert Speer (seit 1942),
gelang es trotz gewaltigster militärischer Anstrengungen und Anforderungen an den immer zahlreicher werdenden Fronten, die
Kriegswirtschaft des deutschen Reiches bis in
das vorletzte Kriegsjahr 1944 hinein auf immer neue Rekorde zu steigern.[5] Trotz allen
Zwanges, aller Entbehrung, Demütigung und
Verzweiflung gab es dabei Sabotageakte und
Arbeitsverweigerungen übrigens nur in unbe-
deutendem Umfang. Ausländer wie Deutsche
ließen sich bis zuletzt für diesen Krieg, für
dieses Regime ausbeuten und mißbrauchen.
Der Dualismus von Terror und Gemeinschaft
zeigte seine Wirkung.

Tatsächlich hatte sich das bereits vor
Kriegsausbruch bestehende Defizit an Fach-
arbeitern in der deutschen Industrie seit dem
Herbst 1939 und der damit in Verbindung stehenden Einberufung großer Teile der männlichen Bevölkerung zu einem ernsten Problem
weiterentwickelt, das aufgrund der nicht kal-
kulierbaren Ausfalldauer der kriegsverwen-
deten Kräfte die noch immer im Aufbau be-

griffene deutsche Kriegswirtschaft erheblich
schwächte und gefährdete.[6] Mit den Siegen
über Polen und später über Frankreich wurden Facharbeiter zwar eilends an ihre zivilen
Arbeitsplätze zurück beurlaubt, um den mancherorts gar drohenden Zusammenbruch der
Produktion abzuwenden. Mit Fortgang des
Krieges jedoch waren solche Unabkömm-
lich-Stellungen für die Masse der eingesetzten Kräfte unmöglich geworden. Spätestens
seit 1941 wurde deshalb – ausgelöst durch die
zahlenmäßig völlig unterschätzten Verluste
auf deutscher Seite des als Blitzkrieg geplanten Überfalls auf die Sowjetunion – von Staat
und Industrie gleichermaßen der restriktive
Einsatz aller nicht für die Wehrmacht ver-
wendungsfähigen Arbeitskräfte angestrebt.
Wie erwähnt, traf dies zunächst durch Dienstverpflichtungen vorwiegend deutsche Bürger, Frauen sowie ältere oder besonders qua-
lifizierte Männer, später auch Jugendliche.
Obgleich bis zum Jahr 1941 über sieben Millionen Männer zum Kriegsdienst einberufen
worden waren, konnte so die Gesamtzahl der
Beschäftigten im gleichen Zeitraum reichs-
weit bei etwa 90 Prozent (gemessen an der Situation bei Kriegsausbruch) gehalten werden. Allerdings zeigte sich bald, daß die Anzahl der zum Arbeitseinsatz verfügbaren
Dienstverpflichteten innerhalb des deutschen Volkes dem ständig zunehmenden
Kräftebedarf der deutschen Kriegswirtschaft
niemals würde genügen können. Deshalb war
schon seit Kriegsausbruch verstärkt damit
begonnen worden, Anwerbungsaktionen um
zivile ausländische Arbeiter für die deutsche
Industrie und Landwirtschaft in den einver-
leibten und neu besetzten Gebieten durchzuführen. Zugleich wurden seit Herbst 1939 die
ersten Kriegsgefangenen (zunächst nur Polen) als Arbeitskräfte eingesetzt. Da die Bereitschaft der unterjochten oder mit Nazi-
Deutschland verbündeten Völker zum freiwilligen Arbeitseinsatz innerhalb des Reichsgebietes jedoch hinter den Anforderungen

und Erwartungen weit zurückblieb, wich der
Aspekt einer freiwilligen Anwerbung zunehmend indirektem oder direktem Zwang. Besonders brutal war in diesem Zusammenhang
im späteren Verlauf des Krieges in den sowjetischen Gebieten vorgegangen worden,
wo zum Teil ganze Dörfer einfach umstellt,
die Bewohner zusammengetrieben und unmittelbar zur Zwangsarbeit nach Deutschland deportiert worden waren. Hitler selbst,
einmal mehr seine erstaunliche ideologische
Flexibilität unter Beweis stellend, hatte diesen neuen Kurs vorgegeben. Die „restlose
Beschäftigung aller Kriegsgefangenen sowie
der Hereinnahme einer Riesenzahl neuer
ausländischer Zivilarbeiter und Zivilarbeite-
rinnen" war für den Diktator trotz aller vor-
ausgegangener rassistisch geprägter Hetz-
propaganda nun zu einer „undiskutierbaren
Notwendigkeit für die Lösung der Aufgaben
des Arbeitseinsatzes in diesem Kriege" geworden.[7]

Statistische Angaben
zum Fremdarbeitereinsatz

Die Gesamtzahl der im deutschen Reich
eingesetzten Fremdarbeiter und Fremdarbeiterinnen wird heute für 1941 auf etwa 3 Millionen und für das Jahr 1944 schließlich auf
7,6 Millionen Menschen beziffert, wovon etwa 60 Prozent in Industrie, Handwerk und
Verkehrsbetrieben (Reichsbahn) sowie etwa
40 Prozent in der Landwirtschaft eingesetzt
waren. Neben den 5,7 Millionen Zivilarbeitern zählten dazu 1944 auch 1,9 Millionen
Kriegsgefangene. Für das Jahr 1945 sind genauere Berechnungen nicht möglich, es ist jedoch von einer nochmaligen Zunahme an
Zwangsverpflichtungen auszugehen, so daß
bei Kriegsende etwa neun Millionen Menschen innerhalb des Reichsgebietes als
Fremdarbeiter eingesetzt gewesen sein dürften. Darunter waren Balten und Russen, Polen, Tschechen, Slowaken, Franzosen, Bel-

gier, Jugoslawen, Italiener, Holländer, Rumänen, Bulgaren, Ungarn, Griechen, Schweizer,
Spanier, Luxemburger, Dänen und Norwe-
ger. Würde man hier übrigens jene Menschen, die außerhalb des deutschen Reichsgebiets zum Arbeitseinsatz für Deutschland gezwungen wurden (z. B. Arbeiter in den Konzentrationslagern oder am Atlantikwall),
noch hinzuzählen, so ergäbe sich eine Summe
von etwa 13 bis 14 Millionen ausländischer
Menschen, die während des zweiten Weltkrieges für Deutschland und durch Deutschland zur Arbeit eingesetzt worden waren.

Der Fremdarbeiteranteil in der innerdeut-
schen Kriegsindustrie betrug im Durchschnitt schließlich etwa 1/3, in Einzelfällen
gar bis zu 2/3 der Beschäftigten. Im Südwesten Deutschlands waren 1944 etwa 500 000
Fremdarbeiter eingesetzt, worunter sich etwa
350 000 Zivilarbeiter und 150 000 Kriegsgefangene befanden. Die Fremdarbeiter stellten damit im Südwesten Deutschlands insgesamt etwa 27 Prozent der gesamten arbeitenden Bevölkerung während des Krieges. Für
das wirtschaftlich im Vergleich mit Württemberg wesentlich schwächere Baden geht man
dabei von etwa 100 000 Fremdarbeitern (davon 30 000 Kriegsgefangenen) aus, womit
17 Prozent aller Arbeitsplätze in Baden an
Ausländer vergeben waren.[8]

Die kriegswirtschaftliche Entwicklung
Villingens

Villingen hatte vor und während des Krieges nicht nur als Garnisons-Stadt erhebliche,
überregionale Bedeutung erlangt. In den
dreißiger Jahren hatte das Villinger Stadtpar-
lament entschieden, die Stadt nicht, wie ursprünglich vorgesehen, als Kurstadt (Kneipp-
Bäder), sondern im Schwerpunkt als Industriestadt weiterzuentwickeln. Einige Villinger Betriebe hatten sich in diesen Jahren zu
überregional bedeutenden Firmen entwickelt, so zum Beispiel auch Kienzle Taxa-

meter (später Kienzle Apparate AG, seit 1944 Kienzle Apparate GmbH) oder die Schwarz-wälder-Apparate-Bau-Anstalt (SABA). Während des Krieges wurde vor allem die lufttechnische Rüstung auf die Bedeutung der Villinger Elektro- und Präzisionsindustrie aufmerksam und verstärkte somit die Bedeutung Villingens als Industriestadt. Auch Betriebe aus den bombengefährdeten Ballungsräumen bekundeten ihr Interesse, im sicher und provinziell wirkenden Villingen Fuß zu fassen. Die Stadt hatte jedoch weder räumlich noch personell eine hierfür erforderliche Infrastruktur vorzuweisen. Vielmehr ergaben sich selbst bei den alteingesessenen Firmen und Betrieben durch zunehmende Rüstungsaufträge schon in den ersten Kriegsjahren erste Engpässe. Es fehlte an Rohstoffen, an Räumlichkeiten und Arbeitskräften.

Während hierdurch für das Rüstungskommando Villingen schon bald als eine Stadt mit „vielen wehrwirtschaftlichen Betrieben" galt, verstärkte zudem die Entscheidung der Wehrmacht im Jahr 1940, in Villingen ein Kriegsgefangenen-Mannschaftsstammlager sowie die Kommandantur aller Stammlager im gesamten Wehrbereich V b anzusiedeln, die kriegsökonomische Bedeutung der Stadt.[9]

Die Bevölkerungsentwicklung Villingens erfuhr vor diesem Hintergrund während der Kriegsjahre ständige Veränderungen: Durch den Fremdarbeitereinsatz sowie Truppenstationierungen der Wehrmacht (auch in Zusammenhang mit der Errichtung des Kriegsgefangenenlagers), aber auch durch den Zuzug von deutschen Arbeitskräften (Dienstverpflichtungen), Fliegergeschädigter und Bessergestellter, die sich schließlich in Villingens Gästestuben ein möglichst ruhiges und schadensfreies Kriegsende zu erhoffen schienen.[10]

Schon bald nach Kriegsende hatten die Besatzungskräfte damit begonnen, den Fremdarbeitereinsatz statistisch in einem „Catalogue of Camps and Prisons in Germany and German-Occupied Territorities" zu erfassen.[11] Dort sind allein für die Gemeinden des damaligen Landkreises Villingen (ohne Villingen-Stadt) insgesamt 4 745 eingesetzte Fremdarbeiter verzeichnet.[12] Entsprechend dem Kriegsverlauf bildeten zunächst Polen, dann Franzosen, später auch Russen das Gros unter den Arbeitern. Berechnungen zufolge lebten im Landkreis Villingen bereits Mitte 1941 in 32 von 37 Gemeinden zwei oder mehr Polen.

In Villingen selbst kamen im Jahr 1939 auf 17 060 Einwohner immerhin 10 304 Industriebeschäftigte (davon ca. 3 000 Pendler).[13] Die Bevölkerung nahm während des Krieges weiter zu, im Januar 1942 wurden bereits 18 000, im Mai 1943 schließlich 18 839 Einwohner gezählt. Zu beachten ist dabei, daß zivile Fremdarbeiter meldepolizeilich gesondert erfaßt und nicht regulär in das Melderegister eingetragen worden waren. Sie sind deshalb ebenso wie die Kriegsgefangenen, deren Registrierung den Dienststellen der Wehrmacht oblag, in diesen Zahlen nicht enthalten. Zunächst erscheint deshalb eine genauere Analyse des Fremdarbeiterbestandes in Villingen während des Krieges durchaus problematisch. Denn die erwähnten, gesondert geführten Unterlagen des Meldeamtes und der Stalag-Kommandantur gelten heute ebenso als verschollen wie sämtliche Akten des Villinger Arbeitsamtes, der Gestapo-Hauptstelle Singen und Gestapo-Außenstelle Villingen sowie der Kreisgruppe der Deutschen Arbeitsfront (DAF) Rottweil. Durch die Sichtung der noch vorhandenen Archivbestände stehen inzwischen dennoch eine ganze Reihe von verwertbaren Hinweisen und Anhaltspunkten im Hinblick auf den zahlenmäßigen Umfang des Fremdarbeitereinsatzes in Villingen zur Verfügung. Zum Beispiel ließ sich das Villinger Bürgermeisteramt im Juli 1942 errechnen, daß insgesamt 508 Fremdarbeiter (302 Männer und 206 Frauen) im Stadtgebiet eingesetzt waren.[14] Berechnungen der Rüstungsinspektion Villingen weisen für die wichtigsten Villinger Rüstungsfirmen für das Jahr 1943 im Durchschnitt einen Fremdarbeiteranteil in Höhe eines Fünftels der Gesamtbelegschaft aus. Aus den Akten der Kreisverwaltung Villingen geht schließlich hervor, daß sich bei Kriegsende als „Kriegsgefangene, Zwangsverschleppte und Arbeiter" 2 384 Ausländer in Villingen aufgehalten haben. Dabei werden konkret 846 Franzosen, 742 Russen, 82 Belgier, 190 Holländer, 264 Italiener, 236 Polen, 27 Rumänen und 15 Ungarn genannt. Nicht berücksichtigt sind hierbei übrigens die kurz vor dem Einmarsch der Franzosen aus dem Villinger Stalag evakuierten etwa 1 200 russischen Kriegsgefangenen. Sie waren von der Wehrmacht an die Schweizer Grenze geführt und dort entlassen worden, um angesichts der bevorstehenden Befreiung der Fremdarbeiter Ausschreitungen und Plünderungen der Ostarbeiter gegen die deutsche Zivilbevölkerung zu verhindern. Dem folgend, ist die Zahl der bis 1945 in Villingen untergebrachten Fremdarbeiter auf etwa 3 500 Personen zu beziffern.

Bezüglich des Anteils ziviler Arbeiter rechnete die Stadtverwaltung insgesamt, so geht aus mehreren Dokumenten hervor, bereits 1942 mit einer (damals noch nicht erreichten) Gesamtzahl von etwa 1400 zivilen ausländischen Arbeitskräften. Eine Erhebung des Einwohnermeldeamts vom Juni 1943 bestätigt diese Schätzung des Vorjahres. Tatsächlich waren im Jahr 1943 insgesamt 1 451 ausländische Zivilarbeiter in der Stadt polizeilich gemeldet.[15]

Geht man für den Kriegswinter 1944/45 von einer geschätzten Bevölkerungszahl von etwa 19 500 Menschen aus, so betrug der Fremdarbeiteranteil in Villingen im Verhältnis zur deutschen Bevölkerung im letzten Kriegsjahr etwa 15,2 Prozent, worunter sich 8,7 Prozent Kriegsgefangene und 6,5 Prozent Zivilarbeiter befunden haben dürften.

Dieser hohe Ausländeranteil spiegelte sich natürlich in erster Linie in den Villinger Rüstungsbetrieben wider. Die Kienzle Apparate GmbH hatte bei Kriegsende im April 1945 noch etwa 1 000 Mitarbeiter (875 Arbeiter, 125 Angestellte) beschäftigt, darunter waren mit einem Anteil von 37 Prozent insgesamt 367 Fremdarbeiter (1943 mit 261 Fremdarbeitern 22 Prozent).[16] Wie bereits angedeutet, hatte die Firma Kienzle durch den Krieg einen rapiden Aufschwung erfahren. Während sich die Zahl der Beschäftigten von etwa 100 Personen im Jahr 1933 auf etwa 350 Personen im Jahr 1939 gesteigert hatte, waren es im Jahr 1940 dann 600 Mitarbeiter, im Jahr 1941 900, ein weiteres Jahr später (1942) bereits 1 000 Mitarbeiter. 1943 wurde die Zahl der Beschäftigten auf 1 200 Menschen erweitert, 1944 schließlich wurden 1 300 Beschäftigte gezählt.

Ein Beispiel: die Firma Kienzle Apparate

Durch Forschungs- und Fertigungsaufträge, insbesondere des Heeres und der Luftwaffe, profitierte neben anderen Villinger Firmen auch die Kienzle Apparate AG zunächst erheblich von den Kriegsereignissen. Während vor dem Krieg ausschließlich Geräte mit Zähl- und Leistungserfassungsfunktionen, wie Fahrtenschreiber, Zapfsäulen-Tankuhren usw., produziert wurden, wurde der Schwerpunkt mit Kriegsausbruch zunehmend auf die Produktion verschiedenster Regler für Flugzeugmotoren der Firmen Junkers und Daimler, für Panzermotoren (Tiger), für Kettenkrafträder und für die neuentwickelten Strahlentriebwerke verlagert. Selbst an einem Druckmesser und Regler für U-Boote wurde in der Entwicklung gearbeitet.[17] Die Kienzle Apparate AG, bereits im Mai 1939 mit dem „Gaudiplom für hervorragende Leistungen" ausgezeichnet, avancierte im Februar 1943 zum „Kriegsmusterbetrieb". Betriebschef Dr. Kienzle, mit dem für Industrielle nicht unüblichen Kriegsverdienstkreuz I. Klasse bedacht, wurde schließlich zum Wehrwirtschaftsführer ernannt. Wenngleich sich nach dem Krieg auch bei Kienzle kaum einer der kriegswirtschaftlichen Bedeutung erinnern mochte, so sind die Fakten doch überzeugend: Baugenehmigungen für Umbaumaßnahmen der Firma zu einem Zeitpunkt (1943), da das Rüstungsministerium unter Speer längst reichsweite Baustopps zur Ressourcenbündelung angeordnet hatte, bezeugen diese hervorgehobene Stellung der Firma als kriegswichtiger Betrieb ebenso wie die Zuweisung einer sehr großen Anzahl an ausländischen und deutschen Arbeitskräften (Fremdarbeiter, Dienstverpflichtete), die – wie erwähnt – letztlich zu einer Vervierfachung der Belegschaft geführt hatte und den Fremdarbeiteranteil auf bis zu 37 Prozent anwachsen ließ.

Arbeitseinsatz in Villingen

Die Koordination des Arbeitereinsatzes deutscher wie ausländischer Kräfte oblag dem Villinger Arbeitsamt in Zusammenarbeit mit dem Rüstungskommando (bzw. der für Villingen zuständigen Rüstungsinspektion). Für die alltäglichen Angelegenheiten dieser Menschen waren dagegen, sofern es sich um Angestellte, Handwerker oder Industriearbeiter handelte, die deutsche Arbeitsfront bzw. für den Bereich der Landwirtschaft der Reichsnährstand zuständig.[18]

Die ersten polnischen Kriegsgefangenen trafen bereits im Oktober 1939 in der Stadt ein und wurden zunächst in der Waldkaserne untergebracht. Bis April 1942 trafen etwa 600 weitere Polen in Villingen ein. Seit 1940 kamen Franzosen hinzu, seit August 1941 auch die ersten Russen (zunächst etwa 50 Kriegsgefangene), an deren Lagerumzäunung sich übrigens bald neugierige Villinger einfanden, um die Fremden zu bestaunen.[19]

Über die Ankunft der ersten zivilen Fremdarbeiter in Villingen ist dagegen nur wenig bekannt. Herauszufinden war, daß zu Kriegsbeginn im Bereich des Rüstungskommandos Villingen zunächst ausschließlich elsässische Arbeiter vermittelt worden waren, die auch in Villingen selbst seit Anfang 1940 – noch freiwillig – zum Einsatz kamen. Für die Firma Kienzle Apparate ist die Einstellung solcher Arbeiter – den Elsässern zu Ehren wurde sogar eine Begrüßungsfeier veranstaltet – seit September 1940 nachweisbar.

Das eigentliche Hauptkontingent an französischen Kriegsgefangenen sowie weiteren zivilen ausländischen Arbeitskräften, das vom Rüstungskommando Villingen zur Entlastung „der gespannten Arbeitseinsatzlage in der Luftwaffen-Fertigung" dringend erwartet wurde, war jedoch bis Ende 1941 nicht in Villingen eingetroffen. Dabei zeigten sich schon im Verlauf des Jahres 1941 auch in der Villinger Industrie erhebliche Engpässe bei der Arbeitskräfteversorgung. Die wenigen im August 1941 zugewiesenen russischen Gefangenen blieben aufgrund einer Ruhrepidemie bis zum Frühjahr 1942 arbeitsunfähig. Dennoch teilte das Rüstungskommando in den Sommermonaten 1942 mit, daß jede weitere „Zuweisung von Ostarbeitern" nach Villingen vorläufig eingestellt werden müsse, da „die Transporte, die ursprünglich zugesagt waren, ausblieben; (und) neue in absehbarer Zeit nicht zu erwarten" waren.[20] Erst im November 1942 kamen weitere russische Arbeitskräfte (nun etwa 350 Zivilarbeiter) in Villingen an, die im gerade fertiggestellten „Industriegemeinschaftslager Osteinsatz" untergebracht wurden.

Über die Ankunft der übrigen Fremdarbeiter in Villingen ist nur wenig bekannt. Wahrscheinlich fanden im Frühjahr 1942 sowie zur Jahreswende 1942/43 weitere umfangreiche Kräftezuweisungen an Villinger Firmen und Betriebe statt. Im Oktober 1943 kam zudem noch eine größere Anzahl italienischer Militärinternierter hinzu.

Arbeitsvermittlung

Der zunehmende Mangel an Arbeitskräften brachte immer tiefere staatliche Eingriffe in den zunächst noch freien Arbeitsmarkt mit sich. Die Arbeitsämter wurden allein maßgebend bei der Zuteilung bereitstehender Arbeitskräfte, ihnen allein oblag deren vorrangige Vermittlung an solche Betriebe, die aufgrund der Kriegswichtigkeit ihrer Produkte eine entsprechende Dringlichkeitsstufe zuerkannt bekommen hatten. Ferner hatten sich diese Betriebe an der Schaffung geeigneter Strukturen und Rahmenbedingungen für die Unterbringung und Versorgung der Ausländer zu beteiligen. Da die Firmen zu dieser Zeit auch Neueinstellungen nur noch mit Genehmigung des Arbeitsamtes vornehmen konnten, gerieten sie in eine weitgehende Abhängigkeit von den staatlichen Arbeitseinsatzbehörden. Benötigte Arbeitskräfte mußten beantragt werden, und mit fortschreitendem Kriegsverlauf blieben die tatsächlich zugewiesenen Kräfte immer weiter hinter den Erfordernissen der Industrie zurück. Die Fremdarbeiter wurden zu einem unverzichtbaren Bestandteil nationalsozialistischer Kriegswirtschaft.

Die ersten Erfahrungen von Villinger Betrieben mit Fremdarbeitern waren im allgemeinen gut. Die Unternehmer bedrängten deshalb die zuständigen Partei-, Verwaltungs- und Militärinstanzen schon bald hinsichtlich einer Bereitstellung weiterer Kräfte. Dem schloß sich nun selbst die Stadtverwaltung Villingen, die noch im Herbst 1941 gegen eine Internierung von Russen in der Stadt protestiert hatte, an, da die „Beschaffung weiterer ausl., insbesondere russ. Arbeitskräfte für die hiesige Rüstungsindustrie eine dringende Notwendigkeit" sei.[21] Tatsächlich schien der Bedarf an Fremdarbeitern in Industrie, Landwirtschaft und Handwerk geradezu unersättlich. Darüber hinaus kamen sie in städtischen Diensten (z. B. im Gaswerk) oder in Privat-

haushalten (Dienstmädchen) ebenso zum Einsatz wie etwa für den Bau von Straßen, Gehwegen oder Luftschutzeinrichtungen. Und nicht selten waren Arbeitgeber mit der Arbeitsleistung der Fremdarbeiter so zufrieden, daß sie zu erkennen gaben, jene auch nach dem Kriege behalten zu wollen.

Unterkünfte

Villingen war dem kriegsbedingten Zuwachs an deutschen Einwohnern (Dienstverpflichtete, Fliegergeschädigte, Garnisonsangehörige) kaum gewachsen. So verwundert es nicht, daß auch den Vorgaben des Reichsführers SS Himmler, wonach nach Möglichkeit alle Fremdarbeiter aus befeindeten Ländern, in jedem Falle aber alle Fremdarbeiter aus den polnischen, sowjetischen und Balkangebieten in geschlossenen Lagern unterzubringen seien, oftmals nicht entsprochen werden konnte. Das Eintreffen immer neuer Gruppen von deutschen und ausländischen Arbeitern und Arbeiterinnen überforderte die Wohnraumkapazitäten der Stadt in jeder Hinsicht. Das Gauarbeitsamt in Karlsruhe stellte hierzu im Herbst 1943 fest, daß „ausländische Arbeitskräfte in Villingen in Baracken nicht mehr untergebracht werden, da der zur Verfügung stehende Barackenwohnraum restlos durch italienische Militärinternierte belegt ist"[22]. Die größeren Betriebe hatten der Stadtverwaltung bereits im Oktober 1941 einen zu erwartenden Wohnraumbedarf von 327 Wohneinheiten gemeldet. Die städtischen Behörden, die ihrerseits etwa 200 (!) Familien in Villingen als wohnungssuchend registriert hatten, errechneten daraus einen Wohnraumbedarf von insgesamt rund 800 Wohnungen; in Zeiten eines sich ankündigenden kriegsbedingten Baustopps kein leichtes Unterfangen.

Zunächst war man deshalb bemüht, durch die restlose Ausnutzung aller vorhandener Wohnraumressourcen eine Entspannung der

Lage herbeizuführen. Auf Antrag der Betriebe oder der Stadtverwaltung konnte der Villinger Landrat als Notunterkünfte geeignete Gaststätten, Vereins- und Gemeindehäuser beschlagnahmen. Außerdem wurde die Umwandlung privater Wohnräume in Geschäfts- oder Diensträume verboten.

Bereits im Mai 1942 waren – wie erwähnt – auch die Villinger Betriebe auf Grundlage einer Verordnung des Generalbevollmächtigten für den Arbeitseinsatz, Sauckel, durch den badischen Innenminister verpflichtet worden, sich an der Bildung von „Arbeitsgemeinschaften zur Unterhaltung von Sammellagern" für Fremdarbeiter zu beteiligen. Vom Innenministerium wurde hierzu festgelegt, daß „seitens des Arbeitsamtes zukünftig Zuweisungen ausländischer Arbeiter nur noch an solche Betriebe erfolgen, die dieser Arbeitsgemeinschaft angehören"[23]. Auch die Villinger Betriebe waren offenbar darum bemüht, sich im Rahmen eines Interessen-Zusammenschlusses gemeinsam dieses Problems anzunehmen. Die Kienzle Apparate AG wandte sich im Juli 1942 mit einem eindringlichen Appell sogar direkt an Sauckel, um die Bereitstellung entsprechender Räumlichkeiten zu erwirken.[24] Nach längeren Verhandlungen konnten schließlich die seit Kriegsausbruch ungenutzten Baracken des Reichsarbeitsdienstes (RAD) an der Rietheimer Straße als „Industriegemeinschaftslager Osteinsatz" in Dienst gestellt werden (vermutlich im August oder September 1942).[25] Das Lager Niederwiesen (auch RAD-Lager, Lager Rietheimer Straße oder Russenlager genannt) war, zunächst zweigeteilt, als „Westeinsatzlager" mit 400 Plätzen und „Osteinsatzlager" mit 390 Plätzen konzipiert worden, wurde letztlich aber in erster Linie zur Unterbringung von Ostarbeitern und Polen genutzt. Als Gesellschaft des bürgerlichen Rechts unter der gewählten Vorstandschaft von Uhrenfabrikant Kaiser hatte das Lager den beteiligten Firmen anteilig entsprechen

de Unterkunftskapazitäten für Fremdarbeiter zur Verfügung zu stellen und entsprechend der jeweiligen Nutzung den Firmen die Kosten in Rechnung zu stellen.

Auch nach der Inbetriebnahme des Industriegemeinschaftslagers war die mangelnde Wohnraumsituation in Villingen jedoch bei weitem nicht entspannt. Die Erstellung weiterer Barackenlager bedurfte während des Krieges jedoch aufwendigster Antrags- und Genehmigungsverfahren, die zudem nicht selten ablehnend beschieden wurden. Das für Villingen zuständige Rüstungskommando Freiburg hatte im Hinblick auf den vom Speerschen Ministerium verhängten Baustopp den Villingern mehrfach verdeutlicht, daß aufgrund der angespannten Kriegslage ein „strengster Maßstab bei der Zuteilung von Baracken" angelegt werden müsse. Die Unterbringung der neuen Arbeitskräfte sollte deshalb „möglichst in vorhandenen Gebäuden" erfolgen, so das Rüstungskommando weiter.[26] Behelfsmäßig versuchten Villinger Firmen daraufhin, über die von der Industrie-Gemeinschaftslager-Ost-GmbH erstellten Lagerunterkünfte hinaus werkseigene Lagerunterkünfte bereitzustellen. Die Firma SABA unterhielt in der Nähe des Stalag zum Beispiel ein Lager für ausländische Zivilarbeiter (in alten Kasernengebäuden), Fichter & Hackenjos planten ebenfalls eine betriebsinterne Barackenunterbringung. Die französischen und kroatischen Arbeiterinnen der Kienzle-Uhren Fabrik waren im obersten Stockwerk der Firma am Benediktinerring untergebracht. Ferner gab es auch eine lagerähnliche Unterbringung von Fremdarbeitern in der Rabenscheuer (1944). Die Reichsbahn schließlich unterhielt gleich zwei kleinere Lager („Lager Villingen I – Kutmühle" und „Lager Villingen II – Landwatte"). Fremdarbeiterunterkünfte befanden sich darüber hinaus zum Beispiel in den Gaststätten Germania, Meyerhof, Brauerei Ott oder Saarlandschenke,[27] aber auch im ehemaligen

katholischen Gemeindehaus in der Waldstraße (dort nur Kienzle-Fremdarbeiter)
oder in der Franziskanerkirche. Im „Umsiedlerlager Maria Tann" waren unter Aufsicht
der SS volksdeutsche Slowenen untergebracht worden, die ebenfalls als Arbeitskräfte
in der Villinger Industrie zum Einsatz kamen.

Ähnlich den Zivilarbeitern waren auch
Kriegsgefangene vielerorts in Villingen untergebracht, wobei der Großteil von ihnen sicherlich im Hauptlager des Stalag Vb in der
Nähe des SABA-Geländes lebte. Dieses Lager wurde im Laufe des Krieges mehrfach
verändert und den wachsenden zahlenmäßigen Anforderungen immer wieder angepaßt.
Zunächst waren es vorwiegend Polen, Franzosen, Holländer und Belgier, später auch so-
wjetische Gefangene, schließlich Briten, Serben und einige Amerikaner. Im Herbst 1943
kamen zudem italienische Militärinternierte
hinzu. Die Waldkaserne, die bis zur Fertigstellung des Stalag als Gefangenenlager gedient
hatte, war nach Errichtung des neuen Stalag-
Lagers übrigens zur Inhaftierung „kriegsgefangener Strafgefangener" genutzt worden.[28]

Zudem waren auch Kriegsgefangene in der
Villinger Innenstadt außerhalb des Stalag-
Geländes untergebracht worden. Kriegsgefangene, die bei Villinger Handwerksbetrieben eingesetzt waren, waren zum Teil in der
früheren Klosterkaserne einquartiert.[29] In
der Mädchenschule beim Klosterring kamen
polnische Kriegsgefangene unter, ferner befanden sich Franzosen im Gebäude der damaligen Volksküche (heute Altenbegeg-
nungsstätte). Vorübergehend gab es zudem
ein Lager beim Romäusturm. Für verwunde-
te Kriegsgefangene war im Germanswald ein
Kriegsgefangenenlazarett eingerichtet worden.[30] Selbst in der Öffentlichkeit unter freiem Himmel waren in Villingen übrigens
mehrfach Kriegsgefangene „untergebracht"
worden. Ein Zeitzeuge erinnerte sich zum
Beispiel an eine Gruppe polnischer Gefangener, die im Oktober 1939 geraume Zeit auf

dem Benediktinerplatz (sitzend unter Bewachung) zugebracht hatte. Ein anderer berichtete von einem provisorischen Russenlager
mitten in der Stadt: „Da unten, wo jetzt die
Ladenpassage ist (Nähe Bahnhof) war ein
freier Platz und den haben sie mal eingezäunt
mit Brettern, und da waren dann Russen
tagsüber. Ich glaube, da haben sie das Essen
gekriegt, oder das war nur eine Übergangsta-
tion, bis sie sie ins Lager gebracht haben.
Aber da war einmal ein paar Tage ein anderer
Russentransport, wo sie dann da unten ge-
schlafen(haben), also praktisch im Freien. So
ein, zwei, drei Tage, es waren immer wieder
andere, dann haben sie die zusammenge-
pfercht. (...) Es war auch nur ein paar Wochen, also nicht lang." Weitere Belege über
dieses Lager konnten bislang leider nicht gesichtet werden.

Auch für Schwenningen ließen sich eine
ganze Reihe ehemaliger Fremdarbeiterun-
terkünfte recherchieren: Jugendherberge
Neckartalstraße 65 a (Stalag-Außenstelle für
franz. Kriegsgefangene); Alte Ziegelei an der
Bahnlinie Rottweil-Villingen (Italienische
Militärinternierte); Firma Maico; Württembergische Uhrenfabrik (Stalag-Außenstelle);
Firma Junghans AG, Winkelstraße (1942
Zivilrussen im früheren Fabrikgebäude); Firma Junghans AG, Rathausstraße 3; Industriegemeinschaftslager Brühl, Liststaße (für
Westarbeiter); Industriegemeinschaftslager
Dickenhardt (für Ostarbeiter); Baracken-
ger, Ecke Wasenstraße/Villinger Straße (ne-
ben städt. Bauhof, für ukrainische Frauen);
Firma Irion und Voßeler, Gerokstraße.

Neben den Bemühungen, Sammelunterkünfte für zivile und kriegsgefangene Fremdarbeiter zu erstellen, wurde aufgrund des sich
weiter verschärfenden Wohnraummangels
versucht, privat wohnende Fremdarbeiter
zum Umzug in diese Lager zu veranlassen.[31]
Tatsächlich waren von den 1451 im Juni 1943
in Villingen gemeldeten Ausländern nur 764
Personen (53 Prozent) in Lagern unterge-

bracht. Mit anderen Worten hatte sich fast die Hälfte aller zivilen Fremdarbeiter im Laufe der Zeit privat in Villingen und Umgebung eingemietet. Besonders bemerkenswert ist dabei, daß dies keineswegs nur westliche Ausländer betraf. Vielmehr waren auch 51 der 128 russischen und 119 der 163 polnischen Zivilarbeiter privat untergekommen, während andererseits nur 19 der 191 Belgier und 78 der 365 Franzosen nicht in Lagern wohnten. Dies ist um so erstaunlicher, als gerade durch die bereits erwähnten „Ostarbeitererlasse" eine Unterbringung dieser Menschen in geschlossenen Lagern zwingend vorgeschrieben war. Anfang 1943 waren diese Bestimmungen zwar vorübergehend gelockert worden, da Reichspropagandaminister Goebbels unter dem Eindruck der Stalingrad-Niederlage vorgegeben hatte, mit Zugeständnissen nun selbst russische Fremdarbeiter für den „Kampf Europas gegen den Bolschewismus" unter Führung des nationalsozialistischen Deutschland zu gewinnen.[32] Auf Weisung des Reichsführers SS Himmler blieben Mißtrauen und Abgrenzung gegenüber den Arbeitern aus den Ostgebieten jedoch letztendlich handlungsbestimmend, weshalb die geschlossene Lagerunterbringung für Ostarbeiter weiterhin zwingend vorgeschrieben blieb. Um Unwillige zum Umzug in die Lager zu bewegen, sollten notfalls auch staatspolizeiliche Mittel eingesetzt werden. In Villingen war zunächst nur von Seiten der Parteidienststellen sowie der Deutschen Arbeitsfront auf die Umsetzung dieser Vorgaben Himmlers gedrängt worden, erst die Mitwirkung der Stadtverwaltung vor dem Hintergrund einer weiter zunehmenden Wohnraumknappheit zum Ende des Jahres 1943 brachte aber den entsprechenden Erfolg. Die bereits erwähnte Erhebung des Einwohnermeldeamts über die Wohnungssituation der Fremdarbeiter vom Sommer 1943 dürfte dabei ausschlaggebend für das in der Folge sich verschärfende Vorgehen der Stadtverwaltung gegenüber privat

wohnenden Ausländern gewesen sein. Zu den nun ergriffenen Maßnahmen zählte zum Beispiel, daß fortan alle Villinger Industriebetriebe den Behörden sämtliche privat untergebrachten Fremdarbeiter zu melden hatten. Die auf diesem Wege zur Meldung gelangten Personen wurden dann zunächst aufgefordert, baldmöglichst in das zugewiesene Sammellager umzuziehen. Wer sich dieser Aufforderung widersetzte oder ihr nicht nachkam, konnte durch den Villinger Landrat ultimativ zum Umzug innerhalb einer bestimmten Frist aufgefordert werden, deren Ignorierung wiederum eine „staatspolizeiliche Weiterbehandlung" (Gestapo, Arbeitserziehungs- oder Konzentrationslager) in Aussicht stellte. Genaue Zahlen über den Erfolg dieser Umzugsaktion stehen nicht zur Verfügung, einzelne erhalten gebliebene Dokumente lassen jedoch den Schluß zu, daß die überwiegende Mehrheit der in Villingen privat wohnenden Fremdarbeiter zwischen Sommer 1943 und Frühjahr 1944 in die jeweiligen Lager umgezogen ist. Weiterhin privat untergebracht blieben in erster Linie die Fremdarbeiter im landwirtschaftlichen Bereich, weil sich die in den ersten Kriegsjahren praktizierten täglichen Transporte aus den Gefangenenlagern zu den Arbeitsstellen und zurück, die einer zu engen Beziehung zwischen Deutschen und Fremden vorbeugen sollten, als unsinnig und organisatorisch in späterer Kriegszeit kaum mehr als durchführbar erwiesen hatten. Außerdem lebten in kleineren Handwerksbetrieben auch über das Jahr 1943 hinaus nicht selten Fremdarbeiter direkt im Kreise dieser Familien.

Versorgung

Möglichkeiten der Ernährung eines solchen Heeres an Fremdarbeitern wurden durch die nationalsozialistischen Machthaber – im Unterschied zu anderen Aspekten sozialer Versorgung – bereits im Rahmen der

Zuführung der ersten ausländischen Arbeitskräfte intensiv erörtert. Reichsminister Göring hatte die Versorgung der Ausländer als grundsätzliche Aufgabe des Vierjahresplans definiert (was in der Praxis nicht umzusetzen war) und zog – im Hinblick auf die Ernährung der Ostarbeiter – auch die „Schaffung eigener Kost" in Betracht, worunter er unter anderem die Verarbeitung und den Verzehr von Katzen, Pferden und anderen hierfür kaum geeigneten Tierarten verstand. Tatsächlich oblag die Versorgung der Fremdarbeiter in Villingen jedoch keineswegs einer zentralen Instanz oder Organisation. Kriegsgefangene und Militärinternierte waren zwar in aller Regel durch die Wehrmacht oder in deren Auftrag versorgt worden, Zivilarbeiter dagegen häufig von den jeweiligen Lagerleitungen oder – so bei Kienzle der Fall – direkt in den Werkskantinen. In Handwerksbetrieben eingesetzte Fremdarbeiter wurden zum Teil auch durch die Villinger Kreishandwerkerschaft verpflegt. Privat wohnende Ausländer dürften sich zum Teil auch selbst versorgt haben. 1942 waren jedenfalls Lebensmittelkarten auch für ausländische Zivilarbeiter eingeführt worden.

Die wenigen Hinweise über den Umfang und die Qualität der Fremdarbeiterverpflegung ergaben sich fast ausschließlich aus den Erinnerungen ehemaliger Kienzle-Mitarbeiter, da die Aktenbestände des damaligen Ernährungsamtes bislang verschollen sind. Breiter Konsens unter den Befragten bestand dahingehend, daß zumindest die „westvölkischen" Arbeiter ihren deutschen Kollegen durchaus gleichwertig verpflegt worden seien. Dies sei soweit gegangen, daß man die Mahlzeiten gemeinsam mit Westarbeitern in der Kienzle-Kantine (Waldstraße) eingenommen habe.

Im Hinblick auf die Ernährungssituation der Ostarbeiter ergab sich dagegen ein weit weniger einheitliches Bild. Zwar berichtete die Mehrheit der Befragten, daß es auch jenen nicht schlecht gegangen sei. Dennoch waren die Erinnerungen bezüglich des Ortes, der Zeit und der Qualität der Ernährung dieser Menschen durch die Firma Kienzle widersprüchlich. An gesonderten Tischen und ohne Tischdecken, so ein Zeitzeuge, hätten jene ihre Verpflegung erhalten. Grundsätzlich seien sie aber nie gemeinsam mit den Deutschen, sondern erst im Anschluß daran verpflegt worden, weshalb man auch nicht habe sehen können, was jenen vorgesetzt wurde. Dennoch, so wurde von den meisten Befragten dargelegt, hätten die Ostarbeiter sicherlich eine den Deutschen gleichwertige Ernährung erhalten. Allenfalls sei denkbar, daß „die jetzt nicht gerade so das Fleisch gekriegt haben wie wir". Zumindest Kartoffeln aber hätten die Ostarbeiter immer bekommen, so daß sie nicht unterernährt gewesen wären. Man habe, so war abschließend immer wieder zu erfahren, jedenfalls nie den Eindruck gehabt, daß „es denen direkt schlecht ging". Entgegen diesen Erinnerungen ist den Berichten des Rüstungskommandos Freiburg gerade im Hinblick auf die Ernährung der Ostarbeiter eine erhebliche Problematik zu entnehmen. So konstatierte die Freiburger Behörde zum Beispiel als Folge der 1944 angeordneten Reduzierung der Lebensmittel-Zuteilungssätze für Ostarbeiter einen deutlichen „Leistungsabfall". Und das Schwenninger Gaswerk hatte sich im Frühjahr 1943 bei der Lagerleitung des dortigen Gemeinschaftslagers (just an Hitlers Geburtstag) über die einseitige Kartoffelverpflegung der Ostarbeiter beschwert: „Heute am 20. April 1943 mittags zum Beispiel war das Mittagessen acht Pfund gekochter Schalekartoffel ohne Suppe oder sonst noch was, für acht Personen. Mit so einem Essen kann man keine Arbeit leisten und mit so verpflegten Arbeitern kann kein kriegsentscheidender Betrieb aufrechterhalten werden."[33] Tatsächlich hatten sich auch einige Zeitzeugen an diese einseitige Kartoffelverpflegung erinnert. Ein ehemaliger Meister

bei Kienzle berichtete hierzu, daß Ostarbeiterinnen selbst zum Frühstück kein Brot, sondern nur Kartoffeln erhalten hätten – jeden
Tag. Ein weiterer Zeitzeuge, der die Verpflegung von Westarbeitern und Deutschen als
adäquat geschildert hatte, berichtete noch
konkreter: „Die russischen Krieger und russischen Frauen haben es hundsmiserabel gehabt. (…) Die haben morgens ihren Wehr-
machtskübel bekommen, so eine Art Wärme-
gefäß. Ich hab gesehen, als die morgens ihren
Eßkübel da mitbrachten (…) die haben also
getrennt (verpflegt). Die wurden also wirklich hundsmiserabel behandelt, muß ich ehrlich sagen." Tagein tagaus Kartoffeln, wahrlich keine allzu ausgewogene Ernährung. So
gut wie in einigen Erinnerungen vage rekon-
struiert („man hat's ja nicht gesehen") dürfte es den „ostvölkischen" Arbeitern in den
meisten Fällen nicht ergangen sein.

Die oben erwähnte Widersprüchlichkeit in
vielen Erinnerungen im Hinblick auf die
Ernährung der Ostarbeiter zeigt sich besonders deutlich in dem Umstand, daß fast alle
Zeitzeugen davon berichtet hatten, daß man
Fremdarbeitern und insbesondere Ostarbeitern gelegentlich etwas Eßbares („ein Stück
Brot") zugeschoben habe. Zieht man hierbei
in Betracht, daß dies für Deutsche streng verboten war, so würde ein solches Verhalten vor
dem Hintergrund ausreichend oder gar gut
ernährter Ostarbeiter unverständlich und
sinnlos erscheinen. Nachdem aber im Rahmen anderer regionalhistorischer Studien in
ganz anderen Gegenden Deutschlands ebenfalls diese „Brot-gebe-Berichte" als typischer
Bestandteil in Erinnerungen ehemaliger In-
dustriebeschäftigter beobachtet worden sind,
dürfte sich demnach die Frage der Qualität
der Ernährung der Ostarbeiter weitgehend
beantwortet haben.[34] Vielmehr wäre noch
einmal auf die kriegsgefangenen Russen zu
verweisen, die – wie bereits dargelegt – in Villingens Innenstadt hinter einem Bretterverschlag wie Vieh gehalten wurden, und die sich

offenbar selbst auf ihnen zugeworfene „Ap-
felbutzen" mit „Heißhunger" gestürzt haben
sollen.

Polen und Ostarbeiter wurden nicht nur in
Sachen Ernährung, sondern auch in ihrer
Entlohnung benachteiligt. Einige Zeitzeugen
berichteten zwar auch im Hinblick auf diesen
Versorgungsaspekt von einer weitgehenden
Gleichbehandlung gegenüber Westarbeitern
und Deutschen. Tatsächlich jedoch erhielten
die Polen letztlich nur etwa 50 bis 85 Prozent
des Lohnes (Sozialausgleichsabgabe) der
Westarbeiter und Deutschen. Den Ostarbeitern wurden noch größere Kürzungen und
Abzüge zugemutet. Denn nach dem Willen
der Arbeitseinsatzstrategen sollte den „ostvölkischen" Fremdarbeitern gerade soviel
Lohn zur freien Verfügung verbleiben, daß eine „bescheidenste Versorgung mit einigen
Genußmitteln des täglichen Lebens" möglich
ist. Obgleich Ostarbeiter und Polen also eine
geringere Entlohnung zugesprochen wurde
als ihren „westvölkischen" und deutschen
Kollegen, war ihre verbleibende Kaufkraft
offenbar noch immer größer als beabsichtigt
und deshalb auch in badischen Städten zum
Teil gefürchtet und beneidet. Das Rüstungskommando Freiburg notierte hierzu im
Herbst 1943, daß die „außerordentlich große
Kaufkraft bei Ostarbeitern, die auch bewirtschaftete Güter (z. B. Alkohol) zu jedem
Preis erwerben, die an sich schon gespannte
Lage auf dem Warenmarkt in bedenklicher
Weise verschärft. (…) Es müßten daher
schärfere Maßnahmen ergriffen werden, um
diese Mißstände zu beheben", denn Ostarbeiter würden „die Kaufmöglichkeiten der
ansässigen Bevölkerung in unzulässiger Weise weiter einschränken"[35]. Tatsächlich zeigt
sich auch für Villingen, daß die zusätzliche
Anwesenheit von über 1 400 zivilen Fremdarbeitern ab 1943 in der deutschen Bevölkerung nicht nur Zustimmung erweckte.
Notwendige Gebrauchsgüter waren knapp
und rationiert, Zusätzliches gab es nur selten

und war heiß begehrt. Daraus ergab sich, daß gerade Ostarbeiter und Polen die ihnen verbleibenden Geldmittel oftmals nicht entsprechend umsetzen konnten, da in den Geschäften Deutsche vorrangig bedient wurden. Gerade in den letzten beiden Kriegsjahren häuften sich Lebensmitteldiebstähle durch Ostarbeiter in Villinger Geschäften.

Konkurrenz, Neid und Abgrenzung zwischen Deutschen und Fremdarbeitern zeigten sich im Grunde in allen Bereichen des täglichen Lebens. So beschwerten sich Bürger beim Freiburger Rüstungskommando darüber, daß die Ostarbeiter an den Wochenenden die Abteile der Regionalzüge verstopfen würden und somit die deutschen Bürger beeinträchtigt würden.[36] Und Villinger Bürger waren erzürnt darüber, daß „Kriegsgefangene im Germannswald alle Pilze einsammeln" und diese „zum Teil Säckeweise wegtragen", weil „die deutsche Bevölkerung, die nur noch am Wochenende Zeit zum Pilzesammeln hat", dann keine Möglichkeit zur Pilzernte hat (September 1944). Dabei – so die Beschwerdeführer – seien die Kriegsgefangenen „teilweise besser genährt" als die Deutschen.[37]

Anders als bei der Frage der Ernährung der Fremdarbeiter entsteht im Hinblick auf die Krankenversorgung der Fremdarbeiter der Eindruck, daß ein krankheitsbedingter Ausfall dieser Arbeitskräfte von den Arbeitseinsatzstrategen aus Partei und Regierung zunächst gar nicht in Betracht gezogen worden ist. Dies entspricht durchaus einer gewissen Logik nationalsozialistischer Politik, denn die entscheidende, kriegswirtschaftliche Bedeutung wurde der Arbeitskraftbeschaffung (Anwerbung, Zwang) sowie der primären Arbeitskrafterhaltung (geschlossene Unterbringung, Ernährung) beigemessen. Kranke Fremdarbeiter waren kriegswirtschaftlich dagegen nicht nutzbar, auch schien entsprechender Ersatz zunächst reichhaltig verfügbar. Erst als sich die vermeintlichen

Blitzkriege im Osten als Projekt mit unabsehbarem Ausgang und Ende enttarnten, schien – anfangs widerwillig – auch dieser Aspekt der Versorgung der Fremdarbeiter ernsthaft miteinbezogen worden zu sein. Jedenfalls ist es erstaunlich, mit welcher Ignoranz kranken Fremdarbeitern gegenüber auch in Villingen manches Mal verfahren wurde. Als die ersten Fürsorgeengpässe aufkamen, beschränkte sich das Rüstungskommando zunächst einmal darauf, schärfere Maßnahmen gegen Ausfälle wegen Scheinkrankheit in Erwägung zu ziehen.[38] Klare Bestimmungen, wo und durch wen gerade zivile Fremdarbeiter (Kriegsgefangene hatten in der Regel Lagerlazarette zur Verfügung) zu behandeln waren, gab es weiterhin nicht; oder sie wurden nicht eingehalten. Ein besonderes Problem bildeten dabei stationäre Behandlungen, da ein direktes Zusammensein mit Deutschen – in den Betrieben selbstverständlich – in den Krankenhäusern oft nicht toleriert wurde. Vielmehr waren, ähnlich wie im Falle der privaten Wohnungsnahme oder der Ernährung, auch hier immer wieder Stimmen aus der Bevölkerung laut geworden, die sich gezielt gegen diese „Gleichbehandlung" der Fremdarbeiter, insbesondere bei Russen und Polen, aussprachen.

Gelöst werden sollte das Problem der medizinischen Versorgung der Villinger Fremdarbeiter schließlich durch die Erstellung einer Ausländerkrankenbaracke unterhalb des Villinger Krankenhauses im Jahr 1942. Und seit 1943 war aufgrund der immer weiter ansteigenden Fremdarbeiterzahlen sogar eine zweite Baracke in Planung (wobei unklar ist, ob diese noch erstellt wurde). Mehrfach jedoch fühlte sich auch in Villingen kaum jemand für ernsthaft erkrankte Ausländer verantwortlich, man ergab sich lieber in Kompetenzstreitereien zu Lasten der Hilfebedürftigen. So ist für das Jahr 1943 beispielsweise ein Fall von vier mit Krätze behafteten Französinnen belegt, die keinerlei medizinische Versorgung erfuhren, weil weder der Betrieb (hier SABA) noch das Gesundheitsamt, noch das Krankenhaus bereit waren, sich der Hilfesuchenden anzunehmen. Die Mädchen hatten schließlich in ihrer Verzweiflung die Nacht im Wartesaal des Villinger Bahnhofs verbracht, wovon am Morgen danach die Schutzpolizei Kenntnis erhielt und jene des Wartesaals verwies. Dank dem privaten Engagement einer Villingerin war es letztlich doch noch gelungen, die Französinnen einer entsprechenden medizinischen Versorgung zuzuführen. Die Ärzteschaft des Villinger Krankenhauses hatte in den ersten Kriegsjahren durchaus nach dem Grundsatz gehandelt, jeden Kranken, ganz gleich ob Pole, Franzose oder Deutscher, medizinisch zu versorgen.[39] Kreisleiter Haller sah hierin jedoch einen unhaltbaren Zustand. Im Oktober 1941 hatte er der Stadtverwaltung mitgeteilt, daß „vor einiger Zeit eine kranke Polin zu deutschen Frauen in dasselbe Zimmer gelegt worden (ist)". Dazu müsse er bemerken, daß er „für ein solches Verhalten keinerlei Verständnis aufbringen kann. (...) Es werden soviel deutsche Menschen infolge Platzmangel nicht in das Krankenhaus aufgenommen, daß man auch eine kranke Polin abweisen kann, wenn nicht die Möglichkeit besteht, sie gesondert unterzubringen." Die Stadt ordnete daraufhin umgehend an, daß Zusammenlegungen künftig grundsätzlich zu unterbleiben hätten und „für die Unterbringung auch die primitivst eingerichteten Räume als geeignet bezeichnet werden (könnten)".[40] Als jedoch im Frühjahr 1944 einer an Diphterie erkrankten Französin erneut aufgrund ungeklärter Zuständigkeiten keine medizinische Versorgung zuteil wurde, äußerte ein Villinger Unternehmer den maßgeblichen Institutionen gegenüber ungewohnt deutliche Kritik. Uhrenfabrikant Kaiser, gleichzeitig Vorsitzender der Gesellschaft Industriegemeinschaftslager Osteinsatz, schrieb an das staatliche Gesundheitsamt: „Zum dritten Male hatten wir bei

der Unterbringung gefährlich erkrankter ausländischer Arbeitskräfte große Schwierigkeiten. (...) Das sind unhaltbare Zustände. Wir reden nicht von der entsetzlichen Lieblosigkeit, die damit für die ausländischen Arbeitskräfte unserer Rüstung gegeben ist, und die in schreiendem Gegensatz zu den Versprechungen steht, welche bei der Anwerbung solcher Arbeitskräfte durch die deutsche Regierung gemacht werden, wir möchten nur auf die Ansteckungsgefahr für die deutsche Bevölkerung abheben, welche aus dem längeren Verbleiben derartig Erkrankter im dichtbevölkerten Bezirk Villingen entsteht."[41]

Die positiven Erfahrungen der Betriebe mit der Arbeitsleistung der Fremdarbeiter sowie der eklatante Arbeitskräftemangel in den späteren Kriegsjahren ließen die Reproduktion der Arbeitskraft und somit also auch eine geeignete Krankenversorgung der Fremdarbeiter unverzichtbar werden. So fand sich das Villinger Gesundheitsamt 1944 vor dem Hintergrund einer fortwährenden Überbelegung der Ausländer-Krankenbaracke und als Reaktion auf das Schreiben des Fabrikanten Kaiser auch bereit, den Ärzten des Villinger Krankenhauses vorübergehend in Notfällen eine Behandlung von „Westvölkischen" im Krankenhaus zu gestatten.[42] Eine Notversorgung von „Ostvölkischen" im Krankenhaus blieb freilich ausgeschlossen, die Weisungen des Kreisleiters taten ihre nachhaltige Wirkung.[43]

Neben der medizinischen Versorgung gibt auch die Art der Bestattung verstorbener Fremdarbeiter und Fremdarbeiterinnen Aufschluß über die gesellschaftliche Situation dieser Menschen. Dem Beispiel anderer Kommunen folgend, hatte Villingen anfangs alle verstorbenen Fremdarbeiter auf dem städtischen Friedhof auf einem separat gelegenen Gräberfeld bestattet, bis März 1941 waren dort für verstorbene Polen und Franzosen 14 Gräber angelegt worden.[44] Die Gräber seien, so teilte die Stadtverwaltung damals dem Landratsamt auf Anfrage mit, „mit Holzkreuzen versehen worden, wie solche auf jedes frische Grab gesetzt werden".[45] Tatsächlich oblag den Städten und Gemeinden die Pflege von Gräbern „der im Reichsgebiete bestatteten Wehrmachtsangehörigen der verbündeten Mächte sowie auch der feindlichen Mächte einschließlich der Zivilinternierten". Die zahlenmäßige Zunahme der im Reich tätigen Polen und Ostarbeiter beunruhigte die NS-Parteiideologen jedoch auch im Hinblick auf eben solche bislang allerorts praktizierten Bestattungen, die gerade in kleineren Gemeinden häufig auch ohne separat ausgewiesene Grabanlagen vollzogen worden waren. Die kommunalen Verwaltungen wurden deshalb im August 1942 angewiesen, „Polen grundsätzlich getrennt zu bestatten".[46] Bei verstorbenen Russen hielt man offenbar selbst eine Absonderung in getrennte Gräber für unzureichend. Die Villinger Stadtverwaltung hatte deshalb erwogen, verstorbene Ostarbeiter künftig nicht mehr in den städtischen Grabanlagen zu bestatten. Ein Zeitzeuge berichtete hierzu, daß einmal sogar erwogen worden sei, eine verstorbene Russin, die bei Kienzle Apparate gearbeitet hatte, in einem der Villinger Steinbrüche zu bestatten, was dann nur aufgrund des Protestes durch Betriebsinhaber Dr. Kienzle habe verhindert werden können. Dennoch wurde das Ziel einer völlig abgesonderten Bestattung der Leichen von Ostarbeitern und Ostarbeiterinnen nicht verworfen. In Zusammenarbeit mit der Stalag-Kommandantur ließ die Stadtverwaltung schließlich einen „Russenbegräbnisplatz beim oberen Krebsgraben (rechts der Schwarzwaldstraße) außerhalb der Stadt" anlegen.[47] Zwar ist unklar, ob dort nur kriegsgefangene oder auch zivile Fremdarbeiter bestattet wurden, nachweislich sind jedoch 21 Gräber angelegt worden.[48]

Fremdarbeiter in der Villinger Öffentlichkeit

Auch heute noch spiegelt sich die Anwesenheit von Millionen von Fremdarbeitern in den zahllosen Berichten und Erinnerungen zum Kriegsalltag in deutschen Städten und Dörfern nur am Rande wider. Noch immer hält sich der Eindruck, daß diese Menschen damals in der Öffentlichkeit kaum in Erscheinung getreten, kaum wahrgenommen worden waren. Auch in den Berichten Villinger Zeitzeugen entsteht zum Teil ein solches Bild. Fremdarbeiter, so heißt es dort, wären immer unter sich in den Lagern gewesen, abgeschirmt von der Öffentlichkeit. Fremdarbeiter sind jedoch im Verlauf des Krieges – in Villingen wie anderswo – zu einem kaum übersehbaren Teil des öffentlichen Alltagslebens geworden. Kontakte gab es nicht nur in den Firmen und Handwerksbetrieben, sondern auch in öffentlichen Einrichtungen, in Haushalten (Zimmermädchen), in Küchen und Kantinen (Personal), in Geschäften, Kirchen, Kinos. Bewachte Kolonnen marschierten durch die Stadt zur Arbeit und wieder zurück, die Masse der Fremdarbeiter konnten sich im weiteren Verlauf des Krieges in ihrer Freizeit sogar frei in der Stadt bewegen. Und – nicht zu vergessen – über 700 Fremdarbeiter hatten sich privat als Untermieter von Villinger Bürgern über Jahre hinweg in allen Teilen der Stadt niedergelassen. Selbst die Hinrichtung eines Polen, der sich mit einem Villinger Mädchen eingelassen hatte, wurde öffentlich abgehalten. Undenkbar also, daß man Fremdarbeiter nicht gesehen hat, daß sie abgeschirmt waren, daß man von ihrem Erscheinungsbild, auch von ihrem Leid, ihrem Kummer nicht hätte Notiz nehmen können. Besonders eindrucksvoll belegt dies der Schwenninger Pfarrchronist Schäfer: „Eine neue Note kam in diesem Jahre in das Stadtbild durch die unzähligen Ausländer, die in die hiesigen Fabriken kamen. Franzosen, Französinnen, Ukrainerinnen, Russen, Polen,

Polinnen, Holländer und Holländerinnen, alles kann man hören und sehen. An den Sonntagen in den Wäldern hört man kaum mehr
einen deutschen Laut; auf dem Bahnhof
herrscht in manchen Stunden eine richtige
babylonische Sprechverwirrung."[49] Dabei
kann natürlich nicht außer Acht gelassen werden, daß der nationalsozialistische Staat Kontakte und Begegnungen zwischen Deutschen
und Fremden mit größtem Argwohn und Mißtrauen begleitete und schon kleinste „Verfehlungen" hart bestrafte. Jegliche Verständigung, aber auch jedes Mitleid und Mitge-
fühl mit den Ausländern mußte aus Sicht der
Parteistrategen unter allen Umständen ver-
mieden werden. Auf Geheiß des badischen
Innenministeriums sollte deshalb „dem Auftreten der Fremdvölkischen in der Öffentlichkeit besondere Beachtung" geschenkt
werden.[50]

Neben intimen Beziehungen zwischen Ausländern und Deutschen galt die besondere
Aufmerksamkeit der Kontroll- und Überwa-
chungsorgane dem kulturellen Engagement
der Fremdarbeiter.[51] Polen und Ostarbeitern
war kulturelle Betätigung grundsätzlich nicht
erlaubt. Holländer und Franzosen hatten in
dieser Hinsicht in Villingen durchaus Handlungsspielraum, wobei die Franzosen für ihre
Veranstaltungen in der Regel die städtische
Tonhalle nutzten, während sich die Holländer
und Flamen meist des Waldschlößchen-Saals
(der eigentlichen Kienzle-Kantine) bedien-
ten.[52] Als Gäste hatten an solchen Veranstaltungen – dem Polizeibericht folgend – übrigens gelegentlich auch Ausländer anderer
Nationalität sowie einzelne Villinger Bürger
teilgenommen („einige deutsche Volksgenossen, darunter Geschäftsleute aus Villingen").[53] Die Veranstaltungen wurden deshalb
durch die deutschen Sicherheitsorgane genau
überwacht. Kontrollen der Schutzpolizei vor,
während und nach der Veranstaltung waren
die Regel, Berichte über deren Verlauf gingen grundsätzlich an die Gestapo-Haupt-

stelle in Singen. Der Villinger Öffentlichkeit
dürfte es nicht verborgen geblieben sein,
wenn sich beispielsweise an einem Sonntagnachmittag mehrere hundert Franzosen in
der Tonhalle versammelten. Westarbeiter
gehörten vielmehr in diesen Jahren zum normalen Erscheinungsbild der Stadt.

Tatsächlich hatten Ostarbeiter und Polen
offiziell kaum eine Möglichkeit, sich in ähnlicher Weise einzubringen. Dennoch ist auch
im Hinblick auf diese Nationalitäten nicht davon auszugehen, daß eine Abschirmung von
der Öffentlichkeit bestanden hätte. Zwar war
dies zunächst durch die nationalsozialistischen Machthaber versucht worden, schon
bald aber hatten Ostarbeiter – wie aufgezeigt – die Abteile der Regionalzüge an Sonntagen zum Ärger deutscher „Volksgenossen" belegt, um Freunde und Verwandte in
den umliegenden Städten und Gemeinden zu
besuchen (hierfür konnten entsprechende
Urlaubsscheine ausgestellt werden). Ostarbeiter hielten sich sonntags auch – zum
Mißfallen der Lagerleitung – stundenlang am
Außenzaun des Ostarbeiterinnenlagers auf,
um Kontakte zu knüpfen. Und selbst auf dem
Villinger „Vergnügungspark auf dem Maifeld" waren gelegentlich Ostarbeiter zugegen, wenngleich ohne Erlaubnis.[54] Schließlich
wurden Ostarbeiter in städtischen Geschäften mehrfach des Diebstahls bezichtigt, was
doch zunächst einmal voraussetzt, daß sie
die Möglichkeit hatten, während normaler
Öffnungszeiten dort zu sein.

Auch Ostarbeiter und Polen waren letztlich
Teil des Kriegsalltags in den Städten und
Dörfern geworden, sie gehörten zu diesem
Alltag ebenso selbstverständlich wie Lebens-
mittelmarken oder Luftschutzbunker.

Zum Verhältnis zwischen Deutschen
und Fremden

Daß es für Deutsche keineswegs ungefähr-
lich war, mit Fremdarbeitern in engeren Kon-

takt zu treten, ist hinreichend bekannt. Schon der Verdacht auf unerlaubten freundschaftlichen oder intimen Umgang zwischen Deutschen und Ausländern, einmal mehr besonders im Hinblick auf Russen und Polen, veranlaßte Staat und Partei oft zu härtesten Bestrafungsaktionen. Allerdings hat es dennoch allerorten solche Kontakte gegeben, beruflich wie privat, unerlaubte Beziehungen trieben ebenso Blüten wie deren Denunziation. Die Villinger Bevölkerung war schon frühzeitig auf den „richtigen" Umgang mit Zivilarbeitern und Kriegsgefangenen vorbereitet worden. Bereits seit Herbst 1939 kamen Plakate zum Aushang, die größtmögliche Zurückhaltung gegenüber Fremden forderten und zugleich eine grundsätzliche deutsche Überlegenheit zu suggerieren suchten. Im April 1940 veröffentlichte das Schwarzwälder Tagblatt „Zehn Gebote im Umgang mit Kriegsgefangenen", welche (im Villinger Regionalteil) die Bevölkerung unter anderem dazu anhielten, mit diesen nicht privat in Kontakt zu treten, keine gemeinsamen Einkäufe zu tätigen, keine Veranstaltungen oder Mahlzeiten gemeinsam abzuhalten und auch sonst nichts zu tun, woraus irgendein Vorteil für die Gefangenen entstehen könnte. Tatsächlich hatte das Eintreffen der ersten Polen- und Ostarbeitertransporte bei der Villinger Bevölkerung ebenso wie bei der Stadtverwaltung nur kurzzeitig zu Widerstand geführt und letztendlich keineswegs das Entsetzen ausgelöst, mit dem die Propaganda von diesen Menschen im Vorfeld berichtet hatte. Die Zahl der Neugierigen an den umzäunten Unterkünften der Deportierten war anfangs vielmehr so groß, daß sich die Kommandantur des Lagers veranlaßt sah, bei der Stadt um Abhilfe zu bitten. Die Deutschen taten sich vermutlich schwer, in diesen ausgemergelten Gestalten jene „bestienhaften" Untermenschen zu erkennen, von denen so oft berichtet worden war. Vielmehr schienen sich Kriegsgefangene und „die Zivilbevölkerung bald in

nicht gewünschter Weise zu befreunden".[55] Und Behörden und Industrie hatten die Bedeutung dieses Arbeitseinsatzes schnell erkannt und sie jeglichen ideologischen Bedenken vorangestellt. Warnungen und Appelle der Sicherheitsorgane waren deshalb bald von rauheren Tönen bestimmt. Unter der Überschrift „Feind bleibt Feind" berichtete das Schwarzwälder Tagblatt im Januar 1941: „In vielen Betrieben und auf vielen Baustellen müssen heute ausländische Arbeitskräfte und Kriegsgefangene beschäftigt werden. Soweit es sich dabei um Angehörige befreundeter Völker handelt, wird sich bald eine kameradschaftliche Zusammenarbeit ergeben. Ganz anders aber ist die Sache, wenn wir kriegsbedingt, also aus Mangel an eigenen Arbeitskräften, gehalten sind, mit Ausländern zusammenzuarbeiten, deren Nation uns feindlich gegenüberstand. Besonders haben wir hier die sogenannten Zivilpersonen im Auge, die durch ein aufgenähtes P an jedem Kleidungsstück kenntlich gemacht worden sind. Die nationale Würde verbietet uns hier jede Annäherung, die über das Maß hinausgeht, das der Fertigstellung der Arbeit dient. ‚Feind bleibt Feind! Volksgenossen! Behandelt die Kriegsgefangenen mit völliger Mißachtung'", so lautet der Text von Plakaten, die sich namentlich an diejenigen wenden, die aus lauter Gefühlsduselei glauben, den Kriegsgefangenen und Polen „großzügig" gegenübertreten zu müssen... Alle, die es angeht, müssen sich darüber klar sein, daß, „wer vorsätzlich gegen eine zur Regelung des Umganges mit Kriegsgefangenen erlassene Vorschrift verstößt oder sonst mit einem Kriegsgefangenen in einer Weise Umgang pflegt, der das gesunde Volksempfinden gröblich verletzt, mit Gefängnis, in schweren Fällen mit Zuchthaus bestraft wird".

Auch die einzelnen Betriebsführer wurden von der Gestapo im April 1942 erneut ausdrücklich ermahnt, sich streng an die Richtlinien des Reichsführers SS über die „Behand-

lung der Ostarbeiter" zu halten.[56] Im Arbeits-
alltag ließen sich diese Vorgaben jedoch oft
nur schwer umsetzen. Zeitzeugen berichteten, daß vor allem die Jüngeren sehr wohl
Kontakt zu den Fremdarbeitern gehabt hätten, auch zu den Russen. Der Gestapo blieb
nur, die Lage im Überblick zu behalten, indem selbst kleinste Verfehlungen mit schwer-
sten Strafen bedroht und nicht selten auch
entsprechend geahndet wurden. Schon 1940
war ein Schwenninger Schüler, dessen Eltern
mit einem französischen Kriegsgefangenen
freundschaftlich verbunden waren, auf Geheiß des Lehrers dem Klassengespött ausgesetzt worden. Ein Unteroffizier der Villinger
Garnison, der mit einem Polen in dessen
Wohnung ein Trinkgelage veranstaltet hatte,
wurde umgehend bei der Polizei angezeigt.
Und eine Villingerin aus der Rosengasse wurde im Oktober 1941 denunziert, da sie eine
„Kostgeberei" für Polen betreibe. Tatsächlich
stellte sich heraus, daß zwei Polen bei dieser
Frau gegen Bezahlung seit längerer Zeit ihr
Mittagessen einnahmen.[57] Der Denunziant
hatte der Frau natürlich zugleich ein intimes
Verhältnis mit den Polen unterstellt, was sich
jedoch (zum großen Glück der Beschuldigten) nicht erhärten ließ. Ebenfalls durch
einen Denunzianten erhielt die Gestapo
Kenntnis von einem Liebesverhältnis zwischen einer jungen Villingerin und einem polnischen Fremdarbeiter. Reagiert wurde – wie
zu erwarten – mit größtmöglicher Härte. Das
Mädchen fand sich zur „Sicherheitsverwah-
rung" nach dem Verbüßen ihrer Haftstrafe in
Auschwitz wieder, der Pole (Marian Lewicke,
damals wohnhaft Obere Straße) wurde am
Stadtrand von Villingen öffentlich gehängt.
Bezeichnend ist übrigens, daß diese Angelegenheit in den Schutzpolizeiakten, in denen
ansonsten jeder Kartoffeldiebstahl vermerkt
ist, mit keinem Wort erwähnt ist. Mag sein,
daß dies dadurch bedingt ist, daß die gesamte
Ermittlungstätigkeit in Händen der Gestapo
lag. Denkbar ist aber auch, daß hier, wie in

den Aktenbeständen anderer Villinger Behörden geschehen, bei Kriegsende und in den
ersten Nachkriegsjahren noch „gesäubert"
worden ist.

Dessen ungeachtet, wird auch hier einmal
mehr die unterschiedliche Behandlung „ost-
völkischer" und „westvölkischer" Fremdarbeiter deutlich. Während ein Pole die Liebes-
beziehung zu einer Deutschen mit dem Leben zu bezahlen hatte, wurde einem kriegsgefangenen Franzosen, der einen Wehrmachtsangehörigen der Villinger Garnison des
Diebstahls beschuldigte, ein rechtmäßiges
und korrekt durchgeführtes Ermittlungsver-
fahren zuteil. Zeitzeugen berichteten von einem bei Kienzle beschäftigten Franzosen, der
die Akkordleistung der besten deutschen
Mitarbeiter noch überboten hatte und deshalb von Betriebsführer Kienzle auch einen
entsprechend höheren Lohn zuerkannt bekam. Und ein weiterer Franzose, der als Koch
bei Fichter & Hackenjos eingesetzt war, hatte
gar einer deutschen Küchenhilfe eine Ohrfei-
ge verabreicht, weil diese, wie der deutsche
Werksküchenleiter gegenüber der Polizei bestätigte, „eine freche Person" sei, die sich „anmaßend" benommen habe. Die Polizei entschied zwar, daß selbst „wenn sich die H. (die
Küchenhilfe) in der Werksküche frech und
anmaßend benommen hat, ein französischer
Kriegsgefangener niemals das Recht hat, an
einem deutschen Mädchen herumzuhauen."
Dennoch zeigt sich auch hier die weitaus libe-
ralere Haltung der Behörden gegenüber
Westarbeitern. Denn bestraft wurde der französische Koch letztlich nicht. Was wäre wohl
passiert, wenn ein Pole oder gar ein Russe
dieses deutsche Mädchen geschlagen hätte.
Wahrscheinlich würde sich dessen Spur im
Nebel aus Gestapo und KZ verlieren.

Diese Verhaltens- und Verfahrensweisen
spiegeln sich auch im persönlichen Umgang
der Deutschen mit den Fremdarbeitern wider. Zeitzeugen bestätigten übereinstimmend, daß „der Kontakt zu den Westlichen"

wesentlich enger und vertrauter gewesen sei als zu Polen oder Russen, für die man sich nicht weiter interessiert habe. Faktisch bedeutete dies für Polen und vor allem für Ostarbeiter eine oft zweifache Ausgrenzung. Denn neben den Deutschen selbst mieden auch westliche Kriegsgefangene häufig jeden Kontakt mit ihnen. So hatten sich französische Kriegsgefangene bei der Stalag-Kommandantur darüber beklagt, daß sich russische Gefangene durch ein Loch im Zaun in den französischen Lagersektor begeben und dort betteln und herumstreunen würden. Staatspolizeiliche Sicherheitsvorkehrungen verstärkten diese Ausgrenzung noch, indem zum Beispiel seit Dezember 1942 den Fremdarbeitern aus sowjetischen Gebieten nur noch offener Postverkehr durch Postkarten erlaubt wurde.

Wie entwürdigend und geringschätzig die NSDAP mit Ostarbeitern umzugehen pflegte, demonstrierte der Schwenninger Ortsgruppenleiter, der einer am Bahnhof ankommenden Ostarbeiterin mit seiner Krawattennadel in die Brust gestochen hatte, angeblich um herauszufinden, ob die Brust nun echt oder mit Luft gefüllt sei. Daß bei der Firma Saba über dem Warteraum vor der Toilette für Ostarbeiterinnen eine Sprinkleranlage installiert worden war, um jenen das Warten – auch im Winter – nicht allzu angenehm werden zu lassen, verdient hier ebenfalls entsprechende Erwähnung. Daß sich der Lagerführer des Ostarbeiterlagers das Recht vorbehielt, die ihm unterstellten Zivilarbeiter gegebenenfalls mit Schlägen zu bestrafen, rundet dieses Bild vollends ab.

Wohl waren es immer einzelne, die derartiges Verhalten zeigten, aber es waren Villinger und Schwenninger Bürger. Und nur wenige fanden den Mut zu intervenieren, extremen Entwicklungen Einhalt zu gebieten. So Uhrenfabrikant Kaiser oder jener Villinger Bürger, der bei der Polizei vorstellig wurde, weil sein Nachbar zwei polnische Fremdarbeiter

ständig schikaniert, mit Schlägen bedroht und nur mit trockenem Brot versorgt hatte.

Dennoch ist es den Zeitzeugenerinnerungen zufolge zwischen Fremdarbeitern und Deutschen fast nie zu Problemen oder Ausschreitungen gekommen. Die einen begründen dies mit einem generell guten Verhältnis untereinander, andere sehen als Ursache die Angst vieler Fremdarbeiter vor der Gestapo. Tatsächlich berichten auch die Tagebücher des Rüstungskommandos Freiburg nur vereinzelt von interaktiven Schwierigkeiten im Arbeitsprozeß, selbst Flucht und Arbeitsverweigerung scheinen nur in geringem Ausmaß vorgekommen zu sein. In den Verhaftungslisten der in Villingen einmarschierten französischen Besatzung vom April 1945 ist der Vorwurf der Mißhandlung von Fremdarbeitern durch Deutsche in Villinger Betrieben dagegen vielfach enthalten. Viele Villinger Bürger wurden in den letzten April-Tagen 1945 auch wegen „schlechter Behandlung", „Kriegsgefangenenmißhandlung" oder zum Beispiel dem Vorenthalten von Verpflegungsrationen zum Nachteil der Gefangenen verhaftet. Es wurden Männer verhaftet, weil sie „deutsche Frauen, die sich mit Ausländern abgegeben haben, Hure genannt" haben sollen. Der ehemalige Betriebsobmann der Firma Binder wurde festgenommen, weil er – als „Parteimitglied und als fanatischer Parteimann bekannt" – „Arbeiter und Angestellte, die nicht mit Heil Hitler grüßten, angeschrien" und „Ausländer sehr schlecht behandelt" haben soll.[58] Die Masse der Verdächtigen wurde kurze Zeit später jedenfalls wieder auf freien Fuß gesetzt, sei es aus Mangel an Beweisen oder aber aufgrund erwiesener Unschuld. Die große Mehrheit der Deutschen – so wäre zu resümieren – scheint sich den Fremdarbeitern gegenüber während des Krieges weder negativ noch positiv verhalten zu haben. Vielmehr entsteht der Eindruck einer Teilnahmslosigkeit und Gleichgültigkeit gegenüber deren Situation und Schicksal. Man hatte eben –

um es in den Worten eines Zeitzeugen auszu-
drücken – „mit sich selbst und den eigenen
Problemen genug zu tun".

Einige wenige haben sich dennoch schuldig
gemacht. Gleich in den ersten Besatzungsta-
gen wurde der Lagermeister der Firma Fichter & Hackenjos durch besonders erzürnte
polnische Fremdarbeiter ermordet (erst erschlagen, dann erschossen), die Leiche blieb
demonstrativ einige Tage auf dem Gehweg
liegen. Eine Zeitzeugin charakterisierte diesen Getöteten als einen „ganz, ganz gehässigen Mann", der tatsächlich Ausländer immer
wieder gedemütigt habe. Sie berichtete ferner, daß es Schikanen gegenüber Ausländern
überall, auch bei Kienzle-Apparate gegeben
habe. Auch dort seien es jedoch nur einzelne
gewesen, „gehässige Deutsche gegen die
Ausländer", und für einen von diesen, ihren
Abteilungsleiter, sei es sicher gut gewesen,
„daß er am Kriegsende nicht daheim war; der
würde nicht mehr leben".

Das Bild der Deutschen von den Fremden

Zunächst hatte die nationalsozialistische
Arbeitseinsatzpolitik die verschiedenen
Fremdarbeitergruppen nicht nach deren Arbeitsleistung zu kategorisieren versucht, wie
es im Hinblick auf eine möglichst effiziente
Rüstungswirtschaft nachvollziehbar gewesen
wäre, sondern vielmehr eine Differenzierung
in „germanische" und „fremdvölkische" Arbeiter vorgenommen. Der NS-Jurist Carl Birkenholz veröffentlichte hierzu 1941 unter dem
Titel „Der ausländische Arbeiter in Deutschland" eine Gesetzes- und Verordnungsüber-
sicht über den Fremdarbeitereinsatz und seine
rechtlichen Grundlagen und Bedingungen.[59]
Neben der Kategorie „Ausländer allgemein",
zu der all jene nicht volksdeutschen Beschäftigten gezählt wurden, für die „keine Sonder-
regelung wegen Artfremdheit oder wegen
politischer Feindschaft besteht", unterschied
Birkenholz in Kriegsgefangene, Polen, Juden

und Russen. Als „artfremd" wurden dabei die
Juden eingestuft, die „in gewisser Anzahl gegenwärtig noch deutsche Staatsangehörige"
seien.[60] „Politische Feindschaft" dagegen
wurde als „gemeinsames Kennzeichen" den
Polen, Russen sowie den Kriegsgefangenen
allgemein zugeschrieben.

Die praktischen Erfahrungen der Betriebe
wiesen jedoch nicht selten in eine ganz andere Richtung. „Germanische" Fremdarbeiter
waren vielfach weitaus weniger zu Arbeit
motivierbar als „fremdvölkische" Polen oder
Ostarbeiter. Und gerade mit den als besonders nordisch und germanisch eingestuften holländischen Arbeitskräften gab es im
Bereich des Rüstungskommandos Villingen
immer wieder erhebliche Probleme.[61]

Zwar hatte die Villinger Stadtverwaltung
noch im Herbst 1941 von „zu jedem Mord
und Verbrechen fähigen Bolschewisten"
(Bürgermeister Berckmüller) gesprochen,
wegen deren „bestienhafter Veranlagung"
(Beigeordneter Riedel) die Stadt in Angst
und Schrecken versetzt werden könnte.[62] Wie
erwähnt, führten die positiven Erfahrungsbe-
richte aus Industrie und Handwerk jedoch
dazu, daß Ende 1942 ausgerechnet aus Villingen an das Rüstungskommando berichtet
wurde, daß „die Betriebe mit Ostarbeitern,
insbesondere mit den Frauen, gute Erfahrungen machen". Der Schwenninger Pfarrchronist Schäfer bestätigt diese Eindrücke auch
für die andere Hälfte der späteren Doppelstadt, indem er für die „Russinnen als Arbeiterinnen alles Lob (festhält), während die anderen Nationen, besonders Holländer und
Franzosen, sich durch Faulheit" hervortun
würden.[63] Nachdem die Berichte aus anderen
Teilen des Reiches letztlich zu ähnlichen
Schlußfolgerungen gekommen waren, wurden Ostarbeiterinnen und Ostarbeiter neben
den Deutschen auch durch die Rüstungskommandos bald als die besten Kräfte der deutschen Kriegsindustrie bewertet. Dies bestätigt sich im übrigen auch in den Erinnerun-

gen der Zeitzeugen, die Ostarbeiter und Ostarbeiterinnen in aller Regel als sehr leistungsstarke und verläßliche Arbeitskräfte charakterisiert hatten. Unter Berücksichtigung der Lebensbedingungen der Ostarbeiter mag dies durchaus verwundern. Später wurde vielfach angenommen, daß russische Arbeitskräfte im deutschen Reich immer noch bessere Lebensbedingungen gehabt hätten als zuvor in ihrer Heimat. Dies mag in vielen Fällen vielleicht auch zutreffend gewesen sein, es erklärt aber dennoch nicht die Reserviertheit und Überheblichkeit, mit der viele Deutsche diesen Menschen begegneten. Zwar hatte sich das Bild des mordlüsternen, bestialischen Russen bei den meisten bald verflüchtigt, dennoch hielt sich vielerorts die Vorstellung von den Russen als einem minderwertigeren, unterentwickelten Volk: „Es waren rohe Burschen, viele unter zwanzig Jahren noch Knaben. Sobald sie fest und bestimmt mit großer Fürsorge geführt wurden, waren sie erträglich und arbeitsam. Sie waren aber und blieben schmutzig. Man konnte sie baden, waschen lassen, Hemden, Röcke tauschen, alles hatte keinen Wert. Ihr Körper verlangte viel, sehr viel zu essen. Gab man es ihnen, waren sie gut in der Arbeit. (…) War der Russe in guter Ernährung, konnte er gemein, brutal werden seinen Kameraden gegenüber. Eine besondere Note bildete bei ihm der Verrat. Der Verräter verriet den Verräter. Ganz abscheulich waren sie im Verrat. (…) Dessenungeachtet gab es auch gute Russen, ergebene Kinder ihrer Nation. (…) Je länger sie in Deutschland auf den Kommandos, Industrie oder Landwirtschaft waren, desto gesitteter wurden sie. Auch in ihrer Kleidung und am Körper."[64]
Die Villinger Kriegsindustrie war besonders mit den Ostarbeitern als Arbeitskräften sehr zufrieden. Und mehr noch: Der nationalsozialistische Staat, die nationalsozialistische Kriegsindustrie war ausgerechnet von jenen Menschen abhängig geworden, die zuvor jahrelang als die größten Feinde, als „Untermenschen" gedemütigt worden waren. Ohne das Millionenheer an Ost- und Westarbeitern wäre die deutsche Kriegswirtschaft spätestens ab 1943 nicht mehr aufrechtzuerhalten gewesen. Diese rüstungspolitische Unverzichtbarkeitsposition war vermutlich vielen Ostarbeitern, insbesondere auch russischen Kriegsgefangenen, zum eigentlichen Lebensgaranten in den Jahren unter deutscher Herrschaft geworden.[65]

Kontrolle und Überwachung

Um diese Millionen von Fremdarbeitern, die bis in abgelegenste Winkel des Reiches zum Arbeitseinsatz verschleppt worden waren, einer allgegenwärtigen Überwachung unterwerfen zu können, hatte sich unter Führung der Gestapo im Laufe des Krieges ein gewaltiger Kontroll- und Sanktionierungsapparat installiert, der in den letzten Kriegsjahren mit geradezu absolutistischen Vollmachten ausgestattet war.

Je nach dem Schweregrad einer Verfehlung waren Fremdarbeiter aller Nationen einer behördlichen und in besonders schweren Fällen staatspolizeilichen „Weiterbehandlung" unterzogen worden. Exekutivvollmachten hatte dabei eine kaum noch überschaubare Menge an Institutionen und Dienststellen, die sich faktisch alle mehr oder weniger als Garanten nationalsozialistischer Arbeitseinsatzpolitik zu betätigten hatten: Von der Gestapo, den Arbeitsämtern mit den Reichstreuhändern der Arbeit über die Parteidienststellen, die Deutsche Arbeitsfront bzw. den Reichsnährstand bis hin zu den einzelnen Betriebsführern, Lagerleitern und Werkschutzorganisationen. All diese Instanzen unterlagen ihrerseits natürlich ebenfalls der (meist verdeckten) Kontrolle durch offizielle „Abwehrbeauftragte" und getarnte Spitzel, allesamt Gewährsleute der letztendlich allmächtigen Gestapo vor Ort.

Auch die Art und das Ausmaß von Sanktionsmaßnahmen war für die Fremdarbeiter je nach Nationalitätszugehörigkeit unterschiedlich gestaltet. Westarbeiter wurden für größere Verfehlungen im Regelfall in ein Arbeitserziehungslager eingewiesen, während Polen und Ostarbeiter auch für kleinere Vergehen in einem Konzentrationslager inhaftiert werden konnten (was – wie aufgezeigt – durch den Mangel an Arbeitskräften zunehmend seltener praktiziert wurde). Bereits seit Ende 1939 war im Hinblick auf den sich abzeichnenden Ausländereinsatz ein polizeiliches Sonderrecht in Kraft gesetzt worden, das während des Krieges weiter verschärft worden war. So waren dem Reichssicherheitshauptamt Urteile ordentlicher deutscher Gerichte insbesondere für Ostarbeiter oftmals als zu mild erschienen. Göring hatte deshalb 1942 kurzerhand verfügt, daß Verfahren gegen Ostarbeiter nur noch dann an ordentliche Gerichte (Staatsanwaltschaft) abzugeben seien, wenn dort mit einer sicheren „Zum-Tode-Verurteilung" zu rechnen sei. Im September 1942 war zwischen Himmler und dem Reichsjustizministerium schließlich ein genereller Ausschluß von Polen und Ostarbeitern aus ordentlichen Gerichtsverfahren beschlossen worden. Die Ortspolizeibehörden hatten seither jeden größeren Vorfall im Zusammenhang mit Fremdarbeitern umgehend der Gestapo zu melden.

Die Furcht der Machthaber vor möglichen Massenerhebungen, Sabotageakten oder Spionagetätigkeiten durch Fremdarbeiter rechtfertigte für das Regime ein hartes Vorgehen schon gegen kleinste Verfehlungen.

Die Sicherung der kriegswirtschaftlichen Produktion hatte dabei ein ganz besonderes Gewicht. Die zuständigen Behörden und Betriebsleiter hatten zunächst versucht, die in „geheimer Wehrmittelfertigung eingesetzten ausländischen Arbeitskräfte nunmehr auch über die Geheimhaltungspflicht zu belehren und zu verpflichten".[66] Eine ehemalige Mit-

arbeiterin der Firma Fichter & Hackenjos berichtete hierzu, daß selbst Deutsche zeitweise nicht genau gewußt hätten, für welches Endprodukt die jeweiligen Teile produziert wurden. Für die Gestapo schien von den Ostarbeitern eine besondere Gefährdung auszugehen. Maßnahmen, wie die bereits erwähnte Einschränkung des Postverkehrs der Ostarbeiter, zeugen hiervon ebenso wie die Einrichtung sogenannter „Russenreferate" in allen Gestapo-Hauptstellen (für Villingen die Gestapo-Hauptstelle Singen) als Unterabteilung der „Ausländerreferate". Hauptinstrument der Gestapo waren die erwähnten Abwehrbeauftragten und Spitzel. Eine Zeitzeugin erinnerte sich, daß man auch im Kienzle-Betrieb „Acht geben mußte, daß man nicht zu eng mit den Ausländern war, weil da immer noch Aufpasser da waren". Ein anderer ergänzte hierzu, daß bei Kienzle „innerhalb des Betriebes gewisse Leute verpflichtet gewesen (seien), die Augen offen zu halten und zu beobachten, was vorgeht".

Zudem gab es in Gestalt der Werkschutz- und Wachorganisationen in den Betrieben und Lagern auch Sicherheitsorgane vor Ort. In Villingen hatten sich bei der Aufstellung solcher Wachdienste während des Krieges jedoch erhebliche personelle Engpässe ergeben, da die Masse der hierfür in Frage kommenden Männer zum Kriegsdienst eingezogen worden war. So war man schließlich dazu übergegangen, auch nebenamtliche Wachleute zu verpflichten, ältere Männer meist, die oft nur wenig Eifer für die neue Aufgabe verspürt haben dürften. Das Rüstungskommando legte im Frühjahr 1943 fest: „Als Anhaltspunkt für die zahlenmäßige Größe dieses Hilfswerkschutzes wurde den in Frage kommenden Firmen befehlsgemäß ein Satz von 10 Prozent genannt, bezogen auf die deutsche Gefolgschaft, resp. auf die im Betrieb beschäftigten Ausländer. Für die Bewaffnung wurden, da Pistolen nicht mehr erhältlich sind, Karabiner oder Gewehre in Aussicht gestellt. Die Zuteilung dieser Waffen bereitet noch Schwierigkeiten."[67] Eingesetzt wurden die Villinger Hilfswachdienste, die im April 1943 nachweislich auch mit entsprechenden Waffen ausgestattet worden waren, im Schwerpunkt in den verschiedenen Zivilarbeiterlagern der Stadt sowie zur Bewachung kriegswichtiger Firmenanlagen. Betriebe mit für die Kriegsführung besonders wichtigen Erzeugnissen wie zum Beispiel die Kienzle Apparate AG unterhielten zudem eigene „Wachkommandos" zum Schutz der Firmen nach innen und außen. Wie ernst der Einsatz solcher Hilfswachdienste gemeint war, geht aus den Bestimmungen zur Wachbelehrung dieser Dienste hervor, der den in Villingen Hilfsverpflichteten jeweils durch den Kommandanten der Schutzpolizei unterbreitet werden mußte. Jeder einzelne wurde angesichts der Flucht eines Ostarbeiters darauf festgelegt, „die Absicht, den Russen tatsächlich unschädlich zu machen, ernsthaft durchzuführen" und hierfür auch „schonungslosen Waffengebrauch" anzuwenden.[68]

In welchem Umfang die Bewachung der Kriegsgefangenen und Zivilarbeiter in Villingen tatsächlich dauerhaft durchgeführt worden war, ist jedoch unklar. Für die ersten Kriegsjahre dürften Zivilarbeiter wie Kriegsgefangene einer relativ kontinuierlichen Beaufsichtigung bzw. Bewachung durch entsprechende Wachdienste unterlegen haben, und zwar die als Kriegsgefangene im Stalag internierten Personen durch Einheiten der Wehrmacht und die im Zivilarbeiterstatus Beschäftigten durch zivile Wachdienste. Wem diese zivilen Wachdienste letztendlich unterstanden (Wehrmacht, Stadt, Industriegemeinschaft?), ist ebenfalls noch ungeklärt.[69]

Kriegsgefangene und „Ostvölkische" waren nachweislich nur unter Bewachung und meist in geschlossener Formation zur Arbeit und abends zurück in die Unterkünfte geführt worden. Eine gewisse Bewegungsfreiheit war nur den Zivilinternierten zugestan-

den worden; zunächst nur den Westarbeitern später auch, begrenzt auf das Wochenende und einen engen regionalen Umkreis, Ostarbeitern und Polen. Kriegsgefangene konnten sich bis in das letzte Kriegsjahr hinein nur unter Bewachung in der Stadt bewegen, wenngleich diese „Bewachung" zuletzt nicht selten zur Aufgabe von Kindern und Jugendlichen geworden war.

Eine besondere Nuance der Überwachung und Demütigung von Polen und Ostarbeitern stellte sicherlich die schon in den ersten Kriegsjahren eingeführte „Kennzeichnungspflicht" dieser Fremdarbeiter dar, mit der zugleich ein weiterer Aspekt der generell benachteiligten Stellung von Ostarbeitern und Polen gegenüber vorgestellt wird. Dem Prinzip des Judensterns vergleichbar war diese Kennzeichnung dazu bestimmt, „Ostvölkische" öffentlich kenntlich zu machen. Für Ostarbeiter war dabei die Aufschrift „Ost", für Polen ein „P" vorgeschrieben worden, die Stoffaufnäher waren auf der linken Brustseite zu tragen. Im Schwarzwälder Tagblatt wurde die Öffentlichkeit bereits im Januar 1941 aufgefordert, „die sogenannten Zivilpersonen im Auge (zu haben), die durch ein aufgenähtes ‚P' an jedem Kleidungsstück kenntlich gemacht worden sind". Dennoch konnte sich erstaunlicherweise keiner der hierzu befragten Zeitzeugen konkret an eine Kennzeichnung von Polen oder Ostarbeitern erinnern. Einige beharrten gar mit Bestimmtheit darauf, daß derartige Abzeichen nicht getragen worden seien. Andere schränkten ein, daß sie die wohl „nicht wahrgenommen" hätten.

Für Villingen jedoch gibt es eine ganze Reihe von Anhaltspunkten, welche die Umsetzung dieser Kennzeichnungpflicht für „ostvölkische" Arbeiter bestätigen. Berichte der Schutzpolizei, die einzelne Verstöße gegen diese Verordnung festhalten, setzen doch zunächst voraus, daß die Masse der Verpflichteten nicht dagegen verstoßen hatte. Das Polizeiprotokoll über die Vernehmung eines

Ostarbeiters, der wegen Nichttragens des Ostabzeichens verhaftet worden war, belegt dies eindeutig: „Auf Vorhalt gab er (der Ostarbeiter) zu verstehen, daß er nicht gewußt habe, daß auch er das Ostabzeichen tragen muß. Dies ist aber eine faule Ausrede; denn es war noch ein Kamerad, welcher auch einen Urlaubsschein hatte, bei ihm und derselbe hat das Ostabzeichen getragen."[70] Dabei soll nicht in Abrede gestellt sein, daß es unter Ostarbeitern und Polen Bestrebungen gab, diese Kennzeichnungspflicht zu umgehen. Ein Kinobesuch oder gar eine Schiffschaukelfahrt auf dem Maifeld waren schließlich nur inkognito möglich. Und im Verhaftungsprotokoll des Schiffschauklers, der sich dabei ausgerechnet den Fuß gebrochen hatte und so „enttarnt" wurde, ist ausdrücklich vermerkt, daß das Ostabzeichen nicht getragen worden sei. Auch ein Schreiben des Bürgermeisterstellvertreters Riedel vom Mai 1943 an die Lagerleitung des Ostarbeiterlagers, in dem bemängelt wird, „daß ein großer Teil der Ostarbeiter, insbesondere an Sonntagen, nicht das ‚Ost' Zeichen trägt", belegt jedoch zugleich, daß sich die Stadtverwaltung mit diesem Mißstand keinesfalls einverstanden wissen wollte. Denn Riedel schreibt weiter: „Ich ersuche sie, die Wachmannschaft, welche den Aus- und Eingang des Lagers überwacht, anzuweisen, darauf zu achten, daß das Ostzeichen von den Lagerinsassen angenäht, nicht angesteckt, getragen wird."[71] Demnach dürfte es kaum Zweifel geben, daß auch in Villingen diese Abzeichen getragen worden sind.

Die fehlende Erinnerung deutscher Zeitzeugen an derart explizite Aspekte der Demütigung der Fremdarbeiter, wie die Kennzeichnungspflicht oder die Mangelversorgung, ist übrigens nicht ungewöhnlich. Eine Studie über die Fremdarbeiter in Tübingen förderte ähnliche Erkenntnisse zutage.[72] Und ein ehemaliger polnischer Zwangsarbeiter formulierte schon vor vielen Jahren: „Aber wundert mich das, daß du das nicht kennst, solches ‚P'-Zeichen. Nie gesehen in eure Bücher? Kennt ihr doch den Judenstern, aber nicht unser ‚P'? Scheees Stickerl Stoff. Scheene kräftige Farben. Kannst es schon sehen von weiten, auf der Straße, im Laden, ieberall. Und jeder weiß: Das ist ein Pole. Darfst du das auch nicht bloß anstecken mit Sicherheitsnadel, mußt du fest annähen mit Nadel und Faden. Darfst das doch nicht abmontieren, das ‚P' – so mal ganz fix, wenn du willst ins Kino gehen oder mit die Trambahn fahren. Ist doch verboten für Polen."[73]

Direkte Überwachung, heimliche Bespitzelung und demütigende Kennzeichnung waren die drei Säulen, auf denen der nationalsozialistische Staat sein Arbeitszwangssystem letztlich aufgebaut hatte. Die, insgesamt betrachtet, außerordentlich geringe Zahl an Störfällen bestätigt sicherlich auch die Funktionsfähigkeit dieses Systems. Erst gegen Kriegsende nahm die Zahl an Arbeitsverweigerungen und Sabotageakten zu. Das Rüstungskommando berichtete seit 1944 häufiger, daß die „Stimmung und Haltung von Ausländern z. Teil eine herausfordernde Überlegenheit aufweist, die sich aus zu nachgiebiger Behandlung und der wachsenden Hoffnung auf Feindsieg herleitet"[74]. Um diesen Tendenzen Einhalt gebieten zu können, wurde eine „straffere Führung" der Fremdarbeiter eingefordert. Auch in Villingen wurden im Januar 1944 in diesem Zusammenhang Möglichkeiten zusätzlicher Einflußnahme auf einen geregelten Arbeitsprozeß erörtert. Auf Einladung des Villinger Arbeitsamts fanden sich dort unter anderem der Oberstaatsanwalt beim Landgericht Konstanz, der Leiter der Gestapo-Hauptstelle Singen, die Richter der Amtsgerichte Villingen und Donaueschingen sowie Vertreter der Landratsämter Villingen und Donaueschingen ein, um Möglichkeiten zur „Bekämpfung der Disziplinlosigkeiten" im Rahmen des Arbeitseinsatzes gemeinsam zu erörtern. Über das Sitzungsergebnis und dessen Auswirkungen ist nichts bekannt.

Plünderungen bei Kriegsende

Villingen war nach einigen Tagen der Unsicherheit – Wehrmachtstruppen und angeblich auch Einheiten der Waffen-SS waren noch einmal bis an den Stadtrand von Schwenningen vorgedrungen – schließlich kampflos übergeben worden.[75] Mit Besetzung der Stadt durch französische Truppen kamen Tausende von zivilen und kriegsgefangenen Fremdarbeitern in Freiheit. Um größere Ausschreitungen zu vermeiden, waren – wie erwähnt – noch am letzten Tag vor dem Einmarsch der Franzosen etwa 1 200 russische Kriegsgefangene aus dem Stalag an die Schweizer Grenze verbracht worden. Die angeblich anrückenden SS-Truppen bewogen die noch in den Lagern am Stadtrand verbliebenen Ostarbeiter zu panischer Flucht in die Innenstädte von Villingen und Schwenningen[76]. Spätestens ab diesem Zeitpunkt, der Nacht vom 20. April auf den 21. April 1945, setzten in beiden Städten „überall die Plünderungen der Läden ein, begonnen von den Ausländern, aber auch gewissenlose Deutsche taten mit. (...) Eine besondere Plage waren die Zivilrussen, Männer und Mädchen, die während des Krieges in den hiesigen Betrieben gearbeitet hatten und nun auf den Abtransport warteten. Sie ließen sich's auf unsere Kosten sehr wohl sein, schrien, tranken, festeten und tanzten bis in die späte Nacht hinein. Sie plünderten und stahlen nach Herzenslust, wo sie wollten, und es gab keinen Schutz gegen sie."[77] Die Besatzungskräfte versuchten allerdings umgehend, Ruhe und Ordnung wiederherzustellen. Bereits am 22. April wurde öffentlich verkündet, daß „Plündern von Angehörigen jeder Nation mit dem Tod bestraft" werde.[78]

Tatsächlich hatte, als in Villingen die prall gefüllten Lebensmittellager der Wehrmacht in den Kasernen beim Stalag entdeckt wurden, eine regelrechte Plünderungswelle unter Fremdarbeitern und Deutschen eingesetzt. Alles, was brauchbar war, wurde mitgenommen.

Plünderungen in Firmen und Betrieben dagegen wurden fast ausschließlich durch Fremdarbeiter verübt. In einigen Betrieben, wie zum Beispiel den Saba-Werken oder bei Fichter & Hackenjos, entstand dabei erheblicher Schaden, andere Firmen wie Kienzle Apparate blieben weitgehend verschont.

Aus den Berichten über das Kriegsende in anderen Städten und Gemeinden ist hinreichend bekannt, daß vor allem Polen und Ostarbeiter oft erhebliche Ausschreitungen gegen die deutsche Zivilbevölkerung zu verantworten hatten. Inwieweit es in Villingen selbst zu solchen Ausschreitungen gekommen war, ist unklar. Die Akten der Schutzpolizei aus dem Jahr 1945, in denen derartige Ausschreitungen hätten vermerkt werden müssen, sind nicht mehr auffindbar. Im unmittelbaren Umland von Villingen haben sich jedoch sehr ernste und heftige Vorfälle zugetragen. In einem Bericht der Villinger Gendarmerie (nicht zu verwechseln mit der städtischen Schutzpolizei) wird unter anderem von einem bewaffneten Überfall zweier russischer Zivilarbeiter auf den Greifsbacherhof (Gde. Nußbach) im August 1945 berichtet: „(Sie) plünderten das ganze Anwesen aus. Geraubt wurden zum Nachteil des Bauern Alfred K. nahezu alle Kleidungsstücke, die gesamte Bettwäsche u. seine Eßwaren. Ein Russe versuchte die 21jährige Tochter zu vergewaltigen." Ein ähnlicher Vorfall nahe Villingen endete sogar tödlich. Im Polizeibericht: „(Der Bauer) G. wurde durch 3 Schüsse schwer verletzt u. starb bald darauf. Die Täter drangen in das Haus ein, raubten einige Sachen, außerdem wurde die Tochter des G., die Ehefrau M., 5mal vergewaltigt. Bei den Tätern handelt es sich um Ausländer, deren Nationalität noch nicht feststeht." Der erste der hier vorgestellten Berichte schließt mit der Feststellung: „Raubüberfälle und Plünderungen kommen zur Zeit in Villingen in vermehrtem Maße vor, so daß die Zivilbevölkerung sehr beunruhigt ist."[79] Ganz ohne Vorfälle scheint demnach auch Villingen-Stadt nicht davongekommen zu sein. Dokumente und Erinnerungen schweigen hierzu jedoch, einmal abgesehen von der Ermordung des Lagerleiters der Firma Fichter & Hackenjos, auf die an anderer Stelle bereits eingegangen wurde.

Im Januar 1946, als die Rücktransporte der Fremdarbeiter bereits weitestgehend abgeschlossen waren, ließ der Villinger Landrat eine abschließende Statistik im Hinblick auf die Ereignisse im Landkreis bei Kriegsende erstellen. „Von Zivilausländern, besonders den Russen", heißt es dort, seien folgende, nachgewiesen schwere kriminelle Delikte verübt worden: 8 Morde, 4 Vergewaltigungen, 16 Raubüberfälle, 662 größere Plünderungen und Diebstähle. Und der „schwarze Markt", so der Landrat weiter, werde nach wie vor größtenteils von den „Polen im Verein mit Besatzungsangehörigen" betrieben.

Rückführung der Fremden nach dem Krieg

Daß die deutsche Bevölkerung durch solcherlei Vorfälle beunruhigt und verängstigt war, ist nachvollziehbar. Während sich die große Masse der Westarbeiter (Franzosen, Holländer, Belgier etc.) schon in den ersten Tagen nach dem Einmarsch der Besatzungsstreitkräfte auf die Heimreise (meist organisiert durch das Militär) begab, verblieben Polen und Russen zunächst noch in der Stadt. Die Besatzungsmacht reagierte schließlich mit denselben Maßnahmen, mit denen Russen und Polen zuvor schon von den nationalsozialistischen Machthabern unter Kontrolle gehalten werden sollten. Insbesondere die Russen sollten nach dem Willen der Franzosen auch weiterhin geschlossen und kaserniert untergebracht bleiben, um so bis zum Abtransport weitere Ausschreitungen gegenüber der deutschen Zivilbevölkerung zu vermeiden. Wie sich später herausstellte, hat-

ten so manche Ostarbeiter und Ostarbeiterinnen zurecht ihrer Rückkehr in die Heimat mit wenig Freude und Optimismus entgegengesehen. Nicht wenige waren gewaltsam in die Züge verbracht worden, eine zweite Deportation wider Willen. Die Sowjetunion sah in ihnen häufig Kollaborateure Nazi-Deutschlands, denn sie hatten nicht gekämpft, nicht Widerstand und Sabotage geleistet, sondern produktiv für die Kriegswirtschaft des Feindes gearbeitet. Die Zahl derer, die dafür letzten Endes mit erneuter Zwangsarbeit oder auch mit dem Leben bezahlt haben, ist noch unbekannt; sie dürfte jedoch nicht gering sein. Die deutsche Bevölkerung dagegen war erleichtert, als Polen und Russen nach und nach in ihre Heimat abtransportiert wurden und sich auch in Villingen und

Legende zu Abb. 1
 1 *Lager beim Hochgericht,*
   auch Lager Friedensgrund genannt (geplant)
 2 *Lager Niederwiesen*
   (= RAD-Lager/Rietheimer Str.)
 3 *Lager in der Rabenscheuer*
 4 *Lager Villingen I – Kutmühle*
   (Reichsbahnlager)
 5 *Lager Villingen II – Lantwatte*
   (Reichsbahnlager)
 6 *Unterkunft Klosterkaserne*
 7 *Lager beim Romäusturm*
 8 *Unterkunft Mädchenschule beim Klosterring*
   (polnische Kriegsgefangene)
 9 *Unterkunft Volksküche*
   (französische Kriegsgefangene)
10 *Umsiedlerlager Maria Tann*
11 *STALAG V b*
   (Kriegsgefangenen-Mannschaftsstammlager)
12 *STALAG Erweiterung im Frühjahr 1943*
13 *Begräbnisplatz für verstorbene Ostarbeiter*
   (russische Kriegsgefangene)
14 *Ausländerbaracke beim Krankenhaus*
15 *Polnische Kriegsgefangene im Herbst 1939*
   (kurzzeitig im Freien untergebracht)
16 *Provisorisches Russenlager*
   (Bretterverschlag; heute Paradiesapotheke)
17 *Kienzle Apparate AG*
18 *Ehemaliges katholisches Gemeindehaus*
   (Lager für Kienzle – Westarbeiter)
19 *Waldschlößchen (Kienzle-Kantine)*

Abb. 1 Sammelunterkünfte in Villingen.

Schwenningen langsam wieder ein normaler Alltag ohne Plünderung und Lebensgefährdung einstellte. Selbst durch die Rücktransporte kamen noch einige Deutsche zu Schaden. Ein Zeitzeuge berichtete, wie er und seine Mutter auf freiem Feld am Stadtrand von Villingen aus einem vorbeifahrenden Heimkehrerzug fast erschossen worden wäre. Bei Marbach kam kurze Zeit später unter gleichen Umständen eine unbescholtene Frau ums Leben. Verständlich also, daß der Abtransport der „Ostvölkischen" in der Bevölkerung mit Erleichterung aufgenommen wurde. „Das gellende Schreien in der Nacht verstummte und es wurde ruhiger", notierte der Schwenninger Pfarrchronist.[80]

Einige wenige Fremdarbeiter waren jedoch auch über die Rücktransporttermine hinaus in Villingen verblieben.[81] Nicht selten erfolgten in solchen Fällen bald Eheschließungen mit deutschen Frauen oder Männern, so daß im Lauf der Jahre oftmals nur noch der Name auf das einstige Schicksal verwies. Ein Zeitzeuge berichtete jedoch über einen ehemaligen russischen Kriegsgefangenen, dem auch der Verbleib in Villingen offenbar kein Glück gebracht hatte: „Das war ein niederer Stand, der ist nicht zurück, der ist in Villingen buchstäblich verhungert. Der hat da in der Härtnergasse gewohnt, die sind ja staatenlos gewesen nachher. Heute würde man sagen, er ist ein rotzarmer Teufel gewesen nachher. Zuerst dem Alkohol verfallen, so ein kleiner Ruß. Eines Tages ist er verhungert, kein Mensch hat den noch wollen, und mit niemand hat der, nachher hat's geheißen, laßt die Finger weg von dem, die sind nachher also echt arme Teufel gewesen. Die sind so richtig zwischen die Mühle gekommen." Selbst wenn solche Schicksale nach dem Krieg Einzelfälle geblieben waren, so ist doch die Geschichte solcher Displaced Persons, die durch das nationalsozialistische Deutschland in alle Teile Europas und des Reiches zwangsverschleppt worden waren und die nach dem

Krieg, vielerorts oft Aussätzigen gleich, heimatlos und staatenlos umherirrten, auch ein wesentlicher Teil der Geschichte der Fremdarbeiter in Deutschland und somit ein Teil Villinger und Schwenninger Geschichte.

Diese Geschichte endet nicht 1945, sie endet auch nicht mit dem Tod der letzten Displaced Persons. In der Schwenninger Neckarquelle wurde im Februar 1964 ein Artikel unter der Überschrift „Fremdarbeiter. Sind sie eine Gefahr für Ordnung und Sicherheit" veröffentlicht, der in seiner Überheblichkeit so manchem NS-Artikel kaum nachsteht. Unter anderem heißt es dort: „Es ist auch verständlich, wenn sie (die Fremdarbeiter) auf unangebrachte Verallgemeinerungen gelegentlich bitter reagieren, wenn sie sich vor allem dagegen wehren, nur allein deshalb, weil sie anders sind als wir, als verdächtig und gefährlich angesehen zu werden. Sicherlich neigen zahlreiche Fremdarbeiter (...) dazu, bei gelegentlichen Mißverständnissen (...) mitunter zum Messer zu greifen. (...) Auch wenn diese Fremdarbeiter vielleicht gelegentlich durch ihr lautes und demonstratives Wesen störend wirken, sollten wir nicht gleich mit erhobenem Zeigefinger reagieren. Wir sollten vielmehr berücksichtigen, daß dieses Benehmen keine Frage der guten oder schlechten Erziehung ist, sondern eben Eigenart."[82]

Es bleibt nur, für die Gegenwart aus den Fehlern der Vergangenheit zu lernen.

---

1 Zum Beispiel: Ulrich Herbert: Fremdarbeiter. Politik und Praxis des „Ausländer-Einsatzes" in der Kriegswirtschaft des Dritten Reiches. Berlin / Bonn 1985.

2 Grundlage dieses Textes ist eine Arbeit des Verfassers mit dem Titel „Die Geschichte der Fremdarbeiter in Villingen während des zweiten Weltkrieges. Ein Beitrag zur Funktion und Bedeutung mündlich erzählter Erinnerung", die im Oktober 1996 als Examensarbeit am Ludwig-Uhland-Institut für Empirische Kulturwissenschaft der Universität Tübingen eingereicht wurde. Die Arbeit wurde im Auftrag des Stadtarchivs Villingen-Schwenningen erstellt und liegt interessierten Lesern dort zur Einsicht vor. Unter anderem sind darin auch ausführlichere Quellennachweise enthalten.

3 Villingens Bürgermeister Berckmüller 1941: „Es wäre un-
   verantwortlich, Hunderte bolschewistischer Bestien in un-
   mittelbarste Nähe deutscher Familien zu bringen. Hierbei
   muß mit der Möglichkeit gerechnet werden, daß Mord,
   Raub und Schändung die Folgen sind." SAVS Best. 2.16
   (Abl. 1972) Nr. 060/22.2. Auch StAF Best. LKK 7488.
4 Die Bezeichnung „Zwangsarbeiter" als Sammelbegriff für
   die Gesamtheit aller eingesetzten zivilen und kriegsgefangenen Arbeiter erscheint übrigens nur wenig geeignet, waren doch zum Beispiel auch in Villingen neben den
   Zwangsverpflichteten Freiwillige aus der Schweiz, Schweden oder Italiener im Einsatz. Im folgenden wird deshalb
   ausssschließlich der Begriff „Fremdarbeiter" Verwendung
   finden.
5 Hierzu: Wagenführ, Rolf: Die deutsche Industrie im Kriege 1939–1945. Berlin 1954.
6 Von 1939 bis 1941 stieg die Zahl der deutschen Soldaten
   bei der Wehrmacht von 1,4 auf 7,2 Millionen Mann. Die
   Beschäftigungszahlen im Reich sanken jedoch im gleichen
   Zeitraum nur um ca. 10 % (auf 36,2 Millionen). Im Wehrkreis V, zu dem auch Villingen zählte, wurden allein bis
   zum Februar 1941 469 478 Mann, das heißt 21,8% der
   männlichen Bevölkerung zur Wehrmacht einberufen.
   Hierzu: Saba – Bilanz einer Aufgabe. Vom Aufstieg und
   Niedergang eines Familienunternehmens, Bühl – Moos
   1990, S. 100. Und: Boelcke, Willi A.: Sozialgeschichte Baden-Württembergs, Frankfurt 1989, S. 347.
7 Erlaß des Führers über den Generalbevollmächtigten für
   den Arbeitseinsatz vom 21. März 1942. StAF Best. A 96/1
   VII G 389.
8 Boelcke, S. 348. Ferner: Boll, Bernd: Zwangsarbeiter in Baden 1939–1945, 1992, S. 523.
9 SAVS Best. 2.16 (Abl. 1972) Nr. 060/14.
10 Das Rüstungskommando beklagte im Frühjahr 1944, daß
   „evakuierte weibliche Personen, die es mit Geschick verstehen, sich dem Arbeitseinsatz zu entziehen, dazu beitragen, die zwischen eingesetzten und nicht eingesetzten
   Frauen bestehende Spannung erheblich zu verschärfen."
   BMFR, Best. RW 21–1/10, Diensttagebuch Rüstungskommando Freiburg S. 41.
11 Das Nationalsozialistische Lagersystem (Catalogue of
   Camps and Prisons in Germany and German-occupied
   Territorities Sept. 1st, 1939 – May 8th, 1945 [CCP]). Hg.
   von Martin Weinmann, Frankfurt 1992 (Neuauflage). Für
   Villingen und Schwenningen wird leider keine Gesamtzahl der eingesetzten Fremdarbeiter genannt.
12 Im einzelnen für Schönwald 75, für Triberg 1 235, für
   Schonach 365, für Brigach 70, für Langenschiltach 85, für
   Peterzell 110, für St. Georgen 880, für Unterkirnach 725,
   für Tennenbronn 300, für Bad Dürrheim 340, für Niedereschach 215, für Königsfeld 160, für Mönchweiler 105,
   für Buchenberg 80 Personen. Weinmann, S. 545 f.
13 Schwenningen zählte im Jahr 1944 unter 13 000 Beschäftigten etwa 3 000 Fremdarbeiter. SAVS Best.5.22 Nr. S alt
   791 II, Ströble 1952.
14 33 Italiener und Italienerinnen, 23 Franzosen und Französinnen, 90 Belgier, 11 Holländer, 2 Letten, 33 Kroatinnen,
   12 Ukrainer und Ukrainerinnen, 10 Polen und Polinnen,
   226 Russen und Russinnen sowie 5 Schweizer. SAVS Best.
   2.16 (Abl. 1972) Nr. 942/75.
15 Im einzelnen waren gemeldet: 298 Elsässer, 443 Franzosen, 191 Belgier, 58 Holländer, 128 Russen, 55 Ukrainer, 41
   Italiener, 6 Spanier, 29 Schweizer, 5 Staatenlose, 5 Slovenen, 163 Polen, 11 Kroaten, 2 Litauer, 2 Jugoslawen, 2 Ar-
   menier, 3 Slowaken, 2 Bulgaren, 1 Ungar, 1 Iraner, 1 Däne,
   2 Serben, 2 Amerikaner. SAVS Best. 2.2 Nr. XV/56.
16 In anderen Villinger Betrieben ergab sich für 1945 ein ähn-

liches Bild: Aluminiumgießerei 60 Prozent Fremdarbeiteranteil (249 von 437 Mitarbeitern), Binder Magnete 16
Prozent (50 von 300); Fichter & Hackenjos 35 Prozent (125
von 350), Kienzle-Uhren 13 Prozent (50 von 350/400),
Saba 17 Prozent (230 von 1 330), Seidenweberei 11,5 Prozent (36 von 310), Uhrenfabrik Kaiser 21 Prozent (150 von
700), Maschinenfabrik Winkler 40 Prozent (14 von 35).
17 Einen guten Überblick über die Kriegsproduktion der Firma Kienzle bei: Vögtlin, Karl: Entwicklungen und Ferti-
gungen der Firma Kienzle Apparate GmbH in Villingen,
bis 1945. SAVS, unverzeichnet (unveröffentl., masch.).
18 Der südwestdeutsche Raum wurde von den Rüstungskommandos Stuttgart II und Villingen, ab 1942 Stuttgart II
und Freiburg verwaltet.Das Rüstungskommando Villingen befand sich in der Vöhrenbacher Straße Nr. 4. SAVS
Best. 2.2 Nr. XI 1.7. Dem Rüstungskommando Stuttgart II
war mit der Rüstungsinspektion V das Gebiet Tuttlingen,
Friedrichshafen, Ulm, Crailsheim, Mergentheim, Vaihin-
gen, Calw, Freudenstadt und Rottweil, das Gebiet Südwürttemberg also, unterstellt. Dem Rüstungskommando
Villingen, das 1942 im Rüstungskommando Freiburg auf-
ging, war mit der Rüstungsinspektion Oberrhein der südbadische Raum, das aus dem Gebiet Lörrach, Kehl, Lichtenau,
Villingen, Meßkirch, Pfullendorf und Überlingen zugeordnet, aufgeteilt in Bezirk 1: Freiburg – Offenburg, Bezirk 2:
Villingen – Donaueschingen, Bezirk 3: Lörrach – Waldshut, Bezirk 4: Konstanz – Überlingen. BMFR Best. RW
21–21/9 43-45.
19 SAVS Best. 2.16 (Abl. 1972) Nr. 060/22.1 + 2 sowie Best.
2.2 Nr. VIII.
20 BMFR, Diensttagebuch Rüstungskommando Villingen,
Best. RW 21/21/3, S. 45.
21 SAVS Best. 2.16 (Abl. 1972) Nr. 942/75.
22 SAVS Best. 2.16 (Abl. 1972) Nr. 060/14.
23 SAVS Best. 2.16 (Abl. 1972) Nr. 942/75.
24 In dem Schreiben heißt es unter anderem: „Auch für unseren Betrieb, der besonders für vordringliche Luftfahrgerä-
te eingesetzt ist, ist die Unterbringung einer größeren Anzahl von Ostarbeitern notwendig." SAVS Best. 2.16 (Abl.
1972) Nr. 942/75.
25 Bevor das ehemalige RAD-Lager in den Nieder-
wiesen/Rietheimerstraße favorisiert worden war, gab es
mehrere Konzepte geeigneter Alternativstandorte. So war
beispielsweise auch das Gelände Friedensgrund/Hochge-
richt (ehemaliger Steinbruch beim Hochbehälter Huben-
bach, südlich der Vöhrenbacher Straße) in die engere
Wahl gezogen worden, beim Innenministerium wurde bereits am 6. 2. 42 ein Genehmigungsantrag „für die Erstellung eines Barackenlagers für 400 russische Zivilgefange-
ne der Villinger Industrie" eingereicht. SAVS Best. 2.16
(Abl. 1972) Nr. 942/75.
26 BMFR, Diensttagebuch Rüstungskommando Freiburg,
Best. RW 21–21/5, S. 46 und 57.
27 SAVS Best. 2.16 (Abl. 1972) Nr. 942/75. Im Dezember
1942 entbrannte ein Streit zwischen der Fa. Binder und
dem Baubevollmächtigten des Reichsministeriums Speer
um die von Binder im Gasthaus Germania angemietete
Räume zur Unterbringung von Fremdarbeitern. 10 Franzosen und 6 Polen waren dort in der Kegelbahn untergebracht. Das Reichsministerium beanspruchte die Räume dagegen für deutsche Baukräfte und argumentierte:
„Es wird hierzu keines näheren Hinweises bedürfen, daß
in erster Linie unser deutscher Arbeiter Anspruch auf
Besserunterbringung hat." SAVS Best. 2.2 Nr. IX e.46 und
Nr. IX e.49.
28 „Die Baracken müßten besonders gesichert sein, weil
in erster Linie Strafgefangene (auch schwere Jungens)

untergebracht werden." SAVS Best. 2.16 (Abl. 1972)
Nr. 060/22.2.

29 Insgesamt waren im Juni 1942 in der früheren Klosterkaserne im 2. und 3. Stockwerk 160 Kriegsgefangene untergebracht worden, betreut durch die Kreishandwerkerschaft. SAVS Best. 2.16 (Abl. 1972) Nr. 210/1.

30 SAVS Best. 2.16 (Abl. 1972) Nr. 060/22.1.

31 Der Generalbevollmächtigte Sauckel hatte bereits im Mai
1942 angeordnet, daß „eine Unterbringung in Privatquartieren nur in besonderen Fällen (z. B. Angestellte) in Betracht" komme. SAVS Best. 2.16 (Abl. 1972) Nr. 060/22.1.
Dieser Anordnung folgend, wies der badische Innenminister im Juni 1942 die Kommunen an: „Alle ausländischen
Arbeiter, die bereits in Privatquartieren wohnhaft sind,
sollen allmählich in die Sammellager überführt werden,
und zwar zunächst die polnischen Arbeiter und die Angehörigen der Feindstaaten." SAVS Best. 2.16 (Abl. 1972)
Nr. 942/75.

32 Die Gestapo Singen hatte im April 1942 der Stadt Villingen mitgeteilt, daß bei „Arbeitskräften aus dem Osten"
grundsätzlich eine „lagermäßige Unterbringung" erforderlich sei, und zwar „abgeschlossen" und unter „ständiger Begleitung der Russen am Wege von und zur Arbeitsstelle und zur Einnahme der Mahlzeiten. „Russen nie ohne Aufsicht! Die gesamte Freizeit spielt sich im abgeschlossenen Lager ab." SAVS Best. 2.2 Nr. XI 1.7.

33 Conradt-Mach, Annemarie: Alle mieden und verachteten
uns. Fremdarbeiter in Villingen und Schwenningen. In:
Stadt Villingen-Schwenningen (Hg.): 1939/1949. Fünfzig
Jahre Kriegsausbruch, vierzig Jahre Bundesrepublik
Deutschland. Villingen-Schwenningen in Aussagen, Bildern und Dokumenten. Kriegs- und Nachkriegszeit, Kunst
und Kultur. Villingen-Schwenningen o. J. (1989).

34 Zu untersuchen wäre vielmehr, inwieweit dieses „Brotge-
ben" eine von der realen Verhaltensweise (vor dem Hintergrund des Erlebens hungriger Ostarbeiter) abweichende bzw. ablenkende Rechtfertigungsfunktion haben könnte.

35 BMFR, Diensttagebuch Rüstungskommando Freiburg,
Best. RW 21–21/8, S. 28.

36 BMFR, Diensttagebuch Rüstungskommando Freiburg,
Best. RW 21–21/8, S. 28.

37 SAVS Best. 2.16 (Abl. 1972) Nr. 060/22.1.

38 Die Wirkung scheint nicht ausgeblieben zu sein, denn „der
teilweise hohe Krankenstand unter den Ausländern konnte durch schärfere Beurteilung seitens der Betriebsärzte
erheblich herabgesetzt werden". BMFR, Diensttagebuch
Rüstungskommando Freiburg, Best. RW 21–21/9, S. 38.

39 Im Krankenhaus Villingen wurden beispielsweise zwischen April und September 1942 5 Belgier, 7 Franzosen, 4
Italiener, 1 Luxemburger, 8 Polen, 1 Rumäne, 6 Russen, 9
Slovenen sowie 3 Ungarn stationär behandelt. SAVS Best.
2.2 Nr. VIII/4.42.

40 SAVS Best. 2.2 Nr. VIII 4.42.

41 StAF Best. A 96/1 XVIII /2 1000.

42 SAVS Best. 2.16 (Abl. 1972) Nr. 515/1.

43 Chronisch erkrankte Ausländer wurden übrigens in der
Regel in die „hierfür vorgesehenen Sonderabteilungen
der Krankenanstalt in Bietigheim" überwiesen. In anderen Fällen wurden schwerer erkrankte Fremdarbeiter in
ihre Heimat abgeschoben. SAVS Best. 2.2 Nr. VIII 4.42.

44 Insgesamt sind dort etwa 70 verstorbene Kriegsgefangene
bestattet worden. SAVS Nachlaß Götz, S. 147.

45 SAVS Best. 1.16 (Abl. 1988) Nr. 730/10.

46 SAVS Best. 2.16 (Abl. 1972) Nr. 730/1.

47 In einer Besprechung zwischen der Stadt und dem Stalag
war im November 1941 festgelegt worden, daß für verstor-

bene Russen ein eigener Begräbnisplatz einzurichten sei,
da in den nächsten Jahren mit 150 bis 200 Sterbefällen bei
den Russen gerechnet werden müsse. Das Stalag, so die
Vereinbarung, war für die Umzäunung des Platzes verantwortlich. Die Baugenehmigung hierfür erging ebenfalls
noch im November 1941, bereits im Dezember 1941 weisen
die Sterbelisten eine Unterscheidung zwischen Krieger-
gräbern deutscher Soldaten, Gräbern verstorbener fremd-
ländischer Krieger und Gräbern von „Russen auf dem
Russenbegräbnisplatz" auf. SAVS Best. 1.16 (Abl. 1988)
Nr. 730/10. Belegt wird die Existenz dieses Friedhofs übrigens auch durch die Beschwerde eines alliierten Offiziers
im August 1946 bei der Villinger Stadtverwaltung: „Anläßlich eines Besuches der Orte, wo sich Grabstätten verstorbener alliierter Kriegsgefangener befinden, ist festgestellt
worden, daß der Unterhalt zu wünschen übrig läßt. Deshalb weise ich Sie schnellstens auf den vernachlässigten
Zustand hin, in dem sich der Ort, wo die sterblichen Hül-
len von etwa 20 Russen ruhen, befindet. Die Stelle liegt auf
der Mönchweilerstraße (über die obere Waldstraße), ungefähr 2 km von der Stadtgrenze entfernt, ein Waldpfad,
der rechts abbiegt, führt an den Saum eines Tannenwaldes.
Andererseits war ein kleiner Gedenkstein an dieser Stelle
errichtet. Ein Akt der Zerstörungswut, von böswilligen
Händen begangen, läßt erkennen, daß die 3 Steinblöcke,
die es bildeten, auf dem Boden zerstreut worden sind."
SAVS, ebd.

48 SAVS Best. 2.15 Nr. 101.

49 SAVS Best. 5.22 Nr. S alt 35, Chronik Schäfer, S. 38 f.

50 StAF Best. A 96/1 Bd. 1 XXII/3 1684, Ministerialblatt f. d.
badische innere Verwaltung v. 30. 4. 1943, Nr. 17, S. 359.

51 Im August 1943 reisten zum Beispiel 60 Holländer der
Kienzle Apparate AG nach Rottweil, um dort ein Fußball-
spiel zu sehen. Spät abends kehrten sie nach Villingen
zurück. Auf dem Heimweg durch die Straßen Villingens
scheinen sie den Sieg ihrer Mannschaft lautstark gefeiert
zu haben. Die Schutzpolizei wurde umgehend durch einen
verängsteten Bürger über diese vermeintliche „politische
Demonstration" informiert. SAVS Best. 2.2 Nr. 1.7. Hierzu
auch Jeggle: Fremde Arbeiter in Tübingen, S. 124.

52 So feierten im April 1943 und im April 1944 beispielsweise
mehrere hundert Franzosen in der Tonhalle, im Februar
1944 Holländer und Flamen im Waldschlösslesaal mit
„Musik und Sketchen". SAVS Best. 2.2 Nr. VI/3.66. Diese
Veranstaltungen waren grundsätzlich sowohl ordnungspo-
lizeilich als auch durch die deutsche Arbeitsfront zu ge-
nehmigen (Initiator war ein bei Kienzle arbeitender Franzose). Selbst zweisprachige Plakatierungen an Hauswän-
den waren hierfür vorgenommen worden, was allerdings
umgehend Schutzpolizei und Gestapo auf den Plan rief.
Der Text des Plakates: „Freundschaft (Freundschafts-
bund) der französischen Arbeiter in Deutschland. Dauer
(jeweils) im Saale der Tonhalle Samstags von 13.00 Uhr bis
17.00 Uhr, Sonntags von 9.00 Uhr bis 12.00 Uhr." SAVS
Best. 2.2 Nr. VI 3.66.

53 SAVS Best. 1.16 (Abl. 1988) Nr. 120/139.

54 SAVS Best. 2.2 Nr. XI 1.7. Ein Villinger Ostarbeiter hatte
sich dort beim Schiffschaukeln am Bein verletzt.

55 SAVS Nachlaß Götz, S. 102.

56 SAVS Best. 2.2 Nr. XI 1.7.

57 SAVS Best. 1.16 (Abl. 1988) Nr. 120/243.

58 „16 namentlich festgestellte Polen (klagen diesen an), daß
er diese sehr schlecht verpflegt und das zugeteilte Verpfle-
gungsmaterial für eigene Zwecke verwendet hat." SAVS
Best. 2.16 (Abl. 1972) Nr. 120/33.

59 Birkenholz, Karl: Der ausländische Arbeiter in Deutschland, Berlin 1942.

60 Der Villinger Bürgermeister Berckmüller hatte übrigens im September 1940 aus „Rücksicht" auf die städtischen Mitarbeiter abgelehnt, einen der wenigen noch in Villingen verbliebenen Juden (Sally Schwab) auf Vorschlag des Arbeitsamts bei der „städtischen Müll- und Latrinenabfuhr" zu beschäftigen, obgleich ihm diese Tätigkeit „gerade für einen Vollblutjuden besonders geeignet" erschien. Schwab war zuvor bei der Firma Spathelf beschäftigt, was die Deutsche Arbeitsfront gegenüber den dort arbeitenden Deutschen zuvor ebenfalls für unzumutbar gehalten hatte. SAVS Best. 2.16 (Abl. 1972) Nr. 020/2.21.

61 „Die Haltung der ausländischen Arbeitskräfte wird beeinflußt durch die Ereignisse an der nahen Front. Leistung und Arbeitswille, insbesondere der holländischen und französischen Kräfte, lassen vielfach nach. Provozierendes Benehmen gegenüber der Zivilbevölkerung mancherorts an der Tagesordnung. Fluchtversuche häufen sich." BMFR, Diensttagebuch, Herbst 1944, Best. RW 21–21/12, S. 23.

62 SAVS Best. 2.16 (Abl. 1972) Nr. 060/22.2. Auch der damalige Stalag-Lageroffizier sah die Ankunft der Russen zunächst kritisch: „Dort bildeten sie allerdings eine Gefahr für die Zivilbevölkerung, denn die Söhne des Ostens waren doch nicht sauber." SAVS Nachlaß Götz, S. 121.

63 SAVS Best. 5.22 Nr. S alt 35, Chronik Schäfer, S. 38 f.

64 SAVS Nachlaß Götz, S. 132. Ebenfalls dort findet sich ein weiterer Beleg, wie nachteilig gerade russische Gefangene im Stalag damals behandelt wurden: „Schließlich hatte fast gleichzeitig ein deutscher Feuerwerker festgestellt, daß es ein Blindgänger sei. Ich schlug dem Kommandanten vor, vier Russen als Freiwillige aus dem Arrest zur Verfügung zu stellen und sie nach Erledigung des Auftrages zu begnadigen. Der Kommandant bestimmte so. Andere Nationen konnte man nicht nehmen, weil dieser Einsatz nach den Bestimmungen der Genfer Konvention verboten war." Ebd., S. 145.

65 Selbst Eigentumsdelikte von Ostarbeitern in Villingen waren seit 1944 teilweise nicht mehr konsequent bestraft worden, da auf den Einsatz der Täter an den Produktionsstätten nicht mehr verzichtet werden konnte. Ein Ostarbeiter der Firma Fichter & Hackenjos war, nachdem er des Diebstahls einer Branntweinflasche in einem Villinger Geschäft überführt worden war, auf Drängen der Firma umgehend an seinen Arbeitsplatz zurückgeschickt worden. SAVS Best. 2.2 Nr. XI 1.7.

66 BMFR, Diensttagebuch Rüstungskommando Freiburg, I. Quartal 1943, Best. RW 21–21/4, S. 26.

67 BMFR, Diensttagebuch Rüstungskommando Freiburg, I. Quartal 1943, Best. RW 21–21/5, S. 47 + 57.

68 SAVS Bestand 1.16 (Abl. 1988) Nr. 120/243., ebd., Best. 2.2 Nr. XI.17.

69 Der Kommandeur des Stalags bezweifelte die Effektivität jeder nicht-militärischen Bewachung offenbar erheblich, indem er feststellte, daß „Kgf. unter militärischer Bewachung für die Anwohner weniger lästig sind als die gar nicht oder mangelhaft bewachten ausländischen Arbeiter". SAVS Best. 2.16 (Abl. 1972) Nr. 060/22.2.

70 SAVS Best. 2.2 Nr. XI 1.7.

71 Ebd.

72 Jeggle, Utz u. a.: Fremde Arbeiter in Tübingen 1939–1945. Tübingen 1985, S. 115.

73 Zitiert in: Schminck-Gustavus, Christoph (Hg.): Hungern für Hitler. Erinnerungen polnischer Zwangsarbeiter im Deutschen Reich 1940–1945. Reinbek 1984, S. 9.

74 BMFR, Diensttagebuch Rüstungskommando Freiburg, Best. RW 21–21/9, S. 38.

75 Lediglich ein französischer Panzer wurde in Villingen von einem versprengten deutschen Soldaten abgeschossen. Der Panzer war auf den Benediktinerring bei der Knabenschule gefahren und wurde dort getroffen. Die Besatzung kam ums Leben. „Eine größere Zahl von zivilen Ausländern, welche im Katholischen Gemeindehaus untergebracht waren, machten sich an dem Panzer und an den beiden sichtbaren Toten der Panzerbesatzung zu schaffen." Riedel, Hermann: Villingen 1945. Bericht aus einer schweren Zeit. Villingen 1968, S. 123.

76 Für Schwenningen: „Deutsche Truppen seien in der Nacht im Moos und Rietenwäldchen erschienen, einige bis zum Büdowerk vorgedrungen. Sie seien an das Russenlager bei der Ziegelei gekommen, worauf die dortigen Russinnen morgens um 3 Uhr regellos flüchteten." SAVS Best. 5.22 Nr. S 35 alt, Chronik Schäfer, S. 50.

77 SAVS Best. 5.22 Nr. S 35 alt, Chronik Schäfer, S. 50, S. 48 + 51. Auch Frl. Jenny Mehne schrieb in ihr Tagebuch: 21. April: „Es wird von Ostarbeitern und auch Volksgenossen geplündert." SAVS Best. 5.22 Nr. S 35 alt, unverzeichnet.

78 SAVS Best. 5.22 Nr. S alt 35 IV.

79 StAF Best. A 96/1 XXII/3 1686.

80 SAVS Best. 5.22 Nr. S alt 35, Chronik Schäfer, S. 51.

81 Im Auftrag des Landeskommissärs Konstanz wurde im Januar 1946 eine Aufstellung der noch im Landkreis verbliebenen Ausländer gefertigt. Danach hielten sich noch Anfang 1946 6 Personen aus den USA, 2 aus England, 36 aus Frankreich, 2 aus Rußland, 249 aus Polen, 11 aus Holland, 5 aus Belgien, 40 aus Italien, 55 aus der Schweiz, 63 aus Österreich, 11 aus Ungarn, 14 aus der Tschechoslowakei, 8 aus Jugoslawien, 37 aus Rumänien, 13 aus Estland, 25 aus Lettland, 1 aus Griechenland, 4 aus Argentinien, 3 aus Brasilien, sowie 10 staatenlose Personen im Kreis Villingen auf. StAF Best. A 96/1 XXII/3 1686.

82 SAVS Best. 5.22 Nr. S alt 35/79.

Paul Reuber

Villingen-Schwenningen – eine Vernunftehe?

Gedanken zur kommunalen Gebietsreform

Gegen alle Erwartungen

„Beispielhaft für das ganze Land", so der *Schwarzwälder Bote*, „haben ... Schwenningen und Villingen eine Vernunft-Ehe beschlossen"[1]. Und das war zunächst höchst erstaunlich, denn wohl nirgends rechneten Planer und Politiker so sicher mit Konflikten bei der Gebietsreform wie entlang der alten Territorialgrenze zwischen Baden und Württemberg. Auch Villingen und Schwenningen hatten sich hier lange als Grenzstädte gegenübergestanden, getrennt nur durch einen schmalen Streifen siedlungsleeren Landes, Gegner aus Tradition. Erst im „Bindestrich-Land" Baden-Württemberg fanden sie nach dem zweiten Weltkrieg dauerhaft eine gemeinsame Heimat. Doch die alten Grenzen existierten weiter, nicht nur in den Köpfen mancher Bewohner, sondern auch faktisch, im Liniengefüge der Kreise und Regierungsbezirke: hier Kreis Rottweil, dort Kreis Villingen; hier Regierungsbezirk Tübingen, dort Regierungsbezirk Freiburg.

Die kommunale Neugliederung trat nun an, dieses traditionsreiche System alter Gemeinde-, Kreis- und Regierungsbezirksgrenzen einschneidend zu verändern.[2] Vor dem Hintergrund der Geschichte hat damals wohl mancher einen schwierigen Neugliederungsprozeß prophezeit, in der Erwartung, daß die jahrhundertealten Differenzen ihren Tribut fordern würden. Man hätte vieles erwartet – nur nicht, daß sich die alten Rivalen fast einmütig und nach kürzester Diskussion zu einer gemeinsamen Stadt zusammenschließen würden. Der Villinger OB Kern hatte mehr als recht, wenn er schon zu Beginn der Verhandlungen schrieb, „es sei sicher einmalig, daß Städte solcher Tradition sich zusammenschließen"[3]. Die Landesregierung erhob den Fall deswegen gar zum Musterbeispiel und Aushängeschild der bevorstehenden Gebietsreform in ganz Baden-Württemberg. Vier Fragen stellen sich dem Betrachter bei der Analyse der kommunalen Gebietsreform im Raum Villingen-Schwenningen:

– Welchen Verlauf nahm die Neugliederungsdiskussion?
– Warum stimmten die meisten Politiker der beiden Städte zügig und problemlos für eine Vereinigung?
– Von welcher Seite gab es Widerstand gegen die Fusion?
– Welche Konsequenzen ergaben sich aus der Fusion von Villingen und Schwenningen für die benachbarten Gemeinden und Kreise der Region?

Die „Schnellfusion"

Gemessen am theoretisch erwartbaren Konfliktpotential fanden die formellen Diskussionen und Abstimmungen über den Zusammenschluß der beiden Städte in einem atemberaubenden Tempo statt. Statt endloser Querelen schien die Fusion von Villingen und Schwenningen unter der Hand zum Vorzeigefall der baden-württembergischen Gebietsreform werden zu wollen. Kaum mehr als zwei Jahre vergingen vom ersten offiziellen Fusionsvorschlag im Januar 1969 durch die Villinger und Schwenninger FDP bis zur Verabschiedung des Gesetzes 1971. In selten gekannter Eintracht vertraten fast alle Kommunalpolitiker beider Städte und aller Parteien den Zusammenschlußgedanken in öffentlicher und nichtöffentlicher Diskussion.

Der Zeitabschnitt läßt sich in drei Phasen unterteilen:

– Die Vorphase der Reform mit dem Landesentwicklungsprogramm und den daraus folgenden ersten Konzeptionen und Kontakten zwischen einzelnen Beteiligten vor Ort;

– die z. T. nichtöffentliche Phase der Beratungen im gemeinsamen Neugliederungsausschuss der Städte Villingen und Schwenningen;

– die öffentliche Phase der Abstimmungen im Gemeindeparlament und des Bürgerwiderstandes gegen die Reform.

Die *Initialzündung für die Reform* fand eigentlich schon 1967 statt und sie kam von außen, aus der Landeshauptstadt. Die Landesplaner entschieden, die Gemeinden Villingen und Schwennnigen gemeinsam zum Oberzentrum der Region auszubauen. Sie strebten damit das übergeordnete Ziel der damaligen Raumordnungsplanung an, gleichwertige Lebensbedingungen in allen Teilen der Bundesrepublik zu schaffen. Denn, so sahen es Gutachter und Planer, „betrachtet man das Netz der in Baden-Württemberg vorhandenen Oberzentren, so gibt es in der Tat nur wenige Räume, die ein großstädtisches Zentrum so zwingend fordern wie die Stadtregion in der Baar. In dieser hochentwickelten Industrielandschaft… besteht zwar ein dichtes Netz kräftiger Mittelzentren, … es fehlt jedoch ein großstädtischer Kern" (Langenhan 1970, S. 14). Der Standort für das neue Oberzentrum war wohl nie strittig, denn „die geographische Lage innerhalb des betrachteten Gebietes sowie die enge Nachbarschaft der Städte Villingen und Schwenningen… sind als Voraussetzungen für den Ausbau der beiden Kernstädte zu einer Stadtregion denkbar günstig" (Müller 1971, S. 35).

Sieht man heute auch die Zentrale-Orte-Planung sehr viel kritischer,[4] spricht gar von der „Krise eines Konzepts" (Blotevogel 1996,

S. 9), so schien seinerzeit[5], die Aufwertung Villingens und Schwenningens zum Oberzentrum durchaus den Startpunkt für eine wirtschaftliche Blüte der Schwarzwald-Baar-Region bilden zu können. Als deshalb das entsprechende Landesentwicklungsprogramm im Dezember 1967 an die Öffentlichkeit kam, reagierten weitsichtige Lokalpolitiker prompt: Fast zeitgleich mit der Veröffentlichung kommentierte der Schwenninger OB Dr. Gebauer zum Jahreswechsel im lokalen „Heimatblättle" diese Entwicklung und zog zwischen den Zeilen schon die aus seiner Sicht notwendigen Konsequenzen:

„Als Standort für dieses Oberzentrum empfiehlt die Landesregierung das Städtepaar Villingen-Schwenningen. … Uns ist die Aufgabe gegeben, diese neue Situation zu erkennen und aus dieser Erkenntnis heraus zu handeln. … Zwei Städte gleicher Größe wie Villingen und Schwenningen sind noch kein ‚Oberzentrum', sondern höchstens die zwei Hälften einer solchen Einheit. Noch immer steht unsichtbar zwischen beiden Gemeinden die alte Grenze und trennt in mancher Beziehung Menschen und Verwaltungen. Diese Trennung müssen wir überwinden. Es gilt, die Gunst der Stunde zu nutzen. Nur gemeinsam können wir die uns zugedachte zentralörtliche Funktion erfüllen. Ich hoffe, daß die Suche nach dem richtigen Weg zu dieser größeren Gemeinschaft für unsere Nachbarstadt und uns zu einem wichtigen kommunalpolitischen Problem der kommenden Jahre werden wird."[6]

Gebauer erkannte schon damals, daß Villingen und Schwenningen die ihnen zugedachte Aufgabe nicht ohne eine Gebietsreform, oder zumindestens eine sehr enge Zusammenarbeit, würden erfüllen können. Das bisherige, in langer historischer Tradition eingespielte „Gegeneinander" mußte sich zu einem partnerschaftlichen „Miteinander" verändern. Der Innenminister erwartete dabei nicht nur Lippenbekenntnisse, sondern kon-

krete Anstrengungen zur Zusammenarbeit
zwischen den beiden Städten. Schaffte man
dies nicht, käme man nicht in den Genuß der
finanziellen Zuschüsse und politischen Vorteile, die man sich von der neuen Rolle als
Oberzentrum erwartete (z. B. als regionales
Einkaufs-, Verwaltungs- und Dienstleistungs-
zentrum). Dieses Argument verwandte der
Schwenninger Oberbürgermeister, der in den
folgenden Jahren zum lokalen Motor der
Fusion werden sollte, auch gegen konservative Gegner einer Annäherung: „Klappt die
Zusammenarbeit nicht, besteht die Gefahr,
den jetzt ausgesprochenen Oberzentrums-
Bonus wieder an eine andere Stadt zu verlieren."[7] Das Faustpfand „Oberzentrum" mit
seinen Vorteilen bildete von da an den Dreh-
und Angelpunkt für die politisch-taktische
Diskussion der Fusionsbefürworter.

Doch die ersten, fast tastenden Annähe-
rungsversuche der beiden Städte waren ver-
ständlicherweise schwierig und begleitet von
gegenseitiger Vorsicht, man möchte sagen,
von einem historisch gewachsenen Mißtrauen
zwischen den alten räumlichen Gegnern Villingen und Schwennigen. Konkrete Schwierigkeiten aus dieser Zeit selbst bei alltäglichen überörtlichen Organisationsroutinen,
wie z. B. beim Aufbau eines gemeinsamen
Wochenend-Notdienst für Zahnärzte, zeigen
beispielhaft, wie „hinderlich... die in der
Praxis noch vorhandene ehemalige Landesgrenze (war)"[8].

Mehr als ein Jahr sollte deshalb vergehen,
bis die Diskussion im Januar 1969 in ihre offizielle Phase trat. Sie begann mit einem öffentlichen Forumsgespräch am 8. Januar, wo man
zunächst sehr unverbindlich von einem
„Städtepaar"[9] im Rahmen der Landesent-
wicklungsplanung sprach. Weit wichtiger war
jedoch die – nichtöffentliche – Konstitu-
ierung eines gemeinsamen, interkommunalen Ausschusses der beiden Städte am 10. Januar 1969. Die Sitzung sollte, neben einem
sicher eher zweitrangigen bunten Blumen-

strauß lokalpolitischer Sachthemen[10], entscheidend dazu dienen, „die geistigen Mauern
ab(zu)tragen"[11]. Ganz in diesem Sinne betonte der Schwenninger Oberbürgermeister,
„wichtig seien persönliche Kontakte zwischen
Vertretern beider Städte"[12].

Aber solche Kontakte hatten auch schon
im Vorfeld dieser ersten Ausschuß-Sitzung
stattgefunden. Denn nur so ist es wohl zu erklären, daß während dieses ersten Treffens
die Vereinigungsdiskussion mit einem spek-
takulären Paukenschlag begann. Dort „sorgten die Freien Demokraten von hüben und
drüben... für den Knüller des Tages"[13]: Sie
taten den ersten Schritt zur Gebietsreform
und forderten die Einrichtung eines gemeinsamen Verwaltungsgebietes. Dazu schlugen
sie das Modell eines Stadtkreises vor:

„Der LEP beabsichtigt, ... den Raum der
Städte Schwenningen und Villingen als Oberzentrum einzustufen. ... Es muß jedoch eine
erhebliche Schwierigkeit für dessen Durchführung darin erblickt werden, daß zwischen
Schwenningen und Villingen nicht nur Kreisgrenzen verlaufen, sondern auch die Grenzen
der Regierungsbezirke Südwürttemberg und
Südbaden. Zwangsläufig muß diese Grenze
die Entwicklung hemmen oder gar verhindern. Sie zu beseitigen ist daher notwendig.
Die Lösung der Verwaltungsfrage ist nach
unserer Meinung durch die Bildung eines
Stadtkreises Schwenningen-Villingen möglich. Die Funktionsfähigkeit des Oberzentrums setzt eine verwaltungsmäßige
Einheit voraus. ... Wir sind deshalb der Meinung, daß die rechtlichen und politischen
Schwierigkeiten, die der Verwirklichung
dieses Ziels entgegenstehen, überwunden
werden müssen."[14]

Das Vorgehen war gut koordiniert: Der
Antrag auf die Bildung des Stadtkreises wur-
de von der Schwenninger FDP vorgetragen.
Gleichzeitig überreichte das Villinger FDP-
Ausschußmitglied Binder die schriftliche
Form des Antrages. Während jedoch die FDP

einen „Stadtkreis" mit zwei selbständigen Gemeinden Villingen und Schwenningen im Blick hatte, ging der Schwenninger OB Gebauer, vorsichtig allerdings, schon einen Schritt weiter. Er deutete bereits die „Verschmelzung"[15] der beiden Städte an. Die Diskussion zeigte, daß auch er bereits vorab Gespräche mit übergeordneten Planungsebenen geführt hatte: „Erfreulich sei, daß sich der Regierungspräsident vom Regierungsbezirk Südwürttemberg Hohenzollern im Grunde bereits zustimmend zu einem Zusammenschluß unter Aufhebung der Verwaltungsgrenzen geäußert habe."[16]

Von da ab verlief die Entwicklung rasant: es kamen keine ernsten Einwände von den anderen Ausschußmitgliedern, weder von gegnerischen Parteien noch von einer der beiden „Stadt-Fraktionen". Im Gegenteil, schon zwei Monate später, in seiner zweiten Sitzung, ging der Ausschuß den entscheidenden Schritt weiter: Er verfaßte in einer Einmütigkeit, die die kulturhistorische Gegnerschaft vergessen ließ, eine gemeinsame Resolution über den Zusammenschluß der Städte. Bezeichnend für das schnelle Tempo ging es nicht mehr um einen Stadtkreis mit zwei selbständigen Gemeinden Villingen und Schwenningen[17], der Ausschuß votierte stattdessen für die Fusion der beiden Städte:

„Über den Rahmen der Bildung eines gemeinsamen Oberzentrums hinaus sind die Gemeinderäte der beiden Städte entschlossen, alle Vorbereitungen zu treffen, um zu einem Zusammenschluß der bisher selbständigen Gemeinden Villingen und Schwenningen zu gelangen. Sie glauben, dabei nicht nur im Sinne und Interesse der Bevölkerung zu handeln, sondern auch einen wichtigen Beitrag zur Entwicklung des gesamten Raumes zu leisten und nicht zuletzt auch zur endgültigen Überwindung der ehemaligen Landesgrenze zwischen Baden und Württemberg beizutragen."[18]

Der Ausschuß empfahl abschließend den Gemeinderäten von Villingen und Schwennignen die Annahme dieser Resolution. Für die jahrhundertelang in verschiedenen Kreisen, Regierungsbezirken, Herzogtümern etc. gelegenen Gemeinden war dies ein Riesenschritt nach allerkürzester Verhandlungszeit!

Auch die Gemeinderäte reagierten schnell. Schwenningen bestätigte die Resolution schon in der nächsten Ratssitzung, das Villinger Gemeindeparlament verabschiedete sie zwei Monate später. Am 23. September 1969, nur 6 Monate nach der ersten Ausschuß-Sitzung, überreichte man die gemeinsame Entschließung dem baden-württembergischen Innenminister Krause anläßlich seines Besuches in Schwenningen. Damit dokumentierte man auch der breiten Öffentlichkeit, daß sich Villingen und Schwenningen schnell und frühzeitig im Rahmen der Gemeindegebietsreformen zur Fusion entschlossen hatten. Den Worten folgten erste Taten auf dem Fuße. Mit gleichem Datum hatten die Gemeinderäte der beiden Städte „ihre Verwaltungen bereits per Beschluß... einstimmig beauftragt, die notwendigen Vorbereitungen für einen Zusammenschluß ihrer beiden Städte zu treffen"[19].

Es sollten jedoch noch mehr als zwei Jahre vergehen, bis das Gesetz zur Zusammenlegung der beiden Gemeinden dann am 1. 1. 1972 in Kraft trat. Dabei standen nicht nur die zeitraubenden Hürden des parlamentarischen Entscheidungsgangs im Wege; die zwei Jahre vergingen vielmehr mit intensiven Diskussionen und Verhandlungen. Sie fanden in den reformbeteiligten Gremien von Land, Kreis und Gemeinden statt.

Auf regionaler Ebene stand der Fusion der beiden Städte zunächst noch die trennende Kreisgrenze im Weg. Die Konflikte um eine angemessene Neuordnung der Kreise in dieser Region beeinflußten daher fast von Anfang an den Vereinigungsprozeß und seinen zeitlichen Ablauf. Auf lokaler Ebene entfachten die Fusionspläne von Villingen und

Schwenningen gleichzeitig eine frühe Diskussion um die Neuordnung der Gemeinden im Umland des künftigen Oberzentrums. Ihre unterschiedlichen Interessen sorgten neben spontanen und vergleichsweise unproblematischen Beitritten auch für brisantere Konflikte, deren Lösung erst Jahre nach der Fusion der beiden Städte gelang (z. B. Marbach, s. u.).

Kreisreform und Eingemeindungen stellten jedoch eher *Konsequenzen* der Fusion der beiden Städte dar, sie bildeten eigene Sekundär- oder Folgekonflikte, die weiter unten angesprochen werden sollen. Aber auch vor Ort stieß die Vereinigung nicht auf die uneingeschränkte Zustimmung der Bürgerschaft trotz der überdeutlichen Mehrheiten in den kommunalen Ausschüssen und Parlamenten. Die lokalen Kontroversen um die Vereinigung von Villingen und Schwenningen bildeten einen unmittelbaren Bestandteil des „Primärkonfliktes". Die Auseinandersetzungen zwischen Befürwortern und Gegnern der Fusion werfen ein Licht auf die Partizipationsmöglichkeiten der betroffenen Bürgerschaften im Rahmen der Anhörungsverfahren.

Widerstand gegen die Reform

Wie oben berichtet, entschieden sich die Politiker in Villingen und Schwenningen im Prinzip ebenso schnell wie konfliktlos für die Fusion. Es gab jedoch einige wenige Ausnahmen. Insbesondere ein kleinerer Kreis Villinger Bürger und Stadträte wurde zum Kristallisationspunkt für den einzigen ernsthaften und in breiterer Öffentlichkeit artikulierten Widerstand gegen die Fusion.

Grundsätzlich formierten sich die Gegner der Vereinigung recht spät, eigentlich erst zu einem Zeitpunkt, als die wesentlichen Weichen im Gemeinsamen Ausschuß schon gestellt waren. Die zeitlich verzögerte Opposition mag damit zusammenhängen, daß die Öf-

fentlichkeit im Prinzip bis zur Verabschiedung der Resolution über den Zusammenschluß durch die beiden Gemeindeparlamente nahezu ausgeschlossen war (von einzelnen Berichten in der Lokalpresse einmal abgesehen). Zu diesem Vorgehen entschied sich der Gemeinsame Ausschuß bereits auf seiner zweiten Sitzung im März 1969. Er beschloß, „die Angelegenheit vorläufig nicht öffentlich zu behandeln, und erst wenn beide Städte einheitlich die Resolution beschlossen haben, an die Öffentlichkeit zu gehen"[20]. Man befürchtete wohl, „wenn man jetzt eine große Demonstration durchführe, würden zu viele Gegner auf den Plan gerufen"[21]. Daher drang zunächst recht wenig von den weittragenden Entscheidungen nach außen. Noch im Oktober 1970 wies eines der Villinger Ausschußmitglieder während einer Gemeinderatssitzung darauf hin, „man habe bis zum jetzigen Zeitpunkt mehr oder weniger hinter verschlossenen Türen beraten. Es seien daher relativ wenige Bürger über die Lage orientiert."[22] Währenddessen waren die Verwaltungen der beiden Städte von den Gemeinderäten bereits seit über einem Jahr damit beauftragt, Vorbereitungen für die Fusion zu treffen.[23]

Erst nachdem die beiden Gemeinderäte die Vereinigungsresolution 1969 verabschiedet hatten, arbeiteten die Verantwortlichen auf eine Bürgeranhörung und -befragung hin. Die Konkretisierung dauerte jedoch ihre Zeit. Am 2. Oktober 70 empfahl dann der Gemeinsame Ausschuß in seiner 14. Sitzung einen verbindlichen Termin für die Bürgeranhörung. Ein weiteres halbes Jahr sollte es dauern, bis am 28. März 71 schließlich die Bürgeranhörung stattfand. Ihr gingen zwei Informationsgespräche voraus, je eines in Villingen und Schwenningen

Erst kurz davor organisierten sich auch die Gegner der Vereinigung gegen die aus ihrer Sicht „hektisch betriebene Schnellfusion"[24]. Im Februar/März 1971 bildeten die bereits erwähnten Bürger und Stadträte aus Villingen die „Aktionsgemeinschaft für die Erhaltung der selbständigen Städte Villingen und Schwenningen"[25]. Ihr Hauptziel war es, „die Einwohner Villingens… auch über Nachteile einer Städtefusion Villingen-Schwenningen zu informieren"[26]. Ihre Argumente fußten teilweise nicht nur auf strukturell-funktionalen Begründungen gegen die Fusion. Einige erhoben sogar den Vorwurf der informellen Absprache, sprachen von Manipulation. Ihre konkreten Befürchtungen richteten sich v. a. auf eine mögliche Benachteiligung Villingens durch den Städtezusammenschluß (finanzielle Nachteile, ungleiche Behandlung bei zukünftigen Investitionen etc.).

Die politischen Befürworter der Zusammenlegung hielten dagegen. Sie machten ihrerseits in der Bevölkerung Stimmung für die Fusion. Schon im Oktober 1970 forderte der Gemeinderat Villingen in seinem Sitzungsprotokoll, „bei der Information der Bürger soll möglichst viel positive Werbung für die Fusion gemacht werden"[27]. Die beiden Gemeindeparlamente gaben vor der Bürgeranhörung eine Reihe von Informationsmaterialien heraus, um der Bevölkerung den Sinn der Fusion nahezubringen. Neben den üblichen Plakat- und Standwerbungen sowie zwei Aufsatz-Sammlungen mit dem visionären Titel „Das Oberzentrum" (1970, 1971) gipfelte die Aktion Ende Februar 1971 in einer „Informationsschrift zur Bürgeranhörung" mit dem Titel: „Villingen-Schwenningen, die gemeinsame Stadt". Neben den positivsten Geleitworten aller Gemeinderatsfraktionen und einem Vereinigungsterminplan entfalteten sich dort auf 88 Seiten vor allem die Vorzüge des künftigen Oberzentrums. Das Geleitwort der beiden Bürgermeister faßt den Tenor der Schrift trefflich zusammen:

„Die Vorteile, die eine gemeinsame Stadt allen Bürgern zu bieten vermag, sind klar und für jedermann verständlich erläutert worden. Die Schrift enthält aber auch eine umfangrei-

che Darstellung aller Gründe, die bisher gegen den Städtezusammenschluß vorgetragen worden sind. Sie setzt sich mit diesen Argumenten auseinander und bringt den Nachweis, daß nur wenige Einwendungen gegen die Bildung der Stadt Villingen-Schwenningen sachlich motiviert sind. Die Vorteile überwiegen so eindeutig, daß trotz aller Vorbehalte, die im persönlichen Bereich denkbar sind, die abschließende Entscheidung für die gemeinsame Stadt nicht schwerfallen sollte."[28]

Angesichts der Finanzmittel, die die Werbekampagne für die Fusion verschlang, versuchte auch die oppositionelle Bürgerbewegung „Aktion Villingen", von der Stadt finanzielle Unterstützung für ihre gegenläufige Aufklärungsaktion zu erhalten. Die Stadt bewilligte den Bürgerbewegungen schließlich 10 000 DM[29], die sich die Aktion Villingen dann jedoch mit einer von den politischen Fusionsbefürwortern eingerichteten „Aktion Pro" teilen mußten.

Als dann die Villinger und Schwenninger Bürger abschließend über die Vereinigung abstimmen durften, lag die Wahlbeteiligung weit unter dem Durchschnitt (61% der Wahlberechtigten stimmten in Schwenningen ab, 59% in Villingen). Der Gang zur Urne wurde sicher nicht dadurch ermutigt, daß einen Tag zuvor noch in der Südwest-Presse manche der Lokalpolitiker ihre Zweifel daran geäußert hatten, ob sie sich an das Votum des Volkes bei ihrer Endabstimmung überhaupt gebunden fühlen würden:

„Es war interessant zu erfahren, daß die Fraktionsvorsitzenden von SPD und CDU selbst dann für den Städtezusammenschluß stimmen, wenn die Bürgerbefragung negativ ausgehen sollte. Ich frage mich, warum man dann vorher soviel Geld ausgeben muß, um den Bürger zu informieren, und nachher eine Anhörung beinahe ignoriert. Ich finde es besonders bedauerlich, daß gerade diese Leute, die anderen Demokratie lehren wollen und bei jeder Abstimmung darauf achten, daß die demokratischen Spielregeln eingehalten werden, nicht mehr fähig sind, wenn das Volk gegen ihre Meinung stimmen sollte, dies anzuerkennen und die Konsequenz zu ziehen."[30] So stand es jedoch auch schon in der Informationsschrift zur Bürgerbefragung an alle Haushalte zu lesen: „Die Anhörung ist – wie bereits der Name besagt – für den weiteren Fortgang des Zusammenschlusses nicht unmittelbar entscheidend. Diese Entscheidungsbefugnis steht vielmehr den Gemeinderatskollegien der beiden Städte zu ... "[31]

Dieses Vorgehen entsprach natürlich formaljuristisch den gesetzlich verankerten Spielregeln der demokratischen Entscheidungsfindung in Gemeinden. Diese sahen die Trennung in öffentliche wie nichtöffentliche Sitzungen genauso vor wie deren Vorbereitung und Vorabklärung in sachbezogenen Ausschüssen. Einklagbar blieb damit seitens der Bevölkerung eher eine Art moralisches Recht, bei einer so einschneidend raum- und identifikationswirksamen Veränderung nicht früh genug informiert und gefragt worden zu sein. Dieses Defizit scheinen bei aller Zustimmung damals eine Reihe von Bürgern aus Villingen und Schwenningen verspürt zu haben. Sie bemängelten, daß die Information der breiten Öffentlichkeit zu spät und zu spärlich stattgefunden habe. Beispiele dafür gaben Leserbriefe und Presseberichte, die über zögerliche Informationspolitik und geringe Bedeutung des Bürgerwillens in der Fusionsfrage klagten:

„Die Befürworter für einen sofortigen Zusammenschluß der Städte Villingen und Schwenningen, vorab die beiden Oberbürgermeister, Herr Kern und Dr. Gebauer, haben viel zu lange hinter verschlossenen Türen diese überaus wichtige Angelegenheit beraten. Die Bevölkerung ging das ja nichts oder wenig an ... "[32]

Vor dem Hintergrund dieser Diskussion haftete dem letztlich deutlichen Bürgervo-

tum *für die Fusion* der Makel an, daß vergleichsweise wenige Bürger zur Wahl gingen. Die Gegner der Fusion interpretierten die vielen Nichtwähler natürlich als Verweigerer, die auf diese Weise vor allem gegen die späte und unzureichende Bürgerpartizipation gestimmt hätten. Gleichwohl läßt sich die geringe Wahlbeteiligung ebenso auch als Indikator für die geringe Bedeutung interpretieren, die der Zusammenschluß der beiden Städte in weiten Kreisen der Bevölkerung hatte.

Tabelle 1: Ergebnis der Bürgeranhörung vom 28.3.1971 zur Fusion von Villingen und Schwenningen

	Villingen	Schwenningen
Wahlbeteiligung	58,7%	60,7%
Anzahl d. gültigen Stimmen	13653	14178
für die Fusion	77,8%	64,2%
gegen die Fusion	22,2%	35,8%

Quelle: Extrablatt Südwest-Presse v. 29.3.1971 (SAVS, AZ 20/30;2)

Um die Fusion rechtlich möglich zu machen, mußte nun die Landesregierung noch ein Sondergesetz verabschieden. Es stellte verschiedene Rahmenbedingungen bereit, die für die Vereinigung notwendig waren (Verabschiedung im Juli 1971):

– Wechsel des Kreis- und Regierungsbezirks Schwenningens am 1. Januar 1972 zum (dann neugebildeten) Landkreis Villingen-Schwenningen und zum Regierungsbezirk Südbaden,

– Zuordnung Schwenningens zum Amtsgerichtsbezirk Villingen;

– Bestimmung von Terminen für die Wahl des gemeinsamen Stadtparlamentes und des neuen, gemeinsamen Oberbürgermeisters sowie, damit verbunden

– Festlegung des Wahlrechtes für die einzelnen (neuen) Stadtbezirke, insbesondere auch die „unechte Teilortswahl" nach § 27 GO, die der Gemeinsame Ausschuß dann später im Entwurf der Hauptsatzung konkretisierte.

Am 1. 1. 1972 trat dann das Fusionsgesetz in Kraft und schloß Villingen und Schwenningen zu einer Stadt zusammen. Das „Bindestrich-Land" Baden-Württemberg hatte eines seiner exponiertesten Neugliederungsprobleme durch die Bildung einer „Bindestrich-Stadt" gelöst. Damit machten sich die beiden Orte mit ihrer „Schnellfusion" zu einem Lieblingskind der Landesregierung, insbesondere des damaligen SPD-Innenministers Krause. Denn dieser Fall hatte wohl wie kein zweiter im Land Präzedenz- und Mustercharakter. Er konnte zur Initialzündung für einen positiven Verlauf der Gemeindegebietsreform für das ganze Land werden. Diesen Dominoeffekt beschrieb auch der damalige CDU-Ministerpräsident Filbinger aus Anlaß der Fusion am 1. 1. 72.[33]

Dieser Aspekt führt zurück auf die grundsätzliche Frage, warum Villingen und Schwenningen ihre „Vernunftehe" eingingen, warum die Politiker aus beiden Städten, ungeachtet ihrer parteilichen oder historischen Differenzen, die Vereinigung so zügig durchzogen. Was versprachen man sich vom eiligen Handeln? Wo lagen die Gründe für den unerwarteten Schulterschluß zwischen den alten Grenzstädten, während sich andernorts historisch weit weniger gegensätzliche Gemeinden z. T. so zerstritten, daß am Ende gar die Verfassungsgerichte der Länder angerufen werden mußten?

Warum die alten Gegner Villingen und Schwenningen so einvernehmlich und schnell fusionieren wollten

Als Gegenleistung für ihren Musterstatus versuchten die lokalen Entscheidungsträger, möglichst viele Zusagen von der Landesregierung herauszuhandeln. Die Schwenninger

SPD hob z. B. während eines Informationsgesprächs im März 1971 hervor, „daß die Landesregierung die Bildung der gemeinsamen Stadt als einen Modellfall der Landesplanung ansehe, und daß die Landesregierung bereit sei, dieses Modell nachhaltig zu unterstützen"[34]. Die Ortsgruppe der FDP betonte in einem Kommentar des Zusammenschlusses: „Das Gewicht, das dieser Schwerpunkt erhält, ermöglicht es, gegenüber Land und Bund wichtige Projekte notfalls zu erzwingen."[35]

Der Wunsch, um den sich alles rankte, war den örtlichen Entscheidungsträgern von den Landesplanern in die Wiege gelegt worden: sie wollten mit der Fusion Oberzentrum werden und den damit verbundenen wirtschaftlichen und politischen Aufstieg zum Mittelpunkt der Region schaffen. Dazu ermunterte sie ihr Gönner, der damalige Innenminister Krause, ausdrücklich: Der Landesentwicklungsplan sei die „schärfste Waffe für das Oberzentrum Villingen-Schwenningen, wenn es um die Ansprüche auf oberzentrale Behörden und entsprechende Unterstützung durch das Land beim Aufbau geht". Und „es solle sich dieser auch bedienen", sagte der Minister beispielsweise gegenüber der Schwarzwälder Zeitung[36].

Ein wesentlicher Schlüssel für die unerwartet konfliktarme Vereinigung findet sich somit nicht in gemeindebezogenen Einzelinteressen, sondern eine Ebene höher: es ging beiden Städten zunächst nicht um lokale Zugewinne, sondern um ein Mehr an regionaler Macht und Einfluß. Und dieser ließ sich nur verwirklichen, wenn man sich „zusammenraufte" und durch die Fusion unter Beweis stellte, daß man bereit war, die Selbständigkeit zu opfern, um gemeinsam eine oberzentrale Größenordnung zu erreichen. Daß sich daraus dann auch positive Effekte für die beiden Gemeinden ableiten würden, lag auf der Hand: Oberzentrum zu werden, bedeutete auch eine funktionale und räumlich-struktu-

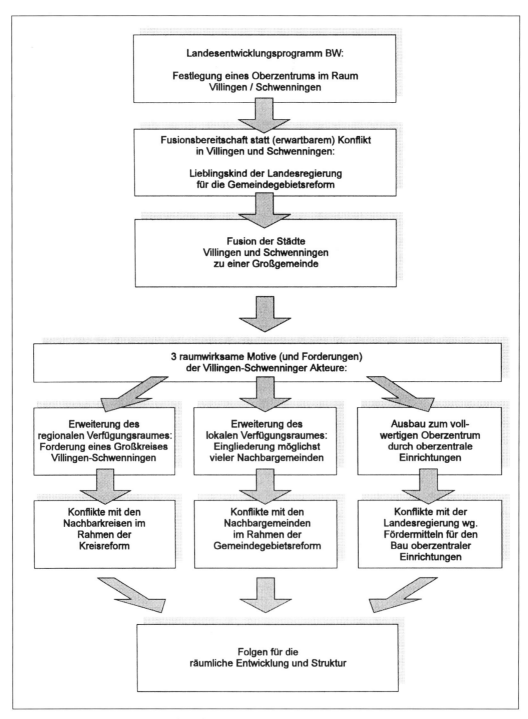

Abb. 1 Raumbezogene Motive und Forderungen der Entscheidungsträger aus Villingen und Schwenningen.

relle Aufwertung, kurzum: mehr Handel, mehr Verkehr, mehr Wachstum.

Konkret gab es drei Vorteile, die sich Villingen-Schwenningen von der Fusion und dem damit verbundenen Status als Oberzentrum erhoffte (vgl. Abb. 1):

1. Villingen-Schwenningen wollte diejenigen Einrichtungen erhalten, die einem Oberzentrum nach den Ausstattungskatalogen der Landesregierung zustanden.

Der neue Landesentwicklungsplan sah Villingen und Schwenningen zusammen als neues Oberzentrum der Region vor, das der Region Schwarzwald-Baar bisher fehlte. Keine der vorhandenen Kreisstädte war bisher in der Lage gewesen, die anderen so zu überragen, daß sie sich als natürlicher Kristallisationspunkt für Versorgungs- und Dienstleistungseinrichtungen höchster Stufe geeignet hätte. Die oberzentrale Aufwertung ließ auf Finanzspritzen des Landes ebenso hoffen wie auf Folgeeffekte in Form gesteigerter Zuwachsraten für Versorgungs- und Dienstleistungsbetriebe. Vor allem aber hoffte man auf den Aufbau weiterer zentralörtlicher Einrichtungen, wie sie einem Oberzentrum zukamen. Die Wunschliste war entsprechend lang, und man forderte zunächst einmal alles, was man nach den Ausstattungskatalogen der Landesregierung begehren durfte[37]:

- Aufbau einer Universität oder Fachhochschule,
- Ausbau der beiden Krankenhäuser zu einem Hauptschwerpunktkrankenhaus,
- Aufstufung zum Sitz der Regionalverwaltung,
- Aufbau eines oberzentralen Einkaufszentrums, hier v. a. geplant im Rahmen der Sanierung des Muslenviertels in Schwenningen,
- Verbesserung der überregionalen Verkehrsanbindung und des innerörtlichen Straßennetzes (z. B. Umgehungsstraßen etc.),

- Förderung und Ausbau kultureller Einrichtungen.

2. Villingen-Schwenningen forderte eine erhebliche Vergrößerung des zugehörigen Kreises als regionalen Verfügungsbereich für das künftige Oberzentrum.

Aufbauend auf ihrer zukünftigen zentralörtlichen Bedeutung in der Region, plädierten die Akteure aus Villingen und Schwenningen, gestützt auf Zielvorstellungen der Landes-SPD, für die Schaffung des sogenannten „Großkreises" im Rahmen der anschließenden Kreisreform. Er sollte durch die Zusammenlegung von insgesamt vier Altkreisen entstehen: Villingen, Rottweil, Tuttlingen und Donaueschingen (vgl. Abbildung 2). Diese Maximalkonzeption ließ sich sicher nur vor dem zeitgeschichtlichen Hintergrund der Modernisierungs-, Zentralisierungs- und Vergrößerungseuphorie fordern. Aber vor Ort und auch im Innenministerium wäre diese administrative Neugliederung eine Wunschlösung gewesen, die nahezu allen Beteiligten in Villingen wie in Schwenningen das Opfer einer Fusion wert zu sein schien. Daß diese regionalen Ausweitungsabsichten auf den Widerstand der Nachbarkreise stoßen mußte, wird niemanden verwundern. Und so liegt hier, auf der Ebene der Kreisreform, der eigentliche und wichtigste Konfliktherd einer Neugliederung, die zuerst nur die Gemeinde-Ebene zu betreffen schien. Dieser in sich noch einmal sehr spannungsgeladene Prozeß bildet einen eigenen Konflikt, der den Rahmen dieser stadtbezogenen Chronik sprengen würde und hier deshalb nicht ausführlich geschildert werden soll. Nur soviel sei gesagt, daß in diese Diskussion bis hinauf zu den Ministern Krause und Gleichauf (Wahlkreis Rottweil) auch der Landtag heftigst involviert war. Im parteipolitischen Streit um verschiedene Neugliederungsentwürfe blieb das Ergebnis hinter den Wünschen der Villingen-Schwenninger weit zurück. Anstelle des geforderten Großkreises

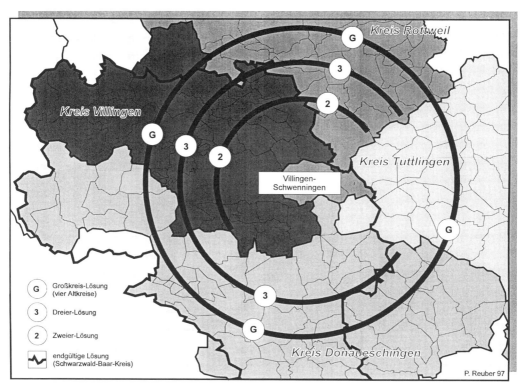

Abb. 2 Unterschiedliche Neugliederungsvorstellungen zur Kreisreform in der Region Schwarzwald-Baar.

konnte man lediglich einen Teil des ehemaligen Landkreises Donaueschingen dazugewinnen, während die Kreise Rottweil und Tuttlingen selbständig blieben (vgl. Abbildung 2).

3. Villingen-Schwenningen forderte die Eingemeindung von den Nachbarkommunen zur Arrondierung des oberzentralen Stadtgebietes.

Mit derselben Folgerichtigkeit, mit der das künftige Oberzentrum als Preis für die Vereinigung den regionalen Machtzuwachs forderte, dachte man auch über die Eingemeindung kleinerer Randgemeinden nach. Denn, so lauteten die Argumente, das größere Oberzentrum brauche auch eine größere Fläche,

um den Wachstumsszenarien Raum zu bieten, die beauftragte Gutachterbüros seinerzeit errechnet hatten. So ergab sich der Zugriff auf die Randgemeinden, so dezent er in den Verhandlungen auch vorgetragen wurde, für die Villinger und Schwenninger Politiker wiederum als logische Folge der Vereinigung. Auch gaben längst nicht alle Nachbargemeinden bereitwillig ihre Selbständigkeit auf und traten in die Obhut des Oberzentrums. Dieser Prozeß und seine Auswirkungen auf die künftige Gemeindestruktur soll in einem eigenen Kapitel zumindestens in groben Zügen skizziert werden (s. u.).

Schwenningens Werben

Die drei Wünsche „oberzentrale Einrichtungen, Großkreis, Eingemeindungen" bildeten die Hauptgründe für das gemeinsame Handeln aller Akteure, Villinger wie Schwenninger. Gerade am Anfang der Reformdiskussion ging aber die Initiative oft stärker von Schwenninger Seite aus, so daß manche Villinger Kommunalpolitiker sogar meinten, den „Vorwurf der Schwenninger zu spüren, die Villinger wollten nicht".[38] Dazu nur zwei Beispiele vom Beginn der Vereinigungsdiskussion:

Direkt nach Herausgabe des Landesentwicklungsprogramms (12/67) begrüßte und bewertete der Schwenninger OB Dr. Gebauer dessen Konsequenzen im „Heimatblättle" (Ausgabe 1/68) für die lokale Öffentlichkeit. Der Villinger Gemeinderat brauchte dagegen 10 Monate, bis zum 3.10.68, um den Entwurf des LEP zum geplanten Oberzentrumsausbau von Villingen/Schwenningen einstimmig zu begrüßen.[39]

Schon am 8. Januar 68, 1 Monat nach Herausgabe des Landesentwicklungsprogramms, brachte Gebauer dann einen Entwurf zur Gründung eines gemeinsamen Ausschusses der Städte Villingen und Schwenningen in die Diskussion. Dieser sollte sich auf dem Feld der interkommunalen Kooperation „mit allen Angelegenheiten beschäftigen, die die Zusammenarbeit der beiden Städte berühren"[40]. Von Villinger Seite wurde dieses Vorgehen als etwas forsch empfunden, in einem Brief brachte der Villinger OB dies zum Ausdruck: „Es kann aber hier nicht nach dem Motto gehandelt werden: Schwenningen befiehl, Villingen folge!"[41]

Worin mag dieses anfänglich zügigere Engagement Schwenningens begründet liegen? Die damalige Diskussion in den lokalen Medien weist auf zwei Aspekte hin, die auch vor Ort diskutiert wurden:

Während man in Villingen schon Kreisstadt war und dementsprechend über ein eigenes Territorium verfügte, hingen die Schwenninger innerhalb des Kreises Rottweil von den Entscheidungen der Kreisstadt ab. Sie durften den Kreis zwar als starke Industriestadt wesentlich mitfinanzieren (Zahlung einer Kreisumlage von ca. 2,6 Mio. DM/Jahr an den Kreis Rottweil)[42], hatten aber verglichen damit relativ geringe Mitgestaltungsmöglichkeiten. Zudem lag Schwenningen im Kreis Rottweil am äußersten Rand in einer Art „Appendix-Lage". Es lockte also im Falle einer Fusion mit Villingen der Status einer Kreisstadt und eines Oberzentrums, ein erhebliches Plus an territorialer Macht und Selbstbestimmung.

Auch die personelle Situation der beteiligten Politiker läßt auf Schwenninger Seite eine langfristigere Perspektive für den Fall der Städtefusion erkennen: Motoren der Vereinigung waren in Villingen und Schwenningen die jeweiligen Oberbürgermeister Kern (Villingen) und Dr. Gebauer (Schwenningen). Ihre Situation im beruflichen Zyklus war jedoch sehr unterschiedlich: Während sich der Schwenninger OB Gebauer noch Mitten in seiner beruflichen Laufbahn befand, stand der Villinger OB Kern kurz vor dem Ruhestand. So konnte der ältere zwar noch darauf hoffen, als Gestalter der Fusion und „Städtegründer" in die lokalen Geschichtsbücher einzugehen, der jüngere OB Gebauer jedoch fand durch die kommende Vakanz des Villinger Bürgermeistersessels ein lokalgeschichtliches „Zeitfenster" vor, das ihn zum ersten gemeinsamen Oberbürgermeister der zusammengeschlossenen, in ihrer regionalen Bedeutung gestärkten Doppelstadt machen sollte, und das ohne erwartbare Konkurrenzkämpfe.

Die Eingemeindung der Randkommunen

Mit der Fusion von Villingen und Schwenningen war jedoch die neue Stadt noch nicht komplett. Durch weitere Eingemeindungen randlich gelegener Kommunen sollte sie noch wachsen. Für die Gemeindepolitiker aus Villingen und Schwenningen bildeten diese einen *weiteren Interessenschwerpunkt im Rahmen der Gebietsreform,* neben dem Ruf nach einem Großkreis und dem Aufbau oberzentraler Einrichtungen (s. o.). Nachdem man schon bei der Kreisreform seine Vorstellungen nicht verwirklichen konnte, versuchte man nun, zumindestens auf der lokalen Ebene möglichst viele Nachbarkommunen vom Nutzen einer Eingemeindung zu überzeugen. Auch in dieser Frage leitete man aus der Fusion der beiden Städte und der damit verbundenen neuen Rolle als Oberzentrum weitreichende Forderungen ab.

Die Städte Villingen und Schwenningen sehen „die Notwendigkeit zu einer intensiveren Zusammenarbeit mit allen Gemeinden ihrer derzeitigen Stadtnahbereiche: sie sind auch zu Verhandlungen mit den einzelnen Gemeinden über einen Zusammenschluß im größeren Rahmen bereit, um dadurch eine leistungsfähige Gemeinde entwickeln zu können, die ihre Funktion als Oberzentrum des gesamten Raumes erfüllen kann."[43]

Es gab zwei konkrete Gründe für das verstärkte Eingemeindungsinteresse des neuen Oberzentrums:

– Die Politiker aus Villingen-Schwenningen strebten eine flächenmäßige Erweiterung und Arrondierung an. Sie sollte eine großräumigere, der neuen Rolle „angemessenere" Ausdehnung und Flächennutzungsplanung im künftigen Oberzentrum ermöglichen.

– Eingemeindungen würden darüber hinaus Bevölkerungszuwachs bringen. So könnten Villingen-Schwenningen den Einwohnerschwellenwerten näherkommen, die für ein Oberzentrum vorgesehen waren, und hinter denen die künftige Doppelstadt erheblich zurücklag. Villingen und Schwenningen allein hatten 1972 lediglich 73 467 Einwohner,

während die Landesplanung bei einem Oberzentrum mittelfristig ca. 100 000 Einwohner für wünschenswert hielt.

In der Diskussion gab man sich jedoch zunächst moderat. Das Prinzip der Freiwilligkeit, so betonte man, solle hier im Vordergrund stehen. Zu leicht hätte man durch vorschnelle Eingemeindungsabsichten Spannungen mit den Nachbarkommunen erzeugen können, die sowohl das Klima für die anstehenden Verhandlungen als auch die Zusammenarbeit im späteren Gemeinderat belastet hätten. Im Ton gemäßigt, blieb man jedoch in der Sache deutlich: bereits auf einer Ausschußsitzung im September 1969 konkretisierten die Mitglieder ihre Vorstellungen. Wenige Tage vorher hatte man dem Innenminister die Vereinigungsresolution der beiden Städte persönlich überreicht; nun wollte man auf die räumlichen Konsequenzen pochen, die damit verbunden waren.

Jetzt begannen die Umlandgemeinden, um ihre Unabhängigkeit zu fürchten. Und diese Sorge nährten in lockerer Folge immer wieder Stimmen aus dem Oberzentrum. Sie betonten die aus ihrer Sicht notwendige und sinnvolle Eingemeindung kleinerer Randgemeinden.[44] Nachdem aber gerade zu Anfang die Entscheidungsträger aus dem künftigen Oberzentrum den freien Eingemeindungswillen ihrer Nachbargemeinden betonten, war deren Echo sehr gering. Bei den kleinen Randkommunen herrschte zunächst mehrheitlich die Meinung, man wolle lieber selbständig bleiben; „Freiwillig geben wir unsere Eigenständigkeit nicht auf" titelte entsprechend der Südkurier[45]. Während der Verhandlungen ließ sich bei den für die Öffentlichkeit bestimmten Meldungen jedoch oft kaum abschätzen, ob die Altbürgermeister wirkliche Hoffnungen auf die Unabhängigkeit hegten, oder ob sie auf diese Art bereits die ersten Schaukämpfe der Eingliederungsdiskussion führten, um ihren Spielraum für die kommenden Verhandlungen mit Villingen und Schwenningen möglichst groß zu halten. Viele von ihnen wollten jedoch auf jeden Fall, „solange es noch geht, ... (ihre) Kühe selber melken"[46].

Den Startschuß für die breitere öffentliche Diskussion setzten dann drei Diskussionsveranstaltungen im Januar und Februar 1970 in Bad Dürrheim, in Villingen und in Mönchweiler. Manche Bürgermeister der Randgemeinden waren angesichts der Neugliederungsvorschäge der Landesregierung realistisch genug, eine weitere Eigenständigkeit schnell als Utopie zu erkennen.[47] Dementsprechend liefen ihre Verhandlungen darauf hinaus, (im Rahmen des verflechtungsräumlich machbaren) den attraktivsten Partner für die kommende Eingemeindung auszusuchen. Denn für die umliegenden Kleingemeinden bildete dabei das neue Oberzentrum nicht den einzig möglichen Anziehungspol. Ähnlich wie auf Kreisebene hatte man auch hier mit den Ansprüchen größerer Nachbarn zu rechnen. Ein besonderes Gegengewicht im Südwesten bildete die Gemeinde Bad Dürrheim („Wir wollen die dritte Macht sein"[48]). Darüber hinaus formierten sich unmittelbar südlich um Klengen die Gemeinden des Brigachtals mit Ansprüchen auf eine aus Kleinkommunen zusammengesetzte Verwaltungsgemeinschaft. Im Norden hingegen war die Konkurrenz geringer. Hier behauptete sich als eigenständiger Gegenpol Mönchweiler, das jedoch v. a. auf seine Selbständigkeit bedacht war, ohne größere Eingemeindungsbestrebungen gegenüber Nachbargemeinden zu entwickeln. In dieser Zeit der Verhandlungen wechselten sich offizielle Gespräche mit inoffiziellen Kontaktversuchen ab, Gerüchte wurden ausgestreut und wieder dementiert; kurzum entfaltete sich das ganze Repertoire kommunalpolitischer Handlungsstrategien in den hauptsächlich bilateralen, zumeist vertraulichen Diskussionen zwischen eingliederungswilligen und aufnahmebereiten Gemeinden.[49]

Die Eingliederungsdiskussionen fanden vor allem in den Jahren 1971–72 statt (vom Fall Mühlhausen abgesehen, das schon 1970 nach Schwenningen eingemeindet wurde). Ein zweiter, späterer Schub folgte 1973–75. Ein Teil der Umlandgemeinden kam nahezu freiwillig, auf eigenes Drängen zum künftigen Oberzentrum. Ein weiterer Teil ließ sich nach kurzen, für die Kleingemeinden meist effektiven Verhandlungen zum Beitritt bewegen. Nur wenige Randkommunen machten aktiv Front gegen die neue Großgemeinde und liebäugelten statt dessen zunächst mit anderen Konstellationen (z. B. mit einer Eingliederung in die Nachbargemeinde Bad Dürrheim, der Bildung einer Flächengemeinde mit anderen Gemeinden des Brigachtals etc.). Dies wirkte sich auch auf den zeitlichen Verlauf der Eingemeindungen aus. Grob gesehen, lassen sich drei Beitritts-Typen unterscheiden (vgl. Abbildung 3):

1. Die frühen Vorreiter, die sich schon vor der Fusion der beiden Städte je einer von ihnen anschlossen. Auf Schwenninger Seite handelte es sich um die Gemeinde Mühlhausen. Wegen der engen Verknüpfung mit Schwenningen bemühte man sich beiderseits frühzeitig um einen Zusammenschluß.[50] Auf Villinger Seite fand die Gemeinde Obereschach noch kurz vor der Fusion zur Stadt.[51]

2. Eine Gruppe von Nachbarkommunen folgte in einer zweiten Eingemeindungsphase kurz nach der Bildung des Oberzentrums im April 1972. Es handelte sich um Rietheim, Pfaffenweiler, Herzogenweiler und Tannheim.

3. Eine „Nachzügler"-Gruppe von Gemeinden stieß nach längeren Verhandlungen, z. T. auch mit anderen Nachbargemeinden, in den Jahren 1974/75 zum Oberzentrum. Marbach, Weigheim und Weilersbach traten erst ganz kurz vor dem Auslaufen der finanziellen Förderungen, in der sog. „Freiwilligkeitsphase", der neuen Stadt bei.

Was erleichterte den Altgemeinden die Fu-

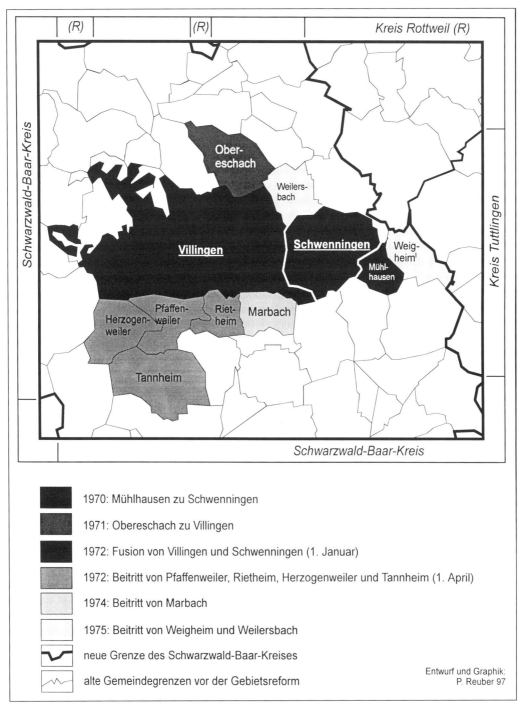

Abb. 3 Die Entstehung der Einheitsgemeinde Villingen-Schwenningen.

sion, was sprach gegen eine Eingemeindung? Mit welchen Versprechungen konnte das künftige Oberzentrum eingemeindungswillige Randkommunen locken? Die Verhandlungen sollen hier nicht im einzelnen, sondern beispielhaft anhand der Eingemeindungsverhandlungen zwischen der Stadt Villingen und der Gemeinde Obereschach erläutert werden.

Einen wesentlichen Pull-Faktor für Eingemeindungen bildeten *finanzielle Prämien*. Die Landesregierung zahlte sie als Anreiz zum Zusammenschluß, letztlich um die Reformbereitschaft anzukurbeln. Der Betrag hing als Pro-Kopf-Prämie von der Einwohnerzahl der fusionswilligen Kommunen ab; die Gemeinden erhielten die Gesamtsumme portionsweise über mehrere Jahre verteilt. Wie allerorten diente der Löwenanteil des Geldes dazu, den beitrittswilligen Kleingemeinden ein interessantes Investitionspaket für Projekte auf dem Gebiet der Altgemeinde zu schnüren und sie auf diese Weise zum Beitritt zu ermuntern.

Aus der Sicht der Lokalpolitiker bestand somit im Rahmen der Eingliederungsverhandlungen ein letztes Mal die Gelegenheit, „vom eigenen Kirchturm aus" auf die Geschicke des Ortes einzuwirken, insbesondere auf seine Flächennutzung und seine funktionale Ausstattung. „Welches Angebot ist günstiger?"[52] fragten sich deshalb die kleinen Randkommunen, wenn sie mit unterschiedlichen Gemeinden Verhandlungen über Beitritte oder Zusammenschlüsse führten. Und der bezeichnende Titel der Neckarquelle: „Geld als Hauptargument"[53] mag schon andeuten, daß dabei die sachbezogenen Argumente geographischer Lage oder Verflechtung höchstens einen Teil der Gründe und Argumente ausmachten.

Je später der Beitritt einzelner Gemeinden, desto mehr zeigte sich, daß die finanziellen Fusionsprämien auch ein Druckmittel der Landesregierung sein konnten: immer wieder

gingen Gerüchte um, die Prämien würden zusammengestrichen oder gar völlig reduziert, was fast jedesmal vor Ort für hektische Abschlußdiskussionen von Beitrittsverhandlungen sorgte. Denn wenn man schon eingemeindet werden sollte, wollte man sich zumindestens das finanzielle Trostpflaster und die dafür durchführbaren baulichen und funktionalen Strukturverbesserungen nicht entgehen lassen.

Die ortsbezogene Verwendung der Fusionsprämien ließ man sich in den Eingliederungsverträgen festschreiben, wie das Beispiel Obereschach zeigt:

„Die Stadt Villingen verpflichtet sich, aus den ihr infolge der Eingliederung der Gemeinde Obereschach zufließenden besonderen Finanzzuweisungen (gemeint ist die Fusionsprämie, Anm. d. A.) im Stadtbezirk Obereschach die in der Zusatzvereinbarung genannten Vorhaben fort- oder auszuführen oder, soweit Dritte Kostenträger sind, sich für ihre Durchführung nachdrücklich zu verwenden."[54]

Welche Einrichtungen oder Projekte die randlichen Altgemeinden konkret erhielten, zeigen detailliert die Zusatzvereinbarungen zu den Neugliederungsverträgen. Zunächst flossen in vielen Beitrittsgemeinden[55] Teile des Geldes in den dringend notwendigen, aber wenig publikumswirksamen Auf- oder Ausbau eines Entwässerungssystems (vgl. Tab. 2). Darüber hinaus handelten die Altgemeinden um Villingen-Schwenningen dann ähnliche Projekte aus wie in vielen anderen Gemeinden des gesamten Bundesgebietes während der Neugliederungsphase: neu- oder umgebaute Festhallen, Spiel- und Sportstätten, Erhalt und/oder Sanierung der alten Rathäuser u.s.w.[56] *Straßenbau und Baulanderschließungen* mit teilweise sehr differenzierten Einzellisten (z. B. im Fall Weigheim[57]) bildeten einen weiteren Punkt der Verhandlungen.

Tabelle 2: Vergleichende Übersicht über Investitionsvereinbarungen zwischen Villingen/Schwenningen und beitretenden Randgemeinden

ehemalige Randgemeinde	Vereinbarungen über							
	Bauland	Straßenbaumaßnahmen	bauliche Maßnahmen am alten Rathaus	Schulen, Kindergärten	bauliche Maßnahmen im Friedhofsbereich	Wasserbauliche Maßnahmen, insbes. Kanalisation	kleinere baul. Maßnahmen an Sportstätten	Aus- oder Umbau von Turn- oder Festhallen
Mühlhausen	•	•		•		•	•	•
Obereschach	•	•		•	•	•	•	
Herzogenweiler		•	•	•		•		
Rietheim	•	•			•	•	•	
Tannheim				•		•		•
Pfaffenweiler		•		•	•	•		•
Marbach		•	•	•	•	•		
Weigheim	•	•	•	•		•	•	•
Weilersbach	•	•	•	•	•	•	•	

Quelle: eigene Zusammenstellung nach Analyse der Eingliederungsverträge und Zusatzvereinbarungen zwischen Villingen/Schwenningen und den jeweiligen Beitrittsgemeinden

Zusätzlich ging es bei den Eingliederungsverhandlungen um *funktionale Einrichtungen*. Im Mittelpunkt standen seinerzeit, vor dem Hintergrund der zeitgeschichtlich bedingten Konzentrationsdiskussionen, die Standorte von Schulen und – in geringerem Maße – von Kindergärten. So ließ sich Obereschach beispielsweise „den Bestand der Grund- und Hauptschule... im Rahmen des Schulentwicklungsplanes" zusichern.[58] Ein weiteres Interesse galt dem Erhalt der Ortsfeuerwehr und den lokalen Vereinen. Wieder das Beispiel Obereschach:

Im vorliegenden Falle verpflichtete sich die Stadt Villingen „alle in der Gemeinde Obereschach bestehenden caritativen, kulturellen, sportlichen sowie sonstigen Vereinigungen und Einrichtungen in derselben Weise (zu) fördern und (zu) unterstützen wie die vergleichbaren Einrichtungen in der Stadt Villingen. Die Vereine sollen jedoch mindestens Zuschüsse und Vergünstigungen in derselben Höhe wie bisher erhalten."[59]

Natürlich bildeten auch Übergangsregelungen für die Bediensteten und Politiker der Altgemeinden einen wichtigen Punkt der Eingliederungsverhandlungen. Villingen-Schwenningen bot hier ein ganzes Paket an personenbezogenen Leistungen an, die diesen Punkt regeln sollten (vgl. auch Tab. 3): Zunächst winkte das Oberzentrum mit dem Angebot der *„unechten Teilortswahl"* für die Kommunalwahlen. Diese garantierte den Altgemeinden je nach Einwohnerstärke eine Mindestzahl von ein bis zwei Sitzen im neuen Gemeindeparlament. Man bot den größeren Beitrittskommunen zusätzlich eine *Ortschaftsverfassung* an. Der Ortschaftsrat sollte genauso viele Mitglieder haben wie der bisherige Gemeinderat und ein Vorschlagsrecht in allen Angelegenheiten besitzen, die den Stadtbezirk betrafen:
– stadtbezirksbezogene Haushaltsmittel, Aufstellung von Bauleitplänen im Stadtbezirk, Straßen und Wegebau, Erweiterung

oder Aufhebung von öffentlichen Einrichtungen.

Im Ortschaftsrat erhielten die Altbürgermeister i. d. R. bis zum Ablauf ihrer Amtszeit automatisch den Posten des Ortsvorstehers. Dieser konnte an den Ratssitzungen zumindestens mit beratender Stimme teilnehmen, sofern er nicht ohnehin schon über die unechte Teilortswahl dem Rat angehörte.[60] Auch bei den übrigen Bediensteten verpflichtete sich Villingen zur Übernahme und zum Einsatz in einem entsprechenden Betätigungsfeld.

Bezogen auf die finanziellen Konsequenzen für *alle* Einwohner der beitretenden Gemeinde, sicherte man in der Regel den Bestand bestimmter Steuer- u. a. Abgabensätze für einige Jahre zu (Gewerbesteuer, Grundsteuer, Hundesteuer, Friedhofs- und Bestattungswesen, Erschließungsbeiträge etc.; Bestandsgarantie in Jahren je nach Ort und Verhandlungen unterschiedlich).

Der Fall Obereschach, der bisher als exemplarisches Beispiel für Eingemeindungsverhandlungen zwischen Villingen-Schwenningen und den Nachbarkommunen stand, zeigt, mit welchen personellen, finanziellen und räumlich-funktionalen Zugeständnissen das neue Oberzentrum den Randkommunen den Beitritt schmackhaft machte. Trotzdem taten sich am Schluß gerade größere Gemeinden schwer, der neuen Doppelstadt beizutreten. Die Eingliederung von Marbach gehörte zu den (vor Ort wenigen) Fällen, in denen die Verhandlungen konfliktgeladener verliefen. Sie bietet sich daher als zweites Beispiel an, als Gegenpol zur vergleichsweise reibungslosen Eingliederung von Obereschach.

Tabelle 3: Inhalte von Eingemeindungsverhandlungen zwischen dem neuen Oberzentrum und beitrittswilligen Gemeinden, dargestellt am Beispiel der Eingliederungsvereinbarungen zwischen Obereschach und Villingen, inkraftgetreten am 1. 12. 72

1. (Teil-)Bestandssicherung des Einflusses der Altgemeinden

a) Mitspracherecht der Altgemeinden im neuen Gemeinderat

- Stadtbezirk erhält die Rechte einer Ortschaft
- unechte Teilortswahl: ein Gemeinderatsmitglied des Stadtbezirks sitzt im Rat
- Zahl der Ortschaftsräte entspricht der der bisherigen Gemeinderäte
- Ortsvorsteher: er untersteht dem OB und kann an Ratssitzungen beratend teilnehmen, wenn er nicht ohnehin Ratsmitglied ist
- Ortschaftsrat: hat Vorschlagsrecht in Angelegenheiten, die den Stadtbezirk betreffenden Angelegenheiten, insbesondere
- Veranschlagung von Haushaltmitteln für Angelegenheiten des Stadtbezirks
- Aufstellung von Bauleitplänen innerhalb der Gemarkung
- Neu- und Ausbau von Straßen und Wirtschaftswegen im Stadtbezirk
- Erweiterung und Aufhebung öffentlicher Einrichtungen im Stadtbezirk

b) Übergangsregelungen für die bisherigen Bediensteten der Altgemeinden

- bisheriger Bürgermeister wird bis Ablauf seiner Dienstzeit Ortsvorsteher
- Besoldung des bisherigen Bürgermeisters: auch in Zukunft Höchstbetrag dessen, was er als Bürgermeister seiner alten Gemeinde erhalten hätte (auch bei Wiederwahl)
- wird der ehem. Bürgermeister nicht wiedergewählt, übernimmt ihn Stadt Villingen „unter bestmöglicher Wahrung seines Besitzstandes" in ihre Dienste
- Bedienstete werden mit allen Rechten und Anwartschaften übernommen
- eine örtliche Verwaltung bleibt bestehen, soweit dies für eine zweckmäßige Betreuung der Einwohner des Stadtbezirkes notwendig ist

2. Garantien für funktionale Einrichtungen und Lokalkultur der Altgemeinde

- Bestand von Grund- und Hauptschule wird zugesichert
- solange ein örtliches Bedürfnis dafür besteht, bleibt ein Standesamtsbezirk bestehen (mit dem Ortsvorsteher als Standesbeamten)
- finanzielle Unterstützung der örtlichen Vereine mindestens im vorhandenen Maße
- Schutz von Brauchtum und kulturellem Leben
- Feuerwehr des Stadtbezirkes wird in freiwillige Feuerwehr Villingen eingegliedert, bleibt aber eigenständiger Ortsverband
- Villingen setzt sich für einen Ausbau des Nahverkehrs nach Obereschach ein

3. Vereinbarung konkreter Investitionsprojekte und ihrer Finanzierung (Zusatzvereinbarung):

- Verwendung der Fusionsprämie aus der Eingemeindung ausschließlich für Vorhaben in Obereschach
- Reinerlöse aus außerordentlichen Holzhieben und Grundstücken aus Gemeindeeigentum fließen ebenfalls wieder dem Stadtbezirk zu
- Eine Liste konkreter Investitionsverpflichtungen auf dem Gebiet der Gemeinde innerhalb von 5 Jahren nach Eingliederung

4. (Kleinere) finanzielle Garantien für alle Einwohner:

- Steuern: bis Ende 1974 gelten die alten Sätze
- Feuerwehrabgabe entfällt
- Wasser- und Kanalgebühren bleiben bis zur Leistungsverbesserung gleich

Quelle: eigene Zusammenstellung nach „Vereinbarung über die Eingliederung der Gemeinde Obereschach in die Stadt Villingen" (einschließlich der Zusatzvereinbarung); SAVS, AZ V308

Der Fall Marbach

Am südöstlichen Rand des Oberzentrums gelegen, war Marbach die einwohnerstärkste Kommune in der unmittelbaren räumlichen Nachbarschaft des Oberzentrums (abgesehen natürlich von Bad Dürrheim, dessen Selbständigkeit aber niemals ernsthaft zur Diskussion gestanden hatte). Marbach stellte durch diese geographische Lagegunst ein attraktives Wohngebiet für Pendler aus Villinger und Schwenninger Betrieben dar.

Entsprechend positiv verlief der Bevölkerungszuwachs und die Baulandentwicklung dieser Randgemeinde. Und auch für die Gemeindefinanzen bildeten die Steueranteile der Pendler eine willkommene Grundlage. Umgekehrt sah man im Oberzentrum diesen Abfluß von Steuereinkünften sicher nicht nur mit Wohlwollen, zumal man als Zentralort den Aufbau und die Unterhaltung entsprechender Versorgungs- und Dienstleistungseinrichtungen zu tragen hatte, die man vom Umland, insbesondere auch von Marbach aus, in wenigen Minuten erreichen konnte.

So verwundert es nicht, wenn die Politiker aus Villingen-Schwenningen Marbach schon früh als ihren engeren Verflechtungsbereich ansahen. Bereits in der 3. Sitzung des Gemeinsamen Ausschusses, am 23. Oktober 69, erhoben sie Anspruch auf Marbach.[61] Genauso verständlich betonten die Marbacher lange ihren Wunsch, selbständig zu bleiben. Noch im Januar 71 äußerte man in der Lokalpresse, man wolle eine eigene Gemeinde bleiben und sich nicht früher als nötig eingemeinden lassen[62]: Nachdem in dieser Hinsicht jedoch kaum realistische Hoffnungen bestanden, hielten sich die Marbacher Gemeindepolitiker mehrere Optionen offen: Zum einen erteilten sie den Angeboten aus dem Oberzentrum keine definitive Absage, zum anderen verhandelten sie jedoch gleichzeitig auch mit anderen Gemeinden des Brigachtals über die Bildung einer Verwaltungsgemeinschaft. Zu Beginn des kommenden Jahres verengten sich dann die Spielräume durch Vorgaben der übergeordneten Entscheidungsgremien:

„Sie wissen, daß die Gemeindeverwaltung... schon seit einigen Monaten... versucht hat, die Verwirklichung anderer Lösungen im Brigachtal zu erreichen, um unserer Gemeinde die größte Selbständigkeit und Eigenständigkeit zu erhalten. Leider wurden alle diese Bemühungen jäh beendet. Vom Regierungspräsidium in Freiburg und zuletzt vom Herrn Regierungspräsidenten persönlich wurde festgestellt, daß weder eine Verwaltungsgemeinschaft der Brigachtalgemeinden mit Bad Dürrheim noch eine Verwaltungsgemeinschaft allein der Brigachtalgemeinden von der Rechtsaufsichtsbehörde genehmigt werden könnte, weil nach der zu erwartenden zweiten Zielplanungsrunde die Brigachtalgemeinde, und insbesondere die Gemeinde Marbach, dem Oberzentrum bzw. der Stadt Villingen-Schwenningen zugeordnet würden."[63]

Dennoch lehnten die Marbacher in einer Bürgeranhörung am 26. März 72 die freiwillige Eingliederung in die Gemeinde Villingen-Schwenningen mit einer hauchdünnen Mehrheit ab (52,4% Nein-Stimmen[64]). Sie plädierten weiter für eine „möglichst große Selbständigkeit".[65] Die Diskussion sollte noch fast ein gesamtes weiteres Jahr dauern und spaltete schließlich die Lokalpolitiker in zwei Lager: eine Fraktion plädierte für den Beitritt zum Oberzentrum Villingen-Schwenningen, die andere für die Bildung einer Einheitsgemeinde Brigachtal zusammen mit den kleineren Nachbargemeinden um Klengen.

Die Entscheidung geriet zum Schluß unter zeitlichen Druck, weil die Landesregierung das Ende der Freiwilligkeitsphase und damit auch der Fusionsprämien ankündigte. Dabei kam es noch fast zu einem kommunalpolitischen Eklat. Nachdem die Marbacher Bürgerinnen und Bürger im Mai 73 in einer Anhörung ein zweites Mal über den Zusammenschluß abstimmen konnten, votierten sie dieses Mal, für manche Kommunalpolitiker überraschend, mit 70% der abgegebenen Stimmen für die Eingemeindung nach Villingen-Schwenningen.[66] Als sich der Marbacher Gemeinderat dann in nichtöffentlicher Sit-

zung mit 6:4 Stimmen gegen das Votum der Bürger entschied und trotzdem für eine Eingliederung in die Brigachtalgemeinde plädierte, explodierte das lokale Pulverfaß. Zwei Marbacher Gemeinderäte traten zurück, und man bezichtigte sich gegenseitig in den lokalen Medien der Mißachtung demokratischer Spielregeln, respektive der Agitation und Manipulation des Bürgerwillens.[67] Damit war die Situation so verfahren, daß man beschloß, das Votum der Landesregierung abzuwarten und zu akzeptieren. Diese stellte dann im Juni 73 bei ihrer Entscheidung das Bürgervotum über die knappe Mehrheit im Gemeinderat und ordnete Marbach dem Oberzentrum Villingen-Schwenningen zu.

Nachdem dann nach Marbach auch noch die Gemeinden Weigheim und Weilersbach dem neuen Oberzentrum beitraten, erreichte das Stadtgebiet von Villingen-Schwenningen den Gebietsstand, den es bis heute innehat. Mit den Eingemeindungsverhandlungen endete die Phase der kommunalen Neugliederung im Raum des künftigen Oberzentrums der Schwarzwald-Baar-Region.

Schlußbemerkung und Ausblick

Immer wieder verwendeten die lokalen Politiker während der Diskussionen um die Fusion von Villingen und Schwenningen das Ehe-Gleichnis. Befürworter und Gegner der Vereinigung überboten sich damals gegenseitig bei der Erfindung ständig neuer Variationen dieses Themas. Am besten paßt letztendlich wohl immer noch das Bild von der Vernunftehe. Villingen und Schwenningen „heirateten" nicht aus Liebe, sondern aus rein geschäftsmäßigen Gründen. Dies zeigen die Motive der Entscheidungsträger im Verlauf der Vereinigungsdiskussion. Die Fusion schien damals der Schlüssel für eine goldene Zukunft zu sein: die Hoffnungen auf die Förderung als Oberzentrum, der politische Poker um ein möglichst großes zugehöriges Kreisgebiet und die Abrundung des Stadtgebietes durch die Eingemeindung der kleinen Nachbarkommunen sollten Villingen-Schwenningen zum Mittelpunkt der Region machen.

Die Wachstumseuphorie ist zwischenzeitlich – wie natürlich vielerorts im Land – merklich abgekühlt. Das neue Oberzentrum konnte seine hochgesteckten Ziele erst ansatzweise erreichen. Eine Reihe von Faktoren, von den veränderten politischen Mehrheiten in Baden-Württemberg (Machtwechsel bei den nächsten Wahlen zum Landesparlament) bis zu demographischen und gesamtwirtschaftlichen Rahmenbedingungen mögen dazu beigetragen haben, daß die Wirklichkeit in Villingen-Schwenningen hinter den damaligen Wachstumsszenarien deutlich zurückblieb.

Auch vor Ort ist ein weiteres städtebauliches Zusammenwachsen der beiden „Eheleute" bis heute ein kontrovers diskutiertes Thema. Ein Blick auf Karte und Luftbild zeigt, daß die große siedlungsfreie Fläche zwischen Villingen und Schwenningen, wo in anfänglichen Planspielen einmal ein gemeinsames Stadtzentrum entstehen sollte, immer noch Wald und Ackerflächen trägt. Auch die ehrgeizige Nordbogenplanung konnte man nicht wie vorgesehen umsetzen. Aber die alte Grenze existiert nicht nur in der Landschaft weiter, sondern auch in den Köpfen vieler Bewohner. Die kontroverse Diskussion im Februar 1996 um die Aufstellung des Schwenninger Hansel neben dem traditionsreichen Villinger Narro im örtlichen Franziskanermuseum[68] mag als symbolisches Beispiel andeuten, daß eine politische Vernunftehe aus damals zweckrationalen Gründen gewachsene Bindungen und alte Grenzen kurzfristig kaum auszuräumen vermag.

Aber bei diesem Fazit stehenzubleiben, wäre sicher zu kurz gedacht. Solch eine Perspektive würde zweifellos den langen Atem der Geschichte nicht angemessen mitberücksichtigen. Denn soll der politisch-juristischen Zu-

sammenlegung eine emotionale Vereinigung der Bevölkerung folgen, spielt der Faktor Zeit die entscheidende Rolle. Gefühlsmäßige Barrieren, die in jahrhundertelanger Gegnerschaft gewachsen sind, lassen sich nicht in wenigen Jahrzehnten beseitigen. Die wirkliche Vereinigung kann letztlich weder in der räumlichen Zusammenlegung städtischer Behörden noch durch bauliche verbindende Projekte im Stadtbild stattfinden, sondern am Ende einzig und allein in den Köpfen der Bevölkerung. Doch solche Veränderungen laufen nicht in Jahrzehnten ab. Sie benötigen den Zeitraum von mehreren, ja von *vielen* Generationen, denn sie rühren an den innersten emotionalen Sicherheiten jedes einzelnen Bewohners: an seiner Verwurzelung und Identifikation mit dem Raum, in dem er lebt: mit seinem Dorf, seiner Stadt, seiner Region, kurzum mit dem, was die meisten von uns als ihre „Heimat" bezeichnen.[69] Ohne Zweifel müssen finanzielle Zuschüsse auch zukünftig mithelfen, das neue Oberzentrum weiter städtebaulich und funktional auszugestalten. Aber inwieweit und in welchem Zeitraum die neuen Verwaltungseinheiten die alten Grenzen räumlicher Zugehörigkeit in der Bevölkerung abzulösen vermögen, ist heute schwer zu sagen. 25 Jahre nach der politischen Zusammenlegung der beiden Städte scheint nur eines sicher: Die Vereinigungsgeschichte von Villingen und Schwenningen ist noch nicht beendet und die Zukunft ist offen.

---

1 SB v. 13. 1. 69 aus Anlaß der ersten Sitzung des Gemeinsamen Ausschusses der Städte Villingen und Schwenningen wenige Tage vorher.

2 Zur kommunalen Gebietsreform existiert ein reichhaltiges Schrifttum, zur Einführung vgl. z. B. Oertzen, H.-H.; Thieme, W. (Hg.)(1981), Blotevogel, H.-H. (1984), Unruh, G. C. V. et al. (1981).

3 Aktenvermerk v. 24. 9. 69, SAVS Best. 1.16 Nr. 020/10.1.

4 Vgl. z. B. Blotevogel 1996, Deiters 1996, Gebhardt 1996.

5 In den 70er Jahren bildete die Zentrale-Orte-Theorie einen wesentlichen Dreh- und Angelpunkt in der Landesplanung, vgl. z. B. die entsprechenden Untersuchungen von Kluczka 1971 für Nordrhein-Westfalen oder diejenigen von v. Malchus et al. 1967 in Baden-Württemberg u. v. a., sowie die darauf aufbauenden zentralörtlichen

Gliederungskonzepte in den Landesentwicklungspro-
grammen und -plänen.

6 Gebauer 1968 in: Heimatblättle 1/68.

7 Ebd.

8 Aktenvermerk des VerwDir Villingen, Arnold, vom 18.10.
68, SAVS Best. 1.16 Nr. 020/10.1.

9 NQ v. 10.1.69.

10 Verkehrsplanung, Krankenhausplanung, schulische Einrichtungen, Einrichtung eines Tierheims, Einrichtung der
Jugendmusikschulen, Niederlassung des TÜV, Abstimmung der FNPs, Koordinierung kultureller Veranstaltungen, gemeinsames Jahrbuch mit Schwenningen, Beförste-
rung des Stadtwaldes Schwenningen durch Villingen, gemeinsamer Sonntagsdienst der Zahnärzte, Werbung des
Villinger und Schwenninger Einzelhandels. Nach: Brief
des Villinger Verwaltungsdirektors an den OB von Villingen vom 8.1.69; SAVS Best. 1.16 Nr. 020/10.1.

11 NQ v. 10.1.69.

12 Protokoll der 1. Sitzung des Gemeinsamen Ausschusses;
SAVS Best. 1.16 Nr. 020/6.1.

13 Neckarquelle v. 11.2.69.

14 Auszug aus dem Protokoll der 1. Sitzung des Gemeinsamen Ausschusses, SAVS Best. 1.16 Nr. 020/10.1.

15 Ebd.

16 Ebd.

17 Der Stadtkreis hatte sich bis dahin allerdings ohnehin
schon als unrealistisch erwiesen. Im Prinzip konnte er für
die Regionalplaner von vornherein nicht in Frage kommen, weil dann die Restkreise, insbesondere der Bereich
Villingen-Land zu schwach geworden wären, um einen eigenen Kreis auch im Zuge der Verwaltungsreform zu bilden. Wichtiger aber: die Akteure wollten als Preis für die
Vereinigung eine Großkreis-Lösung verwirklichen, die als
wesentliche Forderung immer wieder, insbesondere auch
von Gebauer, vorgetragen wurde. Sie deckte sich mit dem
Denkmodell des damaligen baden-württembergischen Innenministers Krause (vgl. auch weiter unten in diesem
Aufsatz).

18 Auszug aus dem Protokoll der 2. Sitzung des Gemeinsamen Ausschusses, SAVS Best. 1.16 Nr. 020/10.1.

19 Auszug aus: Protokoll der 11. Sitzung des Gemeinsamen
Ausschusses vom 23.6.1970; SAVS Best. 1.16 Nr. 020/10.1.

20 Auszug aus dem Protokoll der 2. Sitzung des Gemeinsamen Ausschusses, SAVS Best. 1.16 Nr. 020/10.1.

21 Ebd.

22 Gemeinderatsprotokoll, SAVS Best. 1.16 Nr. 020/31.1.

23 Vgl. Protokoll der 11. Ausschußsitzung, SAVS Best. 1.16
Nr. 020/10.1.

24 SK v. 6.3.71.

25 Brief an die Stadtverwaltung Villingen, eingegangen am
9.2.71; SAVS Best. 1.16 Nr. 020/77.1.

26 Ebd.

27 Gemeinderatsprotokoll, SAVS Best. 1.16 Nr. 020/37.1.

28 Villingen-Schwenningen, die gemeinsame Stadt. Geleitwort, S. 1.1971.

29 SK v. 5.3.71.

30 Leserbrief eines Schwenninger Bürgers, NQ v. 19.3.71.

31 Villingen-Schwenningen, die gemeinsame Stadt. Geleitwort, S. 86.1971.

32 Auszug aus einem Leserbrief, NQ v. 16.2.71. Andere Leserbriefe mit ähnlichem Tenor: „Eine Gemeindeverwaltung und deren Spitze... haben durchaus das Recht, neue
Ideen und Reformvorschläge der Bevölkerung zu unter-
breiten und ihr in Bürgerversammlungen die Möglichkeit
der Meinungsbildung zu geben. Aber erst auf Grund dieser Meinungsbildung sind sie legitimiert, diese oder jene
Entscheidung zu treffen, die der Bürger zu respektieren

hat. Unsere Gemeinderäte haben aber das vorweggenommen, was ihnen erst nach dem 28.3.71 zustehen würde. Auf
solche Art und Weise wird die Demokratie zu einem leblosen Begriff." (Auszug aus einem Leserbrief im SB v. 26.3.
71). „Der Bürger... soll abgesehen von Bürgerversammlungen, bei denen er meistens von vollendeten Tatsachen
unterrichtet wird, bei denen selten die Gelegenheit besteht, Für und Wider sachlich auszudiskutieren, in der sogenannten Bürgeranhörung – so will es § 8 der Gemeinde-
ordnung, „Ja" oder „Nein" zu etwas sagen, über das er nur
wenig und dann einseitig unterrichtet wurde."(Auszug aus
einem Leserbrief, NQ v. 15.12.70). „Am 25.10.71 fand im
Schwenninger Beethovenhaus eine Bürgerversammlung
zur geplanten Neugliederung statt. In diesem Zusammenhang sagte der CDU-Fraktionschef von Villingen:.... Was
haben wir falsch gemacht? Haben wir zu viel hinter verschlossenen Türen verhandelt?' Prasselnder Beifall für
diesen unerwartet heftigen Ausbruch."(NQ v. 25.1.71).

33 Vgl. Sonderbeilage des SB am 31.12.71.

34 SB v. 23.3.71.

35 SB v. 11.2.71. Gelegentlich schoß man in diesem Rahmen
aber auch mit Kanonen nach Spatzen, etwa bei der Diskussion um neue Autobahnschilder, wo lokale Akteure
forderten, „das ganze Gewicht des künftigen Oberzentrums in die Waagschale zu werfen" (so der Villinger
Oberbürgermeister Kern in der Sitzung des Gemeinsamen
Ausschusses. SAVS Best. 1.16 Nr. 020/10.1).

36 13.10.71.

37 Vgl. im Detail Herzer 1971, S. 96 ff.

38 Brief des OB Kern an Herrn Wehrle v. 15.1.68; SAVS Best.
1.16 Nr. 20/10.1.

39 SAVS Best. 1.16 Nr. 020/10.2.

40 Entwurf in SAVS Best. 1.16 Nr. 020/10.2.

41 Brief in: SAVS Best. 1.16 Nr. 20/10.2.

42 Vgl. Villingen-Schwenningen 1971, S. 82.

43 Aus: Protokoll der 2. Sitzung des Gemeinsamen Ausschusses der Städte Villingen und Schwenningen v. 5.3.69,
SAVS Best. 1.16 Nr. 020/10.1.

44 Nur zwei Beispiele: Der Schwenninger Oberbürgermeister Dr. Gebauer erhob in der 5. Sitzung des Gemeinsamen
Ausschusses die Forderung, „die Umlandgemeinden beider Städte müßten auf jeden Fall in den örtlichen Verwal-
tungsraum beider Städte mit einbezogen werden. Besondere Verwaltungsbereiche, die das Umland vom Oberzentrum abtrennen, dürften keinesfalls gebildet werden." Der
in dieser Sitzung anwesende Regierungspräsident von
Freiburg, Person, sagte seine Unterstützung zu. Gebauer
beabsichtigte, mit den Umlandgemeinden im kommenden
Jahr ins Gespräch zu kommen (nach: Protokoll der 5. Sitzung des Gemeinsamen Ausschusses der Städte Villingen
und Schwenningen; SAVS Best. 1.16 Nr. 020/6.1). „Den
Weg zur Neuordnung unserer Heimat sollten unsere
Nachbargemeinden mit uns gemeinsam gehen. Wenn zwei
Städte von der Größe und Wirtschaftskraft Schwenningens und Villingens sich ernsthaft auf den Zusammenschluß vorbereiten, dann kann und darf diese Gesinnung
nicht übersehen werden." (Dr. Gebauer in der NQ v. 31.
12.69).

45 29.1.71.

46 NQ v. 7.4.71.

47 Bürgermeister Wilhelm Hirt, Rietheim: „Über kurz oder
lang kommen wir schon irgendwo hin. Freiwillig werden
wir uns aber nicht anschließen. Villingen liegt natürlich
näher als andere Gemeinden.... Im Moment hängt alles in
der Luft. Wir warten das Gesetz ab und befolgen dessen
Anweisungen. ... Wenn ich ehrlich bin, dann wird wohl
nichts anderes übrig bleiben, als uns nach Villingen einzu-

ordnen." Bürgermeister Franz Fehrenbacher, Überauchen: „Wir bleiben vorläufig selbständig. Freiwillig machen wir nicht mit. Bis heute hat mir noch niemand erklärt, welche Vorteile bei einem Zusammenschluß auf uns zukommen werden. Ich sehe da keinerlei Vorteile, sondern nur Nachteile. Wenn der Gesetzgeber den Zusammenschluß bestimmen sollte, dann haben wir halt Pech gehabt. Aber wir werden das trotzdem nicht hinnehmen. So ohne weiteres lassen wir uns nicht ‚überfahren‘." … Bürgermeister Friedrich Hirt, Marbach: „… Ich würde es begrüßen, wenn unsere Gemeinde Marbach selbständig bleiben könnte. Wir haben über 1 300 Einwohner und sind mit unserer Selbstverwaltung bisher stets gut gefahren. Ein Zusammenschluß mit Villingen wäre gewiß reichlich verfrüht. Wir möchten zunächst einmal abwarten, ob es zu einem Oberzentrum kommt und wie das funktioniert." (aus: SK v. 29. 1. 71).

48 NQ v. 21. 1. 71.

49 Die lokalen Printmedien protokollieren den öffentlichen Teil der Diskussion in vielen einzelnen Artikeln, auf die hier nicht im einzelnen eingegangen werden soll. Aus entscheidungsorientierter Perspektive sei hier jedoch zumindestens angemerkt, daß gerade sie als Teil des kommunalen Kommunikationsapparates von den Akteuren als strategisches Sprungbrett benutzt wurden, um der Öffentlichkeit gezielt Teile des Diskussionsprozesses aus ihrer subjektiven Sicht darstellen zu können (vgl. die allgemeinen Abhandlungen über die Rolle der lokalen Medien in [vgl. in allgemeiner Form z. B. Jarren 1984]).

50 Nur so konnten die Mühlhauser Akteure sicher sein, zusammen mit Schwenningen den Kreiswechsel zu vollziehen, der für die Bildung des Oberzentrums notwendig war, und nicht allein im Kreis Rottweil verbleiben zu müssen und möglicherweise einer anderen Nachbargemeinde zugeordnet zu werden, zu der die Verbindungen nicht so eng waren wie nach Schwenningen.

51 Die Vereinigungsdiskussionen liefen hier fast parallel zur Fusion der beiden Städte Villingen und Schwennigen. Obereschach schloß sich laut Vertrag einen Monat zuvor der Stadt Villingen an, wobei in den Eingliederungsvereinbarungen bereits ausgemacht war, daß die neue Stadt Villingen-Schwenningen als Rechtsnachfolgerin von Villingen die beschlossenen Forderungen und Zugeständnisse in gleicher Weise erfüllen mußte.

52 NQ v. 20. 3. 71, hier bezogen auf Neugliederungsverhandlungen im Raum Tuningen.

53 Ebd.

54 aus: Vereinbarung über die Eingliederung der Gemeinde Obereschach in die Stadt Villingen, S. 9, SAVS Best. 5.25 Nr. 308 V.

55 Wie übrigens in vielen ländlichen Räumen, vgl. z. B. Reuber 1996.

56 In einzelnen Fällen ließen sich die Beitrittsgemeinden sogar zusichern, daß bestimmte Einrichtungen in ihrer Gemarkung nicht gebaut werden dürften. So heißt es in der Eingliederungsvereinbarung mit der Gemeinde Weigheim: „Die Stadt verpflichtet sich, keine Mülldeponie oder Lagerung von Resten aus der geplanten zentralen Müllverbrennungsanlage auf der Markung Weigheim zu dulden oder anzulegen. Dasselbe gilt für die Anlegung eines Flugplatzes." (Vereinbarung über die Eingliederung der Gemeinde Weigheim in die Stadt Villingen-Schwenningen; §17, Abs. 2; S. 14).

57 Vgl. Vereinbarung über die Eingliederung der Gemeinde Weigheim in die Stadt Villingen-Schwenningen, Zusatzvereinigung § 1 Abs. 2; S. 2.

58 Aus: Vereinbarung über die Eingliederung der Gemeinde

Obereschach in die Stadt Villingen, SAVS Best. 5.25 Nr. 308 V, S. 4.

59 Ebd.

60 „Dem bisherigen Bürgermeister der Gemeinde Obereschach wird das Amt des Ortsvorstehers bis zum Ablauf seiner Amtszeit übertragen. Er erhält, auch im Falle seiner Wiederwahl, als Besoldung den Höchstbetrag, der er als Bürgermeister der Gemeinde Obereschach bei deren Fortbestand als selbständige Gemeinde erhalten würde. … Wird der bisherige Bürgermeister als Ortsvorsteher nicht wiedergewählt und tritt er nicht in den Ruhestand, so ist die Stadt Villingen bereit, ihn unter bestmöglicher Wahrung seines Besitzstandes in ihre Dienste zu berufen." (aus: Vereinbarung über die Eingliederung der Gemeinde Obereschach in die Stadt Villingen, SAVS Best. 5.25 Nr. 308 V, S. 5).

61 Vgl. Protokoll der 3. Sitzung des Gemeinsamen Ausschusses, SAVS Best. 1.16 Nr. 020/6.1.

62 SK v. 29. 1. 71, Kopie vhd.

63 Aus: „Information und Einladung zur Bürgerversammlung", Flugblatt, SAVS Best. 1.16 Nr. 020/114.1.

64 Vgl. SAVS Best. 1.16 Nr. 020/116.1.

65 SK v. 22. 7. 72.

66 Vgl. z. B. SK v. 28. 5. 73.

67 Vgl. z. B. SK v. 28. 5. 73; Badische Zeitung v. 28. 5. 73; SK v. 29. 5. 73.

68 Vgl. z. B. SK v. 10. 2. 96: „Ein Sturm im Wasserglas? Warum ein Schwenninger Hansel nicht ins Museum darf", NQ v. 12. 2. 96: „Schwenninger Hansel im Franziskaner? Villinger Narrozunft: ‚Ungelegte Eier'".

69 Vgl. zur Diskussion um „Heimat" und „Ortsbindung" in und am Rande von Verdichtungsräumen Reuber 1993, Weiss 1993, Gebhardt, Reuber et al. 1995.

Gerhard Gebauer

Die historische Stunde: 1. Januar 1972

Die Gründung der Stadt Villingen-Schwenningen zum 1. Januar 1972 ist ein Ereignis von historischer Bedeutung für den gesamten südwestdeutschen Raum. In erster Linie hat dieser Vorgang natürlich Stadtgeschichte geschrieben. Über Jahrhunderte hinweg hat keine politische Entscheidung das Stadtgeschehen so stark geprägt und verwandelt wie diese Neubildung der Stadt, in deren Gefolge bis 1974 noch weitere 9 ehemals selbständige Gemeinden in die Gesamtstadt eingegliedert werden konnten.

Wir haben mit diesen Entscheidungen aber nicht nur lokale Zeichen gesetzt. Die hiesigen Vorgänge hatten Ausstrahlungskraft auf das gesamte Reformgeschehen in Baden-Württemberg. Für die Landesregierung waren wir das „Vorzeigemodell", an dem nachgewiesen werden konnte, daß einvernehmlich und mit der Zustimmung der Bevölkerung Veränderungen möglich sind und jahrhundertelange Verkrustungen aufgebrochen werden können. Bisher ist der Feststellung nicht widersprochen worden: Die Neubildung der Stadt Villingen-Schwenningen ist die größte Gemeindereformmaßnahme, die in Deutschland seit 1945 erfolgreich durchgeführt worden ist. Sie hat regionalweit die kommunalpolitische Landschaft verändert und neu gestaltet.

Die Ausgangslage

Den Städten Villingen im Schwarzwald und Schwenningen am Neckar war diese Entwicklung nicht vorbestimmt. Im Gegenteil. Auf den ersten Blick hat zunächst einmal nahezu alles gegen den Gedanken einer Städtefusion gesprochen. Da gab es die Grenzpfähle über Jahrhunderte hinweg. Diese wurden

im Jahre 1326 endgültig mit dem Zuerwerb Villingens durch die Habsburger. Hier Schwaben dort Alemannen, Württemberger und Badener, Katholiken und Protestanten. Größere Gegensätze waren kaum vorstellbar.

Auch die Neubildung des Bundeslandes Baden-Württemberg im Jahre 1952 hat daran zunächst nur wenig geändert. An die Stelle der dynastisch geprägten Landesgrenzen traten die Grenzen der Regierungsbezirke und Landkreise. In den Köpfen der Menschen hatte sich noch wenig verändert. Beziehungen untereinander waren auf nur wenige Personen beschränkt.

Dies gilt insbesondere auch für die öffentlichen Verwaltungen. Es gab kaum eine Behörde, die für beide Städte gemeinsam zuständig war. Auch die Stadtverwaltungen selbst unterhielten miteinander nur minimale Kontakte. Man hatte schlechthin nichts miteinander zu tun. Als Oberbürgermeister der Stadt Schwenningen in den sechziger Jahren habe ich meinen Villinger Kollegen Severin Kern das ganze Jahr über wenig gesehen, es sei denn bei den Versammlungen der Städtetage in Stuttgart und Köln. Über lokale Angelegenheiten gab es dabei wenig zu sagen.

Wie trennend sich die alte Landesgrenze noch bis in unsere Tage hinein ausgewirkt hat, läßt sich an dem folgenden Beispiel überzeugend beschreiben: Als die Landesregierung im Jahr 1965 beschlossen hatte, eine weitere Pädagogische Hochschule im Landesteil Südbaden zu errichten, hat sich auch die Stadt Villingen um den Sitz dieser Hochschule beworben. Es wurde eine Aktionsgemeinschaft gegründet, um dieses Begehren überzeugend zu formulieren. Dazu wurde auch die Stadt Schwenningen eingeladen. Sie sollte mit ihrem Gewicht und der Zahl ihrer Schulen die Villinger Position verstärken. Kurz vor Abschluß der Arbeit, in die ich mich aktiv eingebracht hatte, erreichte uns vom Oberschulamt Freiburg die Mitteilung, mit den Schwenninger Zahlen und Statistiken dürfe man von Villingen auch nicht argumentieren. Es handele sich um eine südbadische Hochschule. Der Nachweis, daß Villingen der richtige Standort sei, könne nicht gemeinsam mit Schwenningen geführt werden. Die Hochschule kam nach Lörrach. Der Landtag entschied dies am 27. 1. 1966 auf Vorschlag der Landesregierung. Für uns alle der erneute Beweis dafür, daß der Schritt über die Grenze hinweg notwendig war. Es mußte endgültig ein Ende gemacht werden mit dem beliebten Spiel der Freiburger und der Stuttgarter, uns auseinanderzudividieren.

Es war und ist der große Fehler der Landesregierung, aber auch des Landtags und der politischen Parteien, daß man nach der Bildung des Landes Baden-Württemberg im Jahr 1952 weitgehend die Hände in den Schoß gelegt und nur wenig getan hat, die alten Landesgrenzen für alle weitergehenden Lebensbereiche der Menschen zu überwinden. Dies geschah zu unserem Nachteil und brachte uns den Schaden. Aktuelle Entscheidungen zur Fusion der Stromkonzerne, der Banken und der Rundfunkanstalten haben lokal und regional für uns kaum eine positive Auswirkung.

Neue Landesplanung – erste Chance zum Wandel

Zu Beginn der sechziger Jahre wurde allgemein die Notwendigkeit erkannt, daß Gemeinden und Landkreise überörtlich auf regionaler Ebene zusammenarbeiten müssen. In unserem Raum entstand die Planungsgemeinschaft Schwarzwald-Baar-Heuberg sogar über die alte Landesgrenze hinweg. Sie umfaßte die Landreise Rottweil, Tuttlingen,

Donaueschingen und Hochschwarzwald/Neustadt. 1964 wurde unter dem Vorsitz von Landrat Astfäller der auch heute durchaus noch lesbare Entwicklungs- und Raumordnungsplan herausgegeben. Bereits im folgenden Jahr 1965 wurde ich zum Vorsitzenden des Verbandes gewählt. Aus dieser Tätigkeit heraus – wir beschäftigten uns z. B. erfolgreich mit der damals aktuellen Planung der Autobahn zum Bodensee – sind meine guten und auch sehr persönlichen Kontakte zu den Landesplanungsbehörden entstanden.

Im Innenministerium begann man, sich mit der Zentralorteplanung zu beschäftigen. Man hatte erkannt, daß die Städte und Gemeinden unterschiedliche Aufgaben zu erfüllen haben. Es sollte eine Gliederung in Oberzentren, Mittelzentren und Unterzentren vorgenommen werden. Für unsere Region wurde ein passender Standort für das Oberzentrum gesucht. Im Sommer 1967 wurde ich als Vorsitzender der Planungsgemeinschaft zu diesen Verhandlungen in Stuttgart hinzugezogen. Man war noch immer nicht fündig geworden. Ich erklärte, wenn eine Stadt nicht groß genug sei, um Oberzentrum werden zu können, dann müsse man eben zwei Städte suchen. Der Referent strahlte. Er deckte seinen Planentwurf auf, in dem um die Städte Villingen und Schwenningen herum ein provisorischer Kreis gezogen war und in der schriftlichen Begründung dazu stand der Satz: „Die Städte Schwenningen am Neckar und Villingen im Schwarzwald sollen langfristig zum Oberzentrum der Region Schwarzwald-Baar-Heuberg entwickelt und ausgebaut werden."

Im übrigen konnte er darauf verweisen, daß derartige Doppelzentren auch für die Städtepaare Mannheim/Heidelberg und Reutlingen/Tübingen vorgesehen waren.

Auf den ersten Blick hin erkannte ich, daß dies unsere Chance war. Eine derartige Initialzündung aus Stuttgart war vonnöten, um den örtlichen Funken auszulösen.

Die weiteren Ereignisse vollzogen sich

schnell. Zum Jahresende 1967 veröffentlichte die Landesregierung den Landesentwicklungsplan, in dem die Ausweisung des Städtepaares Schwenningen-Villingen als zu entwicklendes Oberzentum nahezu wortgleich enthalten war.

Die erste öffentliche Reaktion war bescheiden und verpuffte alsbald. Meinen in der Presse veröffentlichten Rückblick auf das Jahr 1967 nahm ich als Oberbürgermeister dann wahr, um folgendes zu erklären:

„Die Landesregierung empfiehlt, das Städtepaar Villingen-Schwenningen als Oberzentrum auszuweisen. Uns ist die Aufgabe gestellt, diese neue Situation zu erkennen und aus dieser Erkenntnis heraus zu handeln... Noch immer steht unsichtbar zwischen unseren beiden Gemeinden die alte Grenze und trennt... Menschen und Verwaltungen. Diese Trennung müssen wir überwinden. Es gilt, die Gunst der Stunde zu nutzen. Nur gemeinsam können wir die uns zugedachte zentralörtliche Funktion erfüllen. Ich hoffe, daß die Suche nach dem richtigen Weg zu dieser größeren Gemeinschaft für unsere Nachbarstadt und uns zu einem wichtigen kommunalpolitischen Problem für die kommenden Jahre werden wird."

Wenn ich im Nachblick diese Zeilen zum Jahresrückblick 1967 lese, dann erfüllt mich Stolz und Genugtuung darüber, daß ich zu einem so frühen Zeitpunkt die richtigen Worte gefunden und auf die Gunst der Stunde hingewiesen habe, die es zu nutzen galt. Wir haben sie genutzt.

Der Weg zum Gemeinsamen Ausschuß

Bereits die ersten Tage nach Neujahr 1968 nahm ich in Anspruch zu einem Treffen mit meinem Kollegen Severin Kern im Villinger Rathaus. Ich war getragen von der Überzeugung, daß es darum ging, „Nägel mit Köpfen" zu machen. In der Tasche hatte ich den Entwurf einer Vereinbarung zur Gründung eines

Gemeinsamen Ausschusses der Städte Villingen und Schwenningen, datiert vom 8. Januar 1968. Die Haltung von Severin Kern war für mich nicht überraschend. Ich kannte seine Grundeinstellung über Jahre hinweg. Er war voller Zorn über die ständigen Benachteiligungen, die wir von Freiburg und Stuttgart aus zu erfahren hatten, und über das geringe Verständnis, das uns von dort für unsere Lage entgegengebracht wurde.

Mein Vorschlag, einen gemeinsamen Ausschuß zu bilden, fand Zustimmung. Dieser sollte die Aufgabe haben, „sich mit allen Angelegenheiten zu beschäftigen, die die beiden Städte gemeinsam berühren".

Einigkeit bestand allerdings auch dahingehend, daß wir mit diesem Vorschlag Gemeinderat und Bürgerschaft nicht überfordern dürften. Es mußte eine allmähliche Annäherung gesucht werden. Ich war in den dann folgenden Monaten bemüht, derartige Kontakte aufzubauen. Dazu gehörten mehrfache Informationen für den Schwenninger Gemeinderat. Entsprechendes gilt für Villingen.

Die Volkshochschulen haben sich auch alsbald der Sache angenommen. Für den 8. 1. 1968 wurde bereits zu einem ersten Forumsgespräch eingeladen. Ich konnte meine Vorstellungen zum Auftakt des gemeinsamen Handelns vortragen und fand eine ausgesprochene positive Resonanz. Dies war nicht zuletzt auf Herbert Holtzhauer zurückzuführen, den langjährigen SPD-Landtagsabgeordneten, der als Verleger bereit war, sich uneingeschränkt für den Aufbau des Oberzentrums einzusetzen. In einem noch größeren Rahmen wurde das 2. Forumsgespräch am 15. 1. 1969 in der Aula des Schwenninger Gymnasiums abgehalten. Erstmals mit Landräten, Abgeordneten und einem Referenten des Tübinger Regierungspräsidenten Birn. Auch hier wiederum durchgehend Zustimmung, aber auch Bemerkungen „die Sache brauche ihre Zeit" und „man dürfte nichts überstürzen".

Auch die Parteien haben Fühler zueinander ausgestreckt. Ich erinnere mich an eine Versammlung der beiden SPD-Fraktionen. Niemand kannte den Nachbarn von der anderen Seite. Was wir auch anpackten, es war Neuland, vergleichbar der Stunde Null. Im Rückblick ist es kaum vorstellbar, daß zwei Städte und ihre Menschen noch vor nunmehr 30 Jahren so teilnahmslos als Fremde nebeneinander gelebt haben.

Im Herbst 1968 drängte ich auf Beschleunigung. Der Gemeinsame Ausschuß sollte aus der Taufe gehoben werden. Erstmals zeigte sich, daß die beiden Züge, die hin zur Gemeinsamkeit in Schwenningen und in Villingen abfuhren, unterschiedliche Tempi entwickelten. Den Schwenninger Gemeinderat hatte ich alsbald überzeugen können. Einstimmig gab er seine Zustimmung zur Bildung der gemeinsamen Plattform. Der Villinger Gemeinderat brauchte mehrere Beratungen. Er forderte in § 1 der Vereinbarung die Gründung einer „kommunalen Arbeitsgemeinschaft", war dann in § 3 aber durchaus damit einverstanden, daß die Aufgaben dieser Arbeitsgemeinschaft durch einen gemeinsamen Ausschuß wahrgenommen werden sollten. Je acht Mitglieder aus beiden Städten wurden in das gemeinsame Gremium berufen.

Der Gemeinsame Ausschuß

Der Gemeinsame Ausschuß (GA) hat sich zum wichtigsten Instrument auf dem Weg zur Stadt Villingen-Schwenningen entwickelt. Er hat in den insgesamt 25 Sitzungen bis Ende 1971 hervorragende Arbeit geleistet und über die Parteien hinweg sehr bald eine große Entschlossenheit in der Sache entwickelt. Er war nur ein beratendes Gremium. Dennoch ist es den Mitgliedern des Ausschusses gelungen, die Fraktionen der beiden Gemeinderatsgremien von der Richtigkeit ihrer Argumente weitestgehend zu überzeugen. Ohne die Arbeit des GA wäre die Städtefusion zum 1. 1. 1972 nicht gelungen. Vermutlich wäre sie sogar insgesamt gescheitert.

Natürlich hat es auch einige außerordentlich kritische Situationen in der Arbeit des GA gegeben. Wir standen mehrfach vor einem Kollaps. Darauf werde ich zurückkommen.

Zur denkwürdigen 1. Sitzung des GA habe ich am 28. 12. 1968 auf den 10. Januar 1969 in das Schwenninger Rathaus eingeladen. Für das erste Jahr wurde ich zum Vorsitzenden gewählt. Der jährliche Wechsel mit Severin Kern wurde beschlossen. Die Tagesordnung brachte in erster Linie die Gründungsformalien. Unter „Verschiedenes" wartete die FDP mit einem Antrag auf, der nach außen als „Sensation" gewertet wurde und der tatsächlich auch eine völlig neue Dimension eröffnete. Die Forderung lautete, daß zum Aufbau des Oberzentrums ein Stadtkreis Villingen-Schwenningen gebildet werden sollte. Es ging jetzt also nicht mehr nur um Zusammenarbeit, sondern um die Gründung einer eigenen Gebietskörperschaft.

Vorausgegangen war ein Gespräch, das ich mit einigen Freien Demokraten geführt hatte. Die Herren Lehmann, Dr. Binder und Dr. Mehne fomulierten das Thema „Stadtkreis". Meine Bedenken waren, daß wir als kreisfreie Stadt von unseren wichtigen Beziehungen zu den Landkreisen abgeschnitten würden. Dennoch willigte ich ein, denn der Anstoß an sich war in der Sache wichtig. Die FDP war eine kleine Fraktion, aber sie hatte dennoch bewirkt, daß jetzt auch öffentlich nicht nur über Zusammenarbeit gesprochen wurde. Erstaunlich war, daß die späteren Gegner der Fusion sich völlig ruhig verhielten, obwohl ihnen eigentlich ob dieser Entwicklung die Ohren hätten klingeln müssen.

Die erste Sitzung des GA wurde in der Öffentlichkeit günstig aufgenommen. Die Stuttgarter Zeitung schrieb „eine sensationelle kommunalpolitische Verlobungsanzeige über alle Landesgrenzen hinweg".

Maria Säger aus Schwenningen schrieb kritisch in einem Leserbrief: So grundverschiedene Typen, wie Schwaben und Alemannen, Katholiken und Evangelische, städtische und bäuerliche, Fabrikler und Geschäftsleute, könnten nicht zusammenkommen. Die Reserviertheit der Sitzungsteilnehmer sei frappant gewesen. Es sei so kühl gewesen, daß die anwesende Villinger Stadträtin – gemeint war Frau Straub – sich einen Mantel hätte anziehen müssen. Daraus folgt: Wir waren mit unseren Bemühungen noch lange nicht über den Berg.

Die Arbeit des Gemeinsamen Ausschusses

Wer die dreijährige Arbeit des GA an Hand der Sitzungsprotokolle studiert, der kommt alsbald zu der Erkenntnis, daß die Sitzungen durchgehend angehäuft waren von einer Fülle wichtiger Sachthemen, die alle gemeinsame Anliegen zur Zusammenarbeit der beiden Städte zum Inhalt hatten. In diesem Zusammenhang kann ich darauf nur ganz am Rande eingehen. Mehrere Fachinstitute wurden mit Strukturuntersuchungen der verschiedensten Art über den Raum Villingen-Schwenningen beauftragt und später wurde über die Ergebnisse beraten. Immer wieder stand die Schaffung eines Hauptschwerpunktkrankenhauses zur Debatte, das später dann eindrucksvoll auch entstanden ist. Überörtliche Verkehrsfragen, wirtschaftliche Entwicklung, Zusammenarbeit im Bereich der Kultur, des Sports und der Bildung wurden ebenso behandelt wie die Zusammenführung der beiden Stadtwälder. Dies alles war ein Vorgeschmack auf wichtige Themen, mit denen wir uns ab 1972 in der gemeinsamen Stadt dann immer wieder zu beschäftigen hatten.

Der GA war ein beratender Ausschuß. Daraus ergab sich die Schwierigkeit, daß verbindliche Beschlüsse nur im Anschluß an die Beratungen in den beiden Gemeinderäten

gefaßt werden konnten. Dies ist im Schwenninger Gemeinderat unter meinem Vorsitz ohne Ausnahme und immer sehr schnell gelungen. Es gab dort keine politische Opposition gegen die Entscheidungen im GA. Anders im Villinger Gemeinderat. Oberbürgermeister Kern hatte es wesentlich schwerer, die erforderlichen Mehrheiten sicherzustellen. Mit Geschick und Überzeugungskraft ist dies dennoch gelungen.

Das entscheidende Thema: Oberzentrum und/oder Fusion

Zusammenfassend kann zur kommunalpolitischen Diskussion der Jahre 1968 bis 1971 gesagt werden, daß niemand gegen die Kooperation der beiden Städte zum Aufbau eines leistungsfähigen Oberzentrums gewesen ist. Alle sahen die Notwendigkeit, die Zusammenarbeit zu stärken und Gegensätze über die Grenzen hinweg zu überwinden.

Die Geister schieden sich an der alles entscheidenden Frage, ob ein gemeinsames Oberzentrum auch ohne Fusion beider Städte aufgebaut werden könne. Das ganze Jahr 1968 hinweg wurde dieses Thema in der öffentlichen Dikussion zunächst ausgespart. Intern stand dies aber im Mittelpunkt der Meinungsbildung der am Geschehen aktiv Beteiligten.

Ich war ständig in einem engen Kontakt zu Innenminister Walter Krause und seinen Mitarbeitern. In dieser Diskussion kamen wir immer mehr zu der Überzeugung, daß ein leistungsfähiges Oberzentrum wohl nur auf dem Weg der Städtefusion geschaffen werden könne. Die Beispiele anderer Doppelzentren haben diese bestätigt. Die Landesregierung hatte begonnen, die Gemeindereform vorzubereiten. Sie stieß dabei auf große Widerstände. Kaum eine Stadt im gesamten Bundesland war bereit, ihre Selbständigkeit aufzugeben. Villingen-Schwenningen wurde zusehends zum Modellfall, der Beispiel sein konnte für die Gemeindereform insgesamt.

Der Gemeinsame Ausschuß und die Städtefusion bis zur Entschließung am 23. 9. 1969

Der GA wurde sehr bald gefordert und auf den Prüfstand gestellt. Er mußte bereits wenige Wochen nach seiner Gründung zu dem Thema Stadtfusion ein Bekenntnis ablegen. Für die zweite Sitzung des GA am 5. 3. im Villinger Rathaus hatte ich eine Resolution vorbereitet und mit Oberbürgermeister Kern abgestimmt, die folgende Kernaussage enthielt: „Über den Rahmen der Bildung eines gemeinsamen Oberzentrums hinaus sind die Gemeinderäte und Verwaltungen der beiden Städte entschlossen, alle Vorbereitungen zu treffen, um alsbald zu einem Zusammenschluß der bisher selbständigen Gemeinden zu gelangen."

Der Gemeinderat Schwenningen signalisierte bereits am 19. 3. 1969 Zustimmung: Wiederum erfolgte diese einstimmig. Der Villinger Gemeinderat schränkte ein. Er wollte das Wort „alsbald" gestrichen wissen. Ich erhob keine Bedenken. Dennoch kam es zu einem schwerwiegenden Rückschlag. Der Villinger Gemeinderat konnte sich am 30. 4. 69 nicht entschließen, der Resolution zuzustimmen. Er vertagte die Beschlußfassung. Die Fraktionen wurden aufgefordert, ihre eventuellen Bedenken schriftlich vorzutragen. SPD, Freie Wähler und FDP erklärten alsbald ihr Einverständis. Die CDU-Fraktion wendete ein, die Resolution müsse zurückgestellt und neu formuliert werden: „... Sind entschlossen, auf allen in Betracht kommenden Gebieten intensiv zusammenzuarbeiten und zugleich alle Möglichkeiten zu einem Zusammenschluß der beiden Städte zu überprüfen."

Ferner wurde gefordert, daß zunächst das Ergebnis der gerade eingeleiteten Kreisreform abgewartet werden müsse, bevor weitere Entscheidungen getroffen werden könnten.

Dies war eine entscheidende Bremse. Die CDU-Vertreter im GA hatten sich bisher sehr aufgeschlossen gezeigt, dies galt für den Schwenninger Teil der Fraktion unverändert auch weiterhin. In der Villinger CDU rührte sich zunehmend Widerstand von Mitgliedern, die nicht im Gemeinderat vertreten waren.

Die CDU-Fraktion formulierte ihre Bedenken weitergehend. „... Wir können örtlich und regional nicht handeln. Erst müssen die Ergebnisse der Kommission zur Reform der staatlichen Verwaltung für das gesamte Land vorliegen."

Die Fraktion argumentierte ferner, daß eine voreilige Disskusion des Fusionsthemas der Sache geschadet habe und sprach von „psychologischen Faktoren", die zu beachten seien. Allgemeine Erregung kennzeichnete daraufhin das weitere Geschehen. Die CDU stellte im Villinger Gemeinderat die stärkste Fraktion. Gegen sie war schwer etwas auszurichten. Schnell wurde aber auch erkennbar, daß die Schwenninger CDU sich in ihrer positiven Haltung nicht beeinflussen ließ.

Eine Zwangspause von 6 Wochen beruhigte die Gemüter. Am 14. 5. 1969 stand im Villinger Gemeinderat die von mir entworfene Resolution vom 5. 3. 1969 erneut zur Entscheidung. Zunächst allgemeine Zustimmung. Dann formulierte die CDU nochmals ihre Bedenken. Oberbürgermeister Kern schlug die Brücke. Nach einem längeren Wortbeitrag zur Notwendigkeit, die Resolution zu verabschieden, wenn wir in der Sache weiterkommen wollten, stellte er den Antrag, der Resolution unverändert zuzustimmen und die Erklärungen der CDU als Ergänzung in ein Begleitschreiben aufzunehmen.

Die CDU gab ihre Zustimmung. Die Widersprüche zwischen Resolution und Begleitschreiben wurden nicht aufgelöst. Ein Aufatmen ging durch die politischen Reihen im Oberzentrum. Erstmals war von den verantwortlichen Gremien eine Resolution verabschiedet worden, die eindeutig zum Inhalt hatte, den Weg der Städtefusion zu gehen.

Unverkennbar wurde aber auch eine neue angespannte Stimmung registriert. Die Gegner waren aufmerksam geworden. Bemerkenswert ist, daß diese internen Vorgänge im Villinger Gemeinderat nicht öffentlich verhandelt worden sind. Sie wurden öffentlich auch nicht diskutiert. Die Urlaubszeit im Sommer 1969 führte zu einer allgemeinen Entspannung der Lage. Niemand war über Wochen hinweg daran interessiert, die Debatte nunmehr öffentlich neu zu entfachen. Persönlich hatte ich das Problem, daß meine Mutter mit einer schweren Erkrankung über Monate hinweg im Krankenhaus verbringen mußte. Sie starb im September. Ich hatte andere Sorgen.

Aber die Arbeit holte mich bald wieder ein. Für den 23. September hatte Innenminister Walter Krause seinen Besuch angekündigt. Mit OB Kern einigte ich mich, diese Gelegenheit zu nutzen und unsere Resolution vom 5. 3. 1969 offiziell zu überreichen. Diese wurde daraufhin mit dem Datum 23. 9. 1969 neu ausgefertigt und übergeben. Das erste entscheidende Schriftstück zur Städtefusion datiert daher nicht mehr vom 5. 3. 1969.

Mehr als sechs schwere Monate hatte es gebraucht, um dieses gewichtige Papier doch noch auf den Weg zu bringen. Der Minister betonte die Bedeutung dieser Stunde. Es sei einmalig, daß ein derartiger Zusammenschluß zweier großer Städte begehrt werde. Die Gemeinde- und Kreisreform in Baden-Württemberg werde dadurch entscheidend beflügelt werden. Das Modell VS setzte neue Maßstäbe.

Die Presse reagierte landes- und bundesweit sehr positiv über dieses Ereignis. Aus der Bürgerschaft gab es in beiden Städten keinerlei negative Reaktionen. Die späteren Fusionsgegner verhielten sich zurückhaltend oder waren noch nicht aufgewacht.

Die Arbeit des Gemeinsamen Ausschusses bis zur Entscheidung über die Bürgeranhörung Ende 1970

Die Arbeit des GA war vom März bis zum Oktober 1969 verzögert worden, weil der Villinger Gemeinderat sich wegen der Intervention der CDU-Fraktion und zeitweise auch anderer Mitglieder der Partei lange nicht für eine klare Aussage zur Städtefusion durchringen konnte. Meine Zurückhaltung wurde letztlich durch die einstimmige Verabschiedung der Resolution vom 23. 9. 1969 belohnt.

Jetzt war es aber an der Zeit, ein schnelleres Tempo vorzulegen. Ich brachte im Januar 1970 zwei Vorschläge ein, die volle Zustimmung fanden. Zum einen betraf dies den Antrag, daß der GA ab sofort im monatlichen Abstand einberufen werden müsse, und zum anderen die Absprache, daß zur besseren Vorbereitung dieser Sitzungen alle Dienststellenleiter beider Städte zu regelmäßigen Besprechungen einzuberufen seien.

Diese Intensivierung der Arbeit hat uns in der Sache außerordentlich vorangebracht. Sie war auch unverzichtbar, weil die anstehenden Themen sich von Sitzung zu Sitzung häuften. Im Vordergrund stand dabei ab Herbst 1969 die entscheidende Frage, wie der Beschluß zur Städtefusion in die Tat umgesetzt werde könnte. Darüber entstanden zunehmend heiße Debatten, die Ende 1970 in die Entscheidung mündeten, eine Bürgerbefragung durchzuführen.

Es kam hinzu, daß ab dem Jahr 1970 das Thema Gemeindereform allgemein in Baden-Württemberg an Aktualität gewann. Die Stadt Schwenningen war auch hier beispielhaft vorangegangen. Ich hatte mich das ganze Jahr 1969 für die Eingemeindung von Mühlhausen nach Schwenningen stark gemacht und darauf viel Zeit verwendet. Es gab eine beachtliche Gegenbewegung, der ich aber gemeinsam mit Bürgermeister Helmut Schlenker den Wind aus den Segeln nehmen konnte.

Die Bürgeranhörung brachte einen hohen Grad an Zustimmung. Zum 1. 1. 1970 wurde diese Eingliederung vollzogen. 84 % der Bevölkerung waren an die Urne gegangen und davon hatten 72,64 % mit „ja" abgestimmt. Es war die dritte Gemeinde in ganz Baden-Württemberg, die einen solchen Schritt freiwillig vollzogen hatte. Die Landesregierung telegrafierte einen Glückwunsch.

Das Innenministerium entwickelte wenig später eine allgemeine Zielplanung zur Gemeindereform. Diese war auf den Vorschlägen der Landkreise und Regierungspräsidien aufgebaut. Das Ergebnis war für uns völlig unbefriedigend. Wir erhoben im GA gemeinsam heftigen Einspruch.

Alsbald wendete sich im Verlauf des Jahres 1970 das Reformblatt. Auch unter dem Eindruck unserer Entscheidungen zur Bildung der Stadt Villingen-Schwenningen trat die Kreisreform in den Vordergrund. Die Erkenntnis setzte sich durch, daß ohne eine allgemeine Reform der Kreisgrenzen die Neuordnung der Gemeinden nicht zu verwirklichen sei.

Vom zeitlichen Aufwand her betrachtet, waren die Sitzungen des GA auch weiterhin von Sachthemen geprägt, die einer gemeinsamen Regelung zugeführt werden sollten. Die in Auftrag gegebenen allgemeinen Strukturuntersuchungen zur Zukunft der Stadt waren sehr arbeitsintensiv. Dies galt auch für den Beschluß, die Krankenhäuser in einen Zweckverband zusammenzuführen. Immer stärker wurden die kulturellen Aktivitäten gemeinsam geplant und bald wurde auch eine Arbeitsgemeinschaft „Hochschulen im Oberzentrum" ins Leben gerufen, die sehr bald ihren Anspruch auf die Errichtung derartiger Bildungseinrichtungen in Villingen-Schwenningen formulierte.

Zur 5. Sitzung am 10. 12. 1969 waren die Regierungspräsidenten Person, Freiburg, und Birn, Tübingen, eingeladen. Beide waren mir gut bekannt; auch in ihrer konservativen

Grundhaltung und dem daraus resultierenden Zögern gegenüber allen Reformen. Dennoch endete auch dieses Treffen für uns sehr positiv. Übereinstimmend erklärten beide nach langer Aussprache, daß sie keinerlei Vorbehalte gegen den Städtezusammenschluß hätten, vor allem wenn die Bevölkerung dies so wolle. Anders gelagert war das Thema Kreisrefom. Auf diesem Gebiet hat die zögerliche Haltung der Präsidien zum Großkreismodell uns im Ergebnis geschadet.

Die intensive Arbeit des GA über das ganze Jahr 1970 hinweg war dem Fusionsgedanken mehr als förderlich. Insgesamt wurden bis zum Jahresende 16 gemeinsame Sitzungen oft bis in die Nächte hinein abgehalten. Sie waren unverzichtbar dafür, daß das Jahr 1971 dann zum Jahr der Entscheidung werden konnte.

Die Kreisreform

Villingen und Schwenningen waren bis zur Fusion verschiedenen Landkreisen zugeordnet. Die Kreisgrenzen – sie markierten bis dahin auch die alten Grenzen Badens und Württembergs – mußten überwunden werden. Kein leichtes Unterfangen angesichts der Tatsache, daß starke konservative Kräfte sich entschieden gegen jegliche Änderung stellten. Noch im Sommer 1970 war die Bevölkerung des alten Landes Baden aufgerufen, über die Wiederherstellung des Landes Baden abzustimmen. In Villingen wurde versucht, diese Abstimmung auch zu einem Plebiszit gegen den Städtezusammenschluß werden zu lassen nach dem Motto: Wer für Baden votiert, der stimmt auch gegen die Städtefusion. Dieser Versuch mißlang gründlich. Villingen stimmte bei allerdings sehr geringer Wahlbeteiligung überzeugend für den Südweststaat.

Das Innenministerium legte nach gründlicher Überlegung Mitte des Jahres ein Denkmodell zur Kreisreform vor, über das ich in Stuttgart mit den Beteiligten mehrfach Gespräche für unseren Raum geführt hatte. Dieses sogenannte „Krause-Modell" kam unseren Bestrebungen sehr entgegen. Es basierte auf der Überlegung, daß die vereinigte Stadt Villingen-Schwenningen in einen starken Landkreis eingebettet werden müsse. Dementsprechend sah das Denkmodell vor, aus den Landkreisen Rottweil, Tuttlingen, Villingen und Donaueschingen einen gemeinsamen Landkreis mit ca. 400 000 Einwohner zu bilden.

Der GA war das gesamte Jahr 1970 mit dem Thema Kreisreform beschäftigt. Bereits zur Sitzung am 23. 1. 1970 hatte ich eine Entschließung für das „Krause-Modell" vorbereitet und damit begründet, daß dieses Modell ein geeignetes Mittel sei, die Leistungsfähigkeit unserer öffentlichen Verwaltung im Bereich der Gemeinden und Lankreise nach modernen, den Anforderungen der Zukunft entsprechenden Gesichtspunkten zu orientieren. Die entscheidende Sitzung des GA zur Kreisreform datiert vom 17. 3. 1970. Der von mir überarbeitete Text einer Resolution zum Denkmodell gipfelte in der Feststellung, daß es keine für uns akzeptable Alternative zur Bildung des Großkreises Schwarzwald-Baar-Heuberg geben könne.

Inzwischen hatten umfangreiche Verhandlungen unter den regional Beteiligten begonnen. Wir erhielten starke Unterstützung aus der Raumschaft Schramberg. Selbst der Landkreis Rottweil signalisierte Unterstützung. Ganz anders und negativ reagierte man aus Donaueschingen. Auch die Tuttlinger waren um ihre Selbständigkeit auf Kreisebene bemüht.

Letztlich wurde dem „Krause-Modell" auf Landesebene der Todesstoß versetzt. Die Landes-CDU stellte sich gegen dieses zukunftsorientierte Konzept. Ein entscheidender Fehler, der noch heute negativ nachwirkt.

Vorübergehend war ich darum bemüht, wenigstens die Landkreise Rottweil und Villingen zusammenzuführen. Wenigstens den Raum Trossingen in diesen Doppelkreis aufzunehmen, scheiterte am Faktum, daß dann der ohnehin viel zu kleine Landkreis Tuttlingen nicht mehr lebensfähig gewesen wäre.

Die Kreisreform wurde im Ergebnis zu einer Enttäuschung. Die Entschlossenheit, die wir bei der Neubildung der Stadt Villingen-Schwenningen zum Ausdruck brachten, wurde uns von der Landes-CDU im Rahmen der Kreisreform nicht gelohnt. Der abschließend 1970 geschaffene Schwarzwald-Baar-Kreis ist zwar lebensfähig, er entspricht aber nicht dem „großen Wurf" der Städtefusion. Der neugebildeten Stadt fehlt bei der kreismäßigen Betrachtung das notwendige Umfeld. Im Rahmen unserer Bemühungen zur Neubildung der Stadt Villingen-Schwenningen haben wir diese Feststellung mit großem Bedauern getroffen. Andererseits konnte und durfte dies aber auch kein Grund sein zu resignieren. Die gemeisame Stadt war das höhere Ziel, das im Auge behalten werden mußte.

Die handelnden Personen

Die Stadt Villingen-Schwenningen ist entstanden, weil es in Verantwortung handelnde Personen gab, die sich dieser Sache angenommen haben. Menschen machen Politik. Natürlich haben nicht wenige dem Gedanken an sich positiv gegenübergestanden; aber kaum jemand wäre bereit gewesen, dafür aktiv in die Bresche zu springen. Aus dieser Überzeugung heraus, habe ich mich persönlich in die Pflicht genommen.

Das Unternehmen konnte nur erfolgreich sein, wenn auf der Villinger Seite aktive Mitarbeit zu erwarten war. Dies ist in der Person meines Villinger Kollegen Severin Kern uneingeschänkt der Fall gewesen. Er war auf Grund einer langen Lebenserfahrung von der Notwendigkeit überzeugt, die Städte Villingen und Schwenningen aus ihrer Randlage herauszuführen und zu einem regionalen Mittelpunkt zu entwickeln.

Die Stadt Villingen hatte in ihrem 1. Beigeordneten Bürgermeister Max Müller eine weitere Person, die unserem Anliegen sehr verbunden war. Der Technische Beigeordnete Max Müller war über seinen Fachbereich hinaus sehr aufgeschlossen und sachkundig. Er hatte Ansehen und Einfluß im Villinger Gemeinderat und weit darüber hinaus. Das Team Kern/Müller war unverzichtbar, um zum Erfolg zu kommen.

Als 1970 die Neubildung einer gemeinsamen Stadt Villingen-Schwenningen konkrete Formen annahm, kam es bald zu „Spekulationen" über die Besetzung der Stelle des Oberbürgermeisters. Severin Kern stand dafür nicht mehr zur Verfügung, weil er bereits das 70. Lebensjahr vollendet hatte. Ich mußte zunächst meine Wiederwahl als Schwenninger Oberbürgermeister bestehen, die im Herbst 1970 anstand. Sie wurde zu einem einfachen Gang. Ich war völlig unbestritten und hatte keinen Gegenkandidaten. Mein Erfolg war groß und strahlte auf das weitere Geschehen aus.

In Villingen war die CDU die führende politische Kraft. Für sie war es bis dahin unvorstellbar, daß ich als Sozialdemokrat Oberbürgermeister der Gesamtstadt werden könnte. Durch mein entschiedenes Eintreten für die Städtefusion und für eine effiziente Kommunalpolitik bereits im Vorfeld dieser Fusion hatte ich aber auch in Villingen stark an Boden gewonnen.

Weitgehend aus dieser Situation heraus ist der Widerstand zu erklären, den Teile der Villinger CDU der Städtefusion entgegenbrachten. Diese Politiker waren weniger gegen die Sache; aber sie wollten an der Spitze der Stadt eine politisch genehme Person, die weit und breit nicht zu erkennen war. Mit wenig Erfolg war man bemüht, meine Arbeit in Frage zu stellen. Ich bot kaum Angriffsfläche und konnte meine Position ständig verbessern.

Einen Lichtblick glaubte man zu erkennen, als ebenfalls im Jahr 1970 bekannt wurde, daß

mir das Amt des Regierungspräsidenten in Stuttgart und kurz darauf das des Ministerialdirektors im Innenministerium angeboten worden war. Nach anfänglichem Zögern entschloß ich mich zur Ablehnung. In der heißen Phase der Städtefusion konnte ich ohne Gesichtsverlust die Bevölkerung der Stadt nicht mit allen offenen Fragen zurücklassen. Eine entsprechende Erklärung dazu habe ich in der 12. Sitzung des GA am 21. 7. 1970 abgegeben. Der Widerstand gegen eine schnelle Städtefusion verschärfte sich danach deutlich.

Wenn von Personen die Rede ist, die sich für eine gemeinsame Stadt stark gemacht haben, dann müßte von nahezu allen Mitgliedern der beiden Gemeinderäte und von den Angehörigen der Stadtverwaltungen gesprochen werden. Dann dürften auch die zahlreichen Bürgerinnen und Bürger nicht vergessen werden, die in der Folgezeit tatkräftig an diesem Werk mitgearbeitet haben. Leider bin ich im Rahmen dieser Darstellung nicht in der Lage, dazu konkret zu werden. Dieses Versäumnis sollte bei Gelegenheit ausgeräumt werden.

Auf der überörtlichen Ebene ragt als handelnde und politisch verantwortliche Person einzig der Innenminister und stellvertretende Ministerpräsident Walter Krause aus der Menge hervor, die uns und unserer Sache gewogen war. Ohne seine tatkräftige Hilfe und die seiner Mitarbeiter wären wir vermutlich erfolglos geblieben.

Die Parteien und Wählervereinigungen

Die Fraktionen der Gemeinderäte, die Parteien und Wählervereinigungen waren an dem Unternehmen tatkräftig beteiligt. Unterschiedlich ausgepägt waren Zustimmung und Mitarbeit.

Auf der Landesebene war das Reformklima durch die Große Koalition CDU/SPD geprägt. Grundsätzlich gab es Übereinstimmung. Beide Partner betonten die Notwen-

digkeit einer Reform im kommunalen Bereich. Dennoch waren unterschiedliche Betrachtungen nicht zu übersehen. Dies gilt insbesondere auch zu der räumlichen Neuordnung in der Region Schwarzwald-Baar-Heuberg. Treibende Kraft für den Großkreis mit
Walter Krause war die Landes-SPD. Die
CDU hat die kleine Lösung schließlich
durchgesetzt, die für die Stadt Villingen-
Schwenningen im Ergebnis einfach zu kurz
gegriffen war. Selbst die örtliche CDU hat
sich in dieser Frage mehrfach für die große
Lösung eingesetzt. Zur Städtefusion selbst
gab es in den Ortsvereinen der Parteien und
in den gemeinderätlichen Fraktionen keine
völlig übereinstimmende Linie.

Die Haltung der SPD war durch ihr geschlossenes Auftreten für eine baldige Städtefusion und für den Großkreis geprägt. Dasselbe kann ohne Einschränkung für die FDP
gesagt werden, die bereits im Januar 1969
durch einen Antrag zur Städtefusion auf sich
aufmerksam gemacht hatte. Auch die Freien
Wähler haben mehrfach ihre positive Einstellung zur gemeinsamen Stadt offen erklärt
und durch ihr Abstimmungsverhalten im GA
auch mehrfach bestätigt. Im Vorfeld der Bürgeranhörung gab es in den Villinger Reihen
der Freien Wähler aber auch Stimmen, die
mehr zur Seite der Ablehnung neigten. Das
grundsätzliche Bild der Fraktion ist dadurch
aber nicht verändert worden.

Die Gemeinderatsfraktion der CDU war
1968/1969 ebenfalls mit der vollen Zustimmung zum Aufbau eines leistungsfähigen
Oberzentrums angetreten. Erste Schwierigkeiten entstanden Mitte 1969, als es darum
ging, ein Bekenntnis zur Städtefusion abzugeben. Dieser entscheidende Schritt wurde
aber weniger in der Fraktion problematisiert.
Die Bedenkenträger kamen aus der Partei
im Ortsverein, die sich in ihrer Grundhaltung auf Mandatsträger der Kreis- und Landesebene der Partei stützen konnten. Die
Städtefusion hatte in den politischen Reihen

der CDU auf höherer Ebene keine Unterstützung. Dies machte sich bald bemerkbar.

Überzeugend war in diesem Zusammenhang das entschiedene Auftreten der Schwenninger CDU im Ortsverein und Fraktion für
die Fusion der beiden Städte „ohne wenn
und aber". Besonders deutlich hat dies in der
Versammlung beider CDU-Ortsvereine am
14. 11. 1969 Ausdruck gefunden. „Es gibt
keine Alternative zur Fusion", formulierte
der Schwenninger Ortsvereinsvorsitzende.

Unter diesen Umständen verdient es besondere Anerkennung, daß die CDU-Stadt-
ratsfraktion sich bei allen internen Schwierigkeiten und angesichts des fehlenden Zuspruchs von Seiten der Landes-CDU doch
immer wieder dazu durchgerungen hat, die
gemeinsame Linie der großen Mehrheit zumindest mehrheitlich mitzugehen.

Die Bürgerbefragung

In allen meinen Verlautbarungen zur Städtefusion habe ich stets wiederkehrend darauf
hingewiesen, daß vor der letzten Entscheidung das zustimmende Votum der gesamten
Bürgerschaft zu stehen hat. Dieses Thema
wurde aktuell, als im Sommer 1970 der
GA und beide Gemeinderäte sich in voller
Übereinstimmung zur Neubildung der Stadt
Villingen-Schwenningen bekannt hatten.

Nach vorheriger Absprache mit mir hatte
die SPD-Fraktion in die Stizung des GA am
23. 6. 1970 einen entsprechenden Antrag eingebracht: „Die wichtigste Entscheidung auf
dem Wege zum Zusammenschluß ist die Anhörung der Bürgerschaft der Städte Villingen
und Schwenningen. Die Bürgerinnen und
Bürger unserer Städte sollten daher gemäß
§ 8 Abs. 2 der Gemeindeordung alsbald zu der
Frage gehört werden, ob sie der Bildung einer
gemeinsamen Stadt zustimmen."

Es gab dazu zunächst noch einige Plänke-
leien zum richtigen Zeitpunkt. Die CDU
fühlte sich überfahren. Aus ihrer Mitte kam

der Vorschlag, zunächst das Ergebnis der verschiedenen Strukturgutachten abzuwarten. Bei 2 Stimmenthaltungen wurde der Antrag dann aber doch einstimmig beschlossen. Nach der Sommerpause bekundete der Schwenninger Gemeindrat einstimmig seine Zustimmung. Überraschend schnell gelang dies auch bereits am 23. 7. 1970 im Villinger Gemeinderat. Dort kam es dann letztmals vor der Bürgerbefragung im Dezember 1970 zu einem großen Schlagabtausch. Bis zum Jahresende 1970 war die Anhörung formal auf den Weg gebracht. Am 28. 3. 1971 sollte die Fragestellung lauten: „Sind Sie für die Vereinigung der Städte Villingen i. Sch. und Schwenningen a. N. zu einer gemeinsamen Stadt?"

Als Termin für die Rechtswirksamkeit einer derartigen Vereinigung wurde erstmalig der 1. Januar 1972 offiziell benannt. Damit waren die Fronten abgesteckt. Der Kampf um die Stimmen konnte beginnen. Eine umfassende Bürgerinformation setzte sich in Bewegung. Es ging vornehmlich darum, die Bürgerschaft in der Sache zu motivieren und mit den Vor- und Nachteilen einer derartigen Entscheidung vertraut zu machen. Sie war notwendig; denn obwohl seit nunmehr 3 Jahren das Thema Tagesgespräch war, zeigten sich zahlreiche Menschen in der Stadt wenig informiert.

Ich hatte es übernommen, die vom GA beschlossene Informationsbroschüre zu entwerfen. Sie wurde Anfang März an alle Haushaltungen verteilt. Mitte Januar 1971 begann die Zeit der öffentlichen Veranstaltungen. Wir hatten eine Strategie entwickelt, die es ermöglichte, daß alle in der Stadt wohnenden Bürgerinnen und Bürger zumindest einmal angesprochen wurden und Gelegenheit hatten, ihre Meinung zu bekunden. Der Zuspruch zu diesen Anhörungen war groß. Es gab auch harte Auseinandersetzungen, danach war bald zu erkennen, daß die Zustimmung mehrheitsfähig war.

Der Widerstand

Im Rückblick auf die Zeit vor 30 Jahren stellt sich die Frage, warum die Gegner der gemeinsamen Stadt offensichtlich zu keinem Zeitpunkt eine echte Chance hatten, sich durchzusetzen, oder warum sie die objektiv sicher vorhandene Chance nicht besser genutzt haben.

Die Schwäche der Opposition bestand zunächst einmal darin, daß es ihr nicht gelungen war, eine tragfähige politische Plattform zu gewinnen. Lediglich innerhalb der CDU – und auch dort nicht in der Führungsspitze – konnten sich die Fusionsgegner formieren und dies auch nur auf der Villinger Seite. In Schwenningen gab es keinerlei Ansatz für eine organisierte Gegnerschaft. Das war zu wenig. Es kam hinzu, daß Severin Kern durch sein entschiedenes Eintreten für die Fusion die Reihen der Opponenten innerhalb der CDU zusätzlich geschwächt hat. Darunter hatte er später bis zu seinem Lebensende zu leiden.

Bei allen objektiv nachweisbaren Schwächen in den Reihen des Widerstandes gegenüber der Städtefusion war für das Scheitern aber vor allem entscheidend, daß sich die Gegner viel zu spät formiert haben. Der richtige Zeitpunkt wurde regelrecht verschlafen. Spätestens im März 1969 wurde mit den ersten Beschlüssen des GA erkennbar, daß der Fusionszug sich in Bewegung gesetzt hatte. Viel zu lange hatte man die Hoffnung, die CDU als Partei und Fraktion gegen den Städtezusammenschluß gewinnen zu können. Der Illusion hat man bis zum Dezember 1970 nachgehangen.

Erst ab Januar 1971 kann von einer organisierten Opposition gesprochen werden. Sie artikulierte sich vor allem im persönlichen Gespräch bei allen Gelegenheiten und in zahlreichen Leserbriefen. Erst im Februar 1971 wurde die „Aktion Villingen" als Trägerin der Gegenbewegung ins Leben gerufen.

Sie konnte keine Breitenwirkung erzielen. Noch am 11. 3. 1971 hatten in einer gemeinsamen Sitzung beider Gemeinderatsgremien von 49 anwesenden Mitgliedern sich 45 für das „Ja" am 28. 3. 1971 ausgesprochen. Die Gegenstimmen kamen aus den Reihen der Villinger CDU.

Die Schwäche der Opposition hatte ihren eigentlichen Grund aber in der Stärke der Argumente für den Städtezusammenschluß. Diese wurden vorgetragen und von der Mehrheit der Bevölkerung auch verstanden. Es kam hinzu, daß die „Aktion Villingen" bei genauem Hinsehen im Grundsatz gar nicht gegen die Gemeinsamkeiten der beiden Städte argumentierte. Sie behauptete lediglich, das gemeinsame Oberzentrum könne auch ohne Fusion geschaffen werden und im übrigen gehe alles viel zu schnell. Man müsse der Bürgerschaft mehr Zeit lassen. Dem konnte leicht entgegengehalten werden, daß diese Zeit eben gerade nicht vorhanden war, da man in Stuttgart bereits an den Reformen arbeite und dies auf die Gefahr hin, daß dort etwas gezimmert werde, das nicht in unserem Sinne sein könne. Diese Erklärung überzeugte die Bürgerschaft.

Die Entscheidung am 28. März 1971

Überall im Land und weit darüber hinaus gab es Menschen, die das Geschehen in unserer Stadt aufmerksam über Jahre hinweg verfolgt hatten. Nur wenige von Ihnen prophezeiten mir einen glücklichen Ausgang. Es war einfach weit weg von aller Lebenserfahrung, daß unter den vorliegenden Umständen die Menschen ihre Zustimmung geben würden.

Im Gegensatz dazu war ich voller Optimismus. Ich hatte von nahezu allen Seiten der Bevölkerung soviel Zuspruch erfahren, daß ich mir ein eindeutiges „Ja" ausrechnen konnte. In dieser Überzeugung wurde ich nicht entäuscht. Für die gemeinsame Stadt stimmten in Schwenningen 77,41 % und in

Villingen 64,22 % der Wähler bei einer Wahlbeteiligung von ca. 60 % der Stimmberechtigten. Das war eine tragfähige Mehrheit für die wichtigen Vorhaben der kommenden Zeit. Wir feierten gemeinsam.

Der weitere Weg bis zum 1. Januar 1972

Die Entscheidung der Bevölkerung war so eindeutig, daß der weitere Weg klar vorgezeichnet war. Dennoch gab es bis zum Termin 1. 1. 1972 noch viel zu tun. An erster Stelle stand der Fusionsvertrag zwischen den beiden Städten. Wir einigten uns schnell darauf, daß wir dieses Vertragswerk bei aller Bedeutung in der Sache nicht allzu sehr mit Tatbeständen belasten wollten, die später zu Konflikten führen könnten. Wichtig war natürlich die Grundaussage, daß die künftigen Stadtbezirke Villingen und Schwenningen gleichwertig und gleichberechtigt fortentwickelt werden sollten. Gegen Empfindlichkeiten kleinerer Art war ich immun. Mit dieser Einstellung konnte ich sogar noch tolerieren, daß vereinbart wurde, der Stiftungsrat des Spitalfonds dürfe nur mit Villinger Bürgern und Bürgerinnen besetzt werden. Für mich galt allerdings nach den Wahlen, daß ich 23 Jahre lang als Vorsitzender dieses Gremiums handeln durfte.

Noch wichtiger war das Sondergesetz, das der Landtag Baden-Württemberg zu verabschieden hatte, weil er mit den Reformgesetzen allgemein in Verzug gekommen war. Auf der Gundlage mehrerer Besprechungen in Stuttgart entstand ein Gesetzesvorschlag mit dem wir voll inhaltlich zufrieden sein konnten. Zur Sitzung des Plenums am 15. 7. 1971 im Stuttgarter Landtag waren Severin Kern, Max Müller und ich ebenso eingeladen wie die Fraktionsvorsitzenden und Mitglieder des GA. Wir wurden allesamt gelobt und beglückwünscht ob des Erfolgs unserer „Aktion Gemeinsame Stadt". Der nach Beendigung der großen Koalition neu ins Amt des Innenministers berufene Karl Schieß (CDU) stellt seine Mithilfe in Aussicht. Das Gesetz wurde mit allen Stimmen der Fraktionen CDU, SPD und FDP verabschiedet. Der Vertreter der NPD stimmte dagegen. Dieses war zu verkraften.

Für mich stand die größte Bewährungsprobe immer noch bevor. Ich war zwar in meinem Amt als Oberbürgermeister der Stadt Schwenningen im Oktober 1970 auf weitere 12 Jahre bestätigt worden, mußte von diesem Amt aber mit Wirkung vom 1. 1. 1972 zurücktreten, weil Schwenningen dann nicht mehr Bestand hatte. Daraus folgt, daß ich mich mit der Städtefusion im Gegensatz zu zahlreichen Vermutungen in ein volles persönliches Risiko gestürzt hatte. Ich hatte nämlich auf jegliche Absicherung dem Ministerium gegenüber ausdrücklich verzichtet. Dies ganz im Gegensatz zu den Übergangsregelungen, die in den späteren Reformgesetzen für ausscheidende Bürgermeister getroffen wurden. Ich fand dies zu billig und wollte ohne Netz und doppelten Boden mich dem Votum der Wähler stellen.

Allen anderen denkbaren Kandidaten hatte ich mehreres voraus. Für die Schwenninger war ich seit zehn Jahren der erfolgreich amtierende Oberbürgermeister. Auch auf der Villinger Seite hatte ich in den zurückliegenden Jahren seit 1968 doch zahlreiche Freunde gewinnen können. Das sollte eigentlich genügen.

Dennoch war dies einigen einflußreichen Persönlichkeiten nicht genug. Vor allem die noch immer agierende „Aktion Villingen" macht sich auf Kandidatensuche und versuchte, ihre Klientel davon zu überzeugen, daß man doch keinen „Schwenninger" wählen könne, der ich von meiner hessisch-thüringischen Heimat her nicht einmal war. Die CDU hatte sich dieser Marschrichtung offiziell angeschlossen und schließlich auch bei den Villinger Freien Wählern Sympathisanten gefunden.

Als Kandidat empfahl sich Herr Gerd Jauch, der in herausgehobener Position beim ZDF tätig war und als gebürtiger Schwenninger, aufgewachsen in Villingen, über einen großen Bekanntheitsgrad verfügte. Über mehrere Wochen hinweg testete Herr Jauch die kommunalpolitische Landschaft. Er ließ sich von seiner beruflichen Arbeit freistellen, nahm als Gast an den öffentlichen Sitzungen der Gemeinderäte und des GA teil und war auch darüber hinaus sehr aktiv. Dennoch ist die „Wahllokomotive Jauch" offensichtlich nicht so richtig angelaufen. Die notwendige Zahl an „Heizern" wollte sich nicht einfinden. Der Kandidat, der bis in die Gegenwart hinein seine Verbundenheit mit Villingen-Schwenningen immer wieder erkennen läßt, berief 3 Wochen vor dem Wahltermin eine Pressekonferenz ein und verkündete den Rücktritt von seiner Kandidatur. Ob es zutreffend ist, daß Herr Jauch dies auf dem Hintergrund einer demoskopischen Umfrage des Allensbacher Instituts über seine Wahlchancen getan hat, vermag ich nicht zu sagen. Am Vortag der Erklärung wurde ich in diesem Sinne informiert.

Die CDU und alle, die mich nicht hatten wählen wollen, kamen in arge Bedrängnis. Die letzten Versuche, einen Gegenkandidaten zu finden, waren ohne Erfolg. Die Bevölkerung der neugebildeten Stadt Villingen-Schwenningen wählte mich zu ihrem ersten Oberbürgermeister.

Ausblick

Der 1. Januar 1972 wurde zu einem großen Fest. Ich übernahm die Amtsgeschäfte in dem vollen Bewußtsein, daß uns allen schwere Jahre bevorstehen würden. Das Zusammenführen der Städte, die über Jahrhunderte hinweg nebeneinander her oder auch gegeneinander gelebt hatten, war ein einmaliger Vorgang, für den es keine Rezepte und auch kein Beispiel gab. Es war eine Art Stunde Null, die nunmehr begann und durchschritten werden mußte. Wie erfolgreich wir waren und an welchen Sachverhalten wir uns vielleicht auch die Zähne ausgebissen haben, das kann an dieser Stelle nicht beschrieben werden. Diese Berichterstattung bedarf noch eines Chronisten.

In der Stadt Villingen-Schwenningen ist in den Jahren 1968 bis 1972 Geschichte geschrieben worden. Wir haben gemeinsam etwas in Bewegung gebracht. Es wurden günstige Voraussetzungen für die künftige Gestaltung der Stadt und der gesamten Region geschaffen.

Im vergangenen Jahr 1997 hätte die Stadt den 25. Jahrestag ihrer Neugründung feiern können. Dies wäre Gelegenheit gewesen, eine Stadtortbestimmung vorzunehmen. Leider wurde davon kaum Gebrauch gemacht. Es ist aber noch nicht zu spät. Nachdenken kann man zu jeder Zeit. Vielleicht sogar im Jubiläumsjahr 1999, wenn aus einer tausendjährigen Rückbezogenheit heraus die Plakate verkünden werden: „Villingen-Schwenningen feiert".

Abkürzungsverzeichnis

A. B.	Archiv des Bickenklosters
ADB	Allgemeine Deutsche Biographie
A.Kat.	Ausstellungskatalog
AlemannJB	Alemannisches Jahrbuch
Aufl.	Auflage
BadB	Badische Biographien
BadH	Badische Heimat
Best.	Bestand
BMFR	Bundesarchiv Militärarchiv, Freiburg
BW	Baden-Württemberg
BZ.	Badische Zeitung
d	Denarius, Pfennig(e)
d. V.	der Verfasser / die Verfasserin
EAF	Erzbischöfliches Archiv Freiburg i. Br.
F.	Folge
fasc./fasz.	Faszikel
FBW	Fundberichte aus Baden-Württemberg
FDA	Freiburger Diözesanarchiv
FFA	Fürstlich Fürstenbergisches Archiv Donaueschingen
fl.	florenus, Gulden
FNP	Flächennutzungsplan
FrUB	Freiburger Urkundenbuch (Hg. Hefele)
FUB	Fürstenbergisches Urkundenbuch
FUBM	Fürstenbergisches Urkundenbuch, Ergänzungsbände; Mitteilungen
GA	Gemeindearchiv
Gaisser	Tagebuch Abt Gaisser
GHV	Geschichts- und Heimatverein Villingen e. V., Jahresheft
GLA(K)	Generallandesarchiv Karlsruhe
GO	Gemeindeordnung
H.	Heft
Hbl.	Heimatblätter
Hble.	Das Heimatblättle, Schwenningen
HRG	Handwörterbuch zur deutschen Rechtsgeschichte
HStAS	Hauptstaatsarchiv Stuttgart
HugC	Heinrich Hug. Villinger Chronik 1495–1533, hrsg. Christian Roder
Jb.	Jahrbuch
lb	libra, Pfund
LCI	Lexikon der christlichen Ikonographie
LDK	Lexikon der Kunst
LEP	Landesentwicklungsplan
LMA	Lexikon des Mittelalters
LThK	Lexikon für Theologie und Kirche
M	Mark
MA	Mittelalter
M. d. R.	Mitglied des Reichstags
MGH	Monumenta Germaniae Historica
MGH DD	MGH Diplomata regnum et imperatorum Germaniae
MGH SS	MGH Scriptores
M.Kat.	Museumskatalog
MoneQ	Mone: Quellensammlung der badischen Landesgeschichte
NDB	Neue Deutsche Biographie
N. F.	Neue Folge
NQ	Die Neckarquelle

o. A.	ohne Angaben
OB	Oberbürgermeister
OFM	Ordo Fratrum Minorum (Franziskaner)
OP	Ordo Fratrum Predicatorum (Dominikaner)
p.	pagina, Seite
PfrA	Pfründ-Archiv Villingen
RM	Reichsmark
RS	Rechnungsseite
SAF	Stadtarchiv Freiburg i. Br.
SAVS	Stadtarchiv Villingen-Schwenningen
SB	Schwarzwälder Bote
SBK	Schwarzwald-Baar-Kreis
SchwäbH	Schwäbische Heimat
SiL	Schau ins Land
SK	Südkurier
StA	Staatsarchiv
StAF	Staatsarchiv Freiburg i. Br.
StAL	Staatsarchiv Ludwigsburg
StAS	Staatsarchiv Sigmaringen
SVG Baar	Schriften des Vereins für Geschichte und Naturgeschichte der Baar
SVG Bodensee	Schriften des Vereins für Geschichte des Bodensees…
UB	Urkundenbuch
UBR	Urkundenbuch der Stadt Rottweil
UR	Urkundenregister
verm.	vermehrte
vh.	vorhanden
VS	Villingen-Schwenningen
VV	Villinger Volksblatt
WB	Württemberg-Baden
WH	Württemberg-Hohenzollern
WUB	Württembergisches Urkundenbuch
xr	Kreuzer
ZAM	Zeitschrift für Archäologie des Mittelalters
ZGO	Zeitschrift für die Geschichte des Oberrheins
ZWLG	Zeitschrift für Württembergische Landesgeschichte

Literaturverzeichnis

(Angaben in eckigen Klammern nennen die im Text verwendeten Kurztitel)

Abel, Wilhelm: Masssenarmut und Hungerkrisen im vorindustriellen Deutschland, Göttingen 1972.

Abel, Wilhelm: Stufen der Ernährung, Göttingen 1981.

Aderbauer, Herbert: Das Tübinger Spital und der Wandel seiner sozialen Funktion in der frühen Neuzeit, Stuttgart: Theiss 1997.

Ahrendt-Schulte, Ingrid: Weise Frauen – böse Weiber. Die Geschichte der Hexen in der frühen Neuzeit, Freiburg 1994.

Allgemeines Lexikon der bildenden Künstler von der Antike bis zur Gegenwart, begründet v. Ulrich Thieme u. Felix Becker, hg. v. Hans Vollmer, 37 Bde., Leipzig 190 ff. [Thieme-Becker].

Althoff, Gerd: Otto III., Darmstadt 1996.

Amt der Niederösterreichischen Landesregierung (Hg.): Österreich zur Zeit Kaiser Josephs II. Mitregent Kaiserin Maria Theresias, Kaiser und Landesfürst, Niederösterreichische Landesausstellung Stift Melk, 29. März–2. November 1980, Wien 1980.

Anzelewski, Fedja (Hg.): Hollstein's German Engravings, Etchings and Woodcuts, Bd. XVI, Amsterdam 1975.

Appuhn-Radtke, Sibylle: Das Thesenblatt im Hochbarock. Studien zu einer graphischen Gattung am Beispiel der Werke Bartholomäus Kilians, Weißenhorn 1988.

Aubin, Gustav, Arno Kunze: Leinenerzeugung und Leinenabsatz im östlichen Mitteldeutschland zur Zeit der Zunftkäufe. Ein Beitrag zur industriellen Kolonisation des deutschen Ostens, Stuttgart 1940.

Bachmann, Friedrich: Die alten Städtebilder. Ein Verzeichnis der graphischen Ortsansichten von Schedel bis Merian, Leipzig 1939.

Bader, Joseph: Urkunden und Regeste zur Geschichte der Stadt Villingen, in: ZGO 9 (1858), S. 489 f.

Bader, Karl Siegfried: Das fürstenbergische Bergwerk im Kirchtal. Ein Beitrag zur Wirtschaftsgeschichte der Baar, in: SVG Baar 21 (1940), S. 65–99.

Bader, Karl Siegfried: Das mittelalterliche Dorf als Friedens- und Rechtsbezirk, Köln/Wien: Böhlau 1981.

Bader, Karl Siegfried. Dorfgenossenschaft und Dorfgemeinde, Köln/Wien: Böhlau, 2. Aufl., 1974.

Bader, Karl Siegfried: Kloster Amtenhausen in der Baar. Rechts- und wirtschaftsgeschichtliche Untersuchungen, Donaueschingen 1940

(Veröffentlichungen des Fürstlich-Fürstenbergischen Archivs 7).

Bader, Karl Siegfried: Kürnburg, Zindelstein und Warenburg. Stützpunkte der Zähringerherrschaft über Baar und Schwarzwald, in: SiL 64 (1937), S. 93–128.

Bader, Karl Siegfried: Schriften zur Rechts- und Landesgeschichte, Band 1 und 3, Sigmaringen: Thorbecke 1984.

Bader, Karl Siegfried: Stadtrecht und Bürgerfreiheit im alten Villingen, in: Einwohnerbuch Villingen 1952.

Bader, Karl Siegfried: Villingen im Zwiespalt zwischen Reichsstadt und landesherrlichem Gerichtsort, in: GHV 4 (1978/79), S. 5–10.

Badische Historische Kommission (Hg.): Oberrheinische Stadtrechte, 2. Abt. Das Stadtrecht in Villingen, bearb. von Christian Roder. Heidelberg 1905 [Roder: Stadtrecht].

Baethgen, Friedrich, C. Brun (Hg.): Die Chronik Johanns von Winterthur, MGH Scriptores rerum Germanicarum NS III (Berlin 1924).

Batzer, Ernst: Die Votivtafel zur Erinnerung an die Belagerung Villingens in der Wallfahrtskirche zu Triberg, in: Ortenau 5 (1914), S. 110 f.

Bauer, Clemens: Die wirtschaftliche Ausstattung der Freiburger Universität in ihrer Gründungsperiode, in: Aufsätze zur Freiburger Wissenschafts- und Universitätsgeschichte, Freiburg 1960 (Beiträge zur Freiburger Wissenschafts- und Universitätsgeschichte 22).

Baum, Wilhelm: Die Besuche der Habsburger in Villingen im Mittelalter, in: GHV 14 (1989/90), S. 25–42.

Baum, Wilhelm: Die Habsburger in den Vorlanden 1386–1486. Krise und Höhepunkt der habsburgischen Machtstellung am Ausgang des Mittelalters, Wien/Köln/Weimar 1993.

Baum, Wilhelm: Die Stadt Villingen in der Auseinandersetzung zwischen Kaiser Sigmund von Luxemburg und Herzog Friedrich IV., in: GHV 13 (1988/89), S. 29–43.

Baumann, Franz Ludwig, Georg Tumbült: Mitteilungen aus dem Fürstenbergischen Archive. Bd. 2: Quellen zur Geschichte des Fürstlichen Hauses Fürstenberg und seines ehedem reichsunmittelbaren Gebietes 1510–1569, Tübingen 1894.

Baur, Ludwig: Die Ausbreitung der Bettelorden in der Diöcese Konstanz, in: FDA 28 (1900), S. 1–101.

Baur, Ludwig: Bettelorden in der Diöcese Konstanz, Bd. 1, Freiburg: Herder 1900 [Baur, Ludwig: Die Bettelorden].

Baur-Heinhold, Margarete: Süddeutsche Fassadenmalerei vom Mittelalter bis zur Gegenwart, München 1952.

Behringer, Wolfgang (Hg.): Hexen und Hexenprozesse in Deutschland, München 1993.

Behringer, Wolfgang: Stadtgestalt und Stadtbild im Alten Reich. Ein Projekt zur vergleichenden Ikonographie deutscher Städte, in: Die alte Stadt 21/1 (1994), S. 56–69.

Bellarmino, Roberto: Explanatio in Psalmos, Coloniae: MDXI.

Benzing, Otto: Quellen zur Schwenninger Geschichte von 890–1600. Villingen-Schwenningen 1983 (Veröffentlichungen aus Archiv und Chronik der Stadt Villingen-Schwenningen) [Benzing: Quellen 1983].

Benzing, Otto: Schwenningen am Neckar. Geschichte eines Grenzdorfes auf der Baar, Villingen-Schwenningen: Kuhn 1985.

Benzing, Otto: „400 Jahre Schulwesen in Schwenningen a. N." in: 125 Jahre Gymnasium in Schwenningen, 1840–1965, Schwenningen: Kuhn 1965.

Bergier, Jean-Francois: Wilhelm Tell. Realität und Mythos, München u. a. 1988.

Berweck, Wolfgang: Das Heilig-Geist-Spital zu Villingen im Schwarzwald von der Gründung bis zum Beginn des 17. Jahrhunderts. Verfassung und Verwaltung, Villingen: Ring 1963 (Schriftenreihe der Stadt Villingen) [Berweck: Heilig-Geist-Spital].

Beschreibung des Oberamts Rottweil, Stuttgart: Lindemann 1875.

Betz, Franz: Der Rottweiler Barockmaler Johann Georg Glückher, in: Rottweiler Heimatblätter. Beilage zum Schwarzwälder Volksfreund 36 (1975), Nr. 6, S. 1–3.

Beuys, Barbara: Vergeßt uns nicht. Menschen im Widerstand 1933 bis 1945, Reinbek 1987.

Beyerle, Franz: Untersuchungen zur Geschichte des älteren Stadtrechts von Freiburg i.Br. und Villingen a. Schw., Heidelberg 1910.

Die Bibel. Altes und Neues Testament. Einheitsübersetzung, Stuttgart 1980.

Birkenholz, Karl: Der ausländische Arbeiter in Deutschland, Berlin 1942.

Blattmann, Martina: Die Freiburger Stadtrechte zur Zeit der Zähringer. Rekonstruktion der verlorenen Urkunden und Aufzeichnungen des 12. Jahrhunderts, Freiburg 1991 (Veröffentlichung des Archivs der Stadt Freiburg i. Br. 27 1/2).

Blickle, Peter (Hg.): Von der Ständeversammlung zum demokratischen Parlament. Die Geschichte der Volksvertretungen in Baden-Württemberg, Stuttgart: Theiss 1982.

Bliedtner, Michael, Manfred Martin: Erz- und Mineralienlagerstätten des Mittleren Schwarzwaldes. Hg. Geolog. Landesamt BW, Freiburg 1986.

Blotevogel, Hans-Heinrich: Kommunale Neugliederung und Landesplanung: Zur Interdependenz ihrer Ziele in Nordrhein-Westfalen seit 1967, in: Schöller, P. (Hg.): Auswirkungen der kommunalen Neugliederung, dargestellt an Beispielen aus Nordrhein-Westfalen (1984).

Blotevogel, Hans-Heinrich: Zentrale Orte: Zur Karriere und Krise eines Konzepts in Geographie und Raumplanung, in: Erdkunde, Bd. 50 (1996), S. 9–25.

Blume, Friedrich (Hg.): Die Musik in Geschichte und Gegenwart, 10 Bde., Nachdr. von 1949, München: dtv und Kassel/Basel/London: Bärenreiter 1989 [MGG].

Bode, Eugen: Wasserwerke in Villingen. Mühlen, Sägewerke, Tuchwalken, Hammerwerke, in: GHV 17 (1992/93), S. 61–73.

Bode, Eugen, Bertram Jenisch: Villinger Gasthäuser bis zur Mitte des 20. Jahrhunderts, in: GHV 16 (1991/92), S. 25–33.

Boelcke, Willi A.: Sozialgeschichte Baden-Württembergs, Frankfurt 1989.

Bohn, Willi: Einer von vielen. Ein Leben für Frieden und Freiheit, (Marxistische Blätter) Frankfurt/M. 1988.

Borchers, Hertha: Untersuchungen zur Geschichte des Marktwesens im Bodenseeraum (bis zum 12. Jahrhundert), in: ZGO 104 (1956), S. 315–360.

Boucher, François: 20 000 Years of Fashion. The History of Costume and personal Adornment, New York 1987.

Bracher, Karl Dietrich, Manfred Funke, Hans-Adolf Jacobsen: Nationalsozialistische Diktatur 1933–1945, Schriftenreihe der Bundeszentrale für politische Bildung, Bd. 192, Bonn 1986.

Brand, Peter, Volker Schulze (Hg.): Medienkundliches Handbuch. Die Zeitung. Zeitungssystematischer Teil, Braunschweig 1983.

Braun von Stumm, Gustav: Colmarer Pfennige aus der Interregnumszeit, in: Annuaire de la Société Historique et Littéraire de Colmar (1953).

Bräunche, Ernst Otto u. a.: 1933. Machtergreifung in Freiburg und Südbaden, Freiburg 1983.

Brauneder, Wilhelm, Friedrich Lachmayer: Österreichische Verfassungsgeschichte, 2. erg. Aufl., Wien: Manz 1980.

Braunfels, Wolfgang: Anton Woensams Kölnprospekt von 1531 in der Geschichte des Sehens, in: Wallraf-Richartz-Jb. 22 (1966), S. 115–116.

Brommer, Hermann: Maria in der Tanne Triberg, München und Zürich 1989 (Schnell Kunstführer Nr. 403).

Brunner-Schwer, Hermann, Peter Zudeick: Saba – Bilanz einer Aufgabe. Vom Aufstieg und Niedergang eines Familienunternehmens, Bühl-Moos 1990.

Buhmann, Dieter: Körperbehinderungen aus der Sicht der Paläopathologie, in: Annales Universitatis Saraviensis Medicinae 24, Nr. 3/4 (1983/84), S. 3–14.

Buhmann, Dieter, Josef Fuchs: Krankheit und Heilung – Armut und Hilfe, Hg. Stadt Villingen-Schwenningen, Villingen-Schwenningen 1983.

Bumiller, Casimir: Beiträge und Recherchen zur Verknüpfung von sozial-, kultur- und kunstgeschichtlichen Themen, Typoskript 1993.

Bumiller, Casimir: Exposé zum Themenkomplex Sozialgeschichte der Stadt Villingen vom 13. bis zum 18. Jahrhundert, Typoskript 1993.

Bumiller, Casimir: Untersuchungen zur Geschichte des Alten Rathauses in Villingen, Typoskript 1995.

Burg, Andreas Marcel: Hagenau i. Els. Franziskaner-Konventualkloster, in: Alemania Franciscana Antiqua, Bd. 1, Hg. Johannes Gatz, Ulm: Späth 1956.

Burmeister, Karl Heinz: Sebastian Münster. Versuch eines biographischen Gesamtbildes, Basel/Stuttgart 1963 (Basler Beiträge zur Geschichtswissenschaft 91).

Büttner, Heinrich: St. Georgen und die Zähringer, in: ZGO N. F. 53 (1939), S. 12 f.

Büttner, Manfred, Karl Heinz Burmeister: Sebastian Münster (1488–1552), in: Wandlungen im geographischen Denken von Aristoteles bis Kant, Hg. Manfred Büttner, Paderborn 1979 (Abh. u. Quellen z. Gesch. d. Geographie u. Kosmologie 1), S. 111–128.

Cahn, Julius: Münz- und Geldgeschichte von Konstanz und des Bodenseegebietes im Mittelalter..., Heidelberg 1911.

Catalogue de la Collection de Monnaies de feu Christian Jürgensen Thomsen. Seconde Partie: Les Monnaies du Moyen-Age. Tome III, contenant les Monnaies de l'Europe Septentrionale..., Kopenhagen: Thiele 1876.

Christlein, Rainer: Die Alamannen. Archäologie eines lebendigen Volkes, Stuttgart: Theiss 1978.

Conradt-Mach, Annemarie: Alle mieden und verachteten uns. Fremdarbeiter in Villingen und Schwenningen, in: Stadt Villingen-Schwenningen (Hg.): 1939/1949. Fünfzig Jahre Kriegsausbruch, vierzig Jahre Bundesrepublik Deutschland. Villingen-Schwenningen in Aussagen, Bildern und Dokumenten. Kriegs- und Nachkriegszeit, Kunst und Kultur, Villingen-Schwenningen (1989).

Conradt-Mach, Annemarie: Arbeit und Brot. Die Geschichte der Industriearbeiter in Villingen und Schwenningen von 1918 bis 1933, Villingen-Schwenningen 1990.

Conradt-Mach, Annemarie: Feinwerktechnik – Arbeitswelt – Arbeiterkultur. Ein Beitrag zur Wirtschafts- und Sozialgeschichte Villingens und Schwenningens vor 1914, Villingen-Schwenningen 1985.

Conradt-Mach, Annemarie: Ihr seid nicht mehr Fremde. 100 Jahre Kirchengemeinde St. Franziskus, Villingen-Schwenningen 1993.

Corpus Antiphonalium Officii. Ed. J. R. Hesbert, 6 Bde., Rom: Herder 1963–1979 [CAO].

Craemer, Ulrich: Das Hospital als Bautyp des Mittelalters, Köln 1963.

Cramer, Johannes: Gerberhaus und Gerberviertel in der mittelalterlichen Stadt. Bonn: Habelt 1981 (Studien zur Bauforschung 12).

Dannenberg, Hermann: Die deutschen Münzen der sächsischen und fränkischen Kaiserzeit, Bd. 1–2, Berlin: Weidmann 1876–1894 [Dannenberg: Münzen].

Deiters, Jürgen: Ist das Zentrale-Orte-System als Raumordnungskonzept noch zeitgemäß?, in: Erdkunde, Bd. 50 (1996).

Denzler, Georg: Widerstand oder Anpassung? Katholische Kirche und Drittes Reich, München 1984.

Deutscher Metallarbeiterverband (Hg.): Die Lage der Schwarzwälder Uhrenarbeiter nach den Erhebungen der Agitationskommission der Schwarzwälder Uhrenarbeiter in Schwenningen im März 1898, Stuttgart (1898).

Dinges, Martin: Stadtarmut in Bordeaux 1525–1675. Alltag – Politik – Mentalitäten, Bonn 1988.

Dirlmeier, Ulf: Untersuchungen zu Einkommensverhältnissen und Lebenshaltungskosten in oberdeutschen Städten des Spätmittelalters, Heidelberg 1978.

Ell, Franz: Zur Besiedelung des Eisenbacher Tals, Neustadt 1939.

Enderle, W.: Konfessionsbildung und Ratsregiment in der katholischen Reichsstadt Überlingen (1500–1618), Stuttgart 1990.

Engler, Helmut (Hg.): Große Badener, Stuttgart: DVA 1994.

Ennen, Edith: Die europäische Stadt des Mittelalters, Göttingen: Vandenhoeck und Ruprecht 1972.

Eubel, Konrad: Geschichte der oberdeutschen (Straßburger) Minoriten-Provinz. Mit Unterstützung der Görres-Gesellschaft hg., Würzburg: Bucher 1886.

Falk, Achim: Das Johanniterhaus in Schwenningen I. u. II, in: Heimatblättle 36/12 (1988) u. Heimatblättle 37/1 (1989).

Faller, Richard: Eine Analyse der Verlegung der Universität Freiburg in Zeiten der Pest, Wiss. Prüfungsarbeit, Freiburg 1973.

Faller, Richard: Die Pestflucht der Universität
    Freiburg nach Villingen, Villingen-Schwenningen
    1986 (Veröffentlichung Stadtarchiv Villingen).
Fauser, Alois: Repertorium älterer Topographie.
    Druckgraphik von 1486 bis 1750, Wiesbaden
    1978.
Fehring, Günther P.: Einführung in die
    Archäologie des Mittelalters, 2., verb. Aufl.,
    Darmstadt: Wiss. Buchges. 1992.
Fehring, Günther P.: Stadtarchäologie in
    Deutschland, Stuttgart: Theiss 1996 (Archäolo-
    gie in Deutschland/Sonderheft).
Felgenhauer-Schmiedt, Sabine: Die Sachkultur
    des Mittelalters im Lichte der archäologischen
    Funde, Frankfurt/M.: Lang 1993 (Europäische
    Hochschulschriften Reihe 38 Archäologie
    Bd. 42).
Fenske, Hans: Der liberale Südwesten. Freiheit-
    liche und demokratische Traditionen in Baden
    und Württemberg, Stuttgart/Berlin: Kohlhammer
    1981.
Fettinger, Franz: Der Eisenbach und sein
    fürstenbergisches Bergwerk von 1478 bis 1670,
    in: Auf dem hohen Wald. Heimatgeschichte von
    Eisenbach, Bubenbach und Oberbränd, hg. für
    die Gemeinde Eisenbach von Franz Fettinger,
    Eisenbach 1991.
Feurstein, Heinrich: Lohn und Haushalt der
    Uhrenfabrikarbeiter des badischen Schwarz-
    walds, Karlsruhe 1905.
Fischer, Heinz-Dietrich: Parteien und Presse
    in Deutschland seit 1945, Bremen 1971.
Fischer, Thomas: Städtische Armut
    und Armenfürsorge im 15. und 16. Jahrhundert.
    Sozialgeschichtliche Untersuchungen am Bei-
    spiel der Städte Basel, Freiburg i. Br. und Straß-
    burg, Göttingen 1979 (Göttinger Beiträge
    zur Wirtschafts- und Sozialgeschichte 4).
Fischer, Wolfram: Armut in der Geschichte.
    Erscheinungsformen und Lösungsversuche der
    „Sozialen Frage" in Europa seit dem Mittelalter,
    Göttingen 1982.
Flüeler, Niklaus (Hg.): Stadtluft, Hirsebrei und
    Bettelmönch. Die Stadt um 1300 (Katalog zur
    gleichnamigen Ausstellung) Stuttgart: Theiss
    1992 [Stadt um 1300, 1992].
Frauenfelder, Reinhard: Die Verlegung der
    Frauenklause St. Nikolaus bei Villingen nach
    Schaffhausen im Jahre 1434, in: FDA 84 (1964),
    S. 198–212.
Fried, Johannes (Hg.): Schulen und Studium
    im sozialen Wandel im hohen und späten Mittel-
    alter, Sigmaringen: Thorbecke 1986 (Vorträge
    und Forschungen Band 30).
Fuchs, Josef: Die Bickenkapelle. Gedenkbüchlein,
    Villingen-Schwenningen 1976.
Fuchs, Josef (Hg.): Pfründ-Archiv Villingen,
    Villingen-Schwenningen 1982
    [Fuchs: Pfründ-Archiv].
Fuchs, Josef (Bearb.): Die Ratsverfassung der
    Stadt Villingen, Villingen-Schwenningen 1972.
Fuchs, Josef: Rumstal, ehemals Dorf und Burg bei
    Villingen, in: SVG Baar 29 (1972), S. 230–240.
Fuchs, Josef: „Übersicht über die neuere Schul-
    geschichte" in: Gymnasium am Hoptbühl Villin-
    gen-Schwenningen, Festschrift zur Einweihung
    des Neubaus, Villingen-Schwenningen 1973.
Fuchs, Josef: Villinger Münster Unserer Lieben
    Frau, München/Zürich 1985 (Schnell u. Steiner
    Kunstführer 549).
Fuchs, Josef: Zur Geschichte der Freiherren von
    Ifflinger-Graneck, in: GHV 4 (1978/79), S. 32–36.
Fürstliches Fürstenbergisches Hauptarchiv (Hg.):
    Fürstenbergisches Urkundenbuch. Sammlung
    der Quellen zur Geschichte des Hauses Fürsten-
    berg und seiner Lande in Schwaben, 6 Bde.,
    Tübingen 1877–1889.
Gatz, Johannes: Paradies, in: Alemania Franciscana
    Antiqua, Bd. 1, Hg. Johannes Gatz. Ulm: Späth
    1956.
Gebhardt, Hans: Zentralitätsforschung – ein „alter
    Hut" für die neuen Probleme der Raumordnung
    in Deutschland, in: Erdkunde, Bd. 50 (1996).
Gebhardt, Hans, P. Reuber u. a.: Ortsbindung im
    Verdichtungsraum – Theoretische Grundlagen,
    methodische Ansätze und ausgewählte
    Ergebnisse, in: Gebhardt, H., G. Schweizer (Hg.)
    unter Mitarbeit von P. Reuber: Zuhause in der
    Großstadt. Kölner Geographische Arbeiten,
    Bd. 61 (1995).
Geiger, Hans-Ulrich: Quervergleiche.
    Zur Typologie spätmittelalterlicher Pfennige, in:
    Zeitschrift für Schweizerische Archäologie und
    Kunstgeschichte 48 (1991).
Germania Benedictina, Bd. V: Die Benediktiner-
    klöster in Baden-Württemberg, St. Ottilien 1987.
Gessler, Friedrich: Romejas in 10 Gesängen, in:
    Gesammelte Dichtungen, Bd. 1, Lahr 1899/1900.
Gildhoff, Christian: Grabungen im ehemaligen
    Dominikanerkloster der Stadt Rottweil, in:
    Archäologische Ausgrabungen in Baden-
    Württemberg 1987 (1988), S. 204–208.
Glatz, Karl J.: Chronik des Bickenklosters
    zu Villingen 1238–1614, Tübingen: Bibliothek
    des literarischen Vereins in Stuttgart, CLI 1881.
Glatz, Karl J.: Ein gleichzeitiger Bericht über das
    Wirtembergische Kriegsbergische Kriegsvolk
    vor der östreichischen Stadt Villingen vom Jahre
    1631 bis 1633, in: Vierteljahreshefte für württem-
    bergische Landesgeschichte 1 (1878), S. 129–137.
Gothein, Eberhard: Der Breisgau unter
    Maria Theresia und Joseph II., Neujahrsblätter
    der Badischen historischen Kommission, N. F. 10,
    Heidelberg 1907.

Gothein, Eberhard: Wirtschaftsgeschichte des Schwarzwaldes, Straßburg 1892.

Greuner, Reinhard: Lizenzpresse. Auftrag und Ende. Der Einfluß der anglo-amerikanischen Besatzungspolitik auf die Wiedererrichtung eines imperialistischen Pressewesens in Westdeutschland, Berlin/DDR 1962.

Greven, Joseph: Die Anfänge der Beginen. Münster 1912 (Vorreformatorische Forschungen. Bd. 8).

Grimm, Wilhelm u. Jacob: Deutsches Wörterbuch, 33 Bde. Nachdr. München 1960.

Gruber, Karl: Zur Baugeschichte des Villinger Münsters, in: Badische Heimat. Mein Heimatland 29 (1942), S. 6 ff.

Grundmann, Herbert: Religiöse Bewegungen im Mittelalter, 2., verb. und erg. Aufl., Hildesheim 1961.

Günter, Heinrich (Bearb.): Urkundenbuch der Stadt Rottweil (Württembergische Geschichtsquellen Bd. 3), Stuttgart 1896.

Gymnasium am Deutenberg (Hg.): Gymnasium am Deutenberg, 150 Jahre in Schwenningen a. N., Villingen-Schwenningen 1990.

Gymnasium am Hoptbühl Villingen-Schwenningen. Festschrift zur Einweihung des Neubaus, Villingen-Schwenningen 1973.

Häffner, Martin: Vom Alemannendorf zur Musikstadt, Trossingen 1997.

Haid, Wendelin: liber decimationis cleri pro papa de anno 1275, in: FDA 1 (1865), S. 1–299.

Hamke, F: Die Förderungsmaßnahmen des BMFT für die Uhrenindustrie. Ausgangslage, Förderungsmaßnahmen und Wirkungen. Untersuchung im Auftrage des VDI-Technologiezentrums Berlin, Berlin 1982 (masch.).

Hamm, Ernst: Die Städtegründungen der Herzöge von Zähringen in Südwestdeutschland, Freiburg 1932 (Veröffentlichung des Alemannischen Instituts Freiburg 1).

Hammer, Walther: Hohes Haus in Henkers Hand, Frankfurt/M. 1956.

Hantzsch, S. Viktor: Sebastian Münster. Leben, Werk, wissenschaftliche Bedeutung. Leipzig 1898 (Abh. d. Kgl. Sächs. Ges. d. Wiss., Phil. Hist. Kl. XVIII, 3).

Hardt-Friederichs, Friederun: Markt, Münze und Zoll im Ostfränkischen Reich bis zum Ende der Ottonen, in: Blätter für deutsche Landesgeschichte 116 (1980), S. 1–31.

Haskell, Francis: History and its Images. Art and the Interpretation of the Past, New Haven u. a. 1993.

Häßler, Johann Nepomuk: Villingen im Spanischen Erbfolgekrieg, Villingen: Selbstverlag Häßler 1954.

Hausen, Ekkehard, Hartmut Danneck: „Antifaschist verzage nicht." Widerstand und Verfolgung in Schwenningen und Villingen, Villingen-Schwenningen: Neckar-Verlag 1990.

Hecht, Winfried: Das Dominikanerkloster Rottweil (1266–1802), Rottweil 1991 (Veröff. d. Stadtarchivs Rottweil, Bd. 13).

Hecht, Winfried: Der Rottweiler Kirchenmaler Johann Georg Glückher, in: A. Kat. Rottweiler Kirchenschätze, Rottweil 1995 (Veröff. d. Stadtarchivs Rottweil Bd. 18).

Hecht, Winfried: Rottweils Oberschicht und das Bergwerk Eisenbach im frühen 16. Jahrhundert. In: Rottweiler Heimatblätter. Beilage zum Schwarzwälder Volksfreund Nr. 3. 1974.

Hecht, Winfried: Rottweil vor 400 Jahren. Die Rottweiler Pürschgerichtskarte des David Rötlin von 1564 in Einzelansichten, Rottweil 1987 (Rottweiler Geschichts- und Altertumsverein e. V., 87. Jahresgabe).

Hecker, Wolfgang: Der Gewerkschaftsbund Süd-Württemberg-Hohenzollern. Zur Gewerkschaftsbewegung in der französischen Besatzungszone 1945–1949, Marburg 1988.

Heer, Gottfried: Die Schlacht bei Näfels 1388, (1888).

Heinemann, Bartholomäus: Beschreibung einer alten Landkarte des Klostergebietes von St. Georgen im Schwarzwald, in: Badische Heimat 25 (1938), Sonderband „Die Baar", S. 136–141.

Heinl, Otto: Heereswesen und Volksbewaffnung in Vorderösterreich, Freiburg i. Br. 1941 [Heinl: Heereswesen].

Heinrich, Helmut: „200 Jahre St. Ursula in Villingen, der Lehrorden und seine Schulgeschichte", in: 200 Jahre Kloster St. Ursula Villingen, Villingen-Schwenningen 1982.

Henne, Anton (Hg.): Die Klingenberger Chronik, Gotha 1861.

Hermann, Manfred: Das Antoniterhaus in Villingen, in: SVG Baar 28 (1970), S. 121–141.

Herz, Werner: 75 Jahre höhere Schule am Romäusring 1909–1984, Villingen-Schwenningen 1984.

Herzer, Klaus: Wie soll das Oberzentrum Villingen/Schwenningen aussehen?, in: Das Oberzentrum 1970, S. 31–46.

Heyck, Eduard: Geschichte der Herzoge von Zähringen, Freiburg 1891.

Hinz, Hermann: Motte und Donjon. Zur Frühgeschichte der mittelalterlichen Adelsburg, Köln: Rheinland-Verlag, 1981 (ZAM, Beiheft 1).

Hirt, Gerhard: Villinger Wappen der Jahre 1284 und 1530, in: GHV 19 (1994/95), S. 117.

Historischer Atlas von Baden-Württemberg. Hg. Kommission für geschichtliche Landeskunde in Baden-Württemberg in Verbindung mit dem Landesvermessungsamt Baden-Württemberg u. a., 2 Bde., Erläuterungen, Karten, Stuttgart 1972–1988 [Historischer Atlas BW].

Höfer, Josef, Karl Rahner (Hg.): Lexikon für Theologie und Kirche, 10 Bde., Freiburg: Herder 1957–1965 [LThK].

Huger, Werner: Das Alte Rathaus in Villingen. Erkenntnisse der Bauforschung, in: GHV 21 (1996/97), S. 25–35.

Huger, Werner: Das Amt des Villinger Hirten und Herters, in: GHV 14 (1989/90), S. 43–55.

Huger, Werner: Die Gründungsidee der Stadt Villingen, in: GHV 11 (1986/87), S. 6–35.

Huger, Werner: Eine mittelalterliche Heilquelle aus dem Hubenloch: Irrte oder mogelte Doctor Georgius Pictorius?, in: GHV 9 (1984/85), S. 21–31.

Huger, Werner: Von Hexen, Zauberern und dem Prozeß zu Villingen, in: GHV 5 (1980), S. 14–20.

Huger, Werner: Zur Geschichte der Villinger Mauer- und Tortürme, in: GHV 19 (1994), S. 29 ff.

Hütt, Michael (Red.): Kulturgeschichte Villingens vom Mittelalter bis zum Ende des 18. Jahrhunderts. Karlsruhe: Engelhardt u. Bauer 1995 (Veröffentlichungen des Stadtarchivs und der städtischen Museen Villingen-Schwenningen, Bd. 12) [Kulturgeschichte Villingens, 1995].

Isenmann, Eberhard: Die deutsche Stadt im Spätmittelalter 1250–1500. Stadtgestalt, Recht, Stadtregiment, Kirche, Gesellschaft, Wirtschaft, Stuttgart 1988.

Jäggi, Carola, Hans-Rudolf Meier: Die Stadtkirche St. Laurentius in Winterthur. Ergebnisse der archäologischen und historischen Forschungen, Zürich u. a.: Fotorotar 1993 (Zürcher Denkmalpflege. Archäologische Monographien, Bd. 14), [von Roten: Winterthur].

Jakob, Frank-Dietrich: Historische Stadtansichten als Quelle für Kunstwissenschaft und Geschichtswissenschaft, Phil. Diss. (masch.) Leipzig 1990.

Jakob, Frank-Dietrich: Historische Stadtansichten. Entwicklungsgeschichte und quellenkundliche Momente, Leipzig 1982.

Jakob, Frank-Dietrich: Prolegomena zur einer quellenkundlichen Betrachtung historischer Stadtansichten, in: Jb. f. Regionalgeschichte 6 (1978), S. 129–166.

Janssen, Walter: Handwerksbetriebe und Werkstätten in der Stadt um 1200, in: Steuer, Heiko (Hg.): Lebensweise in der Stadt um 1200. Ergebnisse der Mittelalter-Archäologie, Köln 1986 (ZAM Beih. 4), S. 301–378.

Jarren, Otfried: Kommunale Kommunikation. Eine theoretische und empirische Untersuchung kommunaler Kommunikationsstrukturen

unter besonderer Berücksichtigung lokaler und sublokaler Medien, o. O. (1984).

Jeggle, Utz, u. a.: Fremde Arbeiter in Tübingen 1939–1945, Tübingen 1985.

Jenisch, Bertram: Die Ausgrabung Villingen, Kapuzinerkloster 1987/88. Archäologische Untersuchungen zur mittelalterlichen Topographie der Stadt Villingen, Magisterarbeit, Universität Freiburg i. Br. 1989.

Jenisch, Bertram: Die Entstehung der Stadt Villingen. Archäologische Zeugnisse und Quellenüberlieferung. Stuttgart/Aalen: Theiss 1998 (Forschungen und Berichte zur Archäologie des Mittelalters in BW, 22) [Jenisch: Villingen, 1998].

Jenisch, Bertram: Das Gasthaus „Zu der Mohrin" in Villingen/Schwarzwald, in: Jb. für Hausforschung 43. Hausbau in Görlitz, in der Lausitz und Böhmen, Gaststätten und Kneipen (1995), S. 267–278.

Jenisch, Bertram: Das Gerberhandwerk in Villingen, in: ALManach 4. Tagungsbericht des archäologischen Arbeitskreises zur Erforschung des mittelalterlichen Handwerks 21./22. März 1997 Konstanz (in Druckvorbereitung).

Jenisch, Bertram: Neue Aspekte zur Villinger Stadtbefestigung, in: Denkmalpflege in BW 23/4 (1994), S. 100–108.

Jenisch, Bertram: Das Wirtshaus „Zu der Mohrin". Villinger Wirtshäuser des Spätmittelalters und der frühen Neuzeit im Spiegel von Archäologie, Bauforschung und Schriftquellen, in: GHV 16 (1991/92), S. 14–25.

Jenisch, Bertram, Helga Rudolph: Villingen, in: Fundberichte BW 19/2 (1994), S. 183–196 Abb. 86–93, [Jenisch/Rudolph: Villingen, 1994].

Jütte, Robert: Obrigkeitliche Armenfürsorge in deutschen Reichsstädten der frühen Neuzeit. Städtisches Armenwesen in Frankfurt am Main und Köln, Köln/Wien 1984.

Jütte, Robert: Poverty and Deviance in Early Modern Europe, 2. Aufl., Cambridge: Cambridge University Press 1996.

Kahlert, Helmut: 300 Jahre Schwarzwälder Uhrenindustrie, Gernsbach: Deutscher Betriebswirte-Verlag 1986.

Karl-Brachat-Realschule (Hg.): Festschrift herausgegeben zur Einweihung des Erweiterungsbaus, Villingen-Schwenningen 1983.

Keilhack, Thomas: Archäologische Untersuchungen im Münster U. L. F. zu Villingen, in: GHV 4 (1978/79), S. 23–30.

Keilhack, Thomas: Das Münster unserer Lieben Frau zu Villingen. Ein archäologischer Beitrag zur Baugeschichte, in: GHV 5 (1980), S. 24–37.

Keller, Hagen: Kloster Einsiedeln im ottonischen Schwaben (Forschungen zur oberrheinischen Landesgeschichte 13), Freiburg i. Br. 1964.

Kessl, Werner: Karl Gengler (1886–1974). Christlich-Demokratische Politik aus sozialer Verantwortung. Ein Lebensbild, Rottweil 1986.

Kieft, C. van de, Jan Frederik Niermeijer (Hg.): Elenchus Fontium Historiae Urbanae, Bd. 1: Quellensammlung zur Frühgeschichte der deutschen Stadt (bis 1250), bearb. von Bernd Diestelkamp, Leiden 1967.

Kirchbaum, Engelbert (Hg.): Lexikon der christlichen Ikonographie, 8 Bde., Nachdr. 1968–1979, Rom/Freiburg/Basel/Wien 1994 [LCI].

Klaiber, Hans Andreas: Die allegorischen Deckenbilder im Kaisersaal des reichsstädtischen Rathauses in Esslingen, in: Esslinger Studien 3 (1957), S. 22–29.

Klein, Alexander: Armenfürsorge und Bettelbekämpfung in Vorderösterreich 1753–1806. Unter besonderer Berücksichtigung der Städte Freiburg und Konstanz (Forschungen zur Oberrheinischen Landesgeschichte Bd. 38) Freiburg/München: Alber 1994.

Klein, Ulrich: Der Konstanzer Pfennig in der Stauferzeit, in: Konstanz zur Zeit der Staufer. Hg. Rosgarten Museum Konstanz, Konstanz: Seekreis 1983, S. 43–54.

Klein, Ulrich: Münzkabinett (Erwerbsbericht des Württembergischen Landesmuseums Stuttgart für 1995), in: Jahrbuch der Staatlichen Kunstsammlungen in Baden-Württemberg 33 (1996), S. 177–184.

Klein, Ulrich: Die Münzprägung im südwestlichen Schwaben. Stand und Aufgaben der Forschung, in: Kluge, Bernd (Hg): Fernhandel und Geldwirtschaft. Beiträge zum deutschen Münzwesen in sächsischer und salischer Zeit, (Römisch-Germanisches Zentralmuseum. Monographien 31), Sigmaringen 1993, S. 89–109.

Klemm, Friedrich: Handwerkerdarstellungen des Mittelalters und der beginnenden Neuzeit. Textheft zur Diareihe Nr. 1951 des Dt. Museums München, Offenbach 1980.

Kluczka, Georg: Südliches Westfalen in seiner Gliederung nach zentralen Orten und zentralörtlichen Bereichen. Hellwegbörden – Sauerland – Siegerland – Wittgenstein. Landeskundliche Darstellung einer empirischen Bestandsaufnahme des Instituts für Landeskunde – Forschungen zur Deutschen Landeskunde, Bd. 182, Bad Godesberg (1971).

Kluge, Bernd: Deutsche Münzgeschichte von der späten Karolingerzeit bis zum Ende der Salier (ca. 900 bis 1125), Sigmaringen: Thorbecke 1991 (Römisch-Germanisches Zentralmuseum. Monographien 29).

Kluge, Bernd: Umrisse der deutschen Münzgeschichte in ottonischer und salischer Zeit, in: ders.: Fernhandel und Geldwirtschaft. Beiträge zum deutschen Münzwesen in sächsischer und salischer Zeit, (Römisch-germanisches Zentralmuseum. Monographien 31), Sigmaringen 1993, S. 1–16.

Knefelkamp, Ulrich: Das Gesundheits- und Fürsorgewesen der Stadt Freiburg im Breisgau im Mittelalter, Freiburg im Breisgau 1981 (Veröff. aus dem Archiv der Stadt Freiburg i. Br. 17).

Koch, Bernhard: Corpus Nummorum Austriacorum (CNA), Bd. 1 (Mittelalter), Wien: Kunsthistorisches Museum 1994.

K(önigliches) Statistisches Landesamt (Hg.): Das Königreich Württemberg. Eine Beschreibung nach Kreisen, Oberämtern und Gemeinden. Zweiter Band, Schwarzwaldkreis, Stuttgart 1905.

Koschatzky, Walter (Hg.): Maria Theresia und ihre Zeit. Eine Darstellung der Epoche von 1740–1780 aus Anlaß der 200. Wiederkehr des Todestages der Kaiserin, Salzburg/Wien: Residenz 1979 [Koschatzky: Maria Theresia].

Kottmann, Ingeborg: Der große Streik in Schwenningen 1963 (Blätter zur Geschichte der Stadt Villingen-Schwenningen 1/96), Villingen-Schwenningen 1996.

Kraus, Franz Xaver: Die Kunstdenkmäler des Kreises Villingen, Freiburg: Akad. Verlagsanstalt Mohr 1980.

Kraus, Johann Adam: Die Sippe der Truchsesse von Urach-Ringingen, in: Hohenzollerische Jahreshefte 12 (1952), S. 74–118.

Krieger, Albert: Topographisches Wörterbuch des Großherzogtums Baden, 2 Bde., Karlsruhe 1905.

Krings, Wilfried: Text und Bild als Informationsträger bei gedruckten Stadtdarstellungen der Frühen Neuzeit, in: Poesis et Pictura. Festschrift für Dieter Wuttke zum 60. Geburtstag, Hg. Stephan Füssel, Baden-Baden 1989, S. 295–336.

Krusy, Hans: Gegenstempel auf Münzen des Spätmittelalters, Frankfurt/M.: Schulten 1974.

Kürz, Ernst Georg: Georgius Pictorius von Villingen, ein Arzt des 16. Jahrhunderts und seine Wissenschaft, Freiburg i. Br./Leipzig 1895.

Kulischer, Josef: Allgemeine Wirtschaftsgeschichte des Mittelalters und der Neuzeit II, 4. Aufl., München 1971.

Kunze, Horst: Geschichte der Buchillustration in Deutschland. Das 16. u. 17. Jh., Frankfurt/M./Leipzig 1993.

Kurze, Dietrich: Pfarrerwahlen im Mittelalter. Ein Beitrag zur Geschichte der Gemeinde und des Niederkirchenwesens, Köln/Graz 1966 (Forschungen zur kirchlichen Rechtsgeschichte und des Kirchenrechts 6).

Lanczkowski, Johanna: Kleines Lexikon des Mönchtums und der Orden, Stuttgart: Reclam 1995.

Landesdenkmalamt Baden-Württemberg i. A. des
  Innenministeriums Baden-Württemberg (Hg.):
  Ortskernatlas Baden-Württemberg. Stadt
  Villingen-Schwenningen (3.2), Bearb. Peter
  Findeisen, Stuttgart 1991 [Ortskernatlas BW].
Landratsamt Schwarzwald-Baar-Kreis (Hg.):
  Almanach 1977 ff. Villingen-Schwenningen: Todt
  1975–1995, Dold 1996 ff. (Heimatjahrbuch des
  Schwarzwald-Baar-Kreises) [Almanach SBK].
Langenhan, Helmut: Das Oberzentrum Villingen/
  Schwenningen, in: Das Oberzentrum 1970,
  S. 9–16.
Langewiesche, Dieter (Hg.): Die deutsche
  Revolution von 1848/49, Darmstadt:
  Wiss. Buchgesellschaft 1983.
Lauer, Hermann: Geschichte der katholischen
  Kirche in der Baar, Donaueschingen 1921.
Leimus, Ivar: Der Münzfund von Kose aus dem
  zweiten Viertel des 12. Jahrhunderts, Tallinn:
  Eesti Raamat 1986.
Lexikon der Kunst, 7 Bde., Leipzig 1987–1994
  [LDK].
Loes, Gabriele: Villingen Klarissen, in: Alemania
  Franciscana Antiqua, Bd. 3, Hg. Johannes Gatz,
  Ulm: Späth 1957.
Lohrum, Burghard: Altes Rathaus Villingen.
  Ergebnisse der bauhistorischen Untersuchungen,
  Typoskript 1993.
Lohrum, Burghard: Der mittelalterliche
  Baubestand als Quelle der städtebaulichen
  Entwicklung Villingens, in: Jenisch: Villingen
  1998 [Lohrum: Baubestand, 1998].
Lörcher, Heinz: Josef Heid – ein Opfer des
  Nationalsozialismus, in: Almanach SBK 1989,
  S. 82 ff.
Lorenz, Sönke (Hg.): Hexen und Hexenverfol-
  gung im deutschen Südwesten. Aufsatzband,
  Ostfildern 1994.
Ludwig, Karl Heinz, V. Schmidtchen:
  Metalle und Macht 1000–1600 (= Propyläen
  Technikgeschichte Bd. 2), Berlin 1992.
Maier, Hans: Die christliche Zeitrechnung.
  „Eine Bauernklag über des Bapst Gregorii XIII
  Newen Calender" Abbildung, Freiburg: Herder
  1991.
Maier, Hans: Die Flurnamen der Stadt Villingen.
  Eine Gemarkungskunde. Villingen 1962
  [Maier: Flurnamen].
Maier, Rudolf: Das Strafrecht der Stadt Villingen
  in der Zeit von der Gründung der Stadt
  bis zur Mitte des 16. Jahrhunderts, jur. Diss.,
  Freiburg i. Br. 1913.
Malchus, V. v., u. a.: Zentrale Orte und ihre
  Verflechtungsbereiche in Baden-Württemberg.
  Ergebnisse eines Forschungsauftrages, Freiburg
  (1967).
Mangei, Johannes: Gregorius Sickinger und

Freiburg. Darstellung und Selbstdarstellung der
  Stadt Freiburg seit dem 16. Jahrhundert, in:
  A. Kat. Friburgum, Freiburg. Ansichten einer
  Stadt, Hg. Stadt Freiburg i. Br., Augustiner-
  museum, Waldkirch i.Br. 1995.
Maurer, Helmut: Der Herzog von Schwaben.
  Grundlagen, Wirkungen und Wesen seiner Herr-
  schaft in ottonischer, salischer und staufischer
  Zeit, Sigmaringen 1978.
Mayer, Theodor: Mittelalterliche Studien.
  Gesammelte Aufsätze. 1972.
Merian, Matthäus: Topographia Suebiae
  (Nachdruck d. Ausg. Frankfurt ca. 1655/56),
  Hg. Lucas Heinrich Wüthrich, Kassel/Basel
  1960.
Mertens, Dieter: Heinrich Loriti – genannt
  Glareanus (1488–1563), in: GHV 13 (1988/89),
  S. 16–27.
Metz, Wolfgang: Marktrechtsfamilie und
  Kaufmannsfriede in ottonisch-salischer Zeit, in:
  Blätter für deutsche Landesgeschichte 108
  (1972), S. 28–55.
Midelfort, H. C. Erik: Witch-Hunting in South-
  western G4ermany. The Social and Intellectual
  Foundations, Stanford/Calif. 1972.
Mone, Franz Joseph (Hg.): Quellensammlung der
  badischen Landesgeschichte, Karlsruhe 1854.
Muhle, Herbert: Die Villingische Dapffer- und
  Redlichkeit. Barockpredigt, in: GHV 10
  (1985/86), S. 46–65.
Muhle, Herbert: Villingen 1643. Ein Kupferstich
  von Matthaeus Merian, in: GHV 14 (1989/90),
  S. 100–103.
Müller, Anneliese: Das Villinger Amt des Klosters
  St. Katharinental, in: GHV 14, (1989/90)
  S. 70–89.
Müller, J. Heinz: Wirtschaft – Oberzentrum –
  Umland, in: Das Oberzentrum 1971, S. 31–39.
Müller, Kurt: Villinger Münsterpfarrei feierte 1988
  zwei Jubiläen, in: Almanach SBK 1990, S. 170 ff.
Müller, Kurt: „Jakobus krönt zwei Pilger", in:
  Almanach SBK 1991, S. 169–172.
Müller, Wolfgang (Hg.): Villingen und die
  Westbaar. Bühl 1972 (Veröffentlichung des
  Alemannischen Instituts 32) [Villingen und die
  Westbaar].
Müller, Wolfgang: Die Villinger Frauenklöster des
  Mittelalters und der Neuzeit, in: 200 Jahre
  Kloster St. Ursula Villingen, Villingen-
  Schwenningen: Todt 1982.
Mummenhoff, Erich: Der Handwerker
  in der deutschen Vergangenheit, Leipzig 1901.
Münster, Sebastian: Cosmographia…, Basel 1544
  u. weitere Auflagen.
Narrozunft, Stadt Villingen-Schwenningen
  (Hg.): Romäus. Romeias Mans, Villingen-
  Schwenningen 1981.

Neher, Franz Ludwig: Johannes Bürk, ein schwäbischer Wegbereiter industrieller Fertigung. Zum hundertjährigen Bestehen der Württembergischen Uhrenfabrik Bürk Söhne Schwenningen am Neckar 1855/1955, Schwenningen a. N. 1956.

Neugart, Hermann A.: Romeius. Der unsterbliche Rebell, Villingen 1970.

Noack, Werner: Die Stadtanlage von Villingen als Baudenkmal, in: Badische Heimat 25 (1938), S. 234 ff.

Nutz, Andreas: Umrisse zu einer Geschichte von Zunftverfassung und Patriziat in Villingen, vornehmlich in der Neuzeit, in: GHV 18 (1993/94), S. 30–39.

Nutz, Andreas: Unternehmensplanung und Geschäftspraxis im 16. Jahrhundert (= Beiträge zur südwestdeutschen Wirtschafts- und Sozialgeschichte 20), St. Katharinen 1996.

Oehme, Ruthard: Die Entwicklung der Kartographie Süddeutschlands in der Renaissancezeit, in: A.4 Kat. Die Renaissance im deutschen Südwesten, Bd. 1, Badisches Landesmuseum Karlsruhe 1986, S. 63–80.

Oehme, Ruthard: Die Geschichte der Kartographie des deutschen Südwestens, Konstanz 1961 (Arbeiten zum historischen Atlas von Südwestdeutschland 3).

Oehme, Ruthard: Sebastian Münster und die Donauquelle, in: AlemannJb. 1957, S. 159–165.

Oehmichen, Gaetano, Gabriele Weber-Jenisch: Die Alamannen an der Neckarquelle. Das frühmittelalterliche Gräberfeld „Auf der Lehr", Stuttgart 1997 (Archäologische Informationen aus Baden-Württemberg 35).

Oertzen, Hans-Joachim von, Werner Thieme (Hg.): Die kommunale Gebietsreform. Schriftenreihe Kommunale Gebietsreform, Baden-Baden (1981).

Parlow, Ulrich: Die Zähringer. Kommentierte Quellendokumentation zu einem südwestdeutschen Herzogsgeschlecht des hohen Mittelalters (Veröffentlichungen der Kommission für geschichtliche Landeskunde in Baden-Württemberg, Reihe A 50), Stuttgart (im Druck).

Der Kleine Pauly. Lexikon der Antike …, München 1964–1975.

Peukert, Detlef: Die Weimarer Republik, Frankfurt/M. 1987.

Pictorius, D. Gregorius: Badenfahrtbüchlein, ND nach der Ausgabe 1560, Freiburg/Basel/Wien 1980.

Planitz, Hans: Die deutsche Stadt im Mittelalter, Köln/Wien: Böhlau 1973.

Preiser, Hermann: 1388: Als die Villinger ihr Fähnlein verloren … oder 600 Jahre Schlacht bei

Näfels in der Schweiz, in: GHV 13 (1988/89), S. 6–14.

Press, Volker: Herrschaft, Landschaft und „Gemeiner Mann" in Oberdeutschland vom 15. bis zum frühen 19. Jahrhundert, in: ZGO 123/N. F. 84 (1975), S. 169–214.

Prignitz, Christoph: Vaterlandsliebe und Freiheit. Deutscher Patriotismus von 1750–1850, Wiesbaden 1981.

Quarthal, Franz, Georg Wieland, Birgit Dürr: Die Behördenorganisation Vorderösterreichs von 1735–1805 und die Beamten in Verwaltung, Justiz und Unterrichtswesen, Bühl: Konkordia 1977 (Veröffentlichungen des Alemannischen Instituts Freiburg i. Br. Nr. 43).

Realschule am Deutenberg (Hg.): 100 Jahre Mädchenmittelschule – Realschule am Deutenberg 1891–1991, Villingen-Schwenningen 1991.

Rech, Hildegard: Äbtissin Ursula Haider, Villingen: Wiebelt o. J.

Regesta episcoporum Constantiensium. Regesten zur Geschichte der Bischöfe von Konstanz von Bubulcus bis Thomas Berlower 517–1496, Bd. 1, Innsbruck 1895.

Reichelt, Günther: Die Landschaft der Baar im Spiegel alter Karten, in: SVG Baar 28 (1970), S. 34–80.

Reicke, Siegfried: Das deutsche Spital und sein Recht im Mittelalter, Bd. 1 und 2, Stuttgart 1932 (Nachdruck 1961).

Reinartz, Manfred (Hg.): Lehnsgüter in Obereschach 1292–1811. Ein Beitrag zur Geschichte der ehemaligen Johanniterkommende Villingen, Villingen-Schwenningen 1986 (Veröffentlichungen des Stadtarchivs und der städtischen Museen 6).

Reinartz, Manfred (Hg.): Lehnsgüter in Weigheim 1281–1792. Ein Beitrag zur Geschichte der ehemaligen Johanniterkommende Villingen, Villingen-Schwenningen 1987 (Veröffentlichungen des Stadtarchivs und der städtischen Museen 7).

Reinartz, Manfred (Hg.): Villingen-Schwenningen und Umgebung in alten Karten und Plänen. Die Landschaft am Oberrhein zwischen Rottweil und Donaueschingen, Schwarzwald und Schwäbischer Alb. Bd. 1: Karten und Pläne von 1513 bis 1906, Villingen-Schwenningen: Kuhn 1987 (Veröffentlichungen des Stadtarchivs und der städtischen Museen 8) [Reinartz: Karten].

Reinartz, Manfred: Das Villinger Benediktinerkloster auf zwei alten Zeichnungen, in: Almanach SBK 1992, S. 160–163.

Reininghaus, Wilfried: Gewerbe in der Frühen Neuzeit (= EDG 3), München 1990.

Reise- und Industrie-Handbuch für Württemberg. II. Industrieller Theil, Stuttgart 1877.

Reiter, Ralf: Städtische Armenfürsorge im Übergang vom 18. zum 19. Jahrhundert. Sozial-, wirtschafts- und verwaltungsgeschichtliche Untersuchungen zur Sozialpolitik der Stadt Ravensburg und ihrer Einrichtungen 1755–1845, phil. diss. Konstanz 1989.

Reuber, Paul: Gemeindegebietsreform und Zentralität: Lokale Entscheidungskonflikte und ihre räumlichen Folgen, in: Berichte zur Deutschen Landeskunde, Bd. 70, H. 2, Trier (1996), S. 503–521.

Reuber, Paul: Heimat in der Großstadt. Eine sozialgeographische Studie zu Raumbezug und Entstehung von Ortsbindung am Beispiel Kölns und seiner Stadtviertel. Kölner Geographische Arbeiten, Bd. 58 (1993).

Reuber, Paul: „Ihr parkt auf meinen Erinnerungen“ – Einige Gedanken zur Rolle der räumlichen Umwelt für die Entstehung von Ortsbindung, in: Gebhardt, H., G. Schweizer (Hg.) unter Mitarbeit von P. Reuber: Zuhause in der Großstadt. Kölner Geographische Arbeiten, Bd. 61 (1995).

Revellio, Paul: Beiträge zur Geschichte der Stadt Villingen. Gesammelte Arbeiten, Villingen: Ring 1964 (Schriftenreihe der Stadt Villingen) [Revellio: Beiträge].

Revellio, Paul: Geschichte der Stadt Villingen in Daten, Villingen 1966.

Revellio, Paul: Die Karte von dem Pirschgerichtsbezirk der Stadt Villingen, in: SVG Baar 23 (1954), S. 160–162.

Revellio, Paul: St. Jakob bei Nordstetten, in: SVG Baar 25 (1960).

Revellio, Paul: Villingen, Bräunlingen und die Herrschaft Triberg. In: Vorderösterreich. Eine geschichtliche Landeskunde. Hg. von Metz, F. 2. Aufl., Freiburg 1967, S. 467–491.

Revellio, Paul: Villingen Franziskaner-Konventualen, in: Alemania Franciscana Antiqua, Bd. 3, hg. Johannes Gatz, Ulm: Späth 1957.

Rexroth, Frank: Karriere bei Hof oder Karriere an der Universität? Der Freiburger Gründungsrektor Matthäus Hummel zwischen Selbst- und Fremdbestimmung, in: ZGO 141 (1993), S. 155–184.

Rieple, Max: Sagen und Schwänke aus dem Schwarzwald, Konstanz 1994.

Riezler, Sigmund: Geschichte des Fürstlichen Hauses Fürstenberg und seiner Ahnen, Tübingen 1883.

Röckelein, Hedwig: Dynastische Interessen und Heiligkeit. Die Jakobsverehrung in den Territorien des Hauses Fürstenberg, in: Klaus Herbers, Dieter R. Bauer (Hg.): Der Jakobuskult in Süddeutschland. Kultgeschichte in regionaler und europäischer Perspektive, Tübingen 1995 (Jakobus-Studien 7), S. 45–89.

Rodenwaldt, Ulrich: Das Leben im alten Villingen. Im Spiegel der Ratsprotokolle des 17. und 18. Jahrhunderts, Hg. Wilhelm Binder, Villingen-Schwenningen 1976 und 2. unveränderte Aufl. 1983 [Rodenwaldt: Leben T I].

Rodenwaldt, Ulrich: Das Leben im alten Villingen. Teil II: Geschichte der Stadt im Spiegel der Ratsprotokolle des 19. und 20. Jahrhunderts, Hg. Geschichts- und Heimatverein Villingen, Villingen-Schwenningen 1990 GHV 15 (1990/91) [Rodenwaldt: Leben T II].

Roder, Christian: Der Anteil der Stadt Villingen und des oberen Schwarzwaldes an den Ereignissen in Württemberg z. Zt. der Vertreibung des Herzogs Ulrich 1519–1522, in: ZGO N. F. 60 (1906).

Roder, Christian: Beiträge zur Geschichte der Stadt Villingen während des dreißigjährigen Krieges, in: SVG Baar 3 (1880), S. 67–265.

Roder, Christian: Das Benediktinerkloster St. Georgen auf dem Schwarzwald, hauptsächlich in seiner Beziehung zur Stadt Villingen, in: FDA N. F. 6 (1905), S. 1–76.

Roder, Christian: Ein merkwürdiger Hexenprozeß in Villingen 1641, in: SVG Baar 9 (1896), S. 79–88.

Roder, Christian: Die Familie „Maler“ von Villingen, in: SVG Baar 5 (1885), S. 74–111.

Roder, Christian: Die Franziskaner zu Villingen, in: FDA N. F. 5 (1904), S. 232–311.

Roder, Christian: Der geschichtliche Romeias von Villingen, in: Linzgau-Chronik 1911, Nr. 29–32 (zuerst in: Jahrbuch des Scheffelbundes 1893).

Roder, Christian (Hg.): Heinrich Hugs Villinger Chronik von 1495 bis 1533 (Bibliothek des literarischen Vereins in Stuttgart), Tübingen 1883.

Roder, Christian: Die Juden in Villingen, in: ZGO 57 (1903).

Roder, Christian: „Das Schulwesen im alten Villingen“ (beruhend auf den Akten des Stadtarchives Villingen Lit. 00), Villingen 1892.

Roder, Christian: Die selige Äbtissin Ursula Haider zu St. Clara in Villingen, Frankfurt/M. 1908.

Roder, Christian: Zum Übergang der Stadt Villingen vom Hause Fürstenberg an Habsburg im Jahre 1326, in: SVG Baar 12 (1909), S. 65–80.

Roder, Christian: Die Verkehrswege zwischen Villingen und dem Breisgau, hauptsächlich Freiburg seit dem Mittelalter, in: ZGO N. F. 5 (1890), S. 505–533.

Roder, Christian (Bearb.): Villingen. Heidelberg 1905 (Oberrheinische Stadtrechte, 2. Abteilung 1. Heft) [Roder: Stadtrecht].

Roder, Christian: Villingen in den französischen Kriegen unter Ludwig XIV., in: SVG Baar 4 (1882), S. 70–212.

Roder, Christian, Ernst Osiander: Repertorium über das Archiv des Bickenklosters und der Vetternsammlung zu Villingen, in: Mitt. der bad. histor. Komm. Nr. 13, Freiburg: Mohr 1891.

Röhrich, Lutz: Lexikon der sprichwörtlichen Redensarten, 2 Bde., Freiburg u. a. 1973.

Rösch, Manfred: Ernährung und Umwelt im mittelalterlichen Villingen. Archäologische Befunde, in: Jenisch: Villingen, 1998.

Rösch, Manfred: Die Situation in Südwestdeutschland, in: Stadt um 1300, 1992, S. 295–297.

Roth von Schreckenstein, Heinrich Karl: Wie kam die Stadt Villingen vom Hause Fürstenberg an Österreich? Wien 1865.

Rothenhäusler, Konrad: Geschichte der Freiherren von Ifflinger-Granegg, Stuttgart 1896.

Ruffié, Jacques, Jean-Charles Sournia: Die Seuchen in der Geschichte der Menscheit, 2. Aufl., Stuttgart 1993.

Ruhrmann, Josef: Das Benediktiner-Kloster St. Georgen auf dem Schwarzwald im Zeitalter von Reformation und Gegenreformation (1500–1655), Diss. Freiburg 1961/62.

Rupertus, Günter: Das Papiergeld von Baden. Spezialkatalog der Ausgaben des Landes, der Gebietskörperschaften und der Firmen. 1849–1948, Ludwigshafen: Weiß + Hameier 1988.

Sachße, Christoph, Florian Tennstedt: Geschichte der Armenfürsorge in Deutschland. Vom Spätmittelalter bis zum Ersten Weltkrieg, Bd. 1, Stuttgart: Kohlhammer 1980.

Salmo, Helmer: Deutsche Münzen in vorgeschichtlichen Funden Finnlands. Helsinki 1948 (Finska Fornminnesföreningens Tidskrift 47) [Salmo: Münzen].

Sannwald, Wolfgang: Spitäler in Pest und Krieg, Gomaringen: Gomaringer Verlag 1993.

Schadek, Hans, Karl Schmid (Hgg.): Die Zähringer. Anstoß und Wirkung. Sigmaringen: Thorbecke 1986 (Veröffentlichungen zur Zähringer-Ausstellung II) [Zähringer II].

Schadt, Jürgen, Wolfgang Schmierer (Hg.): Die SPD in Baden-Württemberg und ihre Geschichte, Stuttgart 1979.

Schäfer, Karl Rudolf: Der Zeitungsverleger Dr. Hans-Günther Ziegler. Ein Förderer der heimatkundlichen und heimatgeschichtlichen Forschung, in: Almanach SBK 92 [1991], S. 117–120.

Scheffelt, Ernst: Der Arzt Georgius Pictorius (1500–1569) aus Villingen, in: Badische Heimat 39 (1959), S. 8–9.

Schefold, Max: Alte Ansichten aus Baden, 2 Bde., Weißenhorn 1971.

Schefold, Max: Alte Ansichten aus Württemberg, 2 Bde., Stuttgart 1956.

Schenk zu Schweinsberg, Ekkehard: Die gedruckten Ansichten und Pläne der Stadt Marburg von den Anfängen bis zum Jahre 1803, in: Dettmering, Erhart, Rudolf Grenz (Hg.): Marburger Geschichte. Rückblick auf die Stadtgeschichte in Einzeldarstellungen, Marburg 1980, S. 969–1042.

Scherer, Peter, Peter Schaaf: Dokumente zur Geschichte der Arbeiterbewegung in Württemberg und Baden 1848–1949, Stuttgart 1984.

Schibler, Jörg: Tierknochen als Informationsquelle zu Handwerk, Ernährung und Wirtschaftsweise im Mittelalter der Nordwestschweiz, in: Tauber, Jürg (Hg.): Methoden und Perspektiven der Archäologie des Mittelalters, Liestal 1991 (Archäologie und Museum 20), S. 148 f.

Schilling, Heinrich: Sebastian Münsters Karte des Hegaus und Schwarzwaldes von 1537. Ein Einblattdruck aus der Bibliotheca Casimirana zu Coburg, in: Jb. d. Coburger Landesstiftung 1961, S. 117–138.

Schleicher, Johann Nepomuk: Villingen unter den Grafen von Fürstenberg und der Loskauf der Stadt von dieser Herrschaft, Konstanz 1872.

Schleicher, Nepomuk: Beitrag zur Geschichte der Stadt Villingen mit besonderer Beziehung auf die Wasserbelagerung im Jahr 1634…, Donaueschingen 1854.

Schlesinger, Walter: Der Markt als Frühform der deutschen Stadt, in: Jankuhn, Herbert, Walter Schlesinger, Heiko Steuer (Hg.): Vor- und Frühformen der europäischen Stadt im Mittelalter 1, (Abhandlungen der Akademie der Wissenschaften in Göttingen, phil.-hist. Klasse, 3. Folge Nr. 83), Göttingen 1973, S. 262–293.

Schmaedecke, Michael: Siedlungswüstungen auf der Gemarkung Villingen, Stadt Villingen-Schwenningen, Schwarzwald-Baar-Kreis, in: Archäologische Ausgrabungen in Baden-Württemberg 1988 (1989), S. 269–271.

Schmid, Karl (Hg.): Die Zähringer. Eine Tradition und ihre Erforschung. (Veröffentlichungen zur Zähringer-Ausstellung I), Sigmaringen 1986.

Schmid, Karl (Hg.): Die Zähringer. Schweizer Vorträge und neue Forschungen. (Veröffentlichungen zur Zähringer-Ausstellung III), Sigmaringen 1990.

Schminck-Gustavus, Christoph (Hg.): Hungern für Hitler. Erinnerungen polnischer Zwangsarbeiter im Deutschen Reich 1940–1945, Reinbek 1984.

Schmithals, H. (Hg.): Handwerk und Technik vergangener Jahrhunderte. 124 graph. Blätter, Tübingen 1958.

Schmitt, Michael, Jochen Luckhardt: Realität und Abbild in Stadtdarstellungen des 16. bis

19. Jahrhunderts. Untersuchungen am Beispiel Lippstadt, Münster 1982.

Schmitt, Michael, Jochen Luckhardt: Das Stadtbild in Druckgraphik und Malerei. Neuss 1477–1900, Köln/Wien 1991 (Städteforschung, Reihe C, Quellen 5).

Schmitt, Michael, Jochen Luckhardt: Vorbild, Abbild und Kopie. Zur Entwicklung von Sehweisen und Darstellungsarten in druckgraphischen Stadtabbildungen des 15. bis 18. Jahrhunderts am Beispiel Aachen, in: Civitatum Communitas. Studien zum europäischen Städtewesen. Festschrift Heinz Stoob zum 65. Geburtstag, Hg. Helmut Jäger, Franz Petri, Heinz Quirin, Bd. 1, Köln u. a. 1984, S. 322–354.

Schnabel, Thomas: Württemberg zwischen Weimar und Bonn 1928–1945, Stuttgart 1986.

Schnell, Annelore: Franziskanermuseum Villingen-Schwenningen – Neueinrichtung. Exposé zum Thema: Allgemeine und Verfassungsgeschichte der Stadt Villingen bis zum Beginn des 19. Jahrhunderts, masch., Villingen-Schwenningen 1993.

Schnell, Irmgard: Zur Problematik der Restaurierung von Gnadenbildern dargestellt am Beispiel des Villinger Nägelinskruzifixes, Villingen-Schwenningen 1987.

Schnezler, August: Badisches Sagenbuch, o. O. 1846.

Scholz, Günther: „Das Schulwesen", in: 8 Jahrhunderte Stadtgeschichte, Vergangenheit und Gegenwart im Spiegel der Kommunalarchive in Baden-Württemberg, Sigmaringen: Thorbecke 1981.

Schott, Theodor: Die Zeitungen und Zeitschriften Württembergs im Jahr 1886 mit einem Rückblick auf die periodische Presse des Landes 1877–1885, Stuttgart 1888.

Schütz, Walter J.: Die Tagespresse in Baden-Württemberg 1964/65, in: Publizistik 10 (1965), S. 424–454.

Schwester Franziska: Der Orden der heiligen Klara von Assisi, in: Wienand, Adam (Hg.): Das Wirken der Orden und Klöster in Deutschland, Bd. 2, Köln: Wienand 1964.

Seidelmann, W: Hochöfen in der Baar. Staatliche Pläne zum Aufbau einer Montanindustrie in Baden (1917–1942), in: Beiträge zur Landeskunde, Febr. 1996, S. 1–8.

Sichler, Hieronymus: Mercurius Villinganus Redivivus. Das ist Die Villingische in denen dreyfachen Belagerungen gegen Gott und seinem Lands-Fürsten erwissene Dapffer- und Redligkeit …, Rottweil 1684.

Sick, Wolf-Dieter: Der alemannische Raum in der Zeit des Humanismus nach der „Cosmographia" Sebastian Münsters. Ein Beitrag zur Historischen Geographie, in: AlemannJb. 1981/83, S. 153–182.

Siemann, Wolfram: Die deutsche Revolution von 1848/49, Neue Historische Bibliothek N. F. 266, Frankfurt/M. 1985.

Simonsfeld, Henry: Ein venetianischer Reisebericht über Süddeutschland, die Ostschweiz und Oberitalien aus dem Jahre 1492, in: Zeitschrift für Kulturgeschichte N. F. 2 (1895), S. 241–283.

Soboul, Albert: Die Große Französische Revolution, 2 Bde., Frankfurt/M.: Europäische Verlagsanstalt 1973.

Speck, Dieter: Die vorderösterreichischen Landstände. Entstehung, Entwicklung und Ausbildung bis 1595/1602, 2 Bde., Freiburg/Würzburg: Ploetz 1994.

Speck-Nagel, Dieter Kurt Gustav: Die vorderösterreichischen Landstände im 15. und 16. Jahrhundert. Diss. Tübingen 1991.

Spindler, Konrad: Zur Topographie der Villinger Altstadt, in: Fundberichte BW 4 (1979) S. 391–413.

Spitalfonds Villingen (Hg.): Heilig-Geist-Spital. Festschrift zur Einweihung des Altenheims. Villingen-Schwenningen 1978.

Staatsarchiv Schaffhausen (Hg.): Thurgauisches Urkundenbuch. 8 Bde., Frauenfeld 1924–1967.

Stadtarchiv Villingen (Hg.): Tagebuch des Abt Georg Gaisser der Benediktinerabtei St. Georg zu Villingen (*1595 †1655) 1621–1655, 2 Bde., Villingen-Schwenningen 1972.

Stadtarchiv Villingen (Hg.): Hafnerkunst in Villingen, Bestandskatalog I, M. Kat. Villingen-Schwenningen 1978.

Statistisches Landesamt (Hg.): Annales Sindelfingenses (Württembergische Geschichtsquellen IV), Stuttgart 1891.

Steidlin, Johann Baptist: Lydius Austriacus, Rottweil 1634.

Steidlin, Johann Baptist: Mercurius Villinganus, Freiburg 1634.

Steinemann, Ernst: Der Zoll im Schaffhauser Wirtschaftsleben, in: Schaffhauser Beiträge zur Vaterländischen Geschichte 27 (1950), S. 179–222 und 28 (1951), S. 138–202.

Steinhauser, August: Rottweiler Künstler und Kunstwerke des 15. und 16. Jahrhunderts, Rottweil 1939.

Stopp, Klaus: Die Handwerkskundschaften mit Ortsansichten, Bd. 5: Saarbrücken – Zweibrücken, Stuttgart 1983.

Ströbele, Ute: Leben im Spital. Zur Sozialgeschichte des Rottenburger Spitals vom 16.–18. Jahrhundert, Zulassungsarbeit, Universität Tübingen 1986.

Thalhofer, Valentin: Erklärung der Psalmen mit besonderer Rücksicht auf deren liturgischen Gebrauch im römischen Brevier, Missale,

Pontificale und Rituale, 5. Aufl. Regensburg: Verlags-Anstalt vorm. G. J. Manz 1889.

Treffeisen, Jürgen: Das Zisterzienserkloster Tennenbach und die Stadt Freiburg während des Mittelalters, in: SiL 109 (1990), S. 45–75.

Treue, Wilhelm, u. a. (Hg.): Das Hausbuch der Mendelschen Zwölfbrüderstiftung zu Nürnberg. Dt. Handwerkerbilder des 15. Jahrhunderts, München 1965.

Tumbült, Georg: Das Dominikanerinnenkloster Auf Hof zu Neudingen (1274–1560), in: ZGO 65 (1911), S. 65–94.

Uhle-Wetter, Sigrid: Kunsttheorie und Fassadenmalerei (1450–1750), phil. diss. Alfter 1994.

Ulrich, Herbert: Fremdarbeiter. Politik und Praxis des „Ausländer-Einsatzes" in der Kriegswirtschaft des Dritten Reiches, Berlin/Bonn 1985.

Ungelehrt, Johann Ludwig: Villinganae Probitatis DEO ac Imperatori constanter Fidelis, ad Lydium probatio... Entwerffung und Summarische Beschreibung der anderen Feindts belagerung..., Konstanz 1634.

Unruh, Georg-Christoph v., u. a.: Die Grundlagen der kommunalen Gebietsreform, in: Oertzen, H.-J., W. Thieme (Hg.): Die kommunale Gebietsreform, Bd. I.1, Baden-Baden 1981.

Veek, Walther: Ein alamannisches Frauengrab aus Schwenningen a. N., in: Germania 23 (1939).

Veit, Valentin: Geschichte der deutschen Revolution von 1848–1849, 2 Bde., Berlin 1930 f., Nachdr. Köln 1970.

Volz, Robert: Das Spitalwesen und die Spitäler des Großherzogtums Baden, Karlsruhe 1861.

Wagenführ, Rolf: Die deutsche Industrie im Kriege 1939–1945, Berlin 1954.

Wagner, Peter Michael: NPD-Hochburgen in Baden-Württemberg. Erklärungsfaktoren für die Wahlerfolge einer rechtsextremistischen Partei in ländlichen Regionen 1972–1994, Berlin 1997 (Ordo politicus 32).

Warnock, R. G. (Hg.): Die Predigten Johannes Paulis, München 1970.

Wartmann, Hermann (Hg.): Urkundenbuch der Abtei Sanct Gallen, Theil 1: 700–840, Zürich 1863.

Weber, Bruno: Entwicklungsformen des topographischen und kartographischen Landschaftsporträts vom Manierismus zum Barock, in: Bircher, Martin u. a. (Hg.): Schweizerisch-deutsche Beziehungen im konfessionellen Zeitalter. Beiträge zur Kulturgeschichte 1580–1650, Wiesbaden 1984, S. 261–298 (Wolfenbütteler Arbeiten zur Barockforschung 12).

Weber, Bruno: Merians Topographiae Germaniae als Manifestation „von der hiebvorigen Glückseligkeit", in: A. Kat. Frankfurt/M., Museum

f. Kunsthandwerk: Matthäus Merian d. Ä. Zeichner, Stecher und Verleger, Frankfurt/M. 1993.

Weber, Hartwig: Kinderhexenprozesse, Frankfurt/M., Leipzig 1991.

Weber, Max: Die Rodungen und Besitzungen Tennenbachs auf der Baar, in: Zeitschrift des Freiburger Geschichtsvereins 46 (1935) und 48 (1937).

Weick, Käte: Widerstand und Verfolgung in Singen und Umgebung, Stuttgart o. J.

Weigel, Sigrid: „Die Städte sind weiblich und nur dem Sieger hold". Zur Funktion des Weiblichen in Gründungsmythen und Städtedarstellungen, in: Anselm, Sigrun, Barbara Beck (Hg.): Triumph und Scheitern in der Metropole. Zur Rolle der Weiblichkeit in der Geschichte Berlins, Berlin 1987, S. 207–227.

Weigel, Sigrid: Topographien der Geschlechter. Kulturgeschichtliche Studien zur Literatur, Reinbek 1990.

Weiss, Günther: Heimat vor den Toren der Großstadt. Eine sozialgeographische Studie zu raumbezogener Bindung und Bewertung in Randgebieten des Verdichtungsraums am Beispiel des Umlandes von Köln (Kölner Geographische Arbeiten H. 59) (1993).

Weiß, K. Th.: Das Elendjahrzeithaus in Villingen, in: Der Schwarzwald 1873, 11 IX.

Weißer, Hubert: „C'est une véritable Sibérie...". Die Condé-Armee 1792/93, in: GHV 17 (1992/93, S. 84–91).

Wenzel, Claus: Hören und Sehen. Schrift und Bild. Kultur und Gedächtnis im Mittelalter, München 1995.

Westfälisches Landesmuseum für Kunst-u. Kulturgeschichte (Hg.): Westfalia Picta. Erfassung westfälischer Ortsansichten vor 1900, im Auftrag des Landschaftsverbandes Westfalen-Lippe in Verbindung mit dem Institut für vergleichende Städtegeschichte, Münster, v. Jochen Luckhardt, 10 Bde., Bielefeld 1987 ff.

Wielandt, Friedrich: Der Breisgauer Pfennig und seine Münzstätten. Ein Beitrag zur Münz- und Geldgeschichte des Alemannenlandes im Mittelalter, 2. neubearb. Aufl., Karlsruhe: Braun 1976 [Wielandt: Breisgauer Pfennig].

Wielandt, Friedrich: Die Münzanfänge des Zähringerhauses, in: Dona Numismatica. Walter Hävernick zum 23. Januar 1965 dargebracht, Hg. Berghaus, Peter und Gert Hatz. Hamburg 1965, S. 133–153 [Wielandt: Münzanfänge].

Willner, Regina: Die Benediktinerkirche in Villingen, Magisterarbeit, Inst. f. Kunstgeschichte Freiburg 1988 (masch.).

Wilts, Andreas: Beginen im Bodenseeraum, Sigmaringen 1994.

Windelbrand, Wolfgang: Der Anfall des Breisgaus
    an Baden, Tübingen 1908 [Windelband: Anfall
    an Baden].
Wischermann, Heinfried: Romanik in Baden-
    Württemberg, Stuttgart: Theiss 1987.
Wohleb, J(oseph) L(udolph): Aus der Geschichte
    des Bergbaus und der Hüttenwerke im
    Hammereisenbachtal, in: Alemannische Heimat
    4 (1937).
Wolfart, Karl: Geschichte der Stadt Lindau im
    Bodensee 1, 1909.
Wollasch, Hans-Josef: Die Anfänge des Klosters
    St. Georgen im Schwarzwald, Freiburg 1964
    (Forschungen zur Oberrheinischen Landes-
    geschichte 14).
Wollasch, Hans-Josef: Inventar über die Bestände
    des Stadtarchivs Villingen. Urkunden, Akten
    und Bücher des 12.–19. Jahrhunderts
    („Rodersches Repertorium"), Bd. I: Urkunden,
    Bd. II: Akten und Bücher, Register, Villingen:
    Ring 1970/71 (Schriftenreihe der Stadt
    Villingen) [Wollasch: Inventar, Bd. I (1970),
    Bd. II (1971)].
Worring, Hans-Jürgen: Das Fürstenbergische
    Eisenwerk Hammereisenbach und die angeglie-
    derten Schmelzhütten Ippingen-Bachzimmern
    und Kriegerthal in den Jahren 1523–1867
    (Veröff. aus den Fürstlich Fürstenbergischen
    Archiven 14), Allensbach 1954.
Württ. Archivdirektion, Staatsarchiv Sigmaringen
    (Hg.): Archivpflege in den Kreisen und
    Gemeinden, Stuttgart 1952.
Wüthrich, Lucas Heinrich: Das druckgraphische
    Werk von Matthaeus Merian d. Ä., Bd. 3, 4: Die
    großen Buchpublikationen I, II, Hamburg 1993,
    1996.
Zettler, Alfons: Sulzburg im früheren Mittelalter,
    in: Geschichte der Stadt Sulzburg 1,
    Freiburg i. Br. 1993, S. 277–333.
Zotz, Thomas L.: Der Breisgau und das
    alemannische Herzogtum. Zur Verfassungs- und
    Besitzgeschichte im 10. und 11. Jahrhundert
    (Vorträge und Forschungen Sonderbd. 15),
    Sigmaringen 1974.

Ungedruckte Quellen:
Altertümerrepertorium, masch. Abschrift,
    Franziskanermuseum
Bestand 2.1 (Altes Villinger Stadtarchiv)
Bestand 2.2 (Alte Registratur, 19. Jh. bis
    2. Weltkrieg)
Bestand 2.3 (Spitalarchiv)
Bestand 2.4. (Pfründarchiv)
Bestand 2.42.4 (Nachlaß Gustav Walzer)

Bildnachweis

Atelier Hugel: S. 127
Benediktinerstift Einsiedeln: S. 110
Bumiller, Casimir: S. 130
Conradt-Mach, Annemarie: S. 362, 363, 366, 369, 373, 374, 422, 423
Franziskanermuseum Villingen-Schwennigen: S. 151, 234, 235, 242, 245, 254-257, 260, 275, 281, 283
Fürstenbergisches Urkundenbuch, Bd. 1: S. 122
Generallandesarchiv Karlsruhe: S. 10, 136, 171, 243
Hausen/Danneck: „Antifaschist verzage nicht ...!": S. 444, 447, 450, 452, 456, 458 (Einzelnachweise s. ebd.)
Heinzmann: S. 228-231
Jenisch, Bertram: S. 64, 66, 68, 94, 108
Keilhack, Thomas : S. 97
Kindler v. Knobloch, Oberbadisches Geschlechterbuch: S. 144 (beide Abb.)
Klein, Ulrich: S. 36-40, 43-44, 47-49, 55, 56
Kloster St. Paul im Lavanttal, Kärnten: Original (verloren) S. 241
Kratt, Karl: S. 459
Landesdenkmalamt Freiburg: S. 70, 71, 99, 111, 226-231
Mayer, Erich: S. 379
Pfeifroth, Burkard, Design: S. 19 (Entwurf: Thomas Kreutzer, Thomas Zotz)
Privatbesitz: S. 96, 247
Reuber, Paul: S. 502, 504, 508
Sammlung Rolf Nickstadt: S. 404, 406 (Layout: Michael J. H. Zimmermann)
Schnell & Steiner GmbH, Kurt Gramer (Originalphoto), Foto Carle, Triberg (Reprovorlage): S. 253
Semmelroth, Rolf: S. 130, 269, Reprovorlagen: S. 123, 127, 128, 151, 226-231, 234, 235
Singer Foto: S. 100, 104
Staats- und Stiftsbibliothek Augsburg: S. 249
Staatsarchiv Sigmaringen (Vorlage), Hauptstaatsarchiv Stuttgart (Photo): S. 365
Stadtarchiv Villingen-Schwenningen: S. 63, 91, 92, 123, 128, 132, 270, 271, 273, 277, 348, 354, 368, 380, 404, 406, Einband (Postkarten)
Stadtmuseum Rottweil: S. 130, 236, 269
Stiftsarchiv St. Gallen: Einband (Urkunde)
Tiroler Landesarchiv Innsbruck: S. 239
Todt-Druck: S. 178-180
Universitätsbibliothek Freiburg: S. 102
Volkshochschule Villingen-Schwenningen: S. 442
Vorlagen zu S. 386: Sammlung Rolf Nickstadt; Schwenninger Heimatverein; SAVS; Zeitungssammlung der Württembergischen

Landesbibliothek, Stuttgart; Zeitungsarchiv des Schwarzwälder Boten; Zeitungsarchiv der Neckarquelle; Sammlung Michael J. H. Zimmermann
Zimmermann, Michael J. H.: S. 391

Autoren

Stefan Alexander Aßfalg M. A., Günterberg 2,
78112 St. Georgen im Schwarzwald,
Kulturwissenschaftler und Historiker

Dr. Anita Auer M. A., Franziskanermuseum,
78050 VS-Villingen, 1986–1988 selbständige
Kunsthistorikerin, Dissertation über Mode
im 20. Jahrhundert, seit 1991 wissenschaftliche
Mitarbeiterin Franziskanermuseum

Dr. Edith Boewe-Koob, Panoramaweg 24,
78089 Unterkirnach, Mitglied der internationalen
Forschungsguppe „CANTUS PLANUS"

Dr. Casimir Bumiller, Hexentalstr. 32,
79283 Bollschweil, Freiberuflicher Historiker

Annemarie Conradt-Mach, 78054 VS-Schwenningen, Lehrerin an der Staatlichen Feintechnikschule VS, mehrere Veröffentlichungen
zur Arbeitergeschichte von Villingen und
Schwenningen

Hartmut Danneck, 78048 VS-Villingen,
Lehrer am Gymnasium am Hoptbühl

Dr. Gerhard Gebauer, Rietenstr. 30,
78054 VS-Schwenningen, Oberbürgermeister i. R.

Ekkehard Hausen, 78048 VS-Villingen,
Lehrer am Gymnasium am Hoptbühl

Dr. Michael Hütt, Franziskanermuseum, 78050 VS-
Villingen, Kunsthistoriker, 1990–1992 wiss.
Volontariat an der Staatsgalerie Stuttgart, seit
1992 wiss. Mitarbeiter des Franziskanermuseums

Werner Huger, Färberstr. 1, 78050 VS-Villingen,
Dipl. Hdl., Oberstudiendirektor a. D.

Dr. Bertram Jenisch, Gartenstr. 7, 79336 Herbolz-
heim, Archäologe beim Landesdenkmalamt
Baden-Württemberg, Außenstelle Freiburg,
mit der Erfassung mittelalterlicher Boden-
denkmale und Erstellung des Archäologischen
Stadtkatasters betraut

Dr. Ulrich Klein, Württembergisches
Landesmuseum, Münzkabinett, Schillerplatz 6,
70173 Stuttgart

Ingeborg Kottmann M. A., Stadtarchiv,
Lantwattenstr. 4, 78050 VS-Villingen

Dr. Marianne Kriesche, Bürgerwehrstr. 14,
78050 VS-Villingen, Oberstudiendirektorin i. R.

Dr. Heinrich Maulhardt, Rietstr. 37,
78050 VS-Villingen, Leiter des Stadtarchivs
und der Städt. Museen VS

Dr. Andreas Nutz, Happach 13,
79685 Häg-Ehrsberg, Historiker

Dr. Paul Reuber, Geographisches Institut
der Universität Heidelberg,
Im Neuenheimer Feld 348, 69120 Heidelberg

Ute Schulze M. A., Stadtarchiv, Lantwattenstr. 4,
78050 VS-Villingen

Ute Ströbele M. A., Christophstr. 8,
72072 Tübingen, Historikerin

Michael Tocha, Langes Gewann 33,
78052 VS-Pfaffenweiler, Lehrer am Gymnasium
am Hoptbühl, Fachberater für Geschichte

Karl Weber M. A.und Dipl. Theol., Historisches
Seminar der Albert-Ludwigs-Universität
Freiburg, Abteilung Landesgeschichte,
Werderring 8, 79085 Freiburg, wiss. Angestellter

Michael J. H. Zimmermann,
78054 VS-Schwenningen, Historiker, Philologe
und Ethiker

Prof. Dr. Thomas Zotz, Historisches Seminar
der Albert-Ludwigs-Universität Freiburg,
Abteilung Landesgeschichte, 79085 Freiburg